오정화 세법

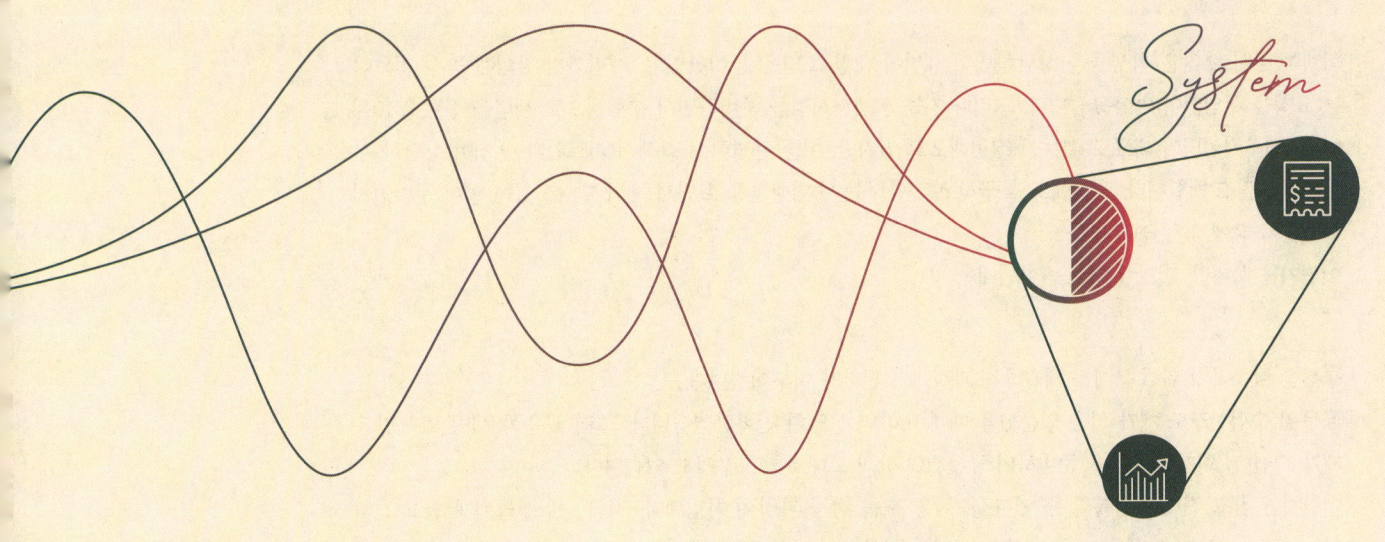

세법 1

메가 공무원

저자의 글 | Preface

실무 경험과 수많은 수험생들의 고민을 반영하여 만든
'새로운 세법'

"링에 오를 때는 맞을 것을 각오하고 오르는 것이다."
헤비급 세계 챔피언 마이클 타이슨이 했던 말입니다.

공무원 세법을 준비하면서 쉬울 것이라고 생각하며 시작하시는 분은 없을 겁니다. 하물며 선택과목 시험 체제에서 세법은 어렵고 양이 많기로 악명 높은 과목이었으므로 시작하는 수험생은 누구나 '각오'를 다지고 시작합니다. 그럼에도 불구하고 회계학으로 상담을 청했던 수험생들은 저에게 한결같이 말합니다.
"세법을 공부하면서 절망감을 느낀다고!"

회계학 강사로 많은 학생들을 상담하면서 세법에 대한 고민을 들어왔었고, 세법까지 강의해줄 수 없느냐는 요청을 끊임없이 받아왔습니다. 그러나 저는 회계사시험을 준비하면서 수험생으로 세법을 접했고 10여 년 간 세무컨설팅의 대표로 실무를 경험해오고 있지만, 이를 완벽히 소화해서 가르친다는 것이 상당한 부담이었음을 고백합니다. 그럼에도 불구하고 절망하는 수험생들을 보면서 제가 할 수 있는 일이 무엇인지 고민할 수밖에 없었습니다.
'어렵기는 하지만, 절망할 정도는 아닌데…'

불편을 극복하기 위해 문제를 해결하는 과정에서 진화가 이루어집니다.
공무원 수험시장도 제가 처음 입문했을 때에 비하면 상당히 진화하였습니다. 그러나 유독 '세법' 과목만은 제가 17년 전 회계사 시험을 준비하며 공부했던 방식 그대로를 고수하고 있습니다.
어렵지만 참고 견디면 정복할 수 있다? 수험은 '도를 닦는 과정'이 아닙니다. 저의 수험생들에게 참고 견디라는 주문을 하려고 했다면 이 고단한 여정을 시작하지 않았을 것입니다. **세법을 포기하고 내려놓던 수많은 수험생들의 고민을 바탕으로 저는 '새로운 세법'을 만들었습니다.**

학습시스템을 따라가기만 하면,
방대한 양의 세법도 정복 가능합니다

❶ 시스템에 가두겠습니다.

강의를 다 듣고 나서도 어떻게 공부해야 할지 몰라서 방황하는 수험생이 많습니다. 양이 많고 힘들어도 그 길만 따라가면 완벽하게 정복할 수 있다는 확신을 주는 수험서를 만들고 싶었습니다. 4달에 걸쳐 이론만 듣고 나면 세법처럼 많은 양을 소화해야 하는 수험생들에게는 절망만 남습니다. 공부를 해도 손에 쥔 모래처럼 자꾸만 빠져나갑니다.

학습한 내용이 머릿속에 기억되었는지 확인하는 과정이 빠지면 방대한 양을 학습한 후 아무것도 기억나지 않습니다. 저의 '시스템 세법'은 기본서를 통해 강의를 듣는 과정에서 두 단계의 문제풀이를 병행합니다. 또한 한눈에 정리된 요약서도 함께 보면서 중요하게 암기하고 갈 내용들을 한번 더 상기시키며 암기효과를 높입니다.

또한 강의를 듣는 과정에서 기본서가 제시한 '시스템' 대로 따라 했다면, 복습과정에서도 그 '시스템'을 그대로 반복하시면 됩니다. 강의를 듣고 당장 무엇을 해야 할지 방황하는 수험생과 기본서 안에 주어진 길라잡이를 따라 학습만 하면 되는 수험생의 여정은 확실히 다를 것입니다. 여러분을 가둔 시스템을 따라가기만 하면 양이 많아도 정복 가능한 세법이 될 것입니다.

저자의 글 | Preface

❷ 기출문제를 완벽 해체해서 이론과 연계시켰습니다.

'이론강의를 다 들었는데, 문제를 풀기가 두렵다'라는 얘기를 많이 들었습니다. 4달의 이론강의를 듣고 난 후에도 정작 기출문제에 손을 댈 수 없다는 수험생들이 많습니다. 기출문제를 쉽게 손댈 수 없었던 것은 한 문제 안에 여러 이론들을 묻는 경우가 많기 때문입니다. 또한 어떤 내용을 묻는지 연계시킬 수 없기 때문이기도 합니다.

공무원 세법은 말 문제 중심의 객관식 세법입니다. 하루빨리 문제풀이에 적응하고 많은 문제를 풀어봄으로써 촘촘하게 채워가야 합니다. 그래서 공무원에서 출제된 모든 기출문제를 이론에 맞게 해체하여 각 이론 옆 날개에 해당 내용을 모두 담았습니다. 이론을 배우면 바로 기출문제를 풀어보면서 시험에서 어떻게 출제되고 있는지 체감할 수 있도록 구성했습니다. 자주 출제된다는 강사의 말, 백 마디보다 스스로 풀면서 중요하다고 인지하는 학습이 훨씬 오래 남습니다.

문제풀이는 곧 자신감의 충전입니다. 자신감이 충전이 되어야 힘든 여정을 지치지 않고 완주할 수 있습니다.

❸ 중요도를 구분하였습니다.

세법은 학습 범위가 매우 방대합니다. 따라서 처음 학습하실 때 부담을 덜어주기 위해 중요도를 구분표시 하였습니다. 소단원별로 **A, B, C 세가지 주제로 구분**하였으니 회독을 늘리면서 양을 늘려가는 학습법으로 부담을 덜어가시기를 바랍니다.

> **A** 빈출주제
> **B** 빈출은 아니지만, 출제된 적이 있는 주제
> **C** 한 번도 출제되지 않은 미지의 영역

또한 각 주제 안에서도 '**별 3,2,1 및 별없음**'으로 구분됩니다.

> ★★★ 공시 2개년 이상 출제
> ★★ 공시 1번 출제
> ★ 타 시험 출제

❹ 법조문과 이론이 구분됩니다.

시험은 법조문을 중심으로 출제됩니다. 기본서를 학습하는 과정에서 많은 수험생들이 불편했던 점으로 법조문과 이를 설명하는 문장이 구분되지 않는다는 점을 꼽았습니다. 세법의 이론이 이해되고 나면 결국 시험장에서 묻는 법조문 중심으로 내용을 정리해야 합니다. 법조문과 이론을 구분함으로써 수험생들의 불편을 해소했습니다. 불편을 극복하는 과정에서 진화가 이루어진다고 믿습니다.

❺ '오쌤 talk'는 스스로 학습하는 과정의 길라잡이가 되어줄 것입니다.

수험생은 강의를 통해 학습하는 시간보다는 스스로 기본서를 학습하면서 익히는 시간이 많아야 하고, 반드시 그 과정을 거쳐야 마스터가 될 수 있습니다. 그러나 한 번 강의를 들었다고 모든 내용이 기억날 수는 없습니다. 법도 인간이 논리를 가지고 만든 것이라 각 조문에 대한 논리적인 설명이 절실한 부분이 있습니다. 스스로 복습하는 과정에서 마치 강의를 듣는 것 같은 효과를 주는 설명이 바로 '오쌤 talk'입니다. 오정화 회계학 기본서에서 여러분이 극찬했던 '오쌤 talk'을 세법 교재에서도 적용했습니다.

저는 취업의 빙하기에 고통스러워하는 젊은 청춘들에게 꿈을 세우고 열정을 태워서 '이루어가는 삶'을 살라고 주문합니다. 여러분에게 요구하는 주문에 상응하는 삶을 살고자 저 역시 무모하다 싶은 도전을 시작합니다. 하지 않아도 될 수백 가지의 이유를 단 한 가지 이유로 극복하며 언제나 최선을 다해 준비합니다. '나의 수험생들에게 도움이 되고 싶다!'

저는 오늘 하루도 여러분과 함께 뜨거운 삶을 채워갑니다.

2025년 5월
오 정 화

구성과 특징 I How to Use

확인문제 & 기출 OX

기출문제를 완벽 해체했습니다.

이론을 이해했다면 해당 이론이 어떻게 기출되었는지 문제로 적응해보아야 합니다. 각 이론마다 기출문제를 모두 해체하여 바로 풀어볼 수 있도록 구성했습니다. 개정사항을 완벽히 반영하여 해당 이론마다의 기출을 모두 연계시켰으므로 이론의 강약을 스스로 인지하고 문제풀이에 자신감을 가질 수 있습니다.

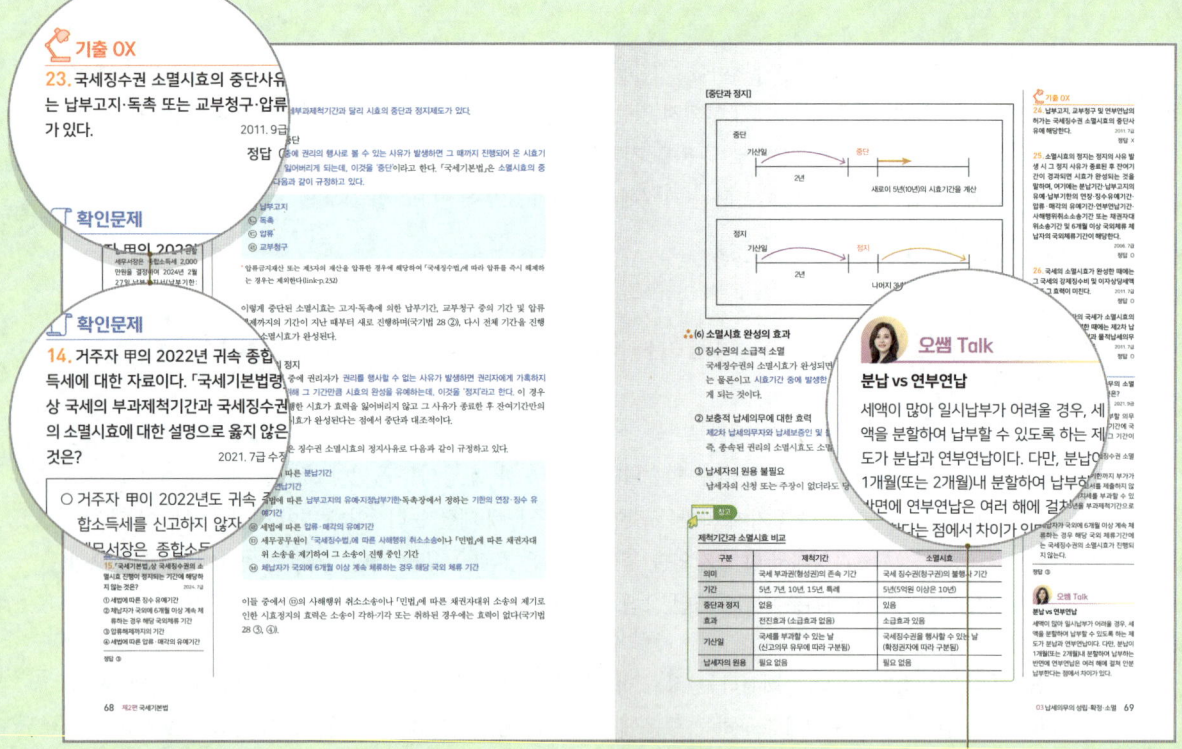

오쌤 TALK

강의했던 설명을 날개에 넣었습니다.

복습과정에서도 강의를 듣지 않아도 강의 듣는 효과를 주는 부분이 바로 '오쌤 talk'입니다. 어려운 법조문의 논리를 쉬운 언어로 강의처럼 설명해드립니다. 가려운 곳을 긁어주는 학습도우미 역할을 하며, 이해가 안 되는 조문을 무조건 외우며 복습해야 하는 답답함을 덜어주는 길라잡이입니다.

법조문 구분

법조문은 조항이 달려 있습니다.

공무원 세법은 응용문장보다는 법조문 위주의 문장이, 계산형보다는 서술형 문장이 주로 출제됩니다. 그 어떤 시험보다도 법조문을 정확히 이해하고 암기해야 합니다. 그러므로 법조문에 대한 설명과 법조문은 명확히 구분되어야 합니다. 즉, 원문에서 어떻게 규정하고 있는지 정확히 확인할 수 있어야 오답지문도 찾아낼 수 있습니다.

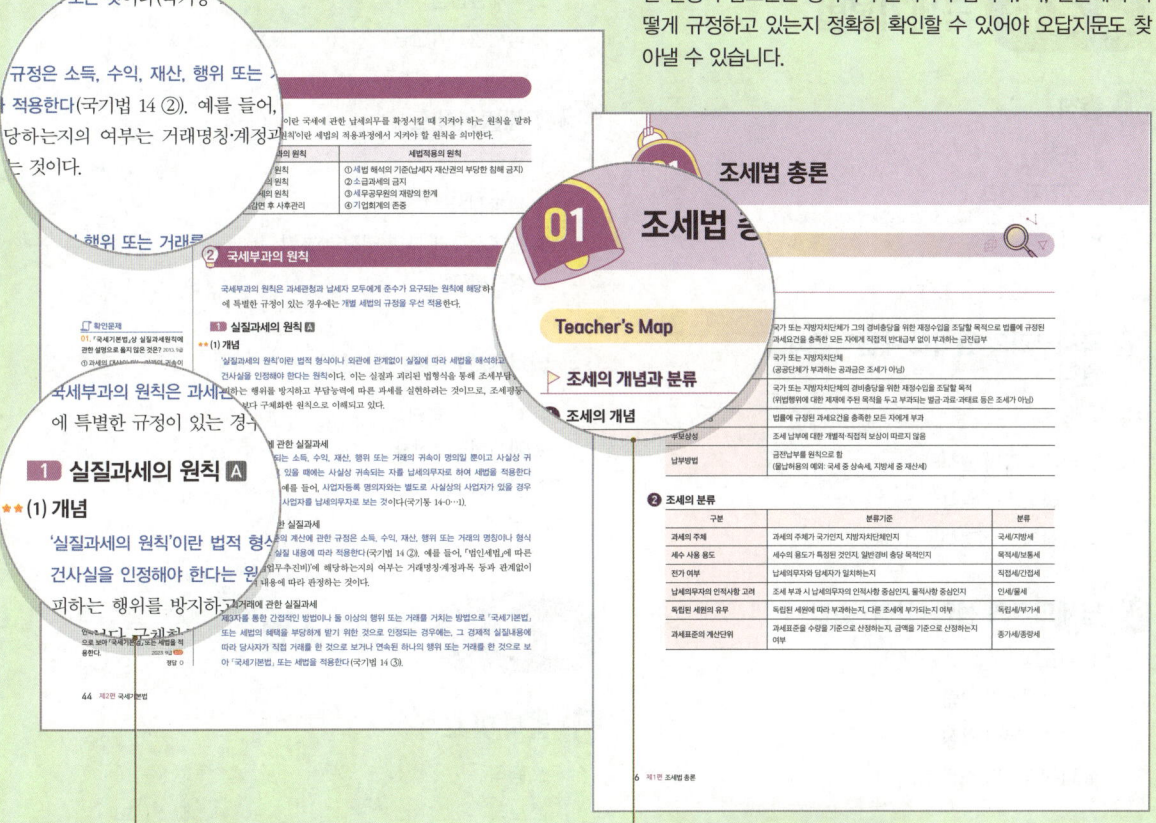

중요도 표시

무엇이 중요한 내용인지 한눈에 알아보도록 하였습니다.

소단원별로 중요도에 따라 A~C등급으로 구분하였습니다. 1회독 때는 A등급에 집중하시고 회독수를 늘려가면서 B, C등급까지 범위를 넓혀 학습하시면 됩니다.

또한 본문 내용별로 기출 빈도를 빠짐없이 분석하여 ★★ ~ ★ 표시하였으므로 중요한 내용부터 효율적으로 학습하실 수 있습니다.

Teacher's Map

[2권] 압축 요약본입니다.

1권에서 다룬 모든 내용을, 각 단원별로 강의의 논리 그대로 구성하여 꼼꼼하게 요약·정리하였습니다. 방대한 세법의 내용을 외워갈 때 지도처럼 한 눈에 큰 틀과 세부사항을 다 볼 수 있다면 정리하는 부담이 훨씬 덜합니다. TM은 한 눈에 보고 한 번에 정리할 수 있도록 도와주는 길라잡이입니다.

차례 | Contents

제1편 조세법 총론

01 조세법 총론
1. 조세의 개념과 분류 … 14

제2편 국세기본법

01 총칙
1. 통칙 … 24
2. 기간과 기한 … 28
3. 서류의 송달 … 32
4. 인격 … 37

02 국세부과의 원칙과 세법적용의 원칙
1. 개요 … 44
2. 국세부과의 원칙 … 44
3. 세법적용의 원칙 … 48
4. 중장기 조세정책운용계획 … 52

03 납세의무의 성립·확정·소멸
1. 개요 … 56
2. 납세의무의 성립 … 56
3. 납세의무의 확정 … 59
4. 납세의무의 소멸 … 62

04 납세의무의 확장
1. 납세의무의 승계 … 72
2. 연대납세의무 … 75
3. 보충적 납세의무 … 77

05 국세와 일반채권과의 관계
1. 국세의 우선권 … 88
2. 국세우선권에 대한 제한 … 88
3. 조세채권 상호 간의 우선순위 … 96

06 과세
1. 관할관청 … 100
2. 수정신고와 경정 등의 청구 … 101
3. 가산세 … 108

07 국세환급금과 국세환급가산금
1. 국세환급금 … 122
2. 국세환급가산금 … 126

08 조세불복제도
1. 통칙 … 130
2. 불복절차 … 132
3. 불복청구에 대한 결정과 효력 … 139
4. 심판청구 … 143

09 납세자의 권리 및 보칙
1. 납세자의 권리 … 150
2. 과세전적부심사 … 162
3. 납세자 권리보호 … 165
4. 보칙 … 168

제3편 국세징수법

01 총칙 및 보칙
1. 총칙 … 184
2. 보칙 … 186

02 임의적 징수절차
1. 납부고지 … 198
2. 독촉 … 200
3. 납부기한 전 징수 … 200
4. 납부의 방법 … 202
5. 납부기한 등의 연장 등 … 203
6. 납세담보 … 209
7. 체납액 징수 관련 사실행위의 위탁 … 213

이 책을 다음 순서로 공부하고, 회독 횟수 및 취약 여부를 스스로 체크해 보세요. ☑☐☐

03 강제적 징수절차 ☐☐☐
- 1. 통칙 — 216
- 2. 압류 — 221
- 3. 매각 — 239
- 4. 청산 — 253
- 5. 기타 — 256

제4편 부가가치세법

01 총칙 ☐☐☐
- 1. 부가가치세의 기본이론 — 266
- 2. 납세의무자와 과세대상 — 269
- 3. 과세기간과 납세지 — 273
- 4. 사업자등록 — 283

02 과세거래 ☐☐☐
- 1. 과세거래의 개요 — 292
- 2. 재화의 공급 — 293
- 3. 용역의 공급 — 307
- 4. 재화의 수입 — 310
- 5. 부수재화 또는 용역의 공급 — 311

03 공급시기 및 공급장소 ☐☐☐
- 1. 공급시기 — 316
- 2. 공급장소 — 323

04 영세율과 면세 ☐☐☐
- 1. 영세율과 면세의 개념과 원리 — 326
- 2. 영세율 — 328
- 3. 면세 — 335

05 세금계산서와 영수증 ☐☐☐
- 1. 세금계산서 — 348
- 2. 영수증 — 360
- 3. 세금계산서 및 영수증의 발급의무 면제 — 363
- 4. 세금계산서합계표 — 365

06 과세표준 ☐☐☐
- 1. 부가가치세 계산구조와 매출세액 계산구조 — 368
- 2. 일반적인 경우 — 369
- 3. 간주공급 — 380
- 4. 부동산의 임대 및 공급 — 381
- 5. 대손세액공제 — 384

07 매입세액과 차가감납부세액의 계산 ☐☐☐
- 1. 매입세액의 계산구조 — 390
- 2. 매입세액의 계산구조 구성내용 — 391
- 3. 차가감납부세액의 계산 — 406

08 부가가치세 신고와 납부 ☐☐☐
- 1. 신고와 납부 — 414
- 2. 환급 — 421
- 3. 결정 및 경정 — 423
- 4. 징수 — 427
- 5. 전자적 용역을 공급하는 국외사업자의 부가가치세 — 428
- 6. 국외사업자의 용역 등 공급에 관한 특례 — 430

09 겸영사업자의 안분계산 ☐☐☐
- 1. 겸영사업자의 과세체계 — 434
- 2. 공급단계의 안분계산 — 435
- 3. 매입단계의 안분계산 — 437
- 4. 공통매입세액의 정산 — 439

10 간이과세 ☐☐☐
- 1. 간이과세의 개요 — 444
- 2. 과세유형의 변경 — 447
- 3. 간이과세의 포기 및 재적용 — 449
- 4. 간이과세자의 부가가치세 계산구조 — 452
- 5. 신고·납부와 결정·경정 및 징수 — 459

제 1 편

조세법 총론

01 조세법 총론

CHAPTER 01

조세법 총론

1. 조세의 개념과 분류

● 최신 8개년 출제 경향 분석

01 조세의 개념과 분류

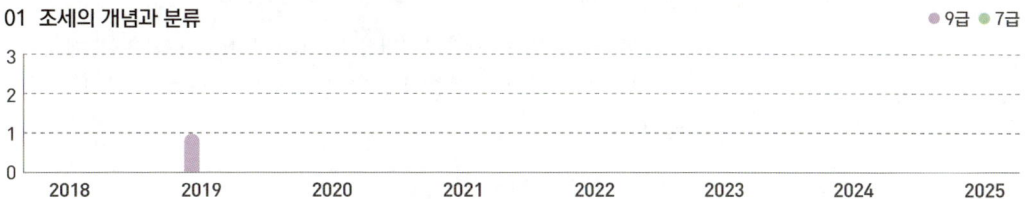

1 조세의 개념과 분류

1 조세의 개념과 분류 B

★★ (1) 조세의 개념

'조세'란 국가 또는 지방자치단체가 그의 경비충당을 위한 재정수입을 조달할 목적으로 법률에 규정된 과세요건을 충족한 모든 자에게 직접적 반대급부 없이 부과하는 금전급부이다.

① **조세부과 주체**
조세를 부과하는 주체는 국가 또는 지방자치단체이다. 따라서 공공단체가 공공사업에 필요한 경비에 충당하기 위하여 부과하는 공과금은 조세가 아니다.

② **과세목적**
조세는 국가 또는 지방자치단체의 경비충당을 위한 재정수입을 조달할 목적으로 부과된다. 따라서 위법행위에 대한 제재에 주된 목적을 두고 부과되는 벌금·과료·과태료 등은 조세가 아니다.

③ **과세근거 및 대상**
조세는 법률에 규정된 과세요건을 충족한 모든 자에게 부과된다. 과세요건은 국회가 제정한 법률에 따라 규정되며, 그러한 과세요건이 충족되면 당사자의 의사에 관계없이 조세가 부과되는 것이다. 따라서 과세권자나 납세의무자의 의사는 전혀 개입할 여지가 없다.

④ **무보상성**
조세는 직접적 반대급부 없이 부과된다. 납세의무자는 국가가 제공하는 국방·치안 및 기타 사회복지의 혜택을 받지만, 이것은 자기가 납부한 조세와 비례하여 주어지는 직접적 반대급부(개별적 보상)는 아니다. 조세는 단지 일반적 보상만을 제공한다. 이러한 의미에서 국가 또는 지방자치단체가 제공하는 특정한 용역에 대한 대가인 수수료·사용료·특허료 등은 조세가 될 수 없다.

⑤ **금전납부의 원칙**
조세는 금전급부이다. 화폐경제가 확립된 현대의 조세는 금전으로 납부되며, 물납은 원칙적으로 인정되지 않는다. 다만, 세법에서는 국세 중 상속세, 지방세 중 재산세에서 물납을 허용하고 있다.

 오쌤 Talk

공과금
국가나 지방자치단체 외의 공공단체가 국민에게 공적으로 부과하는 금전적인 부담으로, 전화료나 전기료 및 상·하수도 요금 등이 있다.

확인문제

01. 조세의 특성에 관한 설명으로 옳지 않은 것은?　　　2002. 9급

① 상공회의소 회비는 미납한 경우 자력집행권을 행사할 수 있다는 점에서 조세의 일부를 구성한다.
② 국가질서유지를 목적으로 부과하는 벌금·과료 등은 재정수입의 조달이 목적이 아니므로 조세로 분류되지 아니한다.
③ 조세는 법률에 의한 과세요건을 충족한 자에게 당연히 부과되며, 과세권자와의 합의 또는 계약을 요건으로 하지 아니한다.
④ 조세는 금전납부를 원칙으로 하되 「상속세 및 증여세법」의 경우에는 예외적으로 물납규정을 두고 있다.

정답 ①

기출 OX

01. 물납에 의하여 납세의무가 소멸하기 위해서는 물납을 허용하는 법률규정이 있어야 가능하다.　　2015. 7급

정답 O

(2) 조세의 분류

분류기준	분류
① 과세주체가 누구인가	㉠ 국 세: 국가가 부과하는 조세 　　　(ex. 법인세, 소득세, 부가가치세, 상속세, 증여세, 종합부동산세 등) ㉡ 지방세: 지방자치단체가 부과하는 조세 　　　(ex. 취득세, 등록면허세, 주민세, 지방소비세, 재산세, 자동차세 등)
② 세수의 용도가 특정되는가	㉠ 보통세: 세수의 용도를 특정하지 않고 일반경비에 충당되는 조세 　　　(ex. 법인세, 소득세, 부가가치세 등 대부분의 국세) ㉡ 목적세: 세수의 용도를 특정하여 그 특정경비에만 충당되는 조세 　　　(ex. 농어촌특별세, 교육세, 교통·에너지·환경세)
③ 전가가 예정되어 있는가	㉠ 직접세: 법률상의 납세의무자와 담세자가 일치하는 조세 　　　(ex. 법인세, 소득세, 종합부동산세, 상속세, 증여세 등) ㉡ 간접세: 법률상의 납세의무자에게 부과된 조세가 다른 자에게 전가될 것으로 입법자가 예정하고 있는 조세 　　　(ex. 부가가치세, 개별소비세, 주세, 인지세 등)
④ 납세의무자의 인적사정이 고려되는가	㉠ 인 세: 납세의무자를 중심으로 그 인적 측면에 주안점을 두어 부과되는 조세 　　　(ex. 법인세, 소득세, 상속세 및 증여세 등) ㉡ 물 세: 과세대상을 중심으로 그 물적 측면에 주안점을 두어 부과되는 조세 　　　(ex. 부가가치세, 개별소비세, 주세 등)
⑤ 과세대상을 측정하는 단위가 무엇인가	㉠ 종가세: 과세표준이 금액으로 표시되고 세율은 백분비(또는 천분비)로 표시됨 　　　(ex. 법인세, 소득세, 부가가치세 등 대부분의 국세) ㉡ 종량세: 과세표준이 수량으로 표시되고 세율은 금액으로 표시됨 　　　(ex. 인지세, 석유류에 대한 개별소비세 등)
⑥ 다른 조세에 부가되는가	㉠ 독립세: 부가세 외의 조세 　　　(ex. 법인세, 소득세, 부가가치세 등 대부분의 국세) ㉡ 부가세: 다른 조세에 부가되는 조세 　　　(ex. 교육세, 농어촌특별세, 지방교육세 등)

오쌤 Talk

납세의무자 vs 담세자

납세자: 조세를 직접 납부할 의무를 지는 자
담세자: 부과된 세금을 자신의 재산에서 부담해야 하는 자
즉, 직접세의 경우, 납세자 = 담세자
　　간접세의 경우, 납세자 ≠ 담세자

[참고] 부가가치세의 담세자와 납세의무자 Link-P.267

오쌤 Talk

부가세 vs 부가가치세

부가가치세는 사업자가 창출한 부가가치에 대해 소비자가 부담하는 세금을 의미하고, 부가세는 본세에 부가되는 조세를 의미한다. 따라서 부가세와 부가가치세는 서로 다른 분류이다.

「상속세 및 증여세법」
「상속세 및 증여세법」이라는 1세법 안에 상속세와 증여세의 2세목이 들어 있다.
(1세목 1세법의 예외사항임 Link-P.24)

관세
관세는 넓은 의미에서는 국가의 재정수입을 구성하는 국세이지만, 「국세기본법」상에서는 정의상 국세에 해당하지 않는다. 「국세기본법」상에서의 국세는 내국세만을 의미하기 때문이다.

국세 vs 지방세법
국세는 각 세목별로 근거법률을 달리한다. 그러나 지방세는 「지방세법」이라는 법률 안에 모든 지방세가 포함되어 있다.

[우리나라 현행 조세체계]

구분				세목	근거법률
국세	내국세	독립세	직접세	소득세	「소득세법」
				법인세	「법인세법」
				종합부동산세	「종합부동산세법」
				상속세	「상속세및증여세법」
				증여세	
			간접세	일반소비세	부가가치세	「부가가치세법」
			개별소비세	개별소비세	「개별소비세법」
				주세	「주세법」
				교통·에너지·환경세	「교통·에너지·환경세법」
			유통세	인지세	「인지세법」
				증권거래세	「증권거래세법」
		관세		관세	「관세법」
		부가세		교육세	「교육세법」
				농어촌특별세	「농어촌특별세법」
지방세	보통세			취득세	「지방세법」
				등록면허세	
				주민세	
				지방소득세	
				지방소비세	
				재산세	
				자동차세	
				레저세	
				담배소비세	
	목적세			지역자원시설세	
				지방교육세	

2 조세법의 기본원칙 B

'조세법의 기본원칙'이란 조세법의 입법 및 해석·적용에 있어서 따라야 할 기본적 지침을 말한다. 이러한 조세법의 기본원칙에는 조세법률주의와 조세평등주의가 있다.

★★ **(1) 조세법률주의**

'조세법률주의'란 국가(또는 지방자치단체)는 국회에서 제정한 법률에 의해서만 조세를 부과·징수할 수 있으며, 국민은 법률에 의해서만 납세의무를 진다는 원칙을 말한다. 「헌법」 제59조에서 "조세의 종목과 세율은 법률로 정한다"고 규정한 것은 이 원칙을 선언한 것이다. 이러한 조세법률주의의 구체적인 내용은 대체로 다음과 같이 4가지로 설명된다.

① **과세요건 법정주의**

과세요건과 조세의 부과·징수절차를 모두 법률로써 규정해야 한다는 원칙으로서, 조세법률주의의 가장 핵심적 내용을 이루고 있다. 단, 모든 과세요건과 부과·징수절차를 모두 법률로 규정하는 것은 현실적으로 불가능하므로 시행령 또는 시행규칙에 이를 위임할 수 있다. 그러나 이 경우 구체적·개별적으로 위임범위를 정하는 개별위임은 허용되지만, **포괄위임(또는 백지위임, 골격입법)은 과세요건 법정주의를 위배하는 것으로 허용되지 않는다.**

② **과세요건 명확주의**

조세에 관한 세법의 규정은 명확하고 상세해야 하며 여러 의미로 해석되지 않아야 한다는 원칙이다. 비록 과세요건 법정주의가 잘 지켜졌다 하더라도 그 규정된 내용이 다의적·추상적이라면 결국 국민의 법적 안정성과 예측가능성을 침해하게 될 수 있다.

③ **새로운 법률에 따른 소급과세의 금지**

새로운 세법의 효력발생 전에 완결된 사실에 대하여 해당 새로운 세법을 적용해서는 안 된다는 원칙이다. 과세요건 법정주의와 과세요건 명확주의가 아무리 잘 지켜졌다 하더라도 소급과세의 가능성이 존재한다면 납세자의 법적 안정성과 예측가능성은 결코 보장될 수 없을 것이다.

④ **세법의 엄격해석의 원칙**

세법은 그 문언에 충실하게 해석해야 하며, 해석에 있어서 보정이나 보충을 원칙적으로 허용하지 않는다는 것이다. 그러므로 세법의 해석은 원칙적으로 문리해석[*1]에 의해야 하며, 문리해석만으로는 그 의미를 확정할 수 없는 경우에 한정하여 보충적·제한적으로 논리해석[*2]이 허용된다. 다만, 논리해석이 허용되지만 확장해석[*3]이나 유추해석[*4]은 엄격원칙에 반하므로 허용되지 않는다는 것이 통설이다.

[*1] 해당 조문의 문자·문구·문장에 대한 국어학적 또는 문법적으로 해석하는 것
[*2] 해당 조문의 목적, 취지, 관련된 다른 조항과의 관계, 해당 법률의 다른 일반조항 등에 비추어 논리적으로 분석하여 해석하는 것
[*3] 법령에 사용된 문언을 그것이 통상 사용되고 있는 의미보다 넓은 의미로 해석하는 것
[*4] 법규정에 있는 사항과 없는 사항 사이의 공통·유사성을 발견하고 전자의 규정을 후자의 사항에 보충·적용하도록 해석하는 것

📝 **확인문제**

02. 조세법률주의에 대한 설명이다. 옳지 않은 것은? (이설이 있을 경우 통설에 따른다) 2007. 서울시 9급 수정

① 과세요건 및 부과징수절차는 법률에 의하여야 한다.
② 구체적·개별위임은 인정되지만, 포괄위임·백지위임·골격위임은 인정되지 않는다.
③ 유추해석이나 확장해석도 세법의 해석방법으로 인정된다.
④ 과세요건은 애매하고 불명확하지 않고 구체적이고 명확하게 규정해야 한다.

정답 ③

📝 **확인문제**

03. 조세법률주의에 대한 설명으로 옳지 않은 것은? (단, 다툼이 있는 경우 판례에 의함) 2019. 9급

① 조세의 과세요건 및 부과·징수 절차는 입법부가 제정하는 법률로 정해져야 한다.
② 1세대 1주택에 대한 양도소득세 비과세요건(거주요건)을 추가하여 납세자가 양도소득세 비과세를 받기 어렵게 규정을 개정하였지만 경과규정을 두어 법령시행 후 1년간 주택을 양도한 경우에는 구법을 적용하도록 하였다면 이러한 법 개정은 소급과세 금지에 반하지 않는다.
③ 엄격해석으로 세법상 의미를 확정할 수 없는 경우 세법규정의 유추적용이 허용된다.
④ 조세법률주의는 과세권의 자의적 발동으로부터 납세자를 보호하기 위한 대원칙으로 「헌법」에 그 근거를 두고 있다.

정답 ③

★ (2) 조세평등주의

'조세평등주의'란 입법상 국민에게 세부담이 공평히 배분되도록 세법을 제정해야 하며, 세법의 해석·적용상 국민을 평등하게 취급해야 한다는 원칙을 말한다. 이 원칙은 입법에 있어서 중요한 지도원리가 될 뿐 아니라, 해석·적용에 있어서도 중요한 기본원칙의 하나이다. 다만, 세법의 해석·적용에 있어서는 조세법률주의에 의해 제약되는 하위의 원칙으로 이해되고 있다.

현행 세법이 규정하고 있는 실질과세의 원칙, 부당행위계산의 부인 등은 이러한 조세평등주의를 구현하기 위한 하부원칙에 속한다.

3 조세법의 법원 C

(1) 법원의 의미

'법원'이란 법의 존재형식을 의미하는데, 조세법의 법원도 다른 법과 마찬가지로 성문법과 불문법으로 크게 나누어진다. '성문법(成文法)'이란 문자로 표시되고 일정한 형식과 절차를 거쳐 제정된 것을 말하며, '불문법(不文法)'이란 성문법 외의 법을 가리킨다. 조세법은 조세법률주의에 따라 지배되고 있기 때문에 성문법이 중추적인 지위를 점하고 있으며, 불문법의 역할은 매우 협소하다.

(2) 성문법

① 「헌법」

「헌법」은 국가의 최고법규로서, 그에 위반하는 조세법규와 과세관청의 행위는 무효이다. 또한 「헌법」은 제38조에서 "모든 국민은 법률이 정하는 바에 따라 납세의무를 진다"고 규정하고, 제59조에서 "조세의 종목과 세율은 법률로 정한다"고 규정하여 조세법의 근거를 마련하고 있다. 이러한 의미에서 「헌법」은 조세법의 최고의 법원이라고 할 수 있다.

② 법률

법률은 「헌법」의 규정에 따라 국회에서 제정하는 것으로 조세법원 중 핵심적인 내용이다. 세법은 국세에 관한 법률과 지방세에 관한 법률로 구분이 가능하다. 국세에 관한 법률은 각 조세의 종목과 세율을 정한 개별세법과 각 조세에서 공통되는 사항을 규정하는 일반세법으로 분류할 수 있다.

③ 조약과 국제법

「헌법」에 따라 체결·공포된 조약과 일반적으로 승인된 국제법규는 국내법과 같은 효력을 가진다. 따라서 우리나라가 외국과 체결한 조세조약은 법률과 마찬가지로 조세법의 법원이 된다.

④ 명령

'명령'이란 입법기관인 국회의 의결을 거치지 않고 행정부가 제정하는 법규를 말한다. 여기에는 대통령령·총리령 및 부령이 있다. 현재 개별세법마다 대통령령과 기획재정부령(지방세의 경우에는 행정안전부령)이 제정되어 있는데, 전자를 시행령, 후자를 시행규칙이라고 부른다.

오쌤 Talk

일반세법 vs 개별세법
- 일반세법: 「국세기본법」, 「국세징수법」, 「조세범처벌법」, 「조세범처벌절차법」, 「조세특례제한법」, 「국제조세조정에 관한 법률」 등
- 개별세법: 「법인세법」, 「소득세법」, 「부가가치세법」, 「상속세 및 증여세법」

⑤ 조례와 규칙

'조례'란 지방의회가 제정하는 법규이며, '규칙'이란 지방자치단체의 장이 제정하는 법규이다. 지방세의 경우에는 이러한 조례와 규칙도 법원이 된다.

⑥ 행정규칙

'행정규칙'이란 상급행정기관이 하급행정기관의 권한행사를 지휘하기 위하여 발하는 훈령·예규·통첩 등을 말한다. 이러한 행정규칙은 과세관청이 조세사무를 집행하는 기준이 되기 때문에 납세자에게 막대한 영향을 미치고 있다. 그러나 이러한 행정규칙은 어디까지나 행정기관 내부의 지침에 불과할 뿐, 국민이나 법원을 구속하는 법규로서의 효력을 갖지는 못한다.

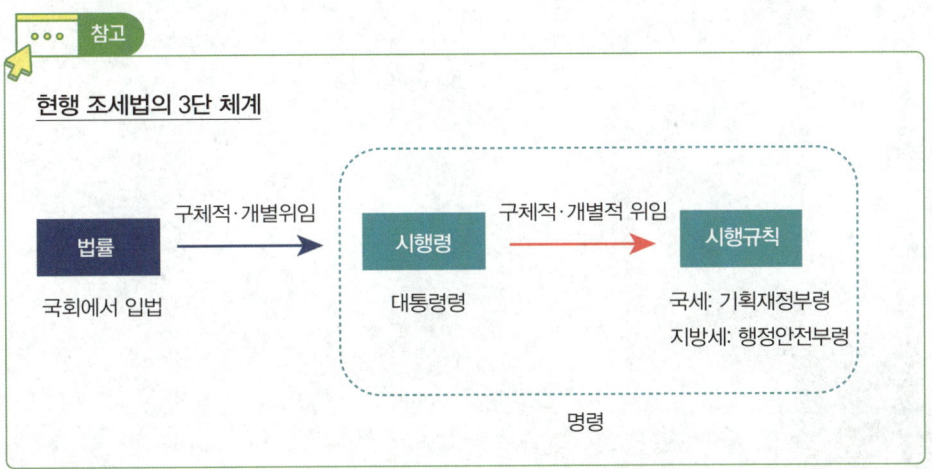

참고

현행 조세법의 3단 체계

(3) 불문법

① 판례

'판례'란 재판의 선례를 말한다. 법원의 판결은 본래 해당 사건에 한정하여 기속력을 가질 뿐, 다른 사건에까지 그 기속력을 미치지는 못한다. 따라서 엄밀히 말하면 판례의 법원성은 인정될 수 없다.

그러나 대법원의 판례에 어긋나는 주장이나 하급심의 판결은 패소되거나 파기될 위험성이 매우 크기 때문에 사실상 당사자나 하급법원은 대법원의 판례를 따르는 경우가 많다. 이러한 의미에서 대법원 판례는 사실상 법원성을 갖는다고 할 수 있다.

② 관습법

'관습법'이란 관습 가운데 국민들의 법적 확신을 얻은 것을 말한다. 이러한 관습법이 조세법의 영역에서도 법원으로 인정될 수 있는가에 관하여는 논란이 있으나, 조세법률주의가 엄격히 지배하는 조세법의 영역에서는 관습법의 법원성을 인정해서는 안 된다는 의견이 지배적이다.

③ 조리

'조리'란 사물의 당연한 이치를 말한다. 신의성실의 원칙, 실질과세의 원칙 등 조세법의 기본원칙들은 조세법에 본래 내재하는 조리로서 법원성이 인정된다고 볼 수 있다.

제 2 편

국세기본법

01 총칙
02 국세부과의 원칙과 세법적용의 원칙
03 납세의무의 성립·확정·소멸
04 납세의무의 확장
05 국세와 일반채권과의 관계
06 과세
07 국세환급금과 국세환급가산금
08 조세불복제도
09 납세자의 권리 및 보칙

CHAPTER 01

총칙

1. 통칙
2. 기간과 기한
3. 서류의 송달
4. 인격

• 최신 8개년 출제 경향 분석

01 통칙
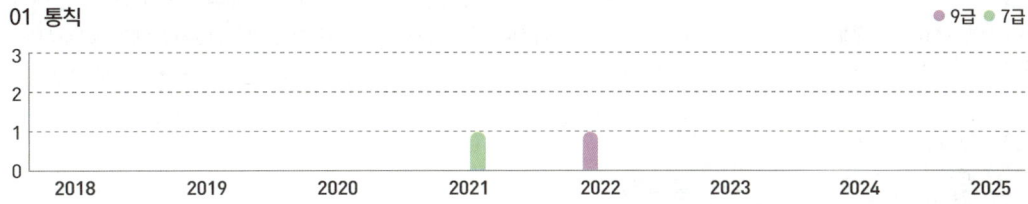

02 기간과 기한
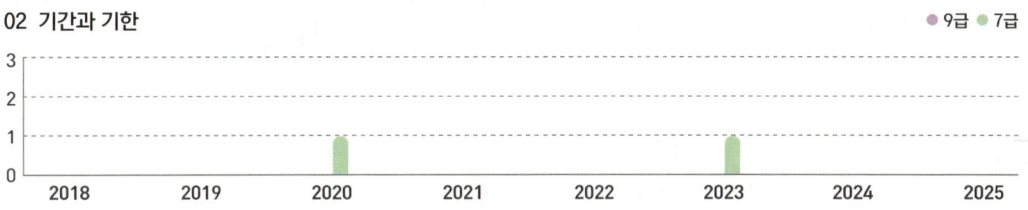

03 서류의 송달
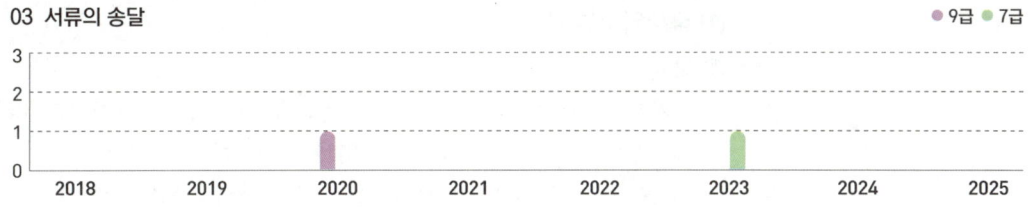

04 인격
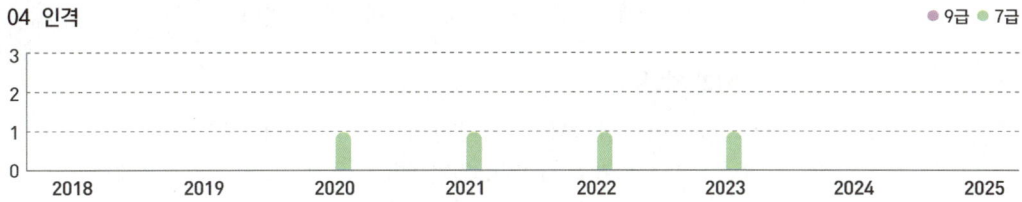

1 통칙

1 「국세기본법」의 목적 B

「국세기본법」은 ① 국세에 관한 기본적이고 공통적인 사항과 ② 납세자의 권리·의무 및 권리구제에 관한 사항을 규정함으로써 국세에 관한 법률관계를 명확하게 하고, 과세를 공정하게 하며, 국민의 납세의무의 원활한 이행에 이바지함을 목적으로 한다(국기법 1). 따라서 「국세기본법」은 다음과 같은 두 가지 성격을 갖게 된다.

★(1) 총칙법

「국세기본법」은 국세에 관한 기본적이고 공통적인 사항을 규정하는 총칙법[*1]이다. 우리나라는 '1세목 1세법주의'에 입각하여 여러 가지 국세를 각각 별개의 세법에서 규정하고 있다. 따라서 각 세법의 중복적인 규정을 피하고 세법체계의 일관성을 유지하기 위하여 기본적이고 공통적인 사항들을 규정하는 별도의 총칙법이 필요하게 된 것이다.

★(2) 권리구제 절차법

「국세기본법」은 국세에 관한 위법 또는 부당한 처분(處分)에 대한 불복절차를 규정하는 권리구제 절차법[*2]으로서의 성격도 아울러 갖고 있다.

2 용어의 정의 B

★★(1) 국세와 지방세

① 국세

국가가 부과하는 조세 중 소득세, 법인세, 상속세와 증여세, 종합부동산세, 부가가치세, 개별소비세, 교통·에너지·환경세, 주세(酒稅), 인지세(印紙稅), 증권거래세, 교육세 및 농어촌특별세를 국세라 한다. 본래 관세도 넓은 의미에서는 국세에 속하지만, 「국세기본법」에 따른 '국세'라는 용어는 관세를 포함하지 않는 '내국세'만을 가리킨다.

② 지방세

「지방세기본법」에서 규정하는 세목을 말한다.

★★(2) 세법

세법은 개별세법과 일반세법으로 구성된다. 개별세법은 국세의 종목과 세율을 정하고 있는 법률을 말한다. 일반세법은 「국세징수법」, 「조세특례제한법」, 「국제조세조정에 관한 법률」, 「조세범처벌법」 및 「조세범 처벌절차법」을 말한다. 본래 「국세기본법」·「지방세법」·「관세법」 등도 세법에 속하지만, 국세기본법에 따른 '세법'이라는 용어는 이들을 포함하지 않는 것이다.

[*1] 「법인세법」, 「소득세법」, 「부가가치세법」, 「상증세법」등 개별세법에 관한 기본적이고 공통적인 사항을 각 개별 세법에 중복하여 규정하지 않기 위해 기본적·공통적인 사항을 「국세기본법」에 일괄하여 규정하고 있다.

[*2] 이를 위하여 불복절차를 두고 있다. '불복'은 위법·부당한 국세에 관한 처분을 받거나 필요한 처분을 받지 못함으로써 권리 또는 이익의 침해를 당한 자가 그 처분의 취소·변경이나 필요한 처분을 청구하는 것을 말한다. 불복절차는 「국세기본법」 '08 조세불복제도'에서 설명한다.

확인문제

01. 「국세기본법」 제1조 [목적]에 대한 설명으로 옳은 것을 모두 고른 것은?
2012. 9급

㉠ 국세에 관한 기본적이고 공통적인 사항을 규정
㉡ 납세자의 권리·의무 및 권리구제에 관한 사항을 규정
㉢ 국세의 징수에 관하여 불필요한 사항을 규정하여 국세수입을 확보
㉣ 납세자의 부담능력 등에 따라 적정하게 과세함으로써 조세부담의 형평을 도모
㉤ 국세에 대한 법률관계를 명확히 함

① ㉠, ㉡, ㉣
② ㉠, ㉡, ㉤
③ ㉠, ㉣, ㉤
④ ㉠, ㉢, ㉤

정답 ②

★★ (3) 가산세·강제징수비·공과금

① 가산세
세법에서 규정하는 의무의 성실한 이행을 확보하기 위하여 세법에 따라 산출한 **세액에 가산하여 징수하는 금액**을 말한다. 따라서 가산세는 각종 의무의 불이행에 가해지는 행정벌적 성격을 가지고 있다. 그러나 형식상 **가산세는 해당 세법이 정하는 국세의 세목에 속한다**(국기법 47 ②).

② 강제징수비
「국세징수법」 중 강제징수에 관한 규정에 따른 **재산의 압류, 보관, 운반과 매각에 든 비용**(매각을 대행시키는 경우 그 수수료를 포함)을 말한다. 이러한 **강제징수비는 국세에 속하지 않는다.**

[국세의 징수절차]

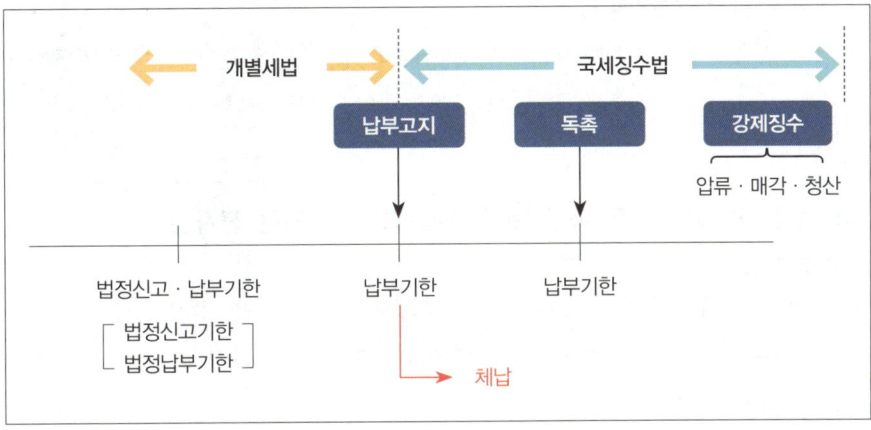

③ 공과금
「국세징수법」에서 규정하는 강제징수의 예에 따라 징수할 수 있는 채권 중 국세, 관세, 임시수입부가세, 지방세와 이에 관계되는 강제징수비를 제외한 것을 말한다. 「고용보험법」에 의한 보험료, 교통유발부담금 등이 해당된다.

★★ (4) 납세의무자·납세자·제2차 납세의무자·보증인·원천징수

① 납세의무자
세법에 따라 국세를 납부할 의무(국세를 징수하여 납부할 의무는 제외)가 있는 자를 말한다.

② 납세자
납세의무자(연대납세의무자와 납세자를 갈음하여 납부할 의무가 생긴 경우의 **제2차 납세의무자 및 보증인을 포함**)와 세법에 따라 국세를 징수하여 납부할 의무를 지는 자를 말한다.

③ 제2차 납세의무자
납세자가 **납세의무를 이행할 수 없는 경우에 납세자를 갈음하여 납세의무를 지는 자**를 말한다.

오쌤 Talk

가산세

가산세는 본세에 가산하여 본세의 세목으로 징수한다. 즉, 소득세 100에 가산세 10을 합한 110 전체를 소득세로 징수한다.

기출 OX

01. 국세기본법상 '강제징수비'라 함은 법령의 규정에 의한 재산의 압류·보관·운반과 매각에 소요된 비용을 말한다. 2008. 9급

정답 O

오쌤 Talk

징수절차

납부의 고지 및 독촉에 따른 징수절차를 '임의적 징수절차'라고 한다.
임의적 징수절차에도 완납하지 않은 경우 압류·매각·청산의 과정(강제적 징수절차)을 통해 납세자의 재산에 대해 강제집행을 하게 되는데, 이를 강제징수라고 한다.
쉽게 말해서, 말로 해서 징수해보려고 하는 절차가 임의적 징수절차이고, 말로 해서 징수가 안 되면 이제 강제성을 띄는 강제징수 단계로 넘어간다.

오쌤 Talk

납세의무자

납세자 = 납세의무자 + 징수납부의무자
즉, 징수납부의무자와 납세의무자는 다르다. 예를 들어 원천징수를 징수하여 납부해야 하는 징수납부의무자는 월급을 지급하는 사업자이고, 납세의무자는 월급을 지급받는 근로자이다.

기출 OX

02. 「국세기본법」상 납세의무자란 세법에 따라 국세를 납부할 의무(국세를 징수하여 납부할 의무는 제외한다)가 있는 자를 말한다. 2014. 7급

정답 O

확인문제

02. 「국세기본법」에서 사용하는 용어의 뜻으로 옳지 않은 것은?   2022. 9급

① '납세자'란 납세의무자(연대납세의무자를 제외한다)와 세법에 따라 국세를 징수하여 납부할 의무를 지는 자를 말한다.
② '원천징수'란 세법에 따라 원천징수의무자가 국세(이와 관계되는 가산세는 제외한다)를 징수하는 것을 말한다.
③ '보증인'이란 납세자의 국세 또는 강제징수비의 납부를 보증한 자를 말한다.
④ '제2차 납세의무자'란 납세자가 납세의무를 이행할 수 없는 경우에 납세자를 갈음하여 납세의무를 지는 자를 말한다.

정답 ①

오쌤 Talk

과세기간
과세기간은 각 국세에서 규정하는 내용에 따라 다르다.

법인세법	법인의 1회계기간을 과세기간으로 함
소득세법	매년 1월 1일부터 12월 31일까지
부가가치세법	일반과세자의 경우 1년을 제1기(1월 1일부터 6월 30일까지)와 제2기(7월 1일부터 12월 31일까지)로 구분

확인문제

03. 「국세기본법」상 용어의 정의로 옳지 않은 것은?   2012. 7급

① 국세란 국가가 부과하는 조세로서 소득세, 법인세, 부가가치세, 관세, 주세, 증권거래세 등을 말한다.
② 가산세란 「국세기본법」 및 세법에서 규정하는 의무의 성실한 이행을 확보하기 위하여 세법에 따라 산출한 세액에 가산하여 징수하는 금액을 말한다.
③ 과세표준이란 세법에 따라 직접적으로 세액산출의 기초가 되는 과세대상의 수량 또는 가액을 말한다.
④ 전자신고란 과세표준신고서 등 「국세기본법」 또는 세법에 따른 신고 관련 서류를 국세정보통신망을 이용하여 신고하는 것을 말한다.

정답 ①

---

④ **보증인**
납세자의 국세 또는 강제징수비의 납부를 보증한 자를 말한다.

⑤ **원천징수**
세법에 따라 원천징수의무자가 국세(이에 관계되는 가산세는 제외)를 징수하는 것을 말한다. 이것은 일정한 소득을 지급하는 자가 그 지급하는 금액에서 지급받는 개인(또는 법인)의 소득세(또는 법인세)를 차감하고 잔액만을 지급하는 것을 말하는데, 이처럼 원천징수한 소득세(또는 법인세)는 원칙적으로 다음 달 10일까지 정부에 납부하도록 되어 있다.

[납세자와 납세의무자]

```
                    납세자
  징수납부의무자                      납세의무자
  원천징수의무자, 부가가치세 대리납부의무자    본래의 납세의무자, 연대납세의무자,
  납세조합원 소득세 징수납부의무자          제2차 납세의무자, 납세보증인
```

★★ **(5) 과세기간·과세표준·과세표준신고서·법정신고기한·전자신고**

① **과세기간**
세법에 따라 국세의 과세표준 계산의 기초가 되는 기간을 말한다. 이것을 「법인세법」에서는 '사업연도'라고 부르며, 「소득세법」에서는 그대로 '과세기간'이라고 부른다.

② **과세표준**
세법에 따라 직접적으로 세액산출의 기초가 되는 과세대상의 수량 또는 가액을 말한다. 과세표준이 수량으로 표시되는 조세를 '종량세'라고 하고, 과세표준이 금액으로 표시되는 조세를 '종가세'라고 한다.

③ **과세표준신고서**
국세의 과세표준과 국세의 납부 또는 환급에 필요한 사항을 적은 신고서를 말한다.

④ **과세표준수정신고서**
당초에 제출한 과세표준신고서의 기재사항을 수정하는 신고서를 말한다.

⑤ **법정신고기한**
세법에 따라 과세표준신고서를 제출할 기한을 말한다.

⑥ **전자신고**
과세표준신고서 등 「국세기본법」 또는 세법[*3]에 따른 신고 관련 서류를 국세청장이 정하여 고시하는 정보통신망[이하 '국세정보통신망(Home Tax Service: HTS)']을 이용하여 신고하는 것을 말한다.

[*3] 「국세기본법」 또는 세법: 「국세기본법」상 세법 안에 국세기본법이 포함되지 않으므로, 향후 「국세기본법」의 각 조문에는 "국세기본법 또는 세법"이라는 문구가 기술된다.

(6) 세무공무원

「국세기본법」상 세무공무원이란 다음의 자를 말한다(국기법 2 (17)).

㉠ 국세청장, 지방국세청장, 세무서장 또는 그 소속 공무원
㉡ 세법에 따라 국세에 관한 사무를 세관장이 관장하는 경우의 그 세관장 또는 그 소속공무원

(7) 세무조사

국세의 과세표준과 세액을 결정 또는 경정하기 위하여 질문하거나 해당 장부·서류 또는 그 밖의 물건(이하 '장부 등')을 검사·조사하거나 그 제출을 명하는 활동을 말한다(국기법 2 (21)).

(8) 특수관계인

특수관계인이란 본인과 다음 중 어느 하나에 해당하는 관계에 있는 자를 말한다. 이 경우 「국세기본법」 및 세법을 적용할 때 본인도 그 특수관계인의 특수관계인으로 본다(국기법 2 (20), 국기령1의2)

구분	내용
① 친족관계	㉠ 4촌 이내의 혈족 ㉡ 3촌 이내의 인척 ㉢ 배우자(사실상의 혼인관계에 있는 자를 포함) ㉣ 친생자로서 다른 사람에게 친양자 입양된자 및 그 배우자·직계비속 ㉤ 본인이 「민법」에 따라 인지한 혼인 외 출생자의 생부나 생모(본인의 금전이나 그 밖의 재산으로 생계를 유지하는 사람 또는 생계를 함께하는 사람으로 한정)
② 경제적연관관계	㉠ 임원과 그 밖의 사용인 ㉡ 본인의 금전이나 그 밖의 재산으로 생계를 유지하는 자 ㉢ '㉠' 및 '㉡'의 자와 생계를 함께하는 친족
③ 경영지배관계	[본인이 개인인 경우] ㉠ 본인이 직접 또는 그와 친족관계 또는 경제적 연관관계에 있는 자를 통하여 법인의 경영에 대하여 지배적인 영향력을 행사*하고 있는 경우 그 법인 ㉡ 본인이 직접 또는 그와 친족관계, 경제적 연관관계 또는 ㉠의 관계에 있는 자를 통하여 법인의 경영에 대하여 지배적인 영향력을 행사*하고 있는 경우 그 법인 [본인이 법인인 경우] ㉠ 개인 또는 법인이 직접 또는 그와 친족관계 또는 경제적 연관관계에 있는 자를 통하여 본인인 법인의 경영에 대하여 지배적인 영향력을 행사*하고 있는 경우 그 개인 또는 법인 ㉡ 본인이 직접 또는 그와 경제적 연관관계 또는 ㉠의 관계에 있는 자를 통하여 어느 법인의 경영에 대하여 지배적인 영향력을 행사*하고 있는 경우 그 법인 ㉢ 본인이 직접 또는 그와 경제적 연관관계, ㉠ 또는 ㉡의 관계에 있는 자를 통하여 어느 법인의 경영에 대하여 지배적인 영향력을 행사*하고 있는 그 법인 ㉣ 본인이 「독점규제 및 공정거래에 관한 법률」에 따른 기업집단에 속하는 경우 그 기업집단에 속하는 다른 계열회사 및 그 임원

* 다음의 요건에 해당하는 경우 해당 법인의 경영에 대하여 지배적인 영향력을 행사하고 있는 것으로 본다.

영리법인	① 법인의 발행주식총수 또는 출자총액의 100분의 30 이상을 출자한 경우 ② 임원의 임면권의 행사, 사업방침의 결정 등 법인의 경영에 대하여 사실상 영향력을 행사하고 있다고 인정되는 경우
비영리법인	① 법인의 이사의 과반수를 차지하는 경우 ② 법인의 출연재산(설립을 위한 출연재산만 해당한다)의 100분의 30 이상을 출연하고 그 중 1인이 설립자인 경우

오쌤 Talk

결정 vs 경정
- 결정: 최초로 납세의무를 확정하는 처분
- 경정: 이미 확정된 납세의무의 내용을 변경하는 처분

*확정에 대한 내용은 '03 납세의무의 성립·확정·소멸'에서 다루기로 한다.
Link-P.59

오쌤 Talk

특수관계인
어느 일방이 상대방에 대해 특수관계이면 쌍방이 특수관계인 것으로 본다.

3 다른 법률과의 관계 B

★★ (1) 세법과의 관계

국세에 관하여 세법에 별도의 규정이 있는 경우를 제외하고는 「국세기본법」에서 정하는 바에 따른다(국기법 3 ①). 즉, 세법이 「국세기본법」에 우선한다.

따라서 국세에 관하여 세법에 별도의 규정(이것을 '특례규정'이라고 한다)이 있으면 그 특례규정에 따르고, 특례규정이 없는 경우에는 국세기본법을 따른다. 여기서 '세법'에는 「국세기본법」 자신이 포함되지 않으며, 「지방세법」·「관세법」도 포함되지 않는다.

★ (2) 「관세법」 등과의 관계

「관세법」과 「수출용 원재료에 대한 관세 등 환급에 관한 특례법」에서 세관장이 부과·징수하는 국세에 관하여 국세기본법에 대한 특례규정을 두고 있는 경우에는 그 법에서 정하는 바에 따른다(국기법 3 ②). 즉 관세법 등이 국세기본법에 우선한다.

★ (3) 불복청구에 대한 「국세기본법」과 다른 법률과의 관계

① 「행정심판법」과의 관계

「국세기본법」이 「행정심판법」에 우선한다. 즉 「국세기본법」에서 불복청구에 대해 별도로 규정하는 사항에 대해서는 「행정심판법」을 적용하지 않는다. 그러므로 국세기본법에 따른 불복절차를 거쳐야만 행정심판소송을 제기할 수 있도록 하고 있다.

② 「감사원법」과의 관계

「국세기본법」과 「감사원법」은 선택적 지위에 있다. 따라서 불복을 하고자 할 때, 국세기본법에 의한 규정과 「감사원법」에 의한 규정을 선택하여 적용할 수 있다. 다만, 이를 중복하여 적용할 수는 없다.

2 기간과 기한

1 기간의 계산 B

'기간'이란 어느 시점에서 어느 시점까지의 계속된 시간을 말한다. 「국세기본법 또는 세법에서 규정하는 기간의 계산은 「국세기본법」 또는 그 세법에 특별한 규정이 있는 것을 제외하고는 「민법」에 따른다(국기법 4). 이러한 기간계산에 관한 「민법」의 규정은 다음과 같다.

(1) 기산점

기간을 일·주·월·연으로 정한 때에는 기간의 초일은 산입하지 않는다(초일불산입의 원칙). 다만, 그 기간이 오전 0시부터 시작하는 때에는 초일을 산입하며, 연령계산에는 출생일을 산입한다.

오쌤 Talk

세법과의 관계

종전 세법은 「국세기본법」과 다른 세법과의 관계에서 「국세기본법」이 우선된다는 원칙하에 다른 세법이 우선되는 특례를 「국세기본법」에 열거규정으로 적용해왔었다. 그러나 2020년 개정으로 다른 세법에 특례규정이 있는 경우 「국세기본법」에 우선해서 적용하도록 포괄적인 규정으로 전환하였다.

기출 OX

03. 국세에 관하여 세법에 별도의 규정이 있는 경우를 제외하고는 「국세기본법」에서 정하는 바에 따른다. 2021. 7급
정답 O

기출 OX

04. 기간의 계산에 대한 「국세기본법」 또는 세법의 규정이 민법의 규정과 상충되면 「민법」의 규정에 따른다. 2011. 9급
정답 X

(2) 만료점

① **기간을 일, 주, 월 또는 연으로 정한 때**
    기간 말일의 종료로 기간이 만료한다(「민법」159). 다만, 기간의 말일이 토요일 또는 공휴일에 해당하는 때에는 그 다음 날로 기간이 만료한다.

② **기간을 주, 월, 연으로 정한 때**
    역(曆)에 따라 계산한다. 즉 기간을 일수로 환산하지 않고 계산하며, 월이나 연의 장단을 문제삼지 않는 것이다. 즉, 월(30일 또는 31일), 연(365일 또는 366일)의 장단을 따지지 않고 일률적으로 1월, 1년으로 계산한다.

③ **주, 월 또는 연의 처음부터 기간을 기산하지 아니한 때**
    최후의 주·월·연에서 그 기산일에 해당하는 날의 전일로 기간이 만료한다.

④ **월 또는 연으로 정한 경우에 최종의 월에 해당일이 없을 때**
    그 월의 말일로 기간이 만료한다. 이러한 규정은 기간을 '일'로 정한 때에는 적용되지 않는다.

예제 1 기간과 기한의 계산

다음 각 사례의 경우 기간과 기한을 계산하시오.

01 통상적 사유로 인한 경정청구는 법정신고기한이 지난 후 5년 이내에 청구할 수 있다. 법정신고기한이 2024년 3월 31일인 경우 경정청구기한은 언제인가?

02 「상속세 및 증여세법」에 따르면 증여세는 증여받은 날이 속하는 달의 말일부터 3개월 이내에 신고하여야 한다. 증여일이 2024년 11월 20일인 경우 증여세 신고기한은 언제인가?

풀이

01 ① 기산점: 2024년 4월 1일
        초일불산입, 즉 2024년 3월 31일의 다음 날부터 기산
    ② 만료점: 2029년 3월 31일
        (2024년 4월 1일에서 5년이 지난 2029년 최후의 월 4월에서 기산일에 해당하는 날 4월 1일의 전일인 3월 31일)

02 ① 기산점: 2024년 12월 1일
        증여받은 날이 속하는 달의 말일은 2024년 11월 30일이고, 초일불산입이므로 2024년 12월 1일부터 기산
    ② 만료점: 2025년 2월 28일
        3개월이 되는 날은 기산일 전일인 2025년 2월 31일 (3월 1일의 전일)이지만, 해당일이 없으므로, 그 월의 말일인 2025년 2월 28일이 만료일

2 기한 A

기한은 일정시점의 도래로 인하여 법률 효과가 발생·소멸하거나 또는 일정한 시점까지의 의무를 이행해야 하는 경우에 그 시점을 말한다. 기한과 관련해서는 다음과 같은 특례가 있다.

(1) 신고 등의 기한이 공휴일 등인 경우: 다음 날이 기한

「국세기본법」 또는 세법에서 규정하는 신고, 신청, 청구, 그 밖에 서류의 제출, 통지, 납부 또는 징수에 관한 기한이 토요일 및 일요일, 공휴일 및 대체공휴일, 근로자의 날일 때에는 토요일 및 일요일, 공휴일 및 대체공휴일, 근로자의 날의 다음 날을 기한으로 한다(국기법 5 ①).

(2) 국세정보통신망에 장애가 있는 경우: 복구 다음 날이 기한

「국세기본법」 또는 세법에서 규정하는 신고기한 만료일 또는 납부기한 만료일에 국세정보통신망이 정전, 통신상의 장애, 프로그램의 오류, 그 밖에 부득이한 사유로 국세정보통신망의 가동이 정지되어 전자신고나 전자납부(국세를 정보통신망을 이용하여 납부하는 것을 말한다)를 할 수 없는 경우에는 그 장애가 복구되어 신고 또는 납부할 수 있게 된 날의 다음 날을 기한으로 한다(국기법 5 ③, 국기령 1의3 ①).

3 서류제출의 효력발생시기 A

일반적으로 서류에 의한 의사표시의 효력은 해당 서류가 상대방에게 도달한 날에 발생한다(도달주의). 따라서 납세자가 과세관청에 우편으로 서류를 제출하는 경우에는 정해진 기한 내에 그 서류가 과세관청에 도달해야 그 효력이 인정된다. 그러나 다음과 같은 예외가 있다.

(1) 우편으로 서류를 제출한 경우

① 우편으로 과세표준신고서 등 제출: 발신주의

우편으로 과세표준신고서, 과세표준수정신고서, 경정청구서 또는 이와 관련된 서류를 제출한 경우 「우편법」에 따른 우편날짜도장이 찍힌 날에 신고되거나 청구된 것으로 본다(발신주의 특례). 우편날짜도장이 찍히지 않았거나 분명하지 않은 경우에는 통상 걸리는 배송일수를 기준으로 발송한 날로 인정되는 날에 신고되거나 청구된 것으로 본다(국기법 5의2 ①).

② 우편으로 불복청구: 발신주의

「국세기본법」에 따른 이의신청·심사청구 또는 심판청구를 할 때 불복청구기한까지 우편으로 제출한 불복청구서가 불복청구기간을 지나서 도달한 경우에는 그 기간의 만료일에 적법한 청구를 한 것으로 본다(국기법 61 ③, 66 ⑥, 81). 이때, '우편으로 제출한 날'은 통신날짜의 도장이 찍힌 날(우편도장이 찍히지 아니하였거나 분명하지 아니한 경우에는 통상 걸리는 배송일수를 기준으로 하여 발송한 날로 인정되는 날)을 기준으로 한다(국기법 5의2 ①).

 기출 OX

05. 증여세 신고기한이 4월 1일(금요일)이고 공휴일인 경우 4월 3일까지 신고하여야 한다. 2011. 9급
정답 X

06. 세법에서 규정하는 신고기한 만료일에 국세정보통신망이 프로그램의 오류로 가동이 정지되어 전자신고를 할 수 없는 경우에는 그 장애가 복구되어 신고를 할 수 있게 된 날의 다음날을 기한으로 한다. 2023. 7급 최신
정답 O

07. 「국세기본법」 또는 세법에서 규정하는 신고기한 만료일에 국세정보통신망이 대통령령으로 정하는 장애로 가동이 정지되어 전자신고를 할 수 없는 경우에는 그 장애가 복구되어 신고할 수 있게 된 날을 신고기한으로 한다. 2020. 7급
정답 X

08. 「국세기본법」 또는 세법에서 규정하는 납부기한 만료일에 정전으로 국세정보통신망의 가동이 정지되어 전자납부를 할 수 없는 경우 그 장애가 복구되어 납부할 수 있게 된 날의 다음 날을 기한으로 한다. 2022. 9급
정답 O

 오쌤 Talk

서류의 제출과 송달

기본적으로 납세자에게 불이익이 가해지지 않도록 규정되어 있다. 서류를 제출해야 하는 납세자에게는 발신주의를 택하고, 서류를 송달하는 과세관청에게는 도달주의를 적용한다. Link-P.36

 기출 OX

09. 우편으로 과세표준신고서를 제출한 경우 그 신고서가 도달한 날에 신고된 것으로 본다. 2020. 7급
정답 X

10. 과세표준신고서를 우편으로 제출 시 「우편법」에 따른 우편날짜도장이 찍히지 않았거나 분명하지 않은 경우에는 통상 걸리는 배송일수를 기준으로 발송한 날로 인정되는 날에 신고된 것으로 본다. 2023. 7급 최신
정답 O

11. 우편으로 과세표준신고서를 제출한 경우로서 우편날짜 도장이 찍히지 아니하였거나 분명하지 아니한 경우에는 신고서가 도달한 날에 신고된 것으로 본다. 2012. 7급
정답 X

★★ (2) 전자신고 등의 경우

① **과세표준신고서 등**
과세표준신고서·과세표준수정신고서·경정청구서 등을 국세정보통신망을 이용하여 제출하는 경우에는 해당 신고서·청구서 등이 국세청장에게 전송된 때에 신고되거나 청구된 것으로 본다(국기법 5의2 ②).

② **수출대금입금증명서 등**
전자신고 또는 전자청구된 과세표준신고·과세표준수정신고와 관련된 서류 중 수출대금입금증명서 등(전자신고 시 제출해야 하는 관련 서류로서 국세청장이 지정하여 고시하는 서류)에 대해서는 10일의 범위에서 제출기한을 연장할 수 있다(국기법 5의2 ③).

4 천재지변 등으로 인한 기한 연장 A

천재지변 등에 해당하는 사유로 「국세기본법」 또는 세법에서 규정하는 신고, 신청, 청구, 그 밖에 서류의 제출 또는 통지를 정해진 기한까지 할 수 없다고 인정하는 경우나 납세자가 기한 연장을 신청한 경우에 관할 세무서장은 그 기한을 연장할 수 있다(국기법 6).

★★ (1) 기한연장의 방법
납세자의 신청에 의해서 연장할 수 있고, 관할 세무서장의 직권으로도 연장할 수 있다.

★★ (2) 기한 연장 사유
다음의 사유가 있는 경우에는 관할 세무서장은 신고, 신청, 청구, 서류제출, 통지 등에 대하여 그 기간을 연장할 수 있다(국기령 2).

> ① **천재지변**
> ② 납세자가 화재, 전화(戰禍), 그 밖의 재해를 입거나 도난을 당한 경우
> ③ 납세자 또는 그 동거가족이 질병이나 중상해로 6개월 이상의 치료가 필요하거나 사망하여 상중(喪中)인 경우
> ④ 정전, 프로그램의 오류나 그 밖의 부득이한 사유로 한국은행(그 대리점을 포함) 및 체신관서의 정보통신망의 정상적인 가동이 불가능한 경우
> ⑤ **금융회사 등**(한국은행 국고대리점 및 국고수납대리점인 금융회사 등만 해당) 또는 체신관서의 휴무나 그 밖의 부득이한 사유로 정상적인 세금납부가 곤란하다고 국세청장이 인정하는 경우
> ⑥ 권한 있는 기관에 장부나 서류가 압수 또는 영치된 경우
> ⑦ 「세무사법」에 따라 납세자의 장부 작성을 대행하는 세무사(같은 법에 따라 등록한 세무법인을 포함) 또는 같은 법에 따른 공인회계사(「공인회계사법」에 따라 등록한 회계법인을 포함)가 화재, 전화, 그 밖의 재해를 입거나 도난을 당한 경우
> ⑧ 그 밖에 ②,③ 또는 ⑥에 준하는 사유가 있는 경우

기출 OX

12. 전자신고를 하는 경우 동 전자신고를 할 때 제출하여야 할 관련 서류는 15일 범위에서 제출기한을 연장할 수 있다.
2010. 7급
정답 X

기출 OX

13. 천재지변 등의 사유로 인하여 「국세기본법」 또는 세법에 규정하는 신고 또는 납부를 정하여진 기한까지 할 수 없다고 인정하는 경우에도 납세자의 신청이 있는 경우에 한하여 연장할 수 있다.
2007. 9급 수정
정답 X

기출 OX

14. 금융기관 또는 체신관서의 휴무의 경우 기한연장 사유에 해당하지 않는다.
2011. 9급
정답 X

15. 관할 세무서장은 납세자의 장부가 권한 있는 기관에 압수되어 세법에서 규정하는 신고를 정하여진 기한까지 할 수 없다고 인정하는 경우에는 그 기한을 연장할 수 있다. 2023. 7급 최신
정답 O

16. 관할 세무서장은 납세자가 경영하는 사업에 현저한 손실이 발생하거나 부도 또는 도산의 우려가 있는 경우 세법에서 규정하는 신고기한을 연장할 수 있다. 2023. 7급 최신
정답 X

★ (3) 기한 연장의 절차

① 신청

기한의 연장을 받으려는 자는 **기한 만료일 3일 전까지 문서로 관할 세무서장에게 신청**해야 한다. 이 경우 관할 세무서장은 '기한 연장을 신청하는 자가 기한 만료일 3일 전까지 신청할 수 없다'고 인정하는 경우에는 기한의 만료일까지 신청하게 할 수 있다(국기령 3).

② 통지

관할 세무서장은 기한을 연장하였을 때에는 **문서로 지체 없이 관계인에게 통지**해야 하며, 기한 만료일 3일 전까지 한 기한 연장 신청에 대해서는 기한 만료일 전에 그 승인 여부를 통지해야 한다(국기령 3, 4).

③ 공고

관할 세무서장은 다음 중 어느 하나에 해당하는 경우에는 관보 또는 일간신문에 공고하는 방법으로 통지를 갈음할 수 있다.

> **공고 사유**
> ㉠ 정전, 프로그램의 오류, 그 밖의 부득이한 사유로 한국은행 및 체신관서의 정보통신망의 정상적인 가동이 불가능한 경우에 해당하는 사유가 전국적으로 일시에 발생하는 경우
> ㉡ 기한 연장의 통지 대상자가 불특정다수인 경우
> ㉢ 기한 연장 사실을 그 대상자에게 개별적으로 통지할 시간적 여유가 없는 경우

★★ (4) 기한 연장의 기간

① 일반 기한 연장	**3개월 이내로 하되**, 해당 기한연장의 사유가 소멸되지 않는 경우 관할 세무서장은 **1개월의 범위에서 그 기한을 다시 연장**할 수 있다(국기령 2의2 ①, ②).
② 신고 기한 연장	**9개월을 넘지 않는 범위에서 관할 세무서장이 연장**할 수 있다(국기령 2의2 ①, ②).

> **기출 OX**
> 17. 기한을 연장하는 경우 신고와 관련된 기한연장은 9개월을 넘지 않는 범위 안에서 관할 세무서장이 이를 연장할 수 있다.
> 2007. 9급 수정
> 정답 O

3 서류의 송달

'서류의 송달(送達)'이란 국세에 관한 행정처분의 내용 및 이에 관련되는 사항을 당사자 또는 이해관계인에게 문서로써 알리는 절차를 말한다. 이 경우 서류가 송달됨으로써 서류 내용의 법적 효력이 발생한다.

1 송달받아야 할 자와 송달장소 A

★★ (1) 송달받아야 할 자

① 원칙: 명의인

「국세기본법」 또는 세법에 따른 서류는 그 **명의인**(그 서류에 수신인으로 지정된 자)에게 **송달한다**(국기법 8 ①).

② 예외: 보충수령인에게 송달
교부송달 또는 등기우편송달의 경우에 송달장소에서 송달받을 자를 **만나지 못한 때**에는 그 **사용인이나 그 밖의 종업원 또는 동거인으로서 사리를 판별할 수 있는 자**(이하 '보충수령인')에게 서류를 송달할 수 있다.

③ 유치송달
서류를 송달받아야 할 자 또는 보충수령인이 정당한 사유 없이 수령을 거부할 때에는 송달할 장소에 서류를 두고 올 수 있다(국기법 10 ①). 이를 유치송달이라고 한다.

④ 특례(국기법 8 ②~⑤)

⊙ 연대납세의무자 : 대표자	연대납세의무자에게 서류를 송달할 때에는 그 대표자(대표자가 없을 때에는 연대납세의무자 중 국세를 징수하기에 유리한 자)를 명의인으로 한다. 다만, 납부의 고지와 독촉에 관한 서류는 연대납세의무자 모두에게 각각 송달해야 한다.
ⓒ 상속재산관리인이 있을 때 : 상속재산 관리인	상속이 개시된 경우 상속재산관리인이 있을 때에는 상속재산관리인의 주소 또는 영업소에 서류를 송달한다.
ⓒ 납세관리인이 있을 때 : 납세관리인	납세관리인이 있을 때에는 납부의 고지와 독촉에 관한 서류는 그 납세관리인의 주소 또는 영업소에 송달한다.
ⓔ 교정시설 또는 국가경찰관서의 유치장에 체포·구속 또는 유치된 사람인 경우 : 교정시설 및 국가경찰관서의 장	교정시설 또는 국가경찰관서의 유치장에 체포·구속 또는 유치된 사람인 경우 **교정시설 및 국가경찰관서의 장**에게 송달한다.

★ **(2) 송달장소**

① 원칙: 명의인의 주소·거소·영업소 또는 사무소
「국세기본법」 또는 세법에 따른 서류는 **명의인의 주소·거소·영업소 또는 사무소**(전자송달인 경우에는 전자우편주소)에 송달해야 한다(국기법 8 ①).

② 신고한 경우: 신고된 장소
송달받아야 할 자가 주소 또는 영업소 중에서 **송달장소를 정부에 신고한 경우에는 그 신고된 장소에 송달**해야 하며, 이를 변경한 경우에는 그 변경된 장소에 송달하여야 한다. (국기법 9).

⊙ 송달 받을 장소의 신고·변경	송달받을 장소를 신고 또는 변경하려는 자는 납세자의 성명, 주소 등 필요한 사항을 적은 문서를 해당 행정기관의 장에게 제출하여야 한다 (국기령 5 ①)
ⓒ 「주민등록법」상 전입신고	서류를 송달받을 장소로 「주민등록법」상 주소를 신고한 자가 이러한 신고서를 제출하면서 주소가 이전하는 때에 송달받을 장소도 변경되는 것에 동의한 경우에는 「주민등록법」에 따른 전입신고를 송달받을 장소의 변경신고로 본다(국기령 5 ②)

 오쌤 Talk

수취인의 송달거부와 부재중인 경우 송달방법

구분	송달방법
수취인이 정당한 사유없이 서류의 송달을 거부한 때	유치송달
수취인이 부재중인 것으로 확인되어 송달이 곤란한 때	공시송달

기출 OX

18. 교부송달의 경우 서류를 송달할 장소에서 송달받아야 할 자를 만나지 못하였을 때에는 그 사용인이나 그 밖의 종업원 또는 동거인으로서 사리를 판별할 수 있는 사람에게 서류를 송달할 수 있다. 2023. 7급 최신
정답 O

19. 서류를 송달받아야 할 자 또는 그 사용인이나 그 밖의 종업원 또는 동거인으로서 사리를 판별할 수 있는 사람이 정당한 사유 없이 서류 수령을 거부할 때에는 송달할 장소에 서류를 둘 수 있다. 2013. 7급
정답 O

기출 OX

20. 연대납세의무자에게 납부의 고지에 관한 서류를 송달할 때에는 그 대표자를 명의인으로 한다. 2023. 7급 최신
정답 X

21. 연대납세의무자에게 강제징수에 관한 서류를 송달할 때에는 연대납세의무자 모두에게 각각 송달하여야 한다. 2014. 7급
정답 X

22. 연대납세의무자에게 납부의 고지에 관한 서류를 송달할 때에는 그 대표자를 명의인으로 하며, 대표자가 없을 때에는 연대납세의무자 중 국세를 징수하기에 유리한 자를 명의인으로 한다. 2016. 9급
정답 X

23. 독촉에 관한 서류는 연대납세의무자 모두에게 각각 송달하여야 한다. 2020. 9급
정답 O

24. 상속이 개시된 경우 상속재산관리인이 있을 때에는 세법에서 규정하는 서류는 그 상속재산관리인의 주소 또는 영업소에 송달한다. 2020. 9급
정답 O

2 송달의 방법 A

서류의 송달은 교부, 우편, 또는 전자송달의 방법으로 한다. 다만, 교부나 우편의 방법으로 송달이 불가능한 경우 공시송달이 가능하다.

(1) 교부송달

① 원칙

해당 행정기관의 소속공무원이 '송달장소'에서 '송달받아야 할 자'에게 서류를 교부하는 방법이다.

② 예외

송달받아야 할 자가 송달받기를 거부하지 않으면 다른 장소에서 교부할 수 있다(국기법 10 ③).

③ 교부송달의 절차

서류를 교부하였을 때에는 송달서에 수령인이 서명 또는 날인하게 해야 한다. 이 경우 수령인이 서명 또는 날인을 거부하면 그 사실을 송달서에 적어야 하며, 이 경우에도 송달의 효력에는 영향이 없다(국기법 10 ⑥).

(2) 우편송달

① 원칙

우체국을 통하여 송달하는 것을 말하는데, 원칙적으로 등기우편이든 일반우편이든 상관없다.

② 등기우편으로만 가능한 경우

납부의 고지·독촉·강제징수 또는 세법에 따른 정부의 명령과 관계되는 서류의 송달을 우편으로 할 때는 등기우편으로 해야 한다(국기법 10 ②).

③ 일반우편으로 송달 가능한 납부의 고지

다음에 해당하는 납부고지서로서 50만원 미만에 해당하는 납부고지서는 일반우편으로 송달할 수 있다(국기법 10 ②, 국기령 5의2). 이들 납부고지서는 납세의무자가 납부고지서의 발송을 충분히 예상할 수 있다는 점을 감안한 것이다.

> ㉠ 부가가치세 예정고지세액의 납부고지서
> ㉡ 소득세 중간예납세액의 납부고지서
> ㉢ 신고납부제도를 취하는 국세에 대한 과세표준신고서를 법정신고기한까지 제출하였으나 과세표준신고액에 상당하는 세액의 전부 또는 일부를 납부하지 않아 발급하는 납부고지서

 기출 OX

25. 교부에 의한 송달은 해당 행정기관의 소속공무원이 서류를 송달할 장소에서 송달받아야 할 자에게 서류를 교부하는 방법으로 해야 하지만 송달을 받아야 할 자가 송달받기를 거부하지 아니하면 다른 장소에서 교부할 수 있다.

2017. 9급
정답 O

 오쌤 Talk

우편신고 VS 우편송달

우편으로 신고하는 경우에는 '통상 걸리는 배송일수를 기준으로 발송한 날로 인정되는 날에 신고되거나 청구한 것으로 본다'라는 추정규정이 존재한다.
Link-P.30

그러나 우편송달의 경우 추정규정이 존재하지 않는다. 우편송달은 과세관청의 행정처분을 규정한 것이라서 납세자의 권익을 보호하기 위해 추정을 인정하지 않는 것이다.

기출 OX

26. 납부의 고지와 관계되는 서류의 송달을 우편으로 할 때에는 등기우편으로 하여야 하나, 「소득세법」에 따른 중간예납세액이 50만원 미만인 경우 납부고지서를 일반우편으로 송달할 수 있다.

2023. 7급 최신
정답 O

27. 50만원 미만에 해당하는 법인세 중간예납세액의 납부고지서는 일반우편으로 송달할 수 있다.

2007. 7급
정답 X

28. 소득세 중간예납세액이 100만원인 납부고지서의 송달을 우편으로 할 때는 일반우편으로 하여야 한다.

2014. 7급
정답 X

(3) 전자송달

① **원칙: 신청으로 가능**
전자송달은 정보통신망을 이용한 송달을 말하며(국기법 8 ①), **서류를 송달받아야 할 자가 신청한 경우에만 한다**(국기법 8 ①, 10 ⑧).

② **신청으로 간주하는 경우**
납부고지서가 송달되기 전에 납세자가 국세정보통신망을 통해 소득세 중간예납세액과 부가가치세 예정고지세액 및 간이과세자의 예정부과세액을 계좌이체의 방법 또는 신용카드 등으로 국세를 전액 자진납부한 경우 납부한 세액에 대해서는 **자진납부한 시점에 전자송달을 신청한 것으로 본다**(국기법 10 ⑧, 국기령 6의2 ⑤).

③ **전자송달 철회신청**
전자송달의 철회는 신청서를 관할 세무서장에게 **제출한 날의 다음 날부터 적용**한다(국기령 6의2 ②). 전자송달의 신청을 철회한 자가 전자송달을 재신청하는 경우에는 철회 신청일부터 30일이 지난 날 이후에 신청할 수 있다(국기령 6의2 ③).

④ **전자송달 신청 자동철회**
국세청장이 국세정보통신망에 접속하여 서류를 열람할 수 있게 하였음에도 불구하고 해당 납세자가 3회^NEW^ **연속하여 전자 송달된 서류를 다음의 기한까지 열람하지 않은 경우**(납세자가 전자 송달된 납부고지서 또는 독촉장^NEW^에 따른 세액을 그 납부기한까지 전액 납부한 경우는 제외)에는 세 번째^NEW^로 열람하지 않은 서류에 대한 다음의 구분에 따른 날의 다음 날에 전자송달 신청을 철회한 것으로 본다(국기법 10 ⑨, 국기령 6의2 ⑤).

> ㉠ 해당 서류에 납부기한 등 기한이 정하여진 경우: 정하여진 해당 기한
> ㉡ 위 ㉠ 외의 경우: 국세정보통신망에 해당 서류가 저장된 때부터 1개월이 되는 날

⑤ **전자송달이 가능한 서류와 구체적인 방법**

전자송달할 수 있는 서류	전자송달의 구체적인 방법
㉠ 납부고지서 및 독촉장	국세청장이 해당 납세자로 하여금 국세정보통신망에 접속하여 해당 서류를 열람할 수 있게 해야 한다.
㉡ 국세환급금통지서	
㉢ 신고안내문	국세청장이 해당 납세자가 지정한 전자우편주소로 송달해야 한다.
㉣ 그 밖에 국세청장이 정하는 서류	

⑥ **전자송달이 불가능한 경우: 교부 또는 우편**
정보통신망의 장애로 전자송달이 불가능한 경우나 그 밖에 전자송달이 불가능한 경우로서 국세청장이 정하는 경우에는 교부 또는 우편의 방법으로 송달할 수 있다(국기법 10 ⑨, 국기령 6의3).

기출 OX

29. 전자송달은 서류를 송달받아야 할 자가 그 방법을 신청한 경우에만 적법한 송달방법이 되는 것이 원칙이다.
2012. 9급
정답 O

기출 OX

30. 국세정보통신망에 접속하여 서류를 열람할 수 있게 하였음에도 불구하고 해당 납세자가 3회 연속하여 전자송달된 해당 서류의 납부기한까지 열람하지 아니한 경우에는 세 번째로 열람하지 아니한 서류의 납부기한의 다음 날 전자송달 신청을 철회한 것으로 본다.
2017. 9급 수정
정답 O

기출 OX

31. 정보통신망의 장애로 납부고지서의 전자송달이 불가능한 경우에는 교부에 의해서만 송달을 할 수 있다.
2014. 7급
정답 X

기출 OX

32. 서류명의인, 그 동거인 등 법정된 자가 송달할 장소에 없는 경우로서 서류를 등기우편으로 송달하였으나 수취인이 부재중인 것으로 확인되어 반송됨으로써 납부기한 내에 송달이 곤란하다고 인정되는 경우에는 공시송달할 수 있다. 2020. 9급
정답 O

기출 OX

33. 국세정보통신망을 이용하여 공시송달을 할 때에는 다른 공시송달 방법과 함께 할 필요가 없다. 2013. 7급
정답 X

34. 세무서의 게시판이나 그 밖의 적절한 장소를 이용하여 공시송달을 할 때에는 다른 공시송달 방법과 함께 하여야 한다. 2017. 7급
정답 X

기출 OX

35. 전자송달은 송달받을 자가 지정한 전자우편주소에서 해당 서류를 열람한 것으로 확인되었을 때 그 송달받아야 할 자에게 도달한 것으로 본다. 2017. 9급
정답 X

36. 서류를 송달받아야 할 자의 주소 또는 영업소가 분명하지 아니한 경우 서류의 주요 내용을 공고한 날부터 14일이 지나면 서류 송달이 된 것으로 본다. 2017. 9급·2023. 7급 최신
정답 O

오쌤 Talk

납세자와 과세관청의 서류 송달의 효력발생시기 비교

납세자의 우편에 의한 신고	발신주의 : 우편법에 의한 우편 도장이 찍힌 날에 신고된 것으로 봄
과세관청의 우편 또는 교부송달	도달주의 : 송달받아야 할 자에게 도달한 때로부터 효력이 발생

(4) 공시송달

'공시송달(公示送達)'이란 교부나 우편의 방법으로 송달이 불가능한 경우에 서류의 주요 내용을 공고(公告)함으로써 송달에 갈음하는 절차를 말한다. 공시송달이 이루어지면 송달받아야 할 자에게 매우 불리한 결과가 될 수 있으므로 그 요건을 엄격하게 해석해야 한다.

① 사유

다음 어느 하나에 해당하는 사유가 있는 경우에 **공시송달을 할 수 있다**(국기법 11 ①, 국기령 7의2).

> ㉠ 주소 또는 영업소가 **국외에 있고 송달하기 곤란한 경우**
> ㉡ 주소 또는 영업소가 **분명하지 않은 경우**
> ㉢ **부재중**: 서류를 송달받아야 할 자가 송달할 장소에 없는 다음에 해당하는 경우
>   ⓐ 서류를 등기우편으로 송달하였으나 수취인이 부재중(不在中)인 것으로 확인되어 반송됨으로써 납부기한까지 송달이 곤란하다고 인정되는 경우
>   ⓑ 세무공무원이 2회 이상 납세자를 방문[처음 방문한 날과 마지막 방문한 날의 사이의 기간이 3일(기간을 계산할 때 공휴일, 대체공휴일, 토요일 및 일요일은 산입하지 않음) 이상이어야 한다]해 서류를 교부하려고 하였으나 수취인이 **부재중**(不在中)인 것으로 확인되어 납부기한까지 송달이 곤란하다고 인정되는 경우

② 공시송달 방법

다음 어느 한 가지 방법으로 서류의 주요 내용을 공고한다. 이 경우 **국세정보통신망을 이용하여 공시송달을 할 때에는 다른 공시송달 방법과 함께 하여야 한다**(국기법 11 ②).

> ㉠ 국세정보통신망
> ㉡ 세무서의 게시판이나 그 밖의 적절한 장소
> ㉢ 해당 서류의 송달장소를 관할하는 특별자치시·특별자치도·시·군·구의 홈페이지, 게시판이나 그 밖의 적절한 장소
> ㉣ 관보 또는 일간신문에 게재하는 방법

3 송달의 효력발생시기 A

(1) 교부·우편 및 전자송달의 경우: 도달주의

송달의 방법에 따라 송달하는 서류는 송달받아야 할 자에게 도달한 때부터 효력이 발생한다. 다만, 전자송달의 경우에는 송달받을 자가 지정한 전자우편주소에 입력된 때(국세정보통신망에 저장하는 경우에는 저장된 때)에 그 송달을 받아야 할 자에게 도달한 것으로 본다(국기법 12 ①). 여기서 '도달'이란 송달받아야 할 자에게 직접 전해줄 것까지를 필요로 하는 것은 아니고, 상대방의 지배권 내에 들어가 사회통념상 일반적으로 그 사실을 알 수 있는 상태에 있음으로 족하다(국기통 12-0…1).

(2) 공시송달의 경우: 공고한 날부터 14일 이후

공시송달의 경우에는 서류의 주요 내용을 공고(公告)한 날부터 14일이 지나면 서류 송달이 된 것으로 본다(국기법 11 ①).

4 인격

'인격(또는 법인격)'이란 권리·의무의 주체가 될 수 있는 지위 또는 자격을 말하며, '권리능력'이라고도 한다. 자연인은 출생에 따라 저절로 인격이 생기지만, 법인은 설립등기를 통해 법인격을 부여 받는다. 다만, **설립등기를 하지 않아 법인격을 취득하지 못한** 사단, 재단 또는 단체(이하 '법인 아닌 단체')가 있는 경우 「국세기본법」은 다음과 같이 규정하고 있다.

 오쌤 Talk

사단법인과 재단법인

사단법인: 사람으로 구성된 법인
영리사단법인: 주주로 구성된 사단법인
ex. 주식회사
비영리사단법인

재단법인: 재산으로 구성된 법인
재단법인: 무조건 비영리법인
ex. 학교법인 등

[법인 아닌 단체의 세법상의 취급]

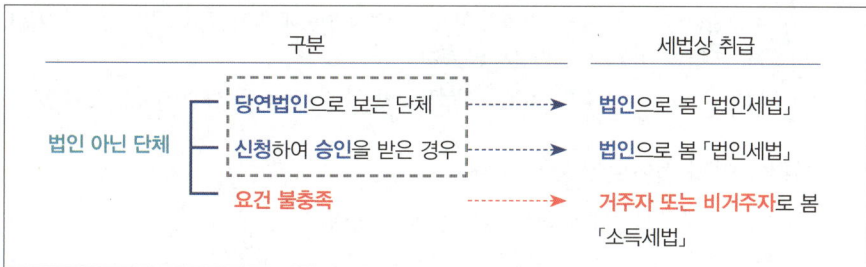

 참고

「상법」상 회사

주식 회사	① 1명 이상의 주주로 구성 ② 주주는 회사채권자에 대해 직접적인 책임을 부담하지 않고, 주식 인수가액을 한도로 간접·유한 책임
유한 회사	① 1명 이상의 사원으로 구성 ② 사원은 회사채권자에 대해 직접적인 책임을 부담하지 않고, 출자한 가액을 한도로 간접·유한책임 ③ 주식회사와 유사하지만 주주가 아닌 사원 중심의 의사결정기구를 갖고 있음
합자 회사	① 1명 이상의 유한책임사원 + 1명 이상의 무한책임사원으로 구성 ② 무한책임사원: 회사채권자에 대해 직접·연대하여 무한책임 ③ 유한책임사원: 출자가액을 한도로 간접·유한책임임
합명 회사	① 2인 이상의 무한책임사원 ② 회사채권자에 대해 직접·연대하여 무한책임

오쌤 Talk

당연법인과 신청에 의한 법인

법인격 없는 단체 중 당연법인의 경우, 주무관청이 허가 또는 인가를 해주면 등기하지 않아도 법인으로 적용받는다. 그런데 만약 주무관청이 허가 또는 인가를 해주지 않았다면 이때는 신청을 해서 승인을 받으면 법인으로 적용 받을 수 있다.

오쌤 Talk

종교단체, 종중 등

이는 법인으로 등기되지 않은 단체이므로 법인이 아니다.

그러나 대표자 또는 관리인이 선임되어 있고, 자기의 독립적인 재산이 있는 단체라면 법인으로서의 사회적 실체성이 인정이 된다. 그러므로 수익을 구성원에게 분배하지 않을 경우 신청 후 승인을 통해 「법인세법」상 비영리법인으로 인정받을 수 있다.

확인문제

04. 「국세기본법」상 법인으로 보는 단체에 대한 설명으로 옳은 것은?

2022. 7급

① 주무관청의 허가 또는 인가를 받아 설립된 단체로서 등기되지 아니하고 수익을 구성원에게 분배하지 아니하는 것은 법인으로 보아 「국세기본법」과 세법을 적용한다.
② 사익을 목적으로 출연(出捐)된 기본재산이 있는 재단으로서 등기되지 아니하고 수익을 구성원에게 분배하는 것은 법인으로 보아 「국세기본법」과 세법을 적용한다.
③ 법인이 아닌 단체 중 타인의 계산과 자신의 명의로 수익과 재산을 독립적으로 소유·관리하고 단체의 수익을 구성원에게 분배하는 단체로서 대표자나 관리인이 관할 세무서장에게 신청한 것은 법인으로 보아 「국세기본법」과 세법을 적용한다.
④ 법인으로 보는 법인 아닌 단체는 그 신청한 날이 속하는 과세기간과 그 과세기간이 끝난 날부터 5년이 되는 날이 속하는 과세기간까지는 소득세법에 따른 거주자 또는 비거주자로 변경할 수 있다.

정답 ①

1 법인으로 보는 단체* A

(1) 당연법인으로 보는 단체

① 전제: 수익을 구성원에게 분배하지 않은 것

법인격이 없는 단체 중 수익을 구성원에게 분배하지 않은 경우 요건을 만족하면 법인으로 보아 「국세기본법」과 세법을 적용한다.

② 요건

법인 아닌 단체 중 다음 어느 하나에 해당하는 것으로서 수익을 구성원에게 분배하지 아니하는 것은 법인으로 보아 「국세기본법」과 세법을 적용한다(국기법 13 ①).

> ㉠ 주무관청의 허가 또는 인가를 받아 설립되거나 법령에 따라 주무관청에 등록한 사단, 재단, 그 밖의 단체로서 등기되지 않은 것
> ㉡ 공익을 목적으로 출연(出捐)된 기본재산이 있는 재단으로서 등기되지 않은 것

(2) 신청에 따라 법인으로 보는 단체

① 전제: 관할 세무서장에게 신청하여 승인받은 경우

'당연법인으로 보는 단체' 외의 법인격이 없는 단체는 요건을 갖추어 대표자나 관리인이 관할 세무서장에게 신청하여 승인을 받은 것도 법인으로 보아 「국세기본법」과 세법을 적용한다(국기법 13 ②).

② 요건

다음의 요건을 모두 갖춘 경우 가능하다.

> ㉠ 단체의 조직과 운영에 관한 규정을 가지고 대표자나 관리인을 선임하고 있을 것
> ㉡ 단체 자신의 계산과 명의로 수익과 재산을 독립적으로 소유·관리할 것
> ㉢ 단체의 수익을 구성원에게 분배하지 않을 것

③ 변경의 제한

신청에 따라 법인으로 보는 단체는 그 신청에 대하여 관할 세무서장의 승인을 받은 날이 속하는 과세기간과 그 과세기간이 끝난 날부터 3년이 되는 날이 속하는 과세기간까지는 「소득세법」에 따른 거주자(또는 비거주자)로 변경할 수 없다. 다만, 요건을 갖추지 못하게 되어 승인 취소를 받는 경우에는 그렇지 않다(국기법 13 ③).

---

*법인으로 보는 단체: 법인으로 설립등기를 한 경우는 이미 법인격을 취득한 것이다. 그러므로 법인으로 보는 단체는 설립등기를 하지 않은 단체를 기준으로 규정되어 있는 것이다.

2 법인으로 보는 단체의 납세의무 이행방법 B

(1) 신고: 대표자 등을 선임하여 신고

법인으로 보는 단체의 국세에 관한 의무는 그 대표자나 관리인이 이행해야 하며(국기법 13 ④), 해당 단체는 국세에 관한 의무 이행을 위하여 대표자나 관리인을 선임하거나 변경신고를 하려는 경우에는 관할 세무서장에게 문서로 신고해야 한다(국기법 13 ⑤, 국기령 9).

(2) 무신고 시: 대표자 등의 지정

법인으로 보는 단체가 대표자나 관리인의 선임신고 또는 변경신고를 하지 않은 경우에 관할 세무서장은 그 단체의 구성원 또는 관계인 중 1명을 '국세에 관한 의무를 이행하는 사람'으로 지정할 수 있으며, 이 경우 관할 세무서장은 그 사실을 지체 없이 해당 단체에 문서로 통지해야 한다(국기법 13 ⑥, 국기령 9의2).

3 법인이 아닌 단체에 대한 개별세법에 따른 취급 A

(1) 「법인세법」

법인으로 보는 법인격 없는 단체는 「법인세법」에 따른 비영리법인으로 본다. 따라서 수익사업에서 발생하는 소득에 대해 법인세 납세의무를 진다.

(2) 「소득세법」

법인으로 보는 단체 외의 법인 아닌 단체는 거주자(또는 비거주자)로 본다. 따라서 소득세가 과세된다. 즉, 국내에 주사무소 또는 사업의 실질적인 관리장소를 두고 있는 경우에는 거주자, 그 밖의 경우에는 비거주자로 보아 「소득세법」을 적용한다.

① 공동사업자로 보는 경우

구성원 간 이익의 분배방법이나 분배비율이 정해져 있고 사실상 이익이 분배되는 경우에는 그 단체의 구성원이 공동으로 사업을 영위하는 것으로 본다. 단체를 통하여 구성원들이 분배받은 소득에 대해서 각자 소득세 납세의무를 진다.

② 1거주자로 보는 경우

구성원 간 이익의 분배방법이나 분배비율이 정해져 있지 않거나 확인되지 않은 경우에는 그 단체를 1거주자(또는 1비거주자)로 본다. 따라서 법인 아닌 단체는 구성원과 독립하여 소득세 납세의무를 진다.

(3) 「상속세 및 증여세법」

법인 아닌 단체 중 ① 법인으로 보는 단체는 비영리법인으로, ② 그 밖의 단체는 거주자(또는 비거주자)로 본다. 따라서 이들 단체도 영리법인과 달리 상속세 또는 증여세 납세의무를 진다.

(4) 「부가가치세법」

「부가가치세법」은 법인 아닌 단체의 취급에 관한 명문규정을 두지 않고 있다. 따라서 「국세기본법」에 따라 이를 법인으로 보는 경우에는 그 단체가 독립하여 부가가치세 납세의무를 지며, 법인으로 보지 않는 경우에는 개인사업자로서 부가가치세에 대해서 납세의무를 진다.

 기출 OX

37. 「국세기본법」에 따라 법인으로 보는 단체의 국세에 관한 의무는 그 대표자나 관리인이 이행하여야 한다. 2020. 7급
정답 O

기출 OX

38. 내국법인 중 「국세기본법」에 따른 법인으로 보는 단체는 「법인세법」상 비영리내국법인에 해당한다. 2020. 7급 수정
정답 O

확인문제 최신

05. 「국세기본법」, 「법인세법」 및 「소득세법」상 법인으로 보는 단체와 법인으로 보는 단체 외의 법인 아닌 단체에 대한 설명으로 옳지 않은 것은? 2023. 7급

① 주무관청의 허가 또는 인가를 받아 설립되거나 법령에 따라 주무관청에 등록한 사단, 재단, 그 밖의 단체로서 등기되지 아니하고 수익을 구성원에게 분배하지 아니한 것은 법인으로 본다.

② 「국세기본법」에 따라 법인으로 보는 단체의 국세에 관한 의무는 그 대표자나 관리인이 이행하여야 한다.

③ 「국세기본법」에 따라 법인으로 보는 단체는 「법인세법」에 따른 영리법인으로 보기 때문에 수익사업에서 발생하는 소득에 대해 법인세 납세의무를 진다.

④ 「국세기본법」상 법인으로 보는 단체 외의 법인 아닌 단체로서 구성원 간 이익의 분배방법 및 비율이 정하여져 있지 않고 사실상 구성원별로 이익이 분배되지 않는 경우에는 해당 단체를 1거주자 또는 1비거주자로 본다.

정답 ③

 기출 OX

39. 법인 아닌 단체가 「국세기본법」에 의하여 법인으로 의제되지 않더라도 「소득세법」에 의하여 그 단체를 1거주자로 보아 과세할 수도 있다. 2015. 9급
정답 O

 오쌤 Talk

상증세법상 영리법인

상증세법상 영리법인은 상속세 및 증여세 납세의무가 없다. 영리법인이 상속 또는 증여를 받게 되면 익금(수익)으로 인정되어 법인세가 과세되기 때문에 「상속세 및 증여세법」에 따라 이중과세할 필요가 없기 때문이다.

4 전환 국립대학 법인 B

(1) 의미

「고등교육법」에 따른 국립대학 법인 중 국립학교 또는 공립학교로 운영하다가 법인별 설립근거가 되는 법률에 따라 국립대학법인으로 전환된 법인을 말한다.

(2) 법인으로 보지 않는 경우

세법에서 규정하는 납세의무에도 불구하고 전환 국립대학 법인에 대한 국세의 납세의무(국세를 징수하여 납부할 의무는 제외)를 적용할 때는 전환 국립대학 법인을 별도의 법인으로 보지 아니하고 국립대학 법인으로 전환되기 전의 국립학교 또는 공립학교로 본다(국기법 13 ⑧). 즉, 전환 후의 별도의 법인으로 보지 아니하고 전환 전의 국가 또는 지방자치단체로 보아 법인세를 비과세한다.

★★(3) 수익사업을 하는 경우

전환 국립대학 법인이 해당 법인의 설립근거가 되는 법률에 따른 교육·연구 활동에 지장이 없는 범위 외의 수익사업을 하는 경우의 납세의무에 대해서는 그러하지 아니한다(국기법 13 ⑧). 즉, 별도의 법인으로 보아 법인세를 과세한다.

기출 OX

40. 「국세기본법」상 2020년 1월 1일 이후 성립하는 납세의무부터 전환 국립대학 법인이 해당 법인의 설립근거가 되는 법률에 따른 교육·연구 활동에 지장이 없는 범위 외의 수익사업을 하는 경우의 납세의무를 적용할 때에는 전환 국립대학 법인을 별도의 법인으로 보지 아니하고 국립대학 법인으로 전환되기 전의 국립학교 또는 공립학교로 본다.

2020. 7급

정답 X

MEMO

CHAPTER 02

국세부과의 원칙과 세법적용의 원칙

1. 개요
2. 국세부과의 원칙
3. 세법적용의 원칙
4. 중장기 조세정책운용계획

최신 8개년 출제 경향 분석

01 개요

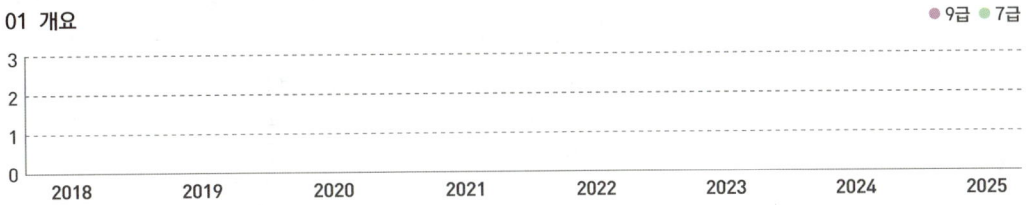

02 국세부과의 원칙

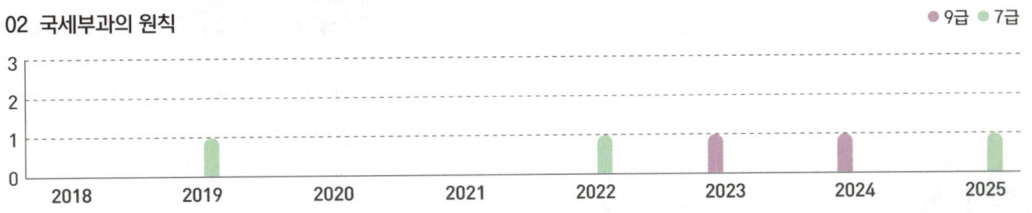

03 세법적용의 원칙

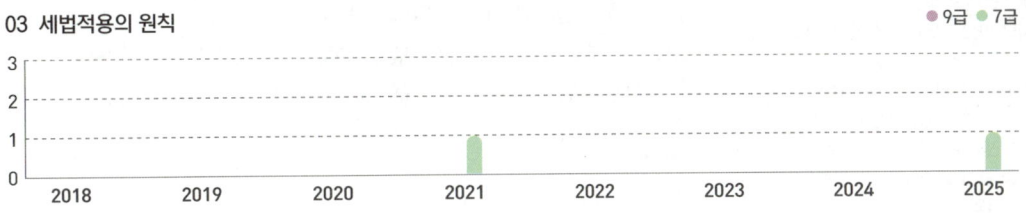

04 중장기 조세정책운용계획

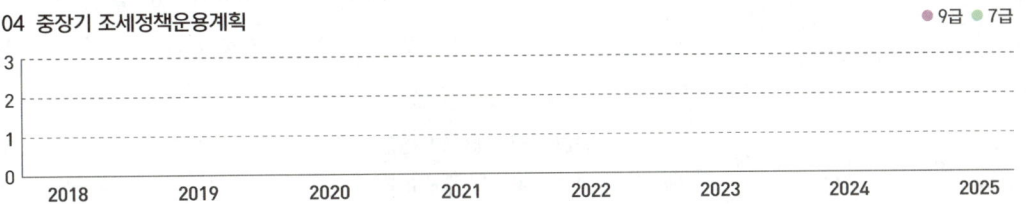

1 개요

'국세부과의 원칙'이란 국세에 관한 납세의무를 확정시킬 때 지켜야 하는 원칙을 말하며, '세법적용의 원칙'이란 세법의 적용과정에서 지켜야 할 원칙을 의미한다.

국세부과의 원칙	세법적용의 원칙
① 실질과세의 원칙	① 세법 해석의 기준(납세자 재산권의 부당한 침해 금지)
② 신의성실의 원칙	② 소급과세의 금지
③ 근거과세의 원칙	③ 세무공무원의 재량의 한계
④ 조세감면 후 사후관리	④ 기업회계의 존중

2 국세부과의 원칙

국세부과의 원칙은 과세관청과 납세자 모두에게 준수가 요구되는 원칙에 해당하며, 각 세법에 특별한 규정이 있는 경우에는 **개별 세법의 규정을 우선 적용**한다.

1 실질과세의 원칙 A

(1) 개념

'실질과세의 원칙'이란 법적 형식이나 외관에 관계없이 실질에 따라 세법을 해석하고 과세요건사실을 인정해야 한다는 원칙이다. 이는 실질과 괴리된 법형식을 통해 조세부담을 회피하는 행위를 방지하고 부담능력에 따른 과세를 실현하려는 것이므로, 조세평등주의를 보다 구체화한 원칙으로 이해되고 있다.

(2) 적용

① 소득 귀속자에 관한 실질과세
과세의 대상이 되는 소득, 수익, 재산, 행위 또는 거래의 귀속이 명의일 뿐이고 사실상 귀속되는 자가 따로 있을 때에는 사실상 귀속되는 자를 납세의무자로 하여 세법을 적용한다(국기법 14 ①). 예를 들어, 사업자등록 명의자와는 별도로 사실상의 사업자가 있을 경우에는 그 사실상의 사업자를 납세의무자로 보는 것이다(국기통 14-0…1).

② 거래 내용에 관한 실질과세
세법 중 과세표준의 계산에 관한 규정은 소득, 수익, 재산, 행위 또는 거래의 명칭이나 형식에 관계없이 그 실질 내용에 따라 적용한다(국기법 14 ②). 예를 들어, 「법인세법」에 따른 '접대비(기업업무추진비)'에 해당하는지의 여부는 거래명칭·계정과목 등과 관계없이 그 실질적 내용에 따라 판정하는 것이다.

③ 우회거래에 관한 실질과세
제3자를 통한 간접적인 방법이나 둘 이상의 행위 또는 거래를 거치는 방법으로 「국세기본법」 또는 세법의 혜택을 부당하게 받기 위한 것으로 인정되는 경우에는, 그 경제적 실질내용에 따라 당사자가 직접 거래를 한 것으로 보거나 연속된 하나의 행위 또는 거래를 한 것으로 보아 「국세기본법」 또는 세법을 적용한다(국기법 14 ③).

확인문제

01. 「국세기본법」상 실질과세원칙에 관한 설명으로 옳지 않은 것은? 2013. 9급

① 과세의 대상이 되는 거래의 귀속이 명의일 뿐이고 사실상 귀속되는 자가 따로 있는 때에는 사실상 귀속되는 자를 납세의무자로 본다.
② 사업자등록 명의자와는 별도로 사실상의 사업자가 있는 경우에는 사실상의 사업자를 납세의무자로 본다.
③ 세법 중 과세표준의 계산에 관한 규정은 거래의 명칭이나 형식에 불구하고 그 실질 내용에 따라 적용한다.
④ 제3자를 통한 간접적인 방법으로 거래한 경우 「국세기본법」 또는 세법의 혜택을 부당하게 받기 위한 것인지 여부와 관계없이 그 경제적 실질 내용에 따라 당사자가 직접 거래를 한 것으로 본다.

정답 ④

기출 OX

01. 제3자를 통한 간접적인 방법이나 둘 이상의 행위 또는 거래를 거치는 방법으로 국세기본법 또는 세법의 혜택을 부당하게 받기 위한 것으로 인정되는 경우에는 그 경제적 실질 내용에 따라 당사자가 직접 거래를 한 것으로 보거나 연속된 하나의 행위 또는 거래를 한 것으로 보아 「국세기본법」 또는 세법을 적용한다. 2023. 9급 최신

정답 ○

★★ (3) 실질과세원칙 관련 사례

① 사업자 등록명의자와 실제 사업자가 상이한 경우
: 사업자 등록자와는 별도로 사실상의 사업자가 있는 경우에는 사실상의 사업자를 납세의무자로 본다.

② 1인 명의로 사업자등록을 하고 수인이 동업을 하는 경우
: 1인 명의로 사업자등록을 하고 2인 이상 동업하여 그 수익을 분배하는 경우에는 외관상의 사업 명의인이 누구이냐에 불구하고 실질과세의 원칙에 따라 국세를 부과한다.

③ 명의상 주주에 관한 과세문제
: 회사의 주주로 명부상 등재되어 있더라도 회사의 대표자가 임의로 등재한 것일 뿐 회사의 주주로서 권리행사를 한 사실이 없는 경우에는 그 명의자인 주주를 세법상 주주로 보지 않는다.

④ 공부상 명의자와 실질 소유자가 다른 경우
: 공부상 등기·등록 등이 타인 명의로 되어 있더라도 사실상 당해 사업자가 취득하여 사업에 공하였음이 확인되는 경우에는 이를 그 사실상 사업자의 사업용 자산으로 본다.

⑤ 거래 실질의 판단
: 거래의 실질 내용은 형식상 기록이나 거래명의에 불구하고 상거래 관례, 구체적인 증빙, 거래 당시의 정황 및 사회통념 등을 고려하여 판단한다.

⑥ 명의신탁자에 대한 과세
: 명의신탁부동산을 매각처분한 경우에는 양도의 주체 및 납세의무자는 명의수탁자가 아니고 명의신탁자이다.

★★ (4) 실질과세원칙의 한계

실질과세원칙은 조세평등주의를 실현하기 위해 필요불가결한 원칙이지만, 이를 **무제한적으로 적용하는 경우에는 납세자의 법적안정성과 예측가능성을 침해할 위험성이 있다.** 따라서 **실질과세의 원칙은** 어디까지나 **조세법률주의에 대한 침해를 최소화하도록 제한적으로 적용**되어야 할 것이다.

★★ (5) 실질과세원칙에 우선 적용하는 개별세법의 규정

국세에 관하여 세법에 별도의 규정이 있는 경우를 제외하고는 「국세기본법」에서 정하는 바에 따른다(국기법 3 ①). 실질과세 원칙의 경우에는 개별세법에 규정이 있으므로 개별세법을 우선 적용한다. 예를 들어, 「법인세법」상 소득처분 중 사외유출 시 소득의 귀속이 불분명한 경우 대표자 상여로 처분하는 규정과 상증세법상 명의신탁재산의 증여의제 규정은 실질과세원칙보다는 개별세법의 규정을 우선 적용하는 것이다.

> **참고**
>
> 「상속세 및 증여세법」상 명의신탁재산의 증여의제(상증법 45의2)
>
> 조세 회피의 목적으로 타인의 명의로 재산의 등기등을 하거나 소유권을 취득한 실제소유자 명의로 명의개서를 하지 아니한 경우 국세기본법에도 불구하고 그 명의자로 등기등을 한 날(명의개서를 하여야 하는 재산인 경우에는 소유권취득일이 속하는 해의 다음 해 말일의 다음 날)에 그 재산을 실제소유자가 명의자에게 증여한 것으로 본다.

확인문제 최신

02. 다음과 같이 부동산 양도에 따른 양도소득세 부과처분이 있는 경우, 명의자 乙이 양도소득세 납부의무를 면하기 위하여 주장할 수 있는 「국세기본법」상 국세 부과의 원칙은? 2024. 9급

○ 甲이 부동산(X)을 乙에게 명의신탁하였다.
○ 甲이 부동산(X)을 A회사에게 양도하여 그 양도로 인한 소득이 甲에게 귀속되었다.
○ 세무서장이 乙에게 양도소득세 부과처분을 하였다.

① 실질과세
② 신의성실
③ 세무공무원의 재량의 한계
④ 조세감면의 사후관리

정답 ①

확인문제

03. 「국세기본법」상 실질과세의 원칙에 대한 설명으로 옳지 않은 것은? 2016. 9급

① 세법 중 과세표준의 계산에 관한 규정은 소득, 수익, 재산, 행위 또는 거래의 명칭이나 형식과 관계없이 그 실질내용에 따라 적용한다.
② 과세의 대상이 되는 소득, 수익, 재산, 행위 또는 거래의 귀속이 명의일 뿐이고 사실상 귀속되는 자가 따로 있을 때에는 명의자를 납세의무자로 하여 세법을 적용한다.
③ 제3자를 통한 간접적인 방법이나 둘 이상의 행위 또는 거래를 거치는 방법으로 「국세기본법」 또는 세법의 혜택을 부당하게 받기 위한 것으로 인정되는 경우에는 그 경제적 실질내용에 따라 당사자가 직접 거래를 한 것으로 보거나 연속된 하나의 행위 또는 거래를 한 것으로 보아 「국세기본법」 또는 세법을 적용한다.
④ 세법에서 「국세기본법」상 실질과세원칙에 대한 특례규정을 두고 있는 경우에는 그 세법에서 정하는 바에 따른다.

정답 ②

2 신의성실의 원칙 B

★★ (1) 개념

납세자가 그 의무를 이행할 때에는 신의에 따라 성실하게 해야 한다. 세무공무원이 직무를 수행할 때에도 또한 같다(국기법 15). 즉, 신의성실의 원칙은 권리 또는 의무를 행사함에 있어서 상대방의 신뢰에 어긋나지 않도록 신의에 따라 성실하게 이행하여야 한다는 원칙을 말하며, 이를 '신의칙'이라고도 한다.

★★ (2) 적용

신의성실의 원칙(이하 '신의칙')은 과세관청과 납세자 쌍방에 그 준수가 요구된다. 그러나 납세자가 신뢰를 배반한 경우에는 각종 혜택의 취소, 가산세의 부과, 조세범처벌 등 여러 가지 제재수단이 마련되어 있으므로 과세관청은 굳이 신의칙에 호소할 필요가 없다. 반면 과세관청이 납세자의 신뢰를 배반한 경우에는 납세자가 이를 제재하기가 어렵기 때문에 신의칙에 호소하게 되는 것이다. 따라서 현실적으로 신의칙은 주로 과세관청에 적용되는 원칙이라 할 수 있다.

★ (3) 세무공무원에게 적용하기 위한 요건

세무공무원은 그 직무를 수행함에 있어서 신의에 따라 과세권 행사를 성실히 하여야 한다는 원칙이다. 「국세기본법」은 신의칙의 적용요건에 관해 아무런 규정도 두지 않고 있으나 학설과 판례에 의해 확립된 내용을 살펴보면 다음과 같다.

> ㉠ 납세자의 신뢰의 대상이 되는 과세관청의 공적 견해표시가 있어야 한다.
> ㉡ 납세자가 과세관청의 견해표시를 신뢰하고, 그 신뢰에 납세자의 귀책사유가 없어야 한다.
> ㉢ 납세자가 과세관청의 견해표시에 대한 신뢰를 기초로 하여 어떤 행위를 해야 한다.
> ㉣ 과세관청이 당초의 견해표시에 반하는 적법한 행정처분을 해야 한다.
> ㉤ 과세관청의 그러한 배신적 처분으로 인하여 납세자가 불이익을 받아야 한다.

★ (4) 납세자에게 적용하기 위한 요건

납세자가 납세의무를 이행함에 있어서 신의에 따라 성실히 하여야 한다는 납세자의 **납세의무이행에 대한 원칙**이다.

> ㉠ 객관적으로 모순된 행태가 존재한다.
> ㉡ 그 행태가 납세의무자의 심한 배신행위에 기인하였다.
> ㉢ 과세관청의 신뢰가 보호받을 가치가 있다.

★★ (5) 효과

과세관청이 납세자에게 행한 처분이 적법하더라도 그 처분이 신의성실의 원칙을 위배했다면 **납세자는 그 처분의 취소를 청구할 수 있다.**

이는 사실 조세법률주의와 상충되는 것이므로 신의성실의 원칙은 그보다 상위개념인 조세법률주의의 제약하에 개별적으로 납세자의 신뢰를 보호할 가치가 큰 경우에 한해서만 적용되는 하위개념이다.

📖 **기출 OX**

02. 납세자가 그 의무를 이행할 때에는 신의에 따라 성실하게 하여야 한다. 세무공무원이 직무를 수행할 때에도 또한 같다.
2016. 7급
정답 O

> **참고**
>
> **신의성실 위반 관련 판례**
>
> 1. 과세관청의 신의위반 관련 판례(공적견해표명해당)_대법2001두 9370, 2002.09.04.
> 과세관청이 납세의무자에게 면세사업자등록증을 교부하고, 수년간 면세사업자로서 한 부가가치세 예정신고 및 확정신고를 받은 행위만으로는 과세관청이 납세의무자에게 그가 영위하는 사업에 관하여 부가가치세를 과세하지 아니함을 시사하는 언동이나 공적인 견해를 표명한 것이라고 할 수 없다.
>
> 2. 납세자의 신의위반 관련 판례(신의위반 해당여부)_대법2005두 6300, 2006.01.26.
> 납세의무자가 자산을 과대계상하거나 부채를 과소계상하는 등의 방법으로 분식결산하고 이에 따라 과다하게 법인세를 신고, 납부하였다가 그 과다납부한 세액에 대하여 취소소송을 제기하여 다툰다는 사정만으로 신의성실의 원칙에 위반될 정도로 심한 배신행위를 하였다고 볼 수는 없는 것이고, 과세관청이 분식결산에 따른 법인세 신고를 그대로 믿고 과세하였다고 하더라도 이를 보호받을 가치가 있는 신뢰라고 할 수도 없다.

3 근거과세의 원칙 B

(1) 의미

'근거과세의 원칙'이란 장부 등 직접적인 자료에 입각하여 납세의무를 확정해야 한다는 원칙이다. 그 취지는 근거가 불충분한 과세를 방지하여 납세자의 재산권이 부당히 침해되지 않도록 하기 위한 데 있다.

(2) 실지조사

납세의무자가 세법에 따라 장부를 갖추어 기록하고 있는 경우에는 해당 국세 과세표준의 조사와 결정은 그 장부와 이와 관계되는 증거자료에 의해야 한다(국기법 16 ①). 즉 정부는 납세의무자가 비치·기장한 장부와 증빙서류에 의하여 각 과세기간의 세액을 실지조사결정해야 한다는 원칙적인 결정방법을 규정하는 것이다.

(3) 결정근거 부기

국세를 조사·결정할 때 장부의 기록 내용이 사실과 다르거나 장부의 기록에 누락된 것이 있을 때에는 '그 부분에 대해서만' 정부가 조사한 사실에 따라 결정할 수 있다. 즉, 장부의 내용이 사실과 다르거나 장부에 누락되었다고 하더라도 장부의 내용을 전면적으로 부인할 수는 없다.

정부는 이처럼 장부의 기록 내용과 다른 사실 또는 장부 기록에 누락된 것을 조사하여 결정하였을 때에는 정부가 조사한 사실과 결정의 근거를 결정서에 적어야 한다(국기법 16 ②, ③).

(4) 결정서의 열람·복사

행정기관의 장은 해당 납세의무자 또는 그 대리인이 요구하면 결정서를 열람 또는 복사하게 하거나 그 등본 또는 초본이 원본과 일치함을 확인해야 한다. 이 경우 요구는 구술(口述)로 한다. 다만, 해당 행정기관의 장이 필요하다고 인정할 때에는 열람하거나 복사한 사람의 서명을 요구할 수 있다(국기법 16 ④, ⑤).

확인문제

04. 「국세기본법」상 신의성실의 원칙에 관한 판례의 내용으로 옳은 것은? 2009. 7급

① 과세관청이 납세의무자에게 부가가치세 면세사업자용 사업자등록증을 교부하였다면 그가 영위하는 사업에 관하여 부가가치세를 과세하지 아니함을 시사하는 언동이나 공적인 견해를 표명한 것으로 볼 수 있다.
② 조세법률주의에 의하여 합법성이 강하게 작용하는 조세 실체법에 대한 신의성실의 원칙 적용은 합법성을 희생하여서라도 구체적 신뢰보호의 필요성이 인정되는 경우에 한하여 허용된다.
③ 납세의무자가 자산을 과대계상하거나 부채를 과소계상하는 등의 방법으로 분식결산을 하고 이에 따라 과다하게 법인세를 신고·납부하였다가 그 과다납부한 세액에 대하여 취소소송을 제기하여 다툰다는 것만으로도 신의성실의 원칙에 위반될 정도로 심한 배신행위를 하였다고 할 수 있다.
④ 과세관청에게 신의성실의 원칙을 적용하기 위해서는 객관적으로 모순되는 행태가 존재하고, 그 행태가 납세의무자의 심한 배신행위에 기인하였으며, 그에 기하여 야기된 과세관청의 신뢰가 보호받을 가치가 있는 것이어야 한다.

정답 ②

오쌤 Talk

장부와 증빙이 없는 경우
근거과세의 원칙은 장부와 증빙이 있는 경우 장부와 증빙에 근거하여 국세를 부과하라는 원칙이다. 그러므로 장부와 증빙이 없어서 이에 대해 과세관청이 수입금액 및 소득금액을 추계결정하는 것은 근거과세원칙에 위배되는 것이 아니다.

기출 OX

03. 국세를 조사·결정할 때 장부의 기록 내용이 사실과 다르거나 장부의 기록에 누락된 것이 있을 때에는 당해 납세의무자의 과세표준 전체에 대해서 정부가 조사한 사실에 따라 결정할 수 있다. 2016. 7급 수정

정답 X

확인문제

05. 「국세기본법」상 국세 부과의 원칙에 대한 설명이 아닌 것은? 2022. 7급

① 과세의 대상이 되는 소득, 수익, 재산, 행위 또는 거래의 귀속이 명의일 뿐이고 사실상 귀속되는 자가 따로 있을 때에는 사실상 귀속되는 자를 납세의무자로 하여 세법을 적용한다.
② 세무공무원이 국세의 과세표준을 조사·결정할 때에는 해당 납세의무자가 계속하여 적용하고 있는 기업회계의 기준 또는 관행으로서 일반적으로 공정·타당하다고 인정되는 것은 존중하여야 한다. 다만, 세법에 특별한 규정이 있는 것은 그러하지 아니하다.
③ 납세의무자가 세법에 따라 장부를 갖추어 기록하고 있는 경우에는 해당 국세 과세표준의 조사와 결정은 그 장부와 이와 관계되는 증거자료에 의하여야 한다.
④ 정부는 국세를 감면한 경우에 그 감면의 취지를 성취하거나 국가정책을 수행하기 위하여 필요하다고 인정하면 세법에서 정하는 바에 따라 감면한 세액에 상당하는 자금 또는 자산의 운용 범위를 정할 수 있다.

정답 ②

기출 OX

04. 정부는 국세를 감면한 경우에 국가정책을 수행하기 위하여 필요하더라도 감면한 세액에 상당하는 자금 또는 자산의 운용범위를 정할 수 없다. 2023. 9급 최신

정답 X

확인문제

06. 거주자 甲이 A회사와 판매수익의 귀속주체를 甲으로 하는 판매약정을 체결한 후 A회사 영업이사 직함을 사용하여 A회사가 생산한 정제유를 A회사 명의로 판매하였다. 甲이 독자적으로 관리·사용하던 A회사 명의의 계좌를 통한 거래 중 무자료 거래에서 확인된 매출누락 등에 따른 세금을 과세관청이 A회사가 아닌 甲에게 부담시키기 위한 국세 부과의 원칙은? 2019. 7급

① 실질과세의 원칙
② 신의성실의 원칙
③ 근거과세의 원칙
④ 조세감면의 사후관리의 원칙

정답 ①

기출 OX

05. 세법을 해석·적용할 때에는 과세의 형평과 해당 조항의 합목적성에 비추어 납세자의 재산권이 부당하게 침해되지 아니하도록 하여야 한다. 2023. 9급 최신

정답 O

> **참고**
>
> **근거과세원칙 관련 판례**
>
> 1. 거주자가 추계신고한 경우 비치·기장된 증빙서류에 대한 실질조사_재소득 46073-19, 2003.8.20.
> 납세지 관할 세무서장 또는 지방국세청장이 종합소득 과세표준과 세액을 경정함에 있어 거주자가 추계금액에 의하여 신고한 경우에도 해당 연도 소득금액을 계산할 수 있는 장부 기타 증빙서류를 비치·기장하고 있는 경우에는 해당 장부 기타 증빙서류에 근거하여 과세표준과 세액을 실지조사 경정하는 것이다.
>
> 2. 형사 피의사건의 수사자료 및 압수된 장부등으로 인한 경정_대법원 99두4556, 1999.11.12.
> 세무관청이 실질적인 경영자에 대한 형사 피의사건의 수사자료 및 압수된 장부 등을 재조사하여 증액경정 및 각 감액경정을 거쳐 과세처분을 하기 이르렀다면, 세무관청이 단지 과세자료 통보서만에 의해 다른 증빙서류에 대한 실질조사도 하지 않고 과세처분을 한 것은 아니라 할 것이어서 근거과세의 원칙에 위배된다고 할 수 없다.

4 조세감면의 사후관리 B

정부는 국세를 감면한 경우에 그 감면의 취지를 성취하거나 국가정책을 수행하기 위하여 필요하다고 인정하면 세법에서 정하는 바에 따라 **감면한 세액에 상당하는 자금 또는 자산의 운용 범위를 정할 수 있다.** 그리고 **그 운용 범위를 벗어난 자금 또는 자산에 상당하는 감면세액은 세법에서 정하는 바에 따라 감면을 취소하고 징수할 수 있다**(국기법 17). 현행 「상속세 및 증여세법」에 따른 공익목적 출연재산에 대한 사후관리 등이 그 대표적인 사례[*1]이다.

③ 세법적용의 원칙

세법적용의 원칙은 세법의 해석과 적용 시 공무원이 따라야 할 기본적 지침을 말한다. 세법적용의 원칙 역시 국세부과의 원칙과 마찬가지로 창설적인 것이 아니라 선언적 규정에 불과하다. 이러한 **세법 적용의 원칙은 과세관청에 대해서만 준수가 요구되는 원칙**으로 개별세법에 그 적용에 대한 특례규정을 둘 수가 없다.

1 세법해석의 기준(납세자 재산권의 부당한 침해 금지) A

 (1) 의미

세법을 해석·적용할 때에는 과세의 형평과 해당 조항의 합목적성에 비추어 납세자의 재산권이 부당하게 침해되지 않도록 해야 한다(국기법 18 ①).
이는 납세자의 재산권을 침해하는 성격을 가지고 있는 세법에 대한 해석을 조세평등주의와 입법취지에 비추어 조세법률주의에 따라 엄격하게 해석해야 한다는 것을 의미한다.

[*1] 이 규정에 따르면 상속재산 중 상속세 과세신고 이내에 공익법인에 출연한 재산 등은 상속세 과세가액에 산입하지 아니하되, 추후 그 재산 및 그 재산에서 생기는 이익이 상속인 및 그와 특수관계에 있는 자에게 귀속되는 경우에는 이를 상속세 과세가액에 포함하여 즉시 상속세를 과세하도록 하고 있다.

★★ (2) 세법 해석에 관한 질의회신의 절차와 방법

① 질의 회신 방법
기획재정부장관 및 국세청장은 세법의 해석과 관련된 질의에 대하여 **세법해석의 기준에 따라 해석하여 회신하여야 하며**, 국세청장은 회신한 문서의 사본을 해당 문서의 시행일이 속하는 달의 다음 달 말일까지 기획재정부장관에게 송부하여야 한다(국기령 10 ①, ②).

② 기획재정부장관 의견 첨부
국세청장은 질의가 다음 어느 하나에 해당하는 경우에는 **기획재정부장관에게 의견을 첨부하여 해석을 요청**하여야 한다.

> ㉠ 세법 및 이와 관련되는 「국세기본법」의 입법취지에 따른 해석이 필요한 사항과 「관세법」 및 이와 관련되는 「자유무역협정의 이행을 위한 관세법의 특례에 관한 법률」·「수출용 원재료에 대한 관세 등 환급에 관한 특례법」의 입법 취지에 따른 해석이 필요한 사항
> ㉡ 기존의 세법 및 이와 관련되는 「국세기본법」의 해석 또는 일반화된 국세 행정의 관행을 변경하는 사항과 「관세법」 및 이와 관련되는 「자유무역협정의 이행을 위한 관세법의 특례에 관한 법률」·「수출용 원재료에 대한 관세 등 환급에 관한 특례법」 해석 또는 일반화된 관세 행정의 관행을 변경하는 사항
> ㉢ 그 밖에 납세자의 권리 및 의무에 중대한 영향을 미치는 사항

국세청장은 기획재정부장관의 해석에 이견이 있는 경우에는 그 이유를 붙여 재해석을 요청할 수 있다(국기령 10 ④).

③ 기획재정부장관에게 제출된 세법 해석과 관련된 질의회신
기획재정부장관에게 제출된 세법 해석과 관련된 질의는 국세청장에게 이송하고 그 사실을 민원인에게 통지하여야 한다. 다만, 다음 어느 하나에 해당하는 경우에는 **기획재정부장관이 직접 회신할 수 있으며, 이 경우 회신한 문서의 사본을 국세청장에게 송부하여야 한다**(국기령 10 ⑤).

> ㉠ 위 ②의 ㉠~㉢ 중 어느 하나에 해당하여 국세예규심사위원회의 심의를 거쳐야 하는 질의
> ㉡ 국세청장의 세법 해석에 대하여 다시 질의한 사항으로서 국세청장의 회신문이 첨부된 경우의 질의(사실판단과 관련된 사항은 제외한다)
> ㉢ **세법이 새로 제정되거나 개정되어 이에 대한 기획재정부장관의 해석이 필요한 경우**
> ㉣ 그 밖에 **세법의 입법 취지에 따른 해석이 필요한 경우**로서 납세자의 권리보호를 위하여 필요하다고 기획재정부장관이 인정하는 경우

★★ (3) 세법해석의 기준 및 소급과세금지원칙 적용 시 세법의 적용
세법 외의 법률 중 국세의 부과·징수·감면 또는 그 절차에 관하여 규정하고 있는 조항은 세법해석의 기준과 소급과세금지원칙을 적용함에 있어 세법으로 본다(국기법 18 ⑤).

 오쌤 Talk

세법해석에 대한 질의회신
「국세기본법」에 따르면 세법 해석과 관련한 질의회신은 기획재정부장관 및 국세청장이 한다. 즉, 세무서장은 이에 해당되지 않는다.

기출 OX
06. 기획재정부장관 및 국세청장은 세법의 해석과 관련된 질의에 대하여 세법해석의 기준에 따라 해석하여 회신하여야 한다. 2021. 7급
정답 O

07. 국세청장은 세법의 해석과 관련된 질의가 세법과 이와 관련되는 「국세기본법」의 입법취지에 따른 해석이 필요한 사항에 해당하는 경우 기획재정부장관에게 해석을 요청하지 않고 민원인에게 직접 회신할 수 있다. 2021. 7급
정답 X

기출 OX
08. 세법이 새로 제정되거나 개정되어 이에 대한 기획재정부장관의 해석이 필요한 경우 기획재정부장관이 직접 회신할 수 있으며, 이 경우 회신한 문서의 사본을 국세청장에게 송부하여야 한다. 2021. 7급
정답 O

기출 OX
09. 세법 이외의 법률 중 국세의 부과·징수·감면 또는 그 절차에 관하여 규정하고 있는 조항에 대해서는 세법해석의 기준에 대한 「국세기본법」 규정이 적용되지 아니한다. 2011. 9급
정답 X

2 소급과세의 금지 B

★★(1) 개념

소급과세의 금지란 법적안정성 및 예측가능성의 보장을 위해 법규의 제정·개정 전에 완료된 사실에 대하여 새로 제정·개정된 법규 등을 소급하여 적용하지 않는 것을 말한다. 납세자의 신뢰를 보호하기 위한 신의성실원칙을 구체화한 규정이기도 하다.

① 입법상의 소급과세 금지

국세를 납부할 의무(세법에 징수의무자가 따로 규정되어 있는 국세의 경우에는 이를 징수하여 납부할 의무)가 성립한 소득, 수익, 재산, 행위 또는 거래에 대해서는 그 성립 후의 새로운 세법에 따라 소급하여 과세하지 않는다(국기법 18 ②). 그 취지는 납세자의 기득권을 존중하고 법적안정성과 예측가능성을 보장하기 위한 데 있다.

② 행정상의 소급과세 금지

세법의 해석이나 국세행정의 관행이 일반적으로 납세자에게 받아들여진 후에는 그 해석이나 관행에 의한 행위 또는 계산은 정당한 것으로 보며, 새로운 해석이나 관행에 의하여 소급하여 과세되지 않는다(국기법 18 ③).

★★(2) 소급과세 금지의 기준시점

소급과세 여부의 판정기준은 납세의무의 성립일이다. 즉, 납세의무가 성립된 경우에는 새로운 세법 등을 소급하여 적용되는 것이 금지되나, 아직 납세의무가 성립되지 않은 경우에는 새로운 세법 등을 적용할 수 있다.

★★(3) 진정소급과 부진정소급

납세의무성립일 전후로 개정된 세법 등의 소급적용허용 여부에 따라 소급의 성격을 구분하면 다음과 같다.

구분	개념	소급적용여부
진정소급	이미 납세의무가 성립된 소득 등에 대하여 납세의무의 성립일 이후에 개정된 세법 등을 소급하여 적용하는 것을 말한다.	허용하지 아니함
부진정소급	과세기간 중(납세의무 성립일 전)에 개정된 세법 등을 과세기간 개시일로 소급하여 적용하는 것을 말한다.	허용함*

* 예를 들어, 2025년 10월 1일에 소득세가 개정된 경우 그 개정규정은 2025년 1월 1일부터 소급하여 적용 가능하다. 왜냐하면 소득세 납세의무성립일은 과세기간 종료일(2025년 12월 31일)이고 그 전에 개정된 것이므로 진정한 의미의 소급이 아니기 때문이다.

★(4) 유리한 소급효의 인정

소급적용하는 것이 납세자에게 유리한 경우에는 그 소급효를 인정한다.

기출 OX

10. 국세를 납부할 의무가 성립한 소득·수익·재산·행위 또는 거래에 대하여는 그 성립 후의 새로운 세법에 따라 소급하여 과세하지 아니한다. 2011.9급

정답 O

소급과세 금지의 원칙에서의 주의점

① 납세의무의 확정일이 아닌 성립일을 기준으로 적용한다.
 : 납세의무의 성립은 추상적으로 '세금을 내야 한다'는 의무가 성립한 것으로 아직 금액이 확정되기 전이다. 그러나 납세의무 확정일은 납부 또는 징수할 세금액이 확정된 것으로 의미한다. Link-P.56
② 납세자의 신뢰를 보호하기 위한 신의성실원칙을 구체화한 규정이므로 납세자에게 유리한 경우에는 소급효를 인정한다.

기출 OX

11. 세법의 해석이나 국세행정의 관행이 일반적으로 납세자에게 받아들여진 후에는 그 해석이나 관행에 의한 행위 또는 계산은 정당한 것으로 보며, 새로운 해석이나 관행에 의하여 소급하여 과세되지 아니한다. 2023.9급 최신

정답 O

진정과 부진정

진정(眞正)은 '참'인 것으로 정해진 것이라고 이해하면 좋겠다. 반대로 부진정은 아직 '참'인 것으로 정해지지 않은 것이다. 그러므로 이미 참인 것으로 정해진 것은 다시 소급하지 않고, 아직 참인 것으로 정해지지 않은 것은 소급할 수 있다는 의미이다.

기출 OX

12. 과세기간 진행 중 법률의 개정이나 해석의 변경이 있는 경우 이미 진행한 과세기간분에 대하여 소급과세하는 것은 원칙적으로 허용되지 아니한다. 2016.7급

정답 X

3 세무공무원 재량의 한계 B

세무공무원이 재량으로 직무를 수행할 때에는 과세의 형평과 해당 세법의 목적에 비추어 일반적으로 적당하다고 인정되는 한계를 엄수해야 한다(국기법 19).

4 기업회계의 존중 B

(1) 국세 과세표준의 조사와 결정 시 존중

세무공무원이 국세의 과세표준을 조사·결정할 때에는 해당 납세의무자가 계속하여 적용하고 있는 기업회계의 기준 또는 관행으로서 일반적으로 공정·타당하다고 인정되는 것은 존중해야 한다. 다만, 세법에 특별한 규정이 있는 것은 그렇지 않다(국기법 20).

(2) 세법 > 기업회계기준

기업회계기준 및 관행은 세법에 특별한 규정이 있는 경우에는 세법규정을 따르고 세법에 규정이 없는 경우에 한해 보충적으로 적용하며, 기업회계를 보충적으로 적용하기 위해서는 「국세기본법」상의 요건을 갖추어야 하는 것이다.

> **참고**
>
> **국세부과의 원칙 VS 세법적용의 원칙**
>
> | 구분 | 국세부과의 원칙 | 세법적용의 원칙 |
> | --- | --- | --- |
> | 하부원칙 | 실질과세
신의성실
근거과세
조세감면의 사후관리 | 세법해석의 기준
소급과세의 금지
세무공무원 재량의 한계
기업회계기준의 존중 |
> | 적용 당사자 | 과세관청과 납세자 | 과세관청 |
> | 개별세법 특례 | 가능 | 불가능 |

확인문제

07. 「국세기본법」상 세법적용의 원칙에 관한 설명으로 옳은 것은? 2008. 7급

① 2 이상의 행위 또는 거래를 거치는 방법으로 세법의 혜택을 부당하게 받기 위한 것으로 인정되는 경우에는 그 경제적 실질내용에 따라 연속된 하나의 행위 또는 거래를 한 것으로 보아 세법을 적용한다.
② 납세자가 그 의무를 이행함에 있어서는 신의에 좇아 성실히 하여야 한다. 세무공무원이 그 직무를 수행함에 있어서도 또한 같다.
③ 납세의무자가 세법에 의하여 장부를 비치·기장하고 있는 때에는 당해 국세의 과세표준의 조사와 결정은 그 비치·기장한 장부와 이에 관계되는 증빙자료에 의하여야 한다.
④ 세무공무원이 그 재량에 의하여 직무를 수행함에 있어서는 과세의 형평과 당해 세법의 목적에 비추어 일반적으로 적당하다고 인정되는 한계를 엄수하여야 한다.

정답 ④

확인문제 최신

08. 「국세기본법」상 국세 부과의 원칙 및 세법 적용의 원칙에 대한 설명으로 옳지 않은 것은? 2024. 7급

① 세무공무원이 국세의 과세표준을 조사·결정할 때에는 세법에 특별한 규정이 있는 경우에도 해당 납세의무자가 계속하여 적용하고 있는 기업회계의 기준 또는 관행으로서 일반적으로 공정·타당하다고 인정되는 것이 있으면, 이를 우선 적용한다.
② 세법의 해석이나 국세행정의 관행이 일반적으로 납세자에게 받아들여진 후에는 그 해석이나 관행에 의한 행위 또는 계산은 정당한 것으로 보며, 새로운 해석이나 관행에 의하여 소급하여 과세되지 아니한다.
③ 과세의 대상이 되는 소득, 수익, 재산, 행위 또는 거래의 귀속이 명의일 뿐이고 사실상 귀속되는 자가 따로 있을 때에는 사실상 귀속되는 자를 납세의무자로 하여 세법을 적용한다.
④ 세법을 해석·적용할 때에는 과세의 형평과 해당 조항의 합목적성에 비추어 납세자의 재산권이 부당하게 침해되지 아니하도록 하여야 한다.

정답 ①

❹ 중장기 조세정책운용계획 C

(1) 중장기 조세정책운용계획의 수립

기획재정부장관은 효율적인 조세정책의 수립과 조세부담의 형평성 제고를 위하여 매년 해당 연도부터 5개 연도 이상의 기간에 대한 중장기 조세정책운용계획(이하 '중장기 조세정책운용계획')을 수립해야 한다(국기법 20의2 ①).

(2) 중장기 조세정책운용계획의 내용

중장기 조세정책운용계획에는 다음 사항이 포함되어야 한다(국기법 20의2 ②).

> ㉠ 조세정책의 기본방향과 목표
> ㉡ 주요 세목별 조세정책 방향
> ㉢ 비과세·감면 제도 운용 방향
> ㉣ 조세부담 수준
> ㉤ 그 밖에 대통령령으로 정하는 사항

(3) 중장기 조세정책운용계획 절차

① 국가재정운용계획과 연계

중장기 조세정책운용계획은 「국가재정법」에 따른 국가재정운용계획과 연계하여 수립되어야 한다.

② 관계 중앙관서의 장과 협의

기획재정부장관은 중장기 조세정책운용계획을 수립할 때에는 관계 중앙관서의 장과 협의하여야 한다(국기법 20의2 ③).

③ 국회 소관 상임위원회에 보고

기획재정부장관은 수립한 중장기 조세정책운용계획을 국회 소관 상임위원회에 보고하여야 한다(국기법 20의2 ④).

(4) 기타

위와 같이 규정된 사항 외에 중장기 조세정책운용계획의 수립에 관하여 필요한 사항은 대통령령으로 정한다.

MEMO

CHAPTER 03

납세의무의 성립·확정·소멸

1. 개요
2. 납세의무의 성립
3. 납세의무의 확정
4. 납세의무의 소멸

최신 8개년 출제 경향 분석

01 개요

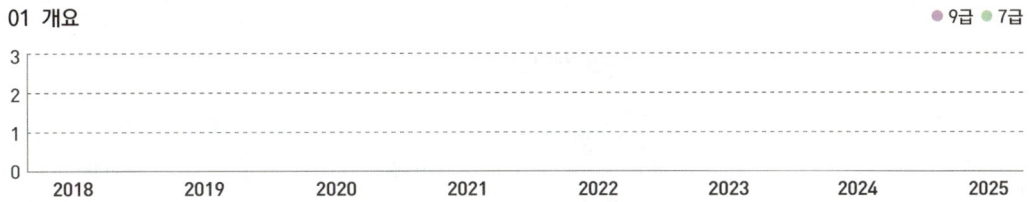

02, 03 납세의무의 성립·확정

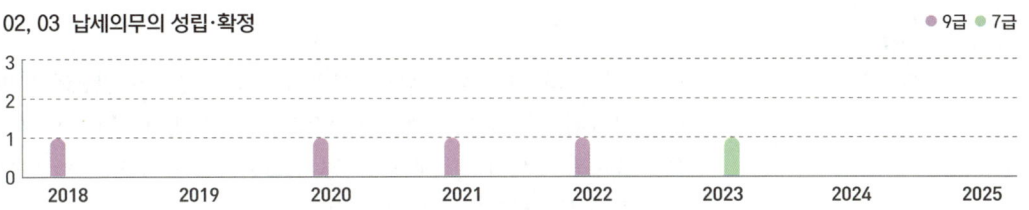

04 납세의무의 소멸

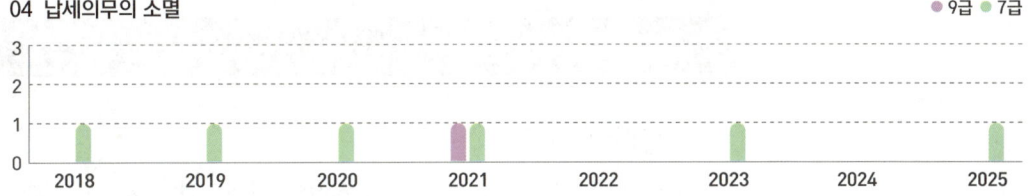

1 개요

모든 납세의무는 성립·확정·소멸의 과정을 거친다. 납세의무의 생성과 소멸의 과정은 다음과 같다.

[납세의무의 생성과 소멸]

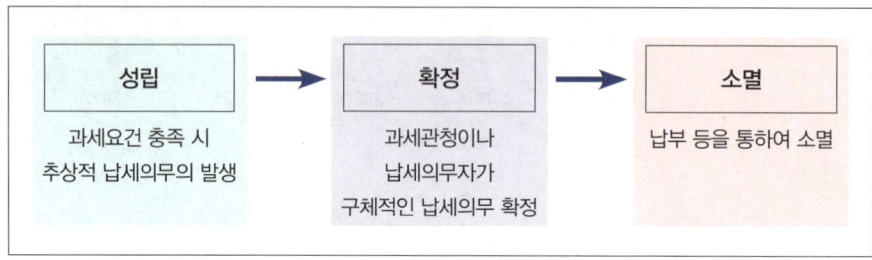

납세의무는 과세관청이나 납세의무자의 특별한 행위가 필요없이 세법이 규정하고 있는 과세요건을 충족하는 때 자동적으로 성립(발생)한다(통설). 그런데 이렇게 추상적으로 성립한 납세의무가 구체적으로 실현되려면 과세관청이나 납세의무자가 그 내용을 구체적으로 확정하여야 하며, 이렇게 확정된 납세의무는 세액의 납부 등을 통하여 소멸한다.

> **오쌤 Talk**
>
> **납세의무의 성립과 확정**
>
> 감귤 밭에서 귤을 한 바구니 따서 무게당 값을 지불하기로 한 경우, 귤 한 바구니를 땄을 때 지불의무는 성립되고, 무게를 재어 금액이 확정되면 지불의무가 확정되는 것이다.
>
> 납세의무가 성립되는 시점은 과세관청이 부과권을 행사할 수 있는 기준점이 되고, 납세의무가 확정되는 시점은 과세관청이 징수권을 행사할 수 있는 기준점이 된다.

2 납세의무의 성립

1 성립의 의미 B

'납세의무의 성립'이란 각 세법이 정하는 과세요건이 충족됨으로써 납세의무가 객관적으로 생겨나는 것을 말한다. **「국세기본법」도 국세를 납부할 의무는 과세요건이 충족되면 성립한다고 규정하고 있다**(국기법 21 ①). 납세의무의 성립시점은 과세권자와 납세자 간의 조세법률관계가 성립하는 시점이고, 소급과세의 금지를 판단하는 기준점이 된다.

2 과세요건 C

'과세요건'이란 납세의무의 성립에 필요한 법률상의 요건을 말하며, 그 구성요소는 다음과 같다.

(1) 납세의무자

세법에 따라 국세를 납부할 의무가 있는 자를 말한다(국기법 2 (9)).

(2) 과세대상

과세대상은 조세부담을 지우는 대상이다. 이러한 과세대상으로 소득(ex. 소득세, 법인세), 소비(ex. 부가가치세, 개별소비세, 주세), 재산(ex. 상속세)을 들 수 있다.

(3) 과세표준

과세대상의 수량 또는 가액을 계산할 수 있어야 한다.

(4) 세율

과세표준에 대한 세액의 비율을 말한다.

납세의무는 이러한 과세요건이 충족되는 시점, 즉 과세대상이 납세의무자에게 귀속됨으로써 세법이 정하는 바에 따라 과세표준의 계산 및 세율의 적용이 가능하게 되는 시점에 납세의무가 성립하는 것이다(국기통 21-0…1).

3 납세의무의 성립시기 A

(1) 일반적인 경우

① **기간과세 국세**: 과세기간이 정하여진 국세
소득세, 법인세, 부가가치세는 기간단위로 과세하는 국세이므로 과세기간이 끝나는 때 납세의무가 성립한다. 다만, 다음은 기간단위로 과세하는 것이 아니므로 예외로 한다.

> ㉠ 청산소득에 대한 법인세: 해당 법인이 해산하는 때
> ㉡ 수입재화에 대한 부가가치세: 세관장에게 수입신고하는 때

② **수시부과 국세**: 특정 행위 등에 대하여 과세하는 국세
다음의 국세는 특정한 행위시점을 기준으로 수시로 부과하는 국세이므로 납세의무도 **과세 여부에 관한 결정적 사건이 발생하는 시점에 성립**되는 것으로 본다(국기법 21 ②).

구분	납세의무 성립시기
㉠ 상속세	상속을 **개시**하는 때
㉡ 증여세	증여에 의하여 재산을 **취득**하는 때
㉢ 개별소비세, 주세 및 교통·에너지·환경세	과세물품을 제조장으로부터 반출하는 때, 과세장소에 입장하거나 과세유흥장소에서 유흥음식행위를 한 때 또는 과세영업장소에서 영업행위를 한 때 다만, **수입물품의 경우에는 세관장에게 수입신고를 하는 때**
㉣ 인지세	과세문서를 **작성**한 때
㉤ 증권거래세	해당 매매거래가 확정되는 때

③ **종합부동산세**: 과세기준일(매년 6월 1일)

기출 OX

01. 청산소득에 대한 법인세의 납세의무 성립시기는 그 법인이 해산을 하는 때이다. 2022. 9급
정답 O

확인문제

01. 「국세기본법」상 납세의무의 성립시기로 옳지 않은 것은? 2010. 7급
① 부가가치세는 과세기간이 끝나는 때 납세의무가 성립한다. 단, 수입재화의 경우에는 세관장에게 수입신고를 하는 때 납세의무가 성립한다.
② 각 사업연도 소득에 대한 법인세는 과세표준과 세액을 정부에 신고하는 때 납세의무가 성립한다.
③ 상속세는 상속이 개시되는 때 납세의무가 성립한다.
④ 인지세는 과세문서를 작성한 때 납세의무가 성립한다.

정답 ②

오쌤 Talk

인지세
정부가 발행한 인지(우표처럼 생긴 증명서)를 문서에 붙여야 하는 모든 조세를 인지세라고 한다. 보통 재산상의 권리 창설, 이전, 변경, 소멸 등을 증명하는 문서에 인지를 붙인다.

확인문제

02. 국세기본법상 납세의무의 성립시기에 관한 설명으로 옳지 않은 것은?

2013. 9급

① 납세조합이 징수하는 소득세와 예정신고납부하는 소득세는 과세표준이 되는 금액이 발생한 달의 말일이 된다.
② 금융보험업자의 수익금액에 부과되는 교육세는 과세기간이 끝나는 때가 된다.
③ 청산소득에 대한 법인세는 당해 법인이 해산하는 때가 된다.
④ 상속세는 상속신고를 완료하는 때가 된다.

정답 ④

오쌤 Talk

성립시기 특례

국세를 납부할 의무는 그 국세 및 강제징수비가 납부되면 소멸한다. 원천징수세액 등은 원칙적인 성립시기가 도래하기 전에 이미 납부가 되고 따라서 소멸된다. 그렇기에 납세의무가 성립되기도 전에 소멸된다는 모순이 생긴다. 이러한 모순을 피하기 위해 특례를 적용하여 원칙적인 성립시기가 도래하기 전에 성립하는 것으로 취급한다.

02. 원천징수하는 소득세의 납세의무 성립시기는 과세기간이 끝나는 때이다.

2022. 9급

정답 X

확인문제

03. 「국세기본법」상 납세의무의 성립시기에 대한 설명으로 옳지 않은 것은?

2015. 7급

① 종합부동산세를 납부할 의무는 과세기준일에 성립한다.
② 원천징수하는 소득세·법인세를 납부할 의무는 소득금액 또는 수입금액을 지급하는 때에 성립한다.
③ 수시부과하여 징수하는 국세를 납부할 의무는 수시부과 사유가 발생한 때에 성립한다.
④ 수입재화의 경우 부가가치세를 납부할 의무는 과세기간이 끝나는 때에 성립한다.

정답 ④

---

④ **부가세**

부가세는 본세에 부가하여 징수하는 세금이므로 '본세의 납세의무 성립시점'에 부가세의 납세의무도 성립한다.

구분	납세의무 성립시기
㉠ 농어촌 특별세	해당 국세(본세)의 납세의무가 성립한 때
㉡ 교육세*	

* 금융·보험업자의 수익금액에 부과되는 교육세: 과세기간이 끝나는 때

⑤ **가산세**

가산세는 다음 각 구분에 따른 시기에 납세의무가 성립된다(국기법 21 ② (11)).

구분	성립시기
㉠ 무신고·과소신고·초과환급신고 가산세	법정신고기한이 경과하는 때
㉡ 납부지연가산세	• 지연일수 1일마다 2.2/10,000 적용분 : 법정납부기한 경과 후 1일마다 그 날이 경과하는 때 • 체납 시 3/100 적용분[*1] : 납부고지서에 따른 납부기한이 경과하는 때
㉢ 원천징수 등 납부지연가산세	• 지연일수 1일마다 2.2/10,000 적용분 : 법정납부기한 경과 후 1일마다 그 날이 경과하는 때 • 미납 시 3/100 적용분[*2] : 법정납부기한이 경과하는 때
㉣ 그 밖의 가산세	가산할 국세의 납세의무가 성립한 때

(2) 특례

과세기간 중에 징수 또는 납부하는 다음의 국세는 위의 원칙적인 성립시기를 적용할 수 없으므로 별도로 그 성립시기를 정한다(국기법 21 ③).

구분	성립시기
㉠ 원천징수하는 소득세·법인세	소득금액 또는 수입금액을 지급하는 때
㉡ 납세조합이 징수하는 소득세 또는 예정신고 납부하는 소득세	과세표준이 되는 금액이 발생한 달의 말일
㉢ 중간예납하는 소득세·법인세	중간예납기간이 끝나는 때
㉣ 예정신고기간·예정부과기간에 대한 부가가치세	예정신고기간·예정부과기간이 끝나는 때
㉤ 수시부과하여 징수하는 국세	수시부과할 사유가 발생한 때

[*1] 납부고지서상 납부기한까지 납부하지 않음에 따른 3% 부분
[*2] 법정납부기한까지 납부하지 않음에 따른 3% 부분

③ 납세의무의 확정

1 확정의 의미 B

추상적으로 성립한 납세의무에 대하여 과세관청이 그 이행을 청구하고 납세의무자가 이를 납부하려면 그 납세의무의 내용을 과세관청이나 납세의무자가 구체적으로 확인하는 과정이 필요하다. **납세의무의 확정이란 이미 성립한 납세의무에 대하여 구체적으로 확인하는 절차를 말한다.**

2 확정방법 A

납세의무의 확정방법에는 신고납부제도와 정부부과제도가 있다. '신고납부제도'란 납세의무의 확정을 1차적으로 납세의무자에게 맡기는 제도이며, '부과과세제도'는 과세관청의 조사결정에 의하여 납세의무를 확정하는 제도이다.

신고납부제도와 부과과세제도를 비교하면 다음과 같다 (국기법 22 ①~③).

구분	신고납부제도	부과과세제도
의미	별도의 과세관청의 결정절차 없이 납세의무자의 신고에 의하여 납부할 세액이 확정되는 제도	과세관청의 결정(처분)에 의하여 납부할 세액을 확정하는 제도
적용 세목	[신고납부세목] ㉠ **소득세**, 법인세, 부가가치세, 개별소비세, 주세, 교통·에너지·환경세, 증권거래세, 교육세 ㉡ 종합부동산세[*3] (납세의무자가 과세표준과 세액을 정부에 신고하는 경우에 한정)	[정부부과세목] ㉠ **상속세**, 증여세[*4] ㉡ 종합부동산세(납세자가 신고하는 경우 제외)
확정시기	**납세의무자**가 과세표준과 세액을 정부에 **신고했을 때 확정**된다. 다만, 납세의무자가 과세표준과 세액을 신고하지 아니하거나 신고한 과세표준과 세액이 법에서 정하는 바와 맞지 아니한 경우에는 정부가 과세표준과 세액을 결정하거나 경정하는 때에 그 결정 또는 경정에 따라 확정된다.	국세의 과세표준과 세액을 **정부가 결정하는 때 확정**된다.
조세포탈범의 기수시기	신고·납부기한 경과시점	정부의 결정에 의한 납부기한 경과시점

[*3] 종합부동산세는 납세의무자가 신고하는 경우에는 신고납세세목, 그 외의 경우에는 부과과세세목에 해당한다.
[*4] 부과과세제도를 채택하고 있는 세목이라도 납세의무자에게 신고의무는 부여된다. 상속세와 증여세의 신고는 세액을 확정시키는 효력이 없고 단지 과세관청이 부과처분하는데 필요한 과세자료를 제출하는 일종의 협력의무를 부과하고 있다.

기출 OX

03. 개별소비세를 부과 결정하는 경우에는 부과 결정하는 때 납세의무가 확정된다.
2007. 9급 수정
정답 O

04. 소득세는 신고하는 때 납세의무가 확정된다.
2007. 9급
정답 O

05. 종합부동산세는 신고하는 경우에는 신고하는 때 납세의무가 확정된다.
2007. 9급
정답 O

06. 소득세와 법인세는 납세의무자가 과세표준과 세액의 신고를 하지 아니한 경우에는 정부가 과세표준과 세액을 결정하는 때에 그 결정에 따라 확정된다.
2022. 9급
정답 O

07. 상속세는 정부가 과세표준과 세액을 결정하는 때에 확정된다.
2023. 7급 최신
정답 O

08. 부과과세제도인 상속세의 경우 신고를 하더라도 납세의무가 확정되지 않는다.
2004. 9급
정답 O

09. 상속세의 경우 납세의무자의 신고는 세액을 확정시키는 효력이 있다.
2014. 7급
정답 X

오쌤 Talk

조세포탈범의 기수시기

기수란 '미수에 그치다'에서 그 미수와 반대되는 개념으로 범죄의 구성요건이 완전히 성립되어 실현되는 것을 말한다. 즉, 조세포탈범의 구성요건이 성립되어 공소시효가 시작된 시점을 의미한다. 신고납부기한이 경과하면 이때부터 조세포탈범으로의 공소시효가 시작된다는 의미이다.

3 납세의무의 자동확정 A

다음의 국세는 납세의무가 성립하는 때 특별한 절차 없이 그 세액이 확정된다(국기법 22 ④).

자동확정되는 국세	성립시기 = 확정시기
㉠ 원천징수하는 소득세·법인세	소득금액 또는 수입금액을 지급하는 때
㉡ 납세조합이 징수하는 소득세	과세표준이 되는 금액이 발생한 달의 말일
㉢ 중간예납하는 법인세(세법에 따라 정부가 조사결정하는 경우는 제외)	중간예납기간이 끝나는 때
㉣ 인지세	과세문서를 작성하는 때
㉤ 납부지연가산세 및 원천징수 등 납부지연가산세(납부고지서에 따른 납부기한 후의 가산세로 한정)	납부고지서에 따른 납부기한이 지난 후 1일마다 그 날이 경과하는 때

4 수정신고의 효력 B

(1) 효력: 증액하여 확정

신고납부제도 적용세목인 국세의 수정신고(과세표준신고서를 법정신고기한까지 제출한 자의 수정신고로 한정)는 당초의 신고에 따라 확정된 과세표준과 세액을 증액하여 확정하는 효력을 가진다(국기법 22의2 ①).

(2) 당초 확정세액에 대한 권리·의무관계: 영향을 미치지 않음

국세의 수정신고는 당초 신고에 따라 확정된 세액에 관한 「국세기본법」 또는 세법에서 규정하는 권리·의무관계에 영향을 미치지 아니한다(국기법 22의2 ②). 즉, 당초 확정된 납세의무에 대하여 독촉·강제징수 등의 절차는 그 효력을 유지한다.

상속·증여세 vs 종합부동산세

상증세	납세자에게 신고의무 부여 + 과세관청이 과세표준과 세액을 결정
종부세	납세자가 신고납부와 정부부과 중 선택할 수 있음

기출 OX

10. 납세조합이 징수하는 소득세는 납세의무가 성립하는 때에 특별한 절차 없이 그 세액이 확정된다.
2022. 9급·2023. 7급 최신
정답 O

확인문제

04. 「국세기본법」상 납세의무가 성립하는 때에 특별한 절차 없이 그 세액이 확정되는 국세만을 모두 고르면?
2021. 9급

ㄱ. 예정신고납부하는 소득세
ㄴ. 납세조합이 징수하는 소득세
ㄷ. 중간예납하는 법인세(세법에 따라 정부가 조사·결정하는 경우는 제외한다)
ㄹ. 원천징수 등 납부지연가산세(납부고지서에 따른 납부기한 후의 가산세로 한정한다)
ㅁ. 중간예납하는 소득세
ㅂ. 수시부과하여 징수하는 국세

① ㄱ, ㄴ, ㄷ
② ㄴ, ㄷ, ㄹ
③ ㄷ, ㄹ, ㅁ
④ ㄴ, ㄹ, ㅁ, ㅂ

정답 ②

기출 OX

11. 부가가치세 과세표준신고서를 법정신고기한까지 제출한 자의 수정신고는 당초의 신고에 따라 확정된 과세표준과 세액을 증액하여 확정하는 효력을 가진다.
2023. 7급 최신
정답 O

5 경정 등의 효력 A

(1) 의미

경정(또는 경정결정)이란 이미 확정된 납세의무의 내용을 과세관청이 다시 고쳐 결정하는 처분을 말한다.

(2) 증액경정처분

세법에 따라 당초 확정된 세액을 증가시키는 경정은 당초 확정된 세액에 관한 「국세기본법」 또는 세법에서 규정하는 권리·의무관계에 영향을 미치지 아니한다(국기법 22의3 ①). 그러므로 증액경정처분을 한다해도 증액경정처분은 당초 확정된 납세의무에 대하여 행한 독촉·강제징수 등의 절차 효력을 유지한다.

(3) 감액경정처분

세법에 따라 당초 확정된 세액을 감소시키는 경정은 그 경정으로 감소되는 세액 외의 세액에 관한 「국세기본법」 또는 세법에서 규정하는 권리·의무관계에 영향을 미치지 아니한다(국기법 22의3 ②). 그러므로 감액경정처분을 한다해도 감액경정처분은 감액된 세액을 제외한 세액에 대한 독촉·강제징수 등의 절차 효력을 유지한다.

예제 1 납세의무 성립일과 납세의무 확정일

다음은 ㈜한국(사업연도 1.1.~12.31.)의 2023년 법인세 관련 자료이다. ㈜한국의 2023년 사업연도 법인세에 대한 납세의무 성립일과 납세의무 확정일은 언제인가?

> ㈜한국이 2023년 사업연도 법인세를 2024년 3월 31일까지 신고하지 않음에 따라 관할 세무서장이 2023년도에 대한 법인세 1억원에 대하여 2024년 10월 1일 고지서를 발부하여 ㈜한국은 2024년 10월 3일에 이 고지서를 수령하였다. 이 고지서상의 납부기한은 2024년 10월 31일이다.

풀이
1. 납세의무 성립일
   과세기간이 끝나는 때(2023년 12월 31일)
2. 납세의무 확정일
   법인세의 경우 신고납부방식에 해당되는 국세이지만 무신고에 해당하므로 정부부과방식에 의해 확정되고, 이 경우 고지서의 도달일인 2024년 10월 3일이 확정일이 된다.

오쌤 Talk

수정신고 vs 경정청구 vs 경정결정

구분	수정신고	경정청구	경정결정
누가	납세자	납세자	과세관청
누구에게	과세관청	과세관청	납세자
무엇을	과소납부세액을 추가로 신고하는 것	과다납부세액을 환급해 달라고 청구하는 것	과소·과다납부세액에 대한 증·감액 결정을 하는 것

기출 OX

12. 세법의 규정에 의하여 당초 확정된 세액을 증가시키는 경정은 당초 확정된 세액에 관한 권리의무관계를 소멸시킨다.
2014. 7급
정답 X

13. 세법에 따라 당초 확정된 세액을 감소시키는 경정은 그 경정으로 감소되는 세액 외의 세액에 관한 세법에서 규정하는 권리·의무관계에도 영향을 미친다.
2023. 7급 최신
정답 X

오쌤 Talk

기한후신고 효력

기한후신고는 해당 국세의 납세의무를 확정시키는 효력이 없다. Link-P.106

확인문제

05. 국세를 납부할 의무의 확정 또는 그 관련 쟁점에 대한 설명으로 옳은 것은?
2020. 9급

① 기한후신고는 과세표준과 세액을 확정하는 효력을 가진다.
② 세법에 따라 당초 확정된 세액을 증가시키는 경정은 당초 확정된 세액에 관한 「국세기본법」 및 기타 세법에서 규정하는 권리·의무관계에 영향을 미치지 아니한다.
③ 과세표준신고서를 법정신고기한까지 제출한 자가 수정신고를 하는 경우, 당해 수정신고에는 당초의 신고에 따라 확정된 과세표준과 세액을 증액하여 확정하는 효력이 인정되지 아니한다.
④ 상속세는 상속이 개시되는 때, 증여세는 증여에 의하여 재산을 취득하는 때에 각각 납세의무가 성립하고, 「상속세 및 증여세법」에 따라 납부의무가 있는 자가 신고하는 때에 확정된다.

정답 ②

④ 납세의무의 소멸

1 개요

성립 또는 확정된 납세의무는 여러 가지 원인으로 소멸하는데, 국고 수입이 이루어져 소멸하는 경우와 국고 수입이 이루어지지 않고 소멸되는 경우 두 가지로 구분할 수 있다.

구분	납부의무의 소멸사유	내용
실현되면서 소멸되는 경우	① 납부	납세의무자가 세액을 국고에 납입함에 따라 소멸(금전납부가 원칙이지만, 상속세의 경우 물납도 인정)
	② 충당	납세의무자가 환급받을 세액을 납세의무자가 납부할 다른 세액과 상계함에 따라 소멸
미실현상태에서 소멸되는 경우	③ 부과의 취소	유효하게 성립한 부과처분에 대하여 그 성립에 하자가 있음을 이유로 당초 부과시점으로 소급하여 그 처분의 효력을 상실시킴에 따라 소멸
	④ 국세부과 제척기간의 만료	과세관청이 국세를 부과할 수 있는 권리의 행사기간이 끝남에 따라 소멸
	⑤ 국세징수권 소멸시효 완성	과세관청이 국세를 징수할 수 있는 권리를 일정기간 행사하지 아니함에 따라 소멸

>  **참고**
>
> **부과의 철회**
> 부과의 철회는 「국세징수법」에 의해 송달불능으로 징수유예한 국세의 징수가 불가능하다고 인정될 때 이루어진다. 부과철회 후 납세자의 행방 또는 재산을 발견한 경우에는 부과할 수 있다. 그러므로 납세의무의 소멸사유에 해당하지 않는다. 또한 납세자의 사망도 납세의무 소멸사유에 해당하지 않는다.

[국세의 부과제척기간과 국세징수권 소멸시효]

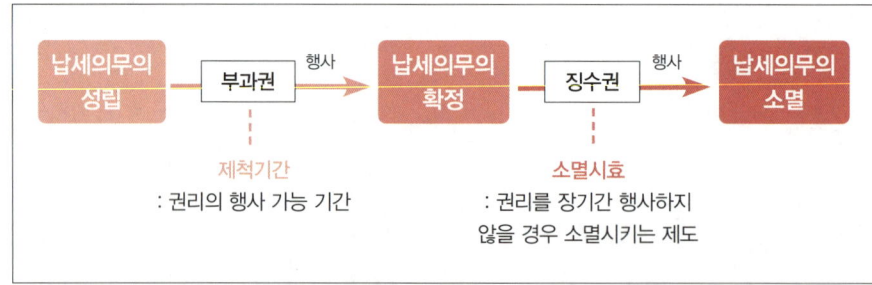

확인문제

06. 「국세기본법」상 국세를 납부할 의무가 소멸되는 사유로 옳지 않은 것은?
2017. 7급
① 세무서장이 국세환급금으로 결정한 금액을 체납된 국세에 충당한 때
② 국세를 부과할 수 있는 기간에 국세가 부과되지 아니하고 그 기간이 끝난 때
③ 국세의 부과결정이 철회된 때
④ 국세징수권의 소멸시효가 완성된 때

정답 ③

기출 OX

14. 국세의 납부, 충당 또는 부과처분의 취소가 있는 경우 납세의무가 소멸한다.
2005. 9급
정답 O

15. 국세부과의 제척기간이 만료된 경우와 국세징수권이 소멸시효의 완성에 의하여 소멸하는 경우에도 이후 납세자의 행방 또는 재산이 발견되면 즉시 부과·징수절차를 진행하여야 한다.
2011. 9급
정답 X

확인문제

07. 「국세기본법」상 국세납부의무의 소멸사유로 옳지 않은 것은? 2009. 7급
① 충당이 있을 때
② 국세를 부과할 수 있는 기간 내에 국세가 부과되지 아니하고 그 기간이 만료된 때
③ 국세징수권의 소멸시효가 완성한 때
④ 납세자에게 강제징수가 종결되고 체납액에 충당된 배분금액이 그 체납액에 부족한 때

정답 ④

2 국세부과의 제척기간 A

★★ (1) 개념

'부과'란 국가가 납세의무를 확정하는 절차를 말한다. '**국세의 부과제척기간**'이란 국가가 **결정·경정결정·재경정결정 및 부과취소를 할 수 있는 기간을 말한다.** 만일 이러한 부과제척기간이 없다면 국가는 영원히 부과권을 행사할 수 있기 때문에 납세의무자는 장기간 불안정한 상태에 놓이게 될 것이다. 이러한 결과를 방지하고 조세법률관계를 조속히 안정시킴으로써 납세의무자의 법적안정성을 보장하기 위하여 국세의 부과제척기간을 설정하고 있는 것이다. 「국세기본법」은 납세의무를 포착하기 어려운 정도가 다르므로 세목별·사유별로 차등하여 제척기간을 정한다.

★★ (2) 일반적인 국세

① 원칙

국세의 부과제척기간은 **국세를 부과할 수 있는 날부터** 다음의 기간으로 한다(국기법 26의 2 ①, ②).

구분	부과제척기간	
	일반거래	역외거래[*1]
㉠ 일반적인 경우	5년	7년
㉡ 납세자가 법정신고기한까지 과세표준신고서를 제출하지 않은 경우(무신고)	7년	10년
㉢ 납세자가 사기나 그 밖의 부정한 행위(이하 '부정행위')로 국세를 포탈하거나 환급·공제를 받은 경우[*2]	10년	15년
㉣ 납세자가 **부정행위**로 세금계산서·계산서 미발급 등에 대한 가산세 부과대상이 되는 경우 해당 가산세	10년	-

[*1] 역외거래: 「국제조세조정에 관한 법률」에 따른 국제거래 및 거래 당사자 양쪽이 거주자인 거래로서 국외에 있는 자산의 매매·임대차·국외에 제공하는 용역과 관련된 거래

[*2] 부정행위로 포탈하거나 환급·공제받은 국세가 법인세이면 이와 관련하여 「법인세법」에 따라 소득처분된 금액에 대한 소득세 또는 법인세에 대해서도 ㉢과 똑같이 적용한다.

② 일반적인 국세의 특례 제척기간

> ㉠ 이월결손금이 공제된 소득세 또는 법인세: 위 ①의 ㉠과 ㉡의 기간이 끝난 날이 속하는 과세기간 이후의 과세기간에 「소득세법」 및 「법인세법」에 따른 이월결손금 및 「조세특례제한법」에 따라 이월된 세액공제액NEW을 공제하는 경우 그 결손금 등이 발생한 과세기간의 소득세 또는 법인세의 부과제척기간은 이월결손금 등을 공제한 과세기간의 법정신고기한으로부터 1년으로 한다(국기법 26의2 ③).
>
> ㉡ 부담부증여 시 양도소득세: 부담부증여에 따라 증여세와 함께 「소득세법」에 따른 양도소득세가 과세되는 경우에 그 양도소득세의 부과제척기간은 아래 '상속세·증여세'의 부과제척기간을 따른다(국기법 26의2 ④).

 기출 OX

16. 국세의 제척기간은 모든 세목에 있어서 동일하다. 2007. 9급
정답 X

17. 법정신고기한까지 소득세 과세표준신고서를 제출하지 아니한 경우에는 소득세를 부과할 수 있는 날부터 7년간을 부과의 제척기간으로 한다. 2015. 9급
정답 O

18. 「국세기본법」 제26조의2제1항에 따른 역외거래에서 발생한 부정행위로 국세를 포탈하거나 환급·공제받은 경우에는 국세는 그 국세를 부과할 수 있는 날부터 15년이 끝난 날 후에는 부과할 수 없다. 2019. 7급
정답 O

19. 이중장부의 작성에 의하여 소득세를 포탈한 경우에는 소득세를 부과할 수 있는 날부터 10년간을 부과의 제척기간으로 한다. 2015. 9급
정답 O

20. 사기나 그 밖의 부정행위로 법인세를 포탈한 경우 처분된 금액에 대한 소득세에 대해서도 그 소득세를 부과할 수 있는 날부터 10년간을 부과의 제척기간으로 한다. 2015. 9급
정답 O

 오쌤 Talk

부정행위

부정행위란 다음 어느 하나에 해당하는 행위로서 조세의 부과와 징수를 불가능하게 하거나 현저히 곤란하게 하는 적극적인 행위를 말한다(조처법 3 ⑥).

① 이중장부의 작성 등 장부의 거짓 기록
② 거짓 증빙 또는 거짓 문서의 작성 및 수취
③ 장부와 기록의 파기
④ 재산의 은닉, 소득·수익·행위·거래의 조작 또는 은폐
⑤ 고의적으로 장부를 작성하지 아니하거나 비치하지 아니하는 행위 또는 계산서, 세금계산서 또는 계산서합계표, 세금계산서합계표의 조작
⑥ 전사적 기업자원 관리설비의 조작 또는 전자세금계산서의 조작
⑦ 그 밖에 위계에 의한 행위 또는 부정한 행위

오쌤 Talk

부담부증여 시 부과제척기간

부담부증여 시 증여자는 양도한 채무에 대해 양도소득세가 과세되고, 수증자는 증여받은 자산에서 채무가액을 제외한 순자산가액에 대해 증여세가 과세된다. 이때, 소득세법상의 부과제척기간보다 상증세법상 부과제척기간이 더 길기 때문에 동일한 경제적 현상에 대해 부과제척기간을 달리 정할 수 없으므로 양도소득세 부과분에 대해서도 상증세법상 부과제척기간을 따르는 것이다.

📋 **확인문제**

08. 국세부과권의 제척기간에 대한 설명으로 옳지 않은 것은? 2007. 9급

① 납세자가 법정신고기한 내에 소득세 과세표준신고서를 제출하지 아니한 경우: 당해 국세를 부과할 수 있는 날부터 7년간

② 상속세 납부의무가 있는 상속인 또는 수유자가 법정신고기한 내에 상속세 과세표준신고서를 제출하지 않은 경우: 당해 국세를 부과할 수 있는 날부터 10년간

③ 납세자가 사기 기타 부정한 행위로써 법인세를 포탈한 경우: 당해 국세를 부과할 수 있는 날부터 10년간

④ 납세자가 사기 기타 부정한 행위로써 증여세를 포탈한 경우로서 그 포탈세액 산출의 기준이 되는 재산가액이 50억원 이하인 경우: 당해 국세를 부과할 수 있는 날부터 15년간

정답 ②

📋 **확인문제**

09. 국세제척기간에 대한 설명 중 옳지 않은 것은? 2006. 9급

① 상속·증여세 포탈 - 15년
② 상속·증여세 무신고 - 10년
③ 상속·증여세 외 포탈 - 10년
④ 상속·증여세 외 무신고 - 7년

정답 ②

★★ (3) 상속세·증여세의 경우

① 원칙

상속세·증여세의 부과제척 기간은 국세를 부과할 수 있는 날부터 다음의 기간으로 한다(국기법 26의2 ④).

구분	부과제척기간
⑦ 일반적인 경우	10년
ⓒ 법정신고기한까지 신고서를 제출하지 않은 경우(무신고)	15년
ⓒ 납세자가 부정행위로 상속세·증여세를 포탈하거나 환급·공제를 받은 경우	
ⓓ 법정신고기한까지 신고서를 제출한 자가 거짓신고 또는 누락신고를 한 경우[1] (그 거짓신고 또는 누락신고를 한 부분만 해당)	

[1] 거짓신고 또는 누락신고를 한 경우란 다음에 해당하는 경우를 말한다(국기령 12의2 ②).

① 상속재산가액 또는 증여재산가액에서 가공(架空)의 채무를 빼고 신고한 경우
② 권리의 이전이나 그 행사에 등기, 등록, 명의개서 등(이하 '등기 등')이 필요한 재산을 상속인 또는 수증자의 명의로 등기 등을 하지 아니한 경우로서 그 재산을 상속재산 또는 증여재산의 신고에서 누락한 경우
③ 예금, 주식, 채권, 보험금, 그 밖의 금융자산을 상속재산 또는 증여재산의 신고에서 누락한 경우

② 상속세 증여세의 특례 제척기간

납세자가 부정행위로 상속세·증여세를 포탈하는 경우로서 다음 중 어느 하나에 해당하는 경우 과세관청은 원칙적인 부과제척기간(10년·15년)에도 불구하고 **해당 재산의 상속 또는 증여가 있음을 안 날부터 1년 이내에 상속세 및 증여세를 부과할 수 있다**(국기법 26의2 ⑤ 본문). 단, **상속인이나 증여자 및 수증자가 사망한 경우나 포탈세액 산출의 기준이 되는 재산가액이 50억원 이하**인 경우에는 이러한 **특례부과제척기간은 적용하지 않는다**(국기법 26의2 ⑤ 단서).

> ⑦ 제3자의 명의: 제3자의 명의로 되어 있는 피상속인 또는 증여자의 재산을 상속인이나 수증자가 취득한 경우
> ⓒ 계약이행기간 중의 재산: 계약에 따라 피상속인이 취득할 재산이 계약이행기간에 상속이 개시됨으로써 등기·등록 또는 명의개서가 이루어지지 않고 상속인이 취득한 경우
> ⓒ 국외소재 재산: 국외에 있는 상속재산이나 증여재산을 상속인이나 수증자가 취득한 경우
> ⓔ 등기 등이 필요 없는 서화·골동품 등 재산: 등기·등록 또는 명의개서가 필요하지 않은 유가증권, 서화, 골동품 등 상속재산 또는 증여재산을 상속인이나 수증자가 취득한 경우
> ⓜ 차명 금융재산: 수증자의 명의로 되어 있는 증여자의 금융자산을 수증자가 보유하고 있거나 사용·수익한 경우
> ⓗ 비거주인 피상속인의 국내재산: 비거주자인 피상속인의 국내재산을 상속인이 취득한 경우
> ⓢ 명의신탁재산의 증여의제: 「상속세 및 증여세법」에 따른 명의신탁재산의 증여의제에 해당하는 경우
> ⓞ 특정 가상자산: 상속재산 또는 증여재산인 「특정 금융거래정보의 보고 및 이용 등에 관한 법률」에 따른 가상자산을 가상자산사업자(관련 법에 따라 신고가 수리된 자로 한정)를 통하지 아니하고 상속인이나 수증자가 취득한 경우

★★ (4) 조세쟁송 등으로 인한 특례부과 제척기간

다음에 해당하는 경우에는 원칙적인 제척기간에도 불구하고 다음의 구분에 따른 기간이 지나기 전까지 **지방국세청장** 또는 **세무서장**은 경정이나 그 밖에 필요한 처분을 할 수 있다(국기법 26의 2 ⑥).

구분	내용
① 조세쟁송 및 그 외 소송에 대한 판결의 경우	㉠ 「국세기본법」에 따른 이의신청, 심사청구, 심판청구, 「감사원법」에 따른 심사청구 또는 「행정소송법」에 따른 소송에 대한 결정이나 판결이 확정된 경우*1: 그 결정 또는 판결이 확정된 날부터 1년 ㉡ 위 ㉠의 결정이나 판결이 확정됨에 따라 그 결정 또는 판결의 대상이 된 과세표준 또는 세액과 연동된 다른 세목(같은 과세기간으로 한정)이나 연동된 다른 과세기간(같은 세목으로 한정)의 과세표준 또는 세액의 조정이 필요한 경우: 위 ㉠의 결정 또는 판결이 확정된 날부터 1년 ㉢ 「형사소송법」에 따른 소송에 대한 판결이 확정되어 「소득세법」상 기타소득에 해당하는 뇌물, 알선수재 및 배임수재에 의하여 받는 금품이 발생한 것으로 확인된 경우: 판결이 확정된 날부터 1년 ㉣ 최초의 신고·결정 또는 경정에서 과세표준 및 세액의 계산 근거가 된 거래 또는 행위 등이 그 거래·행위 등과 관련된 소송에 대한 판결(판결과 같은 효력을 가지는 화해나 그 밖의 행위를 포함)에 의하여 다른 것으로 확정된 경우: 판결이 확정된 날부터 1년
② 조세조약에 의한 상호합의 경우	조세조약에 부합하지 아니하는 과세의 원인이 되는 조치가 있는 경우 그 조치가 있음을 안 날부터 3년 이내(조세조약에서 따로 규정하는 경우에는 그에 따른다)에 그 조세조약의 규정에 따른 상호합의가 신청된 것으로서 그에 대하여 상호합의가 이루어진 경우: 상호합의 절차의 종료일부터 1년
③ 경정청구 등의 경우	㉠ 「국세기본법」에 따른 통상적인 경정청구 및 후발적 사유로 인한 경정청구 또는 「국제조세조정에 관한 법률」에 따른 경정청구 또는 조정권고가 있는 경우: 경정청구일 또는 조정권고일부터 2개월 ㉡ 위 ㉠에 따른 경정청구 또는 조정권고가 있는 경우 그 경정청구 또는 조정권고의 대상이 된 과세표준 또는 세액과 연동된 다른 과세기간의 과세표준 또는 세액의 조정이 필요한 경우: 위 ㉠에 따른 경정청구일 또는 조정권고일부터 2개월
④ 역외거래 관련 조세정보를 받은 경우	역외거래와 관련하여 원칙적인 제척기간이 지나기 전에 「국제조세조정에 관한 법률」에 따라 조세의 부과와 징수에 필요한 조세정보를 외국의 권한 있는 당국에 요청하여 조세정보를 요청한 날부터 2년이 지나기 전까지 조세정보를 받은 경우: 조세정보를 받은 날부터 1년
⑤ 다국적기업그룹의 국가별 실효세율이 변경된 경우	「국제조세조정에 관한 법률」에 따른 국가별 실효세율이 변경된 경우: 국가별 실효세율의 변경이 있음을 안 날부터 1년

*1 결정 또는 판결에 의하여 「소득세법」 및 「법인세법」에 따른 국내원천소득의 실질 귀속자가 확인되는 경우에는 그 결정 또는 판결이 확정된 날부터 1년 이내에 당초의 부과 처분을 취소하고 국내원천소득의 실질귀속자 또는 원천징수 의무자에게 경정이나 그 밖에 필요한 처분을 할 수 있다(국기법 26의2 ⑦).

① 명의대여 사실이 확인된 경우: 실제로 사업을 경영한 자
② 과세의 대상이 되는 재산의 귀속이 명의일 뿐이고 사실상 귀속되는 자가 따로 있다는 사실이 확인된 경우: 재산의 사실상 귀속자
③ 「소득세법」 및 「법인세법」에 따른 국내원천소득의 실질귀속자가 확인된 경우: 국내원천소득의 실질귀속자 또는 「소득세법」 및 「법인세법」에 따른 원천징수의무자

오쌤 Talk

조세쟁송 등으로 인한 특례부과

제척기간이 만료하면 국가는 더 이상 결정, 경정, 부과취소 등 그 어떠한 처분도 할 수 없다. 쟁송절차나 상호합의절차가 진행 중인 국세의 경우 이러한 쟁송 등의 장기화로 인해 판결 등이 나기도 전에 제척기간이 만료되어 버리면 판결 등의 실효성이 상실된다. 이러한 문제점을 해소하기 위해 조세쟁송 등에 대한 특례를 마련한 것이다.

확인문제

10. 「국세기본법」상 국세 부과의 제척기간과 관련한 다음 제시문의 괄호 안에 들어갈 내용으로 옳은 것은?
2018. 7급

> 「국세기본법」에서 규정하고 있는 일반적인 국세부과제척기간에도 불구하고 「국세기본법」에 따른 이의신청, 심사청구, 심판청구, 「감사원법」에 따른 심사청구 또는 「행정소송법」에 따른 소송에 대한 결정이나 판결이 확정된 경우에 그 결정 또는 판결에서 명의대여 사실이 확인된 경우에는 그 결정 또는 판결이 확정된 날부터 ( ) 이내에 명의대여자에 대한 부과처분을 취소하고 실제로 사업을 경영한 자에게 경정결정이나 그 밖에 필요한 처분을 할 수 있다.

① 2개월 ② 3개월
③ 6개월 ④ 1년

정답 ④

오쌤 Talk

「국제조세조정에 관한 법률」에 따른 경정청구·조정권고

㉠ 경정청구: 국세의 정상가격과 관세의 과세가격 간 조정을 위한 경정청구 및 간주배당금액에 대한 경정청구
㉡ 조정권고: 국제거래가격에 대한 과세의 조정에 따른 조정권고

기출 OX

21. 「민사소송법」에 따른 민사소송에서 명의대여 사실이 확인되는 경우에는 그 판결이 확정된 날부터 1년 이내에 언제든지 명의대여자에 대한 부과처분을 취소하고 실제로 사업을 경영 한 자에게 경정결정이나 그 밖에 필요한 처분을 할 수 있다.
2015. 9급

정답 X

★ (5) 조세조약에 따라 상호합의절차가 진행 중인 경우 부과제척기간의 특례

국세의 부과제척기간에 관하여 조세의 이중과세를 방지하기 위하여 체결한 조약(이하 '조세조약')에 따라 상호합의절차가 진행 중인 경우에는 「국제조세조정에 관한 법률」 제 51조에 따라, 상호합의절차의 종료일의 다음 날부터 1년의 기간과 「국세기본법」상 부과체척기간 중 나중에 도래하는 기간의 만료일 후에는 국세를 부과할 수 없다(국기법 26조2의 ⑧).

★★ (6) 부과제척기간의 기산일

국세의 부과제척기간은 '국세를 부과할 수 있는 날'부터 기산되는데(국기령 12의3), 이것은 과세표준 신고의무가 있는가에 따라 달라진다. 과세관청은 법인세, 소득세, 부가가치세 등과 같이 과세표준과 세액의 신고절차가 있는 국세에 대해서는 신고기한까지는 부과권을 행사할 수 없고, 신고기한까지 신고를 하지 않아야 부과권을 행사할 수 있다.

구분		부과제척기간의 기산일
원칙	① 과세표준과 세액을 신고하는 국세 (신고하는 종합부동산세는 제외)	과세표준신고기한*1의 다음 날
	② 종합부동산세*2 및 인지세	납세의무 성립일
예외	① 원천징수의무자 또는 납세조합에 대하여 부과하는 국세	해당 원천징수액 또는 납세조합징수액 법정납부기한의 다음 날
	② 과세표준신고기한 또는 법정납부기한이 연장되는 경우	그 연장된 기한의 다음 날
	③ 공제·면제·비과세 또는 낮은 세율의 적용 등에 따른 세액을 의무불이행 등의 사유로 징수하는 경우	공제세액 등을 징수할 수 있는 사유가 발생한 날

*1 중간예납·예정신고기한과 수정신고기한은 과세표준신고기한에 포함되지 아니한다.
*2 종합부동산세는 정부부과제도를 원칙으로 하되, 예외적으로 신고납부를 인정하므로 과세형평을 위하여 제척기간의 기산일은 신고 여부에도 불구하고 납세의무 성립일로 한다.

★★ (7) 중단과 정지

제척기간은 권리관계를 조속히 확정시키려는 목적이므로 그 진행기간의 중단과 정지가 인정되지 않는다.

★★ (8) 제척기간 만료의 효과

① 부과권이 전진적 소멸

국세를 납부할 의무는 국세를 부과할 수 있는 기간에 국세가 부과되지 않고 그 기간이 끝난 때에 소멸한다(국기법 26(2)). 제척기간이 만료되면 장래를 향하여 부과권이 소멸되므로 그 후에는 국세부과에 관한 어떠한 행위도 할 수 없게 된다. 따라서 국가는 더 이상 결정·경정결정·재경정결정·부과취소를 할 수 없게 된다. 그리고 제척기간 내에 부과되지 않은 조세에 관하여는 그 후속단계인 징수권이 새로이 발생할 여지가 없으므로 성립된 납세의무가 확정됨이 없이 소멸한다.

② 납세자의 원용 불필요

납세자의 신청 또는 주장 없이도 당연히 권리소멸의 효과가 발생한다.

확인문제

11. 국세기본법령상 국세 부과제척기간에 대한 설명으로 옳지 않은 것은?

2023.7급 최신

① 과세표준과 세액을 신고하는 국세(「종합부동산세법」에 따라 신고하는 종합부동산세는 제외)의 경우 해당 국세의 과세표준 신고기한의 다음 날을 국세 부과제척기간의 기산일로 한다. 이 경우 중간예납·예정신고기한과 수정신고기한은 과세표준신고기한에 포함된다.
② 경정청구가 있는 경우 원칙적인 부과제척기간에도 불구하고 지방국세청장 또는 세무서장은 경정청구일부터 2개월이 지나기 전까지 해당 경정청구에 따라 경정이나 그 밖에 필요한 처분을 할 수 있다.
③ 소득공제를 받은 금액에 상당하는 세액을 의무불이행으로 인하여 징수하는 경우 국세 부과제척기간의 기산일은 해당 공제세액을 징수할 수 있는 사유가 발생한 날로 한다.
④ 상속세 및 증여세의 납세의무자가 해당 세액에 대한 연부연납을 신청하더라도 그 부과제척기간은 정지되지 않는다.

정답 ①

기출 OX

22. 국세부과의 제척기간은 권리관계를 조속히 확정시키려는 것이므로 국세징수권 소멸시효와는 달리 진행기간의 중단이나 정지가 없다. 2011.7급

정답 O

3 국세징수권의 소멸시효 A

★★ (1) 개념

'국세징수권'은 확정된 조세채권을 실현하기 위하여 납세의무자에게 이행을 청구하는 권리를 말한다. '소멸시효'란 오랜 기간 동안 권리를 행사하지 않는 경우 그 권리를 소멸시키는 제도이다. 그 취지는 오래된 사실상태를 존중함으로써 사회 질서의 안정을 도모하기 위한 데 있다.

그러므로 '국세징수권의 소멸시효'란 국가가 국세징수권을 일정기간 행사하지 않는 경우 그 국세징수권을 소멸시키는 제도를 의미하는 것이다.

★ (2) 「민법」 준용

소멸시효에 관하여는 「국세기본법」 또는 세법에 특별한 규정이 있는 것을 제외하고는 「민법」에 따른다.

★★ (3) 소멸시효 기간

국세징수권은 이를 행사할 수 있는 때부터 다음의 구분에 따른 기간 동안 행사하지 않으면 소멸시효가 완성된다(국기법 27 ①).

구 분	소멸시효기간	비고
① 5억원 이상의 국세	10년	이 경우 ①·②의 국세의 금액은 가산세를 제외한 금액으로 한다.
② 위 ① 외의 국세	5년	

★★ (4) 소멸시효 기산일

국세징수권의 소멸시효는 '징수권을 행사할 수 있는 때'부터 진행하는데, 이것은 납세의무가 언제 확정되는가에 따라 달라진다. 납세의무가 이미 성립되었다 하더라도 아직 확정되지 않은 경우에는 징수권을 행사할 수 없기 때문이다. 이러한 소멸시효의 기산일은 다음과 같다(국기법 27 ③,④).

	구 분	소멸시효의 기산일
원칙	① 과세표준과 세액의 신고에 의하여 납세의무가 확정되는 국세의 경우 신고한 세액	그 법정신고납부기한의 다음 날
	② 과세표준 및 세액을 정부가 결정·경정* 또는 수시부과결정하는 경우 납부고지한 세액	그 납부고지에 따른 납부기한의 다음 날
예외	① 원천징수의무자 또는 납세조합으로부터 징수하는 국세로서 납부고지한 원천징수세액 또는 납세조합징수세액	그 납부고지에 따른 납부기한의 다음 날
	② 인지세로서 납부고지한 인지세액	
	③ 원칙적인 기산일 ①의 법정신고납부기한이 연장되는 경우	그 연장된 기한의 다음 날

* 신고납부세목을 무신고 하여 정부가 결정하거나 과소신고하여 정부가 경정하는 경우 포함

오쌤 Talk

소멸시효 기간(가산세 제외)
체납기간에 따라 가산세가 달라지므로, 금액을 기준으로 소멸시효 기간을 달리 정하려면 가산세를 제외한 본세 기준으로 판단해야 한다.

확인문제

12. 「국세기본법」상 국세징수권 소멸시효의 기산일에 대한 설명으로 옳지 않은 것은? 2020. 7급

① 과세표준과 세액을 정부가 결정, 경정 또는 수시부과결정하는 경우 납세고지한 세액에 대해서는 그 법정 신고 납부기한의 다음 날부터 기산한다.
② 과세표준과 세액의 신고에 의하여 납세의무가 확정되는 국세의 법정 신고 납부기한이 연장되는 경우 그 연장된 기한의 다음 날부터 기산한다.
③ 원천징수의무자로부터 징수하는 국세의 경우 납세고지한 원천징수세액에 대해서는 그 고지에 따른 납부기한의 다음 날부터 기산한다.
④ 인지세의 경우 납세고지한 인지세액에 대해서는 그 고지에 따른 납부기한의 다음 날부터 기산한다.

정답 ①

13. 다음은 ㈜한국의 2025년 제1기 과세기간(1. 1. ~ 6. 30.) 부가가치세 관련 자료이다. 이에 대한 설명으로 옳지 않은 것은? (단, 기한의 특례, 기한의 연장 및 재화의 수입은 고려하지 않는다) 2024. 7급 최신

|보기|
○ ㈜한국은 2025년 제1기에 대한 부가가치세 과세표준 및 세액을 2025. 7. 25.까지 신고납부하지 않았다.
○ 이에 관할 세무서장은 과세표준과 세액을 2025. 10. 4. 결정하여 같은 날 납부고지서(납부기한: 2025. 10. 31.)를 우편송달하였으며, 2025. 10. 6. ㈜한국에 도달되었다.

① 부가가치세 납세의무는 2025. 6. 30.에 성립한다.
② 부가가치세 납세의무는 2025. 7. 25.에 확정된다.
③ 부가가치세 부과제척기간의 기산일은 2025. 7. 26.이다.
④ 부가가치세 징수권은 2025. 11. 1.부터 행사할 수 있다.

정답 ②

기출 OX

23. 국세징수권 소멸시효의 중단사유는 납부고지·독촉 또는 교부청구·압류가 있다. 2011. 9급
정답 O

확인문제

14. 거주자 甲의 2022년 귀속 종합소득세에 대한 자료이다. 「국세기본법령」상 국세의 부과제척기간과 국세징수권의 소멸시효에 대한 설명으로 옳지 않은 것은? 2021. 7급 수정

> ○ 거주자 甲이 2022년도 귀속 종합소득세를 신고하지 않자 관할 세무서장은 종합소득세 2,000만원을 결정하여 2024년 2월 27일 납부고지서(납부기한: 2024년 3월 20일)를 우편송달 하였고, 2024년 3월 2일 甲에게 도달되었다.
> ○ 납부고지된 종합소득세는 역외거래에서 발생한 것이 아니고, 부정행위로 포탈한 것도 아니다.
> ○ 甲은 2024년 12월 31일 현재 위 고지된 세액을 납부하지 않고 있다.
> ○ 甲은 성실신고확인대상사업자가 아니다.

① 甲의 2022년 귀속 종합소득세의 부과제척기간의 기산일은 2023년 6월 1일이다.
② 국세징수권의 소멸시효는 2024년 3월 3일부터 5년이 경과하면 완성된다.
③ 甲의 2022년 귀속 종합소득세 부과제척기간은 해당 국세를 부과할 수 있는 날부터 7년이다.
④ 관할 세무서장의 납부고지는 국세징수권의 소멸시효를 중단시키는 효력을 가진다.

정답 ②

확인문제 〔최신〕

15. 「국세기본법」상 국세징수권의 소멸시효 진행이 정지되는 기간에 해당하지 않는 것은? 2024. 7급
① 세법에 따른 징수 유예기간
② 체납자가 국외에 6개월 이상 계속 체류하는 경우 해당 국외체류 기간
③ 압류해제까지의 기간
④ 세법에 따른 압류·매각의 유예기간

정답 ③

★★ (5) 중단과 정지

소멸시효는 국세부과제척기간과 달리 시효의 중단과 정지제도가 있다.

① 소멸시효의 중단

시효의 진행 중에 권리의 행사로 볼 수 있는 사유가 발생하면 그 때까지 진행되어 온 시효기간이 효력을 잃어버리게 되는데, 이것을 '중단'이라고 한다. 「국세기본법」은 소멸시효의 중단사유로 다음과 같이 규정하고 있다.

> ㉠ 납부고지
> ㉡ 독촉
> ㉢ 압류*
> ㉣ 교부청구

* 압류금지재산 또는 제3자의 재산을 압류한 경우에 해당하여 「국세징수법」에 따라 압류를 즉시 해제하는 경우는 제외한다(link-p.234)

이렇게 중단된 소멸시효는 고지·독촉에 의한 납부기간, 교부청구 중의 기간 및 압류해제까지의 기간이 지난 때부터 새로 진행하며(국기법 28 ②), 다시 전체 기간을 진행해야 소멸시효가 완성된다.

② 소멸시효의 정지

시효의 진행 중에 권리자가 **권리를 행사할 수 없는 사유가 발생하면 권리자에게 가혹하지 않도록 하기 위해 그 기간만큼 시효의 완성을 유예하는데, 이것을 '정지'라고 한다**. 이 경우에는 이미 진행한 시효가 효력을 잃어버리지 않고 그 사유가 종료한 후 잔여기간만의 진행에 의해 시효가 완성된다는 점에서 중단과 대조적이다.

「국세기본법」은 징수권 소멸시효의 정지사유로 다음과 같이 규정하고 있다.

> ㉠ 세법에 따른 분납기간
> ㉡ 연부연납기간
> ㉢ 세법에 따른 **납부고지의 유예·지정납부기한·독촉장에서 정하는 기한의 연장·징수 유예기간**
> ㉣ 세법에 따른 **압류·매각의 유예기간**
> ㉤ 세무공무원이 「국세징수법」에 따른 사해행위 취소소송이나 「민법」에 따른 채권자대위 소송을 제기하여 그 소송이 진행 중인 기간
> ㉥ 체납자가 국외에 6개월 이상 계속 체류하는 경우 해당 국외 체류 기간

이들 중에서 ㉤의 사해행위 취소소송이나 「민법」에 따른 채권자대위 소송의 제기로 인한 시효정지의 효력은 소송이 각하·기각 또는 취하된 경우에는 효력이 없다(국기법 28 ③, ④).

[중단과 정지]

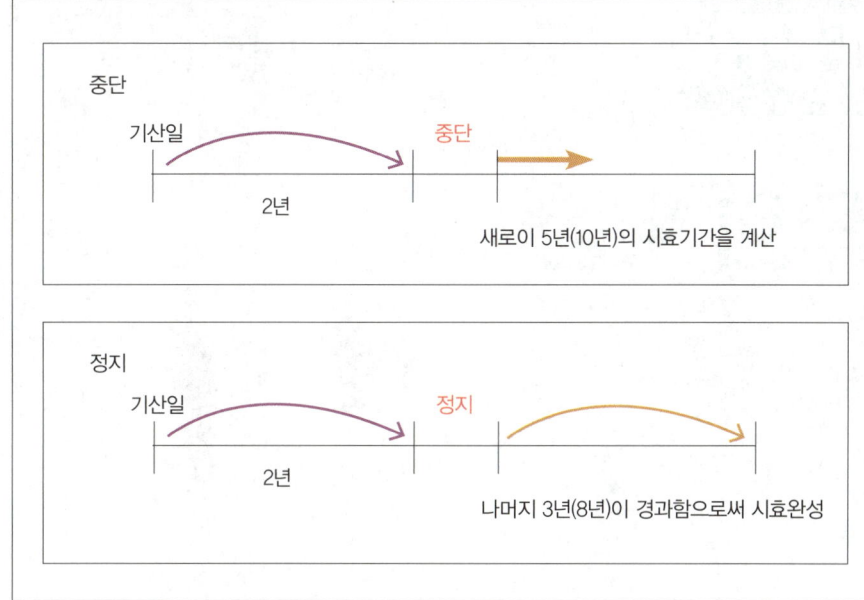

(6) 소멸시효 완성의 효과

① 징수권의 소급적 소멸
국세징수권의 소멸시효가 완성되면 기산일에 소급하여 징수권이 소멸한다. 따라서 국세는 물론이고 시효기간 중에 발생한 그 국세의 강제징수비 및 이자상당세액도 함께 소멸하게 되는 것이다.

② 보충적 납세의무에 대한 효력
제2차 납세의무자와 납세보증인 및 물적납세의무자에게도 그 효력이 미친다.
즉, 종속된 권리의 소멸시효도 소멸하는 것이다.

③ 납세자의 원용 불필요
납세자의 신청 또는 주장이 없더라도 당연히 권리소멸의 효과가 발생한다.

> 참고
>
> **제척기간과 소멸시효 비교**
>
> | 구분 | 제척기간 | 소멸시효 |
> |---|---|---|
> | 의미 | 국세 부과권(형성권)의 존속 기간 | 국세 징수권(청구권)의 불행사 기간 |
> | 기간 | 5년, 7년, 10년, 15년, 특례 | 5년(5억원 이상은 10년) |
> | 중단과 정지 | 없음 | 있음 |
> | 효과 | 전진효과 (소급효과 없음) | 소급효과 있음 |
> | 기산일 | 국세를 부과할 수 있는 날
(신고의무 유무에 따라 구분됨) | 국세징수권을 행사할 수 있는 날
(확정권자에 따라 구분됨) |
> | 납세자의 원용 | 필요 없음 | 필요 없음 |

기출 OX

24. 납부고지, 교부청구 및 연부연납의 허가는 국세징수권 소멸시효의 중단사유에 해당한다. 2011. 7급
정답 X

25. 소멸시효의 정지는 정지의 사유 발생 시 그 정지 사유가 종료된 후 잔여기간이 경과되면 시효가 완성되는 것을 말하며, 여기에는 분납기간·납부고지의 유예·납부기한의 연장·징수유예기간·압류·매각의 유예기간·연부연납기간·사해행위취소소송기간 또는 채권자대위소송기간 및 6개월 이상 국외체류 체납자의 국외체류기간이 해당한다.
2006. 7급
정답 O

26. 국세의 소멸시효가 완성한 때에는 그 국세의 강제징수비 및 이자상당세액에도 그 효력이 미친다. 2011. 7급
정답 O

27. 주된 납세자의 국세가 소멸시효의 완성에 의하여 소멸한 때에는 제2차 납세의무자, 납세보증인과 물적납세의무자에도 그 효력이 미친다. 2011. 7급
정답 O

확인문제

16. 「국세기본법」상 납부의무의 소멸에 대한 설명으로 옳지 않은 것은? 2021. 9급

① 국세 및 강제징수비를 납부할 의무는 국세를 부과할 수 있는 기간에 국세가 부과되지 아니하고 그 기간이 끝난 때에 소멸한다.
② 교부청구가 있으면 국세징수권 소멸시효는 중단된다.
③ 납세자가 법정신고기한까지 부가가치세 과세표준신고서를 제출하지 않은 경우 부가가치세를 부과할 수 있는 날부터 5년을 부과제척기간으로 한다.
④ 체납자가 국외에 6개월 이상 계속 체류하는 경우 해당 국외 체류기간에는 국세징수권의 소멸시효가 진행되지 않는다.

정답 ③

오쌤 Talk

분납 vs 연부연납

세액이 많아 일시납부가 어려울 경우, 세액을 분할하여 납부할 수 있도록 하는 제도가 분납과 연부연납이다. 다만, 분납이 1개월(또는 2개월)내 분할하여 납부하는 반면에 연부연납은 여러 해에 걸쳐 안분 납부한다는 점에서 차이가 있다.

CHAPTER 04

납세의무의 확장

1. 납세의무의 승계
2. 연대납세의무
3. 보충적 납세의무

• 최신 8개년 출제 경향 분석

01 납세의무의 승계

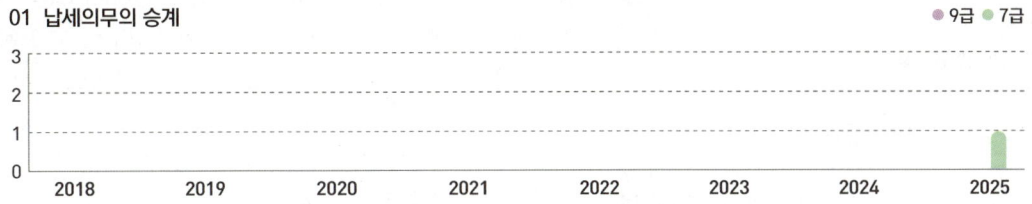

02 연대납세의무

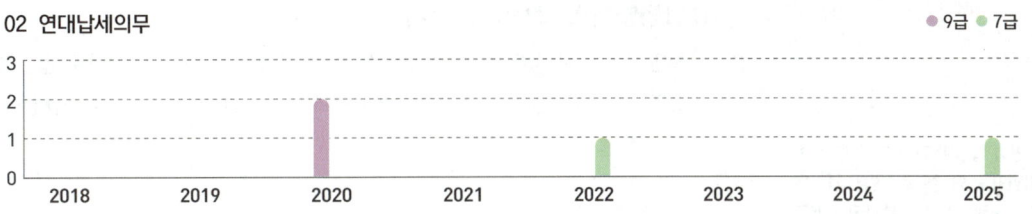

03 보충적 납세의무

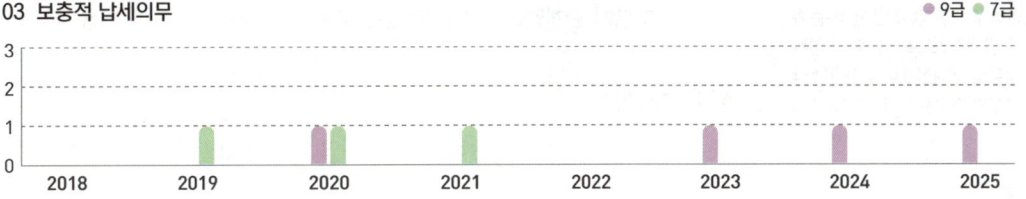

1 납세의무의 승계

1 의미 B

'납세의무의 승계'란 일정한 사유로 인하여 본래의 납세자로부터 다른 자에게로 납세의무가 이전되는 것을 말한다. 본래의 납세자가 소멸하고 권리·의무의 포괄승계가 일어나는 법인합병과 상속의 경우에 조세의 납부책임도 의무의 하나이므로 승계되는 것이다. 이러한 납세의무의 승계는 당사자의 의사에 관계없이 법정 요건의 충족에 의해 강행적으로 이루어지며, 법정 요건이 충족되면 어떠한 별도의 처분이나 행위도 필요없이 당연히 납세의무가 승계[*1] 된다(국기통 24-0…2).

2 법인의 합병으로 인한 납세의무의 승계 A

(1) 합병법인의 납세의무 승계

법인이 합병한 경우 합병 후 존속하는 법인 또는 합병으로 설립된 법인(즉 합병법인)은 합병으로 소멸된 법인(즉 피합병법인)에 부과되거나 그 법인이 납부할 국세 및 강제징수비를 납부할 의무를 진다(국기법 23).

(2) 성립된 국세

'부과될' 국세 등이란 이미 성립하였으나 아직 확정되지 않은 국세 등을 말하며, '납부할' 국세 등이란 이미 확정되었으나 아직 납부되지 않은 국세 등을 말한다. 따라서 확정 여부에 관계없이 성립된 국세는 모두 승계되는 것이다(국기통 23-0…2).

(3) 승계한도

별도의 한도액이 규정되어 있지 않으므로 피합병법인의 국세 등을 전액 승계한다.

오쌤 Talk

합병법인과 피합병법인 흡수합병

① 흡수합병

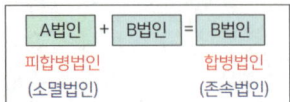

② 신설합병

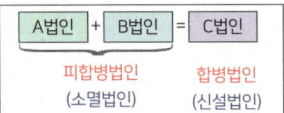

기출 OX

01. 법인이 합병한 경우 합병 후 존속하는 법인 또는 합병으로 설립된 법인은 합병으로 소멸된 법인에 부과되거나 그 법인이 납부할 국세 및 강제징수비를 납부할 의무를 진다. 2024.7급 최신
정답 O

02. 법인이 합병한 때에 합병 후 존속하는 법인은 합병으로 인하여 소멸된 법인이 납부할 강제징수비를 제외한 국세만을 납부할 의무를 진다. 2007.9급
정답 X

기출 OX

03. 법인이 합병한 경우 합병 후 존속하는 법인 또는 합병으로 설립된 법인은 합병으로 소멸된 법인에 부과되거나 그 법인이 납부할 국세 및 강제징수비를 합병으로 소멸된 법인과 연대하여 납부할 의무를 진다. 2022.7급
정답 X

[*1] 본래의 납세의무자에 대하여 납기연장의 신청, 징수유예의 신청 또는 물납의 신청, 납기연장, 징수 또는 강제징수에 관한 유예, 물납의 연장, 담보의 제공 등이 있는 경우에는 승계인은 해당 처분 등이 있는 상태로 그 국세 등을 승계한다(국기통 24-0…3). 또한 본래의 납세의무자가 부담할 제2차 납세의무도 승계하며, 이러한 제2차 납세의무의 승계에 반드시 피상속인의 생전에 「국세징수법」에 의한 납부고지가 있어야 하는 것은 아니다(국기통 24-0…1).

3 상속으로 인한 납세의무의 승계 A

(1) 상속인 등의 납세의무 승계
상속이 개시된 때에 그 상속인(수유자[*2] 포함) 또는 상속재산관리인은 피상속인에게 부과되거나 그 피상속인이 납부할 국세 및 강제징수비를 납부할 의무를 진다(국기법 24 ①, 국기통 24-0…3).

(2) 성립된 국세
'부과되거나' '납부할' 국세 등이란 법인합병의 경우와 마찬가지로 성립 또는 확정된 국세 등을 모두 포함한다.

(3) 승계 한도
① 일반적인 승계 한도
상속인은 피상속인의 국세 및 강제징수비를 상속으로 받은 재산의 한도에서 납부할 의무를 진다. 여기서 '상속으로 받은 재산'이란 다음 계산식에 따른 가액을 말하며, 자산총액과 부채총액의 가액은 「상속세 및 증여세법」의 규정을 준용하여 평가한다(국기법 24 ①, 국기령 11 ①, ②).

> 상속으로 받은 재산 = 상속으로 받은 (자산총액 - 부채총액) - 상속세[*1]

[*1] 상속으로 인하여 부과되거나 납부할 상속세를 말한다.

② 상속포기자의 승계 한도
위 '①'에 따른 납세의무의 승계를 피하면서 재산을 상속받기 위하여 피상속인이 상속인을 수익자로 하는 보험계약을 체결하고 피상속인의 사망으로 상속인이 상속재산으로 보는 보험금을 받은 경우에는 다음의 구분에 따른 금액^{NEW}을 상속인(㉠에 따른 상속을 포기한 사람은 상속인으로 본다)이 상속받은 재산으로 보아 위 '①'을 적용한다(국기법 24 ②).

㉠ 「민법」에 따라 상속을 한정승인 또는 포기한 상속인이 보험금을 받은 경우: 상속인이 받은 보험금 전액
㉡ 피상속인이 국세 또는 강제징수비를 체납한 상태에서 해당 보험의 보험료를 납입한 경우로서 상속인(「민법」에 따라 상속을 한정승인 또는 포기한 상속인은 제외)이 보험금을 받은 경우: 법에 따라 계산한 금액*

* 상속받은 재산으로 보는 보험금 = ⓐ × $\frac{ⓑ}{ⓒ}$

ⓐ: 상속인이 받은 보험금
ⓑ: 피상속인이 최초로 보험료를 납입한 날부터 마지막으로 보험료를 납입한 날까지의 기간 중 국세를 체납한 일수
ⓒ: 피상속인이 최초로 보험료를 납입한 날부터 마지막으로 보험료를 납입한 날까지의 일수

[*2] 수유자란, 유증을 받은 자, 사인증여에 의하여 재산을 취득한 자 또는 유언대용신탁 및 수익자연속신탁에 의하여 신탁의 수익권을 취득한 자를 말한다(상증법 2 ⑸).

 오쌤 Talk
태아에 대한 상속개시
태아에게 상속이 개시된 경우에는 그 태아가 출생한 때에 상속으로 인한 납세의무가 승계된다.

 오쌤 Talk
상속인과 피상속인
아버지 사망 → 아들 상속
피상속인   상속인
① 성립 또는 확정된 국세 등 모두 포함
② 상속으로 받은 재산가액 한도

기출 OX

04. 피상속이 개시된 때에 그 상속인은 피상속인이 납부할 국세 및 강제징수비를 상속으로 받은 재산의 한도에서 납부할 의무를 진다. 2016. 7급
정답 O

05. 상속이 개시된 때에 그 상속인은 피상속인에게 부과된 국세를 상속으로 인하여 얻은 재산의 가액에 상관없이 모두 납부할 의무를 진다. 2007. 9급
정답 X

06. 상속인이 체결한 보험계약의 수익자로서 단독 상속인이 피상속인의 사망으로 보험금을 수령하고 상속을 포기한 경우 상속포기를 한 상속인은 피상속인이 납부할 국세를 그 보험금의 한도 내에서 납부할 의무를 진다. 2016. 9급
정답 O

 오쌤 Talk
승계 VS 연대
① 승계는 '이어받는 것'이다. 즉, 징수납부의무 및 수정신고할 권리, 경정청구권, 불복청구권 등 각종 권리도 모두 이어받는다.
② 연대는 '함께 책임지는' 것이다. 즉, 납세의무자가 여럿 있는 경우 각각 독립해서 조세채권 전액에 대해 납부의무를 부담한다.

> **참고**
>
> **승계 한도**
>
> | 합병 | 자발적으로 이루어진 것으로서 승계받을 재산의 예측이 가능하므로, 한도 없이 전액 승계받는다. |
> |---|---|
> | 상속 | 비자발적 승계이므로 예측이 불가하므로 상속받은 재산의 한도 내에서 승계받는다. |

★★ **(4) 기타사항**

① **상속인이 2명 이상인 경우**

상속인이 2명 이상일 때에는 각 상속인은 피상속인에게 부과되거나 그 피상속인이 납부할 국세 및 강제징수비를 「민법」에 따른 **상속분**(다음 어느 하나에 해당하는 경우에는 법으로 정하는 비율[*1]로 한다)**에 따라 나누어** 계산한 국세 및 강제징수비를 **상속으로 받은 재산의 한도에서 연대하여 납부할 의무를 진다**(국기법 24 ③ 전단, 국기령 11 ④).

> ⓐ 상속인 중 수유자가 있는 경우
> ⓑ 상속인 중 「민법」에 따라 상속을 포기한 사람이 있는 경우
> ⓒ 상속인 중 「민법」에 따라 유류분을 받은 사람이 있는 경우
> ⓓ 상속으로 받은 재산에 보험금이 포함되어 있는 경우

[*1] 법으로 정하는 비율: 위 ①에 따라 계산한 '상속으로 받은 재산'의 가액(총액)을 각각의 상속인(수유자와 상속포기자 포함)이 상속으로 받은 재산 가액의 합계액으로 나누어 계산한 비율

② **대표자 신고**

각 상속인은 그들 중에서 피상속인의 국세 및 강제징수비를 납부할 **대표자를 정하여 상속개시일부터 30일 이내에 관할 세무서장에게 신고해야** 하며, 이러한 신고가 없을 경우에는 세무서장은 상속인 중 1명을 대표자로 지정할 수 있다(국기법 24 ③ 후단, 국기령 12).

③ **상속인이 있는지 불분명한 경우**

상속인이 있는지 분명하지 않을 때에는 상속인에게 해야 할 납부의 고지·독촉이나 그 밖에 필요한 사항은 상속재산관리인에게 해야 한다. 이 경우에 상속인이 있는지 분명하지 않고 상속재산관리인도 없을 때에는 세무서장은 상속개시지를 관할하는 법원에 상속재산관리인의 선임을 청구할 수 있다(국기법 24 ④, ⑤).

④ **피상속인에게 한 처분 또는 절차의 효력**

피상속인에게 한 처분 또는 절차는 상속으로 납세의무를 승계하는 상속인이나 상속재산관리인에 대해서도 효력이 있다(국기법 24 ⑥). 그러므로 피상속인이 사망한 후 그 승계되는 국세 등의 부과징수를 위한 잔여절차는 상속인 또는 상속재산관리인을 대상으로 하여야 한다.

기출 OX

07. 상속으로 납세의무를 승계함에 있어서 상속인이 2명 이상일 때에는 각 상속인은 피상속인이 납부할 국세 및 강제징수비를 상속분에 따라 나누어 계산하여 상속으로 받은 재산의 한도에서 분할하여 납부할 의무를 진다. 2016. 7급

정답 X

기출 OX

08. 피상속인에게 한 처분은 상속으로 인한 납세의무를 승계하는 상속인에 대해서도 효력이 있다. 2016. 7급

정답 O

❷ 연대납세의무

1 의의 B

연대납세의무란 여러 명이 동일한 납세의무에 관하여 각각 독립하여 전액의 납세의무를 부담하고, 그 가운데의 1인이 전액을 납부하면 모든 납세의무자의 납부할 의무가 소멸하는 납세의무를 말한다. 「국세기본법」 또는 세법에 따라 국세 및 강제징수비를 연대하여 납부할 의무에 관하여 「민법」의 규정을 준용한다.

2 연대납세의무의 적용 A

★★ (1) 공유물·공동사업 등에 관한 연대납세의무

공유물, 공동사업 또는 그 공동사업에 속하는 재산과 관계되는 국세 및 강제징수비는 공유자 또는 공동사업자가 연대하여 납부할 의무를 진다(국기법 25 ①).

★★ (2) 법인의 분할로 인한 연대납세의무

법인이 분할되는 경우에는 분할 후 최소한 둘 이상의 법인이 있게 되므로 그 법인들이 연대납세의무를 지도록 규정하고 있다. 그 구체적인 내용은 다음과 같다.

① **분할법인이 존속하는 경우**: 법인이 분할되거나 분할합병된 후 분할되는 법인(이하 '분할법인')이 존속하는 경우 다음의 각 법인은 분할등기일 이전에 분할법인에 부과되거나 납세의무가 성립한 국세 및 강제징수비에 대하여 분할로 승계된 재산가액을 한도로 연대하여 납부할 의무가 있다(국기법 25 ②).

> ㉠ 분할법인(분할 또는 분할합병으로 분할되는 법인)
> ㉡ 분할신설법인(분할 또는 분할합병으로 새로이 설립되는 법인)
> ㉢ 분할합병의 상대방 법인(분할법인의 일부가 다른 법인과 합병하는 경우 그 합병의 상대방인 다른 법인)

② **분할법인이 소멸하는 경우**: 법인이 분할 또는 분할합병한 후 소멸하는 경우 다음의 각 법인은 분할법인에 부과되거나 분할법인이 납부해야 할 국세 및 강제징수비에 대하여 분할로 승계된 재산가액을 한도로 연대하여 납부할 의무가 있다(국기법 25 ③).

> ㉠ 분할신설법인(분할 또는 분할합병으로 새로이 설립되는 법인)
> ㉡ 분할합병의 상대방 법인(분할법인의 일부가 다른 법인과 합병하는 경우 그 합병의 상대방인 다른 법인)

★★ (3) 신회사를 설립하는 경우 연대납세의무

법인이 「채무자 회생 및 파산에 관한 법률」에 따라 신회사를 설립하는 경우 그 설립 전의 법인에 부과되거나 납세의무가 성립한 국세 및 강제징수비는 신회사 설립 전의 법인, 설립된 신회사가 연대하여 납부할 의무를 진다(국기법 25 ④).

기출 OX

09. 공유물, 공동사업 또는 그 공동사업에 속하는 재산과 관계되는 국세 및 강제징수비는 공유자 또는 공동사업자가 연대하여 납부할 의무를 진다. 2024. 7급 최신
정답 O

10. 법인이 분할되는 경우 분할되는 법인에 대하여 분할 등기일 이전에 부과된 국세 및 강제징수비는 분할로 인하여 설립되는 법인이 연대하여 납부할 책임을 지지 아니한다. 2007. 9급 수정
정답 X

오쌤 Talk

분할법인의 존속, 소멸

① 존속하는 경우(불완전분할)

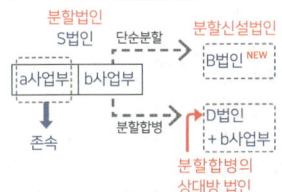

∴ 연대납세의무: S법인, B법인, D법인

② 소멸하는 경우(완전분할)

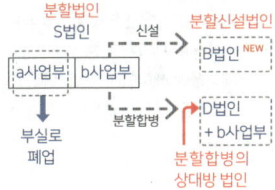

∴ 연대납세의무: B법인, D법인
(S법인은 폐업)

기출 OX

11. 분할법인이 납부해야 할 분할일 이전에 부과된 국세에 대하여 분할로 신설된 법인은 제2차 납세의무를 질 수 있다. 2013. 9급
정답 X

12. 법인이 분할되거나 분할합병된 후 분할되는 법인이 존속하는 경우 분할되는 법인에 대하여 분할등기일 이전에 부과되거나 납세의무가 성립한 국세는 분할되는 법인과 설립되는 법인 및 존속하는 분할합병의 상대방 법인이 연대하여 납부할 책임을 진다. 2011. 9급
정답 O

13. 법인이 「채무자 회생 및 파산에 관한 법률」에 따라 신회사를 설립하는 경우 기존의 법인에 부과되거나 납세의무가 성립한 국세 및 강제징수비는 신회사가 연대하여 납부할 의무를 진다. 2022. 7급
정답 O

3 연대납세의무의 효력 C

(1) 부과처분의 무효 또는 취소의 사유

어느 연대납세의무자의 1인에 대한 부과처분의 무효 또는 취소의 사유는 다른 연대납세의무자에게 그 효력이 미치지 아니한다(「민법」 준용).

(2) 소멸시효의 완성

어느 연대납세의무자에 대하여 소멸시효가 완성한 때에는 그 부담부분에 한하여 다른 연대납세의무자도 그 납세의무를 면한다(「민법」 준용).

(3) 변제에 대한 구상권

어느 연대납세의무자가 변제 기타 자기의 출재로 공동면책이 된 때에는 다른 연대납세의무자의 부담부분에 대하여 구상권을 행사할 수 있다(「민법」 준용).

4 연대납세의무의 예외 B

「소득세법」에 따른 공동사업(사업소득이 발생하는 사업)에서 발생하는 소득금액은 공동사업자 간 손익분배비율에 의하여 분배되었거나 분배될 소득금액에 따라 **공동사업자별로 소득세 납세의무를 진다**(소법 43 ②). 즉, 연대납세의무가 배제된다. 다만, 공동사업합산과세의 경우에는 연대납세의무를 지는 예외가 있다.

그러므로 연대납세의무에 관한 규정은 개별세법의 특례규정이 「국세기본법」에 우선한다.

오쌤 Talk

연대납세의무자에 대한 서류의 송달

연대납세의무자에게 서류를 송달하고자 할 때에는 그 대표자를 명의인으로 하며, 대표자가 없는 때에는 연대납세의무자 중 「국세징수법」상 유리한 자를 명의인으로 한다. 다만, 납부의 고지와 독촉에 관한 서류는 연대납세의무자 모두에게 각각 송달하여야 한다. Link-P.33

오쌤 Talk

공동사업 합산과세

「소득세법」상 거주자 1인과 그의 특수관계인이 공동사업자에 포함되어 있는 경우로서 분배비율을 거짓으로 정하는 등의 조세회피 사유가 있는 경우 공동사업 소득은 손익분배비율이 큰 공동사업자(주된 공동사업자)의 소득금액으로 본다. 이때, 주된 공동사업자의 특수관계인은 손익분배비율에 해당하는 그의 소득금액을 한도로 주된 공동사업자와 연대납세의무를 진다.

3 보충적 납세의무

1 개념 B

본래의 납세의무자가 납세의무를 이행하지 못한 경우 보충적 납세의무를 지우는 것을 보충적 납세의무라고 한다. 보충적 납세의무자는 다음과 같다.

① 제2차 납세의무
② 양도담보권자의 물적납세의무
③ 납세보증인

보충적 납세의무는 다음과 같은 특징이 있다.

(1) 부종성
보충적 납세의무는 주된 납세의무의 존재를 전제로 하여 성립하고 주된 납세의무에 관하여 생긴 사유는 보충적 납세의무에도 효력이 있는데, 이러한 성질을 '부종성'이라고 한다. 따라서 **주된 납세의무가 소멸하면 보충적 납세의무도 소멸하게 된다.**

(2) 보충성
보충적 납세의무자는 주된 납세자의 재산에 강제징수를 집행하여도 징수할 금액에 부족한 경우에 그 부족액에 대해 납부책임을 지는데, 이러한 성질을 '보충성'이라고 한다.

2 제2차 납세의무 A

(1) 청산인 등의 제2차 납세의무

① 요건
법인이 해산하여 청산하는 경우에 그 법인에 부과되거나 그 법인이 납부할 국세 및 강제징수비를 납부하지 않고 해산에 의한 잔여재산을 분배하거나 인도하였을 때에 그 법인에 대하여 강제징수를 집행하여도 징수할 금액에 미치지 못하는 경우에 제2차 납세의무를 진다(국기법 38 ①).

② 제2차 납세의무자
청산인 또는 잔여재산을 분배받거나 인도받은 자는 그 부족한 금액에 대하여 제2차 납세의무를 진다(국기법 38 ①).

③ 한도

구분	한도	재산가액
㉠ 청산인	분배하거나 인도한 재산가액	재산가액은 잔여재산을 분배하거나 인도한 날 현재의 시가
㉡ 분배 또는 인도받은 자	각자가 받은 재산가액	

오쌤 Talk

'징수할 금액에 부족한 경우'
주된 납세의무자에게 귀속하는 압류할 수 있는 재산의 가액이 징수할 국세 등에 미달할 것이 명백하게 인정되는 것으로 충분하다. 즉, 반드시 현실적인 강제징수를 집행한 결과를 근거할 필요가 없다는 것이 판례와 통설의 입장이다(대법원판례).

기출 OX

14. 청산인 등의 제2차 납세의무에 있어서 강제징수를 집행하여도 징수할 금액에 부족한 경우의 판단은 그 법인에 대하여 현실적으로 강제징수를 실행함이 없이도 가능하다. 2006. 7급

정답 O

오쌤 Talk

분배와 인도의 차이
청산 후 남은 재산의 '분배'는 잔여재산을 출자비율에 따라 주주에게 분여하는 것을 말한다. 잔여재산의 '인도'는 정관에서 정한 재산을 그 귀속자에게 이전시키는 것을 말한다.

기출 OX

15. 청산인의 경우 분배하거나 인도한 재산의 가액을 한도로, 잔여재산을 분배받거나 인도받은 자의 경우에는 각자가 받은 재산의 가액을 한도로 제2차 납세의무를 진다. 2021. 7급

정답 O

기출 OX

16. 유가증권시장에 상장된 법인의 과점주주는 그 법인의 재산으로 그 법인이 납부할 국세에 충당하여도 부족한 경우 그 부족한 금액에 대하여 제2차 납세의무를 지지 아니한다. 2021.7급
정답 O

17. 법인(단, 코스피 및 코스닥 상장법인은 제외)의 재산으로 그 법인에 부과되거나 그 법인이 납부할 국세 및 강제징수비에 충당하여도 부족한 경우에는 그 국세의 납부기간 만료일 현재 그 법인의 무한책임사원은 그 부족한 금액에 대하여 제2차 납세의무를 진다. 2017.7급
정답 X

18. 과점주주의 제2차 납세의무는 법인의 재산으로 그 법인이 납부할 국세에 충당하여도 부족한 경우, 그 부족한 금액을 법인의 발행주식 총수(의결권이 없는 주식도 포함) 또는 출자총액으로 나눈 금액에 해당 과점주주가 실질적으로 권리를 행사하는 주식 수(의결권이 없는 주식도 포함) 또는 출자액을 곱하여 산출한 금액을 한도로 한다. 2023.9급 최신
정답 X

19. 법인(단, 코스피 및 코스닥 상장법인은 제외)의 재산으로 그 법인이 납부할 국세에 충당하여도 부족한 경우에는 그 국세의 납세의무 성립일 현재 명예회장, 회장, 사장, 부사장, 전무, 상무, 이사, 그 밖에 그 명칭에 관계없이 법인의 경영을 사실상 지배하는 과점주주는 그 부족한 금액에 대하여 제2차 납세의무를 진다. 2010.9급
정답 O

확인문제

01. 거주자 甲은 비상장법인인 ㈜A의 발행주식총수 100,000주(20,000주는 의결권이 없음) 중 75,000주(15,000주는 의결권이 없음)를 보유하고 있으며, 과점주주로서 실질적인 권리를 행사하고 있다. ㈜A가 10억원의 국세를 체납하였고, ㈜A의 재산으로 충당하여도 부족한 금액이 8억원인 경우 甲이 제2차 납세의무자로서 부담하여야 할 한도는 얼마인가? 2011.7급

① 6억원　② 7.5억원
③ 8억원　④ 10억원

정답 ①

(2) 출자자의 제2차 납세의무

① 요건
법인(단, 유가증권시장 및 코스닥 상장법인은 제외)의 재산으로 그 법인에 부과되거나 그 법인이 납부할 국세 및 강제징수비에 충당하여도 부족한 경우에는 그 법인의 무한책임사원(합명회사 사원, 합자회사 무한책임사원)과 과점주주 및 과점조합원NEW이 그 부족한 금액에 대하여 제2차 납세의무를 진다(국기법 39, 국기령 20 ①).

② 제2차 납세의무자
그 국세의 납세의무 성립일 현재 무한책임사원(합명회사 사원, 합자회사 무한책임사원)과 과점주주 및 과점조합원NEW이 제2차 납세의무를 진다.

③ 한도

구분	한도
㉠ 무한책임사원	별도의 한도액 없이 **부족한 부분 전액**
㉡ 과점주주 과점조합원NEW	그 부족액을 과점주주 및 과점조합원NEW **지분비율상당액**(의결권 없는 주식은 제외)한도* 내

* 과점주주의 제2차 납세의무 한도액 = 징수부족한 금액 × $\dfrac{\text{과점주주의 소유주식수(또는 출자액)}}{\text{발행주식총수(또는 출자총액)}}$

이때, 과점주주의 지분비율상당액은 그 부족한 금액을 그 법인의 발행주식 총수(의결권 없는 주식은 제외) 또는 출자총액으로 나눈 금액에 해당 과점주주가 실질적으로 권리를 행사하는 주식 수(의결권 없는 주식은 제외) 또는 출자액을 곱하여 산출한 금액(조합원 간에 손익분배비율을 정한 경우로서 그 손익분배비율이 출자액의 비율과 다른 경우에는 그 부족한 금액과 과점조합원 간에 정한 손익분배비율을 곱한 금액NEW)에 대해 제2차 납세의무를 부담한다.

[출자자의 제2차 납세의무]

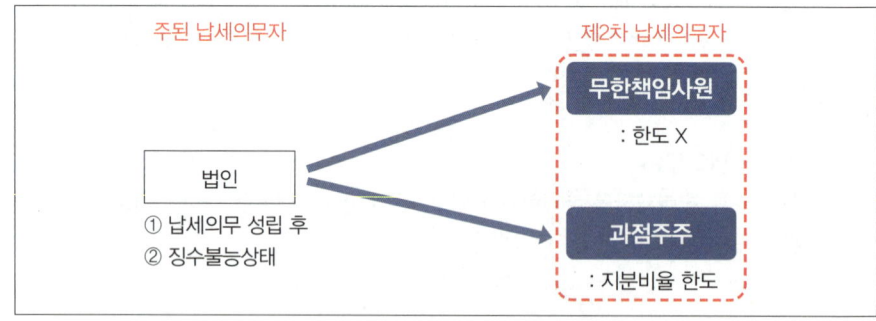

참고

과점주주 여부의 판정

'과점주주'란 주주(또는 유한책임사원) 1인과 그의 특수관계인으로서 그들의 소유주식(또는 출자액) 합계가 해당 법인의 발행주식총수(또는 출자총액)의 50%를 초과하면서 법인의 경영에 지배적인 영향력을 행사하는 자들을 말한다(국기법 39 (2)). 이 경우 소유주식 및 발행주식총수에는 의결권 없는 주식은 포함하지 않고 50%를 초과하는지의 여부를 판정한다. 이때 주주들 사이에는 특수관계가 없다고 하더라도 당사자 개개인을 모두 과점주주로 본다. 또한 과점주주란 그 법인의 운영을 실질적으로 지배하는 위치에 있음을 요하며, 형식상 법인의 주주명부 등에 등재되어 있는 것만으로는 과점주주라고 할 수 없다(국기통 39-0).

과점주주의 제2차 납세의무

원래는 「상법」상 주주는 유한책임을 진다. 그러나 과점주주는 의결권 있는 주식의 50% 이상을 보유한 자들이므로 법인의 경영의사결정에 지배적인 영향을 미칠 수 있다. 그러므로 법인에 국세체납액이 있음에도 불구하고 체납액은 방치한 채 법인의 재산·이익을 합법 또는 불법적인 방법(배당·상여·감자·횡령 등)으로 과점주주에게 귀속시키는 사례를 방지하기 위하여 「국세기본법」에서는 과점주주에게 제2차 납세의무를 부여한 것이다.

과점조합원 여부의 판정 NEW

「농어업경영체 육성 및 지원에 관한 법률」에 따른 영농조합법인 또는 영어조합법인의 조합원 1명과 그의 특수관계인 중 법령으로 정하는 자로서 그들의 출자액의 합계가 해당 조합의 출자총액의 50%를 초과하는 자들을 과점조합원이라 한다. 다만, 조합원 간에 손익분배비율을 정한 경우로서 그 손익분배비율이 출자액의 비율과 다른 경우에는 조합원 1명과 그의 특수관계인 중 법령으로 정하는 자로서 그들의 손익분배비율의 합계가 50%를 초과하는 자들을 과점조합원으로 한다.

(3) 법인의 제2차 납세의무

① 요건

국세의 납부기한 만료일 현재 법인의 무한책임사원 또는 과점주주(이하 '출자자')의 재산(그 법인의 발행주식 또는 출자지분은 제외)으로 그 출자자가 납부할 국세 및 강제징수비에 충당하여도 부족한 경우로서 다음 어느 하나에 해당하는 경우 법인이 제2차 납세의무를 진다.

> ㉠ 매각불능: 정부가 출자자의 소유주식 또는 출자지분을 재공매(再公賣)하거나 수의계약으로 매각하려 하여도 매수희망자가 없는 경우
> ㉡ 강제징수제한: 그 법인이 외국법인인 경우로서 출자자의 소유주식 또는 출자지분이 외국에 있는 재산에 해당하여 「국세징수법」에 따른 압류 등 강제징수가 제한되는 경우
> ㉢ 양도제한: 법률 또는 그 법인의 정관에 의하여 출자자의 소유주식 또는 출자지분의 양도가 제한된 경우(「국세징수법」에 따라 공매할 수 없는 경우[*1]는 제외)

[*1] 심판청구 등이 계속 중인 국세의 체납으로 압류한 재산은 그 신청 또는 청구에 대한 결정이나 소에 대한 판결이 확정되기 전에는 공매할 수 없다(부패·변질 또는 감량되기 쉬운 재산으로서 속히 매각하지 아니하면 그 재산가액이 줄어들 우려가 있는 경우는 제외).

② 제2차 납세의무

주된 납세의무자인 무한책임사원 또는 과점주주가 출자하고 있는 법인이 제2차 납세의무를 진다. 이때, 법인은 주권상장여부와 관계없이 모든 법인이 해당된다.

③ 한도

법인의 제2차 납세의무는 다음의 금액을 한도로 한다(국기법 40 ②).

$$\text{법인의 (자산총액 - 부채총액)}^{*2} \times \frac{\text{출자자의 소유주식금액(또는 출자액)}^{*3}}{\text{발행주식총액(또는 출자총액)}}$$

[*2] 자산총액과 부채총액의 평가는 해당 국세(둘 이상의 국세의 경우에는 납부기한이 뒤에 오는 국세)의 납부기간 종료일 현재의 시가로 한다(국기령 21).
[*3] 출자액과 출자총액의 의결권 없는 주식을 포함한다.

[법인의 제2차 납세의무]

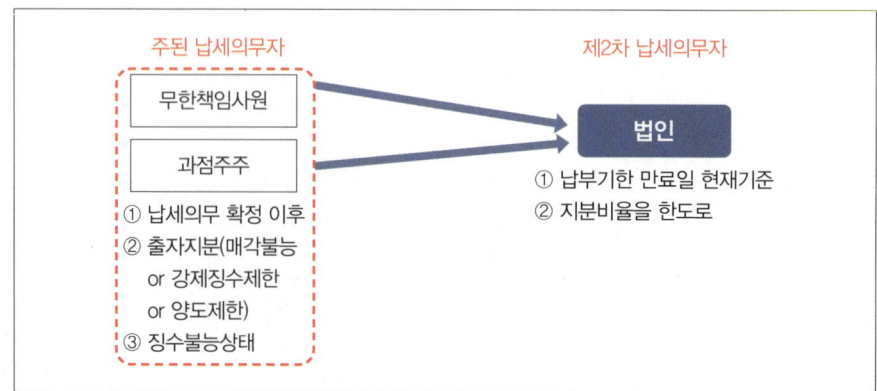

(4) 사업양수인의 제2차 납세의무

① 요건

㉠ 사업의 양수	'사업의 양수'란 계약의 명칭이나 형식에 관계없이 **사업장별로 그 사업에 관한 모든 권리(미수금에 관한 것은 제외)와 모든 의무(미지급금에 관한 것은 제외)를 포괄적으로 승계**하는 것을 말한다(국기령 22). 사업의 양도·양수계약이 그 사업장내의 시설물, 비품, 재고상품, 건물 및 대지 등 대상목적에 따라 부분별, 시차별로 별도로 이루어졌다 하더라도 결과적으로 사회통념상 사업전부에 관하여 행하여진 것이라면 사업의 양도·양수에 해당한다(국기통 41-0…1).
㉡ 그 사업에 관한 확정된 국세	주된 납세의무자인 사업양도인의 납세의무가 **양도일 이전에 확정된 그 사업에 관한 국세인 경우**에 해당한다. 즉, 양도일 이전에 확정되지 아니한 국세와 사업에 관한 국세가 아닌 부동산을 양도함으로써 납부하여야 할 양도소득세에 대하여는 제2차 납세의무를 지지 않는다.
㉢ 징수부족분	주된 납세의무자인 양도인의 재산으로 국세 및 강제징수비의 충당에 징수부족한 경우에 해당한다.

② 제2차 납세의무자

사업양수인으로서 다음 중 어느 하나에 해당하는 자가 제2차 납세의무를 진다(국기령 22).

> ㉠ 양도인과 특수관계인
> ㉡ 양도인의 조세회피를 목적으로 사업을 양수한 자

개인 간 및 법인 간은 물론 개인과 법인 사이에도 사업의 양도·양수가 이루어질 수 있다(국기통 41-0…1).

③ 둘 이상의 사업장 중 한 사업장만 승계한 경우

이 경우에는 **양수한 사업장과 관계되는 국세 및 강제징수비에 대해서만 제2차 납세의무를 지며**, 만일 둘 이상의 사업장에 **공통되는 국세 및 강제징수비가 있는 경우에는 양수한 사업장에 배분되는 금액(소득금액에 따라 안분계산하며 소득금액을 계산할 수 없을 경우에는 수입금액에 따라 안분계산)에 대해서만** 제2차 납세의무를 진다(국기령 23 ①).

[사업양수인의 제2차 납세의무]

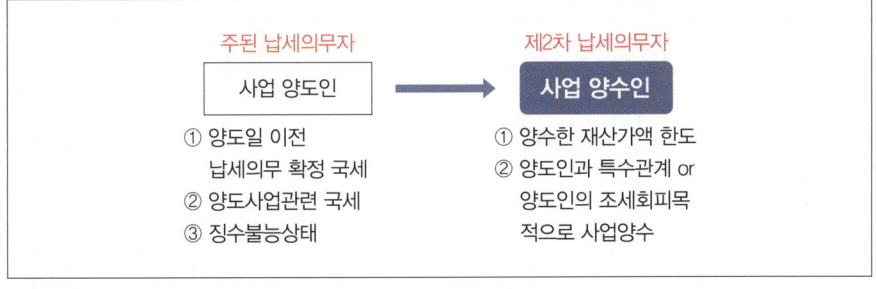

기출 OX

25. 사업양수인의 제2차 납세의무에 있어서 사업양수인이란 사업장별로 그 사업에 관한 미수금을 포함한 모든 권리와 모든 의무를 포괄적으로 승계한 자를 말한다. 2013. 7급
정답 X

26. 사업양수인의 제2차 납세의무에 있어서 사업양수인이란 사업장별로 그 사업에 관한 모든 권리(미수금에 관한 것은 제외)와 모든 의무(미지급금에 관한 것은 제외)를 포괄적으로 승계한 자로서 양도인과 특수관계인인 자이거나 양도인의 조세회피를 목적으로 사업을 양수한 자를 말한다. 2021. 7급
정답 O

27. 사업양수인은 양도일 이후 성립된 사업양도인의 국세에 대해 납부의무가 있다. 2016. 9급
정답 X

28. 사업장별로 그 사업에 관한 모든 권리(미수금에 관한 것은 제외)와 모든 의무(미지급금에 관한 것은 제외)를 포괄적으로 승계한 자로서 양도인과 특수관계인인 자의 제2차 납세의무는 양수한 재산의 가액을 한도로 한다. 2023. 9급 최신
정답 O

확인문제

02. 「국세기본법」상 사업양수인의 제2차 납세의무에 대한 설명으로 옳은 것은? 2017. 9급

① 사업양도일 이전에 양도인의 납세의무가 성립된 그 사업에 관한 국세 및 강제징수비를 양도인의 재산으로 충당하여도 부족할 때에는 대통령령으로 정하는 사업의 양수인은 그 부족한 금액에 대하여 양수한 재산의 가액을 한도로 제2차 납세의무를 진다.
② 사업을 양도함에 따라 납부하여야 할 사업용 부동산(토지·건물 등)에 대한 양도소득세는 당해 사업에 관한 국세가 아니므로 사업양수인은 제2차 납세의무를 지지 않는다.
③ 사업의 양도인에게 둘 이상의 사업장이 있는 경우에 하나의 사업장을 양수한 자는 양수한 사업장 외의 다른 사업장과 관계되는 국세 및 강제징수비에 대해서도 제2차 납세의무를 진다.
④ 사업장별로 그 사업에 관한 모든 권리(미수금에 관한 것을 포함)와 모든 의무(미지급금에 관한 것을 포함)를 포괄적으로 승계한 사업양수인에 한하여 제2차 납세의무를 진다.

정답 ②

기출 OX

29. 사업이 양도·양수된 경우에 양도일 이전에 양도인의 납세의무가 확정된 그 사업에 관한 국세 및 강제징수비를 양도인의 재산으로 충당하여도 부족할 때에는 대통령령으로 정하는 사업의 양수인은 그 부족한 금액에 대하여 대통령령으로 정하는 양수한 재산의 가액을 한도로 제2차 납세의무를 진다. 2017. 7급

정답 O

확인문제 (최신)

03. 「국세기본법」상 제2차 납세의무에 대한 설명으로 옳지 않은 것은? 2024. 9급

① 법인이 해산하여 청산하는 경우에 청산인의 제2차 납세의무는 분배하거나 인도한 재산의 가액을 한도로 한다.
② 법인이 해산하여 청산하는 경우에 잔여재산을 분배받거나 인도받은 자의 제2차 납세의무는 각자가 받은 재산의 가액을 한도로 한다.
③ 사업을 양도한 경우에 사업양도인은 양도한 대가를 한도로 제2차 납세의무를 진다.
④ 국세의 납세의무 성립일 현재 합명회사의 사원은 법인의 재산으로 그 법인에 부과되거나 그 법인이 납부할 국세 및 강제징수비에 충당하여도 부족한 경우에는 그 부족한 금액에 대하여 제2차 납세의무를 진다.

정답 ③

기출 OX

30. 「국세기본법」에서 양도담보재산이란 당사자 간의 계약에 의하여 납세자가 그 재산을 양도하였을 때에 실질적으로 양도인에 대한 채권담보의 목적이 된 재산을 말한다. 2020. 7급

정답 O

---

④ 한도액

사업양수인은 양수한 재산가액을 한도로 제2차 납세의무를 진다(국기법 41 ①). 여기서 '양수한 재산가액'이란 다음의 가액을 말한다(국기령 23 ②).

일반적인 경우	㉠ 사업양수인이 양도인에게 지급하였거나 지급해야 할 금액이 있는 경우에는 그 금액(즉, 양수대가) ㉡ 위 ㉠의 금액이 없거나 불분명한 경우에는 양수한 자산 및 부채를 「상속세및증여세법」의 규정을 준용하여 평가한 후 그 자산총액에서 부채총액을 뺀 가액(즉, 양수한 순자산의 시가)
시가와의 차이가 큰 경우	위 ㉠에 따른 금액과 시가와의 차액이 3억원 이상이거나 시가의 30%에 상당하는 금액 이상인 경우에는 위 ㉠의 금액과 ㉡의 금액 중 큰 금액으로 한다(국기령 23 ③).

3 양도담보권자의 물적납세의무 A

★★(1) 양도담보의 의미

① 양도담보

채권의 담보수단으로 채무자(양도담보설정권자)의 재산의 법적소유권을 채권자(양도담보권자)에게 이전시키되, 채무자가 담보로 제공한 자산을 계속 사용·수익하는 제도를 말한다.

② 양도담보재산

당사자 간의 계약에 의하여 납세자가 그 재산을 양도하였을 때에 실질적으로 양도인에 대한 채권담보의 목적이 된 재산이다(국기법 42 ③).

[양도담보]

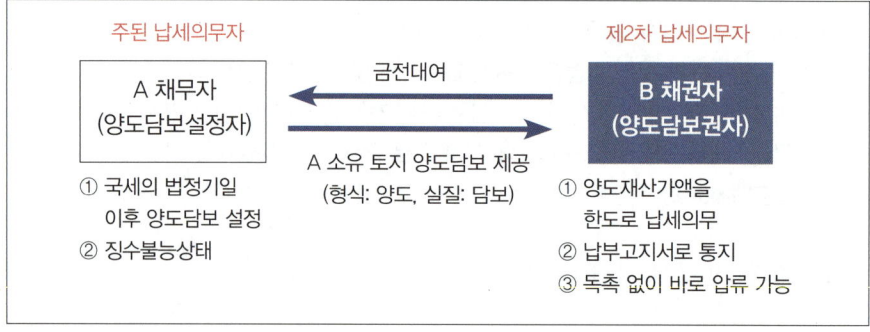

(2) 물적납세의무

'양도담보권자의 물적납세의무'란 본래의 납세자(양도담보설정자)가 국세 등을 체납한 경우에 그 납세자에게 양도담보재산이 있을 때에는 **그 납세자의 다른 재산에 대하여 강제징수를 집행하여도 징수할 금액에 미치지 못하는 경우에만 「국세징수법」이 정하는 바에 따라 양도담보권자에게 제공된 양도담보재산으로써 납세자의 국세 등을 징수할 수 있는 제도**를 말한다(국기법 42 ①). 이를 물적납세의무라고 하는 이유는 인적요건을 고려하지 않고 양도담보재산이라는 물적요건에 의해서만 보충적 납세의무를 지도록 하기 때문이다.

① 요건
물적납세의무의 성립요건은 다음과 같다.

> ㉠ 본래의 납세자(양도담보설정자)[3]가 국세 및 강제징수비를 체납한 경우일 것
> ㉡ 양도담보권자에게 양도담보설정자로부터 제공받은 **양도담보재산이 존재**할 것
> ㉢ 양도담보의 설정이 양도담보설정자가 체납한 **국세의 법정기일 후**[4]에 설정되었을 것. 따라서 국세의 법정기일 전에 담보의 목적이 된 양도담보재산의 경우에는 양도담보권자에게 물적납세의무를 지울 수 없음
> ㉣ 양도담보재산을 제외하고는 양도담보설정자의 **다른 재산에 대하여 강제징수를 집행하여도 징수할 금액에 미치지 못할 것**

② 양도담보재산
납부고지서가 양도담보권자에게 송달되는 시점까지 양도담보재산이 존재해야 한다.

> **참고**
>
> **물적납세의무**
>
> | 양도담보물을 제3자에게 양도한 경우 | ① 양도담보권자가 납부고지서 도달 전에 이미 그 재산을 제3자에게 양도한 경우에는 물적납세의무를 지울 수 없다.
② 납부고지서가 고지된 후 압류되기 전에 제3자에게 양도한 경우 물적납세의무는 소멸한다. |
> |---|---|
> | 납세자의 채무불이행을 이유로 양도담보재산이 양도담보권자에게 확정적으로 귀속된 경우 | 납부고지가 있은 후 납세자가 양도에 의하여 실질적으로 **담보된 채무를 불이행**하여 해당 재산이 양도담보권자에게 확정적으로 귀속되고 **양도담보권이 소멸하는 경우에는 납부고지 당시의 양도담보재산이 계속하여 양도담보재산으로서 존속하는 것으로 본다**(국기법 42 ②). |

---

*3 제2차 납세의무자도 납세자에 해당하므로 그 소유재산에 대한 양도담보권자는 물적납세의무를 진다.
*4 국세의 법정기일 후에 설정된 경우에만 양도담보권자에게 물적납세의무를 지울 수 있는 것은, 양도담보권자가 담보물에 대해 양도담보를 설정할 당시 의지를 가지고 있었다면 미납세금 등의 내역을 확인할 수 있기 때문에 보호해 줄 수 없다는 취지이다. 만약 국세의 법정기일 이전에 담보가 설정이 되었다면 이 경우에는 양도담보권자에게 미납세금에 대한 물적납세의무를 지울 수 없다.

기출 OX
31. 납세자가 국세 또는 강제징수비를 체납한 경우에 그 납세자에게 양도담보재산이 있을 때에는 그 납세자의 다른 재산에 대하여 강제징수를 집행하여도 징수할 금액에 미치지 못하는 경우에만 「국세징수법」에서 정하는 바에 따라 그 양도담보재산으로써 납세자의 국세 및 강제징수비를 징수할 수 있다. 2012. 7급
정답 O

기출 OX
32. 「국세기본법」상 납세자가 국세 및 강제징수비를 체납한 경우에 그 납세자에게 국세의 법정기일 후 담보의 목적이 된 양도담보재산이 있을 때에는 그 납세자의 다른 재산에 대하여 강제징수를 집행하여도 징수할 금액에 미치지 못하는 경우에만 「국세징수법」에서 정하는 바에 따라 그 양도담보재산으로써 납세자의 국세 및 강제징수비를 징수할 수 있다. 2020. 7급
정답 O

확인문제
04. 양도담보권자의 물적납세의무의 성립 및 존속요건에 대한 설명으로 옳지 않은 것은? 2019. 7급
① 납세자의 양도담보재산으로써 납세자의 국세 및 강제징수비를 징수하려면 납세자가 국세 및 강제징수비를 체납하여야 한다.
② 양도담보권자에게 납부고지가 있은 후 해당 재산의 양도에 의하여 담보된 채권이 채무불이행 등 변제 외의 이유로 소멸된 경우에도 양도담보재산으로서 존속하는 것으로 본다.
③ 납세자의 재산(양도담보재산 제외)에 대하여 강제징수를 집행하여도 징수할 금액에 미치지 못하는 경우에 해당하여야 한다.
④ 양도담보재산이 납세자가 체납한 국세의 법정기일 전에 담보의 목적이 되어야 한다.
정답 ④

기출 OX
33. 보충적 납세의무자의 경우 그 소유재산에 대한 양도담보권자는 물적납세의무를 지지 않는다. 2006. 7급
정답 X

확인문제 최신

05. 「국세기본법」과 「국세징수법」상 양도담보권자의 물적납세의무와 납부고지에 대한 설명으로 옳지 않은 것은?
2025. 9급

① 납세자가 국세 및 강제징수비를 체납한 경우에 그 납세자에게 양도담보재산이 있을 때에는 그 납세자의 다른 재산에 대하여 강제징수를 하여도 징수할 금액에 미치지 못하는 경우에만 「국세징수법」에서 정하는 바에 따라 그 양도담보재산으로써 납세자의 국세 및 강제징수비를 징수할 수 있다. 다만, 그 국세의 법정기일 전에 담보의 목적이 된 양도담보재산에 대해서는 그러하지 아니하다.
② 「국세징수법」에 따라 양도담보권자에게 납부고지가 있은 후 납세자가 양도에 의하여 실질적으로 담보된 채무를 불이행하여 해당 재산이 양도담보권자에게 확정적으로 귀속되고 양도담보권이 소멸하는 경우에는 납부고지 당시의 양도담보재산이 계속하여 양도담보재산으로서 존속하는 것으로 보지 아니한다.
③ 양도담보재산이란 당사자 간의 계약에 의하여 납세자가 그 재산을 양도하였을 때에 실질적으로 양도인에 대한 채권담보의 목적이 된 재산을 말한다.
④ 관할 세무서장은 납세자의 체납액을 양도담보권자로부터 징수하는 경우 징수하려는 체납액의 과세기간, 세목, 세액, 산출 근거, 납부하여야 할 기한(납부고지를 하는 날부터 30일 이내의 범위로 정한다), 납부장소, 양도담보권자로부터 징수할 금액, 그 산출 근거, 그 밖에 필요한 사항을 적은 납부고지서를 양도담보권자에게 발급하여야 한다.

정답 ②

34. 「국세기본법」상 세무서장은 납세자가 제3자와 짜고 거짓으로 재산에 양도담보 설정계약을 하고 그 등기를 함으로써 그 재산의 매각금액으로 국세를 징수하기가 곤란하다고 인정할 때에는 그 행위의 취소를 법원에 청구할 수 있다.
2020. 7급

정답 O

35. 납세자가 국세의 법정기일 전 1년 내에 저당권 설정계약을 한 경우에는 짜고 한 거짓계약으로 간주한다.
2020. 9급

정답 X

36. 양도담보계약에 의하여 자산의 소유권을 이전하더라도 「소득세법」상 양도로 보지 아니한다.
2012. 7급

정답 O

③ 물적납세의무자: 양도담보권자
주된 납세자는 채무자인 양도담보설정자이며, 물적납세의무자는 채권자인 양도담보권자이다.

④ 한도: 양도담보 재산가액
양도담보권자는 양도담보설정자의 국세 및 강제징수비의 징수부족액에 대하여 '양도담보 재산가액'을 한도로 보충적 납세의무를 지게 된다.

⑤ 징수 절차
관할 세무서장은 납세자의 체납액을 양도담보권자(물적납세의무를 부담하는 자)로부터 징수하는 경우 징수하려는 체납액의 과세기간, 세목, 세액, 산출근거, 납부하여야 할 기한(납부고지를 하는 날부터 30일 이내의 범위로 정함), 납부장소, 징수할 금액, 그 산출근거, 그 밖에 필요한 사항을 적은 납부고지서를 물적납세의무를 부담하는 자에게 발급하여야 한다(국징법 7 ①). 양도담보권자가 고지된 납부기한까지 물적납세의무를 이행하지 아니한 경우에는 독촉 없이 바로 압류할 수 있다.

(3) 기타

① 통정허위(짜고 거짓으로 한)의 담보권 설정에 대한 취소청구
관할 세무서장은 납세자가 제3자와 짜고 거짓으로 재산에 전세권, 질권 또는 저당권 및 가등기설정 계약 또는 양도담보 설정계약 등을 하고 그 등기 또는 등록을 하거나 「주택임대차보호법」 또는 「상가건물 임대차보호법」에 따른 대항요건과 확정일자를 갖춘 임대차 계약을 체결함으로써 그 재산의 매각금액으로 국세를 징수하기가 곤란하다고 인정할 때에는 그 행위의 취소를 법원에 청구할 수 있다(국기법 35 ⑥). 다만, 짜고 한 거짓으로 한 계약의 입증책임은 관할 세무서장에게 있다.

② 특수관계인과의 거짓계약으로 추정
납세자가 법정기일 전 1년 내에 친족이나 그 밖의 특수관계인과 전세권·질권 또는 저당권 설정계약, 임대차 계약, 가등기 설정계약 또는 양도담보 설정계약을 한 경우에는 이를 짜고 한 거짓계약으로 추정한다(국기법 35 ⑥). 즉, 짜고 한 거짓계약이 아닌 경우에는 납세자가 이를 입증해야 한다.

③ 양도소득세 과세 제외
양도담보로서 자산을 양도한 경우에는 실질적인 양도가 아니므로 양도소득세를 과세하지 아니한다. 다만, 양도담보계약을 체결한 후 그 계약을 위배하거나 채무불이행으로 인하여 해당 자산을 변제에 충당한 때에는 그 때에 이를 양도한 것으로 본다(소령 151 ①, ②).

④ 부가가치세 과세 제외

사업자가 양도담보의 목적으로 동산·부동산 및 부동산상의 권리를 제공한 경우에도 이는 채권담보목적에 불과하므로 재화의 공급으로 보지 아니한다. 따라서 원칙적으로 부가가치세 대상이 아니다(부령 22).

> **참고**
>
> **양도담보권자의 물적납세의무에 대한 「국세징수법」상 징수 절차**
>
> : 양도담보권자가 납부고지를 받고 양도담보물을 매각해버릴 수 있으므로 조속히 조세채권을 보전하기 위해 독촉 절차를 생략하고 바로 압류할 수 있도록 규정하였음
>
>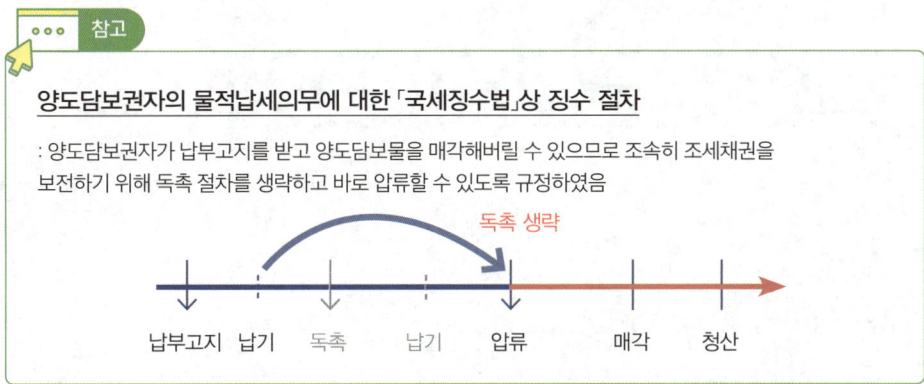

4 납세보증인 C

'납세보증인'이란 납세자의 국세 또는 강제징수비의 납부를 보증한 자를 말한다(국기법 2 (12)). 이러한 납세보증인 제도는 본래의 납세자가 납세의무를 이행하지 않은 경우에 보증인으로 하여금 보충적으로 납세의무를 지도록 하는 제도이다.

기출 OX

37. 「부가가치세법령」상 양도담보의 목적으로 부동산상의 권리를 제공하는 것은 재화의 공급으로 본다. 2020. 7급
정답 X

38. 양도담보의 목적으로 동산이나 부동산을 제공하더라도 「부가가치세법」상 재화의 공급에 해당하지 아니한다. 2012. 7급
정답 O

CHAPTER 05
국세와 일반채권과의 관계

1. 국세의 우선권
2. 국세우선권에 대한 제한
3. 조세채권 상호 간의 우선순위

• 최신 8개년 출제 경향 분석

01 국세의 우선권

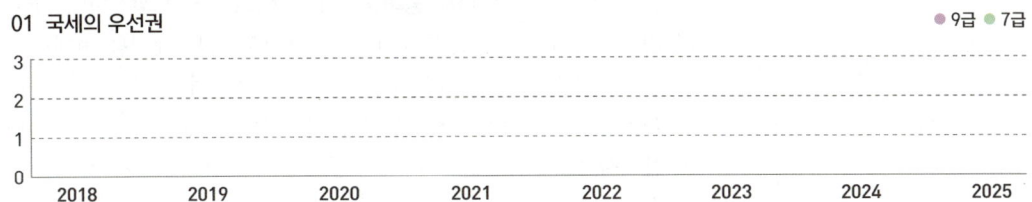

02 국세우선권에 대한 제한

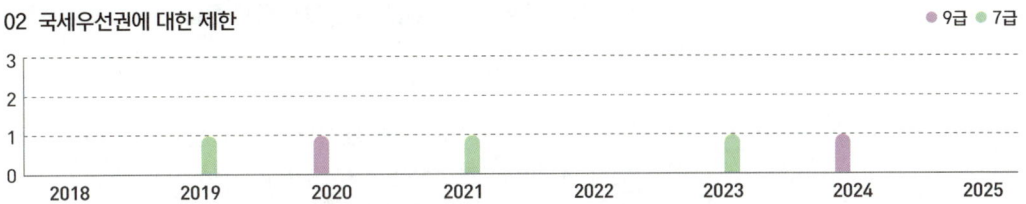

03 조세채권 상호 간의 우선순위

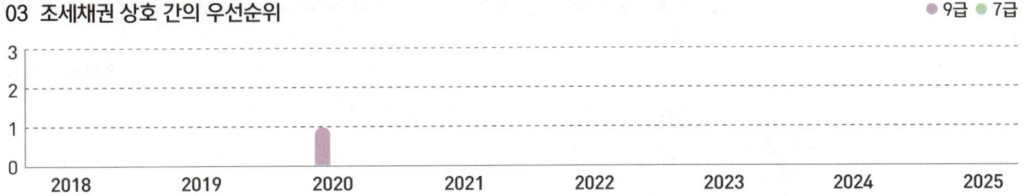

① 국세의 우선권

1 국세우선의 일반원칙 B

국세 및 강제징수비는 다른 공과금이나 그 밖의 채권에 우선하여 징수한다(국기법 35 ① 본문). 즉 납세자의 재산이 국세 등을 포함한 모든 채권을 변제하기에 부족한 경우에 국세 등은 담보권이 없이도 다른 채권보다 우선하여 변제 받는다는 것이다. 다만, 국세우선권은 국세 등과 공과금 기타 채권 사이의 문제일 뿐, 조세채권 상호 간의 문제가 아니다. 조세채권 상호 간에는 원칙적으로 평등주의가 지배함을 주의해야 한다.

2 국세우선의 적용시기 B

'우선하여 징수한다'는 뜻은 납세자의 재산을 강제환가절차에 의해 매각(또는 추심)하는 경우에 그 매각대금(또는 추심금액) 중에서 국세 등을 우선하여 징수하는 것을 말한다(국기통 35-0…1).

즉, 강제매각(또는 추심)절차가 개시되기 전에 납세자가 임의로 국세 등보다 다른 채권을 먼저 변제하는 경우에는 국세우선권이 적용되지 않는다.

② 국세우선권에 대한 제한

국세가 공과금이나 그 밖의 채권에 대해 획일적으로 우선하게 되면 담보법 질서가 심각하게 교란되고 서민생활이 침해될 위험이 있다. 이러한 부작용을 최소화하기 위해 「국세기본법」은 다음과 같이 일정한 경우에 대하여 국세 등에 우선되는 예외를 규정함으로써 국세우선권을 제한하고 있다(국기법 35 ①).

> ① 집행비용의 우선
> ② 선집행 지방세·공과금의 체납처분비 또는 강제징수비의 우선
> ③ 법정기일 전에 설정된 담보채권 등의 우선
> ④ 소액 주택 또는 상가 임차보증금의 우선
> ⑤ 임금채권의 우선

법규정상 '①'과 '②'는 국세는 물론 국세의 강제징수비보다 우선하도록 규정하고 있다. '③'~'⑤'는 국세보다 우선하도록 규정되어 있다.

[국세와 일반채권의 우선순위]

순위	법정기일 전 담보설정	법정기일 후 담보설정
1순위	① 강제집행·경매·파산절차 소요비용 ② 선집행 지방세·공과금의 체납처분비 또는 강제징수비	
2순위	국세의 강제징수비	
3순위	소액임차보증금 및 최우선 변제대상 임금채권	
4순위	재산 자체에 부과된 국세(예외사항 있음)	
5순위	담보채권 및 확정일자를 갖춘 임대차보증금	국세
6순위	기타의 임금채권	담보채권 및 확정일자를 갖춘 임대차보증금
7순위	국세	기타의 임금채권
8순위	공과금 및 일반채권	공과금 및 일반채권

1 직접경비 우선 A

(1) 집행비용 우선

강제집행·경매 또는 파산 절차에 따라 재산을 매각할 때 그 매각금액 중에서 국세 및 강제징수비를 징수하는 경우의 그 강제집행, 경매 또는 파산 절차에 든 비용은 국세 및 강제징수비보다 우선 변제된다(국기법 35 ① (2)). 이러한 강제집행비용 등은 매각금액을 얻기 위한 직접경비로서, 비록 특정 채권자가 지출하였다 하더라도 모든 채권자를 위한 공익비용이므로 우선적으로 변제하는 것이다.

[집행비용우선]

강제집행·경매·파산절차에 든 비용 > 강제징수비* > 국세*

* 국세 및 강제징수비의 징수에 있어서 체납자의 재산이 체납액에 부족한 경우에는 다음의 순서로 징수한다(국징법 ③).

강제징수비 → 국세(가산세는 제외) → 가산세

(2) 선집행 지방세·공과금의 강제징수비 우선

지방세나 공과금의 강제징수를 할 때 그 체납처분 또는 강제징수 금액 중에서 국세 및 강제징수비를 징수하는 경우의 그 지방세나 공과금의 체납처분비 또는 강제징수비는 국세 및 강제징수비보다 우선 징수된다(국기법 35 ① (1)). 이것은 지방세나 공과금 그 자체가 우선한다는 뜻이 아니라 단지 그 체납처분비 또는 강제징수비만이 우선한다는 것이다. 공과금 자체는 국세 등에 우선하지 못하며, 지방세 자체는 국세와 동순위이므로 압류선착수주의에 의하여 국세와 지방세 중 먼저 압류한 것이 나중에 교부청구하는 것보다 우선한다.

 오쌤 Talk

재산 자체에 부과된 국세

'재산 자체에 부과된 국세'란 상속세·증여세, 종합부동산세를 말한다.

기출 OX

01. 강제집행·경매 또는 파산 절차에 따라 재산을 매각할 때 그 매각금액 중에서 국세 및 강제징수비를 징수하는 경우의 그 강제집행, 경매 또는 파산 절차에 든 비용은 국세 및 강제징수비보다 우선하여 징수한다. 2023. 7급 최신
정답 O

02. 파산절차에 의한 재산의 매각에 있어서 그 재산의 매각금액 중에서 증여세를 징수하는 경우의 그 파산절차에 소요된 비용은 그 증여세에 우선한다. 2007. 9급
정답 O

03. 경매에 의한 재산의 매각에 있어서 그 매각금액 중에서 법인세를 징수하는 경우의 그 경매에 소요된 비용은 그 법인세에 우선한다. 2007. 9급
정답 O

 오쌤 Talk

강제집행·경매·파산절차에 든 비용 vs 강제징수비

경매 시 그 경매절차를 진행함에 있어서 들어가는 비용이 있는데 인지대, 송달료등이 그에 해당한다. 시험목적상 그러한 공익비용을 세부적으로 알 필요는 없으나, 과세관청에서 내부적으로 압류, 보관, 운반, 매각하는 데에 들어간 비용인 강제징수비와는 차이가 있다는 것만 알아두자.

기출 OX

04. 지방세 또는 공과금은 국세 또는 강제징수비보다 우선 징수된다. 2007. 서울시 9급
정답 X

05. 지방세의 강제징수에 있어서 그 강제수금액 중에서 부가가치세를 징수하는 경우의 그 지방세의 강제징수비는 그 부가가치세에 우선한다. 2007. 9급 수정
정답 O

기출 OX

06. 국세(소득세)의 법정기일 전에 전세권을 설정한 경우에 전세권에 의하여 담보된 채권은 국세보다 우선 징수한다. 2007. 서울시 9급 수정
정답 O

07. 종합소득세로 신고한 해당 세액에 대하여 그 신고일 이후에 저당권 설정등기를 한 재산의 매각에 있어서 그 매각대금 중에서 종합소득세를 징수하는 경우의 그 저당권에 의하여 담보된 채권은 그 종합소득세에 우선한다. 2007. 9급
정답 X

08. 과세표준과 세액을 정부가 결정하는 경우 고지한 해당 세액 관련 법정기일은 그 납세고지서의 발송일이다. 2020. 9급
정답 O

확인문제

01. 국세기본법상 국세의 법정기일로 옳지 않은 것은? (단, 확정 전 보전압류는 고려하지 않는다.) 2016. 7급

① 양도담보재산에서 국세를 징수하는 경우: 그 납세의무의 확정일
② 과세표준과 세액의 신고에 따라 납세의무가 확정되는 국세의 경우: 신고한 해당 세액에 대해서는 그 신고일
③ 원천징수의무자나 납세조합으로부터 징수하는 국세와 인지세의 경우: 그 납세의무의 확정일
④ 제2차 납세의무자의 재산에서 국세를 징수하는 경우: 그 납부고지서의 발송일

정답 ①

확인문제 [최신]

02. 「국세기본법」상 법정기일로 옳은 것만을 모두 고르면? 2024. 7급

ㄱ. 제2차 납세의무자(보증인을 포함한다)의 재산에서 징수하는 국세: 「국세징수법」제7조에 따른 납부고지서의 발송일
ㄴ. 인지세와 원천징수의무자나 납세조합으로부터 징수하는 소득세·법인세 및 농어촌특별세: 그 납세의무의 확정일
ㄷ. 「국세징수법」제31조제2항에 따라 납세자의 재산을 압류한 경우에 그 압류와 관련하여 확정된 국세: 그 압류등기일 또는 등록일

① ㄱ, ㄴ ② ㄱ, ㄷ
③ ㄴ, ㄷ ④ ㄱ, ㄴ, ㄷ

정답 ④

2 피담보채권 등 우선

(1) 저당권 등에 의해 담보된 채권의 우선

① 원칙

법정기일 전에 전세권, 질권 또는 저당권이 설정된 재산이 국세의 강제징수 또는 경매절차 등을 통하여 매각되어 그 매각금액에서 국세를 징수하는 경우 그 전세권, 질권 또는 저당권에 의하여 **담보된 채권은 국세보다 우선 변제된다**(국기법 35 ① (3) (가)). **법정기일 후에 담보된 채권은 국세보다 우선 변제되지 않는다.** 즉, **국세의 법정기일과 담보권 설정시기를 비교**하여 국세 등과 피담보채권의 우선순위를 판정하도록 하고 있다. 이는 담보권자가 담보물을 취득할 당시에 이미 국세의 존재를 알 수 있었다면 그 국세가 우선하더라도 담보권자의 예측가능성이 침해되지 않기 때문이다(국기법 35 ⑦).

[국세와 피담보채권의 우선관계]

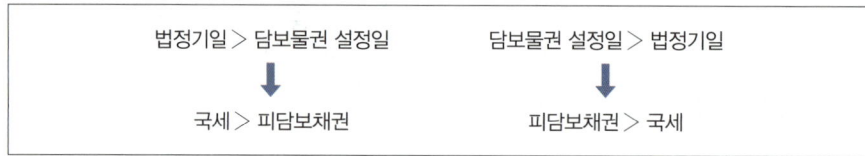

② 법정기일(확정)

법정기일이란 일반인이 국세의 존재를 확인할 수 있는 시점, 즉 국세가 공시된 것으로 볼 수 있는 시점으로서 「국세기본법」이 정한 다음의 날을 말한다(국기법 35 ②).

	구 분	법정기일
원칙	㉠ 과세표준과 세액의 신고에 따라 납세의무가 확정되는 국세[*1]의 경우 **신고한 해당 세액**	그 신고일
	㉡ 과세표준과 세액을 정부가 결정·경정 또는 수시부과 결정을 하는 경우 **고지한 해당 세액**[*2]	그 납부고지서의 발송일
예외	㉠ 인지세와 원천징수의무자나 납세조합으로부터 징수하는 국세	그 납세의무의 확정일
	㉡ 제2차 납세의무자(보증인 포함)의 재산에서 징수하는 국세 또는 양도담보재산에서 징수하는 국세	그 납부고지서의 발송일
	㉢ 「부가가치세법」에 따른 신탁 관련 수탁자의 물적납세의무 규정에 따라 신탁재산에서 부가가치세 등을 징수하는 경우	그 납부고지서의 발송일
	㉣ 「종합부동산세법」에 따라 신탁재산에서 징수하는 종합부동산세	그 납부고지서의 발송일
	㉤ 「국세징수법」에 따라 납세자의 재산을 압류(확정 전 보전압류)하는 경우 그 압류와 관련하여 확정된 국세	그 압류등기일 또는 등록일

[*1] 중간예납하는 법인세와 예정신고납부하는 부가가치세 및 양도소득세를 포함한다.
[*2] 납부지연가산세 중 납부고지서에 따른 납부기한 후의 납부지연가산세와 원천징수 등 납부지연가산세 중 납부고지서에 따른 납부기한 후의 원천징수 등 납부지연가산세를 포함한다.

③ 예외: 재산에 부과된 국세 우선

재산에 대하여 부과된 상속세, 증여세 및 종합부동산세는 법정기일 전에 설정된 전세권, 질권 또는 저당권에 의하여 담보된 채권보다 우선한다(국기법 35 ③).

★ (2) 대항요건과 확정일자를 갖춘 임차보증금

① 원칙

법정기일 전에 「주택임대차보호법」 또는 「상가건물 임대차보호법」에 따라 **대항요건과 확정일자를 갖춘 임차권**이 설정된 재산을 매각하여 그 매각금액에서 국세를 징수하는 경우 그 임차권에 의하여 **담보된 임대차보증금반환채권은 국세보다 우선 변제된다**(국기법 35 ①(3), (나)). 그러나 법정기일 후에 대항요건과 확정일자를 갖춘 임차권의 경우에는 국세가 우선 변제된다.

② 예외: 재산에 부과된 국세 우선

해당 재산에 대하여 부과된 상속세, 증여세 및 종합부동산세는 법정기일 전에 설정된 대항요건과 확정일자를 갖춘 임차권에 의하여 담보된 임대차보증금반환채권보다 우선하여 징수한다(국기법 35 ③).

★ (3) 가등기에 의해 담보된 채권

① 국세의 법정기일 이후에 가등기: 국세가 우선

납세의무자를 등기의무자로 하고 채무불이행을 정지조건으로 하는 대물변제의 예약에 의하여 권리이전 청구권의 보전을 위한 가등기나 그 밖에 이와 유사한 담보의 목적으로 가등기가 설정된 재산을 매각하여 그 매각금액에서 국세를 징수하는 경우 그 재산을 압류한 날 이후에 그 가등기에 따른 본등기가 이루어지더라도 그 국세는 그 가등기에 의해 담보된 채권보다 우선한다(국기법 35 ④).

② 국세의 법정기일 이전에 가등기: 가등기 담보된 채권이 우선

가등기담보권의 담보적 효력이 인정되므로 국세보다 담보된 채권이 우선 변제된다. 이것은 법정기일 이전에 설정된 피담보채권이 국세보다 우선 변제되는 것과 같은 결과이다.

③ 예외: 재산에 부과된 국세 우선

해당 재산에 부과된 상속세, 증여세 및 종합부동산세는 법정기일 전에 설정된 가등기담보권에 의하여 담보된 채권보다 우선한다(국기법 35 ③).

 기출 OX

09. 해당 재산에 대하여 부과된 상속세, 증여세 및 종합부동산세는 법정기일 전에 저당권이 설정된 경우에도 담보 있는 채권에 우선한다. 2023. 7급 최신

정답 O

 오쌤 Talk

소액임차보증금과 확정일자

소액임차보증금에 대한 우선 변제권은 모든 임차인에게 주어지는 것이 아니라 임차보증금이 일정액 이하인 소액임차인의 범위에 속하는 임차인들에게만 주어지는 것이다. 법적인 대항력이나 배당순위와 무관하게 최우선으로 변제해줌으로써 임차인을 보호하기 위한 목적으로 만들어진 권리이다.

이에 반해, 확정일자는 임대차계약을 하고 임대차 보증금에 대해 제3자에게 대항력을 갖게 하기 위해 계약체결일자를 관련기관에서 확인해주는 것을 말한다. 즉, 임차인이 임차보증금에 대해 확정일자를 받아 놓으면 임대 건물의 경매가 진행되더라도 선순위로 보전받을 수 있는 법적 보호장치이다.

 오쌤 Talk

가등기

가등기는 부동산에 대한 법적인 권리를 보전하기 위해서 본등기 이전에 임시(가)로 등기해 놓는 경우를 의미한다. 부동산의 모든 권리는 등기를 통해 확인된다. 그런데 매도인이 이전등기를 하는데 협력하지 않거나 매매의 예약에서 아직 소유권을 취득하고 있지 않은 경우 예약자로서 권리를 확보할 필요가 있을 때 가등기가 이용된다. 가등기는 등기로서 효력은 없지만, 후에 본등기를 하면 그 등기의 순위는 가등기의 순위에 의한다.

쉽게 말해서, 가등기는 '내 것이라고 찜 해 놓은 공식적 표시'라고 이해하면 좋겠다.

오쌤 Talk

당해세 적용의 예외

원래 당해세는 우선변제채권과 법정기일 간의 선후관계를 다투지 않는다. 그러나 이번 개정사항으로 '임차권과 전세권'에 해당하는 우선변제채권이라면, 당해세의 법정기일보다 확정일자/설정일이 빨랐을 경우 당해세의 자리를 차지할 수 있게 되었다. 다만, 당해세의 자리를 우선변제채권이 차지하는 것이므로 그 외의 채권의 순위와 금액에는 영향을 주지 않는다.

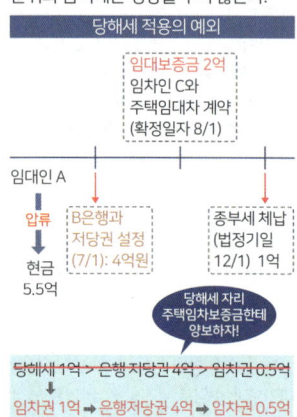

(4) 재산에 부과된 국세(당해세) 우선의 예외

① 임대차보증금 반환채권 우선 변제

재산에 부과된 국세(당해세) 우선 규정에도 불구하고 「주택임대차보호법」에 따라 대항 요건과 확정일자를 갖춘 임차권에 의하여 담보된 임대차보증금반환채권 또는 주거용 건물에 설정된 전세권에 의하여 담보된 채권(이하 '임대차보증금반환채권 등')은 해당 임차권 또는 전세권이 설정된 재산이 국세의 강제징수 또는 경매 절차 등을 통하여 매각되어 그 매각금액에서 국세를 징수하는 경우 그 확정일자 또는 설정일보다 법정기일이 늦은 해당 재산에 대하여 부과된 상속세, 증여세 및 종합부동산세의 우선 징수 순서에 대신하여 변제될 수 있다(국기법 35 ⑦).

② 금액 한도

대신 변제되는 금액은 우선 징수할 수 있었던 해당 재산에 대하여 부과된 상속세, 증여세 및 종합부동산세의 징수액에 한정하며, 임대차보증금 반환채권 등보다 우선 변제되는 저당권 등의 변제액과 해당 재산에 대하여 부과된 상속세, 증여세 및 종합부동산세를 우선 징수하는 경우에 배분받을 수 있었던 임대차보증금 반환채권 등의 변제액에는 영향을 미치지 아니한다(국기법 35 ⑦).

> **예제 1** 당해세 우선 원칙의 예외
>
> 임대인 A가 B은행과 저당권 설정(4억원, 설정일 7/1) 및 임차인C와 주택 임대차 계약(2억원, 확정일자8/1)을 맺은 후 종부세를 1억원(법정기일 12월 1일) 체납하여 해당 주택을 압류 후 매각 한 경우 해당 매각금액에서 종부세로 징수할 수 있는 금액을 구하시오. [압류 후 매각 금액은 5.5억원인 것으로 가정하며, 소액임차보증금 우선 변제 규정은 고려하지 않는다.]
>
> **정답** 0원
>
> **풀이**
>
> | 구분 | <1순위> | | <2순위> | <3순위> | <4순위> | |
> |---|---|---|---|---|---|---|
> | 종전 규정 | 법정기일이 늦은 당해세 | 1억원 | B은행의 저당권 4억원 | C의 임차권 0.5억원 | - | - |
> | 현행 규정 | C의 임차권 | 1억원[*1] | B은행의 저당권 4억원[*2] | C의 임차권 0.5억원[*2] | 법정기일이 늦은 당해세[*3] | - |
>
> [*1] 확정일자보다 법정기일이 늦은 당해세 배분 한도만큼은 주택임차보증금이 우선 변제
> [*2] 임대차보증금반환채권 등보다 우선 변제되는 저당권 등의 변제액과 해당 재산에 대하여 부과된 상속세, 증여세 및 종합부동산세를 우선 징수하는 경우(현행 규정)에 배분받을 수 있었던 임대차보증금반환채권 등의 변제액에는 영향을 미치지 아니한다. 따라서 개정규정에 의해서도 B은행의 저당권에 대한 변제금액은 4억원으로 동일하며, C의 임차권에 대한 총 변제 금액은 1억원 + 0.5억원 = 1.5억원이다.
> [*3] 우선변제만 양보하는 것으로 임대인의 체납액이 소멸되는 것은 아님

3 소액임차보증금의 우선 A

임대차관계에 있는 주택 또는 건물을 매각할 때 그 매각금액 중에서 국세를 징수하는 경우 임대차에 관한 보증금 중 소액보증금으로서 「주택임대차보호법」 또는 「상가건물 임대차보호법」에 따라 임차인이 우선하여 변제받을 수 있는 금액은 국세보다 우선 변제된다(국기법 35 ① (4)). 그러나 강제징수비보다는 우선 변제되지 않는다.

[국세와 소액임차보증금]

4 임금채권의 우선 A

★★ (1) 「국세기본법」의 규정

사용자의 재산을 매각하거나 추심(推尋)할 때 그 매각금액 또는 추심금액 중에서 국세를 징수하는 경우에 「근로기준법」 또는 「근로자퇴직급여 보장법」에 따라 국세에 우선하여 변제되는 임금, 퇴직금, 재해보상금, 그 밖에 근로관계로 인한 채권은 국세에 우선하여 변제된다(국기법 35 ① (5)). 그러나 강제징수비보다는 우선 변제되지 않는다.

★★ (2) 「근로기준법」의 규정

임금채권의 우선변제에 대한 내용은 다음과 같다(근로기준법 38 ①, ②).

① 최우선 임금채권
최우선 임금채권, 즉 최종 3개월분의 임금, 최종 3년간의 퇴직급여, 재해보상금 등은 사용자의 총재산에 대하여 질권·저당권에 따라 담보된 채권, 조세·공과금 및 다른 채권에 우선하여 변제되어야 한다.

② 일반적인 임금채권
근로관계로 인한 채권은 사용자의 총재산에 대하여 질권·저당권에 따라 담보된 채권을 제외하고는 조세·공과금 및 다른 채권에 우선하여 변제되어야 한다. 다만, 질권·저당권에 우선하는 조세·공과금에 대하여는 그러하지 아니한다.

[국세 등과 임금채권 사이의 우선관계]

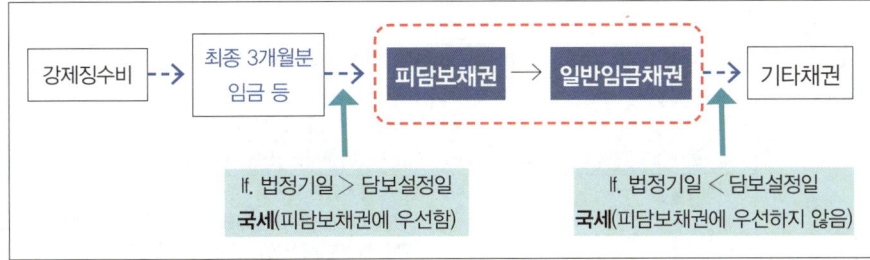

기출 OX

10. 임금채권(최종 3개월분의 임금채권, 재해보상금채권이 아님)에 우선하는 저당권부채권이 있고, 국세채권이 그 저당권부채권에 우선하는 경우에는, 국세채권이 임금채권에 우선한다.
2020. 9급
정답 ○

확인문제 최신

03. 거주자 甲이 2020년 귀속 소득세 6,000만 원을 신고납부하지 않아 관할 세무서장이 납세고지서를 2022년 5월 30일 발송하였으나, 甲이 이를 체납하자, 관할 세무서장이 甲의 주택을 2022년 10월 1일 압류하여 2023년 4월 5일 매각하였다. 주택의 매각대금이 5,000만 원이고, 甲에 대한 채권명세가 다음과 같을 경우 매각대금 중 소득세에 배분할 수 있는 금액은? 2024. 9급

○ 강제징수비: 500만 원
○ 해당 주택의 등기부에 설정된 저당권에 의해 담보되는 채권: 1,000만 원(저당권 설정일 2021년 5월 20일)
○ 甲이 운영하는 개인기업 근로자의 임금채권: 2,000만 원(국세에 우선하여 변제되는 금액이다)

① 1,500만 원
② 2,000만 원
③ 2,500만 원
④ 4,500만 원

정답 ①

확인문제

04. 국세의 법정기일이 질권·저당권의 담보설정 후인 경우에 국세와 일반 채권의 우선순위로 맞는 것은? 2004. 9급

a. 최종 3개월분이 아닌 일반임금
b. 국세
c. 질권·저당권이 설정된 담보채권
d. 기타의 일반채권
e. 소액보증금과 최종 3개월분의 임금

① a - b - c - d - e
② a - c - e - b - d
③ c - e - a - b - d
④ e - c - a - b - d

정답 ④

확인문제

05. 한국세무서는 거주자 甲의 2020년도 귀속분 소득세 100,000,000원이 체납되어 거주자 甲 소유의 주택D를 2023년 6월 1일에 압류하여 2023년 7월 20일에 매각하였다. 다음 자료에 따라 주택D의 매각대금 100,000,000원 중 거주자 甲이 체납한 소득세로 징수될 수 있는 금액은? 2017. 9급

- 거주자 甲의 소득세 신고일: 2021년 5월 30일
- 강제징수비: 3,000,000원
- 주택D에 설정된 저당권에 따른 피담보채권(저당권 설정일: 2021년 3월 28일): 50,000,000원
- 주택D에 대한 임차보증금: 25,000,000원(이 중「주택임대차보호법」에 따른 우선 변제금액은 12,000,000원)
- 거주자 甲이 운영하는 기업체 종업원의 임금채권: 30,000,000원(이 중「근로기준법」에 따른 우선 변제금액은 15,000,000원)
- 주택D에 부과된 국세와 가산금은 없음

① 5,000,000원
② 17,000,000원
③ 20,000,000원
④ 70,000,000원

정답 ①

예제 2 임금채권의 우선 변제

A은행은 저당권에 의하여 담보된 채권(종합부동산세의 법정기일 전에 저당권 설정을 등기한 사실이 증명됨) 1억 7천 5백만원을 회수하기 위하여 의류업을 하는 채무자 甲의 주택을 강제경매 신청하고 경매개시결정에 따라 압류하였다. 첫 매각기일까지 경매법원에 배당을 요구한 비용과 채권은 다음과 같다. 甲의 주택매각대금이 3억원일 경우 甲의 납세지 관할 세무서장이 배당 받을 수 있는 금액은? 2019. 7급 수정

- A은행이 해당 주택을 경매하는 데 든 비용 1천 5백만원
- 경매개시 결정된 주택에 대하여 甲에게 부과된 종합부동산세 2천만원
- 甲이 종업원에게 변제하여야 할 근로관계로 인한 채권 중「근로기준법」에 따른 최종 3개월분의 임금과 재해보상금 1억원
- 저당권에 의하여 담보된 A은행의 채권 1억 7천 5백만원

① 0원
② 1천만원
③ 1천 5백만원
④ 2천만원

정답 ④

풀이

(1)	주택 경매비	₩15,000,000	직접경비에 해당하는 주택경매비는 항상 국세 등에 우선함
(2)	최종 3개월분의 임금과 재해보상금	₩100,000,000	최종 3개월분의 임금, 재해보상금 등은 강제징수비 등을 제외한 모든 국세에 항상 우선함
(3)	종합부동산세	₩20,000,000	재산 자체에 부과된 국세는 일반채권에 언제나 우선함
(4)	기타채권	₩165,000,000	A 은행의 저당권 채권 법정기일 전에 저당권 설정했다 하더라도 재산 자체에 부과된 국세인 종합부동산세에는 우선하지 못한다.
	계	₩300,000,000	

5 보유자가 변경되는 경우의 국세우선의 원칙의 제한 C

(1) 원칙

국세 및 강제징수비는 전세권 등이 설정된 재산이 양도, 상속 또는 증여된 후 해당 재산이 국세의 강제징수 또는 경매 절차 등을 통하여 매각되어 그 매각금액에서 국세를 징수하는 경우 해당 재산에 설정된 전세권 등에 의하여 담보된 채권 또는 임대차보증금반환채권에 우선하지 못한다.

(2) 예외

다음의 어느 하나에 해당하는 경우에는 국세(법정기일이 전세권 등의 설정일보다 빠른 국세로 한정한다)를 우선하여 징수한다(국기법 35 ① (3의2), ③, 국기령 18 ③).

> ㉠ 해당 재산에 대하여 부과된 종합부동산세
> ㉡ 해당 재산의 직전 보유자가 전세권 등의 설정 당시 체납하고 있었던 국세 등을 고려하여 계산한 다음 금액 범위의 국세
>   ⓐ 직전 보유자가 해당 재산을 보유하기 전에 해당 재산에 설정된 전세권 등이 없는 경우: 직전 보유자 보유기간 중의 전세권 등 설정일 중 가장 빠른 날보다 법정기일이 빠른 직전 보유자의 국세 체납액을 모두 더한 금액
>   ⓑ 직전 보유자가 해당 재산을 보유하기 전에 해당 재산에 설정된 전세권 등이 있는 경우: 0원

예제 3 보유자가 변경되는 경우의 국세우선의 원칙의 제한

종전 임대인 A(체납액 3억원, 법정기일 6/1)가 임차인B와 주택 임대차 계약(2억원, 확정일자 8/1)을 맺은 후 압류 되기 전에 현 임대인 C(체납액 4억원, 법정기일 7/1)에게 양도한 경우 해당 주택에 대한 강제징수를 통한 매각금액 중에서 임대인 C의 체납액으로 징수할 수 있는 금액을 구하시오.
[압류 후 매각 금액이 5억원인 것으로 가정하며, 종전 임대인 A가 보유하기 전 해당 주택에 설정된 전세권 등은 없다. 또한 소액임차보증금 우선 변제 규정은 고려하지 않는다.]

정답 3억원

풀이

구분	<1순위>		<2순위>	
보유자 변경 전 징수금액	종전 임대인 A의 체납 국세	3억원	B의 확정일자를 갖춘 임차권	2억원
보유자 변경 후 징수금액	현 임대인C의 체납 국세	4억원 3억원*	B의 확정일자를 갖춘 임차권	1억원 2억원

* 직전 보유자(A)에게도 각 권리보다 앞서는(법정기일 6/1 > 확정일자 8/1) 국세체납이 있었던 경우 그 금액(3억원)을 한도로 현 보유자(C)에 대한 체납 국세를 우선하여 징수함

오쌤 Talk

보유자 변경 시 국세우선권의 제한

직전 보유자가 설정한 전세권 등은 현재 보유자의 체납 국세 및 강제징수비보다 우선한다는 의미이다. 다만, 종합부동산세는 우선할 수 있다. 또한 직전 보유자의 체납 국세가 있었을 경우 그 체납국세의 금액만큼은 우선권이 인정된다는 의미이다.

(원칙) 재산 보유자 변경 시 종전 보유자의 설정 권리에 대하여 국세우선권 미적용

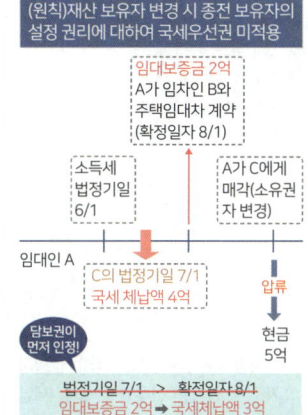

(예외) 직전 보유자에게 체납액이 있었던 경우 국세우선권 적용

직전소유자에게도 각 권리보다 앞서는 국세체납이 있었던 경우

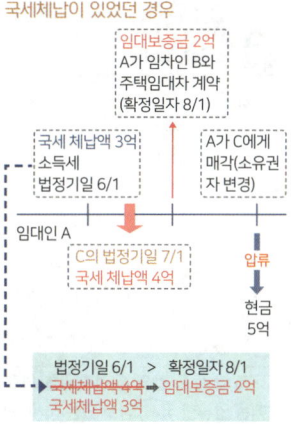

3 조세채권 상호 간의 우선순위

1 압류에 의한 우선 B

★★ (1) 압류 > 교부청구(참가압류)

국세 강제징수에 의하여 납세자의 재산을 압류한 경우에 다른 국세 및 강제징수비 또는 지방세의 교부청구(참가압류 포함)가 있으면 **압류에 관계되는 국세 및 강제징수비는 교부청구된 다른 국세 및 강제징수비 및 지방세에 우선하여 징수한다**(국기법 36 ①).

★ (2) 압류선착수주의

국세 상호 간 또는 국세와 지방세 상호 간에는 기본적으로 우열은 없고 동 순위로 징수하는 것이 원칙이나 구체적인 행정운영의 원활을 기하기 위하여 징수권 행사에 적극성을 가지는 쪽에 우선 변제권을 주기 위하여 압류선착수주의를 따른다.

★ (3) 압류에 관계된 지방세 > 교부청구된 국세

지방세 체납처분에 의하여 납세자의 재산을 압류한 경우에 국세 및 강제징수비의 교부청구가 있으면 **교부청구된 국세 및 강제징수비는 압류에 관계되는 지방세의 다음 순위로 징수한다**(국기법 36 ②).

2 납세담보 담보 있는 국세의 우선 B

납세담보물을 매각하였을 때에는 담보에 관계된 국세 및 강제징수비는 다른 국세 및 강제징수비와 지방세에 우선하여 징수한다(국기법 37). 즉, 담보에 관계된 조세를 압류에 관계된 국세보다 우선하여 징수한다. 위 내용을 요약한 변제 순서는 다음과 같다.

> 납세담보에 관계된 조세 > 강제징수한 조세(압류에 관계된 조세) > 교부청구에 관계된 조세

오쌤 Talk

교부청구

체납자의 재산에 대해 강제 환가절차가 진행되었을 때, 관계집행기관에 그 배당을 요구하는 강제징수절차를 의미한다. 즉, 먼저 압류하고 재산을 매각한 기관에 다 "나도 받을 돈이 있으니 나누어 달라"고 청하는 제도이다. Link-P.236

기출 OX

11. 지방세 체납처분에 의하여 납세자의 재산을 압류한 경우에 국세 및 체납처분비의 교부청구가 있으면 교부청구된 국세 및 강제징수비는 압류에 관계되는 지방세의 다음 순위로 징수한다.
2020. 9급
정답 O

오쌤 Talk

납세담보
- 납부기한의 연장
- 납부고지의 유예
- 상증세의 연부연납 등

기출 OX

12. 조세 상호 간의 우선순위를 다툴 때에는 압류한 국세, 담보 있는 국세, 교부청구한 국세의 순서로 징수한다.
2023. 7급 최신
정답 X

예제 4 피담보채권의 우선

대한씨의 다음 자료를 통해 관할 세무서장이 해당 토지의 매각대금을 어떻게 배분해야 할까?

(1) 대한씨는 부친으로부터 3월 10일 토지를 증여받고 증여세를 신고납부하지 않아서 관할 세무서장은 대한씨에게 같은 해 8월 1일 증여세 납부고지서를 발송하였다. 대한씨는 증여세를 체납하여 같은 해 12월 10일 관할 세무서장이 이 토지를 압류·매각하였다. 토지의 매각대금은 1억원이었고, 해당 증여세는 1천만원, 그 처분과정의 직접경비는 5백만원이다.
(2) 대한씨는 같은 해 7월 25일 부가가치세 5천만원을 신고하였으나, 자금이 없어서 납부하지 못하였다. 부가가치세 관할 세무서장은 증여세 관할 세무서장에게 부가가치세 교부를 청구하였다.
(3) 대한씨는 민국씨로부터 5천만원을 차입하고 같은 해 5월 1일 증여 받은 토지 위에 저당권을 설정해주었다.

정답 증여세 ₩10,000,000, 부가가치세 ₩35,000,000

풀이

* ₩100,000,000(토지매각대금) - ₩5,000,000(처분직접경비) = ₩95,000,000

(1) 처분경비	₩5,000,000	직접경비에 해당하는 처분경비는 항상 국세 등에 우선함
(2) 증여세	₩10,000,000	재산 자체에 부과되는 국세는 저당권 설정시기를 불문하고 원칙적으로 피담보채권보다 우선 징수
(3) 민국씨의 피담보채권 (저당권 설정일: 5월 1일)	₩50,000,000	국세인 부가가치세의 법정기일보다 저당권이 먼저 설정된 피담보채권은 국세보다 우선 징수
(4) 부가가치세 (법정기일: 7월 25일)	₩35,000,000	국세
합계	₩100,000,000	

확인문제

06. 거주자 甲이 2021년 귀속 종합소득세를 납부하지 않아 관할 세무서장은 甲의 주택을 2022년 10월 7일에 압류하고, 2024년 4월 5일에 매각하였다. 다음 자료에 따라 주택의 매각대금 70,000,000원 중에서 종합소득세로 징수할 수 있는 금액은? 2021. 7급 수정

- 강제징수비: 7,000,000원
- 종합소득세: 80,000,000원 (신고일: 2022년 5월 20일)
- 해당 주택에 설정된 저당권에 의해 담보되는 채권: 10,000,000원 (저당권 설정일: 2022년 5월 25일)
- 해당 주택에 대한 임차보증금 (확정일자: 2022년 5월 30일): 40,000,000원(이 중 「주택임대차보호법」에 따라 임차인이 우선하여 변제받을 수 있는 금액은 15,000,000원임)
- 甲이 운영하는 기업체 종업원의 임금채권: 30,000,000원 (이 중 최종 3개월분의 임금은 18,000,000원임)

① 0원
② 20,000,000원
③ 30,000,000원
④ 53,000,000원

정답 ③

CHAPTER 06

과세

1. 관할관청
2. 수정신고와 경정 등의 청구
3. 가산세

최신 8개년 출제 경향 분석

01 관할관청

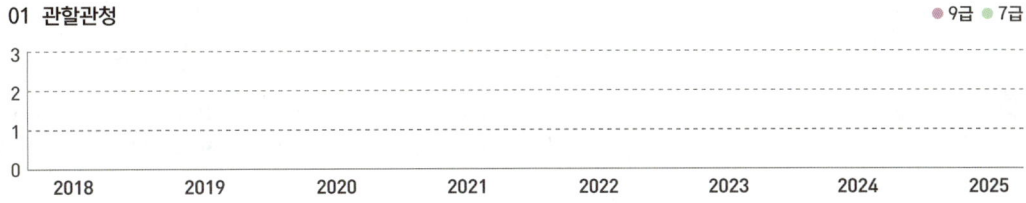

02 수정신고와 경정 등의 청구

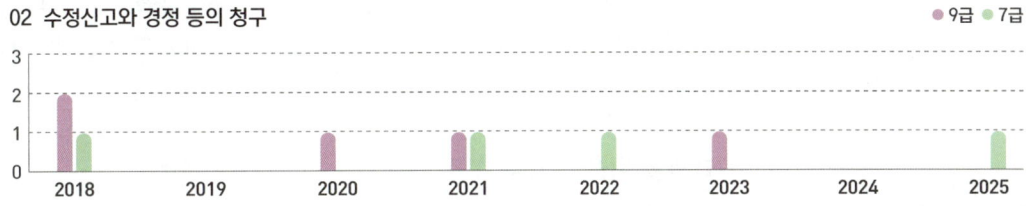

03 가산세

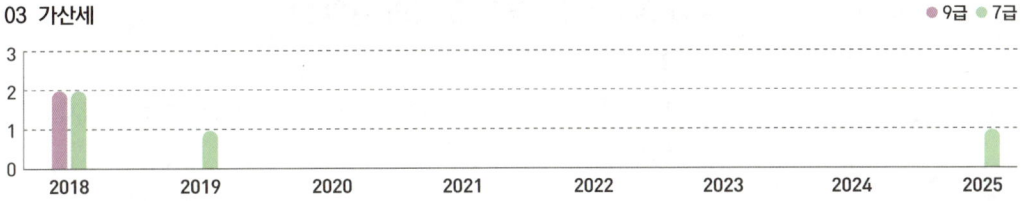

1 관할관청

'관할관청'이란 국세에 관한 사무를 담당하는 행정기관을 말하는데, 국세의 관할관청은 세목별로 그 납세지를 관할하는 세무서장이다.

여기서 '납세지'란 국세의 부과징수권의 행사나 납세의무의 이행에 있어서 기준이 되는 장소인데, 세목별로 각각 개별세법에서 규정하고 있다. 「국세기본법」은 이러한 납세지가 변동되는 경우 관할관청을 어떻게 판정해야 하는가를 규정하고 있을 뿐이다.

1 과세표준신고의 관할 B

(1) 과세표준신고서의 제출

과세표준신고서는 신고 당시 해당 국세의 납세지를 관할하는 세무서장에게 제출해야 한다. 다만, 전자신고를 하는 경우에는 지방국세청장이나 국세청장에게 제출할 수 있다(국기법 43 ①).

(2) 관할 위반 신고의 효력

과세표준신고서가 관할 세무서장 외의 세무서장에게 제출된 경우에도 그 신고의 효력에는 영향이 없다(국기법 43 ②).

2 결정 또는 경정 결정의 관할 B

(1) 결정·경정 관할

국세의 과세표준과 세액의 결정 또는 경정결정은 그 처분 당시 그 국세의 납세지를 관할하는 세무서장이 한다(국기법 44).

(2) 결정·경정 관할 위배 시

관할 세무서장 외의 세무서장이 한 결정 또는 경정결정처분은 그 효력이 없다. 다만, 세법 또는 다른 법령 등에 의하여 권한 있는 세무서장이 결정 또는 경정결정하는 경우에는 그러하지 아니한다(국기통 44-0…3).

3 적용의 제한 B

관할관청에 대한 「국세기본법」상의 규정은 세법의 특별한 규정이 있으면 당해 세법의 규정을 따른다. 따라서 「국세기본법」상 관할관청 규정은 세법상 관할관청에 관한 특례규정이 없는 경우에만 적용되는 것이다.

 **오쌤 Talk**

과세관할비교

구분	관할 세무서장	위배 시
과세표준신고 납세자→과세관청	신고 당시 납세지 관할 세무서장*	신고 유효
결정 또는 경정 과세관청→납세자	처분 당시 납세지 관할 세무서장	처분 무효**

*전자신고: 지방국세청장이나 국세청장에게 가능
**단, 세법 등에 의해 권한 있는 세무서장이 결정하는 경우 유효함

② 수정신고와 경정 등의 청구

과세표준과 세액의 당초신고·기한후신고 또는 결정·경정 등이 그 당시의 오류 또는 후발적 사유 등으로 인하여 잘못된 것임이 판명된 때에는 이를 정정해야 한다. 이 경우 과세관청은 부과제척기간이 만료되기 전까지 결정·경정·재경정·부과취소 등을 할 수 있는 권한을 가지고 있으며, 그에 대응하여 현행 「국세기본법」은 납세의무자에게 수정신고와 경정 등의 청구를 할 수 있는 권리를 인정하고 있다.

1 수정신고 A

(1) 의미

'수정신고'란 이미 신고한 과세표준 및 세액이 과소(또는 이미 신고한 결손금액 또는 환급세액이 과대)한 경우 또는 이미 신고한 내용이 불완전한 경우에 납세의무자가 이를 정정하는 신고를 말한다. 이는 납세의무자 스스로의 자기보정에 의해 정당한 세액을 신고·납부하게 함으로써, 과세관청은 행정력을 절감하고 납세의무자는 가산세를 감면받을 수 있게 하는 매우 유익한 제도이다.

(2) 수정신고의 요건

① 대상자

법정신고기한까지 과세표준신고서를 제출한 납세의무자(「소득세법」상 연말정산 또는 원천징수로 과세가 종결되어 과세표준 확정신고의무가 면제된 자 포함)가 수정신고를 할 수 있다 (신고납부제도 세목, 부과과세제도 세목 불문). 이때, 기한후과세표준신고서를 제출한 자도 수정신고를 할 수 있다.

② 기한

관할 세무서장이 각 세법에 따라 해당 국세의 과세표준과 세액을 결정 또는 경정하여 통지하기 전으로서 국세부과 제척기간이 끝나기 전까지 과세표준수정신고서를 제출할 수 있다(국기법 45 ①). 즉, 관할 세무서장이 경정하여 통지한 경우 그 경정통지한 부분에 대해서는 수정신고를 할 수 없다.

③ 수정신고 사유

> ⊙ 과소신고: 과세표준신고서 또는 기한후과세표준신고서에 기재된 과세표준 및 세액이 세법에 따라 신고해야 할 과세표준 및 세액에 미치지 못할 때
> ⓒ 초과결손·초과환급신고: 과세표준신고서 또는 기한후과세표준신고서에 기재된 결손금액 또는 환급세액이 세법에 따라 신고해야 할 결손금액이나 환급세액을 초과할 때
> ⓒ 원천징수의무자의 누락신고: 원천징수의무자의 정산과정에서 확정신고를 하지 아니할 수 있는 자의 소득을 누락한 때(단, 경정 등의 청구를 할 수 있는 경우는 제외)
> ⓔ 불완전신고: 세무조정 과정에서 「법인세법」에 따른 국고보조금 및 공사부담금에 상당하는 금액을 익금과 손금에 동시에 산입하지 않은 경우(단, 경정청구 등의 청구를 할 수 있는 경우는 제외). 이 경우 과세표준에는 변동이 없으나 익금산입과 손금산입으로 세무조정하여 수정신고 할 수 있다.

기출 OX

01. 「소득세법」에 따라 소득세 과세표준 확정신고의무가 면제되는 자(근로소득만 있는 자)는 수정신고를 할 수 있는 자에 해당한다. 2018. 7급
정답 O

02. 과세표준신고서를 법정신고기한까지 제출한 자 및 기한후과세표준신고서를 제출한 자는 관할 세무서장이 과세표준과 세액을 결정 또는 경정하여 통지하기 전으로서 국세의 부과제척기간이 끝나기 전까지 수정신고를 할 수 있다. 2021. 7급
정답 O

03. 납세자의 과소신고에 대해 관할 세무서장이 해당 세법에 따라 과세표준과 세액을 경정하여 통지한 경우 그 경정 통지한 부분에 대해서는 수정신고를 할 수 없다. 2018. 7급
정답 O

04. 납부세액의 감액수정신고는 물론 증액수정신고도 허용된다. 2009. 9급
정답 X

05. 과세표준신고서를 법정신고기한까지 제출한 자는 과세표준신고서에 기재된 과세표준 및 세액이 세법에 따라 신고하여야 할 과세표준 및 세액보다 큰 경우 과세표준수정신고서를 제출할 수 있다. 2014. 9급
정답 X

06. 과세표준신고서를 법정신고기한까지 제출한 자는 과세표준신고서에 기재된 환급세액이 세법에 따라 신고하여야 할 환급세액을 초과할 때는 법에 정한 바에 따라 과세표준수정신고서를 제출할 수 있다. 2014. 9급
정답 O

07. 세무조정과정에서의 누락으로 인하여 불완전한 신고를 한 경우에는 수정신고를 할 수 있다. 2009. 9급
정답 O

오쌤 Talk

수정신고 주의사항

① 당초 신고한 과세표준 및 세액이 과대하거나 당초 신고한 결손금 및 환급세액이 과소한 경우에는 수정신고를 할 수 없으며, 경정 등의 청구만이 가능하다.

② 당초에 과세표준신고를 한 자가 수정신고를 할 수 있을 뿐만 아니라, 당초 법정신고기한 내에 과세표준신고를 하지 않은 자가 기한후신고를 한 경우에도 수정신고를 할 수 있다.

③ 정부부과제도를 취하는 국세의 경우에는 결정 또는 경정하여 통지하기 전까지, 신고납부제도를 취하는 국세의 경우에는 경정하여 통지하기 전까지 수정신고를 할 수 있다. 그러나 신고했으나 결정·경정을 할 때 발견되지 않은 과소신고분에 관하여는 그 결정·경정에도 불구하고 부과제척기간이 끝나기 전까지는 수정신고를 할 수 있다.

기출 OX

08. 적법한 수정신고를 하였더라도 그 신고로 인하여 납세의무 확정효력이 발생하지 않는 경우도 있다. 2018. 7급
정답 O

09. 상속세의 수정신고는 당초의 신고에 따라 확정된 과세표준과 세액을 증액하여 확정하는 효력을 가진다. 2021. 7급
정답 X

10. 수정신고를 받은 세무서장은 그 신고를 받은 날부터 2개월 안에 그 신고를 한 자에게 통지하여야 한다. 2004. 9급
정답 X

오쌤 Talk

기한후신고자에 대한 경정청구 허용

당초 과세표준신고서를 법정신고기한까지 제출하지 않은 기한후신고를 한 자의 경우에도 기한후신고한 과세표준 및 세액이 과대한 경우 경정청구를 할 수 있도록 개정되었다. 2020년 1월 1일 적용

기출 OX

11. 과세표준신고서를 법정신고기한까지 제출한 자뿐만 아니라 기한후과세표준신고서를 제출한 자도 과세표준 및 세액의 결정 또는 경정을 청구할 수 있다. 2021. 7급
정답 O

★ **(3) 수정신고의 절차**

수정신고를 하려는 자는 다음을 기재한 *과세표준수정신고 및 추가자진납부계산서*를 납세지 관할 세무서장에게 제출해야 한다(국기법 45 ③, 국기령 25 ①, 국기칙 12).

> ① 당초 신고한 과세표준과 세액
> ② 수정신고하는 과세표준과 세액 및
> ③ 그 밖에 필요한 사항

★★ **(4) 수정신고의 효력**

수정신고의 효력은 신고납부제도와 정부부과제도에서 각각 다르다.

① **신고납부제도**

신고납부제도를 취하는 국세의 경우 당초의 신고가 납세의무를 확정하는 효력을 가지므로 해당 국세의 수정신고는 당초의 신고에 따라 확정된 과세표준과 세액을 증액하여 확정하는 효력을 가진다(국기법 22의2 ①). 단, 당초 법정신고기한까지 신고한 경우에 해당하므로 기한후신고에 대한 수정신고는 세액이 확정되는 효력이 없다.

이때, 수정신고는 당초 신고에 따라 확정된 세액에 관한 「국세기본법」 또는 세법에서 규정하는 권리·의무관계에 영향을 미치지 않는다(국기법 22의2 ②).

② **정부부과제도**

당초 신고 시 그 신고에 의하여 납세의무가 확정되지 않고 과세관청의 경정절차를 거쳐 확정되듯이, 수정신고 시에도 과세관청의 경정을 거쳐 확정된다. 즉, 수정신고만으로는 세액이 확정되는 효력이 없다.

★ **(5) 수정신고로 인한 추가자진납부**

세법에 따라 자진납부하는 국세에 관하여 과세표준신고서를 제출한 납세자는 이미 납부한 세액이 과세표준신고액에 상당하는 세액에 미치지 못할 때에는 그 부족액과 「국세기본법」 및 세법에서 정하는 가산세를 추가로 납부하여야 한다(국기법 46 ①).

2 경정 등의 청구 A

★★ **(1) 개념**

'경정 등의 청구'란 이미 신고·결정·경정된 과세표준 및 세액 등이 과대(또는 이미 신고·결정·경정된 결손금액, 세액공제액ᴺᴱᵂ 또는 환급세액이 과소)한 경우 과세관청으로 하여금 이를 정정하여 결정 또는 경정하도록 촉구하는 납세의무자의 청구를 말한다. 이는 과세표준과 세액이 과대하게 신고·결정·경정된 경우에 납세의무자의 권리구제를 가능케 하기 위한 제도로서 매우 중요하다.

★★ **(2) 일반적인 경정청구**

① **대상자**

법정신고기한 내에 과세표준신고서를 제출한 자, 기한후과세표준신고서를 제출한 자, 과세기준일이 속한 연도에 종합부동산세를 부과·고지받은 자는 경정청구를 할 수 있다(국기법 45의2 ①).

② 기한

> ⊙ **최초신고 및 수정신고: 법정신고기한이 지난 후 5년 이내**[*1]
> 최초신고 및 수정신고한 국세의 과세표준 및 세액의 결정 또는 경정을 법정신고기한이 지난 후 5년 이내[*1]에 관할 세무서장에게 청구할 수 있다(국기법 45의2 ①).
> ⊙ **증액 결정·경정분: 처분이 있음을 안 날부터 3개월**[NEW] **이내**
> 결정 또는 경정으로 인하여 증가된 과세표준 및 세액에 대해서는 해당 처분이 있음을 안 날(처분의 통지를 받은 때에는 그 받은 날)부터 3개월[NEW] 이내(법정신고기한이 지난 후 5년 이내[*1]로 한정)에 경정을 청구할 수 있다(국기법 45의2 ①).

[*1] 종합부동산세를 부과·고지받은 자의 경우는 종합부동산세의 납부기한이 지난 후 5년 이내

③ 사유

다음과 같이 과다신고한 경우에는 최초신고 및 수정신고한 국세의 과세표준 및 세액을 경정청구할 수 있다(국기법 45의2 ①).

> ⊙ **초과신고:** 과세표준신고서 또는 기한후과세표준신고서에 기재된 과세표준 및 세액[*2](각 세법에 따라 결정 또는 경정이 있는 경우에는 해당 결정 또는 경정 후의 과세표준 및 세액)이 세법에 따라 신고해야 할 과세표준 및 세액을 초과할 때
> ⊙ **과소결손·과소환급신고:** 과세표준신고서 또는 기한후과세표준신고서에 기재된 결손금액 또는 환급세액(각 세법에 따라 결정 또는 경정이 있는 경우에는 해당 결정 또는 경정 후의 결손금액 또는 환급세액)이 세법에 따라 신고해야 할 결손금액 또는 환급세액에 미치지 못할 때

[*2] 종합부동산세를 부과·고지받은 자의 경우는 납부고지서에 기재된 과세표준 및 세액

④ 요건

납세자가 과세표준신고서를 법정 신고기한까지 제출하였으나 해당 국세를 자진납부하지 않은 경우에도 경정청구를 할 수 있다.

(3) 후발적 사유로 인한 경정 등의 청구

① 대상자

과세표준신고서를 법정신고기한까지 제출한 자, 국세의 과세표준 및 세액의 결정을 받은 자, 과세기준일이 속한 연도에 종합부동산세를 부과·고지받은 자는 후발적 사유가 발생하였을 때에는 경정 등을 청구할 수 있다(국기법 45의2 ②, ⑥). 즉, 후발적 사유로 인한 경정 등의 청구와 관련하여 과세표준 및 세액의 결정을 받은 자는 법정신고기한 내 과세표준신고서를 제출하지 않은 경우도 포함된다.

② 기한

통상적인 경정청구 등 청구기한에도 불구하고 **그 사유가 발생한 것을 안 날부터 3개월 이내에 결정 또는 경정을 청구할 수 있다**(국기법 45의2 ②).

즉, 후발적 사유로 인한 경정 등의 청구는 법정신고기한 후 5년이 지났더라도 가능하다.

 오쌤 Talk

수정신고와 경정청구

구분	수정신고	경정청구
목적	과세표준과 세액의 증액 시	과세표준과 세액의 감액 시
신청자	납세의무자	납세의무자
효력	신고납부제도: 확정력 O 정부부과제도: 확정력 X	확정력 X
기한	과세관청이 결정·경정하기 전까지	법정신고기한이 지난 후 5년 이내 단, 증액결정·경정분의 경우: 처분이 있음을 안 날부터 90일 이내

기출 OX

12. 법정신고기한까지 과세표준신고서를 제출한 납세자가 경정청구를 하려면(결정 또는 경정처분을 받은 경우는 제외) 법정신고기한이 지난 후 3년 이내에 청구를 해야 한다. 2015. 9급
정답 X

기출 OX

13. 납세자가 법정신고기한까지 과세표준신고서를 제출한 경우에는 「국세기본법」에 따라 경정청구를 할 수 있는데 이 경우 법정신고기한이 지난 후 3년 이내에 관할 세무서장에게 그 경정청구를 해야 한다. 다만, 결정 또는 경정으로 인하여 증가된 과세표준 및 세액에 대하여는 해당 처분이 있음을 안 날(처분의 통지를 받은 때에는 그 받은 날)부터 60일 이내(법정신고기한이 지난 후 3년 이내로 한정한다)에 경정을 청구할 수 있다. 2018. 9급
정답 X

기출 OX

14. 과세표준신고서에 기재된 결손금이 세법에 의하여 신고하여야 할 결손금액을 초과하는 때에는 경정청구를 할 수 있다. 2020. 9급
정답 X

15. 과세표준신고서를 법정신고기한까지 제출한 자 또는 국세의 과세표준 및 세액의 결정을 받은 자는 후발적 사유가 발생한 경우 그 사유가 발생한 것을 안 날부터 4개월 이내에 결정 또는 경정을 청구할 수 있다. 2021. 7급
정답 X

확인문제

01. 「국세기본법령」상 후발적 사유에 의한 경정청구에 대한 설명으로 옳지 않은 것은? 2021. 9급

① 과세표준신고서를 법정신고기한까지 제출한 자는 소득이나 그 밖의 과세물건의 귀속을 제3자에게로 변경시키는 결정 또는 경정이 있을 때에는 후발적 사유에 의한 경정을 청구할 수 없다.
② 국세의 과세표준 및 세액의 결정을 받은 자는 조세조약에 따른 상호합의가 최초의 신고·결정 또는 경정의 내용과 다르게 이루어졌을 때에는 후발적 사유에 의한 경정을 청구할 수 있다.
③ 과세표준신고서를 법정신고기한까지 제출한 자는 최초의 신고·결정 또는 경정에서 과세표준 및 세액의 계산 근거가 된 거래 또는 행위 등이 그에 관한 소송에 대한 판결에 의하여 다른 것으로 확정되었을 때에는 후발적 사유에 의한 경정을 청구할 수 있다.
④ 후발적 사유가 발생하였을 때에는 그 사유가 발생한 것을 안 날부터 3개월 이내에 결정 또는 경정을 청구할 수 있다.

정답 ①

확인문제 최신

02. 국세기본법령상 후발적 사유로 인한 경정 등의 청구가 가능한 사유에 해당하는 것만을 모두 고르면? 2023. 9급

ㄱ. 최초의 신고·결정 또는 경정을 할 때 과세표준 및 세액의 계산 근거가 된 거래 또는 행위 등의 효력과 관계되는 관청의 허가나 그 밖의 처분이 취소된 경우가 해당 국세의 법정신고기한이 지난 후에 발생하였을 때
ㄴ. 소득이나 그 밖의 과세물건의 귀속을 제3자에게로 변경시키는 결정 또는 경정이 있을 때
ㄷ. 조세조약에 따른 상호합의가 최초의 신고·결정 또는 경정의 내용과 다르게 이루어졌을 때

① ㄱ, ㄴ   ② ㄱ, ㄷ
③ ㄴ, ㄷ   ④ ㄱ, ㄴ, ㄷ

정답 ④

기출 OX

16. 결정 또는 경정의 청구를 받은 세무서장은 그 청구를 받은 날부터 2개월 이내에 과세표준 및 세액을 결정 또는 경정하거나 결정 또는 경정하여야 할 이유가 없다는 뜻을 그 청구를 한 자에게 통지하여야 한다. 2014. 9급

정답 O

③ 사유

> ㉠ 최초의 신고·결정 또는 경정에서 과세표준 및 세액의 계산 근거가 된 거래 또는 행위 등이 그에 관한 「국세기본법」에 따른 심사청구, 심판청구, 「감사원법」에 따른 심사청구에 대한 결정이나 소송에 대한 판결(판결과 같은 효력을 가지는 화해나 그 밖의 행위를 포함)에 의하여 다른 것으로 확정되었을 때
> ㉡ 소득이나 그 밖의 과세물건의 귀속을 제3자에게로 변경시키는 결정 또는 경정이 있을 때
> ㉢ 조세조약에 따른 상호합의가 최초의 신고·결정 또는 경정의 내용과 다르게 이루어졌을 때
> ㉣ 결정 또는 경정으로 인하여 그 결정 또는 경정의 대상이 된 과세표준 및 세액과 연동된 다른 세목(같은 과세기간으로 한정)이나 연동된 다른 과세기간(같은 세목으로 한정)의 과세표준 또는 세액이 세법에 따라 신고하여야 할 과세표준 또는 세액을 초과할 때
> ㉤ 최초의 신고·결정 또는 경정을 할 때 과세표준 및 세액의 계산 근거가 된 거래 또는 행위 등의 효력과 관계되는 관청의 허가나 그 밖의 처분이 법정 신고기한이 지난 후[1] 취소된 경우
> ㉥ 최초의 신고·결정 또는 경정을 할 때 과세표준 및 세액의 계산 근거가 된 거래 또는 행위 등의 효력과 관계되는 계약이 해제권의 행사에 의하여 해제되거나 해당 계약의 성립 후 발생한 부득이한 사유로 법정신고기한이 지난 후[1] 해제되거나 취소된 경우
> ㉦ 최초의 신고·결정 또는 경정을 할 때 장부 및 증거서류의 압수, 그 밖의 부득이한 사유로 과세표준 및 세액을 계산할 수 없었으나 그 후 해당 사유가 법정신고기한이 지난 후[1] 소멸한 경우

[1] 종합부동산세를 부과·고지받은 자의 경우는 종합부동산세의 납부기한이 지난 후

★★ (4) 경정 등의 청구의 절차

① **결정 또는 경정청구서 제출**

경정 등의 청구를 하려는 자는 ㉠ 청구인의 성명과 주소(또는 거소) ㉡ 결정 또는 경정 전의 과세표준 및 세액 ㉢ 결정 또는 경정 후의 과세표준 및 세액 ㉣ 결정 또는 경정의 청구를 하는 이유 ㉤ 그 밖의 필요한 사항을 기재한 **결정 또는 경정청구서를 납세지 관할 세무서장에게 제출해야 한다**(국기령 25의3).

② **세무서장의 결과통지**

결정 또는 경정의 청구를 받은 세무서장은 '그 청구를 받은 날로부터 2개월 이내에' 과세표준 및 세액 등을 결정·경정하거나 결정·경정하여야 할 이유가 없다는 뜻을 그 청구를 한 자에게 통지해야 한다(국기법 45의2 ③).

③ **통지가 없는 경우**

청구를 한 자가 2개월 이내에 아무런 통지(아래 ④는 제외)를 받지 못한 경우에는 통지를 받기 전이라도 그 2개월이 되는 날의 다음 날부터 「국세기본법」에 따라 이의신청, 심사청구, 심판청구 또는 「감사원법」에 따른 심사청구를 할 수 있다(국기법 45의2 ③).

④ 결정 또는 경정이 곤란한 경우

결정 또는 경정의 청구를 받은 세무서장은 그 청구를 받은 날로부터 2개월 이내에 과세표준 및 세액의 결정 또는 경정이 곤란한 경우에는 청구를 한 자에게 관련 진행사항 및 위 ③에 따른 이의신청, 심사청구, 심판청구 또는 「감사원법」에 따른 심사청구를 할 수 있다는 사실을 통지하여야 한다(국기 45의2 ④).

★★ (5) 경정 등 청구의 효력

① 세액의 확정 효력

경정 등의 청구를 한 당해 납세의무자는 신고납부세목, 정부부과세목을 불문하고 세무서장이 결정 또는 경정하여 통지한 때에 확정의 효력이 발생한다. 즉, 경정 등의 청구는 그 자체만으로는 납세의무를 감액변동시키는 확정력을 갖지 못하며, 단지 과세관청으로 하여금 일정기간 내에 청구의 취지에 따른 결정 또는 경정을 해야 할 법률상의 의무를 지울 뿐이다.

② 신고납부세목의 조세불복 전단계 절차

신고납부제도를 채택하고 있는 세목의 경우 과다신고한 경우에는 경정청구를 거친 후에만 조세불복을 제기할 수 있다.

★★ (6) 원천징수의무자 및 원천징수대상자에 의한 경정청구 허용

① 의미

법정신고기한까지 과세표준신고서를 제출한 자는 물론, 원천징수의무자 또는 원천징수대상자도 연말정산 및 원천징수로 납세절차가 종결되는 소득에 대해서 과다원천징수하거나 환급할 세액보다 미달하게 환급된 경우에는 경정청구할 수 있다.

② 대상자

> ㉠ 「소득세법」상 분리과세소득, 연말정산대상소득 및 퇴직소득 등 과세표준확정신고가 면제되는 소득이 있는 자 및 그 원천징수의무자는 경정청구할 수 있다(국기법 45의2 ⑤).
> ㉡ 비거주자의 국내원천소득 중 분리과세소득에 해당하는 국내 원천소득이 있는 자(원천징수대상자*) 및 그 원천징수의무자는 경정청구할 수 있다(국기법 45의2 ⑤).
> ㉢ 외국법인의 국내원천소득 중 분리과세소득에 해당하는 국내원천소득이 있는 자(원천징수대상자*) 및 그 원천징수의무자는 경정청구할 수 있다(국기법 45의2 ⑤).

참고

* 원천징수대상자의 범위에는 비거주자 및 외국법인은 제외한다. 비거주자 및 외국법인의 경정청구권을 「국세기본법」에서 「소득세법」 및 「법인세법」으로 이관하였기 때문이다. 다만, 원천징수의무자의 폐업 등 법령에서 정하는 사유가 발생하여 원천징수의무자가 경정을 청구하기 어렵다고 인정되는 경우에는 그러하지 아니한다.

확인문제

03. 「국세기본법」상 후발적 사유에 의한 경정청구에 대한 설명으로 옳지 않은 것은? (다툼이 있는 경우 판례에 의함)
2015. 7급

① 최초에 결정한 과세표준 및 세액의 계산근거가 된 거래가 그에 관한 소송에 대한 판결에 의하여 다른 것으로 확정된 때에는 그 사유가 발생한 것을 안 날부터 3개월 이내의 경우라도, 납세의무자는 해당 거래에 대한 국세부과 제척기간이 경과하였다면 경정청구를 할 수 없다.
② 국세의 과세표준 및 세액의 결정을 받은 자는 소득이나 그 밖의 과세물건의 귀속을 제3자에게로 변경시키는 경정이 있는 경우 「국세기본법」에서 규정하는 기간에도 불구하고 그 사유가 발생한 것을 안 날부터 3개월 이내에 경정을 청구할 수 있다.
③ 「국세기본법」에 따라 경정의 청구를 받은 세무서장은 그 청구를 받은 날부터 2개월 이내에 과세표준 및 세액을 경정하거나 경정하여야 할 이유가 없다는 뜻을 그 청구를 한 자에게 통지하여야 한다.
④ 최초의 결정을 할 때 과세표준 및 세액의 계산 근거가 된 거래의 효력과 관계되는 계약이 국세의 법정신고기한이 지난 후에 해제권의 행사에 의하여 해제된 경우도 경정청구사유가 된다.

정답 ①

오쌤 Talk

분리과세 소득에 대한 경정청구권 확대

납세자 권리보호를 강화하기 위하여 분리과세되는 이자·배당·연금·기타소득에 대해서도 원천징수의무자 및 원천징수대상자에게 경정청구를 허용하고 있다.

기출 OX

17. 근로소득만 있어서 소득세 과세표준확정신고를 하지 않은 납세자도 일정한 경우에는 경정청구를 할 수 있다.
2015. 9급

정답 O

확인문제

04. 「국세기본법」상 경정청구에 관한 설명으로 옳지 않은 것은? 2011. 7급

① 법인세 납세의무자가 법정신고기한까지 과세표준확정신고를 한 후 다시 적법한 경정청구를 한 경우에는 그 금액에 대해 납세자의 경정청구만으로도 납세의무가 확정되는 효력이 있다.
② 납세자의 신고에 의하여 확정되는 국세뿐만 아니라 정부의 결정에 의하여 확정되는 국세도 경정청구를 할 수 있다.
③ 납세자가 과세표준신고서를 법정신고기한까지 제출하였으나 해당 국세를 자진납부하지 않은 경우에도 경정청구를 할 수 있다.
④ 납세자가 과세표준신고서를 법정신고기한까지 제출한 후 관할 세무서장이 경정처분을 한 경우에도 납세자는 경정청구를 할 수 있다.

정답 ①

오쌤 Talk

국세부과제척기간 vs 경정 등 청구

구분	국세부과제척기간	경정 등 청구
성격	과세관청의 부과권	납세의무자의 청구권
기간	법정신고기한 + 5년	① 최초신고 or 수정신고: 법정신고기한 + 5년 ② 증액결정·경정: 안 날 + 3개월 NEW
특례	① 1년 (조세쟁송, 조세조약에 의한 상호합의 등) ② 2개월 (경정청구 or 조정권고)	① 후발적 사유로 인한 경정청구 ② 기한: 안 날부터 3개월 이내

오쌤 Talk

기한후신고

기한 후 신고를 인정하지 않는다면 과세표준신고서를 법정신고기한까지 제출하지 아니한 자는 과세관청의 결정이 있기 전까지는 세액을 확정시키기 위한 행위를 하거나 납부를 할 수 없어 관련 가산세가 계속 발생하게 된다. 그러므로 과세표준 신고기한이 지난 후라 하더라도 납세자의 자진신고를 계속 유도하기 위해 기한 후 신고제도를 두는 것이다.

---

③ **기한**
연말정산세액 또는 원천징수세액의 **납부기한이 지난 후 5년 이내**에 경정을 청구할 수 있다.

④ **요건**
원천징수의무자가 연말정산 또는 원천징수에 의하여 근로소득자 등에 대한 **소득세 또는 법인세를 납부하고 지급명세서**[*1]**를 제출기한까지 제출한 경우에만** 경정청구할 수 있다(국기법 45의2 ⑤).

⑤ **절차**
원천징수대상자가 경정을 청구하려는 경우에는 경정청구서를 **원천징수의무자의 납세지 관할 세무서장에게 제출**해야 한다(국기령 25의3 ③).

3 기한 후 신고 B

★★ **(1) 개념**

'기한 후 신고'란 법정신고기한까지 신고서를 제출하지 않은 자가 법정신고기한 경과 후에 자진해서 신고서를 제출하는 것(이하 '기한후신고')을 말한다. 이는 일단 법정신고기한 내에 신고서를 제출한 자가 당초의 과소신고를 바로잡는 수정신고와 비교되는 제도이다.

★★ **(2) 신고기한**

법정신고기한까지 과세표준신고서를 제출하지 아니한 자는 관할 세무서장이 세법에 따라 해당 국세의 과세표준과 세액(가산세를 포함)을 결정하여 통지하기 전까지 기한후과세표준신고서를 제출할 수 있다(국기법 45의3 ①). 납부세액이 있는 경우뿐만 아니라 결손금이 발생하거나 환급세액이 있는 경우에도 기한후신고를 할 수 있다.

★★ **(3) 효력**

기한후신고를 하더라도 해당 국세의 납세의무를 확정하는 효력은 없다. 따라서 납세의무자가 기한후과세표준신고서를 제출하거나 기한후과세표준신고서를 제출한 자가 과세표준수정신고서를 제출한 경우, **관할 세무서장은 세법에 따라 신고일부터 3개월 이내에 해당 국세의 과세표준과 세액을 결정 또는 경정하여 신고인에게 통지해야 한다**(국기법 45의3 ③). 기한후신고에는 납세의무를 확정하는 효력이 없기 때문이다.

다만, 그 과세표준과 세액을 조사할 때 조사 등에 장기간이 걸리는 등 **부득이한 사유**로 신고일부터 3개월 이내에 결정 또는 경정할 수 없는 경우에는 그 사유를 신고인에게 통지해야 한다(국기법 45의3 ③).

★★ **(4) 기한 후 신고로 인한 추가 자진납부**

기한후과세표준신고서를 제출한 자로서 세법에 따라 납부하여야 할 세액이 있는 자는 그 세액을 납부하여야 한다(국기법 45의3 ②).

[*1] 지급명세서 제출기한: 해당 소득의 지급일이 속하는 과세기간의 다음 연도 2월 말일(사업소득과 근로소득 또는 퇴직소득의 경우에는 다음 연도 3월 10일까지)

4 기한 후 자진납부 B

과세표준신고서를 법정신고기한까지 제출하였으나 과세표준신고액에 상당하는 세액의 전부 또는 일부를 납부하지 아니하는 자는 해당 세액과 가산세를 세무서장이 고지하기 전에 납부할 수 있다(국기법 46 ③). 그 취지는 미납납부일수에 따라 부과되는 납부지연가산세 부담을 덜어주기 위해서다.

5 신용카드 등으로 하는 국세납부 B

(1) 카드 납부

납세자는 세법에 따라 신고하거나 과세관청이 결정·경정하여 고지한 세액을 국세납부대행기관을 통하여 신용카드 등(직불카드·통신과금서비스 포함)으로 납부할 수 있다(국징법 12 ① (3)).

★★(2) 납부일

신용카드 등으로 국세를 납부하는 경우에는 국세납부대행기관의 승인일을 납부일로 본다(국징법 12 ②).

(3) 국세납부대행기관

'국세납부대행기관'이란 정보통신망을 이용하여 신용카드 등에 의한 결제를 수행하는 기관으로 지정받은 자를 말하는데, 국세납부대행기관은 납세자로부터 신용카드 등에 의한 국세납부 대행용역의 대가로 해당 납부세액의 1% 이내에서 납부대행수수료를 받을 수 있다(국징법 12 ③, 국징령 9 ④, ⑤).

> **참고**
>
> **경정청구**
>
> | 구분 | 일반 | 후발적 사유 |
> |---|---|---|
> | 대상 | ① 과세표준신고서를 법정신고기한 내에 제출한 자
② 기한후신고를 한 자 | ① 과세표준신고서를 법정신고기한 내에 제출한 자
② 과세표준과 세액의 결정을 받은 자 |
> | 기한 | ① 법정신고기한이 지난 후 5년 이내
② 증액결정·경정분: 안 날부터 3개월 NEW | 후발적 사유가 발생한 것을 안 날부터 3개월 이내(즉, 법정신고기한 후 5년이 지났더라도 가능) |
> | 통지기간 | 청구를 받은 날부터 2개월 이내 | |
>
> **기한후신고와 수정신고**
>
> | 구분 | 기한후신고 | 수정신고 |
> |---|---|---|
> | 적격신고자 | 법정신고기한까지 과세표준신고서를 제출하지 않은 자 | ① 기한내신고를 한 자
② 기한후신고를 한 자 |
> | 사유 | 당초 무신고 시 | 기한 내에 신고한 세액이 과소한 경우
(기한후신고한 세액이 과소한 경우) |
> | 기한 | 결정하여 통지하기 전 | 결정·경정하여 통지하기 전으로서 국세부과제척기간이 끝나기 전 |
> | 효력 | 납세의무의 확정력은 없고, 관할 세무서장이 신고일부터 3개월 이내에 결정하여 통지 | • 정부부과제도: 증액 확정력 없음
• 신고납부제도: 증액 확정력 있음
(기한후신고세액에 대해서는 증액 확정력 없음) |

확인문제 최신

05. 「국세기본법」상 수정신고와 경정 등의 청구에 대한 설명으로 옳지 않은 것은? 2024. 7급

① 국세의 과세표준신고서를 법정신고기한까지 제출한 자의 수정신고는 당초의 신고에 따라 확정된 과세표준과 세액을 증액하여 확정하는 효력을 가지므로, 그 수정신고는 당초 신고에 따라 확정된 세액에 관한 「국세기본법」 또는 세법에서 규정하는 권리·의무관계에 영향을 미친다.

② 과세표준신고서를 법정신고기한까지 제출한 자 또는 국세의 과세표준 및 세액의 결정을 받은 자는 소득이나 그 밖의 과세물건의 귀속을 제3자에게로 변경시키는 결정 또는 경정이 있을 경우, 그 사유가 발생한 것을 안 날부터 3개월 이내에 결정 또는 경정을 청구할 수 있다.

③ 법정신고기한까지 과세표준신고서를 제출하지 아니한 자는 관할 세무서장이 세법에 따라 해당 국세의 과세표준과 세액(「국세기본법」 및 세법에 따른 가산세를 포함한다)을 결정하여 통지하기 전까지 기한후과세표준신고서를 제출할 수 있다.

④ 과세표준신고서를 법정신고기한까지 제출하였으나 과세표준신고액에 상당하는 세액의 전부 또는 일부를 납부하지 아니한 자는 그 세액과 「국세기본법」 또는 세법에서 정하는 가산세를 세무서장이 고지하기 전에 납부할 수 있다.

정답 ①

3 가산세

1 개념 A

'가산세'란 세법에서 규정하는 의무의 성실한 이행을 확보하기 위하여 세법에 따라 산출한 세액에 가산하여 징수하는 금액을 말한다. 따라서 가산세의 본질은 세법상의 각종 협력의무의 위반에 대하여 가해지는 행정벌이라고 할 수 있다.

그러나 이러한 가산세는 해당 의무가 규정된 세법의 해당 국세의 세목으로 하며, 해당 국세를 감면하는 경우에는 가산세는 그 감면대상에 포함시키지 않는다(국기법 47 ②). 따라서 가산세는 적어도 형식적으로는 형벌이 아니라 조세의 일종이며, 일반적인 조세와 마찬가지로 과세요건의 충족에 의해 성립하며 일정한 절차에 따라 확정되고 징수되는 것이다.

2 가산세의 부과 B

국가와 지방자치단체·지방자체단체 조합의 경우 가산세를 적용하지 않는다는 규정이 없으므로 정부는 세법에서 규정한 의무를 위반한 자라면 국가 등에게도「국세기본법」또는 세법에서 정하는 바에 따라 가산세를 부과할 수 있다(국기법 47 ①). 각 세법에서 개별적으로 규정한 의무 위반에 대한 가산세는 해당 세법에서 정하고 있으나, 신고의무나 납부의무 위반에 대한 가산세는 세법의 기본적이고 공통적인 사항이므로「국세기본법」에서 규정하고 있다. 가산세는 납부할 세액에 가산하거나 환급받을 세액에서 공제한다(국기법 47 ③).

3 「국세기본법」상 가산세 B

「국세기본법」상의 가산세는 다음과 같다.

구분			가산세 = MAX[㉠, ㉡]	
			㉠ 납부세액기준	㉡ 수입금액 기준
신고 불성실 가산세	무신고 가산세	일반	무신고납부세액 × 20%	수입금액 × $\frac{7}{10,000}$
		부정	무신고납부세액 × 40% (역외거래분 60%)	수입금액 × $\frac{14}{10,000}$
	과소신고 가산세	일반	과소신고납부세액 × 10%	-
		부정	과소신고납부세액 × 40% (역외거래분 60%)	수입금액 × $\frac{14}{10,000}$
	초과환급 신고 가산세	일반	초과신고환급세액 × 10%	-
		부정	초과신고환급세액 × 40% (역외거래분 60%)	-
납부 지연 가산세	납부지연가산세 = [㉠+㉡]		㉠ 미납부·과소납부·초과환급받은 세액 × 일수 × $\frac{2.2}{10,000}$ ㉡ 납부고지서에 따른 납부기한까지의 미납 세액 또는 과소납부세액 × 3%	
	원천징수 등 납부지연가산세 = MIN [㉠ + ㉡, ㉢]		㉠ 미납·과소납부세액 × 3% ㉡ 미납·과소납부세액 × 일수 × $\frac{2.2}{10,000}$ ㉢ 한도: 미납·과소납부세액 × 50%	

오쌤 Talk
국세 감면 시 가산세

∴ 국세 감면 시 가산세는 감면대상이 아님!

기출 OX
18. 가산세는 해당 의무가 규정된 세법의 해당 국세의 세목으로 하고, 해당 국세를 감면하는 경우 가산세도 그 감면대상에 포함한다. 2024. 7급 [최신]
정답 X

기출 OX
19. 가산세는 해당 의무가 규정된 세법의 해당 국세의 세목으로 하며, 해당 국세를 감면하는 경우에는 가산세도 감면대상에 포함한 것으로 한다. 2015. 7급
정답 X

20. 국가가 가산세를 납부하는 경우는 없다. 2018. 7급
정답 X

21. 가산세는 납부할 세액에 가산하거나 환급받을 세액에서 공제한다. 2018. 9급
정답 O

오쌤 Talk
가산세

국기법상 가산세는 두 가지이다.
1. 신고 불성실가산세
2. 납부지연가산세

신고 불성실은 '무신고, 과소신고, 초과환급신고'가 있다. 납부지연가산세는 세금을 늦게 낸 것에 대해 이자상당액을 뜯어가는 벌과규정이다.

오쌤 Talk
신고 불성실가산세

> **참고**
> 1) 납부세액기준과 수입금액기준에 의한 가산세 비교 규정은 법인세와 복식부기의무자의 소득세에 대해서만 적용한다.
> 2) 「부가가치세법」에 따른 사업자가 영세율과세표준을 과소신고·무신고한 경우(부정행위 포함)에는 영세율 과세표준의 0.5%에 상당하는 금액을 합한 금액을 신고불성실가산세로 한다.

4 신고불성실 가산세 B

★★ (1) 무신고가산세

납세의무자가 법정신고기한까지 세법에 따른 국세의 과세표준신고를 하지 아니한 경우에는 무신고가산세를 부과한다(국기법 47의2 ①). 이때, 예정신고와 중간신고를 포함한다. 다만 다음의 경우는 무신고가산세가 부과되지 않는다.

> ㉠ 「교육세법」에 따른 교육세 납세의무자 중 금융·보험업자가 아닌 자가 신고하지 않은 경우
> ㉡ 「농어촌특별세법」에 따라 신고하지 않은 경우
> ㉢ 「종합부동산세법」에 따라 신고하지 않은 경우

(2) 과소신고·초과환급신고

① 적용요건

납세의무자가 법정신고기한까지 세법에 따른 국세의 과세표준신고를 한 경우로서 납부할 세액을 신고하여야 할 세액보다 적게 신고하거나 환급받을 세액을 신고해야 할 금액보다 많이 신고한 경우에는 과소신고·초과환급신고가산세를 적용한다(국기법 47의3). 이때, 예정신고와 중간신고를 포함한다. 다만, 다음의 경우에는 과소신고·초과환급신고가산세가 부과되지 않는다.

> ㉠ 「교육세법」에 따른 신고 중 금융·보험업자가 아닌 자의 신고
> ㉡ 「농어촌특별세법」에 따른 신고

② 적용특례

「부가가치세법」에 따른 사업자가 아닌 자가 환급세액을 신고한 경우에도 과소신고·초과환급신고가산세를 적용한다(국기법 47의3 ③).

오쌤 Talk

교육세

교육세는 개별소비세나 교통·에너지·환경세, 주세 등에 부과되는 부가세이다. 그러므로 무신고 시 본세를 통해 무신고가산세를 부과 받았으므로 교육세에 대한 무신고가산세는 부과하지 않는 것이다.

그러나 금융·보험업자에게 부과되는 교육세는 금융·보험업자의 수입금액에 부과되어 독립적으로 신고·납부해야하므로 무신고 시 무신고가산세가 부과되는 것이다.

오쌤 Talk

종합부동산세

종합부동산세는 납세자가 신고납부제도와 정부부과제도 중 선택하여 세액을 확정한다. 그러므로 무신고가산세 규정을 적용할 수 없다. 그러나 신고했다면 (신고납부제도 채택) 과소 또는 초과환급가산세를 부과할 수 있다.

5 납부지연가산세 B

(1) 납부지연가산세

① 과소납부지연가산세

납세의무자(연대납세의무자, 납세자를 갈음하여 납부할 의무가 생긴 제2차 납세의무자 및 보증인 포함)가 법정납부기한까지 국세(인지세는 제외)의 납부(중간예납·예정신고납부·중간신고납부 포함)를 하지 않거나 납부해야 할 세액보다 적게 납부(이하 '과소납부')한 경우에는 납부지연가산세가 부과된다(국기법 47의4 ① (1), (3)).

납부지연가산세 = ㉠ + ㉡
㉠ 국세를 법정납부기한까지 납부하지 않거나 과소납부한 경우 　: 지연일수분 = 미납세액(또는 과소납부분 세액)[*1] × 일수[*2] × $\frac{2.2}{10,000}$
㉡ 국세를 납부고지서에 따른 납부기한까지 완납하지 않은 경우 　: 체납분 = 미납세액(또는 과소납부분 세액)[*1] × 3%

[*1] 세법에 따라 가산하여 납부해야 할 이자상당가산액이 있는 경우에는 그 금액을 더한다.
[*2] 일수: 법정납부기한의 다음 날부터 납부일까지의 기간('납부고지일 ~ 납부기한' 기간 제외)

② 초과환급납부지연가산세

납세의무자가 **국세를 환급받아야 할 세액보다 많이 환급**(이하 '초과환급')**받은 경우에는 초과환급납부지연가산세를 부과한다**(국기법 47의4 ① (2)).

납부지연가산세 = ㉠ + ㉡
㉠ 국세를 초과환급받는 경우 　: 초과환급일수분 = 초과환급받는 세액[*1] × 일수[*2] × $\frac{2.2}{10,000}$
㉡ 국세를 납부고지서에 따른 납부기한까지 완납하지 않은 경우 　: 체납분 = 미납세액(또는 과소납부분 세액)[*1] × 3%

[*1] 세법에 따라 가산하여 납부해야 할 이자상당가산액이 있는 경우에는 그 금액을 더한다.
[*2] 일수: 환급받은 날의 다음 날부터 납부일까지의 기간('납부고지일 ~ 납부기한' 기간 제외)

③ 납부지연가산세 계산 시 고려사항
　㉠ 납부지연가산세는 「부가가치세법」에 따른 사업자가 아닌 자가 부가가치세액을 환급 받은 경우에도 적용한다(국기법 47의4 ②).
　㉡ 국세(소득세, 법인세 및 부가가치세만 해당)를 과세기간을 잘못 적용하여 신고납부한 경우에는 납부지연가산세를 적용할 때 실제 신고납부한 날에 실제 신고납부한 금액의 범위에서 당초 납부하였어야 할 과세기간에 대한 국세를 자진납부한 것으로 본다. 다만, 해당 국세의 신고가 부정행위로 무신고한 경우 또는 **부정행위로 과소신고·초과환급신고**한 경우에는 그러하지 아니한다(국기법 47의4 ⑥).

오쌤 Talk

자진납부 간주

자진납부한 것으로 보는 경우의 국세환급금 규정은 **07 국세환급금과 국세환급가산금**에서 후술한다. Link-P.123

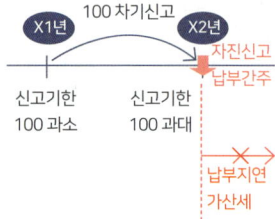

 기출 OX

22. 과세기간을 잘못 적용하여 소득세를 신고납부한 경우, 그 신고가 「국세기본법」상 부정행위로 인한 무신고 등에 해당하지 않는 한, 실제 신고납부한 날에 실제 신고납부한 금액의 범위에서 당초 신고납부 하였어야 할 과세기간에 대한 국세를 자진납부한 것으로 보아 납부지연가산세를 계산한다. 2018. 7급
정답 O

23. 소득세를 과세기간을 잘못 적용하여 신고납부한 경우에는 납부지연가산세를 적용할 때 실제 신고납부한 날에 실제 신고납부한 금액의 범위에서 당초 신고납부하였어야 할 과세기간에 대한 소득세를 자진납부한 것으로 보며, 이는 부정행위로 과소신고한 경우에도 적용된다. 2024. 7급 최신
정답 X

★★ (2) 원천징수 등 납부지연가산세

① 적용

국세를 징수하여 납부할 의무를 지는 자가 징수해야 할 세액(ex. 납세조합이 징수한 세액)을 법정납부기한까지 납부하지 않거나 과소납부한 경우에는 다음의 금액을 납부할 세액에 가산한다(국기법 47의5 ①).

원천징수 등 납부지연가산세 = MIN[㉠ + ㉡, ㉢]
㉠ 미납세액·과소납부세액 × 3%
㉡ 미납·과소납부세액 × 일수[*1] × $\frac{2.2}{10,000}$
㉢ 한도: 미납·과소납부세액 × 50%[*2]

[*1] 일수: 법정납부기한의 다음 날부터 납부일까지의 기간(납부고지일부터 납부고지서에 따른 납부기한까지의 기간은 제외한다)

[*2] 단, 위 ㉠의 금액과 ㉡ 중 법정납부기한의 다음 날부터 납부고지일까지의 기간에 해당하는 금액을 합한 금액은 10%를 적용한다.

② 국세를 징수하여 납부할 의무

'국세를 징수하여 납부할 의무'란 다음 어느 하나에 해당하는 의무를 말한다(국기법 47의5 ②).

> ㉠ 「소득세법」 또는 「법인세법」에 따라 소득세 또는 법인세를 원천징수하여 납부할 의무
> ㉡ 「소득세법」에 따른 납세조합이 그 조합원에 대한 소득세를 징수하여 납부할 의무
> ㉢ 「부가가치세법」 대리납부 규정(Link-P.419)에 따라 용역 등을 공급받는 자가 부가가치세를 징수하여 납부할 의무

★ (3) 납부지연가산세의 적용 제한

납부지연가산세와 원천징수 등 납부지연가산세를 적용할 경우 다음과 같은 제한을 둔다.

① 지연기간이 5년 초과	**5년으로 함** : 납부고지서에 따른 납부기한의 다음 날부터 납부일까지의 기간(「국세징수법」에 따라 지정납부기한과 독촉장에서 정하는 기한을 연장한 경우에는 그 연장기간은 제외)이 5년을 초과하는 경우에는 그 기간은 5년으로 한다(국기법 47의4 ⑦, 47의5 ④).
② 세액이 150만원 미만	**적용하지 않음** : 체납된 국세의 납부고지서별·세목별 세액이 150만원 미만인 경우에는 납부고지서에 따른 납부기한의 다음 날부터(원천징수 등 납부지연가산세의 경우, 법정납부기한의 다음 날부터) 1일당 $\frac{2.2}{10,000}$ 의 가산세를 적용하지 않는다(국기법 47의4 ⑧, 47의5 ⑤).

기출 OX

24. 「소득세법」에 따라 소득세를 원천징수하여 납부할 의무를 지는 자에게 원천징수 등 납부지연가산세를 부과하는 경우에는 납부하지 아니한 세액의 100분의 20에 상당하는 금액을 가산세로 한다. 2018. 9급

정답 ✕

> **참고**
>
> 「인지세법」에 따른 인지세(부동산의 소유권 이전에 관한 증서에 대한 인지세는 제외)의 납부를 하지 아니하거나 과소납부한 경우에는 다음의 가산세를 적용한다(국기법 47의4 ⑨).
>
> | 납부시기 | 가산세 |
> |---|---|
> | 법정납부기한이 지난 후 3개월 이내 | 납부하지 아니한 세액 또는 과소납부분 세액의 100분의 100 (과세표준과 세액을 경정할 것을 미리 알고 납부하는 경우 제외) |
> | 법정납부기한이 지난 후 3개월 초과 6개월 이내 | 납부하지 아니한 세액 또는 과소납부분 세액의 100분의 200 (과세표준과 세액을 경정할 것을 미리 알고 납부하는 경우 제외) |
> | 그 외 | 납부하지 아니한 세액 또는 과소납부분 세액의 100분의 300 |

6 가산세 이중과세 방지 B

(1) 원천징수 등 납부지연가산세 적용분

원천징수 등 납부지연가산세가 적용되는 부분에 대해서는 국세의 납부와 관련하여 납부지연가산세를 적용하지 않는다(국기법 47의4 ④).

(2) 중간예납 등 납부지연가산세 적용분

중간예납·예정신고납부 및 중간신고납부와 관련하여 납부지연가산세가 부과되는 부분에는 확정신고납부와 관련하여 납부지연가산세를 적용하지 아니한다(국기법 47의4 ⑤).

7 가산세 적용 배제 B

(1) 신고불성실가산세 배제

① 「부가가치세법」상 납부의무의 면제

「부가가치세법」에 따라 납부의무가 면제되는 간이과세자(공급대가 4,800만원 미만)인 경우에는 무신고가산세를 적용하지 않는다.

② 대손세액에 대한 경정

「부가가치세법」에 따라 공급자가 대손세액공제를 받은 금액을 관할 세무서장이 공급받은 자의 매입세액에서 차감하는 경정을 하는 경우에는 무신고가산세 및 과소신고·초과환급신고가산세를 적용하지 않는다.

기출 OX

25. 원천징수 등 납부지연가산세가 부과되는 부분에 대해서는 납부지연가산세를 별도로 부과하지 아니한다.

2018. 7급

정답 O

오쌤 Talk

대손세액에 대한 경정

「부가가치세법」에 따르면 공급자가 대손세액을 매출세액에서 공제받는 경우 상대방인 공급받는 자는 그 대손세액을 매입세액에서 빼야 한다. 만약 사업자가 대손세액을 빼지 아니한 경우에는 공급을 받는 자의 관할 세무서장이 경정하여야 하는데, 이와 같이 경정하는 경우에는 그 대손세액에 대하여 무신고가산세는 물론 과소신고·초과환급신고가산세, 납부지연가산세 등을 적용하지 아니한다.

③ 상속·증여세의 과소신고

다음 중 어느 하나에 해당하는 사유로 **상속·증여세 과세표준을 과소신고한 경우에는 이와 관련한 과소신고·초과환급신고가산세를 적용하지 않는다**(국기법 47의3 ④).

> ㉠ 신고 당시 소유권에 대한 소송 등의 사유로 상속재산 또는 증여재산으로 확정되지 아니하였던 경우
> ㉡ 상속공제(증여공제)규정의 적용에 착오가 있었던 경우
> ㉢ 상속세 또는 증여세의 과세표준 신고기한까지 신고한 상속재산 또는 증여재산으로서 재산평가규정에 따라 평가한 가액으로 과세표준을 결정한 경우(부정행위로 상속세 및 증여세의 과세표준을 과소신고한 경우는 제외)
> ㉣ 법인세 과세표준 및 세액의 결정·경정으로 증여의제이익이 변경되는 경우
> ㉤ 위 '㉣'에 해당하는 사유로 양도소득세 과세대상 주식 등의 취득가액이 감소된 경우

④ 양도소득세의 과소신고

「상속세 및 증여세법」에 따라 평가한 가액으로 「소득세법」에 따른 부담부증여 시 양도로 보는 부분에 대한 양도소득세 과세표준을 결정·경정한 경우(부정행위로 양도소득세의 과세표준을 과소신고한 경우는 제외한다) 이와 관련한 과소신고·초과환급신고가산세를 적용하지 않는다(국기법 47의3 ④ (1의2)).

⑤ 「조세특례제한법」상 세액공제 요건 불충족

「조세특례제한법」에 따라 신성장사업화시설 또는 국가전략기술사업화시설의 인정을 받을 것을 조건으로 그 인정을 받기 전에 세액공제를 신청하여 세액공제를 받았으나, 그 이후 인정 대상 시설의 일부 또는 전부에 대해 그 인정을 받지 못하여 해당 세액공제 요건을 충족하지 못하게 된 경우에는 이와 관련한 과소신고·초과환급신고가산세를 적용하지 않는다(국기법 제47조의3 ④ (4), 국기령 제27의2 ④)

(2) 납부지연가산세 배제

다음 어느 하나에 해당하는 경우 납부지연가산세 중 '미달납부·초과환급세액 × 일수 × $\frac{2.2}{10,000}$'의 가산세(법정납부기한의 다음 날부터 납부고지일까지의 기간에 한정)를 적용하지 아니한다(국기법 47의4 ③).

① 「부가가치세법」상 다른 사업장으로 신고

「부가가치세법」에 따른 사업자가 부가가치세 납부기한까지 어느 사업장에 대한 부가가치세를 다른 사업장에 대한 부가가치세에 더하여 신고납부한 경우 적용하지 않는다.

② 대손세액에 대한 경정

「부가가치세법」에 따라 공급받은 사업자가 대손세액을 매입세액에서 빼지 않아 세무서장이 경정하는 경우 그 대손세액에 상당하는 부분에 대하여는 적용하지 않는다.

💡 **기출 OX**

26. 신고 당시 소유권에 대한 소송으로 상속재산으로 확정되지 아니하였던 사유로 상속세 과세표준을 과소신고한 경우 이와 관련하여 과소신고한 부분에 대해서는 과소신고·초과환급신고가산세를 적용하지 아니한다. 2024. 7급

정답 O

③ 상속·증여세의 결정·경정

다음 중 어느 하나에 해당하는 경우 적용하지 않는다.

> ㉠ 「상속세 및 증여세법」에 따라 상속세 또는 증여세를 신고한 자가 법정신고기한까지 상속세 또는 증여세를 납부한 경우로서 법정신고기한 이후 **매매, 감정, 수용, 경매, 공매가 있는 때에 평가심의위원회의 심의에 따라** 상속재산 또는 증여재산을 평가하여 과세표준과 세액을 결정·경정한 경우
> ㉡ 법인세 과세표준 및 세액의 결정·경정으로 증여의제이익이 변경되는 경우
> ㉢ 위 '㉡'에 해당하는 사유로 양도소득세 과세대상 주식 등의 취득가액이 감소된 경우

④ 양도소득세의 결정·경정

「소득세법」에 따른 부담부증여 시 양도로 보는 부분에 대하여 양도소득세 과세표준을 예정신고 또는 확정신고한 자가 법정신고기한까지 양도소득세를 예정신고납부 또는 확정신고납부한 경우로서 법정신고기한 이후 평가심의위원회를 거치는 방법에 따라 부담부증여재산을 평가하여 양도소득세의 과세표준과 세액을 결정·경정한 경우 적용하지 않는다.

(3) 원천징수 등 납부지연가산세 배제

원천징수의무자가 다음에 해당하는 경우에는 원천징수 등 납부지연가산세를 적용하지 아니한다(국기법 47의5 ③).

> ㉠ 우리나라에 주둔하는 미군인 경우
> ㉡ 공적연금소득(일시금 포함)을 지급하는 경우
> ㉢ 국가·지방자치단체 또는 지방자치단체조합인 경우

오쌤 Talk

국가의 가산세 의무

국가와 지방자치단체를 가산세 적용 배제 대상으로 한다는 규정이 없으므로 국가와 지방자치단체 또한 의무불이행 시 가산세가 적용된다고 볼 수 있다.

다만, 원천징수 등 납부지연가산세의 경우만 국가와 지자체에게 배제 규정이 있다.

8 가산세 감면 등 A

(1) 가산세 부과 제외(100% 감면)

정부는 「국세기본법」 또는 세법에 따라 가산세를 부과하는 경우 그 부과의 원인이 되는 사유가 다음 어느 하나에 해당하는 경우에는 해당 가산세를 부과하지 않는다(국기법 48 ①).

① **천재지변 등의 기한연장 사유에 해당하는 경우**

기한연장 사유(Link-p.31, 203) 중에 '납세자가 사업에 심각한 손해를 입거나 그 사업이 중대한 위기에 처한 때'에는 납부기한만 연장될 수 있으므로 납부에 관한 가산세만 부과하지 않는다는 점을 주의해야 한다.

② **납세자가 의무를 이행하지 아니한 데 대한 정당한 사유가 있는 경우**

여기서 '정당한 사유(reasonable cause)'란 납세자가 의무이행을 기대하는 것이 무리(無理)라고 할 만한 사정이 있는 때 등 의무불이행을 탓할 수 없는 사유를 말한다. 예를 들어, 세법 해석상 첨예한 견해의 대립이 있는 경우 등이다. 다만, 법령의 부지(不知)·착오, 부주의(不注意) 등은 정당한 사유에 해당하지 않는다는 것이 판례의 입장이다(대법원 93누6744).

③ 그 밖에 ①·②와 유사한 경우로서 다음 어느 하나에 해당하는 경우(국기령 28 ①)

> ㉠ 세법해석에 관한 질의·회신 등에 따라 신고·납부하였으나 이후 다른 과세처분을 하는 경우
> ㉡ 수용, 도시계획결정, 기타법률 규정 등으로 인해 세법상 의무이행을 할 수 없게 된 경우
> ㉢ 「소득세법시행령」에 따라 실손의료보험금[*1]을 의료비에서 제외할 때에 실손의료보험금 지급의 원인이 되는 의료비를 지출한 과세기간과 해당 보험금을 지급받은 과세기간이 달라 해당 보험금을 지급받은 후 의료비를 지출한 과세기간에 대한 소득세를 수정신고하는 경우(해당 보험금을 지급받은 과세기간에 대한 종합소득 과세표준 확정신고기한까지 수정신고하는 경우로 한정)

[*1] 실손의료보험금: 다음 어느 하나에 해당하는 자로부터 지급받은 것을 말한다.

① 「보험업법」에 따른 보험회사
② 「수산업협동조합법」, 「신용협동조합법」 또는 「새마을금고법」에 따른 공제사업을 하는 자
③ 「군인공제회법」, 「한국교직원공제회법」, 「대한지방행정공제회법」, 「경찰공제회법」 및 「대한소방공제회법」에 따른 공제회
④ 우정사업본부

기출 OX

27. 가산세 부과의 원인이 되는 사유가 「국세기본법」에 따른 기한연장 사유에 해당하는 경우에는 해당 가산세를 부과하지 아니한다. 2015. 7급

정답 O

기출 OX

28. 납세자가 의무를 이행하지 아니한 데 대한 정당한 사유가 있는 때에는 해당 가산세를 부과하지 아니한다. 2015. 7급

정답 O

29. 납세의무자가 대법원 판결과 다른 조세심판원의 결정취지를 그대로 믿어 세법에 규정된 신고·납부의무를 해태한 경우에는 가산세를 부과하지 않는다. 2010. 9급

정답 X

(2) 수정신고에 의한 가산세 감면

① 대상자
과세표준신고서를 법정신고기한까지 제출한 자가 법정신고기한이 지난 후 2년 이내에 수정신고를 한 경우에는 해당 가산세액에서 일정액을 감면한다. 단, 과세표준과 세액을 경정할 것을 미리 알고 과세표준수정신고서를 제출한 경우에는 감면대상에서 제외한다(국기법 48 ② (1)). 수정신고만 하고 납부하지 않은 경우에도 가산세를 감면한다.

② 가산세 감면금액

가산세 감면금액 = 과소신고·초과환급신고가산세 × 감면율(90%~10%)

③ 감면율

구 분	감면율
㉠ 법정신고기한이 지난 후 1개월 이내	90%
㉡ 법정신고기한이 지난 후 1개월 초과 3개월 이내에	75%
㉢ 법정신고기한이 지난 후 3개월 초과 6개월 이내에	50%
㉣ 법정신고기한이 지난 후 6개월 초과 1년 이내에	30%
㉤ 법정신고기한이 지난 후 1년 초과 1년 6개월 이내에	20%
㉥ 법정신고기한이 지난 후 1년 6개월 초과 2년 이내에	10%

④ 경정할 것을 미리 알고 제출한 경우
'경정할 것을 미리 알고 제출한 경우'란 다음 중 어느 하나에 해당하는 경우를 말한다(국기령 29).

㉠ 해당 국세에 관하여 세무공무원이 조사에 착수할 것을 알고 과세표준신고서 또는 기한후과세표준신고서를 제출한 경우
㉡ 해당 국세에 관하여 관할 세무서장으로부터 과세자료 해명 통지를 받고 과세표준수정신고서를 제출한 경우

⑤ 필수적인 첨부서류의 누락으로 인한 무신고
당초 신고한 과세표준과 세액의 과소신고로 인하여 부과되는 가산세가 아니고 과세표준신고에 있어서 필수적인 첨부서류 등을 제출하지 아니하여 신고된 것으로 보지 않음으로써 부과되는 가산세는 수정신고서를 제출하더라도 감면되지 아니한다(국기통 48-0…5).

기출 OX

30. 과세표준신고액에 상당하는 세액을 자진납부하는 국세에 관하여 수정신고를 한 자는 과소신고세액 등을 추가로 납부하여야 하는데 이를 납부하지 않은 경우에는 수정신고에 따른 과소신고가산세를 감면해주지 않는다.
2018. 7급
정답 X

31. 수정신고에 의한 가산세의 감면에 있어 과소신고가산세 및 초과환급신고가산세는 전액, 납부지연가산세는 50%를 경감한다.
2009. 9급
정답 X

32. 법정신고기한이 지난 후 6개월 초과 1년 이내에 수정신고한 경우에는 과소신고·초과환급신고가산세액의 30%에 상당하는 금액을 감면한다. 다만, 과세표준과 세액을 경정할 것을 미리 알고 과세표준수정신고서를 제출한 경우는 제외한다.
2012. 7급
정답 O

33. 과세표준신고서를 법정신고기한까지 제출한 자가 해당 국세에 관하여 관할 세무서장으로부터 과세자료 해명 통지를 받고 법정신고기한이 지난 후 과세표준수정신고서를 제출한 경우에는 과소신고·초과환급신고가산세를 감면한다.
2024. 7급 최신
정답 X

(3) 기한후신고에 의한 가산세 감면

① 대상자

과세표준신고서를 법정신고기한까지 제출하지 않은 자가 법정신고기한이 지난 후 6개월 이내에 기한후신고를 한 경우에는 무신고가산세를 일정 부분 감면한다(국기법 48 ② (2)). 단, 과세표준과 세액을 결정할 것을 미리 알고 기한후과세표준신고서를 제출한 경우는 제외한다(국기법 48 ② (2)). 이 경우 기한후신고만 하고 납부하지 않은 경우에도 가산세를 감면한다.

② 가산세 감면금액

가산세 감면금액 = 무신고가산세 × 감면율(50%~20%)

③ 감면율

구 분	감면율
㉠ 법정신고기한이 지난 후 1개월 이내	50%
㉡ 법정신고기한이 지난 후 1개월 초과 3개월 이내	30%
㉢ 법정신고기한이 지난 후 3개월 초과 6개월 이내	20%

(4) 그 밖의 가산세 감면(50% 감면)

① 예정신고 누락분을 확정신고기한까지 신고한 경우 가산세 감면

다음 중 어느 하나에 해당하는 경우에는 해당 가산세액에서 다음의 금액을 감면한다(국기법 48 ② (3)). 다만, 과세표준과 세액을 경정·결정할 것을 미리 알고 과세표준신고를 한 경우에는 감면대상에서 제외한다(국기법 48 ② (3)).

구 분	가산세 감면금액
㉠ 세법에 따른 예정신고기한(또는 중간신고기한)까지 예정신고(또는 중간신고)를 하였으나 과소신고하거나 초과환급신고 한 경우로서 확정신고기한까지 과세표준을 수정하여 신고한 경우	해당 기간에 부과되는 과소신고·초과환급신고가산세 × 50%
㉡ 세법에 따른 예정신고기한(또는 중간신고기한)까지 예정신고(또는 중간신고)를 하지 않았으나 확정신고기한까지 과세표준신고를 한 경우	해당 기간에 부과되는 무신고가산세 × 50%

② 과세전적부심사 결정·통지 지연에 따른 가산세 감면

과세전적부심사 결정·통지기간에 그 결과를 통지하지 않은 경우에는 결정·통지가 지연됨으로써 해당 기간에 부과되는 납부지연가산세의 50%를 감면한다(국기법 48 ② (3)).

③ 제출 등 의무이행의 조기협력에 따른 가산세 감면

세법에 따른 제출, 신고, 가입, 등록, 개설(이하 '제출 등')의 기한이 지난 후 1개월 이내에 해당 세법에 따른 제출 등의 의무를 이행하는 경우 제출 등의 의무 위반에 대하여 세법에 따라 부과되는 가산세의 50%를 감면한다(국기법 48 ② (3)).

확인문제

06. 국세기본법상 기한후신고에 대한 설명으로 옳지 않은 것은? 2018. 9급

① 납세자가 적법하게 기한후과세표준신고서를 제출한 경우 관할 세무서장은 세법에 따라 신고일부터 30일 이내에 해당 국세의 과세표준과 세액을 결정하여야 한다.

② 적법하게 기한후과세표준신고서를 제출한 자로서 세법에 따라 납부하여야 할 세액이 있는 자는 그 세액을 납부하여야 한다.

③ 적법한 기한후신고가 있다고 하더라도 그 신고에는 해당 국세의 납세의무를 확정하는 효력은 없다.

④ 납세자가 적법하게 기한후과세표준신고서를 제출한 경우이지만, 세무서장이 과세표준과 세액을 결정할 것을 미리 알고 그러한 신고를 한 경우에는 기한후신고에 따른 무신고가산세 감면을 해주지 않는다.

정답 ①

기출 OX

34. 법정신고기한이 지난 후 기한후신고납부를 한 경우에 그 신고납부가 법정신고기한이 지난 후 1개월 이내에 이루어진 경우에는 무신고가산세의 50%에 상당하는 금액을 감면한다. 다만, 과세표준과 세액을 결정할 것을 미리 알고 기한후과세표준신고서를 제출한 경우는 제외한다. 2012. 7급

정답 O

기출 OX

35. 과세전적부심사 결정·통지기간에 그 결과를 통지하지 아니한 경우 결정·통지가 지연됨으로써 해당 기간에 부과되는 납부지연가산세액의 100분의 50에 상당하는 금액을 감면한다. 2018. 9급

정답 O

36. 세법에 따른 제출기한이 지난 후 1개월 이내에 해당 세법에 따른 제출의무를 이행하는 경우 제출의무 위반에 대하여 세법에 따라 부과되는 해당 가산세액의 100분의 50에 상당하는 금액을 감면한다. 2015. 7급

정답 O

기출 OX

37. 「소득세법」상 지급명세서 제출의무를 부담하는 자가 이를 고의적으로 위반한 경우에는 가산세의 한도를 두지 아니한다.
2010. 9급
정답 ○

확인문제

07. 「국세기본법」상 가산세액의 100분의 50에 상당하는 금액을 감면하는 사유에 해당하지 않는 것은? 2008. 9급

① 과세표준과 세액을 신고하지 아니한 자가 법정신고기한 경과 후 1개월 이내에 법령의 규정에 따라 기한후신고를 한 경우(무신고가산세에 한함)
② 「국세기본법」 또는 세법에 따라 가산세를 부과하는 경우 그 부과의 원인이 되는 사유가 법령의 규정에 따른 기한연장 사유에 해당하는 경우
③ 과세표준수정신고서를 제출한 과세표준과 세액에 관하여 경정이 있을 것을 미리 알고 제출한 경우를 제외하고 법정신고기한 경과 후 3개월 초과 6개월 이내에 법령의 규정에 따라 수정신고를 한 경우(과소신고가산세·초과환급신고가산세에 한함)
④ 결정·통지가 지연됨으로써 해당기간에 부과되는 납부지연가산세에 있어서 법령의 규정에 따른 과세전적부심사 결정·통지기간 이내에 그 결과를 통지하지 아니한 경우

정답 ②

확인문제

08. 「국세기본법」상 가산세 감면 등이 적용될 수 없는 것은? 2010. 7급

① 납세자가 입은 화재로 인한 신고·납부의 지연이 가산세 부과의 원인인 경우로서 그 화재가 기한연장사유에 해당하는 경우
② 과세전적부심사 결정·통지기간 이내에 그 결과를 통지하지 아니하고 지연됨으로써 그 지연된 기간에 부과되는 가산세인 경우
③ 납세자가 세법에서 정한 의무를 이행하지 아니한 데 대한 정당한 사유가 있는 경우
④ 과세표준수정신고서를 제출한 과세표준과 세액을 경정할 것을 미리 알고 법정신고기한이 지난 후 6개월 이내에 수정신고서를 제출한 경우

정답 ④

9 가산세의 한도 B

지급명세서제출불성실가산세, 계산서불성실가산세 등 단순 위반과 관련된 가산세에 대해서는 그 의무 위반의 종류별로 각각 1억원(중소기업은 5천만원)을 한도로 한다. 다만, 해당 의무를 고의적으로 위반한 경우에는 그러하지 아니한다(국기법 49 ①).

참고

가산세 감면 정리

구분	대상 가산세	감면율
① 천재지변 등으로 인한 기한연장사유 ② 의무 불이행에 정당한 사유 ③ 세법 해석에 대한 질의·회신과 다른 과세처분 ④ 수용 등으로 인한 세법상 의무이행 불가사항 ⑤ 실손보험금 지급받은 후 수정신고	해당 가산세	100%
수정신고	과소·초과환급신고가산세	90%~10% (1개월~2년)
기한후신고	무신고가산세	50%~20% (1개월~6개월)
예정·중간신고분 확정신고 시	무신고가산세, 과소·초과환급신고가산세	50%
과세전적부심사 통지 지연	납부지연가산세	50%
세법에 따른 제출위반 (1개월 내 이행 시)	해당 가산세	50%

MEMO

CHAPTER 07

국세환급금과 국세환급가산금

1. 국세환급금
2. 국세환급가산금

최신 8개년 출제 경향 분석

01, 02 국세환급금과 국세환급가산금

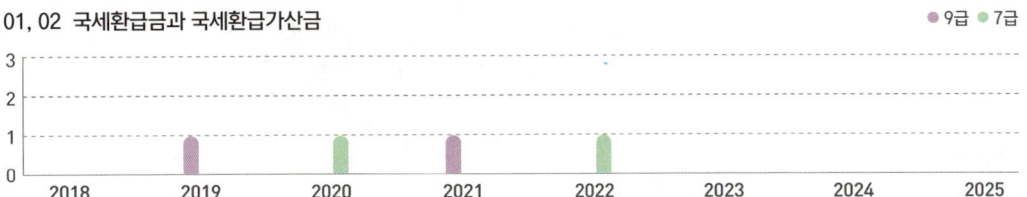

1 국세환급금

세무서장은 납세의무자가 국세 및 강제징수비로서 납부한 금액 중 잘못 납부하거나 초과하여 납입한 금액이 있는 경우 또는 세법에 따라 환급해야 할 환급세액이 있는 경우에는 즉시 그 잘못 납부한 금액 또는 초과하여 납부한 금액이나 환급세액을 국세환급금으로 결정해야 한다(국기법 51 ①).

1 국세환급금의 유형 B

(1) 과오납금

'과오납금'이란 당초부터 **법률상 원인 없이** 잘못 납부하거나 초과하여 납부한 금액을 말한다. 착오납부·이중납부한 경우는 물론이고, 납부 후 그 납부의 기초가 된 신고 또는 부과를 경정하거나 취소한 경우도 여기에 해당한다.

(2) 환급세액

'환급세액'이란 **세법의 규정 등에 따라** 발생하는 국세환급금으로서, 당초의 납부나 조세 부담이 적법한 것이라는 점에서 과오납금과는 성질을 달리한다. 환급세액이 발생하는 경우는 다음과 같다.

> ㉠ 당초에 적법하게 중간예납한 금액이나 원천납부한 금액 등이 최종적으로 확정된 세액을 초과하는 경우
> ㉡ 적법한 납부 후에 감면을 받거나 법령이 개정되어 납부의무가 소멸되는 경우
> ㉢ 부가가치세에 있어서 매입세액이 매출세액을 초과하는 경우

2 국세환급금의 대상자 A

(1) 원칙

국세환급금의 대상자는 **과오납한 해당 납세자나 세법에 따라 환급받을 납세자**이다.

(2) 예외: 명의위장의 경우

다만, **과세의 대상이 되는 소득, 수익, 재산, 행위 또는 거래의 귀속이 명의일 뿐이고 사실상 귀속되는 자**(이하 '실질귀속자')가 따로 있어 명의대여자에 대한 과세를 취소하고 실질귀속자를 납세의무자로 하여 과세하는 경우 명의대여자 대신 실질귀속자가 납부한 것으로 확인된 금액은 실질귀속자의 기납부세액으로 먼저 공제하고 남은 금액이 있는 경우에는 실질귀속자에게 환급한다(국기법 51 ⑪).

(3) 권리양도

국세환급금에 관한 권리를 타인에게 양도할 수 있다. 이때 국세환급금채권자는 세무서장이 국세환급금통지서를 발급하기 전에 문서로 관할 세무서장에게 요구해야 한다. 한편 세무서장은 국세환급금에 관한 권리의 양도 요구가 있는 경우에 양도인 또는 양수인이 납부할 국세 및 강제징수비가 있으면 그 국세 및 강제징수비에 충당하고, 남은 금액에 대해서 양도의 요구에 지체 없이 따라야 한다(국기법 53 ①,②).

오쌤 Talk

과오납금과 환급금

국세환급금은 과세관청이 납세자에게 세금을 돌려주겠다는 의미이다. '과오납금'은 적법하지 않게 거두어들인 세금을 돌려주겠다는 것이고, '환급세액'은 적법하게 거두었던 세금을 돌려주겠다는 의미이다.

01. 2020년 1월 1일 이후 국세를 환급하는 분부터 과세의 대상이 되는 소득의 귀속이 명의일 뿐이고 실질귀속자가 따로 있어 명의대여자에 대한 과세를 취소하고 실질귀속자를 납세의무자로 하여 과세하는 경우 명의대여자 대신 실질귀속자가 납부한 것으로 확인된 금액은 실질귀속자의 기납부세액으로 먼저 공제하고 남은 금액이 있는 경우에는 실질귀속자에게 환급한다. 2020. 7급

정답 O

02. 납세자는 국세환급금에 관한 권리를 법령에 정하는 바에 따라 타인에게 양도할 수 있다. 2014. 9급

정답 O

3 국세환급금의 결정 B

★★ (1) 원칙
세무서장은 과오납금이 있거나 환급세액이 있을 때에는 즉시 과오납금 또는 환급세액을 국세환급금으로 결정해야 한다. 이 경우 과오납부(착오납부·이중납부)로 인한 환급청구는 국세환급신청서에 따른다(국기법 51 ① 후단, 국기령 33 ③).

★ (2) 예외
국세(법인세·소득세 및 부가가치세만 해당)의 과세기간을 잘못 적용하여 신고납부한 경우 납부지연가산세(link-p.110)를 적용할 때 실제 신고납부한 날에 실제 신고납부한 금액의 범위에서 당초 신고납부하였어야 할 과세기간에 대한 국세를 자진납부한 것으로 보는 경우에는, 과오납금이 있는 경우에도 국세환급금으로 결정하지 않는다(국기법 51 ⑩).

4 국세환급금의 충당 A

'충당'이란 국가의 환급금채무와 납세자의 조세채무를 상계하는 것을 말한다.

★★ (1) 세무서장에 의한 충당
세무서장은 국세환급금으로 결정한 금액을 다음의 국세 및 강제징수비에 충당하여야 한다(국기법 51 ②). 이러한 충당으로 납세의무는 소멸한다.

① **'납부고지에 의하여 납부하는 국세' 및 '세법에 따라 자진납부하는 국세'**
납세자가 그 충당에 동의하는 경우에만 충당하며, 세무서장이 임의로 충당할 수 없다. 다만, 납부고지에 의해 납부하는 국세의 경우 '납부기한 전 징수 사유'에 해당하면 동의 없이 충당이 가능하다.

② **체납된 국세 및 강제징수비**
납세자의 동의 없이도 세무서장이 직권으로 충당하여야 한다.
단, 체납된 국세·강제징수비와 국세환급금은 체납된 국세의 법정납부기한과 국세환급금 발생일 중 늦은 때로 소급하여 대등액에 관하여 소멸한 것으로 본다(국기법 51 ③).

★★ (2) 납세자 신청에 의한 충당
납세자가 세법에 따라 환급받을 세액이 있는 경우에는 그 환급세액을 '납부고지에 의한 국세' 및 '세법에 따라 자진납부하는 국세'에 충당할 것을 청구할 수 있다. 이 경우 충당된 세액의 충당청구를 한 날에 해당 국세를 납부한 것으로 본다(국기법 51 ④).

★★ (3) 원천징수의무자의 충당

① **원칙: 충당**
원천징수의무자가 원천징수하여 납부한 세액에서 환급받을 세액이 있는 경우 그 환급세액은 그 원천징수의무자가 원천징수하여 납부하여야 할 세액에 충당하고, 남은 금액을 환급한다. 단, 다른 세목의 원천징수세액에의 충당은 「소득세법」에 따른 원천징수이행상황신고서에 그 충당·조정명세를 기재하여 신고한 경우에만 충당할 수 있다(국기법 51 ⑤).

 오쌤 Talk

충당
국세환급금으로 결정한 금액 = 당초 원인 없는 납부세액(본래의 환급금) + 환급가산금

기출 OX

03. 국세환급금으로 세법에 따라 자진 납부하는 국세에 충당하는 경우에는 납세자가 그 충당에 동의해야 하는 것은 아니다.   2014. 9급

정답 X

 오쌤 Talk

납부기한 전 징수
강제징수나 강제집행 및 경매 등 납세자에게 특별한 사유가 있어서 납부기한까지 기다리면 국세징수가 곤란하다고 인정될 때 기한의 이익을 박탈하고 납부기한 전에 조세를 징수하는 징수 특례제도를 말한다. Link-P.200

 오쌤 Talk

소급효

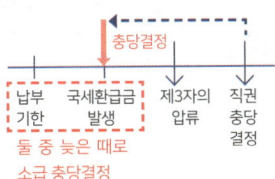

둘 중 늦은 때로 소급 충당결정

기출 OX

04. 세무서장은 국세환급금으로 결정한 금액을 납세자의 동의와 관계없이 대통령령으로 정하는 바에 따라 체납된 국세 및 강제징수비에 충당하여야 한다. 이는 다른 세무서에 체납된 국세 및 강제징수비에 충당하는 경우에도 같다.   2016. 7급

정답 O

② 예외: 환급

그 원천징수의무자가 그 환급액을 즉시 환급해줄 것을 요구하는 경우나 원천징수하여 납부하여야 할 세액이 없는 경우에는 **즉시 환급한다**(국기법 51 ⑤).

★★ (4) 국세환급금의 충당순서

① 국세환급금을 충당하는 경우에는 **체납된 국세 및 강제징수비에 우선 충당**하여야 한다(국기령 31 ②).
② 납세자가 **납부고지에 의하여 납부하는 국세에 충당하는 것을 동의하거나 신청한 경우**에는 납부고지에 의하여 납부하는 국세에 **우선 충당**한다(국기령 31 ②).
③ 충당할 국세환급금이 **2건 이상인 경우에는 소멸시효가 먼저 도래하는 것부터 충당**해야 한다(국기령 31 ④).

5 지급기한 B

★★ (1) 지급

국세환급금 중 충당한 후 남은 금액은 국세환급금의 결정을 한 날부터 30일 내에 납세자에게 지급해야 한다(국기법 51 ⑥).

이 경우 세무서장은 해당 연도의 소관 세입금 중에서 납세자에게 이를 지급하도록 **한국은행에 통지**해야 하며(국기령 33 ①), 계좌이체방식으로 지급할 수 없는 **납세자에게 현금지급방식으로 지급할 경우에는 국세환급금송금통지서를 납세자에게 송부**해야 한다(국기령 36).

★ (2) 소액 잔여금의 충당

국세환급금 중 **충당한 후 남은 금액이 20만원**^{NEW} 이하이고, 지급을 결정한 날부터 1년 이내에 환급이 이루어지지 아니하는 경우에는 납부고지에 의하여 납부하는 국세에 충당할 수 있다. 이 경우 납세자의 충당에 대한 동의가 있는 것으로 본다(국기법 51 ⑧).

★★ (3) 반환청구

세무서장이 국세환급금의 결정이 취소됨에 따라 이미 충당되거나 지급된 금액의 반환을 청구하는 경우에는 「국세징수법」의 고지·독촉 및 강제징수의 규정을 준용한다(국기법 51 ⑨).

6 소멸시효 A

★★ (1) 소멸시효의 완성

납세자의 국세환급금과 국세환급가산금에 관한 권리는 '행사할 수 있는 때'부터 5년간 행사하지 않으면 소멸시효가 완성된다(국기법 54 ①). 여기서 '행사할 수 있는 때'란 국세환급가산금의 기산일을 말한다. 다만, 납부 후 그 납부의 기초가 된 신고 또는 부과를 경정하거나 취소하는 경우에는 경정결정일 또는 부과취소일을 말한다(국기통 54-0…1). 그리고 **국세환급금의 소멸시효가 완성되면 그 효력은 소멸시효의 기산일에 미치므로 국세환급가산금도 함께 소멸**한다(국기통 54-0…3).

확인문제

01. 「국세기본법」상 국세환급금의 충당과 환급에 대한 설명으로 옳지 않은 것은? 2015. 7급

① 세무서장이 국세환급금의 결정이 취소됨에 따라 이미 충당되거나 지급된 금액의 반환을 청구하는 경우에는 「국세징수법」의 고지·독촉 및 강제징수의 규정을 준용한다.
② 국세환급금으로 결정한 금액을 체납된 국세 및 강제징수비에 충당한 경우 체납된 국세 또는 강제징수비와 국세환급금은 체납된 국세의 법정납부기한과 대통령령으로 정하는 국세환급금 발생일 중 늦은 때로 소급하여 대등액에 관하여 소멸한 것으로 본다.
③ 납세자가 세법에 따라 환급받을 환급세액이 있는 경우에는 그 환급세액을 납부고지에 의하여 납부하는 국세 및 세법에 따라 자진납부하는 국세에 충당할 것을 청구할 수 있다.
④ 원천징수의무자가 원천징수하여 납부한 세액에서 환급받을 환급세액이 있는 경우 원천징수의무자가 그 환급액을 즉시 환급해 줄 것을 요구하는 때에는 그 원천징수의무자가 원천징수하여 납부하여야 할 세액에 충당하고 남은 금액을 즉시 환급한다.

정답 ④

기출 OX

05. 세무서장이 국세환급금의 결정이 취소됨에 따라 이미 충당되거나 지급된 금액의 반환을 청구하는 경우에는 고지와 독촉의 절차 없이 당해 납세자의 재산에 대하여 압류를 행한다. 2016. 7급

정답 X

기출 OX

06. 납세자의 국세환급금 및 환급가산금에 관한 권리는 행사할 수 있는 때부터 5년간 행사하지 아니하면 소멸시효가 완성된다. 2014. 9급

정답 O

07. 납세자의 국세환급금에 관한 권리는 행사할 수 있는 때부터 5년간 행사하지 아니하면 소멸시효가 완성되며 타인에게 양도할 수 없다. 2016. 7급

정답 X

(2) 소멸시효 중단

국세환급금의 소멸시효에 관하여는 「국세기본법」 또는 세법에 특별한 규정이 있는 것을 제외하고는 「민법」에 따른다. 이 경우 국세환급금과 국세환급가산금을 과세처분의 취소 또는 무효확인청구의 소 등 행정소송으로 청구한 경우 시효의 중단에 관하여 「민법」상 소멸시효의 중단사유 중 하나인 '청구'를 한 것으로 본다(국기법 54 ②).

그러나 국세환급금 소멸시효는 세무서장이 납세자의 환급청구를 촉구하기 위하여 납세자에게 하는 환급청구의 안내·통지 등으로 인하여 중단하지 않는다(국기법 54 ③).

7 물납재산의 환급 A

(1) 원칙: 물납재산 환급

납세자가 상속세를 물납한 후 그 부과의 전부 또는 일부를 취소하거나 감액하는 경정결정에 따라 환급하는 경우에는 해당 물납재산으로 환급해야 한다. 이 경우 국세환급가산금은 지급하지 않는다(국기법 51의2 ①).

(2) 예외: 물납재산을 금전으로 환급

물납재산의 환급규정에도 불구하고 다음 중 어느 하나에 해당하는 경우에는 일반적인 환급규정에 따라 금전으로 환급해야 한다(국기법 51의2 ②, 국기령 43의2 ②).

> ㉠ 해당 물납재산이 매각된 경우
> ㉡ 해당 물납재산의 성질상 분할하여 환급하는 것이 곤란한 경우
> ㉢ 해당 물납재산이 임대 중이거나 다른 행정용도로 사용되고 있는 경우
> ㉣ 사용계획이 수립되어 해당 물납재산으로 환급하는 것이 곤란하다고 인정되는 경우 등 국세청장이 정하는 경우

(3) 물납재산의 환급의 순서

① 납세자의 신청이 있는 경우
   그 신청에 따라 관할 세무서장이 환급한다.

② 납세자의 신청이 없는 경우
   「상속세 및 증여세법 시행령」에 따른 물납충당재산의 허가 순서의 역순으로 환급한다(국기령 43의2 ①).

(4) 물납재산의 유지·관리비용 부담 및 과실의 귀속

① 유지비용과 자본적 지출
   물납재산으로 환급하는 경우에 국가가 물납재산을 유지·관리하기 위하여 지출한 비용은 국가의 부담으로 한다. 다만, 국가가 물납재산에 대하여 자본적 지출을 한 경우에는 이를 납세자의 부담으로 한다(국기령 43의2 ③).

② 과실의 귀속
   물납재산이 수납된 이후에 발생한 법정과실 및 천연과실은 납세자에게 환급하지 않고 국가에 귀속된다(국기령 43의2 ④).

 기출 OX

08. 국세환급금과 국세환급가산금을 과세처분의 취소 또는 무효확인청구의 소 등 행정소송으로 청구한 경우 시효의 중단에 관하여 「민법」에 따른 청구를 한 것으로 본다. 2020. 7급
정답 O

09. 국세환급금의 소멸시효는 세무서장이 납세자의 환급청구를 촉구하기 위하여 납세자에게 하는 환급청구의 통지로 인하여 중단되지 아니한다. 2020. 7급
정답 O

 오쌤 Talk
공과금
국세 중 물납이 가능한 것은 상속세만 해당된다. 즉, 법인세와 소득세 및 증여세는 물납이 불가능하다.

기출 OX

10. 국세환급은 별도의 환급신청이 필요하지 않으며, 당초 물납했던 재산으로 환급 받는 물납재산환급의 경우에도 국세환급가산금을 받을 수 있다. 2016. 7급
정답 X

 오쌤 Talk
물납충당재산의 허가 순서의 역순
[1순위] 상속개시일 현재 상속인이 거주하는 주택 및 그 부수토지
[2순위] 다른 상속재산이 없거나 [4순위], [5순위], [6순위]까지의 상속재산으로 상속세 물납에 충당하더라도 부족한 경우에 해당하여 충당하였던 비상장주식등
[3순위] 국채·공채·주권 및 내국법인이 발행하는 채권 또는 증권과 그 밖의 법으로 정하는 유가증권 (단, [2순위], [5순위], [6순위] 제외)
[4순위] 국내에 소재하는 부동산(위 [1순위]의 재산은 제외)
[5순위] 최초로 거래소에 상장되어 물납허가통지서 발송일 전일 현재 법에 따라 처분이 제한된 경우에 해당하는 상장유가증권(아래 [6순위]의 재산은 제외)
[6순위] 국채 및 공채

 오쌤 Talk
과실
'천연과실'이란 물건의 용법에 따라 취득하는 취득물을 말한다. 즉, 과일·야채·동물의 새끼·우유·달걀 등이다. '법정과실'은 물건의 사용대가로 받는 금전 기타의 물건으로 임대료나 이자 등을 말한다.

② 국세환급가산금

1 개요 B

★ (1) 의미

'국세환급가산금'이란 **국세환급금에 붙이는 법정이자**로서, 납세자가 국세를 체납할 경우에 징수하는 가산세에 대응되는 것이다. 환급가산금은 다음과 같이 계산된다.

> 국세환급가산금 = 국세환급금 × 이자율 × 이자계산기간

★★ (2) 적용 배제

다음 어느 하나에 해당하는 경우에는 **국세환급가산금을 지급하지 아니한다.**

① 고충민원처리에 따른 국세환급금을 충당하거나 지급하는 경우

다음의 어느 하나에 해당하는 사유 없이 **고충민원의 처리에 따라 국세환급금을 충당하거나 지급하는 경우에는 국세환급가산금을 지급하지 아니한다**(국기법 52 ③).

> ㉠ 경정 등의 청구
> ㉡ 이의신청, 심사청구, 심판청구, 「감사원법」에 따른 심사청구 또는 「행정소송법」에 따른 소송에 대한 결정이나 판결

② **상속세 물납 후 해당 물납재산으로 환급하는 경우**

> **참고**
>
> **고충민원**
> 국세와 관련하여 납세자가 경정 등의 청구, 불복 및 행정소송을 청구·제소기한까지 그 청구 또는 소송을 제기하지 아니한 사항에 대하여 과세관청에게 직권으로 필요한 처분을 해 줄 것을 요청하는 민원(국기령 43의3 ③).

2 이자율 및 이자계산기간 A

★ (1) 이자율

① 원칙: 기본이자율

국세환급가산금의 이자율은 **시중은행의 1년 만기 정기예금 평균 수신금리를 고려하여 기획재정부장관이 정하여 고시하는 이자율**로 한다(국기법 52 ①, 국기령 43의3 ②).

② 예외: 할증이자율

납세자가 불복청구, 「감사원법」에 따른 심사청구 또는 「행정소송법」에 따른 소송을 제기하여 그 결정 또는 판결에 따라 세무서장이 국세환급금을 지급하는 경우로서 그 결정 또는 판결이 확정된 날부터 40일 이후에 납세자에게 국세환급금을 지급하는 경우에는 기본이자율의 1.5배에 해당하는 이자율을 적용한다(국기법 52 ①, 국기령 43의3 ②).

 기출 OX

11. 국세환급금으로 결정한 금액을 법으로 정하는 바에 따라 국세 또는 강제징수비에 충당하게 되는 경우에는 국세환급가산금을 국세환급금에 가산하지 아니한다. 2010. 9급
    정답 X

기출 OX

12. 납세자가 상속세를 물납한 후 그 부과의 전부 또는 일부를 취소하거나 감액하는 경정결정에 따라 환급하는 경우에는 해당 물납재산으로 환급하면서 국세환급가산금도 지급하여야 한다. 2020. 7급
    정답 X

13. 납세자가 상속세를 물납한 후 그 부과의 일부를 감액하는 경정·결정에 따라 물납재산으로 환급하는 경우에는 국세환급가산금을 국세환급금에 가산하지 아니한다. 2010. 9급 수정
    정답 O

 오쌤 Talk

국세환급금 기본이자율
2025년 2월 26일 이후 기간분은 연 3.1%이다.

일자	기본이자율
2021.3.16.	1.2%
2023.3.20.	2.9%
2024.3.22.	3.5%
2025.2.26.	3.1%

(2) 이자계산기간

국세환급가산금은 국세환급가산금 기산일부터 **지급결정을 하는 날(또는 충당하는 날)까지의 기간에 대하여 계산한다**(국기법 52 ①).

(3) 기산일 : 다음의 구분에 따른 날의 다음 날

"국세환급가산금 기산일"이란 다음의 구분에 따른 날의 **다음 날**로 한다(국기령 43의 3 ①).

① 착오납부·이중납부·경정청구 등	㉠ 착오납부, 이중납부 또는 납부 후 그 납부의 기초가 된 신고 또는 부과를 경정(경정청구 포함) 하거나 취소함에 따라 발생한 국세환급금: 그 국세 납부일 ㉡ 국세가 2회 이상 분할납부된 것인 경우: 그 마지막 납부일*1
② 적법하게 납부된 국세의 감면으로 환급	그 감면 결정일
③ 적법하게 납부된 후 법률이 개정되어 환급	그 개정된 법률의 시행일
④ 「소득세법」, 「법인세법」, 「부가가치세법」, 「개별소비세법」 또는 「주세법」에 따른 환급세액의 신고, 환급신청, 경정(경정청구 포함) 또는 결정으로 인하여 환급	㉠ 신고를 한 날(신고한 날이 법정신고기일 전인 경우에는 해당 법정신고기일) 또는 신청을 한 날부터 30일이 지난 날(세법에서 환급기한을 정하고 있는 경우에는 그 환급기한의 다음 날) ㉡ 환급세액을 법정신고기한까지 신고하지 않음에 따른 결정으로 인하여 발생한 환급세액을 환급하는 경우: 그 결정일부터 30일이 지난 날

*1 국세환급금이 마지막에 납부된 금액을 초과하는 경우에는 그 금액이 될 때까지 납부일의 순서로 소급하여 계산한 국세의 각 납부일로 하며, 세법에 따른 중간예납액 또는 원천징수에 의한 납부액은 해당 세목의 법정신고기한 만료일에 납부된 것으로 본다.

참고

국세환급금 발생일

"국세환급금 발생일"이란 다음의 구분에 따른 날로 한다(국기령 32).

① 착오납부, 이중납부 또는 경정청구 등	㉠ 그 국세 납부일*2 ㉡ 2회 이상 분할납부된 경우에는 그 마지막 납부일(국세환급금이 마지막 납부금액을 초과하는 경우에는 소급하여 계산한 각 납부일)
② 적법하게 납부된 국세의 감면으로 환급	그 감면 결정일
③ 적법하게 납부된 후 법률이 개정되어 환급	그 개정된 법률의 시행일
④ 「소득세법」, 「법인세법」, 「부가가치세법」, 「개별소비세법」, 「주세법」 또는 「조세특례제한법」에 따른 환급세액의 신고, 환급신청 또는 환급세액의 경정으로 인한 환급	㉠ 그 신고·신청일 ㉡ 환급세액을 신고하지 않은 경우(법정신고기한이 지난 후 법에 따라 기한후신고를 한 경우를 포함)로서 결정에 의하여 환급세액을 환급하는 경우: 해당 결정일
⑤ 원천징수의무자가 연말정산 또는 원천징수하여 납부한 세액을 경정청구에 따라 환급	연말정산세액 또는 원천징수세액 납부기한의 만료일
⑥ 「조세특례제한법」에 따라 근로장려금 환급	근로장려금의 결정일

*2 세법에 따른 중간예납액 또는 원천징수에 따른 납부액인 경우에는 그 세목의 법정신고기한의 만료일

 기출 OX

14. 국세의 이중납부에 따라 발생한 국세환급금을 지급할 때에는 그 국세납부일의 다음 날부터 지급결정을 하는 날까지의 기간과 금융회사 등의 예금이자율 등을 고려하여 법령으로 정하는 이자율에 따라 계산한 금액을 국세환급금에 가산하여야 한다. 2010. 9급

정답 O

확인문제

02. 국세환급가산금의 기산일에 대한 설명으로 옳지 않은 것은? (단, 국세는 분할납부하지 않는다고 가정한다.)
2012. 7급

① 「법인세법」, 「소득세법」, 「부가가치세법」, 「개별소비세법」, 「주세법」 또는 「교통·에너지·환경세법」에 따른 환급세액을 신고 또는 잘못 신고함에 따른 경정으로 인하여 환급하는 경우: 경정결정일의 다음 날
② 적법하게 납부된 후 법률이 개정되어 발생한 국세환급금: 개정된 법률의 시행일의 다음 날
③ 착오납부, 이중납부 또는 납부 후 그 납부의 기초가 된 신고 또는 부과를 경정하거나 취소함에 따라 발생한 국세환급금: 국세의 납부일의 다음 날
④ 적법하게 납부된 국세의 감면으로 발생한 국세환급금: 감면결정일의 다음 날

정답 ①

확인문제

03. 「국세기본법령」상 국세환급금의 발생일로 옳지 않은 것은? 2021. 9급

① 적법하게 납부된 후 법률이 개정되어 환급하는 경우: 당초 과세표준 신고일
② 원천징수의무자가 원천징수하여 납부한 세액을 「국세기본법」에 따른 경정청구에 따라 환급하는 경우: 원천징수세액 납부기한의 만료일
③ 「조세특례제한법」에 따라 근로장려금을 환급하는 경우: 근로장려금의 결정일
④ 적법하게 납부된 국세의 감면으로 환급하는 경우: 그 감면 결정일

정답 ①

CHAPTER 08

조세불복제도

1. 통칙
2. 불복절차
3. 불복청구에 대한 결정과 효력
4. 심판청구

- ## 최신 8개년 출제 경향 분석

01 통칙

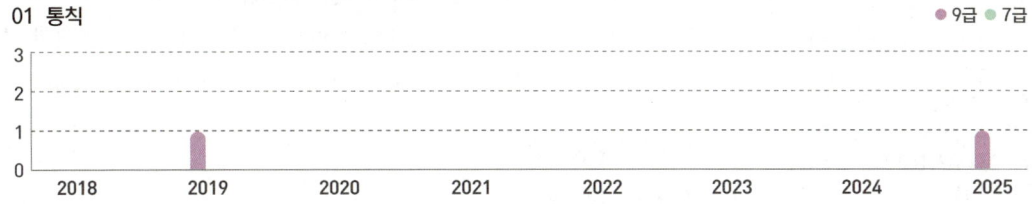

02 불복절차

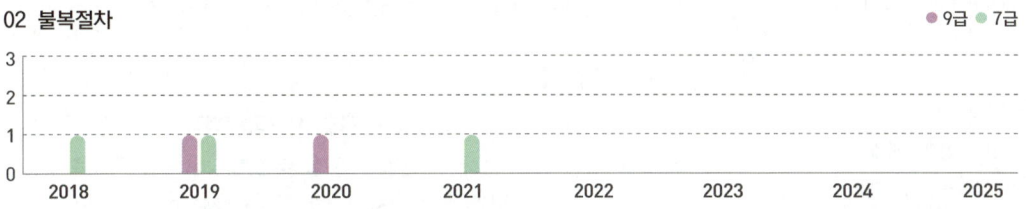

03 불복청구에 대한 결정과 효력

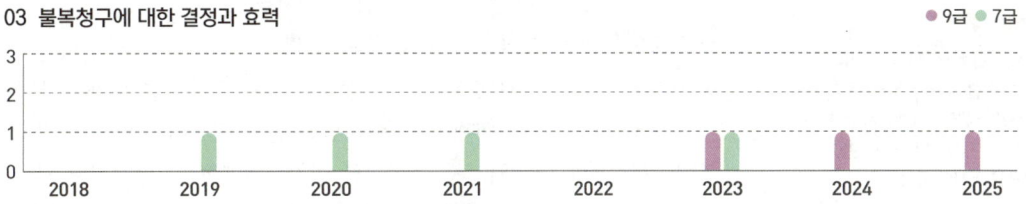

04 심판청구

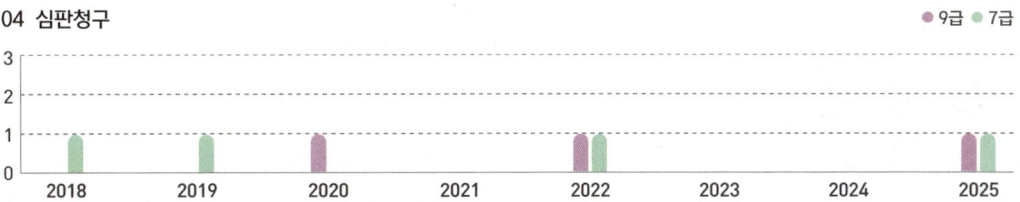

1 통칙

1 불복청구의 의미 B

불복청구(appeal)란 「국세기본법」 또는 세법에 따른 처분으로서 위법 또는 부당한 처분을 받거나 필요한 처분을 받지 못함으로 인하여 권리나 이익을 침해당한 자가 그 처분의 취소 또는 변경이나 필요한 처분을 청구하는 것을 말한다(국기법 55 ①).

2 심급구조 B

(1) 원칙적 1심급

「국세기본법」에 따른 불복은 국세청장에 대한 심사청구 또는 조세심판원장에 대한 심판청구에 의하며, 동일한 처분에 대해서는 심사청구와 심판청구를 중복하여 제기할 수 없다(국기법 55 ⑨). 따라서 원칙적으로 1심급으로 되어 있다.

(2) 선택적 2심급

불복청구인은 관할 세무서장 또는 관할 지방국세청장에게 이의신청을 할 수도 있으며, 그 결정을 받아 심사청구 또는 심판청구를 할 수 있다. 이처럼 이의신청을 거치는 경우에는 2심급이 된다. 다만, 불복의 대상인 처분이 국세청장이 조사·결정 또는 처리하였거나 하였어야 할 것인 경우에는 이의신청이 배제된다(국기법 55 ③).

3 「국세기본법」과 타법과의 관계 A

(1) 「행정심판법」·「행정소송법」과의 관계

「국세기본법」이 「행정심판법」에 우선한다. 즉, 「국세기본법」에서 불복청구에 대해 별도로 규정한 사항에 대해서는 「행정심판법」을 적용하지 않도록 하고 있다. 본래 국세청도 행정청에 해당되므로 행정심판 전치주의에 따라 행정청의 위법한 처분 그 밖에 공권력의 행사·불행사 등으로 국민의 권리 또는 이익이 침해될 경우 행정소송절차를 통하여 적정하게 해결해야 한다. 그러나 국세에 관한 행정처분은 전문성이 필요하므로, 국세에 관한 행정쟁송은 「국세기본법」에 따른 불복 또는 감사원 심사청구에 의해 이루어지며, 이를 적법하게 거치지 않으면 행정소송을 제기할 수 없도록 규정되어 있다(국기법 56 ② 본문, ⑤). 즉, 「행정소송법」과의 관계에서도 「국세기본법」이 우선하여 「국세기본법」에 따른 불복절차를 거쳐야 행정소송을 제기할 수 있도록 하고 있다.

다만, 심사청구 또는 심판청구에 대한 재조사 결정에 따른 처분청의 처분에 대한 행정소송은 심사청구 또는 심판청구를 거치지 않고도 제기할 수 있다(국기법 56 ② 단서).

(2) 행정소송

① 국세 처분에 대한 행정소송

국세 처분에 대한 행정소송은 「행정소송법」에도 불구하고 심사청구·심판청구에 대한 결정의 통지를 받은 날부터 90일 이내에 제기하여야 한다. 다만 결정기간 내에 결정의 통지를 받지 못한 경우에는 결정의 통지를 받기 전이라도 그 결정기간이 지난 날부터 행정소송을 제기할 수 있다(국기법 56 ③).

기출 OX

01. 「국세기본법」 또는 세법에 의한 처분으로서 위법 또는 부당한 처분을 받거나 필요한 처분을 받지 못함으로써 권리 또는 이익의 침해를 당한 자는 「국세기본법」에 의한 심사청구 또는 심판청구를 제기할 수 있다. 2007.9급
정답 O

기출 OX

02. 「국세기본법」에 의한 불복은 동일한 처분에 대하여는 심사청구와 심판청구를 중복하여 제기할 수 없다. 2007.9급
정답 O

오쌤 Talk

국세기본법과 타법과의 관계

일반	① 「국세기본법」 < 세법 ② 「국세기본법」 < 「관세법」 등
불복 관련	③ 「국세기본법」 ≒ 「감사원법」 ④ 「국세기본법」 > 「행정심판법」 ⑤ 「국세기본법」 > 「행정소송법」

기출 OX

03. 세법상의 처분에 의해 권리나 이익의 침해를 당한 자가 행정소송을 제기하기 위해서는 국세기본법 심사청구 또는 심판청구를 거치거나 「감사원법」상의 심사청구를 거쳐야 한다. 2013.9급
정답 O

04. 위법 또는 부당한 처분에 대하여 감사원 심사청구를 거친 경우에는 바로 행정소송을 제기할 수 없다. 2021.7급
정답 X

05. 심사청구가 이유 있다고 인정되어 행한 재조사 결정에 따른 처분청의 처분에 대한 행정소송은 심사청구와 그에 대한 결정을 거치지 아니하면 제기할 수 없다. 2020.7급
정답 X

기출 OX

06. 심사청구 또는 심판청구에 대한 결정기간에 결정의 통지를 받지 못한 경우에는 결정의 통지를 받기 전이라도 그 결정기간이 지난 날부터 행정소송을 제기할 수 있다. 2021.7급
정답 O

② 재조사 결정에 따른 처분에 대한 행정소송

심사청구 또는 심판청구의 재조사 결정에 따른 처분청의 처분에 대한 행정소송은 「행정소송법」에도 불구하고 다음의 기간 내에 제기해야 한다(국기법 56 ④).

> ㉠ 「국세기본법」에 따른 불복청구를 거치지 않고 제기
> 재조사 후 행한 처분청의 처분의 결과통지를 받은 날부터 90일 이내 행정소송을 제기할 수 있다. 다만, 처분결과의 통지를 받지 못한 경우에는 처분기간이 지난 날부터 행정소송을 제기할 수 있다.
> ㉡ 「국세기본법」에 따른 불복청구를 거쳐 제기
> 재조사 후 행한 처분청의 처분에 대하여 불복청구의 결정통지를 받은 날부터 90일 이내에 행정소송을 제기할 수 있다. 다만, 결정기간에 결정의 통지를 받지 못한 경우에는 그 결정기간이 지난 날부터 행정소송을 제기할 수 있다.

⭐⭐ (3) 감사원법과의 관계

「국세기본법」과 「감사원법」은 선택적 지위에 있다. 그러므로 불복청구를 하고자 할 때, 「국세기본법」에 의한 규정과 「감사원법」에 의한 규정 중 선택하여 적용할 수 있다. 다만, 이를 중복하여 적용할 수는 없다.

[국세불복절차의 개요]

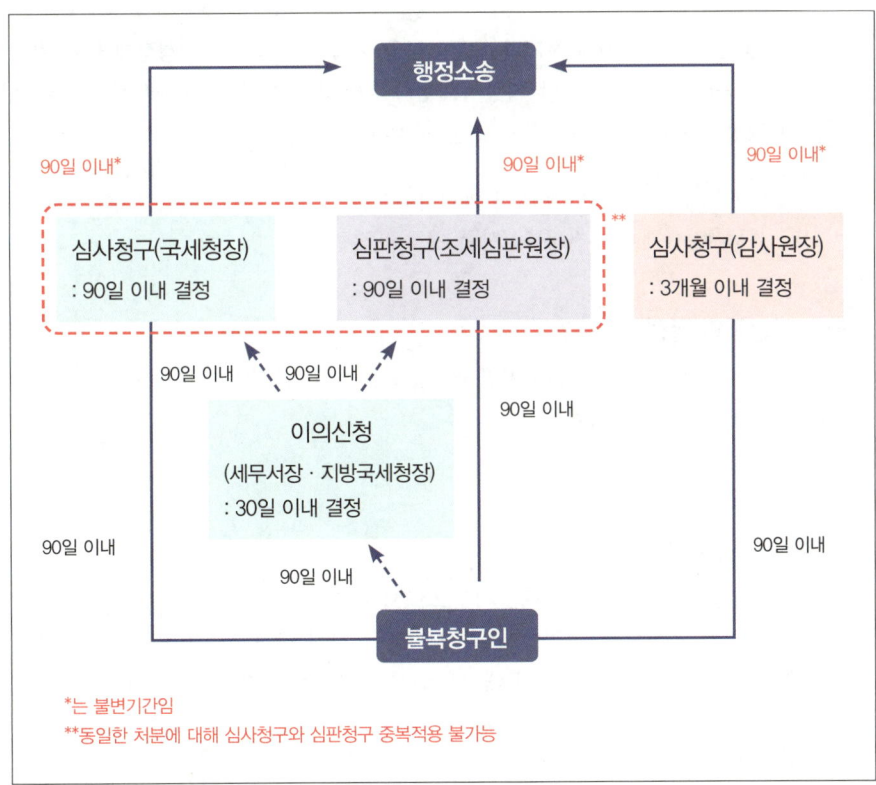

*는 불변기간임
**동일한 처분에 대해 심사청구와 심판청구 중복적용 불가능

📖 **확인문제**

01. 「국세기본법」과 다른 법률과의 관계에 대한 설명으로 옳은 것은? 2019. 9급

① 「국세기본법」은 「국세기본법」 또는 세법에 의한 위법·부당한 처분을 받은 경우에는 우선 「행정심판법」에 의한 심사청구·심판청구를 하도록 하고 있다.
② 재조사 결정에 따른 처분청의 처분에 대한 행정소송은 「국세기본법」에 따른 심사청구 또는 심판청구와 그에 대한 결정을 거치지 아니하면 제기할 수 없다.
③ 국세에 관한 처분에 대하여는 「국세기본법」의 규정에 따른 불복방법과 「감사원법」의 규정에 따른 불복방법도 있기 때문에 두 가지 불복방법을 동시에 이용할 수 있다.
④ 국세환급금의 소멸시효에 관하여는 「국세기본법」 또는 세법에 특별한 규정이 있는 것을 제외하고는 「민법」에 따른다.

정답 ④

2 불복절차

1 이의신청 A

★★ (1) 임의적절차

이의신청은 임의적인 절차에 해당하므로, 이의신청을 하지 않더라도 상위의 불복절차를 진행하는 데 아무런 영향이 없다. 즉, 「국세기본법」상 불복절차는 원칙적 1심급(심사청구 또는 심판청구), 선택적 2심급(이의신청 → 심사청구 또는 심판청구)으로 이루어져 있다(국기법 55 ①).

★★ (2) 이의신청이 배제되는 경우

국세청장이 조사·결정 또는 처리하거나 하였어야 할 처분인 경우에는 하급기관인 세무서장이나 지방국세청장에게 이의신청을 하는 것은 의미가 없다. 그러므로 다음의 처분에 대해서는 이의신청 없이 바로 심사청구 또는 심판청구를 하여야 한다(국기령 44의2).

> ㉠ 국세청의 감사결과로서의 시정지시에 따른 처분
> ㉡ 세법에 따라 국세청장이 하여야 할 처분

★ (3) 이의신청의 청구

이의신청은 세무서장에게 하거나 세무서장을 거쳐 관할 지방국세청장에게 하여야 한다. 다만, 다음의 경우에는 관할 지방국세청장에게 하여야 하며, 세무서장에게 한 신청은 관할 지방국세청장에게 한 것으로 본다(국기법 66 ①).

> ㉠ 지방국세청장의 조사에 따라 과세처분을 한 경우
> ㉡ 세무서장에게 과세전적부심사를 청구한 경우

★ (4) 이의신청의 결정

이의신청을 받은 세무서장과 지방국세청장은 각각 국세심사위원회의 심의를 거쳐 결정하여야 한다(국기법 66 ④).

2 불복의 대상 A

★★ (1) 범위: 개괄주의

「국세기본법」 또는 세법에 따른 처분으로서 위법 또는 부당한 처분을 받거나 필요한 처분을 받지 못함으로 인하여 권리나 이익을 침해 당한 사항이면 그 처분의 내용에 관계없이 무엇이든 불복청구의 대상으로 하는 개괄주의 방식을 채택하고 있다.

① 위법 또는 부당한 처분: 작위처분
「국세기본법」 또는 세법의 규정과 다른 처분 또는 외견상 세법의 규정을 따르고 있지만 과세형평을 침해하는 처분 등을 포함하는 것으로 국세의 부과처분뿐만 아니라 압류·매각·청산 등의 강제징수도 포함한다.

기출 OX

07. 「국세기본법」 또는 세법의 규정에 의한 처분이 국세청장이 조사·결정 또는 처리하거나 하였어야 할 것인 경우를 제외하고는 그 처분에 대하여 심사청구 또는 심판청구에 앞서 이의신청을 할 수 있다. 2007. 9급
정답 O

08. 국세청장의 과세표준 조사결정에 따른 처분에 대하여 불복하려는 자는 이의신청을 거친 후에 또는 이의신청을 거치지 아니하고, 심사청구 또는 심판청구를 제기할 수 있다. 2013. 9급
정답 X

오쌤 Talk

개괄주의
행정소송의 대상을 정하는 방법에는 개괄주의와 열거주의가 있다. '개괄주의'는 위법·부당한 처분에 의해 권익을 침해받을 사항이면 원칙적으로 모두 청구의 대상으로 하는 입장이다. 이에 반해 '열거주의'는 청구의 대상이 되는 사항을 법에 열거하고 열거되지 않은 사안에 대해서는 비록 위법·부당한 처분으로 권익을 침해받는다고 하더라도 불복을 할 수 없도록 하는 입장이다.

기출 OX

09. 특정 법인의 법인세 과세표준을 결정 또는 경정하는 경우, 「법인세법」 제67조에 따라 처분되는 배당과 관련하여 그 법인이 소득금액변동통지를 받는 경우 당해 소득금액변동통지는 행정소송의 대상이 되는 처분에 해당한다. 2020. 9급
정답 O

10. 「국세기본법」상 불복청구의 대상인 「국세기본법」 또는 세법에 따른 처분에는 소득금액변동통지는 포함되나 세무조사 결정은 포함되지 않는다. 2013. 7급
정답 X

② 필요한 처분의 부재: 부작위처분

"필요한 처분을 받지 못함"이란 과세관청이 「국세기본법」 또는 세법의 규정에 따라 일정한 처분을 하여야 할 의무가 있으나 그러한 처분을 하지 않은 다음에 준하는 것을 말한다(국기통 55-0…3).

> ㉠ 공제·감면신청에 대한 결정 및 경정청구에 대한 결정 및 경정
> ㉡ 국세의 환급 및 허가·승인
> ㉢ 사업자등록신청에 의한 등록증 교부
> ㉣ 압류해제

(2) 불복대상에서 제외되는 처분

① 통고처분 등의 경우

다음의 처분에 대해서는 「국세기본법」에 따른 불복을 할 수 없다(국기법 55 ①).

> ㉠ 「조세범 처벌절차법」에 따른 통고처분*1
> ㉡ 「국세기본법」 및 세법에 따른 과태료 부과처분*2
> ㉢ 「감사원법」에 따라 심사청구를 한 처분*3이나 그 심사청구에 대한 처분

*1 통고처분: 통고처분은 세무서장 등이 범칙자에게 벌금 등을 납부할 것을 통지하는 행위이다. 이 경우 벌금 등을 납부하지 않으면 고발의 절차를 거쳐 형사절차에 따라 사법심의 판결을 받게 되므로 불복대상에서 제외한다.

*2 과태료 부과처분: 과태료 부과처분에 대한 불복은 「국세기본법」에 따른 불복절차가 아니라 「질서위반행위규제법」에 따른 이의제기 절차를 따르기 때문에 불복대상에서 제외한 것이다.

*3 「감사원법」 심사청구를 한 처분: 감사원 심사청구에 대한 처분이란 감사원 심사청구에 대한 감사원장의 결정을 의미한다. 즉, 이에 대한 불복은 행정 소송을 따라야 하므로 중복적인 불복제기를 방지하기 위해 「국세기본법」에 따른 불복대상에서 제외하는 것이다.

② 불복청구에 대한 처분의 경우

㉠ 심사청구 또는 심판청구에 대한 처분: 행정소송만 제기 가능

심사청구 또는 심판청구에 대한 처분에 대해서는 이의신청, 심사청구 또는 심판청구를 제기할 수 없다(국기법 55 ⑤). 이는 심사청구 또는 심판청구에 대해 내려진 결정에 대해서는 동일 심급에 다시 불복할 수 없고 행정소송을 제기할 수 있다는 것을 의미한다. 쟁송의 악순환을 방지하기 위한 당연한 규정이다.

㉡ 재조사 결정에 따른 처분: 심사/심판청구 가능

재조사 결정에 따른 처분청의 처분에 대해서는 해당 재조사 결정을 한 재결청에 대하여 심사청구 또는 심판청구를 제기할 수 있다(국기법 55 ⑤). 이 경우, **심사청구·심판청구를 거치지 않고도 행정소송을 제기할 수 있다**(국기법 56 ②).

㉢ 이의신청에 의한 처분: 심사/심판청구 가능

이의신청에 대한 처분과 재조사 결정에 따른 처분청의 처분에 대해서는 이의신청을 할 수 없다(국기법 55 ⑥). 따라서 이의신청에 대한 처분과 재조사 결정에 따른 처분청의 처분에 대해서는 심사청구 또는 심판청구 하는 것은 허용된다.

기출 OX

11. 「조세범 처벌절차법」에 따른 통고처분에 대해서는 불복할 수 없다. 2019. 7급
정답 O

12. 「조세범 처벌절차법」에 의한 통고처분에 대하여는 「국세기본법」에 의한 이의신청은 가능하나 심판청구는 제기할 수 없다. 2007. 9급
정답 X

13. 「감사원법」에 따라 심사청구를 한 처분이나 그 심사청구에 대한 처분에 대해서는 「국세기본법」에 따른 처분의 취소 또는 변경을 청구하거나 필요한 처분을 청구할 수 없다. 2020. 7급
정답 O

14. 「감사원법」에 따른 심사청구를 한 처분에 대하여는 국세기본법에 따른 취소 또는 변경을 청구할 수 없다. 2022. 7급
정답 O

확인문제

02. 「국세기본법」에 의한 심판청구의 대상이 되는 처분은? 2006. 9급
① 심판청구에 의한 처분
② 「조세범처벌절차법」에 의한 통고처분
③ 「감사원법」에 의하여 심사청구한 처분
④ 국세청의 세무사찰 결과에 따른 처분

정답 ④

기출 OX

15. 심사청구 또는 심판청구의 대상이 된 처분에 대한 재조사 결정에 따른 처분청의 처분에 대해서는 해당 재조사 결정을 한 재결청에 대하여 심사청구 또는 심판청구를 제기할 수 있다. 2022. 7급
정답 O

오쌤 Talk

재조사 결정 처분에 대한 후심 쟁송문제

당초 청구	재조사 결정에 대한 쟁송			
	이의신청	심사청구	심판청구	행정소송
이의신청	X	O	O	X
심사청구	X	O	X	O
심판청구	X	X	O	O

3 불복청구인 A

(1) 당사자 및 이해관계자

① 당사자

불복청구를 할 수 있는 자는 '위법 또는 부당한 처분을 받거나 필요한 처분을 받지 못하여 권리 또는 이익의 침해를 받은 자'이다(국기법 55 ①). 즉, **처분(또는 부작위)의 직접 당사자를 뜻한다**. 이때, 납세의무 승계자와 연대납세의무자도 포함되어야 한다.

② 이해관계인

「국세기본법」 또는 세법에 따른 처분으로 인하여 권리나 이익을 침해당하게 될 **이해관계인으로서 다음 어느 하나에 해당하는 자는 위법 또는 부당한 처분을 받은 자의 처분에 대하여 불복청구를 할 수 있다**(국기법 55 ②).

> ㉠ 제2차 납세의무자로서 납부고지서를 받은 자
> ㉡ 양도담보권자의 물적납세의무를 지는 자로서 납부고지서를 받은 자
> ㉢ 「부가가치세법」상 신탁관련 수탁자의 물적납세의무를 지는 자로서 납부고지서를 받은 자
> ㉣ 「종합부동산세법」에 따라 물적납세의무를 지는 자로서 납부고지서를 받은 자
> ㉤ 납세보증인

(2) 대리인

① 대리인 선정

이의신청인, 심사청구인 또는 심판청구인과 처분청은 변호사 또는 세무사 또는 「세무사법」에 따라 등록한 공인회계사를 대리인으로 선임할 수 있다(국기법 59 ①).

불복청구금액이 5천만원(지방세는 2천만원) 미만인 경우(소액심판)에는 그 배우자, 4촌 이내의 혈족 또는 그 배우자의 4촌 이내의 혈족을 대리인으로 선임할 수 있다(국기법 59 ②, 국기령 62).

② 권한

대리인은 본인을 위하여 그 신청 또는 청구에 관한 모든 행위를 할 수 있다. 다만, **그 신청 또는 청구의 취하는 특별한 위임을 받은 경우에만 할 수 있다**(국기법 59 ④).

대리인의 권한은 서면으로 증명해야 하며, 대리인을 해임하였을 때에는 그 사실을 서면으로 해당 재결청에 신고해야 한다(국기법 59 ③, ⑤).

기출 OX

16. 제2차 납세의무자로서 납부고지서를 받은 자나 보증인도 이해관계인으로서 위법한 처분을 받은 자의 처분에 대하여 취소 또는 변경을 청구할 수 있다.
2013. 9급
정답 O

17. 세법에 따른 처분에 의하여 권리를 침해당하게 될 제2차 납세의무자로서 납부고지서를 받은 자는 위법 또는 부당한 처분를 받은 자의 처분에 대하여 그 처분의 취소 또는 변경을 청구하거나 그 밖에 필요한 처분을 청구할 수 있다.
2013. 7급
정답 O

18. 납세보증인도 불복청구인이 될 수 있다.
2004. 9급
정답 O

기출 OX

19. 심판청구인은 변호사 이외에도 세무사 또는 「세무사법」의 규정에 따라 등록한 공인회계사를 대리인으로 선임할 수 있다.
2010. 9급
정답 O

20. 대리인은 본인을 위하여 그 신청 또는 청구에 관한 모든 행위를 할 수 있으므로 그 신청 또는 청구의 취하에 있어서도 특별한 위임을 받을 필요는 없다.
2016. 7급
정답 X

★★ (3) 국선대리인

① 신청
이의신청인, 심사청구인, 심판청구인 및 과세전적부심사 청구인(이하 '이의신청인 등')은 재결청에 다음의 일정 요건을 모두 갖춘 경우 변호사, 세무사 또는 「세무사법」에 따라 등록한 공인회계사를 대리인(이하 '국선대리인')으로 선정해 줄 것을 신청할 수 있다(국기법 59의2).

> ㉠ 이의신청인 등이 다음의 어느 하나에 해당할 것
>> ⓐ 개인인 경우: 「소득세법」에 따른 종합소득금액이 5천만원 이하이고, 소유 재산의 평가 가액 합계액이 5억원 이하인 경우
>> ⓑ 법인인 경우: 수입금액(기업회계기준에 따라 계산한 매출액)이 3억원 이하이고, 기업회계기준에 따라 계산한 자산가액이 5억원 이하인 경우
>
> ㉡ 5천만원 이하의 신청 또는 청구일 것
> ㉢ 상속세·증여세 및 종합부동산세가 아닌 세목에 대한 신청 또는 청구일 것

② 통지
이의신청인 등이 위 요건을 모두 충족하는 경우 재결청은 지체 없이 국선대리인을 선정하고, 신청을 받은 날부터 5일 이내에 그 결과를 이의신청인 등과 국선대리인에게 각각 통지하여야 한다(국기법 59의2 ②).

③ 권한
국선대리인은 본인을 위하여 그 신청 또는 청구에 관한 모든 행위를 할 수 있다. 다만, 그 신청 또는 청구의 취하는 특별한 위임을 받은 경우에만 할 수 있다(국기법 59의2 ③). 재산의 평가 방법, 국선대리인의 임기·위촉 등 국선대리인 제도 운영에 필요한 사항은 국세청장(심판청구의 경우에는 조세심판원장)이 정한다(국기령 48의2 ⑤).

4 청구기간 B

★★ (1) 절차별 청구기간

① 이의신청 & 이의신청을 거치지 않고 심사청구 또는 심판청구를 한 경우
해당 처분이 있음을 안 날(처분의 통지를 받은 때에는 그 받은 날)부터 90일 이내에 제기해야 한다(국기법 61 ①, 66 ⑥, 68 ①).

② 이의신청을 거친 후 심사청구 또는 심판청구를 한 경우
이의신청에 대한 결정의 통지를 받은 날부터 90일 이내에 제기해야 한다. 다만, 다음의 어느 하나에 해당하는 경우에는 각 구분에 따른 날부터 90일 이내에 심사청구 또는 심판청구를 할 수 있다(국기법 61 ②, 68 ②).

> ㉠ 이의신청 결정기간(30일) 내에 결정의 통지를 받지 못한 경우: 그 결정기간이 지난 날
> ㉡ 이의신청에 대한 재조사 결정이 있은 후 처분기간(60일) 내에 처분 결과의 통지를 받지 못한 경우: 그 처분기간이 지난 날

③ 상호합의절차 개시중인 경우
조세조약에 따른 상호합의절차가 개시된 경우 상호합의절차의 개시일부터 종료일까지의 기간은 청구기간과 결정기간에 산입하지 아니한다(국조법 50).

확인문제

03. 「국세기본법령」상 조세불복의 대리인에 대한 설명으로 옳지 않은 것은? (단, 지방세는 고려하지 않는다)
2019. 9급 수정

① 이의신청인 등과 처분청은 변호사를 대리인으로 선임할 수 있다.
② 이의신청인 등은 신청 또는 청구의 대상이 되는 금액이 5천만원 미만인 경우 그 배우자도 대리인으로 선임할 수 있다.
③ 조세불복의 신청 또는 청구의 취하는 대리인이 본인으로부터 특별한 위임을 받은 경우에만 할 수 있다.
④ 심판청구인이 심판청구의 대상세목이 상속세이고, 청구금액이 5천만원인 경우 조세심판원에 세무사를 국선대리인으로 선정하여 줄 것을 신청할 수 있다.

정답 ④

오쌤 Talk
불복청구기한

구분	통지		기산일	청구기간
이의신청 심사청구 심판청구	처분 통지	받은 경우	통지를 받은 때부터	90일
		받지 않은 경우	해당 처분이 있음을 안 날부터	90일
이의신청 → 심사청구 or 심판청구	결정 통지	받은 경우	통지를 받은 날부터	90일
		받지 않은 경우	결정기간이 지난 날부터	-

기출 OX

21. 이의신청에 대한 결정기간 내에 결정통지를 받지 못한 경우에는 결정통지를 받기 전이라도 그 결정기간이 지난 날부터 심사청구를 할 수 있다. 2008. 7급
정답 O

22. 조세조약에 따른 상호합의절차가 개시된 경우 상호합의절차의 개시일부터 종료일까지의 기간은 심판청구의 청구기간에 산입하지 아니한다. 2021. 7급
정답 O

★★ (2) 청구기간 준수여부의 판정기준

① 불복청구서가 제출된 때

청구기간을 계산할 때에는 해당 처분을 하였거나 하였어야 할 세무서장에게 해당 **불복청구서가 제출된 때**에 불복청구를 한 것으로 한다. **해당 청구서가 해당 처분을 하였거나 하였어야 할 세무서장 외의 세무서장·지방국세청장·국세청장에게 제출된 경우에도 또한 같다**(국기법 62 ②, 66 ⑥, 69 ②).

② 발신주의

청구기한까지 우편으로 제출한 불복청구서가 불복청구기간을 지나서 도달한 경우에도 그 기간의 만료일에 적법한 청구를 한 것으로 본다(국기법 61 ③, 66 ⑥, 81). 이 경우 '우편으로 제출한 날'은 「우편법」에 따른 우편날짜도장이 찍힌 날(우편날짜도장이 찍히지 않았거나 분명하지 않은 경우에는 통상 걸리는 배송일수를 기준으로 발송한 날로 인정되는 날)을 기준으로 한다.

오쌤 Talk
발신주의

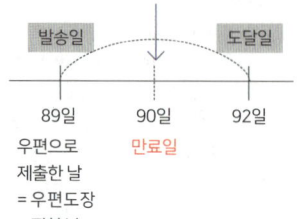

★ (3) 청구기간의 연장

① 연장되는 경우

불복청구인이 기한연장 사유로 인해 위 기간에 이의신청·심사청구 또는 심판청구를 할 수 없는 경우에는 **그 사유가 소멸한 날부터 14일 이내에** 이의신청·심사청구 또는 심판청구를 할 수 있다(국기법 61 ④, 66 ⑥, 81).

② 연장되지 않는 경우

심사청구 또는 심판청구를 거친 후 행정소송 제기기간은 불변기간이므로 기한연장 사유가 있어도 연장되지 않는다(국기법 56 ⑥).

오쌤 Talk
납부기한만 연장되는 경우

불복청구인이 천재지변 등 기한연장사유로 기간 내에 불복청구를 할 수 없을 때에는 그 사유가 소멸한 날부터 14일 이내에 불복청구를 할 수 있다. 그러나 기한연장 사유 중에서 '사업에 심각한 손해를 입거나 그 사업이 중대한 위기에 처한 경우'와 '납세자의 형편, 경제적 사정 등을 고려하여 기한의 연장이 필요하다고 인정되는 경우로서 국세청장이 정하는 기준에 해당하는 경우'에는 납부기한만 연장(Link-P.203)되므로 불복청구기한은 연장되지 않는다.

5 불복청구의 제출처 B

★ (1) 이의신청

이의신청은 해당 처분을 하였거나 하였어야 할 **세무서장에게 하거나 세무서장을 거쳐 관할 지방국세청장**에게 해야 한다(국기법 66 ①). 지방국세청장에게 하는 이의신청을 받은 세무서장은 이의신청을 받은 날부터 7일 이내에 해당 신청서에 의견서를 첨부하여 지방국세청장에게 송부하여야 한다(국기법 66 ③). 또한, 세무서장이 이의신청을 받았다 하더라도 해당 처분이 지방국세청장이 조사·결정 또는 처리하였거나 하였어야 할 것인 경우에는 이의신청을 받은 날부터 7일 이내에 해당 신청서에 의견서를 첨부하여 해당 지방국세청장에게 송부하고 그 사실을 이의신청인에게 통지하여야 한다(국기법 66 ②).

★ (2) 심사청구

심사청구는 해당 처분을 하였거나 하였어야 할 **세무서장을 거쳐 국세청장에게 해야 한다** (국기법 62 ①). 해당 심사청구서를 받은 세무서장은 이를 받은 날부터 7일 이내에 그 청구서에 처분의 근거·이유, 처분의 이유가 된 사실 등이 구체적으로 기재된 의견서를 첨부하여 국세청장에게 송부하여야 한다(국기법 62 ③).

★ (3) 심판청구

심판청구는 해당 처분을 하였거나 하였어야 할 **세무서장이나 조세심판원장에게 해야 한다**. 이 경우 심판청구서를 받은 세무서장은 이를 지체 없이 조세심판원장에게 송부해야 한다(국기법 69 ①).

★ (4) 정보통신망을 이용한 불복청구

이의신청인, 심사청구인 또는 심판청구인은 **국세청장 또는 조세심판원장이 운영하는 정보통신망**을 이용하여 이의신청서, 심사청구서 또는 심판청구서를 제출할 수 있다(국기법 60의2 ①). 이에 따라 신청서 및 청구서 등을 제출하는 경우에는 **국세청장 또는 조세심판원장에게 신청서 및 청구서가 전송된 때**에 「국세기본법」에 따라 제출된 것으로 본다(국기법 60의2 ②).

6 불복청구가 집행에 미치는 효력 A

★★ (1) 원칙: 집행 부정지의 효력

이의신청·심사청구 또는 심판청구를 하더라도 세법에 특별한 규정이 있는 경우를 제외하고는 해당 처분의 집행에 효력을 미치지 아니한다(국기법 57 ①). 불복청구제도의 악용을 방지하기 위함이다.

★★ (2) 예외: 집행이 정지되는 경우

집행 부정지의 원칙에도 불구하고 다음의 경우에는 처분의 집행이 정지된다.

① 재결청이 인정하는 경우

해당 재결청이 처분의 집행 또는 절차의 속행 때문에 이의신청인, 심사청구인 또는 심판청구인에게 **중대한 손해가 생기는 것을 예방할 필요성이 긴급하다고 인정할 때에는 처분의 집행 또는 절차 속행의 전부 또는 일부의 정지**(이하 '집행정지')를 결정할 수 있다(국기법 57 ①). 재결청은 집행정지 또는 집행정지의 취소에 관하여 심리·결정하면 지체 없이 당사자에게 통지하여야 한다(국기법 57 ②).

② 압류한 재산의 공매

심판청구 등이 계속 중인 국세의 체납으로 압류한 재산은 그 신청 또는 청구에 대한 결정이나 소에 대한 판결이 확정되기 전에는 공매할 수 없다. 다만, 부패·변질 또는 감량되기 쉬운 재산으로서 속히 매각하지 아니하면 그 재산가액이 줄어들 우려가 있는 경우에는 이를 공매할 수 있다(국징법 66 ④, 67 ②).

오쌤 Talk

동일한 처분에 대한 중복제기

구분	송달방법
이의신청을 세무서장과 지방국세청장에게 중복 제기	지방국세청장에게 제기한 것으로 본다. 다만, 지방국세청장에게 제기한 이의신청이 청구기간을 경과하였을 때에는 청구기간 내에 세무서장에게 제기된 이의신청을 심리한다(국기통 55-0…5 ①).
이의신청과 심사청구를 중복제기	심사청구를 제기한 것으로 본다. 다만, 심사청구가 청구기간을 경과한 때에는 청구기간 내에 제기된 이의신청을 심리한다(국기통 55-0…5 ②).
이의신청 또는 심사청구와 「감사원법」에 따른 심사청구를 중복제기	감사원 심사청구를 제기한 것으로 본다. 다만, 감사원 심사청구가 청구기간을 경과한 때에는 청구기간 내에 제기된 이의신청 또는 심사청구를 심리한다(국기통 55-0…5 ③).

기출 OX

23. 심판청구는 세법에 특별한 규정이 있는 것을 제외하고는 그 결정이 있기 전까지 당해 과세처분의 집행을 정지시킨다. *2010. 9급*

정답 X

기출 OX

24. 이의신청, 심사청구 또는 심판청구는 세법에 특별한 규정이 있는 것을 제외하고는 해당 처분의 집행에 효력을 미치지 아니하나 해당 재결청이 필요하다고 인정할 때에는 그 처분의 집행을 정지하게 하거나 정지할 수 있다. *2016. 7급*

정답 O

25. 해당 재결청이 처분의 집행 또는 절차의 속행 때문에 이의신청인, 심사청구인 또는 심판청구인에게 중대한 손해가 생기는 것을 예방할 필요성이 긴급하다고 인정할 때에는 처분의 집행 또는 절차 속행의 전부 또는 일부의 정지를 결정할 수 있다. *2005. 7급*

정답 O

기출 OX

26. 불복을 하더라도 압류 및 공매의 집행에 효력을 미치지 아니하는 것이 원칙이다. *2019. 7급*

정답 X

7 불복청구 기타 사항 B

(1) 의견서·답변서의 송부

① 의견서

이의신청을 받은 세무서장·지방국세청장 또는 심사청구를 받은 국세청장은 처분의 근거·이유, 처분의 이유가 된 사실 등이 구체적으로 기재된 의견서를 해당 이의신청인 또는 심사청구인에게 송부하여야 한다(국기법 66 ⑧).

② 답변서

심판청구를 받은 조세심판원장은 지체 없이 그 부본을 그 처분을 하였거나 하였어야 할 세무서장에게 송부해야 하고, 심판청구서의 부본을 받은 자는 이를 받은 날부터 10일 이내에 그 심판청구서에 대한 답변서를 조세심판원장에게 제출하여야 한다(국기법 69 ③, ④). 답변서가 제출되면 지체 없이 그 부본을 해당 심판청구인에게 송부하여야 한다(국기법 69 ⑥).

(2) 증거서류 및 증거물

① 제출

이의신청인·심사청구인 또는 심판청구인은 송부받은 의견서나 답변서에 대하여 항변하기 위하여 증거서류나 증거물을 제출할 수 있다(국기법 63의2 ①).

② 기한

이의신청인·심사청구인 또는 심판청구인은 세무서장·지방국세청장·국세청장 또는 조세심판원장이 증거서류나 증거물에 대하여 기한을 정하여 제출할 것을 요구하는 경우 그 기한까지 해당 증거서류 또는 증거물을 제출하여야 한다(국기법 63의2 ②).

③ 부본 송부

지방국세청장·국세청장 또는 조세심판원장은 증거서류가 제출되면 증거서류의 부본을 지체 없이 해당 세무서장·지방국세청장 또는 피청구인에게 송부하여야 한다(국기법 63의2 ③).

★★ (3) 의견진술

① 신청

이의신청인·심사청구인 또는 심판청구인 또는 처분청(처분청의 경우는 심판청구에 한함)은 해당 재결청에 의견을 진술할 수 있다(국기법 58). 따라서 심판청구에 있어서 심판청구인뿐만 아니라 해당 처분청도 의견을 진술할 수 있는 것이다. 이 경우 진술하려는 자는 진술자의 주소 또는 거소 및 성명과 진술하려는 내용의 대강을 적은 문서로 해당 재결청에 신청하여야 한다(국기령 47 ①).

② 통지

신청을 받은 재결청은 출석일시 및 장소와 필요하다고 인정되는 진술시간을 정하여 국세심사위원회, 조세심판관회의 또는 조세심판관합동회의 개최일(이의신청의 경우에는 결정을 하는 날) 3일 전까지 신청인에게 통지를 하여 의견진술의 기회를 부여하여야 한다. 다만, 이의신청, 심사청구 또는 심판청구를 최초로 심의하는 경우에는 국세심사위원회 또는 조세심판관회의 회의개최일 7일 전까지 통지하여야 한다. 이 경우 의견진술은 진술하려는 의견을 기록한 문서의 제출로 갈음할 수 있다(국기령 47 ②, ⑤).

오쌤 Talk

의견진술권
① 이의신청
② 심사청구
③ 심판청구

기출 OX

27. 심판청구인은 자신의 심판청구와 관련하여 법령이 정하는 바에 따라 해당 재결청에 의견진술을 할 수 있지만, 처분청은 그러하지 않다. 2015. 9급

정답 X

③ 불복청구에 대한 결정과 효력

1 결정기관과 결정기간 B

★ (1) 이의신청

이의신청을 받은 **세무서장과 지방국세청장**은 그 신청을 받은 날부터 **30일 이내**에 각각 국세심사위원회의 **심의를 거쳐 결정**해야 한다. 다만, 이의신청인이 세무서장(또는 지방국세청장)으로부터 송부받은 이의신청의 대상이 된 처분에 대한 의견서에 대하여 30일의 결정기간 내에 항변하는 경우에는 이의신청을 받은 날부터 60일 이내에 결정해야 한다(국기법 66 ④, ⑦).

★★ (2) 심사청구

① 원칙

국세청장은 심사청구를 받으면 **그 청구를 받은 날부터 90일 이내**에 국세심사위원회의 의결에 따라 결정해야 한다(국기법 64 ①).

② 예외

심사청구기간이 지난 후에 제기된 심사청구 등 다음의 어느 하나에 해당하는 경우에는 그러하지 아니한다(국기령 53 ⑭).

> ㉠ 각하결정사유에 해당하는 경우
> ㉡ 심사청구금액이 5천만원 미만인 경우로서 해당 심사청구의 내용이 사실판단과 관련된 사항이거나 해당 심사청구의 내용과 유사한 심사청구에 대해 국세심사위원회의 심의를 거쳐 결정된 사례가 있는 경우.
> 다만, 다음의 어느 하나에 해당하는 경우는 제외한다.
>> ⓐ 국세심사위원회의 결정사항과 배치되는 새로운 조세심판, 법원 판결, 헌법재판소 결정, 기획재정부장관의 세법해석, 그 밖에 이에 준하는 심판·결정 또는 해석이 있는 경우
>> ⓑ 국세청장이 국세심사위원회의 심의를 거쳐 결정할 필요가 있다고 인정하는 경우

③ 재심의 요청

국세청장은 국세심사위원회 의결이 법령에 명백히 위반된다고 판단하는 경우 구체적인 사유를 적어 서면으로 국세심사위원회로 하여금 한 차례에 한정하여 다시 심의할 것을 요청할 수 있다(국기법 64 ②).

★ (3) 심판청구

조세심판원장이 심판청구를 받으면 **그 청구를 받은 날부터 90일 이내**에 **조세심판관회의**가 심리를 거쳐 결정한다(국기법 78 ①, 81).

기출 OX

28. 국세청장은 심사청구를 받으면 심사청구기간이 지난 후에 제기된 심사청구에 해당하는 경우에도 국세심사위원회의 의결에 따라 결정을 하여야 한다. 2023. 7급 최신

정답 X

2 불복청구에 대한 심리 B

★★ (1) 요건심리

① 의미

'요건심리'란 청구의 형식적 적법성에 대한 심리를 말한다. 즉, 불복사항, 불복청구인의 자격, 불복기간, 보정기간, 불복청구 방식 등의 요건을 심리한다.

② 보정 요구

세무서장·국세청장 또는 조세심판원장은 이의신청·심사청구 또는 심판청구의 내용이나 절차가 「국세기본법」 또는 세법에 적합하지 않거나 보정할 수 있다고 인정되면 다음의 기간을 정하여 보정할 것을 요구할 수 있다. 다만, 보정할 사항이 경미한 경우에는 직권으로 보정할 수 있다(국기법 63 ①, 66 ⑥, 81).

> ㉠ 이의신청, 심사청구의 경우: 20일 이내
> ㉡ 심판청구의 경우: 상당한 기간

이와 같은 보정기간은 청구기간 또는 결정기간에 산입하지 아니한다(국기법 63 ③).

③ 보정 방법

보정요구를 받은 이의신청인, 심사청구인 또는 심판청구인은 **보정할 사항을 서면으로 작성**하여 세무서장, 지방국세청장, 국세청장 또는 조세심판원장에게 제출하거나 **출석하여 보정할 사항을 말하고** 그 말한 내용을 국세청 소속 공무원이 기록한 서면에 서명 또는 날인함으로써 보정할 수 있다(국기법 63 ②, 66 ⑥, 81).

★ (2) 본안심리

불복청구가 적법하게 제기된 경우에는 이를 수리하여 본안에 대한 심리를 해야 한다.

3 결정의 종류 A

★★ (1) 각하 결정

'각하' 결정은 요건심리의 결과 청구가 형식적으로 부적법한 경우 본안심리를 하지 않고 청구 자체를 물리치는 과정을 말한다. 각하 결정을 한 경우에는 그 청구의 내용에 대하여는 심리하지 아니한다.

다음의 경우 **그 청구를 각하하는 결정을 한다**(국기법 65 ① (1), 국기령 52의2).

> ㉠ 심판청구를 제기한 후 심사청구를 제기한 경우(같은 날 제기한 경우도 포함)
> ㉡ 법에 정한 **청구기간이 지난 후**에 청구된 경우
> ㉢ 법에 정한 **보정기간에 필요한 보정을 하지 아니한 경우**
> ㉣ 이의신청, 심사청구, 심판청구가 적법하지 아니한 경우
> ㉤ 위의 경우와 유사한 경우로서 다음의 경우
>   ⓐ 이의신청, 심사청구, 심판청구의 대상이 되는 처분이 존재하지 않는 경우
>   ⓑ 이의신청, 심사청구, 심판청구의 대상이 되는 처분으로 권리나 이익을 침해당하지 않는 경우
>   ⓒ 대리인이 아닌 자가 대리인으로서 불복을 청구하는 경우

기출 OX

29. 국세청장은 심사청구의 내용이나 절차가 「국세기본법」 또는 세법에 적합하지 아니하나 보정(補正)할 수 있다고 인정되면 20일 이내의 기간을 정하여 보정할 것을 요구할 수 있고, 보정할 사항이 경미한 경우에는 직권으로 보정할 수 있다. 2020. 7급
정답 O

30. 국세청장이 심사청구의 내용이나 절차가 「국세기본법」 또는 세법에 적합하지 아니하여 20일 이내의 기간을 정하여 보정을 요구한 경우 보정기간은 심사청구기간에 산입하지 아니하나 심사청구에 대한 결정기간에는 산입한다. 2019. 7급
정답 X

오쌤 Talk

결정의 종류

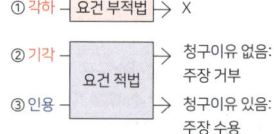

기출 OX

31. 심판청구를 제기한 후 심사청구를 제기한 경우에는 심사청구를 각하하는 결정을 한다. 2023. 7급 최신
정답 O

확인문제 최신

04. 「국세기본법」상 심사청구에 대한 결정에 관한 설명으로 옳은 것만을 모두 고르면? 2023. 9급

> ㄱ. 심판청구를 제기한 후 심사청구를 제기(같은 날 제기한 경우도 포함)한 경우에는 그 심사청구를 각하하는 결정을 한다.
> ㄴ. 심사청구 후 보정기간에 필요한 보정을 하지 아니한 경우에는 그 청구를 기각하는 결정을 한다.
> ㄷ. 심사청구가 이유 없다고 인정될 때에는 그 청구를 기각하는 결정을 한다.
> ㄹ. 심사청구가 적법하지 아니한 경우에는 그 청구를 각하하는 결정을 한다.

① ㄱ, ㄴ ② ㄴ, ㄷ
③ ㄱ, ㄴ, ㄹ ④ ㄱ, ㄷ, ㄹ

정답 ④

★★ (2) 기각 결정

'기각' 결정은 본안심리의 결과 청구가 이유 없다고 판단하여 청구인의 주장을 거부하는 결정을 말한다(국기법 65 ① (2)). 즉, 불복청구인의 주장을 받아들이지 아니하는 결정을 말한다.

★★ (3) 인용 결정

'인용' 결정은 본안심리의 결과 청구가 이유 있다고 판단하여 청구인의 주장을 받아들이는 결정을 말한다. 인용 결정은 다음 두 가지 결정이 있을 수 있다.

① 청구 대상이 된 처분의 취소·경정 결정 또는 필요한 처분의 결정

② 재조사 결정

> ㉠ 취소·경정 또는 필요한 처분을 하기 위하여 사실관계 확인 등 추가적으로 조사가 필요한 경우에는 처분청으로 하여금 이를 재조사하여 그 결과에 따라 취소·경정하거나 필요한 처분을 하도록 하는 재조사 결정을 할 수 있다(국기법 65 ① (3), 66 ⑥).
> ㉡ 재조사 결정이 있는 경우 처분청은 재조사 결정일로부터 60일 이내에 결정서 주문에 기재된 범위에 한정하여 조사하고, 그 결과에 따라 취소·경정하거나 필요한 처분을 하여야 한다. 이 경우 처분청은 국세기본법에 따라 조사를 연기하거나 조사기간을 연장하거나 조사를 중지할 수 있다(국기법 65 ⑤).
> ㉢ 처분청은 재조사 결과에 따라 청구의 대상이 된 처분의 취소·경정을 하거나 필요한 처분을 하였을 때에는 그 처분결과를, 당초의 처분을 취소·경정하지 않았을 때에는 그 사실을 지체 없이 서면으로 이의신청인, 심사청구인, 심판청구인 또는 과세전적부심사 청구인에게 통지하여야 한다(국기령 52의3).
> ㉣ 처분청은 재조사 결과 심사청구인의 주장과 재조사 과정에서 확인한 사실관계가 다른 경우 등의 다음의 어느 하나에 해당할 경우에는 해당 심사청구의 대상이 된 당초의 처분을 취소·경정하지 아니할 수 있다(국기법 65 ⑥).
> ⓐ 심사청구인의 주장과 재조사 과정에서 확인한 사실관계가 달라 당초의 처분을 유지할 필요가 있는 경우
> ⓑ 심사청구인의 주장에 대한 사실관계를 확인할 수 없는 경우

[불복청구에 대한 심리와 결정]

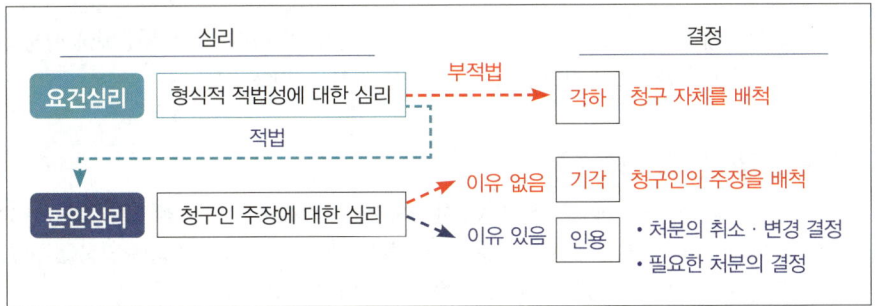

기출 OX

32. 취소·경정 또는 필요한 처분을 하기 위하여 사실관계 확인 등 추가적으로 조사가 필요한 경우에는 처분청으로 하여금 이를 재조사하여 그 결과에 따라 취소·경정하거나 필요한 처분을 하도록 하는 재조사 결정을 할 수 있다. 2023. 7급 최신
정답 O

33. 재조사 결정은 「국세기본법」에 규정되어 있지 아니하나 실무상 사용하고 있는 결정의 한 방식이다. 2021. 7급
정답 X

34. 재조사 결정이 있는 경우 처분청은 재조사 결정일로부터 60일 이내에 결정서 주문에 기재된 범위에 한정하여 조사하고, 그 결과에 따라 취소·경정하거나 필요한 처분을 하여야 한다. 2021. 7급
정답 O

확인문제 최신

05. 국세기본법령상 재조사 결정에 대한 설명으로 옳은 것은? 2024. 9급

① 심판청구에 대한 재조사 결정에 따른 처분청의 처분에 대해서는 심판청구와 그에 대한 결정을 거치지 아니하면 행정소송을 제기할 수 없다.
② 재조사 결과 심판청구인의 주장과 재조사 과정에서 확인한 사실관계가 다른 경우라 하더라도 심판청구의 대상이 된 당초의 처분을 취소·경정하여야 한다.
③ 재조사 결정이 있는 경우 처분청은 재조사 결정일로부터 90일 이내에 결정서 주문에 기재된 범위에 한정하여 조사하고, 그 결과에 따라 취소·경정하거나 필요한 처분을 하여야 한다.
④ 심판청구에 대한 재조사 결정에 따른 처분청의 처분에 대해서 심판청구를 거쳐 행정소송을 제기하는 경우 재조사 후 행한 처분청의 처분에 대하여 제기한 심판청구에 대한 결정의 통지를 받았다면 그 통지를 받은 날로부터 90일 이내에 행정소송을 제기하여야 한다.

정답 ④

4 결정의 통지 B

(1) 결정기간 내에 결정을 한 경우

이의신청·심사청구 또는 심판청구에 대한 결정을 한 때에는 **결정기간 내에 그 이유를 기재한 결정서로 불복청구인에게 통지하여야 한다**(국기법 65 ③, 66 ⑥, 81). 이 경우 이의신청·심사청구 또는 심판청구의 재결청은 결정서에 그 결정서를 받을 날부터 90일 이내에 이의신청인은 심사청구 또는 심판청구를, 심사청구인 또는 심판청구인은 행정소송을 제기할 수 있다는 내용을 적어야 한다(국기법 60 ①).

(2) 결정기간 내에 결정을 못한 경우

이의신청·심사청구 또는 심판청구의 재결청은 해당 신청 또는 청구에 대한 **결정기간이 지나도 그 결정을 하지 못하였을 때에는 이의신청인은 심사청구 또는 심판청구를, 심사청구인 또는 심판청구인은 행정소송 제기를 결정의 통지를 받기 전이라도 그 결정기간이 지난 날부터 할 수 있다는 내용을 서면으로 지체 없이 그 신청인 또는 청구인에게 통지해야 한다**(국기법 60 ②).

5 결정의 효력 B

(1) 불가변력

불복청구에 대한 결정은 일반 행정처분과는 달리 쟁송절차에 따라 행해진 판단행위이므로 **해당 재결청 자신도 이에 구속되며 스스로 결정을 철회하거나 변경하는 것이 허용되지 않는다**. 일단 결정이 외부에 표현된 이상 그에 대한 자유로운 변경을 인정하는 것은 법적 안정성을 해치기 때문이다.

(2) 불가쟁력

불복청구에 대한 결정에 대하여 **당사자가 일정한 청구기간 내에 다음 심급에 불복청구를 하지 않거나 일정한 제소기간 내에 행정소송을 제기하지 않는 경우에는 그 결정은 형식적으로 확정된다**. 그리하여 당연무효가 아닌 한, 더 이상 그 결정의 내용을 쟁송에 따라 다툴 수 없게 되는 효력이 생기게 된다.

(3) 기속력

불복청구에 대한 재결청의 결정은 관계 행정청을 기속한다. 따라서 **해당 행정청은 청구를 인용하는 재결청의 결정에 어긋나는 처분을 할 수 없다**.

6 결정내용의 경정 B

심사청구에 대한 결정에 잘못된 기재, 계산착오, 그 밖에 이와 비슷한 잘못이 있는 것이 명백한 때에는 국세청장은 직권으로 또는 심사청구인의 신청에 의하여 이를 경정할 수 있으며, 이 규정은 이의신청과 심판청구에도 준용한다(국기법 65의2 ①).

기출 OX

35. 이의신청, 심사청구 또는 심판청구의 재결청은 결정서에 그 결정서를 받은 날부터 90일 이내에 이의신청인은 심사청구 또는 심판청구를, 심사청구인 또는 심판청구인은 행정소송을 제기할 수 있다는 내용을 적어야 한다. 2016. 7급
정답 O

36. 국세처분에 관한 행정소송은 행정소송법의 규정에 불구하고 심사청구 또는 심판청구에 대한 결정의 통지를 받은 날로부터 90일 이내에 제기하여야 한다. 결정기간 내에 결정의 통지를 받지 못한 경우에는 행정소송을 제기할 수 없다. 2007. 9급
정답 X

오쌤 Talk
불가변력
각하결정은 요건심리만 하였을 뿐 내용심리를 하지 아니하였으므로 불가변력이라는 개념을 적용할 여지가 없다.

오쌤 Talk
불가쟁력
이의신청에서 기각결정을 받은 후 심사청구기간 내에 심사청구를 하지 아니하여 각하되면 그 후에는 재결청의 결정의 효력을 다툴 수 없게 된다.

기출 OX

37. 심사청구에 대한 결정에 잘못된 기재, 계산착오, 그 밖에 이와 비슷한 잘못이 있는 것이 명백한 때에는 국세청장은 직권으로 또는 심사청구인의 신청에 의하여 경정할 수 있다. 2023. 7급 최신
정답 O

④ 심판청구

1 결정의 절차 A

(1) 원칙: 조세심판관회의

① 결정

조세심판원장이 심판청구를 받았을 때에는 **조세심판관회의가 심리를 거쳐 결정**한다.

② 구성

조세심판원장은 심판청구를 받으면 이에 관한 조사와 심리(審理)를 담당할 주심조세심판관 1명과 배석조세심판관 2명 이상을 지정하여 조세심판관회의를 구성하게 한다.

③ 임기

상임조세심판관의 임기는 3년으로 하고 한 차례만 중임할 수 있으며, 비상임조세심판관의 임기는 3년으로 하고 한 차례만 연임할 수 있다(국기법 67 ⑤, ⑥).

또한 다음 어느 하나에 해당하는 경우가 아니라면 그 의사에 반하여 면직되거나 해촉되지 않는다. 다만, 원장인 조세심판관에는 임기 및 면직에 관한 규정을 적용하지 아니한다(국기법 67 ⑦, ⑧).

> ㉠ 심신쇠약 등으로 장기간 직무를 수행할 수 없게 된 경우
> ㉡ 직무와 관련된 비위사실이 있는 경우
> ㉢ 직무태만, 품위손상이나 그 밖의 사유로 조세심판관으로서 적합하지 아니하다고 인정되는 경우
> ㉣ 「국세기본법」상 회피사유에 해당하는데도 불구하고 회피하지 아니한 경우

④ 의결방법

조세심판관회의는 주심조세심판관이 그 의장이 되며, **담당 조세심판관 3분의 2 이상의 출석으로 개의하고 출석 조세심판관의 과반수의 찬성으로 의결**한다(국기법 72 ②, ③).

⑤ 비공개 원칙

조세심판관회의는 공개하지 아니한다. 다만, 조세심판관회의의장이 필요하다고 인정할 때에는 공개할 수 있다(국기법 72 ④).

 기출 OX

38. 조세심판청구에 대하여는 조세심판원장이 심판회의의 심리를 거쳐 결정한다. 2005. 7급
정답 X

39. 심판청구는 조세심판원장이 결정하는 것이 원칙이며, 필요한 경우 조세심판관회의의 심의를 거쳐 결정할 수 있다. 2004. 7급
정답 X

오쌤 Talk

국세심사위원회와 조세심판관회의

이의신청, 심사청구 및 과세전적부심사 청구사항을 심의 및 의결하기 위해 세무서, 지방국세청 및 국세청에 각각 국세심사위원회를 둔다.
① 이의신청에서는 국세심사위원회가 심의를 거치는 필요적 자문기관에 해당한다.
② 국세청장이 심사청구를 할 때는 국세심사위원회가 의결기관에 해당한다.
③ 조세심판원장이 심판청구를 받는 경우에는 조세심판관회의가 결정기관에 해당한다.

기출 OX

40. 조세심판관회의는 공개하지 않지만 조세심판관회의 의장이 필요하다고 인정하는 때에는 이를 공개할 수 있다. 2007. 7급
정답 O

확인문제

06. 조세불복 및 그 관련 제도에 대한 설명으로 옳은 것은? 2020. 9급
① 조세심판관회의는 조세심판관회의 의장이 필요하다고 인정할 때 이외에는 공개하지 아니한다.
② 행정소송이 계속 중인 국세의 체납으로 압류한 재산(부패·변질·감량되기 쉬운 재산이 아님)은 소(訴)에 대한 판결이 확정되기 전에 공매할 수 있다.
③ 조세심판원의 재조사결정에 따른 후속 처분에 대하여는 심사청구나 심판청구를 할 수 없다.
④ 납세의무자가 세법에 따른 과태료 부과처분의 취소를 구하는 심판청구를 한 경우 조세심판원은 그를 심리하여 인용 또는 기각의 결정을 하여야 한다.

정답 ①

★★ (2) 경미: 주심조세심판관

다음의 경우에는 조세심판관회의의 심리를 거치지 않고 **주심조세심판관이 심리하여 결정**할 수 있다(국기법 78 ①, 국기령 62).

> ㉠ 소액심판의 경우
>   심판청구금액이 **5천만원**(지방세의 경우는 2천만원) 미만의 것으로서 다음 중 하나에 해당하는 것
>   ⓐ 청구사항이 법령의 해석에 관한 것이 아닌 것
>   ⓑ 청구사항이 법령의 해석에 관한 것으로서 유사한 청구에 대하여 이미 조세심판관회의의 의결에 따라 결정된 사례가 있는 경우
>   ⓒ 각하 결정 사유 중 어느 하나에 해당하는 경우
> ㉡ 유사청구사례가 있는 경우
>   심판청구가 과세표준 또는 세액의 결정에 관한 것 외의 것으로서 유사한 청구에 대하여 이미 조세심판관회의의 의결에 따라 결정된 사례가 있는 경우
> ㉢ **청구기간이 지난 후에 심판청구를 받은 경우 등 각하사유에 해당하는 경우**

★★ (3) 중대사안: 조세심판관합동회의

조세심판원장과 상임조세심판관 모두로 구성된 회의의 의결이 다음 중 어느 하나에 해당한다고 인정하는 경우에는 **조세심판관합동회의가 심리를 거쳐 결정**한다(국기법 78 ②, 국기령 62의2 ②).

> ㉠ 해당 심판청구사건에 관하여 세법의 해석이 쟁점이 되는 경우로서 이에 관하여 종전의 조세심판원 결정이 없는 경우
> ㉡ **종전에 조세심판원에서 한 세법의 해석·적용을 변경하는 경우**
> ㉢ 조세심판관회의 간에 결정의 일관성을 유지하기 위한 경우
> ㉣ 해당 심판청구사건에 대한 결정이 다수의 납세자에게 동일하게 적용되는 등 국세행정에 중대한 영향을 미칠 것으로 예상되어 국세청장이 조세심판원장에게 조세심판관합동회의에서 심리하여 줄 것을 요청하는 경우
> ㉤ 그 밖에 해당 심판청구사건에 대한 결정이 국세행정이나 납세자의 권리·의무에 중대한 영향을 미칠 것으로 예상되는 경우

위 ㉣에 해당되어 국세청장이 조세심판관합동회의에서의 심리를 요청하는 경우에는 조세심판관회의의 개최 통지를 받기 전까지 기획재정부령으로 정하는 조세심판관합동회의 심리요청서를 조세심판원장에게 제출해야 한다(국기령 62의2 ⑥). 이때 국세청장은 이를 철회할 수 없다(국기령 62의2 ⑦).

조세심판관합동회의는 조세심판원장과 조세심판원장이 회의마다 지정하는 12명 이상 20명 이내의 상임조세심판관 및 비상임조세심판관으로 구성하되, 상임조세심판관과 같은 수 이상의 비상임조세심판관이 포함되어야 하며, 조세심판원장이 의장이 되어 그 심판사건에 관한 사무를 총괄한다(국기법 78 ③, ④).

기출 OX

41. 청구금액이 5천만원 이상이고 유사한 청구 사례가 없으며 각하사유에 해당하지 않는 경우에는 조세심판관회의가 심리를 거쳐 결정한다. 2015. 9급 수정
정답 O

오쌤 Talk

조세심판관합동회의
조세심판관합동회의 = 조세심판원장 + 상임조세심판관 모두 + 비상임조세심판관(상임과 동수 이상)
구성원 3분의 2 이상 출석으로 개의하고, 출석위원 과반수의 찬성으로 의결한다.

기출 OX

42. 조세심판관회의에서 종전에 조세심판원에서 한 세법의 해석·적용을 변경하는 의결을 할 때에는 조세심판관합동회의가 심리를 거쳐 결정한다. 2015. 9급
정답 O

> 참고

구분	국세심사위원회	조세심판관회의
성격	자문 또는 의결(심사청구에 한함)기관	결정기관
소속	국세청, 지방국세청, 세무서	국무총리
적용 대상	① 국세청에 두는 국세심사위원회: 심사청구 및 과세전적부심사 청구사항 ② 세무서 및 지방국세청에 두는 국세심사위원회: 이의신청 및 과세전적부심사 청구사항	심판청구
구성원 임기	2년(한 차례 연임가능)	3년(상임: 한 차례 중임 가능 비상임: 한 차례 연임 가능)
공개여부	원칙: 비공개 예외: 필요하다고 인정할 때에는 공개	
통지	국세심사위원회의 회의 소집 7일 전에 지정된 회의구성원(위원) 및 해당 청구인 또는 신청인에게 회의 소집 일시를 통지	개최일 14일 전까지 조세심판관회의의 일시 및 장소를 심판청구인과 처분청에 각각 통지

2 제척·회피 및 기피 B

★★ (1) 제척

조세심판관(또는 심판조사관)은 다음 중 **어느 하나에 해당하는 경우에는 심판관여로부터 제척된다**(국기법 73 ①).

> ㉠ 심판청구인 또는 대리인인 경우(대리인이었던 경우를 포함한다)
> ㉡ 위 ㉠에 규정된 사람의 친족이거나 친족이었던 경우 또는 위 ㉠에 규정된 사람의 사용인이거나 사용인이었던 경우(심판청구일을 기준으로 최근 5년 이내에 사용인이었던 경우로 한정)
> ㉢ 불복의 대상이 되는 처분, 처분에 대한 이의신청에 관하여 증언 또는 감정을 한 경우
> ㉣ 심판청구일 전 최근 5년 이내에 불복의 대상이 되는 처분, 처분에 대한 이의신청 또는 그 기초가 되는 세무조사(「조세범 처벌절차법」에 따른 조세범칙조사 포함)에 관여하였던 경우
> ㉤ 위 ㉢·㉣에 해당하는 법인·단체에 속하거나 심판청구일 전 최근 5년 이내에 속하였던 경우
> ㉥ 그 밖에 심판청구인 또는 그 대리인의 업무에 관여하거나 관여하였던 경우

★★ (2) 회피

조세심판관(또는 심판조사관)은 **자신에게 제척의 원인이 있을 때에는 주심조세심판관 또는 배석조세심판관의 지정에서 회피**해야 한다(국기법 73 ②).

 오쌤 Talk

제척·회피 및 기피
- **제척**: 법규정상 탈락
- **회피**: 조세심판관 스스로 탈락
- **기피**: 심판청구인의 청구로 탈락

기출 OX

43. 담당 조세심판관에게 공정한 심판을 기대하기 어려운 사정이 있다고 의심될 때에는 심판청구인은 그 조세심판관의 제척을 신청할 수 있다. 2022. 7급
정답 X

44. 심판청구인은 조세심판관에게 심판의 공정을 기대하기 어려운 사정이 있다고 인정되는 때에는 조세심판원장에게 회피신청을 할 수 있다. 2004. 9급
정답 X

확인문제

07. 「국세기본법」상 심판청구제도에 대한 설명으로 옳지 않은 것은?
2018. 7급

① 담당 조세심판관 외의 조세심판원 소속 공무원은 조세심판원장의 명에 따라 심판청구인의 장부나 서류의 제출을 요구할 수 있다.
② 심판청구는 「국세기본법」시행령으로 정하는 바에 따라 불복의 사유를 갖추어 그 처분을 하였거나 하였어야 할 세무서장이나 조세심판원장에게 하여야 한다.
③ 심판청구인 또는 처분청은 「국세기본법 시행령」으로 정하는 바에 따라 해당 재결청에 의견을 진술할 수 있다.
④ 청구기간이 지난 후에 심판청구를 받은 경우에는 조세심판관회의의 심리를 거치지 않고 주심조세심판관이 심리하여 결정할 수 있다.

정답 ①

08. 「국세기본법」상 심판청구에 대한 설명으로 옳은 것은? 2024. 7급 최신

① 심판청구는 해당 처분이 있음을 안 날(처분의 통지를 받은 때에는 그 받은 날)부터 60일 이내에 제기하여야 한다.
② 심판청구에 대한 결정을 하기 위하여 국세청 소속으로 조세심판원을 두고, 조세심판원은 그 권한에 속하는 사무를 독립적으로 수행한다.
③ 조세심판관회의는 담당 조세심판관 과반수 출석으로 개의(開議)하고, 출석조세심판관 3분의 2 이상의 찬성으로 의결한다.
④ 담당 조세심판관은 필요하다고 인정하면 여러 개의 심판사항을 병합하거나 병합된 심판사항을 여러 개의 심판사항으로 분리할 수 있다.

정답 ④

★★ (3) 기피

① 신청
담당 조세심판관(또는 심판조사관)에게 공정한 심판을 기대하기 어려운 사정이 있다고 인정될 때에는 심판청구인은 그 조세심판관(또는 심판조사관)의 기피를 신청할 수 있다(국기법 74 ①).

② 기간
기피신청은 담당 조세심판관(또는 심판조사관)의 지정 또는 변경통지를 받은 날부터 7일 내에 일정한 사항을 기재한 문서로 해야 한다(국기령 60). 조세심판원장은 기피신청이 이유 있다고 인정할 때에는 기피 신청을 승인해야 한다(국기법 74 ③).

3 심리원칙 B

★★ (1) 사건의 병합과 분리
조세심판관은 필요하다고 인정하면 여러 개의 심판사항을 병합하거나 병합된 심판사항을 여러 개의 심판사항으로 분리할 수 있다(국기법 75).

심판청구는 각각 개별적으로 심리함이 원칙이다. 그러나 심리할 사건이 서로 관련을 갖는 경우에는 심리의 중복을 피하고 판단의 일관성을 유지하기 위하여 사건을 병합할 수 있도록 하고, 하나의 심판청구가 상호 무관한 복수의 청구를 담고 있는 경우에는 이를 분리할 수 있도록 한 것이다.

★★ (2) 질문·검사권

① 담당 조세심판관
담당 조세심판관은 심판청구에 관한 조사와 심리를 위하여 필요하면 직권으로 또는 심판청구인의 신청에 의하여 다음의 행위를 할 수 있다(국기법 76 ①).

> ㉠ 심판청구인·처분청·관계인 또는 참고인에 대한 질문
> ㉡ 위 ㉠에 열거된 자의 장부·서류 그 밖의 물건의 제출 요구
> ㉢ 제출된 위 ㉡에 대한 검사 또는 감정기관에 대한 감정의뢰

② 담당 조세심판관 외의 소속 공무원
담당 조세심판관 외의 조세심판원 소속 공무원은 조세심판원장의 명에 따라 위 ㉠과 ㉢을 할 수 있다(국기법 76 ②). 즉 장부, 서류 그 밖의 물건의 제출 요구는 할 수 없다.

③ 심판청구인 주장의 인용 배제
심판청구인이 위 ①과 같은 요구를 정당한 사유 없이 따르지 아니하여 해당 심판청구의 전부 또는 일부에 대하여 심판하는 것이 현저히 곤란하다고 인정할 때는 그 부분에 관한 심판청구인의 주장을 인용하지 아니할 수 있다(국기법 76 ④).

★ (3) 사실판단(자유심증주의)

조세심판관은 심판청구에 관한 조사 및 심리의 결과와 과세형평을 고려하여 **자유심증으로 사실을 판단**한다(국기법 77).

★★ (4) 불고불리의 원칙

조세심판관회의(또는 조세심판관합동회의)는 심판청구에 대한 결정을 할 때 **심판청구를 한 처분 외의 처분에 대해서는 그 처분의 전부 또는 일부를 취소 또는 변경하거나 새로운 처분의 결정을 하지 못한다**(국기법 79 ①). 즉 심리와 심판은 심판청구의 대상이 된 처분에 국한한다는 것이다. 이러한 불고불리의 원칙은 이의신청과 심사청구에도 그대로 적용된다.

★★ (5) 불이익변경의 금지

조세심판관회의(또는 조세심판관합동회의)는 심판청구에 대한 결정을 할 때 **심판청구를 한 처분보다 청구인에게 불리한 결정을 하지 못한다**(국기법 79 ②). 이는 불복제도가 납세자의 권리구제제도라는 본질에 비추어 볼 때 당연히 시인되어야 하는 원칙이다. 이러한 불이익변경 금지의 규정은 이의신청과 심사청구에도 그대로 적용된다.

4 항고소송 제기사건의 통지 C

국세청장, 지방국세청장, 세무서장은 심판청구를 거쳐 「행정소송법」에 따른 항고소송이 제기된 사건에 대하여 그 내용이나 결과 등 다음의 사항을 반기마다 그 다음 달 15일까지 조세심판원장에게 알려야 한다(국기법 81).

> ㉠ 항고소송이 제기된 사건 목록과 해당 사건의 처리 상황 및 결과
> ㉡ 항고소송 결과 원고의 승소판결이 확정된 경우 그 판결문 사본

기출 OX

45. 조세심판관회의는 심판청구에 대한 결정을 할 때 심판청구를 한 처분 외의 처분에 대해서는 그 처분의 전부 또는 일부를 취소 또는 변경하거나 새로운 처분의 결정을 하지 못한다. 2022. 7급
정답 O

기출 OX

46. 심판청구에 대한 재조사결정의 취지에 따른 후속 처분이 심판청구를 한 당초 처분보다 납세자에게 불리하더라도 불이익변경금지원칙이 적용되지 아니하므로 후속 처분 중 당초 처분의 세액을 초과하는 부분은 위법하지 않다. 2019. 7급
정답 X

47. 심판청구에 대한 결정을 할 때에는 심판청구를 한 처분보다 청구인에게 불리한 결정을 하지 못한다. 2015. 9급
정답 O

48. 조세심판관회의는 심판청구를 한 처분 이외의 처분에 대하여는 불이익이 되는 결정을 하지 못하는 것을 원칙으로 하지만 특별한 사유가 있는 경우에는 그러하지 아니한다. 2005. 7급
정답 X

확인문제 최신

09. 「국세기본법」상 심사와 심판에 대한 설명으로 옳지 않은 것은? 2025. 9급
① 심판청구에 대한 결정이 있으면 해당 행정청은 결정의 취지에 따라 즉시 필요한 처분을 하여야 한다.
② 국세청장은 심사청구의 내용이나 절차가 「국세기본법」 또는 세법에 적합하지 아니하나 보정할 수 있다고 인정되면 20일 이내의 기간을 정하여 보정할 것을 요구할 수 있으며, 보정할 사항이 경미한 경우에는 직권으로 보정할 수 있다.
③ 동일한 처분에 대해서도 심사청구와 심판청구를 중복하여 제기할 수 있다.
④ 조세심판관회의 또는 조세심판관합동회의는 심판청구에 대한 결정을 할 때 심판청구를 한 처분 외의 처분에 대해서는 그 처분의 전부 또는 일부를 취소 또는 변경하거나 새로운 처분의 결정을 하지 못한다.

정답 ③

CHAPTER 09

납세자의 권리 및 보칙

1. 납세자의 권리
2. 과세전적부심사
3. 납세자 권리보호
4. 보칙

• **최신 8개년 출제 경향 분석**

01 납세자의 권리

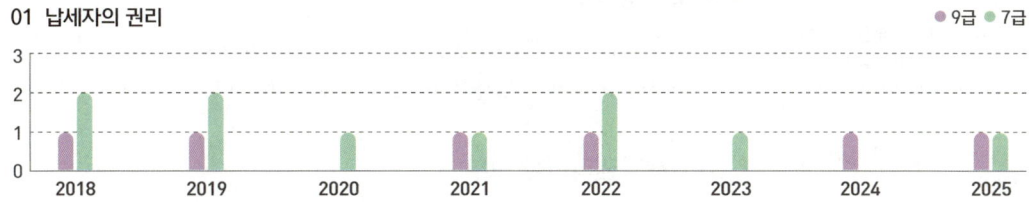

02 과세전적부심사

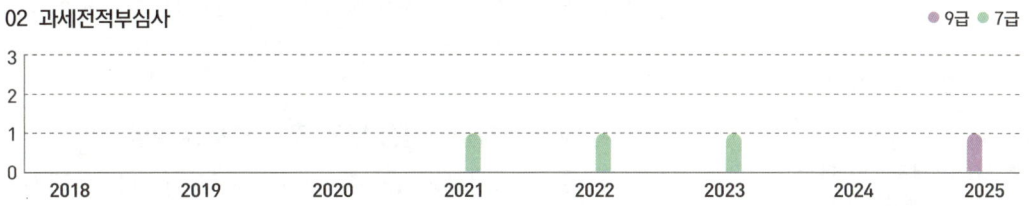

03 납세자 권리보호

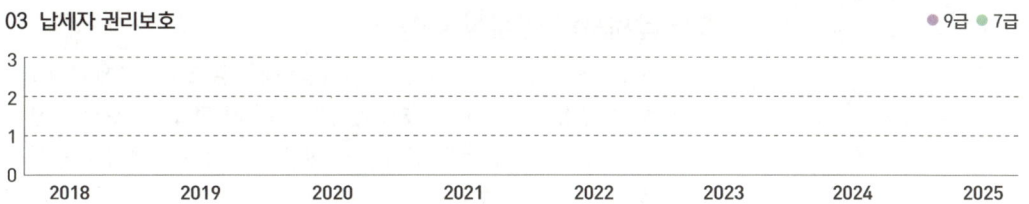

04 보칙

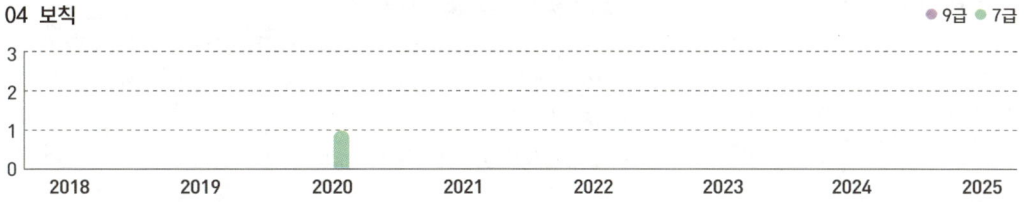

1 납세자의 권리

1 납세자권리헌장의 제정 및 교부 A

★ (1) 국세청장의 제정

국세청장은 납세자의 성실추정 등 규정된 사항과 그 밖의 납세자의 권리보호에 관한 사항을 포함하는 납세자권리헌장을 제정하여 고시해야 한다(국기법 81의2 ①).

★★ (2) 납세자권리헌장 교부

세무공무원은 다음 중 어느 하나에 해당하는 경우에는 이러한 납세자권리헌장의 내용이 수록된 문서를 납세자에게 내주어야 한다(국기법 81의2 ②).

> ㉠ 세무조사(「조세범 처벌절차법」에 따른 조세범칙조사를 포함)를 하는 경우
> ㉡ 사업자등록증을 발급하는 경우

★★ (3) 세무조사 시 납세자권리헌장 낭독 및 조사사유 설명

세무공무원은 세무조사를 시작할 때 조사원증을 납세자 또는 관련인에게 제시한 후 납세자권리헌장을 교부하고 그 요지를 직접 낭독해 주어야 하며, 조사사유, 조사기간, 납세자보호위원회에 대한 심의 요청사항·절차 및 권리구제 절차 등을 설명해야 한다(국기법 81의2 ③).

2 납세자의 성실성 추정 A

세무공무원은 납세자가 다음의 수시선정에 따른 조사사유에 해당하는 경우를 제외하고는 납세자가 성실하며 납세자가 제출한 신고서 등이 진실한 것으로 추정해야 한다(국기법 81의3). 따라서 과세당국은 납세자에 대한 구체적인 탈세제보 등이 있는 경우처럼 특별히 성실성 추정이 깨어지는 경우가 아니면 원칙적으로 세무조사를 할 수 없다는 것이다.

> **수시선정에 따른 조사사유**
> ① 납세의무 불이행: 납세자가 세법에서 정하는 신고, 성실신고확인서의 제출, 세금계산서 또는 계산서의 작성·교부·제출, 지급명세서의 작성·제출 등의 납세협력의무를 이행하지 아니한 경우
> ② 무자료·위장·가공거래: 무자료거래, 위장·가공거래 등 거래내용이 사실과 다른 혐의가 있는 경우
> ③ 탈세제보: 납세자에 대한 구체적인 탈세제보가 있는 경우
> ④ 탈루나 오류혐의: 신고내용에 탈루나 오류의 혐의를 인정할 만한 명백한 자료가 있는 경우
> ⑤ 금품제공: 납세자가 세무공무원에게 직무와 관련하여 금품을 제공하거나 금품제공을 알선한 경우

확인문제

01. 국세기본법상 세무공무원이 납세자권리헌장의 내용이 수록된 문서를 납세자에게 내주어야 하는 경우에 해당하지 않는 것은? 2018. 7급
① 조세범처벌절차법에 따른 조세범칙조사를 하는 경우
② 납세자가 경정청구를 하는 경우
③ 사전통지없이 세무조사를 하는 경우
④ 사업자등록증을 발급하는 경우

정답 ②

기출 OX

01. 세무공무원은 세무조사를 시작할 때 조사원증을 납세자 또는 관련인에게 제시한 후 납세자권리헌장을 교부하고 그 요지를 직접 낭독해 주어야 하며, 조사사유, 조사기간, 납세자보호위원회에 대한 심의 요청사항·절차 및 권리구제 절차 등을 설명하여야 한다. 2022. 7급
정답 O

02. 세무공무원은 납세자에 대한 구체적인 탈세 제보가 있는 경우 등 법 소정 사유에 해당하는 경우를 제외하고는 납세자가 성실하며 납세자가 제출한 신고서 등이 진실한 것으로 추정하여야 한다. 2019. 9급·2023. 7급 [최신]
정답 O

03. 세무공무원은 납세자가 세법에서 정하는 신고 등의 납세협력의무를 이행하지 아니한 경우에도 납세자가 성실하며 납세자가 제출한 신고서 등이 진실한 것으로 추정하여야 한다. 2016. 9급
정답 X

확인문제

02. 「국세기본법」상 납세자의 성실성 추정에서 제외되는 사유로 옳지 않은 것은? 2013. 7급
① 무자료거래, 위장·가공거래 등 거래내용이 사실과 다른 혐의가 있는 경우
② 납세자에 대한 구체적인 탈세제보가 있는 경우
③ 납세자가 세법이 정하는 신고를 이행하지 아니한 경우
④ 국세청장이 납세자의 신고내용에 대한 정기적인 성실도 분석결과 불성실 혐의가 있다고 인정하는 경우

정답 ④

3 세무조사권 남용금지 A

(1) 세무조사의 남용금지

세무공무원은 적정하고 공평한 과세를 실현하기 위하여 필요한 최소한의 범위에서 세무조사(「조세범 처벌절차법」에 따른 조세범칙조사를 포함)를 해야 하며, 다른 목적 등을 위하여 조사권을 남용해서는 안 된다(국기법 81의4 ①).

(2) 중복조사 금지

세무공무원은 다음 중 어느 하나에 해당하는 경우가 아니면 같은 세목 및 같은 과세기간에 대하여 재조사를 할 수 없다(국기법 81의4 ②, 국기령 63의2). 이는 동일한 사항에 대해 납세자가 재차 조사를 받지 않아도 된다는 의미이며, 만약 재조사를 받음으로써 불이익을 받을 경우 이를 근거로 불복을 청구할 수 있는 원칙이다.

단, 다음의 경우 같은 세목 및 같은 과세기간에 대하여 재조사할 수 있다.

> **재조사 예외사항**
> ㉠ ⓐ 불복청구의 인용결정 중 재조사 결정에 따라 조사를 하는 경우[결정서 주문(主文)에 기재된 범위의 조사에 한정한다] 또는 ⓑ 과세전적부심사 청구의 채택결정 중 재조사 결정에 따라 조사를 하는 경우[결정서 주문(主文)에 기재된 범위의 조사에 한정한다]
> ㉡ 국세환급금의 결정을 위한 확인조사를 하는 경우
> ㉢ 거래상대방에 대한 조사가 필요한 경우
> ㉣ 2개 이상의 과세기간과 관련하여 잘못이 있는 경우
> ㉤ 부분조사(특정사항에 대한 확인을 위하여 필요한 부분에 한정한 조사를 말한다)를 실시한 후 해당 조사에 포함되지 않는 부분에 대하여 조사하는 경우
> ㉥ 과세관청 외의 기관이 직무상 목적을 위하여 작성하거나 취득해 과세관청에 제공한 자료의 처리를 위해 조사하는 경우
> ㉦ 조세탈루의 혐의를 인정할 만한 명백한 자료가 있는 경우
> ㉧ 「조세범 처벌절차법(제2조)」에 따른 조세범칙행위의 혐의를 인정할 만한 명백한 자료가 있는 경우 (다만, 해당 자료에 대하여 조세범칙조사심의위원회가 조세범칙조사의 실시에 관한 심의를 한 결과 조세범칙행위의 혐의가 없다고 의결한 경우에는 조세범칙행위의 혐의를 인정할 만한 명백한 자료로 인정하지 않는다)
> ㉨ 납세자가 세무공무원에게 직무와 관련하여 금품을 제공하거나 금품제공을 알선한 경우
> ㉩ 부동산투기 등 경제질서 교란 등을 통한 세금탈루 혐의가 있는 자에 대하여 일제조사를 하는 경우

(3) 최소한의 범위에서 장부 등 제출요구

세무공무원은 세무조사를 하기 위하여 필요한 최소한의 범위에서 장부 등의 제출을 요구해야 하며, 조사대상 세목 및 과세기간의 과세표준과 세액의 계산과 관련 없는 장부 등의 제출을 요구해서는 안 된다(국기법 81의4 ③).

(4) 공정한 세무조사 저해행위 금지

누구든지 세무공무원으로 하여금 법령을 위반하게 하거나 지위 또는 권한을 남용하게 하는 등 공정한 세무조사를 저해하는 행위를 해서는 안 된다(국기법 81의4 ④).

기출 OX

04. 세무공무원은 적정하고 공평한 과세를 실현하기 위하여 필요한 최소한의 범위에서 세무조사를 하여야 한다. 2020. 7급·2023. 7급 최신
정답 O

기출 OX

05. 과세전적부심사에 따른 재조사 결정에 의한 조사(결정서 주문에 기재된 범위의 조사에 한정)를 하는 경우 같은 세목 및 같은 과세기간에 대하여 재조사를 할 수 없다. 2021. 7급
정답 X

06. 세무공무원은 거래 상대방에 대한 조사가 필요한 경우에도 같은 세목 및 같은 과세기간에 대하여 재조사를 할 수 없다. 2023. 7급 최신
정답 X

07. 세무공무원은 부분조사를 실시한 후 해당 조사에 포함되지 아니한 부분에 대하여 조사하는 경우에는 같은 세목 및 같은 과세기간에 대하여 재조사를 할 수 있다. 2020. 7급
정답 O

08. 세무공무원은 납세자가 세무공무원에게 직무와 관련하여 금품을 제공한 경우에는 같은 세목 및 같은 과세기간에 대해서 재조사할 수 있다. 2019. 9급
정답 O

09. 세무공무원은 세무조사를 하기 위하여 필요한 최소한의 범위에서 장부등의 제출을 요구하여야 하며, 조사대상 세목 및 과세기간의 과세표준과 세액의 계산과 관련 없는 장부 등의 제출을 요구해서는 아니 된다. 2020. 7급
정답 O

확인문제

03. 「국세기본법」상 같은 세목 및 같은 과세기간에 대하여 재조사를 할 수 있는 경우에 해당하지 않는 것은? 2022. 7급
① 납세자가 세무공무원에게 직무와 관련 없이 금품을 제공하거나 금품제공을 알선한 경우
② 거래상대방에 대한 조사가 필요한 경우
③ 조세탈루의 혐의를 인정할 만한 명백한 자료가 있는 경우
④ 국세기본법 제81조의11제3항에 따른 부분조사를 실시한 후 해당 조사에 포함되지 아니한 부분에 대하여 조사하는 경우

정답 ①

기출 OX

10. 납세자는 세무조사를 받는 경우에 세무사로 하여금 조사에 참여하게 하거나 의견을 진술하게 할 수 있다. 2019. 9급
정답 O

11. 납세자는 세무조사(「조세범 처벌절차법」에 따른 조세범칙조사를 포함한다)를 받는 경우에 변호사로 하여금 조사에 참여하게 하거나 의견을 진술하게 할 수 없다. 2024. 7급 [최신]
정답 X

12. 납세자는 소득세·법인세·부가가치세의 과세표준과 세액을 결정하거나 경정하기 위한 실지조사를 받는 경우에 변호사·공인회계사·세무사로 하여금 조사에 입회하거나 의견을 진술하게 할 수 있다. 2009. 9급
정답 O

기출 OX

13. 세무조사는 납세지 관할 세무서장 또는 지방국세청장이 수행하지만, 납세자의 주된 사업장이 납세지와 관할을 달리하는 경우에는 국세청장(같은 지방국세청 소관 세무서 관할 조정의 경우에는 지방국세청장)이 그 관할을 조정할 수 있다. 2021. 7급
정답 O

확인문제

04. 「국세기본법」상 정기선정 세무조사 사유로 옳지 않은 것은? 2009. 7급
① 국세청장이 납세자의 신고내용에 대하여 과세자료, 세무정보 및 감사의견, 외부감사 실시내용 등 회계성실도 자료 등을 고려하여 정기적인 성실도 분석결과 불성실 혐의가 있다고 인정하는 경우
② 최근 4과세기간(또는 4사업연도) 이상 동일세목의 세무조사를 받지 아니한 납세자에 대하여 업종, 규모 등을 고려하여 대통령령이 정하는 바에 따라 신고 내용이 적정한지를 검증할 필요가 있는 경우
③ 신고내용에 탈루나 오류의 혐의를 인정할 만한 명백한 자료가 있는 경우
④ 무작위추출방식에 의하여 표본조사를 하려는 경우

정답 ③

4 세무조사 시 조력을 받을 권리 A

납세자는 세무조사(「조세범 처벌절차법」에 따른 조세범칙조사를 포함)를 받는 경우에 변호사, 공인회계사, 세무사로 하여금 조사에 참여하게 하거나 의견을 진술하게 할 수 있다(국기법 81의5).

5 세무조사 관할 B

세무조사는 납세지 관할 세무서장 또는 지방국세청장이 수행한다. 다만, 납세자의 주된 사업장 등이 납세지와 관할을 달리하거나 납세지 관할 세무서장 또는 지방국세청장이 세무조사를 수행하는 것이 부적절한 경우 등 다음의 사유에 해당하는 경우에는 국세청장(같은 지방국세청 소관 세무서 관할 조정의 경우에는 지방국세청장)이 그 관할을 조정할 수 있다(국기법 81의 6 ①, 국기령 63의 3).

> **국세청장이 관할을 조정하는 경우**
> ⊙ 납세자가 사업을 실질적으로 관리하는 장소의 소재지와 납세지가 관할을 달리하는 경우
> ⊙ 일정한 지역에서 주로 사업을 하는 납세자에 대하여 공정한 세무조사를 실시할 필요가 있는 경우 등 납세지 관할 세무서장 또는 지방 국세청장이 세무조사를 수행하는 것이 부적절하다고 판단되는 경우
> ⊙ 세무조사 대상 납세자와 출자관계에 있는 자, 거래가 있는 자 또는 특수관계인에 해당하는 자 등에 대한 세무조사가 필요한 경우
> ⊙ 세무관서별 업무량과 세무조사 인력 등을 고려하여 관할을 조정할 필요가 있다고 판단되는 경우

6 세무조사 대상자 선정 A

(1) 정기선정에 의한 조사: 정기조사

세무공무원은 다음 어느 하나에 해당하는 경우에 정기적으로 신고의 적정성을 검증하기 위하여 대상을 선정, 즉 정기선정하여 세무조사를 할 수 있다. 이 경우 세무공무원은 객관적 기준에 따라 공정하게 그 대상을 선정해야 한다(국기법 81의6 ②).

> **정기조사 대상자**
> ① **불성실혐의**: 국세청장이 납세자의 신고 내용에 대하여 과세자료, 세무정보 및 「주식회사의 외부감사에 관한 법률」에 따른 감사의견, 외부감사 실시내용 등 회계성실도 자료 등을 고려하여 정기적으로 성실도를 분석한 결과 불성실 혐의가 있다고 인정하는 경우
> ② **장기미조사자**: 최근 4과세기간 이상 같은 세목의 세무조사를 받지 않은 납세자(장기미조사자)에 대하여 업종, 규모 등을 고려하여 신고 내용이 적정한지를 검증할 필요가 있는 경우
> ③ **표본조사**: 무작위추출방식으로 표본조사를 하려는 경우

그러나 세무공무원은 **소규모 성실사업자에 대해서는 이러한 정기선정에 따른 세무조사를 하지 않을 수 있다**. 다만, 객관적인 증거자료에 의하여 과소신고한 것이 명백한 경우에는 그렇지 않다(국기법 81의6 ⑤).

> **참고**
>
> **소규모 성실사업자**
>
> 다음의 요건을 모두 갖춘 자에 해당한다.
>
> 1. 업종별 수입금액이 일정한 금액 이하인 자
>   - ㉠ 개인: 「소득세법」상 간편장부대상자
>   - ㉡ 법인: 해당 법인의 수입금액이 3억원 이하인 자
>
> 2. 장부기록 등이 다음의 요건을 모두 갖춘 경우
>   - ㉠ 복식부기방식으로 장부를 기록·관리하면서 업종별 평균수입금액 증가율 등을 고려하여 국세청장이 정해 고시하는 수입금액 등의 신고기준에 해당할 것
>   - ㉡ 과세기간 개시 이전에 신용카드가맹점 또는 현금영수증가맹점으로 가입하고 해당 과세기간에 발급거부 및 허위발급의 행위를 하지 않을 것
>   - ㉢ 사업용계좌를 개설하여 사용할 것(개인만 해당)
>   - ㉣ 해당 과세기간의 법정신고납부기한 종료일 현재 최근 3년간 조세범으로 처벌받은 사실이 없으면서 해당 과세기간의 법정신고납부기한 종료일 현재 국세의 체납사실이 없을 것
>   - ㉤ 「부가가치세법」에 따른 전자세금계산서와 「소득세법」에 따른 전자계산서를 발급하고, 「부가가치세법」 또는 「소득세법」에 따른 가산세(세금계산서 및 계산서 관련 가산세로 한정)의 부과 대상이 되지 않을 것
>   - ㉥ 「법인세법 시행령」에 따른 지출증명서류 합계표를 작성하여 보관할 것[직전 사업연도의 수입금액(사업연도가 1년 미만인 경우는 제외)이 1억원을 초과하는 법인인 사업자만 해당]

(2) 정기선정 이외의 조사: 수시조사

세무공무원은 정기선정에 의한 조사 외에 **납세자의 성실성 추정 배제사유에 해당하는 경우에는 세무조사를 할 수 있다**(국기법 81의6 ③).

(3) 과세표준과 세액의 결정을 위한 세무조사

세무공무원은 **과세관청의 조사결정에 따라 과세표준과 세액이 확정되는 세목의 경우 과세표준과 세액을 결정하기 위하여 세무조사를 할 수 있다**(국기법 81의6 ④).

> **참고**
>
> **성실성추정 배제 사유(= 수시선정에 따른 조사 사유)**
>
> ① **납세의무 불이행**: 납세자가 세법에서 정하는 신고, 성실신고확인서의 제출, 세금계산서 또는 계산서의 작성·교부·제출, 지급명세서의 작성·제출 등의 납세협력의무를 이행하지 아니한 경우
> ② **무자료·위장·가공거래**: 무자료거래, 위장·가공거래 등 거래내용이 사실과 다른 혐의가 있는 경우
> ③ **탈세제보**: 납세자에 대한 구체적인 탈세제보가 있는 경우
> ④ **탈루나 오류혐의**: 신고내용에 탈루나 오류의 혐의를 인정할 만한 명백한 자료가 있는 경우
> ⑤ **금품제공**: 납세자가 세무공무원에게 직무와 관련하여 금품을 제공하거나 금품제공을 알선한 경우

기출 OX

14. 정기선정하여 세무조사를 하는 경우 세무공무원은 객관적 기준에 따라 공정하게 그 대상을 선정하여야 한다.
    2014. 9급
    정답 O

기출 OX

15. 납세자가 세법이 정하는 신고 등의 납세협력의무를 이행하지 아니한 경우 정기선정에 의한 조사 외에 세무조사를 실시할 수 있다.
    2014. 7급
    정답 O

16. 세무공무원은 과세관청의 조사결정에 의하여 과세표준과 세액이 확정되는 세목의 경우 과세표준과 세액을 결정하기 위하여 세무조사를 할 수 있다.
    2014. 9급
    정답 O

17. 세무공무원은 과세관청의 조사결정에 의하여 과세표준과 세액이 확정되는 세목의 경우 과세표준과 세액을 결정하기 위한 세무조사를 할 수 없다.
    2024. 7급 **최신**
    정답 X

확인문제

05. 「국세기본법령」상 세무조사 관할 및 대상자 선정에 대한 설명으로 옳지 않은 것은? 2017. 7급

① 세무공무원은 과세관청의 조사결정에 의하여 과세표준과 세액이 확정되는 세목의 경우 과세표준과 세액을 결정하기 위하여 세무조사를 할 수 있다.
② 정기선정에 의한 세무조사의 경우 세무공무원은 객관적 기준에 따라 공정하게 그 대상을 선정하여야 한다.
③ 국세청장이 납세자의 신고 내용에 대하여 정기적으로 성실도를 분석한 결과 불성실 혐의가 있다고 인정하는 경우에 세무공무원은 정기적으로 신고의 적정성을 검증하기 위하여 대상을 선정하여 세무조사를 할 수 있다.
④ 납세자가 사업을 실질적으로 관리하는 장소의 소재지와 납세지가 관할을 달리하지만 각각을 관할하는 세무서가 같은 지방국세청 소관인 경우 국세청장이 세무조사의 관할을 조정하여야 한다.

정답 ④

7 세무조사의 통지와 연기신청 등 A

(1) 사전통지

① 원칙

세무공무원은 세무조사를 하는 경우에는 조사를 받을 납세자에게 조사를 시작하기 20일(이의신청·심사청구·심판청구·과세전적부심사에 대한 재조사 결정으로 재조사를 하는 경우에는 7일)NEW 전에 조사대상 세목, 과세기간, 조사기간 및 조사 사유 등을 문서로 통지(이하 '사전통지')해야 한다(국기법 81의7 ①).

② 예외

사전통지를 하면 증거인멸 등으로 조사 목적을 달성할 수 없다고 인정되는 경우에는 사전통지를 하지 않을 수 있다(국기법 81의7 ①).

(2) 세무조사통지서

세무공무원은 위 (1)의 ②에 따라 사전통지를 하지 아니하고 세무조사를 개시할 때 사전통지 사항, 사전통지를 하지 않은 사유 등이 포함된 세무조사통지서를 세무조사를 받을 납세자에게 교부해야 한다.

다만, 다음의 경우에는 그러하지 아니한다(국기법 81의7 ⑥, 국기령 63의6 ②).

> **세무조사 개시 시 통지서 교부 배제 사유**
> ㉠ 폐업: 납세자가 세무조사 대상이 된 사업을 폐업한 경우
> ㉡ 주소 불명: 납세관리인을 정하지 않고 국내에 주소 또는 거소를 두지 않는 경우
> ㉢ 수령 거부: 납세자 또는 납세관리인이 세무조사통지서 수령을 회피하거나 거부하는 경우

(3) 연기신청 및 조사 개시

① 연기신청

사전통지를 받은 납세자가 다음 중 어느 하나에 해당하는 사유로 조사를 받기 곤란한 경우에는 관할 세무관서의 장에게 조사를 연기해 줄 것을 신청할 수 있다(국기법 81의7 ②, 국기령 63의7 ①). 이러한 세무조사의 연기신청을 받은 관할 세무관서의 장은 연기신청 승인 여부를 결정하고 그 결과(연기 결정 시 연기한 기간을 포함)를 조사 개시 전까지 통지해야 한다(국기법 81의7 ③).

> **세무조사 연기 사유**
> ㉠ 천재지변
> ㉡ 화재, 그 밖의 재해로 사업상 심각한 어려움이 있을 때
> ㉢ 납세자 또는 납세관리인의 질병·장기출장 등으로 세무조사가 곤란하다고 판단될 때
> ㉣ 권한 있는 기관에 장부, 증거서류가 압수되거나 영치되었을 때
> ㉤ 위 ㉡ ~ ㉣에 준하는 사유가 있을 때

기출 OX

18. 세무공무원은 국세에 관한 조사를 위하여 당해 장부·서류 기타 물건을 조사하는 경우에는 조사를 받을 납세자에게 조사개시 7일 전에 조사대상 세목, 과세기간, 조사기간, 조사사유 및 기타 사항을 통지하여야 한다. 2009. 9급
정답 X

19. 세무공무원이 세무조사를 실시하기 전 조사기간, 과세기간, 조사대상 세목, 과세기간 등을 납세자에게 사전통지해야 하는 경우에는 조사를 시작하기 20일(이의신청 등에 대한 재조사 결정으로 재조사를 하는 경우에는 7일) 전에 전에 그 통지를 해야 한다. 2018. 7급 수정
정답 O

20. 세무공무원이 세무조사를 하는 경우에는 조사를 받을 납세자에게 조사를 시작하기 10일 전에 조사대상 세목, 과세기간, 조사기간 및 조사사유 등을 사전통지 하여야 한다. 2018. 9급
정답 X

21. 증거인멸 등으로 조사 목적을 달성할 수 없다고 인정되는 경우를 제외하고, 세무공무원은 세무조사를 하는 경우에는 조사를 받을 납세자에게 조사를 시작하기 20일(이의신청 등에 대한 재조사 결정으로 재조사를 하는 경우에는 7일) 전에 전에 조사대상 세목, 과세기간, 조사기간 및 조사사유, 그 밖에 법령이 정하는 사항을 통지하여야 한다. 2019. 7급
정답 O

기출 OX

22. 세무조사의 사전통지를 받은 납세자가 장기출장을 사유로 조사를 받기 곤란한 경우에는 조사의 연기를 신청할 수 있다. 2016. 9급
정답 O

② 세무조사 개시

관할 세무관서의 장은 다음 어느 하나에 해당하는 사유가 있는 경우에는 위 ①에 따라 연기한 기간이 만료되기 전에 조사를 개시할 수 있다(국기법 81의7 ④).

> ㉠ 위 ①의 ㉠~㉤에 따른 세무조사 연기 사유가 소멸한 경우
> ㉡ 조세채권을 확보하기 위하여 조사를 긴급히 개시할 필요가 있다고 인정되는 경우

③ 통지

㉠ 관할 세무관서의 장은 위 ②의 ㉠의 사유(연기 사유가 소멸한 경우)로 조사를 개시하려는 경우에는 조사를 개시하기 5일 전까지 조사를 받을 납세자에게 연기 사유가 소멸한 사실과 조사기간을 통지하여야 한다(국기법 81의7 ⑤).

㉡ 세무공무원은 위 ②의 ㉡의 사유로 조사를 개시할 때 조사를 긴급히 개시하여야 하는 사유가 포함된 세무조사통지서를 세무조사를 받을 납세자에게 교부하여야 한다. 다만, 위 (2)의 [세무조사 개시 시 통지서 교부 배제 사유]에 해당하는 경우에는 그러하지 아니하다(국기법 81의7 ⑥).

8 세무조사 기간 A

(1) 일반

① 원칙

세무공무원은 조사대상 세목·업종·규모, 조사 난이도 등을 고려하여 세무조사 기간이 최소한이 되도록 해야 한다(국기법 81의8 ①).

② 조사기간 연장 사유

다음 중 어느 하나에 해당하는 경우에는 **세무조사 기간을 연장할 수 있다**(국기법 81의8 ①). 한편 세무공무원은 세무조사 기간을 연장하는 경우에는 **연장 사유와 기간을 납세자에게 문서로 통지**해야 한다(국기법 81의8 ⑦).

> **세무조사 기간 연장 사유**
>
> ㉠ 세금탈루혐의 포착 시: 세금탈루 혐의가 포착되거나 조사 과정에서 「조세범 처벌절차법」에 따른 조세범칙조사를 개시하는 경우
> ㉡ 천재지변 등: 천재지변이나 노동쟁의로 조사가 중단되는 경우
> ㉢ 현지확인이 필요한 경우: **거래처 조사 또는 거래처 현지확인 및 금융거래 현지확인이 필요한 경우**
> ㉣ 조사기피 행위 시: **납세자가 장부·서류 등을 은닉하거나 제출을 지연하거나 거부하는 등 조사를 기피하는 행위가 명백한 경우**
> ㉤ 세무조사 대상자의 연장신청 + 납세자보호관 등의 인정: 세무조사 대상자가 세금탈루혐의에 대한 해명을 위하여 세무조사 기간의 연장을 신청한 경우로서 납세자보호관 등이 이를 인정하는 경우
> ㉥ 납세자보호관 등의 추가적인 사실 확인이 필요: 납세자보호관 또는 담당관(이하 '납세자보호관 등')이 세금탈루혐의와 관련하여 추가적인 사실 확인이 필요하다고 인정하는 경우

기출 OX

23. 세무공무원은 조사대상 세목, 업종, 규모, 조사 난이도 등을 고려하여 세무조사 기간이 최소한이 되도록 정하여야 하되, 거래처 조사가 필요한 경우에는 세무조사기간을 연장할 수 있다.
2012. 9급
정답 O

기출 OX

24. 납세자가 조사를 기피하는 행위가 명백한 경우 세무공무원은 세무조사 기간을 연장할 수 있다.
2014. 9급
정답 O

25. 세무공무원은 납세자가 장부·서류 등의 제출거부 등 조사를 기피하는 행위가 명백한 경우 세무조사 기간을 연장할 수 있다.
2014. 7급
정답 O

확인문제

06. 「국세기본법령」상 세무조사 기간의 연장 사유에 해당하지 않는 것은?
2021. 9급

① 납세자가 장부·서류 등을 은닉하거나 제출을 지연하거나 거부하는 등 조사를 기피하는 행위가 명백한 경우
② 거래처 조사, 거래처 현지확인 또는 금융거래 현지확인이 필요한 경우
③ 세금탈루 혐의가 포착되거나 조사 과정에서 「조세범 처벌절차법」에 따른 조세범칙조사를 개시하는 경우
④ 국외자료의 수집·제출 또는 상호합의절차 개시에 따라 외국 과세기관과의 협의가 필요한 경우

정답 ④

(2) 세무조사 기간의 제한

① 대상 및 제한기간
세무공무원은 세무조사 기간을 정할 경우 **조사대상 과세기간 중 연간 수입금액 또는 양도가액이 가장 큰 과세기간의 연간 수입금액 또는 양도가액이 100억원 미만인 납세자에 대한 세무조사 기간은 20일 이내로 한다**(국기법 81의8 ②).

② 연장 요건
위의 '조사기간 연장사유'로 연장하는 경우로서 **최초로 연장하는 경우에는 관할 세무관서의 장의 승인**을 받아야 하고, 2회 이후 연장의 경우에는 관할 상급 세무관서의 장의 승인을 받아 각각 20일 이내에서 연장할 수 있다(국기법 81의8 ③).

(3) 세무조사 기간 및 연장기간의 제한을 받지 않는 경우
다음에 해당하는 사유가 있을 경우에는 세무조사 기간의 제한 및 세무조사 연장기간의 제한을 받지 않는다(국기법 81의8 ③).

> **세무조사 기간 및 연장기간 무제한 사유**
> ㉠ 무자료거래, 위장·가공거래 등 거래 내용이 사실과 다른 혐의가 있어 실제 거래 내용에 대한 조사가 필요한 경우
> ㉡ 역외거래를 이용하여 세금을 탈루(脫漏)하거나 국내 탈루소득을 해외로 변칙 유출한 혐의로 조사하는 경우
> ㉢ 명의위장, 이중장부의 작성, 차명계좌의 이용, 현금거래의 누락 등의 방법을 통하여 세금을 탈루한 혐의로 조사하는 경우
> ㉣ 거짓계약서 작성, 미등기양도 등을 이용한 부동산 투기 등을 통하여 세금을 탈루한 혐의로 조사하는 경우
> ㉤ 상속세·증여세 조사, 주식변동 조사, 범칙사건 조사 및 출자·거래관계에 있는 관련자에 대하여 동시조사를 하는 경우

(4) 세무조사의 중지

① 세무조사 중지
세무공무원은 **납세자가 자료의 제출을 지연하는 등 법령으로 정하는 사유로 세무조사를 진행하기 어려운 경우에는 세무조사를 중지할 수 있다**. 이 경우 그 중지기간은 세무조사 기간 및 세무조사 연장기간에 **산입하지 않는다**(국기법 81의8 ④).

② 제한사항
세무공무원은 **세무조사의 중지기간 중에는 납세자에 대하여 국세의 과세표준과 세액을 결정 또는 경정하기 위한 질문을 하거나 장부 등의 검사·조사 또는 그 제출을 요구할 수 없다**(국기법 81의8 ⑤).

③ 세무조사 재개
세무조사를 중지한 경우에는 **그 중지사유가 소멸하게 되면 즉시 조사를 재개**해야 한다. 다만, **조세채권의 확보 등 긴급히 조사를 재개해야 할 필요가 있는 경우에는 세무조사를 재개할 수 있다**(국기법 81의8 ⑥).

기출 OX

26. 조사대상 과세기간 중 연간 수입금액 또는 양도가액이 가장 큰 과세기간의 연간 수입금액 또는 양도가액이 100억원 미만인 납세자에 대한 세무조사 기간은 20일 이내로 하는 것을 원칙으로 한다. 2010. 7급
정답 O

확인문제 [최신]

07. 「국세기본법」상 세무조사 기간의 제한 및 세무조사 연장기간의 제한을 받지 아니하는 것만을 모두 고르면? 2025. 9급

ㄱ. 역외거래를 이용하여 세금을 탈루하거나 국내 탈루소득을 해외로 변칙유출한 혐의로 조사하는 경우
ㄴ. 거래처 조사, 거래처 현지확인 또는 금융거래 현지확인이 필요한 경우
ㄷ. 거짓계약서 작성, 미등기양도 등을 이용한 부동산 투기 등을 통하여 세금을 탈루한 혐의로 조사하는 경우
ㄹ. 상속세·증여세 조사, 주식변동 조사, 범칙사건 조사 및 출자·거래관계에 있는 관련자에 대하여 동시조사를 하는 경우

① ㄱ, ㄷ　② ㄴ, ㄹ
③ ㄱ, ㄷ, ㄹ　④ ㄴ, ㄷ, ㄹ

정답 ③

기출 OX

27. 상속세·증여세 조사, 주식변동 조사, 범칙사건 조사 및 출자·거래관계에 있는 관련자에 대하여 동시조사를 하는 경우에는 세무조사 기간의 제한 및 세무조사 연장기간의 제한을 받지 아니한다. 2024. 7급 [최신]
정답 O

28. 세무공무원은 납세자가 자료의 제출을 지연하는 등 대통령령으로 정하는 사유로 세무조사를 진행하기 어려운 경우에는 세무조사를 중지할 수 있으며, 세무조사의 중지기간 중에도 납세자에 대하여 국세의 과세표준과 세액을 결정 또는 경정하기 위한 질문을 하거나 장부 등의 검사·조사 또는 그 제출을 요구할 수 있다. 2022. 7급
정답 X

④ 통지

세무공무원은 세무조사를 중지 또는 재개하는 경우에는 그 사유를 문서로 통지하여야 한다(국기법 81의8 ⑦).

> **세무조사 중지사유**
> ㉠ 세무조사 연기신청 사유에 해당하는 사유가 있어 납세자가 조사중지를 신청한 경우
> ㉡ 국외자료의 수집·제출 또는 상호합의절차 개시에 따라 외국 과세기관과의 협의가 필요한 경우
> ㉢ 납세자의 소재가 불분명한 경우, 납세자가 해외로 출국한 경우, 납세자가 장부·서류 등을 은닉하거나 그 제출을 지연 또는 거부한 경우, 노동쟁의가 발생한 경우, 그 밖에 이와 유사한 사유가 있는 경우에 해당하여 세무조사를 정상적으로 진행하기 어려운 경우
> ㉣ 납세자보호관 또는 담당관이 세무조사의 일시중지를 요청하는 경우

★ **(5) 세무조사 조기종결**

세무공무원은 세무조사 기간을 단축하기 위하여 노력하여야 하며, 장부기록 및 회계처리의 투명성 등 납세성실도를 검토하여 더 이상 조사할 사항이 없다고 판단될 때에는 **조사기간 종료 전이라도 조사를 조기에 종결할 수 있다**(국기법 81의8 ⑧).

9 세무조사 범위 A

세무공무원은 다음 어느 하나에 해당하는 경우를 제외하고는 **조사진행 중 세무조사의 범위를 확대할 수 없다.** 세무조사의 범위를 확대하는 경우에는 그 사유와 범위를 납세자에게 문서로 통지해야 한다(국기법 81의9, 국기령 63의10).

> **세무조사 범위 확대 사유**
> ㉠ 다른 과세기간·세목 또는 항목에 대한 구체적인 세금탈루 증거자료가 확인되어 다른 과세기간·세목 또는 항목에 대한 조사가 필요한 경우
> ㉡ 명백한 세금탈루 혐의 또는 세법 적용의 착오 등이 있는 조사대상 과세기간의 특정 항목이 다른 과세기간에도 있어 동일하거나 유사한 세금탈루 혐의 또는 세법 적용 착오 등이 있을 것으로 의심되어 다른 과세기간의 그 항목에 대한 조사가 필요한 경우

기출 OX

29. 세무공무원은 구체적인 세금탈루 혐의가 다른 과세기간 또는 다른 세목까지 관련되는 것으로 구체적인 탈세증거로 확인되는 경우에는 조사 진행 중 세무조사의 범위를 확대할 수 있다.
2010. 7급
정답 O

30. 세무공무원은 특정 항목의 명백한 세금탈루 혐의 또는 세법적용 착오 등이 다른 과세기간으로 연결되어 그 항목에 대한 다른 과세기간의 조사가 필요한 경우에는 조사 진행 중 세무조사의 범위를 확대할 수 있다.
2015. 7급
정답 O

10 장부 등의 보관 금지 A

(1) 보관금지 및 일시보관

① 보관금지
세무공무원은 세무조사(「조세범 처벌절차법」에 따른 조세범칙조사를 포함)의 목적으로 납세자의 장부 등을 세무관서에 임의로 보관할 수 없다.

② 일시보관
다만, 세무공무원은 수시선정 세무조사 사유에 해당하는 경우에는 조사목적에 필요한 최소한의 범위에서 납세자, 소지자 또는 보관자 등 정당한 권한이 있는 자가 임의로 제출한 장부 등을 납세자의 동의를 얻어 세무관서에 일시 보관할 수 있다(국기법 81의10 ①,②).

③ 일시 보관증
세무공무원은 이처럼 납세자의 장부 등을 세무관서에 일시 보관하려는 경우 납세자로부터 일시 보관 동의서를 받아야 하며, 일시 보관증을 교부해야 한다(국기법 81의10 ③).

(2) 장부 등의 반환

① 반환: 반환요청일로부터 14일 이내
세무공무원은 일시 보관하고 있는 장부 등에 대하여 납세자가 반환을 요청할 경우에는 그 반환을 요청한 날부터 14일 이내에 장부 등을 반환하여야 한다(국기법 81의10 ④). 그러나 이 규정에도 불구하고 세무공무원은 납세자가 일시 보관하고 있는 장부 등의 반환을 요청한 경우로서 세무조사에 지장이 없다고 판단될 때에는 요청한 장부 등을 즉시 반환해야 한다(국기법 81의10 ⑤). 납세자에게 장부 등을 반환하는 경우 세무공무원은 장부 등의 사본을 보관할 수 있고, 그 사본의 원본과 다름없다는 사실을 확인하는 납세자의 서명 또는 날인을 요구할 수 있다(국기법 81의10 ⑥).

② 보관기간의 연장
다만, 조사 목적을 달성하기 위하여 필요한 경우에는 납세자보호위원회의 심의를 거쳐 한 차례만 14일 이내의 범위에서 보관 기간을 연장할 수 있다(국기법 81의 10 ④).

11 통합조사의 원칙 A

★★ (1) 원칙: 통합조사

세무조사는 납세자의 사업과 관련하여 세법에 따라 신고·납부의무가 있는 세목을 통합하여 실시하는 것을 원칙으로 한다(국기법 81의11 ①). 다만, 다음 어느 하나에 해당하는 경우에는 특정한 세목만을 조사할 수 있다(국기법 81의11 ②).

> **특정 세목만 조사하는 사유**
> ㉠ 세목의 특성, 납세자의 신고유형, 사업규모 또는 세금탈루 혐의 등을 고려하여 특정 세목만을 조사할 필요가 있는 경우
> ㉡ 조세채권의 확보 등을 위하여 특정 세목만을 긴급히 조사할 필요가 있는 경우
> ㉢ 그 밖에 세무조사의 효율성 및 납세자의 편의 등을 고려하여 특정 세목만을 조사할 필요가 있는 경우

★★ (2) 예외: 부분조사

통합조사의 원칙에도 불구하고 다음 중 어느 하나에 해당하는 경우에는 해당 호의 사항에 대한 확인을 위하여 필요한 부분에 한정한 조사(이하 '부분조사')를 실시할 수 있다(국기법 81의11 ③, 국기령 63의12 ①).

부분조사의 사유	비 고
㉠ 경정 등의 청구에 대한 처리* 또는 국세환급금의 결정을 위하여 확인이 필요한 경우 ㉡ 불복청구의 인용결정 또는 과세전적부심사 청구의 채택결정 중 재조사 결정에 따라 사실관계의 확인 등이 필요한 경우	부분조사의 횟수 제한 없음
㉢ 거래상대방에 대한 세무조사 중에 거래 일부의 확인이 필요한 경우 ㉣ 납세자에 대한 구체적인 탈세 제보가 있는 경우로서 해당 탈세 혐의에 대한 확인이 필요한 경우 ㉤ 명의위장, 차명계좌의 이용을 통하여 세금을 탈루한 혐의에 대한 확인이 필요한 경우 ㉥ 그 밖에 세무조사의 효율성 및 납세자의 편의 등을 고려하여 특정 사업장, 특정 항목 또는 특정 거래에 대한 확인이 필요한 경우로서 다음 중 어느 하나에 해당하는 경우 ⓐ 법인이 주식 또는 출자지분을 시가보다 높거나 낮은 가액으로 거래하거나 「법인세법 시행령」 불공정 자본거래로 인하여 해당 법인의 특수관계인인 다른 주주 등에게 이익을 분여하거나 분여받은 구체적인 혐의가 있는 경우로서 해당 혐의에 대한 확인이 필요한 경우 ⓑ 무자료거래, 위장·가공거래 등 특정 거래 내용이 사실과 다른 구체적인 혐의가 있는 경우로서 조세채권의 확보 등을 위하여 긴급한 조사가 필요한 경우 ⓒ 과세관청 외의 기관이 직무상 목적을 위해 작성하거나 취득하여 과세관청에게 제공한 자료의 처리를 위해 조사하는 경우 ⓓ 「소득세법」 및 「법인세법」 규정에 따른 조세조약상의 비과세·면제 적용 신청의 내용을 확인할 필요가 있는 경우	이들 사유로 인한 부분조사는 같은 세목 및 같은 과세기간에 대하여 2회를 초과하여 실시할 수 없음(즉 최대 2회로 제한, 국기법 81의11 ④)

* 여기에는 '비거주자 또는 외국법인의 국내원천소득과 관련하여 조세조약상 비과세·면제 또는 제한세율을 적용 받기 위한 경정청구에 대한 처리'를 포함한다.

기출 OX

35. 세무조사는 납세자의 사업과 관련하여 세법에 따라 신고·납부의무가 있는 세목별로 나누어 실시하는 것이 원칙이다.　2019. 9급
정답 X

36. 납세자에 대한 구체적인 탈세 제보가 있는 경우로서 해당 탈세혐의에 대한 확인이 필요한 사유로 인한 부분조사는 같은 세목 및 같은 과세기간에 대하여 횟수 제한 없이 실시할 수 있다.　2024. 7급 최신
정답 X

확인문제

08. 「국세기본법」상 세무조사 중 부분조사가 허용되는 경우만을 모두 고르면? (단, 부분조사는 같은 세목 및 같은 과세기간에 대하여 2회를 초과하여 실시하지 아니한다)　2024. 9급 최신

> ㄱ. 납세자의 경정청구에 대한 처리를 위하여 확인이 필요한 경우
> ㄴ. 납세자가 자료를 기한까지 제출하지 않는 경우
> ㄷ. 조세심판원의 재조사 결정에 따라 사실관계의 확인 등이 필요한 경우
> ㄹ. 명의위장, 차명계좌의 이용을 통하여 세금을 탈루한 혐의에 대한 확인이 필요한 경우

① ㄱ, ㄴ, ㄷ　② ㄱ, ㄴ, ㄹ
③ ㄱ, ㄷ, ㄹ　④ ㄴ, ㄷ, ㄹ

정답 ③

09. 「국세기본법」상 세무조사 중 통합조사의 원칙에 대한 설명으로 옳지 않은 것은?　2022. 9급

① 세금탈루 혐의 등을 고려하여 특정 세목만을 조사할 필요가 있는 경우에는 특정한 세목만을 조사할 수 있다.
② 조세채권의 확보 등을 위하여 특정 세목만을 긴급히 조사할 필요가 있는 경우에는 특정한 세목만을 조사할 수 있다.
③ 명의위장, 차명계좌의 이용을 통하여 세금을 탈루한 혐의에 대한 확인이 필요한 경우에 해당하는 사유로 인한 부분조사는 같은 세목 및 같은 과세기간에 대하여 2회를 초과하여 실시할 수 있다.
④ 「국세기본법」에 따른 경정 등의 청구에 대한 처리를 위하여 확인이 필요한 경우에는 부분조사를 실시할 수 있다.

정답 ③

12 세무조사의 결과통지 A

(1) 원칙: 결과통지

세무공무원은 세무조사를 마쳤을 때에는 **그 조사를 마친 날부터 20일**(공시송달 사유에 해당하는 경우에는 **40일**) 이내에 다음 사항이 포함된 조사결과를 납세자에게 설명하고, 이를 서면으로 납세자에게 통지해야 한다(국기법 81의12, 국기령 63의13 ①).

> ㉠ 세무조사 대상 세목 및 과세기간
> ㉡ 결정 또는 경정할 과세표준·세액 및 산출근거(근거 법령 및 조항, 과세표준 및 세액 계산의 기초가 되는 구체적 사실관계 등)
> ㉢ 가산세 종류, 금액 및 그 산출근거
> ㉣ 관할 세무서장이 해당 국세의 과세표준과 세액을 결정 또는 경정하여 통지하기 전까지의 수정신고가 가능한 사실
> ㉤ 과세전적부심사를 청구할 수 있다는 사실

(2) 예외: 결과통지 생략

다음 어느 하나에 해당하는 경우에는 **세무조사의 결과를 통지하지 않는다**(국기령 63의13 ②).

> **세무조사 결과통지 생략**
> ㉠ 납세관리인을 정하지 않고 국내에 주소 또는 거소를 두지 않은 경우
> ㉡ 불복청구의 인용결정 또는 과세전적부심사 청구의 채택결정 중 재조사 결정에 의한 조사를 마친 경우
> ㉢ 세무조사 결과통지서 수령을 회피하거나 거부하는 경우

다만, 폐업은 결과통지를 생략하는 경우에 해당하지 않으므로, 폐업한 경우에도 세무조사 결과통지를 하여야 한다.

(3) 세무조사의 부분 결과통지

세무공무원은 다음 어느 하나에 해당하는 사유로 세무조사의 결과통지의 기간 이내에 조사결과를 통지할 수 없는 부분이 있는 경우에는 **납세자가 동의하는 경우에 한정하여 조사결과를 통지할 수 없는 부분을 제외한 조사결과를 납세자에게 설명하고, 이를 서면으로 통지**할 수 있다(국기법 81의12 ②).

> **세무조사 부분 결과통지 사유**
> ㉠ 「국제조세조정에 관한 법률」 및 조세조약에 따른 국외자료의 수집·제출 또는 상호합의절차 개시에 따라 외국 과세기관과의 협의가 진행 중인 경우
> ㉡ 해당 세무조사와 관련하여 세법의 해석 또는 사실관계 확정을 위하여 기획재정부장관 또는 국세청장에 대한 질의 절차가 진행 중인 경우

위 사유가 해소된 때에는 **그 사유가 해소된 날부터 20일**(공시송달 사유에 해당하는 경우에는 **40일**) 이내에 위에 따라 통지한 부분 외에 대한 조사결과를 납세자에게 설명하고, 이를 서면으로 통지해야 한다(국기법 81의12 ③).

오쌤 Talk

공시송달사유
① 국외 주소(또는 영업소)로 송달하기 곤란
② 주소(또는 영업소) 불분명
③ 수취인의 부재중으로 등기우편 서류가 반송됨으로써 납부기한 내에 송달이 곤란
④ 세무공무원이 2회 이상 방문하였으나 수취인이 부재중인 것으로 확인되어 납부기한 내에 송달이 곤란 Link-P.36

기출 OX

37. 세무공무원은 세무조사를 마쳤을 때에는 그 조사를 마친 날부터 30일 이내에 조사결과를 납세자에게 통지해야 하는데, 「조세범처벌절차법」에 따른 조세범칙조사를 한 경우에는 결과통지를 하지 않는다. 2018. 7급
정답 X

기출 OX

38. 세무공무원은 세무조사를 마쳤을 때에는 납세관리인을 정하지 아니하고 국내에 주소 또는 거소를 두지 아니한 경우 등 대통령령으로 정하는 경우를 제외하고는 법률에 규정된 사항이 포함된 조사결과를 납세자에게 서면으로 통지하여야 하는데, 이때 서류를 송달받아야 할 자의 주소 또는 영업소가 분명하지 아니하다면 그 조사를 마친 날부터 40일 이내에 통지를 하여야 한다. 2018. 9급
정답 O

39. 국세청장이 심사청구에 대하여 처분청으로 하여금 사실관계를 재조사하여 그 결과에 따라 필요한 처분을 하도록 하는 재조사결정에 따라, 세무공무원이 재조사결정에 의한 조사를 마친 경우에는 세무조사 내용 등이 포함된 조사결과를 납세자에게 서면으로 통지할 의무가 있다. 2019. 7급
정답 X

13 비밀유지 B

★★ (1) 원칙: 과세정보 제공 및 누설 금지

세무공무원은 납세자가 세법에서 정한 납세의무를 이행하기 위하여 제출한 자료나 국세의 부과·징수를 위하여 업무상 취득한 자료 등(이하 '과세정보')을 타인에게 제공 또는 누설하거나 목적 외의 용도로 사용해서는 안 된다(국기법 81의13 ①). 세무공무원은 이러한 과세정보의 제공을 요구받으면 그 요구를 거부해야 한다(국기법 81의13 ③).

★★ (2) 예외: 납세자의 과세정보 제공

다음 중 어느 하나에 해당하는 경우에는 그 사용 목적에 맞는 범위에서 납세자 과세정보를 제공할 수 있으며, 아래 ㉢, ㉣를 제외한 과세정보의 제공 요구는 납세자의 인적사항, 과세정보의 사용목적, 요구하는 과세정보의 내용 및 기간 등을 기재한 문서로 해당 세무관서의 장에게 요구하여야 한다(국기법 81의13 ①, ②).

납세자의 과세정보 제공 사유

㉠ 국가행정기관, 지방자치단체 등이 법률에서 정하는 조세, 과징금의 부과·징수 등을 위하여 사용할 목적으로 과세정보를 문서로 요구하는 경우
㉡ 국가기관이 조세쟁송이나 조세범 소추(訴追)를 위하여 과세정보를 문서로 요구하는 경우
㉢ 법원의 제출명령 또는 법관이 발부한 영장에 의하여 과세정보를 요구하는 경우
㉣ 세무공무원 간에 국세의 부과·징수 또는 질문·검사에 필요한 과세정보를 요구하는 경우
㉤ 통계청장이 국가통계작성 목적으로 과세정보를 문서로 요구하는 경우
㉥ 「사회보장기본법」에 따른 사회보험의 운영을 목적으로 설립된 기관이 관계 법률에 따른 소관 업무를 수행하기 위하여 과세정보를 문서로 요구하는 경우
㉦ 국가행정기관, 지방자치단체 또는 「공공기관의 운영에 관한 법률」에 따른 공공기관이 급부·지원 등을 위한 자격의 조사·심사 등에 필요한 과세정보를 당사자의 동의를 받아 문서로 요구하는 경우
㉧ 「국정감사 및 조사에 관한 법률」에 따른 조사위원회가 국정조사의 목적을 달성하기 위하여 조사위원회의 의결로 비공개회의에 과세정보의 제공을 문서로 요청하는 경우
㉨ 다른 법률의 규정에 따라 과세정보를 문서로 요구하는 경우

14 정보제공 A

납세자 본인의 권리 행사에 필요한 정보를 납세자(세무사 등 납세자로부터 세무업무를 위임받은 자를 포함)가 요구하는 경우 세무공무원은 신속하게 정보를 제공해야 한다(국기법 81의14 ①).

15 납세자의 협력의무 C

납세자는 세무공무원의 적법한 질문·조사, 제출명령에 대하여 성실하게 협력하여야 한다(국기법 81의17).

기출 OX

40. 납세자의 과세정보에 대한 비밀유지 원칙에 불구하고 지방자치단체가 지방세 부과·징수 등을 위하여 사용할 목적으로 과세정보를 요구하는 경우 세무공무원은 이를 제공할 수 있다. 2016. 9급
정답 O

확인문제

10. 「국세기본법상 세무공무원이 납세자의 과세정보를 타인에게 제공할 수 있는 경우가 아닌 것은? 2001. 7급
① 지방자치단체 등이 법률이 정하는 조세의 부과 또는 징수의 목적 등에 사용하기 위하여 요구하는 경우
② 국가기관이 조세쟁송 또는 조세범의 소추 목적을 위하여 요구하는 경우
③ 세무공무원 상호 간에 국세의 부과·징수 또는 질문·검사상의 필요에 의하여 요구하는 경우
④ 금융기관이 채권확보에 사용하기 위하여 과세정보를 요구하는 경우

정답 ④

기출 OX

41. 납세자 본인의 권리 행사에 필요한 정보를 납세자(세무사 등 납세자로부터 세무업무를 위임받은 자를 포함한다)가 요구하는 경우 세무공무원은 신속하게 정보를 제공하여야 한다. 2022 7급·2023. 7급 최신
정답 O

② 과세전적부심사

1 의미 및 과세예고통지

(1) 의미

'과세전적부심사'란 국세처분을 받기 전에 납세자의 청구에 의해 그 국세처분의 타당성을 미리 심사하는 제도를 말한다.

앞서 다룬 조세쟁송제도는 일단 국세처분이 있은 후에 그 국세처분의 타당성을 다투는 것이므로 사후적 권리구제제도에 해당한다. 그러나 과세전적부심사는 국세처분이 있기 전에 미리 이를 다투어 위법 또는 부당한 국세처분을 미연에 방지하는 제도이므로 사전적 권리구제제도에 해당한다.

(2) 과세예고통지

세무서장 또는 지방국세청장은 다음의 어느 하나에 해당하는 경우에는 미리 납세자에게 그 내용을 서면으로 통지(이하 '과세예고통지')하여야 한다(국기법 81의15 ①).

> **과세예고통지 사유**
>
> ㉠ 세무서 또는 지방국세청에 대한 지방국세청장 또는 국세청장의 업무감사결과(현지에서 시정조치하는 경우를 포함)에 따라 세무서장 또는 지방국세청장이 과세하는 경우
> ㉡ 세무조사에서 확인된 것으로 조사대상자 외의 자에 대한 과세자료 및 현지 확인조사에 따라 세무서장 또는 지방국세청장이 과세하는 경우
> ㉢ 납부고지하려는 세액이 100만원 이상인 경우
>   다만, 다음의 경우는 제외한다.
>   > ⓐ 「감사원법」에 따른 시정요구에 따라 세무서장 또는 지방국세청장이 과세처분하는 경우로서 시정요구 전에 과세처분 대상자가 감사원의 지적사항에 대한 소명안내를 받은 경우
>   > ⓑ 기한후과세표준신고서를 제출한 자가 납부하여야 할 세액을 납부하지 아니하거나 과소납부한 경우로서 세무서장 또는 지방국세청장이 해당 기한후과세표준신고서에 기재된 과세표준 및 세액과 동일하게 과세표준 및 세액을 결정하는 경우 NEW

2 청구

(1) 청구대상: 세무서장이나 지방국세청장

세무조사 결과에 대한 서면통지나, 과세예고통지를 받은 자는 통지를 받은 날부터 30일 이내에 통지를 한 세무서장이나 지방국세청장에게 통지 내용의 적법성에 관한 '과세전적부심사'를 청구할 수 있다(국기법 81의15 ②).

확인문제

11. 세무조사결과에 대한 서면통지 또는 과세예고통지를 받은 자가 위법 또는 부당한 국세처분을 받지 않도록 국세처분이 있기 전에 미리 이를 방지하기 위하여 마련된 「국세기본법」상의 제도는? 2005. 9급

① 납부기한 전 징수
② 과세전적부심사
③ 심사청구와 심판청구
④ 징수유예

정답 ②

기출 OX

42. 세무서장은 세무서에 대한 지방국세청장의 업무감사 결과(현지에서 시정조치하는 경우를 포함한다)에 따라 세무서장이 과세하는 경우에는 미리 납세자에게 그 내용을 서면으로 통지하여야 한다. 2022. 7급
정답 O

43. 세무서장은 세무조사에서 확인된 것으로 조사대상자 외의 자에 대한 과세자료 및 현지 확인조사에 따라 세무서장이 과세하는 경우에는 미리 납세자에게 그 내용을 서면으로 통지하여야 한다. 2022. 7급
정답 O

기출 OX

44. 세무서장은 납부고지하려는 세액이 100만원 미만인 경우에는 미리 납세자에게 그 내용을 서면으로 통지하지 않아도 된다. 2022. 7급
정답 O

기출 OX

45. 세무조사의 결과에 대한 서면통지를 받은 자는 통지를 받은 날로부터 90일 이내에 과세전적부심사 청구를 할 수 있다. 2022. 9급
정답 X

46. 과세전적부심사를 받기 위해서는 세무조사결과에 대한 서면통지 또는 법령이 정하는 과세예고통지를 받은 날부터 30일 이내에 심사를 청구하여야 한다. 2008. 9급
정답 O

(2) 국세청장에게만 청구하는 경우

다음 어느 하나에 해당하는 사항에 대해서는 **국세청장에게 청구**할 수 있다(국기법 81의15 ②, 국기령 63의15 ①).

> ㉠ 법령과 관련하여 국세청장의 유권해석을 변경해야 하거나 새로운 해석이 필요한 것
> ㉡ 국세청장의 훈령·예규·고시 등과 관련하여 새로운 해석이 필요한 것
> ㉢ 세무서 또는 지방국세청에 대한 국세청장의 업무감사 결과(현지에서 시정조치하는 경우를 포함)에 따라 세무서장 또는 지방국세청장이 하는 과세예고통지에 관한 것
> ㉣ 위에 해당하지 않는 사항 중 과세전적부심사 **청구금액이 5억원 이상인 것**
> ㉤ 「감사원법」에 따른 시정요구에 따라 세무서장 또는 지방국세청장이 과세처분하는 경우로서 시정요구 전에 과세처분 대상자가 감사원의 지적사항에 대한 소명안내를 받지 못한 것

(3) 청구의 배제

다음 어느 하나에 해당하는 경우에는 **과세전적부심사를 청구할 수 없다**(국기법 81의15 ③, 국기령 63의15 ③).

> **과세전적부심사 배제 사유**
> ㉠ 납부기한 전 징수의 사유가 있거나 수시부과의 사유가 있는 경우
> ㉡ 「조세범 처벌법」 위반으로 고발 또는 통고처분하는 경우(고발 또는 통고처분과 관련 없는 세목 또는 세액의 경우는 제외)
> ㉢ 세무조사 결과통지 및 과세예고통지를 하는 날부터 국세부과 제척기간의 만료일까지의 기간이 3개월 이하인 경우
> ㉣ 「국제조세조정에 관한 법률」에 따라 조세조약을 체결한 상대국이 상호합의절차의 개시를 요청한 경우
> ㉤ 불복청구 및 과세전적부심사의 재조사 결정에 의한 세무조사를 하는 경우

(4) 결정 및 경정의 유보

과세전적부심사청구서를 제출받은 세무서장·지방국세청장 또는 국세청장은 그 청구부분에 대하여 **과세전적부심사에 대한 결정이 있을 때까지 과세표준 및 세액의 결정이나 경정결정을 유보해야 한다.** 다만, 과세전적부심사의 배제사유에 해당하는 경우 또는 과세예고통지를 받은 자가 조기에 결정하거나 경정결정해 줄 것을 신청한 경우에는 그렇지 않다(국기령 63의15 ④).

확인문제 [최신]

12. 국세기본법령상 과세전적부심사를 청구할 수 없는 것만을 모두 고르면? (단, 각 경우는 상호 독립적이다)
2025. 9급

> ㄱ. 「국세징수법」 제9조에 규정된 납부기한 전 징수의 사유가 있거나 세법에서 규정하는 수시부과의 사유가 있는 경우
> ㄴ. 세무서 또는 지방국세청에 대한 지방국세청장 또는 국세청장의 업무감사 결과에 따라 세무서장 또는 지방국세청장이 과세하는 경우
> ㄷ. 「국제조세조정에 관한 법률」에 따라 조세조약을 체결한 상대국이 상호합의 절차의 개시를 요청한 경우
> ㄹ. 세무조사 결과 통지 및 과세예고통지를 하는 날부터 국세부과 제척기간의 만료일까지의 기간이 3개월 이하인 경우

① ㄱ, ㄴ ② ㄷ, ㄹ
③ ㄱ, ㄴ, ㄹ ④ ㄱ, ㄷ, ㄹ

정답 ④

확인문제 [최신]

13. 「국세기본법」상 과세전적부심사의 배제 사유로 옳지 않은 것은?
2023. 7급 수정

① 「국세징수법」 제9조에 규정된 납부기한 전 징수의 사유가 있거나 세법에서 규정하는 수시부과의 사유가 있는 경우
② 과세전적부심사 청구금액이 5억원 이상인 것
③ 「조세범 처벌법」 위반으로 고발 또는 통고처분하는 경우(고발 또는 통고처분과 관련 없는 세목 또는 세액의 경우는 제외)
④ 세무조사 결과 통지 및 과세예고통지를 하는 날부터 국세부과 제척기간의 만료일까지의 기간이 3개월 이하인 경우

정답 ②

기출 OX

47. 과세전적부심사청구의 배제사유에 해당하는 경우가 아니라면 과세전적부심사의 청구부분에 대하여는 과세전적부심사에 대한 결정이 있을 때까지 과세표준 및 세액의 결정이나 경정결정이 유보된다.
2008. 9급

정답 O

3 결정

과세전적부심사청구를 받은 세무서장·지방국세청장 또는 국세청장은 각각 **국세심사위원회의 심사를 거쳐** 다음과 같이 **결정하고 그 결과를 청구를 받은 날부터 30일 이내에 청구인에게 통지해야 한다**(국기법 81의15 ④,⑤).

★ **(1) 불채택**: 채택하지 않는다는 결정

납세자의 청구가 이유가 없다고 판단되는 경우의 결정으로서 조세불복상 기각에 대응된다.

★ **(2) 채택**: 채택한다는 결정

납세자의 청구에 이유가 있다고 판단되는 경우의 결정으로서 조세불복상 인용에 대응된다. 다만, 구체적인 채택의 범위를 정하기 위하여 사실관계 확인 등 추가적으로 조사가 필요한 경우에는 통지를 한 세무서장이나 지방국세청장으로 하여금 이를 재조사하여 그 결과에 따라 당초 통지내용을 수정하여 통지하도록 하는 **재조사 결정**을 할 수 있다.

★ **(3) 심사거부**: 심사하지 않는다는 결정

청구가 다음의 어느 하나에 해당하는 경우에 하는 결정으로 조세불복상 각하에 대응된다.

> ㉠ 청구기간이 지난 후에 청구된 경우
> ㉡ 과세전적부심사 청구 후 보정기간에 필요한 보정을 하지 아니한 경우
> ㉢ 그 밖에 청구가 적법하지 아니한 경우

4 결과통지를 하지 아니한 경우 가산세 감면

과세전적부심사 **결정·통지기간 내에 그 결과를 통지하지 아니한 경우**에는 결정·통지가 지연됨으로써 해당 기간에 부과되는 **납부지연가산세의 50%를 감면**한다(국기법 48 ② (3)).

5 조기결정·경정 신청

세무조사 결과의 서면통지 또는 과세예고통지를 받은 자는 과세전적부심사를 청구하지 아니하고 통지를 한 세무서장이나 지방국세청장에게 통지받은 내용의 전부 또는 일부에 대하여 과세표준 및 세액을 조기에 결정하거나 경정결정해 줄 것을 신청할 수 있다. 이는 과세처분이 30일 동안 유보되어 그 기간만큼 납부지연가산세를 추가납부해야 되는 불합리함을 해소하기 위함이며, 이 경우 해당 세무서장이나 지방국세청장은 신청 받은 내용대로 즉시 결정이나 경정결정을 해야 한다(국기법 81의15 ⑧).

참고

과세전적부심사 vs 조세불복

구분	과세전적부심사	조세불복
특징	사전적 조세구제	사후적 조세구제
청구 대상	열거주의 ① 세무조사 결과통지 ② 과세예고통지	개괄주의 ① 위법 ② 필요한 처분을 받지 못한 경우
청구인	직접 당사자만 가능	직접 당사자 및 이해관계자
청구 기간	30일 이내	90일 이내
결정 기간	30일 이내	① 이의신청: 30일 이내(60일 이내) ② 심사청구·심판청구: 90일 이내
결정의 종류	① 불채택 ② (일부)채택 ③ 심사거부	① 기각 ② 인용 ③ 각하
결정에 대한 불복여부	불복 대상이 아님 (추후 부과처분이 있을 경우 불복 대상이 됨)	불복 대상임

48. 과세전적부심사 청구를 받은 지방국세청장은 해당 국세심사위원회의 심사를 거쳐 결정을 하고 그 결과를 청구를 받은 날부터 30일 이내에 청구인에게 통지하여야 한다. 2017. 7급

정답 O

49. 세무서장으로부터 세무조사 결과에 대한 서면통지를 받은 자는 과세전적부심사를 청구하지 아니한 채, 통지를 한 세무서장에게 통지받은 내용의 전부 또는 일부에 대하여 과세표준 및 세액을 조기에 결정하거나 경정결정해 줄 것을 신청할 수 없다. 2017. 7급

정답 X

③ 납세자 권리보호

1 국세청장의 납세자 권리보호 C

국세청장은 직무를 수행할 때에 납세자의 권리가 보호되고 실현될 수 있도록 성실하게 노력하여야 한다(국기법 81의16 ①).

(1) 납세자보호관 및 담당관

납세자의 권리보호를 위하여 국세청에 납세자 권리보호업무를 총괄하는 납세자보호관을 두고, 세무서 및 지방국세청에 납세자 권리보호업무를 수행하는 담당관 각각 1인을 둔다(국기법 81의16 ②).

국세청장은 납세자보호관을 개방형직위로 운영하고 납세자보호관 및 담당관이 업무를 수행할 때에 독립성이 보장될 수 있도록 하여야 한다(국기법 81의16 ③).

(2) 자료 공개

국세청장은 납세자 권리보호업무의 추진실적 등의 자료를 일반 국민에게 정기적으로 공개해야 한다(국기법 81의16 ④).

 오쌤 Talk

납세자보호관 및 담당관

납세자 보호관	세무공무원(퇴직한 지 3년이 지나지 않은 공무원 포함)이 아닌 자 중 조세·법률·회계분야의 전문지식과 경험을 갖춘 사람
납세자 보호 담당관	국세청 소속 공무원 중에서 그 직급·경력 등을 고려하여 국세청장이 정하는 기준에 해당하는 사람

2 납세자보호위원회 C

납세자 권리보호에 관한 사항을 심의하기 위하여 **세무서, 지방국세청 및 국세청에 납세자보호위원회를 둔다**(국기법 81의18 ①).

(1) 심의사항

① 세무서 납세자보호위원회 및 지방국세청 납세자보호위원회 심의사항

세무서에 두는 납세자보호위원회 및 지방국세청에 두는 납세자보호위원회는 다음 사항을 심의한다(국기법 81의18 ②).

> ㉠ **세무조사 기간 연장**: 세무조사의 대상이 되는 과세기간 중 연간 수입금액 또는 양도가액이 가장 큰 과세기간의 연간 수입금액 또는 양도가액이 100억원 미만(부가가치세에 대한 세무조사의 경우 1과세기간 공급가액의 합계액이 50억원 미만)인 중소규모납세자 외의 납세자에 대한 세무조사(「조세범 처벌절차법」에 따른 조세범칙조사는 제외)기간의 연장
> 단, 조사대상자가 조세탈루혐의에 대한 해명 등을 위하여 연장신청한 경우 제외
> ㉡ **세무조사 범위 확대**: 중소규모납세자 이외의 납세자에 대한 세무조사 범위의 확대
> ㉢ **세무조사 일시중지 및 중지 요청**:
> ⓐ 세무조사 기간 연장 및 세무조사 범위 확대에 대한 중소규모납세자의 세무조사 일시중지 및 중지 요청
> ⓑ 위법·부당한 세무조사 및 세무조사 중 세무공무원의 위법·부당한 행위에 대한 납세자의 세무조사 일시중지 및 중지요청
> ㉣ **장부 등의 일시 보관 기간 연장**: 세무공무원의 조사목적을 달성하기 위해 필요한 경우로 한 차례만 14일 이내에 연장가능한 장부 등의 일시 보관 기간 연장
> ㉤ 그 밖에 납세보호담당관의 심의가 필요하다고 인정하는 안건

② 국세청 납세자보호위원회 심의사항

국세청에 두는 납세자보호위원회는 다음 사항을 심의한다(국기법 81의18 ③).

㉠ 위 ①의 ㉠~㉢까지의 사항에 대하여 납세자보호위원회의 심의를 거친 세무서장 또는 지방국세청장의 결정에 대한 납세자의 취소 또는 변경 요청
㉡ 그 밖에 납세자의 권리보호를 위한 국세행정의 제도 및 절차 개선 등으로서 납세자보호관이 심의가 필요하다고 인정하는 사항

(2) 납세자의 심의 요청 및 결과통지

① 세무조사 심의 요청

납세자는 세무조사 기간이 끝나는 날까지 세무서장 또는 지방국세청장에게 위 (1) ① ㉢에 해당하는 사항에 대한 심의를 요청할 수 있다(국기법 81의19 ①). 이 경우 납세자는 세무서장 또는 지방국세청장에게 의견을 진술할 수 있다(국기법 81의19 ⑦).

② 통지

납세자의 심의 요청에 대한 결과통지는 요청을 받은 날부터 20일 이내에 납세자에게 통지하여야 한다(국기법 81의19 ②).

(3) 심의 결정 절차

① 납세자보호위원회의 심의를 거쳐 결정

세무서장 또는 지방국세청장은 위 (1) ① ㉠~㉣까지의 사항에 대하여 납세자보호위원회의 심의를 거쳐 결정을 하고, 납세자에게 그 결과를 통지하여야 한다(국기법 81의19 ②).

② 결정에 대한 납세자의 취소·변경 요청

위 (1) ① ㉠~㉢의 사항에 해당하는 경우 납세자는 결과통지를 받은 날부터 7일 이내에 납세자보호위원회의 심의를 거친 세무서장 또는 지방국세청장의 결정에 대하여 국세청장에게 취소 또는 변경을 요청할 수 있다(국기법 81의19 ③). 이 경우 납세자는 국세청장에게 의견을 진술할 수 있다(국기법 81의19 ⑦).

③ 납세자의 요청에 대한 국세청장의 결정

위 ②에 따른 납세자의 요청을 받은 국세청장은 국세청 납세자보호위원회의 심의를 거쳐 세무서장 및 지방국세청장의 결정을 취소하거나 변경할 수 있다. 이 경우 국세청장은 요청받은 날부터 20일 이내에 그 결과를 납세자에게 통지하여야 한다(국기법 81의19 ④).

(4) 세무조사 일시중지 등 요구

① 납세자보호관 또는 담당관의 일시중지 등 요구

납세자보호관 또는 담당관은 납세자가 심의 요청을 하는 경우에는 납세자보호위원회의 심의 전까지 세무공무원에게 세무조사의 일시중지 등을 요구할 수 있다. 다만, 납세자가 세무조사를 기피하려는 것이 명백한 경우 등 대통령령으로 정하는 경우에는 그러하지 아니하다(국기법 81의19 ⑤).

② 납세자보호위원회의 일시중지 등 요구

납세자보호위원회는 위 (1) ① ㉢에 따른 요청이 있는 경우 그 의결로 세무조사의 일시중지 및 중지를 세무공무원에게 요구할 수 있다. 이 경우 납세자보호위원회는 정당한 사유 없이 위원회의 요구에 따르지 아니하는 세무공무원에 대하여 국세청장에게 징계를 건의할 수 있다(국기법 81의19 ⑥).

(5) 구성

납세자보호위원회는 위원장 1명을 포함한 18명 이내의 위원으로 구성하고(국기법 81의18 ④) 임기는 2년으로 하며, 한 차례만 연임할 수 있다(국기령 63의17 ⑤).

① 납세자보호위원회의 위원장

납세자보호위원회의 위원장은 다음 구분에 따른 사람이 된다(국기법 81의18 ⑤).

구분	납세자보호위원회 위원장
㉠ 세무서 내 납세자보호위원회	공무원이 아닌 사람 중에서 세무서장의 추천을 받아 지방국세청장이 위촉하는 사람
㉡ 지방국세청 내 납세자보호위원회	공무원이 아닌 사람 중에서 지방국세청장의 추천을 받아 국세청장이 위촉하는 사람
㉢ 국세청 내 납세자보호위원회	공무원이 아닌 사람 중에서 기획재정부장관의 추천을 받아 국세청장이 위촉하는 사람

② 납세자보호위원회의 위원

납세자보호위원회의 위원은 세무 분야에 전문적인 학식과 경험이 풍부한 사람과 관계 공무원 중에서 국세청장(세무서 납세자보호위원회의 위원은 지방국세청장)이 임명 또는 위촉한다(국기법 81의18 ⑥).

(6) 납세자보호위원회의 준수사항 등

① 비밀유지

납세자보호위원회의 위원은 업무 중 알게 된 과세정보를 타인에게 제공 또는 누설하거나 목적 외의 용도로 사용해서는 아니된다(국기법 81의18 ⑦).

② 제척 및 회피

납세자보호위원회의 위원은 공정한 심의를 기대하기 어려운 사정이 있다고 인정될 때에는 위원회 회의에서 제척되거나 회피하여야 한다(국기법 81의18 ⑧).

(7) 납세자보호관과의 관계

납세자보호관은 납세자보호위원회의 의결사항에 대한 이행여부 등을 감독한다(국기법 81의18 ⑪).

4 보칙

1 납세관리인 A

납세자가 국내에 주소 또는 거소를 두지 아니하거나 국외로 주소 또는 거소를 이전할 때에는 국세에 관한 사항을 처리하기 위하여 납세관리인을 정하여야 한다(국기법 82 ①).

납세자는 국세에 관한 사항을 처리하게 하기 위하여 변호사, 세무사 또는 「세무사법」에 따른 세무사등록부 또는 공인회계사 세무대리업무등록부에 등록한 공인회계사를 납세관리인으로 둘 수 있다(국기법 82 ②).

> **참고**
>
> **납세관리인 관련 세부사항**
>
> 1. 납세관리인을 정한 납세자는 납세관리인의 성명 등을 적은 문서를 제출함으로써 관할 세무서장에게 신고하여야 하고, 납세관리인을 변경하거나 해임할 때에도 또한 같다(국기법 82 ③, 국기령 64 ①, ②). 관할 세무서장은 납세자가 이러한 신고를 하지 아니할 때에는 납세자의 재산이나 사업의 관리인을 납세관리인으로 정할 수 있다(국기법 82 ④).
> 2. 세무서장은 납세관리인이 부적당하다고 인정될 때에는 기한을 정하여 납세자에게 그 변경을 요구할 수 있으며, 이와 같은 요구를 받은 납세자가 정해진 기한까지 납세관리인 변경의 신고를 하지 아니하면 납세관리인의 설정은 없는 것으로 본다(국기령 65).
> 3. 세무서장이나 지방국세청장은 「상속세 및 증여세법」에 따라 상속세를 부과할 때 납세관리인이 있는 경우를 제외하고 상속인이 확정되지 아니하였거나 상속인이 상속재산을 처분할 권한이 없는 경우에는 특별한 규정이 없으면 추정상속인·유언집행자 또는 상속재산관리인에 대하여 「상속세 및 증여세법」 중 상속인 또는 수유자에 관한 규정을 적용할 수 있다(국기법 82 ⑤).
> 4. 비거주자인 상속인이 금융회사 등에 상속재산의 지급·명의개서 또는 명의변경을 청구하려면 납세관리인을 정하여 납세지 관할 세무서장에게 신고하고, 그 사실에 관한 확인서를 발급받아 금융기관 등에 제출하여야 한다(국기법 82 ⑥).

2 고지금액의 최저한도 B

고지할 국세(인지세는 제외) 및 강제징수비를 합친 금액이 1만원 미만일 때에는 그 금액은 없는 것으로 본다(국기법 83, 국기령 65의3). 여기서 '고지할 국세'란 본세 및 그와 함께 고지하는 교육세 및 농어촌특별세를 합한 것을 말한다(국기통 83-0…1).

3 국세행정에 대한 협조 C

세무공무원은 직무를 이행할 때 필요하면 국가기관·지방자치단체 또는 그 소속공무원에게 협조를 요청할 수 있으며, 요청을 받은 자는 정당한 사유가 없으면 협조하여야 한다. 정부는 납세지도를 담당하는 단체에 그 납세지도에 소요되는 경비의 전부 또는 일부를 교부금으로 지급할 수 있다(국기법 84).

4 포상금 지급 B

★ (1) 포상금을 지급하는 경우

국세청장은 다음 중 어느 하나에 해당하는 자에게는 **20억원**(아래 ㉠에 해당하는 자에게는 **40억원**으로 하고, ㉡에 해당하는 자에게는 **30억원**으로 함)**의 범위에서 포상금을 지급할 수 있다**(국기법 84의2 ①, 국기령 65의4). 다만, **같은 사안에 대하여 중복신고가 있으면 최초로 신고한 자에게만 포상금을 지급한다**(국기령 65의 4 ㉑).

> ㉠ **조세를 탈루한 자**에 대한 탈루세액 또는 부당하게 환급·공제받은 세액을 산정하는 데 중요한 자료를 제공한 자(이하 '조세탈루제보자')
> ㉡ **체납자의 은닉재산을 신고한 자**(이하 '은닉재산신고자')
> ㉢ 다음 중 어느 하나에 해당하는 행위를 한 **신용카드가맹점**(가입요건에 해당하는 가맹점)**을 신고한 자**
>   단, 신용카드·직불카드·선불카드 결제대상 거래금액이 5천원 미만인 경우는 제외
>   ⓐ 신용카드로 결제할 것을 요청하였으나 이를 거부하는 경우
>   ⓑ 신용카드매출전표(직불카드영수증·선불카드영수증 포함)를 사실과 다르게 발급하는 경우로서 신용카드에 의한 거래를 이유로 재화나 용역의 대가를 현금에 의한 거래(현금영수증을 발급받은 경우는 제외)보다 재화나 용역을 공급받은 자에게 불리하게 기재하여 신용카드매출전표를 발급하는 경우
> ㉣ 다음 중 어느 하나에 해당하는 행위를 한 **현금영수증가맹점을 신고한 자**. 단, 현금영수증 발급대상 거래금액이 5천원 미만인 경우는 제외
>   ⓐ 현금영수증의 발급을 거부하는 경우
>   ⓑ 현금영수증을 사실과 다르게 발급하는 경우(현금영수증발급을 이유로 재화 또는 용역의 대가를 다르게 기재하여 현금영수증을 발급하는 경우를 말함)
> ㉤ 「소득세법」 또는 「법인세법」에 따른 **현금영수증 발급의무를 위반한 자**를 신고한 자. 여기서 '현금영수증 발급의무'란 현금영수증 의무발급 업종을 영위하는 사업자가 건당 거래금액(부가가치세액 포함)이 10만원 이상인 재화 또는 용역을 공급하고 그 대금을 현금으로 받은 경우에는 상대방이 현금영수증 발급을 요청하지 않더라도 현금영수증을 발급해야 할 의무를 말한다.
> ㉥ **타인의 명의를 사용하여 사업을 경영하는 자를 신고한 자**
> ㉦ **해외금융계좌 신고의무 위반행위를 적발하는 데 중요한 자료를 제공한 자**
> ㉧ 타인 명의로 되어 있는 **법인사업자 또는 복식부기의무자**에 해당하는 개인사업자의 금융자산을 신고한 자

★★ (2) 포상금을 지급하지 않는 경우

다음 중 어느 하나에 해당하는 때에는 **포상금을 지급하지 않는다**(국기법 84의2 ① 단서).

> ㉠ 탈루세액, 부당하게 환급·공제받은 세액 또는 은닉재산의 신고를 통하여 징수된 금액이 5천만원 미만인 때
> ㉡ **해외금융계좌 신고의무 불이행에 따른 과태료 금액이 2천만원 미만인 때**
> ㉢ 공무원이 그 직무와 관련하여 자료를 제공하거나 은닉재산을 신고한 경우

🔍 기출 OX

53. 국세청장은 「국제조세조정에 관한 법률」에 따른 해외금융계좌 신고의무위반행위를 적발하는 데 중요한 자료를 제공한 자에게는 20억원의 범위에서 포상금을 지급할 수 있으나, 해외금융계좌 신고의무 불이행에 따른 과태료 금액이 2천만원 미만인 경우에는 포상금을 지급하지 아니한다. 2020. 7급

정답 O

(3) 포상금 지급기준

① **조세탈루제보자 또는 은닉재산신고자에 대한 포상금**

과세관청은 조세탈루제보자 또는 은닉재산신고자가 아래 ㉠의 지급요건을 갖춘 경우 탈루하였거나 부당하게 환급·공급받은 세액(이하 '탈루세액 등')또는 은닉재산의 신고를 통하여 징수된 금액(이하 '징수금액')에 20%~5%의 지급률을 적용하여 계산한 금액을 포상금으로 지급(조세탈루제보자에 대해서는 40억원, 은닉재산신고자에 대해서는 30억원을 한도로 한다)할 수 있다(국기령 65의4 ①).

㉠ 지급 요건

다음의 기간이 모두 지나 해당 불복절차가 모두 종료되고, 탈루세액 등이 납부되었거나 재산은닉자의 체납액에 해당하는 금액이 징수되었을 경우에 지급한다. 이때, 「조세범 처벌절차법」에 따른 범칙행위로 인한 탈루세액 등에 따라 포상금을 지급하는 경우에는 「조세범 처벌절차법」에 따른 통고의 이행이나 재판에 의한 형의 확정을 말한다.

> ⓐ 「국세기본법」에 따른 심사청구기간과 심판청구기간
> ⓑ 「감사원법」에 따른 심사청구의 제척기간과 행정소송 제기기간
> ⓒ 「행정소송법」에 따른 제소기간

㉡ 포상금 지급액(국기령 65의4 ① (3))

ⓐ 탈루세액 등이 일부 납부된 경우: 일부 납부된 탈루세액 등(이미 납부된 탈루세액 등을 포함한 누적금액)에 20%~5%의 지급률을 적용하여 계산한 금액을 지급. 이 경우 이미 지급한 포상금이 있는 경우에는 이를 차감한다.

> 포상금액 = 일부 납부된 탈루세액 등(누적금액) × 지급률 - 이미 지급한 포상금

ⓑ 완납된 경우: 최종적으로 탈루세액 등이 완납된 경우에는 탈루세액 등이 전부 납부된 경우에 지급하는 포상금액과 ⓐ에 따라 지급한 포상금의 차액을 지급

> 포상금액 = 탈루세액 등 총액 × 지급률 - 이미 지급한 포상금

㉢ 지급절차

과세관청이 포상금을 지급하려는 경우에는 조세탈루제보자 또는 은닉재산신고자에게 위 지급요건을 갖춘 날로부터 15일 이내에 포상금지급대상이라는 사실과 지급 절차, 포상금을 지급하기 위해 제보자 또는 신고자가 제출해야 하는 서류 등을 안내해야 한다(국기령 65조의 4 ②).

② **신용카드매출전표·현금영수증 발급거부행위 신고자에 대한 포상금**

신용카드·현금영수증의 결제·발급을 거부하거나 사실과 다르게 발급하는 가맹점을 객관적으로 확인되는 증거자료를 첨부하여 거래일로부터 1개월 이내에 신고한 자에게 다음의 금액[NEW]을 포상금으로 지급할 수 있다. 다만 연간 1인당 100만원[NEW]을 한도로 한다(국기령 65의4 ⑥).

거부금액	지급금액
5천원 이상 5만원 이하(현금영수증은 5만원 이하)	1만원
5만원 초과 125만원 이하	거부금액의 20%
125만원 초과	25만원

③ **타인 명의 사용자 신고자에 대한 포상금**

타인의 명의를 사용하여 사업을 경영하는 자를 신고하는 자에게는 신고 건별로 200만원을 포상금으로 지급할 수 있다. 다만, 타인의 명의를 사용하여 사업을 경영하는 자가 다음 중 어느 하나에 해당하는 경우로서 조세를 회피할 목적이 없거나 강제집행을 면탈할 목적이 없다고 인정되면 포상금을 지급하지 않는다 (국기령 65의4 ⑯).

> ㉠ 배우자, 직계존속 또는 직계비속의 명의로 사업자등록을 하고 사업을 경영하거나 배우자, 직계존속 또는 직계비속 명의의 사업자등록을 이용하여 사업을 경영하는 경우
> ㉡ 약정한 기일 내에 채무를 변제하지 아니하여 「신용정보의 이용 및 보호에 관한 법률」에 따른 종합신용정보집중기관에 등록된 경우

④ **해외금융계좌 신고의무 위반행위 자료제공자에 대한 포상금**

해외금융계좌 신고의무 불이행에 따른 과태료금액 또는 벌금액(징역형에 해당하는 경우에는 과태료 부과기준을 준용하여 산출한 금액)에 15%~5% 지급률을 곱하여 계산한 금액을 포상금으로 지급할 수 있다. 다만, 20억원을 초과하는 부분은 지급하지 않는다(국기령 65의4 ⑰).

⑤ **타인명의 금융자산 신고자**

해당 금융자산을 통한 탈루세액 등이 1,000만원 이상인 신고 건별로 100만원 이상을 포상금으로 지급할 수 있다. 다만, 동일인이 지급받을 수 있는 포상금은 연간 5,000만원을 한도로 한다(국기령 65의4 ⑱).

(4) 포상금 지급시점

국세청장은 다음 **구분에 따른 날이 속하는 달의 말일부터 2개월 이내에 포상금을 지급하여야 한다**(국기령 65의4 ⑳).

구분		해당일
① 조세탈루제보자 및 은닉재산신고자		포상금지급에 관한 안내 기한의 종료일
② 신용카드 매출전표 등 발급거부행위 신고자		신고내용이 사실로 확인된 날
③ 타인 명의 사용자 신고자		신고내용이 사실로 확인된 날
④ 해외금융계좌신고의무 위반행위 자료 제공자	과태료 부과	과태료 금액이 납부되고 이의제기기간이 지났거나 불복청구 절차가 종료되어 과태료 부과처분이 확정된 날
	징역형	재판에 의하여 형이 확정된 날
⑤ 타인명의 금융자산을 신고한 자에 대한 포상금		탈루세액 등이 확인된 날

(5) 비밀유지

포상금 지급과 관련된 업무를 담당하는 공무원은 신고자 또는 자료 제공자의 신원 등 신고 또는 제보와 관련된 사항을 그 목적 외의 용도로 사용하거나 타인에게 제공 또는 누설해서는 안 된다(국기법 84의2 ⑤).

5 과세자료의 제출과 그 수집에 대한 협조 C

세법에 따라 과세자료를 제출할 의무가 있는 자는 과세자료를 성실하게 작성하여 정해진 기한까지 소관 세무서장에게 제출하여야 한다. 다만, 국세정보통신망을 이용하여 제출하는 경우에는 지방국세청장이나 국세청장에게 제출할 수 있다(국기법 85 ①). 국가기관·지방자치단체·금융회사 등 또는 전자계산·정보처리시설을 보유한 자는 과세에 관계되는 자료 또는 통계를 수집하거나 작성하였을 때는 국세청장에게 통보하여야 한다(국기법 85 ②).

6 지급명세서 자료의 활용 C

「금융실명거래 및 비밀보장에 관한 법률」에도 불구하고 세무서장 등은 이자소득 또는 배당소득에 대한 지급명세서를 다음의 어느 하나에 해당하는 용도에 이용할 수 있다(국기법 85의2).

> ㉠ 상속·증여 재산의 확인
> ㉡ 조세탈루의 혐의를 인정할 만한 명백한 자료의 확인
> ㉢ 근로장려금 신청자격의 확인

7 서류접수증 발급 B

★★ (1) 원칙

납세자 또는 세법에 따라 과세자료를 제출할 의무가 있는 자로부터 다음 중 어느 하나에 해당하는 서류를 받는 경우에 **세무공무원은 납세자 등에게 접수증을 발급해야 한다**. 그러나 **납세자 등으로부터 신고서 등을 국세정보통신망을 통해 받은 경우에는 그 접수 사실을 전자적 형태로 통보할 수 있다**(국기법 85의4, 국기령 65의8 ①).

> ㉠ 과세표준신고서·과세표준수정신고서·경정청구서 및 이들 신고·청구와 관련된 서류
> ㉡ 과세표준 및 세액의 결정(경정)청구서
> ㉢ 이의신청서, 심사청구서, 심판청구서
> ㉣ 세법에 따른 제출기한이 정해진 서류, 그 밖에 국세청장이 납세자의 권익보호에 필요하다고 인정하여 지정한 서류

★★ (2) 발급의 면제

다음 중 어느 하나에 해당하는 경우에는 **접수증을 발급하지 않을 수 있다**(국기법 85의4 단서, 국기령 65의8 ②).

> ㉠ 납세자가 신고서 등의 서류를 우편이나 팩스로 제출하는 경우
> ㉡ 납세자가 신고서 등을 세무공무원을 거치지 않고 지정된 신고함에 직접 투입하는 경우

오쌤 Talk

서류접수증 발급

```
        과세자료제출
  납세자  ⇄  세무공무원
        접수증 발급
```

교부	방문: 교부 국세정보통신망: 전자적 형태로 통보
미교부 (선택)	우편 or 팩스 세무공무원 경유X, 지정된 신고함에 직접 투입

📖 확인문제

14. 「국세기본법」상 납세자로부터 세금 관련 서류를 받은 사실을 세무공무원이 확인해 주는 방법으로 옳지 않은 것은? *2014. 7급*

① 세무공무원은 납세자로부터 과세표준신고서를 국세정보통신망에 의하여 제출받은 경우 당해 접수사실을 전자적 형태가 아닌 우편으로 통보하여야 한다.
② 세무공무원은 납세자로부터 경정청구서를 팩스로 제출받는 경우에는 납세자에게 접수증을 교부하지 아니할 수 있다.
③ 세무공무원은 납세자로부터 과세표준수정신고서를 우편으로 제출받은 경우에는 납세자에게 접수증을 교부하지 아니할 수 있다.
④ 세무공무원은 납세자로부터 이의신청서를 직접 제출받는 경우에는 납세자에게 접수증을 교부하여야 한다.

정답 ①

8 장부 등의 비치 및 보존 B

① 장부비치

납세자는 각 세법에서 규정하는 바에 따라 모든 거래에 관한 장부 및 증거서류를 성실하게 작성하여 갖춰 두어야 한다(국기법 85의3 ①). 이 경우 장부 및 증거서류 중 「국제조세조정에 관한 법률」에 따라 과세당국이 납세의무자에게 제출하도록 요구할 수 있는 자료의 경우에는 「소득세법」 또는 「법인세법」에 따른 납세지(국세청장이나 관할지방국세청장이 지정하는 납세지를 포함)에 갖춰 두어야 한다.

② 보존

장부 및 증거서류는 그 거래사실이 속하는 과세기간에 대한 해당 국세의 법정신고기한이 지난 날부터 5년간(역외거래의 경우 7년간) 보존해야 한다. 한편 「법인세법」 및 「소득세법」에 따라 각 과세기간 개시일 5년 전에 발생한 결손금을 각 과세기간의 소득금액에서 이월결손금으로 공제하는 경우에는 해당 결손금이 발생한 과세기간의 법인세 또는 소득세는 이월결손금을 공제한 과세기간의 법정신고기한으로부터 1년간 부과제척기간이 연장되는데, 이처럼 부과제척기간이 연장되는 때에는 그 연장되는 날까지 보존해야 한다(국기법 85의3 ②).

9 불성실기부금수령단체 등의 명단 공개 C

(1) 요건

국세청장은 비밀유지에 관한 규정에도 불구하고 일정한 경우에 해당하는 자의 인적사항 등을 공개할 수 있다(국기법 85의5 ①).

(2) 명단공개 대상

> ① 불성실기부금수령단체
> 법이 정하는 불성실기부금수령단체의 인적사항·국세추징명세 등은 공개할 수 있다.
> ② 조세포탈범
> 「조세범처벌법」에 따른 범죄 유죄판결이 확정된 자로서 「조세범처벌법」에 따른 포탈세액 등이 연간 2억원 이상인 자의 인적사항 및 포탈세액 등을 공개할 수 있다.
> ③ 해외금융계좌 신고의무 위반자
> 「국제조세조정에 관한 법률」에 따른 해외금융계좌정보의 신고의무자로서 신고기한 내에 신고하지 않거나 과소신고한 금액이 50억원을 초과하는 자의 인적사항, 신고의무 위반금액 등을 공개할 수 있다.
> ④ 세금계산서 발급의무 등 위반자
> 「특정범죄 가중처벌 등에 관한 법률」에 따른 범죄로 유죄판결이 확정된 사람(이하 '세금계산서 발급의무 등 위반자')의 인적사항, 부정 기재한 공급가액 등의 합계액 등을 공개할 수 있다.

기출 OX

54. 납세자는 각 세법이 규정하는 바에 따라 모든 거래에 관한 장부 및 증빙서류를 성실하게 작성하여 비치하여야 하며, 이를 그 거래사실이 속하는 과세기간에 대한 당해 국세의 법정신고기한이 지난 5년간(역외거래의 경우 7년간) 보존하여야 한다. 2007. 9급 수정

정답 O

> **참고**
>
> **대통령령이 정하는 불성실기부금수령단체(국기령 66 ⑩)**
>
> 명단 공개일이 속하는 연도의 직전 연도 12월 31일을 기준으로
>
> ⑴ 최근 2년 이내*에「상속세 및 증여세법」에 따른 의무의 불이행으로 추징당한 세액의 합계액이 1천만원 이상인 경우
> ⑵ 최근 3년간*의「소득세법」또는「법인세법」따른 기부자별 발급명세를 작성하여 보관하고 있지 아니한 경우
> ⑶ 최근 3년 이내*에 기부금액 또는 기부자의 인적사항이 사실과 다르게 발급된 기부금영수증을 5회 이상 발급하였거나 그 발급금액의 합계액이 5천만원 이상인 경우
> ⑷「법인세법」에 따른 공익법인 등이 공익사용, 목적사업수행, 모금액·활용실적명세서의 공개 및 선거운동 금지 등의 의무를 위반한 사실 또는 국세청장의 요구에도 불구하고 의무이행 여부를 보고하지 아니한 사실이 2회 이상 확인되는 경우
>
> * 이의신청·심사청구·심판청구,「감사원법」에 따른 심사청구 또는「행정소송법」에 따른 행정소송의 기간은 제외

(3) 명단을 공개하지 않는 경우

체납된 국세가 이의신청·심사청구 등 불복청구 중에 있거나 다음 구분에 따른 사유가 있는 경우에는 명단을 공개하지 않는다(국기법 85의5 ① 단서, 국기령 66 ①).

① 불성실기부금 수령단체	⑴ 불성실기부금수령단체에 해당하는지에 대하여 국세기본법에 따른 이의신청, 심사청구, 심판청구,「감사원법」에 따른 심사청구 또는「행정소송법」에 따른 소송 중에 있는 경우 ⑵ 국세정보위원회가 공개할 실익이 없거나 공개하는 것이 부적절하다고 인정하는 경우
② 조세포탈범 및 세금계산서 발급의무 등 위반자	국세정보위원회가 공개할 실익이 없거나 공개하는 것이 부적절하다고 인정하는 경우
③ 해외금융계좌 신고의무 위반자	⑴ 국세정보위원회가 신고의무자의 신고의무 위반에 정당한 사유가 있다고 인정하는 경우 ⑵「국제조세조정에 관한 법률」에 따라 수정신고 및 기한후신고를 한 경우 (해당 해외금융계좌와 관련하여 세무공무원이 조사에 착수한 것을 알았거나 과세자료 해명 통지를 받고 수정신고 및 기한후신고를 한 경우는 제외)

(4) 공개절차

① 공개대상자 선정

국세청장은 국세정보위원회의 심의를 거친 공개대상자에게 불성실기부금수령단체 또는 해외금융계좌 신고의무 위반자 명단 공개 대상자임을 통지하여 소명 기회를 주어야 하며, 통지일부터 6개월이 지난 후 위원회로 하여금 기부금영수증 발급명세의 작성·보관 의무 이행 또는 해외금융계좌의 신고의무 이행 등을 고려하여 불성실기부금수령단체 또는 해외금융계좌 신고의무 위반자 명단 공개 여부를 재심의하게 한 후 공개대상자를 선정한다(국기법 85의5 ④).

② 명단공개 방법

이러한 공개는 관보에 게재하거나 국세정보통신망 또는 관할세무서 게시판에 게시하는 방법으로 한다(국기법 85의5 ⑤).

오쌤 Talk

국세정보위원회

불성실기부금수령단체, 조세포탈범, 해외금융계좌 신고의무 위반자 또는 세금계산서 발급의무 등 위반자의 정보 공개 여부를 심의하고「국세징수법」에 따른 납세자에 대한 감치(구속) 필요성을 의결하기 위하여 국세청이 만든 위원회이다.
Link-P.194

(5) 명단 공개 기간

① 국세청장이 명단을 국세정보통신망 또는 관할세무서 게시판에 게시하는 방법으로 공개하는 경우 그 공개 기간은 게시일부터 다음의 구분에 따른 기간이 만료하는 날까지로 한다.

> ㉠ 불성실기부금수령단체의 경우: 3년
> ㉡ 조세포탈범의 경우: 다음의 구분에 따른 기간
>   ⓐ 조세포탈범(상습범은 제외)으로 유죄판결이 확정된 자: 5년
>   ⓑ 조세포탈범(상습범만 해당), 면세유 부정유통자, 가짜석유제품 제조·판매업자로 유죄판결이 확정된 자: 10년
> ㉢ 해외금융계좌신고의무위반자의 경우: 5년
> ㉣ 세금계산서발급의무등위반자의 경우: 5년

② 위 공개 기간 규정에도 불구하고 명단 공개 대상자가 그 공개 기간의 만료일 현재 다음의 어느 하나에 해당하는 경우에는 각 구분에 따른 날까지 계속하여 공개한다.

> ㉠ 세법에 따라 납부해야 할 세액, 과태료 또는 벌금을 납부하지 않은 경우
>   : 그 세액 등을 완납하는 날
> ㉡ 형의 집행이 완료되지 않은 경우: 그 형의 집행이 완료되는 날

10 통계자료의 작성 및 공개 C

(1) 통계자료의 작성

국세청장은 조세정책의 수립 및 평가 등에 활용하기 위하여 과세정보를 분석·가공한 통계자료를 작성·관리하여야 한다. 이 경우 통계자료는 납세자의 과세정보를 직접적인 방법 또는 간접적인 방법으로 확인할 수 없도록 작성되어야 한다(국기법 85의6 ①).

(2) 통계자료의 공개

세원의 투명성, 국민의 알 권리 보장 및 국세행정의 신뢰증진을 위하여 국세청장은 통계자료를 국세정보위원회의 심의를 거쳐 일반 국민에게 정기적으로 공개해야 한다(국기법 85의6 ②).

(3) 국세정보시스템

국세청장은 국세정보를 공개하기 위하여 예산의 범위 안에서 국세정보시스템을 구축·운용할 수 있다(국기법 85의6 ③).

(4) 통계자료 제공

국세청장은 다음의 경우에 그 목적의 범위에서 통계자료를 제공해야 한다(국기법 85 의6 ④~⑥).

구분	비고
① 국회 소관 상임위원회가 의결로 세법의 제정법률안·개정법률안, 세입예산안의 심사 및 국정감사, 그 밖의 의정활동에 필요한 통계자료를 요구하는 경우	제공한 통계자료의 사본을 기획재정부장관에게 송부해야 함
② 국회예산정책처장이 의장의 허가를 받아 세법의 제정법률안·개정법률안에 대한 세수추계 또는 세입예산안의 분석을 위하여 필요한 통계자료를 요구하는 경우	
③ 국회 소관 상임위원회가 의결로 국세의 부과·징수·감면 등에 관한 자료를 요구하는 경우	-
④ 정부출연연구기관의 장이 조세정책의 연구를 목적으로 통계자료를 요구하는 경우	통계자료의 안전성 확보를 위하여 필요한 조치를 마련하도록 요청할 수 있음

(5) 기초자료 제공

국세청장은 다음의 어느 하나에 해당하는 자가 조세정책의 평가 및 연구 등에 활용하기 위하여 통계자료 작성에 사용된 기초자료(이하 '기초자료')를 직접 분석하기를 원하는 경우 국세청 내에 설치된 국세통계센터 내에서 기초자료를 제공할 수 있다. 이 경우 기초자료는 그 사용목적에 맞는 범위에서 개별 납세자의 과세정보를 직접적 또는 간접적 방법으로 확인할 수 없는 상태로 제공하여야 한다(국기법 85의6 ⑦).

　㉠ 국회의원
　㉡ 「국회법」에 따른 국회사무총장·국회도서관장·국회예산정책처장·국회입법조사처장 및 「국회미래연구원법」에 따른 국회미래연구원장
　㉢ 중앙행정기관 또는 지방자치단체의 장
　㉣ 그 밖에 정부출연연구기관의 장 등 대통령령으로 정하는 자

(6) 표본자료 제공

국세청장은 조세정책의 평가 및 연구를 목적으로 기초자료를 이용하려는 자가 소득세 관련 기초자료의 일부의 제공을 요구하는 경우에는 소득세 관련 기초자료의 일부를 검증된 통계작성기법을 적용하여 표본 형태로 처리한 기초자료(이하 '표본자료')를 전자매체에 수록하거나 정보통신망을 통해 제공하는 방법으로 제공할 수 있다. 이 경우 표본자료는 그 사용 목적에 맞는 범위에서 개별 납세자의 과세정보를 직접적 또는 간접적 방법으로 확인할 수 없는 상태로 가공하여 요청받은 날부터 30일 이내(협의하여 연장가능)에 제공하여야 한다(국기법 85의6 ⑧, 국기령 67의3 ②,③).

(7) 통계자료 등의 보안

제공되거나 송부된 통계자료(국민들에게 이미 공개된 것과 위 (4) ③은 제외), 기초자료 및 표본자료를 알게 된 자는 그 통계자료, 기초자료 및 표본자료를 목적 외의 용도로 사용해서는 아니 된다(국기법 85의6 ⑨).

11 금품 수수 및 공여에 대한 징계 등 C

(1) 금품 수수

① 징계

세무공무원이 그 직무와 관련하여 금품을 수수하였을 때에는 「국가공무원법」에 따른 징계절차에서 그 금품 수수액의 5배 이내의 징계부가금 부과 의결을 징계위원회에 요구하여야 한다(국기법 87 ①).

② 이행 시

징계대상 세무공무원이 "①"에 따른 징계부가금 부과 의결 전후에 금품 수수를 이유로 다른 법률에 따라 형사처벌을 받거나 변상책임 등을 이행한 경우(몰수나 추징을 당한 경우를 포함)에는 징계위원회에 감경된 징계부가금 부과 의결 또는 징계부가금 감면을 요구하여야 한다(국기법 87 ②).

(2) 징계부가금 부과 의결의 요구

징계부가금 부과 의결의 요구(감면요구 포함)는 5급 이상 공무원 및 고위공무원단에 속하는 일반직공무원의 경우 국세청장(세법에 따라 국세에 관한 사무를 세관장이 관장하는 경우에는 관세청장)이, 6급 이하의 공무원의 경우에는 소속 기관의 장 또는 소속 상급기관의 장이 한다(국기법 87 ③).

(3) 징계부가금 미납 시

징계부가금 부과처분을 받은 세무공무원이 납부기간 내에 그 부가금을 납부하지 아니한 때에는 징계권자는 국세강제징수의 예에 따라 징수할 수 있다(국기법 87 ④).

과태료의 부과 기준

「국세기본법」에 따른 과태료의 부과기준은 다음과 같다(국기령 69).

① 위반 정도, 횟수, 행위의 동기 및 결과 등을 고려하여 과태료를 ± 50% 범위 내에서 조정 가능하다.
② 과태료를 할증하여 부과할 경우에도 「국세기본법」상 상한액을 초과할 수 없다.

12 벌칙 C

(1) 직무집행 거부 등에 대한 과태료

관할 세무서장은 세법의 질문·조사권 규정에 따른 세무공무원의 질문에 대하여 거짓으로 진술하거나 그 직무집행을 거부 또는 기피한 자에게 5천만원 이하의 과태료를 부과·징수한다(국기법 88).

(2) 금품 수수 및 공여에 대한 과태료

관할 세무서장 또는 세관장은 세무공무원에게 금품을 공여한 자에게 그 금품 상당액의 2배 이상 5배 이하의 과태료를 부과·징수한다. 다만, 「형법」 등 다른 법률에 따라 형사처벌을 받은 경우에는 과태료를 부과하지 아니하고, 과태료를 부과한 후 형사처벌을 받은 경우에는 과태료 부과를 취소한다(국기법 89).

(3) 비밀유지 의무 위반에 대한 과태료

국세청장은 비밀유지규정에 따라 알게 된 과세정보를 타인에게 제공 또는 누설하거나 그 목적 외의 용도로 사용한 자에게 2천만원 이하의 과태료를 부과·징수한다. 다만, 「형법」 등 다른 법률에 따라 형사처벌을 받은 경우에는 과태료를 부과하지 아니하고, 과태료를 부과한 후 형사처벌을 받은 경우에는 과태료 부과를 취소한다(국기법 90).

13 세무공무원에 대한 포상금 지급(2025. 6. 15.부터 시행) C

① **포상금 지급**

국세청장은 국세의 부과·징수·송무에 특별한 공로가 인정되는 사람에 대하여 포상금을 지급할 수 있다 NEW(국기법 84의3 ①).

② **지급 대상** NEW(시행령)

국세청장은 다음의 어느 하나에 해당하는 세무공무원에게 포상금을 지급할 수 있다(국기령 65의5 ①).

> ㉠ 체납 또는 세원관리 업무를 수행하여 은닉재산, 부당 세액공제 금액 등의 확인을 통해 국세의 부과·징수에 기여한 자
> ㉡ 국세청 소관 소송업무를 수행한 결과 해당 소송에 대하여 국세청의 최종 승소판결 확정에 기여한 자

③ **포상 금액** NEW(시행령)

국세청장은 포상금액을 포상금 지급 대상자가 부과·징수한 금액 또는 승소한 금액의 10% 이내 범위(포상금액이 300만원 미만인 경우 제외)에서 정할 수 있으며, 해당 세무공무원을 기준으로 연간 2천만원을 한도로 한다(국기령 65의5 ②).

14 이행강제금(2025. 9. 15.부터 시행) NEW C

(1) 이행강제금 부과

① 요건

관할 지방국세청장은 납세자가 세무조사 과정에서 세법상 장부 등의 제출 의무를 정당한 사유 없이 이행하지 아니하는 경우 해당 납세자에 대하여 이행강제금심의위원회의 심의를 거쳐 이행강제금을 부과할 수 있다. 다만, 동일한 사유에 대하여 「국세기본법」 및 세법에 따른 과태료와 중복하여 부과할 수 없다(국기령 85의7 ①).

② 이행기한

관할 지방국세청장은 이행강제금을 부과하기 전에 납세자의 장부 등 제출에 필요한 상당한 이행기한을 정하고, 그 기한까지 장부 등을 제출하지 아니하는 경우 이행강제금이 부과될 수 있음을 통지하여야 한다. 이 경우 이행기한은 통지하는 날부터 30일 이상 경과한 날로 정하여야 한다(국기령 85의7 ②).

③ 부과

관할 지방국세청장은 이행기한까지 장부 등을 제출하지 아니한 납세자에게 이행기한이 지난 날부터 1일당 법령으로 정하는 1일 평균수입금액의 1천분의 3의 범위에서 이행강제금을 부과할 수 있다. 다만, 평균수입금액이 없거나 평균수입금액의 산정이 곤란한 경우에는 1일당 500만원의 범위에서 이행강제금을 부과할 수 있다(국기령 85의7 ③).

④ 감경·면제

관할 지방국세청장은 장부 등의 제출이행을 위한 노력과 불이행의 정도·사유 또는 세무조사 결과 등을 고려하여 이행강제금심의위원회의 심의를 거쳐 이행강제금 부과금액을 감경하거나 면제할 수 있다(국기령 85의7 ④).

(2) 이행강제금심의위원회

이행강제금의 부과에 관한 사항을 심의하기 위하여 지방국세청에 이행강제금심의위원회를 두며, 이행강제금심의위원회는 위원장 1명을 포함하여 20명 이내의 위원으로 구성한다(국기령 85의8 ①,②). 이행강제금심의위원회의 위원 중 공무원이 아닌 사람은 「형법」을 적용할 때에는 공무원으로 본다(국기령 85의8 ③).

제3편

국세징수법

01　총칙 및 보칙
02　임의적 징수절차
03　강제적 징수절차

CHAPTER 01

총칙 및 보칙

1. 총칙
2. 보직

- **최신 8개년 출제 경향 분석**

01 총칙

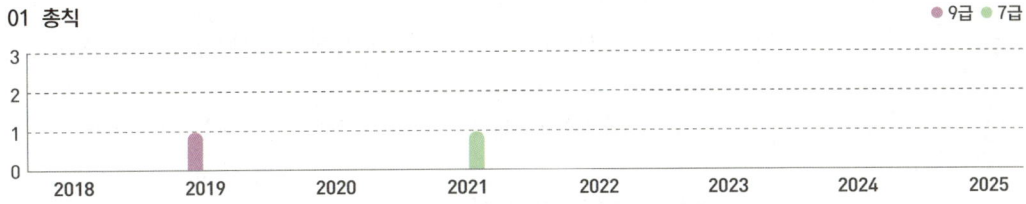

02 보칙

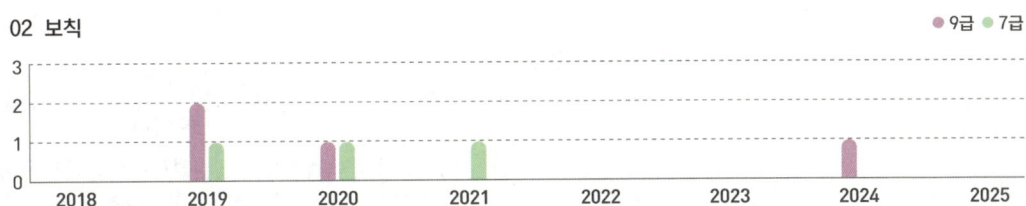

1 총칙

1 「국세징수법」의 목적 및 성격 C

(1) 국세의 의미

국세는 「국세기본법」에 규정된 사항에 더하여 「상속세 및 증여세법」에 따른 연부연납 가산금 및 「조세특례제한법」에 따라 소득세 또는 법인세에 가산하여 징수하는 이자상당가산액과 각 세법에 따른 가산세를 포함하는 개념이다.

(2) 「국세징수법」의 목적

「국세징수법」은 국세의 징수에 필요한 사항을 규정하여 국세수입을 확보함을 목적으로 한다(국징법 1).

(3) 국세의 징수절차

구분	구체적 내용
① 임의적 징수절차	납부고지 및 독촉에 의한 징수절차로 다음의 항목이 있다. ㉠ 정상징수: 일반 납세자에 대한 이행청구, 제2차 납세의무자에 대한 이행청구, 양도담보권자에 대한 이행청구 ㉡ 특별징수: 납부기한 전 징수, 체납액 징수 관련 사실행위의 위탁
② 강제적 징수절차	독촉에 의한 납부기한까지 국세 등을 완납하지 않은 경우에 압류·매각 및 청산의 과정을 통해 납세자의 재산에 대해 강제집행을 하는 절차로 다음과 같다. ㉠ 협의의 강제적 징수절차: 압류, 매각, 청산 ㉡ 광의의 강제적 징수절차: 교부청구, 참가압류

(4) 「국세징수법」의 성격

「국세징수법」은 다음과 같은 성격을 갖고 있다.

구분	내용
① 속지주의의 적용	내국인뿐만 아니라 외국인에게도 적용된다.
② 절차법	납세자가 국세에 관한 조세채무를 이행하지 않는 경우, 세법에 따른 절차로 징수하게 되며, 「국세징수법」은 임의적 징수절차 외에도 세무공무원의 자력에 의한 강제적 징수절차로서 강제징수절차를 규정하고 있다.
③ 세법	국세의 징수절차에 관한 사항을 규정한 총칙법으로 세법에 해당한다.

(5) 원천징수에 대한 적용 배제

원천징수의무자가 납세의무자로부터 국세를 징수하는 경우에는 각 세법이 정하는 바에 따르며, 「국세징수법」이 적용되지 않는다(국징통 1-0…2).

오쌤 Talk

「국세징수법」

총칙법	국세 징수에 필요한 사항을 규정한 총칙법
절차법	국세 징수에 관한 절차를 규정한 절차법
하위법	「국세징수법」에 규정하는 사항으로서 「국세기본법」 또는 다른 세법에 특별한 규정이 있는 경우 해당 규정이 우선하지 못하는 하위법

2 다른 법률과의 관계 A

「국세징수법」에서 규정한 사항 중 「국세기본법」이나 다른 세법에 특별한 규정이 있는 것에 관하여는 그 법률에서 정하는 바에 따른다(국징법 4). 따라서 「국세기본법」 및 개별세법에 우선하여 적용하지 못하고, 관련 규정이 다른 세법에 없는 경우에만 적용될 수 있다.

3 용어의 정의 B

「국세징수법」에서 사용하는 용어의 뜻은 「국세기본법」에서 정하는 바에 따르되, '체납자' 및 '체납액'의 정의는 다음과 같다(국징법 2).

용어	정의
① 체납자	국세를 체납한 자
② 체납액	체납된 국세와 강제징수비
③ 납부기한	법에서 정한 납부기한(법정납부기한) 또는 납부고지서에서 지정한 납부기한(지정납부기한)
④ 체납	국세를 지정납부기한까지 납부하지 않는 것

4 체납액의 징수 순위 A

체납의 징수순위는 다음에 따르고, 이 중 '국세'의 징수순위는 교육세, 농어촌특별세, 교통·에너지·환경세, 그 밖의 국세의 순으로 징수한다(국징법 3, 국징통 4-0…1).

① 강제징수비 → ② 가산세를 제외한 국세 → ③ 가산세

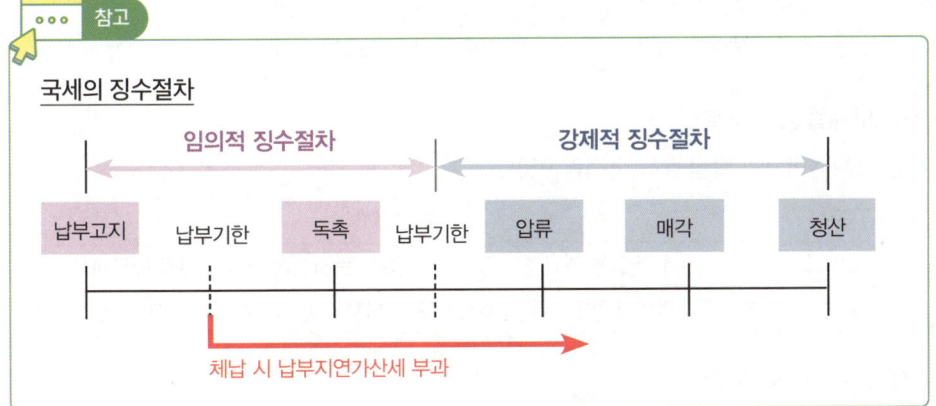

기출 OX

01. 국세의 징수에 관하여 「국세기본법」에 특별한 규정이 있는 경우에도 「국세징수법」에서 정한 바에 따른다. 2021. 7급
정답 X

02. 「국세징수법」에서 규정한 사항 중 「국세기본법」이나 다른 세법에 특별한 규정이 있는 것에 관하여는 그 법률에서 정하는 바에 따른다. 2019. 9급
정답 O

기출 OX

03. 체납자란 납세자의 국세 또는 강제징수비의 납부를 보증한 자를 말한다. 2019. 9급
정답 X

오쌤 Talk

납부기한 세분화

2020년 12월 개정된 「국세징수법」은 기존의 '납부기한'을 '법정'납부기한과 '지정'납부기한으로 세분화하였다. 체납의 정의는 지정납부기한을 기준으로 한다.

확인문제

01. 「국세징수법」상 체납액의 징수 순서로 옳은 것은? 2012. 9급

① 강제징수비, 교육세, 법인세
② 법인세, 강제징수비, 교육세
③ 교육세, 법인세, 강제징수비
④ 교육세, 강제징수비, 법인세

정답 ①

기출 OX

04. 체납액의 징수순위는 국세, 강제징수비의 순으로 한다. 2019. 9급
정답 X

2 보칙

1 납세증명서 A

★★ (1) 납세증명서의 의미

'납세증명서'란 납세자가 국가·지방자치단체 등에 대하여 법이 정한 행위를 할 때 제출하는 서류로, 납세자가 납세의무를 해태하고 있지 않음을 증명하여 체납을 예방하고 납세보전 목적을 달성하기 위해 사용된다. **납세증명서는 발급일 현재 다음의 금액을 제외하고는 다른 체납액[*1]이 없다는 사실을 증명하는 문서를 말한다**(국징법 107 ②, 국징령 94).

> **납세증명서상 체납액에서 제외**
> ㉠ 납부고지의 유예액, **압류·매각의 유예액**
> ㉡ 독촉장에서 정하는 기한의 연장에 관계된 금액
> ㉢ 「채무자 회생 및 파산에 관한 법률」에 따른 **징수유예액** 또는 강제징수에 따라 압류된 재산의 환가유예에 관련된 체납액
> ㉣ 「부가가치세법」에 따라 물적납세의무를 부담하는 수탁자가 그 물적납세의무와 관련하여 체납한 부가가치세 또는 강제징수비
> ㉤ 「종합부동산세법」에 따라 물적납세의무를 부담하는 수탁자가 그 물적납세의무와 관련하여 체납한 종합부동산세 또는 강제징수비
> ㉥ 「국세기본법」에 따라 물적납세의무를 부담하는 양도담보권자가 그 물적납세의무와 관련하여 체납한 국세 또는 강제징수비
> ㉦ 「조세특례제한법」에 따른 압류 또는 매각이 유예된 체납액
> ㉧ 「조세특례제한법」에 따른 납부고지의 유예 또는 지정납부기한 등의 연장에 관계된 국세 또는 체납액
> ㉨ 「조세특례제한법」에 따른 체납액 징수특례를 적용받은 징수곤란 체납액

★★ (2) 납세증명서의 발급

① 납세증명서의 발급권자(국징령 95)

구분	발급권자
㉠ 개인	주소지(주소가 없는 외국인의 경우 거소지) 또는 사업장 소재지 관할 세무서장
㉡ 법인	본점(외국법인의 경우는 국내 주사업장) 소재지 관할 세무서장(사업장 소재지 아님)

② 납세증명서 발급신청

납세증명서를 발급받으려는 자는 관할 세무서장에게 발급신청에 관한 일정한 문서를 제출하여야 한다. 단, **국세청장이 납세자의 편의를 위하여 발급 세무서를 달리 정하는 경우, 그 발급 세무서의 장에게 제출하여야 한다**(국징령 95). 세무서장은 납세증명서의 발급신청을 받았을 때에는 그 사실을 확인하고 즉시 납세증명서를 발급하여야 한다(국징법 108). 단, 발급신청은 본인은 물론 본인의 위임을 받은 제3자도 가능하며, 우편에 의하여 할 수도 있다(국징통 6-0…1).

---

*1 체납액: 본래의 납세의무자로서의 체납액을 비롯하여 연대납세의무, 제2차 납세의무, 양도담보권자의 물적납세의무 및 납세보증인의 의무에 대하여 부담하는 국세 체납액을 포함한다.

오쌤 Talk

납세증명서와 체납액

납세증명서란 발급일 현재 체납액이 없다는 증명서이다. 체납액은 지정납부기한까지 해당 국세를 납부하지 않을 때부터 생긴다. Link-P.25

따라서 납세자가 과세표준 및 세액을 신고한 후 납부하지 않았다 하더라도 그 시기가 아직 지정납부기한 이전일 경우에는 체납액이 없으며 따라서 납세증명서를 통해 확인할 수 없다는 것을 주의하자.

 기출 OX

05. 과세표준 및 세액을 신고하였으나, 납부하지 아니한 소득(종합소득)세 납세의무는 과세표준 확정신고기한까지는 납세증명서를 통하여 확인할 수 없다.
2020. 9급
정답 O

06. 납세증명서는 발급일 현재 징수유예액과 압류·매각의 유예액을 포함한 체납액이 없다는 사실을 증명하는 것이다.
2013. 9급 수정
정답 X

기출 OX

07. 납세증명서를 발급받으려는 내국법인은 본점 소재지를 관할하는 세무서장(단, 국세청장이 납세자의 편의를 위하여 발급 세무서를 달리 정하는 경우에는 그 발급 세무서의 장)에게 발급신청에 관한 문서를 제출하여야 한다.
2017. 9급
정답 O

★★ (3) 납세증명서의 제출

① 납세증명서의 제출 사유
납세자는 다음의 경우 **납세증명서를 제출하여야 한다**(국징법 107 ①).

> **납세증명서 제출 사유**
> ㉠ 국가, 지방자치단체 또는 법으로 정하는 정부 관리기관으로부터 대금을 지급받을 경우
> ㉡ 「출입국관리법」에 따른 외국인등록 또는 「재외동포의 출입국과 법적 지위에 관한 법률」에 따른 국내거소신고를 한 외국인이 체류기간 연장허가 등 체류 관련 허가를 법무부장관에게 신청하는 경우
> ㉢ 내국인이 해외이주 목적으로 「해외이주법」에 따라 재외동포청장에게 해외이주신고를 하는 경우

② 납세증명서의 제출의 예외
다음 어느 하나에 해당하면 **납세증명서를 제출하지 않아도 된다**(국징령 91).

> ㉠ 국가 및 지방자치단체로부터 수의계약에 따라 대금을 지급받는 경우(단, 비상재해가 발생한 경우에 국가 및 지방자치단체가 소유하는 복구용 자재를 재해를 당한 자에게 매각하는 경우는 제외)
> ㉡ 국가 또는 지방자치단체가 대금을 지급받아 그 대금이 국고 또는 지방자치단체 금고에 귀속되는 경우
> ㉢ 국세 강제징수에 따른 채권 압류로 관할 세무서장이 그 대금을 지급받는 경우
> ㉣ 「채무자 회생 및 파산에 관한 법률」에 따른 파산관재인이 납세증명서를 발급받지 못하여 관할 법원이 파산절차를 원활하게 진행하기 곤란하다고 인정하는 경우로서 관할 세무서장에게 납세증명서 제출의 예외를 요청하는 경우
> ㉤ 납세자가 계약대금 전액을 체납세액으로 납부하거나 **계약대금 중 일부 금액으로 체납세액 전액을 납부하려는 경우**

③ 납세증명서 제출 특례
계약자 외의 자가 국가 등으로부터 대금을 지급받는 경우 다음의 구분에 따라 납세증명서를 제출해야 한다(국징령 90).

구분	제출대상 납세증명서
㉠ 채권양도로 인한 경우	양도인과 양수인의 납세증명서
㉡ 법원의 전부명령(轉付命令)[*1]에 따르는 경우	압류채권자의 납세증명서
㉢ 법에 따라 건설공사의 하도급대금을 수급사업자가 직접 지급받는 경우	수급사업자의 납세증명서

④ 납세증명서의 제출 간주
납세증명서의 제출 사유에 해당하더라도, **해당 주무관서는 국세청장(국세정보통신망을 통한 조회에 한정) 또는 관할 세무서장에게 조회하거나 납세자의 동의를 받아 행정정보의 공동이용을 통하여 그 체납사실 여부를 확인하는 경우에는 납세증명서를 제출받은 것으로 볼 수 있다**(국징령 93).

*1 전부명령: 채무자가 제3채무자에 대하여 가지는 압류한 금전채권을 변제에 갈음하여 압류채권자에게 이전시키는 집행법원의 결정을 말한다.

 기출 OX

08. 국가가 발주하는 건설공사를 수주하고 건설공사계약을 체결하는 때에는 납세증명서를 제출하여야 한다.
2009. 9급
정답 X

09. 납세자는 수의계약과 관련하여 국가로부터 대금을 지급받는 경우 납세증명서를 제출하지 아니하여도 된다.
2019. 9급
정답 O

10. 지방자치단체가 국가로부터 대금을 지급받아 그 대금이 지방자치단체 금고에 귀속되는 경우 납세증명서를 제출하여야 한다.
2013. 9급 수정
정답 X

11. 납세자가 국가로부터 받게 될 계약대금 중 일부 금액으로 체납세액 전액을 납부하려는 경우에는 국가에게 납세증명서를 제출하지 아니하여도 된다.
2013. 9급 수정
정답 O

12. 국세를 납부할 의무가 있는 외국인 등록을 한 외국인이 체류관련 허가를 법무부장관에게 신청하는 경우 납세증명서를 제출하여야 한다.
2013. 9급 수정
정답 O

13. 내국인이 해외이주 목적으로 재외동포청장에게 해외 이주신고를 하는 경우에는 납세증명서를 제출하여야 한다.
2020. 9급
정답 O

기출 OX

14. 법원의 전부명령에 따라 원래의 계약자 외의 자가 지방자치단체로부터 대금을 지급받는 경우 압류채권자와 채무자의 납세증명서를 제출하여야 한다.
2013. 9급 수정
정답 X

기출 OX

15. 납세증명서를 관계 법령에 따라 의무적으로 제출해야 하는 경우 해당 주무관서 등은 납세자의 동의 없이 행정정보의 공동이용을 통하여 그 체납사실 여부를 확인함으로써 납세증명서의 제출을 갈음할 수 있다.
2017. 9급
정답 X

(4) 납세증명서의 유효기간

① 원칙

납세증명서의 유효기간은 그 증명서를 발급한 날부터 30일간으로 한다(국징령 96 ①).

② 예외

발급일 현재 해당 신청인에게 납부고지된 국세가 있는 경우에는 해당 국세의 지정납부기한까지로 할 수 있다. 단, 이 경우 해당 납세증명서에 그 사유와 유효기간을 분명하게 적어야 한다(국징령 96 ①, ②).

2 미납국세 등의 열람 A

(1) 의미

① 원칙: 임대인 동의

주택이나 상가 등의 임차인의 확정일자보다 건물 소유자의 체납국세 법정기일이 빠른 경우, 국세가 우선하여 징수되어 임차인이 피해를 입을 가능성이 존재한다. 이를 방지하기 위하여 주거용 건물 또는 상가건물을 임차하여 사용하려는 자는 해당 건물에 대한 임대차계약을 하기 전 또는 임대차계약을 체결하고 임대차 기간이 시작하는 날까지 임대인의 동의를 받아 그 자가 납부하지 아니한 국세 또는 체납액의 열람을 임차할 건물 소재지의 관할 세무서장에게 신청할 수 있다. 열람 신청은 관할 세무서장이 아닌 다른 세무서장에게도 할 수 있으며, 신청을 받은 세무서장은 그 열람 신청에 따라야 한다(국징법 109 ①).

② 예외: 임대인의 동의 없이 신청

임대차계약을 체결한 임차인으로서 해당 계약에 따른 보증금이 1천만원을 초과하는 자는 임대차 기간이 시작하는 날까지 임대인의 동의 없이도 신청을 할 수 있다. 이 경우 신청을 받은 세무서장은 열람 내역을 지체 없이 임대인에게 통지하여야 한다(국징법 109 ②).

(2) 열람국세의 범위

임차인은 건물 소유자가 납부하지 아니한 다음의 국세 또는 체납액의 열람을 신청할 수 있다(국징법 109 ①).

> ㉠ 체납액
> ㉡ 납부고지서를 발급한 후 지정납부기한이 도래하지 않은 국세
> ㉢ 각 세법에 따른 과세표준 및 세액의 신고기한까지 신고한 국세 중 납부하지 않은 국세

(3) 기타 절차

① 열람신청

미납국세 등의 열람을 신청하려는 자는 미납국세 등 열람신청서에 임대인의 동의를 증명할 수 있는 서류(임대인의 동의 없이 신청하는 경우에는 임대차계약 체결 사실을 증명할 수 있는 서류)와 임차하려는 자의 신분을 증명할 수 있는 서류를 첨부해 세무서장에게 제출하여야 한다(국징령 97 ①).

② 열람조치

체납액, 납부고지서 발부 후 지정납부기한이 미도래한 국세의 열람신청을 받은 관할 세무서장은 즉시 신청에 응해야 하나, 각 세법에 따른 과세표준 및 세액의 신고기한까지 건물 소유자가 신고한 국세 중 납부하지 않은 국세에 대해서는 **신고기한부터 30일(종합소득세는 60일)이 지났을 때부터 열람 신청에 따라 열람할 수 있게 해야 한다**(국징령 97 ②).

> **참고**
>
> **미납국세의 열람에 대한 세무서장의 의무**
>
> | 구분 | 내용 |
> |---|---|
> | ㉠ 체납액 | 신청을 받는 즉시 응해야 함 |
> | ㉡ 지정납부기한이 도래하지 않은 국세 | |
> | ㉢ 신고한 국세 중 미납한 국세 | 신고기한부터 30일(종합소득세의 경우 60일)이 지난 때부터 열람할 수 있게 해야 함 |

3 사업에 관한 허가 등의 제한 A

★ (1) 사업에 관한 허가 등의 의미

'사업에 관한 허가'의 규정은 관허사업(官許事業)에 대한 규정이다. 관허사업이란 국가나 지방자치단체가 허가하는 사업[허가·인가·면허·등록 등(이하 '허가 등') 그 용어에 구애됨이 없이 법령에 의한 일반적인 제한·금지를 특정한 경우에 해제하거나 권리를 설정하여 적법하게 일정한 사실행위 또는 법률행위를 할 수 있게 하는 행정처분을 거쳐서 영위하는 각종 사업]을 말한다(국징통 7-0…1). 국세의 체납자에게 관허사업을 제한하고 있다.

★★ (2) 사업에 관한 허가 등의 제한

납세자가 정당한 사유 없이 국세를 체납할 때 사업에 관한 허가 등의 제한을 요구할 수 있는데, 사업에 관한 허가 등의 제한에는 다음과 같이 사전적 제한(허가의 제한)과 사후적 제한(정지 및 취소)이 있다.

구분	제한 방법
① 허가 등의 갱신 및 신규 허가 등의 제한 요구 (사전적 제한)	관할 세무서장은 납세자가 허가 등을 받은 사업과 관련된 소득세, 법인세 및 부가가치세를 체납한 경우 해당 사업의 주무관청에 그 납세자에 대한 허가 등의 갱신과 그 허가 등의 근거 법률에 따른 신규 허가 등을 하지 않을 것을 요구할 수 있다(국징법 112 ①). 다만, 재난, 질병 또는 사업의 현저한 손실, 그 밖에 사유가 있는 경우에는 그러하지 아니하다(국징법 112 ①).
② 정지 또는 허가 등의 취소요구 (사후적 제한)	관할 세무서장은 허가 등을 받아 사업을 경영하는 자가 해당 사업과 관련된 소득세, 법인세 및 부가가치세를 3회 이상 체납하고 그 체납된 금액의 합계액이 500만원 이상인 경우 해당 주무관청에 사업의 정지 또는 허가 등의 취소를 요구할 수 있다(국징법 112 ②). 다만, 재난, 질병 또는 사업의 현저한 손실, 그 밖에 사유가 있는 경우에는 그러하지 아니하다(국징법 112 ②). (3회의 체납횟수는 납부고지서 1통을 1회로 보아 계산함)

📋 확인문제 〔최신〕

02. 국세징수법령상 미납국세 등의 열람제도에 대한 설명으로 옳은 것은?
2024. 9급

① 미납국세 등의 열람제도에 의하면 열람 신청할 수 있는 미납국세 등에는 납부고지서를 발급한 후 지정납부기한이 도래하지 아니한 국세도 포함된다.

② 「상가건물 임대차보호법」에 따른 상가건물을 보증금 1,000만 원에 임차하여 사용하려는 자는 해당 건물에 대한 임대차계약을 하기 전 임대인의 동의 없이 체납액의 열람을 전국 세무서장에게 신청할 수 있다.

③ 「주택임대차보호법」에 따른 주거용 건물을 보증금 3,000만 원에 임대차계약을 체결한 자는 임대차 기간이 시작하는 날까지 임대인의 동의를 받아야 그 자가 납부하지 아니한 국세 또는 체납액의 열람을 임차할 건물 소재지의 관할 세무서장에게 신청할 수 있다.

④ 열람 신청을 받은 세무서장은 신고 후 납부하지 아니한 종합소득세의 경우 신고기한부터 30일이 지났을 때부터 열람 신청에 따라 열람할 수 있게 해야 한다.

정답 ①

👩 오쌤 Talk

사업에 관한 허가 등의 제한

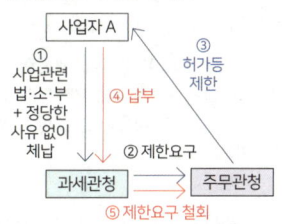

📝 기출 OX

21. 관할 세무서장은 허가 등을 받아 사업을 경영하는 자가 해당 사업과 관련된 소득세, 법인세 및 부가가치세를 3회 이상 체납한 경우로서 그 체납된 금액의 합계액이 500만원 이상일 때에는 대통령령으로 정하는 경우를 제외하고 그 주무관청에 사업의 정지 또는 허가 등의 취소를 요구할 수 있다.
2017. 7급 수정

정답 O

기출 OX

22. 세무서장은 허가 등을 받아 사업을 경영하는 자가 국세를 3회 이상 체납한 경우로서 그 체납액이 5백만원 이상이면 공시송달의 방법으로 납부가 고지된 경우에도 그 주무관서에 사업의 정지를 요구할 수 있다. 2019. 9급

정답 X

23. 납세자에게 공시송달의 방법으로 납부가 고지되었으나 납세자가 국세를 체납하였을 때에 세무서장은 허가 등이 필요한 사업의 주무관서에 그 납세자에 대하여 그 허가 등을 하지 아니할 것을 요구하여야 한다. 2017. 7급

정답 X

확인문제

03. 「국세징수법」상 납세자가 국세를 체납한 때에 세무서장이 허가 등을 요하는 사업의 주무관서에 당해 납세자에 대하여 그 허가 등을 하지 아니할 것을 요구할 수 있는 사유로 옳은 것은? 2010. 9급

① 국세를 포탈하고자 하는 행위가 있다고 인정되는 때
② 공시송달의 방법에 의하여 납부고지된 때
③ 납세자의 질병으로 납부가 곤란한 때
④ 납세자가 경영하는 사업에 현저한 손실이 발생한 때

정답 ①

기출 OX

24. 세무서장의 적법한 사업에 관한 허가 등의 제한 요구가 있는 때에 당해 주무관서는 정당한 사유가 없는 한 이에 응하여야 한다. 2011. 7급

정답 O

25. 국세의 체납을 이유로 세무서장이 허가 등을 요하는 사업의 주무관서에 사업에 관한 허가 등의 제한을 요구한 후 납세자가 당해 국세를 납부하더라도 세무서장이 그 사업에 관한 허가 등의 제한 요구를 반드시 철회하여야 하는 것은 아니다. 2011. 7급

정답 X

(3) 사업에 관한 허가 등의 제한 배제

다음 어느 하나에 해당하는 사유가 있는 경우 관할 세무서장이 체납에 정당한 사유가 있다고 보아 사업에 관한 허가 등을 제한하지 않는다(국징령 101 ①, ②).

> ㉠ 공시송달의 방법으로 납부고지된 경우
> ㉡ 납세자가 재난 또는 도난으로 재산에 심한 손실을 입은 경우
> ㉢ 납세자 또는 그 동거가족이 질병이나 중상해로 6개월 이상의 치료가 필요한 경우 또는 사망하여 상중(喪中)인 경우
> ㉣ 납세자가 경영하는 사업에 현저한 손실이 발생하거나 부도 또는 도산의 우려가 있는 경우
> ㉤ 「민사집행법」에 따른 강제집행 및 담보권 실행 등을 위한 경매가 시작되거나 「채무자 회생 및 파산에 관한 법률」에 따른 파산선고를 받은 경우
> ㉥ 「어음법」 및 「수표법」에 따른 어음교환소에서 거래정지처분을 받은 경우
> ㉦ 납세자의 총 재산 추산(推算)가액이 강제징수비를 징수하면 남을 여지가 없어 강제징수를 종료할 필요가 있는 경우
> ㉧ 위 ㉠~㉦에 준하는 사유가 있는 경우
> ㉨ 「부가가치세법」에 따라 물적납세의무를 부담하는 수탁자가 그 물적납세의무와 관련한 부가가치세 또는 강제징수비를 체납한 경우
> ㉩ 「종합부동산세법」에 따라 물적납세의무를 부담하는 수탁자가 그 물적납세의무와 관련한 종합부동산세 또는 강제징수비를 체납한 경우
> ㉪ 「국세기본법」에 따라 물적납세의무를 부담하는 양도담보권자가 그 물적납세의무와 관련하여 체납한 국세 또는 강제징수비를 체납한 경우
> ㉫ 관할 세무서장이 납세자에게 납부가 곤란한 사정이 있다고 인정하는 경우(㉫은 사후적 제한에 한정하여 정당한 사유로 인정)

(4) 기타 절차

① **사업에 관한 허가 등 제한의 요구 시 처리**

관할 세무서장의 사업에 관한 허가 등 제한 요구가 있을 때에는 해당 주무관청은 정당한 사유가 없으면 요구에 따라야 하며, 그 조치 결과를 즉시 관할 세무서장에게 알려야 한다(국징법 112 ④).

② **요구의 철회**

관할 세무서장은 주무관청에 사업에 관한 허가 등의 제한 요구를 한 후 해당 국세를 징수한 경우 즉시 그 요구를 철회해야 한다(국징법 112 ③).

4 체납자료의 제공 B

(1) 의미

관할 세무서장(지방국세청장 포함)은 국세징수 또는 공익 목적을 위하여 필요한 경우로서 신용정보집중기관 등 일정한 자가 다음 어느 하나에 해당하는 체납자의 체납자료를 요구하는 경우에는 이를 제공할 수 있다(국징법 110 ①).

> ㉠ 고액체납자: 체납 발생일부터 1년이 지나고 체납액이 500만원 이상인 자
> ㉡ 상습체납자: 1년에 3회 이상 체납하고 체납액이 500만원 이상인 자

(2) 체납자료의 제공 절차

① 제출

체납자료를 요구하려는 자는 요구자의 이름과 이용목적 등을 적은 문서를 관할 세무서장에게 제출해야 하고 이에 관할 세무서장은 체납자료 파일이나 문서로 제공할 수 있다(국징령 100 ①, ②).

② 통지

제공한 자료가 체납액의 납부 등으로 체납자료에 해당되지 않게 된 경우 그 사실을 체납자료에 해당하지 않게 된 사유가 발생한 날부터 15일 이내에 요구자에게 통지해야 한다(국징령 100 ③).

(3) 체납자료의 제공 배제

다음 어느 하나에 해당하는 경우에는 체납자료를 제공하지 아니한다(국징법 110 ① 단서, 국징령 98 ①).

> ㉠ 체납된 국세와 관련하여 이의신청·심사청구·심판청구 또는 행정소송이 계류 중인 경우
> ㉡ 납부기한 등의 연장 사유(**02 임의적 징수절차** 중 ⑤ **납부기한 등의 연장**) 중
>   ⓐ 납세자가 재난 또는 도난으로 재산에 심한 손실을 입은 경우
>   ⓑ 납세자가 경영하는 사업에 현저한 손실이 발생하거나 부도 또는 도산의 우려가 있는 경우
> ㉢ 압류·매각이 유예된 경우
> ㉣ 「부가가치세법」에 따라 물적납세의무를 부담하는 수탁자가 그 물적납세의무와 관련한 부가가치세 또는 강제징수비를 체납한 경우
> ㉤ 「종합부동산세법」에 따라 물적납세의무를 부담하는 수탁자가 그 물적납세의무와 관련한 종합부동산세 또는 강제징수비를 체납한 경우
> ㉥ 「국세기본법」에 따라 물적납세의무를 부담하는 양도담보권자가 그 물적납세의무와 관련하여 체납한 국세 또는 강제징수비를 체납한 경우

(4) 비밀유지

체납자료를 제공받은 자는 이를 누설하거나 업무 목적 외의 목적으로 이용할 수 없다(국징법 110 ③).

 기출 OX

26. 체납 발생일부터 2년이 지나고 체납액이 300만원인 D에 대한 체납자료를 신용정보회사에게 제공할 수 있다.
2019. 7급
정답 X

오쌤 Talk

체납자료의 제공

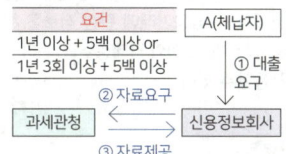

 기출 OX

27. 세무서장은 체납된 국세와 관련하여 「국세기본법」에 따른 심사청구가 계류 중인 경우라 하더라도 신용정보회사가 체납발생일로부터 1년이 지나고 체납액이 5백만원 이상인 자의 체납자료를 요구한 경우 이를 제공할 수 있다.
2019. 9급
정답 X

확인문제

04. 「국세징수법」상 간접적 납세유인 제도에 해당하지 않는 것은? 2006. 9급
① 사업에 관한 허가 등의 제한
② 납세증명서의 제출
③ 압류
④ 체납자료의 제공

정답 ③

오쌤 Talk

제한(제공) 배제 사유

사업에 관한 허가등 제한 배제의 사유와 체납자료 제공 배제의 사유에 모두 해당하는 사항은 다음과 같다.

> ① 사업에 현저한 손해를 받은 경우
> ② 재해 또는 도난으로 재산에 심한 손실을 받은 경우
> ③ 「부가가치세법」에 따라 물적납세의무를 부담하는 수탁자가 그 물적납세의무와 관련한 부가가치세 또는 강제징수비를 체납한 경우
> ④ 「종합부동산세법」에 따라 물적납세의무를 부담하는 수탁자가 그 물적납세의무와 관련한 종합부동산세 또는 강제징수비를 체납한 경우
> ⑤ 「국세기본법」에 따라 물적납세의무를 부담하는 양도담보권자가 그 물적납세의무와 관련하여 체납한 국세 또는 강제징수비를 체납한 경우

오쌤 Talk

지급명세서 용도
① 상속·증여 재산의 확인
② 조세탈루 혐의 확인
③ 근로장려금 자격 확인
④ 강제징수 Link-P.216

28. 세무서장은 이자소득에 대한 지급명세서 등 금융거래에 관한 정보를 체납자의 재산조회와 강제징수를 위하여 사용할 수 있다. 2019. 9급
정답 O

오쌤 Talk

출국금지 요청절차
국세청장은 법무부장관에게 체납자에 대한 출국금지를 요청하는 경우 해당 체납자가 (1) 대상자 중 어느 하나에 해당하는지와 조세채권을 확보할 수 없고 강제징수를 회피할 우려가 있다고 인정하는 사유를 구체적으로 밝혀야 한다(국징령 103 ③).

29. 국세청장은 정당한 사유 없이 5천만원 이상의 국세를 체납한 자 중 미화 5만 달러 상당액 이상의 국외자산이 발견되었으나, 관할 세무서장이 압류 등으로 조세채권을 확보할 수 없고, 강제징수를 회피할 우려가 있다고 인정되는 자에 대하여 법무부장관에게 법령에 따라 출국금지를 요청하여야 한다. 2019. 9급
정답 O

30. 대법원판례는 재산을 해외로 도피할 우려가 있는지 여부 등을 확인하지 않은 채 단순히 일정 금액 이상의 조세를 미납하였고 그 미납에 정당한 사유가 없다는 사유만으로 바로 출국금지처분을 하는 것은 헌법상의 기본권 보장 원리 및 과잉금지의 원칙에 비추어 허용되지 않는다고 본다. 2017. 7급
정답 O

31. 국세청장은 체납액 징수, 체납자 재산의 압류, 담보제공 등으로 출국금지사유가 해소된 경우에는 즉시 법무부장관에게 출국금지의 해제를 요청하여야 한다. 2017. 7급
정답 O

5 지급명세서 등의 재산조회 및 강제징수의 활용 B

국세청장·지방국세청장 또는 관할 세무서장은 「금융실명거래 및 비밀보장에 관한 법률」에도 불구하고 제출받은 이자소득 또는 배당소득에 대한 지급명세서 등 금융거래에 관한 정보를 체납자의 재산조회와 강제징수를 위하여 사용할 수 있다(국징법 111).

6 출국금지 요청 A

★★ (1) 출국금지 요청 대상자

국세청장은 5천만원 이상의 국세를 정당한 사유 없이 체납한 자 중 다음 어느 하나에 해당하는 사람으로서 관할 세무서장이 압류·공매, 담보 제공, 보증인의 납세보증서 등으로 조세채권을 확보할 수 없고, 강제징수를 회피할 우려가 있다고 인정되는 사람에 대하여 법무부장관에게 출국금지를 요청해야 한다(국징법 113 ①, 국징령 103 ①, ②).

> ㉠ 배우자 또는 직계존비속이 국외로 이주(국외에 3년 이상 장기체류 중인 경우 포함)한 사람
> ㉡ 출국금지 요청일 현재 최근 2년간 미화 5만달러 상당액 이상을 국외로 송금한 사람
> ㉢ 미화 5만달러 상당액 이상의 국외자산이 발견된 사람
> ㉣ 「국세징수법」에 따라 명단이 공개된 고액·상습체납자
> ㉤ 출국금지 요청일을 기준으로 최근 1년간 체납된 국세가 5천만원 이상인 상태에서 NEW 사업 목적, 질병 치료, 직계존비속의 사망 등 정당한 사유 없이 국외 출입 횟수가 3회 이상이거나 국외 체류 일수가 6개월 이상인 사람
> ㉥ 「국세징수법」에 따라 사해행위(詐害行爲) 취소소송 중이거나 「국세기본법」에 따라 제3자와 짜고 한 거짓계약에 대한 취소소송 중인 사람

(2) 출국금지 통보

법무부장관은 국세청장의 출국금지 요청에 따라 출국금지를 한 경우에 국세청장에게 그 결과를 정보통신망 등을 통하여 통보해야 한다(국징법 113 ②).

★★ (3) 출국금지 해제

① 강제해제요청

국세청장은 출국금지 중인 사람에게 다음 어느 하나의 사유(출국금지 사유의 해소)가 발생한 경우에는 즉시 법무부장관에게 출국금지의 해제를 요청해야 한다(국징법 113 ③, 국징령 104 ①).

> ㉠ 체납액의 납부 또는 부과결정의 취소 등에 따라 체납된 국세가 5천만원 미만으로 된 경우
> ㉡ 재산 압류, 담보제공, 보증인의 납세보증서 등으로 조세채권이 확보된 경우
> ㉢ 위 (1)에 해당하는 출국금지 요청의 요건이 해소된 경우

② 선택해제요청

국세청장은 출국금지 중인 사람에게 다음 어느 하나의 사유(불가피하다고 인정되는 사유)가 발생한 경우로서 강제징수를 회피할 목적으로 국외로 도피할 우려가 없다고 인정할 때에는 법무부장관에게 출국금지의 해제를 요청할 수 있다(국징령 104 ②).

> ㉠ 국외건설계약 체결, 수출신용장 개설, 외국인과의 합작사업 계약 체결 등 구체적인 사업계획을 가지고 출국하려는 경우
> ㉡ 국외에 거주하는 직계존비속이 사망하여 출국하려는 경우
> ㉢ 위 ㉠, ㉡의 사유 외에 본인의 신병 치료 등 불가피한 사유로 출국금지를 해제할 필요가 있다고 인정되는 경우

7 고액·상습체납자의 명단 공개 A

(1) 명단 공개 취지

국세청장은 「국세기본법」상 비밀유지 규정에도 불구하고 일정한 요건을 갖춘 체납자의 인적사항 및 체납액 등을 공개함으로써 체납자의 경제활동 및 기타 대외활동에 대한 간접적인 제재를 가하고 있다.

(2) 명단 공개 대상

체납 발생일부터 1년이 지난 국세의 합계액이 2억원 이상인 경우 체납자의 인적사항 및 체납액 등을 공개할 수 있다(국징법 114 ①).

(3) 명단을 공개하지 않는 경우

다음 어느 하나에 해당하는 경우에는 명단공개 대상자의 요건에 해당되는 경우에도 그 명단을 공개할 수 없다(국징법 114 ①, 국징령 105 ②).

> ㉠ 체납된 국세와 관련하여 심판청구 등이 계속 중인 경우
> ㉡ 최근 2년간의 체납액의 납부비율이 50% 이상인 경우
> ㉢ 「채무자 회생 및 파산에 관한 법률」에 따른 회생계획인가의 결정에 따라 체납된 국세의 징수를 유예받고 그 유예기간 중에 있거나 체납된 국세를 회생계획의 납부일정에 따라 납부하고 있는 경우
> ㉣ 재산상황, 미성년자 해당 여부 및 그 밖의 사정 등을 고려할 때 「국세기본법」에 따른 국세정보위원회가 공개할 실익이 없거나 공개하는 것이 부적절하다고 인정하는 경우
> ㉤ 「부가가치세법」에 따라 물적납세의무를 부담하는 수탁자가 물적납세의무와 관련된 부가가치세 또는 강제징수비를 체납하는 경우
> ㉥ 「종합부동산세법」에 따라 물적납세의무를 부담하는 수탁자가 물적납세의무와 관련된 종합부동산세 또는 강제징수비를 체납한 경우
> ㉦ 「국세기본법」에 따라 물적납세의무를 부담하는 양도담보권자가 그 물적납세의무와 관련하여 체납한 국세 또는 강제징수비를 체납한 경우

32. 체납발생일부터 1년이 지난 국세가 2억원 이상인 체납자는 「국세기본법」상 세무공무원의 비밀유지의무에도 불구하고 국세청장이 인적사항 등을 공개할 수 있는 자다. 2017. 9급

정답 O

33. 체납된 국세가 이의신청, 심사청구 등 불복청구 중에 있는 경우에도 체납발생일부터 1년이 지나고 국세가 2억원 이상인 체납자의 인적사항은 공개할 수 있다. 2014. 9급

정답 X

34. 국세청장은 「국세기본법」상 비밀유지 규정에도 불구하고 체납발생일부터 1년이 지난 국세가 1억 원인 체납자의 인적사항, 체납액 등을 공개할 수 있으나, 체납된 국세가 이의신청·심사청구 등 불복청구 중에 있는 경우에는 공개할 수 없다. 2020. 7급

정답 X

오쌤 Talk

고액·상습체납자의 명단 공개

2021년 세법 개정으로 인해 「국세기본법」에서 「국세징수법」으로 이관되었다. 개정 전에는 명단공개 제외 사유로 규정되었던 내용 중 '최근 2년간 체납액을 30% 납부한 경우'에서 '최근 2년간 체납액을 50% 이상 납부한 경우'로 개정되었다.

★ (4) 공개 절차

① 공개 대상자 선정

국세청장은 국세정보위원회의 심의를 거친 공개 대상자에게 명단 공개 대상자임을 통지하여 소명 기회를 주어야 하며, 통지일부터 6개월이 지난 후 위원회로 하여금 명단 공개 여부를 재심의하게 한 후 공개대상자를 선정한다(국기법 85의5 ④ 준용).

② 명단 공개 방법

이러한 공개는 관보에 게재하거나 국세정보통신망 또는 관할세무서 게시판에 게시하는 방법으로 한다(국기법 85의5 ⑤ 준용). 이때 공개대상자가 법인인 경우에는 해당 법인의 대표자도 함께 공개한다(국기법 85의5 ⑥ 준용).

8 고액·상습체납자의 감치 B

★★ (1) 요건

① 검사의 청구에 따른 법원의 결정(검사 청구 → 법원)

법원은 검사의 청구에 따라 체납자가 다음의 사유에 모두 해당하는 경우 결정으로 30일의 범위에서 체납된 국세가 납부될 때까지 그 체납자를 감치에 처할 수 있다(국징법 115 ①). 이 결정에 대하여 체납자는 즉시 항고할 수 있다(국징법 115 ④).

> ㉠ 국세를 3회 이상 체납하고 있고, 체납 발생일부터 각 1년이 경과하였으며, 체납된 국세의 합계액이 2억원 이상인 경우
> ㉡ 체납된 국세의 납부능력이 있음에도 불구하고 정당한 사유 없이 체납한 경우
> ㉢ 「국세기본법」에 따른 국세정보위원회의 의결에 따라 해당 체납자에 대한 감치 필요성이 인정되는 경우

② 국세청장의 감치 신청(국세청장 신청 → 검사)

국세청장은 체납자가 위의 사유에 모두 해당하는 경우에는 체납자의 주소 또는 거소를 관할하는 지방검찰청 또는 지청의 검사에게 체납자의 감치를 신청할 수 있다(국징법 115 ②).

📖 **확인문제**

05. 「국세징수법」상 고액·상습체납자의 감치 사유와 관련이 없는 것은? (단, 체납된 국세는 2020년 1월 1일 이후 체납된 것으로 가정한다) 2021. 7급

① 국세를 3회 이상 체납하고 있고, 체납 발생일부터 각 1년이 경과하였으며, 체납된 국세의 합계액이 2억 원 이상인 경우
② 체납된 국세의 납부능력이 있음에도 불구하고 정당한 사유 없이 체납한 경우
③ 국세정보위원회의 의결에 따라 해당 체납자에 대한 감치 필요성이 인정되는 경우
④ 5천만원의 국세를 체납한 자로서 직계존비속이 국외로 이주한 경우

정답 ④

오쌤 Talk

고액·상습체납자의 감치

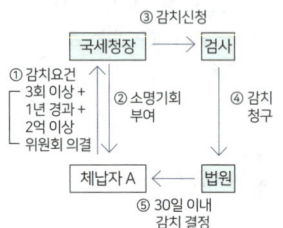

★ **(2) 절차**

① 의견진술 기회의 제공

국세청장은 체납자의 감치를 신청하기 전에 체납자에게 소명자료를 제출하거나 의견을 진술할 수 있는 기회를 주어야 한다. 이 경우 국세청장은 체납자가 소명자료를 제출하거나 의견을 진술할 수 있도록 다음 사항이 모두 포함된 서면(체납자가 동의하는 경우에는 전자문서를 포함)을 체납자에게 통지해야 한다. 이 경우 아래의 ㉣에 따른 기간에 소명자료를 제출하지 않거나 의견진술 신청이 없는 경우에는 의견이 없는 것으로 본다(국징법 115 ③, 국징령 106 ①).

㉠ 체납자의 성명과 주소
㉡ 감치요건, 감치신청의 원인이 되는 사실, 감치기간 및 적용 법령
㉢ 국세를 납부하는 경우에는 감치집행이 종료될 수 있다는 사실
㉣ 체납자가 소명자료를 제출하거나 의견을 진술할 수 있다는 사실과 소명자료 제출 및 의견진술 신청기간이 경우 그 기간은 통지를 받은 날부터 30일 이상으로 함
㉤ 그 밖에 소명자료 제출 및 의견진술 신청에 필요한 사항

② 의견진술 신청

의견을 진술하려는 사람은 위의 ㉣에 따른 기간에 진술하려는 내용을 간략하게 적은 문서(전자문서 포함)를 국세청장에게 제출해야 한다(국징령 106 ②).

③ 의견진술 통지

의견진술 신청을 받은 국세청장은 「국세기본법」에 따른 국세정보위원회의 회의 개최일 3일 전까지 신청인에게 회의 일시 및 장소를 통지해야 한다(국징령 106 ③).

★ **(3) 재감치 금지 및 집행 종료**

① 재감치 금지

감치에 처하여진 체납자는 동일한 체납 사실로 인하여 다시 감치되지 아니한다(국징법 115 ⑤).

② 집행 종료

감치에 처하는 재판을 받은 체납자가 그 감치의 집행 중에 체납된 국세를 납부한 경우에는 감치집행을 종료하여야 한다(국징법 115 ⑥).

(4) 감치 결정 설명 및 협력의무

감치집행 시 세무공무원은 감치대상자에게 감치사유, 감치기간, 감치집행의 종료 등 감치결정에 대한 사항을 설명하고 그 밖의 감치집행에 필요한 절차에 협력하여야 한다(국징법 115 ⑦).

오쌤 Talk

감치

2020년 도입한 '감치명령제도'로 인해 2021년부터는 감치제도 적용대상자가 나오게 된다. 2019년 12월 31일에 신설된 '감치제도'는 납부능력이 있음에도 불구하고 악의적으로 세금을 체납한 자를 30일 범위 내에서 유치장에 가두는 행정벌적 징수제도이다. 이 감치제도의 체납조건은 1, 2, 3(체납발생일부터 1년 이상, 체납금액이 2억원 이상, 체납횟수 3회 이상)이다. 2020년 이후 발생한 체납이 1년 이상이 지나야 적용되므로 실질적인 감치제도는 2021년 이후에 시행된다.

CHAPTER 02
임의적 징수절차

1. 납부고지
2. 독촉
3. 납부기한 전 징수
4. 납부의 방법
5. 납부기한 등의 연장 등
6. 납세담보
7. 체납액 징수 관련 사실행위의 위탁

• **최신 8개년 출제 경향 분석**

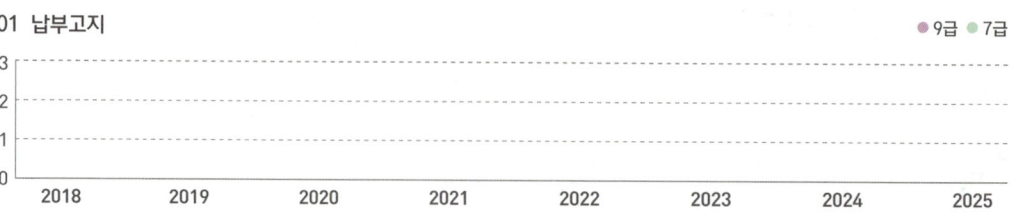

01 납부고지

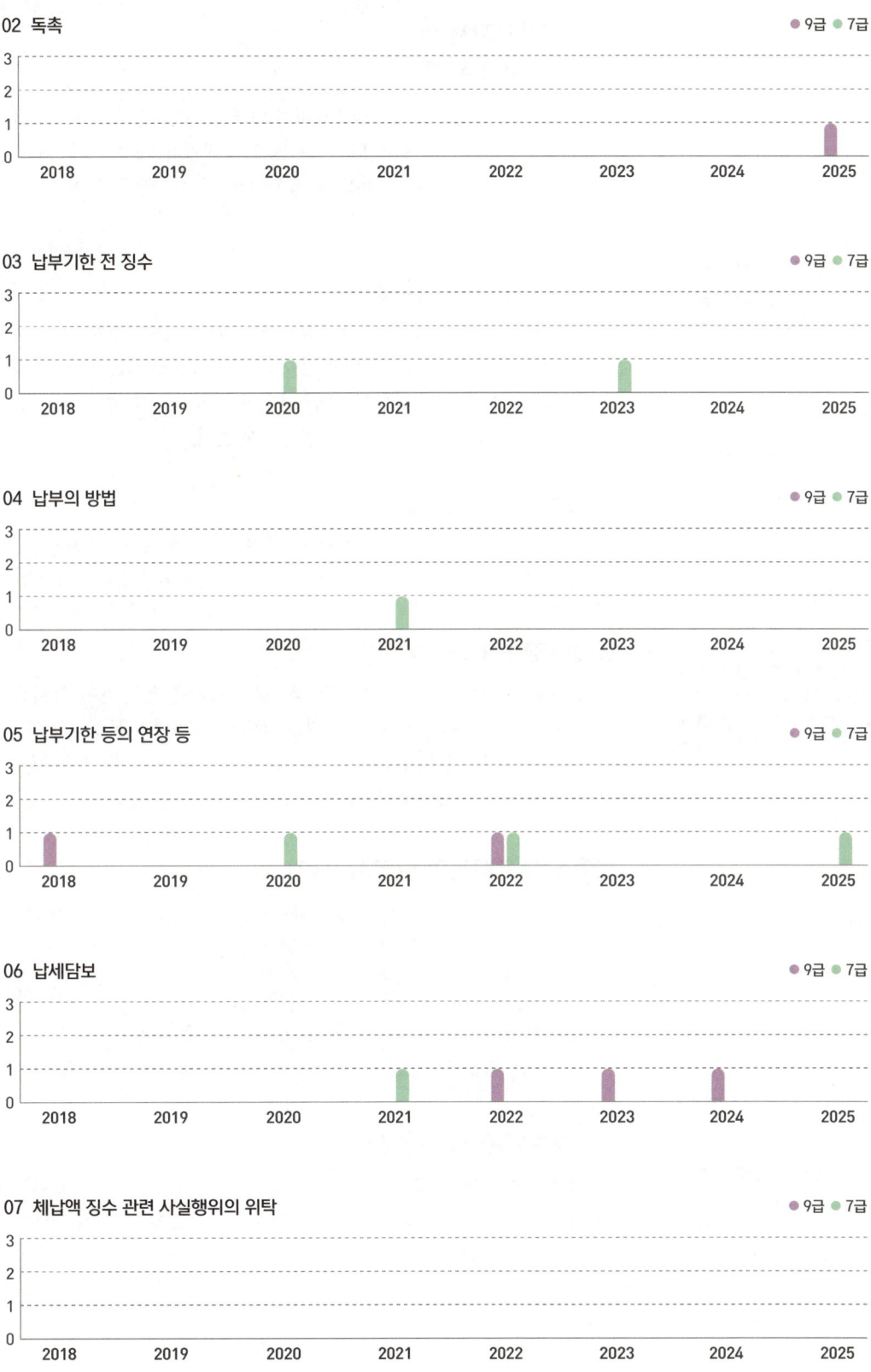

1 납부고지

1 납부고지서 A

★ (1) 납부고지의 의미

납부고지는 확정된 조세채권에 대하여 납부기한을 지정하고 그 이행을 청구하는 행위이다. 강제징수절차와 다르게, 납부고지는 과세권자가 해당 조세채권에 대하여 강제로 집행할 수 있는 권리가 부여되지 않은 상태에서 발생한다. 따라서 납부고지는 임의적 징수절차에 해당한다.

★★ (2) 납부고지서의 기재사항

관할 세무서장은 납세자로부터 국세를 징수하려는 경우 국세의 ① 과세기간, ② 세목, ③ 세액, ④ 산출 근거, ⑤ 납부하여야 할 기한 및 ⑥ 납부장소를 적은 납부고지서를 발급해야 한다(국징법 6 ①). 이 사항은 모두 필수적 기재사항에 해당하기 때문에 일부라도 누락되는 경우 그 고지의 효력이 발생하지 않는다.

★★ (3) 납부고지서 발급 제외

「국세기본법」에 따른 납부지연가산세 및 원천징수 등 납부지연가산세 중 지정납부기한이 지난 후의 가산세를 징수하는 경우에는 납부고지서를 발급하지 아니할 수 있다(국징법 6 ①).

(4) 강제징수비고지서의 발급

관할 세무서장은 납세자가 체납액 중 국세만을 완납하여 강제징수비를 징수하려는 경우 강제징수비의 징수에 관계되는 국세의 ① 과세기간, ② 세목 ③ 강제징수비의 금액, ④ 산출 근거, ⑤ 납부하여야 할 기한 및 ⑥ 납부장소를 적은 *강제징수비고지서*를 납세자에게 발급하여야 한다(국징법 6 ②).

2 납부고지서의 발급시기 B

납부고지서는 다음 시기에 발급해야 한다(국징법 8). 다만, 해당 규정에 따른 발급시기 이후에 발급된 고지서도 그 효력에는 영향이 없다(국징통 10-0…1).

구 분	납부고지서의 발급시기
① 원칙	징수결정 즉시
② 납부고지를 유예한 경우	유예기간이 끝난 날의 다음 날

3 납부기한의 지정 A

관할 세무서장은 세법에서 국세(강제징수비 포함)의 납부기한을 정하는 경우 외에는 국세의 납부기한을 납부고지를 하는 날부터 30일 내로 지정할 수 있다(국징법 6 ①, ②, 7 ①).

오쌤 Talk
징수 절차

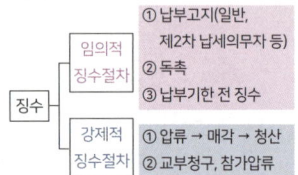

Link-P.184

기출 OX
01. 세무서장은 국세를 징수하려면 납세자에게 그 국세의 과세기간, 세목, 세액, 납부기한을 적은 과세안내서, 과세예고통지서, 납부고지서 등을 발급하여야 한다. 2017. 9급
정답 X

기출 OX
02. 「국세기본법」에 따른 납부지연가산세 및 원천징수 등 납부지연가산세 중 지정납부기한이 지난 후의 가산세를 징수하는 경우에는 납부고지서를 발급하지 아니할 수 있다. 2022. 9급
정답 O

기출 OX
03. 세무서장은 세법에서 국세(강제징수비 포함)의 납부기한을 정하는 경우 외에는 국세의 납부기한을 납부의 고지를 하는 날부터 30일 내로 지정할 수 있다. 2017. 9급
정답 O

4 납부고지의 효력 B

납세자의 우편에 의한 세금 신고는 발송한 때에 효력이 발생하지만, **우편에 의한 납부고지는** 「국세기본법」상 도달주의의 규정에 따라 **납세자에게 도달함으로써 그 효력이 발생한다.**

(1) 납세의무의 확정

납세의무를 확정 짓는 납부고지는 **부과처분으로서의 성질**과 확정된 조세채무의 이행을 명하는 **징수처분으로서의 성질**을 갖는다.

(2) 소멸시효의 중단

납부고지는 국세징수권의 소멸시효를 중단시키는 효력이 있기 때문에, **기존의 소멸시효를 중단시키고 납부고지한 납부기간의 다음 날부로 새롭게 소멸시효가 시작되게 하는 효력**이 있다.

5 제2차 납세의무자 등에 대한 납부고지 B

★★ (1) 의미

관할 세무서장은 납세자의 체납액을 보충적 납세의무자로부터 징수하려는 경우 징수하려는 체납액과 관련된 사항이 기재된 **납부고지서를 보충적 납세의무자에게 발급하여야 한다.**

★★ (2) 보충적 납세의무자

보충적 납세의무자(이하 '제2차 납세의무자 등')는 다음과 같다(국징법 7 ①).

> ㉠ 제2차 납세의무자
> ㉡ 보증인
> ㉢ 「국세기본법」 및 세법에 따라 **물적납세의무를 부담하는 자(물적납세의무자)**

(3) 납부고지서에 기재할 사항

징수하려는 체납액의	① 과세기간, ② 세목, ③ 세액, ④ 산출 근거, ⑤ 납부하여야 할 기한, ⑥ 납부장소
제2차 납세의무자 등으로부터 징수할	⑦ 금액, ⑧ 그 산출 근거, ⑨ 그 밖에 필요한 사항

이 중 하나라도 기재가 누락되는 경우에는 그 고지의 효력이 인정되지 않는다.

★★ (4) 통지

관할 세무서장은 **제2차 납세의무자 등에게 납부고지서를 발급하는 경우 납세자에게 그 사실을 통지하여야** 하고, 물적납세의무를 부담하는 자로부터 납세자의 체납액을 징수하는 경우 **물적납세의무를 부담하는 자의 주소 또는 거소를 관할하는 세무서장에게도 그 사실을 통지하여야** 한다(국징법 7 ②).

오쌤 Talk

신고와 고지

납세자의 세금 신고	발신주의
과세관청의 부과고지	도달주의

기출 OX

04. 납세자의 우편에 의한 세금 신고는 발송한 때에 효력이 발생하지만, 우편에 의한 납부고지는 납세자에게 도달함으로써 효력이 발생한다. 2014. 7급
정답 O

기출 OX

05. 납부고지는 일반적으로 부과처분으로서의 성질과 징수처분으로서의 성질을 동시에 가진다. 2014. 7급
정답 O

오쌤 Talk

소멸시효의 중단과 정지

구분	중단	정지
의미	이미 경과한 시효기간의 효력을 상실	일정기간 동안 시효의 완성을 유예
사유	① 납부고지 ② 독촉 ③ 압류 ④ 교부청구	① 세법에 따른 분납기간 ② 납부고지의 유예기간 ③ 압류·매각의 유예기간 ④ 연부연납기간 ⑤ 국징법에 따른 사해행위취소소송이나 「민법」에 따른 채권자대위소송을 제기하여 소송진행 중인 기간 ⑥ 체납자가 국외에 6개월 이상 체류한 경우 체류기간
효력	이미 경과한 기간의 효력을 상실하고, 중단사유가 종료하면 새로이 시효 진행	정지사유 종료 후 이미 경과한 기간을 제외한 잔여기간 경과 후 시효 완성

기출 OX

06. 세무서장은 납세자의 체납액을 제2차 납세의무자(납세보증인 포함)로부터 징수하려면 제2차 납세의무자에게 납부고지서로 고지하여야 하며 납세자에게도 그 사실을 통지하여야 한다. 2017. 9급
정답 O

6 연대납세의무자 등에 대한 납부고지 B

「국세기본법」에 따른 연대납세의무와 「상속세 및 증여세법」에 따른 연대납세의무를 지는 자에게 납부고지를 하는 경우에는 연대납세의무자 전원을 고지서에 기재하여야 하며, 각자에게 모두 고지서를 발부하여야 한다(국징통 9-0…1).

② 독촉

1 독촉의 의미 A

'독촉'이란 납세자를 비롯하여 연대납세의무자, 제2차 납세의무자나 납세보증인이 지정납부기한까지 국세를 완납하지 않은 경우에 독촉장을 통하여 그 납부를 촉구하는 절차를 말한다. 단, 다음의 경우에는 독촉장을 발급하지 아니할 수 있다(국징법 10 ① 단서, 국징령 3).

- ㉠ 국세를 납부기한 전에 징수하는 경우
- ㉡ 체납된 국세가 1만원 미만인 경우
- ㉢ 「국세기본법」 및 세법에 따라 물적납세의무를 부담하는 경우

2 독촉장의 발급 및 납부기한 A

독촉장의 발급 및 납부기한은 다음과 같다(국징법 10). 다만, 이 규정은 훈시규정이기 때문에 다음의 규정을 위반하더라도 그 효력에 영향은 없다.

구분	내용
발급기한	지정납부기한이 지난 후 10일 내에 독촉장을 발급한다.
납부기한	그 납부기한은 독촉을 하는 날부터 20일 이내의 범위에서 기한을 정하여 발급한다.

3 독촉의 효과 B

★**(1) 압류요건의 충족**

독촉장에 의한 지정납부기한까지 납부하지 아니하면 압류의 요건이 충족되며, 독촉 절차에 하자가 있으면 강제징수를 진행할 수 없다.

★**(2) 소멸시효의 중단**

국세징수권의 소멸시효를 중단시키는 효과가 있으며 독촉에 의한 납부기간이 경과하면 소멸시효는 새로이 시작된다.

③ 납부기한 전 징수

1 의미 A

납부기한은 납세자에게 부여된 기한의 이익이기 때문에 원칙적으로는 납부기한이 되기 전에 강제로 징수할 수는 없다. 하지만, **납부기한까지 기다려서는 해당 국세를 징수하기 어렵다고 예상되는 사유가 발생한 경우 그 기한의 이익을 박탈하고 납부기한 전에 국세를 징수할 수 있는데, 이를 '납부기한 전 징수'라고 한다.**

기출 OX

07. 납부기한 전 징수의 고지를 받고 지정납부기한까지 완납하지 않으면 독촉 절차를 거치지 않고 납세자의 재산을 압류할 수 있다. *2004.9급*
정답 ○

08. 납세자가 국세를 지정납부기한까지 완납하지 아니하였다 하더라도 「국세기본법」 및 세법에 따라 물적납세의무를 부담하는 경우에는 독촉장을 발급하지 아니할 수 있다. *2022.9급*
정답 ○

09. 양도담보권자인 물적납세의무자에게는 독촉장을 발부하지 아니한다. *2000.7급*
정답 ○

확인문제 최신

01. 국세징수법령상 체납된 국세에 대한 독촉장을 발급하지 아니할 수 있는 것만을 모두 고르면? *2025.9급*

> ㄱ. 「국세기본법」 및 세법에 따라 물적납세의무를 부담하는 경우
> ㄴ. 체납된 국세가 1만 원 미만인 경우
> ㄷ. 「국세징수법」 제9조에 따라 국세를 납부기한 전에 징수하는 경우

① ㄱ, ㄴ ② ㄱ, ㄷ
③ ㄴ, ㄷ ④ ㄱ, ㄴ, ㄷ

정답 ④

기출 OX

10. 납부기한 전 징수의 경우 국세를 지정납부기한까지 완납하지 아니한 때에는 납부기한이 지난 후 15일 이내에 독촉장을 발부하여야 한다. *2000.7급*
정답 ✕

11. 세무서장은 제2차 납세의무자가 체납액을 지정납부기한까지 완납하지 아니한 때에는 10일 이내에 독촉장을 발부하여야 한다. *2000.7급*
정답 ○

12. 납세보증인이 납부고지서에 지정된 납부기한까지 이를 완납하지 않은 경우에는 10일 내에 독촉장을 발부하여야 한다. *2000.7급*
정답 ○

2 사유 A

관할 세무서장은 납세자가 다음 어느 하나에 해당하는 사유가 있는 경우 납부기한까지 기다려서는 징수할 수 없다고 인정하여 **납부기한 전이라도 이미 납세의무가 확정된 국세를 징수할 수 있다**(국징법 9 ①).

> **납부기한 전 징수사유**
> ㉠ 법인이 해산한 경우
> ㉡ 국세, 지방세 또는 공과금의 체납으로 강제징수 또는 체납처분이 시작된 경우
> ㉢ 「어음법」 또는 「수표법」에 따른 어음교환소에서 거래정지처분을 받은 경우
> ㉣ 강제집행 및 담보권 실행 등을 위한 경매가 시작되거나 파산선고를 받은 경우
> ㉤ 국세를 포탈(逋脫)하려는 행위*1가 있다고 인정되는 경우
> ㉥ 납세관리인을 정하지 않고 국내에 주소·거소를 두지 않게 된 경우

3 대상 범위 B

납세의무가 확정된 국세에 대해서만 납부기한 전 징수가 가능하다. 제2차 납세의무자 또는 납세보증인에게도 고유의 납세의무에 속하는 국세와 마찬가지로 납부기한 전 징수를 할 수 있다.

> **확정된 국세**
> ㉠ 중간예납하는 법인세
> ㉡ 납부고지를 한 국세
> ㉢ 과세표준 결정의 통지를 한 국세
> ㉣ 원천징수한 국세
> ㉤ 납세조합이 징수한 국세

4 절차 B

관할 세무서장은 **납부기한 전에 국세를 징수하려는 경우 당초의 납부기한보다 단축된 기한을 정하여 납세자에게 납부고지를 하여야 한다**(국징법 9 ②).

세무서장은 납부기한 전 징수에 대해 고지하는 경우 납부고지서에 당초의 납부기한, 단축된 납부기한, 납부기한 전 징수 사유를 적어 납부기한 전에 징수한다는 것을 알려야 한다(국징령 2 ②).

5 효력 B

★★ **(1) 독촉의 생략**

납세자가 **납부기한 전 징수의 고지를 받고 지정된 납부기한까지 완납하지 않으면 독촉 절차를 거치지 않고 납세자의 재산을 압류할 수 있다**(국징법 24).

★★ **(2) 송달 지연으로 인한 지정납부기한 등의 연장 제한**

납부기한 전 징수를 위한 고지의 경우 해당 고지서가 **단축된 기한 전에 도달한 때에는 그 단축된 기한을 납부하여야 할 기한으로 하고, 단축된 기한이 지난 후에 도달한 때에는 도달한 날을 납부기한으로 한다**(국징법 17 ②).

---

*1 국세를 포탈하려는 행위: 사기, 기타 부정한 방법으로 국세를 면하거나 면하고자 하는 행위, 국세의 환급·공제를 받거나 받고자 하는 행위 또는 국세의 강제징수의 집행을 면하거나 면하고자 하는 행위를 말한다.

확인문제

02. 「국세징수법」상 납부기한 전에 국세를 징수할 수 있는 사유에 해당하는 것은 모두 몇 개인가?
2012. 7급

- 통고처분을 받은 때
- 법인이 해산한 때
- 경매가 시작된 때
- 기업의 구조조정이 시작된 때
- 체납으로 강제징수를 받을 때
- 어음교환소에서 거래정지처분을 받은 때
- 납세자의 사업이 중대한 위기에 처한 때
- 강제집행을 받을 때

① 4개 ② 5개 ③ 6개 ④ 7개

정답 ②

오쌤 Talk

대상범위

2021년 개정 전에는 「국세징수법 시행령」 제20조에서 납부기한 전 징수가 가능한 국세로는 **3** 대상 범위에서 나열한 국세로 한정한다는 규정이 명시되어 있었다. 개정된 「국세징수법」에서는 해당 내용이 삭제되었으나, 열거된 대상 범위는 확정된 국세에 해당되므로 납부기한 전 징수가 가능한 국세인 것은 변함이 없다.

확인문제

03. 국세징수법령상 납부기한 전에 징수할 수 있는 국세가 아닌 것은? (단, 납부기한까지 기다려서는 해당 국세를 징수할 수 없다.)
2019. 7급

① 납부고지에 의하지 아니하고 중간예납하는 소득세
② 원천징수한 법인세
③ 납부고지를 한 증여세
④ 과세표준 결정을 통지한 상속세

정답 ①

기출 OX

13. 납세자가 국세의 체납으로 강제징수를 받은 때에는 세무서장은 납부기한 전이라도 이미 납세의무가 확정된 국세는 징수할 수 있다. 2017. 9급

정답 O

14. 세무서장은 납세자가 지방세 또는 공과금의 체납으로 강제징수를 받았을 때에는 납부기한 전이라도 이미 납세의무가 성립된 국세(납세의무의 확정여부와는 무관)는 이를 징수할 수 있다. 2010. 7급

정답 X

> 참고

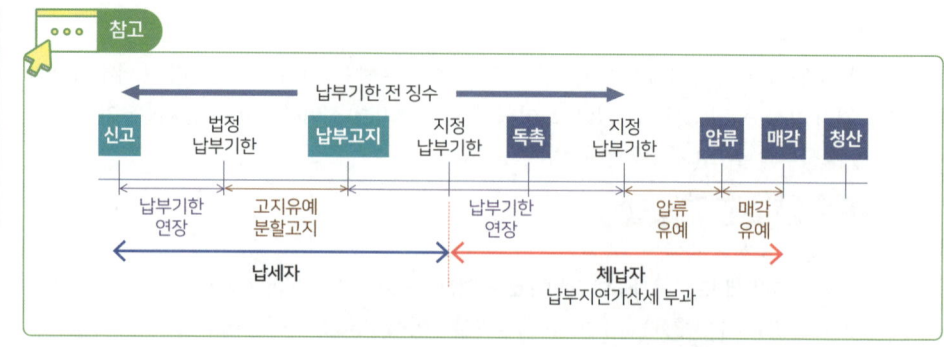

4 납부의 방법

1 납부방법 C

국세 또는 강제징수비는 다음의 방법으로 납부한다(국징법 12 ①).

> ㉠ 현금
> ㉡ 「증권에 의한 세입납부에 관한 법률」에 따른 증권
> ㉢ 지정된 국세납부대행기관을 통해 처리되는 다음의 어느 하나에 해당하는 결제수단
>> ⓐ 「여신전문금융업법」에 따른 신용카드 또는 직불카드
>> ⓑ 「정보통신망 이용촉진 및 정보보호 등에 관한 법률」에 따른 통신과금서비스
>> ⓒ 그 밖에 위 ⓐ 또는 ⓑ와 유사한 것으로서 법으로 정하는 것

2 납부일 의제 A

「여신전문금융업법」에 따른 신용카드 또는 직불카드 및 「정보통신망 이용촉진 및 정보보호 등에 관한 법률」에 따른 통신과금서비스 등으로 국세를 납부하는 경우에는 국세납부대행기관의 승인일을 납부일로 본다(국징법 12 ②).

3 기타사항 B

★★ **(1) 자동이체 가능**

납세자는 납부고지를 받은 국세 중 기획재정부령으로 정하는 국세를 금융회사 등에 개설된 예금계좌로부터 자동이체하는 방법으로 납부할 수 있다. 다만, 지정납부기한이 지난 국세는 자동이체하는 방법으로 납부할 수 없다(국징령 9 ③).

(2) 국세납부대행기관의 수수료

국세납부대행기관의 납부 대행 수수료는 해당 납부세액의 1천분의 10 이내에서 기획재정부령으로 정한다(국징령 9 ⑤).

★★ **(3) 제3자의 납부**

제3자는 납세자를 위하여 납세자의 명의로 국세 및 강제징수비를 납부할 수 있다. 제3자는 납세자의 명의로 국세 및 강제징수비를 납부한 경우 국가에 대하여 그 납부한 금액의 반환을 청구할 수 없다(국징령10 ①, ②).

📝 **기출 OX**

15. 「여신전문금융업법」에 따른 신용카드 또는 직불카드로 국세를 납부하는 경우에는 국세납부대행기관의 승인일을 납부일로 본다. 2021. 7급
정답 O

📖 **확인문제** [최신]

04. 국세징수법령상 납부기한 전 징수 및 납부의 방법에 대한 설명으로 옳지 않은 것은? 2023. 7급

① 관할 세무서장은 법인이 해산한 경우 납부기한 전이라도 이미 납세의무가 확정된 국세를 징수할 수 있다.
② 관할 세무서장은 납부기한 전에 국세를 징수하려는 경우 당초의 납부기한보다 단축된 기한을 정하여 납세자에게 납부고지를 하여야 한다.
③ 「여신전문금융업법」에 따른 신용카드 또는 직불카드로 국세를 납부한 경우 국세납부대행기관의 승인일을 납부일로 본다.
④ 제3자는 납세자를 위하여 납세자의 명의로 국세 및 강제징수비를 납부할 수 있으며, 국세 및 강제징수비를 납부한 제3자는 국가에 대하여 그 납부한 금액의 반환을 청구할 수 있다.

정답 ④

5 납부기한 등의 연장 등

1 납부기한 등의 연장 A

(1) 납부기한 등의 연장의 의미
관할 세무서장은 납세자에게 재난 등의 사유로 국세를 납부기한 또는 독촉장에서 정하는 기한(이하 '납부기한 등')까지 납부할 수 없다고 인정되는 경우 납부기한 등을 연장(세액을 분할하여 납부하도록 하는 것을 포함)할 수 있다(국징법 13 ①).

(2) 납부기한 등의 연장 사유
관할 세무서장은 납세자가 다음 어느 하나에 해당하는 사유로 국세를 납부기한 또는 독촉장에서 정하는 기한까지 납부할 수 없다고 인정되는 경우 납부기한 등을 연장할 수 있다(국징법 13 ①, 국징령 11).

즉, 납부의 독촉을 받은 후라도 해당 사유가 인정되면 납부기한을 연장할 수 있다.

> ㉠ 납세자가 재난 또는 도난으로 재산에 심한 손실을 입은 경우
> ㉡ 납세자가 경영하는 사업에 현저한 손실이 발생하거나 부도 또는 도산의 우려가 있는 경우
> ㉢ 납세자 또는 그 동거가족의 질병이나 중상해로 6개월 이상의 치료가 필요한 경우 또는 사망하여 상중인 경우
> ㉣ 정전, 프로그램의 오류, 그 밖의 부득이한 사유로 한국은행 및 체신관서의 정보처리장치나 시스템을 정상적으로 가동시킬 수 없는 경우
> ㉤ 금융회사 등 또는 체신관서의 휴무, 그 밖의 부득이한 사유로 정상적인 국세 납부가 곤란하다고 국세청장이 인정하는 경우
> ㉥ 권한 있는 기관에 장부나 서류 또는 그 밖의 물건이 압수 또는 영치된 경우 및 이에 준하는 경우
> ㉦ 납세자의 장부 작성을 대행하는 세무사 또는 공인회계사가 화재, 전화, 그 밖의 재해를 입거나 해당 납세자의 장부를 도난당한 경우
> ㉧ 위 ㉠~㉢에 준하는 사유가 있는 경우

(3) 납부기한 등의 연장 방법
① 직권
관할 세무서장은 납세자가 위 1 의 (2) **납부기한 등의 연장 사유**로 국세를 납부기한 등까지 납부할 수 없다고 인정되는 경우 납부기한 등을 연장(세액을 분할하여 납부하도록 하는 것을 포함)할 수 있다(국징법 13 ①). 이에 따라 납부기한 등을 연장하는 경우 관할 세무서장은 즉시 납세자에게 그 사실을 문서로 통지하여야 한다(국징법 13 ③, 국징령 15 ①).

 오쌤 Talk

국세 징수유예
주된 납세자의 국세에 관하여 징수를 유예한 기간 중에는 그 국세의 제2차 납세의무자에 대하여 납부고지서를 발부하거나 강제징수를 진행하지 아니한다. 그러나 제2차 납세의무자에 대하여 한 징수유예는 주된 납세자에 대하여 효력을 미치지 아니한다(국징통 12-0…1).

기출 OX
16. 재난으로 재산에 심한 손실을 받은 때일지라도 납부의 독촉을 받은 후에는 납부기한을 연장할 수 없다.
2007. 9급 수정
정답 X

17. 세무서장은 납세자가 납부의 고지를 받은 후 사업에 현저한 손실을 입어 고지된 국세를 납부기한까지 납부할 수 없다고 인정할 때에는 대통령령으로 정하는 바에 따라 납부기한을 연장할 수 있다.
2018. 9급
정답 O

18. 권한 있는 기관에 장부나 서류 또는 그 밖의 물건이 압수 또는 영치된 경우는 납부기한의 연장 사유에 해당하지 아니한다. 2024. 7급 최신
정답 X

확인문제
05. 「국세징수법」상 납부기한 등의 연장 사유로 옳지 않은 것은? 2001. 9급
① 재난 또는 도난으로 재산에 심한 손실을 받은 때
② 납세자의 중상해로 6개월 이상의 치료가 필요한 경우
③ 사업에 현저한 손실을 받은 때
④ 어음법에 의하여 어음교환소에서 거래정지처분을 받은 때

정답 ④

② 신청

납세자는 위 **1**의 (2) **납부기한 등의 연장 사유**로 납부기한 등의 연장을 받으려는 경우 관할 세무서장에게 신청할 수 있다(국징법 13 ②). 이에 따라 신청을 받은 경우 관할 세무서장은 납부기한 등의 만료일까지 납세자에게 납부기한 등의 연장 승인 여부를 통지하여야 한다(국징법 13 ④). 자세한 신청 절차에 대한 설명은 **3 납부기한 등의 연장 및 납부고지의 유예 절차**에서 한다.

2 납부고지의 유예 A

(1) 납부고지의 유예 사유

납세자가 위 **1**의 (2) **납부기한 등의 연장 사유**(이하 '납부기한 등의 연장 사유') 중 어느 하나에 해당하는 사유로 국세를 납부할 수 없다고 인정되는 경우 납부고지를 유예(세액을 분할하여 납부고지하는 것을 포함)할 수 있다(국기법 14 ①).

(2) 납부고지의 유예 방법

① 직권

관할 세무서장은 납세자가 납부기한 등의 연장 사유로 국세를 납부할 수 없다고 인정되는 경우 납부고지를 유예(세액을 분할하여 납부고지하는 것을 포함)할 수 있다(국기법 14 ①). 이에 따라 납부고지를 유예하는 경우 관할 세무서장은 즉시 납세자에게 문서로 그 사실을 통지하여야 한다(국기법 14 ③, 국기령 15 ①).

② 신청

납세자는 납부기한 등의 연장 사유로 납부고지의 유예를 받으려는 경우 관할 세무서장에게 신청할 수 있다(국기법 14 ②). 이에 따라 **납부고지의 유예를 신청받은 경우 관할 세무서장은 납부고지 예정인 국세의 납부하여야 할 기한의 만료일까지 납세자에게 납부고지 유예의 승인 여부를 통지하여야 한다**(국기법 14 ④). 자세한 신청 절차에 대한 설명은 아래 **3 납부기한 등의 연장 및 납부고지의 유예 절차**에서 한다.

3 납부기한 등의 연장 및 납부고지의 유예 절차 B

(1) 연장·유예기간 및 분납 한도

① 연장·유예기간

납부기한 등의 연장 또는 납부고지의 유예를 한 경우 그 연장 또는 유예 기간을 연장 또는 유예한 날의 다음 날부터 9개월 이내로 정하며, 연장 또는 유예 기간 중의 분납기한 및 분납금액을 정할 수 있다(국징령 12 ①).

② 분납 한도

연장 또는 유예기간이 6개월을 초과하는 경우에는 가능한 한 연장 또는 유예기간 시작 후 6개월이 지난 날부터 3개월 이내에 균등액을 분납하도록 정해야 한다(국징령 12 ①).

기출 OX

19. 세무서장은 납세자 또는 그 동거가족의 질병이나 중상해로 6개월 이상의 치료가 필요한 경우로서 국세를 납부할 수 없다고 인정할 때에는 법령에 따라 납부고지를 유예할 수 있다. 2014. 9급
정답 O

20. 관할 세무서장은 납세자가 일정한 사유로 국세를 납부할 수 없다고 인정할 때에는 대통령령이 정하는 바에 따라 납부고지를 유예하거나 결정한 세액을 분할하여 고지할 수 있다. 2012. 7급
정답 O

21. 고지의 유예 또는 세액의 분할고지를 신청 받은 세무서장은 고지 예정인 국세의 납부하여야 할 기한의 만료일까지 해당 납세자에게 승인 여부를 통지하여야 한다. 2012. 7급
정답 O

★ (2) 납부기한 등 연장 등 특례

관할 세무서장은 위 원칙에도 불구하고 다음의 어느 하나에 해당하는 자가 의 ⑵ **납부기한 등의 연장 사유** 중 ㉠, ㉡, ㉢, ㉣의 사유(재난 또는 도난으로 재산에 심한 손실, 경영하는 사업에 현저한 손실이 발생하거나 부도나 도산의 우려, 납세자 또는 동거가족의 질병이나 중상해 또는 상중 등)로 소득세, 법인세, 부가가치세 및 이에 부가되는 세목에 대하여 납부기한 등의 연장 또는 납부고지의 유예를 신청하는 경우(같은 사유로 납부기한 등의 연장 또는 납부고지의 유예를 받고 그 연장 또는 유예 기간 중에 신청하는 경우를 포함) 그 연장 또는 유예의 기간을 연장 또는 유예한 날의 다음 날부터 2년(연장 또는 유예받은 기간에 대해서는 연장 또는 유예를 받은 기간을 포함하여 산정한다) 이내로 정할 수 있고, 연장 또는 유예 기간 중의 분납기한 또는 분납금액을 관할 세무서장이 정할 수 있다(국징령 12 ②).

> ㉠ 다음의 어느 하나에 해당하는 지역에 사업장을 가진 자
> > ⓐ 「고용정책 기본법」에 따라 선포된 고용재난지역
> > ⓑ 「고용정책 기본법 시행령」에 따라 지정·고시된 지역
> > ⓒ 「지역 산업위기 대응 및 지역경제 회복을 위한 특별법」에 따라 지정된 산업위기대응특별지역
> > ⓓ 「재난 및 안전관리 기본법」에 따라 선포된 특별재난지역(선포된 날부터 2년이 지나지 않은 특별재난지역으로 한정)
>
> ㉡ 특별재난지역 선포의 사유가 된 재난으로 인해 신체에 피해를 입은 「소득세법」에 따른 사업자 NEW
>
> ㉢ 특별재난지역 선포의 사유가 된 재난으로 인해 사망한 「소득세법」에 따른 사업자가 경영하던 사업장을 상속받은 상속인(「국세기본법」에 따른 상속인을 말한다) NEW

★★ (3) 납부지연가산세의 미부과

관할 세무서장은 납부기한 등을 연장하거나 납부고지를 유예한 경우 그 연장 또는 유예기간 동안 납부지연가산세 및 원천징수 등 납부지연가산세를 부과하지 않는다. 납세자가 납부고지 또는 독촉을 받은 후에 「채무자 회생 및 파산에 관한 법률」에 따른 징수의 유예를 받은 경우에도 또한 같다(국징령 13).

(4) 직권 연장 및 유예

① 통지: 문서로 통지

관할 세무서장은 납세자에게 납부기한 등의 연장 사유가 발생하여 납부기한 등을 연장 또는 납부고지를 유예하는 경우 다음의 사항을 적은 문서로 즉시 납세자에게 그 사실을 통지해야 한다(국징법 14 ③, 국징령 15 ①).

> ㉠ 연장 또는 유예를 한 국세의 과세기간, 세목, 세액 및 기한
> ㉡ 분할납부의 방법으로 연장 또는 유예를 한 경우에는 분납금액 및 분납횟수
> ㉢ 연장 또는 유예기간

오쌤 Talk
특례 요건 개정

납부기한 등 연장 등 특례 요건이었던 '중소기업' 요건은 23년 1월 1일부로 삭제 개정되었다.

기출 OX

22. 세무서장은 고지된 국세의 납부기한이 도래하기 전에 납부기한 등을 연장하거나 납부고지를 유예한 경우에는 그 연장 또는 유예기간이 지날 때까지의 「국세기본법」에 따른 납부지연가산세를 징수한다. 2011. 9급
정답 X

23. 세무서장이 고지된 국세의 납부기한이 지난 후 체납액의 징수를 유예한 경우에는 징수유예기간 동안 「국세기본법」에 따른 납부지연가산세 계산기간에 산입하지 아니한다. 2011. 9급
정답 O

24. 세무서장은 고지된 국세의 납부기한이 도래하기 전에 국세의 납부기한 등을 연장하거나 납부고지를 유예한 경우에는 그 연장 또는 유예 기간이 경과할 때까지 납부지연가산세를 징수하지 아니한다. 2007. 9급
정답 O

25. 납세자가 납부고지 또는 독촉을 받은 후에 「채무자 회생 및 파산에 관한 법률」 제140조에 따른 징수의 유예를 받은 경우에는 그 유예 기간 동안 납부지연가산세가 부과된다. 2024. 7급 최신
정답 X

② 공고

관할 세무서장은 다음 어느 하나에 해당하는 경우 관보, 일간신문 또는 정보통신망을 통하여 공고하는 방법으로 통지를 갈음할 수 있다(국징령 15 ③).

> ⊙ 정전, 프로그램 오류, 그 밖의 부득이한 사유로 한국은행 및 체신관서의 정보처리장치나 시스템의 비정상적인 가동이 전국적으로 일시에 발생하는 경우
> ⓒ 연장 또는 유예의 통지 대상자가 불특정 다수인 경우
> ⓒ 연장 또는 유예의 사실을 그 대상자에게 개별적으로 통지할 시간적 여유가 없는 경우

(5) 신청에 의한 연장 및 유예

① 신청: 기한 만료 3일 전까지 신청서 제출

납세자는 납부기한 등의 연장 또는 납부고지의 유예를 신청하려는 경우 납부기한 등(납부고지의 유예의 경우 납부고지 예정인 국세를 납부해야 할 기한)의 만료일 3일 전까지 신청서를 관할 세무서장에게 제출(국세정보통신망을 통한 제출을 포함)해야 한다. 다만, 관할 세무서장이 납세자가 기한 만료일 3일 전까지 신청서를 제출할 수 없다고 인정하는 경우에는 기한 만료일까지 제출할 수 있다(국징령 14).

② 승인 여부 통지: 납부기한(또는 납부하여야 할 기한) 만료일까지 통지

관할 세무서장이 납부기한 등의 연장 또는 납부고지의 유예를 **승인하는 경우**에는 연장 또는 유예의 **승인 내용**들을 통지하고, 기각하는 경우에는 그 사유를 납부기한 등의 만료일(납부고지 유예의 경우 **납부고지 예정인 국세의 납부하여야 할 기한의 만료일**)까지 통지해야 한다(국징법 13 ④, 14 ④, 국징령 15 ②).

③ 승인 여부 무통지: 신청일부터 10일이 되는 날 승인한 것으로 간주

납세자가 납부기한 등의 만료일(납부고지 유예의 경우 납부고지 예정인 국세의 납부하여야 할 기한의 만료일) 10일 전까지 한 납세자의 납부기한 등의 연장 또는 납부고지의 유예 신청에 대하여 세무서장이 신청일부터 10일 이내에 승인 여부를 통지하지 아니한 경우에는 신청일부터 10일이 되는 날에 해당 신청을 승인한 것으로 본다(국징법 13 ⑤, 14 ⑤).

(6) 납부기한 등 연장 등에 관한 담보

① 원칙

관할 세무서장은 부득이한 사유로 납부기한 등의 연장 또는 납부고지의 유예를 하는 경우 그 연장 또는 유예와 관계되는 금액에 상당하는 납세담보의 제공을 요구할 수 있다(국징법 15).

② 예외

관할 세무서장이 그 연장된 납부기한 등까지 해당 국세를 납부할 수 있다고 인정하는 경우 등 다음의 경우 납세담보를 요구할 수 없다(국징법 15, 국징령 16).

🔍 **기출 OX**

26. 납세자가 납부고지의 유예를 받고자 할 때에는 대통령령에서 정한 사항을 기재한 문서(국세정보통신망을 통한 제출을 포함)에 의하여 이를 관할 세무서장에게 신청할 수 있다. 2009. 7급
정답 O

🔍 **기출 OX**

27. 「국세기본법」 또는 세법에서 정한 납부기한 만료일 10일 전에 납세자의 납부기한 연장 신청에 대하여 세무서장이 신청일로부터 10일 이내에 승인여부를 통지하지 아니한 때에는 그 10일이 되는 날에 납부기한의 연장을 승인한 것으로 본다. 2020. 7급
정답 O

28. 납세자가 납부기한의 만료일 10일 전까지 고지된 국세의 납부기한의 연장을 신청한 경우로서 세무서장이 그 신청일부터 10일 이내에 승인 여부를 통지하지 아니하였을 때에는 신청일부터 10일이 되는 날에 신청을 승인한 것으로 본다. 2018. 9급 수정
정답 O

🔍 **기출 OX**

29. 세무서장은 납부기한 등의 연장 또는 납부고지의 유예를 하는 경우 그 연장 또는 유예와 관계되는 금액에 상당하는 납세담보의 제공을 요구하여야 한다. 2018. 9급 수정
정답 X

⊙ 납세자가 사업에서 심각한 손해를 입거나 그 사업이 중대한 위기에 처한 경우로서 관할 세무서장이 납부해야 할 금액, 연장 또는 유예 기간 및 납세자의 과거 국세 납부명세 등을 고려하여 납세자가 그 연장 또는 유예 기간 내에 해당 국세를 납부할 수 있다고 인정하는 경우
ⓒ 납세자가 재난 또는 도난으로 재산에 심한 손실을 입은 경우
ⓒ 정전, 프로그램의 오류, 그 밖의 부득이한 사유로 한국은행 및 체신관서의 정보처리장치나 시스템을 정상적으로 가동시킬 수 없는 경우
ⓔ 금융회사 등 또는 체신관서의 휴무, 그 밖의 부득이한 사유로 정상적인 국세 납부가 곤란하다고 국세청장이 인정하는 경우
ⓜ 위 ⊙~ⓔ과 유사한 사유에 해당하는 경우

★★ (7) 연장 및 유예의 취소

① 취소 사유

납부기한 등의 연장 또는 납부고지의 유예를 한 후 해당 납세자가 다음 어느 하나의 사유에 해당하게 된 경우에는 그 납부기한 등의 연장 또는 납부고지의 유예를 취소하고 연장 또는 유예와 관계되는 국세를 한꺼번에 징수할 수 있다(국징법 16 ①).

⊙ 국세를 분할납부하여야 하는 각 기한까지 분할납부하여야 할 금액을 납부하지 아니한 경우
ⓒ 관할 세무서장의 납세담보물의 추가 제공 또는 보증인의 변경 요구에 따르지 아니한 경우
ⓒ 다음의 사유로 납부기한 등의 연장 또는 납부고지의 유예를 할 필요가 없다고 인정되는 경우

ⓐ 재산 상황의 변동
ⓑ 납부기한 등의 연장 사유 중 '④ 정전, 프로그램의 오류, 그 밖의 부득이 한 사유로 한국은행 및 체신관서의 정보처리장치나 시스템을 정상적으로 가동시킬 수 없는 경우' 또는 '⑤ 금융회사 등 또는 체신관서의 휴무, 그 밖의 부득이한 사유로 정상적인 국세납부가 곤란하다고 국세청장이 인정하는 경우'에 해당하여 납부기한 등의 연장 또는 납부고지의 유예를 한 경우 그 사유의 소멸
ⓒ 그 밖에 납부기한 등의 연장 또는 납부고지의 유예를 한 당시의 사정이 변화된 경우

ⓔ '납부기한 전 징수'의 사유 중 어느 하나에 해당되어 그 연장 또는 유예한 기간까지 연장 또는 유예와 관계되는 국세의 전액을 징수할 수 없다고 인정되는 경우

② 취소사실 통지

관할 세무서장은 납부기한 등의 연장 또는 납부고지의 유예를 취소한 경우 납세자에게 그 사실을 통지하여야 한다(국징법 16 ②).

③ 재연장 불가

관할 세무서장은 위 취소 사유 중 '⊙, ⓒ, ⓔ'에 따라 지정납부기한 또는 독촉장에서 정한 기한(이하 '지정납부기한 등')의 연장을 취소한 경우 그 국세에 대하여 지정납부기한 등의 연장을 할 수 없다(국징법 16 ③). 그러므로 'ⓒ'에 따라 취소된 경우에는 재연장이 가능하다.

기출 OX

30. 납세자가 재난 또는 도난으로 재산에 심한 손실을 입어 납부기한을 연장하는 경우 관할 세무서장은 납부할 금액에 상당하는 담보의 제공을 요구할 수 있다. 2007. 9급 수정

정답 X

기출 OX

31. 관할 세무서장은 「국세징수법」 제13조에 따른 납부기한의 연장을 한 후 해당 납세자가 국세를 분할납부하여야 하는 각 기한까지 분할납부하여야 할 금액을 납부하지 아니한 경우 그 납부기한의 연장을 취소하고 연장과 관계되는 국세를 한꺼번에 징수할 수 있다. 2024. 7급 최신

정답 O

4 송달지연으로 인한 징수유예 B

(1) 의미

납세자가 납부고지서 또는 독촉장을 송달받는 경우로서 이러한 납부를 요구하는 서류가 과세관청의 송달지연으로 늦게 도달한 경우에는 납세자의 귀책사유 없이 납부의무 이행에 시간적인 단축이 발생하게 된다. 「국세징수법」은 과세관청의 송달지연에 대하여는 납세자에 대한 기한의 이익을 보호하기 위하여 지정납부기한의 연장을 규정하고 하고 있다.

(2) 일반적인 고지의 경우

납부고지서 또는 독촉장의 송달이 지연되어 다음 어느 하나에 해당하는 경우에는 **도달한 날부터 14일이 지난 날을 지정납부기한 등으로 한다**(국징법 17 ①).

> ㉠ 도달한 날에 이미 지정납부기한 등이 지난 경우
> ㉡ 도달한 날부터 14일 이내에 지정납부기한 등이 도래하는 경우

(3) 납부기한 전 징수에 따른 고지의 경우

납부기한 전에 납부고지를 한 경우에는 다음의 구분에 따른 날을 납부하여야 할 기한으로 한다(국징법 17 ②).

> ㉠ 단축된 기한 전에 도달한 경우: 단축된 기한
> ㉡ 단축된 기한이 지난 후에 도달한 경우: 도달한 날

기출 OX

32. 납부고지서의 송달이 지연되어 도달한 날에 이미 지정납부기한이 지난 경우에는 도달한 날부터 14일이 지난 날을 지정납부기한으로 한다. 2022. 9급
정답 O

33. 납세고지서를 송달한 경우에 도달한 날에 이미 납부기한이 지난 때에는 그 도달한 날을 납부기한으로 한다. 2020. 7급
정답 X

34. 납부기한 전에 납부고지를 하는 경우에 납부고지서가 단축된 기한이 지난 후에 도달한 경우에는 도달한 날의 다음 날을 납부기한으로 한다. 2024. 7급 최신
정답 X

확인문제

06. 「국세징수법」상 송달지연으로 인한 지정납부기한 등의 연장에 대한 설명으로 옳지 않은 것은? 2022. 7급

① 납부고지서 또는 독촉장의 송달이 지연되어 도달한 날에 이미 지정납부기한 등이 지난 경우에는 도달한 날부터 14일이 지난 날을 지정납부기한 등으로 한다. (단, 납부 기한 전에 납부고지를 하는 경우를 제외한다)
② 납부고지서 또는 독촉장의 송달이 지연되어 도달한 날부터 14일 이내에 지정납부기한 등이 도래하는 경우에는 도달한 날부터 14일이 지난 날을 지정납부기한 등으로 한다. (단, 납부 기한 전에 납부고지를 하는 경우를 제외한다)
③ 납부기한 전에 납부고지를 하는 경우에 납부고지서가 단축된 기한 전에 도달한 경우에는 그 단축된 기한을 납부하여야 할 기한으로 한다.
④ 납부기한 전에 납부고지를 하는 경우에 납부고지서가 단축된 기한이 지난 후에 도달한 경우에는 도달한 날의 다음 날을 납부기한으로 한다.

정답 ④

> **참고**
>
> **송달지연으로 인한 징수유예**
>
> <일반고지>
>
> 지정납부기한 ─── 도달일 ─── 지정납부기한
>   └── 도달한 날부터 14일 ──┘
>
> <납부기한 전 징수고지>
>
> ① 납부기한   ② 납부기한
> ① 도달   (단축된)   ② 도달
>   납부기한
>
> ∴ Later[단축된 납부기한, 도달일]

6 납세담보

1 개요 B

(1) 의미

'납세담보'란 납세자의 납세의무 불이행에 대비하여 국가가 조세채권을 보전하기 위하여 세법에 따라 납세자(또는 제3자)로부터 제공받는 담보를 말한다. 납세담보는 이를 요구할 수 있는 세법규정에 근거하여 제공받아야 하며, 세법규정에 근거하지 않고 임의로 제공받은 납세담보는 효력이 없다.

(2) 납세담보를 제공하는 경우

① 납세의무자가 납세담보를 제공해야 하는 경우는 다음과 같다.

> ㉠ 상속세·증여세 납부세액이 2천만원을 초과하여 연부연납하는 때(상증법 71 ①)
> ㉡ 문화재자료 등의 상속세·증여세액을 징수유예할 때(상증법 74 ④, 75)
> ㉢ 수입신고 수리 전에 과세물품을 보세구역으로부터 반출하고자 할 때(개소세법 10 ④)

② 납세의무자에게 납세담보를 요구할 수 있는 경우는 다음과 같다.

> ㉠ 납부기한 등의 연장 또는 납부고지를 유예하는 경우(국징법 15)
> ㉡ 재산의 압류를 유예하거나 압류를 해제하는 경우(국징법 105 ③)
> ㉢ 과세 유흥장소의 경영자에 대한 납세 보전을 위하여 필요하다고 인정되는 경우(개소세법 10 ⑤)
> ㉣ 주세 보전상 필요하다고 인정되는 경우(주세법 21)

2 납세담보의 종류, 제공·평가 방법 및 담보가액 A

담보 종류	제공 방법	평가 방법	담보 가액*1
① 금전	공탁하고 공탁수령증을 제출해야 한다.	-	110% 이상
② 국채증권 등 법으로 정한 유가증권	㉠ 미등록 유가증권: 공탁하고 그 공탁수령증을 제출해야 한다. ㉡ 등록 유가증권: 담보의 뜻을 등록하고 그 등록확인증을 제출해야 한다.	담보로 제공하는 날의 전날을 평가기준일로 하여 「상속세 및 증여세법」을 준용하여 계산한 가액*2	120% 이상
③ 납세보증보험증권*3	납세보증보험증권을 제출해야 한다.	보험금액	110% 이상
④ 「은행법」에 따른 은행 등 법으로 정하는 자의 납세보증서	납세보증서를 제출해야 한다	보증금액	120% 이상 (단, 은행의 납세보증서는 110%)
⑤ 토지	등기필증, 등기완료통지서 또는 등록필증을 제시*4하여야 하며, 관할 세무서장은 이에 따라 저당권 설정을 위한 등기·등록 절차를 밟아야 한다.	「상속세 및 증여세법」에 따라 평가한 가액*8	120% 이상
⑥ 보험*5에 든 등기·등록된 건물·공장재단·광업재단·선박·항공기 및 건설기계*7	등기필증, 등기완료통지서 또는 등록필증을 제시*4하여야 하며, 관할 세무서장은 이에 따라 저당권 설정을 위한 등기·등록 절차를 밟아야 한다. 또한 화재보험에 든 경우 그 화재보험증권*6을 제출해야 한다.	㉠ 건물: 「상속세 및 증여세법」에 따라 평가한 가액*8 ㉡ 기타의 재산: 「감정평가 및 감정평가사에 관한 법률」에 따른 감정평가법인 등의 평가액 또는 「지방세법」에 따른 시가표준액*8	120% 이상

*1 납세담보를 제공하는 경우에는 담보할 국세의 100분의 120(금전, 납세보증보험증권 그리고 「은행법」에 따른 은행의 납세보증서로 제공하는 경우에는 100분의 110) 이상의 가액에 상당하는 담보를 제공하여야 한다. 다만, 국세가 확정되지 아니한 경우에는 국세청장이 정하는 가액에 상당하는 담보를 제공하여야 한다(국징법 18 ②).

*2 유가증권의 평가액은 다음과 같다(상증령 58 ①).

> ① 거래소에서 거래되는 유가증권: 평가일 이전 2개월의 최종 시세가액 평균액과 평가기준일 이전 최근일의 최종 시세가액 중 큰 가액으로 평가한다.
> ② 그 외 유가증권
>   ㉠ 타인으로부터 매입한 유가증권: 매입가액에 평가기준일까지의 미수이자상당액을 가산한 금액
>   ㉡ 위 ㉠ 외 유가증권: 평가기준일 현재 이를 처분하는 경우에 받을 수 있다고 예상되는 금액

*3 납세보증보험증권은 보험기간이 납세담보를 필요로 하는 기간에 30일을 더한 기간 이상인 것으로 한정한다. 다만, 납부해야 할 기한이 확정되지 않은 국세의 경우에는 국세청장이 정하는 기간 이상인 것으로 한정한다(국징법 18 ②, 국징령 20 18 ②).

오쌤 Talk

공탁

여기서 공탁이란, 담보를 목적으로 제공하는 금전 또는 유가증권 등을 대법원장이 지정한 은행이나 창고에 맡기는 것을 말한다. 제3자(등록·등기를 주관하는 주무관청이나 보험사 등)에게 이전을 요청할 수 있는 담보물은 징수가 용이하기에 공탁할 필요성이 없으나, 납세자가 실물로 들고 있는 자산, 즉 금전이나 미등록된 증권은 징수가 용이하지 않아 공탁으로 확보하는 것이다.

오쌤 Talk

등록된 국채증권

쉽게 말해, 국가에 돈을 빌려주면 채권자가 된다. 이때 국가는 채권자에게 갚을 돈이 있다는 증명서인 증권(증권=증명하는 종이)을 발행해 줘야 한다. 하지만 증권을 발행하는 대신 국채등록부에 등록하는 것으로 갈음할 수 있다. 이때 채권자의 성명이 국채등록부에 등록되어 있는 국채가 등록된 국채이다.

오쌤 Talk

법으로 정한 유가증권

① 국채증권, 지방채증권 및 특수채증권
② 증권시장에 주권을 상장한 법인이 발행한 사채권 중 보증사채 및 전환사채
③ 증권시장에 상장된 유가증권으로서 매매사실이 있는 것
④ 무기명 수익증권 및 환매청구가 가능한 수익증권
⑤ 양도성 예금증서

35. 금전을 납세담보로 제공하는 경우에는 담보할 확정된 국세의 100분의 120 이상의 가액에 상당하는 담보를 제공해야 한다. 2021. 7급
정답 X

36. 등록된 유가증권을 납세담보로 제공하려는 자는 그 유가증권을 공탁하고 그 공탁수령증을 세무서장(세법에 따라 국세에 관한 사무를 세관장이 관장하는 경우에는 세관장을 말함)에게 제출하여야 한다. 2017. 7급
정답 X

37. 보험에 든 등기된 건물을 납세담보로 제공하려는 자는 그 화재보험증권을 제출하여야 한다. 이 경우 그 보험기간은 납세담보를 필요로 하는 기간에 30일 이상을 더한 것이어야 한다. 2017. 7급
정답 O

*4 관할 세무서장은 납세자가 토지, 건물, 공장재단, 광업재단, 선박, 항공기 또는 건설기계를 납세담보로 제공하면서 제시한 등기필증, 등기완료통지서 또는 등록필증이 사실과 일치하는지를 조사하여 다음 어느 하나에 해당하는 경우에는 다른 담보를 제공하게 하여야 한다(국징법 20 ④).

① 법령에 따라 담보 제공이 금지되거나 제한된 경우(관계 법령에 따라 주무관청의 허가를 받아 제공하는 경우는 제외한다.)
② 법령에 따라 사용·수익이 제한되어 있는 등의 사유로 담보의 목적을 달성할 수 없다고 인정되는 경우

*5 보험기간이 납세담보를 필요로 하는 기간에 30일을 더한 기간 이상인 것으로 한정한다(국징령 18 ②).
*6 화재보험에 든 건물, 공장재단, 광업재단, 선박, 항공기 또는 건설기계를 납세담보로 제공하려는 자는 그 화재보험증권도 관할 세무서장에게 제출하여야 한다(국징법 20 ③).
*7 「국세징수법」상 납세담보재산은 열거주의에 의하므로 열거되지 아니한 재산은 금전적 가치가 있는 경우에도 이를 담보로 제공받을 수 없다(ex. 골프회원권, 보석, 자동차 등).
*8 담보로 제공하는 날을 평가기준일로 한다^NEW (국징령 19 ②).

3 납세담보의 변경과 보충 A

★★ (1) 납세담보의 변경

납세담보를 제공한 자는 관할 세무서장의 승인을 받아 그 담보를 변경할 수 있다. 이 경우 담보제공자는 **문서로 변경승인을 신청**해야 하며, 승인신청을 받은 관할 세무서장은 다음 어느 하나에 해당하면 그 변경을 승인해야 한다(국징령 21).

㉠ 보증인의 납세보증서를 갈음하여 다른 담보재산을 제공한 경우
㉡ 제공한 납세담보의 가액이 변동되어 지나치게 많아진 경우
㉢ 납세담보로 제공한 유가증권 중 상환기간이 정해진 것이 그 상환시기에 이른 경우

★★ (2) 납세담보의 보충

관할 세무서장은 납세담보물의 가액 감소, 보증인의 자력 감소 또는 그 밖의 사유로 그 납세담보로는 국세 및 강제징수비의 납부를 담보할 수 없다고 인정할 때에는 담보를 제공한 자에게 문서로 담보물의 추가 제공 또는 보증인의 변경을 요구할 수 있다(국징법 21 ②).

4 납세담보에 의한 납부와 징수 A

★★ (1) 납세담보에 의한 납부

① 금전에 의한 납부
납세담보로서 금전을 제공한 자는 그 금전으로 담보한 국세 및 강제징수비를 납부할 수 있다(국징법 22 ①).

② 신청
담보로 제공한 금전으로 국세 및 강제징수비를 납부하려는 자는 그 뜻을 적은 **문서로 관할 세무서장에게 신청**해야 하며, 신청한 금액에 상당하는 국세 및 강제징수비를 납부한 것으로 본다(국징령 22 ①).

📖 확인문제 [최신]

07. 국세징수법령상 납세담보에 대한 설명으로 옳은 것은? 2024. 9급

① 납세보증서를 납세담보로 제공할 경우 공탁(供託)하고 그 공탁수령증을 관할 세무서장에게 제출해야 한다.
② 보험에 든 등기된 건물의 납세담보의 가액은 보험금액이다.
③ 납세보증서를 납세담보로 제공한 자는 그 납세보증서로 담보한 국세 및 강제징수비를 납부할 수 있다.
④ 납부해야 할 기한이 확정된 국세의 납세담보를 납세보증보험증권으로 제공할 경우에는 보험기간이 납세담보를 필요로 하는 기간에 30일을 더한 기간 이상이어야 한다.

정답 ④

💡 기출 OX

38. 납세담보를 제공한 자는 세무서장의 승인을 받아 그 담보를 변경할 수 있다.
2017. 7급
정답 O

📖 확인문제 [최신]

08. 국세징수법령상 납세담보에 대한 설명으로 옳지 않은 것은? 2023. 9급

① 토지, 건물, 공장재단, 광업재단, 선박, 항공기 또는 건설기계를 납세담보로 제공하려는 자는 그 등기필증, 등기완료통지서 또는 등록필증을 관할 세무서장에게 제시하여야 한다.
② 관할 세무서장은 납세담보물의 가액 감소로 그 납세담보로는 국세 및 강제징수비의 납부를 담보할 수 없다고 인정할 때에는 담보를 제공한 자에게 담보물의 추가 제공을 요구할 수 있다.
③ 납세담보로서 유가증권을 제공한 자는 그 유가증권으로 담보한 국세 및 강제징수비를 납부할 수 있으며, 이 경우 납부하려는 자는 그 뜻을 적은 문서로 관할 세무서장에게 신청해야 한다.
④ 「은행법」에 따른 은행의 납세보증서로 납세담보를 제공하는 경우에는 담보할 국세의 100분의 110 이상의 가액에 상당하는 담보를 제공하여야 하되, 그 국세가 확정되지 아니한 경우에는 국세청장이 정하는 가액에 상당하는 담보를 제공하여야 한다.

정답 ③

★★ (2) 납세담보에 의한 징수

① 체납액의 징수

관할 세무서장은 납세담보를 제공받은 국세 및 강제징수비가 그 담보의 기간에 납부되지 않으면 그 담보로써 그 국세 및 강제징수비를 징수한다(국징법 22 ②). 이 경우 납세담보가 금전 외의 것이면 아래의 방법으로 현금화하거나 징수한 금전으로 해당 국세 및 강제징수비를 징수한다(국징령 22 ②).

> ㉠ 일정한 유가증권, 토지, 건물, 공장재단, 광업재단, 선박, 항공기 또는 건설기계인 경우: 공매절차에 따라 매각
> ㉡ 납세보증보험증권인 경우: 해당 납세보증보험사업자에게 보험금의 지급을 청구
> ㉢ 납세보증서인 경우: 납세보증인으로부터 징수절차에 따라 징수

② 체납액 충당 후 잔여금의 처리

납세담보를 현금화한 금전으로 징수해야 할 국세 및 강제징수비를 충당하고 남은 금전이 있는 경우 공매대금의 배분방법에 따라 배분한 후 납세자에게 지급한다(국징령 22 ③).

5 납세담보의 해제 B

① 납부 시 해제

관할 세무서장은 납세담보를 제공받은 국세 및 강제징수비가 납부되면 지체 없이 담보 해제 절차를 밟아야 한다(국징법 23).

② 통지

관할 세무서장은 납세담보의 해제를 하려는 경우 그 뜻을 납세담보를 제공한 자에게 통지해야 한다. 이 경우 통지는 문서로 해야 하며, 납세자가 납세담보를 제공할 때 제출한 관계 서류가 있으면 그 서류를 첨부해야 한다(국징령 23 ①).

③ 말소등기·등록 촉탁

납세담보 제공에 따라 저당권 설정을 위한 등기 또는 등록을 촉탁하여 그 저당권이 설정된 납세담보를 해제할 때에는 관할등기소에 저당권 말소의 등기 또는 등록을 촉탁해야 한다(국징령 23 ②).

확인문제

09. 「국세징수법령」상 납세담보에 대한 설명으로 옳지 않은 것은? 2022. 9급

① 증권시장에 상장된 유가증권으로서 매매사실이 있는 것은 납세담보로 인정하고 있다.
② 보석 또는 자동차와 같이 자산적 가치가 있는 것은 법에 열거되지 않더라도 납세담보로 인정한다.
③ 납세담보로서 금전을 제공한 자는 그 금전으로 담보한 국세 및 강제징수비를 납부할 수 있다.
④ 관할 세무서장은 납세담보를 제공받은 국세 및 강제징수비가 그 담보기간에 납부되지 않는 경우 납세담보가 납세보증서이면 보증인으로부터 징수절차에 따라 징수한 금전으로 해당 국세 및 강제징수비를 징수한다.

정답 ②

확인문제

10. 「국세징수법」상 납세담보에 대한 설명으로 옳지 않은 것은? 2009. 9급

① 납세보증보험증권에 의한 납세담보의 가액의 평가는 보험금액에 의한다.
② 보증인의 납세보증서로 납세담보를 제공한 자는 세무서장의 승인을 얻어 그 담보를 변경할 수 있으나, 세무서장은 보증인의 변경을 요구할 수 없다.
③ 토지, 건물을 납세담보로 제공하고자 하는 자는 그 등기필증을 세무서장에게 제시하여야 한다.
④ 세무서장은 납세담보의 제공을 받은 국세 및 강제징수비가 납부된 때에는 지체 없이 담보해제의 절차를 밟아야 한다.

정답 ②

7 체납액 징수 관련 사실행위의 위탁 C

★(1) 의미

관할 세무서장은 독촉에도 불구하고 납부되지 않은 체납액을 징수하기 위하여 **한국자산관리공사**에 다음 어느 하나에 해당하는 업무를 위탁할 수 있다. 이 경우 한국자산관리공사는 **위탁받은 업무를 제3자에게 다시 위탁할 수 없다**(국징법 11 ①).

> ⊙ 체납자의 주소 또는 거소 확인
> ⊙ 체납자의 재산 조사
> ⊙ 체납액의 납부를 촉구하는 안내문 발송과 전화 또는 방문 상담
> ⊙ 위 ⊙~⊙의 규정에 준하는 단순 사실행위에 해당하는 업무로서 일정한 사항

(2) 위탁 사유와 절차

다음 어느 하나에 해당하는 경우에만 세무서장은 한국자산관리공사에 위탁의뢰서를 보내 체납액 징수업무를 위탁할 수 있고, 이 경우 즉시 그 위탁 사실을 체납자에게 통지해야 한다(국징령 4, 5 ①, ②).

> ⊙ 체납자별 체납액이 1억원 이상인 경우
> ⊙ 관할 세무서장이 체납자 명의의 소득 또는 재산이 없는 등의 사유로 징수가 어렵다고 판단한 경우

(3) 위탁 수수료

위탁 수수료는 체납액 징수 관련 사실행위를 위탁받은 체납액 중 납부·징수된 금액에 100분의 25를 초과하지 않는 범위에서 기획재정부령으로 정하는 비율(2~10%)을 곱한 금액으로 한다(국징령 6).

(4) 위탁 해지

체납자의 납부의무가 소멸하거나 납세담보 제공으로 인해 체납액 징수가 가능하게 된 경우 세무서장은 징수업무 위탁을 해지해야 한다(국징령 7).

(5) 위탁 관련 사실행위의 감독

국세청장은 위탁된 체납액 징수 관련 사실행위의 관리를 위하여 필요하다고 인정하는 경우 한국자산관리공사로 하여금 관할 세무서장이 위탁한 사항을 보고하게 하거나, 필요한 조치를 하도록 요구할 수 있다. 이 경우 한국자산관리공사는 특별한 사유가 없으면 국세청장의 요구에 따라야 한다(국징령 8).

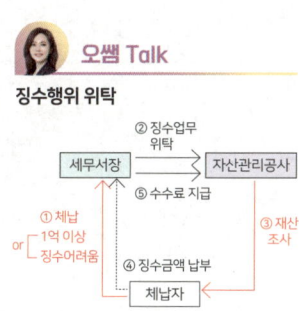

오쌤 Talk

징수행위 위탁

CHAPTER 03

강제적 징수절차

1. 통칙
2. 압류
3. 매각
4. 청산
5. 기타

• 최신 8개년 출제 경향 분석

01 통칙
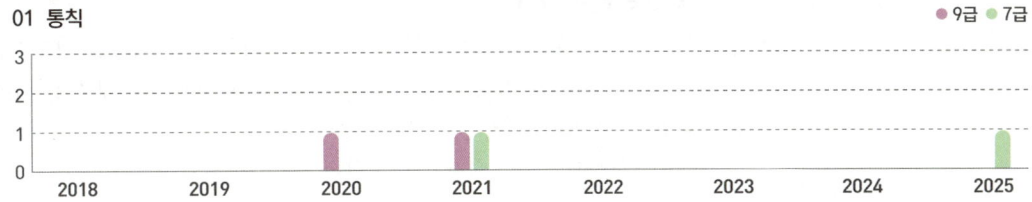

02 압류
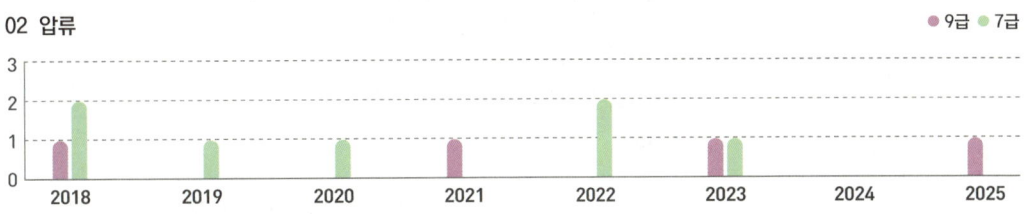

03 매각
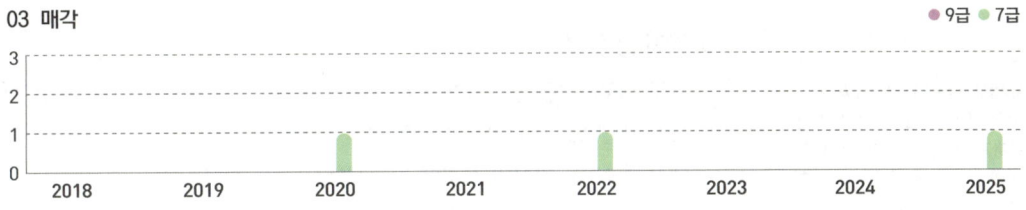

04 청산
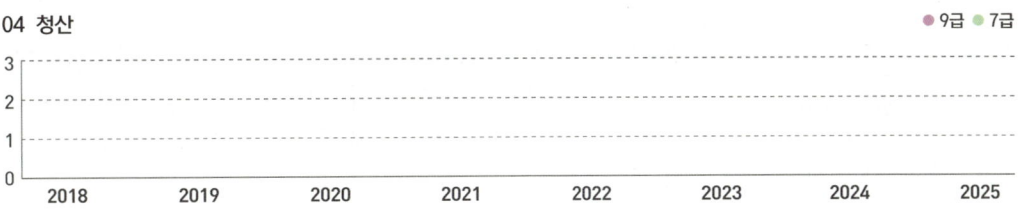

05 기타
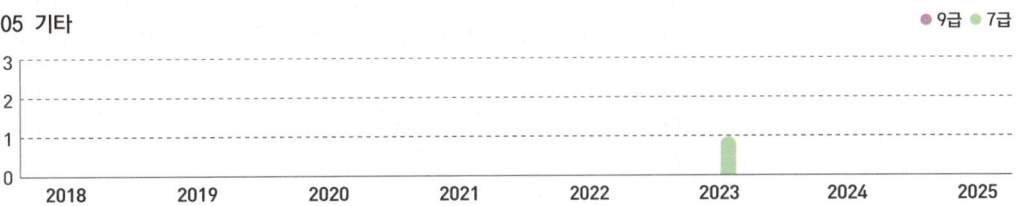

1 통칙

1 강제징수 B

(1) 강제징수의 의미
강제징수는 강제적 실현절차에 해당하는 것으로, 납세자가 납부기한 내에 자력으로 납부하도록 하는 임의적 징수절차와 다르게 국세채권을 세무공무원이 직접 자력집행력을 통해 집행하는 절차이다. 이는 납세자가 납부기한까지 조세를 납부하지 아니한 경우 이뤄지게 되는 절차에 해당한다.

★(2) 강제징수의 절차
강제징수에는 압류, 교부청구, 참가압류, 압류재산의 매각, 청산이 있는데, 다음과 같이 협의의 강제징수와 광의의 강제징수로 나눌 수 있다.

① 협의의 강제징수
압류, 압류재산의 매각, 청산이 해당되며, 협의의 강제징수는 다음의 순서로 이루어진다.

> ㉠ 압류 → ㉡ 압류재산의 매각 → ㉢ 청산

② 광의의 강제징수
교부청구, 참가압류가 해당된다.

★★(3) 강제징수 대상
관할 세무서장은 납세자가 독촉 또는 납부기한 전 징수의 고지를 받고 지정된 기한까지 국세 또는 체납액을 완납하지 아니한 경우 재산의 압류(교부청구·참가압류를 포함), 압류재산의 매각·추심 및 청산의 절차에 따라 강제징수를 한다. 체납 발생 후 1개월이 지나고, 체납액이 5천만원 이상인 자의 경우는 지방국세청장을 포함한다(국징령 24).

2 사해행위 취소 및 원상회복 A

★★(1) 의미
관할 세무서장은 강제징수를 할 때 납세자가 국세의 징수를 피하기 위하여 한 재산의 처분이나 그 밖에 재산권을 목적으로 한 법률행위(「신탁법」에 따른 사해신탁을 포함)에 대하여 「신탁법」 및 「민법」을 준용하여 사해행위의 취소 및 원상회복을 법원에 청구할 수 있다(국징법 25).

★★(2) 요건
① 객관적 요건: 사해행위 + 무자력
체납자가 재산권을 목적으로 한 법률행위로서 조세채권자를 해하는 행위(사해행위)를 해야 한다. 또한 압류를 면하고자 양도한 재산 이외에 다른 자력이 없어(무자력) 국세를 완납할 수 없는 경우이어야 한다. 단, 제2차 납세의무자, 보증인 등으로부터 국세의 전액을 징수할 수 있는 경우에는 납세의무자를 무자력으로 인정하지 아니한다(국징통 30-0…1~2).

기출 OX

01. 관할 세무서장은 납세자가 독촉 또는 납부기한 전 징수의 고지를 받고 지정된 기한까지 국세를 완납하지 아니한 경우 재산의 압류, 압류재산의 매각·추심 및 청산의 절차에 따라 강제징수를 한다. 2021.9급
정답 O

기출 OX

02. 관할 세무서장은 강제징수를 할 때 납세자가 국세의 징수를 피하기 위하여 한 재산의 처분이나 그 밖에 재산권을 목적으로 한 법률행위(「신탁법」 제8조에 따른 사해신탁을 포함한다)에 대하여 「신탁법」 및 「민법」을 준용하여 사해행위의 취소 및 원상회복을 법원에 청구할 수 있다. 2021.9급
정답 O

② 주관적 요건: 사해의사

체납자가 **법률 행위를 할 당시에 그 행위로 인해 조세채권자를 해하게 됨을 알고 있어야 한다.** 또한 상대방도 체납자가 국세의 징수를 면탈하게 됨을 알고 있어야 한다.

★★ **(3) 행사 방법**

세무공무원이 사해행위의 취소를 청구하고자 할 때에는 수익자 또는 전득자를 상대로 민사소송을 제기하여야 한다. 즉, 위의 요건이 충족되었다고 하더라도 **세무공무원이 사해 행위를 직권으로 취소할 수 없다.**

★★ **(4) 효과**

① 강제징수 집행

사해행위취소소송에서 국가가 승소하면 재산권을 목적으로 한 법률행위는 취소되므로 과세관청은 해당 자산에 대해서 강제징수를 집행할 수 있게 된다.

이 경우, 징수하고자 하는 국세의 금액이 사해행위의 목적이 된 재산의 처분예정가액보다 적은 때에는 다음과 같이 처리한다(국징통 30-0…4).

> ㉠ 사해행위의 목적이 된 재산이 분할 가능한 때에는 국세에 상당하는 사해행위의 일부의 취소와 재산의 일부의 반환을 청구하는 것으로 한다.
> ㉡ 사해행위의 목적이 된 재산이 불가분인 때에는 사해행위의 전부취소와 재산의 반환을 청구하는 것으로 한다. 다만, 그 재산의 처분예정가액이 현저히 국세를 초과할 때는 그 재산의 반환 대신에 상당액의 손해배상을 청구하여도 무방하다.

② 소멸시효 정지

세무공무원이 **사해행위 취소소송을 제기하여 그 소송이 진행 중인 기간에는 소멸시효가 진행되지 않는다**(국기법 28 ③ (5)).

★★ **(5) 충당 후 반환**

사해행위의 취소에 의해 반환받은 재산에 대하여 강제징수를 하고 국세에 충당한 후 잔여가 있는 경우에는 그 잔여분은 체납자에게 주지 아니하고 그 재산의 반환을 한 수익자 또는 전득자에게 반환한다(국징통 30-0…5).

기출 OX

03. 관할 세무서장은 체납자가 국세징수를 면탈하려고 재산권을 목적으로 한 법률행위를 한 경우 사해행위의 취소를 법원에 청구할 수 있다. 2009.9급

정답 ○

확인문제

01. 조세채권자인 국가의 사해행위취소권 행사에 대한 설명으로 옳은 것은? (다툼이 있는 경우 판례에 의함) 2020.9급

① 납세자의 재산처분행위가 사해행위에 해당하는지 여부는 사해행위취소권 행사 당시를 기준으로 판단하여야 한다.
② 관할 세무서장은 강제징수를 집행할 때 납세자가 국세의 징수를 피하기 위하여 재산권을 목적으로 한 법률행위를 한 경우에는 직권으로 그 법률행위의 효력을 부인할 수 있다.
③ 관할 세무서장은 「국세징수법」에 따른 사해행위 취소소송을 제기하여 그 소송이 진행 중인 기간 동안은 국세징수권의 소멸시효가 진행된다.
④ 관할 세무서장은 강제징수를 집행할 때 납세자가 국세의 징수를 피하기 위하여 「신탁법」에 따른 사해신탁을 한 경우에는 사해행위의 취소 및 원상회복을 법원에 청구할 수 있다.

정답 ④

확인문제

02. 「국세징수법」상 사해행위의 취소에 관한 설명으로 옳지 않은 것은? 2008.7급

① 납세보증인으로부터 국세의 전액을 징수할 수 있는 경우에는 사해행위취소권을 행사할 수 있다.
② 사해행위의 취소를 요구할 수 있는 경우는 국세의 징수를 면탈하려고 재산권을 목적으로 한 법률행위를 한 재산 이외의 다른 자력이 없어 국세를 완납할 수 없는 경우로 한다.
③ 징수하고자 하는 국세의 금액이 사해행위의 목적이 된 재산의 처분예정가액보다 적은 때에는 사해행위의 목적이 된 재산이 분할 가능하면 국세에 상당하는 사해행위의 일부의 취소와 재산의 일부의 반환을 청구하는 것으로 본다.
④ 사해행위의 취소에 의해 반환 받은 재산에 대하여 강제징수를 하고 국세에 충당한 후 잔여분이 있는 경우에는 그 재산을 반환한 수익자 또는 전득자에게 반환한다.

정답 ①

> 참고

통정허위의 담보권 설정에 대한 취소청구 vs 사해행위취소권

구분	통정허위의 담보권 설정에 대한 취소청구	사해행위 취소권
관련법	「국세기본법」	「국세징수법」
취소 대상	재산에 통정허위(짜고 거짓으로 한)의 담보권 설정행위	재산권을 목적으로 하는 법률 행위(매매 또는 증여 등)
사해 행위	통정허위의 담보권 설정행위로 인해 해당 재산의 매각대금으로 국세채권을 징수할 수 없는 상태	재산권을 목적으로 하는 법률행위로 책임재산이 감소하여 국세채권을 징수할 수 없는 무자력인 상태
요건	납세자와 제3자 간에 짜고 거짓으로 담보계약을 체결	체납자: 국세의 징수를 해하게 됨을 인식 수익자(또는 전득자): 조세채권자를 해하게 됨을 알고 있을 것
행사 방법	민사소송제기	민사소송제기
취소의 효과	관할 세무서장은 담보권 설정이 없는 원상을 회복한 상태에서 재산의 매각대금으로 국세·가산세 징수 가능	관할 세무서장은 체납자 명의로 회복된 재산에 대해 강제징수절차 진행

3 가압류·가처분 재산에 대한 강제 징수 A

(1) 재판상의 가압류·가처분 재산에 대한 강제징수: 가능

관할 세무서장은 재판상의 가압류 또는 가처분을 받은 재산이 강제징수 대상인 경우에도 「국세징수법」에 따른 강제징수를 한다(국징법 26).

(2) 통지

재판상의 가압류 또는 가처분을 받은 재산을 압류하려는 경우 그 뜻을 해당 법원, 집행공무원 또는 강제관리인에게 통지해야 한다. 그 압류를 해제하려는 경우에도 또한 같다(국징령 25).

4 상속 또는 합병의 경우 강제징수의 속행 등 A

(1) 체납자의 사망 또는 합병으로 인한 소멸: 강제징수 계속 진행

체납자의 재산에 대하여 강제징수를 시작한 후 체납자가 사망하였거나 체납자인 법인이 합병으로 소멸된 경우에도 그 재산에 대한 강제징수는 계속 진행하여야 한다(국징법 27 ①).

(2) 체납자 사망 후 체납자 명의의 재산 압류: 상속한 상속인에 대해 한 것으로 봄

체납자가 사망한 후 체납자 명의의 재산에 대하여 한 압류는 그 재산을 상속한 상속인에 대하여 한 것으로 본다(국징법 27 ②).

(3) 체납자가 파산선고를 받은 경우: 강제징수 계속 진행

관할 세무서장은 체납자가 파산선고를 받은 경우라도 이미 압류한 재산이 있을 때에는 강제징수를 계속 진행해야 한다(국징령 26).

기출 OX

04. 관할 세무서장은 재판상의 가압류 또는 가처분 재산이 강제징수 대상인 경우에는 「국세징수법」에 따른 강제징수를 할 수 없다. 2021. 9급
정답 X

기출 OX

05. 체납자의 재산에 대하여 강제징수를 시작한 후 체납자가 사망한 경우에도 그 재산에 대한 강제징수는 계속 진행하여야 한다. 2021. 9급
정답 O

06. 체납자인 법인의 재산에 대하여 강제징수를 집행한 후 그 법인이 합병에 의하여 소멸한 때에는 그 재산에 대하여 한 강제징수는 중지하여야 한다. 2007. 9급
정답 X

07. 체납자의 재산에 대하여 강제징수를 시작한 후 체납자가 사망하였거나 체납자인 법인이 합병에 의하여 소멸된 때에도 그 재산에 대하여 한 강제징수는 이를 속행하여야 한다. 2007. 9급
정답 O

5 제3자의 소유권 주장 B

★★ (1) 방법
압류한 재산에 대하여 소유권을 주장하고 반환을 청구하려는 제3자는 그 재산의 매각 5일 전까지 소유자로 확인할 만한 증거서류를 관할 세무서장에게 제출하여야 한다(국징법 28 ①).

★★ (2) 주장의 효과와 청구의 정당성에 따른 처분

① 제3자의 소유권 주장 청구 시
관할 세무서장은 제3자가 소유권을 주장하고 반환을 청구하는 경우 그 재산에 대한 강제징수를 정지하여야 한다(국징법 28 ②).

② 청구가 정당하다고 인정되는 경우
관할 세무서장은 제3자의 소유권 주장 및 반환 청구가 정당하다고 인정되는 경우 즉시 압류를 해제하여야 한다(국징법 28 ③).

③ 청구가 부당하다고 인정되는 경우
관할 세무서장은 제3자의 소유권 주장 및 반환 청구가 부당하다고 인정되면 즉시 그 뜻을 제3자에게 통지하여야 한다(국징법 28 ③).
관할 세무서장은 **통지를 받은 제3자가 통지를 받은 날부터 15일 이내**에 그 재산에 대하여 **체납자를 상대로 소유권에 관한 소송을 제기한 사실을 증명하지 아니하면 즉시 강제징수를 계속하여야 한다**(국징법 28 ④).

④ 제3자가 소송에서 승소판결을 받은 경우
관할 세무서장은 위 ③에 따라 통지를 받은 제3자가 체납자를 상대로 소유권에 관한 **소송을 제기하여 승소 판결을 받고 그 사실을 증명한 경우 압류를 즉시 해제**하여야 한다(국징법 28 ⑤).

6 인지세와 등록면허세의 면제 B

★ (1) 인지세 면제
압류재산을 보관하는 과정에서 작성하는 문서에 관하여는 인지세를 면제한다(국징법 29 ①).

★ (2) 등록면허세 면제
다음의 등기 또는 등록과 관련해서는 등록면허세를 면제한다(국징법 29 ②).

> ㉠ 압류의 등기 또는 등록
> ㉡ 압류 말소의 등기 또는 등록
> ㉢ 공매공고의 등기 또는 등록
> ㉣ 공매공고 말소의 등기 또는 등록

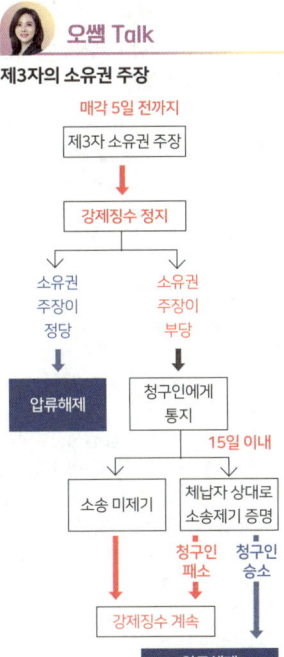

오쌤 Talk
제3자의 소유권 주장

확인문제
03. 다음은 제3자의 소유권주장에 관한 설명으로 옳지 않은 것은?
2007. 서울시 9급

① 제3자가 압류한 재산에 대하여 소유권을 주장하고 반환을 청구하는 경우에도 세무공무원은 그 재산에 대하여 강제징수를 속행하여야 한다.
② 압류된 재산에 대하여 소유권을 주장하고 반환을 청구하고자 하는 제3자는 매각 5일 전까지 소유자로 확인할 만한 증거서류를 세무서장에게 제출하여야 한다.
③ 압류재산에 대하여 소유권주장을 한 제3자는 세무공무원으로부터 반환청구가 부당하다는 통지를 받은 날로부터 15일 내에 체납자를 상대로 그 재산에 대하여 소송을 제기한 사실을 증명하여야 한다.
④ 제3자가 주장한 반환 청구가 부당하다고 인정하는 때에는 지체 없이 세무공무원은 그 뜻을 청구인에게 통지하여야 한다.
⑤ 세무공무원은 제3자의 소유권 반환 청구에 대하여 이유가 정당하다고 인정하는 때에는 즉시 압류를 해제하여야 한다.

정답 ①

확인문제 [최신]

04. 국세징수법령상 강제징수에 대한 설명으로 옳은 것은? 2024. 7급

① 관할 세무서장은 체납자가 파산선고를 받은 경우에는 이미 압류한 재산이 있을 때에도 강제징수를 정지하여야 한다.
② 압류한 재산에 대하여 제3자가 그 재산의 매각 5일 전까지 소유자로 확인할 만한 증거서류를 관할 세무서장에게 제출함으로써 소유권을 주장하고 반환을 청구하는 경우 관할 세무서장은 그 재산에 대한 강제징수를 정지하여야 한다.
③ 관할 세무서장은 체납 발생일부터 1년이 지난 국세의 합계액이 1억원인 경우 체납자의 수입물품에 대한 강제징수를 세관장에게 위탁할 수 있다.
④ 관할 세무서장은 재판상의 가압류 또는 가처분 재산이 강제징수 대상인 경우에는 「국세징수법」에 따른 강제징수를 할 수 없다.

정답 ②

오쌤 Talk

수색조서
세무공무원은 수색을 하였으나 압류할 재산이 없는 경우 수색조서를 작성해야 한다. Link-P.223

---

7 고액·상습체납자의 수입물품에 대한 강제징수의 위탁 B

★★ (1) 세관장에게 위탁

관할 세무서장은 체납 발생일부터 1년이 지난 국세의 합계액이 2억원 이상인 경우 체납자의 수입물품에 대한 강제징수를 세관장에게 위탁할 수 있다(국징법 30 ①).

(2) 사전안내 및 통지

① 사전안내
관할 세무서장은 위 (1)에 해당하는 체납자에 대하여 1개월 이내의 기간을 정하여 그 기간에 체납된 국세를 납부하지 않을 경우 위 (1)에 따라 체납자의 수입물품에 대한 강제징수가 세관장에게 위탁될 수 있다는 사실을 알려야 한다(국징령 27 ①).

② 통지
관할 세무서장은 세관장에게 강제징수를 위탁한 경우 즉시 그 위탁 사실을 체납자에게 통지해야 한다(국징령 27 ②).

③ 위탁철회
관할 세무서장은 체납자가 고액·상습체납자의 명단 공개 대상에서 제외되는 경우 즉시 해당 체납자의 수입물품에 대한 강제징수의 위탁을 철회해야 한다(국징령 27 ③).

8 강제징수의 인계

(1) 강제징수 인계의 조건

① 원칙
관할 세무서장은 체납자가 관할구역 밖에 거주하거나 압류할 재산이 관할구역 밖에 있는 경우 체납자의 거주지 또는 압류할 재산의 소재지를 관할하는 세무서장에게 강제징수를 인계할 수 있다(국징령 28 ①).

② 예외
압류할 재산이 채권이거나 체납자의 거주지 또는 압류할 재산의 소재지가 둘 이상의 세무서가 관할하는 구역에 걸쳐 있는 경우에는 강제징수를 인계할 수 없다(국징령 28 ①).

(2) 세무서장의 인수거절

강제징수를 인계받은 세무서장은 압류할 재산이 해당 관할구역에 없는 경우 강제징수의 인수를 거절할 수 있다. 이때 체납자가 그 관할구역에 거주하고 있는 경우 강제징수를 인계받은 세무서장은 수색조서를 작성하여 강제징수를 인계한 관할 세무서장에게 보내야 한다(국징령 28 ②).

② 압류

1 통칙 A

(1) 압류의 요건 등

① 의미
'압류'란 과세권자가 국세채권을 실현하기 위하여 체납자의 특정 재산에 대하여 처분을 금지시키기 위하여 과세관청이 행하는 강제행위를 말한다.

② 압류 요건
관할 세무서장은 다음 어느 하나에 해당하는 경우에는 납세자의 재산을 압류한다(국징법 31 ①, ②).

> ㉠ 납세자가 독촉을 받고 독촉장에서 정한 기한까지 국세를 완납하지 않은 경우
> ㉡ 납부기한 전 징수의 규정에 따라 납부고지를 받고 단축된 기한까지 국세를 완납하지 않은 경우
> ㉢ 납세자에게 납부기한 전 징수의 사유가 있어 국세가 확정된 후 해당 국세를 징수할 수 없다고 인정되는 경우(확정 전 보전압류)
> ㉣ 양도담보권자가 고지된 납부기한까지 물적납세의무를 이행하지 않은 경우(독촉 없이 바로 압류)

(2) 확정 전 보전압류

① 의미
관할 세무서장은 납세자에게 납부기한 전 징수의 사유가 있어 국세가 확정된 후 그 국세를 징수할 수 없다고 인정될 때에는 미리 지방국세청장의 승인을 받아 국세로 확정되리라고 추정되는 금액의 한도에서 납세자의 재산을 압류할 수 있는데(국징법 31 ②, ③), 이를 '보전압류'라고 한다.

② 통지
관할 세무서장은 납세자의 재산에 대해 확정 전 보전압류를 하려는 경우 미리 지방국세청장의 승인을 받아야 하고, 압류 후에는 납세자에게 문서로 그 압류 사실을 통지하여야 한다(국징법 31 ③).

③ 보전압류의 해제
관할 세무서장은 다음 어느 하나에 해당하면 즉시 압류를 해제해야 한다(국징법 31 ④).

> ㉠ 납세자가 납세담보를 제공하고 압류 해제를 요구한 경우
> ㉡ 압류를 한 날부터 3개월(국세 확정을 위하여 실시한 세무조사가 「국세기본법」에 따라 중지된 경우에 그 중지 기간은 빼고 계산한다)이 지날 때까지 압류에 따라 징수하려는 국세를 확정하지 아니한 경우

④ 공매제한
압류한 재산은 그 압류와 관계되는 국세의 납세 의무가 확정되기 전에는 공매할 수 없다(국징법 66 ③).

기출 OX

08. 납세자가 독촉장을 받고 지정된 기한까지 국세를 완납하지 아니한 경우에는 세무서장은 납세자의 재산을 압류한다. 2013. 7급
정답 O

09. 납부기한 전 징수사유가 없는 A가 독촉장을 받은 상태(독촉장에 지정된 납부기한이 지나지 않음)로 체납된 국세를 완납하지 않았으므로 A의 소유재산은 압류의 대상이 된다. 2019. 7급
정답 X

기출 OX

10. 세무서장은 납세자에게 납부기한 전 징수에 해당하는 사유가 있어 국세의 확정 후에는 당해 국세를 징수할 수 없다고 인정되는 때에는 국세로 확정되리라고 추정되는 금액의 한도 안에서 납세자의 재산을 압류할 수 있으며, 이 경우 사전에 지방국세청장의 승인을 얻어야 한다. 2010. 9급
정답 O

11. 관할 세무서장은 납세자에게 국세를 포탈하려는 행위가 있다고 인정되어 국세가 확정된 후 그 국세를 징수할 수 없다고 인정할 때에는 국세로 확정되리라고 추정되는 금액의 한도에서 납세자의 재산을 압류할 수 있다. 2021. 9급
정답 O

12. 확정 전 보전압류의 통지를 받은 자가 납세담보를 제공하고 압류해제를 요구한 경우 세무서장이 압류를 즉시 해제하여야 한다. 2013. 9급
정답 O

13. 국세채권이 확정되기 전 적법하게 재산 압류가 이루어진 경우라 하더라도 해당 재산을 매각하려면 우선 납세의무가 확정되어야 한다. 2015. 9급
정답 O

14. 법률적으로 납세의무가 확정되기 전에 압류가 허용되어 압류한 재산의 경우에는 그 압류에 관계되는 국세의 납세의무가 확정되기 전이라도 공매할 수 있다. 2015. 7급
정답 X

⑤ 충당

관할 세무서장은 확정 전 보전압류를 한 후 압류에 따라 징수하려는 국세를 확정한 경우 압류한 재산이 다음 어느 하나에 해당하고 **납세자의 신청이 있으면 압류한 재산의 한도에서 확정된 국세를 징수한 것으로 볼 수 있다**(국징법 31 ⑤).

> ㉠ 금전
> ㉡ 납부기한 내 추심 가능한 예금 또는 유가증권

★★ (3) 초과압류

관할 세무서장은 **국세를 징수하기 위하여 필요한 재산 외의 재산을 압류할 수 없다.** 다만, 불가분물(不可分物) 등 부득이한 경우에는 압류할 수 있다(국징법 32).

(4) 압류재산 선택 시 제3자의 권리보호

관할 세무서장은 압류재산을 선택하는 경우 **강제징수에 지장이 없는 범위에서** 전세권·질권·저당권 등 체납자의 재산과 관련하여 제3자가 가진 권리를 침해하지 아니하도록 하여야 한다(국징법 33).

★★ (5) 압류조서

① 원칙

세무공무원은 **체납자의 재산을 압류하는 경우 압류조서를 작성하여야** 한다(국징법 34 ①).

② 예외

참가압류에 압류의 효력이 생긴 경우에는 압류조서를 작성하지 아니할 수 있다(국징법 34 ①).

③ 압류조서 등본 교부

압류재산이 다음 어느 하나에 해당하는 경우 **압류조서 등본을 체납자에게 내주어야 한** 다(국징법 34 ②).

> ㉠ 동산 또는 유가증권
> ㉡ 채권
> ㉢ 채권과 소유권을 제외한 그 밖의 재산권

이때, 세무공무원은 질권이 설정된 동산 또는 유가증권을 압류한 경우 그 동산 또는 유가증권의 **질권자에게 압류조서의 등본을 내주어야 한다**(국징법 34 ④).

④ 압류조서에 기재할 사항

압류조서에는 압류한 재산에 관하여 양도, 제한물권의 설정, 채권의 영수(領收) 및 그 밖의 처분을 할 수 없다는 뜻이 기재되어야 한다(국징법 34 ⑤).

기출 OX

15. 세무서장은 확정 전 보전압류한 재산이 금전, 납부기한 내 추심할 수 있는 예금 또는 유가증권인 경우에는 납세자의 신청이 없는 경우에도 확정된 국세에 이를 충당할 수 있다. 2009. 9급
정답 X

16. 세무서장은 국세를 징수하기 위하여 필요한 재산 이외의 재산을 압류할 수 있다. 2011. 7급
정답 X

17. 세무공무원은 체납자의 재산을 압류할 때에는 압류조서를 작성하여야 한다. 2009. 9급
정답 O

⑤ 참여자의 서명날인

압류조서에는 **압류에 참여한 세무공무원이 참여자와 함께 서명날인을 하여야 한다.** 다만, 참여자가 서명날인을 거부한 경우에는 그 사실을 압류조서에 적는 것으로 참여자의 서명날인을 갈음할 수 있다(국징법 34 ③).

✨ (6) 수색

① 체납자의 주거 등 수색

세무공무원은 재산을 압류하기 위하여 필요한 경우에는 체납자의 주거·창고·사무실·선박· 항공기·자동차 또는 그 밖의 장소(이하 '주거 등')를 수색할 수 있고, 해당 주거 등의 폐쇄된 문·금고 또는 기구를 열게 하거나 직접 열 수 있다(국징법 35 ①).

② 제3자의 주거 등 수색

세무공무원은 다음 어느 하나에 해당하는 경우 **제3자의 주거 등을 수색할 수 있고, 폐쇄된 문·금고 또는 기구를 열게 하거나 직접 열 수 있다**(국징법 35 ②).

> ㉠ 체납자 또는 제3자가 제3자의 주거 등에 **체납자의 재산을 감춘 혐의가 있다고 인정되는 경우**
> ㉡ 체납자의 재산을 점유·보관하는 제3자가 재산의 인도(引渡) 또는 이전을 거부하는 경우

③ 수색시간

수색은 해가 뜰 때부터 해가 질 때까지만 할 수 있다. 다만, 해가 지기 전에 시작한 수색은 해가 진 후에도 계속할 수 있다(국징법 35 ③). **주로 야간에 영업을 하는 장소에 대해서는 해가 진 후에도 영업 중에는 수색을 시작할 수 있다**(국징법 35 ④).

④ 수색조서

㉠ 수색조서의 작성

세무공무원은 수색을 하였으나 압류할 재산이 없는 경우 수색조서를 작성하고 수색조서에 참여자와 함께 서명날인하여야 한다. 다만, 참여자가 서명날인을 거부한 경우에는 그 사실을 수색조서에 적는 것으로 참여자의 서명날인을 갈음할 수 있다(국징법 35 ⑤).

㉡ 수색조서의 등본 배부

세무공무원은 수색조서를 작성한 경우 그 등본을 수색을 받은 체납자 또는 참여자에게 내주어야 한다(국징법 35 ⑥).

㉢ 수색조서의 효력

수색을 하였으나 압류할 재산이 없는 경우에도 그 수색을 착수했을 때에 시효중단의 효력이 발생한다. 이 경우에 그 수색이 제3자의 주거 등에 대하여 행하여진 경우에는 수색한 취지를 수색조서의 등본 등에 의거 체납자에게 통지하여야 시효중단의 효력이 발생한다(국징통 26-0…6).

기출 OX

18. 세무공무원은 재산을 압류하기 위하여 필요한 경우에는 체납자의 주거 등의 폐쇄된 문·금고 또는 기구를 열게 할 수는 있으나 직접 열 수는 없다.
2021. 9급
정답 X

기출 OX

19. 세무공무원은 재산을 압류하기 위하여 필요한 때에는 체납자의 가옥·선박·창고 기타의 장소를 수색하거나 폐쇄된 문·금고 또는 가구를 열게 하거나 또는 열 수 있다. 다만, 체납자의 재산을 점유하는 제3자가 재산의 인도를 거부한 때에는 그러하지 아니한다.
2009. 9급
정답 X

기출 OX

20. 세무공무원은 강제징수를 하면서 압류할 재산의 소재 또는 수량을 알아내기 위하여 필요한 경우 체납자와 채권·채무 관계가 있는 자에게 구두 또는 문서로 질문하거나 장부, 서류 및 그 밖의 물건을 검사할 수 있다. 2021.9급

정답 O

오쌤 Talk

체납자와 관계가 있는 자

압류할 재산의 소재 또는 수량을 알아내기 위해 세무공무원이 질문하거나 검사할 수 있는 '체납자와 관계가 있는 자'란 아래와 같다.
① 체납자와 거래관계가 있는 자
② 체납자의 재산을 점유하는 자
③ 체납자와 채권·채무 관계가 있는 자
④ 체납자가 주주 또는 사원인 법인
⑤ 체납자인 법인의 주주 또는 사원
⑥ 체납자와 친족관계나 경제적 연관관계가 있는 자 중에서 체납자의 재산을 감춘 혐의가 있다고 인정되는 자

기출 OX

21. 세무공무원은 수색을 하는 경우 그 신분을 나타내는 증표 및 수색 통지서를 지니고 이를 관계자에게 보여 주어야 한다. 2021.9급

정답 O

확인문제

05. 「국세징수법」상 강제징수의 절차에 대한 설명으로 옳지 않은 것은? 2016.9급

① 세무공무원이 재산을 압류하기 위하여 필요하다 하더라도 폐쇄된 문이나 금고를 직접 열 수 없다.
② 세무공무원은 제3자의 가옥에 체납자의 재산을 은닉한 혐의가 있다고 인정되는 때에는 제3자의 가옥을 수색할 수 있다.
③ 주로 야간에 주류를 제공하는 영업을 하는 장소에 대하여는 해가 진 후에도 영업 중에는 수색을 시작할 수 있다.
④ 세무공무원이 강제징수를 하기 위하여 재산을 압류할 때에는 그 신분을 표시하는 증표를 지니고 이를 관계자에게 보여주어야 한다.

정답 ①

★★ (7) 질문·검사

① 압류할 재산의 소재·수량 파악

세무공무원은 강제징수를 하면서 압류할 재산의 소재 또는 수량을 알아내기 위하여 필요한 경우 체납자 또는 체납자와 관계가 있는 자에게 구두 또는 문서로 질문하거나 장부, 서류 및 그 밖의 물건을 검사할 수 있다(국징법 36 ①).

② 서명날인

구두로 질문한 내용이 중요한 사항인 경우 그 내용을 기록하고 기록한 서류에 답변한 자와 함께 서명날인하여야 한다. 다만, 답변한 자가 서명날인을 거부한 경우 그 사실을 본문의 서류에 적는 것으로 서명날인을 갈음할 수 있다(국징법 36 ②).

(8) 참여자

① 원칙

세무공무원은 수색 또는 검사를 하는 경우 그 수색 또는 검사를 받는 사람, 그 가족·동거인이나 사무원 또는 그 밖의 종업원을 참여시켜야 한다(국징법 37 ①).

② 예외

참여시켜야 할 자가 없거나 참여 요청에 따르지 않는 경우 성인 2명 이상 또는 특별시·광역시·특별자치시·특별자치도·시·군·자치구의 공무원이나 경찰공무원 1명 이상을 증인으로 참여시켜야 한다(국징법 37 ②).

★★ (9) 증표 등의 제시

세무공무원은 압류, 수색 또는 질문·검사를 하는 경우 그 신분을 나타내는 증표 및 압류·수색 등 통지서를 지니고 이를 관계자에게 보여주어야 한다(국징법 38).

(10) 압류·수색 또는 질문·검사 중의 출입 제한

세무공무원은 압류, 수색 또는 질문·검사를 하는 경우로서 강제징수를 위하여 필요하다고 인정하는 경우 체납자 및 참여자 등 관계자를 제외한 사람에 대하여 해당 장소에서 나갈 것을 요구하거나 그 장소에 출입하는 것을 제한할 수 있다(국징법 39).

(11) 저당권자 등에 대한 압류 통지

① 과세관청 → 저당권자 등[*1]

관할 세무서장은 재산을 압류한 경우 저당권자 등에게 그 사실을 통지해야 한다(국징법 40 ①).

② 저당권자 등 → 과세관청

국세에 대하여 우선권을 가진 저당권자 등이 통지를 받고 그 권리를 행사하려는 경우 통지를 받은 날부터 10일 이내에 그 사실을 관할 세무서장에게 신고해야 한다(국징법 40 ②).

[*1] 저당권자 등: 전세권, 저당권, 질권 또는 그 밖에 압류재산 위의 등기 또는 등록된 권리자

2 압류대상자산 및 압류 제한 A

⭐ (1) 압류대상자산

「국세징수법」상 압류의 대상이 되는 자산은 압류 당시에 체납자가 소유하는 국내소재재산 중 금전적 가치가 있고 양도 가능하며 '압류금지재산' 또는 '압류제한급여채권' 이외의 자산으로 한다.

그러므로 환가성이 있는 재산은 원칙적으로 모두 압류의 대상이며 이를 매각해서 체납된 조세채권에 충당할 수도 있지만 「국세징수법」은 최저생활을 보장하고 생업을 유지하거나 정신적인 생활을 유지하고 사회보장제도의 유지 등의 측면에서 압류를 제한하는 일정한 규정을 두고 있다.

⭐ (2) 압류금지재산

압류금지재산이란 납세자의 체납에도 불구하고 세무공무원이 압류할 수 없는 재산을 말한다. 이러한 압류금지재산을 압류한 경우 그 압류는 원칙적으로 무효 또는 취소의 사유가 된다.

다음의 재산은 압류할 수 없다(국징법 41).

> ① 체납자 또는 그와 생계를 같이 하는 가족(사실상 혼인관계에 있는 사람을 포함. 이하 '동거가족')의 생활에 없어서는 아니 될 의복, 침구, 가구, 주방기구, 그 밖의 생활필수품
> ② 체납자 또는 그 동거가족에게 필요한 3개월간의 식료품 또는 연료
> ③ 인감도장이나 그 밖에 직업에 필요한 도장
> ④ 제사 또는 예배에 필요한 물건, 비석 또는 묘지
> ⑤ 체납자 또는 그 동거가족의 장례에 필요한 물건
> ⑥ 족보·일기 등 체납자 또는 그 동거가족에게 필요한 장부 또는 서류
> ⑦ 직무 수행에 필요한 제복
> ⑧ 훈장이나 그 밖의 명예의 증표
> ⑨ 체납자 또는 그 동거가족의 학업에 필요한 서적과 기구
> ⑩ 발명 또는 저작에 관한 것으로서 공표되지 아니한 것
> ⑪ 주로 자기의 노동력으로 농업을 하는 사람에게 없어서는 아니 될 기구, 가축, 사료, 종자, 비료, 그 밖에 이에 준하는 물건
> ⑫ 주로 자기의 노동력으로 어업을 하는 사람에게 없어서는 아니 될 어망, 기구, 미끼, 새끼 물고기, 그 밖에 이에 준하는 물건
> ⑬ 전문직 종사자·기술자·노무자, 그 밖에 주로 자기의 육체적 또는 정신적 노동으로 직업 또는 사업에 종사하는 사람에게 없어서는 아니 될 기구, 비품, 그 밖에 이에 준하는 물건
> ⑭ 체납자 또는 그 동거가족의 일상생활에 필요한 안경·보청기·의치·의수족·지팡이·장애보조용 바퀴의자, 그 밖에 이에 준하는 신체보조기구 및 「자동차관리법」에 따른 경형자동차
> ⑮ 재해의 방지 또는 보안을 위하여 법령에 따라 설치하여야 하는 소방설비, 경보기구, 피난시설, 그 밖에 이에 준하는 물건
> ⑯ 법령에 따라 지급되는 사망급여금 또는 상이급여금
> ⑰ 「주택임대차보호법」에 따라 우선변제를 받을 수 있는 금액
> ⑱ 체납자의 생계 유지에 필요한 소액금융재산

 기출 OX

22. 압류의 대상이 되는 재산은 체납자의 소유가 아니더라도 무방하며, 금전적 가치를 가지고 양도성을 가져야 하고, 압류금지 재산이 아니어야 한다.
2013. 7급
정답 X

 기출 OX

23. 체납자의 동거가족에게 필요한 3개월간의 식료품 또는 연료는 압류할 수 없다.
2025. 9급 최신
정답 O

📖 확인문제

06. 「국세징수법」상 압류금지 재산이 아닌 것은? 2012. 9급 수정
① 사업상 보유하고 있는 상품이나 제품
② 체납자와 그 동거가족의 생활에 없어서는 아니 될 의복
③ 직무상 필요한 제복
④ 체납자와 그 동거가족의 학업에 필요한 서적과 기구

정답 ①

 기출 OX

24. 발명 또는 저작에 관한 것으로서 공표되지 아니한 것은 압류할 수 있다.
2025. 9급 최신
정답 X

오쌤 Talk

만기환급금과 해약환급금

해약환급금과 만기환급금을 따로 한도를 정한 이유는 1개의 보험은 만기 때까지 유지하여 생명, 상해, 질병, 사고를 대비하라는 취지이다.

오쌤 Talk

상해·질병·사고 등에 대한 보장성보험

해당 치료목적 보장성보험의 경우 합산하지 않고, 보험계약별로 압류금지 금액을 계산한다. 또한 치료하고 남은 보험금이 전부 압류 대상이 아니라 잔액의 2분의 1만 압류 가능하도록 하고 있다. 이는 최대한 치료를 받는 데 보험금을 쓰라는 의미로 해석할 수 있다.

확인문제

07. 「국세징수법」상 세무공무원이 납세자의 체납된 세금 10억원을 이유로 그의 재산을 압류하려고 함에 있어서 그 재산이 다음과 같은 경우 세무공무원이 압류할 수 있는 재산의 총액은?

2015. 7급

- 법령에 따라 급여하는 상이급여금: 500만원
- 체납자의 생계유지에 필요한 소액금융재산: 보장성보험의 만기환급금 150만원
- 월급여(그에 대한 근로소득세와 소득세분 지방소득세 100만원 포함): 800만원

① 325만원 ② 350만원
③ 375만원 ④ 450만원

정답 ③

> **참고**
>
> **소액금융재산의 범위(국징령 31)**
>
> ① 개인별 잔액이 250만원 미만인 예금(적금, 부금, 예탁금과 우편대체 포함)
> ② 다음의 구분에 따른 보장성보험의 보험금, 해약환급금 및 만기환급금
>
> | 구분 | 압류금지 금액 |
> |---|---|
> | ㉠ 모든 사망보험금 합산한 금액 중 | 1,500만원 이하 |
> | ㉡ 모든 보장성보험의 해약환급금 합산한 금액 중 | 250만원 이하 |
> | ㉢ 모든 보장성보험의 만기환급금 합산한 금액 중 | 250만원 이하 |
> | ㉣ 상해·질병·사고 등을 원인으로 체납자가 지급받는 보장성보험의 보험금 중 | 실제 치료비* + (보험계약별 보험금 - 실제 치료비) × $\frac{1}{2}$ |
>
> * 실제 치료비: 진료비, 치료비, 수술비, 입원비, 약제비 등 치료 및 장애 회복을 위하여 실제 지출되는 비용

(3) 급여채권의 압류 제한

① **원칙**

　급료, 연금, 임금, 봉급, 상여금, 세비, 퇴직연금, 그 밖에 이와 비슷한 성질을 가진 급여채권에 대해서는 그 총액의 2분의 1에 해당하는 금액은 압류가 금지되는 금액으로 한다(국징법 42 ①).

② **최저생계비에 미달하는 경우: 최저생계비(월 250만원)**

　'①'에 따라 계산한 급여채권 총액의 2분의 1에 해당하는 금액이 표준적인 가구의 「국민기초생활 보장법」에 따른 최저생계비를 고려하여 법으로 정한 금액(250만원)에 미달하는 경우에는 최저생계비를 고려하여 법으로 정하는 금액(250만원)으로 한다(국징법 42 ②).

③ **최저생계비를 초과하는 경우: 표준적인 가구의 생계비를 고려하여 법으로 정한 금액**

　'①'에 따라 계산한 급여채권 총액의 2분의 1에 해당하는 금액이 표준적인 가구의 최저 생계비를 고려하여 대통령령으로 정하는 금액을 초과하는 경우에는 아래 표와 같이 표준적인 가구의 생계비를 고려하여 법으로 정하는 금액으로 한다(국징법 42 ②).

[표준적인 가구의 생계비를 고려하여 법으로 정하는 금액(국징령 32)]

월급여총액	압류금지금액
㉠ 500만원 이하	250만원
㉡ 500만원 초과 600만원 이하	월급여 총액의 1/2
㉢ 600만원 초과	300만원 + (월급여 총액의 1/2 - 300만원) × 1/2

④ 퇴직금 등
   퇴직금이나 그 밖에 이와 비슷한 성질을 가진 **급여채권에 대해서는 그 총액의 2분의 1에 해당하는 금액은 압류하지 못한다**(국징법 42 ③).

⑤ 세후금액
   급여채권의 총액은 근로소득의 금액의 합계액(비과세소득의 금액은 제외) 또는 퇴직소득의 금액의 합계액(비과세소득의 금액은 제외)에서 그 근로소득 또는 퇴직소득에 대한 **소득세 및 소득세분 지방소득세를 뺀 금액으로 한다**(국징법 42 ④).

3 압류의 효력 A

(1) 소멸시효의 중단
   압류는 국세징수권이라는 권리의 행사이므로 국세징수권의 소멸시효를 중단시키는 효력이 있다.

(2) 처분의 제한
   ① 체납자: 양도 등 불가
      세무공무원이 재산을 압류한 경우 체납자는 압류한 재산에 관하여 양도, 제한물권의 설정, 채권의 영수, 그 밖의 처분을 할 수 없다(국징법 43 ①). 따라서 압류 후에 있어서의 그 재산의 양도 또는 권리설정 등의 법률상 처분은 압류채권자인 국가에 대항하지 못한다. 이 경우 압류에 의하여 금지되는 법률상 또는 사실상의 처분은 압류채권자인 국가에 불이익한 것에 한하므로 국가에 유리한 처분은 포함되지 아니한다(국징통 24-0…22).

   ② 제3채무자: 체납자에 대해 지급 금지
      세무공무원이 채권 또는 그 밖의 재산권을 압류한 경우 해당 채권의 채무자 및 그 밖의 재산권의 **채무자 또는 이에 준하는 자**(이하 '제3채무자')는 체납자에 대한 지급을 할 수 없다(국징법43 ②).

(3) 과실에 대한 압류 효력
   ① 원칙
      압류의 효력은 압류재산으로부터 생기는 천연과실 또는 법정과실에도 미친다(국징법 44 ①).

   ② 압류재산을 사용 수익하는 경우
      체납자 또는 제3자가 압류재산의 사용 또는 수익을 하는 경우 그 재산의 매각으로 인하여 권리를 이전하기 전까지 이미 거두어들인 천연과실에 대해서는 압류의 효력이 미치지 아니한다(국징법 44 ②).

   ③ 특례
      천연과실 중 성숙한 것은 토지 또는 입목과 분리하여 동산으로 볼 수 있다(국징령 33).

 기출 OX

25. 체납자 B의 퇴직금 총액(소득세 및 소득세분 지방소득세를 뺀 총액)이 1천만원일 경우 5백만원까지는 압류가 금지되므로 이를 제외한 퇴직금에 대한 압류를 집행할 수 있다. 2019. 7급
정답 O

26. 퇴직금과 퇴직연금은 동일하게 그 총액의 3분의 2에 해당하는 금액까지만 압류할 수 있다. 2018. 7급
정답 X

27. 퇴직금이나 그 밖에 이와 비슷한 성질을 가진 급여채권에 대해서는 그 총액의 2분의 1에 해당하는 금액은 압류하지 못한다. 2025. 9급 최신
정답 O

기출 OX

28. 압류는 국세징수권이라는 권리의 행사이므로 국세징수권의 소멸시효의 진행을 중단시킨다. 2008. 7급
정답 O

 오쌤 Talk

천연과실과 법정과실

천연과실	법정과실
물건의 용법에 의하여 수취하는 산출물	물건의 사용대가로 받는 금전 기타의 물건
과수의 열매, 우유, 가축의 새끼 등	이자, 임대료 등

확인문제 최신

08. 「국세징수법」상 압류의 효력에 대한 설명으로 옳지 않은 것은? 2023. 9급
① 세무공무원이 재산을 압류한 경우 체납자는 압류한 재산에 관하여 양도, 제한물권의 설정, 채권의 영수, 그 밖의 처분을 할 수 없다.
② 압류의 효력은 압류재산으로부터 생기는 법정과실에도 미친다.
③ 체납자 또는 제3자가 압류재산의 사용 또는 수익을 하는 경우 그 재산의 매각으로 인하여 권리를 이전하기 전까지 이미 거두어들인 천연과실에 대해서도 압류의 효력이 미친다.
④ 세무공무원이 채권 또는 그 밖의 재산권을 압류한 경우 해당 채권의 채무자 및 그 밖의 재산권의 채무자 또는 이에 준하는 자는 체납자에 대한 지급을 할 수 없다.

정답 ③

(4) 부동산 등의 압류

① 등기된 재산

관할 세무서장은 다음의 재산을 압류하려는 경우 **압류조서를 첨부하여 압류등기를 관할 등기소에 촉탁하여야 한다.** 그 변경등기에 관하여도 또한 같다(국징법 45 ①).

> ㉠ 「부동산등기법」 등에 따라 등기된 부동산
> ㉡ 「공장 및 광업재단 저당법」에 따라 등기된 공장재단 및 **광업재단**
> ㉢ 「선박등기법」에 따라 등기된 선박

② 등록된 재산

관할 세무서장은 다음의 재산을 압류하려는 경우 **압류의 등록을 관계 행정기관의 장 또는 지방자치단체의 장에게 촉탁하여야 한다.** 그 변경 등록에 관하여도 또한 같다(국징법 45 ②).

> ㉠ 「자동차관리법」에 따라 등록된 자동차
> ㉡ 「선박법」에 따라 등록된 선박(「선박등기법」에 따라 등기된 선박은 제외)
> ㉢ 「항공안전법」에 따라 등록된 항공기 또는 경량항공기
> ㉣ 「건설기계관리법」에 따라 등록된 건설기계

③ 등기되지 않은 부동산

관할 세무서장은 등기되지 아니한 부동산을 압류하려는 경우 토지대장 등본, 건축물대장 등본 또는 부동산종합증명서를 갖추어 **보존등기를 관할 등기소에 촉탁하여야 한다**(국징법 45 ④).

④ 압류의 효력

부동산 등에 대한 압류의 효력은 그 압류등기 또는 압류의 등록이 완료된 때에 발생한다(국징법 46 ①). **압류의 효력은 해당 압류재산의 소유권이 이전되기 전에 「국세기본법」에 따른 법정기일이 도래한 국세의 체납액에 대해서도 미친다**(국징법 46 ②). 이는 부동산 등에 대하여 한 번 압류등기를 하고 나면 동일한 체납자에 대한 압류등기 이후에 발생한 체납세액에 대하여도 새로운 압류등기를 거칠 필요없이 당연히 압류의 효력이 미친다는 뜻이다(대법원 2003두6115).

⑤ 절차

관할 세무서장은 '①, ②, ③'에 따라 압류를 한 경우 그 사실을 **체납자에게 통지하여야 한다**(국징법 45 ⑥).

⑥ 재산의 분할 또는 구분

관할 세무서장은 압류를 하기 위하여 부동산, 공장재단 및 광업재단의 재산을 분할하거나 구분하려는 경우 **분할 또는 구분의 등기를 관할 등기소에 촉탁하여야 한다.** 그 합병 또는 변경 등기에 관하여도 또한 같다(국징법 45 ③).

기출 OX

29. 광업재단에 대한 압류는 당해 압류재산의 소유권이 이전되기 전에 법정기일이 도래한 국세에 대한 체납액에 대하여도 그 효력이 미친다. 2011. 9급
정답 O

⑦ 점유
관할 세무서장은 압류한 자동차, 선박, 항공기 또는 건설기계가 은닉 또는 훼손될 우려가 있다고 인정되는 경우 체납자에게 인도를 명하여 이를 점유할 수 있다(국징법 45 ⑤).

⑧ 사용·수익
체납자 또는 제3자(임차인 등)는 압류된 부동산, 공장재단, 광업재단, 선박, 항공기, 자동차 또는 건설기계(이하 '부동산등')를 사용하거나 수익할 수 있다. 다만, 관할 세무서장은 그 가치가 현저하게 줄어들 우려가 있다고 인정할 경우에는 그 사용 또는 수익을 제한할 수 있다(국징법 47 ①, ②).

⑨ 정박·정류
관할 세무서장은 자동차, 선박, 항공기 또는 건설기계에 대하여 강제징수를 위하여 필요한 기간 동안 정박 또는 정류를 하게 할 수 있다. 다만, 출항준비를 마친 선박 또는 항공기에 대해서는 정박 또는 정류를 하게 할 수 없다. 정박 또는 정류를 하게 하였을 경우 그 감시와 보존에 필요한 처분을 하여야 한다(국징법 47 ③, ④).

★★ (5) 동산과 유가증권의 압류

① 압류의 효력
동산 또는 유가증권의 압류는 세무공무원이 점유함으로써 하고, 압류의 효력은 세무공무원이 점유한 때에 발생한다(국징법 48 ①).

② 제3자가 점유하고 있는 경우
세무공무원은 제3자가 점유하고 있는 체납자 소유의 동산 또는 유가증권을 압류하기 위해서는 먼저 그 제3자에게 문서로 해당 동산 또는 유가증권의 인도를 요구하여야 하며, 인도를 요구받은 제3자가 해당 동산 또는 유가증권을 인도하지 아니하는 경우 제3자의 주거 등에 대한 수색을 통하여 이를 압류할 수 있다(국징법 48 ②, ③).

③ 배우자와의 공유재산
세무공무원은 체납자와 그 배우자의 공유재산으로서 체납자가 단독 점유하거나 배우자와 공동 점유하고 있는 동산 또는 유가증권을 점유함으로써 압류할 수 있다(국징법 48 ④).

④ 사용·수익
운반하기 곤란한 동산은 체납자 또는 제3자에게 보관하게 할 수 있다. 이 경우 봉인이나 그 밖의 방법으로 압류재산임을 명백히 하여야 한다(국징법 49 ①).

관할 세무서장은 압류한 동산을 체납자 또는 이를 사용하거나 수익할 권리를 가진 제3자에게 보관하게 한 경우 강제징수에 지장이 없다고 인정되면 그 동산의 사용 또는 수익을 허가할 수 있다(국징법 49 ②).

30. 동산에 대한 압류의 효력은 세무공무원이 그 재산을 점유한 때에 발생한다.　　　　　2011. 9급

정답 O

 오쌤 Talk

동산의 압류와 부동산의 압류의 비교

구분	동산의 압류	부동산의 압류
절차	세무공무원의 점유	압류조서를 첨부하여 압류등기소를 소관 등기소에 촉탁
효력의 발생	세무공무원이 그 재산을 점유한 때	압류의 등기·등록이 완료된 때
사용 및 수익	원칙적으로는 불가하되, 압류한 동산을 체납자나 제3자에게 보관하게 한 경우 국세 징수에 지장이 없는 경우 허가할 수 있음	원칙적으로 가능하되, 그 가치가 현저하게 감손될 우려가 있다고 인정할 때에는 사용 및 수익을 제한할 수 있음

⑤ 금전의 압류
관할 세무서장이 금전을 압류한 경우에는 그 금전 액수만큼 체납자의 압류에 관계되는 체납액을 징수한 것으로 본다(국징법 50 ①).

⑥ 압류한 유가증권에 대한 채권 추심
관할 세무서장은 유가증권을 압류한 경우 그 유가증권에 따라 행사할 수 있는 금전의 급부를 목적으로 한 채권을 추심할 수 있으며, 채권을 추심하였을 때에는 추심한 채권의 한도에서 체납자의 압류와 관계되는 체납액을 징수한 것으로 본다(국징법 50 ②).

> **참고**
>
> **압류동산·압류부동산의 사용·수익 절차**
>
> ① 신청 및 통지
> 압류동산 또는 압류부동산을 사용하거나 수익하려는 자는 압류재산 사용·수익 허가신청서를 관할 세무서장에게 제출해야(국징령 40 ①) 하고 이 경우 관할 세무서장은 해당 사용·수익 행위가 압류재산의 보전(保全)에 지장을 주는지를 조사하여 30일 이내에 그 허가 여부를 신청인에게 통지해야 한다(국징령 40 ②).
>
> ② 사용·수익자의 의무
> 사용·수익의 허가를 받은 자는 압류동산 또는 압류부동산을 사용하거나 수익하는 데에 있어 선량한 관리자의 주의의무를 다하여야 하며, 관할 세무서장이 해당 재산의 인도를 요구하는 경우 즉시 이에 따라야 한다(국징법 49 ③).

(6) 채권의 압류

① 절차
관할 세무서장은 채권을 압류하려는 경우 그 뜻을 제3채무자에게 통지하여야 하고 채권을 압류한 경우 그 사실을 체납자에게 통지하여야 한다(국징법 51 ①, ②).

② 압류의 효력
채권 압류의 효력은 채권 압류 통지서가 제3채무자에게 송달된 때에 발생한다. 제3채무자는 채권 압류 통지서를 받은 때에 그 범위에 있어서 채권자에 대한 이행이 금지된다. 따라서 채권 압류 통지서의 송달을 받은 후에 제3채무자가 체납자에 대하여 이행을 한 경우에 그 채무이행으로서 압류채권자인 국가에 대항할 수 없다(국징통 42-0…2).

③ 체납자 대위
관할 세무서장은 제3채무자에게 통지를 한 경우 체납액을 한도로 하여 체납자인 채권자를 대위(代位)한다(국징법 52 ②). 이 경우 관할 세무서장은 채권압류 후 1년 이내에 제3채무자에 대한 이행의 촉구와 채무 이행의 소송을 제기하여야 한다. 다만, 체납된 국세와 관련하여 「국세기본법」에 따른 이의신청·심사청구·심판청구, 「감사원법」에 따른 심사청구 또는 「행정소송법」에 따른 행정소송(이하 '심판청구 등')이 계속 중이거나 그 밖에 이에 준하는 사유로 법률상·사실상 추심이 불가능한 경우에는 그러하지 아니하다(국징법 52 ③). 추심이 불가능한 사유가 해소되어 추심이 가능해진 때에는 지체 없이 제3채무자에 대한 이행의 촉구와 채무 이행의 소송을 제기하여야 한다(국징법 52 ④).

오쌤 Talk

채권의 범위
"채권"이란 금전 또는 매각할 수 있는 재산의 지급을 목적으로 하는 것을 말하며, 장래 발생하는 채권이라도 압류당시에 그 원인이 확정되어 있고 그 발생이 확실하다고 인정하는 것(예를 들면 장래 발생하는 급료채권 등) 및 당사자 간에 양도금지의 특약이 있는 것도 포함한다(국징통 41-0…1).

기출 OX

31. 채권압류의 효력은 채무자에게 채권압류통지서가 송달된 때에 발생한다.
2013. 7급
정답 ○

32. 채권압류통지서의 송달을 받은 후에 제3채무자가 체납자에 대하여 이행을 한 경우에 그 채무이행으로서 채권압류자인 국가에 대항할 수 없다.
2011. 9급
정답 ○

33. 관할 세무서장은 채권을 압류하려는 경우 그 뜻을 제3채무자에게 통지하여야 하고, 그 통지를 한 경우 체납액을 한도로 하여 체납자인 채권자를 대위한다.
2013. 7급
정답 ○

④ 채무불이행에 따른 절차

관할 세무서장은 채권 압류의 통지를 받은 제3채무자가 채무이행의 기한이 지나도 이행하지 않은 경우 체납자인 채권자를 대위하여 이행의 촉구를 해야 한다(국징령 42 ①). 이에 따라 이행의 촉구를 받은 제3채무자가 촉구한 기한까지 채무를 이행하지 않는 경우 관할 세무서장은 체납자인 채권자를 대위하여 제3채무자를 상대로 소송을 제기해야 한다. 다만, 채무이행의 자력이 없다고 인정하는 경우에는 소송을 제기하지 않고 채권의 압류를 해제할 수 있다(국징령 42 ②).

⑤ 채권 압류의 범위

관할 세무서장은 **채권을 압류하는 경우 체납액을 한도로 하여야 한다**. 다만, 압류하려는 채권에 국세보다 우선하는 질권이 설정되어 있어 압류에 관계된 체납액의 징수가 확실하지 아니한 경우 등 필요하다고 인정되는 경우 채권 전액을 압류할 수 있다(국징법 53).

⑥ 계속적인 거래관계에서 발생하는 채권의 압류

급료, 임금, 봉급, 세비, 퇴직연금 또는 그 밖에 **계속적 거래관계에서 발생하는 이와 유사한 채권에 대한 압류의 효력은 체납액을 한도로 하여 압류 후에 발생할 채권에도 미친다**(국징법 54).

⑦ 조건부채권의 압류

관할 세무서장은 **신원보증금, 계약보증금 등의 조건부채권을 그 조건 성립 전에도 압류할 수 있다**(국징령 41 ①). 이 경우 압류한 채권이 성립되지 않는 것이 확정된 때에는 그 압류를 지체 없이 해제해야 한다(국징령 41 ②).

★★ **(7) 그 밖의 재산권(무체재산권)의 압류**

① 등기·등록이 필요한 재산

관할 세무서장은 권리의 변동에 등기 또는 등록이 필요한 그 밖의 재산권을 압류하려는 경우 **압류의 등기 또는 등록을 관할 등기소, 관계 행정기관의 장, 지방자치단체의 장**(이하 '관할 등기소 등')에게 촉탁하여야 한다. 그 변경의 등기 또는 등록에 관하여도 또한 같다(국징법 55 ①).

② 등기·등록이 필요하지 않은 재산

관할 세무서장은 권리의 변동에 등기 또는 등록이 필요하지 아니한 그 밖의 재산권을 압류하려는 경우 그 뜻을 **제3채무자가 있는 경우에는 제3채무자에게, 제3채무자가 없는 경우에는 체납자에게 통지하여야 한다**(국징법 55 ②).

③ 가상자산

관할 세무서장은 「가상자산 이용자 보호 등에 관한 법률」에 따른 가상자산을 압류하려는 경우 체납자(가상자산사업자 등 제3자가 체납자의 가상자산을 보관하고 있을 때에는 그 제3자를 말한다)에게 해당 가상자산의 이전을 문서로 요구할 수 있고, 요구받은 체납자 또는 그 제3자는 이에 따라야 한다(국징법 55 ③).

관할 세무서장은 압류를 한 경우 및 체납자의 가상자산을 보관하고 있는 제3자에게 해당 가상자산의 이전을 요구한 경우 그 사실을 체납자에게 통지하여야 한다(국징법 55 ④).

기출 OX

34. 신원보증금 및 계약보증금 등의 조건부 채권은 그 조건성립 전에도 압류할 수 있다. 2011. 7급

정답 O

오쌤 Talk

압류대상자산별 통지대상의 비교

압류대상자산	통지대상	
동산 및 유가증권	체납자	-
채권		제3채무자
부동산 및 등기·등록을 요하는 재산		-
채권과 소유권을 제외한 그 밖의 재산권		권리자

④ 압류의 효력
그 밖의 재산권(무체재산권)에 대한 압류의 효력은 따로 정하고 있지 않다.

> **참고**
>
> **무체재산권 압류의 효력**
>
> 「국세징수법」은 무체재산권 등의 압류에 관해서는 통지 등의 절차를 정하고 있을 뿐 압류의 효력이 발생하는 시기 등을 따로 정하고 있지 않다. 이는 다양한 유형의 무체재산권 등에 관해서 일률적으로 압류의 효력이 발생하는 시기를 정하기보다는 개별 법령이 정한 바에 따라 압류의 효력이 발생하는 시기 또는 압류로 제3자에게 대항할 수 있는지 여부를 정하기 위한 것으로 볼 수 있다 [대법원 2018. 11. 15., 선고, 2017두54579, 판결].

⑤ 체납자에게 통지
관할 세무서장이 등기·등록이 필요한 재산을 압류한 경우나 등기·등록이 필요하지 않은 재산을 압류하려는 뜻을 제3자에게 통지한 경우, 그 사실을 체납자에게 통지해야 한다(국징법 55 ④).

⑥ 매각·추심
관할 세무서장이 그 밖의 재산권을 압류한 경우 위 (6)의 ③ 규정을 준용하거나 매각의 착수 시기 규정에 따라 매각·추심에 착수한다(국징법 55 ⑤).

★★ (8) 국가 또는 지방자치단체의 재산에 관한 권리의 압류

① 소유권 이전 전
관할 세무서장은 체납자가 국가 또는 지방자치단체의 재산을 매수한 경우 **소유권 이전 전이라도 그 재산에 관한 체납자의 국가 또는 지방자치단체에 대한 권리를 압류한다**(국징법 56 ①).

② 통지 및 압류등록 촉탁
관할 세무서장은 압류를 한 경우 그 사실을 체납자에게 통지해야(국징법 56 ②) 하며, 계약자의 성명 등을 적은 문서에 압류조서를 첨부하여 국가 또는 지방자치단체에 압류의 등록을 촉탁해야 한다(국징령 44 ①). 이때 촉탁을 받은 국가 또는 지방자치단체는 관계 대장에 그 사실을 등록하고 지체 없이 관할 세무서장에게 등록 사실을 통지해야 한다(국징령 44 ②).

③ 매수자
압류재산을 매각함에 따라 **이를 매수한 자는 그 대금을 완납한 때에 그 재산에 관한 체납자의 국가 또는 지방자치단체에 대한 모든 권리·의무를 승계한다**(국징법 56 ③).

기출 OX

35. 압류의 등기 또는 등록을 요하는 특허권 등 그 밖의 재산권에 대한 압류의 효력은 압류통지서가 제3채무자에게 송달된 때에 발생한다. 2011. 9급

정답 X

오쌤 Talk

국가 또는 지방자치단체의 재산에 관한 권리

"국가 또는 지방자치단체의 재산에 관한 권리"라 함은 그 국유재산 또는 공유재산에 대하여 그 매수대금을 일시불 또는 연부 등으로 납부할 것을 조건으로 매수계약이 성립되어 있는 경우 장래 그 매수대금 완납 시에 그 재산의 소유권을 이전받을 수 있는 권리를 말한다(국징통 52-0…1).

기출 OX

36. 세무서장은 체납자가 국유재산을 매수한 것이 있을 때에는 소유권 이전 전이라도 그 재산에 관한 체납자의 정부에 대한 권리를 압류한다. 2018. 7급

정답 O

(9) 예탁된 유가증권 및 전자등록된 주식 등의 압류

관할 세무서장은 「자본시장과 금융투자업에 관한 법률」에 따른 예탁유가증권지분 및 「주식·사채 등의 전자등록에 관한 법률」에 따른 전자등록주식 등을 압류하려는 경우 그 뜻을 다음의 자에게 통지하여야 한다(국징법 56의2 ①, 국징법 56의3 ①).

압류 대상	압류 절차 및 효력 (압류 통지서가 송달된 때에 압류의 효력이 발생)	압류 후 통지
예탁유가증권지분*	압류하려는 경우 다음의 자에게 통지하여야 한다. ㉠ 체납자가 예탁자인 경우: 예탁결제원 ㉡ 체납자가 투자자인 경우: 예탁자 압류한 경우 위에 해당하는 자는 체납자에 대하여 계좌대체 및 증권반환을 할 수 없다(국징법 43 ③).	압류한 경우 그 사실을 체납자에게 통지하여야 한다.
전자등록주식 등	압류하려는 경우 다음의 자에게 통지하여야 한다. ㉠ 체납자가 계좌관리기관 등인 경우 : 전자등록기관 ㉡ 체납자가 계좌관리기관에 고객계좌를 개설한 자인 경우: 계좌관리기관 ㉢ 체납자가 특별계좌의 명의자인 경우 : 명의개서대행회사 등 압류한 경우 위에 해당하는 자는 체납자에 대하여 계좌대체 및 전자등록말소를 할 수 없다(국징법 43 ③).	

* 예탁결제원에 예탁된 유가증권(관련 법에 따라 예탁결제원에 예탁된 것으로 보는 경우를 포함)에 관한 공유지분

(10) 공유물의 압류

압류할 재산이 공유물인 경우 각자의 지분이 정해져 있지 않으면 그 지분이 균등한 것으로 보아 압류한다(국징령 29).

참고

미완성건물 등 그 외 압류재산(국징통 38-0…3~7)

구분	압류 분류
① 미완성의 건물	건축 중의 건물은 부동산이라 할 수 없으므로 동산으로서 압류한다.
② 등기되지 않은 선박	동산으로서 압류한다.
③ 등록되지 않은 항공기·건설기계·자동차 등	
④ 화물상환증, 창고증권 또는 선하증권이 발행된 물건	유가증권으로서 압류한다.
⑤ 유가증권이 아닌 것의 압류	차용증서 또는 수취증권과 같은 증거증권은 유가증권이 아니므로 채권의 압류절차에 따라 압류한다.

기출 OX

37. 관할 세무서장은 국세 부과의 전부를 취소한 경우 해당 재산의 압류를 즉시 해제하여야 한다. 2023. 7급 최신
정답 O

38. 세무서장은 납부, 충당, 공매의 중지, 부과의 취소 또는 그 밖의 사유로 압류할 필요가 없게 된 경우에는 그 압류를 즉시 해제하여야 한다. 2013. 7급
정답 O

39. 관할 세무서장은 총 재산의 추산가액이 강제징수비를 징수하면 남을 여지가 없어 강제징수를 종료하고자 압류를 해제하려는 경우에는 국세체납정리위원회의 심의를 거쳐야 한다. 2023. 7급 최신
정답 O

확인문제

09. 「국세징수법」상 관할 세무서장이 압류를 즉시 해제하여야 하는 경우에 해당하지 않는 것은? 2022. 7급
① 국세 부과의 전부를 취소한 경우
② 압류 후 재산가격이 변동하여 체납액 전액을 현저히 초과한 경우
③ 압류와 관계되는 체납액의 전부가 납부된 경우
④ 여러 재산을 한꺼번에 공매(公賣)하는 경우로서 일부 재산의 공매대금으로 체납액 전부를 징수한 경우
정답 ②

기출 OX

40. 체납자가 압류할 수 있는 다른 재산을 제공하고 압류해제를 요구한 경우 세무서장이 압류를 즉시 해제하여야 한다. 2013. 9급
정답 X

4 압류의 해제 A

(1) 필요적 해제요건

관할 세무서장은 다음 어느 하나에 해당하는 경우 **압류를 즉시 해제하여야 한다**(국징법 57 ①, 28 ③, ⑤, 31 ④, 국징령 41 ①).

> ㉠ 압류와 관계되는 체납액의 전부가 납부 또는 충당[*1]된 경우
> ㉡ 국세 부과의 전부를 취소한 경우
> ㉢ 여러 재산을 한꺼번에 공매하는 경우로서 일부 재산의 공매대금으로 체납액 전부를 징수한 경우
> ㉣ 총 재산의 추산가액이 강제징수비(압류에 관계되는 국세에 우선하는 「국세기본법」에 따른 채권 금액이 있는 경우 이를 포함)를 징수하면 남을 여지가 없어 강제징수를 종료할 필요가 있는 경우
> ⓐ 단, 교부청구 또는 참가압류가 있는 경우로서 교부청구 또는 참가압류와 관계된 체납액을 기준으로 할 경우 남을 여지가 있는 경우는 제외
> ⓑ 압류를 해제하려는 경우 국세체납정리위원회의 심의를 거쳐야 함(국징법 57 ③)
> ㉤ 그 밖에 위 ㉠~㉣에 준하는 사유로 압류할 필요가 없게 된 경우
> ㉥ 압류금지재산을 압류한 경우
> ㉦ 제3자의 재산을 압류한 경우
> ㉧ 제3자의 소유권 주장 및 반환 청구가 정당하다고 인정되는 경우
> ㉨ 제3자가 체납자를 상대로 소유권에 관한 소송을 제기하여 승소 판결을 받고 그 사실을 증명한 경우
> ㉩ 납세자가 납세담보를 제공하고 확정 전 보전압류 해제를 요구한 경우
> ㉪ 확정 전 보전압류를 한 날부터 3개월이 지날 때까지 압류에 따라 징수하려는 국세를 확정하지 아니한 경우
> ㉫ 조건 성립 전에 압류한 조건부채권(신원보증금, 계약보증금 등)의 조건이 성립되지 않는 것으로 확정된 경우

(2) 임의적 해제요건

관할 세무서장은 다음 어느 하나에 해당하는 경우 **압류재산의 전부 또는 일부에 대하여 압류를 해제할 수 있다**(국징법 57 ②).

> ㉠ 압류 후 재산가격이 변동하여 체납액 전액을 현저히 초과한 경우
> ㉡ 압류와 관계되는 체납액의 일부가 납부 또는 충당된 경우
> ㉢ 국세 부과의 일부를 취소한 경우
> ㉣ 체납자가 압류할 수 있는 다른 재산을 제공하여 그 재산을 압류한 경우
> ㉤ 재산의 압류나 압류재산의 매각을 유예하는 때에 필요하다고 인정하는 경우

[*1] 충당: 국세환급금, 그 밖에 관할 세무서장이 세법상 납세자에게 지급할 의무가 있는 금전을 체납액과 대등액에서 소멸시키는 것을 말한다. Link-P.62

★ (3) 압류 해제의 절차

① 통지

관할 세무서장은 재산의 압류를 해제한 경우 **그 사실을 그 재산의 압류 통지를 한 체납자, 제3채무자 및 저당권자 등에게 통지하여야 한다**(국징법 58 ①).

② 압류말소 등기·등록

관할 세무서장은 압류를 해제한 경우 압류의 등기 또는 등록을 한 것에 대해서는 **압류 해제 조서를 첨부하여 압류 말소의 등기 또는 등록을 관할 등기소 등에 촉탁하여야 한다**(국징법 58 ②).

③ 압류재산 반환

㉠ 관할 세무서장은 제3자에게 보관하게 한 압류재산의 **압류를 해제한 경우 그 보관자에게 압류 해제 통지를 하고 압류재산을 체납자 또는 정당한 권리자에게 반환하여야 한다.** 이 경우 관할 세무서장이 받았던 압류재산의 보관증은 보관자에게 반환하여야 한다(국징법 58 ③).

㉡ **관할 세무서장은 필요하다고 인정하는 경우 보관자가 체납자 또는 정당한 권리자에게 그 압류재산을 직접 인도하게 할 수 있다.** 이 경우 체납자 또는 정당한 권리자에게 보관자로부터 압류재산을 직접 인도받을 것을 통지하여야 한다(국징법 58 ④).

④ 영수증 수취

관할 세무서장은 보관 중인 재산을 반환하는 경우 영수증을 받아야 한다. 다만, 체납자 또는 정당한 관리자에게 압류조서에 영수 사실을 적고 서명날인하게 함으로써 영수증을 받는 것에 갈음할 수 있다(국징법 58 ⑤).

> **참고**
>
> **가상자산의 압류 해제**
> 관할 세무서장은 가상자산의 압류를 해제하는 경우에는 해당 가상자산을 체납자의 가상자산주소(가상자산을 가상자산사업자가 아닌 제3자가 보관했던 경우에는 그 제3자의 가상자산주소) 또는 계정으로 이전해야 한다(국징령 46의2).

오쌤 Talk

압류 해제의 절차
- 압류 → 해제
- 통지 → 통지
- 등기·등록 → 등기·등록
- 점유 → 반환

5 교부청구 A

(1) 의미

'교부청구'란 체납자의 재산에 대하여 이미 다른 기관에 의해 강제환가절차가 개시되어 있는 경우, 동일재산에 대한 중복압류를 피하고 환가대금 중 조세채권징수 목적을 달성하기 위해 그 집행기관에게 강제환가대금의 배분을 청구하는 절차를 말한다. 다만 다른 기관에서 강제집행 중에 있는 재산 외에 강제징수를 집행할 수 있는 체납자 소유의 다른 재산이 있는 경우에는 교부청구를 하지 않고 다른 재산으로 강제징수를 집행하여야 한다.

(2) 교부 청구의 사유

관할 세무서장은 다음 어느 하나에 해당하는 경우 해당 관할 세무서장, 지방자치단체의 장, 공공기관의 장, 지방공사 또는 지방공단의 장, 집행법원, 집행공무원, 강제관리인, 파산관재인 또는 청산인에 대하여 해당 강제집행 절차의 배당·배분 요구의 종기(終期)까지 체납액(지정납부기한이 연장된 국세를 포함)의 교부를 청구하여야 한다(국징법 59).

> ⑤ 국세, 지방세 또는 공과금의 체납으로 체납자에 대한 강제징수 또는 체납처분이 시작된 경우
> ⑥ 체납자에 대하여 「민사집행법」에 따른 강제집행 및 담보권 실행 등을 위한 경매가 시작되거나 체납자가 「채무자 회생 및 파산에 관한 법률」에 따른 파산선고를 받은 경우
> ⓒ 체납자인 법인이 해산한 경우

참고

납부기한 전 징수 VS 교부청구 사유

납부기한 전 징수	교부청구
체납자에 대한 강제징수 또는 체납처분의 시작	체납자에 대한 강제징수 또는 체납처분의 시작
강제집행 및 경매시작 또는 체납자의 파산선고	강제집행 및 경매시작 또는 체납자의 파산선고
체납자인 법인이 해산한 경우	체납자인 법인이 해산한 경우
어음교환소에서 거래정지처분 받은 경우	-
국세를 포탈하려는 행위가 있다고 인정될 때	-
납세인을 정하지 않고 국내에 주소 또는 거소를 두지 아니하게 된 경우	-

(3) 대상국세

납세의무가 확정된 국세만이 교부청구의 대상이 될 수 있으며, 교부청구는 사전에 독촉장을 발부하여 압류의 요건이 충족될 것을 필요로 하지는 않으며, 징수 유예기간 중이라 할지라도 가능하다(국징통 56-0…1).

확인문제

10. 「국세징수법」상 납부기한 전 징수 사유와 교부청구 사유에 공통으로 해당하는 것은? 2020. 7급

① 「국제조세조정에 관한 법률」에 따른 상호합의절차가 진행 중인 경우
② 강제집행 및 담보권 실행 등을 위한 경매가 시작되거나 파산선고를 받은 경우
③ 국세를 포탈하려는 행위가 있다고 인정될 때
④ 납세관리인을 정하지 아니하고 국내에 주소 또는 거소를 두지 아니하게 된 때

정답 ②

확인문제

11. 「국세징수법」상 세무서장이 집행법원 등에 체납액의 교부를 청구하여야 하는 사유로 옳지 않은 것은? 2018. 7급

① 납세관리인을 정하지 아니하고 국내에 주소 또는 거소를 두지 아니하게 된 때
② 강제집행을 받을 때
③ 국세의 체납으로 강제징수를 받을 때
④ 법인이 해산한 때

정답 ①

기출 OX

41. 세무서장은 징수를 유예한 기간 중에는 그 유예한 국세 또는 체납액에 대하여는 교부청구를 할 수 없다. 2011. 9급
정답 X

42. 세무서장은 고지된 국세 등의 징수를 유예한 기간 중에 그 유예한 국세 또는 체납액에 대하여 교부청구를 할 수 있다. 2018. 9급
정답 O

43. 세무서장은 징수를 유예한 기간 중에는 그 유예한 국세 또는 체납액에 대하여는 강제징수(교부청구를 제외)을 할 수 없다. 2010. 7급
정답 O

★★ (4) 효력

교부청구의 효력은 다음과 같다.

> ⊙ 강제환가절차에 따른 매각대금의 배분요구권
> ⊙ 국세징수권의 소멸시효 중단
> ⓒ 교부청구를 받은 집행기관의 강제환가절차가 해제되거나 취소되는 경우 교부청구의 효력도 함께 상실

★★ (5) 해제

관할 세무서장은 납부, 충당, 국세 부과의 취소나 그 밖의 사유로 교부를 청구한 체납액의 납부의무가 소멸된 경우 그 교부청구를 해제하여야 한다(국징법 60 ①). 관할 세무서장은 교부청구를 해제하려는 경우 그 사실을 교부청구를 받은 기관에 통지하여야 한다(국징법 60 ②).

6 참가압류 B

★ (1) 의미

'참가압류'란, 압류하려는 재산이 이미 다른 기관에서 압류하고 있을 때에 교부청구보다 확실하게 강제징수를 집행하기 위하여 압류에 참가하는 행정처분이다. **교부청구의 경우에는 강제환가 절차가 해제 또는 취소되는 때에 교부청구의 효력이 상실되지만, 참가압류는 압류의 효력을 유지할 수 있다.** 또한 참가압류는 선행의 압류가 해제되거나 취소되는 경우에 압류로 전환된다.

★★ (2) 절차

① 압류참가

관할 세무서장은 압류하려는 재산이 이미 다른 기관에 압류되어 있는 경우 **참가압류 통지서를 그 재산을 이미 압류한 기관(이하 '선행압류기관')에 송달함으로써 교부청구를 갈음하고 그 압류에 참가할 수 있다**(국징법 61 ①).

② 통지

관할 세무서장은 ①에 따라 참가압류를 한 경우 **그 사실을 체납자, 제3채무자 및 저당권자 등에게 통지하여야 한다**(국징법 61 ②).

③ 참가압류 등기·등록

관할 세무서장은 권리의 변동에 등기 또는 등록이 필요한 재산에 대하여 참가압류를 하려는 경우 참가압류의 등기 또는 등록을 관할 등기소 등에 촉탁하여야 한다(국징법 61 ③).

기출 OX

44. 교부청구는 국세징수권 소멸시효의 정지사유에 해당한다. 2007. 9급
정답 X

기출 OX

45. 관할 세무서장은 납부, 충당, 국세 부과의 취소나 그 밖의 사유로 교부를 청구한 체납액의 납부의무가 소멸된 경우 그 교부청구를 해제하여야 한다. 2022. 7급
정답 O

오쌤 Talk

교부청구와 참가압류의 비교

구분	교부청구	참가압류
요건	납세의무가 확정된 국세일 것	압류의 요건을 충족한 국세일 것
절차	교부청구서를 송달	참가압류통지서를 송달하며 참가압류의 등기·등록 필요
효력	① 매각대금 배분요구의 효력 ② 징수권 소멸시효 중단 효력 ③ 선행기관 강제환가 절차 해제 시 효력 상실	① 매각대금 배분요구의 효력 ② 징수권 소멸시효 중단 효력 ③ 선행기관 강제환가 절차 해제 시 소급하여 압류 효력 발생
강제징수	징수유예 기간 중 가능	징수유예 기간 중 불가능

기출 OX

46. 관할 세무서장은 압류하려는 재산이 이미 다른 기관에 압류되어 있는 경우 참가압류 통지서를 선행압류기관에 송달함으로써 교부청구를 갈음하고 그 압류에 참가할 수 있다. 2022. 7급
정답 O

기출 OX

47. 관할 세무서장은 참가압류를 한 경우 그 사실을 체납자, 제3채무자 및 저당권자 등에게 통지하여야 한다. 2022. 7급
정답 O

48. 관할 세무서장이 참가압류를 한 후에 선행압류기관이 권리의 변동에 등기가 필요한 재산에 대한 압류를 해제한 경우 그 참가압류는 참가압류 통지서가 선행압류기관에 송달된 때로 소급하여 압류의 효력을 갖는다. 2022. 7급

정답 X

★★ (3) 효력시기

① 선행압류기관이 압류를 해제한 경우

참가압류를 한 후에 선행압류기관이 그 재산에 대한 압류를 해제한 경우 그 참가압류는 **다음의 구분에 따른 시기로 소급하여 압류의 효력을 갖는다**(국징법 62 ①).

㉠ 권리의 변동에 등기 또는 등록이 필요한 재산	참가압류의 등기 또는 등록이 완료된 때
㉡ 권리의 변동에 등기 또는 등록이 필요하지 아니한 재산	참가압류 통지서가 선행압류기관에 송달된 때

② 둘 이상의 참가압류가 있는 경우

둘 이상의 참가압류가 있는 경우에는 **다음의 구분에 따른 시기로 소급하여 압류의 효력이 생긴다**(국징법 62 ②).

㉠ 권리의 변동에 등기 또는 등록이 필요한 재산	가장 먼저 참가압류의 등기 또는 등록이 완료된 때
㉡ 권리의 변동에 등기 또는 등록이 필요하지 아니한 재산	가장 먼저 참가압류 통지서가 송달된 때

★ (4) 선행압류기관의 압류 해제

① 통지

선행압류기관은 압류를 해제한 경우 **압류가 해제된 재산 목록을 첨부하여 그 사실을 참가압류를 한 관할 세무서장에게 통지**하여야 한다(국징법 62 ③).

② 동산·유가증권에 대한 압류 해제

선행압류기관은 압류를 해제한 재산이 동산 또는 유가증권 등인 경우로서 해당 재산을 선행압류기관이 점유하고 있거나 제3자에게 보관하게 한 경우 **참가압류를 한 관할 세무서장에게 직접 인도하여야 한다**. 다만, 제3자가 보관하고 있는 재산에 대해서는 그 제3자가 발행한 해당 보관증을 인도함으로써 재산을 직접 인도하는 것을 갈음할 수 있다(국징법 62 ④).

★ (5) 매각

① 매각촉구

참가압류를 한 관할 세무서장은 **선행압류기관이 그 압류재산을 장기간이 지나도록 매각하지 아니한 경우 이에 대한 매각을 선행압류기관에 촉구할 수 있다**(국징법 62 ⑤).

② 매각

참가압류를 한 관할 세무서장은 매각의 촉구를 받은 선행압류기관이 **촉구를 받은 날부터 3개월 이내에 다음 어느 하나에 해당하는 행위를 하지 아니한 경우 해당 압류재산을 매각할 수 있다**(국징법 62 ⑥).

> ㉠ 수의계약으로 매각하려는 사실을 체납자 등에게 통지
> ㉡ 공매공고
> ㉢ 공매 또는 수의계약을 대행하게 하는 의뢰서의 송부

③ 선행압류기관에 통지

참가압류를 한 관할 세무서장은 압류재산을 매각하려는 경우 그 내용을 **선행압류기관에 통지하여야 한다**(국징법 62 ⑦).

④ 인도

선행압류기관은 통지를 받은 경우 점유하고 있거나 제3자에게 보관하게 하고 있는 동산 또는 유가증권 등 압류재산을 매각을 촉구한 관할 세무서장에게 인도하여야 한다(국징법 62 ⑧).

3 매각

1 통칙 A

(1) 의미

체납된 조세채권에 충당하기 위하여 체납자의 의사와 관계없이 강제적으로 압류한 재산의 소유권을 이전하여 압류한 재산을 금전으로 바꾸도록 하는 행정처분을 '압류재산의 매각'이라고 한다.

★(2) 매각의 착수시기

① 원칙: 압류 후 1년 이내

관할 세무서장은 **압류 후 1년 이내에** 매각을 위한 다음 어느 하나에 해당하는 행위를 하여야 한다(국징법 64 ①).

> ㉠ 수의계약으로 매각하려는 사실을 체납자 등에게 통지
> ㉡ 공매공고
> ㉢ 공매 또는 수의계약을 대행하게 하는 의뢰서의 송부

② 예외

체납된 국세와 관련하여 심판청구 등이 계속 중인 경우, 「국세징수법」 또는 다른 세법에 따라 압류재산의 매각을 유예한 경우, 압류재산의 감정평가가 곤란한 경우, 그 밖에 이에 준하는 사유로 법률상·사실상 매각이 불가능한 경우에는 그러하지 아니하다(국징법 64 ①).

★(3) 매각방법

압류재산은 공매 또는 수의계약으로 매각한다(국징법 65 ①).

(4) 공매

① **공매의 방법**

공매는 다음 어느 하나에 해당하는 방법(정보통신망을 이용한 것을 포함)으로 한다(국징법 65 ②).

> ㉠ **경쟁입찰**
> 공매를 집행하는 공무원이 공매예정가격을 제시하고, 매수신청인에게 문서로 매수신청을 하게 하여 공매예정가격 이상의 신청가격 중 최고가격을 신청한 자(최고가 매수신청인)를 매수인으로 정하는 방법
> ㉡ **경매**
> 공매를 집행하는 공무원이 공매예정가격을 제시하고, 매수신청인에게 구두 등의 방법으로 신청가격을 순차로 올려 매수신청을 하게 하여 최고가 매수신청인을 매수인으로 정하는 방법

② **직접 매각**

관할 세무서장은 압류한 재산이 다음 어느 하나에 해당하는 압류재산의 경우에는 각 구분에 따라 직접 매각할 수 있다(국징법 66 ②).

> ㉠ 증권시장에 상장된 증권: 증권시장에서의 매각
> ㉡ 가상자산사업자를 통해 거래되는 가상자산: 가상자산사업자를 통한 매각

또한 관할 세무서장은 압류재산을 직접 매각하려는 경우에는 매각 전에 다음의 자에게 통지하여야 한다(국징법 66 ②, 국징령 53의2).

> ㉠ 체납자
> ㉡ 납세담보물 소유자
> ㉢ 압류재산에 질권 또는 그 밖의 권리를 가진 자

③ **공매 제한**

심판청구 등이 계속 중인 국세의 체납으로 압류한 재산은 그 신청 또는 청구에 대한 결정이나 소(訴)에 대한 판결이 확정되기 전에는 공매할 수 없다. 다만, 그 재산이 부패·변질 또는 감량되기 쉬운 재산으로서 속히 매각하지 아니하면 그 재산가액이 줄어들 우려가 있는 경우에는 그러하지 아니하다(국징법 66 ④).

④ **개별공매와 일괄공매**

관할 세무서장은 압류한 부동산 등, 동산, 유가증권, 그 밖의 재산권과 체납자를 대위하여 받은 물건(금전 제외)을 개별공매 및 일괄공매 방법으로 공매한다(국징법 66 ①, 국징령 52 ①, ②).

> ㉠ 관할 세무서장은 여러 개의 재산을 공매에 부치는 경우 그 재산을 각각 공매해야 한다.
> ㉡ 관할 세무서장이 해당 재산의 위치·형태·이용관계 등을 고려하여 그 재산을 일괄하여 공매하는 것이 알맞다고 인정하는 경우에는 직권으로 또는 이해관계인의 신청에 따라 일괄하여 공매할 수 있다.

49. 세무서장은 압류된 재산이 「자본시장과 금융투자업에 관한 법률」에 따른 증권시장에 상장된 증권일 때에는 이를 해당 시장에서 직접 매각할 수 있다.
2015. 7급
정답 O

50. 「국세기본법」에 따른 심판청구 절차가 진행 중인 국세의 체납으로 압류한 재산이 변질되기 쉬운 재산으로서 속히 매각하지 아니하면 그 재산가액이 줄어들 우려가 있는 경우에는 그 심판청구에 대한 결정이 확정되기 전에도 공매할 수 있다.
2020. 7급
정답 O

오쌤 Talk

공매 제한

「국세징수법」에서 열거하는 공매 제한 사유 외에 「국세징수법」 기본통칙에서도 아래와 같은 사유 등이 있는 때에 공매를 제한한다고 규정하고 있다.

① 법원이 강제징수에 대한 집행정지를 명한 때
② 제3자가 압류재산의 소유권을 주장하고 반환을 청구한 때
③ 「채무자 회생 및 파산에 관한 법률」에 따라 강제징수가 중지된 때
④ 회생계획에서 징수유예 또는 환가의 유예가 인가된 때
⑤ 압류·매각의 유예를 한 때

⑤ 전산정보자료 공동이용

관할 세무서장(한국자산관리공사가 공매를 대행하는 경우에는 한국자산관리공사)은 공매를 위하여 필요한 경우 「전자정부법」에 따라 「가족관계의 등록 등에 관한 법률」에 따른 전산정보자료를 공동이용(「개인정보 보호법」에 따른 처리를 포함)할 수 있다.

(5) 수의계약

① 사유

관할 세무서장은 압류재산이 다음 어느 하나에 해당하는 경우 **수의계약으로 매각할 수 있다**(국징법 67).

> ⑦ 수의계약으로 매각하지 아니하면 매각대금이 강제징수비 금액 이하가 될 것으로 예상되는 경우
> ⑥ 부패·변질 또는 감량되기 쉬운 재산으로서 속히 매각하지 아니하면 그 재산가액이 줄어들 우려가 있는 경우
> ⑥ 압류한 재산의 추산가격이 1천만원 미만인 경우
> ② 법령으로 소지(所持) 또는 매매가 금지 및 제한된 재산인 경우
> ⑩ 제1회 공매 후 1년간 5회 이상 공매하여도 매각되지 아니한 경우
> ⑭ 공매가 공익(公益)을 위하여 적절하지 아니한 경우

② 견적서 수령

관할 세무서장은 압류재산을 수의계약으로 매각하려는 경우 추산가격조서를 작성하고 2인 이상으로부터 견적서를 받아야 한다. 다만, ⑩에 해당하여 수의계약을 하는 경우로서 그 매각금액이 최종 공매 시의 공매예정가격 이상인 경우에는 견적서를 받지 않을 수 있다(국징령 54 ①).

③ 통지

관할 세무서장은 압류재산을 수의계약으로 매각하려는 경우 그 사실을 체납자, 납세담보물 소유자, 압류재산에 전세권·질권·저당권 또는 그 밖의 권리를 가진 자에게 통지해야 한다(국징령 54 ②).

(6) 제2차 납세의무자 등의 매각제한

제2차 납세의무자, 납세보증인 또는 물적납세의무자의 재산은 주된 납세자의 재산을 매각한 후에 매각한다. 다만, 주된 납세자의 재산을 매각하기 현저하게 곤란한 사정이 있거나 제2차 납세의무자 등의 재산의 가액이 현저히 감소할 우려가 있는 경우 기타 세무서장이 부득이하다고 판단하는 경우에는 그러하지 아니하다(국징통 61-0…5).

기출 OX

51. 압류한 재산의 추산가격이 1천만원 미만인 경우에는 공매가 아니라 수의계약으로 매각할 수 있다. 2015. 9급
정답 O

52. 압류재산이 법령으로 소지가 규제된 재산인 경우에는 수의계약으로 매각할 수 있다. 2017. 7급
정답 O

53. 제1회 공매 후 1년간 5회 이상 공매하여도 매각되지 아니하였다면 압류재산을 수의계약으로 매각할 수 있다. 2015. 7급
정답 O

2 공매의 준비 B

★(1) 공매예정가격의 결정

① 관할 세무서장의 결정
관할 세무서장은 압류재산을 공매하려면 그 공매예정가격을 결정하여야 한다(국징법 68 ①).

② 감정평가
관할 세무서장은 공매예정가격을 결정하기 어려운 경우 다음의 감정인에게 평가를 의뢰하여 그 가액을 참고할 수 있으며 감정인에게 공매대상 재산의 평가를 의뢰한 경우 감정평가금액 등을 고려하여 계산한 일정 수수료를 지급할 수 있다(국징법 68 ②, ④, 국징령 55 ①).

압류재산	감정인
⊙ 부동산	감정평가법인 또는 감정평가사
ⓒ 부동산 외의 재산	해당 재산과 관련된 분야에 5년 이상 종사한 전문가

(2) 공매재산에 대한 현황조사

① 목적
관할 세무서장은 공매예정가격을 결정하기 위하여 공매재산의 현 상태, 점유관계, 임차료 또는 보증금의 액수, 그 밖의 현황을 조사하여야 한다(국징법 69 ①).

② 출입·질문·문서제시 요구
세무공무원은 조사를 위하여 건물에 출입할 수 있고, 필요한 경우 잠긴 문을 여는 등 적절한 처분을 할 수 있다(국징법 69 ②, ③). 또한 세무공무원은 체납자 또는 건물을 점유하는 제3자에게 공매재산의 현황과 관련된 질문을 하거나 문서의 제시를 요구할 수 있다(국징법 69 ②).

(3) 공매장소

공매는 지방국세청, 세무서, 세관 또는 공매재산이 있는 특별자치시·특별자치도·시·군·자치구에서 한다. 다만, 관할 세무서장이 필요하다고 인정하는 경우에는 다른 장소에서 공매할 수 있다(국징법 70).

★(4) 공매보증

관할 세무서장은 압류재산을 공매하는 경우 필요하다고 인정하면 공매에 참여하려는 자에게 공매보증을 받을 수 있다(국징법 71 ①).

① 공매보증 금액
공매보증 금액은 공매예정가격의 100분의 10 이상으로 한다(국징법 71 ②).

② 공매보증 대상
공매보증은 다음 어느 하나에 해당하는 것으로 한다(국징법 71 ③).

> ㉠ 금전
> ㉡ 국공채
> ㉢ 증권시장에 상장된 증권
> ㉣ 「보험업법」에 따른 보험회사가 발행한 보증보험증권

③ 공매보증의 반환
관할 세무서장은 다음의 경우 각 구분에 따른 자가 제공한 공매보증을 반환한다(국징법 71 ④).

㉠ 개찰(開札) 후	최고가 매수신청인을 제외한 다른 매수신청인
㉡ 매수인이 매수대금을 납부하기 전에 체납자가 매수인의 동의를 받아 압류와 관련된 체납액을 납부하여 압류재산의 매각결정이 취소된 경우	매수인
㉢ 차순위 매수신청인이 있는 경우로서 매수인이 대금을 모두 지급	차순위 매수신청인
㉣ 매수신청인이 매각결정기일 전까지 공매재산의 매수인이 되기 위하여 다른 법령에 따라 갖추어야 하는 자격을 갖추지 못하여 매각결정을 받지 못한 경우	매수신청인

④ 충당
관할 세무서장은 다음 어느 하나에 해당하는 경우 공매보증을 강제징수비, 압류와 관계되는 국세의 순으로 충당한 후 남은 금액은 체납자에게 지급한다(국징법 71 ⑤).

> ㉠ 최고가 매수신청인이 개찰 후 매수계약을 체결하지 아니한 경우
> ㉡ 납부를 촉구해도 매수인이 매수대금을 지정된 기한까지 납부하지 아니한 사유로 압류재산의 매각결정이 취소된 경우

★★ (5) 공매공고

① 공매공고할 사항
대금 납부기한, 공매재산의 명칭, 소재, 공매장소와 일시, 배분요구의 종기, 매각 결정일 등의 필요한 사항을 공고하여야 한다(국징법 72 ①).

② 동일 재산에 대한 공매공고
관할 세무서장은 동일한 재산에 대한 향후의 여러 차례의 공매에 관한 사항을 한꺼번에 공고할 수 있다(국징법 72 ②).

③ 공매공고 방법

공매공고는 정보통신망을 통하여 하되, 다음의 구분에 따른 게시 또는 게재도 함께 하여야 한다(국징법 72 ③).

> ㉠ 지방국세청, 세무서, 세관, 특별자치시·특별자치도·시·군·자치구, 그 밖의 적절한 장소에 게시
> ㉡ 관보 또는 일간신문에 게재

④ 배분요구의 종기(국징법 72 ④)

공매공고의 등기 또는 등록 전까지 등기 또는 등록되지 아니한 채권을 가진 자가 매수대금을 배분 받으려면 관할 세무서장에게 배분을 요구하여야 하는데(국징법 76 ①) 그 배분요구를 신고할 수 있는 기한을 배분요구의 종기라고 한다.

㉠ 원칙	절차 진행에 필요한 기간을 고려하여 정하되, 최초의 입찰서 제출 시작일 이전으로 하여야 한다.
㉡ 예외	공매공고에 대한 등기 또는 등록이 지연되거나 누락되는 등 법으로 정하는 사유로 공매 절차가 진행되지 못하는 경우에는 관할 세무서장은 배분요구의 종기를 최초의 입찰서 제출 마감일 이후로 연기할 수 있다.

⑤ 공매공고 기간

공매공고 기간은 10일 이상으로 한다. 다만, 그 재산을 보관하는 데에 많은 비용이 들거나 재산의 가액이 현저히 줄어들 우려가 있으면 이를 단축할 수 있다(국징법 73).

⑥ 매각결정기일

매각결정기일은 개찰일부터 7일(토요일, 일요일, 공휴일 및 대체공휴일은 제외) 이내로 정하여야 한다(국징법 72 ⑤).

⑦ 경매의 방법으로 공매하는 경우

관할 세무서장은 경매의 방법으로 재산을 공매하는 경우 법으로 정하는 바에 따라 경매인을 선정하여 이를 취급하게 할 수 있다(국징법 72 ⑥).

(6) 공매통지

① 통지대상

관할 세무서장은 공매공고를 한 경우 즉시 그 내용을 다음 각각의 자에게 통지하여야 한다(국징법 75 ①).

> ㉠ 체납자
> ㉡ 납세담보물 소유자
> ㉢ 다음의 구분에 따른 자
> ⓐ 공매재산이 공유물의 지분인 경우: 공매공고의 등기 또는 등록 전날 현재의 공유자
> ⓑ 공매재산이 부부공유의 동산·유가증권인 경우: 배우자
> ㉣ 공매공고의 등기 또는 등록 전날 현재 공매재산에 대하여 전세권·질권·저당권 또는 그 밖의 권리를 가진 자

기출 OX

54. 경매의 방법으로 재산을 공매할 때에는 경매인을 선정하여 이를 취급하게 할 수 있다. 2020. 7급

정답 O

② 공매통지의 송달 불능 등

①에서 규정한 자 중 일부에 대한 공매통지의 송달 불능 등의 사유로 동일한 공매재산에 대하여 다시 공매공고를 하는 경우 그 이전 공매공고 당시 공매통지가 도달되었던 ①의 ⓒ, ⓔ에 해당하는 자에 대하여 다시 하는 공매통지는 주민등록표 등본 등 공매 집행기록에 표시된 주소, 거소, 영업소 또는 사무소에 등기우편을 발송하는 방법으로 할 수 있다. 이 경우 그 공매통지는 「국세기본법」상 도달주의의 규정에도 불구하고 송달받아야 할 자에게 발송한 때부터 효력이 발생한다(국징법 75 ②).

(7) 배분요구

① 등기·등록되지 않은 채권의 배분요구

공매공고의 등기 또는 등록 전까지 등기 또는 등록되지 아니한 다음의 채권을 가진 자는 배분을 받으려는 경우 배분요구의 종기까지 관할 세무서장에게 배분을 요구하여야 한다(국징법 76 ①).

ⓐ 압류재산과 관계되는 체납액
ⓑ 교부청구와 관계되는 체납액·지방세 또는 공과금
ⓒ 압류재산에 설정된 전세권·질권·저당권·가등기담보권에 의하여 담보된 채권
ⓓ 「주택임대차보호법」 또는 「상가건물 임대차보호법」에 따라 우선변제권이 있는 임차보증금 반환채권
ⓔ 「근로기준법」 또는 「근로자퇴직급여 보장법」에 따라 우선변제권이 있는 임금, 퇴직금, 재해보상금 및 그 밖에 근로관계로 인한 채권
ⓕ 압류재산과 관계되는 가압류채권
ⓖ 집행문이 있는 판결 정본에 의한 채권

② 전세권을 가진 자의 배분요구

매각으로 소멸되지 아니하는 전세권을 가진 자는 배분을 받으려는 경우 배분요구의 종기까지 배분을 요구하여야 한다(국징법 76 ②).

③ 부부 공유 재산의 배우자의 배분요구

체납자의 배우자는 공매재산이 「국세징수법」에 따라 압류한 부부공유의 동산 또는 유가증권인 경우 공유지분에 따른 매각대금의 지급을 배분요구의 종기까지 관할 세무서장에게 요구할 수 있다(국징법 76 ④).

④ 철회 불가

배분요구를 한 자는 배분요구에 따라 매수인이 인수하여야 할 부담이 달라지는 경우 배분요구의 종기가 지난 뒤에는 이를 철회할 수 없다(국징법 76 ③).

⑤ 채권신고대상채권자에 대한 촉구

관할 세무서장은 공매공고의 등기 또는 등록 전에 등기 또는 등록된 위 ①의 채권을 가진 자(이하 '채권신고대상채권자')에게 채권의 유무, 그 원인 및 액수(원금, 이자, 비용, 그 밖의 부대채권을 포함)를 배분요구의 종기까지 관할 세무서장에게 신고하도록 촉구하여야 한다(국징법 76 ⑤).

⑥ 채권신고대상채권자의 무신고 시
관할 세무서장은 채권신고대상채권자가 신고를 하지 아니한 경우 등기사항증명서 등 공매 집행기록에 있는 증명자료에 따라 해당 채권신고대상채권자의 채권액을 계산한다. 이 경우 해당 채권신고대상채권자는 채권액을 추가할 수 없다(국징법 76 ⑥).

(8) 공매재산명세서의 작성 및 비치 등

① 공매재산명세서에 기재할 사항
관할 세무서장은 공매재산에 대하여 공매재산 현황조사를 기초로 공매재산의 명칭, 소재, 공매예정가격, 그 밖의 중요한 사항 등이 포함된 공매재산명세서를 작성하여야 한다(국징법 77 ①).

② 자료 게시
관할 세무서장은 공매재산명세서, 감정인이 평가한 가액에 관한 자료 및 입찰가격을 결정하는 데 필요한 자료 등을 입찰서 제출 시작 7일 전부터 입찰서 제출 마감 전까지 세무서에 갖추어 두거나 정보통신망을 이용하여 게시함으로써 입찰에 참가하려는 자가 열람할 수 있게 하여야 한다(국징법 77 ②).

★★ (9) 국세에 우선하는 제한물권 등이 있는 경우

관할 세무서장은 공매재산에 압류와 관계되는 국세보다 우선하는 제한물권 등이 있는 경우 제한물권 등을 매수인에게 인수하게 하거나 매수대금으로 그 제한물권 등에 의하여 담보된 채권을 변제하는 데 충분하다고 인정된 경우가 아니면 그 재산을 공매하지 못한다(국징법 78).

★★ (10) 공유자·배우자의 우선매수권

① 공유자의 우선매수권
공유자는 공매재산이 공유물의 지분인 경우 매각결정기일 전까지 공매보증을 제공하고 다음 각 구분에 따른 가격으로 공매재산을 우선매수하겠다는 신청을 할 수 있다(국징법 79 ①).

㉠ 최고가 매수신청인이 있는 경우	최고가 매수신청가격
㉡ 최고가 매수신청인이 없는 경우	공매예정가격

② 체납자의 배우자의 우선매수권
체납자의 배우자는 압류된 공매재산이 부부공유의 동산 또는 유가증권인 경우 ①을 준용하여 공매재산을 우선매수하겠다는 신청을 할 수 있다(국징법 79 ②).

③ 매각결정
관할 세무서장은 ① 또는 ②의 우선매수 신청이 있는 경우 그 공유자 또는 체납자의 배우자에게 매각결정을 하여야 한다(국징법 79 ③).

④ 다수의 공유자의 우선매수 신청의 경우
관할 세무서장은 여러 사람의 공유자가 우선매수 신청을 하고 ③의 절차를 마친 경우 공유자 간의 특별한 협의가 없으면 공유지분의 비율에 따라 공매재산을 매수하게 한다(국징법 79 ④).

기출 OX

55. 관할 세무서장은 공매재산에 압류와 관계되는 국세보다 우선하는 제한물권 등이 있는 경우 제한물권 등을 매수인에게 인수하게 하거나 매수대금으로 그 제한물권 등에 의하여 담보된 채권을 변제하는 데 충분하다고 인정된 경우가 아니면 그 재산을 공매하지 못한다.
2022. 7급
정답 O

기출 OX

56. 공매재산이 공유물의 지분인 경우 공유자가 매각결정 기일 전까지 공매보증금을 제공하고 매각예정가격 이상인 최고입찰가격과 같은 가격으로 공매재산을 우선매수하겠다는 신고를 하면 세무서장은 그 공유자에게 매각결정을 하여야 한다.
2020. 7급
정답 O

⑤ 매수대금 미납
관할 세무서장은 매각결정 후 매수인이 매수대금을 납부하지 아니한 경우 최고가 매수신청인에게 다시 매각결정을 할 수 있다(국징법 79 ⑤).

(11) 매수인의 제한

다음 어느 하나에 해당하는 자는 자기 또는 제3자의 명의나 계산으로 압류재산을 매수하지 못한다(국징법 80 ①).

> ㉠ 체납자
> ㉡ 세무공무원
> ㉢ 매각 부동산을 평가한 감정평가법인 등

또한 공매재산의 매수신청인이 매각결정기일(매각결정기일이 연기된 경우 연기된 매각결정기일) 전까지 공매재산의 매수인이 되기 위하여 다른 법령에 따라 갖추어야 하는 자격을 갖추지 못한 경우에는 공매재산을 매수하지 못한다(국징법 80 ②).

(12) 공매참가의 제한

관할 세무서장은 다음 어느 하나에 해당한다고 인정되는 사실이 있는 자에 대해서는 그 사실이 있은 후 2년간 공매장소 출입을 제한하거나 입찰에 참가시키지 아니할 수 있다. 그 사실이 있은 후 2년이 지나지 아니한 자를 사용인이나 그 밖의 종업원으로 사용한 자와 이러한 자를 입찰 대리인으로 한 자에 대해서도 또한 같다(국징법 81).

> ㉠ 입찰을 하려는 자의 공매참가, 최고가 매수신청인의 결정 또는 매수인의 매수대금 납부를 방해한 사실
> ㉡ 공매에서 부당하게 가격을 낮출 목적으로 담합한 사실
> ㉢ 거짓 명의로 매수신청을 한 사실

3 공매의 실시 B

(1) 입찰서 제출과 개찰

① 입찰서 제출
공매를 입찰의 방법으로 하는 경우 공매재산의 매수신청인은 그 성명·주소, 매수하려는 재산의 명칭, 매수신청가격, 공매보증, 그 밖에 필요한 사항을 입찰서에 적어 개찰이 시작되기 전에 공매를 집행하는 공무원에게 제출해야 한다(국징법 82 ①).

② 개찰
개찰은 공매를 집행하는 공무원이 공개적으로 각각 적힌 매수신청가격을 불러 입찰조서에 기록하는 방법으로 한다(국징법 82 ②).

③ 결정
공매를 집행하는 공무원은 최고가 매수신청인을 정한다. 이 경우 최고가 매수신청가격이 둘 이상이면 즉시 추첨으로 최고가 매수신청인을 정한다(국징법 82 ③). 해당 매수신청인 중 출석하지 아니한 자 또는 추첨을 하지 아니한 자가 있는 경우 입찰 사무와 관계없는 공무원으로 하여금 대신하여 추첨하게 할 수 있다(국징법 82 ④).

확인문제

12. 「국세징수법」상 공매 시 공유자 우선매수권에 대한 설명으로 옳지 않은 것은? 2016. 7급

① 공유자 우선매수 신고를 하려면 매각결정기일 전까지 하여야 한다.
② 공유자 우선매수신고를 하려면 매각예정가격 이상인 최고입찰가격과 같은 가격으로 하여야 한다.
③ 여러 사람의 공유자에게 매각결정을 하였을 때에는 특별한 협의가 없으면 공유지분의 비율에 따라 공매재산을 매수하게 한다.
④ 세무서장은 매수인이 매각대금을 납부하지 아니하였을 때에는 매각대금이 완납될 때까지 공매를 중지하여야 한다.

정답 ④

기출 OX

57. 체납자는 제3자의 계산으로 압류재산을 매수할 수 있다. 2022. 7급
정답 X

58. 체납자는 직접적으로든 간접적으로든 압류재산을 매수하지 못한다. 2017. 7급
정답 O

59. 체납자도 최고가 매수신청가격 이상을 제시한 경우에는 압류재산을 매수할 수 있다. 2015. 9급
정답 X

기출 OX

60. 최고가 매수신청가격이 둘 이상일 때에는 재공매한다. 2020. 7급
정답 X

> **기출 OX**
>
> **61.** 공매를 집행하는 공무원은 공매예정가격 이상으로 매수신청한 자가 없는 경우에 즉시 그 장소에서 재입찰을 실시할 수 없다. 2022. 7급
>
> 정답 X

④ 재입찰

공매를 집행하는 공무원은 공매예정가격 이상으로 매수신청한 자가 없는 경우 즉시 그 장소에서 재입찰을 실시할 수 있다(국징법 82 ⑤).

(2) 매수대금의 차액납부

① 신청 대상

공매재산에 대하여 다음의 권리를 가진 매수신청인은 매각결정기일 전까지 관할 세무서장에게 자신에게 배분될 금액을 제외한 금액을 매수대금으로 납부(이하 "차액납부")하겠다는 신청을 할 수 있으며, 신청하려는 자는 법령으로 정하는 차액납부 신청서를 작성하여 관할 세무서장에게 제출해야 한다(국징법 84의2 ①, 국징령 60의2).

> ㉠ 저당권, 전세권 또는 가등기담보권
> ㉡ 대항력 있는 임차권 또는 등기된 임차권

② 결정 통지

차액납부 신청을 받은 관할 세무서장은 그 신청인을 매수인으로 정하여 매각결정을 할 때 차액납부 허용 여부를 함께 결정하여 통지하여야 한다(국징법 84의2 ②).

③ 거부 사유

관할 세무서장은 차액납부 여부를 결정할 때 차액납부를 신청한 자가 다음의 어느 하나에 해당하는 경우에는 차액납부를 허용하지 아니할 수 있다(국징법 84의2 ③).

> ㉠ 배분요구의 종기까지 배분요구를 하지 아니하여 배분받을 자격이 없는 경우
> ㉡ 배분받으려는 채권이 압류 또는 가압류되어 지급이 금지된 경우
> ㉢ 배분순위에 비추어 실제로 배분받을 금액이 없는 경우
> ㉣ 기타 ㉠~㉢에 준하는 사유가 있는 경우

④ 배분기일 결정 및 배분

관할 세무서장은 차액납부를 허용하기로 결정한 경우 그 결정일부터 30일 이내의 범위에서 배분기일을 정하여 배분하여야 하며, 30일 이내에 배분계산서를 작성하기 곤란한 경우에는 배분기일을 30일 이내의 범위에서 연기할 수 있다(국징법 84의2 ⑤).

⑤ 납부

관할 세무서장은 차액납부를 허용하기로 결정한 경우 별도로 대금납부기한을 정하지 아니하며, 배분기일에 매수인에게 차액납부를 하게 하여야 한다(국징법 84의2 ④).

⑥ 이의 제기

관할 세무서장으로부터 차액납부를 허용하는 결정을 받은 매수인은 그가 배분받아야 할 금액에 대하여 이의가 제기된 경우 이의가 제기된 금액을 배분기일에 납부하여야 한다(국징법 84의2 ⑥).

(3) 차순위 매수신청

① 의미

최고가 매수신청인이 결정된 후 해당 최고가 매수신청인 외의 매수신청인은 매각결정기일 전까지 공매보증을 제공하고 다음의 사유로 매각결정이 취소되는 경우 최고가 매수신청가격에서 공매보증을 뺀 금액 이상의 가격으로 공매재산을 매수하겠다는 신청을 할 수 있다(국징법 83 ①).

　㉠ 매수인이 매수대금을 지정된 기한까지 납부하지 아니한 경우
　㉡ 매수인이 배분기일에 차액납부를 하지 아니하거나 이의가 제기된 금액을 납부하지 아니한 경우

② 다수의 차순위 매수신청자

관할 세무서장은 차순위 매수신청을 한 자가 둘 이상인 경우 최고액의 매수신청인을 차순위 매수신청인으로 정하고, 최고액의 매수신청인이 둘 이상인 경우에는 추첨으로 차순위 매수신청인을 정한다(국징법 83 ②).

③ 매각결정

관할 세무서장은 차순위 매수신청이 있는 경우 매각결정을 취소한 날부터 3일(토요일, 일요일, 공휴일 및 대체공휴일은 제외) 이내에 차순위 매수신청인을 매수인으로 정하여 매각결정을 할 것인지 여부를 결정하여야 한다(국징법 83 ③).

④ 매각결정이 불가한 경우

다음 어느 하나의 사유(매각결정 불가사유)가 있는 경우에는 차순위 매수신청인에게 매각결정을 할 수 없다(국징법 83 ③, 84 ①).

　㉠ 공유자·배우자의 우선매수 신청이 있는 경우
　㉡ 차순위 매수신청인이 매수인의 제한 또는 공매참가의 제한을 받는 자에 해당하는 경우
　㉢ 매각결정 전에 공매 취소·정지 사유가 있는 경우
　㉣ 그 밖에 매각결정을 할 수 없는 중대한 사실이 있다고 관할 세무서장이 인정하는 경우

(4) 매각결정과 대금납부기한 등

① 매각결정

관할 세무서장은 위 매각결정 불가사유가 없으면 매각결정기일에 최고가 매수신청인을 매수인으로 정하여 매각결정을 하여야 한다(국징법 84 ①).

② 매각결정 연기

관할 세무서장은 최고가 매수신청인이 공매재산의 매수인이 되기 위하여 다른 법령에 따라 갖추어야 하는 자격을 갖추지 못한 경우에는 매각결정기일을 1회에 한정하여 당초 매각결정기일부터 10일 이내의 범위에서 연기할 수 있다(국징법 84 ②).

③ 효력

매각결정의 효력은 매각결정기일에 매각결정을 한 때에 발생한다(국징법 84 ③).

④ 통지

관할 세무서장은 매각결정을 한 경우 매수인에게 대금납부기한을 정하여 매각결정 통지서를 발급하여야 한다. 다만, 권리 이전에 등기 또는 등록이 필요 없는 재산의 매수대금을 즉시 납부시킬 경우에는 구두로 통지할 수 있다(국징법 84 ④).

⑤ 대금납부기한

대금납부기한은 매각결정을 한 날부터 7일 이내로 한다. 다만, 관할 세무서장이 필요하다고 인정하는 경우에는 그 대금납부기한을 30일의 범위에서 연장할 수 있다(국징법 84 ⑤).

(5) 매수대금 납부의 촉구

관할 세무서장은 매수인이 매수대금을 지정된 대금납부기한까지 납부하지 아니한 경우 다시 대금납부기한을 지정하여 납부를 촉구하여야 한다(국징법 85).

(6) 매각결정의 취소

관할 세무서장은 다음 어느 하나에 해당하는 경우 압류재산의 매각결정을 취소하고 그 사실을 매수인에게 통지하여야 한다(국징법 86).

① 체납액의 납부

매각결정을 한 후 매수인이 매수대금을 납부하기 전에 체납자가 압류와 관련된 체납액을 납부하고 매수인의 동의를 받아 매각결정의 취소를 신청하는 경우
이 경우 관할 세무서장은 공매공고의 등기 또는 등록을 말소할 것을 관할 등기소 등에 촉탁해야 한다(국징법 89).

② 매수대금의 미납

납부를 촉구하여도 매수인이 매수대금을 지정된 기한까지 납부하지 아니한 경우

③ 차액납부의 미납

매수인이 배분기일에 차액납부를 하지 아니하거나 이의가 제기된 금액을 납부하지 아니한 경우

(7) 재공매

① 재공매 사유

관할 세무서장은 다음 어느 하나에 해당하는 경우 재공매를 한다(국징법 87 ①).

㉠ 재산을 공매하여도 매수신청인이 없거나 매수신청가격이 공매예정가격 미만인 경우
㉡ 납부를 촉구하여도 매수인이 매수대금을 지정된 기한까지 납부하지 않아 매각결정을 취소한 경우
㉢ 매수인이 배분기일에 차액납부를 하지 아니하거나 이의가 제기된 금액을 납부하지 않아 매각결정을 취소한 경우

② 재공매 가격

관할 세무서장은 재공매를 할 때마다 최초의 공매예정가격의 100분의 10에 해당하는 금액을 차례로 줄여 공매하며, 최초의 공매예정가격의 100분의 50에 해당하는 금액까지 차례로 줄여 공매하여도 매각되지 아니할 때에는 새로 공매예정가격을 정하여 재공매를 할 수 있다. 다만, 공매예정가격 이상으로 매수신청한 자가 없어 즉시 그 장소에서 재입찰을 실시한 경우에는 최초의 공매예정가격을 줄이지 아니한다(국징법 87 ②).

③ 재공매 공고

재공매의 경우에는 공매공고 기간을 5일까지 단축할 수 있다.

(8) 공매의 취소 및 정지

① 공매의 취소

관할 세무서장은 다음 어느 하나에 해당하는 경우 공매를 취소하여야 한다(국징법 88 ①).

> ㉠ 해당 재산의 압류를 해제한 경우
> ㉡ 관할 세무서장이 직권으로 공매대행 의뢰를 해제한 경우
> ㉢ 한국자산관리공사가 공매대행 의뢰를 해제한 경우

관할 세무서장은 매각결정기일 전에 공매를 취소한 경우 공매취소 사실을 공고해야(국징법 88 ③) 하며 공매공고의 등기 또는 등록을 말소할 것을 관할 등기소 등에 촉탁해야 한다(국징법 89).

② 공매의 정지

관할 세무서장은 다음 어느 하나에 해당하는 경우 공매를 정지하여야 한다(국징법 88 ②).

> ㉠ 압류 또는 매각을 유예한 경우
> ㉡ 「국세기본법」 또는 「행정소송법」에 따라 강제징수에 대한 집행정지의 결정이 있는 경우

단, 그 사유가 소멸되어 공매를 계속할 필요가 있다고 인정하는 경우 즉시 공매를 속행하여야 한다(국징법 88 ④).

오쌤 Talk

공매공고의 등기·등록 말소 촉탁

관할 세무서장은 다음의 경우 공매공고의 등기·등록 말소를 관할 등기소 등에 촉탁해야 한다.

① 체납자가 매수인의 동의를 받아 체납액을 완납하고 매각결정을 취소한 경우
② 공매취소의 공고를 한 경우

4 매수대금의 납부와 권리의 이전 B

(1) 공매보증과 매수대금의 납부

① 금전을 제공한 경우

매수인이 공매보증으로 금전을 제공한 경우 그 금전은 매수대금으로서 납부된 것으로 본다(국징법 90 ①).

② 국공채를 제공한 경우

관할 세무서장은 매수인이 공매보증으로 국공채 등을 제공한 경우 그 국공채 등을 현금화하여야 한다. 이 경우 그 현금화에 사용된 비용을 뺀 금액은 공매보증 금액을 한도로 매수대금으로서 납부된 것으로 본다(국징법 90 ②).

현금화한 금액(현금화에 사용된 비용을 뺀 금액)이 공매보증 금액보다 적으면 다시 대금납부기한을 정하여 매수인에게 그 부족액을 납부하게 하여야 하고, 공매보증 금액보다 많으면 그 차액을 매수인에게 반환하여야 한다(국징법 90 ③).

★★ (2) 매수대금 납부의 효과

① 매수인

매수인은 매수대금을 완납한 때에 공매재산을 취득한다(국징법 91 ①).

② 체납자

관할 세무서장이 매수대금을 수령한 때에는 체납자로부터 매수대금만큼의 체납액을 징수한 것으로 본다(국징법 91 ②).

★★ (3) 공매재산에 설정된 제한물권 등의 소멸과 인수 등

① 질권·저당권·가등기담보권

공매재산에 설정된 모든 질권·저당권 및 가등기담보권은 매각으로 소멸된다(국징법 92 ①).

② 지상권·지역권·전세권 및 등기된 임차권

지상권·지역권·전세권 및 등기된 임차권 등은 압류채권(압류와 관계되는 국세를 포함)·가압류채권 및 소멸하는 담보물권에 대항할 수 없는 경우 매각으로 소멸된다(국징법 92 ②). 이 외의 경우는 지상권·지역권·전세권 및 등기된 임차권 등은 매수인이 인수한다. 다만, 전세권자가 배분요구를 한 전세권의 경우에는 매각으로 소멸한다(국징법 92 ③).

③ 유치권

매수인은 유치권자에게 그 유치권으로 담보되는 채권을 변제할 책임이 있다(국징법 92 ④).

(4) 매각재산의 권리이전 절차

관할 세무서장은 매각재산에 대하여 체납자가 권리이전의 절차를 밟지 아니한 경우 체납자를 대신하여 그 절차를 밟는다(국징법 93).

기출 OX

62. 공매재산에 설정된 저당권은 매각으로 소멸되지 아니한다. 2021. 7급
정답 X

확인문제 최신

13. 「국세징수법」상 압류재산의 매각 시 매수대금의 납부와 권리의 이전에 대한 설명으로 옳지 않은 것은? 2024. 7급
① 매수인이 공매보증으로 금전을 제공한 경우 그 금전은 매수대금으로서 납부된 것으로 본다.
② 관할 세무서장이 매수대금을 수령한 때에는 체납자로부터 매수대금만큼의 체납액을 징수한 것으로 본다.
③ 공매재산에 설정된 모든 질권·저당권 및 가등기담보권은 매각으로 소멸된다.
④ 매수인은 유치권자에게 그 유치권으로 담보되는 채권을 변제할 책임이 없다.

정답 ④

4 청산

1 배분 범위 및 배분 방법 C

(1) 청산의 의미

청산이란 강제징수절차로 취득한 금전에 대하여 조세채권 등에 배분할 금액을 확정시키는 행정절차로 강제징수절차의 마지막 단계이다. 즉, 압류재산의 매각대금과 그 매각대금의 예치이자 등 강제징수절차에 의해 얻은 금전을 국세 및 강제징수비와 기타채권에 배분하는 절차를 말한다.

(2) 배분금전의 범위와 배분 방법

① 배분대상 금전별 방법(국징법 94, 96 ①, ②)

배분대상 금전	배분 방법
㉠ 압류한 금전	압류재산과 관계되는 체납액에 배분
㉡ 교부청구에 따라 받은 금전	교부청구와 관계되는 체납액에 배분
㉢ 채권·유가증권·그 밖의 재산권의 압류에 따라 체납자 또는 제3채무자로부터 받은 금전 ㉣ 압류재산의 매각대금 및 그 매각대금의 예치 이자	해당 금전은 다음의 체납액과 채권에 배분한다. 배분요구의 종기까지 배분요구를 하여야 하는 채권의 경우에는 배분요구를 한 채권에 대해서만 배분한다. ⓐ 압류재산과 관계되는 체납액 ⓑ 교부청구를 받은 체납액·지방세 또는 공과금 ⓒ 압류재산과 관계되는 전세권·질권·저당권 또는 가등기담보권에 의하여 담보된 채권 ⓓ 우선변제권이 있는 임차보증금 반환채권 ⓔ 우선변제권이 있는 임금, 퇴직금, 재해보상금 및 그 밖에 근로관계로 인한 채권 ⓕ 압류재산과 관계되는 가압류채권 ⓖ 집행문이 있는 판결정본에 의한 채권

② 배분 후 잔액

관할 세무서장은 금전을 배분하고 남은 금액이 있는 경우 체납자에게 지급한다(국징법 96 ③).

③ '매각대금' < '체납액 및 채권총액'

관할 세무서장은 매각대금이 체납액 및 채권의 총액보다 적은 경우 「민법」이나 그 밖의 법령에 따라 배분할 순위와 금액을 정하여 배분하여야 한다(국징법 96 ④).

④ 배부순위의 착오 등으로 인한 잘못된 배분

관할 세무서장은 국세보다 우선하는 채권이 있음에도 불구하고 배분 순위의 착오나 부당한 교부청구 또는 그 외에 준하는 사유로 체납액에 먼저 배분한 경우 그 배분한 금액을 국세보다 우선하는 채권의 채권자에게 국세환급금 환급의 예에 따라 지급한다(국징법 96 ⑤).

(3) 국가 또는 지방자치단체의 재산에 관한 권리의 매각대금의 배분

① 순서

압류한 국가 또는 지방자치단체의 재산에 관한 체납자의 권리를 매각한 경우 다음의 순서에 따라 매각대금을 배분한다(국징법 97 ①).

> ㉠ 국가 또는 지방자치단체가 체납자로부터 지급받지 못한 매각대금
> ㉡ 체납액

② 배분 후 잔액

관할 세무서장은 배분하고 남은 금액은 체납자에게 지급한다(국징법 97 ②).

(4) 배분기일의 지정

① 30일 이내에서 지정

관할 세무서장은 금전을 배분하려면 체납자, 제3채무자 또는 매수인으로부터 해당 금전을 받은 날부터 30일 이내에서 배분기일을 정하여 배분하여야 한다(국징법 95 ①).

② 연기

30일 이내에 배분계산서를 작성하기 곤란한 경우에는 배분기일을 30일 이내에서 연기할 수 있다(국징법 95 ①).

③ 통지

관할 세무서장은 배분기일을 정한 경우 체납자, 채권신고대상채권자 및 배분요구를 한 채권자(이하 '체납자 등')에게 그 사실을 통지하여야 한다. 다만, 체납자 등이 외국에 있거나 있는 곳이 분명하지 아니한 경우 통지하지 아니할 수 있다(국징법 95 ②).

2 배분계산서 C

(1) 배분계산서의 작성

① 작성

관할 세무서장은 금전을 배분하는 경우 배분계산서 원안을 작성하고, 이를 배분기일 7일 전까지 갖추어야 한다(국징법 98 ①).

② 체납자의 열람 및 복사

체납자 등은 관할 세무서장에게 교부청구서, 감정평가서, 채권신고서, 배분요구서, 배분계산서 원안 등 배분금액 산정의 근거가 되는 서류의 열람 또는 복사를 신청할 수 있다(국징법 98 ②). 관할 세무서장은 이와 같이 열람 또는 복사의 신청을 받은 경우 이에 따라야 한다(국징법 98 ③).

(2) 배분계산서에 대한 이의제기

① 출석한 체납자 등의 이의제기

배분기일에 출석한 체납자 등은 배분기일이 끝나기 전까지 자기의 채권과 관계되는 범위에서 배분계산서 원안에 기재된 다른 채권자의 채권 또는 채권의 순위에 대하여 이의제기를 할 수 있다(국징법 99 ①).

② 출석하지 않은 체납자 등의 이의제기

체납자는 배분기일에 출석하지 아니한 경우에도 **배분계산서 원안이 갖추어진 이후부터 배분기일이 끝나기 전까지 문서로 이의제기를 할 수 있다**(국징법 99 ②).

③ 배분

관할 세무서장은 다음의 구분에 따라 **배분계산서를 확정하여 배분을 실시하고, 확정되지 아니한 부분에 대해서는 배분을 유보한다**(국징법 99 ③).

㉠ 이의제기가 있는 경우

ⓐ 관할 세무서장이 이의제기가 정당하다고 인정하거나 배분계산서 원안과 다른 내용으로 체납자 등이 한 합의가 있는 경우	인정된 이의제기의 내용 또는 합의에 따라 배분계산서를 수정하여 확정
ⓑ 관할 세무서장이 이의제기가 정당하다고 인정하지 아니하고 배분계산서 원안과 다른 내용으로 체납자 등이 한 합의도 없는 경우	배분계산서 중 이의제기가 없는 부분에 한정하여 확정

㉡ 이의제기가 없는 경우: 배분계산서 원안대로 확정

④ 동의 간주

배분기일에 출석하지 아니한 채권자는 배분계산서 원안과 같이 배분을 실시하는 데에 동의한 것으로 보고, 그가 다른 체납자 등이 제기한 이의에 관계된 경우 그 이의제기에 동의하지 아니한 것으로 본다(국징법 99 ④).

(3) 배분계산서에 대한 이의의 취하 간주

배분계산서 중 이의제기가 있어 확정되지 아니한 부분이 있는 경우 이의를 제기한 체납자 등이 관할 세무서장의 배분계산서 작성에 관하여 심판청구 등을 한 사실을 증명하는 서류를 배분기일부터 1주일 이내에 제출하지 아니하면 이의제기가 취하된 것으로 본다(국징법 100).

3 배분금전의 예탁 및 배분 C

(1) 배분금전의 예탁

① 사유

관할 세무서장은 다음 어느 하나에 해당하는 사유가 있는 경우 그 채권에 관계되는 배분금전을 「한국은행법」에 따른 한국은행(국고대리점을 포함)에 예탁하여야 한다(국징법 101 ①).

> ㉠ 채권에 정지조건 또는 불확정기한이 붙어 있는 경우
> ㉡ 가압류채권자의 채권인 경우
> ㉢ 체납자 등이 배분계산서 작성에 대하여 심판청구 등을 한 사실을 증명하는 서류를 제출한 경우
> ㉣ 그 밖의 사유로 배분금전을 체납자 등에게 지급하지 못한 경우

② 통지
관할 세무서장은 예탁한 경우 그 사실을 체납자 등에게 통지하여야 한다(국징법 101 ②).

(2) 예탁금에 대한 배분의 실시

① 추가배분
관할 세무서장은 배분금전을 예탁한 후 다음 어느 하나에 해당하는 사유가 있는 경우 예탁금을 당초 배분받을 체납자 등에게 지급하거나 배분계산서 원안을 변경하여 예탁금에 대한 추가 배분을 실시하여야 한다(국징법 102 ①).

> ㉠ 배분계산서 작성에 관한 심판청구 등의 결정·판결이 확정된 경우
> ㉡ 그 밖에 예탁의 사유가 소멸한 경우

② 배분계산서 변경
관할 세무서장은 예탁금의 추가 배분을 실시하려는 경우 당초의 배분계산서에 대하여 이의를 제기하지 아니한 체납자 등을 위해서도 배분계산서를 변경하여야 한다(국징법 102 ②).

③ 이의제기
체납자 등은 추가 배분기일에 배분계산서에 대한 이의를 제기할 경우 종전의 배분기일에서 주장할 수 없었던 사유만을 주장할 수 있다(국징법 102 ③).

5 기타

1 공매 등의 대행 등 B

★★ (1) 공매 등의 대행

① 한국자산관리공사에 대행 위탁
관할 세무서장은 다음의 업무(이하 '공매 등')에 전문지식이 필요하거나 그 밖에 직접 공매 등을 하기에 적당하지 아니하다고 인정되는 경우 법으로 정하는 바에 따라 한국자산관리공사에 공매 등을 대행하게 할 수 있다. 이 경우 공매 등은 관할 세무서장이 한 것으로 본다(국징법 103 ①).

> ㉠ 공매
> ㉡ 수의계약
> ㉢ 매각재산의 권리이전
> ㉣ 금전의 배분

기출 OX

63. 세무서장은 압류한 재산의 공매에 전문 지식이 필요하거나 그 밖에 특수한 사정이 있어 직접 공매하기에 적당하지 아니하다고 인정할 때에는 대통령령으로 정하는 바에 따라 한국자산관리공사로 하여금 공매를 대행하게 할 수 있다.
2015. 7급
정답 ○

② 수수료 지급

관할 세무서장은 한국자산관리공사가 공매 등을 대행하는 경우 법으로 정하는 바에 따라 수수료를 지급할 수 있다(국징법 103 ②).

③ 세무공무원으로 간주

한국자산관리공사가 업무를 대행하는 경우 한국자산관리공사의 직원은 「형법」이나 그 밖의 법률에 따른 벌칙을 적용할 때 세무공무원으로 본다(국징법 103 ③).

④ 분석 의뢰

관할 세무서장은 공매 여부 결정을 위하여 필요한 경우 공매대행을 의뢰하기 전에 한국자산관리공사에 해당 압류재산의 공매를 통한 매각의 적절성 등에 관한 분석을 의뢰할 수 있다(국징령 66 ③).

⑤ 고유식별정보의 처리

한국자산관리공사는 위탁받은 체납자의 재산 조사 업무 및 공매 대행 업무의 수행을 위하여 불가피한 경우 「개인정보 보호법 시행령」에 따른 주민등록번호 또는 외국인등록번호가 포함된 자료를 처리할 수 있다(국징령 107).

★★ (2) 전문매각기관의 매각 관련 사실행위의 대행 등

① 예술품 등에 대한 사실행위

관할 세무서장은 압류한 재산이 예술적·역사적 가치가 있어 가격을 일률적으로 책정하기 어렵고, 그 매각에 전문적인 식견이 필요하여 직접 매각을 하기에 적당하지 아니한 물품(이하 '예술품 등')인 경우 **직권이나 납세자의 신청에 따라 예술품 등의 매각에 전문성과 경험이 있는 기관 중에서 전문매각기관을 선정하여 예술품 등의 감정, 매각기일·기간의 진행 등 매각에 관련된 사실행위(이하 '매각 관련 사실행위')를 대행하게 할 수 있다**(국징법 104 ①).

② 전문매각기관 선정 요건

국세청장은 다음 각각의 요건을 모두 충족하는 기관 중에서 전문매각기관으로 선정될 수 있는 대상 기관을 관보 및 국세청 홈페이지에 공고해야 한다. 이 경우 공고된 기관이 아래 ⑤ '전문매각기관 지정 취소'의 어느 하나에 해당하는 경우에는 해당 기관을 제외하고 다시 공고해야 한다(국징령 75 ①).

> ⊙ 공고일이 속하는 연도의 직전 2년 동안 예술품 등을 경매를 통하여 매각한 횟수가 연평균 10회 이상일 것
> ⊙ 정보통신망을 이용해서 예술품 등의 매각이 가능할 것

기출 OX

64. 압류한 재산이 예술품 등인 경우라 하더라도 납세자의 신청이 없으면 세무서장은 전문매각기관을 선정하여 예술품 등의 매각을 대행하게 할 수 없다.
2017. 7급
정답 X

③ 매각 대행기간

공고된 기관은 국세청장이 공고한 날부터 2년 동안 전문매각기관으로 선정될 수 있다(국징령 75 ②).

④ 전문매각기관에 담보제공 요구

관할 세무서장은 전문매각기관에 매각 관련 사실행위의 대행을 의뢰하는 경우 예술품 등의 감정가액에 상응하는 담보로서 법으로 정하는 담보(Link-P.210)를 제공할 것을 요구할 수 있다. 이 경우 "납세보증보험증권"은 "이행보증보험증권"으로 한다(국징법 104 ②).

⑤ 전문매각기관 지정 취소

국세청장은 다음 어느 하나에 해당하는 경우 지정을 취소할 수 있다(국징령 75 ⑦).

> ㉠ 해당 기관의 부도, 파산, 휴업·폐업, 위 ②의 공고 당시의 시설·자본금 등의 변동 등으로 매각관련사실행위의 대행이 곤란하다고 인정되는 경우
> ㉡ 해당 기관 또는 그 대표자가 고액·상습체납자로 명단이 공개되거나 「조세범 처벌법」에 따라 벌금 이상의 형을 선고받은 경우
> ㉢ 해당 기관의 임직원이 예술품 등에 대한 매각관련사실행위의 대행과 관련하여 「형법」상의 죄로 벌금 이상의 형을 선고받은 경우
> ㉣ 해당 기관 또는 그 대표자가 사회적 물의를 일으키거나 그 밖에 이에 준하는 사유가 있어 해당 기관의 예술품 등에 대한 매각관련사실행위의 대행이 적절하지 않다고 인정되는 경우

⑥ 전문매각기관의 매수 금지

선정된 전문매각기관 및 전문매각기관의 임직원은 직접적으로든 간접적으로든 매각 관련 사실행위 대행의 대상인 예술품 등을 매수하지 못한다(국징법 104 ③).

⑦ 수수료 지급

관할 세무서장은 전문매각기관이 매각 관련 사실행위를 대행하는 경우 예술품 등에 대한 매각관련사실행위의 대행에 드는 실제 비용을 고려하여 법으로 정하는 바에 따라 수수료를 지급할 수 있다(국징법 104 ④).

⑧ 공무원으로 간주

전문매각기관이 매각 관련 사실행위를 대행하는 경우 전문매각기관의 임직원은 「형법」 규정을 적용할 때에는 공무원으로 본다(국징법 104 ⑥).

기출 OX

65. 관할 세무서장이 선정한 전문매각기관의 임직원은 매각관련 사실행위 대행의 대상인 예술품 등을 직접 매수할 수 있다. 2022. 7급

정답 X

2 압류·매각의 유예 A

★ (1) 의미

독촉에 의한 납부기한이 경과한 국세에 대하여 일정한 요건을 충족한 경우 압류나 매각을 일시 유예함으로써 납세자에게 기한의 이익을 주는 제도이다.

★★ (2) 요건

관할 세무서장은 체납자가 다음 어느 하나에 해당하는 경우 체납자의 신청 또는 직권으로 그 체납액에 대하여 강제징수에 따른 재산의 압류 또는 압류재산의 매각을 유예할 수 있다(국징법 105 ①).

> ㉠ 국세청장이 성실납세자로 인정하는 기준에 해당하는 경우
> ㉡ 재산의 압류나 압류재산의 매각을 유예함으로써 체납자가 사업을 정상적으로 운영할 수 있게 되어 체납액의 징수가 가능하게 될 것이라고 관할 세무서장이 인정하는 경우

★★ (3) 유예기간

① 원칙

압류 또는 매각의 유예의 기간은 그 유예한 날의 다음 날부터 1년 이내로 한다(국징령 77 ①).

② 예외

관할 세무서장은 다음의 어느 하나에 해당하는 자가 소득세, 법인세, 부가가치세 및 이에 부가되는 세목에 대한 압류 또는 매각의 유예를 신청하는 경우('① 원칙'에 따라 압류 또는 매각의 유예를 받고 그 유예기간 중에 신청하는 경우를 포함) 그 압류 또는 매각의 유예기간을 유예한 날의 다음 날부터 2년('① 원칙'에 따라 압류 또는 매각의 유예를 받은 기간에 대해서는 그 기간을 포함하여 산정) 이내로 정할 수 있다.

> ㉠ 다음의 요건을 모두 갖춘 자
>> ⓐ 「조세특례제한법 시행령」 제2조에 따른 중소기업에 해당할 것
>> ⓑ 고용재난지역, 산업위기대응특별지역, 특별재난지역 등에 사업장이 소재할 것
> ㉡ 「소득세법」에 따른 사업자(「조세특례제한법 시행령」에 따른 중소기업에 해당하는 사업자로 한정하며, 이하 "피해사업자")로서 특별재난지역 선포의 사유가 된 재난으로 인해 신체에 피해를 입은 사람 **NEW**
> ㉢ 특별재난지역 선포의 사유가 된 재난으로 인해 사망한 피해사업자가 경영하던 사업장을 상속받은 상속인(「국세기본법」에 따른 상속인을 말한다) **NEW**

③ 분할징수

관할 세무서장은 압류 또는 매각이 유예된 체납세액을 압류 또는 매각의 유예기간 동안 분할하여 징수할 수 있다(국징령 77 ③).

기출 OX

66. 세무서장은 체납자가 일정한 요건을 갖춘 경우 강제징수에 의한 재산의 압류나 압류재산의 매각을 유예할 수 있다. 2009. 9급
정답 O

67. 관할 세무서장은 체납자가 국세청장이 성실납세자로 인정하는 기준에 해당하는 경우 직권으로 그 체납액에 대하여 강제징수에 따른 재산의 압류 또는 압류재산의 매각을 유예할 수 있다. 2023. 7급 최신
정답 O

68. 세무서장은 납세자가 법령상의 요건을 충족하는 경우에는 강제징수요건이 이미 충족되었더라도 납세자에게 기한의 이익을 주기 위하여 그 체납액에 대하여 강제징수에 의한 재산의 압류나 압류재산의 매각을 일정기간(1년 또는 2년 이내) 유예할 수 있는 바, 이를 압류·매각의 유예라고 한다. 2006. 7급
정답 O

69. 국세청장이 성실납세자로 인정하는 기준에 해당하는 때에는 강제징수유예를 할 수 있다. 2006. 9급
정답 O

오쌤 Talk

납부고지 유예와 압류·매각 유예 비교

구분	납부고지의 유예	압류·매각의 유예
시기	납부기한이 경과하기 전	납부기한이 경과한 후
방법	체납자의 신청 또는 관할 세무서장의 직권	
담보제공 여부	담보제공을 요구할 수 있음	
유예기간	① 유예한 날의 다음 날부터 9개월 이내 ② 고용 재난지역 특례 규정이 적용되는 경우 최대 2년	① 유예한 날의 다음 날부터 1년 이내 ② 고용 재난지역 중소기업 특례 규정이 적용되는 경우 2년 이내

기출 OX

70. 관할 세무서장은 압류 또는 매각이 유예된 체납세액을 압류 또는 매각의 유예기간 동안 징수할 수 없다. 2023. 7급 최신
정답 X

71. 관할 세무서장은 압류 또는 매각이 유예된 체납세액을 압류 또는 매각의 유예기간 동안 분할하여 징수할 수 있다. 2014. 7급
정답 O

★ (4) 담보제공요구

관할 세무서장은 재산의 압류를 유예하거나 압류를 해제하는 경우 그에 상당하는 납세담보의 제공을 요구할 수 있다. 다만, 성실납세자가 체납세액 납부계획서를 제출하고 국세체납정리위원회가 체납세액 납부계획의 타당성을 인정하는 경우에는 그러하지 아니하다(국징법 105 ③).

★ (5) 압류의 해제

관할 세무서장은 유예를 하는 경우 필요하다고 인정하면 이미 압류한 재산의 압류를 해제할 수 있다(국징법 105 ②).

3 국세체납정리위원회 C

① 설치

국세의 체납정리에 관한 사항을 심의하기 위하여 지방국세청과 1급지 세무서에 국세체납정리위원회를 둔다(국징법 106 ①).

② 위원의 자격

국세체납정리위원회의 위원은 관계 공무원과 법률·회계 또는 경제에 관하여 자격을 보유하고 있거나 학식과 경험이 풍부한 사람 중에서 다음의 구분에 따른 사람이 된다(국징법 106 ②).

> ㉠ 지방국세청에 두는 국세체납정리위원회: 지방국세청장이 임명 또는 위촉하는 사람
> ㉡ 세무서에 두는 국세체납정리위원회: 세무서장이 임명 또는 위촉하는 사람

③ 공무원으로 간주

국세체납정리위원회의 위원 중 공무원이 아닌 위원은 「형법」을 적용할 때에는 공무원으로 본다(국징법 106 ③).

MEMO

제 4 편

부가가치세법

01	총칙	06	과세표준
02	과세거래	07	매입세액과 차가감납부세액의 계산
03	공급시기 및 공급장소	08	부가가치세 신고와 납부
04	영세율과 면세	09	겸영사업자의 안분계산
05	세금계산서와 영수증	10	간이과세

CHAPTER 01

총칙

1. 부가가치세의 기본이론
2. 납세의무자와 과세대상
3. 과세기간과 납세지
4. 사업자등록

최신 8개년 출제 경향 분석

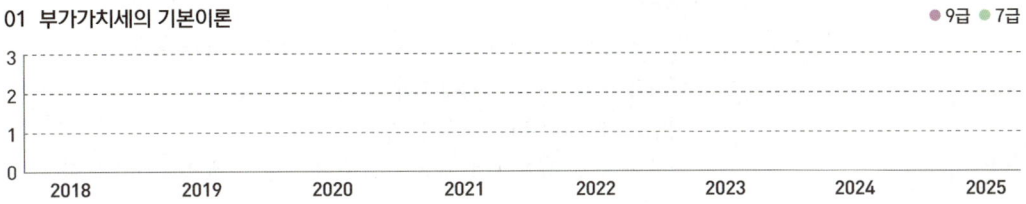

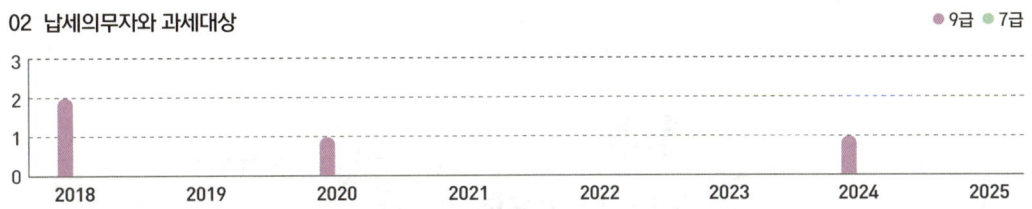

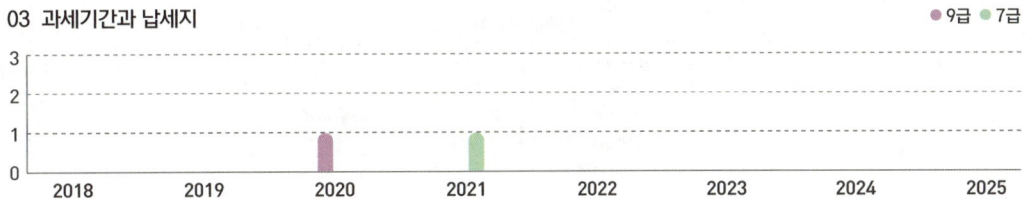

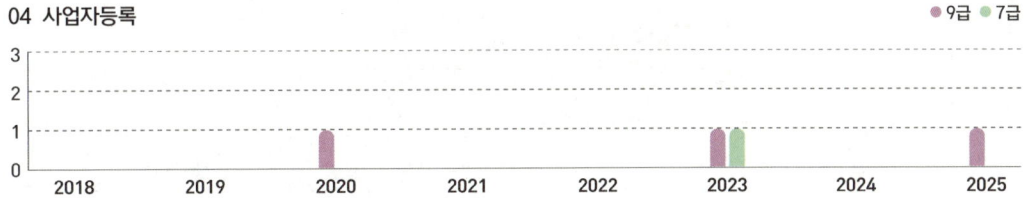

1 부가가치세의 기본이론

1 부가가치세의 의의와 목적 B

(1) 의의

'부가가치세(Value Added Tax, VAT)'는 재화나 용역 등을 생산하고 유통하는 과정에서 사업자가 창출한 부가가치에 대해 부과되는 조세이다. 여기서 '부가가치(Value Added)'란 사업자가 각 거래단계에서 새로 창출한 가치의 증가분을 말한다. 이는 각 단계에서 발생한 매출 총액에서 매입 총액을 차감한 금액으로 구성된다.

(2) 목적

「부가가치세법」은 부가가치세의 과세 요건 및 절차를 규정함으로써 부가가치세의 공정한 과세, 납세의무의 적정한 이행 확보 및 재정수입의 원활한 조달에 이바지함을 목적으로 한다(부법 1).

참고

1. 부가가치세의 기본구조

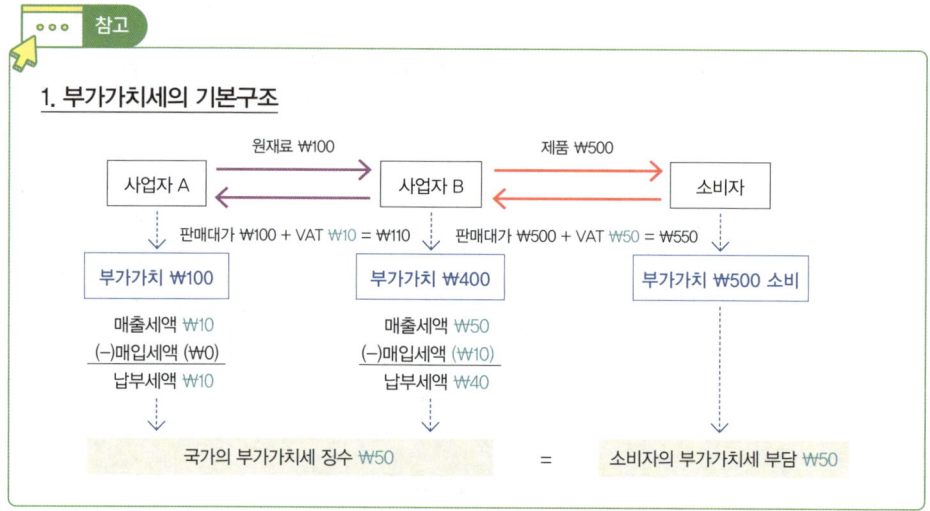

참고

2. 영세율의 구조

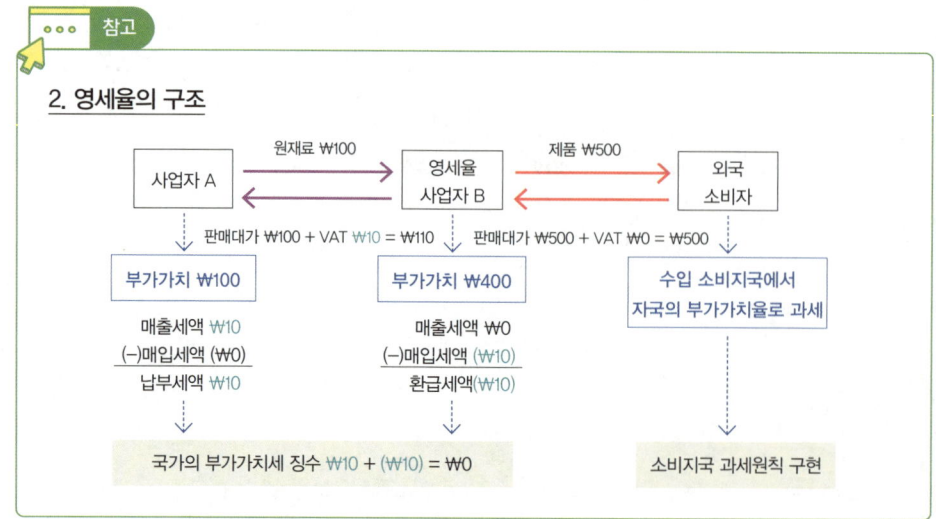

> **참고**
>
> **3. 면세의 구조**
>
>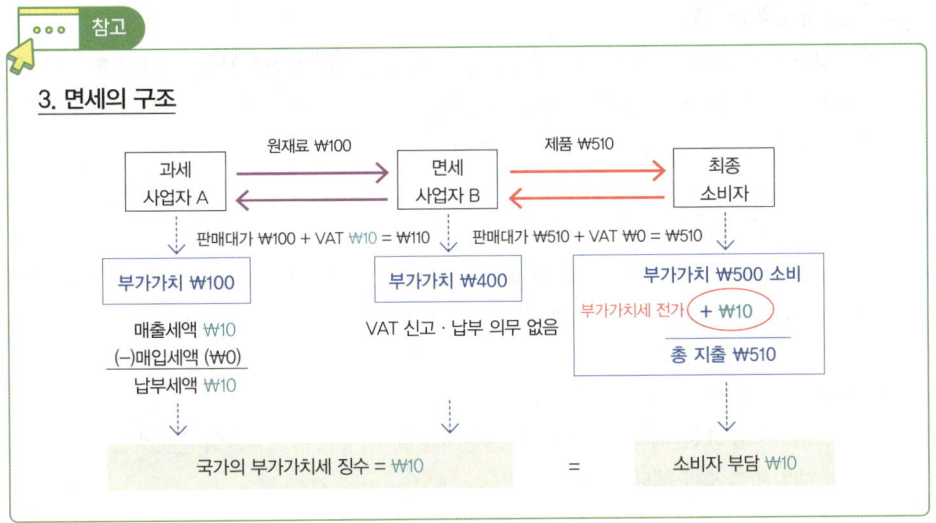

2 우리나라 부가가치세의 특징 B

★ (1) 간접세

부가가치세는 세금에 대한 납세의무를 지는 납세의무자와 그 세금을 실제로 부담하는 담세자가 다른 간접세에 해당한다. 즉, 부가가치세는 그 세부담의 전가를 예정하는 간접세이다. 부가가치세의 납세의무자는 재화나 용역을 공급하는 사업자지만, 이를 부담하는 담세자는 최종소비자다.

★ (2) 일반소비세

부가가치세는 법정 열거된 사항에 한정하여 과세하는 것이 아니라, 원칙적으로 모든 재화나 용역의 소비행위에 대하여 과세한다. 이를 일반소비세라고 하는데, 같은 간접세라도 열거된 사항에 한정하여 특정한 재화나 용역의 소비행위에 대해서만 과세하는 개별소비세나 주세와 구별된다.

★ (3) 국세 및 지방세

부가가치세는 차가감납부세액의 74.7%를 부가가치세(국세)로 과세하고, 25.3%는 지방소비세(지방세)로 과세한다.

★ (4) 다단계 과세방식

부가가치세는 재화나 용역에 대한 생산, 유통에 이르기까지 각 거래단계마다 창출한 부가가치에 과세하는 다단계 과세방식을 따른다. 이러한 다단계 과세방식은 제조 또는 소매단계에만 과세하는 단단계 매상세와 구별될 뿐 아니라, 각 거래단계의 부가가치가 아닌 거래액에 과세하는 다단계 매상세와도 다르다.

★ (5) 소비형 부가가치세

우리나라는 소비형 부가가치세를 채택하여 자본재에 대해서는 과세하지 않고 소비지출에 대해서만 계산한다. 또한, 중간재와 자본재 구입액에 대한 부가가치세 또한 매입세액으로 공제(환급)받을 수 있다.

오쌤 Talk

간접세의 이해

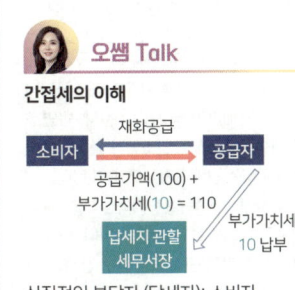

실질적인 부담자 (담세자): 소비자
납세의무자: 공급자
∴ 간접세 (담세자 ≠ 납세의무자)

★ (6) 전단계세액공제법

우리나라는 조세이론상 과세방법 중 전단계세액공제법을 채택하여 매출세액에서 매입세액을 공제하여 납부세액을 계산한다. 이때 세금계산서 등의 증빙을 통해 확인되는 매입세액만 공제를 적용한다.

★ (7) 소비지국 과세원칙

우리나라는 소비지국 과세방식을 채택하여 처리한다. 따라서 소비지국 과세원칙에 의해 다음과 같이 수출재화와 수입재화를 처리한다.

① 수출에 대해 영세율 적용

외국으로 수출하는 재화에 대해서는 영세율을 적용하여, 수출업자에게는 과세하지 않되, 매입세액공제 혜택을 제공한다.

② 재화의 수입에 대해 동일하게 과세

외국으로부터 수입하는 재화에 대해서는 정상적으로 세관장이 부가가치세를 과세한다.

★ (8) 물세

부가가치세는 납세의무자의 인적사항을 고려하지 않는 물세에 해당한다.

★ (9) 사업장별 과세제도

부가가치세는 사업장별로 과세하는 것을 원칙으로 한다. 다만 이에 대해서 일정한 경우 예외를 허용하는데, '주사업장총괄납부'와 '사업자단위과세'가 그에 해당된다.

3 용어의 정의 C

구분	내용
① 재화	재산 가치가 있는 물건 및 권리(부법 2 (1))
② 용역	재화 외에 재산 가치가 있는 모든 역무와 그 밖의 행위(부법 2 (2))
③ 사업자	사업 목적이 영리이든 비영리이든 관계없이 사업상 독립적으로 재화 또는 용역을 공급하는 자(부법 2 (3))
④ 과세사업	부가가치세가 과세되는 재화 또는 용역을 공급하는 사업(부법 2 (6))
⑤ 면세사업	부가가치세가 면제되는 재화 또는 용역을 공급하는 사업(부법 2 (7))
⑥ 간이과세자	직전 연도의 재화와 용역의 공급에 대한 대가(부가가치세가 포함된 대가를 말한다. 이하 '공급대가')의 합계액이 1억4백만원에 미달하는 개인사업자로서, 간편한 절차로 부가가치세를 신고·납부하는 개인사업자(부법 2 (4))
⑦ 일반과세자	간이과세자가 아닌 사업자(부법 2 (5))
⑧ 비거주자	「소득세법」에 따른 비거주자(부법 2 (8))
⑨ 외국법인	「법인세법」에 따른 외국법인(부법 2 (9))

오쌤 Talk

소비지국 과세원칙
- K국가: 생산지국(VAT 10%), A국가: 소비지국(VAT 5%)
- 재화의 가치 ₩200

구분	생산지국 과세원칙 적용 시	소비지국 과세원칙 적용 시
소비지국 판매가	K국 재화: ₩220* A국 재화: ₩210	K국 재화: ₩210 A국 재화: ₩210
결과	소비자들이 ₩10 더 비싼 K수입품을 구입하지 않고 A국 생산품만 구입	K국 수입품과 A국 생산품의 가격차이가 없으므로 공정한 경쟁이 됨

* 생산지국 과세원칙 적용 시, K국 재화는 K국 VAT인 10%가 붙기 때문에 A국에서 팔리는 판매가가 ₩220이 된다. 반면 A국 재화는 A국 VAT인 5%가 붙어서 A국에서 팔리는 판매가가 ₩210이 된다. 결국 사람들은 똑같은 재화임에도 더 값싼 A국 재화만을 구매할 것이다. 따라서 생산지국 과세원칙은 공정한 경쟁을 막는 가격 왜곡 현상을 발생시킨다.

오쌤 Talk

간이과세자
기장(장부에 기록)능력이 취약하여 간편한 절차로 부가가치세를 신고·납부하는 자를 의미

❷ 납세의무자와 과세대상

1 납세의무자 B

다음 어느 하나에 해당하는 자로 개인 또는 법인(국가와 지방자치단체·지방자치단체조합을 포함), 법인격이 없는 사단·재단 또는 그 밖의 단체는 부가가치세를 납부할 의무가 있다(부법 3 ①).

> ① 사업자
> ② 재화를 수입하는 자

2 사업자 B

★★ (1) 사업자의 개념

사업자는 ① 사업 목적이 영리이든 비영리이든 관계없이, ② 사업상 ③ 독립적으로 재화 또는 용역을 공급하는 자를 말한다(부법 2 (3)). 부가가치세는 간접세 성격을 지니고 있기 때문에 사업자는 부가가치세를 부담하지는 않지만, 법률적으로 부가가치세를 거래징수하여 신고·납부할 의무를 부담한다. 또한 사업자는 다음과 같이 구분할 수 있다.

구분		납세의무(「부가가치세법」상 사업자 여부)
① 과세사업자 (겸영사업자 포함)	㉠ 일반과세자	납세의무를 부담
	㉡ 간이과세자	납세의무를 부담하되, 특례에 따라 간이과세
② 면세사업자		납세의무를 부담하지 않음

★★ (2) 사업자의 요건

① 영리성 불문

사업자는 그 고유의 사업이 영리목적인지 관련없이 부가가치세 납세의무를 부담한다. 따라서, 부가가치세 납세의무자에는 개인, 법인, 법인격이 없는 사단·재단, 또는 그 밖의 단체, 국가와 지방자치단체·지방자치단체조합을 포함한다. 다만, 국가 등이 공급하는 대부분의 재화나 용역에 대해서는 부가가치세를 면세하도록 규정하고 있다.

② 사업성 필요

'사업성'이라 함은 재화 또는 용역의 공급행위가 계속·반복적으로 이뤄져야 한다는 것이고 이에 대한 판단은 실질에 따라 판단한다. 따라서, 사업형태를 갖추고 계속적·반복적인 의사로 재화 또는 용역을 공급하는 경우에는 등록 여부나 거래징수 여부와는 관계없이 사업자로 보아 부가가치세 납세의무를 부담한다(부기통 3-0-1 ①).

> **참고**
>
> **사업성 유무에 따른 납세의무 여부의 판단 예시**
> ① 농민이 자기농지의 확장 또는 농지개량작업에서 생긴 토사석을 일시적으로 판매하는 경우에는 납세의무가 없다 (부기통 3-0-6)
> ② 청산 중에 있는 내국법인은 「상법」의 규정에 의한 계속등기 여부에 불구하고 사실상 사업을 계속하는 경우에는 납세의무가 있다(부기통 3-0-5)
> ③ 새마을금고가 사업상 독립적으로 부가가치세가 과세되는 재화를 공급하는 경우에는 납세의무가 있다(부기통 3-0-4).

오쌤 Talk

국가·지방자치단체의 납세의무

구분	납세의무
부가가치세	O
가산세	O
법인세	X

기출 OX

01. 국가와 지방자치단체는 부가가치세의 납세의무자가 아니다. 2012. 9급
정답 X

기출 OX

02. 부가가치세 납세의무자인 사업자란 사업상 독립적으로 재화 또는 용역을 공급하는 자로서 그 사업목적은 영리인 경우에 한한다. 2018. 9급
정답 X

오쌤 Talk

사업자의 구분

법인이 명목적으로는 휴업했다고 하더라도 실질적으로 재화를 공급하고 있는 경우 사실상 사업을 계속하는 것으로 보아 부가가치세에 대한 납세의무를 짐

기출 OX

03. 농민이 자기농지의 확장 또는 농지개량 작업에서 생긴 토사석을 일시적으로 판매하는 경우에는 납세의무가 없다. 2010. 9급
정답 O

04. 청산 중에 있는 내국법인은 상법의 규정에 의한 계속등기 여부에도 불구하고 사실상 사업을 계속하는 경우에는 납세의무가 있다. 2010. 9급
정답 O

③ 독립성 필요

'독립성'이라 함은 인적 독립성과 물적 독립성을 모두 만족하여 재화 또는 용역을 공급해야 하며, 타인에게 고용되는 등 종속성이 없어야 한다.

㉠ 인적 독립성

고용된 지위에서 공급하는 자는 사업자가 될 수 없다. **따라서 근로자는 사업자가 될 수 없고, 고용관계에 따라 근로를 제공하는 것은 부가가치세를 과세할 수 없다**(부법 12 ③).

㉡ 물적 독립성

하나의 사업에 부수되거나 단순히 그 사업의 연장에 불과한 행위는 독립적인 사업으로 보지 않기 때문에 이러한 부수적 사업의 경우에는 주된 사업의 과세 유무에 따라 그 과세 여부가 달라지게 된다.

> **참고**
>
> **농어가부업**
>
> 「소득세법」에 따라 소득세가 과세되지 않는 농어가부업은 사업을 구분할 때에 독립된 사업으로 보지 아니한다. 농어가부업은 다음과 같이 처리한다(부칙 2 ③).
>
> ① 축산·고공품 제조·양어 및 그 밖에 이와 유사한 활동: 독립된 사업으로 보지 않기 때문에 부가가치세를 과세하지 않는다.
> ② 민박, 음식물 판매, 특산물 제조, 전통차 제조 및 그 밖에 이와 유사한 활동: 독립된 사업으로 보아 부가가치세를 과세한다.

3 재화를 수입하는 자 B

재화를 수입하는 자는 그 재화의 수입에 대한 부가가치세를 납부할 의무가 있다(부법 3 ① (2)). 소비지국 과세방식에 따라, 재화의 수입은 공급자가 (국외에 있으므로) 부가가치세를 거래징수하여 납부할 의무가 없기 때문이다. **따라서 재화의 수입은 사업자 여부를 불문하고 수입하는 자가 세관장에게 관세를 신고납부하는 때에 재화의 수입에 대한 부가가치세를 함께 신고납부해야 한다**(부법 50).

4 신탁 관련 부가가치세 납세의무 B

★★(1) 원칙적 납세의무자: 수탁자

① 수탁자

신탁재산[*1]과 관련된 재화 또는 용역을 공급하는 때에는 「신탁법」에 따른 **수탁자가 신탁재산별로 각각 별도의 납세의무자로서 부가가치세를 납부할 의무가 있다**(부법 3 ②).

[*1] 신탁재산: 신탁재산이란 「신탁법」 또는 다른 법률에 따른 신탁재산(해당 신탁재산의 관리, 처분 또는 운용 등을 통하여 발생한 소득 및 재산을 포함)을 말한다.(부령 5의2 ①)

기출 OX

05. 재화를 수입하는 자는 사업자가 아니어도 부가가치세의 납세의무자가 될 수 있다. 2018. 9급
정답 O

기출 OX

06. 「신탁법」상 신탁재산의 개발·관리 등 신탁업무를 처리함에 있어서의 사업자 및 이에 따른 부가가치세 납세의무자는 수탁자가 된다. 2010. 9급
정답 O

② 공동수탁자의 연대납세의무

수탁자가 납세의무자가 되는 신탁재산에 둘 이상의 수탁자(공동수탁자)가 있는 경우 공동수탁자는 부가가치세를 연대하여 납부할 의무가 있다. 이 경우 공동수탁자 중 신탁 사무를 주로 처리하는 수탁자(대표수탁자)가 부가가치세를 신고·납부하여야 한다(부법 3 ④).

③ 신탁수익자의 제2차 납세의무

수탁자가 납부하여야 하는 다음 중 어느 하나에 해당하는 부가가치세 또는 강제징수비(이하 '부가가치세등')를 신탁재산으로 충당하여도 부족한 경우에는 그 신탁의 수익자는 지급받은 수익과 귀속된 재산의 가액을 합한 금액을 한도로 하여 그 부족한 금액에 대하여 납부할 의무(제2차 납세의무)를 진다(부법 3의2 ①).

> ㉠ 신탁 설정일 이후에 「국세기본법」에 따른 법정기일이 도래하는 부가가치세로서 해당 신탁재산과 관련하여 발생한 것
> ㉡ 위 ㉠의 금액에 대한 강제징수 과정에서 발생한 강제징수비

④ 신탁재산에 대한 강제징수 특례

수탁자가 납부해야 하는 부가가치세가 체납된 경우에는 「국세징수법」에도 불구하고 해당 신탁재산에 대해서만 강제징수를 할 수 있다(부법 58의2).

★★ (2) 예외적 납세의무자: 위탁자

① 위탁자

다음 중 어느 하나에 해당하는 경우에는 「신탁법」에 따른 위탁자가 부가가치세를 납부할 의무가 있다(부법 3 ③, 부령 5의 2).

> ㉠ 신탁재산과 관련된 재화 또는 용역을 위탁자 명의로 공급하는 경우
> ㉡ 위탁자가 신탁재산을 실질적으로 지배·통제하는 경우
> ㉢ 위탁자의 지위 이전을 신탁재산의 공급으로 보는 경우 기존의 위탁자에게 부가가치세 납세의무가 있음

참고

위탁자가 신탁재산을 실질적으로 지배·통제하는 경우(부령 5의2 ②)

① 수탁자가 위탁자로부터 부동산 또는 부동산 관련 권리 등을 수탁받아 부동산개발사업을 목적으로 하는 신탁계약을 체결한 경우로서 그 신탁계약에 의한 부동산개발사업비의 조달의무를 수탁자가 부담하지 아니하는 경우(수탁자가 「도시 및 주거환경정비법」 등에 따른 재개발사업·재건축사업 등의 사업시행자인 경우는 제외)
② 수탁자가 「도시 및 주거환경정비법」 등에 따른 재개발사업·재건축사업 등의 사업대행자인 경우
③ 수탁자가 위탁자의 지시로 위탁자와 법령에 정한 특수관계에 있는 자에게 신탁재산과 관련된 재화·용역을 공급하는 경우

오쌤 Talk

신탁수익자의 납세의무

신탁의 수익자가 제2차 납세의무를 지는 경우에 신탁의 수익자에게 귀속된 재산의 가액은 신탁재산이 해당 수익자에게 이전된 날 현재의 시가로 한다.

오쌤 Talk

위탁자 지위 이전에 따른 재화의 공급 간주 Link-294

① 원칙: 위탁자 지위가 이전되는 경우 재화의 공급으로 봄
② 예외: 신탁재산의 실질적 소유권 이전이 있다고 보기 어려운 경우는 공급으로 보지 않음

📖 **확인문제** 최신

01. 부가가치세법령상 납세의무자에 대한 설명으로 옳은 것은? (단, 신탁재산은 부가가치세법령상 정의를 충족한다) 2024. 9급

① 신탁재산과 관련된 재화 또는 용역을 위탁자 명의로 공급하는 경우 「신탁법」제2조에 따른 수탁자가 부가가치세를 납부할 의무가 있다.
② 「신탁법」에 따른 신탁재산과 관련된 재화 또는 용역을 공급하는 때에는 「신탁법」제2조에 따른 위탁자가 신탁재산별로 각각 별도의 납세의무자로서 부가가치세를 납부할 의무가 있다.
③ 「신탁법」제10조에 따른 위탁자의 지위 이전을 신탁재산의 공급으로 보는 경우에는 새로운 위탁자가 해당 공급에 대한 부가가치세의 납세의무자가 된다.
④ 위탁자가 신탁재산을 실질적으로 지배·통제하는 경우로서 「자본시장과 금융투자업에 관한 법률」제9조 제18항제1호에 따른 투자신탁의 경우에는 「신탁법」제2조에 따른 위탁자가 부가가치세를 납부할 의무가 있다.

정답 ④

오쌤 Talk

물적납세의무자 면제해주는 경우
① 납세증명서 제출(p.186)
② 관허사업의 제한(p.189)
③ 체납자료 제공(p.191)
④ 고액·상습체납자 명단 공개(p.193)

② 신탁재산 관련 수탁자의 물적납세의무

위 ①에 따라 부가가치세를 납부하여야 하는 위탁자가 다음 중 어느 하나에 해당하는 부가가치세 등을 체납한 경우로서 그 위탁자의 다른 재산에 대하여 강제징수를 하여도 징수할 금액에 미치지 못할 때에는 해당 신탁재산의 수탁자는 그 신탁재산으로써 이 법에 따라 위탁자의 부가가치세 등을 납부할 의무(물적납세의무)가 있다(부법 3의2 ②).

> ⊙ 신탁 설정일 이후에 「국세기본법」에 따른 법정기일이 도래하는 부가가치세로서 해당 신탁재산과 관련하여 발생한 것
> ⓒ 위 ⊙의 금액에 대한 강제징수 과정에서 발생한 강제징수비

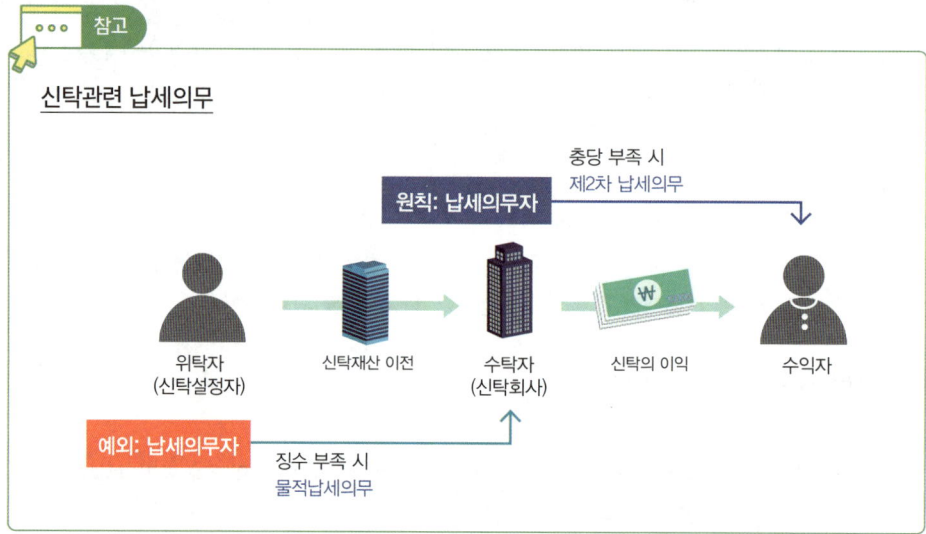

5 과세대상 B

부가가치세는 다음의 거래에 대하여 과세한다(부법 4).

> ① 사업자가 행하는 재화 또는 용역의 공급
> ② 재화의 수입

오쌤 Talk

재화의 범위

물건	① 상품, 제품, 원재료, 기계, 건물 등의 모든 유체물 ② 전기, 가스, 열 등 관리할 수 있는 자연력
권리	특허권, 저작권, 광업권 등 재산적 가치가 있는 모든 것

③ 과세기간과 납세지

1 과세기간 C

(1) 일반적인 경우

'과세기간'이란 과세표준 계산에 기초가 되는 기간으로 일반적인 경우 사업자에 대한 부가가치세의 과세기간은 다음과 같다(부법 5).

① 일반과세자

간이과세자와 다르게 **일반과세자는 6개월을 1과세기간으로 한다.** 1과세기간을 다시 반으로 나누어 앞의 기간은 '예정신고기간', 뒤의 기간은 '과세기간 최종 3개월'이라고 칭한다.

구분	과세기간	예정신고기간과 과세기간 최종 3개월		신고납부 기한
제1기	1월 1일 ~ 6월 30일	예정신고기간	1. 1. ~ 3. 31.	4. 25.
		과세기간 최종 3개월	4. 1. ~ 6. 30.	7. 25.
제2기	7월 1일 ~ 12월 31일	예정신고기간	7. 1. ~ 9. 30.	10. 25.
		과세기간 최종 3개월	10. 1. ~ 12. 31.	1. 25.

② 간이과세자

1월 1일부터 12월 31일까지를 과세기간으로 한다.

★(2) 신규사업을 시작한 경우

신규사업자의 경우의 과세기간은 다음과 같다(부법 5 ②).

구분	최초 과세기간
① 원칙	사업 개시일 ~ 그 날이 속하는 과세기간의 종료일
② 사업 개시일 이전에 사업자등록을 신청한 경우	사업자등록 신청일 ~ 그 날이 속하는 과세기간의 종료일

이때 '사업 개시일'이라 함은 다음과 같다(부령 6).

구분	사업 개시일
① 제조업	제조장별로 재화의 제조를 시작하는 날
② 광업	사업장별로 광물의 채취 또는 채광을 시작하는 날
③ 그 밖의 사업	재화나 용역의 공급을 시작하는 날

(3) 사업자가 휴업하는 경우

사업자가 휴업하는 경우의 '휴업일'의 구분은 다음에 따른다.

구분	휴업일
① 일반적인 경우	그 사업을 실질적으로 휴업한 날 다만, 휴업한 날이 분명하지 아니한 경우에는 휴업신고서의 접수일
② 계절적인 사업인 경우	그 계절이 아닌 기간은 휴업기간

★ (4) 사업자가 폐업하는 경우

사업자가 폐업하는 경우의 과세기간은 폐업일이 속하는 과세기간의 개시일 ~ 폐업일로 하되, 이때, '폐업일'의 구분은 다음에 따른다(부법 5 ③, 부령 7 ①).

구분	폐업일
① 합병으로 인한 소멸 시	합병법인의 변경등기일 또는 설립등기일
② 분할로 인한 폐업 시	분할법인의 분할변경등기일
③ 분할로 인한 소멸 시	분할신설법인의 설립등기일
④ 그 밖의 경우	사업장별로 그 사업을 실질적으로 폐업하는 날 다만, 폐업한 날이 분명하지 아니한 경우에는 폐업신고서의 접수일

★ (5) 사업 개시일 전에 사업자등록을 한 자가 사업을 실질적으로 시작하지 않는 경우

사업 개시일 전에 사업자등록을 한 자로서 사업자등록을 한 날부터 6개월이 되는 날까지 재화와 용역의 공급실적이 없는 자에 대해서는 그 6개월이 되는 날을 폐업일로 본다. 다만, 사업장의 설치기간이 6개월 이상이거나 그 밖의 정당한 사유로 인하여 사업 개시가 지연되는 경우에는 그러하지 아니하다(부령 7 ③).

오쌤 Talk

사업을 개시하지 않은 경우 폐업

사업을 개시하지 아니하게 되는 날을 폐업일로 간주하는 규정은 사업개시 전 등록을 한 자에 대해서 적용한다. 즉, 사업 도중에 6개월 이상 공급실적이 없는 경우에는 해당하지 않는다.

(6) 청산 중인 내국법인과 회생절차를 진행 중인 내국법인

해산으로 청산 중인 내국법인 또는 「채무자 회생 및 파산에 관한 법률」에 따라 법원으로부터 회생계획인가 결정을 받고 회생절차를 진행 중인 내국법인이 사업을 실질적으로 폐업하는 날부터 25일 이내에 납세지 관할 세무서장에게 신고하여 승인을 받은 경우에는 잔여재산가액 확정일(해산일부터 365일이 되는 날까지 잔여재산가액이 확정되지 아니한 경우에는 그 해산일부터 365일이 되는 날)을 폐업일로 할 수 있다(부령 7 ②).

(7) 과세유형이 변경되는 경우

과세유형이 일반과세자에서 간이과세자로 또는 간이과세자에서 일반과세자로 변경될 수 있다. 이 경우 간이과세자 규정을 적용하는 과세기간은 다음과 같이 한다(부법 5 ④).

과세유형의 변경	간이과세자 규정을 적용하는 과세기간
① 일반과세자 → 간이과세자	그 변경 이후 7월 1일 ~ 12월 31일
② 간이과세자 → 일반과세자	그 변경 이전 1월 1일 ~ 6월 30일

오쌤 Talk

과세유형 전환에 따른 과세기간

과세유형이 변경되기 위해서는 직전 1년의 공급대가가 필요한데, 이는 다음 해 상반기 중에 확정이 된다. 그러므로 일반과세자가 간이과세자로 변경되는 것은 다음 해 7월 1일부터 적용할 수 있다. 마찬가지로 간이과세자가 일반과세자로 변경되는 것도 직전 1년 공급대가의 확정분을 통해 판단하여 다음 해 7월 1일부터 일반과세 유형을 적용한다.

> 참고

과세유형이 변경되는 경우

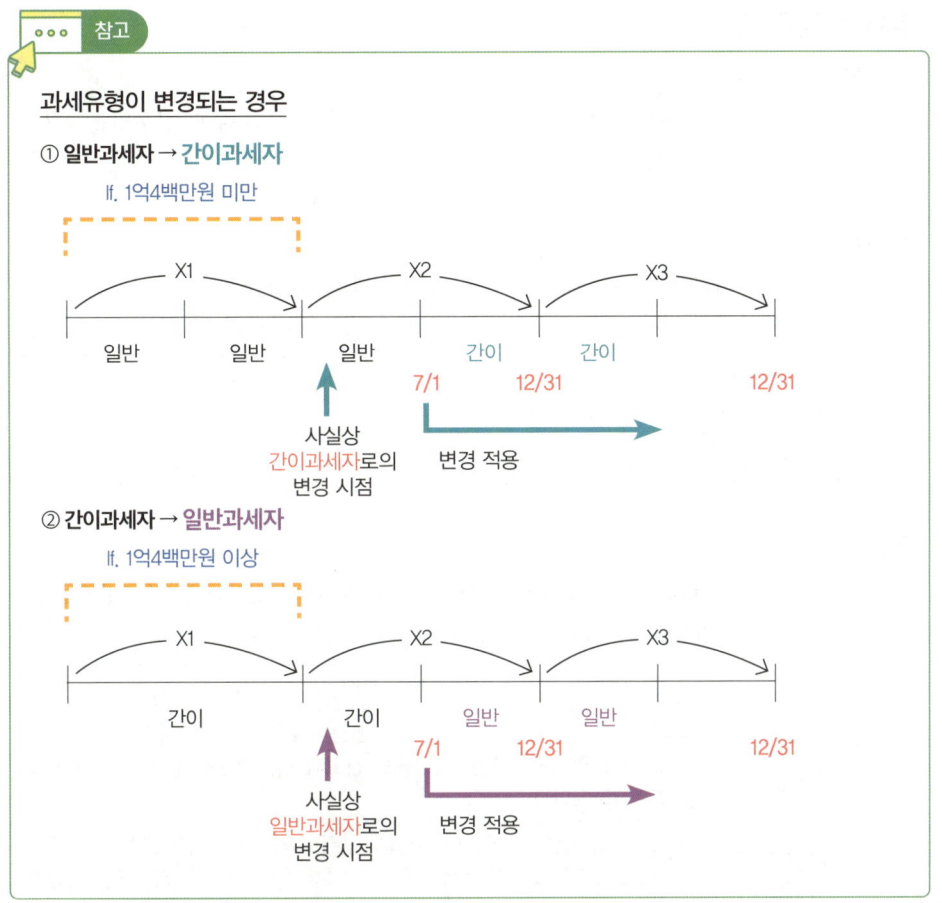

★ **(8) 간이과세를 포기한 경우**

간이과세자가 간이과세자에 관한 규정의 적용을 포기함으로써 일반과세자로 되는 경우 다음의 기간을 각각 하나의 과세기간으로 한다(부법 5 ⑤).

과세유형	적용 과세기간
① 간이과세자의 과세기간	간이과세의 적용 포기의 신고일이 속하는 과세기간의 개시일 ~ 그 신고일이 속하는 달의 마지막 날
② 일반과세자의 과세기간	간이과세의 적용 포기의 신고일이 속하는 달의 다음 달 1일 ~ 해당 과세기간의 종료일

> 참고

간이과세 포기

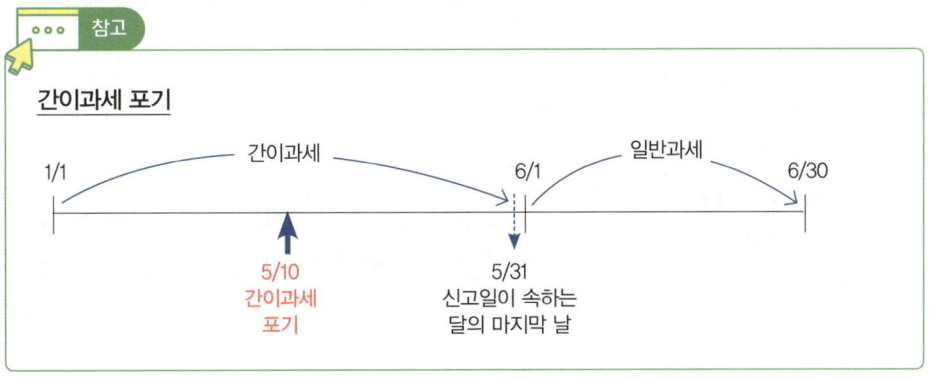

2 납세지

(1) 개요

'납세지'란 납세의무자의 납세의무 및 협력의무 이행과 정부의 부과·징수권을 행사하는 기준이 되는 장소를 말한다.

① 원칙

부가가치세는 **사업장별 과세원칙**에 따라 사업장을 기준으로 납세의무를 이행하도록 하고 있다. 따라서 사업자와 수입자의 부가가치세 납세지는 다음과 같다(부법 6 ①, ⑥).

납세의무자	납세지
⊙ 사업자	각 사업장 소재지
ⓒ 재화를 수입하는 자	「관세법」에 따라 수입을 신고하는 세관의 소재지

② 특례

납세의무자의 편의를 위하여 예외적으로 사업장 과세원칙에서 벗어나 주사업장총괄납부와 사업자단위과세제도를 두고 있다(부법 51 ①, 6 ④, 8 ③).

구분	납세지
⊙ 주사업장 총괄납부	사업장이 둘 이상인 사업자[1]가 신청한 경우 주된 사업장에서 총괄하여 납부할 수 있다. 하지만 이러한 경우에도 신고와 세금계산서 발급 등은 각 사업장별로 행하여야 한다.
ⓒ 사업자단위 과세 제도	사업장이 둘 이상인 사업자가 사업자 단위로 해당 사업자의 본점 또는 주사무소의 소재지를 납세지로서 총괄하여 납부할 수 있다. 이 경우에는 사업자등록과 세금계산서를 모두 한 가지 번호로 단일화한다.

[1] 사업장이 하나이나 추가로 사업장을 개설하려는 사업자를 포함

(2) 사업장의 범위

'사업장'이란 사업자가 사업을 하기 위하여 거래의 전부 또는 일부를 하는 고정된 장소를 말하며, 그 범위는 다음과 같다(부법 6 ②, 부령 8 ①, ⑥, ⑦)

구 분	사업장
① 광업	광업사무소의 소재지 단, 광업사무소가 광구 밖에 있을 때에는 광업사무소에서 가장 가까운 광구에 대하여 작성한 광업원부의 맨 처음에 등록된 광구 소재지에 광업사무소가 있는 것으로 본다.
② 제조업	최종 제품을 완성하는 장소 단, 따로 제품의 포장만을 하거나 용기에 충전만을 하는 장소는 제외한다.
③ 건설업·운수업과 부동산매매업	⊙ 법인인 경우: 법인의 등기부상의 소재지 　　　　　　　(등기부 상의 지점소재지 포함) ⓒ 개인인 경우: 사업에 관한 업무를 총괄하는 장소

기출 OX

07. 재화를 수입하는 자의 부가가치세 납세지는 수입자의 주소지로 한다.
2022. 9급
정답 X

확인문제

02. 「부가가치세법」상 사업장에 관한 설명으로 옳지 않은 것은? 2010. 7급
① 부가가치세는 사업장마다 신고·납부하는 것을 원칙으로 한다.
② 광업에 있어서 광업사무소가 광구 안에 있는 때에는 광업사무소의 소재지를 사업장으로 한다.
③ 제조업에 있어서 따로 제품의 포장만을 하거나 용기에 충전만을 하는 장소도 사업장이 될 수 있다.
④ 건설업과 운수업에 있어서는 사업자가 법인인 경우에는 해당 법인의 등기부상 소재지를 사업장으로 한다.

정답 ③

④ 부동산임대업	㉠ 원칙: **부동산의 등기부상의 소재지**
	 ㉡ 예외: 다음의 경우에는 **그 사업에 관한 업무를 총괄하는 장소**
	     ⓐ 부동산상의 권리만을 대여하는 경우(전대, 전전세 등)
	     ⓑ 다음의 사업자가 부동산을 임대하는 경우: 한국자산관리공사, 농업협동조합자산관리회사, 기업구조조정 부동산투자회사, 예금보험공사 및 정리금융기관, 「전기사업법」에 따른 전기사업자, 「전기통신사업법」에 따른 전기통신사업자, 지방공사, 한국농어촌공사, 한국도로공사, 한국철도시설공단 및 한국토지주택공사, 주택도시보증공사^{NEW}	

⑤ 다단계판매원이 재화나 용역을 공급하는 사업	다단계판매원이 법에 의하여 등록한 다단계판매업자의 주된 사업장의 소재지 단, 다단계판매원이 상시 주재하여 거래의 전부 또는 일부를 행하는 별도의 장소가 있는 경우에는 그 장소를 사업장으로 한다.	
⑥ 무인자동판매기를 통하여 재화·용역을 공급하는 사업	**사업에 관한 업무를 총괄하는 장소**	**기출 OX** **08.** 무인자동판매기를 통하여 재화·용역을 공급하는 사업은 무인자동판매기가 설치된 장소를 사업장으로 한다. 2016. 9급 정답 X
⑦ 비거주자 또는 외국법인의 경우	「소득세법」·「법인세법」에 따른 국내사업장	
⑧ 사업자등록을 신청하는 신탁재산의 경우	해당 신탁재산의 등기부상 소재지, 단, 담보신탁의 경우 등록부상 등록지 또는 신탁사업에 관한 업무를 총괄하는 장소	
⑨ 기타	다음의 경우는 '사업에 관한 업무를 총괄하는 장소'로 한다. ㉠ 수자원을 개발하여 공급하는 사업, 전기통신사업자가 통신요금 통합청구의 방법으로 요금을 청구하는 전기통신사업, 우정사업조직이 소포우편물을 방문접수하여 배달하는 용역을 공급하는 사업, 전기판매사업자가 전기요금통합청구의 방법으로 요금을 청구하는 전기판매사업, 송유관설치자가 송유관을 통하여 재화나 용역을 공급하는 사업 ㉡ 한국철도공사가 경영하는 사업(지역별 총괄장소) ㉢ **국가·지방자치단체 또는 지방자치단체조합이 공급하는 부동산 임대업, 도매 및 소매업, 음식점업·숙박업 등**	**기출 OX** **09.** 국가, 지방자치단체 또는 지방자치단체조합이 공급하는 부동산 임대용역에 있어서 사업장은 그 부동산의 등기부상 소재지이다. 2021. 7급 정답 X

★★ (3) 사업장을 두지 아니한 경우

사업자가 사업장을 두지 아니하면 **사업자의 주소 또는 거소를 사업장으로 한다**(부법 6 ③). **사업자가 사업장을 설치하지 아니하고 사업자등록도 하지 아니한 경우에는 과세표준 및 세액을 결정하거나 경정할 당시의 사업자의 주소 또는 거소를 사업장으로 한다**(부령 8 ⑤).

기출 OX

10. 사업장을 설치하지 아니하고 사업자등록도 하지 아니하는 경우에는 과세표준 및 세액을 결정하거나 경정할 당시의 사업자의 주소 또는 거소를 사업장으로 한다. 2016. 9급
정답 O

★★ (4) 신청에 의한 사업장 등록

위 '(2)와 아래 (5)의 ①'의 규정에 따른 사업장 외의 장소도 사업자의 신청에 따라 **추가로 사업장으로 등록할 수 있다. 다만, 무인자동판매기를 통하여 재화·용역을 공급하는 사업의 경우에는 추가로 사업장을 등록할 수 없다**(부령 8 ④).

기출 OX

11. 무인자동판매기를 통하여 재화 또는 용역을 공급하는 사업에 있어서 사업장은 그 사업에 관한 업무를 총괄하는 장소이다. 다만, 그 이외의 장소도 사업자의 신청에 의하여 추가로 사업장으로 등록할 수 있다. 2021. 7급
정답 X

★★ (5) 직매장과 하치장, 임시사업장

직매장은 사업장으로 보지만, 하치장과 임시사업장은 사업장으로 보지 아니한다(부법 6 ⑤, 부령 8 ③).

① 직매장

사업자가 자기의 사업과 관련하여 생산하거나 취득한 재화를 직접 판매하기 위하여 특별히 판매시설을 갖춘 장소를 말한다(부령 8 ③). 직매장은 사업장으로 인정되기 때문에 직매장을 신설할 경우 사업장별 과세원칙에 따라 사업자등록을 해야 한다.

② 하치장

재화를 보관하고 관리할 수 있는 시설만을 갖춘 장소로서 사업자가 하치장 관할 세무서장에게 *하치장설치신고서*를 통해 그 설치 신고를 한 장소를 말한다. 사업자는 하치장을 둔 날부터 10일 이내에 하치장설치신고서를 제출하여야 한다. 설치 신고를 받은 하치장 관할 세무서장은 10일 이내에 납세지 관할 세무서장에게 그 사실을 통보해야 한다(부령 9 ①, ②).

③ 임시사업장

사업장이 있는 사업자가 각종 경기대회나 박람회 등 행사가 개최되는 장소에 개설한 임시사업장으로서 그 개설 신고된 장소를 말한다. 이러한 임시사업장은 기존에 사업자가 두고 있던 사업장에 포함되는 것으로 한다(부법 6 ⑤ (2), 부령 10 ①).

하치장과 마찬가지로, 임시사업장은 별도의 사업장으로 보지 않기 때문에 별도로 사업자등록을 할 필요가 없다. 한편, 임시사업장을 개설하거나 폐쇄하기 위한 절차는 다음과 같다(부령 10 ②, ④).

> ㉠ 개설: 임시사업장을 개설하려는 자는 임시사업장 개설 신고서를 해당 임시사업장의 사업 개시일부터 10일 이내에 임시사업장의 관할 세무서장에게 제출해야 한다. 다만, 임시사업장의 설치기간이 10일 이내인 경우에는 임시사업장 개설 신고를 하지 않을 수 있다.
> ㉡ 폐쇄: 임시사업장을 폐쇄하였을 때에는 폐쇄일부터 10일 이내에 임시사업장 폐쇄 신고서를 제출해야 한다.

기출 OX

12. 사업자가 자기의 사업과 관련하여 생산한 재화를 직접 판매하기 위하여 특별히 판매시설을 갖춘 장소는 사업장으로 본다. 2016. 9급
정답 O

기출 OX

13. 재화를 보관하고 관리할 수 있는 시설만 갖춘 장소로서 법령이 정하는 바에 따라 하치장으로 신고된 장소는 사업장으로 보지 아니한다. 2016. 9급
정답 O

14. 하치장설치신고서를 하치장 관할 세무서장에게 제출한 경우에는 하치장도 사업장으로 볼 수 있다. 2011. 9급
정답 X

3 주사업장총괄납부 A

사업장별 과세원칙에 대한 예외로, 사업장이 둘 이상인 사업자(사업장이 하나이나 추가로 사업장을 개설하려는 사업자를 포함)가 주된 사업장 관할 세무서장에게 주사업장 총괄납부를 신청한 경우에는 각 사업장의 납부세액 또는 환급세액을 통산하여 주된 사업장에서 총괄하여 납부(환급)할 수 있는데 이를 주사업장총괄납부라고 한다(부법 51 ①). 이러한 경우에도 각각 납부세액을 계산하여야 하며, 신고와 세금계산서 발급 등은 각 사업장별로 행하며 결정과 경정도 각 사업장 관할 세무서장이 행한다.

★★ (1) 주된 사업장

주된 사업장은 법인과 개인의 경우 다음과 같이 판단한다(부령 92 ①).

구분	주된 사업장의 판단
① 법인사업자	본점(주사무소 포함) 또는 지점(분사무소 포함) 중 선택
② 개인사업자	주사무소만 가능(지점이나 분사무소를 주된 사업장으로 할 수 없음)

★★ (2) 신청 절차

① 계속사업자

주된 사업장에서 총괄하여 납부하는 사업자가 되려는 자는 그 납부하려는 과세기간 개시 20일 전에 주사업장총괄납부 신청서를 주된 사업장의 관할 세무서장에게 제출해야 한다(부령 92 ②). 이러한 제출은 승인을 요건으로 하지 않는다.

② 신규사업자 및 추가로 사업장을 개설하려는 자

다음에 해당하는 자가 주된 사업장에서 총괄하여 납부하려는 경우에는 다음의 구분에 따른 기한까지 주사업장총괄납부 신청서를 주된 사업장 관할 세무서장에게 제출(국세정보통신망에 의한 제출을 포함)하여야 한다(부령 92 ③).

구분	신청서 제출 기한
㉠ 신규사업자	주된 사업장의 사업자등록증을 받은 날부터 20일
㉡ 사업장이 하나이나 추가로 사업장을 개설하려는 자	추가 사업장의 사업 개시일부터 20일 (추가 사업장의 사업 개시일이 속하는 과세기간 이내로 한정)

 오쌤 Talk

주사업장총괄납부

사업장 간의 납부세액을 통산한다는 의미는 과세표준 및 매출세액과 매입세액을 사업장 간에 통산하여 납부세액을 순액으로 산정하라는 의미가 아니다. 즉, 각 사업장별로 매출세액과 매입세액을 따로 계산하여 납부세액 또는 환급세액을 각각 계산하여야 한다. 이렇게 계산된 납부세액 또는 환급세액을 서로 합산 또는 상계하여 그 잔액을 납부하거나 환급받는다는 의미이다.

기출 OX

15. 주사업장총괄납부 사업자에 대한 과세표준 및 세액의 결정·경정과 그 납부고지는 주사업장 관할 세무서장이 행한다. 2008. 9급
정답 X

기출 OX

16. 법인이 주사업장 총괄 납부의 신청을 하는 경우 주된 사업장은 본점 또는 주사무소를 말하며, 지점 또는 분사무소는 주된 사업장으로 할 수 없다. 2021. 7급
정답 X

 오쌤 Talk

주사업장총괄납부 신청

주사업장총괄납부는 승인이 필요하지 않는다. 즉, 적용받으려는 자가 신청만 하면 된다.

기출 OX

17. 기존사업자로서 주사업장총괄납부하고자 하는 자는 과세기간 개시 20일 전에 주사업장총괄납부신청서를 제출하면 다음 과세기간부터 총괄납부할 수 있다. 2008. 9급
정답 O

18. 신규로 사업을 시작하는 자가 주된 사업장에서 총괄하여 납부하려는 경우에는 주된 사업장의 사업자등록증을 받은 날부터 20일까지 주사업장 총괄납부 신청서를 주된 사업장의 관할 세무서장에게 제출하여야 한다. 2021. 7급
정답 O

★ **(3) 변경 절차**

주사업장총괄납부 사업자는 다음의 사유가 발생한 경우에는 **관할 세무서장에게 사업자의 인적사항, 변경사유 등이 적힌 주사업장총괄납부 변경신청서를 제출해야 한다**(부령 93 ①). 주사업장총괄납부 변경신청서를 제출하였을 때에는 그 변경신청서를 제출한 날이 속하는 과세기간부터 총괄하여 납부한다(부령 93 ②).

[주사업장총괄납부 변경사유별 제출처]

사 유	변경신청서의 제출처
① 종된 사업장을 신설하는 경우	그 신설하는 종된 사업장 관할 세무서장
② 종된 사업장을 주된 사업장으로 변경하려는 경우	주된 사업장으로 변경하려는 사업장 관할 세무서장
③ 사업자등록 정정사유가 발생하는 경우	그 정정사유가 발생한 사업장 관할 세무서장(법인의 대표자를 변경하는 때에는 주된 사업장 관할 세무서장)
④ 일부 종된 사업장을 총괄납부 대상 사업장에서 제외하려는 경우	주된 사업장 관할 세무서장
⑤ 기존의 사업장을 총괄납부대상 사업장에 추가하려는 경우	주된 사업장 관할 세무서장

★ **(4) 적용 제외 및 포기 절차**

적용 제외 또는 포기 규정에 따라 주사업장총괄납부를 적용하지 아니하게 되거나 포기한 경우에는 **그 적용을 하지 아니하게 된 날 또는 포기한 날이 속하는 과세기간의 다음 과세기간부터 각 사업장에서 납부하여야 한다**(부령 94 ④).

① 적용 제외

주사업장총괄납부 사업자가 다음 중 어느 하나에 해당하는 경우 주된 사업장 관할 세무서장은 주사업장총괄납부를 적용하지 않을 수 있다(부령 94 ①).

㉠ 사업내용의 변경으로 총괄납부가 부적당하다고 인정되는 경우
㉡ 주된 사업장의 이동이 빈번한 경우
㉢ 그 밖의 사정변경으로 인하여 총괄납부가 적당하지 않게 된 경우

② 포기

주사업장총괄납부 사업자가 주사업장총괄납부를 포기할 때에는 각 사업장에서 **납부하려는 과세기간 개시 20일 전에 주사업장총괄납부 포기신고서를 주된 사업장 관할 세무서장에게 제출**(국세정보통신망에 의한 제출을 포함)해야 한다(부령 94 ②).

4 사업자단위과세 A

사업장별 과세원칙에 대한 예외로, 사업장이 둘 이상인 사업자(사업장이 하나이나 추가로 사업장을 개설하려는 사업자를 포함)가 **사업자 단위로 사업자등록을 신청(승인을 요하지 않는다)**한 경우에는, 사업자 단위로 부가가치세를 신고·납부할 수 있는데 이를 **사업자단위과세라고 한다**(부법 8 ③). 주사업장총괄납부는 납부(환급)만 주사업장에서 총괄하였던 것에 반해, 사업자단위과세를 적용할 경우 **적용되는 사업장에 한 개의 등록번호만 부여되기** 때문에 신고와 세금계산서 발급 등도 본점 또는 주사무소에서 총괄하여 행하며 결정과 경정도 본점 또는 주사무소의 관할 세무서장이 행한다.

★★ (1) 납세지

사업자단위로 등록한 사업자단위과세사업자는 각 사업장을 대신하여 그 사업자의 **본점 또는 주사무소의 소재지를 부가가치세 납세지로 한다**(부법 6 ④).

★ (2) 신청 절차

① 계속사업자의 변경등록 신청

사업장 단위로 **기존에 등록한 사업자도** 사업자단위과세사업자로 변경등록을 신청할 수 있다. 변경을 위해서는 **사업자단위과세사업자로 적용 받으려는 과세기간 개시 20일 전까지 사업자의 본점 또는 주사무소 관할 세무서장에게 변경등록을 신청하여야 한다.** 사업자단위과세사업자가 사업장 단위로 등록을 하려는 경우에도 같다(부법 8 ④).

② 신규사업자의 등록 신청

사업장이 둘 이상인 사업자(사업장이 하나이나 추가로 사업장을 개설하려는 사업자를 포함)는 **사업 개시일부터 20일 이내에 사업자 단위로 해당 사업자의 본점 또는 주사무소 관할 세무서장에게 등록**을 신청할 수 있다(부법 8 ①, ③).

③ 사업장이 하나이나 추가로 사업장을 개설하는 자

사업장이 하나인 사업자가 추가로 사업장을 개설하면서 추가 사업장의 사업 개시일이 속하는 과세기간부터 사업자단위과세사업자로 적용 받으려는 경우에는 **추가 사업장의 사업 개시일부터 20일 이내(그 사업 개시일이 속하는 과세기간 이내로 한정)에 사업자의 본점 또는 주사무소 관할 세무서장에게 변경등록을 신청하여야 한다**(부법 8 ⑤).

★★ (3) 포기

사업자단위과세사업자가 각 사업장별로 신고·납부하거나 주사업장총괄납부를 하려는 경우에는, **그 납부하려는 과세기간 개시 20일 전에 사업자단위과세 포기신고서를 사업자단위과세 적용 사업장 관할 세무서장에게 제출해야 한다**(부령 17 ①). 이처럼 사업자단위과세를 포기한 경우에는 그 포기한 날이 속하는 과세기간의 다음 과세기간부터 사업자단위과세 포기신고서에 적은 내용에 따라 각 사업장별로 신고·납부하거나 주사업장총괄납부를 해야 한다(부령 17 ③).

오쌤 Talk

사업자단위과세

사업자단위과세제도는 주사업장총괄납부제도와 달리 납부뿐만 아니라 신고 등의 의무도 사업자 단위로 한다.

오쌤 Talk

사업자단위과세 신청

사업자단위과세도 승인이 필요하지 않는다. 즉, 적용받으려는 자가 등록만 하면 된다.

기출 OX

19. 사업장 단위로 등록한 사업자가 사업자단위과세사업자로 변경하려면 사업자단위과세사업자로 적용받으려는 과세기간 개시 20일 전까지 사업자의 본점 또는 주사무소 관할 세무서장에게 변경등록을 신청하여야 한다.
2020. 9급·2023. 7급 최신

정답 O

확인문제

03. 「부가가치세법」상 사업자단위과세 제도에 대한 설명으로 옳은 것은?
2009. 9급

① 사업자단위과세를 적용받는 경우에는 부가가치세 신고·납부업무를 수행하는 사업자단위 적용 사업장을 본점(주사무소 포함) 또는 지점(분사무소 포함) 중에서 선택하여 지정할 수 있다.

② 사업자단위과세제도를 적용하는 경우에도 사업자등록은 각 사업장별로 하고 각 사업장별 등록번호로 세금계산서를 발행하여야 한다.

③ 사업장이 둘 이상인 사업자로서 이미 사업자등록을 마친 사업자가 사업자단위로 등록하려면 사업자단위과세업자로 적용받으려는 과세기간 개시 20일 전까지 등록하여야 한다.

④ 사업자단위과세의 포기는 사업자단위과세사업자로 등록한 날로부터 3년이 되는 날이 속하는 과세기간의 다음 과세기간부터 할 수 있다.

정답 ③

> **참고**

주사업장총괄납부와 사업자단위과세제도의 비교

	주사업장총괄납부	사업자단위과세
① 주된 사업장	㉠ 법인사업자: 본점 또는 지점 선택 ㉡ 개인사업자: 주사무소만 가능	본점 및 주사무소만 가능
② 신청기한	신규사업자: 주된 사업장의 사업자등록증을 받은 날부터 20일 이내 ㉠ 계속사업자: 적용 과세기간 개시일 20일 이전 ㉡ 사업장이 하나이나 추가로 사업장을 개설하려는 자: 추가 사업장의 사업 개시일부터 20일 이내	신규사업자: 사업 개시일부터 20일 이내
③ 납부(환급)	주된 사업장에서 일괄적으로 납부(환급)함	
④ 신고, 사업자등록 등 기타 납세의무	각 사업장별로 기타 납세의무를 이행함	사업자단위과세 적용 사업장에서 일괄적으로 기타 납세의무를 이행함
⑤ 승인 여부	승인을 요하지 않음	
⑥ 적용 제외	㉠ 사업내용의 변경으로 총괄납부가 부적당하다고 인정되는 경우 ㉡ 주된 사업장의 이동이 빈번한 경우 ㉢ 그 밖의 사정변경으로 인하여 총괄납부가 적당하지 않게 된 경우	규정 없음
⑦ 포기	다른 방법으로 납부하고자 하는 과세기간 개시일 20일 전에 포기신고	

5 과세 관할 C

납세의무자	과세 관할(부법 7 ①, ②)
① 사업자	납세지를 관할하는 세무서장 또는 지방국세청장
② 재화를 수입하는 자	납세지를 관할하는 세관장

4 사업자등록

1 사업자등록의 의미 C

'사업자등록'이란 「부가가치세법」상 납세의무자에 해당하는 사업자가 인적사항, 상호, 사업장의 소재지 등 사업내용을 신고하여 관할세무서의 장부에 등재하는 것을 말한다. 이러한 사업자등록을 통해 관할 세무서장이 사업자등록번호를 부여함으로써 사업자별 과세자료를 관리하고, 과세행정을 효율적으로 관리할 수 있다.

2 신청 A

★★ (1) 원칙: 사업장단위 등록

사업자는 사업장마다 사업 개시일부터 20일 이내에 사업장 관할 세무서장에게 사업자등록을 신청해야 한다. 다만, 신규로 사업을 시작하려는 자는 사업 개시일 이전이라도 사업자등록을 신청할 수 있다(부법 8 ①).

사업자는 사업자등록의 신청을 사업장 관할 세무서장이 아닌 다른 세무서장에게도 할 수 있다. 이 경우 사업장 관할 세무서장에게 사업자등록을 신청한 것으로 본다(부법 8 ②).

한편, 영위하는 사업의 과세 여부에 따라 사업자등록 여부가 달라지는데, 이는 다음과 같다.

구분	사업자등록 여부
① 과세사업자	사업자등록을 하여야 한다.
② 면세사업자	부가가치세 납세의무가 면제되므로 「부가가치세법」상 등록의무는 없으나, 「소득세법」 및 「법인세법」에 따른 등록은 하여야 한다. 「소득세법」 및 「법인세법」에 따라 등록한 면세사업자가 추가로 과세사업을 경영하려는 경우 사업자등록 정정신고서를 제출하면 사업자등록 신청을 한 것으로 본다(부령 11 ⑩).
③ 면세포기사업자	사업자등록을 하여야 한다.
④ 과세사업과 면세사업의 겸영사업자	

★★ (2) 예외: 사업자단위 등록

사업장이 둘 이상인 사업자(사업장이 하나이나 추가로 개설하려는 사업자 포함)는 사업자 단위로 해당 사업자의 본점 또는 주사무소 관할 세무서장에게 등록을 신청할 수 있다(부법 8 ③). 이때 해당 사업자를 '사업자단위과세사업자'라고 한다.

공동사업자

2인 이상의 사업자가 공동사업을 하는 경우 사업자등록신청은 공동사업자 중 1인을 대표자로 하여 대표자명의로 신청해야 한다(부기통 8-14-1).

법인설립등기 전사업자등록

법인의 설립등기 전 또는 사업의 허가·등록이나 신고 전에 사업자등록을 할 때에는 법인 설립을 위한 *사업허가신청서* 사본, *사업자등록신청서* 사본 또는 사업계획서를 첨부하여 사업자등록을 할 수 있다.

🔖 **기출 OX**

20. 신규로 사업을 시작하려는 자는 사업개시일 전이라도 사업자등록신청을 할 수 있다.   2023. 7급 최신
정답 O

21. 사업자는 사업자등록의 신청을 사업장 관할 세무서장에게만 할수 있으며, 관할 세무서장이 아닌 다른 세무서장에게 한 사업자등록의 신청은 효력이 없다.   2023. 9급 최신
정답 X

「부가가치세법」상 사업자등록

부가가치세 과세사업자의 경우 「부가가치세법」상 사업자등록을 하면 「법인세법」 및 「소득세법」상 사업자등록은 면제된다.

22. 사업장이 하나이나 추가로 사업장을 개설하려는 사업자는 사업자 단위로 해당 사업자의 본점 또는 주사무소 관할 세무서장에게 등록을 신청할 수 있다.   2020. 9급
정답 O

사업자등록

구분	사업자등록	
	「부가가치세법」	「법인세법」 및 「소득세법」
과세사업자	O	X
과세·면세 겸영사업자	O	X
면세사업자	X	O

확인문제

04. 「부가가치세법」의 사업자등록에 대한 다음 설명 중 옳지 않은 것은?
2008. 9급

① 사업자등록 신청자는 「부가가치세법」상의 사업자이어야만 가능하다.
② 「부가가치세법」상 면세사업자는 「부가가치세법」상의 사업자등록의무는 없으나 「법인세법」 또는 「소득세법」상의 등록의무는 있다.
③ 부가가치세 과세사업자가 사업자등록을 하더라도 「법인세법」 또는 「소득세법」상의 사업자등록을 별개로 하여야 한다.
④ 「소득세법」 및 「법인세법」에 의하여 사업자등록을 한 자로서 면세사업을 영위하던 자가 추가로 과세사업을 영위하는 경우 사업자등록정정신고서를 제출하면 사업자등록 신청을 한 것으로 본다.

정답 ③

★(3) 신탁재산과 관련된 부가가치세 사업장

① 원칙

수탁자가 납세의무자가 되는 경우 수탁자(공동수탁자가 있는 경우 대표수탁자)는 **해당 신탁재산을 사업장으로 보아 사업자등록을 신청하여야 한다**(부법 8 ⑥). 즉, 사업자 등록을 신청하는 경우에는 해당 신탁재산의 등기부상 소재지, 등록부상 등록지 또는 신탁사업에 관한 업무를 총괄하는 장소를 사업장으로 한다(부령 8 ⑦).

② 예외

수탁자가 사업자등록을 신청한 경우로서 다음 요건을 모두 갖춘 경우에는 둘 이상의 신탁재산을 하나의 사업장으로 보아 신탁사업에 관한 업무를 총괄하는 장소를 관할하는 세무서장에게 사업자등록을 신청할 수 있다(부령 11 ⑪). 즉, **담보신탁의 경우 신탁사업에 관한 업무총괄장소로 대표 사업자등록을 허용**한다.

> ㉠ 수탁자가 하나 또는 둘 이상의 위탁자와 둘 이상의 신탁계약을 체결하였을 것
> ㉡ 신탁계약이 다음의 어느 하나에 해당할 것
>> ⓐ 수탁자가 위탁자의 채무이행을 담보하기 위해 위탁자로부터 부동산, 지상권, 전세권, 부동산임차권, 부동산소유권 이전등기청구권, 그 밖의 부동산 관련 권리를 수탁하여 운용하는 신탁계약
>> ⓑ 「자본시장과 금융투자업에 관한 법률」에 따른 신탁업자가 무체재산권(지식재산권을 포함한다)을 수탁하여 운용하는 신탁계약
>> ⓒ 「저작권법」에 따른 저작권신탁관리업을 영위하는 자가 저작권 등을 수탁하여 운용하는 신탁계약
>> ⓓ 「기술의 이전 및 사업화 촉진에 관한 법률」에 따른 기술신탁관리업을 영위하는 자가 기술과 그 사용에 관한 권리를 수탁하여 운용하는 신탁계약

참고

사업자등록증 신청 시 첨부 서류(부령 11 ③)

구 분	첨부서류
① 법령에 따라 허가를 받거나 등록 또는 신고를 해야 하는 사업의 경우	사업허가증 사본, 사업등록증 사본 또는 신고확인증 사본
② 사업장을 임차하거나 전차NEW한 경우	㉠ 사업장을 임차한 경우: 임대차계약서 사본 ㉡ 사업장을 전차한 경우: 전대차계약서 사본 및 임대인의 전차동의서(임대차계약서에 전차를 할 때 임대인의 동의가 필요 없다는 특약이 있는 경우 해당 임대차계약서 사본)NEW
③ 「상가건물임대차보호법」 적용대상 상가건물의 일부분만 임차한 경우	해당 부분의 도면

④ 금지금 도매·소매업 및 개별소비세 과세유흥장소에서 영업을 경영하는 경우	사업자금 명세 또는 재무상황 등을 확인할 수 있는 자금출처명세서
⑤ 석유류 도매·소매업 및 재생용 재료수집·판매업의 경우	
⑥ 사업자 단위로 등록하려는 사업자	사업자단위과세 적용 사업장 외의 사업장(이하 '종된 사업장')에 대한 위 ①~④에 따른 서류 및 사업장 소재지·업태·종목 등이 적힌 서류

3 등록증 발급 B

(1) 발급기한

사업자등록 신청을 받은 관할 세무서장은 사업자의 인적사항 및 사업자등록번호가 부여된 **사업자등록증을 신청일부터 2일 이내**(토요일 및 일요일, 공휴일 및 대체공휴일, 근로자의 날은 산정에서 제외)에 신청자에게 발급해야 한다.

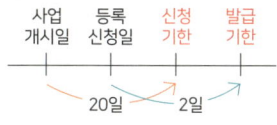

사업자등록 신청기한 및 발급기한

(2) 연장

사업장시설이나 사업현황을 확인하기 위하여 국세청장이 필요하다고 인정하는 경우에는 발급기한을 5일 이내에서 연장하고 조사한 사실에 따라 사업자등록증을 발급할 수 있다(부법 8 ⑦, 부령 11 ⑤).

(3) 보정요구

사업장 관할 세무서장은 사업자등록의 신청 내용을 보정할 필요가 있다고 인정될 때에는 10일 이내의 기간을 정하여 보정을 요구할 수 있다. 이 경우 **해당 보정기간은 사업자등록증 발급기간에 산입하지 않는다**(부령 11 ⑬).

(4) 등록번호의 부여

사업자등록에 따른 등록번호는 사업장마다 관할 세무서장이 부여한다. 다만, 사업자 단위로 등록신청을 한 경우에는 **사업자단위과세 적용 사업장에 한 개의 등록번호를 부여한다**(부령 12 ①).

기출 OX

23. 사업자 단위로 등록신청을 한 사업자에게는 사업자 단위 과세적용 사업장에 한 개의 등록번호를 부여한다.
2023. 7급 최신
정답 O

4 직권등록과 등록거부 B

(1) 직권등록

사업자가 사업자등록을 하지 않거나 국외사업자 등이 간편사업자등록을 하지 않은 경우에는 **납세지 관할 세무서장이 조사하여 등록할 수 있다**(부령 11 ⑥).

(2) 등록거부

사업 개시일 이전에 사업자등록의 신청을 받은 **사업장 관할 세무서장은 신청자가 사업을 사실상 시작하지 않을 것이라고 인정될 때에는 등록을 거부할 수 있다**(부령 11 ⑦).

기출 OX

24. 사업자가 사업자등록을 하지 아니한 경우에는 관할 세무서장이 조사하여 등록시킬 수는 없다.
2007. 9급
정답 X

5 사업자등록의 사후관리 A

(1) 휴업 및 폐업의 신고

등록한 사업자는 휴업 또는 폐업을 하거나 등록사항이 변경되면 지체 없이 사업장 관할 세무서장에게 신고하여야 한다. 사업 개시일 이전에 등록을 신청한 자가 사실상 사업을 시작하지 아니하게 되는 경우에도 또한 같다(부법 8 ⑧).

① 일반적인 경우

사업자등록을 한 사업자가 휴업 또는 폐업을 하거나 사업개시일 이전에 등록을 신청하여 사업자등록을 한 자가 사실상 사업을 시작하지 아니하게 될 때에는 지체 없이 *휴업(폐업)신고서*를 관할 세무서장이나 그 밖의 신고인의 편의에 따라 선택한 세무서장에게 제출(국세정보통신망에 의한 제출 포함)해야 한다(부령 13 ①). 다만, 폐업을 하는 사업자가 *부가가치세 확정신고서*에 폐업 연월일 및 그 사유를 적고 사업자등록증을 첨부하여 제출하는 경우에는 *폐업신고서*를 제출한 것으로 한다(부령 13 ③).

② 법인이 합병하는 경우

합병 후 존속하는 법인(신설합병의 경우에는 합병으로 설립된 법인) 또는 합병 후 소멸하는 법인(이하 '소멸법인')이 *법인합병신고서*에 사업자등록증을 첨부하여 소멸법인의 폐업 사실을 소멸법인의 관할 세무서장에게 신고하여야 한다(부령 13 ④).

③ 법령에 따라 허가를 받거나 등록, 신고 등을 하여야 하는 사업의 경우

허가, 등록, 신고 등이 필요한 사업의 주무관청에 *휴업(폐업)신고서*를 제출할 수 있으며, 휴업(폐업)신고서를 받은 주무관청은 지체 없이 관할 세무서장에게 그 서류를 송부(정보통신망을 이용한 송부 포함)하여야 하고, 허가, 등록, 신고 등이 필요한 사업의 주무관청에 제출하여야 하는 해당 법령에 따른 신고서를 관할 세무서장에게 제출한 경우에는 관할 세무서장은 지체 없이 그 서류를 관할 주무관청에 송부하여야 한다(부령 13 ⑤).

(2) 등록사항의 변경

사업자가 등록사항 정정사유에 해당하는 경우에는 지체 없이 사업자등록 정정신고서에 사업자등록증을 첨부하여 관할 세무서장이나 그 밖에 신고인의 편의에 따라 선택한 세무서장에게 제출(국세정보통신망에 의한 제출 포함)해야 한다(부령 14 ①). 정정신고를 받은 세무서장은 다음의 기한 이내에 변경 내용을 확인하고 사업자등록증의 기재사항을 정정하여 재발급해야 한다(부령 14 ③).

오쌤 Talk

공동사업자의 사업자등록 정정

공동사업자 중 일부의 변경 및 탈퇴, 새로운 공동사업자 추가의 경우에도 사업자 등록을 정정해야 하고 개인 단독사업자가 공동사업자로, 공동사업자가 개인 단독사업자로 변경되는 경우에도 정정해야 한다(부기통 8-14-1).

등록사항의 정정사유	재발급기한
① 상호를 변경하는 경우 ② 통신판매업자가 사이버몰의 명칭이나 인터넷 도메인이름을 변경하는 경우	신고일 당일
③ 법인(또는 법인으로 보는 단체 외의 단체로서 「소득세법」에 따라 1거주자로 보는 단체)의 대표자를 변경하는 경우 ④ 사업의 종류에 변동이 있는 경우 ⑤ 사업장(사업자단위과세사업자의 경우 사업자단위과세적용 사업장)을 이전하는 경우 ⑥ 상속으로 인하여 사업자의 명의가 변경되는 경우 ⑦ 공동사업자의 구성원 또는 출자지분이 변경되는 경우 ⑧ 임대인, 임대차 목적물, 그 면적, 보증금, 임차료 또는 임대차기간이 변경되거나 새로 상가건물을 임차한 경우 ⑨ 사업자단위과세사업자가 사업자단위과세적용 사업장을 변경하는 경우, 종된 사업장을 신설·이전하는 경우, 종된 사업장의 사업을 휴업·폐업하는 경우	신고일부터 2일 내

사업장과 주소지가 동일한 사업자가 사업자등록 신청 또는 *사업자등록 정정신고서*를 제출하면서 「주민등록법」에 따른 주소가 변경되면 사업장의 주소도 변경된 것으로 동의한 경우 「주민등록법」에 따른 전입신고를 하면 *사업자등록 정정신고서*를 제출한 것으로 본다(부령 14 ⑤).

★★ **(3) 등록말소**

사업장 관할 세무서장은 등록된 사업자가 다음의 경우에 해당하면 **지체 없이 사업자등록을 말소해야 한다**(부법 8 ⑨). 이 경우 **관할 세무서장은 지체 없이 사업자등록증을 회수해야 하며, 등록증을 회수할 수 없는 경우 등록말소의 사실을 공시해야 한다**(부령 15 ①).

① 폐업(사실상 폐업한 경우로서 법령으로 정하는 경우를 포함한다)한 경우
② 사업 개시일 이전에 등록신청을 하고 사실상 사업을 시작하지 아니하게 되는 경우

사실상 사업을 시작하지 않게 되는 경우라 함은 다음의 경우를 말한다(부령 15 ②).

㉠ 사업자가 사업자등록 후 정당한 사유 없이 6개월 이상 사업을 개시하지 않은 경우
㉡ 사업자가 부도발생, 고액체납 등에 인하여 도산하여 소재 불명인 경우
㉢ 사업자가 인가·허가의 취소 또는 그 밖의 사유로 사업을 수행할 수 없어 사실상 폐업상태에 있거나 사실상 사업을 시작하지 아니하는 경우로 볼 수 있는 경우
㉣ 사업자가 정당한 사유 없이 계속하여 둘 이상의 과세기간에 걸쳐 부가가치세 신고를 하지 않은 자로서 사실상 폐업상태에 있는 경우
㉤ 그 밖에 사업자가 위와 유사한 사유로 사실상 폐업상태에 있거나 사실상 사업을 시작하지 아니하는 경우

 기출 OX

25. 사업장을 이전하는 경우는 사업자등록의 정정신고 사유이다.
2023. 9급 최신
정답 O

26. 사업 종류의 변경, 사업장의 이전은 사업자등록의 정정신고 사유이다.
2007. 9급
정답 O

기출 OX

27. 사업장 관할 세무서장이 사업자가 사업 개시일 이전에 사업자등록신청을 하고 사실상 사업을 시작하지 아니하는 것을 알게 된 경우 해당 세무서장은 20일 이내에 사업자등록을 말소하여야 한다.
2021. 7급
정답 X

28. 사업장 관할 세무서장은 등록된 사업자가 폐업한 경우에는 지체 없이 사업자등록을 말소하여야 한다.
2023. 9급 최신
정답 O

확인문제

05. 「부가가치세법」상 사업자등록에 대한 설명으로 옳지 않은 것은? 2012. 9급

① 둘 이상의 사업장이 있는 사업자는 사업 개시일부터 20일 이내에 주사업장의 관할 세무서장에게 등록하여야 한다.
② 둘 이상의 사업장이 있는 사업자는 해당 사업자의 본점 또는 주사무소 관할 세무서장에게 사업자단위로 등록할 수 있다.
③ 사업자등록을 한 사업자가 사업자단위로 등록하려면 사업자단위 과세사업자로 적용받으려는 과세기간 개시 20일 전까지 등록하여야 한다.
④ 사업장 관할 세무서장은 사업자가 폐업하게 되는 경우 지체 없이 사업자등록을 말소하여야 한다.

정답 ①

(4) 등록갱신

사업장 관할 세무서장은 부가가치세의 업무를 효율적으로 처리하기 위하여 필요하다고 인정되면 사업자등록증을 갱신하여 발급할 수 있다(부법 8 ⑩).

(5) 개별소비세 등에 따른 등록의 인정

개별소비세 또는 교통·에너지·환경세의 납세의무가 있는 사업자가 「개별소비세법」 또는 「교통·에너지·환경세법」 규정에 따라 다음의 구분에 따른 신고를 한 경우에는 해당 각 구분에 따른 등록신청 또는 신고를 한 것으로 본다(부법 8 ⑪).

구분	등록신청 또는 신고
① 「개별소비세법」 또는 「교통·에너지·환경세법」에 따른 개업 신고	「부가가치세법」에 따른 사업자등록의 신청
② 「개별소비세법」 또는 「교통·에너지·환경세법」에 따른 휴업·폐업·변경 신고	「부가가치세법」에 따른 해당 휴업·폐업 신고 또는 등록사항 변경 신고
③ 「개별소비세법」 또는 「교통·에너지·환경세법」에 따른 사업자단위과세사업자 신고	「부가가치세법」에 따른 사업자단위과세사업자 등록 신청 또는 사업자단위과세사업자 변경 등록 신청
④ 「개별소비세법」 또는 「교통·에너지·환경세법」에 따른 양수, 상속, 합병 신고	「부가가치세법」에 따른 등록사항 변경 신고

6 사업자등록을 하지 아니한 경우의 제재 조치 B

(1) 등록 신청 전 매입세액 불공제

① 원칙

사업자등록을 신청하기 전의 매입세액은 매출세액에서 공제하지 않는다.

② 예외

공급시기가 속하는 과세기간이 끝난 후 20일 이내에 등록을 신청한 경우 등록신청일부터 공급시기가 속하는 과세기간 기산일(일반과세자의 경우 제1기는 1월 1일, 제2기는 7월 1일이며 간이과세자의 경우 1월 1일을 말함)까지 역산한 기간 내의 매입세액은 매출세액에서 공제한다(부법 39 ① (8)).

(2) 사업자등록 불성실 가산세

사업자가 사업개시일부터 20일 이내에 사업자등록을 신청하지 않은 경우, 다음의 미등록가산세를 부과한다(부법 60 ①).

미등록가산세 = 사업 개시일부터 등록을 신청한 날의 직전일까지의 공급가액 × 1%

기출 OX

29. 2023년 1월 1일 사업을 시작한 사업자가 2023년 2월 15일 사업자등록을 신청한 경우 등록신청일부터 공급시기가 속하는 과세기간 기산일까지 역산한 기간 내의 매입세액을 공제받을 수 없으며, 미등록가산세도 납부하여야 한다. 2023. 7급 [최신]
정답 X

30. 사업자등록을 하지 아니한 사업자는 매입세액공제를 받을 수 없지만, 과세기간이 끝난 후 20일 이내에 등록을 신청한 경우에는 등록신청일부터 공급시기가 속하는 과세기간 개시일까지 역산한 기간 내의 것은 공제한다. 2007. 9급
정답 O

확인문제 [최신]

06. 부가가치세법령상 사업자등록에 대한 설명으로 옳은 것은? 2025. 9급
① 사업자는 사업장마다 사업 개시일부터 25일 이내에 사업장 관할 세무서장에게 사업자등록을 신청하여야 한다.
② 사업장 관할 세무서장은 사업자등록의 신청 내용을 보정할 필요가 있다고 인정될 때에는 10일 이내의 기간을 정하여 보정을 요구할 수 있으며, 이 경우 해당 보정기간은 사업자등록증 발급기간에 산입한다.
③ 사업자등록 신청을 받은 사업장 관할 세무서장은 사업장시설이나 사업 현황을 확인하기 위하여 국세청장이 필요하다고 인정하는 경우에는 발급기한을 5일 이내에서 연장하고 조사한 사실에 따라 사업자등록증을 발급할 수 있다.
④ 사업자등록을 신청하기 전이라도 공급시기가 속하는 과세기간이 끝난 후 1개월 이내에 등록을 신청한 경우 등록신청일부터 공급시기가 속하는 과세기간 기산일까지 역산한 기간 내의 매입세액은 매출세액에서 공제한다.

정답 ③

MEMO

CHAPTER 02

과세거래

1. 과세거래의 개요
2. 재화의 공급
3. 용역의 공급
4. 재화의 수입
5. 부수재화 또는 용역의 공급

• 최신 8개년 출제 경향 분석

01 과세거래의 개요
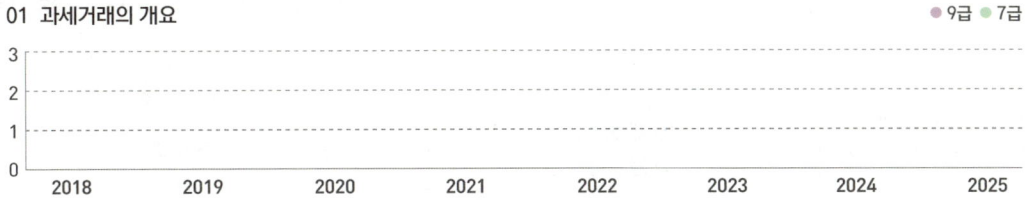

02 재화의 공급
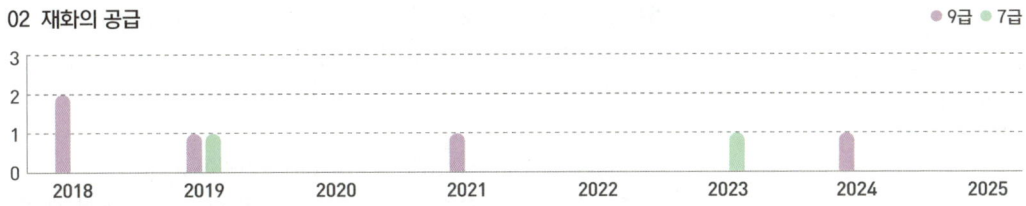

03 용역의 공급
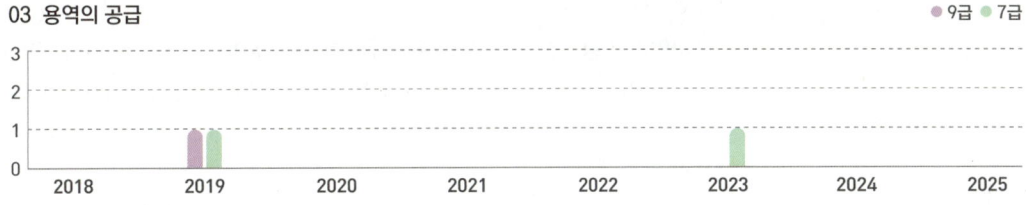

04 재화의 수입
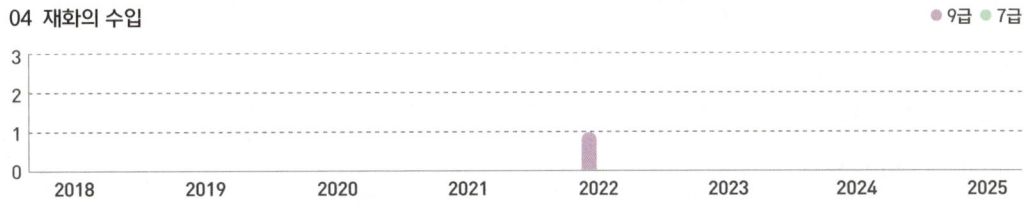

05 부수재화 또는 용역의 공급
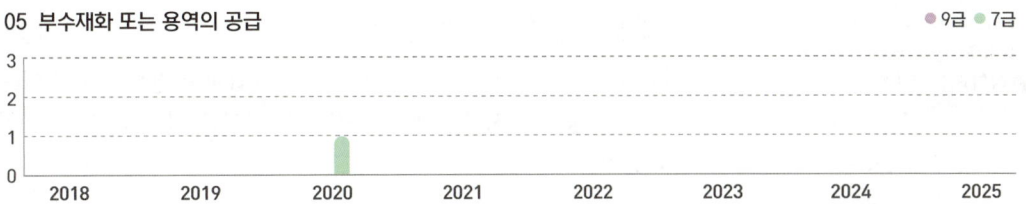

1 과세거래의 개요

1 과세거래 개요 B

부가가치세는 다음의 거래들에 대하여 과세하고(부법 4), 이러한 거래들을 통용하는 총칭으로 '과세거래'라고 한다.

과세거래	과세
① 재화의 공급 ② 용역의 공급	사업자가 공급한 것에 한하여 과세
③ 재화의 수입	수입자가 사업자인지 여부와 무관하게 과세

★★ (1) 재화의 공급

사업자가 공급한 것에 한하여 과세하고, 속지주의(屬地主義)에 따라 **국내에서 공급한 재화에 대해서만 과세하는 것**을 원칙으로 한다. 단, 다음의 거래는 국내에서 공급한 것이 아닐지라도 국내에서 공급이 이루어진 것으로 간주한다.

① 우리나라 국적의 항공기·선박에서 이루어지는 거래
② 중계무역방식의 수출 등 특정수출로서 국내의 사업장에서 계약과 대가수령 등 거래가 이루어지는 것

★ (2) 용역의 공급

사업자가 공급한 것에 한하여 과세하고, **속지주의를 원칙으로 하되, 국외에서 제공하는 용역은 속인주의(屬人主義)**에 따라 납세지가 국내에 있는 경우에는 과세한다.

★★ (3) 재화의 수입

소비지국 과세원칙에 따라 **사업자 여부를 불문하고 수입한 것**에 대하여 과세한다.

> **참고**
>
> **속인주의에 따른 용역의 과세**
>
> 국내 법인이 국외에서 용역을 제공할 경우, 부가가치세 과세여부는 다음과 같이 판단한다.
>
> | 영위사업 | 납세지 | 과세여부 |
> |---|---|---|
> | ① 건설업 | 법인의 등기부상 소재지(국내) | 과세한다. |
> | ② 부동산임대업 | 부동산의 등기부상의 소재지(국외) | 과세하지 않는다. |

2 재화·용역의 사업 구분 C

재화나 용역을 공급하는 사업의 구분은 세법에 특별한 규정이 있는 경우를 제외하고는 통계청장이 고시하는 해당 과세기간 개시일 현재의 한국표준산업분류에 따른다(부령 4 ①, ②).

기출 OX

01. 재화 및 용역의 공급은 공급자가 사업자가 아니더라도 과세거래가 된다. 2008. 9급
정답 X

02. 재화의 수입에 있어 수입자는 사업자이어야 한다. 2008. 9급
정답 X

03. 재화의 수입에 대해서는 수입자가 사업자인지 비사업자인지의 여부와 무관하게 과세한다. 2005. 9급
정답 O

오쌤 Talk

속지주의와 속인주의의 이해

① 속지주의(屬地主義): 재화나 용역의 공급이 일어나는 곳(地)을 중심으로 과세하는 것
(예: 대한민국에서의 재화의 공급은 과세하지만, 미국에서의 재화의 공급은 속지주의에 따라 대한민국의 과세권이 미치지 않는 것으로 보아 과세할 수 없다.)

② 속인주의(屬人主義): 재화나 용역을 공급하는 사업자(人)의 사업장이나 납세지를 중심으로 과세하는 것
(예: 미국에서 내국법인이 건설용역을 제공하는 경우, 내국법인의 납세지는 법인등기부상 소재지로 대한민국 국내이기 때문에 속인주의에 따라 미국에서 용역을 공급하더라도 과세권이 존재하여 과세할 수 있다.)

❷ 재화의 공급

1 재화의 의미 B

'재화'란 재산 가치가 있는 물건과 권리를 말한다(부법 2 (1)).

★★ **(1) 재산 가치**

재화로 인정받기 위해서는 **경제적 교환가치가 있는 것이어야 한다.** 예를 들어 플라스틱 용기에 담아 판매하는 생수의 경우에는 교환가치가 있기 때문에 부가가치세 과세대상이 되지만, 시냇물은 교환가치가 없기 때문에 부가가치세 과세대상으로 볼 수 없다.

★★ **(2) 물건과 권리**

물건과 권리는 다음의 것을 말한다(부령 2 ①, ②).

구분	범위
① 물건	㉠ 상품, 제품, 원료, 기계, 건물 등 **모든 유체물** ㉡ 전기, 가스, 열 등 관리할 수 있는 **자연력**
② 권리	**광업권**, 특허권, 저작권 등으로서 물건 외에 재산적 가치가 있는 모든 것

단, 유체물이라고 하더라도 증권과 같은 특수항목은 다음과 같이 처리한다.

① 수표·어음·상품권 등 화폐대용증권, 주식 등 지분상품, 회사채 등 채무상품	**과세대상 재화로 보지 않는다.** 이는 거래를 위한 지불수단으로서의 성격이 있기 때문에 그 자체에 과세할 수 없기 때문이다.
② 창고증권·선하증권·화물상환증	그 안의 운송물이나 보관물을 인도하는 효력이 있기 때문에 일반적으로 과세대상 재화로 본다.

3 재화의 공급 과세체계 C

- **실질적 공급**
  - ① 매매계약에 따른 공급
  - ② 가공계약에 따른 공급
  - ③ 교환계약에 따른 공급
  - ④ 공매·경매·수용·현물출자 기타 계약상·법률상 원인에 따른 공급 등

- **간주공급**
  - ① 자가공급
  - ② 개인적공급
  - ③ 사업상증여
  - ④ 폐업시 잔존재화

 기출 OX

04. 재화란 재산가치의 유무와 관계없이 유체물과 무체물을 포함한다.
2012. 9급
정답 X

 기출 OX

05. 광업권자가 광업권을 대여하고 그 대가로 받는 분철료는 부가가치세 과세대상이 된다.
2006. 7급
정답 O

 오쌤 Talk

양도 vs 인도

구분	양도	인도
의미	매매 이전 행위로 소유권을 넘기는 것 즉, 권리나 재산, 법률에서의 지위 따위를 이전하는 행위	매매 이전행위로 점유권을 넘기는 것 즉, 물건에 대한 사실상의 지배를 인수 인계하는 행위
대상	부동산, 동산 모두	동산

 오쌤 Talk

공동사업용 자산의 분할등기

공동사업자 구성원이 각각 독립적으로 사업을 영위하기 위하여 공동사업의 사업용 고정자산인 건축물을 분할등기하는 경우 해당 건축물의 이전은 재화의 공급으로 본다(부기통 9-18-2).

기출 OX

06. 재화의 공급은 계약상 또는 법률상의 모든 원인에 따라 재화를 인도하거나 양도하는 것으로 한다. 2022. 9급
정답 O

07. 자기가 주요자재의 일부를 부담하고 상대방으로부터 인도받은 재화를 가공하여 새로운 재화를 만드는 가공계약에 따라 재화를 인도하는 것은 용역의 공급에 해당한다. 2019. 9급
정답 X

08. 재화의 인도대가로서 다른 재화를 인도받거나 용역을 제공받는 교환계약 또는 기한부판매계약에 의하여 재화를 인도 또는 양도하는 것은 재화의 공급으로 보지 않는다. 2013. 7급
정답 X

09. 현물출자에 의하여 재화를 양도하는 것은 부가가치세 과세대상이 된다. 2010. 9급
정답 O

3 재화의 실질적 공급 A

재화의 공급은 계약상 또는 법률상의 모든 원인에 의해 인도 또는 양도하는 거래를 포함하는데, 구체적으로 범위는 다음과 같다(부법 9, 부령 18 ①).

구분	실질적 공급의 범위
계약상의 원인	① 매매계약: 현금판매, 외상판매, 할부판매, 장기할부판매, 조건부 및 기한부 판매, 위탁판매와 그 밖의 매매계약에 따라 재화를 인도하거나 양도하는 것 ② 가공계약: 자기가 주요자재의 전부 또는 일부를 부담하고 상대방으로부터 인도받은 재화를 가공하여 새로운 재화를 만들어 인도하는 것 ③ 교환계약: 재화의 인도대가로서 다른 재화를 인도받거나 용역을 제공받는 교환계약에 따라 재화를 인도하거나 양도하는 것
그 밖의 원인	④ 경매, 수용, 현물출자와 그 밖의 계약상 또는 법률상의 원인에 따라 재화를 인도하거나 양도하는 것 ⑤ 국내로부터 보세구역에 있는 창고(조달청장이 개설한 것으로서 세관장의 특허를 받은 보세창고 및 보세구역에 있는 런던금속거래소의 지정창고로 한정)에 임치된 임치물을 국내로 다시 반입하는 것

(1) 가공계약

가공할 때 주요 자재를 얼마나 부담하였는지에 따라 다음과 같이 처리한다(부령 18 ① (2), 25 (1), (2)).

① 재화의 공급에 해당하는 경우
자기가 주요자재의 전부 또는 일부를 부담하는 가공계약에 의하여 재화를 인도하는 것은 재화의 공급에 해당한다. 단 건설업의 경우, 용역의 공급에 해당하기 때문에 주요자재의 전부 또는 일부를 부담하더라도 용역의 공급에 해당한다.

② 용역의 공급에 해당하는 경우
자기가 주요 자재를 전혀 부담하지 아니하고, 상대방으로부터 인도받는 재화를 단순히 가공만 해주는 것은 용역의 공급에 해당한다.

(2) 교환거래 중 소비대차거래

① 원칙
사업자 간에 상품·제품·원재료 등의 재화를 차용하여 사용·소비하고 동종 또는 이종의 재화를 반환하는 소비대차의 경우에 해당 재화를 차용하거나 반환하는 것은 각각 재화의 공급에 해당한다(부기통 9-18-1).

② 예외
한국석유공사가 「석유 및 석유대체연료 사업법」에 따라 비축된 석유를 수입통관하지 아니하고 보세구역에 보관하면서 국내사업장이 없는 비거주자 또는 외국법인과 무위험차익거래방식으로 소비대차하는 것은 재화의 공급으로 보지 아니한다(부령 18 ② (4)).

기출 OX

10. 사업자가 거래 상대방으로부터 인도받은 재화에 주요 자재를 전혀 부담하지 아니하고 단순히 가공만 하여 주는 것은 용역의 공급으로 본다. 2012. 9급
정답 O

오쌤 Talk

보세구역

'관세의 부과가 유보되는 구역'이라고 이해하면 좋겠다. 즉, ㈜한국이 A라는 원자재를 수입하여 국내에서 B제품을 만들어 수출하는 사업을 하고 있다고 가정하면, A자재를 수입해오면서 관세를 부과하면 통관에 드는 시간 때문에 수입까지 오랜 시간이 소요된다. 그런데 보세구역 내 공장이 위치하여 바로 A자재를 가공하여 B를 만들어 낼 수 있다면 관세부담을 낮추고 훨씬 효율적인 가공무역을 진흥시킬 수 있다.

★★ (3) 경매에 따른 공급

① 사적 경매
사적으로 행해지는 경매는 형식적으로는 경매이지만, 실질적으로는 매매계약에 해당하기 때문에 **재화의 공급으로 간주한다**(부령 18 ① (4)).

② 법적 경매
다음에 따라 **재화를 인도 또는 양도하는 것은 재화의 공급으로 보지 아니한다**(부령 18 ③).

> ㉠ 「국세징수법」에 따른 공매(수의계약에 따라 매각하는 것을 포함)
> ㉡ 「민사집행법」에 따른 경매(같은 법에 따른 강제경매 포함)
> ㉢ 담보권 실행을 위한 경매
> ㉣ 「민법」, 「상법」 등 그 밖의 법률에 따른 경매

★ (4) 수용에 따른 공급

① 원칙
수용(收用)은 매입하여 사용한다는 것인데, 이러한 수용에 따라 재화를 인도하거나 양도하는 것도 재화의 공급으로 간주한다.

② 예외
「도시 및 주거환경정비법」, 「공익사업을 위한 토지 등의 취득 및 보상에 관한 법률」 등에 따른 법적 수용절차에 따라 재화의 소유자가 수용된 재화에 대한 대가를 수취하는 경우 및 재건축 사업시행자의 매도청구에 따라 재화를 인도하거나 양도하는 것은 누가 재화를 철거했는지 여부를 불문하고 재화의 공급으로 보지 않는다(부령 18 ③ (3)).

★ (5) 대물변제
차입한 금액이 있을 때, 현금 대신 현물을 통해 변제하는 경우에는 재화(현물)의 공급으로 본다. 다만, 조세를 물납하는 경우에는 재화의 공급으로 보지 않는다(부법 10 ⑨ (3), 부령 24).

★ (6) 현물출자
사업자가 재화를 법인에 현물출자하는 경우에는 재화의 공급으로 본다(부기통 15-28-1). 다만 개인인 사업자가 법인설립을 위하여 사업장별로 그 사업에 관한 모든 권리와 의무를 포괄적으로 현물출자하는 경우 재화의 공급으로 보지 아니하는 "사업의 양도"로 본다(부기통 10-23-1).

★ (7) 출자지분
출자자가 자기의 출자지분을 타인에게 양도·상속·증여하는 것은 재화의 공급에 해당하지 않는다. 법인 또는 공동사업자가 출자지분을 현금으로 반환하는 것은 재화의 공급에 해당하지 않지만, 출자지분을 현물로 반환하는 것은 재화의 공급에 해당한다(부기통 9-18-2).

 **기출 OX**

11. 사업자가 「민사집행법」에 따른 경매(같은 법에 따른 강제경매, 담보권 실행을 위한 경매와 「민법」, 「상법」 등 그 밖의 법률에 따른 경매 포함)에 따라 재화를 인도하거나 양도하는 경우 부가가치세가 과세된다. 2017. 7급

정답 X

 오쌤 Talk

공매와 경매
「국세징수법」에 따른 공매나 「민사집행법」에 따른 경매는 본인의 재산이 강제로 처분되는 상황이므로 공급자는 매출세액을 납부하지 않을 가능성이 높다. 그러므로 공급자는 매출세액을 납부하지 않고, 매입자만 공급자에게 준 매입세액에 대해 공제를 받으면 과세관청이 손실을 볼 가능성이 높으므로 과세거래에서 제외하는 것이다.

★ (8) 기부채납

① 무상사용·수익권을 얻는 기부채납

사업자가 건물 등을 신축하여 국가 또는 지방자치단체에 기부채납하고 그 대가로 일정기간 동안 건물 등에 대한 무상사용·수익권을 얻는 경우 해당 건물 등의 공급거래는 과세대상이지만 사업자가 사업을 수행하기 위한 인허가 조건에 의하여 사회기반시설 등을 국가나 지방자치단체에 기부채납하는 경우 해당 거래는 부가가치세가 면제된다(부기통 9-18-8).

② 대가 없는 기부채납

사업자가 생산·취득한 재화를 국가나 지방자치단체에 아무런 대가관계 없이 무상으로 기부채납하는 경우 부가가치세가 면제된다(부기통 9-18-8).

4 재화의 공급의제(간주공급) A

★★ (1) 의미

재화의 공급의제(간주공급)는 원칙적으로 재화의 실질적 공급으로 볼 수 없으나, 일정한 요건을 충족할 경우 재화의 공급으로 간주하여 과세하는 제도를 말한다. 간주공급으로는 자가공급, 개인적 공급, 사업상 증여, 폐업 시 잔존재화가 있다.

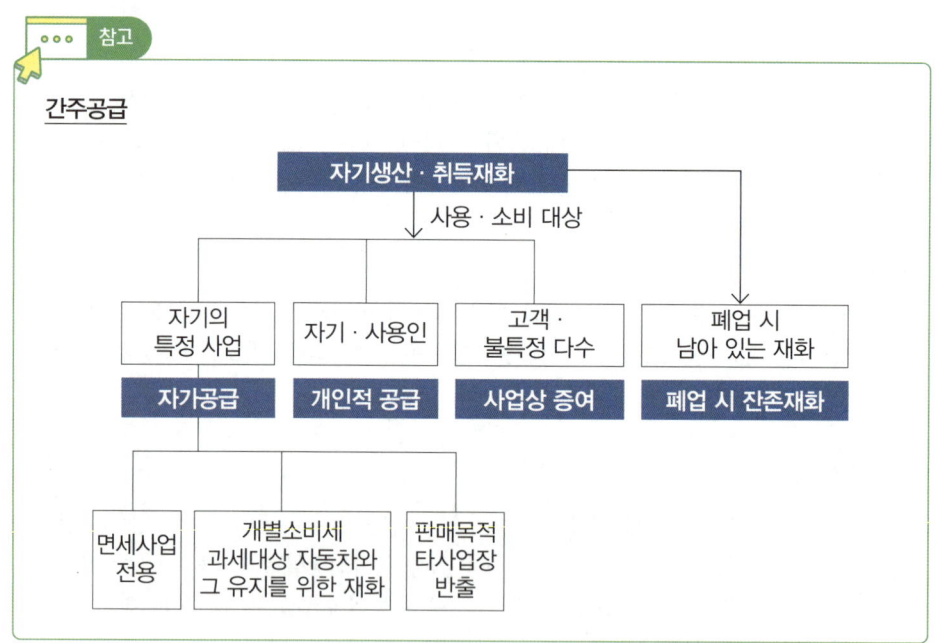

오쌤 Talk

공급의제의 의미

회계상, 그리고 「법인세법」과 「소득세법」에서는 매출과 관련한 매입액의 비용인식을 '수익·비용 대응의 원칙'에 따라 매출된 과세기간에 이루어진다.

그러나 「부가가치세법」은 "과세사업을 위하여 사용하였거나 사용될" 매입세액을 공제한다. 즉, 매출이 이루어진 시점과 무관하게 매입한 과세기간에 매입세액을 먼저 공제해준다.

이는 향후 과세사업에 사용하겠다는 일종의 약속이므로 과세사업에 사용하지 않는 경우, 공급의제로 매출세액에서 납부하게 하고 있다.

★★ (2) 자기생산·취득재화

'자기생산·취득재화'란 사업자가 자기의 과세사업과 관련하여 생산하거나 취득한 재화로서 다음 중 어느 하나에 해당하는 재화를 말한다(부법 10 ①).

> ① 사업자가 재화를 공급받을 때 매출세액에서 매입세액이 공제된 재화
> ② 재화의 공급으로 보지 않은 사업양도로 취득한 재화로서 사업양도자가 재화를 공급받을 때 매출세액에서 매입세액을 공제받은 재화
> ③ 내국신용장 또는 구매확인서에 의해 재화를 공급받아 영세율을 적용받는 재화

이러한 자기생산·취득재화가 자가사용, 개인적 공급, 사업상 증여로 사용·소비되거나 폐업 시 남아 있게 되면, 이를 간주공급으로 보아 부가가치세를 과세한다.

★ (3) 자가공급

① 면세사업 및 비과세사업 전용

자기생산·취득재화를 자기의 면세사업 및 부가가치세가 과세되지 아니하는 재화 또는 용역을 공급하는 사업을 **위하여 직접 사용하거나 소비하는 것은 재화의 공급으로 본다**(부법 10 ①). 자기생산·취득재화의 종류별로 면세사업 전용을 간주공급으로 과세하는 취지는 다음과 같다.

㉠ **사업자가 재화를 공급받을 때 매출세액에서 매입세액이 공제된 재화**
: 과세사업을 영위하는 사업자는 매입세액 공제가 가능하지만, 면세사업을 영위하는 사업자는 과세하지 않는 대신, 매입세액 공제도 불가능하다. 따라서 이미 공제받은 매입세액을 추징하기 위해서 간주공급 규정을 적용한다.

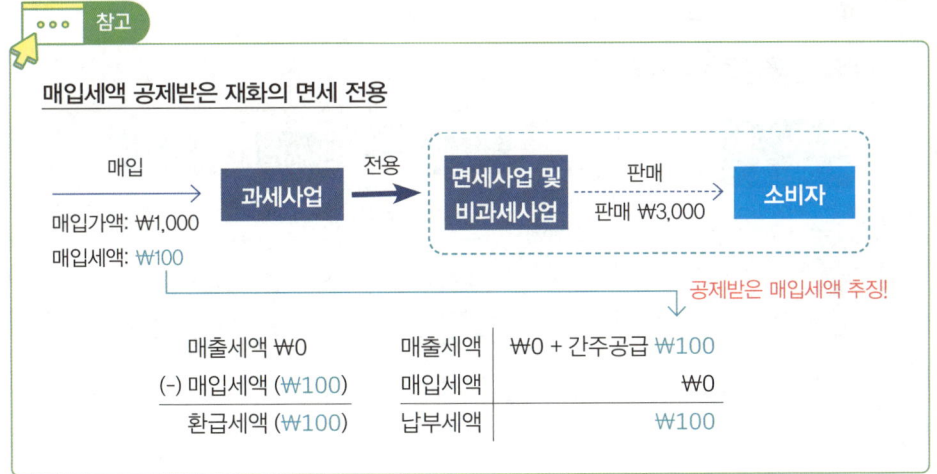

오쌤 Talk

내국신용장 및 구매확인서

① 내국신용장(Local Letter of Credit)
사업자가 국내에서 수출용 원자재, 수출용 완제품 등을 국내에서 원활히 조달하기 위해 국내 공급업자를 수혜자로 하여 개설된 국내 신용장을 말한다. 수출업자는 이를 이용해 수출용 원자재나 완제품을 국내에서 조달할 때 외국환 은행의 물품대금 지급보증을 받을 수 있다.

② 구매확인서
내국신용장에 의하지 않고 국내에서 외화획득용 원료 등을 공급하는 경우 외국환은행의 장이 내국신용장에 준해 발급하는 것이다. 수출업자의 무역금융 한도가 부족할 경우 내국신용장을 개설할 수 없으므로, 이 경우 수출업자가 수출용 원료나 제품 등을 원활하게 공급받게 하기 위함이다.

오쌤 Talk

면세 전용

면세 전용이란, 다른 과세 사업과 공동으로 사용하지 않고 온전히 면세사업에만 사용한다는 뜻이다.

기출 OX

12. 사업자가 자기의 과세사업과 관련하여 생산하거나 취득한 재화로서 매입세액이 공제된 재화를 자기의 면세사업을 위하여 직접 사용하거나 소비하는 것은 재화의 공급으로 본다. 2018. 9급

정답 O

13. 사업자가 자기의 과세사업과 관련하여 취득한 재화로서「부가가치세법」에 따른 매입세액이 공제된 재화를 자기의 면세사업을 위하여 직접 사용하는 것은 재화의 공급으로 보지 아니한다. 2019. 7급

정답 X

ⓛ **사업의 포괄양도로 취득한 재화로서 사업양도자가 매입세액 공제를 받은 재화**
: 사업의 포괄양도는 재화의 공급으로 보지 않으므로 부가가치세를 과세하지 않는다. 그러나 사업의 양도자가 매입 시 공제를 받은 재화를 포괄양수자가 면세사업에 사용할 때에는 이를 공급으로 간주하여 공제받은 매입세액을 양수자로부터 추징한다.

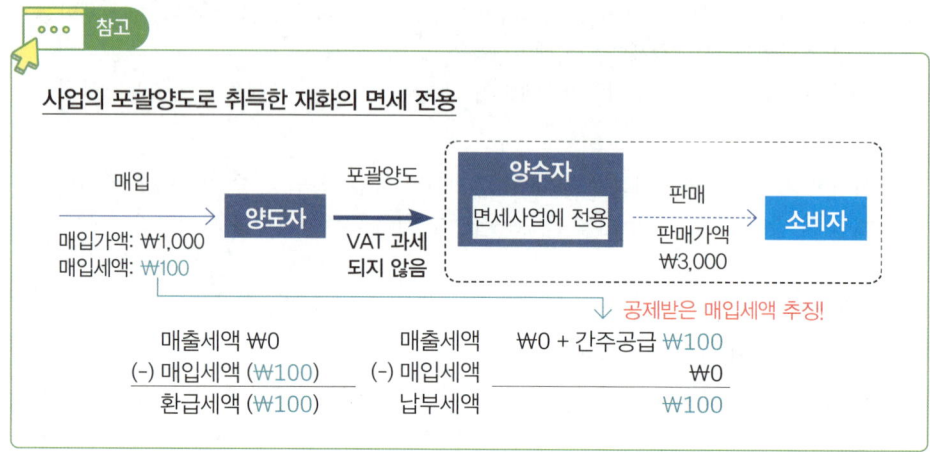

ⓒ **영세율을 적용받은 재화의 면세전용**
: 내국신용장이나 구매확인서에 의해 영세율을 적용받은 재화를 구입할 때에는 매입세액을 따로 부담하지 않는다. 따라서, 매입세액의 부담이 없는 재화의 사용이나 소비를 방지하기 위하여 간주공급 규정을 적용한다.

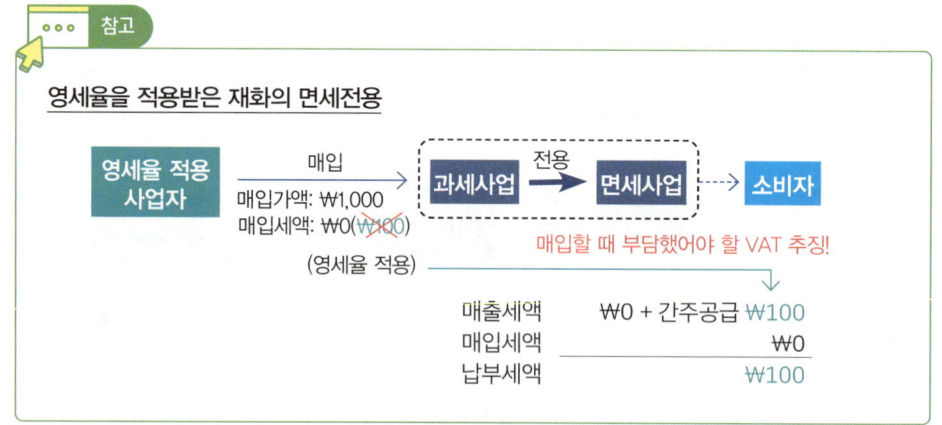

② 개별소비세 과세대상 승용자동차와 그 유지를 위한 재화로 사용

다음 어느 하나에 해당하는 자기생산·취득재화의 사용 또는 소비는 재화의 공급으로 본다(부법 10 ② (1), 부령 19).

㉠ **운수업 등을 경영하는 사업자가 자기생산·취득재화 중 개별소비세 과세대상 자동차와 그 자동차의 유지를 위한 재화를 해당 업종에 직접 영업으로 사용하지 아니하고 다른 용도로 사용하는 것**

: 당초 매입 시에는 운수업 등을 경영하는 사업자가 영업용 소형승용차[*1]로 매입세액공제를 받고, 그 후 영업목적 외의 용도(비영업용)로 전용할 때 별도의 조치가 없다면 비영업용 소형승용차의 구입 시 매입세액을 불공제 받는 경우와 비교할 때 과세형평에 어긋나게 된다. 그러므로 비영업용으로 전용하는 시점에 공급으로 간주하여 매입 시 공제받은 매입세액을 추징하기 위하여 공급으로 간주한다.

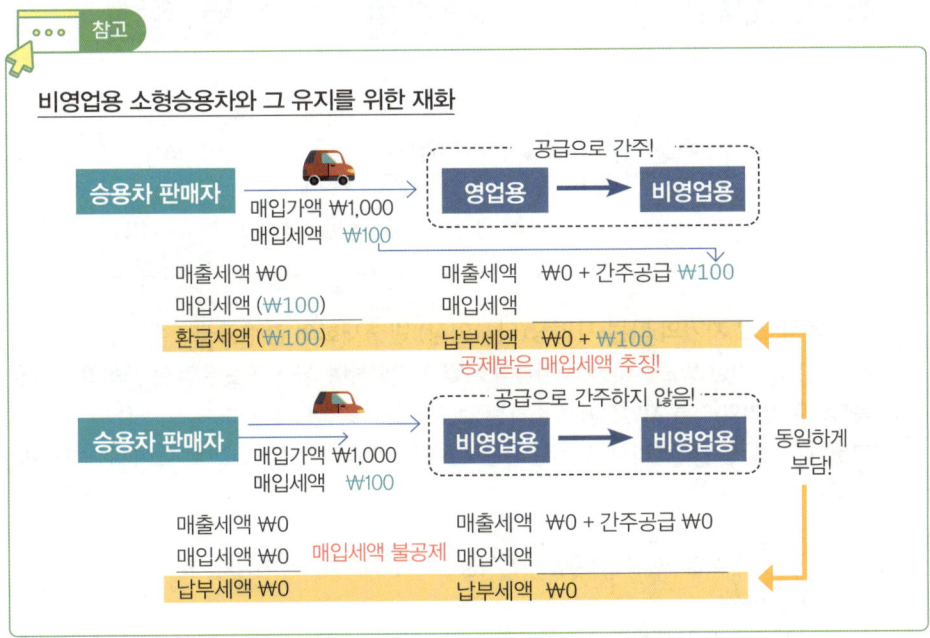

> **기출 OX**
>
> 14. 운수업을 영위하는 사업자가 운수사업용으로 법령에서 정한 소형승용자동차를 구입하여 매입세액을 공제받은 후 이를 임직원의 업무용으로 사용하는 경우(단, 당초 구입 시 매입세액이 공제되지 아니한 재화는 제외함)는 「부가가치세법」상 재화의 간주공급에 해당한다.
> 2008. 9급
> 정답 O

오쌤 Talk

비영업용 소형승용차의 전용 사례

① 자동차 제조 기업이 자기가 생산한 소형자동차를 임직원의 업무용으로 사용하는 경우
② 자동차 부품제조기업이 자기가 생산한 부품을 임직원의 업무용 소형승용차의 수선에 사용하는 경우
③ 택시회사에서 택시용으로 구입한 소형승용차를 회사 임직원의 업무용으로 사용하는 경우

오쌤 Talk

용어 정리

영업용	자동차가 해당 사업의 수익창출을 위한 주된 목적물인 경우 (ex. 자동차제조·판매, 렌터카, 운수업·운전학원업용 및 경비업 출동용 차량 등)
비영업용	자동차가 해당 사업의 보조적 이동수단인 경우 (ex. 제조업·유통업 등에서 임직원 또는 재화 등의 이동수단으로 사용되는 자동차 등)
승용차	「개별소비세법」에 따라 개별소비세가 과세되는 8인승 이하의 승용자동차

오쌤 Talk

승용차 관련 매입세액 세액공제 여부

구분	개인소유			법인소유		
	영업용	비영업용		영업용	비영업용	
		업무용	개인용		업무용	개인용
「소득세법」	공제 O	공제 X	공제 X	-	-	-
「법인세법」	-	-	-	공제 O	공제 X	공제 X
「부가가치세법」	공제 O	공제 X	공제 X	공제 O	공제 X	공제 X

"영업용" 사용 = 매입세액 공제 O
"업무용" 사용 = 매입세액 공제 X

[*1] 소형승용차의 구입과 임차 및 유지에 관한 매입세액은 매출세액에서 공제하지 아니한다. 다만, 운수업 등을 경영하는 사업자가 해당 업종에 직접 영업으로 사용하는 것은 제외한다(부법 39 ① (5)). 즉, 운수업 등을 제외한 나머지 사업의 경우 소형승용차의 매입을 사업과 관련 없는 매입으로 보기 때문에 매입세액을 공제해주지 않는 것이다.

ⓒ 사업자가 자기생산·취득재화를 매입세액이 매출세액에서 공제되지 아니하는 개별소비세 과세대상 자동차로 사용 또는 소비하거나 그 자동차의 유지를 위하여 사용 또는 소비하는 것

: 정유회사가 정유사업 사용 용도로 석유를 구입하여 매입세액공제를 받은 후 그 석유를 비영업용 소형승용차에 주유하는 경우 과거에 공제받은 매입세액을 추징하기 위하여 공급으로 간주한다.

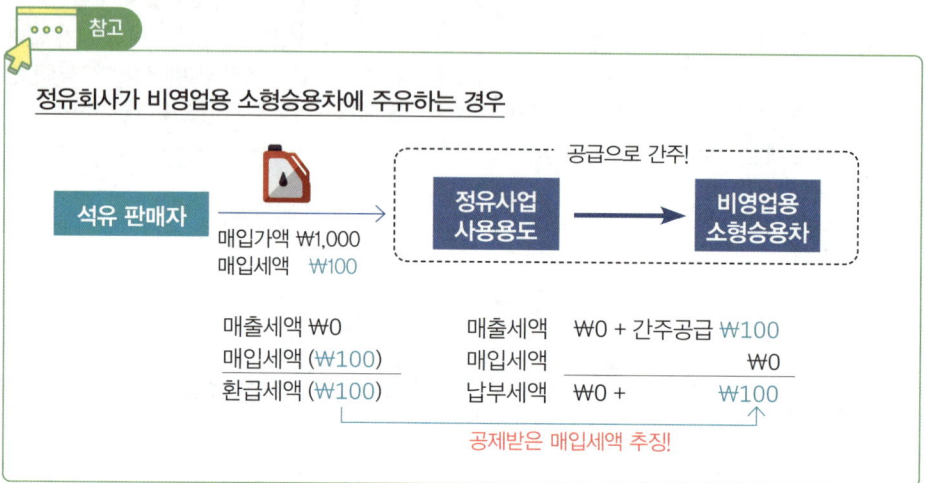

 오쌤 Talk

총괄납부사업자의 세금계산서 발행과 공급 간주의 관계

구분	총괄납부 적용	총괄납부 미적용
세금계산서 미발급	공급간주 X	공급간주 O
세금계산서 발급	공급간주 O	공급간주 O

 **기출 OX**

15. 사업장이 둘 있는 사업자(사업자단위 과세사업자와 주사업장 총괄납부사업자에 모두 해당하지 아니함)가 자기의 사업과 관련하여 생산한 재화로서 매입세액이 불공제된 재화를 판매할 목적으로 자기의 다른 사업장에 반출하는 경우 부가가치세가 과세된다. 2017. 7급
정답 O

16. 주사업장 총괄납부를 적용받는 사업자가 판매목적으로 직매장에 반출하는 경우에 세금계산서를 발급하지 아니한 경우에는 재화의 공급으로 보지 않는다. 2004.7급
정답 O

 오쌤 Talk

실질공급과 간주공급의 차이

실질공급은 매입세액을 공제받은 재화인지의 유무가 중요하지 않다. 즉, 실질공급에 해당하는 거래는 사업자등록, 세금계산서의 발급, 매입세액 공제 등의 요건 없이 과세대상이 된다.
그러나 간주공급은 공제받은 매입세액을 추징하기 위한 제도이므로 매입세액 공제를 받은 경우에만 간주공급의 적용을 받는다. 단, 판매목적 타사업장 반출재화의 경우에는 당초 매입세액의 공제 여부를 따지지 않고 간주공급의 적용을 받는다.

③ 판매목적으로 자기의 다른 사업장(타사업장) 반출재화의 간주공급

사업장이 둘 이상 있는 사업자가 자기의 사업과 관련하여 생산 또는 취득한 재화를 판매할 목적으로 자기의 다른 사업장에 반출하는 것은 재화의 공급으로 본다.

그러나 다음 중 어느 하나에 해당하는 경우는 재화의 공급으로 보지 아니한다(부법 10 ③).

ⓐ 사업자가 사업자단위과세사업자로 적용을 받는 과세기간에 자기의 다른 사업장에 반출하는 경우
ⓑ 사업자가 **주사업장총괄납부의 적용을 받는 과세기간에 자기의 다른 사업장에 반출하는 경우**[1]

[1] 세금계산서를 발급하고 예정신고 또는 확정신고 규정에 따라 관할 세무서장에게 신고한 경우에는 재화의 공급으로 본다. 이는 매입세액 공제 혜택을 부여하기 위함이다.

> **참고**

취지 및 구조

(1) 취지

제조장에서 판매목적으로 자기의 직매장에 반출하는 경우, 이를 재화의 공급으로 보지 않는다면 제조장에서는 매출세액이 없고, 타사업장에서는 매입세액이 없게 된다. 그 결과 제조장에서는 환급세액이 발생하고, 타사업장에서는 납부세액이 발생한다. 납부세액은 부가가치세 신고와 함께 바로 납부되어야 하지만, 환급세액은 신고기한이 경과한 후 30일 이내에 환급 받게 되므로 해당 사업자의 자금부담이 발생한다. 「부가가치세법」이 사업장과세를 원칙으로 하고 있기 때문에 발생하는 모순이다. 그러므로 사실상 재화의 공급으로 볼 수 없는 직매장 반출을 재화의 공급으로 의제하여 제조장에서 매출세액을 발생시켜 환급세액을 상쇄시키고, 직매장에서는 매입세액을 발생시켜 납부세액을 상쇄시키고자 만들어진 규정이다.

(2) 구조

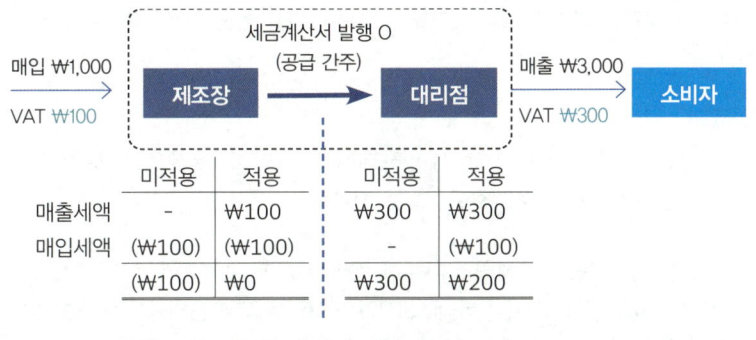

	미적용	적용	미적용	적용
매출세액	–	₩100	₩300	₩300
매입세액	(₩100)	(₩100)	–	(₩100)
	(₩100)	₩0	₩300	₩200

④ **자가공급에 해당되지 않는 사례**

사업자가 자기의 사업과 관련하여 생산하거나 취득한 재화를 자기의 과세사업을 위하여 다음과 같이 사용·소비하는 경우에는 재화의 공급으로 보지 아니한다(부기통 10-0-1). 판매목적 반출이 아니기 때문이다.

- ㉠ 자기의 다른 사업장에서 원료·자재 등으로 사용·소비하기 위하여 반출하는 경우
- ㉡ 자기 사업상의 기술개발을 위하여 시험용으로 사용·소비하는 경우
- ㉢ 수선비 등에 대체하여 사용·소비하는 경우
- ㉣ 사후무료서비스를 제공하기 위하여 사용·소비하는 경우
- ㉤ 불량품 교환 또는 광고선전을 위한 상품 진열 등의 목적으로 자기의 다른 사업장으로 반출하는 경우

★★ (4) 개인적 공급

① 의미

사업자가 자신이 생산하거나 취득한 재화에 대한 매입세액을 공제받은 후 이를 사업자 본인이나 종업원에게 무상으로 사용하게 한다면, 이는 최종소비자로서의 소비에 대하여 매입세액을 공제해주는 결과가 되어 부가가치세 세부담이 없는 소비가 발생하게 된다. 그러므로 개인적 공급은 사업주 스스로가 본인 또는 종업원에게 공급하는 것으로 보아 부가가치세를 과세하고자 하는 것이다.

② 공급 간주

사업자가 자기생산·취득재화를 사업과 직접 관계없이 자기의 개인적인 목적이나 그 밖의 목적을 위하여 사용·소비하거나 그 사용인 또는 그 밖의 자가 사용·소비하는 것으로서 사업자가 그 대가를 받지 않거나 시가보다 낮은 대가를 받는 경우 재화의 공급으로 본다(부법 10 ④).

③ 적용 제외

다음의 것은 개인적 목적으로 사용하더라도 개인적 공급으로 보지 않기 때문에 과세하지 않는다(부법 10 ④ 후단, 부령 19의 2).

> ㉠ 매입 시 매입세액이 공제되지 아니한 것
> ㉡ 사업자가 실비변상적이거나 복리후생적인 목적으로 그 사용인에게 대가를 받지 않거나 시가보다 낮은 대가를 받고 제공하는 것으로서 다음 어느 하나에 해당하는 경우는 재화의 공급으로 보지 않는다. 이 경우 시가보다 낮은 대가를 받고 제공하는 것은 시가와 받은 대가의 차액에 한정한다.
>
> > ⓐ 사업을 위해 착용하는 작업복, 작업모 및 작업화를 제공하는 경우
> > ⓑ 직장연예 및 직장문화와 관련된 재화를 제공하는 경우
> > ⓒ 다음의 어느 하나에 해당하는 재화를 공급하는 경우 각 구분별로^{NEW} 각각 사용인 1인당 연간 10만원을 한도로 하며, 10만원을 초과하는 경우 해당 초과액에 대해서는 재화의 공급으로 본다.
> > > ㉮ 경조사와 관련된 재화
> > > ㉯ 설날·추석과 관련된 재화
> > > ㉰ 창립기념일 및 생일 등과 관련된 재화

기출 OX

17. 사업자가 자기의 사업과 관련하여 생산한 재화를 실비변상적이거나 복지후생적인 목적이 아닌 사용인의 개인적인 목적으로 무상 사용·소비하는 경우 (단, 매입 시 매입세액이 공제되지 아니한 재화는 제외함)는 「부가가치세법」상 재화의 간주공급에 해당한다. 2008. 9급

정답 O

(5) 사업상 증여

① 의미
취득 시 매입세액이 공제된 재화를 거래 상대방에게 무상으로 증여(접대)한 경우에는 재화에 대한 최종소비가 발생하였음에도 불구하고 부가가치세 부담이 발생하지 않게 된다. 그러므로 사업상 무상증여에 대하여 거래 상대방에게 공급한 것으로 보아 사업자에게 부가가치세를 과세하고자 하는 것이다.

② 공급 간주
사업자가 자기생산·취득재화를 **자기의 고객이나 불특정 다수에게 증여하는 경우는 재화의 공급으로 본다**(부법 10 ⑤).

③ 적용 제외
다음의 것을 자기의 고객이나 불특정다수인에게 증여하는 경우에는 사업상 증여로 보지 않기 때문에 과세하지 않는다(부령 20, 부기통 10-0-4).

> ㉠ 당초 매입 시 매입세액이 공제되지 아니한 것
> ㉡ 증여하는 재화의 대가가 주된 거래인 재화 공급의 대가에 포함되는 경우
> ㉢ 사업을 위하여 대가를 받지 않고 다른 사업자에게 인도하거나 양도하는 견본품
> ㉣ 불특정다수인에게 무상으로 배포하는 광고선전용 재화
> ㉤ 「재난 및 안전관리 기본법」의 적용을 받아 특별재난지역에 공급하는 물품
> ㉥ 자기적립 마일리지 등으로만 전부를 결제받고 공급하는 재화

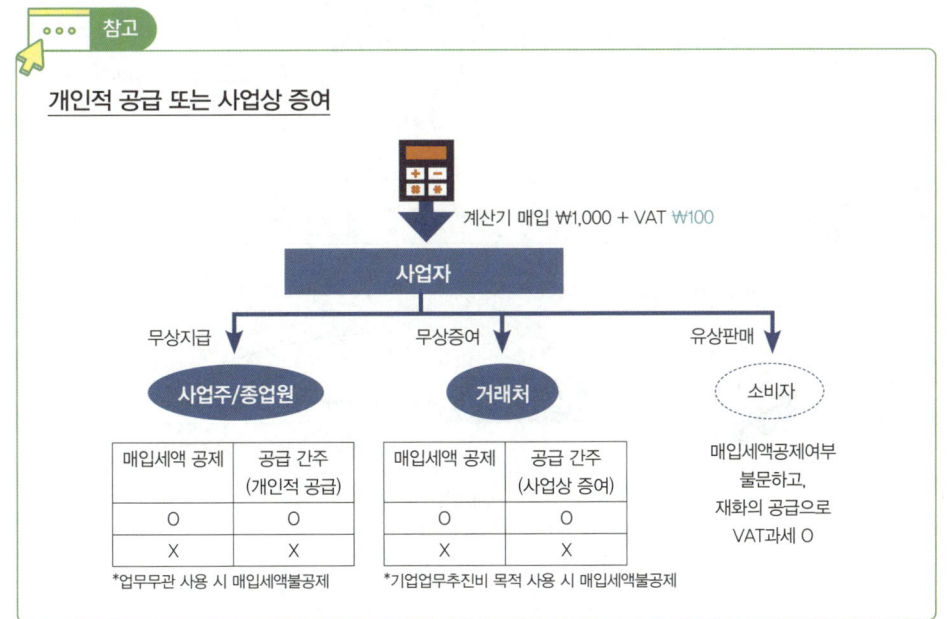

 오쌤 Talk

경품 & 광고협찬물
사업자가 자기의 고객 중 추첨을 통하여 당첨된 자에게 자기생산·취득재화를 경품으로 제공하는 경우에도 과세되는 재화의 공급으로 본다(부기통 10-0-6).
광고협찬물 역시 사업자가 자기생산·취득재화를 사업상 무상증여하는 행위이므로 재화의 공급으로 본다.

기출 OX

18. 사업을 위하여 대가를 받지 아니하고 다른 사업자에게 인도 또는 양도하는 견본품은 부가가치세 과세대상이 된다. 2010. 9급
정답 X

19. 사업자가 자기의 과세사업과 관련하여 생산하거나 취득한 재화로서 매입세액이 공제된 재화를 사업을 위하여 증여하는 것 중 재난 및 안전관리 기본법의 적용을 받아 특별재난지역에 공급하는 물품을 증여하는 것은 재화의 공급으로 보지 아니한다. 2018. 9급
정답 O

20. 사업자가 사업을 위하여 증여하는 것으로서 「부가가치세법 시행령」에 따른 자기적립 마일리지 등으로만 전부를 결제받고 재화를 공급하는 경우 부가가치세가 과세된다. 2017. 7급
정답 X

★★ (6) 폐업 시 잔존 재화

① 의미
사업자가 재화를 매입하면서 매입세액을 공제받은 후 해당 재화가 남아 있는 상태에서 폐업을 하게 되면 폐업 이후 남아 있는 재화에 대하여는 사업자든 이외의 자든 부가가치세가 발생하지 아니한 상태에서 재화를 소비하게 되는 결과가 된다. 그러므로 잔존재화가 있는 상태에서 폐업을 하는 경우에는 폐업 시에 사업자 스스로가 본인에게 공급한 것으로 보아 부가가치세를 과세하고자 하는 것이다.

② 공급 간주
사업자가 폐업할 때 자기생산·취득재화 중 남아 있는 재화는 자기에게 공급하는 것으로 본다. 사업 개시일 이전에 사업자등록을 신청한 자가 사실상 사업을 시작하지 않게 되는 경우에도 또한 같다(부법 10 ⑥).

③ 적용 제외
다음의 것은 폐업 시 남아 있는 재화로서 과세하지 않는다(부기통 10-0-7).

> ㉠ 당초 매입 시 매입세액이 공제되지 아니한 것
> ㉡ 사업자가 사업의 종류를 변경한 경우 변경 전 사업에 대한 잔존재화
> ㉢ 동일 사업장 내에서 2 이상의 사업을 겸영하는 사업자가 그 중 일부 사업을 폐지하는 경우 해당 폐지한 사업과 관련된 재고재화
> ㉣ 개인사업자 2인이 공동사업을 영위할 목적으로 한 사업자의 사업장을 다른 사업자의 사업장에 통합하여 공동명의로 사업을 영위하는 경우에 통합으로 인하여 폐지된 사업장의 재고재화
> ㉤ 폐업일 현재 수입신고(통관)되지 아니한 미도착재화
> ㉥ 사업자가 직매장을 폐지하고 자기의 다른 사업장으로 이전하는 경우 해당 직매장의 재고재화

참고

폐업 시 잔존재화 공급 간주

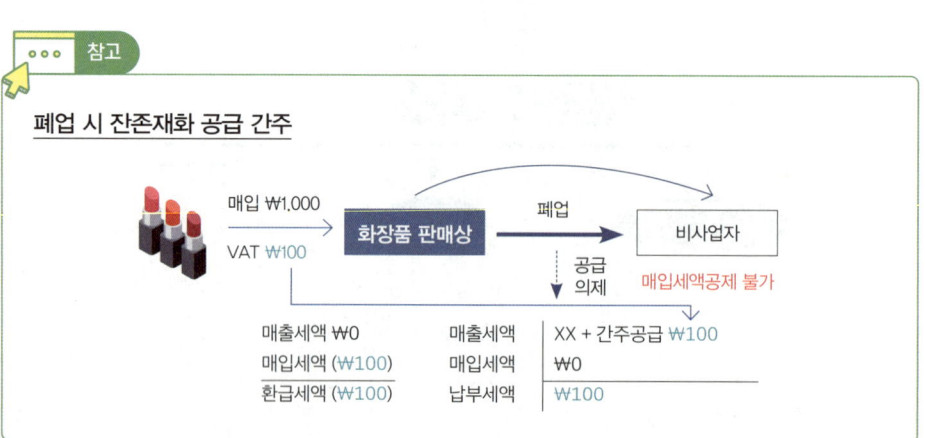

기출 OX

21. 사업자가 폐업할 때 자기의 과세사업과 관련하여 생산하거나 취득한 재화로서 매입세액이 공제된 재화 중 남아 있는 재화는 자기에게 공급하는 것으로 본다.
2018. 9급
정답 O

오쌤 Talk

간주공급 비교

구분	<자기생산·취득재화> ① 면세사업 전용 ② 비영업용 소형승용차와 유지전용 ③ 개인적 공급 ④ 사업상 증여 ⑤ 폐업 시 잔존 재화	판매목적 타사업장 반출재화
취지	이미 공제받은 매입세액 공제 추징	사업자의 자금부담 완화
당초 매입세액이 불공제된 재화의 간주공급 해당 여부	×	○
세금계산서 발급	×	○

5 위탁매매와 위탁자 지위 이전에 대한 재화의 공급 간주 A

★★ (1) 위탁매매의 경우 재화의 공급 간주

① 원칙: 위탁자가 직접 공급

위탁매매 또는 대리인에 의한 매매를 할 때에는 위탁자 또는 본인이 직접 재화를 공급하거나 공급받은 것으로 본다.

② 예외: 수탁자가 공급

해당 거래 또는 재화의 특성상 또는 보관·관리상 위탁자 또는 본인을 알 수 없는 경우에는 수탁자 또는 대리인에게 재화를 공급하거나 수탁자 또는 대리인으로부터 재화를 공급받은 것으로 본다(부법 10 ⑦, 부령 21).

★★ (2) 위탁자 지위 이전에 대한 재화의 공급 간주

① 원칙: 신탁재산의 공급으로 봄

「신탁법」에 따라 위탁자 지위가 이전되는 경우에는 기존 위탁자가 새로운 위탁자에게 신탁 재산을 공급한 것으로 본다. 이 경우에는 기존 위탁자가 해당 공급에 대한 부가가치세의 납세의무자가 된다.

② 예외: 신탁재산의 공급으로 보지 않음

신탁재산에 대한 실질적인 소유권 변동이 있다고 보기 어려운 경우로서 다음의 경우에는 신탁재산의 공급으로 보지 아니한다(부법 10 ⑧, 부령 21의2).

> ㉠ 집합투자기구의 집합투자업자가 다른 집합투자업자에게 위탁자의 지위를 이전하는 경우
> ㉡ 신탁재산의 실질적인 소유권이 위탁자가 아닌 제3자에게 있는 경우 등 위탁자의 지위 이전에도 불구하고 신탁재산에 대한 실질적인 소유권의 변동이 있다고 보기 어려운 경우

6 재화의 공급으로 보지 않는 경우 A

일부 거래에 대해서는 정책적 목적 또는 거래의 실질 등을 고려하여 재화의 공급으로 보지 않아 부가가치세를 과세하지 않는 경우가 있다.

★★ (1) 사업의 포괄적 양도

① 의미

사업장별로 그 사업에 관한 모든 권리와 의무를 포괄적으로 승계시키는 것을 말한다.

② 원칙: 재화의 공급으로 보지 않음

사업을 포괄적으로 양도하는 경우에는 재화의 공급으로 보지 아니한다.(부법 10 ⑨ (2), 부령 23).

기출 OX

22. 위탁자를 알 수 있는 위탁매매의 경우에는 위탁자가 직접 재화를 공급하거나 공급받은 것으로 본다. 2018. 9급

정답 O

확인문제 최신

01. 부가가치세법령상 재화의 공급으로 보지 아니하는 것만을 모두 고르면? (단, 자기생산·취득재화는 매입세액이 공제된 재화이다) 2024. 9급

> ㄱ. 사업자가 자기생산·취득재화를 「재난 및 안전관리 기본법」의 적용을 받아 특별재난지역에 공급하는 물품
> ㄴ. 사업 개시일 이전에 사업자등록을 신청한 자가 사실상 사업을 시작하지 아니하게 되는 경우 자기생산·취득재화 중 남아 있는 재화
> ㄷ. 「자본시장과 금융투자업에 관한 법률」에 따른 집합투자기구의 집합투자업자가 다른 집합투자업자에게 위탁자의 지위를 이전하는 경우

① ㄱ, ㄴ   ② ㄱ, ㄷ
③ ㄴ, ㄷ   ④ ㄱ, ㄴ, ㄷ

정답 ②

오쌤 Talk

사업의 포괄적 양도에 대한 부가가치세 관련 규정 정리

구분	부가가치세 관련 규정
원칙	사업의 포괄적 양도는 공급으로 보지 않는다.
대리납부 규정(8장)	양수자가 대리납부규정에 따라 양도자로부터 부가가치세를 징수하여 대리로 납부하는 경우에는 사업의 포괄적 양도는 공급으로 본다. Link-P.421
간이과세 (10장)	일반과세자로부터 사업을 포괄적으로 양도받은 자는 간이과세 적용이 불가능하지만, 양도받은 이후 간이과세 요건을 만족하는 경우 간이과세자에 관한 규정을 적용받을 수 있다. Link-P.445

02 과세거래 305

③ 규정의 취지

사업을 포괄적으로 양수받는 경우 일반적으로 큰 금액을 양수자가 부담하면서 거액의 매입세액을 부담하게 된다. 하지만 공급으로 볼 경우 매입세액 공제를 받기 위해서는 상당기간이 소요되므로 양수자의 자금 부담이 커진다. 따라서 이를 공급으로 보지 않음으로써, **양수자의 단기적인 자금 부담을 완화할 수 있다.**

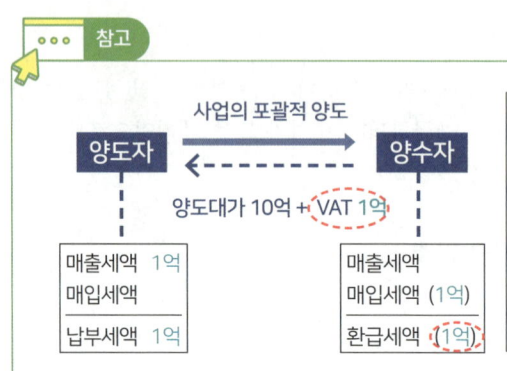

④ 특례

사업양수자의 대리납부규정(Link P.421)에 따라 **그 사업을 양수 받은 자가 대가를 지급한 때에 그 대가를 받은 자로부터 부가가치세를 징수하여 납부한 경우에는 공급에 해당한다.**

(2) 담보의 제공

질권, 저당권 또는 양도담보의 목적으로 동산, 부동산 및 부동산상의 권리를 제공하는 것은 재화의 공급으로 보지 않는다(부법 10 ⑨ (1), 부령 22). 다만, 담보를 제공한 이후 채무 불이행으로 인하여 담보물이 변제에 충당된 경우에는 공급으로 간주한다.

(3) 조세의 물납

「상속세 및 증여세법」 및 「지방세법」에 따라 사업용 자산으로써 **상속세·재산세를 물납하는 것은 재화의 공급으로 보지 않는다**(부법 10 ⑨ (3), 부령 24).

(4) 신탁재산의 소유권 이전

신탁재산의 소유권 이전으로서 다음에 해당하는 것은 재화의 공급으로 보지 않는다(부법 10 ⑨ (4)). 이는 형식적 소유권 이전에 불과할 뿐, 실질적 거래로 보기 어렵기 때문이다.

① 위탁자로부터 수탁자에게 신탁재산을 이전하는 경우
② 신탁의 종료로 인하여 수탁자로부터 위탁자에게 신탁재산을 이전하는 경우
③ 수탁자가 변경되어 새로운 수탁자에게 신탁재산을 이전하는 경우

기출 OX

23. 사업장별로 그 사업에 관한 모든 권리와 의무를 포괄적으로 승계하고, 그 사업을 양수받는 자가 그 대가를 지급하는 때에 그 대가를 받은 자로부터 부가가치세를 징수하여 납부한 경우에는 재화의 공급으로 본다. 2016. 7급
정답 O

기출 OX

24. 저당권의 목적으로 부동산을 제공하는 것은 재화의 공급으로 본다. 2018. 9급
정답 X

25. 질권, 저당권 또는 양도담보의 목적으로 동산, 부동산 및 부동산상의 권리를 제공하는 것은 재화의 공급으로 보지 않는다. 2016. 7급
정답 O

기출 OX

26. 사업용 자산을 「상속세 및 증여세법」 및 「지방세법」에 따라 물납하는 것은 재화의 공급으로 보지 아니한다. 2019. 7급
정답 O

★★ (5) 기타

다음은 재화의 공급으로 보지 않는다.

> ① 수재·화재·도난·재고감모손 등으로 인해 재화를 잃어버리거나 멸실된 경우(부기통 9-18-5)
> ② 각종 원인에 의하여 사업자가 받는 손해배상금*¹ (부기통 4-0-1)
> ③ 사업자가 위탁가공을 위하여 원자재를 국외 수탁가공업자에게 대가 없이 반출한 경우 단, 해당 재화를 가공한 이후 양도하는 경우, 그 원료의 반출에 대하여는 재화의 공급으로 보아 영세율을 적용한다(부령 18 ②(3), 부령 31 ①(5)).

기출 OX

27. 사업자가 위탁가공을 위하여 원료를 대가 없이 국외의 수탁가공 사업자에게 반출하여 가공한 재화를 양도하는 경우에 그 원료를 반출하는 것은 재화의 공급으로 보지 않는다. 2016. 7급
정답 X

오쌤 Talk
원자재의 위탁가공

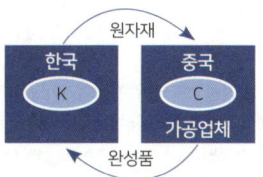

3 용역의 공급

1 용역의 정의 B

'용역'이란 재화 외에 재산 가치가 있는 모든 역무(役務)와 그 밖의 행위를 말한다(부법 2 (2)). 용역은 다음 중 어느 하나에 해당하는 모든 역무와 그 밖의 행위로 한다(부령 3 ①).

> ① 건설업
> ② 숙박 및 음식점업
> ③ 운수 및 창고업
> ④ 부동산업. 다만, 다음에 해당하는 사업은 제외한다.
>   ㉠ 전·답·과수원·목장용지·임야·염전 임대업
>   ㉡ 공익사업과 관련하여 지역권·지상권(지하·공중에 설정된 권리 포함)을 설정하거나 대여하는 사업
> ⑤ 그 밖에 법에 열거된 사업

이때, 건설업과 부동산업 중 다음 중 어느 하나에 해당하는 사업은 재화를 공급하는 사업으로 본다(부령 3 ②, 부칙 2 ②).

> ㉠ 부동산 매매(주거용 또는 비거주용 건축물 및 그 밖의 건축물을 자영건설하여 분양·판매하는 경우를 포함) 또는 그 중개를 사업목적으로 나타내어 부동산을 판매하는 사업
> ㉡ 사업목적으로 1과세기간 중에 1회 이상 부동산을 취득하고 2회 이상 판매하는 사업

오쌤 Talk
원료의 국외반출

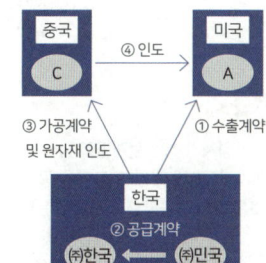

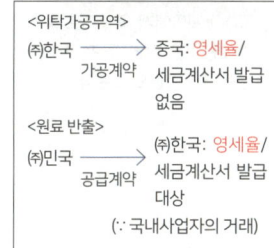

기출 OX

28. 음식점에서 음식을 만들어 파는 행위는 재화의 공급이 아닌 용역의 공급에 해당한다. 2005. 9급
정답 O

---

*¹ 손해배상금: ㉠ 소유재화의 훼손·도난 등으로 가해자로부터 받는 손해배상금, ㉡ 도급공사 및 납품계약서상 기일지연으로 발주자가 받는 지체상금, ㉢ 공급받을 자의 해약으로 인하여 공급하는 자가 재화나 용역의 공급없이 받는 위약금 또는 이와 유사한 손해배상금, ㉣ 대여한 재화의 망실에 대하여 받는 변상금, ㉤ 부동산 불법점유로 법원의 판결에 따라 지급받는 부당이득금 또는 지연손해금

기출 OX

29. 용역의 공급은 계약상 또는 법률상의 모든 원인에 따른 것으로서 역무를 제공하는 것과 시설물, 권리 등 재화를 사용하게 하는 것 중 어느 하나에 해당하는 것으로 한다. 2022. 9급
정답 O

30. 건설업의 건설업자가 건설자재의 전부 또는 일부를 부담하는 것은 용역의 공급이다. 2015. 9급
정답 O

31. 건설업의 경우 건설업자가 건설자재의 전부를 부담하더라도 용역의 공급으로 본다. 2019. 9급
정답 O

32. 산업상·상업상 또는 과학상의 지식·경험 또는 숙련에 관한 정보를 제공하는 것은 용역의 공급으로 본다. 2019. 7급
정답 O

기출 OX

33. 사업자가 특수관계인이 아닌 타인에게 대가를 받지 않고 용역을 공급하는 것은 용역의 공급으로 보지 않는다. 2015. 9급
정답 O

34. 특수관계인에게 무상으로 용역(부동산임대용역은 제외)을 제공하는 경우에는 용역의 공급으로 본다. 2004. 7급
정답 X

오쌤 Talk

무상공급 및 저가공급의 과세 여부

구분	재화	용역
무상공급	과세	과세하지 않음 (단, 특수관계인에게 사업용 부동산을 무상임대한 경우에는 과세)
저가공급	과세	과세

2 용역의 공급 A

'용역의 공급'이란 계약상 또는 법률상의 모든 원인에 따른 것으로서 역무를 제공하는 것과 시설물, 권리 등 재화를 사용하게 하는 것을 말한다(부법 11 ①). 이때, 다음 중 어느 하나에 해당하는 것은 용역의 공급으로 본다(부령 25).

① 건설업의 경우 건설업자가 건설자재의 전부 또는 일부를 부담하는 것
② 자기가 주요자재를 전혀 부담하지 아니하고 상대방으로부터 인도받은 재화를 단순히 가공만 해주는 것
③ 산업상·상업상 또는 과학상의 지식·경험 또는 숙련에 관한 정보를 제공하는 것

3 용역의 공급 특례 A

★★ (1) 용역의 무상공급

① **원칙: 용역의 공급으로 보지 않음**
사업자가 대가를 받지 않고 타인에게 용역을 공급하는 것은 용역의 공급으로 보지 않는다(부법 12 ②). 재화와는 달리 용역의 경우 시가를 확인하기 어렵고, 주로 인적 역무로서 무상공급 시 현실적으로 과세하는 것이 어렵기 때문이다.

② **예외**
사업자가 특수관계자에게 사업용 부동산의 임대용역을 제공하는 것은 용역의 공급으로 보되, 다음의 것은 용역의 공급으로 보지 아니한다(부법 12 ②, 부령 26). 즉, 과세하지 아니한다.

㉠ 산학협력단과 대학 간 사업 부동산의 임대용역
㉡ 「공공주택특별법」에 따른 공공주택사업자(국가, 또는 지방자치단체, 한국토지주택공사, 주택사업을 목적으로 설립된 지방공사 등)와 부동산투자회사 간 사업용 부동산의 **무상임대용역**

★★ (2) 용역의 자가공급

① **원칙**
용역의 자가공급에 대하여는 부가가치세를 과세하지 아니한다. 용역의 무상공급에 대하여 부가가치세를 과세하지 않는 것과 형평을 맞추기 위함이다. 따라서, 다음의 경우에는 용역의 자가공급으로 부가가치세를 과세하지 않는다(부기통 12-0-1).

㉠ 사업자가 자기의 사업과 관련하여 사업장 내에서 그 사용인에게 음식용역을 무상으로 제공하는 경우
㉡ 사업자가 사용인의 직무상 부상 또는 질병을 무상으로 치료하는 경우
㉢ 사업장이 각각 다른 수개의 사업을 겸영하는 사업자가 그 중 한 사업장의 재화 또는 용역의 공급에 필수적으로 부수되는 용역을 자기의 다른 사업장에서 공급하는 경우

② 예외

사업자가 자신의 용역을 자기의 사업을 위하여 대가를 받지 아니하고 공급함으로써 다른 사업자와의 과세형평이 침해되는 경우에는 자기에게 용역을 제공하는 것으로 본다. 이 경우 그 용역의 범위는 법으로 정한다(부법 12 ①).

(3) 고용관계에 따른 근로용역의 제공

고용관계에 따라 근로를 제공하는 것은 용역의 공급으로 보지 않는다(부법 12 ③).

(4) 조출료와 체선료

① 선주와 하역회사 간: 하역용역

선주와 하역회사 간의 계약에 따라 조기선적으로 인하여 선주로부터 하역회사가 받는 조출료는 하역용역의 제공에 따른 대가이므로 과세대상이나, 지연선적으로 인하여 하역회사로부터 선주가 받는 체선료는 용역 제공의 대가가 아니므로 과세대상이 아니다(부기통 4-0-7 ①).

② 선주와 화주 간: 항행용역

선주와 화주 간의 계약에 따라 화주가 조기선적을 하고 선주로부터 받는 조출료는 용역제공에 대한 대가가 아니므로 과세대상이 아니나, 선주가 지연선적으로 인하여 화주로부터 받은 체선료는 항행용역의 제공에 따른 대가이므로 항행용역대가(과세대상)에 포함된다(부기통 4-0-7 ②).

참고

체선료와 조출료의 과세

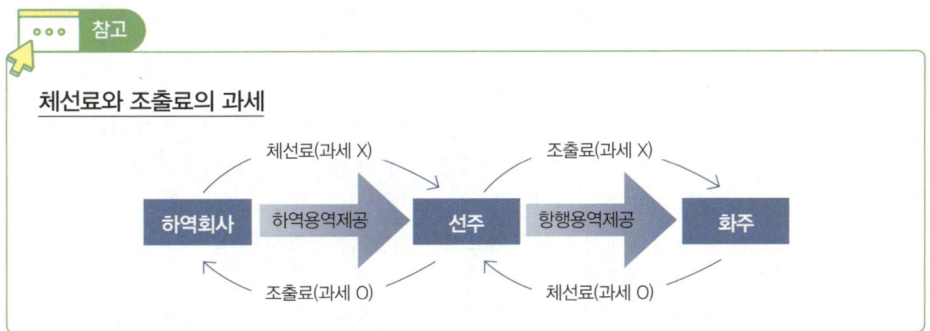

(5) 입회금과 특별회비 등

골프장·테니스장 경영자가 동 장소이용자로부터 받는 입회금으로서 일정기간 거치 후 반환하지 아니하는 입회금은 과세대상이 된다. 다만, 일정기간 거치 후 반환하는 입회금은 그러하지 아니한다(부기통 4-0-6). 또한 협회 등 단체가 재화의 공급 또는 용역의 제공에 따른 대가관계 없이 회원으로부터 받는 협회비·찬조비 및 특별회비 등은 과세대상이 아니다(부기통 4-0-2).

(6) 분철료

광업권자가 광업권을 대여하고 그 대가로 분철료를 받는 경우에는 과세대상이 된다(부기통 4-0-5).

 오쌤 Talk

용역의 자가공급

「부가가치세법」에서는 용역의 자가공급의 범위를 법으로 정한다고 규정하고 있으나, 현재 법으로 정한 것은 없으므로 용역의 자가공급에 대해 과세하지 않는 것으로 해석한다.

기출 OX

35. 사업자가 자신의 용역을 자기의 사업을 위하여 대가를 받지 아니하고 공급함으로써 다른 사업자와의 과세형평이 침해되는 경우에는 자기에게 용역을 공급하는 것으로 본다. 2019. 9급
정답 O

36. 고용관계에 따라 근로를 제공하는 것은 용역의 공급으로 보지 아니한다. 2022. 9급
정답 O

37. 대가를 받지 아니하고 타인에게 공급 또는 근로를 제공하는 경우는 용역의 공급이 아니다. 2006. 9급
정답 O

38. 고용관계에 따라 근로를 제공하는 것은 용역의 공급으로 보지 아니한다. 2019. 9급
정답 O

오쌤 Talk

재화의 수입을 세관장의 매출로 인식

재화를 수입하는 경우 소비지국과세원칙에 따라 우리나라에서 부가가치세가 과세되어야 한다. 「부가가치세법」상 부가가치세를 납부하는 자는 공급자이다. 부가가치세가 우리나라에서 과세되기 위해서는 공급자가 국내에 존재해야 하지만, 실제 공급자가 국외에 존재하고 있으므로 세관장을 「부가가치세법」상 공급자로 간주하여 수입자에게 부가가치세를 징수하게 하는 것이다. Link-P.268 P.270 P.310 P.427

오쌤 Talk

수출신고가 수리된 물품

수출되어 영세율을 적용받은 물품이 취소되어 다시 반입되는 경우 재화의 수입으로 보겠다는 의미이다. 수출품은 선적완료일이 영세율 적용 시점이다. 그러므로 선적되지 않은 물품을 다시 반입하는 경우는 아직 수출된 것이 아니므로 반입되어 들어온다 하더라도 재화의 수입으로 보지 않는다.

기출 OX

39. 수출신고가 수리된 물품으로서 선적되지 아니한 물품을 보세구역에서 반입하는 것은 재화의 수입에 해당한다.

2022. 9급

정답 X

오쌤 Talk

용역의 수입

용역의 수입은 그 성질상 사용·소비 등을 파악하기 어렵고 세관을 통관하지 않기 때문에 과세대상에서 제외하였다. 다만, 국내사업장이 없는 비거주자 또는 외국법인 등으로부터 용역을 공급받는 경우에는 그 공급받는 사업자가 부가가치세를 대리납부해야 한다. Link-P.419

기출 OX

40. 과세사업자가 과세사업에 사용할 목적으로 용역을 수입하는 경우에는 부가가치세 과세대상이 된다. 2006. 9급

정답 X

기출 OX

41. 재화의 수입에 대한 부가가치세는 세관장이 관세법에 따라 징수한다.

2010. 9급

정답 O

④ 재화의 수입 B

★★ (1) 의미

'재화의 수입'이란 다음 어느 하나에 해당하는 물품을 국내에 반입하는 것(보세구역을 거치는 것은 보세구역에서 반입하는 것)을 말한다(부법 13).

> ① 직수입 물품
>   : 외국으로부터 국내에 도착한 물품(외국 선박에 의하여 공해(公海)에서 채집되거나 잡힌 수산물을 포함)으로서 수입신고가 수리(受理)되기 전의 것
>
> ② 수출신고 후 선적된 물품
>   : 수출신고가 수리된 물품(수출신고가 수리된 물품으로서 선적되지 아니한 물품을 보세구역에서 반입하는 경우는 제외)으로서 선적이 완료된 물품

「부가가치세법」상 수출재화는 선적이 완료된 시점에 수출이 완료된 물품에 해당하므로 이러한 물품을 국내로 다시 반입한다면 이는 재화의 수입에 해당하여 부가가치세가 과세된다.

단, 수출신고가 수리된 물품으로서 선적되지 않은 물품을 보세구역에서 반입하는 경우는 재화의 수입으로 보지 않고 국내공급으로 과세한다.

(2) 보세구역과 관련된 재화 또는 용역의 공급범위

보세구역(자유무역지역 및 관세자유지역 포함)에 관련된 「부가가치세법」 적용은 다음과 같다(부기통 9-18-7 ①).

> ① 외국에서 보세구역으로 재화를 반입하는 것은 재화의 수입에 해당하지 아니한다.
> ② 동일한 보세구역 내에서 재화를 공급하거나 용역을 제공하는 것은 재화의 공급 또는 용역의 공급에 해당한다.
> ③ 보세구역 외의 국내에서 보세구역으로 재화 또는 용역을 공급하는 것은 재화 또는 용역의 공급에 해당한다.
> ④ 사업자가 보세구역 내에서 보세구역 외의 국내에 외국에서 반입한 재화를 공급하는 것은 재화의 수입인 동시에 공급에 해당한다.

★★ (3) 징수

재화의 수입에 대한 부가가치세는 세관장이 「관세법」에 따라 징수한다(부법 58 ②).

> 참고

보세구역에 대한 부가가치세 납세의무

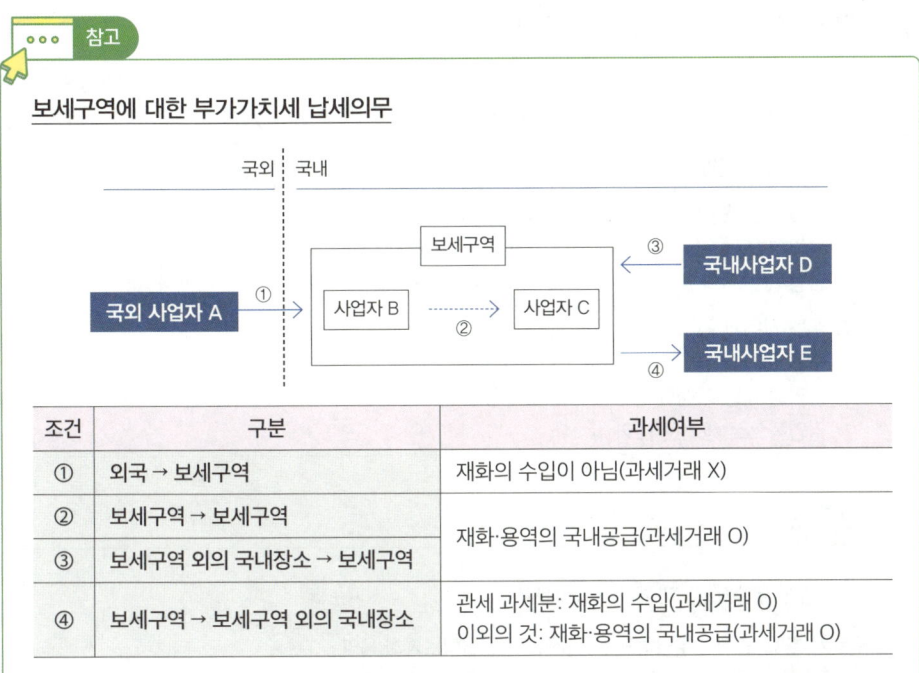

조건	구분	과세여부
①	외국 → 보세구역	재화의 수입이 아님(과세거래 X)
②	보세구역 → 보세구역	재화·용역의 국내공급(과세거래 O)
③	보세구역 외의 국내장소 → 보세구역	
④	보세구역 → 보세구역 외의 국내장소	관세 과세분: 재화의 수입(과세거래 O) 이외의 것: 재화·용역의 국내공급(과세거래 O)

⑤ 부수재화 또는 용역의 공급 A

★★ (1) 주된 거래에 부수되는 재화·용역

주된 재화 또는 용역의 공급에 **부수(附隨)되어 공급되는** 것으로서 다음 어느 하나에 해당하는 재화 또는 용역의 공급은 **주된 재화 또는 용역의 공급에 포함되는 것으로 본다** (부법 14 ①).

범위	과세여부 판단
① 해당 대가가 주된 재화 또는 용역의 공급에 대한 대가에 통상적으로 포함되어 공급되는 재화 또는 용역	부수공급의 과세 및 면세 여부는 주된 거래에 따른다.
② 거래의 관행으로 보아 통상적으로 주된 재화 또는 용역의 공급에 부수하여 공급되는 것으로 인정되는 재화 또는 용역	주된 거래인 재화 또는 용역의 공급에 흡수되는 것으로 보아 별도의 사업상 증여로 보지 않는다.

> 참고

주된 거래에 부수되는 재화·용역 예시

① 쌀을 공급하면서 제공하는 운송용역
: 운송용역 자체는 원래 과세대상이지만, 면세대상인 쌀을 공급하면서 제공하는 쌀의 운송용역은 주된 거래에 부수하여 공급되는 것이므로 주된 거래에 따라 면세한다.

② 아이스크림 판매 시 제공하는 드라이아이스의 무상공급
: 아이스크림 판매와 관련하여 거래의 관행상 통상적으로 부수하여 공급하는 드라이아이스는 무상공급하더라도 사업상 증여로 보지 아니한다.

오쌤 Talk

일반적인 수입

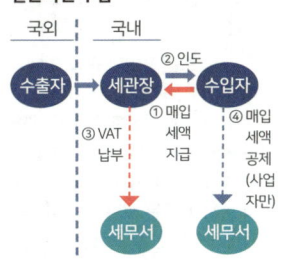

오쌤 Talk

과세거래의 범위

구분	재화	용역
실질공급	과세거래	과세거래
공급간주	과세거래	-
수입	과세거래	-

① 재화 및 용역의 공급은 공급자가 사업자인 경우에 한함
② 재화의 수입은 사업자가 아니어도 과세거래임
(공급자인 세관장이 사업자에 해당하는 것으로 간주)
③ 용역의 수입은 과세거래가 아님

오쌤 Talk

부수재화 또는 용역의 사례

① 가구를 공급하면서 공급받는 자의 주소로 가구를 운송하는 용역은 과세대상이고, 가구를 공급할 때 가구는 과세대상이다. 따라서 가구를 공급하며 가구를 운송하는 용역은 통상적으로 부수되는 거래로 주된 거래에 따라 과세된다.
② 국민주택용역을 공급하는 면세사업자가 일시적으로 본사 건물을 공급한 경우는 해당 재화가 과세대상이라도 주된 사업이 면세사업이기 때문에 건물의 공급도 면세된다.
③ 면세사업인 두부생산업자가 필연적 부산물인 콩비지를 판매하는 경우 콩비지도 면세한다.

확인문제

02. 「부가가치세법」상 부수재화 및 부수용역의 공급과 관련된 설명으로 옳지 않은 것은? 2020. 7급

① 주된 재화 또는 용역의 공급에 부수되어 공급되는 것으로서 거래의 관행으로 보아 통상적으로 주된 재화 또는 용역의 공급에 부수하여 공급되는 것으로 인정되는 재화 또는 용역의 공급은 주된 재화 또는 용역의 공급에 포함되는 것으로 본다.
② 주된 재화 또는 용역의 공급에 부수되어 공급되는 것으로서 해당 대가가 주된 재화 또는 용역의 공급에 대한 대가에 통상적으로 포함되어 공급되는 재화 또는 용역의 공급은 주된 재화 또는 용역의 공급에 포함되는 것으로 본다.
③ 면세되는 재화 또는 용역의 공급에 통상적으로 부수되는 재화 또는 용역의 공급은 그 면세되는 재화 또는 용역의 공급에 포함되는 것으로 본다.
④ 주된 사업에 부수되는 주된 사업과 관련하여 주된 재화의 생산 과정에서 필연적으로 생기는 재화의 공급은 별도의 공급으로 보지 아니한다.

정답 ④

확인문제

03. 「부가가치세법」상 부수 재화의 공급에 관한 설명으로 옳지 않은 것은? 2013. 9급

① 해당 대가가 주된 거래인 재화의 공급대가에 통상적으로 포함되어 공급되는 재화는 주된 재화의 공급에 포함되는 것으로 본다.
② 거래의 관행으로 보아 통상적으로 주된 재화의 공급에 부수하여 공급되는 것으로 인정되는 재화는 주된 재화의 공급에 포함되는 것으로 본다.
③ 주된 사업과 관련하여 우연히 또는 일시적으로 공급되는 재화의 공급은 별도의 공급으로 보지 아니한다.
④ 주된 사업과 관련하여 주된 재화의 생산 과정에서 필연적으로 생기는 과세대상 재화의 공급에 대한 과세 여부는 주된 사업의 과세 여부에 따른다.

정답 ③

(2) 주된 사업에 부수되는 재화·용역

주된 사업에 부수되는 다음 중 해당하는 재화 또는 용역의 공급은 **별도의 공급으로 보되**, 과세 및 면세 여부 등은 **주된 사업의 과세 및 면세 여부 등을 따른다**(부법 14 ②).

범위	과세여부 판단
① 주된 사업과 관련하여 우연히 또는 일시적으로 공급되는 재화 또는 용역	해당 재화 또는 용역이 면세대상이라면 주된 사업이 과세사업이든 면세사업이든 면세되지만, 해당 재화 또는 용역이 과세대상이라면 주된 사업에 따라 판단한다.
② 주된 사업과 관련하여 주된 재화의 생산 과정이나 용역의 제공 과정에서 필연적으로 생기는 재화	부수공급의 과세 및 면세 여부는 주된 사업에 따른다(부법 14 ②).

참고

주된 사업에 부수되는 재화·용역 예시

① 주된 사업과 관련하여 우연히 또는 일시적으로 공급되는 재화·용역

주된 사업	공급하는 재화·용역	과세·면세 여부
과세사업(유통업)	과세대상(건물)	과세
	면세대상(토지)	면세
면세사업(학원업)	과세대상(건물)	면세
	면세대상(토지)	면세

② 부산물의 과세여부 예시

주된 사업에서 생긴 부산물	과세·면세 여부
참치 통조림(과세) 생산에 필수적으로 생기는 참치알(면세)	과세
밀가루(면세) 생산에 필수적으로 부수되는 밀기울(과세)	면세

MEMO

CHAPTER 03

공급시기 및 공급장소

1. 공급시기
2. 공급장소

• 최신 8개년 출제 경향 분석

01 공급시기

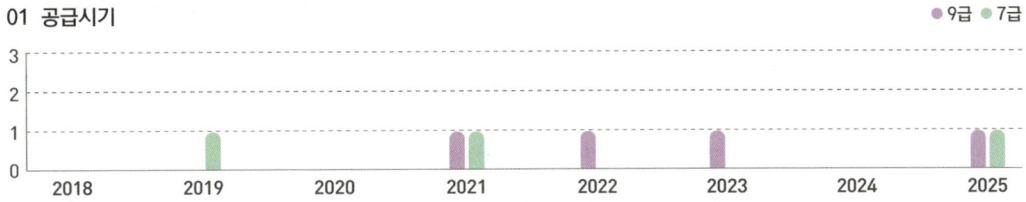

02 공급장소

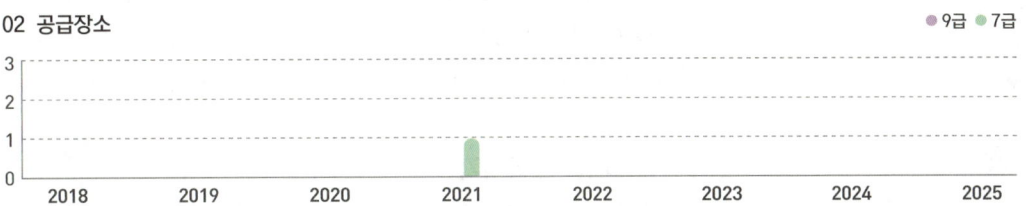

1 공급시기

1 개요 B

공급시기는 재화나 용역의 공급이 이루어진 시기를 의미한다. 이는 해당 거래에 대한 과세가 어느 과세기간에 귀속되는가를 결정하고, 이를 기반으로 세금계산서를 발급해야 하기 때문에 과세를 결정하는 데 있어 중요한 기준이 된다.

2 재화의 공급시기 A

★ (1) 일반적 공급시기

일반적으로 재화의 공급시기는 다음의 구분에 따른다(부법 15 ①).

① 재화의 이동이 필요한 경우	재화가 인도되는 때
② 재화의 이동이 필요하지 않은 경우	재화가 이용가능하게 되는 때
③ 위의 규정을 적용할 수 없는 경우	재화의 공급이 확정되는 때

★★ (2) 거래형태별 공급시기

일반적 공급시기를 기반으로 구체적인 거래형태별 공급시기는 다음 표와 같다(부령 28).

거래형태		거래형태별 공급시기
① 현금판매, 외상판매 또는 할부판매		재화가 인도되거나 이용가능하게 되는 때
② 상품권 등을 현금 또는 외상으로 판매하고 그 후 해당 상품권 등이 현물과 교환되는 경우		재화가 실제로 인도되는 때 (상품권 판매시점이 아님)
③ 재화의 공급으로 보는 가공		가공된 재화를 인도하는 때
④ 반환조건부 판매, 동의조건부 판매, 그 밖의 조건부 판매 및 기한부 판매 (ex. 시용판매, 검사조건부판매)		그 조건이 성취되거나 기한이 지나 판매가 확정되는 때
⑤ 장기할부판매, 전력이나 그 밖에 공급단위를 구획할 수 없는 재화를 계속적으로 공급하는 경우		대가의 각 부분을 받기로 한 때
⑥ 완성도기준지급조건부 또는 중간지급조건부로 재화를 공급하는 경우		대가의 각 부분을 받기로 한 때 단, 재화가 인도되거나 이용가능하게 되는 날 이후에 받기로 한 대가의 부분에 대해서는 재화가 인도되거나 이용가능하게 되는 날을 그 재화의 공급시기로 봄
⑦ 간주공급	㉠ 면세사업에의 전용 ㉡ 개별소비세 승용자동차를 비영업용으로 사용 ㉢ 개인적 공급	재화를 사용·소비하는 때
	사업상 증여	재화를 증여하는 때
	폐업 시 잔존재화의 자가공급	폐업일
	판매목적 타사업장 반출	재화를 반출하는 때

오쌤 Talk

장기할부조건부 판매와 중간지급조건부 판매

장기할부 조건부 판매	중간지급조건부 판매
인도 '후' 대금 분할 회수	인도 '전' 대금 분할 회수

확인문제

01. 「부가가치세법」상 재화의 공급시기에 관한 설명으로 옳지 않은 것은?
2008. 7급

① 폐업 전에 공급한 재화의 공급시기가 폐업일 이후에 도래하는 경우에는 그 폐업일을 공급시기로 본다.
② 재화의 할부판매의 경우에는 대가의 각 부분을 받기로 한 때를 공급시기로 본다.
③ 상품권 등을 현금 또는 외상으로 판매하고 그 후에 당해 상품권 등에 의하여 현물과 교환하는 경우에는 재화가 실제로 인도되는 때를 공급시기로 본다.
④ 완성도기준지급조건부로 재화를 공급하는 경우에는 대가의 각 부분을 받기로 한 때를 공급시기로 본다.

정답 ②

⑧ 수출재화	㉠ 내국물품의 국외반출 및 중계무역 방식의 수출	수출재화의 선(기)적일
	㉡ 원양어업 및 위탁판매수출	수출재화의 공급가액이 확정되는 때
	㉢ 외국인도수출 및 위탁가공무역방식의 수출	외국에서 해당 재화가 인도되는 때
⑨ 임치물의 반환	㉠ 창고증권을 소지한 사업자가 조달청 창고 또는 거래소의 지정창고에서 실물을 넘겨받은 후 보세구역의 다른 사업자에게 해당 재화를 인도하는 경우	해당 재화를 인도하는 때
	㉡ 해당 재화를 실물로 넘겨받는 것이 재화의 수입에 해당하는 경우	그 수입신고 수리일
	㉢ 국내로부터 조달청 창고 또는 거래소의 지정창고에 임치된 임치물이 국내로 반입되는 경우	그 반입신고 수리일
⑩ 내국신용장에 의하여 공급하는 재화		재화를 인도하는 때
⑪ 무인판매기를 이용한 재화의 공급		해당 사업자가 무인판매기에서 현금을 꺼내는 때
⑫ 폐업 전에 공급(재화의 인도·양도가 이루어지지 않았더라도 공급의 상대방 시기, 가액을 확정할 수 있는 계약 등의 원인이 폐업 전에 발생한 경우를 포함)한 재화의 공급시기가 폐업일 이후에 도래하는 경우		폐업일

확인문제

02. 「부가가치세법」상 재화의 공급시기(폐업 전에 공급한 재화의 공급시기가 폐업일 이후에 도래하는 경우에는 제외한다)로 옳지 않은 것은? 2014. 9급

① 현금판매, 외상판매 또는 할부판매의 경우에는 재화가 인도되거나 이용가능하게 되는 때
② 전력이나 그 밖에 공급단위를 구획할 수 없는 재화를 계속적으로 공급하는 경우에는 대가의 각 부분을 받기로 한 때
③ 재화의 공급으로 보는 가공의 경우에는 재화의 가공이 완료된 때
④ 무인판매기를 이용하여 재화를 공급하는 경우에는 해당 사업자가 무인판매기에서 현금을 꺼내는 때

정답 ③

참고

장기할부판매, 완성도지급기준조건부 및 중간지급조건부 거래

① 장기할부판매
 재화를 공급하고 그 대가를 월부, 연부 그 밖의 할부의 방법에 따라 받는 것 중 다음 요건을 모두 갖춘 것을 말한다(부칙 17).

> ㉠ 2회 이상으로 분할하여 대가를 받을 것
> ㉡ 해당 재화의 인도일의 다음 날부터 최종할부금 지급기일까지의 기간이 1년 이상인 것

② 완성도기준지급조건부 공급
 건물의 건설·선박의 건조·기계의 제작 등과 같이 그 생산에 일정한 기간이 소요되는 재화를 인도하기 전에 재화의 완성비율에 따라 대가를 지급받기로 한 조건의 공급을 말한다.

③ 중간지급조건부 공급
 다음 요건을 모두 갖춘 것을 말한다(부칙 18 (1), 20 (1)).

> ㉠ 계약금을 받기로 한 날의 다음 날부터 재화를 인도하는 날(또는 재화를 이용가능하게 하는 날)까지의 기간이 6개월 이상일 것
> ㉡ 그 기간 이내에 계약금 외의 대가를 분할하여 받는 경우

완성도기준지급 및 중간지급조건부로 재화를 공급하거나 용역을 제공함에 있어서 그 대가의 일부로 계약금을 거래 상대자로부터 받는 경우에는 해당 계약조건에 따라 계약금을 받기로 한 때를 그 공급시기로 본다. 이 경우 착수금 또는 선수금 등의 명칭으로 받는 경우에도 해당 착수금 또는 선수금이 계약금의 성질로 인정되는 때에는 계약금으로 본다(부기통 15-28-3).

오쌤 Talk
장기할부판매
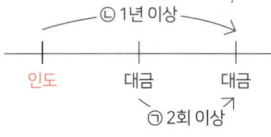

오쌤 Talk
중간지급조건부 공급

★★ (3) 기타 공급시기

그 밖의 거래에 대한 공급시기는 다음과 같다(부령 28).

거래형태	거래형태별 공급시기
① 사업자가 보세구역 안에서 보세구역 밖의 국내에 재화를 공급하는 경우가 재화의 수입에 해당하는 경우	수입신고 수리일
② 위탁판매·대리인에 의한 매매	수탁자·대리인의 공급을 기준으로 공급시기 규정을 적용하되, 해당 거래·재화의 특성상(또는 보관·관리상) 위탁자·본인을 알 수 없는 경우에는 위탁자와 수탁자 또는 본인과 대리인 사이에도 별개의 공급이 이루어진 것으로 보아 공급시기의 규정을 적용
③ 시설대여업자로부터 시설 등을 임차하고 그 시설 등을 공급자 또는 세관장으로부터 직접 인도받은 경우(리스거래)	사업자가 공급자로부터 재화를 직접 공급받거나 외국으로부터 재화를 직접 수입한 것으로 보아 공급시기의 규정을 적용

> **기출 OX**
> **01.** 사업자가 보세구역 안에서 보세구역 밖의 국내에 재화를 공급하는 경우가 재화의 수입에 해당할 때에는 수입신고 수리일을 재화의 공급시기로 본다.
> 2014. 7급
> 정답 O

예제 1 장기할부조건부 · 중간지급조건부 판매

다음 각각의 사례가 장기할부조건부, 완성도기준지급조건부, 중간지급조건부 중 무엇에 해당하는지를 판단하고, 20X1년 1기 과세기간(1. 1. ~ 6. 30.)의 과세표준을 산정하시오.

01 20X1. 1. 2. 제품을 ₩10,000,000에 공급하면서 20개월 동안 매달 말일에 ₩500,000씩 수령하기로 하였다.
02 20X1. 1. 1.에 제품을 ₩20,000,000에 공급하기로 계약하면서 계약일에 ₩5,000,000을 수령하고, 중도금으로 20X1. 3. 31.에 ₩10,000,000을 수령하며, 잔금으로 20X1. 7. 18.에 ₩5,000,000을 수령하면서 제품을 인도하기로 하였다.

풀이

01 장기할부판매

① 2회 이상 분할하여 대가 수령?	20회 분할
② 재화의 인도일의 다음 날부터 최종 할부금 지급일까지 1년 이상?	20개월 > 1년

∴ 장기할부판매에 해당한다. 장기할부판매의 공급시기는 '대가의 각 부분을 받기로 한 때'이므로 1기 과세기간 동안 매월 말 ₩500,000씩 6개월간 수령하면 과세표준은 ₩3,000,000이다.

02 중간지급조건부 판매

① 계약금 수령일의 다음 날부터 제품 인도일까지 6개월 이상?	계약금수령일의 다음 날 (1.2.)부터 인도일(7.18.)까지 6개월 이상
② 그 기간 내 대가 분할 회수(계약금을 포함하여 3회 이상 분할)?	대가를 3회 분할 회수

∴ 중간지급조건부 판매에 해당한다. 중간지급조건부 판매의 공급시기는 '대가의 각 부분을 받기로 한 때'이므로 1기 과세기간 동안 ₩15,000,000(= ₩5,000,000 + ₩10,000,000)을 수령하기로 하여 과세표준은 ₩15,000,000이다.

3 용역의 공급시기 A

(1) 일반적 공급시기

용역이 공급되는 시기는 다음 어느 하나에 해당하는 때로 한다(부법 16 ①).

① 역무의 제공이 완료되는 때
② 시설물, 권리 등 재화가 사용되는 때

(2) 거래형태별 공급시기

일반적 공급시기를 기반으로 구체적인 거래형태별 공급시기는 다음 표와 같다(부령 29).

거래형태	거래형태별 공급시기
① 통상적인 용역의 공급	역무의 제공이 완료되는 때 및 시설물, 권리 등의 재화가 사용되는 때
② 장기할부조건부 또는 그 밖의 조건부, 공급단위를 구획할 수 없는 용역(부동산의 임대)을 계속적으로 공급하는 경우	대가의 각 부분을 받기로 한 때
③ 완성도기준지급조건부 또는 중간지급조건부	대가의 각 부분을 받기로 한 때. 단, 역무의 제공 완료 이후 받기로 한 대가는 역무제공이 완료되는 날을 공급시기로 봄
④ 부동산임대용역을 공급하는 경우에 전세금 또는 임대보증금에 대한 간주임대료	
⑤ 부동산임대용역을 둘 이상의 과세기간에 걸쳐 공급하고 그 대가를 선불 또는 후불로 받는 경우에 월수에 따라 안분계산한 임대료	
⑥ 다음의 어느 하나에 해당하는 용역을 둘 이상의 과세기간에 걸쳐 계속적으로 제공하고 그 대가를 선불로 받는 경우 ㉠ 헬스클럽장 등 스포츠센터를 운영하는 사업자가 연회비를 미리 받고 회원들에게 시설을 이용하게 하는 것 ㉡ 사업자가 다른 사업자와 상표권 사용계약을 할 때 사용대가 전액을 일시불로 받고 상표권을 사용하게 하는 것 ㉢ 「노인복지법」에 따른 노인복지시설(유료인 경우에만 해당)을 설치·운영하는 사업자가 그 시설을 분양받은 자로부터 입주 후 수영장·헬스클럽장 등을 이용하는 대가를 입주 전에 미리 받고 시설 내 수영장·헬스클럽장 등을 이용하게 하는 것 ㉣ 그 밖에 ㉠~㉢의 규정과 유사한 용역	예정신고기간 또는 과세기간의 종료일
⑦ 「사회기반시설에 대한 민간투자법」의 방식을 준용하여 설치한 시설에 대하여 둘 이상의 과세기간에 걸쳐 계속적으로 시설을 이용하게 하고 그 대가를 받는 경우	
⑧ 역무의 제공이 완료된 때 또는 대가를 받기로 한 때를 공급시기로 볼 수 없는 경우	역무의 제공이 완료되고 그 공급가액이 확정되는 때
⑨ 폐업 전에 공급한 용역의 공급시기가 폐업일 이후에 도래하는 경우	폐업일

기출 OX

02. 역무의 제공이 완료되는 때 또는 대가를 받기로 한 때를 공급시기로 볼 수 없는 경우에는 예정신고기간 또는 과세기간의 종료일을 공급시기로 본다. 2022. 9급
정답 X

03. 공급단위를 구획할 수 없는 용역을 계속적으로 공급하는 경우에는 대가의 각 부분을 받기로 한 때를 용역의 공급시기로 본다. 2014. 7급
정답 O

04. 완성도기준지급조건부로 용역을 공급하는 경우 역무의 제공이 완료되는 날 이후 받기로 한 대가의 부분에 대해서는 대가의 각 부분을 받기로 한 때를 용역의 공급시기로 본다. 2022. 9급
정답 X

05. 사업자가 다른 사업자와 상표권 사용계약을 할 때 사용대가 전액을 일시불로 받고 상표권을 사용하게 하는 용역을 둘 이상의 과세기간에 걸쳐 계속적으로 제공하고 그 대가를 선불로 받는 경우에는 예정신고기간 또는 과세기간의 종료일을 공급시기로 본다. 2022. 7급
정답 O

확인문제

03. 「부가가치세법령」상 용역의 공급시기에 대한 설명으로 옳지 않은 것은? 2021. 9급

① 장기할부조건부로 용역을 공급하는 경우에는 대가의 각 부분을 받기로 한 때로 한다.
② 사업자가 부동산 임대용역을 공급하고 전세금 또는 임대보증금을 받는 경우(「부가가치세법 시행령」에 따라 계산한 금액을 공급가액으로 함)에는 예정신고기간 또는 과세기간의 종료일로 한다.
③ 중간지급조건부로 용역을 공급하는 경우 역무의 제공이 완료되는 날 이후 받기로 한 대가의 부분에 대해서는 역무의 제공이 완료되는 날 이후 그 대가를 받는 때로 한다.
④ 헬스클럽장 등 스포츠센터를 운영하는 사업자가 연회비를 미리 받고 회원들에게 시설을 이용하게 하는 것을 둘 이상의 과세기간에 걸쳐 계속적으로 제공하고 그 대가를 선불로 받는 경우에는 예정신고기간 또는 과세기간의 종료일로 한다.

정답 ③

기출 OX

06. 거래처별로 달의 1일부터 말일까지의 공급가액을 합하여 해당 달의 말일을 작성 연월일로 하여 세금계산서를 발급하는 경우에는 재화 또는 용역의 공급일이 속하는 달의 다음 달 10일(그 날이 공휴일 또는 토요일인 경우에는 바로 다음 영업일을 말한다)까지 세금계산서를 발급할 수 있다.
2025. 9급 최신
정답 O

07. 관계 증명서류 등에 따라 실제 거래사실이 확인되는 경우로서 해당 거래일을 작성연월일로 하여 세금계산서를 발급하는 경우 재화 또는 용역의 공급일이 속하는 달의 다음 달 10일(그 날이 공휴일 또는 토요일인 경우 바로 다음 영업일)까지 세금계산서를 발급할 수 있다.
2017. 9급
정답 O

08. 사업자가 재화 또는 용역의 공급시기가 되기 전에 재화 또는 용역에 대한 대가의 전부 또는 일부를 받고, 그 받은 대가에 대하여 세금계산서를 발급하면 그 세금계산서를 발급하는 때를 재화 또는 용역의 공급시기로 본다.
2014. 7급
정답 O

09. 사업자가 용역의 공급시기가 되기 전에 세금계산서를 발급하고 그 세금계산서 발급일부터 7일 이내에 대가를 받으면 그 대가를 받은 때를 용역의 공급시기로 본다.
2022. 9급
정답 X

10. 사업자가 재화 또는 용역의 공급시기가 되기 전에 세금계산서를 발급하고 그 세금계산서 발급일부터 7일 이내에 대가를 받으면 해당 세금계산서를 발급한 때를 재화 또는 용역의 공급시기로 본다.
2021. 7급
정답 O

확인문제 최신

04. 부가가치세법령상 일반과세자의 재화와 용역의 공급시기로 옳은 것은?
2024. 7급

① 사업자가 용역의 공급시기가 되기 전에 세금계산서를 발급하고 그 세금계산서 발급일부터 7일 이내에 대가를 받는 경우: 해당 세금계산서를 발급한 때
② 재화의 공급으로 보는 가공의 경우: 재화의 가공이 완료된 때
③ 재화를 위탁판매수출하는 경우: 외국에서 해당 재화가 인도되는 때
④ 사업자가 부동산 임대용역을 공급하고 전세금 또는 임대보증금을 받는 경우: 대가의 각 부분을 받기로 한 때

정답 ①

참고

건설공사 수익인식 방법 비교

구분	부가가치세	법인세	소득세
단기공사	회수기일 도래기준	진행기준 (중소기업은 인도기준 적용 가능)	완성기준 (장부에 진행기준 계상 시 진행기준)
장기공사	회수기일 도래기준	진행기준	진행기준

4 공급시기의 특례 A

★(1) 개요

세금계산서는 공급시기에 발급하는 것을 원칙으로 하며, 이 외의 시기에 발급한 것은 인정하지 않는다. 다만, 다음의 경우에는 예외로 한다.

(2) 공급시기 후에 세금계산서(후세금계산서)를 발급하는 경우

재화·용역의 공급시기 후에 세금계산서를 발급하면 이를 인정하지 않는 것이 원칙이다. 다만, 다음 중 어느 하나에 해당하는 경우에는 '재화·용역의 공급일이 속하는 달의 다음 달 10일(그 날이 공휴일 또는 토요일인 경우에는 바로 다음 영업일)까지' 세금계산서를 발행할 수 있다(부법 34 ③). 그러나 공급의 시기는 변하지 않는다. 즉, 세금계산서의 발행일자와 무관하게 원래의 공급시기 그대로를 적용한다.

① 거래처별로 달의 1일부터 말일까지의 공급가액을 합하여 해당 달의 말일을 작성연월일로 하여 세금계산서를 발급하는 경우
② 거래처별로 달의 1일부터 말일까지의 기간 이내에서 사업자가 임의로 정한 기간의 공급가액을 합하여 그 기간의 종료일을 작성 연월일로 하여 세금계산서를 발급하는 경우
③ 관계 증명서류 등에 따라 실제거래사실이 확인되는 경우로서 해당 거래일을 작성 연월일로 하여 세금계산서를 발급하는 경우

(3) 공급시기 전에 세금계산서(선세금계산서)를 발급하는 경우

① 공급시기 전에 대가를 받고 발급한 경우

사업자가 본래의 재화·용역의 공급시기가 되기 전에 재화·용역에 대한 대가의 전부 또는 일부를 받고, 그 받은 대가에 대하여 세금계산서 또는 영수증을 발급하면 그 세금계산서 등을 발급하는 때를 각각 그 재화·용역의 공급시기로 본다(부법 17 ①).

② 선세금계산서 발급 후 7일 이내 대가를 받은 경우

사업자가 재화 또는 용역의 공급시기가 되기 전에 세금계산서를 발급하고 그 세금계산서 발급일부터 7일 이내에 대가를 받으면 해당 세금계산서를 발급한 때를 재화 또는 용역의 공급시기로 본다(부법 17 ②).

③ 선세금계산서 발급 후 7일 지난 후 대금 수령

위 ②의 규정에도 불구하고 다음 중 어느 하나에 해당하는 경우에는 재화 또는 용역을 공급하는 사업자가 그 재화 또는 용역의 공급시기가 되기 전에 세금계산서를 발급하고 그 세금계산서 발급일부터 7일이 지난 후 대가를 받더라도 해당 **세금계산서를 발급한 때**를 재화 또는 용역의 공급시기로 본다(부법 17 ③).

㉠ 거래 당사자 간의 **계약서·약정서** 등에 대금 **청구시기**(세금계산서 발급일을 말함)와 지급시기를 따로 적고, 대금 청구시기와 지급시기 사이의 기간이 30일 이내인 경우
㉡ 재화·용역의 공급시기가 세금계산서 발급일이 속하는 과세기간(공급받은 자가 조기환급을 받은 경우 세금계산서 발급일부터 30일 이내)에 도래하는 경우

(4) 대가 수령 여부와 무관하게 인정하는 경우

사업자가 다음의 공급시기가 되기 전에 세금계산서 또는 영수증을 발급하는 경우에는 **그 발급한 때를 각각 그 재화 또는 용역의 공급시기로 본다**(부법 17 ④, 부령 30).

① 장기할부판매로 재화를 공급하거나 장기할부조건부로 용역을 공급하는 경우
② 전력이나 그 밖에 공급단위를 구획할 수 없는 재화를 계속적으로 공급하는 경우
③ 부동산 임대용역 등 공급단위를 구획할 수 없는 용역을 계속 공급하는 경우
④ 외국항행용역을 공급하는 경우로서 「상법」에 따라 발행된 선하증권에 따라 거래사실이 확인되는 경우(용역의 공급시기가 선하증권 발행일부터 90일 이내인 경우로 한정한다)

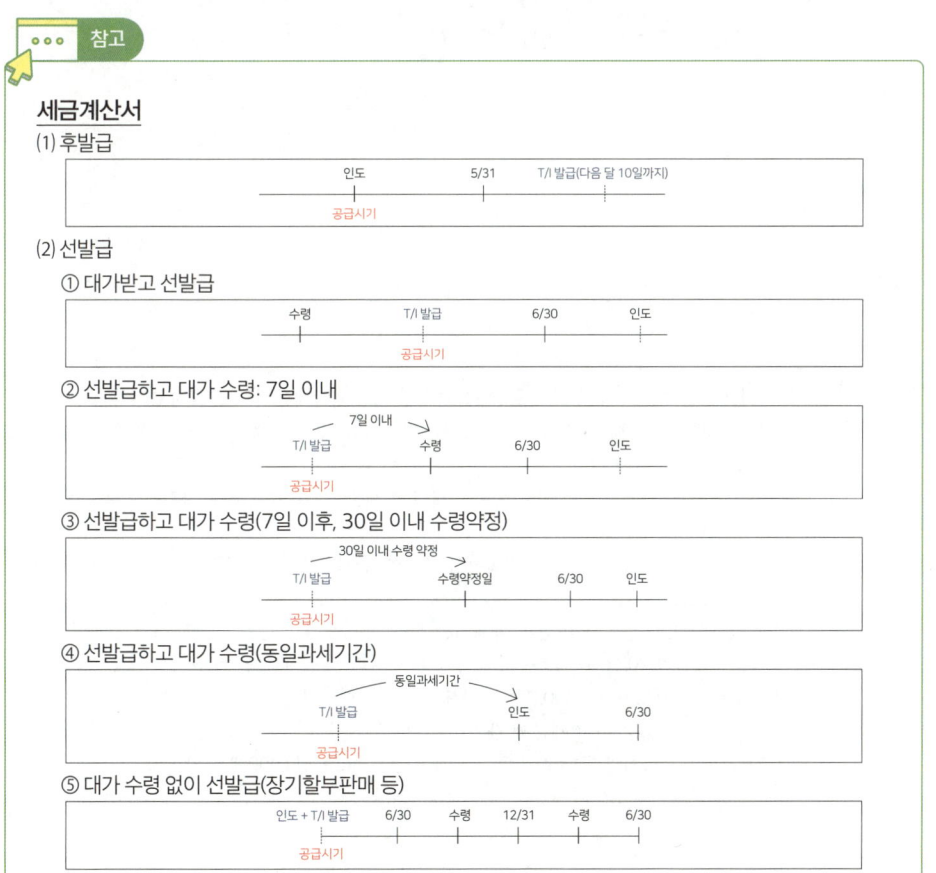

> **오쌤 Talk**
>
> **선세금계산서 (선발급하고 대가를 받는 경우)**
>
> 실무상 대가를 청구하기 위한 첫 번째 절차로 세금계산서를 발행하여 매입처의 내부결재를 통해 매입처로부터 대가가 지급된다. 그러므로 세금계산서 발행일에 바로 매입처가 내부결재를 마치고 대금까지 지급하는 것이 현실적으로 어려울 것이므로 관련 규정을 통해 인정해주고 있는 것이다.

> **오쌤 Talk**
>
> **대가를 미리 받지 않아도 되는 경우**
>
> 장기할부판매의 경우 실무상 매 공급시기마다 세금계산서를 발급하는 것이 번거로우므로 인도 시 판매가격 전액에 대하여 세금계산서를 발급하는 실무의 관행을 존중한다.

확인문제

05. 「부가가치세법령」상 세금계산서를 발급하는 때를 재화 또는 용역의 공급시기로 보는 경우에 해당하지 않는 것은? (단, 재화 또는 용역의 공급시기 및 세금계산서는 법령에 따른 것으로 본다.) 2019. 7급

① 사업자가 「부가가치세법 시행령」에 따라 전력이나 그 밖에 공급단위를 구획할 수 없는 재화를 계속적으로 공급하는 경우의 공급시기가 되기 전에 세금계산서를 발급하는 경우
② 사업자가 「부가가치세법」에 따른 재화 또는 용역의 공급시기가 되기 전에 재화 또는 용역에 대한 대가의 전부 또는 일부를 받고, 그 받은 대가에 대하여 세금계산서를 발급하는 경우
③ 사업자가 「부가가치세법 시행규칙」에 따른 장기할부판매로 재화를 공급하는 경우의 공급시기가 되기 전에 세금계산서를 발급하는 경우
④ 대가를 지급하는 사업자가 거래 당사자 간의 계약서 등에 대금 청구시기와 지급시기를 따로 적고, 대금 청구시기와 지급시기 사이의 기간이 60일인 경우로서 재화 또는 용역을 공급하는 사업자가 그 재화 또는 용역의 공급시기가 되기 전에 세금계산서를 발급하고 그 세금계산서 발급일부터 7일이 지난 후에 대가를 받는 경우

정답 ④

> **기출 OX**
> 11. 재화의 수입시기는 관세법에 따른 수입신고가 수리된 때로 한다. 2022.9급
> 정답 O

5 재화의 수입시기 B

재화의 수입시기는 「관세법」에 따른 수입신고가 수리된 때로 한다(부법 18).

예제 2 재화 및 용역의 공급시기

다음 자료를 토대로 ㈜한국의 20X1년 제1기 과세표준을 구하시오.

1. ㈜우리와 20X1. 6. 2.에 제품 판매계약을 체결하면서 판매대가로 ₩4,000,000을 미리 받고 세금계산서를 발급하였다. 단, 제품은 20X1. 7. 24.에 인도하였다.
2. ㈜나라에게 20X1. 2. 8.에 제품 판촉을 위해 시용판매로 제품을 ₩3,000,000에 판매하였다. 당기 중 ㈜나라는 20X1. 7. 16.에 구입의사를 표시하였다.
3. ㈜대한과 20X1. 3. 26.에 제품을 ₩40,000,000에 할부판매하였다. ㈜대한은 ㈜한국에게 제품 대금을 매달 말일에 ₩4,000,000씩 지급하기로 하였다.
4. ㈜민국과 20X1. 4. 1.부터 20X2. 3. 30.까지 임대계약을 체결하고 1년 총 임대료 ₩12,000,000을 당기 20X1. 4. 30.에 일시로 지급받았다.
5. ㈜만세와 도급금액 ₩100,000,000의 건설계약을 체결하면서 완성도기준지급조건부로 해당 대금을 정산하여 결제 받기로 하여 20%가 완성되면 20%를, 50% 완성하면 40%를, 완성할 경우 나머지 40%를 지급하기로 하였다. 당기 공사를 시작하여 6월 30일 현재 기성도는 30%에 해당한다.

정답 ₩67,000,000

풀이
1. 인도시기는 7월 24일이지만, 대가를 미리 선수령하고 세금계산서를 발급하였기 때문에 올바른 선세금계산서에 해당한다. 따라서 공급시기는 20X1. 6. 2.로 보아 ₩4,000,000은 제1기의 과세표준을 구성한다.
2. 시용판매와 관련하여 당기에 구입의사가 표시된 제품이 없기 때문에 당기에 시용판매와 관련하여 과세표준은 없다.
3. ₩40,000,000 = ₩4,000,000 × 10개월이기 때문에 장기할부판매에 해당하지 않는다. 따라서 20X1. 3. 26.을 공급시기로 보아 당기에 ₩40,000,000을 전액 과세표준으로 과세한다.
4. 임대계약은 특정 용역을 둘 이상의 과세기간에 걸쳐 제공하는 경우에 해당하기 때문에, 과세기간의 종료일인 20X1. 6. 30.이 공급시기이다. 따라서 월할로 안분하여 3개월분 임대료 ₩12,000,000 × 3/12 = ₩3,000,000을 과세표준으로 한다.
5. 완성도지급조건부 계약이기 때문에 대가의 각 부분을 받기로 한 때를 공급시기로 한다. 당기에 20% 이상 완성되었기 때문에 당기 과세표준은 ₩20,000,000에 해당한다.
   ∴ 당기 ㈜한국의 제1기 과세표준 = ₩67,000,000

2 공급장소

1 개요 C

공급장소는 재화나 용역의 공급이 이루어진 장소를 의미한다. 공급장소에 따라 국내거래인지 국외거래인지를 구분할 수 있으며, 부가가치세는 국내거래에 대해서만 과세할 수 있다. 따라서 공급장소는 과세권이 미치는 거래에 대한 여부에 결정할 수 있는 기준이라고 할 수 있다.

2 재화의 공급장소 B

(1) 원칙

「부가가치세법」상 재화가 공급되는 장소는 다음과 같다(부법 19).

구분	재화의 공급장소
㉠ 재화의 이동이 필요한 경우	재화의 이동이 시작되는 장소
㉡ 재화의 이동이 필요하지 않은 경우	재화의 공급시기에 재화가 있는 장소

(2) 예외

국외사업자로부터 권리를 공급받는 경우에는 위 (1) 원칙에도 불구하고 공급받는 자의 국내에 있는 사업장의 소재지 또는 주소지를 해당 권리가 공급되는 장소로 본다(부법 53 ②).

3 용역의 공급장소 C

「부가가치세법」상 용역이 공급되는 장소는 다음과 같다(부법 20).

구분	용역의 공급장소
① 일반적인 경우	역무가 제공되거나 시설물, 권리 등 재화가 사용되는 장소
② 국내 및 국외에 걸쳐 용역이 제공되는 국제운송의 경우	사업자가 비거주자 또는 외국법인이면 여객이 탑승하거나 화물이 적재되는 장소
③ 국외사업자가 국내에 공급하는 전자적 용역	용역을 공급받는 자의 사업장 소재지, 주소지 또는 거소지

다음의 용역은 용역과 관련된 재화가 사용되는 장소가 국외이므로 과세하지 않는다(부기통 20-0-1).

① 국외에 소재하는 부동산의 임대용역
② 외국의 광고매체에 광고게재를 의뢰하고 지급하는 광고료

 오쌤 Talk

공급장소

[동산의 공급장소]
신고와 세수 확보는 다르다. 즉, 과세권이 귀속되는 국내 공급장소에서 신고해야 하지만, 세금의 수취는 국외일 수 있다.

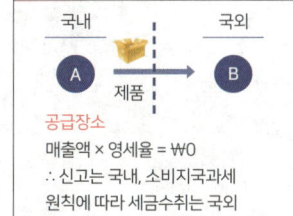

매출액 × 영세율 = ₩0
∴ 신고는 국내, 소비지국과세원칙에 따라 세금수취는 국외

[부동산의 공급장소]

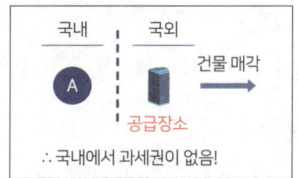

∴ 국내에서 과세권이 없음!

[용역의 공급장소]

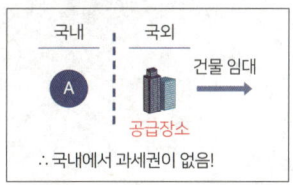

∴ 국내에서 과세권이 없음!

기출 OX

12. 국외사업자로부터 권리를 공급받는 경우에는 공급받는 자의 국내에 있는 사업장의 소재지 또는 주소지를 해당 권리가 공급되는 장소로 본다.
2021. 7급
정답 O

CHAPTER 04

영세율과 면세

1. 영세율과 면세의 개념과 원리
2. 영세율
3. 면세

• 최신 8개년 출제 경향 분석

01 영세율과 면세의 개념과 원리

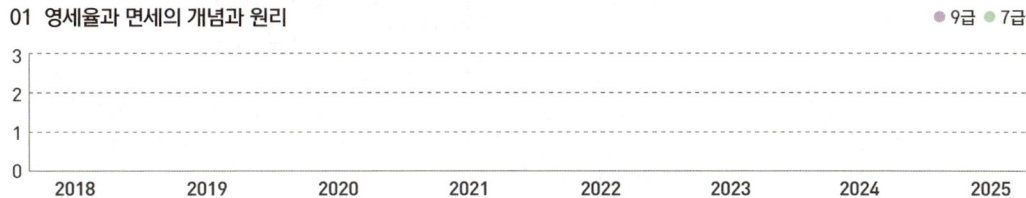

02 영세율

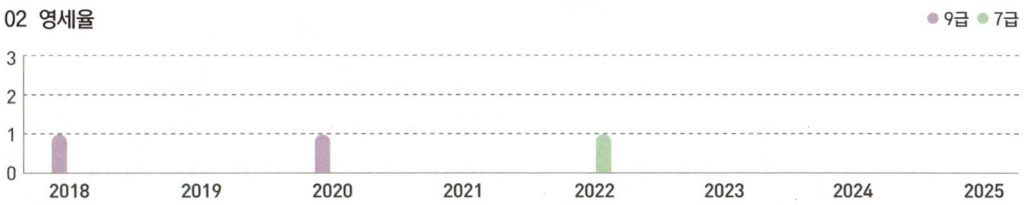

02 면세

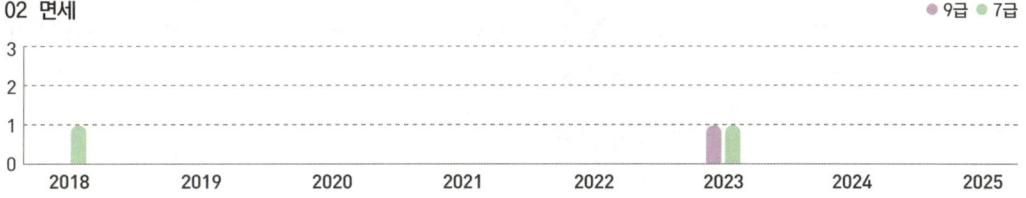

1 영세율과 면세의 개념과 원리

1 영세율과 면세의 개념 B

과세사업자와 면세사업자의 부가가치세 납부세액의 계산구조는 다음과 같다.

구분	과세사업자		면세사업자
	일반 과세사업자	영세율 사업자	
매출세액 매입세액	(공급가액×10%)　100 △80	(공급가액×0%)　- △80	- -
납부세액 (또는 환급세액)	20	△80	-

★★**(1) 영세율의 정의**

① '0%' 세율
'영세율제도'라 함은 법에 규정된 일정한 재화 또는 용역의 공급에 대하여 영 퍼센트(0%)의 세율을 적용하는 제도를 말한다. 따라서 영세율이 적용되는 경우 매출세액은 영 퍼센트의 세율을 적용받아 '0'의 값을 갖지만, 매입세액은 그대로 공제가 적용된다.

② 완전면세제도
자신이 판매한 재화 또는 용역의 매출과 관련하여 부가가치세를 징수받지 않으면서 자신이 재화 또는 용역을 구입하면서 부담한 부가가치세는 매입세액 공제로 환급받는다. 이는 매출세액을 부담하지는 않지만 매입세액 공제의 혜택을 수령하는 '완전면세제도'에 해당된다.

★★**(2) 면세의 정의**

① 납세의무 면제
'면세제도'라 함은 법에 규정된 일정한 재화 또는 용역의 공급에 대하여 부가가치세 납세의무를 면제하는 제도를 말한다. 따라서 면세가 적용되는 경우 납세의무가 없기 때문에 매출세액은 '0'의 값을 갖고, 납세의무가 없기 때문에 매입세액 공제는 불가능하다.

② 부분면세제도
자신이 판매한 재화 또는 용역의 매출과 관련하여 부가가치세를 징수받지 않지만 자신이 재화 또는 용역을 구입하면서 부담한 부가가치세는 매입세액 공제로 환급받을 수 없다. 이는 매출세액을 부담하지 않지만, 매입세액 공제의 혜택을 수령하지 못하기 때문에 일부 세부담을 갖고 있는 '부분면세제도'에 해당된다.

2 영세율제도와 면세제도의 취지 B

★★**(1) 영세율제도의 취지**

소비지국 과세원칙에 따라 재화 등을 생산하는 국가에서는 부가가치세를 과세하지 않는다. 따라서, 영세율제도의 취지는 소비하는 국가에서 부가가치세를 과세하도록 하기 위하여 제품을 수출하는 등의 경우에 영세율을 적용하여 국제적인 이중과세를 방지하도록 하기 위함이다.

🔍 **기출 OX**

01. 영세율제도는 매출액에 영세율이 적용되지만 매입세액은 전액 환급받는다는 점에서 매출세액은 면제되나 매입세액은 공제 환급되지 아니하는 면세제도와 구별된다. 　2009. 9급
　　　　　　정답 O

02. 면세를 적용하는 경우에는 매입 시에 부담한 매입세액이 환급되지 아니하므로 면세제도는 조세이론상 부분면세제도에 해당된다. 　2005. 9급
　　　　　　정답 O

(2) 면세제도의 취지

부가가치세는 일반소비세로 모든 재화 또는 용역에 원칙적으로 부가가치세율을 적용하여 과세된다. 따라서, 재화 또는 용역을 소비하는 자의 소득과 무관하게 과세하게 된다. 이때 생활필수품이나 국민후생과 관련된 재화·용역 등에 있어 저소득자의 세부담이 고소득자에 비해 상대적으로 높게 된다. 면세제도의 취지는 이러한 조세부담의 역진성을 완화하여 저소득자의 세부담을 덜기 위함이다.

기출 OX

03. 영세율은 소비지국 과세원칙의 구현에 목적이 있으나 면세는 조세부담의 역진성 완화에 목적이 있다. 2007. 9급

정답 O

3 영세율 적용사업자와 면세사업자의 협력의무 A

(1) 영세율 적용사업자의 협력의무

영세율이 적용되는 사업자는 적용되는 세율이 0%인 것을 제외하고는 부가가치세 납세의무가 동일하게 부여된다. 그렇기 때문에 「부가가치세법」이 요구하는 각종의 협력의무를 이행해야 한다. 이때 협력의무라 함은 사업자등록, 장부 작성 및 보관, 세금계산서 발급, 과세표준신고 등을 말한다.

오쌤 Talk

세금계산서

국내사업자	세금계산서 발급 O
국외사업자	세금계산서 발급 X

기출 OX

04. 영세율이 적용되는 법인사업자의 경우에는 부가가치세 예정신고를 하여야 한다. 2013. 7급

정답 O

(2) 면세사업자의 협력의무

면세가 적용되는 사업자는 원칙적으로는 부가가치세 납세의무가 없다. 따라서 영세율 적용사업자와 다르게 「부가가치세법」상 협력의무를 부담하지는 않는다. 하지만, 「소득세법」과 「법인세법」이 면세사업자에 대하여 별도의 협력의무를 부여하고 있어 면세사업자도 「소득세법」 또는 「법인세법」의 규정에 따라 사업자등록, 장부의 작성·보관, 계산서의 발급과 제출 등의 의무를 부담한다.

05. 면세사업만을 경영하는 자는 부가가치세법에 따른 사업자등록의무가 없다. 2016. 9급

정답 O

06. 「부가가치세법」상 영세율사업자는 납세의무자이지만 면세사업자는 납세의무자가 아니다. 2007. 9급

정답 O

4 영세율 적용사업자와 면세사업자의 매입세액 처리방법 비교 C

만약 건물 100을 부가가치세 10을 포함하여 110에 매입하였다고 가정하자. 이때, 영세율 사업자와 면세사업자는 각각 다음과 같이 회계처리한다.

구분	영세율사업자				면세사업자			
매입시점	(차) 건물 부가가치세선급금	100 10	(대) 현금	110	(차) 건물	110	(대) 현금	110

(1) 영세율사업자의 매입세액 처리

영세율사업자는 매입세액을 공제받으므로 부가가치세 선급금으로 계상 후 추후 환급을 받는다.

(2) 면세사업자의 매입세액 처리

면세사업자는 매입세액을 공제받지 못하므로 그 지출내역에 따라 다음과 같이 처리한다.

① 취득원가 또는 자본적지출과 관련된 매입세액	취득원가에 가산 후 감가상각과정이나 처분과정을 거쳐 손금(개인사업자는 필요경비)에 산입한다.
② 그 외	지출한 과세기간의 손금(개인사업자는 필요경비)에 산입한다.

오쌤 Talk

영세율과 면세의 비교

구분	영세율	면세
목적	소비지국 과세원칙	세부담 역진성 완화
납세의무자	O	X
매입세액공제	O	X
매출처별 세금계산서합계표 제출의무	(「부가가치세법」상 사업자)	(「부가가치세법」상 사업자가 아님)
매입처별 세금계산서합계표 제출의무		O (협력의무)
포기제도	X	O

04 영세율과 면세 **327**

오쌤 Talk

영세율 적용 대상자

구분	영세율 적용 여부
과세사업자 (간이과세자 포함)	영세율 적용
면세사업자	영세율 미적용 단, 면세포기 시 적용가능
거주자 또는 내국법인	영세율 적용
비거주자 또는 외국법인	상호면세주의에 따라 영세율 적용 또는 미적용

기출 OX

07. 영세율은 사업자가 비거주자나 외국법인인 경우에는 그 외국에서 대한민국의 거주자 또는 내국법인에 대하여 동일한 면세를 하는 경우에만 적용한다.
2010. 9급
정답 ○

기출 OX

08. 내국물품을 외국으로 반출하는 것에 해당하는 재화의 공급에 대해서는 영세율을 적용한다.
2022. 7급
정답 ○

09. 대한민국 선박에 의하여 잡힌 수산물을 외국으로 반출하는 것은 영세율을 적용한다.
2020. 9급
정답 ○

2 영세율

1 적용대상자 및 적용대상 거래 B

★★ **(1) 적용대상자**

영세율은 과세사업자에 한하여 적용이 가능하다. 따라서 면세사업자는 별도로 면세포기 절차를 거치지 않고는 영세율을 적용받을 수 없다. 또한 영세율은 원칙적으로 거주자 또는 내국법인에 대하여 적용되며, 사업자가 비거주자 또는 외국법인이면 상호주의에 따라 해당 국가에서 대한민국의 거주자 또는 내국법인에 대하여 동일하게 면세하는 경우에만 영세율을 적용한다(부법 25 ①).

여기서 '동일하게 면세하는 경우'라 함은 다음의 경우를 말한다(부법 25 ③).

> ① 해당 외국의 조세로서 우리나라의 부가가치세 또는 이와 유사한 성질의 조세를 면제하는 경우
> ② 그 외국에 우리나라의 부가가치세 또는 이와 유사한 성질의 조세가 없는 경우

(2) 적용대상 거래

「부가가치세법」에서 규정하는 영세율이 적용되는 거래는 다음과 같다.

> ① 재화의 수출
> ② 용역의 국외공급
> ③ 선박 또는 항공기에 의한 외국항행용역의 공급
> ④ 외화 획득 재화 또는 용역의 공급 등
> ⑤ 「조세특례제한법」에 따른 영세율 적용대상

2 재화의 수출 A

「부가가치세법」상 재화의 수출은 다음의 경우로 하며, 이에 대해 영세율을 적용한다(부법 21 ①, ② (1), (2)).

> (1) 내국물품(대한민국 선박에 의하여 채집되거나 포획된 수산물을 포함)을 외국으로 반출하는 것
> (2) 국외에서 재화가 공급되지만 국내사업장에서 계약과 대가 수령 등이 이루어지는 특정 형태의 수출에 해당하는 것
> (3) 국내에서 거래가 이루어지지만 정책적 목적하에 수출하는 재화에 포함하는 것

이에 대한 세부적인 내용은 다음과 같다.

★★ (1) 내국물품의 외국 반출

구분	영세율 적용	세금계산서 발급의무
① 직수출	내국물품(대한민국 선박에 의하여 채집되거나 잡힌 수산물을 포함)을 외국으로 반출하는 직수출은 유·무상 거래를 불문하고 영세율을 적용한다. 다만, 자기사업을 위하여 대가를 받지 아니하고 국외 사업자에게 견본품을 반출하는 경우에는 재화의 공급으로 보지 아니한다(부법 21 ①, ② (1), 부기통 21-31-4). 또한 건설업을 영위하는 사업자가 자기의 사업과 관련하여 생산 또는 취득한 재화를 자기의 해외건설공사에서 건설용 자재로 사용하거나 소비할 목적으로 국외로 반출하는 경우에는 재화의 공급으로 보지 아니한다(부기통10-0-2).	X
② 대행위탁수출	수출품 생산업자가 수출업자와 수출대행계약을 체결하여 수출업자의 명의로 수출하는 경우에 수출품 생산업자가 외국으로 반출하는 재화는 영의 세율을 적용한다(부기통 21-31-2). 단, 수출대행수수료는 영세율 대상이 아니다.	X (단, 수출대행수수료는 발급 O)

★★ (2) 국외에서 재화가 공급되지만 국내에서 거래가 이루어지는 특정 형태의 수출

다음의 경우로 **국내사업장에서 계약과 대가수령 등 거래가 이루어지는 것에 대하여는 영세율을 적용**한다(부법 21 ② (2), 부령 31 ①). 이때 국외에서 재화가 공급되기 때문에 원칙적으로는 세금계산서의 발급의무가 없으나, **원료 등의 국외반출의 경우 과세당국이 반출된 재화를 추적할 수 있도록 세금계산서의 발급의무를 규정하고 있다.**

구 분	정의	세금계산서 발급의무
① 중계무역 방식의 수출	수출할 것을 목적으로 물품 등을 수입하여 보세구역 및 보세구역 외 장치의 허가를 받은 장소 또는 자유무역지역 외의 국내에 반입하지 않는 방식의 수출	X
② 위탁판매수출	물품 등을 무환(無換)으로 수출하여 해당 물품이 판매된 범위에서 대금을 결제하는 계약에 의한 수출	X
③ 외국인도수출	수출대금은 국내에서 영수(領收)하지만 국내에서 통관되지 않은 수출물품 등을 외국으로 인도하거나 제공하는 수출	X
④ 위탁가공무역 방식의 수출	가공임(加工賃)을 지급하는 조건으로 외국에서 가공(제조·조립·재생·개조를 포함)할 원료의 전부 또는 일부를 거래상대방에게 수출하거나 외국에서 조달하여 가공한 후 가공물품 등을 외국으로 인도하는 방식의 수출	X
⑤ 원료 등의 국외반출	원료를 대가 없이 국외의 수탁가공 사업자에게 반출하여 가공한 재화를 양도하는 경우에 그 원료의 반출	O
⑥ 수입신고 수리 전 보세구역 보관물품의 국외반출	「관세법」에 따라 **수입의 신고가 수리되기 전의 물품으로서 보세구역에 보관하는 물품의 외국으로의 반출**	X

기출 OX
10. 해외건설업자가 사업과 관련하여 국내에서 취득한 재화를 반출하여 국외에서 사용하는 경우에는 재화의 공급으로 본다.
2004. 9급
정답 X

오쌤 Talk
중계무역

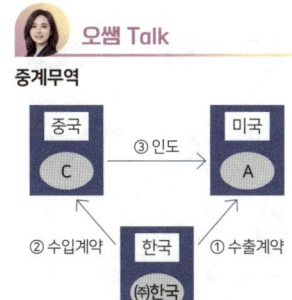

기출 OX
11. 사업자가 대통령령으로 정한 중계무역 방식으로 수출하는 경우로서 국내사업장에서 계약과 대가 수령 등 거래가 이루어지는 것은 영세율을 적용한다.
2020. 9급
정답 O

오쌤 Talk
위탁가공무역

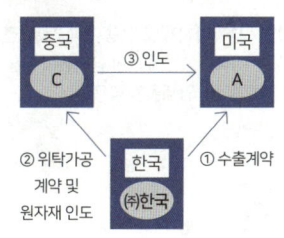

오쌤 Talk
원료의 국외반출

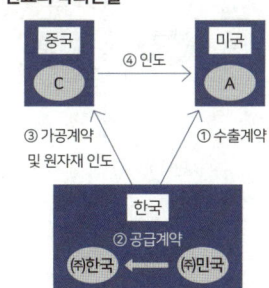

<위탁가공무역>
㈜한국 ──가공계약──> 중국: 영세율/세금계산서 발급 없음

<원료 반출>
㈜한국 <──공급계약── ㈜민국: 영세율/세금계산서 발급 대상
(∵ 국내사업자의 거래)

오쌤 Talk
내국신용장에 의한 국내공급
Link-P.298

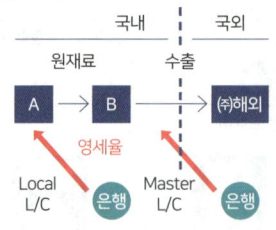

오쌤 Talk
내국신용장의 영세율 적용

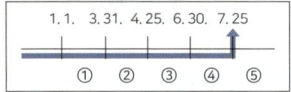

①~④ 내국신용장은 해당 공급시기가 속하는 과세기간이 끝난 후 25일까지 개설한 경우이므로 영세율 적용
⑤ 7월 25일 이후 개설분이므로 10% 과세분 적용

기출 OX
12. 「부가가치세법 시행규칙」으로 정하는 내국신용장에 의한 금지금의 공급에 대해서는 영세율을 적용한다.
2022. 7급
정답 X

오쌤 Talk
수탁가공무역

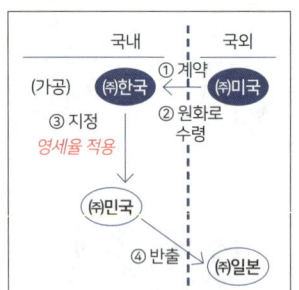

★★ (3) 국내에서 거래가 이루어지지만 재화의 수출에 포함하는 항목

다음의 항목들은 국내에서 거래가 이루어지지만 정책상의 목적 등에 의해 수출하는 재화로 간주하여 영세율을 적용한다(부법 21 ② (3), 부령 31 ②). 이때 ①, ②에 해당하는 항목은 거래의 상대방도 국내사업자 또는 국내에 위치한 비영리단체로 해당 재화의 추적을 위하여 세금계산서를 발급하는 것을 원칙으로 하지만, ③의 경우 그 거래의 실질은 국외로 반출하는 것으로 수출과 다르지 않기 때문에 세금계산서를 발급하지 않는다.

구분	조건	세금계산서 발급의무
① 사업자가 내국신용장 또는 구매확인서에 의해 공급하는 재화 (단, 금지금(金地金)*1은 제외)	내국신용장이나 구매확인서는 재화의 공급시기가 속하는 '과세기간이 끝난 후 25일(그 날이 공휴일 또는 토요일인 경우에는 바로 다음 영업일)' 이내 개설·발급한 것에 한정함	O
② 사업자가 한국국제협력단, 한국국제보건의료재단, 대한적십자사에 공급하는 재화	해당 단체가 외국으로 무상공급하는 것에 한하여 영세율을 적용함	O
③ 수탁가공무역	사업자가 다음의 요건에 따라 공급하는 재화 ㉠ 국외의 비거주자 또는 외국법인(비거주자 등)과 직접 계약에 따라 공급할 것 ㉡ 대금을 외국환은행에서 원화로 받을 것 ㉢ 비거주자 등이 지정하는 국내의 다른 사업자에게 인도할 것 ㉣ 국내의 다른 사업자가 비거주자 등과 계약에 따라 인도받은 재화를 그대로 반출하거나 제조·가공한 후 반출할 것	X

*1 금지금: 금괴 또는 골드바와 같은 순도 99.95% 이상인 금

> **참고**
>
> **내국신용장(부기통 21-31-8, 9)**
>
> ① 내국신용장에 포함하지 아니한 공급가액
>   내국신용장에 의하여 재화를 공급하고 그 대가의 일부(관세환급금 등)를 내국신용장에 포함하지 아니하고 별도로 받는 경우 해당 금액이 대가의 일부로 확인되는 때에는 영의 세율을 적용한다.
>
> ② 관세환급금
>   내국신용장에 의하여 재화를 수출업자 또는 수출품생산업자에게 공급하고 해당 수출업자 또는 수출품생산업자로부터 그 대가의 일부로 받는 관세환급금은 영의 세율을 적용한다. 다만, 수출업자 또는 내국신용장에 의하여 완제품을 수출업자에게 공급한 자가 세관장으로부터 직접 받는 관세환급금과 수출품생산업자가 수출대행업자로부터 받는 관세환급금은 과세하지 아니한다.
>
> ③ 수출용도 사용 여부
>   내국신용장 또는 구매확인서에 의하여 정당하게 공급된 경우에는 해당 재화를 수출용도에 사용하였는지의 여부에 관계없이 영세율이 적용된다.
>
> ④ 외국으로 반출되지 않는 용도로 개설된 내국신용장
>   외국으로 반출되지 아니하는 재화의 공급과 관련하여 개설된 내국신용장(주한미군 군납계약서 등)에 의한 재화 또는 용역의 공급은 영세율이 적용되지 아니한다.
>
> ⑤ 세금계산서 발급의무
>   영세율이 적용되는 재화·용역에 대하여는 원칙적으로 세금계산서 발급의무가 없으나 법령에서 정하는 내국신용장에 의한 수출인 경우 세금계산서 발급의무가 있다.

3 용역의 국외공급 A

(1) 영세율 적용

국외에서 공급하는 용역은 영세율을 적용한다(부법 22). 속지주의에 따라 국외에서 공급하는 용역은 원칙적으로는 과세권이 미치지 않아 과세할 수 없다. 하지만 **속인주의에 따르는 경우 해당 용역을 제공하는 사업자의 납세지가 국내에 있는 경우 거래 상대방이나 대금결제방법을 불문하고 영세율을 적용한다.**

사업자가 국외에서 건설공사를 도급받은 사업자로부터 해당 건설공사를 재도급받아 국외에서 건설용역을 제공하고 그 대가를 원도급자인 국내사업자로부터 받은 경우에도 영세율을 적용한다 (부기통 22-0-1).

(2) 세금계산서 발급 의무

국외에서 용역을 제공받는 거래 상대방	세금계산서 발급의무
① 국내사업장이 없는 비거주자·외국법인인 경우	X
② 그 외의 경우	O

기출 OX

13. 영세율이 적용되는 재화의 공급이 법령에서 정하는 내국신용장에 의한 수출인 경우 세금계산서 발급의무가 면제된다. 2013. 9급
    정답 X

기출 OX

14. 재화 또는 용역을 공급한 과세기간의 종료 후 25일 이내에 개설한 내국신용장에 대해서도 영세율을 적용한다. 2009. 9급
    정답 O

오쌤 Talk

국외에서 제공하는 용역 (국내사업장이 있는 경우)

(1) 영세율 적용: 국외에서 용역제공

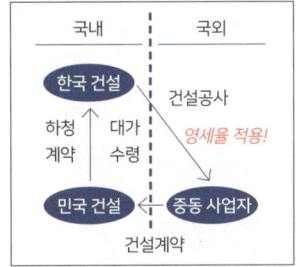

(2) 영세율 미적용: 국내에서 용역제공

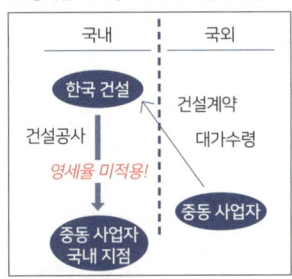

기출 OX

15. 국외에서 공급하는 용역에 대해서는 영세율이 적용된다. 2018. 9급
    정답 O

16. 사업자가 국외에서 건설공사를 도급받은 사업자로부터 당해 건설공사를 재도급받아 국외에서 건설용역을 제공하고 그 대가를 원도급자인 국내사업자로부터 받는 경우에는 영세율을 적용하지 아니한다. 2009. 9급
    정답 X

오쌤 Talk

선박 또는 항공기의 외국항행 용역
(국내 → 국외, 국외 → 국외, 국외 → 국내)

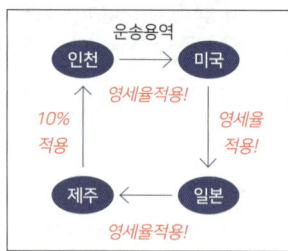

기출 OX

17. 항공기에 의하여 여객을 국내에서 국외로 수송하는 것에 대해서는 영세율이 적용되지 않는다. 2018. 9급
정답 X

18. 선박 또는 항공기에 의하여 여객이나 화물을 국내에서 국외로, 국외에서 국내로 또는 국외에서 국외로 수송하는 것에 대하여는 영세율을 적용한다. 2020. 9급
정답 O

4 외국항행용역의 공급 A

(1) 영세율 적용

선박 또는 항공기에 의한 외국항행용역(상업서류송달용역을 포함)의 공급에 대하여는 영세율을 적용한다(부법 23 ①). '외국항행용역'이란 선박 또는 항공기에 의해 여객이나 화물을 국내에서 국외로, 국외에서 국내로 또는 국외에서 국외로 수송하는 것을 말한다(부법 23 ②). 외국항행용역을 공급하는 사업자가 자기의 사업에 부수하여 공급하는 재화 또는 용역으로서 다음의 것도 영세율을 적용한다(부법 23 ②, 부령 32 ①).

㉠ 다른 외국항행사업자가 운용하는 선박 또는 항공기의 탑승권을 판매하거나 화물운송계약을 체결하는 것
㉡ 외국을 항행하는 선박 또는 항공기 내에서 승객에게 공급하는 것
㉢ 자기의 승객만이 전용하는 버스를 탑승하게 하는 것
㉣ 자기의 승객만이 전용하는 호텔에 투숙하게 하는 것

(2) 세금계산서 발급 의무

구분	세금계산서 발급의무
① 용역을 공급받는 사업자가 국내사업장이 없는 비거주자·외국법인인 경우 ② 항공기의 외국항행용역 및 「항공사업법」에 의한 상업서류 송달용역	X
③ 그 외의 경우	O

5 그 밖의 외화 획득 재화 또는 용역의 공급 등 B

외화를 획득하기 위한 재화 또는 용역의 공급으로서 다음 어느 하나에 해당하는 경우에는 영세율을 적용한다(부법 24 ①, 부령 33).

(1) 대금결제방법에 제한이 있는 경우

① 「관광진흥법 시행령」에 따른 종합여행업자가 외국인에게 공급하는 관광알선용역

㉠ 영세율 적용 요건	다음 중 하나의 방법에 의하여 받는 것에 한정하여 영세율을 적용한다. ㉠ 외국환은행에서 원화로 받은 것 ㉡ 외화 현금으로 받은 것 중 국세청장이 정하는 관광알선수수료명세표와 외화 매입증명서에 의하여 외국인관광객과의 거래임이 확인되는 것
㉡ 세금계산서 발급의무	외국인관광객에게 재화를 공급하기 때문에 세금계산서 발급의무는 없다.

② 외국인전용판매장 등을 경영하는 자가 공급하는 재화 또는 용역

㉠ 영세율 적용 요건	다음 어느 하나에 해당하는 사업자가 국내에서 공급하는 재화 또는 용역에 대하여 영세율을 적용한다. 다만, 그 대가를 외화로 받고 그 외화를 외국환은행에서 원화로 환전하는 경우로 한정한다. ⓐ 「개별소비세법」에 따른 지정을 받아 외국인전용판매장을 경영하는 자 ⓑ 「조세특례제한법」에 따른 주한외국군인 및 외국인선원 전용 유흥음식점업을 경영하는 자
㉡ 세금계산서 발급의무	외국인전용 등이라고 하더라도 원칙적으로 세금계산서 발급의무는 부여된다.

오쌤 Talk
국내에서 비거주자 등에게 공급하는 재화·용역

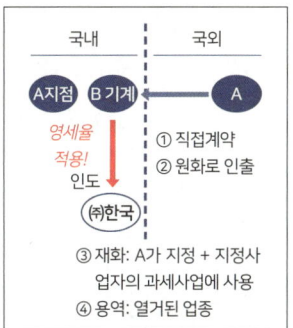

③ 국내에서 비거주자 또는 외국법인에 공급되는 법령상 요건을 충족한 재화 또는 사업에 해당하는 용역

㉠ 적용대상	비거주자 또는 외국법인에 공급하는 경우 단, 비거주자의 범위에는 국내에 거소를 둔 개인, 외교공관 등의 소속 직원, 우리나라에 상주하는 국제연합군 또는 미합중국군대의 군인 또는 군무원은 제외
㉡ 적용대상 재화	비거주자·외국법인이 지정하는 국내사업자에게 인도되는 재화로서 해당 사업자의 과세사업에 사용되는 재화
㉢ 적용대상 용역	법에 열거된 용역[*1]
㉣ 적용요건	ⓐ 국내사업장이 없는 비거주자·외국법인: 적용대상 재화·용역을 비거주자·외국법인에게 공급하고 그 대금을 외국환은행에서 원화로 받거나 기획재정부령이 정하는 방법[*2]으로 받는 것에 대하여 영세율을 적용한다. ⓑ 국내사업장이 있는 비거주자·외국법인: 적용대상 재화·용역을 국외의 비거주자·외국법인과 직접 계약하여 공급하고 그 대금을 외국환은행에서 원화로 받거나 기획재정부령이 정하는 방법[*2]으로 받는 것에 대하여 영세율을 적용한다.
㉤ 세금계산서 발급의무	비거주자 또는 외국법인에게 공급하기 때문에 세금계산서 발급의무는 없다.

[*1] 법에 열거된 용역: 전문·과학·기술서비스업(전문서비스업, 사업시설관리 및 사업지원서비스, 투자자문업의 경우 상호주의를 적용), 무형재산권 임대업, 통신업, 컨테이너수리업, 보세구역 내의 보관 및 창고업, 정보통신업 중 뉴스제공업, 영상·오디오 기록물 제작 및 배급업, 상품중개업 및 전자상거래 소매중개업 소프트웨어개발업, 컴퓨터프로그래밍, 시스템통합관리업, 자료처리, 호스팅, 기타 정보서비스업, 교육지원 서비스업, 임상시험용역을 공급하는 보건업 등

[*2] 기획재정부령이 정하는 방법(부칙 22)

① 국외의 비거주자 또는 외국법인으로부터 외화를 직접 송금 받아 외국환은행에 매각하는 방법
② 국내사업장이 없는 비거주자 또는 외국법인에 재화를 공급하거나 용역을 제공하고 그 대가를 해당 비거주자 또는 외국법인에 지급할 금액에서 빼는 방법

오쌤 Talk
국내에서 비거주자 등이 지정하는 국내사업자에게 인도하는 재화의 영세율 적용 여부

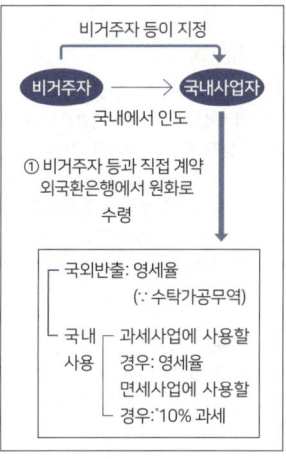

★★ (2) 대금결제방법에 제한이 없는 경우

① 특정 수출재화임가공용역(수출재화염색임가공 포함)

㉠ 적용 요건	ⓐ **내국신용장 또는 구매확인서**에 의하여 공급하는 수출재화임가공용역 (내국신용장·구매확인서가 그 용역의 공급시기가 속하는 과세기간이 끝난 후 25일, 그 날이 공휴일 또는 토요일인 경우 바로 다음 영업일 이내에 개설·발급되어야 함) ⓑ 수출업자[*1]와 **직접 도급계약**[*2]에 의하여 수출재화를 임가공하는 수출재화임가공 용역. 다만, 사업자가 부가가치세를 별도로 적은 세금계산서를 발급한 경우에는 영세율을 적용하지 않는다.
㉡ 세금계산서 발급의무	국내거래에 해당하기 때문에 세금계산서 발급의무가 부여된다.

[*1] 수출업자란 직수출업자와 대행위탁수출업자를 말하며, '내국신용장에 의하여 수출재화를 수출업자에게 공급하는 사업자'를 포함하지 아니한다(부기통 11-26-5).

[*2] 수출업자와 직접도급계약에 의하여 수출재화의 부분품, 반제품 및 포장재를 임가공하는 용역은 직접도급계약을 체결한 사업자 자신이 임가공하였는지의 여부에 불구하고 수출재화임가공용역으로 본다(부기통 11-26-6).

> **참고**
>
> **수출재화임가공용역의 과세방법**
>
> | 구분 | | 세율 | 세금계산서 발급 |
> |---|---|---|---|
> | ① 내국신용장·구매확인서에 의하여 공급하는 것 | ㉠ 공급시기가 속하는 과세기간 종료 후 25일 이내 개설된 것 | 0% | O |
> | | ㉡ '㉠' 외의 것 | 10% | O |
> | ② 그 외의 것 | ㉠ 「직수출업자·대행위탁수출업자」와 직접 도급계약에 의하여 수출재화로 인정받은 재화에 제공하는 것
ⓐ 원칙 | 0% | O |
> | | ⓑ 사업자가 부가가치세를 별도로 적은 세금계산서를 발급한 경우 | 10% | O |
> | | ㉡ 「내국신용장에 의하여 수출재화를 수출업자에게 공급하는 사업자」와 직접도급계약에 의하여 제공하는 것 | 10% | O |

② 기타 대금결제방법에 제한 없이 영세율을 적용 받는 것

> ㉠ 우리나라에 상주하는 외교공관, 영사기관(명예영사관원을 장으로 하는 영사기관은 제외), 국제연합과 이에 준하는 국제기구(우리나라가 당사국인 조약과 그 밖의 국내법령에 따라 특권과 면제를 부여받을 수 있는 경우만 해당) 등에 재화 또는 용역을 공급하는 경우
>
> ㉡ 우리나라에 상주하는 국제연합군·미합중국군대에 공급하는 재화·용역
>
> ㉢ 외교공관 등의 소속 직원으로서 해당 국가로부터 공무원 신분을 부여받은 자 또는 외교부장관으로부터 이에 준하는 신분임을 확인받은 자 중 **내국인이 아닌 자**에게 일정한 방법에 따라 재화 또는 용역을 공급하는 경우
> 다만, 해당 외국에서 대한민국의 외교공관 및 영사기관 등의 직원에게 공급하는 재화·용역에 대하여 동일하게 면세하는 경우에만 적용(상호주의)
>
> ㉣ 외국을 항행하는 선박 및 항공기 또는 원양어선에 공급하는 재화 또는 용역
> 다만, 사업자가 부가가치세를 별도로 적은 세금계산서를 발급한 경우는 제외

기출 OX

19. 외화를 획득하기 위한 것으로써 우리나라에 상주하는 국제연합 이에 준하는 국제기구(우리나라가 당사국인 조약과 그 밖의 국내법령에 따라 특권과 면제를 부여받을 수 있는 경우에 한함)에 재화 또는 용역을 공급하는 것에 대해서는 영세율을 적용한다. 2018. 9급
정답 O

20. 외화를 획득하기 위한 용역의 공급으로서 우리나라에 상주하는 외교공관에 공급하는 용역은 영세율을 적용한다. 2022. 7급
정답 O

21. 외교공관 등의 소속 직원으로서 해당 국가로부터 공무원신분을 부여받은 자 중 내국인에게 대통령령으로 정하는 방법에 따라 재화 또는 용역을 공급하는 경우에는 영세율을 적용한다. 2020. 9급
정답 X

오쌤 Talk

영세율을 원칙으로 하지만, 10%의 부가가치세율을 '선택'할 수 있는 경우
① 수출업자와 직접 도급계약에 의하여 수출재화를 임가공하는 수출재화임가공용역
② 외국을 항행하는 선박 및 항공기 또는 원양어선에 공급하는 재화 또는 용역

3 면세

1 기초생활필수 재화 또는 용역 B

★★(1) 적용대상

기초생활에 필요한 다음의 재화·용역의 공급에 대하여는 면세한다(부법 26 ① (1)~(4), (7), (12), (13)). 이는 기초생활에 필수적인 재화나 용역의 소비부담을 줄여 세부담의 역진성을 완화하기 위함이다.

면세대상	비고
① 미가공식료품(식용으로 제공되는 농산물, 축산물, 수산물과 임산물 포함)	국산·외국산 불문하고 면세
② 우리나라에서 생산된 비식용 농·축·수·임산물로서 미가공된 것	국산만 면세(외국산은 과세)
③ 수돗물	생수는 과세
④ 연탄과 무연탄	유연탄, 갈탄, 착화탄은 과세
⑤ 기저귀·분유, 여성용 생리 처리 위생용품	-
⑥ 여객운송용역 (ex. 지하철, 시내버스 등)	항공기, 시외우등고속버스 및 시외고급고속버스, 전세버스, 택시, 특수자동차, 특종선박, 고속철도에 의한 여객운송용역 및 삭도, 유람선 등 관광 또는 유흥 목적의 운송수단에 의한 여객운송용역에 대하여는 과세
⑦ 주택과 그 부수토지의 임대용역	사업용 건물과 그 부수토지의 임대용역은 과세
⑧ 관리주체 또는 입주자대표회의가 제공하는 복리시설인 공동주택 어린이집의 임대용역	-

★★(2) 구체적인 적용 범위

① 미가공식료품(식용으로 제공되는 농산물, 축산물, 수산물과 임산물 포함)

> ㉠ 의미: 식용으로 제공되는 농산물·축산물·수산물 또는 임산물, 소금(천일염 및 재제소금을 말함)으로서 가공되지 않거나 원생산물 본래의 성질이 변하지 않는 정도의 1차 가공(탈곡·정미·제분·정육·건조·냉동·염장·포장 등)을 거쳐 식용으로 제공하는 것을 말함(부령 34 ①)
> ㉡ 면세 대상 범위: 국산과 외국산 모두 면세를 적용
> ㉢ 미가공식료품의 범위
>> ⓐ 데친 채소류·김치·단무지·장아찌·젓갈류·게장·두부·메주·간장·된장·고추장 등의 단순 가공식료품. 다만, 단순 가공식료품은 면세대상이지만, 이를 거래단위로서 포장하여 판매하는 경우(ex. 포장김치)에는 면세하지 아니함[*1] (부기통 26-34-5).
>> ⓑ 원생산물 본래의 성질이 변하지 않는 정도로 1차 가공을 하는 과정에서 필수적으로 발생하는 부산물
>> ⓒ 미가공식료품을 단순히 혼합한 것
>> ⓓ 쌀에 식품첨가물을 첨가 또는 코팅하거나 버섯균 등을 배양시킨 것

*1 김치 등을 거래단위로 포장하여 판매하는 경우에도 한시적으로(22년 7월 1일~25년 12월 31일) 면세함

 오쌤 Talk

세부담의 역진성

부가가치세는 10%라는 균등세율을 적용한다. 소득이 ₩1,000인 사람과 소득이 ₩100인 사람 모두 음료(가격: ₩10)를 구매하면서 부가가치세 ₩1을 부담하였을 때, 소득이 ₩1,000인 사람의 소득 대비 세금은 0.1%밖에 되지 않지만, 소득이 ₩100인 사람의 소득 대비 세금은 1%로 후자의 세부담이 더욱 크다. 따라서 이러한 세부담을 완화하기 위하여 생필품 등에 대해서는 면세를 적용한다.

기출 OX

22. 식용에 제공되지 않는 미가공 농·축·수·임산물은 국산이나 외국산 모두 면세하지 않는다. 2005. 9급
정답 X

기출 OX

23. 부가가치세가 면세되는 미가공 식료품에는 김치, 두부 등 기획재정부령으로 정하는 단순가공식료품이 포함된다. 2016. 9급
정답 O

② 주택과 이에 부수되는 토지의 임대용역*

㉠ 단독주택의 경우
주택과 이에 부수되는 토지의 임대는 상시주거용(사업을 위한 주거용의 경우는 제외)으로 사용하는 건물과 이에 부수되는 토지로서 다음의 면적 중 넓은 면적을 초과하지 않는 토지의 임대를 의미함. 즉, 이를 **초과하는 부분은 토지임대로 보아 과세함**

> 주택부수토지의 한계면적 = MAX[ⓐ, ⓑ]
> ⓐ 건물이 정착된 면적 × 5배 (도시지역 밖의 토지는 10배)
> ⓑ 주택의 연면적
>   (지하층의 면적, 지상층의 주차용으로 사용되는 면적 및 주택건설기준 등에 관한 규정에 의한 주민공동시설의 면적을 제외)

㉡ 겸용주택의 경우
임대주택에 부가가치세가 과세되는 사업용 건물이 함께 설치되어 있는 경우에는 다음과 같이 주택과 그 부수토지의 임대에는 부가가치세를 면세하나, **사업용건물과 그 부수토지의 임대에 대하여 부가가치세를 과세함**(부령 41 ②).

구분		건물	부수토지
ⓐ 주택면적 > 사업용 건물면적		전부를 주택으로 보고 면세	(1) 주택부수토지 = MIN[㉮, ㉯] ㉮ 총토지면적 × 주택면적/총건물면적 ㉯ MAX[㉠, ㉡] ㉠ 주택의 연면적 ㉡ 주택정착면적 × 5배(10배)* (2) 사업용 건물 부수토지 = 총토지면적 − 주택부수토지
ⓑ 주택면적 ≤ 사업용 건물면적		주택부분 외의 사업용 건물부분은 주택으로 보지 않고 주택부분만 면세	

* 도시지역 안은 5배, 도시지역 밖은 10배를 적용

㉢ 부동산을 2인 이상의 임차인에게 임대한 경우
부동산을 2인 이상의 임차인에게 임대한 경우에는 '임차인별로' '㉡겸용주택의 경우'의 기준을 적용하여 판단함(부기통 26-41-1).

* 「주택법」에 따른 토지임대부 분양주택(국민주택규모로 한정)에 부수되는 토지의 임대 용역을 포함한다.

확인문제 최신

01. 부가가치세법령상 부가가치세가 과세되는 것만을 모두 고르면? 2023. 7급

ㄱ. 개인 과세사업자가 특수관계인에게 사업용 부동산인 상가를 무상으로 임대하는 경우
ㄴ. 과세사업자가 사업용 과세재화를 자기적립마일리지 외의 마일리지만으로 전부를 결제받고 공급하는 경우
ㄷ. 과세사업자가 사업용 건물을 「상속세 및 증여세법」 및 「지방세법」에 따라 물납하는 경우
ㄹ. 부동산임대업자가 주택(국민주택규모 초과)을 유상으로 임대하는 경우

① ㄱ, ㄴ   ② ㄱ, ㄹ
③ ㄴ, ㄷ   ④ ㄷ, ㄹ

정답 ①

오쌤 Talk

부동산의 공급 및 임대용역에 대한 과세

구분	공급	임대
건물	① 일반적인 경우: 과세 ② 국민주택규모의 공급: 면세	① 일반적인 경우: 과세 ② 주택의 임대: 면세
토지	면세	① 일반적인 경우: 과세 ② 주택부수토지의 임대: 면세

2 국민후생용역 B

다음의 국민후생용역에 대하여는 면세한다(부법 26 ① (5), (6)). 이는 국민의 후생과 관련된 용역에 대한 부가가치세 부담을 완화하기 위함이다.

★★(1) 의료보건 용역(수의사의 용역 포함)과 혈액, 장의용역

구분	면세	과세
① 일반 의료보건용역 등	㉠「의료법」에 따른 의사, 치과의사, 한의사, 조산사 또는 간호사가 제공하는 용역. ㉡「의료법」에 따른 접골사, 침사, 구사 또는 안마사가 제공하는 용역 ㉢「의료기사 등에 관한 법률」에 따른 임상병리사, 방사선사, 물리치료사, 작업치료사, 치과기공사 또는 치과위생사가 제공하는 용역 ㉣「응급의료에 관한 법률」에 따른 응급환자이송업자가 제공하는 응급환자이송용역 ㉤「정신건강증진 및 정신질환자 복지서비스 지원에 관한 법률」 및 법령에 따라 국가 및 지방자치단체로부터 의료보건용역을 위탁받은 자가 제공하는 의료보건 용역	㉠ 미용목적 성형수술: 쌍꺼풀수술, 코성형수술, 유방확대·축소수술(유방암 수술에 따른 유방 재건술은 제외), 지방흡인술, 주름살제거술, 안면윤곽술, 치아성형(치아미백, 라미네이트와 잇몸성형술을 포함) 등 성형수술(성형수술로 인한 후유증 치료, 선천성 기형의 재건수술과 종양 제거에 따른 재건수술은 제외)과 악안면 교정술(치아교정치료가 선행되는 악안면 교정술은 제외) ㉡ 미용목적 피부관련 시술: 색소모반·주근깨·흑색점·기미 치료술, 여드름 치료술, 제모술, 탈모치료술, 모발이식술, 문신술 및 문신제거술, 피어싱, 지방용해술, 피부재생술, 피부미백술, 항노화치료술 및 모공축소술
② 수의사 의료보건 용역	수의사가 제공하는 다음의 용역 ㉠「축산물 위생관리법」에 따른 가축에 대한 진료용역 ㉡「수산생물질병 관리법」에 따른 수산동물에 대한 진료용역 ㉢「장애인복지법」에 따른 장애인 보조견 표지를 발급받은 장애인 보조견에 대한 진료용역 ㉣「국민기초생활 보장법」에 따른 수급자가 기르는 동물의 진료용역 ㉤ 그 밖에 질병 예방 및 치료를 목적으로 하는 동물의 진료용역으로서 농림·축산식품부장관이 기획재정부장관과 협의하여 고시하는 용역	애완동물 진료용역(면세 대상은 제외) 애완동물 식품판매
③ 의약품 제조 용역 등	㉠ 약사가 제공하는 의약품 조제용역 ㉡ 혈액(치료·예방·진단 목적으로 조제한 동물의 혈액을 포함 NEW)	의약품 자체는 재화이므로 조제하지 않고 판매하는 경우 재화의 공급으로 과세함

> 📌 **기출 OX**
>
> **24.** 「협동조합기본법」에 따라 설립인가를 받은 사회적협동조합이 직접 제공하는 간병·산후조리·보육 용역의 공급은 부가가치세가 면세된다.
>
> 2023. 9급 〔최신〕
>
> 정답 O

④ 사회복지 용역	㉠ 「노인장기요양보험법」에 따른 장기요양기관이 같은 법에 따라 장기요양인정을 받은 자에게 제공하는 신체활동·가사활동의 지원 또는 간병 등의 용역 ㉡ 「사회복지사업법」에 따라 보호대상자에게 지급되는 사회복지서비스 이용권을 대가로 국가 및 지방자치단체 외의 자가 공급하는 용역 ㉢ 「모자보건법」에 따른 산후조리원에서 분만 직후의 임산부나 영유아에게 제공하는 급식·요양 등의 용역 ㉣ **「사회적기업 육성법」에 따라 인증받은 사회적기업 또는 「협동조합기본법」에 따라 설립인가를 받은 사회적협동조합이 직접 제공하는 간병·산후조리·보육 용역**	-
⑤ 위생 관련 용역	㉠ 「하수도법」에 따른 분뇨수집·운반업의 허가를 받은 사업자와 「가축분뇨의 관리 및 이용에 관한 법률」에 따른 가축분뇨수집·운반업 또는 가축분뇨처리업의 허가를 받은 사업자가 공급하는 용역 ㉡ 「감염병의 예방 및 관리에 관한 법률」에 따라 소독업의 신고를 한 사업자가 공급하는 소독용역 ㉢ 「폐기물관리법」에 따라 생활폐기물 또는 의료폐기물의 폐기물처리업 허가를 받은 사업자가 공급하는 생활폐기물 또는 의료폐기물의 수집·운반 및 처리용역과 폐기물처리시설의 설치승인을 받거나 그 설치의 신고를 한 사업자가 공급하는 생활폐기물의 재활용용역 ㉣ 「산업안전보건법」에 따라 보건관리전문기관으로 지정된 자가 공급하는 보건관리용역 및 작업환경측정기관이 공급하는 작업환경측정용역	-
⑥ 장의 용역 등	㉠ 장의업자가 제공하는 장의용역 ㉡ 「장사 등에 관한 법률」에 따라 사설묘지, 사설화장시설, 사설봉안시설 또는 사설자연장지를 설치·관리 또는 조성하는 자가 제공하는 묘지분양, 화장, 유골 안치, 자연장지분양 및 관리업 관련 용역 ㉢ 지방자치단체로부터 「장사 등에 관한 법률」에 따른 공설묘지, 공설화장시설, 공설봉안시설 또는 공설자연장지의 관리를 위탁받은 자가 제공하는 묘지분양, 화장, 유골 안치, 자연장지분양 및 관리업 관련 용역	-

★★ (2) 교육용역

① 의미

다음 어느 하나에 해당하는 시설 등에서 학생, 수강생, 훈련생, 교습생 또는 청강생에게 지식, 기술 등을 가르치는 것으로 한다(부령 36).

> ㉠ 주무관청의 허가 또는 인가를 받거나 주무관청에 등록되거나 신고된 학교, 어린이집(「영유아보육법」에 따른 어린이집을 말하며, 국공립어린이집이나 직장어린이집 운영을 위탁받은 자가 제공하는 경우를 포함), 학원, 강습소, 훈련원, 교습소 또는 그 밖의 비영리단체
> ㉡ 청소년수련시설, 산학협력단, 사회적기업, 법에 등록된 과학관·박물관·미술관
> ㉢ 법에 따라 설립인가를 받은 사회적 협동조합

② 면세대상의 범위

면세	과세
교육용역은 면세하고 교육용역 제공에 필요한 교재·실습자재·기타 교육용구의 대가를 수강료 등에 포함하여 받거나 별도로 받는 때에도 주된 용역인 교육용역의 부수재화·용역으로 보아 면세	㉠ 무도학원(수강료 등을 받고 국제표준무도(볼룸댄스) 과정을 가르치는 학원) ㉡ 자동차운전학원(자동차 등의 운전에 관한 지식·기능을 가르치는 학원)

3 부가가치 생산요소 B

부가가치 생산요소가 되는 돈(자본), 땅(토지), 사람(인적용역)과 관련된 다음의 항목들은 면세한다(부법 26 ① ⑾, ⑭, ⑮). 이는 부가가치를 생산하는 요소에 부가가치세를 부과하는 것이 타당하지 않기 때문이다.

★★ (1) 토지

토지의 공급은 면세하되, 건물의 공급은 과세한다. 다만, 면세사업에 부수되는 건물의 공급은 면세한다.

★★ (2) 금융·보험용역

금융·보험용역 외의 사업을 하는 자가 주된 사업에 부수하여 금융·보험용역과 같거나 유사한 용역을 제공하는 경우에도 면세하는 '금융·보험용역'에 포함되는 것으로 보아 부가가치세를 면세한다(부령 40 ①, ②).

다만, 다음의 것은 금융·보험용역으로 보지 않는다.

> ㉠ 복권·입장권·상품권·지금형주화 또는 금지금에 관한 대행용역(다만, 수익증권 등 금융업자의 금융상품 판매대행용역 등은 제외)
> ㉡ 기업합병 또는 기업매수의 중개·주선·대리, 신용정보서비스 및 은행업에 관련된 전산시스템과 소프트웨어의 판매·대여용역
> ㉢ 부동산 임대용역, 감가상각자산의 대여용역(다만, 「여신전문금융업법」에 따른 시설대여업자가 제공하는 시설대여용역은 제외)
> ㉣ 그 밖에 법에 정하는 것

기출 OX

25. 「도로교통법」상의 자동차운전학원에서 수강생에게 지식·기술 등을 가르치는 것은 부가가치세가 면세되는 교육용역에 포함되지 않는다. 2015. 7급

정답 O

기출 OX

26. 토지의 공급은 면세되나 주택과 이에 부수되는 토지의 임대용역을 제외한 토지의 임대용역의 공급은 과세된다. 2010. 9급

정답 O

기출 OX

27. 기업매수의 중개 및 은행업에 관련된 전산시스템과 소프트웨어의 판매·대여 용역은 부가가치세 면세 용역이 아니다. 2023. 7급

정답 O

★(3) 저술가·작곡가나 그 밖에 일정한 자가 직업상 제공하는 인적용역

다음에 해당하는 인적용역은 면세한다(부령 42).

구분	대표적인 항목
① 개인이 물적시설 없이 근로자를 고용*하지 않고 독립된 자격으로 용역을 공급하고 대가를 받는 인적용역	㉠ 저술·서화·도안·조각·작곡·음악·무용·만화·삽화·만담·배우·성우·가수와 이와 유사한 용역 ㉡ 건축감독·학술용역과 이와 유사한 용역 ㉢ 직업운동가·역사·기수·운동지도가(심판을 포함)와 이와 유사한 용역 ㉣ 접대부·댄서와 이와 유사한 용역 ㉤ 보험가입자의 모집, 저축의 장려 또는 집금 등을 하고 실적에 따라 보험회사 또는 금융기관으로부터 모집수당·장려수당·집금수당 또는 이와 유사한 성질의 대가를 받는 용역과 서적·음반 등의 외판원이 판매실적에 따라 대가를 받는 용역 ㉥ 고용관계 없는 자가 다수인에게 강연을 하고 강연료·강사료 등의 대가를 받는 용역 ㉦ 라디오·텔레비전 방송 등을 통하여 해설·계몽 또는 연기를 하거나 심사를 하고 사례금 또는 이와 유사한 성질의 대가를 받는 용역 ㉧ 작명·관상·점술 또는 이와 유사한 용역 ㉨ 개인이 일의 성과에 따라 수당 또는 이와 유사한 성질의 대가를 받는 용역
② 개인·법인 또는 법인격 없는 사단·재단 기타 단체가 독립된 자격으로 용역을 공급하고 대가를 받는 인적용역	㉠ 「형사소송법」 등에 따른 국선변호인의 국선, 「국세기본법」에 따른 국선대리인의 국선대리, 「법률구조법」에 따른 법률구조, 및 「변호사법」에 따른 법률구조사업(부칙 31) ㉡ 학술연구용역·기술연구용역 ㉢ 인생상담·직업재활상담 및 그 밖에 이와 유사한 상담용역(결혼상담은 제외)·장애인보조견 훈련용역 ㉣ 「민법」에 따른 후견인과 후견감독인이 제공하는 후견사무 용역 ㉤ 외국 공공기관 또는 국제금융기구로부터 받은 차관자금으로 국가 또는 지방자치단체가 시행하는 국내사업을 위하여 공급하는 용역 ㉥ 「가사근로자의 고용개선 등에 관한 법률」에 따른 가사서비스 제공기관이 가사서비스 이용자에게 제공하는 가사서비스 ㉦ 「직업안정법」에 따른 근로자공급 용역 ㉧ 다른 사업자의 사업장(다른 사업자가 제공하거나 지정한 경우로서 그 사업자가 지배·관리하는 장소를 포함)에서 그 사업자의 시설 또는 설비를 이용하여 물건의 제조·수리, 건설, 그 밖에 이와 유사한 것으로서 기획재정부령으로 정하는 작업을 수행하기 위한 단순 인력 공급용역(「파견근로자 보호 등에 관한 법률」에 따른 근로자파견 용역은 제외)

* 고용 외의 형태로 해당 용역의 주된 업무에 대해 타인으로부터 노무 등을 제공받는 경우를 포함

4 문화관련 재화 또는 용역 B

다음의 문화관련 재화 또는 용역은 면세한다(부법 26 ① (8), (16), (17)). 이는 문화관련 재화 또는 용역의 부가가치세 부담을 완화하여 해당 재화 또는 용역의 소비를 촉진시키기 위함이다.

★★ (1) 도서(도서대여 용역 포함)·신문·잡지·관보 및 뉴스통신

> ㉠ 도서(도서대여 및 실내 도서열람 용역을 포함)·신문·잡지·관보 및 뉴스통신은 면세하되, 광고는 과세됨. 따라서 신문이나 잡지는 면세되더라도 신문이나 잡지 내에 실린 광고에 대한 광고료수입은 부가가치세가 과세됨
> ㉡ 영리 아닌 사업을 목적으로 하는 법인이나 그 밖의 단체가 발행하는 기관지 또는 이와 유사한 출판물과 관련되는 용역은 부수재화·용역으로 보아 면세되는 것으로 봄(부령 48)
> ㉢ 면세사업자인 통신사업자가 특정회원을 대상으로 금융정보 등 특정한 정보를 제공하는 경우에는 다른 정보제공사업자와의 과세형평을 위하여 과세함

★★ (2) 예술창작품(골동품은 제외), 예술행사, 문화행사와 아마추어 운동경기

면세 대상이 되는 예술창작품에는 골동품(제작 후 100년이 초과된 것)과 모방제작한 미술품은 제외한다. 또한 영리를 목적으로 하지 않는 예술행사·문화행사, 아마추어 운동경기에 대해서만 면세를 적용한다(부령 43, 부기통 26-43-1).

★★ (3) 도서관, 과학관, 박물관, 미술관, 동물원, 식물원, 민속문화자원을 소개하는 장소 및 전쟁기념관에 입장하게 하는 것(부령 44)

동물원, 식물원에는 지식의 보급 및 연구에 그 목적이 있는 해양수족관 등을 포함하나, 오락 및 유흥시설과 함께 있는 동물원, 식물원 및 해양수족관을 포함하지 아니한다(부령 44, 부기통 26-0-5).

5 그 밖의 면세 항목 B

다음의 재화·용역도 공익목적 또는 정책적 목적으로 면세한다(부법 26 ① (9), (10), (18)~(20)).
① 우표(수집용 우표는 제외), 인지(印紙), 증지(證紙), 복권과 공중전화
② 다음의 담배

> ㉠ 판매가격이 200원(20개비당) 이하인 담배
> ㉡ 「담배사업법」에 따른 특수용담배 중 영세율이 적용되지 않는 것

확인문제

02. 「부가가치세법」상 면세 대상인 재화 또는 용역이 아닌 것은? 2008. 9급
① 「장애인복지법」에 따른 장애인보조견 훈련용역
② 수의사법에 규정하는 수의사의 애완견 식품판매
③ 여성용 생리처리 위생용품
④ 도서대여용역

정답 ②

기출 OX

28. 음악발표회는 영리를 목적으로 하지 않아야 부가가치세가 면제되는 예술행사가 된다. 2015. 7급

정답 O

기출 OX

29. 복권 및 수집용 우표는 모두 부가가치세가 면세되는 재화에 해당한다. 2006. 9급

정답 X

③ 종교, 자선, 학술, 구호, 그 밖의 공익을 목적으로 하는 단체가 공급하는 일정한 재화 또는 용역으로 다음의 것(부령 45).

> ㉠ 주무관청의 허가 또는 인가를 받거나 주무관청에 등록된 일정한 단체(종교단체의 경우에는 그 소속단체 포함)로서 공익단체가 그 고유의 사업목적을 위하여 일시적으로 공급하거나 실비 또는 무상으로 공급하는 재화·용역
> ㉡ 학술 등 연구단체가 그 연구와 관련하여 실비 또는 무상으로 공급하는 재화 또는 용역
> ㉢ 지정문화재를 소유·관리하고 있는 종교단체(주무관청에 등록된 종교단체로 하되, 그 소속단체를 포함)의 경내지 및 경내지 안의 건물·공작물 임대용역
> ㉣ 공익목적으로 기숙사를 운영하는 사업자가 학생 또는 근로자를 위하여 실비 또는 무상으로 공급하는 음식·숙박용역
> ㉤ 저작권위탁관리업자가 저작권자를 위해 실비 또는 무상으로 공급하는 신탁관리용역
> ㉥ 문화체육관광부장관이 지정한 보상금수령단체로서 법령으로 정하는 사업자가 저작권자를 위하여 실비 또는 무상으로 공급하는 보상금 수령 관련 용역
> ㉦ 비영리교육재단이 「초·중등교육법」에 따른 외국인학교의 설립·경영사업을 영위하는 자에게 제공하는 학교시설 이용 등 교육환경 개선과 관련된 용역

④ 국가·지방자치단체·지방자치단체조합이 공급하는 재화 또는 용역. 다만, 다음에 해당하는 것은 부가가치세가 과세된다(부령 46).

> ㉠ 우정사업조직이 제공하는 다음의 용역
> > ⓐ **소포우편물을 방문접수하여 배달하는 용역**
> > ⓑ 우편주문판매를 대행하는 용역
>
> ㉡ 고속철도에 의한 **여객운송용역**
> ㉢ 부동산임대업, 도매 및 소매업, 음식점업·숙박업, 골프장 및 스키장 운영업, 기타 스포츠 시설 운영업에서 공급하는 재화 또는 용역
> 다만, 다음 중 어느 하나에 해당하는 것은 **면세대상**으로 함
> > ⓐ **국방부 또는 국군이 군인, 군무원, 그 밖에 이들의 배우자·직계존비속에게 제공하는 소매업, 음식점업·숙박업, 기타 스포츠시설 운영업(골프 연습장 운영업은 제외) 관련 재화 또는 용역**
> > ⓑ **국가, 지방자치단체 또는 지방자치단체조합이 그 소속 직원의 복리후생을 위하여 구내에서 식당을 직접 경영하여 음식을 공급하는 용역**
> > ⓒ 국가 또는 지방자치단체가 「사회기반시설에 대한 민간투자법」에 따른 사업시행자로부터 사회기반시설 또는 사회기반시설의 건설용역을 기부채납 받고 그 대가로 부여하는 시설관리운영권
>
> ㉣ 국민건강보험법에 따라 요양급여의 대상에서 제외되는 쌍커풀수술, 코성형수술, 유방확대·축소술, 지방흡인술, 주름살제거술에 해당하는 진료용역, 수의사의 애완동물 진료용역

📔 **확인문제**

03. 부가가치세가 면세되는 거래에 해당되는 것은? 2007. 7급

① 지방자치단체조합이 그 소속 직원의 복리후생을 위하여 구내에서 식당을 직접 경영하여 공급하는 음식용역
② 철도건설법에 규정하는 고속철도에 의한 여객운송용역
③ 우정사업운영에 관한 특례법에 의한 우정사업조직이 우편법에 규정된 부가우편역무 중 소포우편물을 방문접수하여 배달하는 용역
④ 항공법에 규정하는 항공기에 의한 여객운송용역

정답 ①

✏️ **기출 OX**

30. 「우정사업 운영에 관한 특례법」에 따른 우정사업조직이 소포우편물을 방문접수하여 배달하는 용역의 공급은 부가가치세가 면세된다. 2023. 9급

정답 X

⑤ 국가·지방자치단체·지방자치단체조합 또는 공익단체에 무상으로 공급하는 재화 또는 용역

> **참고**
>
> **국가와의거래**
>
>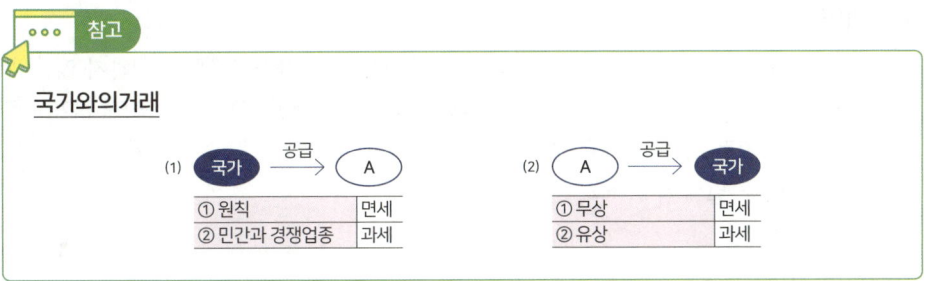

⑥ 국민주택규모 이하의 공급 및 건설용역

> **참고**
>
> **무상공급에 대한 과세**
>
> | 구분 | 일반적인 경우 | 국가 등에 대한 무상공급 |
> |---|---|---|
> | 재화 | 과세(간주공급) | 면세 |
> | 용역 | 특수관계인에 대한 사업용 부동산 무상 임대용역을 제외하고는 면세 | |

6 재화의 수입에 대한 면세 B

재화의 수입에 대한 면세규정은 다음과 같다.

구 분	면세대상
①「부가가치세법」에 따른 면세대상 (부법 27)	㉠ 미가공식료품(식용으로 제공되는 농산물, 축산물, 수산물과 임산물 포함) ㉡ 도서·신문 및 잡지 ㉢ 학술연구단체·교육기관 또는 문화단체가 과학·교육·문화용으로 수입하는 재화 ㉣ 종교의식, 자선, 구호, 그 밖의 공익을 목적으로 외국으로부터 종교단체, 자선단체 또는 구호단체에 기증되는 재화 ㉤ 외국으로부터 국가·지방자치단체 또는 지방자치단체조합에 기증되는 재화 ㉥ 거주자가 받는 소액물품으로서 관세가 면제되는 재화 ㉦ 이사, 이민 또는 상속으로 인하여 수입하는 재화로서 관세가 면제되거나 해당 간이세율이 적용되는 재화 ㉧ 여행자의 휴대품, 별송(別送) 물품 및 우송(郵送) 물품으로서 관세가 면제되거나 해당 간이세율이 적용되는 재화 ㉨ 그 밖에「부가가치세법」에 따라 열거된 관세가 무세(無稅)이거나 감면되는 일정한 재화. 다만, 관세가 경감되는 경우에는 경감되는 부분만 해당함
②「조세특례제한법」에 따른 면세대상 (조특법 106 ②)	㉠ 무연탄 ㉡ 과세사업에 사용하기 위한 선박(다만, 제3자에게 판매하기 위하여 선박을 수입하는 경우는 제외) ㉢ 과세사업에 사용하기 위한「관세법」에 따른 보세건설물품 ㉣ 각종 국제경기대회의 경기시설 제작·건설 및 경기운영에 사용하기 위한 물품으로서 국내제작이 곤란한 것

확인문제

04.「부가가치세법령」상 면세되는 재화 또는 용역에 해당하지 않는 것은?
2018. 7급 수정

① 도서
② 국방부가 군인에게 제공하는 골프연습장 운영업과 관련한 재화 또는 용역
③ 미술관에 입장하게 하는 것
④ 국가에 무상으로 공급하는 재화 또는 용역

정답 ②

기출 OX

31. 국가에 공급하는 재화 또는 용역에 대하여는 유상 또는 무상을 불문하고 부가가치세가 면제된다.
2016. 9급·2023. 7급 최신

정답 X

확인문제

05.「부가가치세법」상 부가가치세가 면세되는 경우에 해당하지 않는 것은?
2007. 9급

① 수돗물 및 공중전화
② 금융보험업 외의 사업을 하는 자가 주된 사업에 부수하여 금융보험 용역과 같거나 유사한 용역을 제공하는 경우
③ 일반택시 운송사업
④ 국가에 무상으로 공급하는 용역

정답 ③

기출 OX

32. 외국으로부터 국가, 지방자치단체에 기증되는 재화의 수입에 대하여는 부가가치세를 면제한다.
2022. 9급

정답 O

기출 OX

33. 거주자가 받는 소액물품으로서 관세가 면제되는 재화의 수입은 부가가치세가 면세된다.
2023. 9급 최신

정답 O

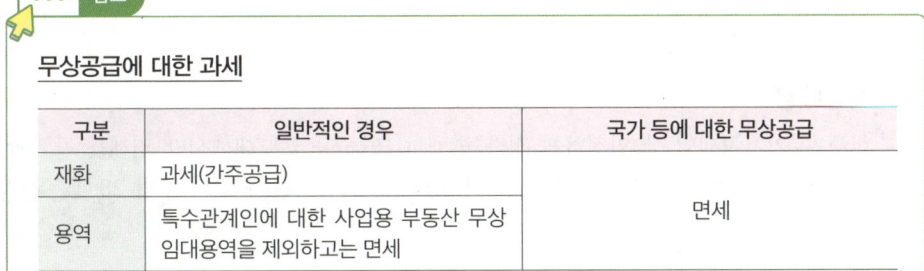

7 면세포기 A

★ (1) 의미

면세를 적용하게 되면 재화나 용역의 공급에 대하여 부가가치세를 과세하지 않는다. 하지만, 재화나 용역을 매입하면서 부담한 매입세액에 대한 공제도 적용되지 않기 때문에 면세사업자로 하여금 면세적용을 포기하고 과세사업자로 전환할 수 있도록 제도를 두고 있는데, 이를 '면세포기'라고 한다.

(2) 도입 취지

면세포기는 대표적으로 '누적효과'를 제거하는 효과가 있다. 누적효과라 함은, 면세재화를 수출하거나 중간단계사업자에게 매출하는 경우 매입세액을 공제받지 못해 상대적으로 비싼 가격을 매기게 되고, 이로 인해 가격경쟁력에서 다른 사업자보다 불리하게 되는 현상을 말한다.

★★ (3) 적용대상

현행 「부가가치세법」상 일정하게 정하는 재화 또는 용역에 대해서만 면세를 포기할 수 있도록 규정하고 있다. 이에 따른 면세포기대상은 다음과 같다(부법 28 ①, 부령 57).

> ① 영세율 적용대상이 되는 재화 또는 용역
> ② 공익단체 중 학술 등 연구단체가 그 연구와 관련하여 실비 또는 무상으로 공급하는 재화 또는 용역

이때, 영세율 사업자의 경우 면세우선원칙에 따라 면세 대상을 수출하는 경우에도 면세사업자가 면세를 포기하지 않는 경우 영세율을 적용받을 수 없기 때문이다.

★★ (4) 면세포기의 절차

① 면세포기 신고서의 제출

면세를 포기하려는 사업자는 면세포기신고서를 관할 세무서장에게 제출하고, 지체 없이 사업자등록을 해야 한다(부령 57). 면세포기에는 시기의 제한이 없으며, 언제든지 가능하며 이는 승인을 요건으로 하지 아니한다. 신규로 사업을 시작하는 경우에는 면세포기신고서를 사업자등록 신청서와 함께 제출할 수 있다(부칙 44 ②).

② 면세제한

면세포기를 신고한 사업자는 신고한 날부터 3년간 부가가치세를 면제받지 못한다(부법 28 ②).

③ 면세 재적용

3년 경과 후 다시 면세를 적용 받으려면 면세적용신고서를 제출하여야 하며, 면세적용신고서를 제출하지 아니하면 계속하여 면세를 포기한 것으로 본다(부법 28 ③).

오쌤 Talk

면세 포기대상

면세를 포기하게 되면 면세사업자의 입장에서는 매입세액공제를 받을 수 있어서 유리하지만 해당 재화나 용역을 사용·소비자의 입장에서는 부가가치세를 부담해야 하기 때문에 불리하게 된다. 그러므로 현행 「부가가치세법」은 면세포기할 수 있는 대상을 제한적으로 규정하고 있다.

34. 면세재화의 공급이 영세율 적용대상인 경우에는 면세의 포기를 신고하고 「부가가치세법」에 따른 사업자등록을 하여 영세율을 적용받을 수 있다.
2023. 7급 최신
정답 O

기출 OX

35. 면세의 포기를 적법하게 신고한 사업자는 신고한 날부터 3년간 부가가치세를 면제받지 못한다.
2016. 9급·2023. 7급 최신
정답 O

36. 부가가치세가 면제되는 재화 또는 용역의 공급이 영세율 적용의 대상이 되는 경우, 부가가치세의 면제를 받지 아니하고자 하는 사업자는 면세포기신고를 할 수 있으며 신고한 날로부터 3년간은 부가가치세의 면제를 받지 못한다.
2010. 9급
정답 O

★ **(5) 면세포기의 효력**

면세를 포기하게 되면 과세사업자로 전환된다. 이는 사업자등록을 한 이후의 거래분부터 적용되는 것이며, 포기 시점부터 해당 사업자는 세금계산서의 발급, 거래징수, 합계표 제출 등 「부가가치세법」상 납세의무를 모두 부담하게 된다. 동시에, 매입세액을 공제 또는 환급 받을 수 있게 되고 영세율을 적용받을 수 있게 된다.

★ **(6) 면세포기의 범위**

① 구분포기 가능

면세되는 둘 이상의 사업 또는 종목을 영위하는 사업자는 면세포기대상이 되는 재화 또는 용역의 공급 중에서 면세포기하고자 하는 재화·용역의 공급만을 구분하여 면세포기 할 수 있다(부기통 28-57-1).

② 영세율적용만 면세포기 시 효력

영세율 적용 대상이 되는 것만을 면세포기한 사업자가 면세되는 재화·용역을 국내에 공급하는 경우에는 면세포기의 효력이 없다(부기통 28-57-2).

CHAPTER 05

세금계산서와 영수증

1. 세금계산서
2. 영수증
3. 세금계산서 및 영수증의 발급의무 면제
4. 세금계산서합계표

• 최신 8개년 출제 경향 분석

01 세금계산서

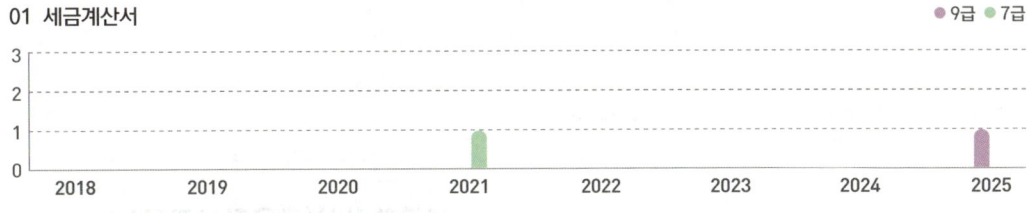

02 영수증

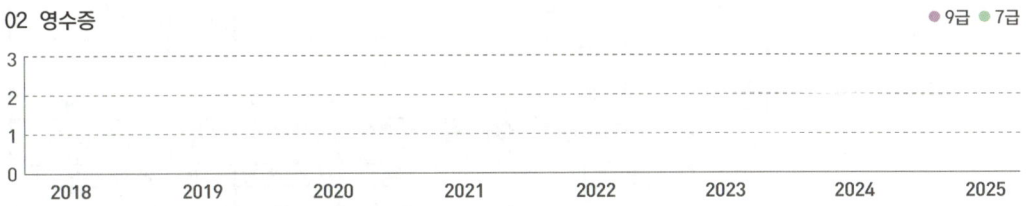

03 세금계산서 및 영수증의 발급의무 면제

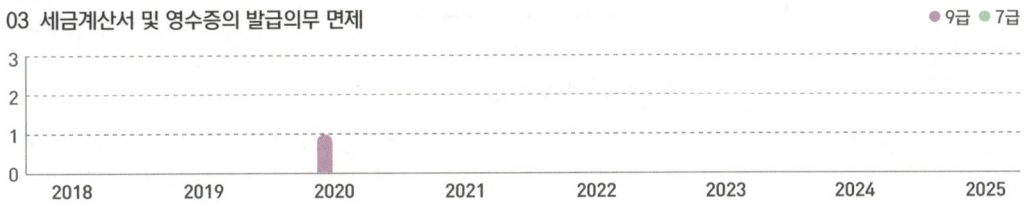

04 세금계산서합계표

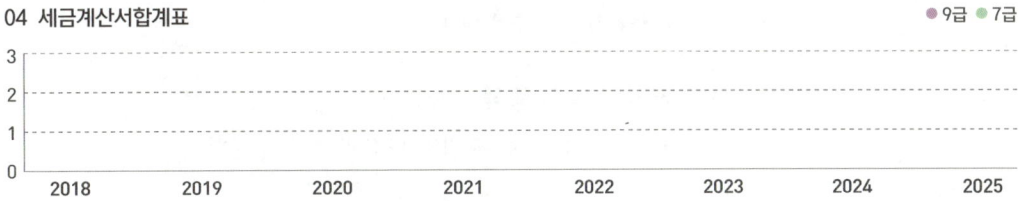

1 세금계산서

1 세금계산서의 기능과 종류 B

★★ (1) 세금계산서의 의미

'세금계산서(tax invoice)'란 과세사업자가 재화 또는 용역을 공급할 때 부가가치세를 거래징수[*1]하고 이 거래사실과 그 내용을 증명하기 위하여 공급을 받는 자에게 발급하는 세금영수증이다.

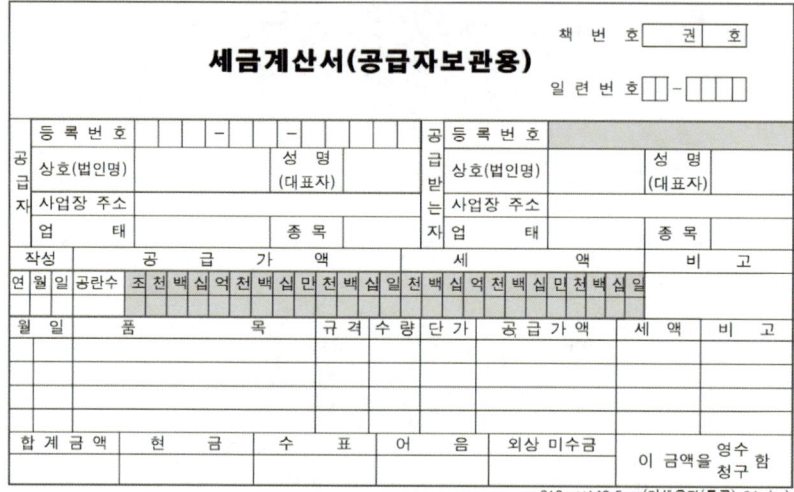

(2) 세금계산서의 기능

세금계산서는 거래사실과 내용을 증명하기 때문에 부가가치세를 과세하는 자료로서 중요한 의미를 가진다. 공급하는 사업자의 입장에서는 세금계산서를 발급함으로써 매출세액을 공급받는 자로부터 징수할 수 있고, 이를 근거로 공급받은 자는 발급받은 세금계산서를 요약한 매입처별 세금계산서합계표를 제출하여 매입세액을 공제받을 수 있다. 또한, 세금계산서는 과세자료뿐만이 아니라 거래에 대한 영수증·송장·청구서의 기능을 수행한다.

(3) 세금계산서의 종류

세금계산서는 종류에 따라 다음과 같이 구분할 수 있다.

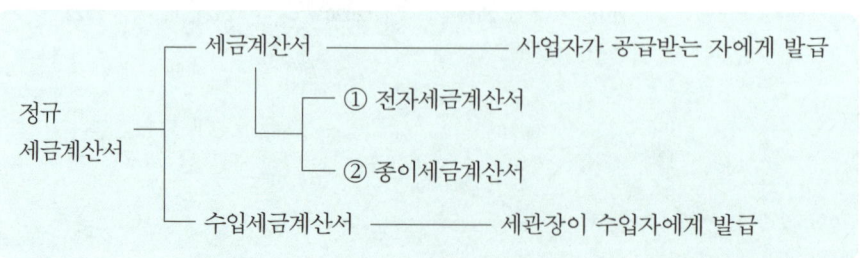

[*1] 거래징수: 사업자가 재화 또는 용역을 공급하는 경우에는 공급가액에 10%의 세율을 적용하여 계산한 부가가치세를 재화 또는 용역을 공급받는 자로부터 징수하는 것(부법 30, 31)

기출 OX

01. 납세의무자는 사업자등록을 하지 않더라도 세금계산서를 발급할 수 있다.
2012. 7급
정답 X

★★ (4) 세금계산서 발급 절차

재화나 용역을 공급하는 과세사업자는 공급자용과 공급받는자용 각 1매로 총 2매를 작성하여 1조로 세금계산서를 발급하되, 그 중 공급받는자용 1매는 거래 상대방에게 발급하여야 한다. 각 세금계산서는 제출할 필요 없이 보관만 하되, 공급자는 발급한 세금계산서를 요약한 *매출처별 세금계산서합계표*를 제출하며, 공급받는 자는 발급받은 세금계산서를 요약한 매입처별 세금계산서합계표를 제출하여야 매입세액공제를 받을 수 있다. 이러한 절차에 따르지 않는 경우 다음과 같은 제재를 가한다.

공급자	매출처별 세금계산서합계표 불성실가산세 (미제출하면 공급가액의 0.5%, 예정신고기간분을 확정신고할 때 제출하면 공급가액의 0.3%)를 부과한다.
공급받는자	매입세액을 공제받을 수 없다. 매입세액공제를 받지 못하는 불이익을 당하므로 매입처별 세금계산서합계표 가산세는 부과하지 않는다.

★★ (5) 필요적 기재사항과 임의적 기재사항

세금계산서에는 다음과 같은 기재사항을 기재하여야 한다(부법 32 ①, 부령 67 ②).

① 필요적 기재사항

반드시 기재하여야 하는 사항으로, 일부라도 기재되지 않은 경우 세금계산서로서 아무런 효력이 없다.

> ㉠ 공급하는 사업자의 등록번호와 성명 또는 명칭
> ㉡ 공급받는 자의 등록번호
>   단, 사업자가 아니거나 등록한 사업자가 아닌 경우에는 고유번호 또는 공급받는 자의 주민등록번호
> ㉢ 공급가액과 부가가치세액
> ㉣ 작성연월일

② 임의적 기재사항

반드시 기재할 필요 없이 임의적으로 기재하면 그 효력이 인정되는 사항으로, 일부가 기재되지 않았더라도 세금계산서로서 유효하다.

> ㉠ 공급하는 자의 주소
> ㉡ 공급받는 자의 상호·성명·주소
> ㉢ 단가와 수량
> ㉣ 공급연월일 등

오쌤 Talk

고유번호

관할 세무서장은 과세자료를 효율적으로 처리하기 위하여 사업자등록번호가 없는 자(수입세금계산서를 발급한 세관장, 세금계산서를 발급받은 국가, 지방자치단체, 지방자치단체조합, 면제사업자 등)에게 등록번호에 준하는 고유번호를 부여할 수 있다(부령 12 ②).

확인문제

01. 다음 중 「부가가치세법」상 세금계산서에 반드시 기재하여야 하는 필요적 기재사항이 아닌 것은? 2006. 7급
① 공급하는 사업자의 등록번호와 성명 또는 명칭
② 공급받는 자의 명칭
③ 공급받는 자의 등록번호
④ 작성연월일

정답 ②

기출 OX

02. 공급하는 자와 공급받는 자의 사업자 등록번호와 공급가액 및 부가가치세액만 기록된 세금계산서도 세금계산서로서의 효력이 인정된다. 2007. 9급

정답 X

2 세금계산서의 발급과 전송 B

★ (1) 발급의무자

세금계산서를 발급해야 하는 발급의무자는 부가가치세가 과세되는 재화나 용역을 공급하는 사업자로, 이때 세금계산서는 공급을 받는 자에게 발급하여야 한다(부법 32 ①). 따라서 영세율적용사업자는 세금계산서에 대한 발급의무가 있으나, 면세사업자는 세금계산서에 대한 발급의무가 없다.

★★ (2) 전자세금계산서의 발급 및 전송

세금계산서에는 종이세금계산서와 전자세금계산서가 있는데, 법에 정한 사업자는 전자세금계산서를 발급하여야 한다. 이때 전자세금계산서라 함은 전자적인 방법으로 발급하는 세금계산서로, 세금계산서에 기재할 사항, 작성자의 신원 및 계산서의 변경 여부 등을 확인할 수 있는 공인인증시스템을 거쳐 정보통신망으로 발급하는 것을 말한다(부법 32 ②, 부령 68 ⑤).

① 발급의무자

법인사업자와 전자세금계산서 의무발급 개인사업자는 세금계산서를 발급할 경우 전자적 방법으로 세금계산서를 발급하여야 한다(부법 32 ②). 하지만 전자세금계산서를 발급하여야 하는 사업자가 아닌 사업자도 전자세금계산서를 발급하고 전자세금계산서 발급명세를 전송할 수 있다(부법 32 ④).

> ㉠ 전자세금계산서 의무발급 개인사업자
> 직전 연도의 '사업장별 재화 및 용역의 공급가액(면세공급가액을 포함)'의 합계액이 8천만원[1] 이상인 개인사업자를 말한다(부령 68 ①).
> ㉡ 발급기간
> 전자세금계산서 의무발급 개인사업자는 사업장별 재화 및 용역의 공급가액(면세공급가액을 포함)의 합계액이 8천만원[1] 이상인 해의 다음 해 제2기 과세기간이 시작하는 날부터 전자세금계산서를 발급해야 한다.
> ㉢ 수정신고 등이 있는 경우 발급기간
> 사업장별 재화와 용역의 공급가액(면세공급가액을 포함)의 합계액이 「국세기본법」에 따른 수정신고 또는 결정과 경정으로 8천만원[1] 이상이 된 경우에는 수정신고 등을 한 날이 속하는 과세기간의 다음 과세기간이 시작하는 날부터 전자세금계산서를 발급해야 한다(부령 68 ②).

[1] 2023년에 공급된 사업장별 공급가액을 기준으로 8천만원 이상 여부를 판단하여 2024년 7월 1일 이후 공급분부터 적용

기출 OX
03. 전자세금계산서를 발급하여야 하는 사업자가 아닌 사업자는 전자세금계산서를 발급할 수 없다. 2021. 7급
정답 X

기출 OX
04. 개인사업자와 직전 연도의 사업장별 재화 및 용역의 공급가액의 합계액이 8천만원 이상인 법인사업자는 세금계산서를 발급하려면 전자세금계산서를 발급하여야 한다. 2021. 7급 수정
정답 X

② 통지

관할 세무서장은 개인사업자가 전자세금계산서 의무발급 개인사업자에 해당하는 경우에는 전자세금계산서를 발급해야 하는 날이 시작되기 1개월 전까지 그 사실을 해당 개인사업자에게 통지하여야 한다(부령 68 ③). 만약 개인사업자가 전자세금계산서를 발급해야 하는 날이 시작되기 1개월 전까지 해당 통지를 받지 못한 경우에는 통지서를 수령한 날이 속하는 달의 다음 다음 달 1일부터 전자세금계산서를 발급하여야 한다(부령 68 ④).

③ 전자세금계산서 발급명세 전송의무

전자세금계산서를 발급하였을 때에는 전자세금계산서 발급일의 다음 날까지 전자세금계산서 발급명세를 국세청장에게 전송해야 한다(부법 32 ③).

④ 전자세금계산서 발급명세 전송 시 혜택

> ㉠ 매출·매입처별세금계산서합계표 제출 면제
> ㉡ 세금계산서 보관의무 면제
> ㉢ 전자세금계산서 발급·전송에 대한 세액공제 (적용기간: 2022.7.1. 이후 공급분에 대한 전자세금계산서 발급분부터 2027.12.31.까지분)NEW

3 세금계산서 관련 제재 B

(1) 기재사항누락 및 부실기재 시 제재조치

필요적 기재사항이 누락되거나, 사실과 다르게 부실 기재된 경우에는 제재 성격으로 해당 세금계산서를 수수한 쌍방은 아래와 같은 불이익을 받는다.

① 발급한 자

세금계산서 불성실 가산세를 부과한다.

② 발급받은 자

올바른 세금계산서를 수수한 것이 아니기 때문에 매입세액 공제를 적용하지 않는다. 다만, 매입세액 공제를 적용하지 못하는 것 자체가 제재 성격이기 때문에 별도의 가산세는 부과하지 아니한다.

(2) 전자세금명세서 발급명세 전송 불성실 가산세

전자세금계산서 발급명세를 전송하지 않거나 지연하여 전송한 경우 전자세금계산서 발급명세 전송 불성실 가산세가 부과된다.

 기출 OX

05. 관할 세무서장은 개인사업자가 전자세금계산서 의무발급 개인사업자에 해당하는 경우에는 전자세금계산서를 발급해야 하는 날이 시작되기 10일 전까지 그 사실을 해당 개인사업자에게 통지하여야 한다. [2025.9급 최신]
정답 X

06. 전자세금계산서를 발급하였을 때에는 그 발급일의 다음 날까지 전자세금계산서 발급명세를 국세청장에게 전송해야 하며 이 경우 해당 전자세금계산서 보존의무는 면제된다. 2017.9급
정답 O

 오쌤 Talk

전자세금계산서 발급·전송에 대한 세액공제

직전 사업연도의 사업장별 재화·용역의 공급가액(면세공급가액 포함)의 합계액이 3억원 미만인 개인사업자가 전자세금계산서 발급명세를 발급일의 다음 날까지 전송하는 경우 세액공제액을 납부세액에서 공제할 수 있다. Link-p.407

 기출 OX

07. 세금계산서에 작성연월일을 기재하지 않은 경우에는 세금계산서 불성실 가산세를 적용한다. 2006.9급
정답 O

오쌤 Talk

전자세금명세서 발급명세 전송 불성실 가산세

지연제출 가산세	미제출 가산세
기한이 지난 후 재화 또는 용역의 공급시기가 속하는 과세기간에 대한 확정신고기한까지 국세청장에게 전자세금계산서 발급명세를 전송하는 경우	기한이 지난 후 재화 또는 용역의 공급시기가 속하는 과세기간에 대한 확정신고기한까지 국세청장에게 전자세금계산서 발급명세를 전송하지 아니한 경우
공급가액 × 0.3%	공급가액 × 0.5%

4 세금계산서 발급시기 B

★(1) 원칙

세금계산서는 사업자가 **본래의 재화 또는 용역의 공급시기에 발급해야** 한다(부법 34 ①).

★(2) 공급시기 전후 발급 특례

예외적으로 선(先)세금계산서와 후(後)세금계산서를 발급할 수 있도록 특례를 인정하고 있다. 선세금계산서는 **공급한 시기가 아니라 세금계산서를 발급한 때를 공급시기로 인정**한다. 후세금계산서는 세금계산서 발급시기를 공급시기로 하지 않으며, 본래의 공급시기를 그대로 인정한다. 해당 규정은 'P.320-321'를 참고하기 바란다.

5 매입자발행 세금계산서에 따른 매입세액 공제 특례 B

★★(1) 매입자발행 세금계산서의 의미

세금계산서 발급의무가 있는 사업자(영수증 발급대상사업자 중 세금계산서 발급요구 시 발급의무가 있는 자 포함)가 재화 또는 용역을 공급하고 세금계산서 발급시기에 세금계산서를 발급하지 않은 경우(사업자의 부도·폐업·휴업·소재불명·연락두절, 공급계약의 해제·변경 또는 그 밖의 부득이한 사유로 사업자가 수정세금계산서를 발급하지 않은 경우를 포함), 매입자의 피해를 최소화하기 위하여 **그 재화 또는 용역을 공급받은 자(면세사업자 포함)는 관할 세무서장의 확인을 받아 세금계산서를 발행할 수 있는데** 이를 '매입자발행 세금계산서'라고 한다(부법 34의2 ①, 부령 71의2 ①).

★(2) 매입세액공제

매입자발행세금계산서에 기재된 그 부가가치세액은 매출세액에서 공제할 수 있는 매입세액으로 본다(부법 34의2 ②). 따라서 매입자발행 세금계산서의 신청인은 예정신고 및 확정신고 또는 「국세기본법」에 따른 경정청구 시 매입자발행세금계산서합계표를 제출한 경우 매입자발행세금계산서에 기재된 매입세액을 해당 재화 또는 용역의 공급시기에 해당하는 과세기간의 매출세액에서 매입세액으로 공제받을 수 있다(부령 71의2 ⑫).

★(3) 발행가능금액의 제한

거래 건당 공급대가가 5만원 이상인 경우에 한해 매입자발행 세금계산서 발급이 가능하다(부령 71의 2 ③).

★(4) 발급 절차

① 거래사실의 확인신청

매입자발행세금계산서를 발행하려는 자(이하 '신청인')는 **해당 재화 또는 용역의 공급시기가 속하는 과세기간의 종료일부터 1년 이내에 거래사실확인신청서에 거래사실을 객관적으로 입증할 수 있는 서류를 첨부하여 신청인의 관할 세무서장에게 거래사실의 확인을 신청해야 한다**(부령 71의2 ②).

08. 부가가치세 납세의무자로 등록한 사업자로서 세금계산서 발급의무가 있는 사업자가 재화 또는 용역을 공급하고 그 거래시기에 세금계산서를 발급하지 않은 경우, 그 재화 또는 용역을 공급받은 자는 법령이 정하는 바에 따라 관할 세무서장의 확인을 받아 세금계산서를 발행할 수 있다.

2007. 7급

정답 O

매입자 발행 세금계산서의 이해

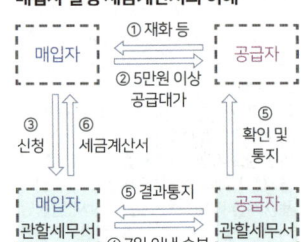

② 보정요구

신청을 받은 관할 세무서장은 신청서에 재화·용역의 공급자의 인적사항이 부정확하거나 신청서 기재방식에 흠이 있는 경우에는 **신청일부터 7일 이내에 일정한 기간을 정하여 보정요구**를 할 수 있다(부령 71의2 ④).

③ 확인 거부

다음에 해당하는 경우 신청인의 관할 세무서장은 거래사실의 확인을 거부하는 결정을 하여야 한다(부령 71의2 ⑤).

> ㉠ 신청인이 보정기간 이내에 보정요구에 응하지 않는 경우
> ㉡ 신청기간을 넘긴 것이 명백한 경우
> ㉢ 신청서의 내용으로 보아 거래 당시 미등록사업자 및 휴·폐업자와 거래한 것이 명백한 경우

④ 확인 절차

신청인 관할 세무서장은 확인거부결정을 하지 않은 신청에 대해서는 거래사실 확인 신청서가 제출된 날(보정을 요구하였을 때에는 보정이 된 날)부터 7일 이내에 신청서와 제출된 증빙서류를 공급자의 관할 세무서장에게 송부해야 한다(부령 71의2 ⑥). 이때, 신청서를 송부받은 공급자 관할 세무서장은 신청인의 신청내용, 제출된 증빙자료를 검토하여 거래사실 여부를 확인해야 하며 입증책임은 신청인에게 있다(부령 71의2 ⑦).

⑤ 결과 통지

공급자 관할 세무서장은 신청일의 다음 달 말일까지 거래사실 여부를 확인하여 다음 구분에 따른 통지를 공급자와 신청인 관할 세무서장에게 해야 한다(불가피한 사유 있을 시 20일 내 연장)(부령 71의2 ⑧). 신청인 관할 세무서장은 공급자 관할 세무서장으로부터 통지를 받은 후 즉시 신청인에게 그 확인결과를 통지해야 한다(부령 71의2 ⑨).

> ㉠ 거래사실이 확인되는 경우: 공급자 및 공급받는 자의 사업자등록번호, 작성 연·월·일, 공급가액 및 부가가치세액 등을 포함한 거래사실 확인 통지
> ㉡ 거래사실이 확인되지 않은 경우: 거래사실 확인불가 통지

⑥ 세금계산서 발급

신청인 관할 세무서장으로부터 거래사실 확인 통지를 받은 신청인은 **공급자 관할 세무서장이 확인한 거래일자를 작성일자로 하여 매입자발행세금계산서를 발행하여 공급자에게 교부해야 한다**(부령 71의2 ⑩). 다만, 신청인 및 공급자가 관할 세무서장으로부터 거래사실 확인 통지를 받은 경우에는 신청인이 매입자발행세금계산서를 공급자에게 교부한 것으로 본다(부령 71의2 ⑪).

6 특수한 경우의 세금계산서 발급 A

(1) 위탁매매

위탁매매·대리인에 의한 매매의 경우 위탁자(본인)가 직접 재화를 공급하거나 공급받은 것으로 본다(부법 10 ⑦). 따라서 다음과 같이 세금계산서를 발급한다(부법 32 ⑥, 부령 69 ①, ②).

구분		세금계산서 발급 시 명의	등록번호
위탁판매	수탁자(대리인)가 재화를 인도	위탁자(본인)의 명의로 세금계산서 발급	수탁자 또는 대리인의 등록번호를 덧붙여 적어야 한다.
	위탁자(본인)가 직접 재화를 인도	위탁자(본인)의 명의로 세금계산서 발급	
위탁매입		위탁자(본인)를 공급받는 자로 하여 세금계산서를 발급	

그러나 위탁자(본인)를 알 수 없는 경우에는 위탁자(본인)는 수탁자(대리인)에게, 수탁자(대리인)는 거래 상대방에게 공급한 것으로 보아 각각 세금계산서를 발급한다(부령 69 ③, 부기통 32-69-5).

(2) 기타

① 「조달기금법」에 의하여 물자가 공급되는 경우

「조달사업에 관한 법률」에 따라 물자가 공급되는 경우에는 공급자 또는 세관장이 해당 실수요자에게 직접 세금계산서를 발급하여야 한다. 다만, 물자를 조달할 때에 그 물자의 실수요자를 알 수 없는 경우에는 조달청장에게 세금계산서를 발급하고, 조달청장이 실제로 실수요자에게 그 물자를 인도할 때에는 그 실수요자에게 세금계산서를 발급할 수 있다(부령 69 ⑥).

② 수용으로 인한 재화의 공급, 용역의 공급에 대한 주선 및 중개

위탁매매를 준용하여 해당 사업의 시행자가 세금계산서를 발급할 수 있다(부령 69 ④, ⑤).

③ 리스거래

납세의무가 있는 사업자가 「여신전문금융업법」에 따라 등록한 시설대여업자로부터 시설 등을 임차하고, 그 시설 등을 공급자 또는 세관장으로부터 직접 인도받는 경우에는 공급자 또는 세관장이 그 사업자에게 직접 세금계산서를 발급할 수 있다(부령 69 ⑧).

④ 조달청장이 발행한 창고증권의 양도로 임치물의 반환이 수반되는 경우

공급자 또는 세관장이 해당 창고증권과의 교환으로 임치물을 반환받는 자에게 직접 세금계산서를 발급하여야 한다(부령 69 ⑨).

⑤ **합병**

합병에 따라 소멸하는 법인이 합병계약서에 기재된 합병을 할 날부터 합병등기일까지의 기간에 재화 또는 용역을 공급하거나 공급받는 경우 합병 이후 존속하는 법인 또는 합병으로 신설되는 법인이 세금계산서 및 수입세금계산서^NEW를 발급하거나 발급 받을 수 있다(부령 69 ⑳).

⑥ **분할·분할합병**^NEW

분할 또는 분할합병에 따라 소멸하는 법인이 분할계획서에 기재된 분할을 할 날 또는 분할합병계약서에 기재된 분할합병을 할 날부터 분할등기일 또는 분할합병등기일까지의 기간에 재화 또는 용역을 공급하거나 공급받는 경우에는 다음의 하나에 해당하는 법인으로서 분할계획서 또는 분할합병계약서에서 정하는 바에 따라 해당 재화 또는 용역의 공급에 관한 권리의무를 승계하는 법인이 세금계산서 및 수입세금계산서를 발급하거나 발급받을 수 있다(부령 69 ㉑).

㉠ 분할 또는 분할합병 이후 존속하는 법인
㉡ 분할 또는 분할합병으로 신설되는 법인

7 수정세금계산서 또는 수정전자세금계산서의 발급 A

(1) 수정세금계산서의 발급

세금계산서 또는 전자세금계산서의 기재사항을 착오로 잘못 적거나 세금계산서 또는 전자세금계산서를 발급한 후 그 기재사항에 변경사유가 발생하면 수정한 세금계산서(이하 '수정세금계산서') 또는 수정한 전자세금계산서(이하 '수정전자세금계산서')를 발급할 수 있다.

수정세금계산서와 수정전자세금계산서는 다음에 따른 사유와 절차를 밟아 발급할 수 있다(부법 32 ⑦, 부령 70 ①).

발급사유	발급절차
① 처음 공급한 재화가 환입된 경우	㉠ 작성일: 재화가 환입된 날을 적음 ㉡ 비고란: 처음 세금계산서 작성일을 덧붙여 적음 ㉢ 공급가액: 붉은 글씨로 쓰거나 음(陰)의 표시를 하여 발급
② 계약의 해제로 재화·용역이 공급되지 않은 경우	㉠ 작성일: 계약해제일로 적음 ㉡ 비고란: 처음 세금계산서 작성일을 덧붙여 적음 ㉢ 공급가액: 붉은 글씨로 쓰거나 음(陰)의 표시를 하여 발급
③ 계약의 해지 등에 따라 공급가액에 추가되거나 차감되는 금액이 발생한 경우	㉠ 작성일: 증감 사유가 발생한 날로 적음 ㉡ 공급가액: 추가되는 금액은 검은색 글씨로 쓰고, 차감되는 금액은 붉은색 글씨로 쓰거나 음(陰)의 표시를 하여 발급
④ 재화 또는 용역을 공급한 후 공급시기가 속하는 과세기간 종료 후 25일(토요일 및 일요일, 공휴일 및 대체공휴일, 근로자의 날인 경우 바로 다음 영업일) 이내에 내국신용장이 개설되었거나 구매확인서가 발급된 경우	㉠ 작성일: 처음 세금계산서 작성일을 적음 ㉡ 비고란: 내국신용장 개설일 등을 덧붙여 적음 ㉢ 영세율 적용분은 검은색 글씨로 세금계산서를 작성하여 발급하고, 추가하여 처음에 발급한 세금계산서의 내용대로 세금계산서를 붉은색 글씨로 또는 음(陰)의 표시를 하여 작성하고 발급
⑤ 필요적 기재사항 등이 착오로 잘못 적힌 경우(과세표준 또는 세액을 경정할 것을 미리 알고 있는 경우는 제외)	㉠ 처음에 발급한 세금계산서의 내용대로 세금계산서를 붉은색 글씨로 쓰거나 음(陰)의 표시를 하여 발급하고, ㉡ 수정하여 발급하는 세금계산서는 검은색 글씨로 작성하여 발급
⑥ 필요적 기재사항 등이 착오 외의 사유로 잘못 적힌 경우(과세표준 또는 세액을 경정할 것을 미리 알고 있는 경우는 제외)	재화나 용역의 공급일이 속하는 과세기간에 대한 확정신고기한 다음 날부터 1년 이내에 세금계산서를 작성하되, 나머지 절차는 ⑤의 절차를 준용
⑦ 착오로 전자세금계산서를 이중으로 발급한 경우	처음에 발급한 세금계산서의 내용대로 음(陰)의 표시를 하여 발급
⑧ 면세 등 발급대상이 아닌 거래 등에 대하여 발급한 경우	처음에 발급한 세금계산서의 내용대로 붉은색 글씨로 쓰거나 음(陰)의 표시를 하여 발급
⑨ 세율을 잘못 적용하여 발급한 경우(과세표준 또는 세액을 경정할 것을 미리 알고 있는 경우는 제외)	㉠ 처음에 발급한 세금계산서의 내용대로 세금계산서를 붉은색 글씨로 쓰거나 음(陰)의 표시를 하여 발급하고, ㉡ 수정하여 발급하는 세금계산서는 검은색 글씨로 작성하여 발급

확인문제

03. 수정세금계산서에 대한 설명으로 옳지 않은 것은? 2007. 9급

① 계약의 해제로 인하여 재화 또는 용역이 공급되지 아니한 경우에는 계약이 해제된 때에 그 작성일자는 처음 세금계산서의 작성일자를 적고 비고란에 계약해제일을 덧붙여 적은 후 붉은색 글씨로 쓰거나 음의 표시를 하여 발급한다.
② 공급한 재화가 환입된 경우에는 재화가 환입된 날을 작성일자로 적고 비고란에 처음 세금계산서 작성일자를 덧붙여 적은 후 붉은색 글씨로 쓰거나 음의 표시를 하여 발급한다.
③ 공급가액에 추가 또는 차감되는 금액이 발생한 경우에는 증감사유가 발생한 날을 작성일자로 적고 추가되는 금액은 검은색 글씨로 쓰고, 차감되는 금액은 붉은색 글씨로 쓰거나 음의 표시를 하여 발급한다.
④ 재화 또는 용역을 공급한 후 공급시기가 속하는 과세기간 종료 후 25일 이내에 내국신용장이 개설되었거나 구매확인서가 발급된 경우에는 내국신용장 등이 개설된 때에 그 작성일자는 처음 세금계산서 작성일자를 적고 비고란에 내국신용장 개설일 등을 덧붙여 적어 발급한다.

정답 ①

기출 OX

12. 전자세금계산서 발급 의무가 없는 사업자도 전자세금계산서를 발급할 수 있으며 필요적 기재사항을 착오로 잘못 적은 경우에는 수정전자세금계산서를 발급할 수 있다(단, 해당 사업자가 과세표준 또는 세액이 경정될 것을 미리 알고 있는 경우 제외). 2017. 9급

정답 O

13. 계약의 해제로 재화 또는 용역이 공급되지 아니한 경우 수정세금계산서의 작성일은 처음 세금계산서 작성일로 한다. 2021. 7급

정답 X

(2) 과세유형이 전환된 후 수정세금계산서의 발급

① 일반과세자에서 간이과세자로 과세유형이 전환된 경우

일반과세자에서 간이과세자로 과세유형이 전환된 후 과세유형 전환 전에 공급한 재화 또는 용역에 대하여 위 (1)의 ①~③의 사유가 발생한 경우, 위 (1)의 ①~③의 절차에도 불구하고 수정세금계산서나 수정전자세금계산서를 발급할 수 있다(부령 70 ②).

㉠ 작성일	처음 세금계산서 작성일을 적음
㉡ 비고란	사유발생일을 덧붙여 적음
㉢ 추가되는 금액은 검은색 글씨로 쓰고, 차감되는 금액은 붉은색 글씨로 쓰거나 음의 표시	

② 간이과세자에서 일반과세자로 과세유형이 전환된 경우

간이과세자에서 일반과세자로 과세유형이 전환된 후 과세유형 전환 전에 공급한 재화 또는 용역에 대하여 위 (1)의 ①~③의 사유가 발생하여 수정세금계산서나 수정전자세금계산서를 발급하는 경우에는, 위 (1)의 ①~③의 절차에도 불구하고 다음과 같이 발급해야 한다(부령 70 ③).

㉠ 작성일	처음 세금계산서 작성일을 적음
㉡ 비고란	사유발생일을 덧붙여 적음
㉢ 추가되는 금액은 검은색 글씨로 쓰고, 차감되는 금액은 붉은색 글씨로 쓰거나 음의 표시	

8 수입세금계산서 B

(1) 수입세금계산서의 발급

세관장은 수입되는 재화에 대하여 부가가치세를 징수할 때에는 수입된 재화에 대한 세금계산서(이하 '수입세금계산서')를 수입하는 자에게 발급해야 한다. 또한 부가가치세의 납부가 유예(**08** 부가가치세 신고와 납부 중 **4** 재화와 수입에 대한 신고와 납부 (2) 납부의 유예)되는 때에도 수입세금계산서를 발급하여야 한다(부법 35 ①).

(2) 수정수입세금계산서를 발급하는 경우

① 원칙

세관장은 다음 중 하나에 해당하는 경우에는 **수입하는 자**에게 수정수입세금계산서를 발급하여야 한다(부법 35 ②).

> ㉠ 「관세법」에 따라 세관장이 과세표준 또는 세액을 결정 또는 경정하기 전에 수입하는 자가 수정신고를 하는 경우(아래 ㉢에 따라 수정신고하는 경우 제외)
> ㉡ 「관세법」에 따라 세관장이 과세표준 또는 세액을 결정 또는 경정하는 경우(수입하는 자가 해당 재화의 수입과 관련하여 다음의 어느 하나에 해당하지 아니하는 경우로 한정)
>   ⓐ 「관세법」을 위반하여 고발되거나 통고처분을 받은 경우(미수범의 경우를 포함)
>   ⓑ 「관세법」에 따른 부정한 행위 또는 「자유무역협정의 이행을 위한 관세법의 특례에 관한 법률」에 따른 부정한 행위로 관세의 과세표준 또는 세액을 과소신고한 경우
>   ⓒ 수입자가 과세표준 또는 세액을 신고하면서 관세조사 등을 통하여 이미 통지받은 오류를 다음 신고 시에도 반복하는 등 중대한 잘못이 있는 경우
> ㉢ 수입하는 자가 세관공무원의 관세조사 등 대통령령으로 정하는 행위가 발생하여 과세표준 또는 세액이 결정 또는 경정될 것을 미리 알고 그 결정·경정 전에 「관세법」에 따라 수정신고하는 경우(해당 재화의 수입과 관련하여 위 ⓐ~ⓒ의 어느 하나에 해당하지 아니하는 경우로 한정)

② 수정 전으로 되돌리는 수정수입세금계산서 발급

세관장은 위 ㉡ 또는 ㉢에 따른 결정·경정 또는 수정신고에 따라 수정수입세금계산서를 발급한 후 수입하는 자가 위 ⓐ~ⓒ의 어느 하나에 해당하는 사실을 알게 된 경우에는 이미 발급한 수정수입세금계산서를 그 수정 전으로 되돌리는 내용의 수정수입세금계산서를 발급하여야 한다(부법 35 ③).

③ 당초 결정 등의 내용으로 수정수입세금계산서 발급

세관장은 수입하는 자가 「관세법」을 위반하여 고발되거나 통고처분을 받은 경우(미수범의 경우를 포함)에 해당하여 위 ㉡ 또는 ㉢에 따라 수정수입세금계산서를 발급하지 아니하였거나 ②에 따라 수정수입세금계산서를 다시 발급한 이후에 수입하는 자가 무죄 취지의 불기소 처분이나 무죄 확정판결을 받은 경우에는 당초 세관장이 결정 또는 경정한 내용이나 수입하는 자가 수정신고한 내용으로 수정수입세금계산서를 발급하여야 한다(부법 35 ④).

기출 OX

14. 세관장은 수입되는 재화에 대하여 부가가치세를 징수할 때에는 수입된 재화에 대한 세금계산서를 대통령령으로 정하는 바에 따라 수입하는 자에게 발급하여야 한다. 2025. 9급 최신
정답 ○

15. 세관장은 수입되는 재화에 대하여 대통령령이 정하는 바에 따라 수입세금계산서를 수입자에게 발급하여야 한다. 2012. 7급
정답 ○

(3) 수정수입세금계산서 발급 신청

① 수입하는 자의 신청

세관장이 수정수입세금계산서를 발급하지 않는 경우 수입하는 자는 「국세기본법」에 따른 제척기간 내에 세관장에게 수정수입세금계산서의 발급을 신청할 수 있다(부법 35 ⑤). 이때 수입하는 자는 수정수입세금계산서 발급신청서를 해당 부가가치세를 징수한 세관장에게 제출해야 한다(부령 72 ⑥).

② 통지

위 ①의 신청을 받은 세관장은 신청을 받은 날부터 2개월 이내에 수정수입세금계산서를 발급하거나 발급할 이유가 없다는 뜻을 신청인에게 통지하여야 한다(부령 72 ⑦).

(4) 수정수입세금계산서의 작성

① 일반적인 경우

세관장이 수정한 수입세금계산서를 발급하는 경우에는 부가가치세를 납부받거나 징수 또는 환급한 날을 작성일로 적고, 비고란에 최초 수입세금계산서 발급일 등을 덧붙여 적은 후 추가되는 금액은 검은색 글씨로 쓰고, 차감되는 금액은 붉은색 글씨로 쓰거나 음(陰)의 표시를 하여 발급한다(부령 72 ⑤).

② 수입하는 자의 신청에 의해 세관장이 발급하는 경우

세관장이 수입하는 자의 신청에 따라 수정한 수입세금계산서를 발급하는 경우에는 그 작성일은 발급결정일로 적고 비고란에 최초 수입세금계산서 발급일 등을 덧붙여 적은 후 추가되는 금액은 검은색 글씨로 쓰며, 차감되는 금액은 붉은색 글씨로 쓰거나 음(陰)의 표시를 하여 발급한다(부령 72 ⑧).

(5) 세관장의 합계표 제출의무

수정수입세금계산서를 발급한 세관장은 세금계산서합계표 제출규정을 준용하여 작성한 수정된 매출처별 세금계산서합계표를 해당 세관 소재지를 관할하는 세무서장에게 제출하여야 한다 (부법 35 ⑥).

오쌤 Talk

영수증 종류

영수증의 종류는 신용카드매출전표, 현금영수증, 일반 영수증 등이 포함되며, 그 밖에도 공급자의 등록번호·상호 또는 성명·공급대가·작성연월일이 기재된 금전등록계산서, 공연장이나 유기장의 사업자가 발급하는 입장권 등도 영수증으로 본다(부기통 36-73-1).

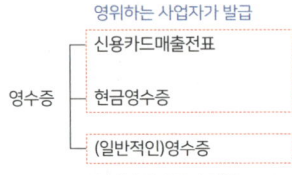

오쌤 Talk

현금영수증

'현금영수증'이란 현금영수증가맹점이 재화 또는 용역을 공급하고 그 대금을 현금으로 받는 경우 해당 재화 또는 용역을 공급받는 자에게 현금영수증 발급장치에 의해 발급하는 것으로서 거래일시·금액 등 결제내용이 기재된 영수증을 말한다(조특법 126의3 ④).

기출 OX

16. 소매업의 경우에는 공급받는 자가 세금계산서의 교부를 요구하지 아니하는 경우에는 세금계산서를 발급하지 아니할 수 있다. 2009.7급
정답 O

17. 음식점업은 영수증 교부 대상이나 공급받는 사업자가 사업자등록증을 제시하고 세금계산서의 발급을 요구하는 때에는 세금계산서를 발급하여야 한다. 2006.9급
정답 O

---

2 영수증

1 개요 C

'영수증'이란 공급받는 자의 등록번호와 부가가치세액을 따로 기재하지 않는 계산서를 말한다. 다만, 일반과세자로서 영수증발급대상 사업을 하는 자가 신용카드기 또는 직불카드기 등 기계적 장치(금전등록기는 제외)를 사용하여 영수증을 발급할 때에는 영수증에 공급가액과 부가가치세를 별도로 구분하여 적어야 한다(부령 73 ⑧). 주로 사업자를 대상으로 공급하는 것이 아니라 최종 소비자를 대상으로 공급하는 경우에 세금계산서를 발급할 실익이 없기 때문에 영수증 발급을 허용하고 있다.

2 영수증 발급 사업자 B

★ **(1) 영수증 발급**

다음 중 어느 하나에 해당하는 자가 재화 또는 용역을 공급(부가가치세가 면제되는 재화 또는 용역의 공급은 제외)하는 경우에는 **재화 또는 용역의 공급시기에 그 공급을 받는 자에게 세금계산서를 발급하는 대신 영수증을 발급하여야 한다**(부법 36 ①).

★★ **(2) 일정사업자**

주로 사업자가 아닌 자에게 재화 또는 용역을 제공하는 사업자로 다음에 해당하는 자는 영수증을 발급하여야 한다(부령 73 ①). 이 경우 일반과세자와 간이과세자를 불문한다.

사업의 구분	세금계산서 발급
① 소매업 ② 음식점업(다과업점 포함) ③ 숙박업 ④ 변호사업, 공인회계사업, 세무사업 등 간이과세가 배제되는 사업서비스업 및 행정사업(사업자에게 제공하는 것은 세금계산서를 발급해야 함) ⑤ 우정사업조직이 소포우편물을 방문 접수하여 배달하는 용역을 제공하는 사업 ⑥ 공인인증기관이 공인인증서를 발급하는 사업 ⑦ 주로 사업자가 아닌 소비자에게 재화 또는 용역을 공급하는 사업으로서 세금계산서 발급이 불가능하거나 현저히 곤란한 사업(예: 도정업, 떡방앗간, 양복점업, 양화점업, 운수업, 부동산중개업, 주거용 건물공급업 등)	공급을 받는 사업자가 사업자등록증을 제시하고 세금계산서의 발급을 요구하는 때에는 영수증 대신 세금계산서를 발급하여야 한다.
⑧ 여객운송업 전세버스운송사업	
위 외의 여객운송업	상대방이 요구한 경우에도 세금계산서를 발급할 수 없다.
⑨ 미용, 욕탕 및 유사서비스업 ⑩ 입장권을 발행하여 영위하는 사업 ⑪ 부가가치세가 과세되는 진료용역을 공급하는 사업 ⑫ 부가가치세가 과세되는 수의사가 제공하는 동물진료용역 ⑬ 부가가치세가 과세되는 무도학원·자동차운전학원 사업 ⑭ 간편사업자 등록을 한 사업자가 국내에 전자적 용역을 공급하는 사업	

★ **(3) 일정요건을 만족하는 간이과세자**

간이과세자 중 다음 어느 하나에 해당하는 자는 영수증을 발급하여야 한다(부법 36 ① (2)).

> ① 직전 연도의 공급대가의 합계액이 4천 8백만원 미만인 자(신규로 사업을 시작한 개인사업자의 경우 환산한 금액)
> ② 신규로 사업을 시작하는 개인사업자로서 간이과세자로 하는 최초의 과세기간 중에 있는 자

 오쌤 Talk

일정 요건을 만족하는 간이과세자

이전에는 모든 간이과세자가 영수증을 발급하여야 했다. 하지만 간이과세자 기준이 직전 연도의 공급대가의 합계액이 4,800만원에서 1억4백만원으로 상향됨으로 인해 이전과 같이 4,800만원 미만인 자만 영수증을 발급하는 규정이 생긴 것이다.

(4) 일정 조건을 만족하는 전기사업자 등

「전기사업법」에 따른 전기사업자가 산업용이 아닌 전력을 공급하는 경우 등 법으로 정하는 경우 해당 사업자는 영수증을 발급할 수 있다. 이 경우 해당 사업자가 영수증을 발급하지 아니하면 세금계산서를 발급하여야 한다(부법 36 ②).

> **참고**
>
> **전기사업자가 산업용이 아닌 전력을 공급하는 경우 등 법으로 정하는 경우(부령 73 ②)**
> ① 임시사업장 개설 사업자가 그 임시사업장에서 사업자가 아닌 소비자에게 재화·용역을 공급하는 경우
> ② 전기사업자가 산업용이 아닌 전력을 공급하는 경우
> ③ 전기통신사업자가 전기통신역무를 제공하는 경우(부가통신사업자가 통신판매업자에게 부가통신역무를 제공하는 경우는 제외)
> ④ 도시가스사업자가 산업용이 아닌 도시가스를 공급하는 경우
> ⑤ 집단에너지를 공급하는 사업자가 산업용이 아닌 열 또는 산업용이 아닌 전기를 공급하는 경우
> ⑥ 방송사업자·인터넷 멀티미디어 방송제공 사업자가 아닌 자에게 방송용역을 제공하는 경우

3 특례 C

위 **2 영수증 발급 사업자** 규정에도 불구하고 영수증을 발급하는 사업자는 금전등록기를 설치하여 영수증을 대신하여 공급대가를 적은 계산서를 발급할 수 있다. 이 경우 사업자가 계산서를 발급하고 해당 감사테이프를 보관한 경우에는 영수증을 발급하고 장부의 작성을 이행한 것으로 보며, 현금수입을 기준으로 부가가치세를 부과할 수 있다(부법 36 ④).

4 매입자의 매입세액 공제 C

(1) 원칙

일반적인 영수증은 세금계산서의 효력을 가지지 못하므로, 영수증을 발급받는 자는 이를 근거로 한 매입세액 공제를 받지 못한다.

(2) 예외

다음의 요건을 모두 충족한 경우에는 매입세액 공제가 가능하다(Link-p.392).

> ① 세금계산서 발급 금지 업종에 해당하지 않는 사업을 경영하는 사업자로서 영수증 발급대상 간이과세자가 아닌 사업자로부터 재화 또는 용역을 공급받을 것
> ② 부가가치세액이 별도로 구분되는 신용카드매출전표, 현금영수증, 직불카드영수증, 기명식선불카드영수증 등(이하 '신용카드매출전표 등')을 발급받을 것
> ③ 신용카드매출전표 등 수령명세서를 제출할 것
> ④ 신용카드매출전표 등을 그 거래사실이 속하는 과세기간에 대한 확정신고 기한 후 5년간 보관할 것
> ⑤ 간이과세자가 영수증을 발급하여야 하는 기간에 발급한 신용카드매출전표 등이 아닐 것

오쌤 Talk

간이과세자가 영수증을 발급하여야 하는 기간
① 해의 1월 1일부터 12월 31일까지의 공급대가의 합계액이 4천800만원에 미달하는 해의 다음 해인 7월 1일부터 그 다음 해의 6월 30일까지
② 신규로 사업을 개시하는 개인사업자로서 간이과세로 하는 최초의 과세기간의 사업개시일부터 다음 해인 6월 30일까지

③ 세금계산서 및 영수증의 발급의무 면제

1 발급의무 면제 대상 재화·용역 A

다음의 재화나 용역을 공급하는 경우에는 **세금계산서 또는 영수증의 발급의무가 면제**된다(부법 33 ①, 부령 71 ①). 이러한 면제대상 사업자는 세금계산서를 발급하지 않더라도 세금계산서불성실가산세를 부과받지 않는다.

★★ (1) 최종소비자 등을 대상으로 하는 업종

> ① **택시운송 사업자, 노점 또는 행상을 하는 사람**, 그 밖에 기획재정부령으로 정하는 사업자*¹가 공급하는 재화 또는 용역
> ② **소매업 또는 미용, 욕탕 및 유사 서비스업을 경영하는 자**가 공급하는 재화 또는 용역 (소매업의 경우에는 공급받는 자가 세금계산서 발급을 요구하지 아니하는 경우로 한정)
> ③ 「전자서명법」에 따른 전자서명인증사업자가 인증서를 발급하는 용역(공급받는 자가 사업자로서 세금계산서 발급을 요구하는 경우는 제외)
> ④ 간편사업자등록을 한 국외사업자가 국내에 공급하는 전자적 용역

*¹ 기획재정부령으로 정하는 사업자

> ⓐ 무인자동판매기를 이용하여 재화나 용역을 공급하는 자
> ⓑ 전력이나 도시가스를 실제로 소비하는 자(사업자가 아닌 자로 한정)를 위하여 전기사업자 또는 도시가스사업자로부터 전력이나 도시가스를 공급받는 명의자
> ⓒ 도로 및 관련시설 운영용역을 공급하는 자(공급받는 자로부터 세금계산서 발급을 요구받은 경우는 제외)

★★ (2) 간주공급

재화의 공급의제에 해당하는 재화는 세금계산서 및 영수증 발급의무가 면제된다.
다만, 판매목적으로 다른 사업장에 반출하는 경우에는 세금계산서를 발급하여야 한다.

★★ (3) 간주임대료

부동산임대보증금에 대한 간주임대료는 세금계산서 및 영수증 발급의무가 면제된다.

기출 OX

18. 택시운송 사업자, 노점 또는 행상을 하는 자가 공급하는 재화나 용역의 경우 세금계산서 발급의무가 면제된다.
2013. 9급
정답 O

기출 OX

19. 간주공급의 경우 판매목적 타사업장 반출을 제외하고는 자가공급·개인적공급·사업상증여·폐업 시 잔존재화의 경우에는 세금계산서 발급의무가 면제된다.
2007. 9급
정답 O

20. 사업자가 자기의 사업과 관련하여 취득한 재화를 자기의 사업을 위하여 직접 사용하는 경우 세금계산서를 발급하여야 한다.
2012. 7급
정답 X

21. 사업자가 부동산임대용역을 공급하고 전세금 또는 임대보증금을 받는 경우 법령에 의하여 계산한 금액(간주임대료)에 대해서도 세금계산서를 발급하여야 한다.
2007. 7급
정답 X

★★ (4) 영세율 적용 대상이 되는 일정한 재화·용역

영세율이 적용되는 재화·용역에 대하여는 원칙적으로 세금계산서 발급의무가 없으나 다음의 경우에는 세금계산서를 발급하여야 한다.

> ① 내국신용장(구매확인서)에 의한 공급
> ② 한국국제협력단·한국국제보건의료재단 및 대한적십자사에 대한 공급
> ③ 수출재화임가공용역
> ④ 외국항행선박(국내사업자) 등에 제공하는 재화·용역
> ⑤ 원료를 대가 없이 국외의 수탁가공 사업자에게 반출하여 가공한 재화를 양도하는 경우 그 원료의 반출

★★ (5) 비거주자 또는 외국법인에 공급하는 재화 또는 용역

국내사업장이 없는 비거주자 또는 외국법인에 공급하는 재화 또는 용역에 대하여는 세금계산서 발급의무가 없다. 다만, 다음의 어느 하나에 해당하는 경우에는 세금계산서를 발급하여야 한다.

> ① 국내사업장이 없는 비거주자 또는 외국법인이 해당 외국의 개인사업자 또는 법인사업자임을 증명하는 서류를 제시하고 세금계산서 발급을 요구하는 경우
> ② 「법인세법」에 따른 외국법인연락사무소에 재화 또는 용역을 공급하는 경우

★ (6) 이중공제 금지

사업자가 신용카드매출전표·직불카드영수증·기명식선불카드·현금영수증 등을 발급한 경우에는 세금계산서를 발급할 수 없다(부법 33 ②).

기출 OX

22. 영세율이 적용되는 재화의 공급이 법령에서 정하는 내국신용장에 의한 수출인 경우 세금계산서 발급의무가 면제된다.
2013. 9급
정답 X

확인문제

04. 「부가가치세법령」상 공급할 때 세금계산서 발급의무가 면제되는 재화 또는 용역에 해당하지 않는 것은? 2020. 9급
① 미용, 욕탕 및 유사서비스업을 경영하는 자가 공급하는 재화 또는 용역
② 원료를 대가 없이 국외의 수탁가공 사업자에게 반출하여 가공한 재화를 양도하는 경우에 그 원료의 반출로서 국내사업장에서 계약과 대가 수령 등 거래가 이루어지는 것
③ 물품 등을 무환(無換)으로 수출하여 해당 물품이 판매된 범위에서 대금을 결제하는 계약에 의한 수출로서 국내 사업장에서 계약과 대가 수령 등 거래가 이루어지는 것
④ 국외에서 공급하는 용역으로서, 공급받는 자가 국내사업장이 없는 비거주자 또는 외국법인인 경우

정답 ②

④ 세금계산서합계표

1 개요 B

(1) 세금계산서합계표의 의미

사업자가 거래로 인하여 세금계산서를 수수한 경우에는 수수한 세금계산서의 총합을 계산하고 이를 표로서 작성하여 관할 세무서장에게 제출하여야 하는데 이때 해당 표를 세금계산서합계표라고 한다.

★(2) 합계표의 기능

공급자는 매출처별 세금계산서합계표를, 공급받는 자는 매입처별 세금계산서합계표를 제출하여야 하는데, 이는 과세관청이 부가가치세를 과세하는 데 있어 과세근거로 사용된다. 매출처별 세금계산서합계표와 매입처별 세금계산서합계표를 상호로 비교하여 그 거래의 적정성을 확인하고, 이는 근거과세제도의 중요한 수단으로 활용된다.

2 제출 B

★(1) 사업자의 세금계산서합계표 제출의무

① 원칙

사업자는 세금계산서 또는 수입세금계산서를 발급하였거나 발급받은 경우에는 매출처별 세금계산서합계표와 매입처별 세금계산서합계표(이하 '매출·매입처별 세금계산서합계표')를 해당 예정신고 또는 확정신고를 할 때 제출해야 한다.

다만, 예정신고를 하는 사업자가 각 예정신고와 함께 매출·매입처별 세금계산서합계표를 제출하지 못하는 경우에는 해당 예정신고기간이 속하는 과세기간의 확정신고와 함께 제출할 수 있다(부법 54 ③).

② 예외

전자세금계산서를 발급하거나 발급받고 전자세금계산서 발급명세를 해당 재화 또는 용역의 공급시기가 속하는 과세기간(예정신고의 경우에는 예정신고기간) 마지막 날의 다음 달 11일까지 국세청장에게 전송한 경우에는 해당 예정신고 또는 확정신고를 할 때 매출·매입처별 세금계산서합계표를 제출하지 않을 수 있다(부법 54 ①, ②).

(2) 세관장의 매출처별 세금계산서합계표 제출의무

수입세금계산서를 발급한 세관장은 매출처별 세금계산서합계표를 해당 세관 소재지를 관할하는 세무서장에게 제출해야 한다(부법 54 ④).

★★(3) 국가 또는 면세사업자의 매입처별 세금계산서합계표 제출의무

세금계산서를 발급받은 '국가·지방자치단체·지방자치단체조합, 부가가치세가 면제되는 사업자 중 소득세 또는 법인세의 납세의무가 있는 자 등'은 매입처별 세금계산서합계표를 해당 과세기간이 끝난 후 25일 이내에 납세지 관할 세무서장에게 제출해야 한다(부법 54 ⑤, 부령 99).

확인문제

05. 「부가가치세법」상 세금계산서를 교부하지 않는 경우에 세금계산서불성실가산세를 적용받게되는 경우로 옳은 것은? 2016. 7급

① 국내에서 국내사업장이 없는 외국법인에게 재화를 공급하고 그 대금을 외화로 직접 송금받아 외국환은행에 매각한 경우(재화는 외국법인이 지정하는 국내사업자에게 인도되고 이는 과세사업자의 과세사업에 사용)
② 수출업자와 직접 도급계약에 의하여 수출하는 재화의 임가공용역을 공급하는 경우
③ 부동산임대업자가 수령한 임대보증금에 대한 간주임대료를 계산하는 경우
④ 면세사업자가 면세재화를 과세사업자에게 공급하는 경우

정답 ②

기출 OX

23. 세금계산서를 발급받은 국가 또는 지방자치단체는 매입처별세금계산서합계표를 해당 과세기간이 끝난 후 25일 이내에 납세지 관할 세무서장에게 제출하여야 한다. 2022. 7급

정답 O

CHAPTER 06

과세표준

1. 부가가치세 계산구조와 매출세액 계산구조
2. 일반적인 경우
3. 간주공급
4. 부동산의 임대 및 공급
5. 대손세액공제

• 최신 8개년 출제 경향 분석

01 부가가치세 계산구조와 매출세액 계산구조

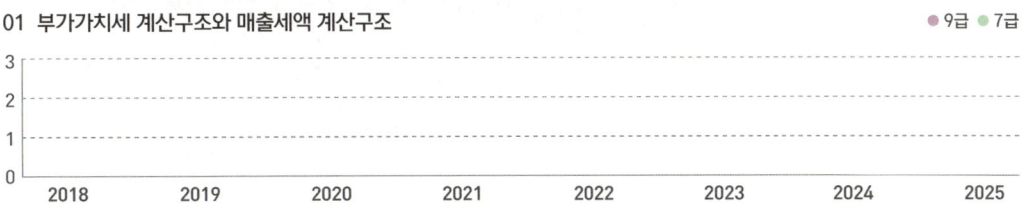

02 일반적인 경우

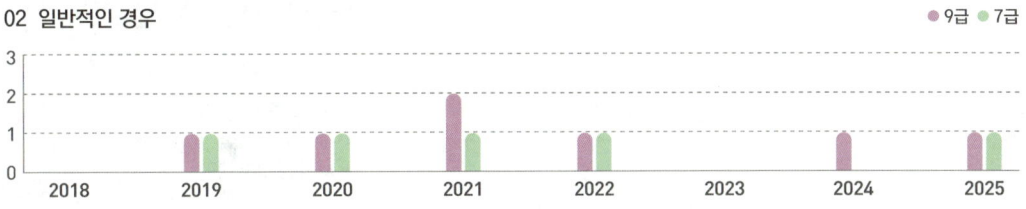

03 간주공급

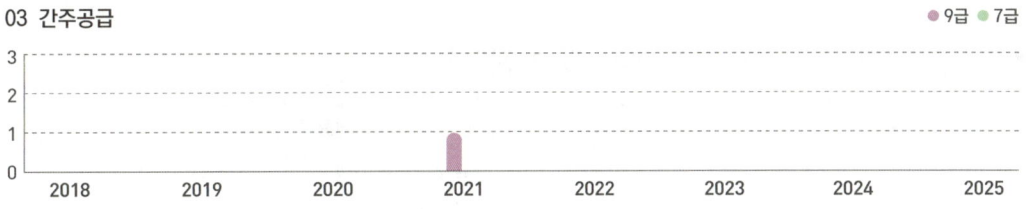

04 부동산의 임대 및 공급

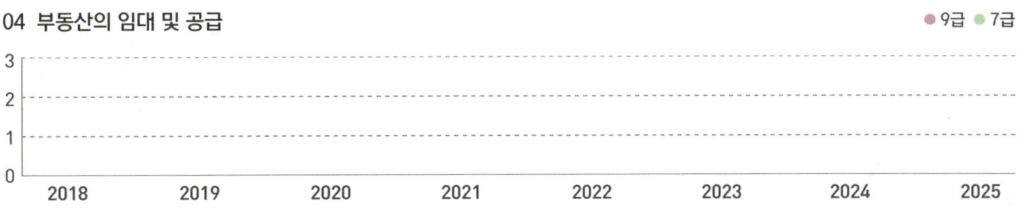

05 대손세액공제

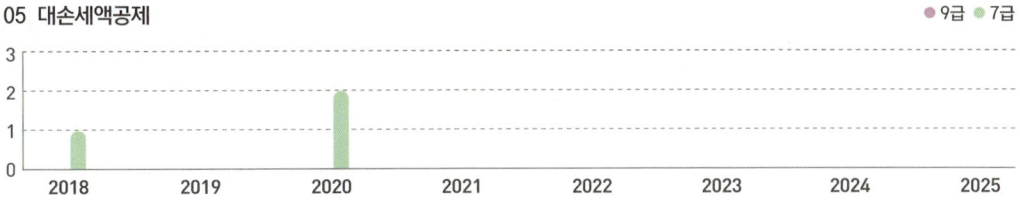

1 부가가치세 계산구조와 매출세액 계산구조

1 과세사업자의 부가가치세 계산구조

간이과세가 적용되지 않는 과세사업자의 부가가치세 계산구조는 다음과 같다.

```
         매 출 세 액
    ( - ) 매 입 세 액
         납 부 세 액
    ( - ) 경감·공제세액
    ( - ) 예정신고미환급세액
    ( - ) 수시부과세액 NEW
    ( - ) 예정고지세액
    ( + ) 가 산 세
         차가감납부세액
```

차가감납부세액의 74.7%는 국세로서 부가가치세로 하고, 25.3%는 지방소비세로 한다(부법 72 ①).

2 매출세액 계산구조

구분		과세표준	세율	세액
과세	세금계산서발급분	XXX	10%	XXX
	매입자발행세금계산서	XXX		XXX
	기타	XXX		XXX
영세율	세금계산서발급분	XXX	0%	0
	기타	XXX		0
예정신고누락분		XXX		XXX
대손세액가감				XXX
합 계				XXX

오쌤 Talk

매출세액 계산구조에서 유의할 점

① 영세율적용대상 과세사업자는 매출세액이 없다고 하더라도 과세표준을 신고하여야 한다.
② 대손세액은 대손이 확정된 날이 속하는 과세기간의 매출세액에서 차감한다.
③ 대손세액은 대손을 회수한 경우, 대손세액을 회수한 날이 속하는 과세기간의 매출세액에 가산한다.

② 일반적인 경우

1 재화·용역의 공급에 대한 과세표준 A

(1) 유상공급

재화 또는 용역의 공급에 대한 부가가치세의 과세표준은 해당 과세기간에 공급한 재화 또는 용역의 공급가액을 합한 금액으로 한다(부법 29 ①).

① 공급가액의 의미

공급가액은 다음의 가액을 말하며, **사업자는 이러한 공급가액에 10%의 세율을 곱하여 매출세액을 공급받는 자로부터 거래징수하여야 한다**(부법 29 ③ (1), (2)).

구 분	공급가액
⊙ 금전으로 대가를 받는 경우	그 대가
ⓒ 금전 외의 대가를 받는 경우	자기가 공급한 재화·용역의 시가

참고

대가의 유형에 따른 공급가액

(1) 금전으로 수령

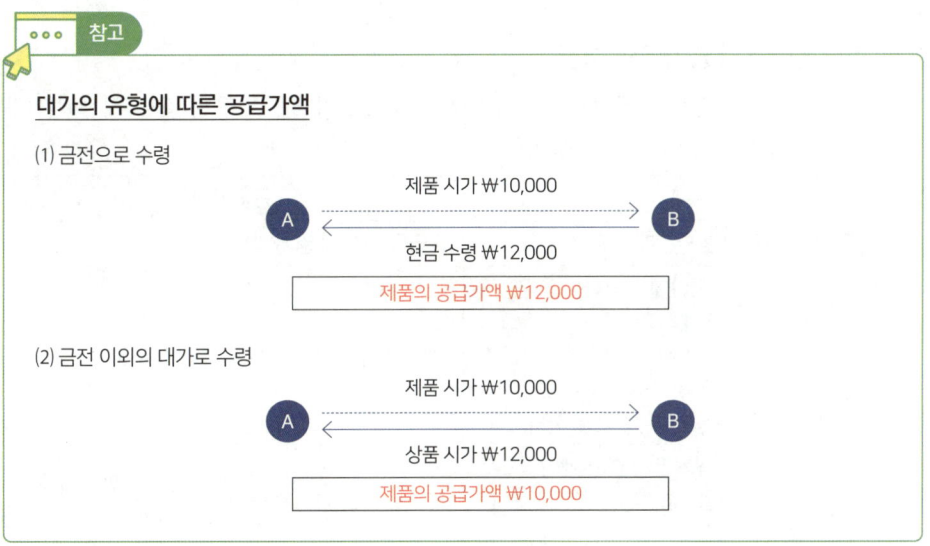

제품 시가 ₩10,000
A ← → B
현금 수령 ₩12,000

제품의 공급가액 ₩12,000

(2) 금전 이외의 대가로 수령

제품 시가 ₩10,000
A ← → B
상품 시가 ₩12,000

제품의 공급가액 ₩10,000

② 「부가가치세법」상 시가의 적용(부령 62)

적용순위	시가 산정기준
1순위 : 공급한 재화·용역의 시가	사업자가 특수관계인이 아닌 자와 해당 거래와 유사한 상황에서 계속적으로 거래한 가격 또는 제3자 간에 일반적으로 거래된 가격
2순위 : 대가로 받은 재화·용역의 시가	1순위의 시가를 산정할 수 없는 경우, 사업자가 그 대가로 받은 재화 또는 용역의 가격(공급받은 사업자가 특수관계인이 아닌 자와 해당 거래와 유사한 상황에서 계속적으로 거래한 해당 재화 및 용역의 가격 또는 제3자 간에 일반적으로 거래된 가격을 말함)
3순위 : 법인세·소득세의 시가	1순위와 2순위의 시가를 모두 산정할 수 없는 경우, 「소득세법」 또는 「법인세법」의 부당행위계산의 부인계산 시 시가가 불분명할 때에 적용하는 가격

기출 OX

01. 재화 또는 용역의 공급에 대한 부가가치세의 과세표준은 해당 과세기간에 공급한 재화 또는 용역의 공급가액을 합한 금액으로 한다. 2025. 9급 최신

정답 O

오쌤 Talk

「부가가치세법」과 「소득세법」에서의 '금전 이외의 대가'에 대한 처리

① 「부가가치세법」: '공급한 것'의 시가 → 공급받은 것의 시가 → 부당행위계산 부인 적용 시 시가
② 「소득세법」: 사업소득에서 금전 이외의 대가를 받은 경우 '공급받은 것의 시가'를 총수입금액으로 산정

기출 OX

02. 자기가 공급한 재화에 대해 금전 외의 대가를 받는 경우에는 부가가치세를 포함한 그 대가를 공급가액으로 한다. 2016. 9급

정답 X

03. 용역의 공급에 대하여 금전 이외의 대가를 받는 경우에는 자기가 공급한 용역의 시가를 부가가치세법상 과세표준으로 한다. 2012. 9급

정답 O

04. 사업자가 취득 후 40개월 사용한 차량 A(취득원가 20,000,000원, 장부가액 14,000,000원, 시가 10,000,000원)를 유사 차량 B(시가 12,000,000원)와 교환한 경우에는 부가가치세 과세표준에 포함되는 차량 A의 공급가액은 10,000,000원이다. 2019. 7급

정답 O

오쌤 Talk
부가가치세가 포함되어 징수하는 경우
상품권 판매금액과 무인판매기에 의한 판매금액은 부가가치세가 포함된 금액이라고 보는 것이 적절하다. 예를 들어, 무인판매기에 의해 판매된 금액이 ₩99,000이라면 이는 공급대가이기 때문에 일반과세자의 과세표준은 ₩90,000으로 보아야 함에 유의한다.

③ **공급가액과 공급대가의 구분**

공급가액은 간이과세에서 다룰 '공급대가'와는 구분되는 개념으로 **공급대가가 부가가치세를 포함하는 것이고, 공급가액은 부가가치세를 포함하지 않은 금액이다**(부법 29 ③). 따라서 공급가액 × 110%가 공급대가를 구성한다. 이를 요약하면 다음의 표와 같다.

구 분	부가가치세 포함 여부	비 고
① 공급가액	부가가치세가 포함되지 않은 금액	일반과세자의 과세표준
② 공급대가	부가가치세가 포함된 금액	간이과세자의 과세표준

④ **부가가치세 포함여부가 불분명한 경우**

사업자가 재화 또는 용역을 공급하고 그 대가로 받은 금액이 다음에 해당하는 경우에는 그 대가로 **받은 금액에 '100/110'을 곱한 금액을 공급가액으로 한다**(부법 29 ⑦, 부기통 29-61-1).

> ㉠ 부가가치세가 포함되어 있는지가 불분명한 경우
> ㉡ 공급가액과 부가가치세가 별도 표시되어 있지 아니한 경우

오쌤 Talk
「법인세법」과 「부가가치세법」상 현재가치할인차금의 처리
「법인세법」상 현재가치할인차금은 인정되지만, 「부가가치세법」상 현재가치할인차금은 인정되지 않는다. 따라서 회계처리와 관계없이 장기할부조건부로 거래한다고 하더라도 명목가치로 평가하여 과세표준을 계산한다.

★★ **(2) 공급형태별 공급가액의 계산**

각 공급의 형태별로 공급시기 규정과 연계하여 공급가액은 다음과 같이 계산된다(부법 29 ③ (6), 부령 61 ② (1), (2), (6)).

구 분	공급가액
① 외상판매 및 할부판매의 경우	공급한 재화의 총가액
② 다음 중 어느 하나에 해당하는 경우 　㉠ 장기할부판매의 경우 　㉡ 완성도기준지급조건부·중간지급조건부로 재화·용역을 공급하는 경우 　③ 계속적으로 재화·용역을 공급하는 경우	계약에 따라 받기로 한 대가의 각 부분
④ 둘 이상의 과세기간에 걸쳐 계속적으로 일정한 용역을 제공하고 그 대가를 선불로 받는 경우	선불로 받은 금액 × $\dfrac{\text{각 과세대상기간의 개월 수}}{\text{계약기간의 개월 수*}}$

* 해당 계약기간의 개시일이 속하는 달이 1개월 미만이면 1개월로 하고, 해당 계약기간의 종료일이 속하는 달이 1개월 미만이면 산입하지 아니한다.

기출 OX

05. 당해 과세기간 중에 매월 3,000,000원씩 24개월 동안 지급받는 조건의 장기할부매출에서 할부매출 후 4개월이 경과되었으나 대금은 8,000,000만 수령한 경우 공급가액은 12,000,000원이다. 단, 과세거래를 전제로 한다.
2011. 7급
정답 O

06. 장기할부판매의 경우에는 계약에 따라 받기로 한 대가의 각 부분을 공급가액으로 한다.
2013. 9급
정답 O

07. 완성도기준지급조건부로 재화를 공급하는 경우에는 계약에 따라 받기로 한 대가의 각 부분을 공급가액으로 한다.
2016. 9급
정답 O

⭐⭐ (3) 공급가액에 포함되는 항목과 포함되지 않는 항목

공급가액은 대금, 요금, 수수료, 그 밖에 어떤 명목이든 상관없이 재화 또는 용역을 공급받는 자로부터 받는 금전적 가치 있는 모든 것을 포함하되, 부가가치세는 포함하지 아니한다(부법 29 ③). 아래의 항목들은 대표적으로 공급가액에 포함되거나 포함되지 않는 항목들이다(부법 29 ③, ⑤, 부령 61 ②, ③ 부기통 29-61-2).

공급가액에 포함되는 것	공급가액에 포함되지 않는 것
㉠ 장기할부판매 또는 할부판매의 이자상당액	㉠ 매출에누리[*1], 매출환입[*2], 매출할인[*3]된 금액
㉡ 대가의 일부로 받는 운송비, 포장비, 하역비, 운송보험료, 산재보험료 등	㉡ 공급받는 자에게 도달하기 전에 파손·훼손되거나 멸실한 재화의 가액
㉢ 개별소비세, 주세 또는 교통·에너지·환경세가 과세되는 경우 개별소비세, 주세, 교육세·농어촌특별세 및 교통·에너지·환경세 상당액	㉢ 재화·용역의 공급과 직접 관련되지 않는 국고보조금과 공공보조금[*4]
	㉣ 공급에 대한 대가의 지급이 지체되었음을 이유로 받는 연체이자
	㉤ 반환조건부 용기대금과 포장비용. 다만, 반환조건으로 공급한 용기 및 포장을 회수할 수 없어 변제받는 경우 공급가액에 포함한다.
	㉥ 사업자가 음식·숙박 용역이나 개인서비스 용역을 공급하고 그 대가와 함께 받는 종업원의 봉사료를 세금계산서 등에 그 대가와 구분하여 적고 종업원에게 지급한 사실이 확인된 경우의 그 봉사료[*5]
	㉦ 거래 상대방으로부터 인도받은 원자재 등을 사용하여 제조·가공한 재화를 공급하거나 용역을 제공하는 경우 해당 원자재 등의 가액[*6]

오쌤 Talk

장기 할부판매 또는 할부판매의 이자상당액

「부가가치세법」에서 이자는 금융보험용역과 관계된 것으로 보아 과세표준으로 보지 않지만, 장기할부판매나 할부판매로 인해 받는 이자상당액은 화폐의 시간가치를 반영한 대가성 이자에 해당한다. 따라서 이 경우에는 이자임에도 불구하고 과세표준에 포함한다.
즉, 현금 등가액 ₩100인 제품을 장기할부조건으로 ₩120에 판매한 경우 과세표준은 ₩120(명목가액)이다.

기출 OX

08. 과세표준이 되는 재화 또는 용역의 공급가액은 대금, 요금, 수수료, 그 밖에 어떤 명목이든 상관없이 재화 또는 용역을 공급받는 자로부터 받는 금전적 가치 있는 모든 것을 포함하되, 부가가치세는 포함하지 아니한다. 2025. 9급 회계
정답 O

09. 할부판매의 이자상당액은 과세표준에 포함하지 않는다. 2010. 7급
정답 X

10. 환입된 재화의 가액은 과세표준에 포함하지 않는다. 2010. 7급
정답 O

11. 공급받는 자에게 도달하기 전에 파손·훼손 또는 멸실된 재화의 가액도 공급한 과세표준에 포함한다. 2007. 9급
정답 X

12. 공급에 대한 대가의 지급이 지체되었음을 이유로 받는 연체이자는 공급가액에 포함한다. 2020. 7급
정답 X

13. 공급받는 자로부터 인도받은 공급받은 자가 부담하는 원자재는 과세표준에 포함되지 않는다. 2007. 9급
정답 O

14. 통상적으로 용기 또는 포장을 해당 사업자에게 반환할 것을 조건으로 그 용기대금과 포장비용을 공제한 금액으로 공급하는 경우에는 그 용기대금과 포장비용은 공급가액에 포함하지 아니한다. 2020. 7급
정답 O

[*1] 재화나 용역을 공급할 때 그 품질이나 수량, 인도조건 또는 공급대가의 결제방법이나 그 밖의 공급조건에 따라 통상의 대가에서 일정액을 직접 깎아 주는 금액을 말한다.
[*2] 환입일이 속하는 과세기간의 과세표준에서 차감한다.
[*3] 매출할인은 감액사유가 발생한 날이 속하는 과세기간의 과세표준에서 차감한다. 여기서 '매출할인'이란 공급에 대한 대가를 약정기일 전에 받았다는 이유로 사업자가 당초의 공급가액에서 할인해 준 금액을 말한다.
[*4] 재화 및 용역의 공급과 직접적으로 관련되는 국고보조금 및 공공보조금: 직접적으로 관련되는 경우에는 과세표준에 포함시켜서 계산한다.
[*5] 사업자가 그 봉사료를 자기의 수입금액에 계상하는 경우에는 과세표준에 포함한다.
[*6] 재화 또는 용역을 공급하고 그 대가로 원자재 등을 받는 경우에는 과세표준에 포함한다.

오쌤 Talk

대손금
대손 발생한 경우 과세표준 영향: 해당 대손금액은 절대 과세표준에서 차감하지 않는다. 대손세액공제를 통해 매출세액에서 차감할 뿐, 과세표준에는 아무런 영향이 없다. Link-P.384

기출 OX

15. 부가가치세법상 대손금액은 과세표준에서 공제한다. 2020.7급
정답 X

16. 사업자가 재화를 공급받는 자에게 지급하는 장려금은 과세표준에서 공제한다. 2020.7급
정답 X

확인문제 최신

01. 부가가치세법령상 일반과세자의 과세표준에 대한 설명으로 옳은 것은? (단, 특수관계인에 대한 재화 또는 용역의 공급은 고려하지 않는다) 2024.7급

① 자기가 공급한 재화에 대해 금전 외의 대가를 받는 경우에는 부가가치세를 포함한 그 대가를 공급가액으로 한다.
② 사업자가 재화 또는 용역을 공급받는 자에게 지급하는 장려금이나 이와 유사한 금액 및 대손금액은 과세표준에서 공제한다.
③ 재화 또는 용역의 공급과 직접 관련되지 아니하는 국고보조금과 공공보조금은 공급가액에 포함한다.
④ 완성도기준지급조건부 또는 중간지급조건부로 재화나 용역을 공급하는 경우에는 계약에 따라 받기로 한 대가의 각 부분을 공급가액으로 한다.

정답 ④

기출 OX

17. 조세의 부담을 부당하게 감소시킬 것으로 인정되는 경우로서 특수관계인에게 아무런 대가를 받지 아니하고 재화를 공급하는 경우에는 공급한 재화의 시가를 공급가액으로 본다. 2016.9급
정답 O

18. 종업원에게 장부가액 1,200,000원, 시가 1,600,000원의 상품을 무상 제공한 경우 공급가액은 1,600,000원이다. 단, 과세거래를 전제로 한다. 2011.7급
정답 O

(4) 과세표준에서 공제하지 않는 금액

사업자가 재화 또는 용역을 공급받는 자에게 지급하는 다음의 **장려금이나 이와 유사한 금액 및 대손금액은 과세표준에서 공제하지 않는다**(부법 29 ⑥, 부기통 10-0-5, 29-61-7). '과세표준에서 공제하지 않는다'는 의미는 이미 과세표준에 포함되어 있는데, 이를 다음과 같은 명목으로 차감하지 않는다는 의미이다.

① 대손금
② 판매장려금
③ 하자보증금

이때, **판매장려금**의 경우에는 판매장려금을 현금으로 지급하는 경우에는 과세표준에서 공제하지 않지만, 판매장려금을 기업의 자사제품 등 현물로 지급하는 경우에는 간주공급 중 사업상 증여 규정에 해당하기 때문에 과세표준에 포함하여 계산함에 주의한다.

구 분		내 용
공급자가 판매장려금을 지급	현금지급	과세표준에서 공제하지 않음
	현물지급	사업상 증여로 보아 추가 과세표준에 포함 (과거 매입세액 공제를 받았으므로 간주공급으로 보고 공급가액에 가산)
매입자가 판매장려금을 지급받은 경우		과세표준에 포함하지 않음

(5) 부당행위계산의 부인

특수관계인에 대한 재화 또는 용역(수탁자가 위탁자의 특수관계인에게 공급하는 신탁재산과 관련된 재화 또는 용역을 포함)의 공급이 다음 중 어느 하나에 해당하는 경우로서 조세의 부담을 부당하게 감소시킬 것으로 인정되는 경우에는 **공급한 재화 또는 용역의 시가**를 공급가액으로 본다(부법 29 ④).

구 분		공급가액
재화의 공급	① 부당하게 낮은 대가를 받은 경우	공급한 재화의 시가
	② 대가를 받지 않은 경우	
용역의 공급	① 부당하게 낮은 대가를 받은 경우	공급한 용역의 시가
	② 대가를 받지 않은 경우로서 과세되는 사업용 부동산임대용역을 공급한 경우	

이에 따라 특수관계인 여부에 따라 무상공급과 저가공급은 다음과 같이 정리할 수 있다.

구분	거래상대방	재화의 공급	용역의 공급
무상으로 공급하는 경우	특수관계인	시가	① 특정 부동산 임대용역: 시가 ② 그 외의 경우: 공급이 아님
	특수관계인 외의 자	시가 (간주공급)	공급이 아님
부당하게 시가보다 낮은 대가를 받은 경우	특수관계인	시가	
	특수관계인 외의 자	해당 거래가액	

> **기출 OX**
> **19.** 사업자가 대가를 받지 아니하고 타인(특수관계인이 아님)에게 용역을 공급하는 것은 용역의 공급으로 보며, 이 경우에는 공급한 용역의 시가를 공급가액으로 본다. 2025. 9급 최신
> 정답 X

★ **(6) 마일리지 등의 적립 및 결제**

① **마일리지 등을 적립하는 경우**

사업자가 재화나 용역을 공급하면서 마일리지를 적립하는 경우, 수입금액에서 차감하는 기업회계기준과 달리 해당 마일리지를 과세표준에서 공제하지 않는다.

② **마일리지 등으로 결제 받는 경우(일반)**

적립한 마일리지 등으로 대금의 전부 또는 일부를 결제받은 경우 공급가액은 다음과 같이 계산한다(부령 61 ② (9)).

> 공급가액 = ㉠ + ㉡
> ㉠ 마일리지 등 외의 수단으로 결제받은 금액
> ㉡ 자기적립 마일리지 등 외의 마일리지 등으로 결제받은 부분에 대하여 재화 또는 용역을 공급받는 자 외의 자로부터 보전받았거나 보전받을 금액

③ **마일리지 등으로 결제 받는 경우(시가)**

자기적립 마일리지 등 외의 마일리지 등으로 대금의 전부 또는 일부를 결제받은 경우로서 다음 중 어느 하나에 해당하는 경우에는 공급한 재화 또는 용역의 시가를 공급가액으로 한다(부령 61 ① ⑩).

> ㉠ 재화 또는 용역을 공급받는 자 외의 자로부터 보전받아야 할 금액을 보전받지 아니하고 자기생산·취득재화를 공급한 경우
> ㉡ 재화 또는 용역을 공급받는 자 외의 자로부터 보전받아야 할 금액과 관련하여 특수관계인으로부터 부당하게 낮은 금액을 보전받거나 아무런 금액을 받지 아니하여 조세의 부담을 부당하게 감소시킬 것으로 인정되는 경우

📋 **확인문제**

02. 다음은 일반과세자인 ㈜한국의 2020년 제1기 과세기간의 자료이다. 2020년 제1기 과세기간의 부가가치세 과세표준을 계산하면? (단, 제시된 금액은 부가가치세가 포함되지 않은 금액이다.) 2019. 9급

- 총매출액: 5천만원(이 금액에는 환입된 재화의 가액 5백만원이 포함되어 있음)
- 과세사업에 사용하던 기계장치의 매각금액: 2천만원(장부가액 1천 5백만원)
- 양도담보의 목적으로 제공한 토지: 3백만원

① 5천5백만원
② 6천5백만원
③ 6천8백만원
④ 7천만원

정답 ②

📋 **확인문제**

03. ㈜서울은 한국에서 제조한 A제품을 미국에 USD 1,000에 수출하면서 A제품을 선적하기 전에 수출대금을 먼저 수령하여 원화로 환가(換價)하였다. 부가가치세법령상 2023년 제1기 부가가치세 신고 시 과세표준에 포함할 금액은? 2024. 9급

구분	기준환율
A제품 제조일 (2023.1.10.)	USD 1 = 1,100원
수출대금 수령 및 원화 환가일 (2023.1.12.)	USD 1 = 1,150원
A제품 선적일 (2023.1.16.)	USD 1 = 1,200원
A제품 미국 도착일(2023.1.18.)	USD 1 = 1,250원

① 1,100,000원
② 1,150,000원
③ 1,200,000원
④ 1,250,000원

정답 ②

✏️ **기출 OX**

20. 재화공급의 대가로 외국통화를 받고 이를 법률에 따른 재화의 공급시기가 되기 전에 원화로 환가한 경우에는 재화의 공급시기에 따른 환율을 적용한 금액을 공급가액으로 한다. 2015. 7급

정답 X

💬 **참고**

자기적립 마일리지의 이해

구분	내용
자기적립 마일리지로 결제한 금액	공급가액에 포함하지 않음
신용카드사 등으로부터 제공받은 마일리지로 결제한 금액	① 카드사 등으로부터 보전받은 금액을 공급가액에 포함 ② 신용카드사 등으로부터 보전받지 않고 자기생산·취득재화를 공급하거나 부당행위계산부인(특수 저가 포함)에 해당하는 경우는 시가

💬 **참고**

마일리지 관련 공급가액 계산

(1) 자기적립 마일리지 등 외의 마일리지 등으로 일부 결제 받은 경우

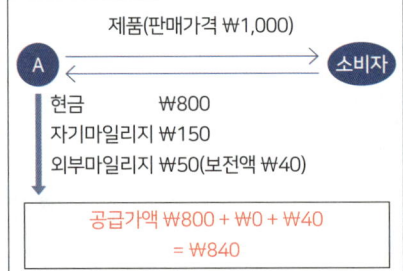

(2) 자기적립 마일리지 등 외의 마일리지를 보전받지 않은 경우

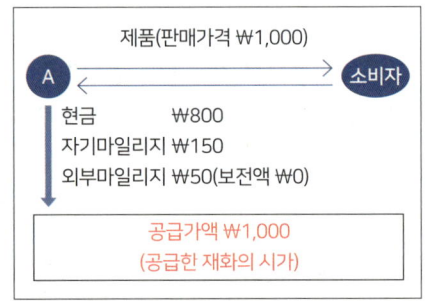

(7) 외화의 환산

대가를 외국통화나 그 밖의 외국환으로 받는 경우에는 다음을 공급가액으로 한다(부법 29 ③ (1), 부령 59).

구 분	공급가액
① 공급시기가 되기 전에 원화로 환가한 경우	환가한 금액
② 공급시기 이후에 외국통화나 그 밖의 외국환 상태로 보유하거나 지급받은 경우	공급시기의 「외국환거래법」에 따른 기준환율 또는 재정환율에 따라 계산한 금액

(8) 기타

그 밖의 경우 과세표준은 다음에 따라 계산한다(부령 61 ② (3), (8)).

① 기부채납

해당 기부채납의 근거가 되는 **법률에 따라 기부채납된 가액으로 한다.** 다만, 기부채납된 가액에 부가가치세가 포함된 경우 그 부가가치세는 제외한다.

② 위탁가공무역방식의 수출
완성된 제품의 인도가액으로 한다.

예제 1 유상공급

다음의 자료를 기초로 ㈜한국의 과세표준을 계산하시오. 단, 해당 거래는 모두 과세기간 중에 발생한 것이라고 가정한다.

1. ㈜한국이 재화를 판매하면서 ₩2,000,000을 수령하였다. 단, 과세기간 중 매출할인 ₩300,000을 제공하였다.
2. ㈜한국이 재화를 판매하면서 ₩5,000,000에 해당하는 물품을 그 대가로 수령하였다. ㈜한국이 공급한 재화의 시가는 ₩3,000,000이다.
3. ㈜한국이 재화를 판매하면서 ₩2,750,000을 수령하였다. 단, 해당 대가에 부가가치세가 포함되었는지에 대한 여부가 불분명하다.
4. 정부로부터 재화의 공급과 관련 없는 국고보조금 ₩3,000,000을 지급받았다.

풀이

과세표준 = (₩2,000,000 - ₩300,000) + ₩3,000,000 + $\left(₩2,750,000 \times \dfrac{100}{110}\right)$ + ₩0
= ₩7,200,000

1. 매출할인은 과세표준에 포함되지 않는다.
2. 금전으로 대가를 수령하지 않는 경우, 자신이 공급한 재화의 시가를 과세표준으로 한다.
3. 부가가치세가 포함되었는지에 대한 여부가 불분명하면, 포함된 것으로 보아 해당 대가에 $\dfrac{100}{110}$을 곱하여 계산한다.
4. 재화나 용역의 공급과 관련 없는 국고보조금은 과세표준에 포함되는 항목으로 보지 않는다.

기출 OX

21. 기부채납의 경우에는 당해 기부채납의 근거가 되는 법률에 의해 기부채납된 가액(부가가치세가 포함된 경우 이를 제외)을 과세표준으로 한다. 2008. 7급

정답 O

22. 「대외무역법」에 의한 위탁가공무역방식으로 수출하는 경우에는 완성된 제품의 인도가액을 공급가액으로 한다. 2011. 9급

정답 O

확인문제

04. 「부가가치세법령」상 공급가액에 대한 설명으로 옳은 것만을 모두 고르면? (단, 특수관계인과의 거래는 아닌 것으로 가정함) 2021. 9급

> ㄱ. 개별소비세, 주세 및 교통·에너지·환경세가 부과되는 재화는 개별소비세, 주세 및 교통·에너지·환경세의 과세표준에 해당 개별소비세, 주세, 교육세, 농어촌특별세 및 교통·에너지·환경세 상당액을 공제한 금액을 공급가액으로 한다.
>
> ㄴ. 기부채납의 경우에는 해당 기부채납의 근거가 되는 법률에 따라 기부채납된 가액으로 하되, 기부채납된 가액에 부가가치세가 포함된 경우 그 부가가치세는 제외한다.
>
> ㄷ. 재화나 용역을 공급할 때 그 품질이나 수량, 인도조건 또는 공급대가의 결제방법이나 그 밖의 공급조건에 따라 통상의 대가에서 일정액을 직접 깎아 주는 금액은 공급가액에 포함하지 아니한다.
>
> ㄹ. 사업자가 재화 또는 용역을 공급하고 그 대가로 받은 금액에 부가가치세가 포함되어 있는지가 분명하지 아니한 경우에는 그 대가로 받은 금액을 공급가액으로 한다.

① ㄱ, ㄴ ② ㄴ, ㄷ
③ ㄱ, ㄷ, ㄹ ④ ㄴ, ㄷ, ㄹ

정답 ②

확인문제

05. 다음 자료를 이용할 경우, 부가가치세법령상 2020년 제2기 과세표준에 포함되는 금액은? 2020. 9급

구분	금액	인도시점	대가수취시점
전력을 계속적으로 공급	5,000,000원	2020. 6. 25.	2020. 7. 25.
재화의 외상판매	3,000,000원	2020. 6. 25.	2020. 7. 25.
기획재정부령으로 정하는 장기할부판매	4,000,000원	2020. 7. 25.	2021. 7. 25.
재화의 공급시기가 되기 전에 재화의 대가 전부를 받고 즉시 세금계산서를 발급	6,000,000원	2020. 7. 25.	2020. 6. 25.

※ 장기할부판매는 매년 동일한 시점(5년간)에 대가를 수취하고 있음
※ 대가(의 각 부분)를 받기로 한 때와 대가 수취시점은 동일하며, 제시된 금액은 부가가치세가 포함되지 않은 금액임

① 5,000,000원
② 7,000,000원
③ 9,000,000원
④ 11,000,000원

정답 ①

예제 2 과세표준의 계산 종합문제

다음의 제1기의 거래내역에 대한 자료를 기초로 ㈜한국의 제1기 과세표준을 계산하시오. 단, 특별한 언급이 없는 경우 부가가치세가 포함되지 않은 금액이다.

1. ㈜한국은 당기에 제품을 ₩30,000,000에 판매하며, 이 중 ₩3,000,000을 자기적립 마일리지로 결제받았다. 그 외의 금액은 모두 현금으로 결제받았다.
2. ㈜한국은 당기에 특수관계인 외의 자에게 제품의 시가가 ₩20,000,000임에도 불구하고 ₩15,000,000에 판매하였다.
3. ㈜한국은 당기에 특수관계인에 대한 조세부담을 부당하게 감소할 목적으로 시가가 ₩5,000,000인 용역을 무상으로 공급하였다. 단, 해당 용역은 부동산 임대와 관련된 용역이 아니다.
4. ㈜한국은 당기에 주식을 ₩5,000,000에 판매하였고, 담보권 실행에 따른 경매로 자사가 보유한 건물을 ₩40,000,000에 처분하였다.
5. ㈜한국과 지속적으로 거래하고 있는 거래처에 판매장려금 성격으로 현금 ₩5,000,000과 ₩5,000,000 상당의 재화를 지급하였다.
6. ㈜한국은 해외의 사업자에게 물건을 $200,000에 수출하면서, 공급시기 전에 $50,000은 원화로 환가하고, $150,000은 공급시기 이후 환가하지 않고 외환으로 보유하고 있다. 환가 시의 환율은 ₩1,200/1$, 공급시기의 환율은 ₩1,100/1$, 과세기간 종료일 현재의 환율은 ₩1,300/1$이다.

> **기출 OX**

23. 사업자가 부가가치세법 시행규칙에 따른 장기할부판매의 경우로서 기업회계기준에 따라 이자상당액 500,000원을 현재가치할인차금, 10,000,000원을 장기매출채권, 9,500,000원을 매출로 회계처리하였다면, 부가가치세 과세표준에 포함되는 공급가액은 9,500,000원이다. 2019. 7급

정답 X

24. 사업자가 제품을 10,000,000원에 외상으로 판매하였으나, 그 공급에 대한 대가를 약정기일 전에 받았다는 이유로 500,000원을 할인하여 9,500,000원을 받았다면, 부가가치세 과세표준에 포함되는 공급가액은 9,500,000원이다. 2019. 7급

정답 O

풀이

과세표준 = (₩30,000,000 - ₩3,000,000) + ₩15,000,000 + ₩0 + ₩0 + ₩5,000,000
　　　　　+ ₩60,000,000* + ₩165,000,000** = ₩272,000,000

* ₩60,000,000 = $50,000 × ₩1,200/$
** ₩165,000,000 = $150,000 × ₩1,100/$

1. 자기적립 마일리지 등으로 결제받은 경우 공급가액은 자기적립 마일리지를 제외하고 마일리지 등 외의 수단으로 결제받은 금액과 다른 사업자로부터 보전받을 금액의 합계로 한다.
2. 특수관계인 외의 자에 대한 저가공급은 거래가액을 그 공급가액으로 한다.
3. 부동산 임대와 관련된 용역이 아닌 경우에는 용역의 무상공급은 특수관계자라고 하더라도 공급으로 보지 않아 과세하지 않는다.
4. 주식은 결제수단이기에 과세하지 않으며, 법적 경매의 실행에 따른 공급은 과세하지 않는다.
5. 판매장려금을 현금으로 지급할 경우 현금은 결제수단이기에 과세하지 않지만, 현물로 지급할 경우 간주공급에 해당하기 때문에 사업상 증여로 보아 과세한다.
6. 대가를 외국환으로 받은 경우 과세표준은 공급시기 도래 전에 원화로 환가한 경우 그 환가한 금액을 과세표준으로 하되, 그 이후에는 공급시기의 환율에 따라 계산한 금액을 과세표준으로 한다.

2 재화의 수입에 대한 과세표준 A

★★(1) 수입재화 과세표준의 계산

재화의 수입에 대한 부가가치세의 과세표준은 다음과 같이 계산한다(부법 29 ②).

$$\text{과세표준} = \text{관세의 과세가격} + \text{관세} + \text{개별소비세, 주세 및 교통·에너지·환경세} + \text{교육세 및 농어촌특별세}$$

> **기출 OX**
> 25. 재화의 수입에 대한 부가가치세의 과세표준은 그 재화에 대한 관세의 과세가격과 관세, 개별소비세, 주세, 교육세, 농어촌특별세 및 교통 에너지 환경세를 합한 금액으로 한다. 2025.9급 최신
> 정답 O

★(2) 보세구역에서의 거래

보세구역(수출자유지역 포함)에 관련된 「부가가치세법」상 규정은 다음과 같다(부기통 9-18-7 ① (1) ~ (3)).

구분	부가가치세 규정
외국 → 보세구역	외국에서 보세구역으로 재화를 반입하는 것은 재화의 수입에 해당하지 아니한다.
보세구역 → 보세구역 (동일 보세구역 내)	동일한 보세구역 내에서 재화·용역을 공급하는 것은 재화·용역의 공급에 해당한다.
보세구역 외의 장소 → 보세구역	보세구역 이외의 장소에서 보세구역으로 재화·용역을 공급하는 것은 재화·용역의 공급에 해당한다.

★(3) 보세구역 내에 사업장을 둔 사업자의 경우

사업자가 보세구역 내에 보관된 재화를 다른 사업자에게 공급하고, 그 재화를 공급받은 자가 그 재화를 보세구역으로부터 반입하는 경우 그 재화의 공급가액에서 세관장이 「관세법」에 따라 부가가치세를 징수하고 발급한 수입세금계산서에 적힌 공급가액을 뺀 금액을 과세표준으로 한다(부령 61 ② (5), 부기통 9-18-7 ① (4), (5)).

① 세관장이 징수하는 과세표준: (1)의 산식과 동일

② 사업자가 징수하는 과세표준 = 공급가액* - 세관장이 징수하는 과세표준

* 다만, 세관장이 부가가치세를 징수하기 전에 같은 재화에 대한 선하증권이 양도되는 경우에는 선하증권의 양수인으로부터 받은 대가를 공급가액으로 할 수 있다.

세금계산서의 발급과 관련된 사항은 다음과 같다.

구분		세금계산서의 발급
공급가액	세관장이 징수하는 과세표준	세관장이 거래징수하고 수입세금계산서를 발급
	나머지 잔액	공급하는 사업자가 거래징수하고 세금계산서를 발급

> **참고**

보세구역에서의 거래의 경우

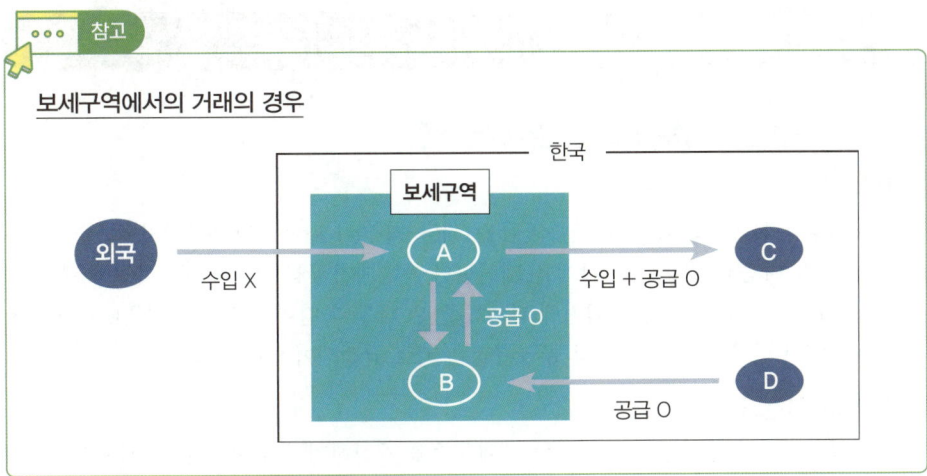

 오쌤 Talk

세관장 과세 전 선하증권 양도

세관장의 과세표준이 확정되지 않아 세관장의 과세표준을 차감한 금액의 계산이 불가능하므로 수입통관되어 세관장의 과세표준이 확정될 때까지 기다리는 불편을 해소하기 위함이다. 선하증권과 관련된 거래에 있어서 납세자가 두 가지 방법 중 편리한 방법을 선택할 수 있게 해준 것이다.

예제 3 수입재화의 과세표준의 계산

다음의 각 경우별로 세관장이 징수할 부가가치세와 사업자가 징수할 부가가치세를 구분하여 계산하시오. 이때, 해당 거래가격은 부가가치세를 포함하지 않은 금액이다.

경우 1 수입재화를 국내의 다른 사업자에게 ₩30,000,000에 판매하였다. ₩30,000,000에는 관세의 과세가격 ₩15,000,000, 관세 ₩2,000,000, 개별소비세 ₩3,000,000이 포함되어 있다.

경우 2 수입재화를 국내의 다른 사업자에게 ₩45,000,000에 판매하였다. 이 거래와 관련하여 세관장이 징수한 부가가치세는 ₩2,500,000이다.

풀이

경우 1 세관장이 징수할 부가가치세: ₩2,000,000, 사업자가 징수할 부가가치세: ₩1,000,000
1. 수입에 대한 부가가치세의 과세표준 = ₩15,000,000 + ₩2,000,000 + ₩3,000,000
   = ₩20,000,000
   따라서 세관장이 징수할 부가가치세는 ₩20,000,000 × 10% = ₩2,000,000
2. 사업자가 징수할 부가가치세 = (₩30,000,000 − ₩20,000,000) × 10% = ₩1,000,000

경우 2 세관장이 징수한 부가가치세: ₩2,500,000, 사업자가 징수할 부가가치세: ₩2,000,000
1. 총 징수하여야 할 부가가치세 = ₩45,000,000 × 10% = ₩4,500,000
2. 사업자가 징수할 부가가치세 = ₩4,500,000 − ₩2,500,000 = ₩2,000,000

> **확인문제**

06. 「부가가치세법」상 다음은 과세사업자인 (주)B의 2020년 제1기 과세기간의 부가가치세 신고 자료이다. 2020년 제1기 과세기간의 부가가치세 과세표준은? (단, 제시된 금액은 부가가치세액이 포함되지 않은 금액이다.)

2017. 9급

- 과세재화의 외상판매액: 20,000,000원(매출에누리 1,000,000원이 차감되지 않은 금액임)
- 거래처로부터 받은 판매장려금: 500,000원
- 사업을 위하여 대가를 받지 아니하고 다른 사업자에게 인도한 견본품(원가): 2,000,000원(시가 2,500,000원)
- 업무용 소형승용차(매입세액을 공제받지 못함)의 매각가액: 1,500,000원(장부가액 1,000,000원)
- 과세재화의 할부판매액: 10,000,000원(2020년 1월 31일에 제품을 인도하고, 대금은 2020년 1월 31일부터 10회로 분할하여 매월 말일에 1,000,000원씩 받기로 함)

① 26,500,000원
② 29,000,000원
③ 30,500,000원
④ 33,000,000원

정답 ③

오쌤 Talk

자기생산·취득재화의 간주공급
① 자가공급 Link-P.297
② 개인적 공급 Link-P.302
③ 사업상 증여 Link-P.303
④ 폐업 시 잔존재화 Link-P.304

확인문제

07. 「부가가치세법령」상 과세표준에 대한 설명으로 옳은 것은? (단, 제시된 금액은 부가가치세가 포함되지 않은 금액임) 2021. 9급

① 시가 500원, 원가 450원인 재화를 공급하고 시가 480원인 재화를 대가로 받을 경우 과세표준은 480원이다.
② 특수관계인에게 시가 1,000원인 사업용 부동산 임대용역(「부가가치세법 시행령」에서 제외하는 사업용 부동산 임대용역은 아님)을 무상으로 제공한 경우 용역의 공급으로 보지 않으므로 과세표준은 없다.
③ 사업을 위하여 대가를 받지 않고 다른 사업자에게 인도한 견본품의 시가가 200원, 원가가 150원일 경우 과세표준은 150원이다.
④ 재화의 공급에 해당되는 폐업 시 남아 있는 재화(감가상각자산은 아님)의 시가가 1,000원, 원가가 800원일 경우 과세표준은 1,000원이다.

정답 ④

3 간주공급

1 자기생산·취득재화의 간주공급 A

(1) 원칙

자기생산·취득재화에 대한 간주공급은 해당 자산이 감가상각자산인지 아닌지 여부에 따라 다음과 같이 공급가액을 계산한다. 즉, 자가공급·개인적공급·사업상 증여·폐업 시 재고재화에 대한 공급가액(과세표준)은 다음과 같이 계산한다. 다만, 판매목적 타사업장 반출에 대한 재화의 공급규정은 따로 규정되어 있다.

① **비상각자산**의 경우

비상각자산의 간주공급으로 인한 과세표준을 계산하기 위해서 공급가액은 **그 재화의 시가로 한다**(부법 29 ③ (3), (4)).

② **상각자산**의 경우

감가상각자산의 간주공급으로 인한 과세표준을 계산하기 위해서 **다음의 금액**을 공급가액으로 본다(부령 66 ②).

구분	공급가액 또는 과세표준
㉠ 건물 및 구축물	취득가액 × (1 − 5% × 경과된 과세기간 수)
㉡ 그 밖의 감가상각자산	취득가액 × (1 − 25% × 경과된 과세기간 수)

ⓐ 취득가액: 매입세액을 공제받은 해당 재화의 가액을 취득가액으로 한다(부령 66 ④).
ⓑ 경과된 과세기간 수: 건물·구축물의 경과된 과세기간의 수는 20을, 그 밖의 감가상각자산의 경과된 과세기간의 수는 4를 한도로 하며, 과세기간 개시일 후에 감가상각자산을 취득하거나 해당 재화가 공급된 것으로 보게 되는 경우에는 그 과세기간의 개시일에 해당 재화를 취득하거나 해당 재화가 공급된 것으로 본다(부령 66 ②, ⑤).

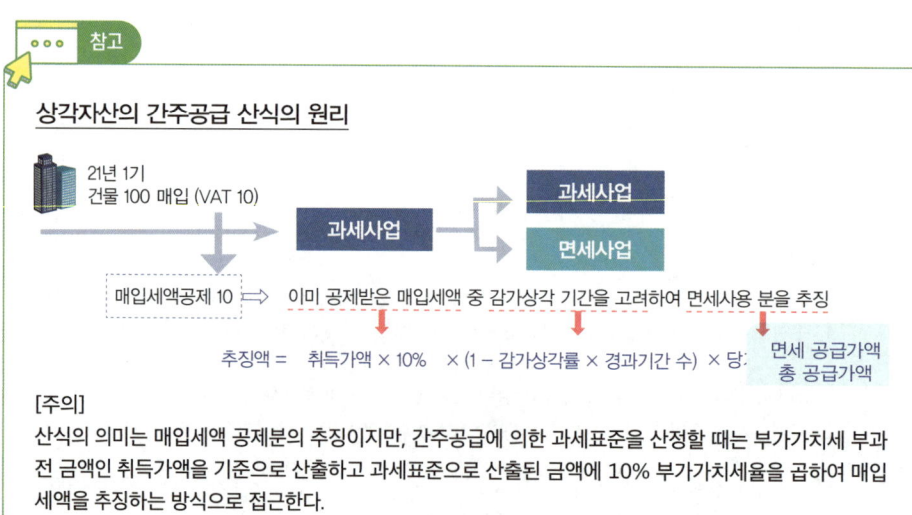

참고

상각자산의 간주공급 산식의 원리

[주의]
산식의 의미는 매입세액 공제분의 추징이지만, 간주공급에 의한 과세표준을 산정할 때는 부가가치세 부과 전 금액인 취득가액을 기준으로 산출하고 과세표준으로 산출된 금액에 10% 부가가치세율을 곱하여 매입세액을 추징하는 방식으로 접근한다.

★★(2) 과세사업에 제공한 감가상각자산을 면세사업에 일부 사용하는 경우

과세사업에 제공한 감가상각자산을 면세사업에 일부 사용하는 경우에는 다음과 같이 계산한 금액을 공급가액으로 한다. 이는 완전히 면세사업에 전용하는 경우와 다르게, 일부분만 사용하는 경우에 해당하는 것으로, 면세사업에 해당하는 부분만 가려내기 위해서 **공급가액 기준으로 안분하여 계산한다.** 다만, **면세공급가액비율이 5% 미만인 경우에는 공급가액이 없는 것으로 본다**(부령 66 ③).

구분	공급가액 또는 과세표준
㉠ 건물 및 구축물	취득가액 × (1 − 5% × 경과된 과세기간 수) × 일부 사용일이 속하는 과세기간의 면세공급가액 / 총공급가액
㉡ 그 밖의 감가상각자산	취득가액 × (1 − 25% × 경과된 과세기간 수) × 일부 사용일이 속하는 과세기간의 면세공급가액 / 총공급가액

> **기출 OX**
> 26. 과세사업에 공급한 건물을 면세사업에 일부 사용하는 경우 면세사업에 일부 사용한 날이 속한 과세기간의 면세공급가액이 총공급가액의 5% 미만인 경우 공급가액이 없는 것으로 본다. 2008. 7급
> 정답 O

2 판매목적 타사업장 반출재화의 간주공급

사업자가 자기의 사업과 관련하여 재화를 타사업장으로 판매 목적으로 반출하는 경우 다음의 금액을 공급가액으로 한다(부령 60).

구분	공급가액 또는 과세표준
① 원칙	「법인세법」 또는 「소득세법」 규정에 따른 **취득가액**
② 취득가액에 일정액을 가산하여 공급하는 경우	취득가액에 일정액을 더한 금액
③ 개별소비세, 주세, 교통·에너지·환경세가 부과되는 재화의 경우	개별소비세, 주세 및 교통·에너지·환경세의 과세표준 + 개별소비세, 주세 및 교통·에너지·환경세 + 교육세 및 농어촌특별세

4 부동산의 임대 및 공급

1 토지와 건물의 일괄공급

토지의 공급은 면세, 건물의 공급은 과세(국민주택의 공급은 면세)한다. 그러므로 사업자가 토지와 건물 등을 함께 양도하는 경우 토지와 건물의 공급가액을 각각 구분해야 한다.

★★(1) 토지와 건물의 공급가액을 각각 구분할 수 있는 경우

사업자가 토지와 그 토지에 정착된 건물 등을 함께 공급하는 때에 각각의 공급가액이 구분되는 경우에는 **과세대상인 건물 등의 실지거래가액을 기준으로 공급가액(과세표준)을 계산한다.**

> **기출 OX**
> 27. 사업자가 토지와 그 토지에 정착된 건물 및 그 밖의 구축물을 함께 공급하는 경우에 그 공급가액은 실지거래가액이 있는 경우 이에 의한다. 2008. 7급
> 정답 O

★(2) 토지와 건물 등의 공급가액이 구분되지 않는 경우

'공급가액이 구분이 되지 않는 경우'는 다음의 경우를 말한다(부법 29 ⑨, 부령 64 ②).

> ① 실지거래가액의 구분이 불분명한 경우
> ② 실지거래가액으로 구분한 토지와 건물 등의 공급가액이 '구분이 되지 않는 경우'에 따라 안분계산한 아래의 '①'의 공급가액과 30% 이상 차이가 나는 경우
> 다만, 다음 어느 하나에 해당하는 경우에는 건물 등의 실지거래가액을 공급가액으로 한다.
>
> > ㉠ 다른 법령에서 정하는 바에 따라 토지와 건물 등의 가액을 구분한 경우
> > ㉡ 토지와 건물 등을 함께 공급받은 후 건물 등을 철거하고 토지만 사용하는 경우

오쌤 Talk

공급가액에 부가가치세가 포함된 경우

If) 건물 100 + VAT 10 = 110
  토지 100

∴ 일괄공급가액 = 110 + 100 = 210

건물의 공급가액 = 210 × $\dfrac{100}{100 \times \dfrac{110}{100} + 100}$

= 100

① 공급가액 산정

공급가액의 구분이 불분명한 경우에는 다음의 방법에 따라 안분계산한 금액을 건물 등의 공급가액으로 한다(부법 29 ⑨, 부령 64).

구분	건물 등의 공급가액(과세표준)
㉠ 공급가액에 부가가치세가 포함되지 않은 경우	부가가치세가 제외된 일괄공급가액 × $\dfrac{\text{건물 등 가액}}{\text{건물 등 가액 + 토지가액}}$
㉡ 공급가액에 부가가치세가 포함된 경우	부가가치세가 포함된 일괄공급가액 × $\dfrac{\text{건물 등 가액}}{\text{건물 등 가액} \times \dfrac{110}{100} + \text{토지가액}}$

② 산정순서

건물가액 등과 토지가액은 다음의 순서로 산정한다. 즉, **감정평가가액 → 기준시가 → 장부가액 → 취득가액 순서로 기준을 적용한다.**

오쌤 Talk

시가의 산정순서

외부의 객관적인 평가액 중 시가에 가장 가까운 것 (감정평가액 → 기준시가) 부터 적용하되, 외부의 객관적인 평가액이 없는 경우에는 사업자 내부의 가액 (장부가액 → 취득가액)을 적용하여 안분하도록 한다.

구분		안분계산방법
㉠ 감정평가가액이 있는 경우		감정평가가액[*1]에 비례하여 안분계산
㉡ 감정평가가액이 없는 경우	ⓐ 기준시가가 모두 있는 경우	공급계약일 현재의 기준시가에 따라 계산한 가액에 비례하여 안분계산
	ⓑ 어느 하나 또는 모두의 기준시가가 없는 경우	장부가액(없는 경우 취득가액)에 비례하여 안분계산한 후, 기준시가가 있는 자산에 대해서는 그 합계액을 다시 기준시가로 안분계산
㉢ 위의 방법을 적용할 수 없거나 적용하기 곤란한 경우		국세청장이 정하는 바에 따라 안분계산

2 부동산임대용역의 공급 B

부동산임대용역을 공급하는 데 있어 일반적으로 과세표준은 다음과 같이 계산한다.

> 과세표준 = 임대료 + 간주임대료 + 관리비수입

즉, 부동산 임대용역을 제공하는 경우, 임대료뿐만 아니라 임대보증금에 대한 간주임대료 및 관리비에 대하여도 임대사업자의 과세표준에 포함한다.

[*1] 감정평가가액: 공급시기(중간지급조건부 또는 장기할부판매의 경우에는 최초의 공급시기)가 속하는 과세기간의 직전 과세기간 개시일부터 공급시기가 속하는 과세기간의 종료일까지 감정평가법인 등이 평가한 감정평가가액을 말한다.

★★ (1) 임대료

① **일반 임대료(공급시기: 대가의 각 부분을 받기로 한 때)**
   공급시기 규정에 따라 대가의 각 부분을 받기로 한 때 받기로 약정한 임대료를 과세표준으로 한다.

② **선불 또는 후불로 받은 경우(공급시기: 예정신고기간 또는 과세기간 종료일)**
   둘 이상의 과세기간에 걸쳐 공급하고 대가를 선불이나 후불로 받는 경우 공급시기 규정에 따라 예정신고기간 또는 과세기간의 종료일에 다음과 같이 안분한 금액을 과세표준으로 한다(부령 65 ⑤). 이때, 개시일이 속하는 달이 1개월 미만인 경우 1개월로 하고, 종료일이 속하는 달이 1개월 미만인 경우 산입하지 아니한다.

$$\text{과세표준} = \text{선불 또는 후불로 수령한 임대료} \times \frac{\text{해당 과세기간 중 임대월수}}{\text{총임대계약 기간월수}}$$

★★ (2) 간주임대료(공급시기: 예정신고기간 또는 과세기간 종료일)

사업자가 부동산임대용역을 공급하고 전세금 또는 임대보증금을 받는 경우에는 금전 외의 대가를 받는 것으로 보아 다음과 같이 계산한 금액을 공급가액으로 한다(부법 29 ⑩ (1), 부령 65 ①). 단 다음의 금액은 세법상으로만 계산되는 금액이기 때문에 부동산임대용역을 구성하는 다른 항목과 달리 세금계산서에 대한 발급의무가 없다.

$$\text{간주임대료} = \text{해당 기간의 전세금 또는 임대보증금}^{*1,2} \times \text{정기예금 이자율} \times \frac{\text{과세대상기간의 일수}}{365(\text{윤년에는 } 366)}$$

*1 사업자가 계약에 따라 전세금 또는 임대보증금을 임대료에 충당하였을 때에는 그 금액을 제외한 가액을 전세금 또는 임대보증금으로 한다.

*2 부동산을 임차하여 다시 임대용역을 제공한 경우 '전세금·임대보증금 − 임차 시 지불한 전세금·임대보증금'을 대입한다.

★ (3) 관리비수입

사업자가 과세되는 부동산을 임대하고 받는 관리비는 과세표준에 포함한다. 다만, 임차인이 부담하여야 할 보험료·수도료 및 공공요금을 별도로 구분징수하여 납입을 대행하는 경우 그 금액은 과세표준에 포함하지 아니한다(부기통 29-61-3).

3 겸용주택의 경우

과세되는 부동산임대용역과 면세되는 주택임대용역을 함께 공급하는 때에는 그 귀속을 따져 공급가액을 계산해야 한다. 다만, 그 임대구분과 임대료 등의 구분이 불분명한 경우에는 다음의 계산식을 순차로 적용하여 과세되는 부동산임대용역의 공급가액을 계산한다(부법 29 ⑩ (2), 부령 65 ④). 이때, 건물가액 또는 토지가액은 예정신고기간 또는 과세기간이 끝난 날 현재의 기준시가에 따른다(부칙 48 ①).

① $\text{임대료 총액} \times \dfrac{\text{건물가액 또는 토지가액}}{\text{건물가액 + 토지가액}} = \text{건물 및 토지의 임대료 상당액}$

② 공급가액 = ㉠ + ㉡

$\begin{cases} \text{건물분 임대료 상당액} \times \dfrac{\text{과세되는 건물임대면적}}{\text{총건물임대면적}} = \text{㉠ 과세되는 건물임대 공급가액} \\ \text{토지분 임대료 상당액} \times \dfrac{\text{과세되는 토지임대면적}}{\text{총토지임대면적}} = \text{㉡ 과세되는 토지임대 공급가액} \end{cases}$

기출 OX

28. 사업자가 2과세기간 이상에 걸쳐 부동산임대용역을 공급하고 그 대가를 선불 또는 후불로 받는 경우에는 그 선불 또는 후불로 받은 금액을 공급가액으로 한다. 2011.9급
    정답 X

기출 OX

29. 부동산임대에 따른 간주임대료에 대하여는 세금계산서를 발급하거나 발급받을 수 없다. 2011.9급
    정답 O

오쌤 Talk

간주임대료에 대한 부담

간주임대료에 대한 부가가치세는 원칙적으로 임대인(공급자)이 부담하는 것이지만, 임대인과 임차인의 약정에 의하여 임차인(공급받는 자)이 부담하는 것으로 할 수 있다.

간주임대료에 대한 부가가치세는 매입세액공제대상이 아니므로 공급받는 자가 부담하였다고 하더라도 매입세액으로 공제되지 않는다.

그러므로 추후 법인세와 소득세를 계산할 때 간주임대료에 대한 부가가치세는 공급자든 공급받는 자든 부담한 자의 손비로 인정될 수 있다.

오쌤 Talk

매출세액의 계산구조

구분	과세표준	세율	세액
과세	XXX	10%	XX
영세율	XXX	0%	₩0
예정신고누락분	XXX	-	XX
대손세액 가감			XX
합계			XX

오쌤 Talk

대손세액 처리방법

대손세액은 공급가액에서 공제하지 않고, 매출세액에서 차감한다!

구분	공급자	공급받는 자
대손 확정 시	매출세액에서 차감	매입세액에서 차감
대손금 회수 시	매출세액에 가산	매입세액에 가산

확인문제

08. 다음은 도매업을 영위하는 일반과세자인 甲의 2020년 제1기 과세기간 동안 해당 사업에서 발생한 수입내역이다. 2020년 제1기 과세기간의 부가가치세 과세표준을 계산한 것은? (단, 제시된 금액은 부가가치세액이 포함되지 아니한 금액임) 2018. 7급

- 매출액은 50,000,000원이며, 매출에누리 1,000,000원이 차감된 금액임
- 위 매출액에는 공급에 대한 대가의 지급이 지체되었음을 이유로 받은 연체 이자 500,000원이 포함되어 있음
- 위 매출액에는 공급받는 자에게 도달하기 전에 멸실한 재화의 가액 2,000,000원이 포함되어 있음
- 위 매출액 중 600,000원은 외상 매출한 것으로서 거래처가 파산하여 매출채권을 회수하지 못하였음

① 46,900,000원 ② 47,500,000원
③ 47,900,000원 ④ 48,500,000원

정답 ②

30. 대여금은 「부가가치세법」상 대손세액공제를 적용하지 않는다. 2004. 9급
정답 O

31. 대손세액공제를 받기 위해서는 부가가치세가 과세되는 재화 또는 용역을 공급한 후 그 공급일로부터 10년이 되는 날이 속하는 과세기간에 대한 확정신고기한까지 대손세액공제요건이 확정되어야 한다. 2011. 9급
정답 O

⑤ 대손세액공제

1 의미 B

사업자가 재화나 용역 등을 공급하면서 공급받는 자로부터 채권 등을 받는 때, 후일에 해당 채권 등에 대한 대손이 발생하면 공급자는 거래징수하지 못한 부가가치세를 부담하게 되고 공급받는 자는 부담하지 않은 부가가치세를 매입세액으로 공제받는 문제가 발생한다. 이를 해결하기 위해 「부가가치세법」에서는 **대손이 확정된 경우 공급자**는 이미 납부한 부가가치세를 **대손이 확정된 날이 속하는 과세기간의 매출세액에서 뺄 수 있고, 공급받는 자는 이미 공제받은 매입세액을 대손이 확정된 날이 속하는 과세기간의 매입세액에서 빼게 하는 구조를 갖고 있다**(부법 45 ①, ③). 이를 '대손세액공제'라고 한다.

2 적용요건 A

대손세액공제를 적용 받기 위해서는 다음의 요건을 모두 충족하여야 한다.

① 일반과세자의 부가가치세 과세 채권일 것
② 대손사유를 충족할 것
③ 법에 정하는 기간 이내에 대손이 확정되었을 것
④ 대손세액공제(변제)신고서 등을 제출할 것

(1) 일반과세자의 부가가치세 과세 채권

대손세액공제는 **일반 과세사업자에게만 적용**이 가능하다. 그렇기 때문에 간이과세자나 면세사업자에게는 적용이 불가능하다. 또한 **부가가치세가 과세되지 않는 대여금 등의 경우가 아닌 외상매출금이나 매출채권** 등에 대해서만 대손세액공제를 적용한다.

(2) 대손사유 요건

다음 어느 하나에 해당하는 경우에는 대손세액공제를 받을 수 있다(부법 45 ①, 부령 87 ①).

대손세액 공제사유	대손금액
①「소득세법」및「법인세법」에 따라 대손사유로 인정되는 경우	대손확정으로 인하여 회수할 수 없는 금액을 해당 대손금으로 인정
②「채무자 회생 및 파산에 관한 법률」에 따른 법원의 회생계획인가 결정에 따라 채무를 출자전환하는 경우	대손되어 회수할 수 없는 금액은 출자전환하는 시점의 출자전환된 매출채권 장부가액과 출자전환으로 취득한 주식·출자지분의 시가와의 차액으로 함

(3) 기간 요건

과세 재화·용역을 공급한 후 **그 공급일부터 10년이 지난 날이 속하는 과세기간에 대한 확정신고기한까지 확정된 대손에 한해 대손세액공제를 적용한다**(부령 87 ②).

(4) 신고서의 제출요건

대손세액공제를 받으려는 사업자는 부가가치세 **확정신고서에 대손세액 공제신고서와 대손사실을 증명하는 서류를 첨부하여 관할 세무서장에게 제출해야 한다**(부법 45 ②, 부령 87 ④). 따라서 예정신고 시에는 대손세액공제를 적용할 수 없다.

3 대손세액의 계산 B

대손세액은 그 대손이 확정된 날이 속하는 과세기간의 매출세액에서 뺄 수 있고, 이 때의 대손세액은 다음과 같이 계산한다(부법 45 ①).

$$대손세액 = 대손금액(부가가치세 포함) \times \frac{10}{110}$$

4 대손금의 처리 A

대손 사유의 발생으로 대손이 인정되는 경우에는 각 경우별로 공급자와 공급받는 자의 부가가치세 과세에 다음과 같은 영향을 미친다(부법 45 ①, ③, ④).

★★ (1) 채권의 대손이 확정된 경우

구분	대손금의 처리
① 공급자	대손세액을 대손이 확정된 날이 속하는 과세기간의 매출세액에서 뺄 수 있다. 이 경우 공급자의 관할 세무서장은 대손세액공제사실을 공급받는 자의 관할 세무서장에게 통지하여야 한다.
② 공급받는 자	재화 또는 용역을 공급받은 사업자가 대손세액에 해당하는 금액의 전부 또는 일부를 매입세액으로 공제 받은 경우로서 그 사업자가 폐업하기 전에 재화·용역을 공급하는 자가 대손세액공제를 받은 경우에는 그 재화·용역을 공급받은 사업자는 관련 대손세액에 해당하는 금액을 대손이 확정된 날이 속하는 과세기간에 자신의 매입세액에서 뺀다.

★★ (2) 대손금을 회수한 경우

구분	대손금의 처리
① 공급자	대손세액공제를 적용한 이후에 대손금을 회수한 경우 대손세액을 회수한 날이 속하는 과세기간의 매출세액에 더한다.
② 공급받는 자	매입세액에서 대손세액을 뺀 이후에 대손금을 변제한 경우 대손세액을 변제한 날이 속하는 과세기간의 매입세액에 더한다.

기출 OX

32. 사업자는 부가가치세가 과세되는 재화를 공급하고 외상매출금(부가가치세를 포함한 것을 말한다)의 일부가 공급을 받은 자의 파산으로 대손되어 회수할 수 없는 경우에는 대손금액에 100분의 10을 곱한 금액을 매출세액에서 뺄 수 있다. 2023. 9급 최신

정답 X

기출 OX

33. 「부가가치세법」상 일반과세사업자인 홍길동이 2020년 제1기에 거래처에 외상으로 재화를 공급하고 이를 과세표준에 포함하여 적절하게 신고하였는데, 거래처 파산으로 인하여 2020년 제2기에 매출채권이 회수불능으로 확정되었다. 거래처 파산으로 인한 대손발생은 2020년 제2기 부가가치세 확정신고 시 과세표준에는 영향이 없지만 납부세액은 감소시키는 영향이 있다. 2015. 9급

정답 O

34. 재화 또는 용역을 공급받은 사업자가 대손세액의 전부 또는 일부를 법의 규정에 의하여 매입세액으로 공제받은 경우로서 공급자의 대손이 당해 공급을 받은 사업자의 폐업 전에 확정되는 때에는 관련 대손세액 상당액을 대손이 확정된 날이 속하는 과세기간의 매입세액에 가산한다. 2009. 7급

정답 X

기출 OX

35. 매입세액에서 대손세액에 해당하는 금액을 뺀(관할 세무서장이 결정 또는 경정한 경우 포함) 사업자가 대손금액을 변제한 경우에는 대통령령으로 정하는 바에 따라 변제한 대손금액에 관련된 대손세액에 해당하는 금액을 변제한 날이 속하는 과세기간의 매입세액에 더한다. 2020. 7급

정답 O

> **확인문제**

09. 「부가가치세법」상 대손세액공제에 대한 설명으로 옳지 않은 것은? (단, 폐업은 고려하지 않기로 한다.) 2017. 9급

① 재화 또는 용역의 공급자가 대손세액을 매출세액에서 차감한 경우 공급자의 관할 세무서장은 대손세액공제 사실을 공급받는 자의 관할 세무서장에게 통지하여야 한다.
② 대손세액공제를 받은 사업자가 그 대손금액의 전부 또는 일부를 회수한 경우에는 회수한 대손금액에 관련된 대손세액을 회수한 날이 속하는 과세기간의 매출세액에 더한다.
③ 대손세액공제를 적용받고자 하는 사업자는 대손사실을 증명하는 서류와 함께 해당 신고서를 예정신고 또는 확정신고 시 세무서장에게 제출(국세정보통신망에 의한 제출을 포함)하여야 한다.
④ 「법인세법 시행령」 및 「소득세법 시행령」에 따른 대손금으로 인정되는 경우 대손세액공제를 적용받을 수 있다.

정답 ③

5 통지 및 결정·경정 B

(1) 통지

공급자의 관할 세무서장은 대손세액공제 사실을 공급받는 자의 관할 세무서장에게 통지하여야 한다.

★★ (2) 결정·경정

공급을 받은 사업자가 대손세액에 해당하는 금액을 자신의 매입세액에서 빼지 아니한 경우에는 공급을 받은 사업자의 관할 세무서장이 빼야 할 매입세액을 결정 또는 경정하여야 한다(부법 45 ③). 이 경우에는 신고 불성실 가산세와 납부지연 가산세의 적용을 배제한다(국기법 47의2 ④, 47의3 ④ (2), 47의4 ③ (2)). 공급자가 공급받는 자에게 알려주지 않는 한 공급받는 자는 공급자가 대손세액공제를 받은 사실을 알 수 없으므로 공급받은 자에게 귀책사유가 있다고 보기 어렵기 때문에 가산세를 부과하지 않는 것이다.

6 대손세액공제와 「법인세법」상 대손금의 관계 B

「부가가치세법」에 따라 대손세액공제를 받은 부가가치세 매출세액미수금은 「법인세법」상 대손사유가 충족되어도 손금에 산입하지 아니한다. 대손세액공제를 받았다는 것은 이미 세부담을 낮추는 혜택을 받은 것이므로, 이를 손금으로 산입하여 세부담을 낮추어줄 필요가 없다. 즉, 이중혜택을 방지하기 위함이다.

MEMO

CHAPTER 07

매입세액과 차가감납부세액의 계산

1. 매입세액 계산구조
2. 매입세액 계산구조 구성내용
3. 차가감납부세액의 계산

• 최신 8개년 출제 경향 분석

01 매입세액 계산구조

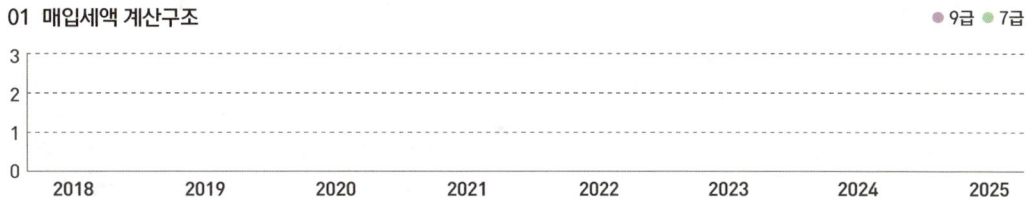

02 매입세액 계산구조 구성내용

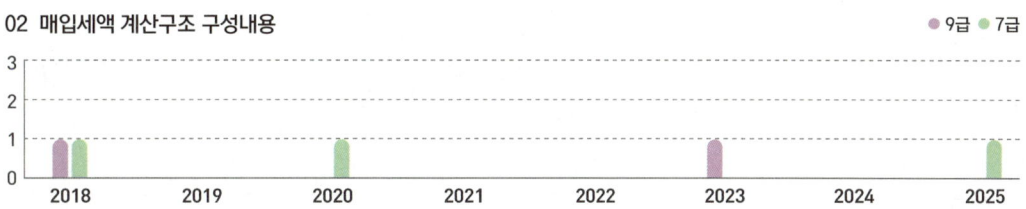

03 차가감납부세액의 계산

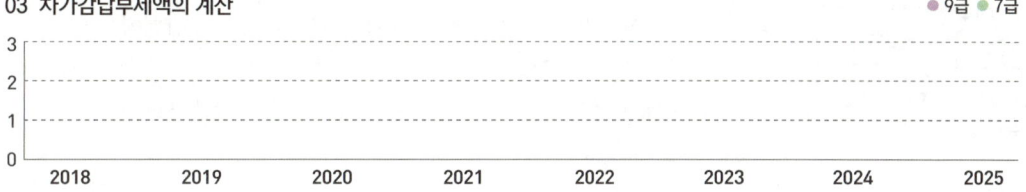

1 매입세액 계산구조

1 매입세액 계산구조 B

매출세액에서 공제되는 매입세액은 다음과 같이 계산한다.

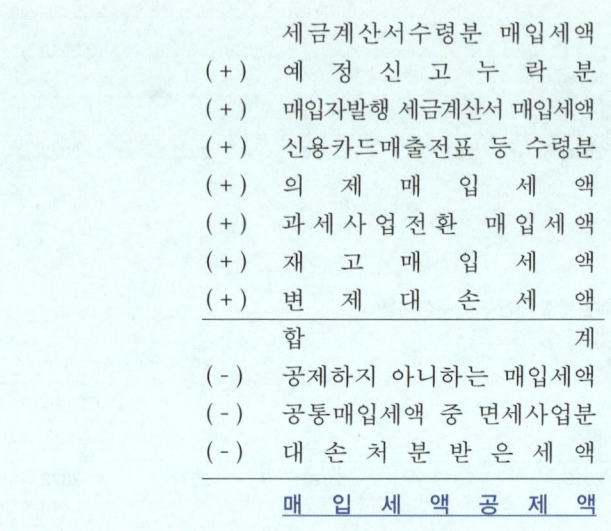

```
        세금계산서수령분 매입세액
( + )   예 정 신 고 누 락 분
( + )   매입자발행 세금계산서 매입세액
( + )   신용카드매출전표 등 수령분
( + )   의 제 매 입 세 액
( + )   과 세 사 업 전 환 매 입 세 액
( + )   재 고 매 입 세 액
( + )   변 제 대 손 세 액
        ─────────────────────
        합              계
( - )   공제하지 아니하는 매입세액
( - )   공통매입세액 중 면세사업분
( - )   대 손 처 분 받 은 세 액
        ─────────────────────
        매 입 세 액 공 제 액
```

이때 공제하지 아니하는 매입세액은 세금계산서수령분 매입세액에 모두 포함시켜 예정신고누락분 등을 더해 합계액을 계산한 후, 그 합계액에서 공제하지 아니하는 매입세액으로서 별도로 빼는 구조를 취하고 있다. 단, 신용카드매출전표 등 수령분의 경우에는 공제되는 매입세액만을 포함시키며, 공제하지 아니하는 매입세액은 포함시키지 않는다.

2 매입세액 공제요건 A

매출세액에서 공제되는 매입세액과 그 공제시기는 다음과 같다(부법 38 ①, ②, ③).

공제하는 매입세액	공제시기
① 사업자가 자기의 사업을 위하여 사용하였거나 사용할 목적으로 공급받은 재화용역에 대한 부가가치세액 (사업의 포괄양도 시 양수자 대리납부제도에 따라 양수자가 납부한 부가가치세액을 포함)	재화용역을 공급받는 시기가 속하는 과세기간의 매출세액에서 공제
② 사업자가 자기의 사업을 위하여 사용하였거나 사용할 목적으로 수입하는 재화의 수입에 대한 부가가치세액	재화의 수입시기가 속하는 과세기간의 매출세액에서 공제

법에서 정하는 매입세액의 정의에 따라 요건을 나누어보면 이는 다음과 같다.

 오쌤 Talk

세금계산서 매입세액

공제 여부와 관계없이 모든 세금계산서 수취분을 매입세액에 포함하는 이유는 매출자의 탈세를 방지하기 위해서이다. 세금계산서 수취분의 매입세액은 매입처별세금계산서 합계표 금액과 동일하고 해당 자료를 통해 매출자의 거래 내역을 파악할 수 있다.

 **기출 OX**

01. 공제대상 매입세액은 자기의 사업을 위하여 사용된 재화 또는 용역의 공급 및 재화의 수입에 대한 세액에 한한다. 2008. 9급
정답 X

기출 OX

02. 사업자가 자기의 사업을 위하여 사용할 목적으로 공급받은 재화에 대한 부가가치세액은 해당 재화를 사업에 사용한 날이 속하는 과세기간의 매출세액에서 공제한다. 2023. 9급 최신
정답 X

★★ **(1) 과세사업 요건**

'자기의 사업을 위하여' 매입한 부가가치세액만 공제되기 때문에, **사업과 관련성이 있어야 하며, 과세사업에 한해 매입세액 공제를 적용받을 수 있다.**

★★ **(2) 사용 요건**

이미 사용한 것은 물론이고, 앞으로 사용할 예정인 재화나 공급의 매입에 대한 부가가치세액도 매입세액 공제를 적용받을 수 있다. **또한 사용시점에 공제하는 것이 아니라 사용하였거나 사용할 재화를 '매입하는 시점'에 매입세액 공제를 적용한다**(부법 38 ②, ③).

★★ **(3) 증빙 요건**

매입세액을 공제받기 위해서는 거래징수를 한 사실이나 납부한 사실이 증명되어야 하며, 이러한 증명은 공급을 받으면서 발급받은 세금계산서 또는 수입세금계산서 등을 요약한 **매입처별세금계산서합계표** 등을 제출하여 이루어진다(부칙 52의 2).

> **참고**
>
> **수입세금계산서 공제시기 특례**
>
> ① 수입일이 속하는 과세기간 경과 후에 발급받은 경우
>
> 사업자가 자기의 사업과 관련된 재화의 수입에 따른 수입세금계산서를 수입일이 속하는 과세기간 경과 후에 발급받은 때에는 수입세금계산서를 발급받은 날이 속하는 과세기간의 매출세액에서 공제받을 수 있다(부기통 38-0-7).
>
> ② 사업양도 후 사업양수자가 사업양도자 명의로 발급받은 경우
>
> 사업양도자가 수입재화에 대한 수입세금계산서를 사업양도 시까지 발급받지 못하고 사업양도 후 사업양수자가 사업양도자 명의로 발급받은 경우에는 해당 수입세금계산서를 발급받은 과세기간에 매입세액으로 공제받을 수 있다(부기통 38-0-3).

② 매입세액 계산구조 구성내용

1 세금계산서 수령분 매입세액 B

세금계산서 수령분 매입세액이란 수령한 세금계산서에 의하여 확인되는 매입세액을 의미한다.

2 예정신고누락분 B

예정신고 시 누락한 매입세액은 확정신고 때에 매입세액에 포함하여 신고한 경우 매입세액공제를 받을 수 있다.

3 매입자발행 세금계산서 매입세액 B

요건을 충족하여 발급받은 매입자발행 세금계산서에 기재된 부가가치세액은 공제할 수 있는 매입세액으로 본다(부법 34의 2 ②). 따라서 예정신고, 확정신고 또는 경정청구 시 매입자발행 세금계산서합계표를 제출하면, 해당 매입세액에 대한 매입세액공제를 적용받을 수 있다.

오쌤 Talk

세금계산서 미수령분 매입세액

1/25 2/7 3/10 6/30 7/25 7/25
      ①   ②   ③   ④   ⑤

개시일   공급일

구분	매입세액 공제	가산세 부과	비고
①	O	X	다음 달 10일까지 적법한 후세금계산서 발급
②	O	O	확정신고 기한까지 발급받은 경우에 해당하기 때문에 매입세액 공제는 받을 수 있음
③	O	O	
④	O	O	확정신고 기한 다음 날부터 1년 이내 NEW 이고, 요건을 충족(결정·경정 또는 신고서 제출 시)하는 경우에 한해 매입세액 공제는 받을 수 있음
⑤	X	X	매입세액 공제가 불가능함

오쌤 Talk

금전등록기 영수증

금전등록기 영수증은 매입세액 공제대상이 되는 적격증빙으로 볼 수 없다. 따라서 재화 또는 용역을 구입하면서 금전등록기 영수증을 수령한 경우 매입세액 공제를 받을 수 없다.

한편, 이러한 금전등록기 영수증을 발급한 공급자도 금전등록기 영수증은 적격증빙으로 보지 않기 때문에 해당 거래가액에 대하여 신용카드매출전표 등 발급세액 공제를 받을 수 없다.

4 신용카드매출전표 등 수령분 매입세액 B

★(1) 공제할 수 있는 매입세액

영수증을 수령하면 매입세액을 공제받을 수 없으나, 영수증의 일종이라고 하더라도 다음의 요건을 모두 충족한 신용카드매출전표 등 '법정증빙'을 발급받으면 매입세액을 공제받을 수 있다(부법 46 ③, 부령 88 ⑤).

> ① 사업자가 세금계산서 발급 금지 업종에 해당하지 않는 사업을 경영하는 사업자로서 영수증 발급대상 간이과세자가 아닌 사업자로부터 재화 또는 용역을 공급받을 것
> ② 부가가치세액이 별도로 구분되는 신용카드매출전표, 현금영수증, 직불카드영수증, 기명식선불카드영수증 등(이하 '신용카드매출전표 등')을 발급받을 것
> ③ 신용카드매출전표 등 수령명세서를 제출할 것
> ④ 신용카드매출전표 등을 그 거래사실이 속하는 과세기간에 대한 확정신고기한 후 5년간 보관할 것
> ⑤ 간이과세자가 영수증을 발급하여야 하는 기간에 발급한 신용카드매출전표 등이 아닐 것(Link-p.361)

(2) 법정증빙의 범위

'신용카드매출전표 등'의 범위에는 다음과 같은 항목들이 포함된다(부령 88 ④).

> ① 신용카드매출전표
> ② 직불카드영수증
> ③ 결제대행업체를 통한 신용카드매출전표
> ④ 실제 명의가 확인되는 선불카드영수증
> ⑤ 현금영수증발급장치에 의한 현금영수증
> ⑥ 직불전자지급수단 영수증
> ⑦ 실제 명의가 확인되는 선불전자지급수단 영수증
> ⑧ 전자지급결제대행에 관한 업무를 하는 금융회사 또는 전자금융업자를 통한 신용카드매출전표

 참고

세금계산서 발급금지 업종

'세금계산서 발급금지 업종'이라 함은 미용·욕탕 및 유사서비스업, 전세버스운송사업을 제외한 여객운송업, 입장권을 발행하여 경영하는 사업, 부가가치세가 과세되는 진료용역을 공급하는 사업, 부가가치세가 과세되는 수의사가 제공하는 동물진료용역, 무도학원·자동차운전학원 등 「부가가치세법」상 세금계산서를 발급할 수 없는 업종을 말한다.

5 의제매입세액 A

✨ (1) 규정

'의제매입세액'이란 과세사업자가 면세농산물 등을 원재료로 하여 제조가공하여 과세사업에 사용할 경우, **면세농산물 등을 공급받거나 수입할 때 실제로 매입세액을 부담하지 않았으나, 부담한 것으로 간주하는 금액**을 말한다. 이때, 의제매입세액은 매입세액과 같이 매출세액에서 공제가 가능하지만 **별도로 세금계산서 등의 증빙이 없어도 매입세액으로 의제된다**는 면에서 차이가 있다.

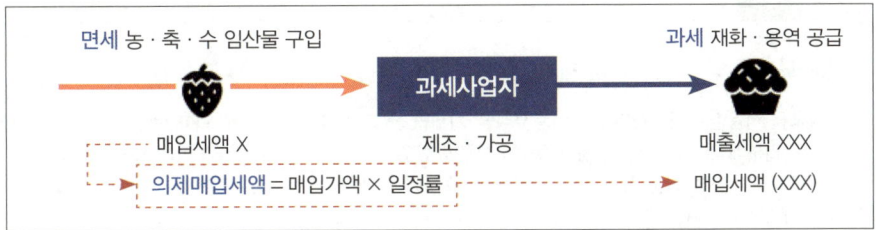

✨✨ (2) 취지

의제매입세액공제는 환수효과와 누적효과를 완화하여 최종소비자의 세부담을 완화하고 농어민을 지원하기 위한 제도이다. 재화 등을 공급하는 과정에서 도중에 면세사업자가 개입되는 경우 환수효과와 누적효과가 발생한다. 이는 면세사업자가 매입세액 공제를 받지 못하기 때문이다. 환수효과는 면세단계에서 과세를 포기한 부가가치세가 환수(還收)되어 면세의 효과가 취소되는 현상을 뜻하고, 누적효과는 면세 전단계에서 이미 과세된 부분에 대해 중복적으로 다시 과세되는 현상을 말한다.

✨ (3) 의제매입세액공제의 적용 요건

의제매입세액공제를 적용받기 위해서는 다음의 요건을 모두 충족하여야 한다.

① 적용대상자
사업자등록을 한 과세사업 영위 사업자에 한정하여 의제매입세액공제를 적용받을 수 있다. 업종은 불문하며, **겸영사업자의 경우에도 의제매입세액공제를 적용받을 수 있다. 단, 간이과세자는 적용을 받을 수 없다.**

② 과세사업에 사용
면세농산물 등[*1]**을 원재료로 하여 제조가공한 재화 또는 창출한 용역의 공급에 대하여 부가가치세가 과세되어야 한다. 다만, 면세포기를 하고 영세율을 적용받은 경우는 제외한다.**

---

*1 면세농산물 등: 면세로 공급받거나 수입한 농산물·축산물·수산물 또는 임산물을 말하며, 원생산물 본래의 성질이 변하지 아니하는 정도의 1차 가공을 거친 것, 단순가공식료품, 소금 등을 포함한다(부령 84 ①).

 오쌤 Talk

비식용 농·축·수·임산물에 대한 의제매입세액 공제

국내산 비식용 농·축·수·임산물에 대해서는 면세규정이 적용되기 때문에 의제매입세액 공제가 가능하지만, 외국산 비식용 농·축·수·임산물에 대해서는 과세규정이 적용되어 해당 매입세액은 공제가 가능하다.
따라서 이 경우 의제매입세액 공제를 이중으로 받을 수는 없다.

💡 **기출 OX**

03. 의제매입세액공제는 면세원재료를 사용하여 과세재화·용역을 공급하는 경우에 발생하는 누적효과를 제거하거나 완화시키기 위한 취지에서 마련된 제도이다.
2015. 7급
정답 O

💡 **기출 OX**

04. 사업자가 면세농산물 등을 원재료로 하여 제조·가공한 재화 또는 창출한 용역의 공급에 대하여 부가가치세가 과세되는 경우(법에 따라 면세를 포기하고 영세율을 적용받는 경우에는 제외한다) 면세농산물 등을 공급받거나 수입할 때 매입세액이 있는 것으로 보아 공제할 수 있다.
2014. 9급
정답 O

05. 사업자가 면세농산물을 원재료로 하여 제조한 재화의 공급에 대하여 부가가치세가 과세되는 경우(면세를 포기하고 영세율을 적용받는 경우 포함)에는 면세농산물을 공급받을 때 매입세액이 있는 것으로 보아 의제매입세액을 공제한다.
2020. 7급
정답 X

기출 OX

06. 의제매입세액을 공제받으려는 제조업을 경영하는 사업자가 농어민으로부터 면세농산물 등을 직접 공급받는 경우에는 의제매입세액공제신고서만 제출한다. 2024. 7급

정답 O

③ 서류제출 및 신고

의제매입세액을 공제받으려는 사업자는 면세농산물 등을 공급받은 사실을 증명하는 의제매입세액 공제신고서와 매입처별 계산서합계표, 신용카드매출전표 등 수령명세서, 매입자발행계산서합계표를 납세지 관할 세무서장에게 제출해야 한다. 다만, 제조업을 경영하는 사업자가 농어민으로부터 면세농산물 등을 직접 공급받는 경우에는 *의제매입세액공제 신고서만 제출한다*(부법 42 ②, 부령 84 ⑤, ⑦).

> **참고**
>
> **면세포기와 의제매입세액공제**
>
> 영세율을 적용받는 사업자의 경우에는 「부가가치세법」상 과세사업자에 해당하기 때문에 농·축·수·임산물에 대한 구입분에 대해서 의제매입세액공제를 적용할 수 있다. 하지만 면세사업자가 면세포기를 통해 과세사업자가 되었고, 면세농산물을 가공 없이 그대로 수출하여 영세율을 적용받는 경우에는 '제조하거나 가공한 것이 아니므로' 의제매입세액공제를 적용할 수 없다.

★ (4) 의제매입세액공제의 계산

의제매입세액은 다음과 같이 계산하고 해당 의제매입세액은 매출세액에서 공제할 수 있다(부법 42 ①, 부령 84 ②).

> ① 해당 과세기간의 의제매입세액 = 공제대상금액 × 공제율
> ② 공제대상금액 = MIN[㉠, ㉡]
>   ㉠ 해당 과세기간의 면세농산물 등의 매입가액
>   ㉡ 공제한도 = 해당 과세기간에 면세농산물 등과 관련하여 공급한 과세표준 × 한도율

① 해당 과세기간의 면세농산물 등의 매입가액

㉠ 과세사업자의 경우: 다음의 금액을 면세농산물 등의 매입가액으로 한다(부기통 42-84-2, 부칙 56 ①).

구분	매입가액
ⓐ 국내에서 구입하는 경우	운임 등의 부대비용을 제외한 매입원가 단, 면세사업자가 면세농산물 등을 운반하고 함께 받는 운임은 별도로 구분하지 않고 부수되는 용역으로 면세되기에 매입가액에 포함함
ⓑ 수입하는 경우	관세의 과세가격

오쌤 Talk

운임 등 부대비용을 제외하는 이유

운송업자에게 지급한 운임에 대하여는 운송업자로부터 세금계산서를 받으므로 그에 대한 부가가치세를 정상적으로 매입세액공제를 받을 수 있다.
그러므로 의제매입세액공제를 중복 적용하지 않겠다는 의미이다.

기출 OX

07. 수입되는 면세농산물 등에 대하여 의제매입세액을 계산함에 있어서의 그 수입가액은 관세의 과세가격으로 한다. 2009. 7급

정답 O

ⓒ 겸영사업자의 경우: 사업자가 과세사업과 면세사업을 겸영하는 경우 **실지귀속에 따라 과세사업에 사용될 부분에 대하여만 의제매입세액공제를 적용하되, 실지귀속을 구분할 수 없는 금액은 다음과 같이 안분계산한다.** 차기이월 원재료는 실지귀속이 불분명한 것으로 본다(부기통 42-84-4 ①). 과세공급가액의 비율은 확정신고를 할 때 정산하며, 의제매입세액을 계산할 때 겸영사업자는 ⑨에서 다룰 ③ **매입단계의 안분계산**에 따라 매입세액을 안분하여 계산한다(부칙 56 ④).

$$\text{공제대상 매입가액} = \text{면세농산물 등의 매입가액} \times \frac{\text{당기 과세공급가액}}{\text{당기 총공급가액}}$$

② 공제율

공제율은 다음과 같이 적용한다.

구분		공제율
ⓘ 음식점업	ⓐ 과세유흥장소 경영자	$\frac{2}{102}$
	ⓑ 위 ⓐ 외의 음식점업자 법인	$\frac{6}{106}$
	ⓒ 위 ⓐ 외의 음식점업자 개인	$\frac{8}{108}$ (과세표준 2억 이하인 경우 2026.12.31.까지는 $\frac{9}{109}$)
ⓛ 제조업	ⓐ 과자점업, 도정업, 제분업 및 떡류 제조업 중 떡방앗간을 경영하는 개인사업자	$\frac{6}{106}$
	ⓑ 위 ⓐ 외의 제조업을 경영하는 사업자 중 중소기업 및 개인사업자	$\frac{4}{104}$
	ⓒ 위 ⓐ·ⓑ 외의 사업자	$\frac{2}{102}$
ⓒ 위 ⓘ·ⓛ 외의 사업		$\frac{2}{102}$

> **기출 OX**
> 08. 의제매입세액으로서 공제할 수 있는 금액은 면세농산물 등의 가액에 100분의 2(음식점업의 경우에는 100분의 3)를 곱하여 계산한다. 2009. 7급
> 정답 X

③ 한도율

한도율은 다음과 같이 적용하며, 예정신고 시에는 한도계산하지 않으며, 확정신고 시에만 한도율을 적용하여 공제한도를 계산한다.

해당 과세기간의 과세표준* (25.12.31.까지)		한도율	
		음식점	그 외
ⓘ 개인 사업자	1억원 이하인 경우	75%	65%
	1억원 초과 2억원 이하인 경우	70%	
	2억원 초과인 경우	60%	55%
ⓛ 법인사업자		50%	

* 여기서 '해당 과세기간의 과세표준'이란 해당 사업자가 공급하는 '면세농산물 등과 관련된 사업의 과세표준'을 말한다. 따라서 기계 등 고정자산 공급가액 등은 제외함

> **오쌤 Talk**
> 한도율 개정 참고
>
> | 해당 과세기간의 과세표준 (26.1.1.이후) | | 한도율 |
> |---|---|---|
> | ⓘ 개인사업자 (업종 불문) | 2억원 이하인 경우 | 50% |
> | | 2억원 초과인 경우 | 40% |
> | ⓛ 법인사업자 | | 30% |

기출 OX

09. 의제매입세액은 면세농산물 등을 공급받은 날이 속하는 과세기간이 아니라, 그 농산물을 이용하여 과세대상 물건을 생산한 후 공급하는 시점이 속하는 과세기간의 매출세액에서 공제한다.
2015. 7급
정답 X

확인문제

01. 「부가가치세법」상 예정 또는 확정신고 시에 공제받지 못한 의제매입세액을 공제받기 위하여 서류를 제출하는 경우에 해당하는 것만을 모두 고르면?
2014. 9급

ㄱ. 해당 서류를 경정청구서와 함께 제출하여 경정기관이 경정하는 경우
ㄴ. 해당 서류와 함께 신용카드매출전표등 수령명세서를 경정기관의 확인을 거쳐 정부에 제출하는 경우
ㄷ. 해당 서류를 기한 후 과세표준신고서와 함께 제출하여 관할세무서장이 결정하는 경우
ㄹ. 해당 서류를 과세표준수정신고서와 함께 제출하는 경우

① ㄱ, ㄷ   ② ㄴ, ㄷ
③ ㄱ, ㄴ, ㄹ   ④ ㄱ, ㄴ, ㄷ, ㄹ

정답 ④

오쌤 Talk

의제매입세액의 추징

의제매입세액은 차기 이후 추징될 수 있다. 하지만 차기 이후에 많은 농·축·수·임산물을 과세사업에 사용했다고 하여 의제매입세액을 다시 계산하여 공제를 받을 수는 없다. 왜냐하면 의제매입세액은 '당기 구입분'에 대해서만 신청을 하는 구조에 따르기 때문이다.

기출 OX

10. 의제매입세액으로서 공제한 면세농산물등을 그대로 양도 또는 인도하거나 부가가치세가 면제되는 재화 또는 용역을 공급하는 사업에 사용하거나 소비할 때에는 그 공제한 금액을 납부세액에 가산하거나 환급세액에서 공제하여야 한다.
2024. 7급 최신
정답 O

11. 면세사업을 위하여 사용·소비하는 경우 또는 기타의 목적을 위해 사용하거나 소비하는 경우에는 의제매입세액을 적용하지 않으며, 적용된 의제매입세액은 추징된다.
2006. 7급
정답 O

---

④ 제조업자 특례
  ㉠ 요건: 다음의 요건을 모두 충족하는 제조업자의 경우에 제2기 과세기간에 대한 납부세액을 확정신고하는 경우 제조업자 특례를 적용하여 의제매입세액으로 공제할 수 있다.

  > ⓐ 제1기에 공급받은 면세농산물 등의 가액을 1역년 공급받은 면세농산물 등의 가액으로 나누어 계산한 비율이 75% 이상이거나 25% 미만일 것
  > ⓑ 해당 과세기간이 속하는 1역년 동안 계속하여 제조업을 영위하였을 것

  ㉡ 제조업자 특례 의제매입세액의 계산

  > 의제매입세액 = MIN[ⓐ, ⓑ] - 제1기에 공제받은 의제매입세액
  > ⓐ 1역년의 면세농산물 등 공제대상 매입가액 × 공제율
  > ⓑ 한도 = 1역년의 과세표준 합계액 × 한도율* × 공제율

  *한도율(2025.12.31.까지 적용): 법인은 50%. 개인사업자는 과세표준합계액이 4억원 초과인 경우 55%, 4억원 이하인 경우 65%

★★ (5) 의제매입세액 공제시점

의제매입세액은 매입세액이므로 구입일이 속하는 예정신고기간 및 확정신고기간에 공제하는 것을 원칙으로 한다. 다만, 예정신고 시 공제받지 못한 의제매입세액은 그 예정신고기간이 속하는 과세기간의 확정신고 시 공제받을 수 있고, 예정신고나 확정신고 시 공제받지 못한 의제매입세액은 관련서류를 다음의 경우에 제출함으로써 의제매입세액을 공제받을 수 있다(부령 84 ⑦).

> ① 「국세기본법」에 따른 수정신고·경정청구·기한후신고를 하는 경우
> ② 세무서장 등이 경정을 하는 경우 사업자가 경정기관의 확인을 거쳐 경정기관에 제출하는 경우

★★ (6) 의제매입세액의 추징

사업자가 구입일이 속하는 과세기간에 의제매입세액공제를 받은 면세농산물 등에 대하여 다음과 같이 공제요건을 위배하게 되는 경우 공제했던 의제매입세액을 납부세액에 가산하거나 환급세액에서 공제하여야 한다(부령 84 ④).

> ① 면세농산물 등을 그대로 양도 또는 인도하는 경우
> ② 면세농산물 등을 면세사업, 그 밖의 목적을 위하여 사용하거나 소비하는 경우

이 경우 양도한 부분의 취득가액을 구분할 수 없거나 합리적인 구분기준이 없는 때에도 양도한 부분의 양도가액을 기준으로 하여 계산할 수 있다(부기통 42-84-3).

6 과세사업전환 매입세액 B

★★ (1) 규정

면세사업 등에 사용하던 감가상각자산 일부 또는 전부를 과세사업에 사용하거나 소비하는 경우, 과세사업에 사용하거나 소비하는 날이 속하는 과세기간에 대한 확정신고와 함께 과세사업전환 감가상각자산 신고서를 작성하여 각 납세지 관할 세무서장에게 신고함으로써 **구입 시 공제받지 못한 매입세액을 과세사업전환 시 공제받을 수 있다**(부법 43, 부령 85 ⑤). 따라서 감가상각자산이 아닌 비상각자산이거나 확정신고가 아닌 예정신고기간인 경우에는 과세사업전환 매입세액을 적용받을 수 없다.

(2) 전부 전환한 경우의 계산

면세사업에 사용하던 감가상각자산을 전부 과세사업에 전환한 경우 공제받을 수 있는 매입세액은 다음의 금액으로 한다(부령 85 ①).

구분	매입세액공제액
㉠ 건물 및 구축물	취득 당시 해당 재화의 면세사업관련 불공제 매입세액 × (1 - 5% × 경과 과세기간 수*)
㉡ 기타 감가상각자산	취득 당시 해당 재화의 면세사업관련 불공제 매입세액 × (1 - 25% × 경과 과세기간 수*)

* 경과 과세기간 수는 과세기간 단위로 계산하며, 과세기간 개시일 후에 감가상각자산을 취득하는 경우에는 그 과세기간 개시일에 그 재화를 취득한 것으로 본다(부령 85 ①, ⑥). 건물 또는 구축물의 경과된 과세기간의 수가 20을 초과할 때에는 20으로, 그 밖의 감가상각자산의 경과된 과세기간의 수가 4를 초과할 때에는 4로 한다(부령 66 ②).

★ (3) 일부 전환한 경우의 계산

① 원칙

면세사업에 관련된 매입세액으로 그 매입세액이 공제되지 않은 감가상각자산을 과세사업과 면세사업에 공통으로 사용·소비하는 경우에 공제하는 세액은 다음과 같이 계산한 금액으로 한다. 다만, **과세공급가액 비율이 5% 미만일 때에는 공제세액이 없는 것으로 본다**(부령 85 ②).

구분	매입세액공제액
㉠ 건물 및 구축물	취득 당시 해당 재화의 면세사업관련 불공제 매입세액 × (1 - 5% × 경과 과세기간 수) × 일부 전용일이 속하는 과세기간의 과세공급가액 / 총공급가액
㉡ 기타 감가상각자산	취득 당시 해당 재화의 면세사업관련 불공제 매입세액 × (1 - 25% × 경과 과세기간 수) × 일부 전용일이 속하는 과세기간의 과세공급가액 / 총공급가액

기출 OX

12. 면세사업에 사용한 건물을 과세사업과 면세사업에 공통으로 사용하는 때에 그 과세사업에 사용한 날이 속하는 과세기간의 과세공급가액이 총공급가액의 5% 미만인 경우 공제세액이 없는 것으로 본다. 2014. 7급

정답 O

 오쌤 Talk

감가상각자산을 면세사업에 일부 사용하는 경우

과세사업에 제공한 감가상각자산을 면세사업에 일부 사용하는 경우 안분계산하여 공급가액을 산출한다. 다만, 면세공급가액비율이 5% 미만인 경우에는 공급가액이 없는 것으로 본다. Link-p.381

② 공급가액이 없는 경우의 안분계산 방법

과세사업에 사용소비한 날이 속하는 해당 과세기간 중 과세사업과 면세사업의 공급가액이 없거나 둘 중 한 사업의 공급가액이 없는 경우에 그 과세기간에 대한 안분계산은 다음의 순서에 따른다(부령 85 ③).

> 1순위: **총매입가액**에 대한 과세사업에 관련된 매입가액의 비율
> 2순위: **총예정공급가액**에 대한 과세사업에 관련된 예정공급가액의 비율
> 3순위: **총예정사용면적**에 대한 과세사업에 관련된 예정사용면적의 비율

다만, 취득 시 면세사업과 관련하여 매입세액이 공제되지 않은 건물에 대하여 과세사업과 면세사업에 제공할 예정면적을 구분할 수 있는 경우에는 3순위의 비율을 1순위2순위의 비율에 우선하여 적용한다(부령 85 ③ 단서).

③ 재계산

공급가액이 없는 경우 안분계산한 매입세액을 공제한 경우에는 면세사업용 감가상각자산의 과세사업용 사용소비로 과세사업과 면세사업의 공급가액 또는 과세사업과 면세사업의 사용면적이 확정되는 과세기간에 대한 납부세액을 확정신고할 때에 다음의 산식에 따라 정산한다(부령 85 ④).

㉠ 매입가액의 비율 또는 예정공급가액의 비율로 공제매입세액을 안분계산한 경우

$$\text{가산되거나 공제되는 세액} = \text{과세사업 전환 매입세액}^* \times \left(\frac{\text{과세공급가액}}{\text{총공급가액}} \text{ 과세사업과 면세사업의 공급 가액이 확정되는 과세기간의}\right) - \text{이미 공제한 매입세액}$$

* 여기서 과세사업 전환 매입세액이란 위 (2)에서 계산된 매입세액공제액을 말한다.

㉡ 예정사용면적의 비율로 공제매입세액을 안분계산한 경우

$$\text{가산되거나 공제되는 세액} = \text{과세사업 전환 매입세액}^* \times \left(\frac{\text{과세사용면적}}{\text{총사용면적}} \text{ 과세사업과 면세사업의 사용 면적이 확정되는 과세기간의}\right) - \text{이미 공제한 매입세액}$$

* 여기서 과세사업 전환 매입세액이란 위 (2)에서 계산된 건물의 매입세액공제액을 말한다.

예제 1 과세사업전환 매입세액 공제

다음의 자료를 기초로 과세사업과 면세사업을 겸영하는 ㈜한국이 20X2년 제1기 과세기간 예정신고와 확정신고 시 각각 공제받을 수 있는 매입세액을 구하시오.

1. 아래 면세사업에 사용하던 재화는 다음과 같으며, 세금계산서는 적법하게 수령하였다. 취득가액은 부가가치세가 포함되지 않은 금액이다.

구분	취득일	취득가액
상품	20X0. 8. 28.	₩15,000,000
기계장치	20X1. 1. 26.	₩20,000,000
건물	20X1. 7. 18.	₩25,000,000

2. 20X2년 제1기와 관련된 수입금액의 내역은 다음과 같다.

	면세사업	과세사업
20X2. 1. 1. ~ 20X2. 3. 31.	₩100,000,000	₩100,000,000
20X2. 4. 1. ~ 20X2. 6. 30.	₩100,000,000	₩200,000,000

3. ㈜한국은 면세사업용 재화를 과세사업에 20X2. 3. 22.에 공통으로 사용하기 시작하였다.

풀이

1. 예정신고 시 공제받을 수 있는 매입세액: ₩0
   ∵ 과세사업전환 매입세액 공제는 확정신고 시에만 행할 수 있다.
2. 확정신고 시 공제받을 수 있는 매입세액: ₩2,025,000

$$\{₩20,000,000 \times (1 - 25\% \times 2) + ₩25,000,000 \times (1 - 5\% \times 1)\} \times \frac{₩300,000,000}{₩500,000,000} \times 10\%$$

   = ₩2,025,000

   ∵ 과세사업전환 매입세액 공제는 비상각자산에는 적용이 불가능하기 때문에 상품은 제외되고, 기계장치와 건물은 감가율을 적용하여 감액한 금액에 과세사업에 사용하는 만큼 매입세액 공제를 적용할 수 있다.

기출 OX

13. 사업자등록을 신청한 사업자가 사업자등록증 발급일까지의 거래에 대하여 해당 사업자 또는 대표자의 주민등록번호를 기재하고 세금계산서를 발급받은 경우에는 매입세액을 공제받을 수 있다. 2008. 9급
정답 O

14. 사업자등록을 한 사업자가 해당 사업자의 사업자등록번호 대신에 주민등록번호를 기재하고 발급받은 세금계산서상의 매입세액은 공제받을 수 있다. 2007. 9급
정답 X

15. 세금계산서의 필요적 기재사항 중 일부가 착오로 사실과 다르게 적혔으나 그 세금계산서에 적힌 나머지 필요적 기재사항 또는 임의적 기재사항으로 보아 거래사실이 확인되는 경우의 매입세액은 매출세액에서 공제한다. 2024. 7급 [최신]
정답 O

16. 발급받은 세금계산서의 필요적 기재사항 중 일부가 적히지 않았으며 거래사실도 확인되지 않는 경우「부가가치세법」상 매입세액공제가 허용된다. 2010. 7급
정답 X

17. 재화 또는 용역의 공급시기 이후에 발급받은 세금계산서로서 해당 공급시기가 속하는 과세기간에 대한 확정신고기한 내에 발급받은 경우 부가가치세법상 매입세액공제가 허용된다. 2010. 7급
정답 O

18. 재화의 공급시기 이후 해당 공급시기가 속하는 과세기간에 대한 확정신고기한 내에 세금계산서를 발급받았다 하더라도 세금계산서는 공급시기에 발급받아야 하므로 매입세액공제를 받을 수 없다. 2014. 9급
정답 X

19. 재화를 공급받고 실제로 그 재화를 공급한 사업장이 아닌 사업장을 적은 세금계산서를 발급받은 경우 그 사업장이 사업자단위 과세사업자에 해당하는 사업장인 경우로서 그 재화를 실제로 공급한 사업자가 부가가치세 확정신고를 통하여 해당 과세기간에 대한 납부세액을 신고하고 납부하였다면 그 매입세액은 매출세액에서 공제한다. 2018. 9급
정답 O

7 재고매입세액 C

재고매입세액은 재고납부세액과 함께 **10** 간이과세에서 설명하기로 한다.

8 변제대손세액 B

변제대손세액이라 함은 대손이 확정되고, 그에 대한 금액을 변제하여 매입세액에 가산하여 공제하는 금액을 말한다. 이에 대해서는 **06** 과세표준 중 **①** 대손세액공제 부분에서 설명한 내용이다.

9 공제하지 아니하는 매입세액 A

⭐ (1) 세금계산서 또는 세금계산서합계표의 미수령(미제출) 또는 부실기재

① 세금계산서의 미수취 또는 부실기재

세금계산서(또는 수입세금계산서)를 발급받지 않은 경우의 매입세액 또는 발급받은 세금계산서(또는 수입세금계산서)에 필요적 기재사항의 전부 또는 일부가 적히지 않았거나 사실과 다르게 적힌 경우의 매입세액(공급가액이 사실과 다르게 적힌 경우에는 실제 공급가액과 사실과 다르게 적힌 금액의 차액에 해당하는 세액을 말함)은, 공제하지 않는다 (부법 39 ① (2)).

다만, 다음 중 어느 하나에 해당하는 경우에는 매입세액공제를 적용할 수 있다(부령 75).

> ㉠ 사업자등록을 신청한 사업자가 사업자등록증 발급일까지의 거래에 대하여 해당 사업자 또는 대표자의 주민등록번호를 적어 발급받은 경우
> ㉡ 발급받은 세금계산서의 필요적 기재사항 중 일부가 착오로 사실과 다르게 적혔으나 그 세금계산서에 적힌 나머지 필요적 기재사항 또는 임의적 기재사항으로 보아 거래사실이 확인되는 경우
> ㉢ 재화 또는 용역의 공급시기 이후에 발급받은 세금계산서로서 해당 공급시기가 속하는 과세기간에 대한 확정신고기한까지 발급받은 경우
> ㉣ 재화 또는 용역의 공급시기가 속하는 과세기간에 대한 확정신고기한이 지난 후 세금계산서를 발급받았더라도 그 세금계산서의 발급일이 확정신고기한 다음 날부터 1년 이내이고 다음 중 어느 하나에 해당하는 경우
>> ⓐ 「국세기본법 시행령」에 따른 과세표준수정신고서와 경정청구서를 세금계산서와 함께 제출하는 경우
>> ⓑ 해당 거래사실이 확인되어 납세지 관할 세무서장, 납세지 관할 지방국세청장 또는 국세청장이 결정 또는 경정하는 경우
>
> ㉤ 재화 또는 용역의 공급시기 전에 세금계산서를 발급받았더라도 재화 또는 용역의 공급시기가 그 세금계산서의 발급일부터 6개월 이내에 도래하고 해당 거래사실이 확인되어 납세지 관할 세무서장 등이 결정 또는 경정하는 경우
> ㉥ 실제로 재화·용역을 공급하거나 공급받은 사업장이 아닌 사업장을 적은 세금계산서를 발급받았더라도 그 사업장이 총괄하여 납부하거나 사업자단위과세사업자에 해당하는 사업장인 경우로서 그 재화 또는 용역을 실제로 공급한 사업자가 납세지 관할 세무서장에게 해당 과세기간에 대한 납부세액을 예정신고·확정신고하고 납부한 경우

- ⓐ 전자세금계산서 의무발급 사업자로부터 발급받은 전자세금계산서로서 국세청장에게 전송되지 않았으나 발급한 사실이 확인되는 경우
- ⓞ 전자세금계산서 의무발급 사업자로부터 발급받은 전자세금계산서 외의 세금계산서로서 재화 또는 용역의 공급시기가 속하는 과세기간에 대한 확정신고기한까지 발급받았고, 그 거래사실도 확인되는 경우
- ㉣ 다음 각 경우로서 그 거래사실이 확인되고 거래 당사자가 법령에 따라 납세지 관할 세무서장에게 해당 납부세액을 신고하고 납부한 경우
    - ⓐ 거래의 실질이 위탁매매 또는 대리인에 의한 매매에 해당함에도 불구하고 거래 당사자간 계약에 따라 위탁매매 또는 대리인에 의한 매매가 아닌 거래로 하여 세금계산서를 발급받은 경우
    - ⓑ 거래의 실질이 위탁매매 또는 대리인에 의한 매매에 해당하지 않음에도 불구하고 거래 당사자 간 계약에 따라 위탁매매 또는 대리인에 의한 매매로 하여 세금계산서를 발급받은 경우
    - ⓒ 거래의 실질이 용역의 공급에 대한 주선·중개에 해당함에도 불구하고 거래 당사자 간 계약에 따라 용역의 공급에 대한 주선·중개가 아닌 거래로 하여 세금계산서를 발급받은 경우
    - ⓓ 거래의 실질이 용역의 공급에 대한 주선·중개에 해당하지 않음에도 불구하고 거래 당사자 간 계약에 따라 용역의 공급에 대한 주선·중개로 하여 세금계산서를 발급받은 경우
    - ⓔ 다른 사업자로부터 사업(용역을 공급하는 사업으로 한정)을 위탁 받아 수행하는 사업자가 위탁 받은 사업의 수행에 필요한 비용을 사업을 위탁한 사업자로부터 지급받아 지출한 경우로서 해당 비용을 공급가액에 포함해야 함에도 불구하고 거래 당사자 간 계약에 따라 이를 공급가액에서 제외하여 세금계산서를 발급받은 경우
    - ⓕ 다른 사업자로부터 사업을 위탁 받아 수행하는 사업자가 위탁 받은 사업의 수행에 필요한 비용을 사업을 위탁한 사업자로부터 지급받아 지출한 경우로서 해당 비용을 공급가액에서 제외해야 함에도 불구하고 거래 당사자 간 계약에 따라 이를 공급가액에 포함하여 세금계산서를 발급받은 경우
    - ⓖ 매출에누리에 해당하는 금액을 공급가액에 포함하지 않아야 함에도 불구하고 거래 당사자 간 계약에 따라 해당 금액을 장려금이나 이와 유사한 금액으로 보고 이를 공급가액에 포함하여 세금계산서를 발급받은 경우
- ㉧ 신탁재산과 관련하여 수탁자를 납세의무자로 하는 규정에 따라 부가가치세를 납부해야 하는 수탁자가 위탁자를 공급받는 자로 하여 발급된 세금계산서의 부가가치세액을 매출세액에서 공제받으려고 하는 경우로서 그 거래사실이 확인되고 재화 또는 용역을 공급한 자가 납세지 관할 세무서장에게 해당 납부세액을 신고하고 납부한 경우
- ㉠ 신탁재산과 관련하여 위탁자를 납세의무자로 하는 규정에 따라 부가가치세를 납부해야 하는 위탁자가 수탁자를 공급받는 자로 하여 발급된 세금계산서의 부가가치세액을 매출세액에서 공제받으려고 하는 경우로서 그 거래사실이 확인되고 재화 또는 용역을 공급한 자가 납세지 관할 세무서장에게 해당 납부세액을 신고하고 납부한 경우

오쌤 Talk

착오로 인한 세금계산서 발급 오류

ⓐ,ⓞ	전자세금계산서 의무발급 사업자의 미전송 또는 전자세금계산서 외의 세금계산서 발급
㉣의 ⓐ,ⓑ	위탁매매 대리인에 의한 매매를 직접 매매한 것으로 착오하거나 그 반대의 경우
㉣의 ⓒ,ⓓ	용역의 주선 중개 또는 위탁용역을 직접 공급으로 착오하거나 그 반대의 경우
㉣의 ⓔ,ⓕ	사업을 위탁받아 수행하는 사업자가 사업수행에 필요한 비용을 공급가액에 착오로 포함하거나 누락한 경우
㉧,㉠	신탁재산 관련 납부의무자인 수탁자와 위탁자가 공급받는자를 각각 상대방으로 기재한 경우

② **매입처별 세금계산서합계표의 미제출 또는 부실기재**

매입처별 세금계산서합계표를 제출하지 아니한 경우의 매입세액 또는 제출한 매입처별 세금계산서합계표의 기재사항 중 거래처별 등록번호 또는 공급가액의 전부 또는 일부가 적히지 아니하였거나 사실과 다르게 적힌 경우 그 기재사항이 적히지 아니한 부분 또는 사실과 다르게 적힌 부분의 매입세액은 매출세액에서 공제하지 않는다(부법 39 ① (1)).

다만, 다음 어느 하나에 해당하는 경우에는 매입세액공제를 적용할 수 있다(부령 74).

구분	비고
㉠ 매입처별 세금계산서합계표의 거래처별 등록번호 또는 공급가액이 착오로 사실과 다르게 적힌 경우로서 발급받은 세금계산서에 의해 거래사실이 확인되는 경우	가산세 없음 (자진 정정에 대한 보상)
㉡ 매입처별 세금계산서합계표(또는 신용카드매출전표 등 수령명세서)를,「국세기본법」에 따른 수정신고, 경정청구, 기한후과세표준신고와 함께 제출한 경우	
㉢ 관할 세무서장 등이 과세표준과 세액을 경정을 하는 경우 사업자가 발급받은 세금계산서 또는 신용카드매출전표 등을 경정기관의 확인을 거쳐 해당 경정기관에 제출하는 경우	가산세 있음 (자진 정정이 아님)

오쌤 Talk

가산세 정리

[공급자]
전자세금계산서 지연제출가산세
: 0.3%
전자세금계산서 미제출가산세
: 0.5%

[공급받은자]
세금계산서 지연수취가산세
: 0.5%

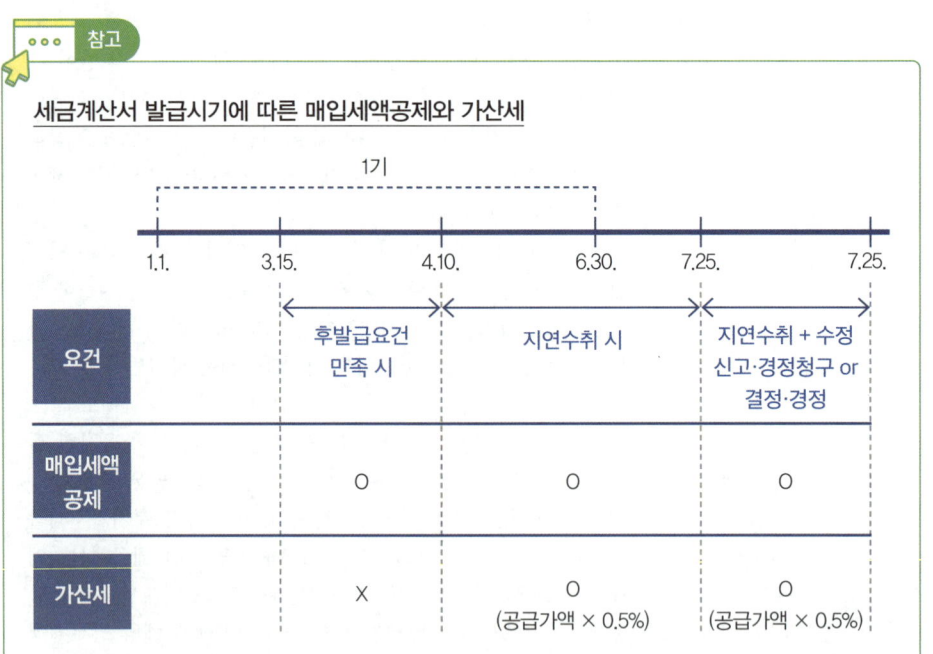

★★ (2) 사업과 직접적인 관련이 없는 매입세액

① 매입세액 불공제

사업과 직접 관련이 없는 지출에 대한 매입세액은 공제되지 않는다. 여기서 '사업과 직접 관련이 없는 지출'이라 함은 다음의 경우를 말한다(부법 39 ① (4), 부령 77).

> ㉠「법인세법」·「소득세법」에 따른 업무무관비용(소령 78, 법령 49 ③, 50)
> ㉡「법인세법」에 따른 공동경비 중 법정기준을 초과하여 손금불산입한 금액(법령 48)

② 사례

㉠ 출자임원(소액주주 제외)의 사택유지비, 사업과 무관한 주식 매각수수료 등 관련 매입세액은 사업과 직접 관련 없는 매입세액에 해당한다(부가령 77).

㉡ 취득한 재화를 국가·지방자치단체에 무상으로 공급하는 경우 면세하는데, 이 경우 취득한 재화에 대한 매입세액공제 여부는 다음과 같다(부기통 38-0-6).

취득 당시 사업과 관련하여 취득한 재화	매입세액 공제 O
취득 당시 사업과 무관하게 취득한 재화	매입세액 공제 X

★★ (3) 비영업용 소형승용차의 구입과 임차 및 유지에 관한 매입세액

개별소비세 과세대상 소형승용자동차의 구입과 임차 및 유지에 관한 매입세액은 공제되지 않는다. 다만, 운수업, 자동차판매업, 자동차임대업, 운전학원업, 무인경비업(기계경비업무를 하는 경비업) 및 이와 유사한 업종에 직접 영업으로 사용되는 자동차에 대한 매입세액은 공제한다(부법 39 ① (5)).

★★ (4) 기업업무추진비 관련 매입세액

기업업무추진비와 이와 유사한 비용의 지출과 관련된 매입세액은 공제하지 아니한다(부법 39 ① (6)). 이 경우 기업업무추진비 및 이와 유사한 비용은 「법인세법」·「소득세법」에 따른 기업업무추진비 및 이와 유사한 비용으로 한다(부령 79).

★★ (5) 면세사업 등 관련 매입세액

부가가치세 면세사업 등에 관련된 매입세액(면세사업 등을 위한 투자에 관련된 매입세액 포함)은 매출세액에서 공제하지 않는다(부법 39 ① (7)).

 기출 OX

20. 자기의 사업과 관련하여 취득한 재화를 국가에 무상으로 공급하는 경우 재화의 매입세액은 매출세액에서 공제하지 아니한다. 2014. 7급

정답 X

 오쌤 Talk

비영업용 승용차의 구입·임차·유지 매입세액

소형승용차의 경우 업무에 직접 사용하는지 여부의 파악이 어렵기 때문에 운수업 등에서 영업용으로 사용되는 것을 제외하고는 모두 사업과 무관한 것으로 취급하여 불공제한다.

 오쌤 Talk

거래처 증정 목적 재화의 구입시점과 증정시점의 회계처리

① 구입시점: 기업업무추진비 관련 매입세액으로 보아 매입세액 불공제
② 증정시점: 매입세액이 불공제된 재화를 증정하기 때문에 간주공급 규정을 적용받지 않으므로 VAT 면제

📖 **확인문제**

02.「부가가치세법」상 납부세액 계산 시 매출세액에서 공제하지 아니하는 매입세액이 아닌 것은? 2018. 7급

① 세금계산서의 필요적 기재사항 중 일부가 착오로 사실과 다르게 적혔으나 나머지 필요적 기재사항으로 보아 거래사실이 확인되는 매입세액
② 사업과 직접 관련이 없는 지출에 대한 매입세액
③ 기업업무추진비 및 이와 유사한 비용의 지출에 관련된 매입세액
④ 면세사업 등에 관련된 매입세액

정답 ①

 기출 OX

21. 면세사업을 위한 투자에 관련된 매입세액은 공제한다. 2020. 7급

정답 X

기출 OX

22. 건축물이 있는 토지를 취득하여 그 건축물을 철거하고 토지만 사용하는 경우 철거한 건축물의 취득 및 철거 비용과 관련된 매입세액은 매출세액에서 공제한다.
2024. 7급 [최신]
정답 X

23. 토지의 조성 등을 위한 자본적 지출에 관련된 것으로서 토지의 가치를 현실적으로 증가시켜 토지의 취득원가를 구성하는 비용에 관련된 매입세액은 매출세액에서 공제하지 아니한다.
2018. 9급
정답 O

기출 OX

24. 「부가가치세법」에 따른 사업자등록을 신청하기 전의 매입세액은 그 공급시기가 속하는 과세기간이 끝난 후 30일 이내에 등록을 신청한 경우에는 해당 세액을 매출세액에서 공제할 수 있다.
2018. 9급
정답 X

25. 사업자등록을 신청하기 전이라도 공급시기가 속하는 과세기간이 끝난 후 20일 이내에 등록을 신청한 경우 등록신청일부터 공급시기가 속하는 과세기간 기산일까지 역산한 기간 이내의 매입세액은 매출세액에서 공제한다.
2014. 9급
정답 O

(6) 토지의 자본적 지출 관련 매입세액

토지의 조성 등을 위한 자본적 지출에 관련된 매입세액으로서 다음 어느 하나에 해당하는 것은 공제하지 않는다(부법 39 ① (7), 부령 80).

① 토지의 취득 및 형질변경, 공장부지 및 택지의 조성 등에 관련된 매입세액
② 건축물이 있는 토지를 취득하여 그 건축물을 철거하고 토지만을 사용하는 경우에는 철거한 건축물의 취득 및 철거 비용과 관련된 매입세액
③ 토지의 가치를 현실적으로 증가시켜 토지의 취득원가를 구성하는 비용에 관련된 매입세액

> **참고**
>
> **토지와 관련된 매입세액 공제**
>
> 자가 소유 토지에 대한 자본적 지출에 대한 경우에만 매입세액을 불공제한다. 따라서 다음의 경우에는 토지와 관련된 지출임에도 불구하고 매입세액을 공제받을 수 있다.
>
> ① 기존 보유하던 노후건물을 철거할 때, 해당 건축물에 대한 철거비용
> ② 타인의 토지에 대한 자본적 지출

(7) 사업자등록 전 매입세액

사업자등록을 신청하기 전의 매입세액은 매출세액에서 공제하지 않는다. 다만, 공급시기가 속하는 과세기간이 끝난 후 20일 이내에 등록을 신청한 경우 등록신청일부터 공급시기가 속하는 과세기간 기산일까지 역산한 기간 내의 매입세액은 매출세액에서 공제한다(부법 39 ① (8)).

예제 2 매입세액 불공제액의 계산

다음 자료를 기초로 제조업을 영위하는 ㈜한국이 제1기에 매입한 재화의 매입세액 중 불공제 되는 매입세액을 구하시오. 아래의 매입거래는 전부 제1기에 발생한 거래이며 세금계산서 또는 영수증을 모두 정상 수령하였다고 가정한다.

1. 면세사업에 사용할 목적으로 기계를 ₩30,000,000에 구입
2. 과세사업에 사용할 목적으로 상품을 ₩5,000,000에 구입
3. 제품을 운반하기 위해 개별소비세 과세대상 소형승용자동차를 ₩10,000,000에 구입
4. 본사 건물 미화목적으로 토지를 ₩7,000,000에 개량하며, 해당 지출은 토지의 취득원가에 가산되는 자본적 지출에 해당된다.
5. 사업과 관련없이 대표이사 개인용도로 사용할 요트를 ₩10,000,000에 구입
6. 거래처에 증정하기 위하여 비품 10개를 개당 ₩500,000에 구입

풀이

불공제되는 매입세액: {₩30,000,000(면세사업용) + ₩10,000,000(비영업용 소형승용자동차) + ₩7,000,000(토지개량) + ₩10,000,000(사업과 관련없는 지출) + ₩500,000 × 10(기업업무추진비)} × 10%
= ₩6,200,000

확인문제

03. 다음은 제조업을 영위하는 일반과세자 ㈜E의 2020년 제1기 부가가치세 과세기간 중의 거래내역이다. 2020년 제1기 부가가치세 납부세액을 계산할 때 공제 가능한 매입세액 총액은? (단, 거래대금을 지급하고 세금계산서를 적법하게 수취함) 2016. 9급

(1) 3,000 cc인 소형승용차 구입과 관련된 매입세액 100만원
(2) 사업에 사용할 목적으로 매입한 원료 매입세액 100만원. 세금계산서의 필요적 기재사항 중 일부가 착오로 사실과 다르게 기재되었으나 그 세금계산서에 적힌 나머지 임의적 기재사항으로 보아 거래사실이 확인됨
(3) 기업업무추진비의 지출과 관련된 매입세액 100만원
(4) 공장부지의 조성과 관련된 매입세액 100만원
(5) 사업에 사용할 목적으로 매입하였으나 과세기간 말 현재 사용하지 않은 재료의 매입세액 100만원

① 100만원 ② 200만원
③ 300만원 ④ 400만원

정답 ②

3 차가감납부세액의 계산

1 차가감납부세액 계산구조 C

```
      납 부 세 액
  ( - ) 경감 및 공제세액
  ( - ) 예정신고미환급세액
  ( - ) 예정고지세액
  ( - ) 수시부과세액 NEW
  ( + ) 가 산 세
  ─────────────────
      차가감납부세액
```

차가감납부세액의 74.7%는 국세인 부가가치세로 하고, 25.3%는 지방소비세로 한다 (부법 72 ①). 단, 부가가치세와 지방소비세를 신고, 납부, 경정 및 환급할 경우에는 부가가치세와 지방소비세를 모두 합한 금액을 신고, 납부, 경정 및 환급한다(부법 72 ②).

2 경감 및 공제세액 C

(1) 신용카드매출전표 등 발급세액공제(부법 46 ①, ②, 부령 88 ①, ②)

① 적용 대상

> ㉠ 영수증발급대상자
> 주로 사업자가 아닌 자에게 재화·용역을 공급하는 사업자로 영수증발급사업자 (법인사업자와 직전 연도의 재화·용역의 공급가액 합계액이 사업장을 기준으로 10억원을 초과하는 개인사업자는 제외)
>
> ㉡ 간이과세자
> 영수증을 발급하는 간이과세자(직전 공급대가 4,800만원 미만), 최초 과세기간 신규 개인 사업자
>
> ㉢ 증명서류
> 부가가치세가 과세되는 재화·용역을 공급하고 신용카드매출전표 등 법정증빙을 발급하거나, 전자적 결제수단에 의하여 대금을 결제받을 것

② 계산

> 신용카드매출전표 등 발급세액 공제 = MIN[㉠, ㉡]
> ㉠ 발급금액 또는 결제금액 × 1.3% (2027년부터 1%)
> ㉡ 한도: 연간 1,000만원 (2027년부터 연간 500만원)

③ 공제한도
신용카드매출전표 등 발급세액 공제액이 그 공제액을 차감하기 전의 **납부할 세액을 초과하면 그 초과하는 부분은 없는 것으로 보아 환급하지 않는다.**

오쌤 Talk

신용카드매출전표 등 수령분 매입세액과 신용카드매출전표 등 발급세액 공제 비교

구분	신용카드매출전표 등 수령분 매입세액	신용카드매출전표 등 발급세액 공제
계산 구조	매입세액	「부가가치세법」상 세액공제
계산식	공급대가 × 10/110	공급대가 × 1.3%
수혜자	공급받은 자	공급자

④ 발급금액 또는 결제금액

발급금액 또는 결제금액은 부가가치세를 포함한 공급대가를 말한다.

(2) 전자세금계산서 발급·전송에 대한 세액공제

구분	내용
적용 대상	직전 연도의 사업장별 재화·용역의 공급가액(면세공급가액 포함)의 합계액이 3억원 미만인 개인사업자[*1] 또는 해당 연도에 신규로 사업을 개시한 개인사업자가 전자세금계산서 발급명세를 발급일의 다음 날까지 전송하는 경우 세액공제액을 납부세액에서 공제할 수 있다.
세액공제액	MIN[①,②] ① 발급건수 × 200원 ② 한도: 연간 100만원
적용 기간	2022.7.1. 이후 공급분에 대한 전자세금계산서를 발급하는 분부터 2027.12.31.까지 NEW
공제한도 초과 시	공제한도(= 납부세액 - 뺄 세액 + 더할 세액)을 초과하면 그 초과부분은 없는 것으로 본다. 즉 환급하지 않는다.

[*1] 간이과세자(영수증 발급 대상 간이과세자는 제외)를 포함한다(Link-p.457)

(3) 「조세특례제한법」상 세액공제

다음의 항목은 「조세특례제한법」상 세액공제 항목이다.

> ① 전자신고에 대한 세액공제
> 납세자가 직접 전자신고방법으로 부가가치세 확정신고를 하는 경우에는 해당 납부세액에서 1만원을 공제하거나 환급세액에서 가산한다. 다만, 매출가액과 매입가액이 없는 일반과세자에 대해서는 세액공제를 적용하지 않는다(조특법 104의8 ②, 조특령 104의 5 ③, ④).
>
> ② 현금영수증사업자에 대한 세액공제
> 신용카드단말기 등에 현금영수증발급장치를 설치하는 등 현금영수증 결제를 승인하고 전송할 수 있는 시스템을 갖춘 현금영수증사업의 승인을 받은 현금영수증사업자는 현금영수증 결제 건수 및 지급명세서의 건수에 따라 일정한 금액을 해당 과세기간의 부가가치세 납부세액에서 공제받거나 환급세액에 가산하여 받을 수 있다(조특법 126의 3 ①). 단, 해당 규정은 2025년 12월 31일까지 결제분(지급명세서의 경우 제출분)에 한정한다.

3 예정신고 미환급세액 및 예정고지세액 C

(1) 예정신고 미환급세액

부가가치세 환급세액이 발생하면 각 과세기간(6개월) 단위로 그 확정신고기한이 지난 후 30일 이내에 환급한다. 따라서 예정신고 시 환급세액이 발생하면 조기환급의 경우를 제외하고는 바로 환급하지 않으며, 확정신고 시 납부세액에서 예정신고 미환급세액을 빼고 납부한다(부법 49 ②).

(2) 예정고지세액

부가가치세는 원칙적으로 매 3개월마다 신고하여야 하나, 개인사업자 및 영세법인사업자에 대하여는 예정신고의무를 면제하고 정부가 예정고지하는 일정세액(직전과세기간 납부세액의 50%)을 납부하는 특례를 인정하고 있다. 이 경우 사업자는 확정신고 시 모든 과세기간(6개월)을 대상으로 부가가치세를 신고납부하여야 하는데, 이때 예정고지하여 징수되는 금액을 기납부세액의 성격으로 납부세액에서 빼고 납부한다(부법 49 ②). 해당 내용은 08 P. 414 1 일반과세자의 예정신고와 납부를 참고한다.

4 가산세 C

사업자가 사업자등록을 하지 않거나 전자세금계산서 발급명세를 발급하지 않는 등 납세자의 의무를 위반할 경우 가산세가 발생하며 이는 납부세액에 더하거나 환급세액에서 뺀다.

(1) 무신고·과소신고·납부지연 가산세

무신고·과소신고·납부지연가산세는 「국세기본법」에서 이미 다룬 바 있다. 「부가가치세법」상 해당 가산세는 「국세기본법」과 마찬가지로 아래와 같이 적용한다.

구분		가산세
무신고 가산세	원칙	무신고 납부세액 × 20% + 영세율과세표준신고 불성실 가산세
	부정행위로 인한 경우	무신고 납부세액 × 40% + 영세율과세표준신고 불성실 가산세
과소신고·초과환급신고 가산세	원칙	과소신고납부세액 등 × 10% + 영세율과세표준신고 불성실 가산세
	부정행위로 인한 경우	① + ② + 영세율과세표준신고 불성실 가산세 ① 부정과소신고 납부세액 등 × 40% ② (과소신고 납부세액 등 - 부정과소신고 납부세액 등) × 10%
납부지연 가산세		①+②+③ ① 미달납부세액 × 일수 × 2.2/10,000 ② 초과환급세액 × 일수 × 2.2/10,000 ③ 3% 부과분: 법정납부기한까지 납부하여야 할 세액 중 납부고지서에 따른 납부기한까지 미달한 납부세액 × 3% (납부고지서에 따른 납부기한까지 완납하지 아니한 경우에 한정)

오쌤 Talk

영세율 무신고 가산세

영세율이 적용되는 과세표준이 있는 사업자가 신고하지 않은 경우, 무신고 가산세와 더불어 영세율 과세표준의 0.5%에 상당하는 금액을 가산세로 한다.
Link-P.108-109

오쌤 Talk

가산세 면제

간이과세자로서 납부의무가 면제되는 경우에는 무신고 가산세를 적용하지 않는다. 사업자가 대손세액에 해당하는 금액을 빼지 않아 관할 세무서장이 빼야 할 매입세액을 결정 또는 경정(更正)하는 경우 그 대손세액에 상당하는 부분에 대해서는 무신고·납부지연가산세를 적용하지 아니한다. Link-P.113

(2) 세금계산서 불성실 가산세(부법 60 ②, ③)

구분	부과사유	가산세
① 지연발급 가산세	세금계산서의 발급시기가 지난 후 해당 재화 또는 용역의 공급시기가 속하는 과세기간에 대한 확정신고 기한까지 세금계산서를 발급하는 경우	공급가액 × 1%
② 미발급 가산세	세금계산서의 발급시기가 지난 후 해당 재화 또는 용역의 공급시기가 속하는 과세기간에 대한 확정신고 기한까지 세금계산서를 발급하지 아니한 경우	공급가액 × 2%
	㉠ 전자세금계산서를 발급하여야 할 의무가 있는 자가 전자세금계산서를 발급하지 아니하고 세금계산서의 발급시기에 전자세금계산서 외의 세금계산서를 발급한 경우 ㉡ 둘 이상의 사업장을 가진 사업자가 재화 또는 용역을 공급한 사업장 명의로 세금계산서를 발급하지 아니하고 세금계산서의 발급시기에 자신의 다른 사업장 명의로 세금계산서를 발급한 경우	공급가액 × 1%
③ 미제출 가산세	기한이 지난 후 재화 또는 용역의 공급시기가 속하는 과세기간에 대한 확정신고기한까지 국세청장에게 전자세금계산서 발급명세를 전송하지 아니한 경우	공급가액 × 0.5%
④ 지연제출 가산세	기한이 지난 후 재화 또는 용역의 공급시기가 속하는 과세기간에 대한 확정신고기한까지 국세청장에게 전자세금계산서 발급명세를 전송하는 경우	공급가액 × 0.3%
⑤ 부실기재 가산세	세금계산서의 필요적 기재사항의 전부 또는 일부가 착오 또는 과실로 적혀 있지 아니하거나 사실과 다른 경우(단, 나머지 필요적 기재사항 또는 임의적 기재사항으로 거래사실이 확인되는 경우는 제외(부령 108 ③))	공급가액 × 1%
⑥ 가공거래	재화 또는 용역을 공급하지 아니하고 세금계산서 또는 신용카드매출전표 등을 발급한 경우(그 발급받은 거래 상대방 포함)	공급가액 × 3%
⑦ 가공수취	재화 또는 용역을 공급하고 실제로 재화 또는 용역을 공급하는 자가 아닌 자 또는 실제로 재화 또는 용역을 공급받는 자가 아닌 자의 명의로 세금계산서 등을 발급한 경우(그 거래 상대방 포함)	공급가액 × 2%
⑧ 과다기재	재화 또는 용역을 공급하고 세금계산서 등의 공급가액을 과다하게 기재한 경우(그 거래 상대방 포함)	실제보다 과다하게 기재한 부분에 대한 공급가액 × 2%
⑨ 비사업자의 가공발급	사업자가 아닌 자가 재화 또는 용역을 공급하지 아니하고 세금계산서를 발급하거나 재화 또는 용역을 공급받지 아니하고 세금계산서를 발급받으면 사업자로 보고 그 세금계산서를 발급하거나 발급받은 자에게 납세지 관할 세무서장이 징수하는 경우	공급가액 × 3%
⑩ 경정 시 확인된 신용카드매출전표 등 가산세	사업자가 신용카드매출전표 등을 발급받아 예정신고 또는 확정신고를 할 때에 제출하여 매입세액을 공제받지 아니하고 경정기관의 확인을 받아 매입세액을 공제받는 경우	공급가액 × 0.5%

(3) 매출·매입처별 세금계산서합계표 불성실가산세(부법 60 ⑥, ⑦)

사업자가 다음 중 어느 하나에 해당하면 불성실가산세가 발생하며 이는 납부세액에 더하거나 환급세액에서 뺀다. 단 매출·매입처별 세금계산서합계표의 기재사항이 착오로 적힌 경우로서 사업자가 발급한(또는 수령한) 세금계산서(또는 수입세금계산서)에 따라 거래사실이 확인되는 공급가액에 대하여는 가산세가 부과되지 않는다.

구분		부과사유	가산세
매출처별 세금계산서 합계표 불성실 가산세	① 미제출 가산세	매출처별 세금계산서합계표를 제출하지 않은 경우	미제출분 공급가액 × 0.5%
	② 부실기재 가산세	제출한 매출처별 세금계산서합계표의 기재사항 중 거래처별 등록번호 또는 공급가액의 전부 또는 일부가 적혀 있지 않거나 사실과 다르게 적혀 있는 경우	부실기재분 공급가액 × 0.5%
	③ 지연제출 가산세	예정신고를 할 때 제출하지 못하여 해당 예정신고기간이 속하는 과세기간에 확정신고를 할 때 매출처별 세금계산서합계표를 제출하는 경우	지연제출분 공급가액 × 0.3%
매입처별 세금계산서 합계표 불성실 가산세	① 경정	매입처별 세금계산서합계표를 미제출·부실기재한 경우로서 경정시 경정기관의 확인을 거쳐 제출하여 세금계산서·수입세금계산서에 따라 매입세액공제를 받는 경우	공급가액 × 0.5%
	② 세금계산서 지연수취 가산세	㉠ 재화 또는 용역의 공급시기 이후에 발급받은 세금계산서로 해당 공급시기가 속하는 과세기간에 대한 확정신고기한까지 발급받은 경우 ㉡ 재화 또는 용역의 공급시기가 속하는 과세기간에 대한 확정신고기한이 지난 후 세금계산서를 발급받았더라도 그 세금계산서의 발급일이 확정신고기한 다음 날부터 1년 이내이고 「국세기본법」상 수정신고 또는 경정청구하거나 결정·경정 등을 받는 경우	지연수취 공급가액 × 0.5%
	③ 공급시기 전 세금계산서 발급	재화 또는 용역의 공급시기 전에 세금계산서를 발급받았더라도 재화 또는 용역의 공급시기가 그 세금계산서의 발급일로부터 6개월 이내에 도래하고 해당 거래사실이 확인되어 납세지 관할세무서장이 결정 또는 경정하는 경우	공급가액 × 0.5%
	④ 과다기재 가산세	제출한 매입처별 세금계산서합계표의 기재사항 중 공급가액을 사실과 다르게 과다하게 적어 신고한 경우	과다하게 적어 신고한 공급가액 × 0.5%

(4) 사업자등록 불성실가산세(부법 60 ①)

구분	부과사유	가산세
사업자등록 불성실가산세	타인명의(배우자와 해당 사업을 승계받은 피상속인 제외)로 사업자등록을 하거나 그 타인명의의 사업자등록을 이용하여 사업을 하는 것으로 확인되는 경우	그 타인 명의의 사업 개시일부터 실제 사업을 하는 것으로 확인되는 날의 직전일까지의 공급가액 합계액 × 2% NEW
	사업자가 사업 개시일부터 20일 이내에 사업자등록을 신청하지 않은 경우	사업 개시일부터 등록을 신청한 날의 직전일까지의 공급가액 합계액 × 1%
	전자적 용역을 공급하는 국외사업자 등이 사업의 개시일부터 20일 이내에 간편사업자등록을 하지 않은 경우	사업 개시일부터 등록한 날의 직전일까지의 공급가액 합계액 × 1%

(5) 신용카드매출전표 등 관련 가산세

구분	가산세
① 신용카드매출전표 등을 발급받아 예정신고·확정신고를 할 때 제출하여 공제받지 않고 경정 시 경정 기관의 확인을 거쳐 제출하여 매입세액 공제를 받는 경우	공급가액 × 0.5%
② 매입세액을 공제받기 위하여 제출한 신용카드매출전표 등 수령명세서에 공급가액을 과다하게 적은 경우	과다하게 적은 공급가액* × 0.5%

* 착오로 기재된 경우로서 신용카드매출전표 등에 따라 거래사실이 확인되는 부분의 공급가액은 제외한다.

(6) 현금매출명세서 가산세(부법 60 ⑧)

구분	부과 사유	가산세
① 미제출 가산세	현금매출명세서 또는 부동산임대공급가액명세서를 제출하지 아니한 경우	제출하지 아니한 부분의 수입금액 × 1%
② 부실기재 가산세	제출한 수입금액(현금매출명세서의 경우에는 현금매출을 말함)이 사실과 다르게 적혀 있는 경우	제출한 수입금액과 실제 수입금액과의 차액 × 1%

(7) 가산세 중복적용 배제

① 부가가치세 가산세 중복 배제

사업자등록 불성실 가산세가 부과되면, 매출처별 세금계산서합계표 불성실 가산세와 같은 가산세가 이중으로 부과되므로 이를 방지하도록 제도가 마련되어 있다.

② 타법의 가산세 중복 배제

「법인세법」 또는 「소득세법」에 따른 신용카드 및 현금영수증 발급 불성실 가산세를 적용받는 부분은 세금계산서 미발급 가산세 및 매출처별 세금계산서합계표 부실기재 가산세를 적용하지 아니한다(부법 60 ⑩).

CHAPTER 08
부가가치세 신고와 납부

1. 신고와 납부
2. 환급
3. 결정 및 경정
4. 징수
5. 전자적 용역을 공급하는 국외사업자의 부가가치세
6. 국외사업자의 용역 등 공급에 관한 특례

• 최신 8개년 출제 경향 분석

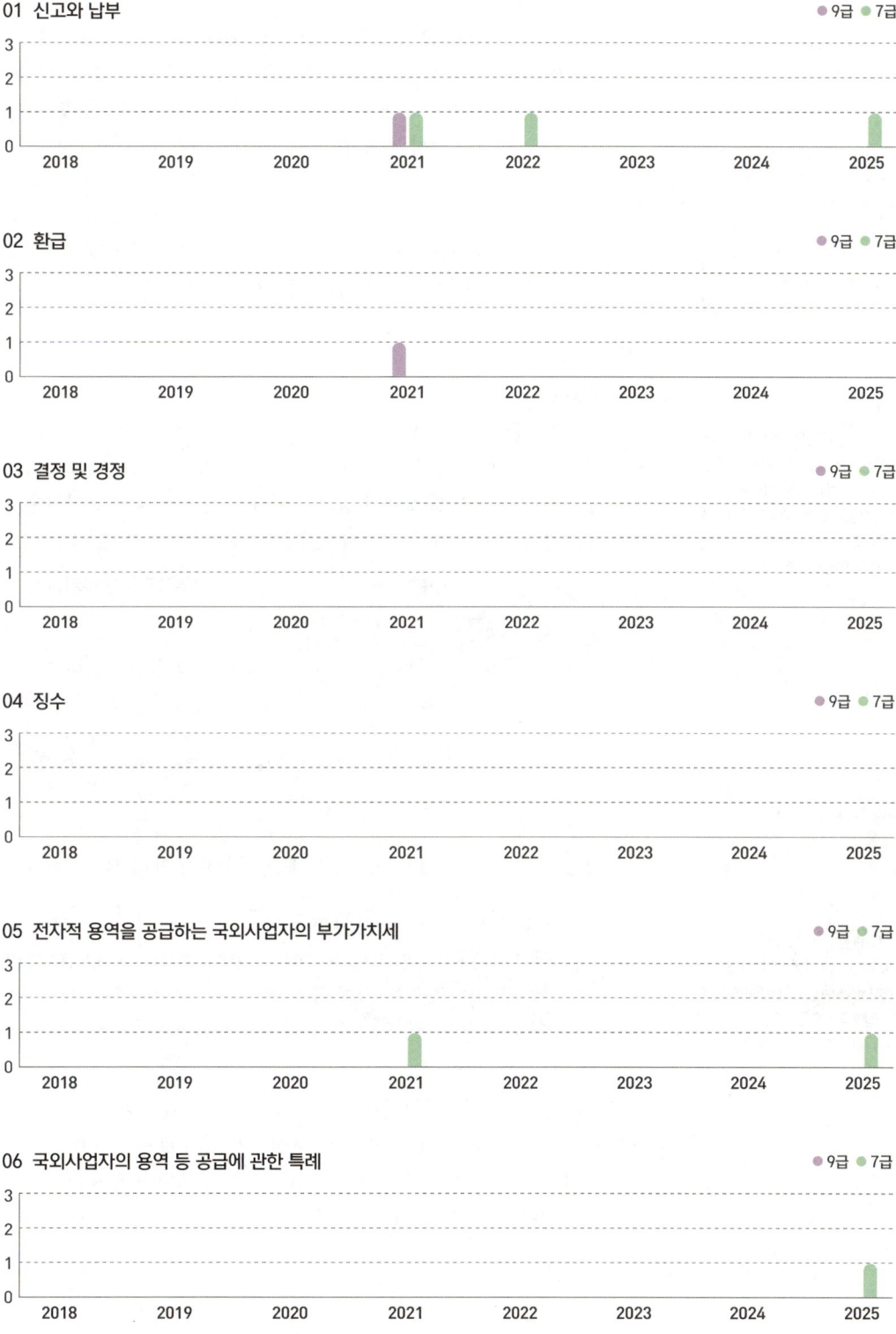

1 신고와 납부

1 일반과세자의 예정신고와 납부 B

★★ (1) 원칙: 예정신고

사업자는 각 과세기간 중 다음 기간(이하 '예정신고기간')이 끝난 후 25일 이내에 각 예정신고기간에 대한 과세표준과 납부세액 또는 환급세액을 관할 세무서장에게 신고해야 한다. 다만, 예정신고기간 중 매월 또는 매2월에 조기환급신고를 한 때에 이미 신고한 내용은 예정신고 대상에서 제외한다(부법 48 ①, ④).

이때, 신규로 사업을 시작하거나 시작하려는 자에 대한 최초의 예정신고기간은 사업개시일(사업 개시일 이전에 사업자등록을 신청한 경우에는 그 신청일)부터 그 날이 속하는 예정신고기간의 종료일까지로 한다(부법 48 ①).

★★ (2) 특례

① 예정고지

납세지 관할세무서장은 개인사업자와 직전 과세기간 공급가액의 합계액이 1억 5천만원 미만인 법인사업자에 대하여는 각 예정신고기간마다 직전 과세기간에 대한 납부세액*의 **50%**로 결정하여 아래 기간 내에 납부고지서를 발부하여 해당 예정신고기간이 끝난 후 25일까지 징수한다(부법 48 ③, 부령 90 ④, ⑤).

구분	납부고지서 발부기간	납부기한
제1기	1. 1. ~ 3. 31.	4. 1. ~ 4. 10.	4. 25.
제2기	7. 1. ~ 9. 30.	10. 1. ~ 10. 10.	10. 25.

* 「부가가치세법」 또는 「조세특례제한법」에 따라 납부세액에서 공제하거나 경감한 세액 및 수시 부과한 세액NEW이 있는 경우에는 그 세액을 뺀 금액으로 하고, 결정 또는 경정과 「국세기본법」에 따른 수정신고 및 경정청구에 따른 결정이 있는 경우에는 그 내용이 반영된 금액으로 한다(부법 48 ③).

② 징수 배제

다음 어느 하나에 해당하는 경우에는 징수하지 아니한다(부법 48 ③).

> ⊙ 징수하여야 할 금액이 **50만원 미만**
> ⓒ 간이과세자에서 해당 과세기간 개시일 현재 일반과세자로 변경된 경우
> ⓒ 「국세징수법」 상 납부기한 등의 연장사유 중 어느 하나에 해당하는 사유로 관할세무서장이 징수하여야 할 금액을 사업자가 납부할 수 없다고 인정되는 경우

③ '예정고지 대상의 사업자'라도 '예정신고' 할 수 있는 경우

다음의 사업자는 **예정신고를 하고 예정신고기간의 납부세액**(해당 예정신고기간에 대하여 수시부과한 세액은 공제한다NEW)**을 납부할 수 있다**(부법 48 ④, 부령 90 ⑤). 이 경우 '①'의 세무서장의 결정은 없었던 것으로 본다.

오쌤 Talk

「법인세법」, 「부가가치세법」, 「소득세법」의 예정신고의무 여부

① 「법인세법」: 신고를 원칙으로 한다.
② 「부가가치세법」: 법인은 신고를 원칙으로, 개인은 전기납부세액의 50%를 예정고지하여 '징수'하되, 일부 요건을 충족하는 개인에게는 신고를 허용하고 있다.
③ 「소득세법」: 전기납부세액의 50%를 예정고지하여 '징수'하되, 일부 요건을 충족하는 자에게는 신고를 허용 또는 강제하고 있다.

기출 OX

01. 외국법인(신규사업 개시자 아님)은 각 과세기간 중 예정신고기간이 끝난 후 30일 이내에 법령으로 정하는 바에 따라 각 예정신고기간에 대한 과세표준과 납부세액 또는 환급세액을 사업장 관할 세무서장에게 신고하여야 한다.
2011. 7급
정답 X

기출 OX

02. 개인사업자에 대하여는 각 예정신고기간마다 직전 과세기간 납부세액의 30퍼센트에 상당하는 금액을 결정하여 징수한다.
2022. 7급
정답 X

03. 납세지 관할 세무서장은 개인사업자에 대하여는 제2기분 예정신고기간분 부가가치세액(예정고지세액)에 대하여 10월 1일부터 10월 15일까지의 기간 이내에 납부고지서를 발부해야 한다.
2022. 7급
정답 X

⊙ 휴업 또는 사업 부진으로 인하여 각 예정신고기간의 공급가액 또는 납부세액이 직전 과세기간의 공급가액 또는 납부세액의 3분의 1에 미달하는 자
ⓛ 각 예정신고기간분에 대하여 조기환급을 받으려는 자

④ 예정신고 적용 배제 대상

⊙ **전자신고세액공제**: 납세자가 직접 전자신고방법으로 부가가치세 확정신고를 하는 경우에는 해당 납부세액에서 1만원을 공제하거나 환급세액에서 가산한다(조특법 104의8 ②, 조특령 104의 5 ③, ④).
ⓛ **과세전환매입세액의 공제**
ⓒ **가산세**
ⓔ **납부·환급세액 재계산**: 환급세액의 재계산은 감가상각자산에 대한 매입세액이 부가가치세법에 따라 공제된 후 총공급가액에 대한 면세공급가액의 비율 또는 총사용면적에 대한 면세사용면적의 비율과 해당 감가상각자산의 취득일이 속하는 과세기간(그 후의 과세기간에 재계산하였을 때에는 그 재계산한 기간)에 적용하였던 비율 간의 차이가 5퍼센트 이상인 경우에만 적용한다.
ⓜ **대손세액공제**: 대손세액공제를 받은 경우에는 그 재화 또는 용역을 공급받은 사업자는 관련 대손세액에 해당하는 금액을 대손이 확정된 날이 속하는 과세기간에 자신의 매입세액에서 뺀다(부법 45 ③).
ⓗ **환급(조기환급 제외)**: 납세지 관할 세무서장은 각 과세기간별로 그 과세기간에 대한 환급세액을 확정신고한 사업자에게 그 확정신고기한이 지난 후 30일 이내에 환급하여야 한다(부법 59 ①).

오쌤 Talk

예정신고 시에는 적용하지 않는 규정
① 대손세액공제 Link-P.384
② 환급(조기환급 제외) Link-P.421
③ 납부·환급세액 재계산 Link-P.441
④ 전자신고세액공제 Link-P.407
⑤ 과세전환매입세액의 공제 Link-P.397
⑥ 가산세 Link-P.408

(3) 납부

사업자는 예정신고를 할 때 그 예정신고기간의 납부세액(해당 예정신고기간에 대하여 수시부과한 세액은 공제)^{NEW}을 *부가가치세 예정신고서*와 함께 각 납세지 관할 세무서장(주사업장총괄납부의 경우 주된 사업장의 관할 세무서장)에게 납부하거나 「국세징수법」에 따른 납부서를 작성하여 한국은행(그 대리점을 포함) 또는 체신관서(이하 '한국은행등')에 납부하여야 한다(부법 48 ②).

(4) 제출

① 부가가치세 예정신고서

부가가치세의 예정신고를 할 때에는 다음 사항을 적은 *부가가치세 예정신고서*를 각 납세지 관할 세무서장에게 제출(국세정보통신망에 의한 제출을 포함)하여야 한다. 다만, 조기환급 신고를 할 때 이미 신고한 내용은 예정신고 대상에서 제외한다(부령 90 ②).

⊙ 사업자의 인적사항
ⓛ 납부세액 및 그 계산근거
ⓒ 공제세액 및 그 계산근거
ⓔ 매출·매입처별 세금계산서합계표의 제출 내용
ⓜ 그 밖의 참고 사항

오쌤 Talk

예정신고의 납부와 환급
예정신고 때 납부한 세액은 확정신고 시 2가지 경우로 나뉘어 각각 다르게 처리된다. 예정신고 납부한 경우, 확정신고 시 해당 신고 부분을 제외하고 신고한다. 신고한 세액의 경우 이미 신고한 과세표준과 납부한 납부세액, 환급받은 세액은 신고하지 않는다(부법 49 ①).
예정고지를 받고 납부한 경우, 확정신고 시 납부할 세액에서 차감한다.
반면 납부할 세액은 없고 오히려 환급받을 세액이 있다면 예정신고 시 환급받지 않고, 확정신고 시 납부할 세액에서 차감한다. Link-P.421

08 부가가치세 신고와 납부

② 그 밖의 제출서류

예정신고를 하는 경우에 다음 구분에 따른 서류를 첨부하지 아니한 부분은 신고로 보지 않는다(부령 90 ⑧).

> ㉠ 영세율이 적용되는 과세표준의 경우 기획재정부령에서 지정한 영세율 첨부서류
> ㉡ 「조세특례제한법」에 따라 영세율이 적용되는 과세표준의 경우 「조세특례제한법 시행령」 및 「농·축산·임·어업용 기자재 및 석유류에 대한 부가가치세 영세율 및 면세 적용 등에 관한 특례 규정」에 따른 서류

2 간이과세자의 예정신고와 납부 C

사업장 관할 세무서장은 간이과세자에 대하여 직전 과세기간에 대한 납부세액의 50퍼센트를 1월 1일부터 6월 30일까지의 납부세액으로 결정하여 예정부과기간이 끝난 후 25일 이내까지 징수한다(부법 66 ①). 자세한 내용은 ⑩ 간이과세에서 후술한다.

3 확정신고와 납부 B

★★ **(1) 확정신고**

사업자(간이과세자 포함)는 각 과세기간에 대한 과세표준과 납부세액 또는 환급세액을 그 과세기간이 끝난 후 25일(폐업하는 경우 폐업일이 속한 달의 다음 달 25일) 이내에 납세지 관할 세무서장에게 신고하여야 한다.

다만, 예정신고를 한 사업자 또는 조기에 환급을 받기 위하여 신고한 사업자는 이미 신고한 과세표준과 납부한 납부세액 또는 환급받은 환급세액은 신고하지 아니한다(부법 49 ①).

(2) 납부

사업자는 확정신고를 할 때 다음의 금액을 확정신고 시의 납부세액에서 빼고 납부한다(부법 49 ②).

> ① 조기 환급을 받을 환급세액 중 환급되지 아니한 세액
> ② 예정고지에 따라 징수되는 금액
> ③ 수시부과한 세액 NEW

이때, 부가가치세 확정신고서와 함께 각 납세지 관할 세무서장(주사업장총괄납부의 경우 주된 사업장의 관할 세무서장)에게 납부하거나 「국세징수법」에 따른 납부서를 작성하여 한국은행 등에 납부하여야 한다.

04. 사업자는 각 과세기간에 대한 과세표준과 납부세액 또는 환급세액을 그 과세기간이 끝난 후 25일(폐업하는 경우 폐업일이 속한 달의 다음 달 25일) 이내에 납세지 관할 세무서장에게 신고하여야 하며, 조기에 환급을 받기 위하여 신고한 사업자는 이미 신고한 과세표준과 환급받은 환급세액도 신고하여야 한다.

2021. 9급
정답 X

05. 예정신고를 한 사업자 또는 조기에 환급을 받기 위하여 신고한 사업자는 확정신고를 할 때 이미 신고한 과세표준과 납부한 납부세액 또는 환급받은 환급세액을 포함해서 신고해야 한다.

2022. 7급
정답 X

 오쌤 Talk

비거주자 또는 외국법인의 대리인

비거주자 또는 외국법인의 대리인은 해당 비거주자 또는 외국법인을 대리하여 예정신고 및 납부, 확정신고 및 납부, 매출·매입처별 세금계산서합계표의 제출을 하여야 한다(부령 90 ⑦).

(3) 제출

① 부가가치세 확정신고서

부가가치세의 확정신고를 할 때에는 다음 사항을 적은 *부가가치세 확정신고서*를 각 납세지 관할 세무서장에게 제출하여야 한다(부령 91 ①).

> ㉠ 사업자의 인적사항
> ㉡ 납부세액 및 그 계산근거
> ㉢ 가산세액·공제세액 및 그 계산근거
> ㉣ 매출·매입처별 세금계산서합계표의 제출 내용
> ㉤ 그 밖의 참고 사항

② 그 밖의 제출서류

부가가치세 확정신고서를 제출하는 경우에는 다음 구분에 따른 서류를 함께 제출하여야 한다(부령 91 ②).

구분	제출서류
사업을 양도하는 경우	사업양도 신고서
공제받지 못할 매입세액이 있는 경우	공제받지 못할 매입세액 명세서
신용카드매출전표 등을 발행한 사업자의 경우	신용카드매출전표 등 발행금액 집계표
전자적 결제 수단으로 매출하여 공제받는 경우	전자화폐결제명세서
매입세액을 공제받는 경우	신용카드매출전표 등 수령명세서
부동산임대업자의 경우	부동산임대공급가액명세서 임대차계약서 사본
부동산관리업의 경우	건물관리명세서
부동산업, 전문서비스업 등, 보건업, 개인서비스업 등	현금매출명세서
건물, 기계장치 등을 취득하는 경우	건물 등 감가상각자산 취득명세서
사업자단위과세사업자	사업자단위과세의 사업장별 부가가치세 과세표준 및 납부(환급)세액 신고명세서
영세율 적용 사업자	영세율 매출명세서

 오쌤 Talk

면세하는 동물진료 용역

면세하는 동물진료 용역을 공급하는 사업자는 예정신고 또는 확정신고를 할 때(부가가치세가 면제되는 용역만을 공급하는 경우에는 「소득세법」에 따른 사업장 현황신고를 할 때)에 동물진료용역 매출명세서를 첨부하여 제출하여야 한다(부령 90 ⑨).

4 재화의 수입에 대한 신고와 납부 B

★(1) 신고납부

재화를 수입하는 자가 재화의 수입에 대하여 「관세법」에 따라 관세를 세관장에게 신고하고 납부하는 경우에는 재화의 수입에 대한 부가가치세를 함께 신고하고 납부하여야 한다(부법 50).

오쌤 Talk

납부의 유예

'납부유예'제도는 수입해서 국내로 반입될 때 부가가치세를 납부하고 추후 매입세액으로 환급 받음으로써 일시적인 자금의 유동성 부담이 생길 수 있는 수출 중소·중견기업에게 주는 혜택 규정이다.

★ **(2) 납부의 유예**

① 요건

아래의 요건을 모두 갖춘 중소·중견사업자에 한정하여 **중소·중견사업자가 자기의 과세사업에 사용하기 위한 물품을 제조·가공할 원재료를 수입하는 경우에 납부유예를 적용**할 수 있다(부령 91의2 ⑥).

중소기업	중견기업
⊙ 직전 사업연도에 제조업을 주된 사업으로 하는 중소·중견기업에 해당하는 법인일 것 ⓒ 납부유예대상여부 확인 요청일 현재 3년간 계속하여 사업을 경영하였을 것 ⓒ 납부유예대상여부 확인 요청일 현재 2년간 국세(관세 포함)를 체납한 사실이 없을 것 ⓔ 납부유예대상여부 확인 요청일 현재 2년간 「조세범처벌법」 또는 「관세법」 위반으로 처벌받은 사실이 없을 것 ⓜ 최근 2년간 납부유예가 취소된 사실이 없을 것	

ⓗ 직전 사업연도에
  영세율 재화의 ≥ 총 공급가액 × 30%
  공급가액 합계액
 	
또는 수출액이 50억원 이상일 것
	ⓗ 직전 사업연도에
	  영세율 재화의 ≥ 총 공급가액 × 30%
	  공급가액 합계액

② 절차

납부유예받으려는 중소·중견사업자는 부가가치세 납부유예 적용 신청서를 관할 세관장에게 제출해야 하고, 신청을 받은 관할 세관장은 신청일부터 1개월 이내에 납부유예의 승인 여부를 결정하여 해당 중소·중견사업자에게 통지해야 한다. 이때 납부유예를 승인하는 경우 그 유예기간은 1년으로 한다(부령 91의2 ⑤, ⑦, ⑧).

③ 수입세금계산서 발급

부가가치세 납부가 유예되는 때에도 수입세금계산서는 발급해야 하는데 이때 수입세금계산서에 부가가치세 납부유예 표시를 하여 발급한다(부령 72 ①).

④ 유예된 세액의 납부

납부유예받은 중소·중견사업자는 납세지 관할 세무서장에게 예정신고 또는 확정신고 등을 할 때 그 납부유예된 세액을 정산하거나 납부해야 한다. 이 경우 납세지 관할 세무서장에게 납부한 세액은 세관장에게 납부한 것으로 본다(부법 50의2 ②).

⑤ 납부유예 취소

세관장은 부가가치세의 납부가 유예된 중소·중견사업자가 다음의 사유에 해당하는 경우에는 그 납부의 유예를 취소할 수 있다. 이 경우 세관장은 해당 중소·중견사업자에게 그 취소 사실을 통지하여야 한다(부법 50의2 ③, 부령 91의2 ⑩).

> ⊙ 해당 중소·중견사업자가 국세를 체납한 경우
> ⓒ 해당 중소·중견사업자가 「조세범처벌법」 또는 「관세법」 위반으로 고발된 경우
> ⓒ 요건을 충족하지 아니한 중소·중견사업자에게 납부유예를 승인한 사실을 관할 세관장이 알게 된 경우

5 대리납부 A

공급하는 자가 납세의무자인 일반적인 부가가치세의 납부형식과는 달리, 용역 또는 권리(이하 '용역 등')를 **공급받는 자가 그 대가를 지급하는 때에 그 대가를 받은 자로부터 부가가치세를 징수하는 것을 대리납부**라고 한다.

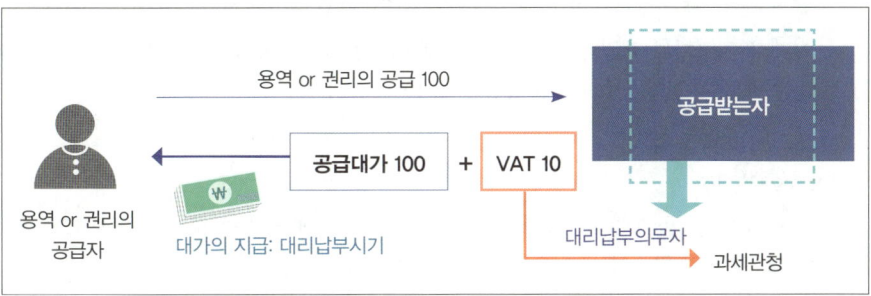

★★(1) 국외사업자로부터 수입 용역(또는 권리)의 대리납부

① 취지

소비지국 과세방식에 따라 재화의 수입은 세관장에게 관세를 신고·납부하는 방식으로 부가가치세가 과세된다. 하지만 용역 등의 수입은 통관절차를 거치지 않아 거래사실을 명확히 확인하기 어렵다. 그렇다고 용역등의 수입에 과세하지 않게 되면, 재화의 수입과 용역 등의 수입 간 과세형평성이 어긋난다. 그래서 국외사업자의 성실한 납세의무이행을 기대하기 어렵다는 점을 감안하여 용역 등 수입의 경우, **공급받는 자가 부가가치세를 대신 징수하여 납부할 수 있는 제도**를 마련한 것이다.

② 용역 또는 권리의 공급자

다음의 자가 국내에서 용역 또는 권리를 공급(국내에 반입하는 것으로서 관세와 함께 부가가치세를 신고·납부하여야 하는 재화의 수입에 해당하지 아니한 경우를 포함)한 경우이어야 한다(부법 52 ①).

> ㉠「소득세법」,「법인세법」에 따른 **국내사업장이 없는 비거주자 또는 외국법인**[1]
> ㉡ 국내사업장이 있다하더라도 그 국내사업장과 관련없이 용역 등을 공급하는 자(국내사업장과 실질적으로 관련되지 않거나 해당 용역 또는 권리의 제공이 국내사업장에 귀속되지 아니하는 경우만 해당)[1]

[1] 위의 자로부터 권리를 공급받는 경우에는 재화의 공급장소 규정에도 불구하고 공급받는 자의 사업장 또는 주소지를 해당 권리가 공급되는 장소로 본다(부법 53 ②) [Link-P.323]

③ 용역 또는 권리를 공급받는 자

용역 또는 권리를 공급받고 대가를 지급하는 자가 **공급받은 그 용역 또는 권리를 과세사업에 제공하는 경우에는 대리납부의무가 없다. 다만, 매입세액이 공제되지 아니하는 용역등을 공급받는 경우는 대리납부의무가 있다**(부법 52 ①).

따라서 대리납부의무를 지는 자는 면세사업자, 사업자가 아닌 자, 매입세액이 공제되지 않은 용역 또는 권리를 공급받은 과세사업자이다.

오쌤 Talk

대리납부 의무의 여부

과세사업자가 '과세사업'에 사용하는 경우를 제외하고는 사업자가 아닌 사람이 공급받은 용역은 모두 대리납부대상이 된다. 따라서 과세사업자라고 하더라도 매입세액불공제대상 용역에 사용하거나, 면세사업자가 공급받은 경우에는 대리납부 의무를 이행하여야 한다.

오쌤 Talk

과세사업자의 대리납부 면제

공급받는 자가 과세사업자인 경우에는 자신이 징수한 대리납부세액을 곧 자신의 매입세액으로서 공제받으므로 대리징수하는 실익이 없다.

오쌤 Talk

면세 대상 용역의 대리납부

부가가치세가 면제되는 용역은 대리납부의 대상이 되지 아니한다(부통 52-95-1).
이러한 대리납부지연가산세가 부과되는 부분에 대해서는 국세의 납부와 관련하여 납부지연가산세를 적용하지 아니한다(국기법 47의4 ④).

기출 OX

06. 국내사업장이 없는 비거주자 또는 외국법인으로부터 용역 또는 무체물을 공급받는 자는 그 대가를 지급하는 때에는 부가가치세를 징수하고 대리납부하여야 한다. 2013. 7급
정답 O

07. 국내사업장이 없는 비거주자로부터 부가가치세 면세대상 용역을 공급받는 자는 부가가치세 대리납부 의무가 없다. 2015. 9급
정답 O

08. 국외사업자로부터 국내에서 용역을 공급받는 자(공급받은 그 용역을 과세사업에 제공하는 경우는 제외하되, 매입세액이 공제되지 않은 용역을 공급받는 경우는 포함)는 그 대가를 지급하는 때에 그 대가를 받은 자로부터 부가가치세를 징수하여야 한다. 2021. 7급
정답 O

기출 OX

09. 국내사업장이 없는 외국법인으로부터 용역을 공급받는 자의 대리납부 시기는 용역제공이 완료되는 때이다.
2015. 9급
정답 X

10. 부가가치세 대리납부신고서는 과세표준신고서가 아니므로 수정신고의 대상이 될 수 없다.
2015. 9급
정답 O

오쌤 Talk
대리납부 안분계산
과세기간 중 과세사업과 면세사업 등의 공급가액이 없거나 그 어느 한 사업에 공급가액이 없으면 그 과세기간에 대한 안분계산은 일반과세자의 경우를 준용한다.

기출 OX

11. 대리납부의무자가 부가가치세를 납부하지 아니한 경우에는 사업장 또는 주소지 관할 세무서장은 그 납부하지 아니한 세액에 법소정의 금액을 더하여 국세징수의 예에 따라 징수한다.
2011. 7급
정답 O

---

④ **대리납부 납부시기 및 절차**

공급받는 자가 징수한 부가가치세는 해당 대가를 지급한 날이 속하는 예정신고기한 및 확정신고기한까지 부가가치세 대리납부신고서를 제출하여 부가가치세를 징수한 사업장 또는 주소지 관할 세무서장에게 납부하거나 「국세징수법」에 따른 납부서를 작성하여 한국은행 또는 체신관서에 납부하여야 한다(부법 52 ②, 부령 95 ①).

이때 부가가치세 대리납부신고서는 과세표준신고서가 아니므로 수정신고 및 경정청구의 대상이 될 수 없다(기준-2019-법령해석기본-0579).

⑤ **대리납부세액 계산**

㉠ 안분계산

공급받은 용역 등을 과세사업과 면세사업 등에 공통으로 사용하여 그 실지귀속을 구분할 수 없는 경우 그 면세사업 등에 사용된 용역 등의 과세표준은 다음 계산식에 따라 계산한 금액으로 한다(부령 95 ②).

$$\text{면세사업 등에 관련된 매입세액} = \text{공통매입세액} \times \frac{\text{면세공급가액}}{\text{총공급가액}} \text{ (대가의 지급일이 속하는 과세기간의)}$$

다만, 과세기간 중 과세사업과 면세사업 등의 공급가액이 없거나 그 어느 한 사업에 공급가액이 없으면 그 과세기간에 대한 안분 계산은 공통매입세액의 안분계산 규정을 준용한다(부령 95 ②).

㉡ 외화환산

대가를 외화로 지급하는 경우에는 다음 구분에 따른 금액을 그 대가로 한다(부령 95 ③).

ⓐ 보유 중인 외화로 지급하는 경우: 지급일 현재의 「외국환거래법」에 따른 기준환율 또는 재정환율
ⓑ 원화로 외화를 매입하여 지급하는 경우: 지급일 현재의 대고객외국환매도율에 따라 계산한 금액

⑥ **대리납부지연가산세**

대리납부 징수의무자가 징수하여야 할 세액을 법정납부기한까지 납부하지 아니하거나 과소납부한 경우에는 다음의 금액을 가산세로 한다(국기법 47의5 ①, ② (3)).

대리납부지연가산세[*1] = MIN[㉠ + ㉡, ㉢]

㉠ 미납세액·과소납부세액 × 3%

㉡ 미납세액·과소납부세액 × 일수[*2] × $\frac{2.2}{10,000}$

㉢ 한도: 미납세액·과소납부세액 × 50%[*3]

[*1] 이러한 대리납부지연가산세가 부과되는 부분에 대해서는 국세의 납부와 관련하여 납부지연가산세를 적용하지 아니한다(국기법 47의4 ④).
[*2] 법정납부기한의 다음 날부터 납부일까지의 기간(납부고지일부터 납부고지서에 따른 납부기한까지의 기간은 제외한다.)
[*3] 단, 위 ㉠의 금액과 ㉡ 중 법정납부기한의 다음 날부터 납부고지일까지의 기간에 해당하는 금액을 합한 금액은 10%를 적용

★★ (2) 사업양도의 대리납부

① 대리납부 징수의무자

사업의 포괄양도는 재화의 공급으로 보지 아니한다. 다만, **사업의 포괄양도(이에 해당하는지 여부가 분명하지 아니한 경우를 포함)에 따라 그 사업을 양수받은 자는 그 대가를 지급하는 때에 그 대가를 받은 자로부터 부가가치세를 징수하여 그 대가를 지급하는 날이 속하는 달의 다음 달 25일까지 확정신고 규정을 준용하여 사업장 관할 세무서장에게 납부할 수 있다**(부법 52 ④).

② 재화의 공급여부

사업의 포괄양도라도 사업양수자가 대리납부하면 재화의 공급으로 본다.

③ 대리납부 매입세액공제

사업자가 자기의 사업을 위하여 사용하였거나 사용할 목적으로 공급받은 용역에 대한 부가가치세액은 그 매출세액에서 공제받는다(부법 38 ①).

2 환급

매입세액이 매출세액을 초과하는 경우에는 환급이 발생하게 된다. 환급 규정은 다음과 같다.

구분	의미	환급기한
① 일반환급	과세기간(6개월)단위로 환급하는 것	확정신고기한이 지난 후 30일 이내
② 조기환급	조기환급기간 단위로 환급하는 것	각 조기환급신고기한이 지난 후 15일 이내
③ 경정 시 환급	경정으로 발생한 환급세액을 환급하는 것	지체 없이

1 일반환급 A

납세지 관할 세무서장은 각 과세기간 별로 그 과세기간에 대한 환급세액을 확정신고한 사업자에게 그 확정신고기한이 지난 후 30일 이내(조기환급 제외)에 환급하여야 한다(부법 59 ①). 즉, 환급은 과세기간별로 이루어지므로 예정신고기간에 대한 환급세액은 바로 환급하지 않고 확정신고 시 납부세액에서 예정신고미환급세액으로 차감한다.

오쌤 Talk

포괄양도 대리납부의 취지

과거에는 사업양도자가 해당 사업을 양수자에게 포괄양도할 때에 세금계산서를 발급하고 그 매출세액을 신고납부하면 이를 공급으로 보아 사업양수자는 매입세액공제를 받을 수 있었다. 그런데 양도자가 양수자로부터 부가가치세(사업의 포괄양도이므로 금액도 높다)를 받기만 하고 이를 신고납부하지 않으면 양수자는 이미 공제받은 매입세액을 추징당하고 가산세까지 부담해야 하는 불합리한 문제가 있었다. 따라서 양수자가 본인이 납부한 세액을 매입세액으로 공제할 수 있도록 대리납부하는 것이다.

기출 OX

12. 사업의 포괄적 양도에 따라 그 사업을 양수받는 자는 그 대가를 지급하는 때에 그 대가를 받은 자로부터 부가가치세를 징수하여 납부할 수 있다.

2015. 9급

정답 O

2 조기환급

(1) 조기환급 대상

납세지 관할 세무서장은 다음 어느 하나에 해당하여 환급을 신고한 사업자에게 환급세액을 조기에 환급할 수 있다(부법 59 ②).

> ① 사업자가 영세율을 적용받는 경우
> ② 사업자가 감가상각 대상인 사업 설비를 신설·취득·확장 또는 증축하는 경우
> ③ 사업자가 재무구조개선계획을 이행 중인 경우

이때, ①에 따른 조기환급을 받을 수 있는 사업자는 해당 영세율 등 조기환급신고기간·예정신고기간 또는 과세기간 중에 각 신고기간 단위별로 영세율의 적용대상이 되는 과세표준이 있는 경우에 한한다(부기통 59-107-1). 그러므로 영세율 과세표준이 없는 과세기간에는 조기환급을 받을 수 없다.

(2) 조기환급 방법

① 예정신고기간(또는 과세기간) 조기환급

조기환급을 받으려는 사업자가 부가가치세 예정신고서 또는 확정신고서를 제출한 경우에는 조기환급신고한 것으로 본다. 다만, 사업설비를 신설·취득·확장·증축함에 따라 조기환급을 받으려는 경우에는 건물 등 감가상각자산취득명세서를, 재무구조개선계획을 이행중인 경우에는 재무구조개선계획서를 각각 그 신고서에 첨부하여야 한다(부령 107 ③).

이러한 신고를 받은 관할 세무서장은 각 예정신고기간별로 또는 과세기간별로 그 예정신고기한 또는 확정신고기한이 지난 후 15일 이내에 사업자에게 환급하여야 한다(부령 107 ①).

② 매월 또는 매 2개월 단위의 조기환급

예정신고기간 중 또는 과세기간 최종 3개월 중 매월 또는 매 2월(이하 '조기환급기간')에 조기환급기간이 끝난 날부터 25일 이내(이하 '조기환급신고기한')에 조기환급을 받으려는 사업자는 조기환급신고서와 함께 매출·매입처별 세금계산서합계표 등을 제출함으로써 조기환급기간에 대한 과세표준과 환급세액을 관할 세무서장에게 신고해야 한다.

이러한 신고를 받은 관할 세무서장은 각 조기환급기간별로 해당 조기환급신고기한이 지난 후 15일 이내에 사업자에게 환급하여야 한다(부령 107 ④).

이때 조기환급신고를 할 때 매출·매입처별 세금계산서합계표를 제출한 경우에는 예정신고 또는 확정신고와 함께 매출·매입처별 세금계산서합계표를 제출한 것으로 본다(부령 107 ⑥).

확인문제

01. 「부가가치세법」상 조기환급에 대한 설명으로 옳지 않은 것은? 2014. 9급
① 사업자가 법령에 따른 영세율을 적용받는 경우 납세지 관할세무서장은 환급세액을 조기에 환급할 수 있다.
② 조기환급 신고를 받은 세무서장은 각 조기환급 기간별로 해당 조기환급 신고 기한이 지난 후 25일 이내에 사업자에게 환급하여야 한다.
③ 조기환급을 받으려는 사업자가 법령에 의한 부가가치세 확정신고서를 각 납세지 관할세무서장에게 제출한 경우에는 법률에 따라 조기환급을 신고한 것으로 본다.
④ 사업자가 법령으로 정하는 사업 설비를 신설·취득·확장 또는 증축하는 경우에는 납세지 관할세무서장은 환급세액을 조기에 환급할 수 있다.

정답 ②

기출 OX

13. 조기환급이 적용되는 사업자가 조기환급신고기한에 조기환급기간에 대한 과세표준과 환급세액을 관할 세무서장에게 신고하는 경우에는 조기환급기간에 대한 환급세액을 각 조기환급기간별로 해당 조기환급신고기한이 지난 후 15일 이내에 사업자에게 환급하여야 한다. 2021. 9급
정답 O

14. 조기환급신고를 할 때 매출·매입처별 세금계산서합계표를 제출한 경우에는 예정신고 또는 확정신고를 할 때 함께 제출하여야 하는 매출·매입처별 세금계산서합계표를 제출한 것으로 본다. 2021. 9급
정답 O

> **참고**
>
> 매월 또는 매 2개월 단위의 조기환급
>
> | 구분 | | 1월 | 2월 | 3월 | 4월 | 5월 | 6월 | 7월 | 8월 | 9월 | 10월 | 11월 | 12월 |
> |---|---|---|---|---|---|---|---|---|---|---|---|---|---|
> | 예정신고 | | | | O | | | | | | O | | | |
> | 확정신고 | | | | | | | O | | | | | | O |
> | 조기 환급 | 매월 | O | O | | O | O | | O | O | | O | O | |
> | | 매 2월 | | O | | | O | | | O | | | O | |

★★ (3) 조기환급세액의 계산

조기환급세액은 영의 세율이 적용되는 공급분에 관련된 매입세액·시설투자에 관련된 매입세액 또는 국내공급분에 대한 매입세액을 구분하지 아니하고 사업장별로 해당 매출세액에서 매입세액을 공제하여 계산한다(부기통 59-107-2).

3 경정환급 B

관할 세무서장은 결정·경정에 의하여 추가로 발생한 환급세액이 있는 경우에는 지체 없이 사업자에게 환급하여야 한다(부령 106 ②).

③ 결정 및 경정

1 결정·경정 사유의 범위 B

★★ (1) 결정·경정 대상

납세지 관할 세무서장 등은 사업자가 다음 어느 하나에 해당하는 경우에만 해당 예정신고기간 및 과세기간에 대한 부가가치세의 **과세표준과 납부세액 또는 환급세액을 조사하여 결정 또는 경정한다**(부법 57 ①).

① 예정신고 또는 확정신고를 하지 아니한 경우
② 예정신고 또는 확정신고를 한 내용에 오류가 있거나 내용이 누락된 경우
③ 확정신고를 할 때 매출·매입처별 세금계산서합계표를 제출하지 아니한 경우
④ 제출한 매출·매입처별 세금계산서합계표에 기재사항의 전부 또는 일부가 적혀 있지 아니하거나 사실과 다르게 적혀 있는 경우
⑤ 그 밖에 아래의 사유로 인해 부가가치세를 포탈(逋脫)할 우려가 있는 경우
  ㉠ 사업장의 이동이 빈번한 경우
  ㉡ 사업장의 이동이 빈번하다고 인정되는 지역에 사업상이 있을 경우
  ㉢ 휴업 또는 폐업 상태에 있을 경우
  ㉣ 신용카드가맹점 또는 현금영수증가맹점 가입 대상자로 지정받은 사업자가 정당한 사유 없이 신용카드가맹점 또는 현금영수증가맹점으로 가입하지 아니한 경우로서 사업 규모나 영업 상황으로 보아 신고 내용이 불성실하다고 판단되는 경우
  ㉤ 조기환급 신고의 내용에 오류가 있거나 내용이 누락된 경우

기출 OX

15. 제1기 과세기간의 경우에는 3월과 6월은 조기환급기간이 될 수 없다.
2012. 7급
정답 O

확인문제

02.「부가가치세법」상 환급 및 조기환급에 대한 설명으로 옳지 않은 것은?
2016. 7급

① 납세지 관할 세무서장은 각 과세기간별로 그 과세기간에 대한 환급세액을 확정신고한 사업자에게 그 확정신고 기한이 지난 후 30일 이내(조기환급 제외)에 대통령령으로 정하는 바에 따라 환급하여야 한다.
② 조기환급세액은 영세율이 적용되는 공급분에 관련된 매입세액·시설투자에 관련된 매입세액 또는 국내공급분에 대한 매입세액을 구분하여 사업장별로 해당 매출세액에서 매입세액을 공제하여 계산한다.
③ 납세지 관할 세무서장은 결정 또는 경정에 의하여 추가로 발생한 환급세액이 있는 경우에는 지체 없이 사업자에게 환급하여야 한다.
④ 조기환급을 신고할 때 이미 신고한 과세표준과 납부한 납부세액 또는 환급받은 환급세액은 예정신고 및 확정신고 대상에서 제외하며, 조기환급신고를 할 때 매출·매입처별 세금계산서합계표를 제출한 경우에는 예정신고 또는 확정신고와 함께 매출·매입처별 세금계산서합계표를 제출한 것으로 본다.

정답 ②

기출 OX

16. 관할 세무서장은 결정·경정에 의하여 추가로 발생한 환급세액이 있는 경우에는 지체 없이 사업자에게 환급하여야 한다. 2021. 9급
정답 O

기출 OX

17. 사업장별로 사업자등록을 하지 않은 경우에는 과세표준과 납부세액 또는 환급세액을 조사하여 결정 또는 경정하고 국세징수의 예에 따라 징수할 수 있다. 2010. 9급
정답 X

(2) 결정·경정의 제한
소매업, 음식점업 등과 같이 영수증을 발급해야 하는 업종을 경영하는 사업자로서 같은 장소에서 계속하여 5년 이상 사업을 경영한 자에 대해서는 객관적인 증명자료로 보아 과소하게 신고한 것이 분명한 경우에만 경정할 수 있다(부령 103 ②).

2 결정·경정 기관 및 방법 B

(1) 원칙
부가가치세의 과세표준과 납부세액 또는 환급세액의 결정·경정은 각 납세지 관할 세무서장이 한다(부령 102 ①).

(2) 예외
① 중요하다고 인정하는 경우
국세청장이 특히 중요하다고 인정하는 경우에는 납세지 관할 지방국세청장 또는 국세청장이 결정하거나 경정할 수 있다(부령 102 ①).

② 주사업장총괄납부를 하는 경우
주사업장 총괄 납부를 하는 경우 각 납세지 관할 세무서장, 납세지 관할 지방국세청장 또는 국세청장이 과세표준과 납부세액 또는 환급세액을 결정하거나 경정하여야 하고, 이때 지체 없이 납세지 관할 세무서장 또는 총괄납부를 하는 주된 사업장의 관할 세무서장에게 통지하여야 한다(부령 102 ②).

★★ (3) 결정·경정의 방법
납세지 관할 세무서장등은 각 예정신고기간 및 과세기간에 대한 과세표준과 납부세액 또는 환급세액을 조사하여 결정 또는 경정하는 경우에는 세금계산서, 수입세금계산서, 장부 또는 그 밖의 증명 자료를 근거로 하여야 한다(부법 57 ②).

3 추계 B
★★ (1) 추계 사유
다음 중 하나에 해당하면 추계(推計)할 수 있다(부법 57 ②).

> ① 과세표준을 계산할 때 필요한 세금계산서, 수입세금계산서, 장부 또는 그 밖의 증명 자료가 없거나 그 중요한 부분이 갖추어지지 아니한 경우
> ② 세금계산서, 수입세금계산서, 장부 또는 그 밖의 증명 자료의 내용이 시설규모, 종업원 수와 원자재·상품·제품 또는 각종 요금의 시가에 비추어 거짓임이 명백한 경우
> ③ 세금계산서, 수입세금계산서, 장부 또는 그 밖의 증명 자료의 내용이 원자재 사용량, 동력(動力) 사용량이나 그 밖의 조업 상황에 비추어 거짓임이 명백한 경우

기출 OX
18. 추계하는 경우를 제외하고 각 과세기간에 대한 과세표준과 납부세액을 결정하는 경우에는 세금계산서·장부 또는 그 밖의 증명자료를 근거로 하여야 한다.
2010. 9급
정답 O

기출 OX
19. 사업장 관할 세무서장 등은 결정 또는 경정을 할 경우에 과세표준을 계산함에 있어서 필요한 세금계산서·장부 기타의 증빙이 없을 때에는 추계할 수 있다.
2007. 9급
정답 O

(2) 추계 방법 (부령 104 ①)

추계는 다음의 방법을 따른다.

> ① 같은 업종, 같은 현황의 다른 사업자와 비교하여 계산
> ② 업종별로 투입원재료에 대하여 조사한 생산수율로 계산
> ③ 매출액과 사업관련 수량/가액의 관계를 정한 영업효율을 적용하여 계산
> ④ 국세청장이 사업의 종류별·지역별로 정한 원단위 투입량, 비용관계비율, 상품회전율, 매매총이익률, 부가가치율에 따라 계산
> ⑤ 추계 경정·결정 대상 사업자에 대하여 위 ②~④까지의 비율을 계산할 수 있는 경우에는 그 비율을 적용하여 계산
> ⑥ 입회조사기준에 따라 계산

(3) 매입세액공제 여부

납부세액을 계산할 때 공제하는 매입세액은 발급받은 세금계산서('공급받은 자용')를 관할 세무서장에게 제출하고 그 기재내용이 분명한 부분으로 한정한다. 다만, 재해 또는 그 밖의 불가항력으로 인하여 발급받은 세금계산서가 소멸되어 세금계산서를 제출하지 못하게 되었을 때에는 해당 사업자에게 공급한 거래 상대방이 제출한 세금계산서('공급자용')에 의하여 확인되는 것을 납부세액에서 공제하는 매입세액으로 한다(부령 104 ②).

4 재결정 · 경정

납세지 관할 세무서장 등은 결정하거나 경정한 과세표준과 납부세액 또는 환급세액에 오류가 있거나 누락된 내용이 발견되면 즉시 다시 경정한다(부법 57 ③).

> **기출 OX**
>
> **20.** 사업장 관할 세무서장 등은 조사에 의하여 결정 또는 경정한 과세표준과 납부세액 또는 환급세액에 오류 또는 탈루가 있는 것이 발견된 때에는 그 날로부터 30일 이내 이를 다시 경정한다.
>
> 2007. 9급
>
> 정답 X

5 수시부과의 결정 NEW

(1) 수시부과 사유

납세지 관할 세무서장 등은 사업자가 과세기간 중에 다음의 어느 하나에 해당하는 경우에는 수시로 그 사업자에 대한 부가가치세를 부과(이하 "수시부과")할 수 있다. 이 경우 **3 추계** 및 **4 재결정·경정**의 규정을 준용한다(부법 57의2 ①).

① 다음과 같이 거짓세금계산서 등을 발급·수취한 경우
  ㉠ 재화 또는 용역을 공급하지 아니하고 세금계산서 또는 신용카드매출전표 등을 발급한 경우
  ㉡ 재화 또는 용역을 공급받지 아니하고 세금계산서 등을 발급받은 경우
  ㉢ 재화 또는 용역을 공급하고 실제로 재화 또는 용역을 공급하는 자가 아닌 자 또는 실제로 재화 또는 용역을 공급받는 자가 아닌 자의 명의로 세금계산서 등을 발급한 경우
  ㉣ 재화 또는 용역을 공급받고 실제로 재화 또는 용역을 공급하는 자가 아닌 자의 명의로 세금계산서 등을 발급받은 경우
  ㉤ 재화 또는 용역을 공급하고 세금계산서 등의 공급가액을 과다하게 기재한 경우
  ㉥ 재화 또는 용역을 공급받고 공급가액을 과다하게 기재한 세금계산서 등을 발급받은 경우

② 다음과 같은 사유로 부가가치세를 포탈할 우려가 있는 경우
  ㉠ 사업장의 이동이 빈번한 경우
  ㉡ 사업장의 이동이 빈번하다고 인정되는 지역에 사업장이 있을 경우
  ㉢ 휴업 또는 폐업 상태에 있을 경우
  ㉣ 신용카드가맹점 또는 현금영수증가맹점 가입 대상자로 지정받은 사업자가 정당한 사유 없이 신용카드가맹점 또는 현금영수증가맹점으로 가입하지 아니한 경우로서 사업 규모나 영업 상황으로 보아 신고 내용이 불성실하다고 판단되는 경우
  ㉤ 조기환급 신고의 내용에 오류가 있거나 내용이 누락된 경우

(2) 수시부과 기간

수시부과의 결정은 해당 과세기간의 개시일부터 수시부과의 사유가 발생한 날까지를 수시부과기간으로 하여 적용한다. 이 경우 수시부과 사유가 확정신고기한 이전에 발생한 경우로서 사업자가 직전 과세기간에 대하여 확정신고를 하지 아니한 경우에는 직전 과세기간을 수시부과기간에 포함한다(부법 57의2 ②).

4 징수

1 세무서장 징수 C

납세지 관할 세무서장은 사업자가 다음의 하나에 해당하는 경우에는 각 구분에 따른 세액을 「국세징수법」에 따라 징수한다(부법 58의 ①).

> ① 예정신고 또는 확정신고를 할 때에 신고한 납부세액을 납부하지 아니하거나 납부하여야 할 세액보다 적게 납부한 경우: 그 미납부세액
> ② 결정 또는 경정을 한 경우: 추가로 납부하여야 할 세액
> ③ 수시부과한 경우: 수시부과한 세액 NEW

2 세관장 징수 B

재화의 수입에 대한 부가가치세는 세관장이 「관세법」에 따라 징수한다(부법 58 ②). 이에 따라 세관장이 부가가치세를 징수할 때 (납부받거나 환급할 때를 포함한다)에는 「부가가치세법 시행령」에서 정한 「관세법」의 일정한 규정에 따른다(부령 105).

5 전자적 용역을 공급하는 국외사업자의 부가가치세

오쌤 Talk

전자적 용역을 공급하는 국외사업자

여기서 국외사업자란, 5 대리납부의 (1) ② 용역 또는 권리의 공급자에 열거된 자를 말한다. Link-P.419

21. 국외사업자가 전자적 용역을 국내에 제공하는 경우(사업자등록을 한 자의 과세사업 또는 면세사업에 대하여 용역을 공급하는 경우는 제외)에는 사업의 개시일부터 20일 이내에 간편사업자등록을 하여야 한다. 2021. 7급

정답 O

1 적용 대상 B

★★ (1) 전자적 용역을 공급하는 국외사업자

국외사업자가 정보통신망을 통하여 **이동통신단말장치 또는 컴퓨터 등으로 공급하는 용역**으로서 다음 어느 하나에 해당하는 용역(이하 '전자적 용역')을 국내에 제공하는 경우[「소득세법」·「법인세법」에 따라 사업자등록을 한 자(이하 '등록사업자')의 과세·면세사업에 대하여 용역을 공급하는 경우는 제외]에는 사업의 개시일부터 20일 이내에 간편한 방법으로 사업자등록(이하 '간편사업자등록')을 하여야 한다(부법 53의2 ①).

> ① 게임·음성·동영상 파일 또는 소프트웨어 등 법으로 정하는 용역
> ② 광고를 게재하는 용역
> ③ 「클라우드컴퓨팅 발전 및 이용자 보호에 관한 법률」에 따른 클라우드컴퓨팅서비스
> ④ 재화 또는 용역을 중개하는 용역
> ⑤ 그 밖에 이와 유사한 용역

★★ (2) 국외사업자의 전자적 용역을 공급하는 제3자

국외사업자가 다음 어느 하나에 해당하는 **제3자**(비거주자 또는 외국법인 포함)**를 통하여 국내에 전자적 용역을 공급하는 경우**(등록사업자의 과세사업 또는 면세사업에 대하여 용역을 공급하는 경우나 **국외사업자의 용역 등 공급특례에 관한 규정이 적용되는 경우는 제외**)에는 그 제3자가 해당 전자적 용역을 공급한 것으로 보며, 그 제3자는 사업 개시일부터 20일 이내에 간편사업자등록을 하여야 한다(부법 53의2 ②).

> ① 정보통신망 등을 이용하여 **전자적 용역의 거래가 가능하도록 오픈마켓이나 그와 유사한 것을 운영하고 관련 서비스를 제공하는 자**
> ② 전자적 용역의 거래에서 중개에 관한 행위 등을 하는 자로서 구매자로부터 거래대금을 수취하여 판매자에게 지급하는 자
> ③ 그 밖에 이와 유사하게 전자적 용역의 거래에 관여하는 자

2 간편사업자등록 C

(1) 등록 절차

간편사업자등록을 하려는 사업자는 국세정보통신망에 접속하여 사업자 및 대표자의 이름과 용역을 제공하는 국외 주소 등 필요사항을 입력하는 방식으로 사업의 개시일부터 20일 이내에 국세청장에게 간편사업자등록을 해야 한다(부법 53의2 ②, 부령 96의2 ③).

(2) 통지

국세청장은 간편사업자등록을 한 자에 대하여 간편사업자등록번호를 부여하고, 사업자(납세관리인이 있는 경우 납세관리인 포함)에게 통지(정보통신망을 이용한 통지를 포함)하여야 한다(부령 96 ④).

3 공급시기와 납세지 B

(1) 공급시기

국내로 공급되는 전자적 용역의 공급시기는 다음 시기 중 빠른 때로 한다(부법 53의2 ⑩, 부령 96의2 ⑪).

> ① 구매자가 공급하는 자로부터 전자적 용역을 제공받은 때
> ② 구매자가 전자적 용역을 구매하기 위하여 대금의 결제를 완료한 때

(2) 납세지

간편사업자등록을 한 사업자의 납세지는 사업자의 신고·납부의 효율과 편의를 고려하여 국세청장이 지정한다(부법 53의2 ⑩, 부령 96의2 ⑫).

(3) 세금계산서 발급의무 면제

간편사업자등록을 한 사업자가 국내에 공급하는 전자적 용역에 대해서는 세금계산서를 발급하지 아니할 수 있다(부법 33 ①, 부령 71 ① (8)).

4 신고·납부 C

(1) 신고

간편사업자등록을 한 자는 국세정보통신망에 접속하여 다음 사항을 입력하는 방식으로 부가가치세 예정신고(또는 확정신고) 및 납부를 하여야 한다(부법 53의2 ④, 부령 96의2 ⑤).

> ① 사업자 이름 및 간편사업자 등록번호
> ② 신고기간 동안 국내에 공급한 전자적 용역의 총 공급가액, 공제받을 매입세액 및 납부할 세액
> ③ 그 밖에 필요한 사항

(2) 납부

외국환은행의 계좌에 납입하는 방식으로 한다(부령 96의2 ⑥). 이때 간편사업자등록자가 국내에 공급한 전자적 용역의 대가를 외국통화나 그 밖의 외국환으로 받은 경우에는 과세기간 종료일(또는 예정신고기간 종료일)의 기준환율을 적용하여 환가한 금액을 과세표준으로 할 수 있다. 이 경우 국세청장은 정보통신망을 이용하여 통지하거나 국세정보통신망에 고시하는 방법 등으로 사업자(납세관리인 포함)에게 기준환율을 알려야 한다(부령 96의2 ⑦).

확인문제

03. 「부가가치세법령」상 국외사업자의 전자적 용역 공급에 대한 설명으로 옳지 않은 것은? 2017. 7급

① 간편사업자등록을 한 사업자가 국내에 전자적 용역을 공급하는 경우에는 국내사업자와 동일하게 세금계산서 및 영수증을 발급하여야 한다.
② 국내사업장이 없는 비거주자 또는 외국법인이 정보통신망 등을 이용하여 전자적 용역의 거래가 가능하도록 오픈마켓이나 그와 유사한 것을 운영하고 관련 서비스를 제공하는 자를 통하여 국내에 전자적 용역을 공급하는 경우(국내사업자의 용역 등 공급 특례가 적용되는 경우는 제외)에는 그 오픈마켓을 운영하고 관련 서비스를 제공하는 자가 해당 전자적 용역을 국내에서 공급한 것으로 본다.
③ 간편사업자등록을 한 자의 국내로 공급되는 전자적 용역의 공급시기는 구매자가 공급하는 자로부터 전자적 용역을 제공받은 때와 구매자가 전자적 용역을 구매하기 위하여 대금의 결제를 완료한 때 중 빠른 때로 한다.
④ 국내사업장이 없는 비거주자 또는 외국법인이 국내에 이동통신단말장치 또는 컴퓨터 등을 통하여 구동되는 전자적 용역을 공급하는 경우(「부가가치세법」, 「소득세법」 또는 「법인세법」에 따라 사업자등록을 한 자의 과세사업 또는 면세사업에 대하여 용역을 공급하는 경우는 제외)에는 국내에서 해당 전자적 용역이 공급되는 것으로 본다.

정답 ①

5 기타 C

(1) 매입세액공제

간편사업자등록을 한 자는 해당 전자적 용역의 공급과 관련하여 공제되는 매입세액 외에는 매출세액 또는 납부세액에서 공제하지 아니한다(부법 53조의2 ⑤).

(2) 거래명세서 보관

간편사업자등록을 한 자는 전자적 용역의 공급에 대한 거래명세(등록사업자의 과세사업 또는 면세사업에 대하여 용역을 공급하는 경우의 거래명세를 포함)를 그 거래사실이 속하는 과세기간에 대한 확정신고 기한이 지난 후 5년간 보관하여야 한다(부법 53조의2 ⑥).

(3) 거래명세서 제출

국세청장은 부가가치세 신고의 적정성을 확인하기 위하여 간편사업자등록을 한 자에게 전자적 용역 거래명세서를 제출할 것을 요구할 수 있다. 간편사업자등록을 한 자는 요구를 받은 날부터 60일 이내에 전자적 용역 거래명세서를 국세청장에게 제출하여야 한다(부법 53조의2 ⑦, ⑧).

(4) 폐업

간편사업자등록을 한 자가 국내에서 폐업을 한 경우(소재불명, 사이버몰 폐쇄 등 사실상 폐업한 경우 포함) 간편사업자등록을 말소할 수 있다(부법 53의2 ⑨).

6 국외사업자의 용역 등 공급에 관한 특례 B

국외사업자가 사업자등록의 대상으로서 다음 어느 하나에 해당하는 자(이하 '위탁매매인 등')를 통하여 국내에서 용역 등을 공급하는 경우에는 해당 위탁매매인 등이 해당 용역 등을 공급한 것으로 본다(부법 53).

① 위탁매매인
② 준위탁매매인
③ 대리인
④ 중개인(구매자로부터 거래대금을 수취하여 판매자에게 지급하는 경우에 한정)

기출 OX

22. 국외사업자가 「부가가치세법」에 따른 사업자등록의 대상으로서 위탁매매인을 통하여 국내에서 용역을 공급하는 경우에는 국외사업자가 해당 용역을 공급한 것으로 본다. 2021. 7급
정답 X

오쌤 Talk

국외사업자의 용역 등 공급에 관한 특례의 공급장소

국외사업자로부터 권리를 공급받는 경우에는 공급받는 자의 국내에 있는 사업장의 소재지 또는 주소지를 해당 권리가 공급되는 장소로 본다. Link-P.323

확인문제 최신

04. 「부가가치세법」상 신고와 납부에 대한 설명으로 옳은 것은? 2024. 7급

① 예정신고를 한 사업자 또는 조기에 환급을 받기 위하여 신고한 사업자는 이미 신고한 과세표준과 납부한 납부세액 또는 환급받은 환급세액을 포함해서 확정신고를 해야 한다.
② 국외사업자로부터 국내에서 용역을 공급받는 자(공급받은 그 용역을 과세사업에 제공하는 경우는 제외하되, 매입세액이 공제되지 아니하는 용역을 공급받는 경우는 포함한다)는 그 대가를 지급하는 때에 그 대가를 받은 자로부터 부가가치세를 징수하여야 한다.
③ 국외사업자가 사업자등록의 대상으로서 위탁매매인을 통하여 국내에서 용역을 공급하는 경우에는 해당 국외사업자가 해당 용역을 공급한 것으로 본다.
④ 국외사업자가 정보통신망을 통하여 이동통신단말장치 또는 컴퓨터 등으로 공급하는 용역으로서 광고를 게재하는 용역을 국내에 제공하는 경우에는 그 용역을 공급받는 자가 사업자등록을 하여야 한다.

정답 ②

MEMO

CHAPTER 09

겸영사업자의 안분계산

1. 겸영사업자의 과세체계
2. 공급단계의 안분계산
3. 매입단계의 안분계산
4. 공통매입세액의 정산

• 최신 8개년 출제 경향 분석

01 겸영사업자의 과세체계
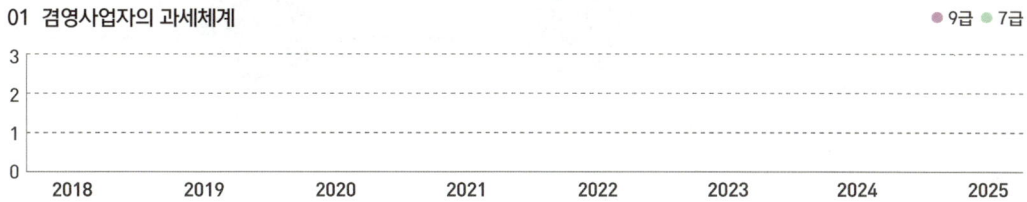

02 공급단계의 안분계산
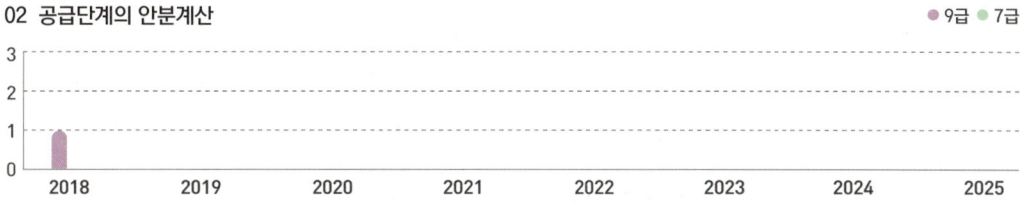

03 매입단계의 안분계산
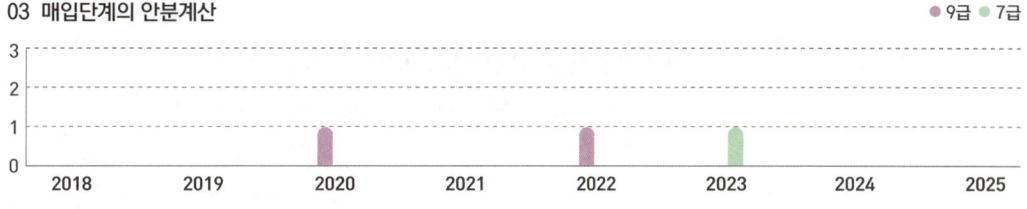

04 공통매입세액의 정산
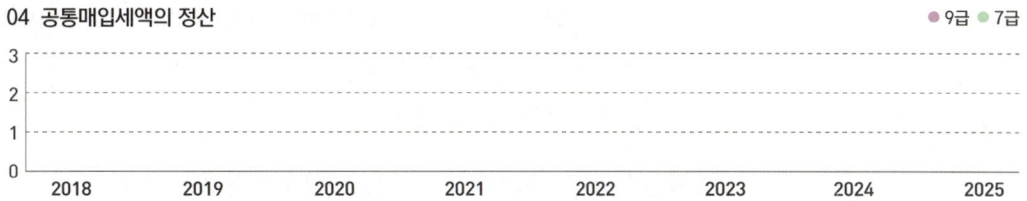

1 겸영사업자의 과세체계

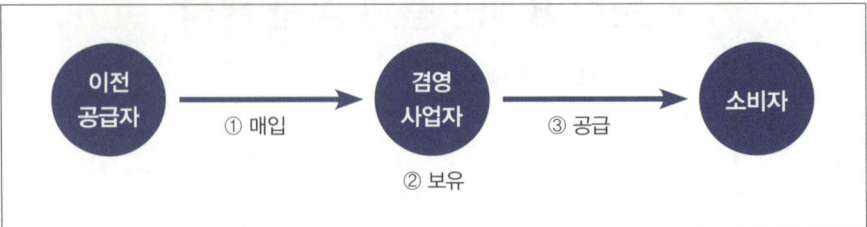

1 매입 단계 B

사업자는 이전 공급자로부터 재화 또는 용역을 공급받으면 해당 가액에 매입세액을 부담하게 된다. 이때 겸영사업자라 함은 '면세사업과 과세사업을 동시에 경영하는 사업자'를 뜻하는데, 면세사업과 관련된 매입세액은 공제받을 수 없다. 따라서, 면세사업과 과세사업에 동시에 사용하는 재화 또는 용역을 공급받은 경우, 과세사업분만 안분계산하여 공제가 가능한데, 이를 '공통매입세액의 안분계산'이라고 한다.

2 보유 단계 B

보유단계에서는 이전 공급자로부터 구입한 재화를 각각 다음의 경우로 전용하는 경우에 과세와 관련된 문제가 발생하고, 이에 대해서는 다음과 같이 처리한다.

★ **(1) 과세사업용 재화를 면세사업에 전용하는 경우**

간주공급 규정에 따라 자기생산·취득재화를 면세사업에 전용했기 때문에 기존에 공제받은 매입세액이 있다면 매출세액으로써 추징한다. 면세전용(간주공급)에 대한 부가가치세를 계산하여 납부하는 방법은 앞서 06 과세표준에서 다루었다.

★ **(2) 면세사업용 재화를 과세사업에 전용하는 경우**

이는 앞서 07 매입세액과 차가감납부세액의 계산에서 다루었던 공제되는 매입세액 중 '과세사업전환 매입세액'에 해당한다. 따라서 해당 매입세액의 계산방법에 따라서 매출세액에서 공제한다.

★ **(3) 공통사용재화의 면세사업 사용비율이 변동하는 경우**

공통매입세액을 계산하여 공제를 받은 후에 면세비율이 변동하는 경우, 그 증감된 면세비율의 차이를 각 과세기간별로 정산하는데 이를 '납부세액(환급세액)의 재계산'이라고 한다. 납부세액(환급세액)의 재계산에 대해서는 이 장 마지막에 후술한다.

3 공급 단계 B

공급단계에서는 각각 다음의 경우에 따라 해당 재화의 성격을 구별하고, 그에 따라 별도로 매출세액을 계산한다.

구분	과세 및 면세
과세사업용 재화를 공급하는 경우	공급가액을 과세표준으로 하여 과세한다.
면세사업용 재화를 공급하는 경우	면세되기 때문에 과세하지 않는다.
공통사용재화를 공급하는 경우	공급가액 중에서 과세사업에 해당하는 부분을 안분계산하여 해당하는 부분에 한해서 매출세액으로 과세한다(과세표준의 안분계산).

② 공급단계의 안분계산

1 안분계산의 적용 A

(1) 원칙

과세사업과 면세사업 등에 공통으로 사용하는 재화를 공급하는 경우 과세표준은 다음에 따라 계산한다(부령 63 ①). 다만, 휴업, 천재지변 등으로 인하여 직전 과세기간에 대한 공급가액이 없는 경우, 그 재화를 공급한 날에 가장 가까운 과거 과세기간의 공급가액을 적용하여 계산한다.

$$과세표준 = 재화의\ 공급가액 \times \frac{직전\ 과세기간의\ 과세공급가액}{직전\ 과세기간의\ 총공급가액}$$

(2) 특례

다음의 재화를 공급하는 경우 과세표준은 아래의 산식에 따라 계산한다(부령 63 ②). 다만, 이 경우에도 휴업, 천재지변 등으로 인하여 직전 과세기간에 대한 사용면적비율이 없는 경우, 그 재화를 공급한 날에 가장 가까운 과거 과세기간의 사용면적비율을 적용하여 계산한다.

① 매입시점에 공통매입세액을 사용면적비율에 따라 안분한 재화
② 납부세액(환급세액)을 사용면적비율에 따라 재계산한 재화

$$과세표준 = 재화의\ 공급가액 \times \frac{직전\ 과세기간의\ 과세사용면적}{직전\ 과세기간의\ 총사용면적}$$

오쌤 Talk

공통과세표준 안분계산 FLOW

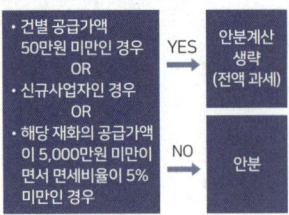

기출 OX

01. 과세사업과 면세사업에 공통으로 사용되는 재화를 공급하는 경우에는 재화를 공급하는 날이 속하는 과세기간의 총공급가액 중 면세공급가액의 비율이 5% 미만인 경우 해당 재화의 공급가액을 과세표준으로 한다. 2011. 9급

정답 X

확인문제

01. 「부가가치세법」상 제조업을 영위하는 ㈜A는 과세사업과 면세사업에 공통으로 사용하던 재화를 2020년 8월 15일에 480,000원(부가가치세 불포함)에 공급하였다. 다음 ㈜A의 공급가액 내역을 이용하여 해당 재화의 공급에 대한 부가가치세 과세표준을 계산하면?

2017. 9급

(단위: 원)

구분	2020년 1기	2020년 2기
과세공급가액	18,000,000	24,000,000
면세공급가액	2,000,000	6,000,000
합계	20,000,000	30,000,000

① 384,000원 ② 403,200원
③ 432,000원 ④ 480,000원

정답 ④

2 안분계산을 생략하는 경우 A

다음 중 어느 하나에 해당하는 경우에는 안분계산을 생략하고 해당 재화의 공급가액 전부를 과세표준으로 간주한다(부령 63 ③).

① 재화를 공급하는 날이 속하는 과세기간의 직전 과세기간의 총공급가액 중 면세공급가액이 5% 미만인 경우
   다만, 해당 재화의 공급가액이 5,000만원 이상인 경우는 제외한다.
② 재화의 공급단위별 공급가액이 50만원 미만인 경우
③ 재화를 공급하는 날이 속하는 과세기간에 신규로 사업을 시작하여 직전 과세기간이 없는 경우

예제 1 공급단계의 안분계산

다음의 자료를 기초로 과세사업과 면세사업을 겸영하는 ㈜한국의 20X2년 제1기 부가가치세 과세표준을 각각의 경우별로 계산하시오.

1. 과세사업과 면세사업에 공통으로 사용하던 기계장치를 ₩60,000,000에 매각하였다. 기계장치의 취득가액은 ₩150,000,000이며, 취득일은 20X0. 12. 17.이다.
2. 과세사업과 면세사업에 공통으로 사용하던 비품을 ₩400,000에 매각하였다. 비품의 취득가액은 ₩1,000,000이며, 취득일은 20X1. 1. 22.이다.

경우 1

구분	20X1년 제2기 과세표준	20X2년 제1기 과세표준
과세사업	₩320,000,000	₩250,000,000
면세사업	₩80,000,000	₩200,000,000

경우 2

구분	20X1년 제2기 과세표준	20X2년 제1기 과세표준
과세사업	₩390,000,000	₩200,000,000
면세사업	₩10,000,000	₩200,000,000

풀이

경우 1 과세표준 = ₩60,000,000 × $\frac{₩320,000,000}{₩400,000,000}$ + ₩400,000 = ₩48,400,000

∵ 기계장치는 직전 과세기간의 공급가액으로 안분계산하고, 비품은 공급가액이 50만원 미만인 경우에 해당하므로 전액 과세한다.

경우 2 과세표준 = ₩60,000,000 × $\frac{₩390,000,000}{₩400,000,000}$ + ₩400,000 = ₩58,900,000

∵ 면세비율이 2.5%밖에 해당하지 않지만, 기계장치의 공급가액이 5,000만원 이상인 경우에 해당하기 때문에 마찬가지로 직전 과세기간의 공급가액으로 안분계산하고, 공급가액이 50만원 미만인 경우에 해당하므로 전액 과세한다.

③ 매입단계의 안분계산

1 안분계산의 적용 A

(1) 원칙

과세사업과 면세사업에 관련된 매입세액의 계산은 실지귀속에 따라 공제 여부를 판단한다. 그러므로 실지귀속을 구분할 수 있는 매입세액은 그 실지귀속을 분명히 따질 수 있는 비율을 적용하여 안분한다. 즉, 건물 취득 시 과세사업과 면세사업에 사용할 면적이 구분되는 경우에는 귀속이 분명하므로 그 사용면적비율에 따라 안분한다.

하지만 실지귀속을 구분할 수 없는 매입세액은 기획재정부령이 정하는 경우를 제외하고는 획일적인 공통매입세액 안분기준을 적용하여 다음과 같이 안분계산하는데 이것을 '공통매입세액의 안분계산'이라고 한다(부법 40, 부령 81 ①, 부칙 54 ②).

$$\text{면세사업에 관련된 매입세액} = \text{공통매입세액} \times \frac{\text{해당 과세기간의 면세공급가액}}{\text{해당 과세기간의 총공급가액}}$$

① 총공급가액

공통매입세액과 관련된 해당 과세기간의 과세사업에 대한 공급가액과 면세사업에 대한 공급가액의 합계액을 말한다.

② 면세공급가액

공통매입세액과 관련된 해당 과세기간의 면세사업에 대한 수입금액을 말한다.

③ 안분계산 시 면세공급가액의 범위

면세공급가액은 면세사업 및 부가가치세가 과세되지 않는 사업의 공급가액뿐만이 아니라, 관련 사업으로 인하여 수취하였으나 과세하지 않는 국고보조금, 공공보조금 및 이와 유사한 금액의 합계액을 말한다.

(2) 특례

과세사업과 면세사업에 공통으로 사용되는 재화를, 공급받은 과세기간 중에 그 재화를 공급하여 직전 과세기간의 공급가액 실적에 따라 과세표준에 포함되는 공급가액을 안분계산한 경우에는 그 재화에 대한 매입세액의 안분계산도 직전 과세기간의 공급가액 실적을 기준으로 다음과 같이 계산한다(부칙 54 ③).

$$\text{면세사업에 관련된 매입세액} = \text{공통매입세액} \times \frac{\text{직전 과세기간의 면세공급가액}}{\text{직전 과세기간의 총공급가액}}$$

확인문제

02. 다음은 과세재화와 면세재화를 제조 및 판매하고 있는 甲회사의 2020년도 제2기 부가가치세 과세기간에 대한 자료이다. 한편, 2020년도 제2기 과세기간의 매입가액에 대한 부가가치세는 모두 매입세액공제대상이다. 2020년도 제2기 甲회사의 부가가치세 납부세액은? 2012. 7급

○ 공급가액
• 2020년 1기

총공급가액	200,000,000원
면세공급가액	100,000,000원

• 2020년 2기

총공급가액	200,000,000원
면세공급가액	80,000,000원

○ 매입가액
- 과세재화용 원재료: 65,000,000원
- 면세재화용 원재료: 35,000,000원
- 과세사업과 면세사업에 공통으로 사용되는 부재료: 25,000,000원

① 2,000,000원 ② 2,250,000원
③ 4,000,000원 ④ 4,250,000원

정답 ③

 오쌤 Talk

공통매입세액의 안분계산

① 매입세액공제액이 아닌 불공제액을 계산하는 이유
: 매입세액 계산구조상(Link-P. 390) '공통매입세액 중 면세사업분'에 기재하며 매입세액 계산 시 빼기 위함이다.
② 과세표준 안분계산과는 달리 해당 과세기간의 공급가액 비율로 안분하는 이유
: 매입세액 공제액의 계산은 매입시점에 하는 것이 아니라 해당 과세기간이 끝난 후 신고할 때 한다. 그러므로 보다 합리적인 해당 과세기간의 공급가액을 기준으로 계산한다.

 오쌤 Talk

공통매입세액의 안분계산 적용 기준 순서

① 일반적인 경우: 공급가액 → (없으면) 매입가액 → 예정공급가액 → 예정사용면적
② 건물의 경우: 실제사용면적 →(없으면) 예정사용면적 → 매입가액 → 예정공급가액

2 안분계산을 생략하는 경우 B

다음 중 어느 하나에 해당하는 경우에는 **안분계산을 생략하고 해당 재화의 공통매입세액 전부를 공제할 수 있는 매입세액으로 간주한다**(부령 81 ②).

① 해당 과세기간의 총공급가액 중 면세공급가액이 5% 미만인 경우
    다만, 공통매입세액이 500만원 이상인 경우는 제외한다.
② 해당 과세기간 중 공통매입세액 '합계액'이 5만원 미만인 경우
③ 신규로 사업을 개시함으로 인하여 '해당 과세기간에 매입하여 해당 과세기간에 매각한 공통사용재화의 과세표준 안분계산을 생략한 경우'에 그 재화의 매입세액

오쌤 Talk

안분계산을 생략하는 경우의 취지

"①"은 면세공급가액비율이 낮고, "②"는 공급가액 또는 공통매입세액이 소액이므로 계산의 효용가치를 고려한 것이며, "③"과 같이 직전 과세기간이 없는 경우에는 안분계산 자체가 불가능하기 때문이다. 공통매입세액의 안분계산은 당기의 공급가액을 기준으로 하므로 신규사업자라도 안분계산을 하는 것이 원칙이다. 다만, 당기에 매입하여 당기에 공급한 신규사업자의 경우 직전 과세기간이 없어 공급 시 과세표준 안분계산을 생략하므로 매입세액의 안분계산도 생략한다.

예제 2 공통매입세액의 안분계산

과세사업과 면세사업을 겸영하는 ㈜한국은 과세사업과 면세사업에 공통으로 사용할 목적으로 X2년 6월 1일 기계장치를 ₩40,000,000에 매입하였다. 다음 각각의 경우, 20X2년 제1기에 공제되는 매입세액을 구하시오.

경우 1

구분	20X1년 제2기 과세표준	20X2년 제1기 과세표준
과세사업	₩320,000,000	₩250,000,000
면세사업	₩80,000,000	₩150,000,000

경우 2

구분	20X1년 제2기 과세표준	20X2년 제1기 과세표준
과세사업	₩200,000,000	₩390,000,000
면세사업	₩200,000,000	₩10,000,000

오쌤 Talk

공통매입세액 안분계산 FLOW

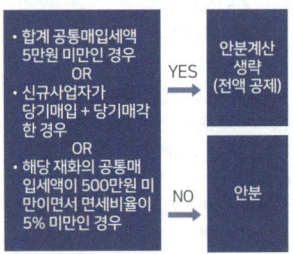

풀이

경우 1 공제되는 매입세액 = (₩40,000,000 × 10%) × $\frac{₩250,000,000}{₩400,000,000}$ = ₩2,500,000

∵ 공통매입세액 '합계액'이 5만원 이상이며, 면세공급가액 비율이 5% 이상(37.5% = ₩150,000,000/₩400,000,000)이므로 당기 공급가액을 기초로 안분계산하며 안분계산을 한다.

경우 2 공제되는 매입세액 = ₩40,000,000 × 10% = ₩4,000,000

∵ 면세비율이 2.5%이며, 공통매입세액이 500만원 미만인 기계장치의 경우에는 안분계산을 생략하고 전액 공제되는 매입세액으로 한다.

오쌤 Talk

공통매입세액 및 과세표준 안분계산 비교

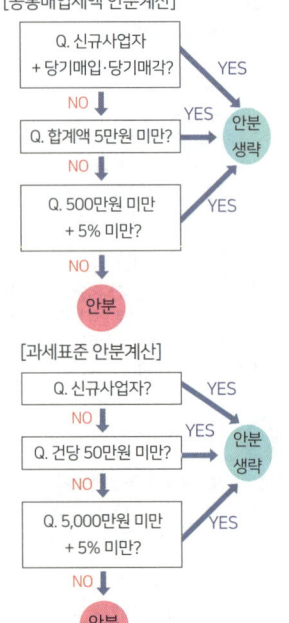

참고

공통사용재화의 매입 단계와 공급 단계의 과세체계

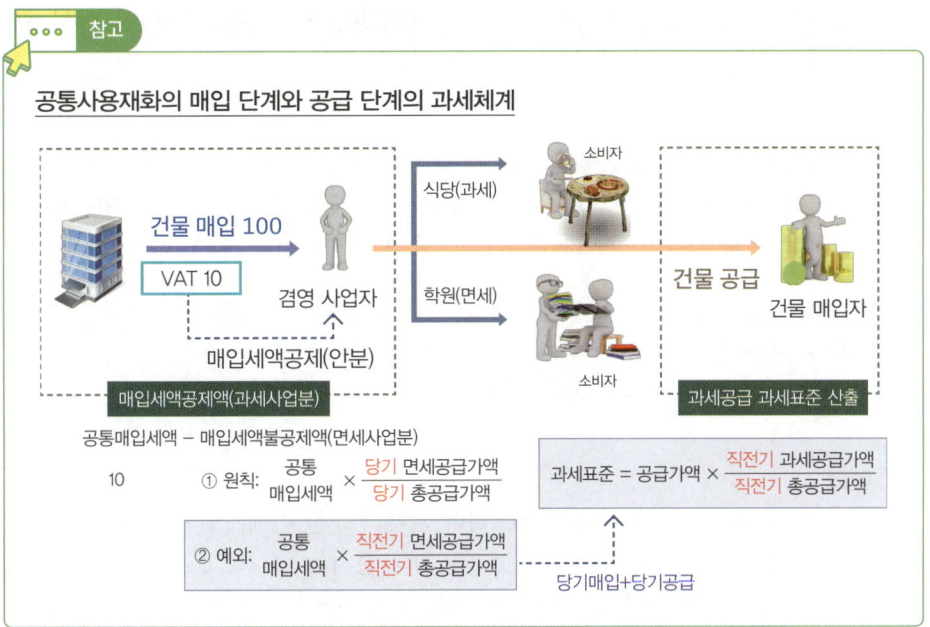

확인문제

03. 소매업을 영위하는 (주)한국은 과세사업과 면세사업을 겸영하고 있다. 2022년 제1기 과세 및 면세사업의 공급가액과 매입세액이 다음과 같을 때, 확정신고 시 공제받을 수 없는 매입세액은? (단, 모든 거래에 대한 세금계산서 및 계산서는 적법하게 발급받았으며, 주어진 자료 이외의 다른 사항은 고려하지 않는다) 2022. 9급

(단위: 만 원)

구분	공급가액	매입세액
과세사업	300	25
면세사업	200	10
과세 면세공통 (실지귀속 불분명)	-	20
합계	500	55

① 8만 원　② 10만 원
③ 18만 원　④ 30만 원

정답 ③

④ 공통매입세액의 정산

정산 유형	구분	차이가 5% 미만인 경우
1	예정신고를 하는 때에는 예정신고기간(3개월)의 면세공급가액 비율로 안분계산하고 확정신고 시 해당 과세기간(6개월)의 면세공급가액 비율로 정산하는 유형	정산함
2	당기의 과세사업과 면세사업의 공급가액이 없거나 어느 한 사업의 공급가액이 없는 경우에는 당기에는 대용치로 안분계산하고, 확정치가 확정되는 과세기간에 그 차이를 정산하는 유형	정산함
3	공통사용재화의 구입 시 구입한 과세기간의 면세비율로 안분계산한 후, 그 후 과세기간의 면세비율이 증감될 때마다 정산하는 유형 (납부세액 또는 환급세액의 재계산)	정산 안 함

1 유형 1: 확정신고 시 확정신고기간과 예정신고기간의 면세비율 차이의 정산 B

예정신고를 할 때에는 예정신고기간에 있어서 총공급가액에 대한 면세공급가액의 비율에 따라 안분계산하고, 확정신고를 할 때에 정산한다(부령 81 ①). 이때에는 차이가 5% 미만이라고 하더라도 정산한다.

확인문제 [최신]

04. 다음은 과세사업과 면세사업을 겸영하는 일반과세자 K(개인)의 2023년 제2기(2023.7.1.~2023.12.31.) 부가가치세 관련 자료이다. 2023년 제2기에 매출세액에서 공제되는 매입세액은? (단, 모든 거래에 대한 세금계산서 및 계산서는 적법하게 발급받았다) 2023. 7급

○ 매입세액

구분	세액
과세사업	30,000,000원
면세사업	30,000,000원
과세·면세공통 (실지귀속 불분명)	10,000,000원*
합계	70,000,000원

*2023년 제2기에 구입하여 2023년 제2기에 전부 공급한 기계장치에 대한 매입세액임

○ 공급가액

구분	과세사업	면세사업
2023년 제1기	960,000,000원	40,000,000원
2023년 제2기	800,000,000원	200,000,000원

① 35,000,000원　② 38,000,000원
③ 39,600,000원　④ 40,000,000원

정답 ③

2 유형 2: 공급가액이 없는 경우, 공급가액이 확정되는 기간의 정산 B

(1) 안분계산 방법

① 원칙

공통매입세액의 안분계산을 하는 기준치는 공급가액을 원칙으로 한다. 다만, 해당 과세기간 중 과세사업과 면세사업의 공급가액이 없거나 그 어느 한 사업의 공급가액이 없는 경우에 해당 과세기간의 안분계산은 다음의 ㉠-㉡-㉢ 순서에 따른다(부령 81 ④).

> ㉠ 총 매입가액(공통매입가액은 제외)에 대한 면세사업에 관련된 매입가액의 비율
> ㉡ 총 예정공급가액에 대한 면세사업에 관련된 예정공급가액의 비율
> ㉢ 총 예정사용면적에 대한 면세사업에 관련된 예정사용면적의 비율

② 예외

건물 또는 구축물을 신축하거나 취득하여 과세사업과 면세사업에 제공할 예정면적을 구분할 수 있는 경우에는 ㉠-㉡-㉢의 순서가 아니라 ㉢-㉠-㉡의 순서로 먼저 적용하여 안분계산한다. 이때 ㉢의 비율을 적용하여 안분 계산한 경우, 그 후 과세사업과 면세사업의 공급가액이 모두 있게 되어 원칙적인 방법의 계산식에 따라 공통매입세액을 계산할 수 있는 경우에도 과세사업과 면세사업의 사용면적이 확정되기 전의 과세기간까지는 ㉢의 비율을 계속 적용하고, 과세사업과 면세사업의 사용면적이 확정되는 과세기간에 면세사용면적비율에 따라 공통매입세액을 정산한다(법령 81 ④, ⑤).

(2) 안분계산한 공통매입세액의 정산

공급가액을 알 수 없어 대용치(매입가액, 예정공급가액, 예정사용면적)를 사용해서 안분계산했다고 하더라도 그 후 과세기간에 공급가액(또는 사용면적)이 확정되는 경우에는 대용치로 행한 안분계산액과 확정된 공급가액(또는 사용면적)으로 계산한 안분계산액의 차이를 정산하여 과세기간에 대한 납부세액을 확정신고해야 한다. 이때, 계산은 다음에 따른다.

① 처음에 매입가액의 비율 또는 예정공급가액의 비율로 공통매입세액을 안분계산한 경우

$$\text{가산 또는 공제되는 세액} = \text{정산 대상 공통매입세액} \times \left(\frac{\text{면세공급가액}}{\text{총공급가액}}\right) - \text{당초에 불공제된 매입세액}$$

② 처음에 예정사용면적의 비율로 공통매입세액을 안분계산한 경우

$$\text{가산 또는 공제되는 세액} = \text{정산 대상 공통매입세액} \times \left(\frac{\text{실제 면세사용면적}}{\text{실제 총사용면적}}\right) - \text{당초에 불공제된 매입세액}$$

다만, 예정신고를 할 때에는 예정신고기간의 총공급가액(또는 총사용면적)에 대한 면세공급가액(또는 면세사용면적·비과세사용면적)의 비율에 따라 안분하여 계산하고, 확정신고를 할 때에 정산한다(부령 82).

3 유형 3: 납부세액 또는 환급세액의 재계산 B

(1) 개념

감가상각자산을 대상으로 최초 구입 시 면세사업의 비율에 따라 매입세액공제를 정상적으로 받은 후, 면세사업의 비율의 증감이 있는 경우에는 그 비율을 기준으로 매입세액 공제를 받았어야 하는 금액도 변화한다. 따라서 각 과세기간마다 면세비율 증감으로 인하여 과대 또는 과소된 매입세액을 납부세액에 가산하거나 환급세액에 가산하는데, 이러한 제도를 '납부세액 또는 환급세액의 재계산'이라고 한다.

(2) 재계산의 적용요건

재계산을 적용하기 위해서는 다음의 요건을 모두 충족하여야 한다(부법 41, 부령 83 ①).

> ① 자산 요건: 과세사업과 면세사업에 공통으로 사용하고 있는 **감가상각자산**
> ② 비율 요건: 해당 과세기간의 면세비율과 해당 감가상각자산의 취득일이 속하는 과세기간에 적용하였던 **면세비율 간의 차이가 5% 이상인 경우에만 적용**
> ③ 확정신고 요건: 재계산세액은 **확정신고**와 함께 납부할 것

오쌤 Talk

납부세액의 재계산과 과세사업 전환 매입세액의 공통점
- 감가상각자산만 가능하며, 비상각자산은 적용 불가
- 비율 차이가 5% 미만인 경우 계산하지 아니함 Link-P.397
- 확정신고 시에만 적용

(3) 재계산의 방법

다음과 같이 계산하여 해당 금액을 납부세액에 가산(또는 공제)하거나 환급세액에 가산(또는 공제)한다(부령 83 ②). 이때 면세비율은 최초 안분계산 시 총공급가액을 기준으로 한 경우에는 공급가액의 비율에 따라 재계산하지만, 총사용면적을 기준으로 한 경우에는 사용면적의 비율에 따라 재계산한다.

구분	재계산 방법
건물 또는 구축물	공통매입세액 × (1 - 5% × 경과된 과세기간 수) × 증감된 면세비율
기타의 감가상각자산	공통매입세액 × (1 - 25% × 경과된 과세기간 수) × 증감된 면세비율

오쌤 Talk

5% 미만인지 여부를 따지는 규정
- 면세전용으로 인한 간주공급: 면세사업비율이 5% 미만인 경우 간주공급을 적용하지 않는다. Link-P.381
- 과세전환으로 인한 매입세액 공제: 과세사업비율이 5% 미만인 경우 매입세액 공제를 적용하지 않는다. Link-P.397
- 공통과세표준 및 공통매입세액의 안분계산: 5% 미만인지 여부를 따져 안분여부를 판단한다. Link-P.436, 438
- 납부세액 재계산: 기간별 면세비율의 차이가 5% 미만인 경우 재계산을 행하지 않는다. Link-P.441

(4) 재계산액의 신고 및 납부

해당 사업자는 재계산된 세액을 해당 과세기간의 확정신고와 함께 관할 세무서장에게 신고·납부해야 한다(부법 41). 따라서 예정신고기간에는 재계산하지 않는다.

(5) 재계산의 배제

> ① 과세사업에 제공하던 감가상각자산이 자기생산·취득재화의 간주공급에 해당하는 경우에는 재계산을 하지 않는다(부령 83 ④).
> ② 과세사업과 면세사업에 공통으로 사용된 감가상각자산을 공급하는 경우, 해당 재화를 공급하는 날이 속하는 과세기간에는 그 감가상각자산에 대한 재계산을 하지 않는다(부칙 55 ③).

오쌤 Talk

재계산 배제
① 간주공급에 대한 과세도 처음에 공제받은 매입세액을 추징하는 절차이므로 유사한 정산 절차를 이중으로 적용할 필요가 없음
② 공통사용재화를 공급할 때 직전 과세기간 기준으로 과세표준을 안분계산하므로 공급한 자산에 대한 정산은 직전 과세기간 기준으로 완료된 상태임. 그러므로 당기와 직전의 차이를 정산할 필요가 없음

CHAPTER 10

간이과세

1. 간이과세의 개요
2. 과세유형의 변경
3. 간이과세의 포기 및 재적용
4. 간이과세자의 부가가치세 계산구조
5. 신고·납부와 결정·경정 및 징수

• 최신 8개년 출제 경향 분석

01 간이과세의 개요

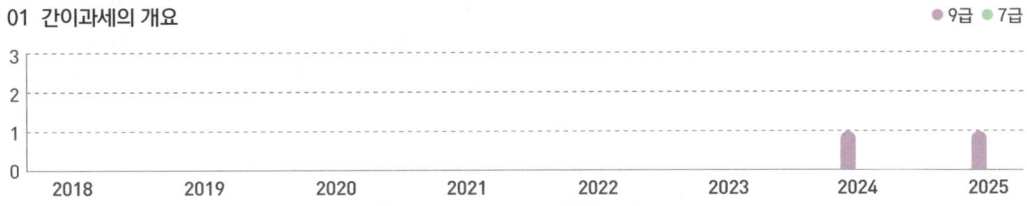

02 과세유형의 변경

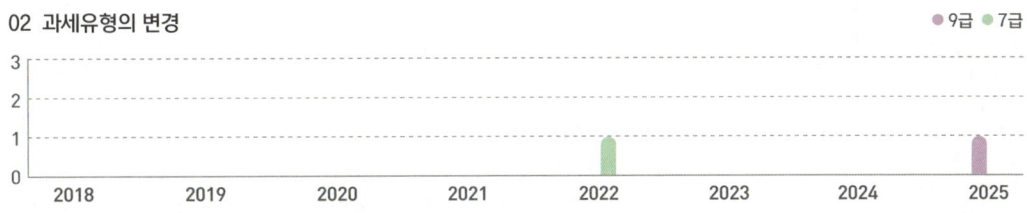

03 간이과세의 포기 및 재적용

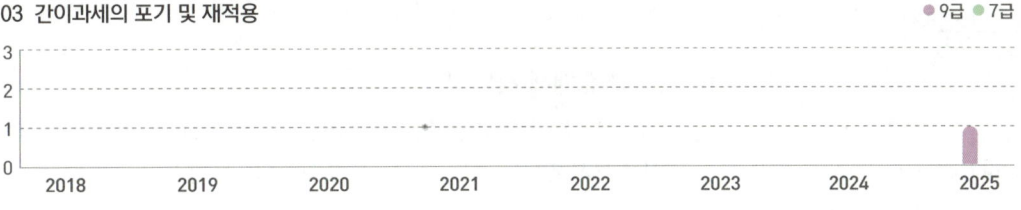

04 간이과세자의 부가가치세 계산구조

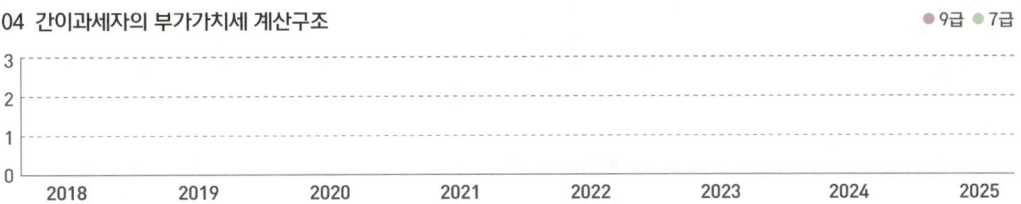

05 신고·납부와 결정·경정 및 징수

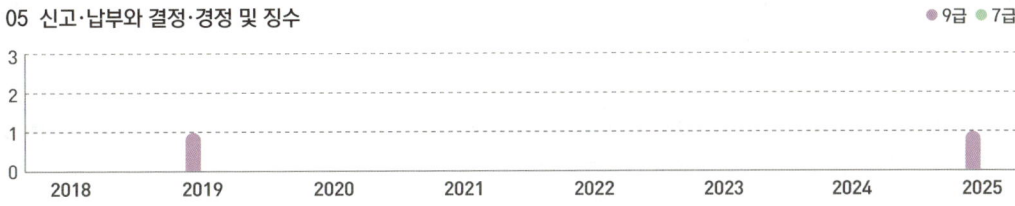

1 간이과세의 개요

1 간이과세제도의 의미 C

「부가가치세법」상 일정 소득 이하의 영세사업자는 부담하는 부가가치세도 비교적 규모가 작다. 때문에 그러한 영세사업자의 납세편의를 배려하여 납부하는 데 있어 복잡한 과정을 거치지 않고 비교적 간편하게 납세의무를 이행할 수 있도록 규정하고 있는데, 이를 '간이과세제도'라고 한다.

2 간이과세자의 적용 범위 A

(1) 일반적인 적용 기준

'간이과세자'란 직전 연도의 공급대가의 합계액이 1억4백만원에 미달하는 개인사업자를 말한다(부법 61 ①). 이때 공급대가라 함은 부가가치세액이 포함된 대가를 말한다. 따라서 다음의 경우에는 간이과세자가 아니기 때문에 간이과세제도를 적용받을 수 없다.

> ① 법인사업자
> ② 1억4백만원[*1] 이상인 개인사업자
>   이때 1억4백만원의 계산은 휴업한 자는 휴업기간을, 신규로 사업을 개시한 자는 사업개시 전의 기간을, 사업을 포괄양수한 자는 양수 전의 기간을 제외한 나머지 기간에 대한 공급대가를 12개월로 환산한 금액을 뜻한다. 이 경우 1개월 미만의 끝수가 있으면 1개월로 한다(부령 109 ③).

(2) 간이과세 배제 사업자

다음 어느 하나에 해당하는 사업자는 직전 연도 공급대가와 관계없이(③, ⑤ 제외) 간이과세자로 보지 않는다(부법 61 ①, 부령 109 ②, 부칙 71).

① 간이과세가 적용되지 않는 다른 사업장을 보유하고 있는 사업자
개인사업자가 둘 이상의 사업장을 보유하는 경우에 일반과세를 적용받는 사업장이 있으면 간이과세를 적용받을 수 없다. 다만, 대통령이 정하는 다음의 사업에 대해서는 해당 사업장이 간이과세에 해당되는 경우라면 다른 사업장의 간이과세 적용 여부와 관계없이 간이과세를 적용한다(조특법 106 ⑤).

> ㉠ 개인택시운송업, 용달 및 개별화물자동차운송업, 그 밖의 도로화물운송업
> ㉡ 이용업, 미용업
> ㉢ 그 밖에 이와 유사한 것

오쌤 Talk
일반과세자와 간이과세자의 비교

구분	일반과세자	간이과세자
발급증빙	세금계산서 또는 영수증	
과세표준	공급가액	공급대가
납부세액의 계산	매출세액 - 매입세액	과세표준 × 부가가율 × 10%
매입세액의 처리	납부세액 계산 시 공제	세액공제를 통해 적용
의제매입 세액 적용	업종 제한 없음	불가능
개인일 때 예정신고	직전 납부세액의 50%를 예정고지하여 징수(일부 제외)	세무서장이 예정부과(일부 제외)
포기제도	없음	있음

기출 OX
01. 법인사업자는 간이과세자가 될 수 없다. 2007. 9급
정답 O

02. 직전 연도의 재화와 용역의 공급대가의 합계액이 1억4백만원에 미달하는 법인은 간이과세자에 해당한다. 2025. 9급 최신
정답 X

[*1] 적용례: 2023년도 공급대가의 합계액을 기준으로 2024.7.1.부터 2025.6.30.까지의 기간에 대한 간이과세 규정의 적용 여부를 판단하는 경우부터 적용한다.

② 법에서 정하는 사업을 경영하는 자

> ㉠ 광업
> ㉡ 제조업 (단, 주로 최종소비자에게 직접 재화를 공급하는 사업으로 과자점업, 도정업, 제분업 및 양복점업 등 국세청장이 정하는 사업은 제외)
> ㉢ 도매업 (소매업을 겸영하는 경우를 포함하되, 재생용 재료수집 및 판매업은 제외) 및 상품중개업
> ㉣ **부동산매매업**
> ㉤ 「개별소비세법」상 과세유흥장소를 경영하는 사업으로서 기획재정부령이 정하는 것
> ㉥ 부동산임대업으로서 기획재정부령으로 정하는 것
> ㉦ 법령으로 정한 전문자격사업*²
> ㉧ 사업장 소재 지역, 사업의 종류, 규모를 고려하여 국세청장이 정하는 기준에 해당하는 사업
> ㉨ 전전년도 기준 복식부기의무자가 경영하는 사업
> ㉩ **전기·가스**·증기 및 수도 사업
> ㉪ 건설업 (단, 주로 최종소비자에게 직접 재화 또는 용역을 공급하는 사업으로서 도배·배관·냉난방 공사업·내장 목공사업 등 기획재정부령으로 정하는 사업은 제외)
> ㉫ 전문·과학·기술서비스업, 사업시설 관리·사업지원 및 임대 서비스업
> (단, 주로 최종소비자에게 직접 용역을 공급하는 사업으로서 가정용품 임대업·행사영상촬영업 등 기획재정부령으로 정하는 사업은 제외)

③ 부동산임대업 또는 **과세유흥장소를 경영하는 사업자로서 해당 업종의 직전 연도의 공급대가의 합계액이 4,800만원 이상인 사업자**

④ **재화의 공급으로 보지 않는 사업의 양도에 따라 일반과세자로부터 양수한 사업자**
단, 사업을 양수한 이후 공급대가의 합계액이 1억4백만원에 미달하는 경우 간이과세자가 될 수 있다.

⑤ 둘 이상의 사업장이 있는 경우 그 둘 이상의 사업장의 공급대가 합계액이 1억4백만원 이상인 사업자
단, 부동산임대업 또는 과세유흥장소에 해당하는 사업장을 둘 이상 경영하고 있는 사업자의 경우 그 둘 이상의 사업장의 직전 연도의 공급대가(하나의 사업장에서 둘 이상의 사업을 겸영하는 사업자의 경우 부동산임대업 또는 과세유흥장소의 공급대가만을 의미)의 합계액이 4,800만원 이상인 사업자로 한다.

---

*² 변호사업·심판변론인·변리사업·법무사업·공인회계사업·세무사업·경영지도사업·기술지도사업 감정평가사업·손해사정인업·통관업·기술사업·건축사업·도선사업·측량사업·공인노무사업·의사업·한의사업·약사업·한약사업·수의사업·그 밖에 이와 유사한 사업서비스업을 말한다.

기출 OX

03. 부동산매매업을 경영하는 개인사업자로서 직전 연도의 공급대가의 합계액이 1억4백만원에 미달하는 자는 간이과세자에 관한 규정을 적용받을 수 있다.
2013. 9급 수정
정답 X

확인문제 [최신]

01. 부가가치세법령상 간이과세자로 보는 사업자에 해당하는 것은? 2024. 9급
① 부동산매매업을 경영하는 자로서 직전 연도의 공급대가의 합계액이 5천만 원인 개인사업자
② 전기·가스사업을 경영하는 자로서 직전 연도의 공급대가의 합계액이 6천만 원인 개인사업자
③ 도배, 실내 장식사업을 경영하는 자로서 직전 연도의 공급대가의 합계액이 7천만 원인 개인사업자
④ 특별시에서 「개별소비세법」 제1조제4항에 해당하는 과세유흥장소를 경영하는 자로서 직전 연도의 공급대가의 합계액이 5천만 원인 개인사업자

정답 ③

(3) 신규사업자의 간이과세 적용

① 사업자등록 시 간이과세를 적용하고자 하는 사업자

신규로 사업을 시작하는 개인사업자는 사업을 시작한 날이 속하는 연도의 공급대가의 합계액이 1억4백만원에 미달될 것으로 예상되면 사업 개시일부터 20일 이내에 사업자등록을 신청할 때 관할 세무서장에게 간이과세의 적용 여부를 함께 신고하여야 한다. 이때, 간이과세를 적용받으려는 사업자는 사업자등록신청서와 함께 간이과세적용신고서를 관할 세무서장에게 제출하여야 하며, 이에 따른 신고를 한 경우 최초 과세기간에 간이과세자로 한다. 다만, '간이과세 배제 사업'을 영위하는 경우 그러하지 아니한다(부법 61 ③, ④, 부령 109 ④).

② 사업자등록을 하지 않은 사업자

사업자등록을 하지 않은 개인사업자로서 사업을 시작한 날이 속하는 연도의 공급대가의 합계액이 1억4백만원에 미달한 경우에만 최초의 과세기간에 간이과세자로 한다. 다만, '간이과세 배제 사업'을 영위하는 경우 그러하지 아니한다(부법 61 ⑤).

(4) 결정 또는 경정의 경우

결정 또는 경정한 공급대가가 1억4백만원 이상인 개인사업자는 그 결정 또는 경정한 날이 속하는 과세기간까지 간이과세자로 본다(부법 61 ⑥).

3 간이과세자의 특징 B

① 납부세액 계산구조

간이과세자와 일반과세자의 납부세액은 상이하게 계산된다. 일반과세자는 매출세액에서 매입세액을 공제하여 납부세액을 계산했다면, 간이과세자는 납부세액을 구할 때 매입세액을 공제하는 것이 아니라, 세금계산서 등을 발급받은 공급대가에 0.5%를 곱한 금액을 세액공제로 적용할 뿐이다.

② 세금계산서와 영수증 발급

간이과세자는 세금계산서를 발급하는 것을 원칙으로 하며 예외적으로 영수증을 발급한다.

③ 매입세액불공제

간이과세자는 매입한 금액에 10%의 부가가치세율을 적용한 매입세액을 공제받는 구조를 적용하지 않기 때문에, 매입세액을 별도로 환급하는 구조가 존재하지 않는다.

④ 영세율과 면세 적용

간이과세자에게도 영세율과 면세는 적용되나, 간이과세자는 매입세액을 공제받지 못하므로 영세율을 적용받더라도 매입세액을 환급받을 수 없다.

⑤ 의제매입세액 불공제

일반과세자는 의제매입세액공제를 적용받을 수 있으나 간이과세자는 의제매입세액공제를 적용받을 수 없다.

기출 OX

04. 간이과세자도 「부가가치세법」상 사업개시일부터 20일 이내에 사업자등록의무가 있다.   2013. 9급
정답 O

오쌤 Talk

간이과세자의 세금계산서 발급의무

간이과세자 중 직전 연도 공급대가 합계액이 4,800만원 미만인 자는 영수증 발급의무가 있다. 바꿔 말해, 직전 연도 공급대가 합계액이 4,800만원 이상인 간이과세자(p.360~361 (2) 일정사업자 ①~⑦, (4)일정 조건을 만족하는 전기사업자 등의 일부 업종 제외)는 세금계산서 발급의무가 있다는 뜻이다. 이는 2021년 7월 1일부터 시행되는 개정으로 그 취지는 일반과세자에서 간이과세자로의 전환 시에도 세금계산서 발급의무를 유지함으로써 세원의 투명성을 강화하기 위함이다. 또한, 2021년 7월 1일 이후에 간이과세자가 발행하는 세금계산서는 거래 상대방이 매입세액공제를 받을 수 있도록 함께 개정되었다.

구분	세금계산서	매입세액공제
신규 사업자 직전 연도 공급대가 합계액이 4,800만원 미만인 자	발행 못 함	공제 불가
직전 연도 공급대가 합계액이 4,800만원 이상 1억4백만원 미만인 자	발행 해야 함	공제 가능

기출 OX

05. 간이과세자가 재화 또는 용역을 공급하는 경우 반드시 영수증을 교부하여야 한다.   2013. 7급
정답 X

❷ 과세유형의 변경

1 의미 B

다음과 같은 두 가지 경우를 '과세유형의 변경'이라고 한다.

① 일반과세자 ⇒ 간이과세자	직전 연도의 공급대가가 1억4백만원에 미달하게 되는 경우
② 간이과세자 ⇒ 일반과세자	직전 연도의 공급대가가 1억4백만원 이상이 되는 경우

2 변경시기 B

(1) 일반적인 경우

간이과세자에 관한 규정이 적용되거나 적용되지 않게 되는 기간은 해의 1월 1일부터 12월 31일까지의 공급대가의 합계액이 1억4백만원에 미달하거나 그 이상이 되는 해의 '다음 해의 7월 1일부터 그 다음 해의 6월 30일까지'로 한다(부법 62 ①).

(2) 신규사업자

신규로 사업을 개시한 사업자의 경우 간이과세자에 관한 규정이 적용되거나 적용되지 아니하게 되는 기간은 최초로 사업을 개시한 해의 '다음 해의 7월 1일부터 그 다음 해의 6월 30일까지'로 한다(부법 62 ②).

> **기출 OX**
>
> **06.** 신규로 사업을 개시한 사업자의 경우 간이과세자에 관한 규정이 적용되거나 적용되지 아니하게 되는 기간은 최초로 사업을 개시한 해의 다음 해의 7월 1일부터 그 다음 해의 6월 30일까지로 한다. 2025. 9급 최신
>
> 정답 O

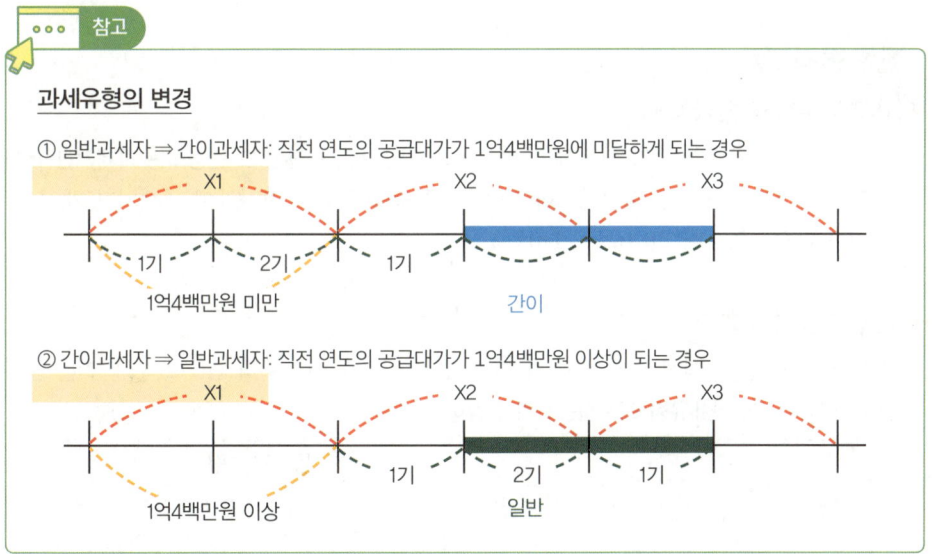

(3) 기타 특례

① 간이과세자가 배제사업을 신규로 겸영

간이과세 배제사업을 신규로 겸영하는 경우, 해당 사업 개시일이 속하는 과세기간의 다음 과세기간부터 간이과세에 관한 규정을 적용하지 않는다. 이에 따라 일반과세자로 전환된 사업자로서 해당 연도 공급대가의 합계액이 1억4백만원 미만인 사업자가 간이과세 배제대상 사업을 폐지하는 경우에는 해당 사업의 폐지일이 속하는 연도의 '다음 연도 7월 1일'부터 간이과세자에 관한 규정을 적용한다(부령 110 ④, ⑤).

확인문제

02. 부가가치세법령상 과세유형의 전환에 대한 설명으로 옳지 않은 것은?
2022. 7급 수정

① 일반과세자가 간이과세자로 변경되는 경우 그 변경되는 해에 간이과세자에 관한 규정이 적용되는 기간의 부가가치세의 과세기간은 그 변경 이후 1월 1일부터 12월 31일까지이다.
② 간이과세자가 일반과세자로 변경되는 경우 그 변경되는 해에 간이과세자에 관한 규정이 적용되는 기간의 부가가치세의 과세기간은 그 변경 이전 1월 1일부터 6월 30일까지이다.
③ 간이과세자가 부가가치세법 시행령 제109조제2항에 따른 사업(간이과세자로 보지 아니하는 사업)을 신규로 겸영하는 경우에는 해당 사업의 개시일이 속하는 과세기간의 다음 과세기간부터 간이과세자에 관한 규정을 적용하지 않는다.
④ 부가가치세법 시행령 제109조제2항에 따른 사업(간이과세자로 보지 아니하는 사업)을 신규로 겸영하여 일반과세자로 전환된 사업자로서 해당 연도 공급대가의 합계액이 1억4백만원 미만인 사업자가 해당 간이과세자로 보지 아니하는 사업을 폐지하는 경우에는 해당 사업의 폐지일이 속하는 연도의 다음 연도 7월 1일부터 간이과세자에 관한 규정을 적용한다.

정답 ①

확인문제

03. 「부가가치세법」상 간이과세 및 일반과세의 적용시기에 관한 설명으로서 가장 옳지 않은 것은? 2008. 서울시 9급 수정

① 일반과세자에서 간이과세자로 과세유형의 전환은 과세유형 전환에 관한 통지를 요건으로 한다.
② 신규사업자의 경우에는 간이과세자에 관한 규정이 적용되거나 적용되지 아니하게 되는 기간은 최초로 사업을 개시한 해의 다음 해의 7월 1일부터 그 다음 해의 6월 30일까지로 한다.
③ 간이과세자가 간이과세 적용배제 업종을 신규로 겸영하는 경우에는 해당 사업개시일이 속하는 과세기간의 다음 과세기간부터 간이과세 규정을 적용하지 아니한다.
④ 간이과세자의 결정 또는 경정한 공급대가가 기준금액(연 1억4백만원) 이상인 개인사업자는 그 결정 또는 경정한 날이 속하는 과세기간까지는 간이과세자로 본다.

정답 ①

② 일반과세사업장을 신규로 개설

간이과세자가 일반과세자에 관한 규정을 적용받는 사업장을 **신규로 개설하는 경우에는 해당 사업 개시일이 속하는 과세기간의 다음 과세기간부터** 간이과세자에 관한 규정을 적용하지 않는다(부령 110 ⑧).

③ 기준사업장

간이과세가 적용되지 않는 다른 사업장(이하 '기준사업장')이 있는 경우

㉠ 기준 사업장의 1월 1일부터 12월 31일까지의 공급대가가 1억4백만원에 미달하는 경우에는 그 미달하는 해의 다음 해의 7월 1일부터 그 다음 해의 6월 30일까지의 기간 동안에 기준 사업장과 기준 사업장을 보유함에 따라 일반과세자로 전환된 사업장 모두에 간이과세에 관한 규정을 적용한다(부령 110 ⑥).

㉡ 기준 사업장이 폐업되는 경우에는 기준 사업장으로 인하여 일반과세로 전환된 사업장에 대하여 기준사업장의 폐업일이 속하는 연도의 다음 연도 7월 1일부터 간이과세에 관한 규정을 적용한다.

다만, ㉠ 또는 ㉡의 경우로서 기준 사업장을 보유함에 따라 일반과세로 전환된 사업장의 1월 1일부터 12월 31일까지의 공급대가가 1억4백만원 이상이거나 간이과세 배제 사업을 경영하는 경우에는 간이과세를 적용하지 않는다(부령 110 ⑨).

3 변경절차 B

(1) 과세유형의 변경통지

과세유형이 변경되는 경우에 해당 사업자의 관할 세무서장은 그 변경되는 과세기간 개시 20일 전까지 그 사실을 통지하여야 하며, 사업자등록증을 정정하여 과세기간 개시 당일까지 발급하여야 한다(부령 110 ①).

(2) 변경통지의 효력

과세유형 변경통지에 따라 다음과 같은 효력이 발생한다(부령 110 ②, ③). 이는 납세자에게 유리한 과세유형으로 적용하기 위함이다.

구분	변경통지의 효력
① 일반과세자 ⇒ 간이과세자	변경통지와 관계없이 간이과세자에 대한 규정을 적용한다. 다만, 부동산임대업을 경영하는 경우에는 간이과세자로 변경 시 거액의 재고납부세액을 납부하기 때문에, 이러한 세부담을 고려하여 변경통지를 받은 날이 속하는 과세기간까지는 일반과세자에 관한 규정을 적용한다.
② 간이과세자 ⇒ 일반과세자	변경통지를 받은 날이 속하는 과세기간까지는 간이과세자에 관한 규정을 적용한다.

③ 간이과세의 포기 및 재적용

1 개요 C

간이과세자는 간이과세자에 해당한다고 하더라도 간이과세제도의 적용을 포기하고 일반과세자 관련 규정을 적용하여 세액을 납부할 수 있다(부법 70). 이는 면세포기제도와 마찬가지로, 누적효과를 제거하여 다음의 문제점을 해결하기 위함이다.

> ① 세금계산서 미발급으로 인한 간이과세자와의 거래 기피
> ② 거액의 매입세액이 발생한 경우 매입세액 공제를 통한 환급의 불가능
> ③ 간이과세자 변경 시 거액의 재고납부세액으로 인한 세부담
> ④ 재화나 용역의 공급이 영세율 적용 대상인 경우에도 매입세액 공제를 통한 환급의 불가능

2 포기절차 B

(1) 일반적인 경우

간이과세를 포기하고 일반과세를 적용받으려는 자는 일반과세자에 관한 규정을 적용받으려는 달의 전달 마지막 날까지 납세지 관할 세무서장에게 *간이과세포기신고서*를 제출(국세정보통신망에 의한 제출을 포함)하여야 한다(부법 70 ①).

(2) 신규로 사업을 시작하는 경우

신규로 사업을 시작하는 개인사업자가 사업자등록을 신청할 때 납세지 관할 세무서장에게 간이과세자에 관한 규정의 적용을 포기하고 일반과세자에 관한 규정을 적용받으려고 신고한 경우에는 공급대가 수준에 관계없이 일반과세자에 관한 규정을 적용받을 수 있다(부법 70 ②).

3 포기의 효력 B

(1) 과세기간의 구분

간이과세자가 간이과세를 포기함으로써 일반과세자로 되는 경우 다음의 구분에 따라 과세기간을 산정한다(부법 5 ⑤).

구 분	해당 기간
① 간이과세자의 과세기간	간이과세 포기 신고일이 속하는 과세기간의 개시일부터 그 신고일이 속하는 달의 마지막 날까지의 기간
② 일반과세자의 과세기간	간이과세 포기 신고일이 속하는 달의 다음 달 1일부터 그 날이 속하는 과세기간의 종료일까지의 기간

기출 OX

07. 간이과세자가 간이과세자에 관한 규정의 적용을 포기하고 일반과세자에 관한 규정을 적용받으려는 경우, 적용받으려는 달의 전달의 마지막 날까지 납세지 관할 세무서장에게 신고하여야 한다.
2013. 9급
정답 O

08. 간이과세자가 간이과세자에 관한 규정의 적용을 포기하고 일반 과세자에 관한 규정을 적용받으려는 경우에는 적용받으려는 달의 마지막 날까지 대통령령으로 정하는 바에 따라 납세지 관할 세무서장에게 신고하여야 한다.
2025. 9급 최신
정답 X

오쌤 Talk

면세 포기와 간이과세 포기의 비교

구분	면세 포기	간이과세 포기
승인 여부	불필요	
신고기한	없음	일반과세를 적용하고자 하는 달의 전달 마지막 날까지 신고서 제출
재적용 신고기한	없음	간이과세를 적용하고자 하는 과세기간 개시 10일 전까지 신고서 제출
강제 적용 기간의 기산	포기신고일부터 3년간	3년이 되는 날이 속하는 과세기간까지

기출 OX

09. 간이과세자가 일반과세자에 관한 규정을 적용받기 위하여 간이과세 포기신고를 한 경우에는 그 적용받으려는 달의 1일부터 3년이 되는 날이 속하는 과세기간까지는 법령으로 정하는 경우를 제외하고는 일반과세자에 관한 규정을 적용받아야 한다. 2013. 7급 수정
정답 O

★★ (2) 간이과세의 적용 제한

간이과세를 포기하여 일반과세자에 관한 규정을 적용받게 된 경우, 다음의 구분에 따른 날부터 3년이 되는 날이 속하는 과세기간까지는 간이과세자에 관한 규정을 적용받지 못한다(부법 70 ③).

> ① 원칙(간이과세를 포기한 경우): 일반과세자에 관한 규정을 적용받으려는 달의 1일
> ② 신규사업자가 사업자등록과 동시에 간이과세를 포기한 경우: 사업 개시일이 속하는 달의 1일

★ (3) 적용 제한 기간 중 재적용

① 대상자

간이과세의 포기를 신고한 개인사업자 중 다음에 해당하는 자는 재적용 가능 기간 이전이라도 간이과세자에 관한 규정을 적용받을 수 있다(부법 70 ④ 부령 116 ③).

> 간이과세 재적용 신고를 한 날이 속하는 연도의 직전 연도 공급대가의 합계액이 4천8백만원 이상 1억4백만원 미만인 개인사업자로서 간이과세자에 관한 규정의 적용을 포기할 당시 다음의 어느 하나에 해당하였던 자
> ㉠ 직전 연도의 공급대가의 합계액(직전 과세기간에 신규로 사업을 시작한 개인사업자의 경우 12개월로 환산한 금액)이 4천8백만원 미만인 자
> ㉡ 신규로 사업을 시작하는 개인사업자로서 사업자등록 신청 시 간이과세 적용 여부를 함께 신고하여 간이과세자로 하는 최초의 과세기간 중에 있는 자

② 신청 절차

간이과세자에 관한 규정을 적용받으려는 개인사업자는 적용받으려는 과세기간 개시 10일 전까지 다음의 사항을 적은 간이과세재적용신고서를 납세지 관할 세무서장에게 제출(국세정보통신망에 의한 제출을 포함)해야 한다(부법 70 ⑤ 부령 116 ④).

> ㉠ 사업자의 인적사항
> ㉡ 간이과세를 적용받으려는 과세기간
> ㉢ 그 밖의 참고 사항

4 적용 제한 기간 이후 재적용 B

간이과세를 포기한 개인사업자가 3년이 되는 날이 속하는 과세기간이 지난 후 다시 간이과세를 적용받으려면 간이과세 적용대상(직전 해의 1월 1일부터 12월 31일까지의 공급대가 합계액이 1억4백만원 미만인 개인사업자)에 해당하여야 할 뿐 아니라, **그 적용받으려는 과세기간 개시 10일 전까지 간이과세 적용신고를 하여야 한다**(부령 116 ②).

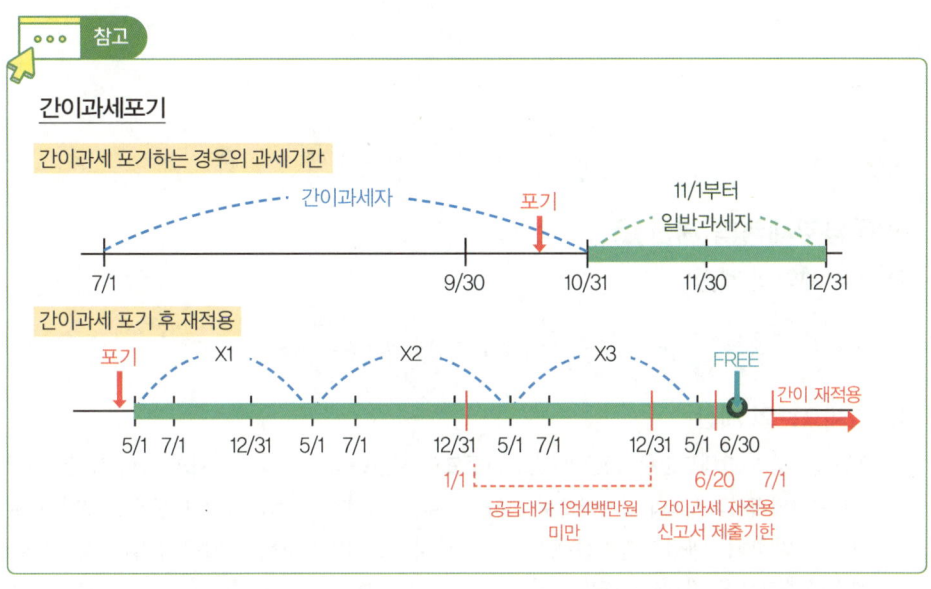

4 간이과세자의 부가가치세 계산구조

1 계산구조 개괄 C

```
        납 부 세 액
   ( + ) 재 고 납 부 세 액
   ( - ) 공 제 세 액
   ( + ) 가 산 세
   ( - ) 예정고지(신고)세액
   ( - ) 수시부과세액 NEW
        ─────────────
        차 가 감 납 부 세 액
```

2 납부세액의 계산 B

★(1) 납부세액의 계산

$$납부세액 = 과세표준 \times 업종별\ 부가가치율 \times 10\%$$

★★(2) 과세표준의 계산

일반과세자의 과세표준은 '공급가액'을 기준으로 계산하지만, 간이과세자의 과세표준은 해당 과세기간의 '공급대가'의 합계액으로 한다. 이때 과세기간은 해의 1월 1일부터 12월 31일까지를 말하되, 예정부과기간(1.1. ~ 6.30.)의 세액을 신고하고 납부하려는 경우에는 예정부과기간을 말한다(부법 63 ①).

★(3) 업종별 부가가치율

'업종별 부가가치율'이란 직전 3년간 신고된 업종별 평균 부가가치율 등을 고려하여 5%에서 50%의 범위 내에 법으로 정하는 해당 업종의 부가가치율로 이는 다음과 같다(부법 63 ②, 부령 111 ②).

구 분	업종별 부가가치율
① 소매업, 재생용 재료수집 및 판매업, 음식점업	15%
② 제조업, 농업·임업·어업, 소화물 전문 운송업	20%
③ 숙박업	25%
④ 건설업, 운수 및 창고업, 정보통신업	30%
⑤ 금융 및 보험업, 부동산임대업, 그 밖의 임대업	40%
⑥ 그 밖의 서비스업	30%

단, 간이과세자가 둘 이상의 업종에 공통으로 사용하던 재화를 공급하여 업종별 실지귀속을 구분할 수 없는 경우에 적용할 부가가치율은 다음 산식에 따라 계산한 율의 합계로 한다. 단, 휴업 등으로 인해 해당 과세기간의 공급대가가 없는 경우 그 재화를 공급한 날에 가장 가까운 과세기간의 공급대가를 적용하여 계산한다(부령 111 ⑤).

$$적용\ 부가가치율 = \frac{해당\ 재화\ 관련}{각\ 업종별\ 부가가치율} \times \frac{해당\ 재화\ 공급일이\ 속하는\ 과세기간의}{해당\ 재화\ 관련\ 각\ 업종의} \frac{공급대가}{총공급대가}$$

> **기출 OX**
> 10. 간이과세자의 부가가치세 납부세액 계산에서 과세표준이 되는 공급대가는 거래징수한 부가가치세가 포함된 개념이다. 2007. 9급
> 정답 O

★★ (4) 납부의무의 면제

간이과세자의 해당 과세기간에 대한 공급대가의 합계액*이 4,800만원 미만이면 그 과세기간의 납부세액의 납부의무를 면제한다. 다만, 일반과세자가 간이과세자로 변경되는 경우 납부세액에 더하여야 할 재고납부세액은 납부하여야 한다(부법 69 ①).

이에 따라 납부할 의무를 면제하는 경우 사업자등록불성실가산세는 적용하지 않지만, 사업개시일로부터 20일 이내에 사업자등록을 신청하지 않은 경우(고정 사업장이 없는 경우는 제외)에는 다음의 미등록가산세를 부과한다(부법 69 ②).

> 미등록가산세 = MAX[공급대가의 합계액 × 0.5%, 5만원]

* 위 규정을 적용할 때, 다음 각각의 공급대가의 합계액을 12개월로 환산한 금액을 기준으로 한다. 이 경우 1개월 미만의 끝수가 있으면 1개월로 한다.

> ㉠ 해당 과세기간에 신규로 사업을 시작한 간이과세자는 그 사업 개시일부터 그 과세기간 종료일까지의 공급대가의 합계액
> ㉡ 휴업자·폐업자 및 과세기간 중 과세유형을 전환한 간이과세자는 그 과세기간 개시일부터 휴업일·폐업일 및 과세유형 전환일까지의 공급대가의 합계액
> ㉢ 과세유형이 변경되는 경우에 따른 과세기간의 적용을 받는 간이과세자는 해당 과세기간의 공급대가의 합계액

납부의무가 면제되는 사업자가 자진납부한 사실이 확인되면 납세지 관할 세무서장은 납부한 금액을 환급하여야 한다(부법 69 ④).

3 재고납부세액 및 재고매입세액의 계산 B

★ (1) 재고납부세액 및 재고매입세액의 개괄

간이과세자와 일반과세자는 과세구조가 다르기 때문에 혜택을 받는 매입세액 공제의 금액도 다르다. 간이과세자는 매입세액에 일정한 부가가치율을 곱한 금액을 세액공제로 적용받을 수 있지만, 일반과세자는 매입세액 전체를 매출세액에서 빼서 납부 또는 환급한다. 그렇기 때문에 일반과세자가 간이과세자로 변경되거나, 간이과세자가 일반과세자로 변경되는 경우 이러한 매입세액공제의 차이를 조정하기 위해 추가적으로 금액을 납부하거나 공제하여 조정할 수 있도록 하는데, 이를 각각 재고납부세액과 재고매입세액이라고 한다.

> ① **재고납부세액**: 일반과세자에서 간이과세자로 변경되는 경우 공제할 수 있는 매입세액이 줄어드는 만큼 추가적으로 납부하는 세액
> ② **재고매입세액**: 간이과세자에서 일반과세자로 변경되는 경우 공제할 수 있는 매입세액이 증가하는 만큼 추가적으로 공제하는 세액

 오쌤 Talk

납부세액의 면제

일반과세자에게 납부세액의 면제규정은 존재하지 않지만, 간이과세자의 경우 당기 공급대가가 4,800만원 미만인 경우 납부세액이 면제된다.

 **기출 OX**

11. 휴업자·폐업자 및 과세기간 중 과세유형을 전환한 간이과세자에 대하여는 그 과세기간 개시일부터 휴업일·폐업일 및 과세유형 전환일까지의 공급대가의 합계액을 12개월로 환산한 금액을 기준으로 납세의무의 면제 여부를 판정하며, 이 경우 1개월 미만의 끝수가 있을 때에는 이를 1개월로 한다.

2013. 7급
정답 O

 오쌤 Talk

재고매입세액과 재고납부세액

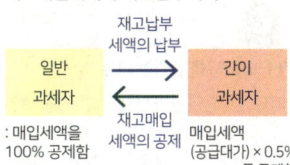

★★ (2) 계산대상 자산

과세유형이 변경되는 날 현재에 있는 다음의 재고품·건설중인 자산과 감가상각자산(이하 '재고품 등')이 계산대상이 된다. 다만, 포괄적 사업양도로 인해 양수한 자산으로서 매입세액 공제를 받은 재화 등은 계산대상 자산에 포함하고 **매입세액이 공제되지 않는 재화 등은 제외된다**(부법 44, 부법 64, 부령 86 ①, 112 ①).

> ① 재고품: **저장품을 제외한 상품**, 제품(반제품 및 재공품을 포함), 재료(부재료 포함)
> ② 건설중인 자산
> ③ 감가상각자산
>   ㉠ 건물 또는 구축물: 취득·건설 또는 신축 후 10년 이내의 것으로 한정한다.
>   ㉡ 그 외의 자산: 취득 또는 제작 후 2년 이내의 것으로 한정한다.

[재고매입세액과 재고납부세액의 비교]

구분	재고매입세액	재고납부세액
계산하는 경우	간이과세자 → 일반과세자	일반과세자 → 간이과세자
차가감납부세액에 미치는 영향	차감	가산
신고	변경일의 직전 과세기간에 대한 확정신고와 함께 신고	
통지기한	신고기한이 지난 후 1개월 이내	간이과세자로 변경된 날부터 90일 이내
적용 부가가치율 대상	일반과세자로 변경되기 직전일 (단, 감가상각자산은 그 자산의 취득일이 속하는 과세기간)	간이과세자로 변경되는 날
증빙에 의해 취득가액 확인이 어려운 경우	적용하지 않음	시가에 따라 재고납부세액 과세

(3) 재고납부세액의 계산(일반과세자 → 간이과세자)

재고납부세액은 다음과 같이 계산한다(부령 112).

구분	재고납부세액
① 재고품	재고금액^{*1} × $\frac{10}{100}$ × (1 - 5.5%)
② 건설중인 자산	건설중인자산과 관련하여 공제받은 매입세액 × (1 - 5.5%)
③ 감가상각 자산	ⓐ 다른 사람으로부터 매입한 자산 취득가액 × (1 - 감가율^{*2} × 경과된 과세기간의 수^{*3}) × $\frac{10}{100}$ × (1 - 5.5%) ⓑ 사업자가 직접 제작·건설 또는 신축한 자산 제작 등과 관련하여 공제받은 매입세액 × (1 - 감가율 × 경과된 과세기간의 수^{*3}) × (1 - 5.5%)

*1 재고금액: 장부 또는 세금계산서에 의하여 확인되는 취득가액으로 한다. 다만, 장부 또는 세금계산서가 없거나 기장이 누락된 경우에는 시가에 따른다(부령 112 ②).
*2 감가율: 건물 또는 구축물은 5%, 그 외의 자산은 25%를 적용한다.
*3 경과된 과세기간의 수: 과세기간 단위로 6개월 단위로 계산하며, 과세기간 개시일 후에 취득한 경우에는 해당 과세기간 개시일에 해당 재화를 취득한 것으로 보아 기간을 계산한다.

오쌤 Talk

'(1-5.5%)'를 곱하는 이유

매입 당시 일반과세자인 경우의 매입세액 공제액(1,000 × 10% = 100)과 간이과세자인 경우 매입세액공제액 [1,100(공급대가) × 0.5% = 5.5]의 차이를 조정하기 위함.

즉, 100%와 '0.5% × $\frac{110}{10}$ = 5.5%'와의 차이 조정임.

(4) 재고매입세액의 계산(간이과세자 → 일반과세자)

재고매입세액의 계산: 재고매입세액은 다음과 같이 계산한다(부령 86).

구분	2021.7.1. 전에 공급받은 분	2021.7.1. 이후에 공급받은 분
① 재고품	재고금액[*1] × $\frac{10}{110}$ × (1 - 부가가치율)	재고금액[*1] × $\frac{10}{110}$ × (1 - 5.5%)
② 건설중인 자산	건설중인자산과 관련된 공제대상 매입세액 × (1 - 부가가치율)	건설중인자산과 관련된 공제대상 매입세액 × (1 - 5.5%)
③ 감가상각 자산	ⓐ 다른 사람으로부터 매입한 자산 취득가액 × (1 - 감가율[*2] × 경과된 과세기간의 수[*3]) × $\frac{10}{110}$ × (1 - 부가가치율) ⓑ 사업자가 직접 제작·건설 또는 신축한 자산 제작 등과 관련하여 공제받은 매입세액 × (1 - 감가율[*2] × 경과된 과세기간의 수[*3]) × (1 - 부가가치율)	ⓐ 다른 사람으로부터 매입한 자산 취득가액 × (1 - 감가율[*2] × 경과된 과세기간의 수[*3]) × $\frac{10}{110}$ × (1 - 5.5%) ⓑ 사업자가 직접 제작·건설 또는 신축한 자산 제작 등과 관련하여 공제받은 매입세액 × (1 - 감가율[*2] × 경과된 과세기간의 수[*3]) × (1 - 5.5%)

[*1] 재고금액: 장부 또는 세금계산서에 의하여 확인되는 취득가액으로 한다. 이때 부가가치세를 포함한 공급대가를 재고금액으로 계산한다(부령 86 ②).
[*2] 감가율: 건물 또는 구축물은 10%, 그 외의 자산은 50%를 적용한다.
[*3] 경과된 과세기간의 수: 과세기간 단위인 1년 단위로 계산하며, 과세기간 개시일 후에 취득한 경우에는 해당 과세기간 개시일에 해당 재화를 취득한 것으로 보아 기간을 계산한다.

★★ (5) 재고납부세액 및 매입세액의 납부와 공제

① 재고납부세액의 납부 방법

재고납부세액은 간이과세자로 변경된 날이 속하는 과세기간에 대한 확정신고를 할 때 납부세액에 더하여 납부한다(부령 112 ⑦). **납부세액이 없는 경우에도 재고납부세액은 납부하여야 한다.**

② 재고매입세액의 공제 방법

재고매입세액은 신고한 재고금액의 승인을 받은 날이 속하는 예정신고기간 또는 과세기간의 매출세액에서 공제한다(부령 86 ⑦). 일반과세자가 간이과세자로 변경된 후에 **다시 일반과세자로 변경되는 경우에는 간이과세자로 변경된 때에 재고납부세액을 납부하지 않은 재고품 등에 대해서는 재고품 등의 신고와 재고매입세액 공제에 관한 규정을 적용하지 않는다**(부령 86 ⑤).

확인문제

04. 「부가가치세법」상 간이과세에 대한 설명으로 옳지 않은 것은? 2015. 9급

① 간이과세자가 부동산매매업을 신규로 겸영하는 경우에는 해당 사업의 개시일이 속하는 과세기간의 다음 과세기간부터 간이과세자에 관한 규정을 적용하지 않는다.
② 간이과세자의 납부세액은 공급대가에 해당 업종별 부가가치율과 10퍼센트를 곱하여 계산하며, 둘 이상의 업종을 겸영하면 각각의 업종별로 계산한 금액의 합계액으로 한다.
③ 일반과세자가 간이과세자로 변경된 후 다시 일반과세자로 변경되는 경우에는 간이과세자로 변경된 때에 재고납부세액을 납부하지 않은 재고품 등에 대해서는 재고품 등의 신고와 재고매입세액공제에 관한 규정을 적용하지 않는다.
④ 일반과세자가 간이과세자로 변경되는 경우 재고매입세액을 납부세액에 가산하여 납부해야 하며, 가산대상은 매입세액을 공제받은 것으로서 변경 당시의 재고품 및 감가상각자산에 한한다.

정답 ④

★★ (6) 재고품 등의 신고 및 승인

① 신고

과세유형이 변경되는 경우에는 그 변경되는 날 현재에 있는 재고품 등을 그 변경되는 날의 직전 과세기간에 대한 확정신고와 함께 재고품 등 신고서를 작성하여 각 납세지 관할 세무서장에게 신고하여야 한다(부령 86 ①, 부령 112 ①). 이를 신고하지 않거나 과소하게 신고한 경우 다음에 따라 처리한다.

> ⊙ 일반과세자 ⇒ 간이과세자: 관할 세무서장이 재고금액을 조사하여 해당 재고납부세액을 결정하고 통지하여야 한다(부령 112 ⑥).
> ⓒ 간이과세자 ⇒ 일반과세자: 관할 세무서장이 재고매입세액을 별도로 결정·통지하지 않기 때문에 재고매입세액 공제를 받기 위해서는 해당 금액을 적절히 신고하여야 한다.

② 승인

신고를 받은 관할 세무서장은 재고금액을 조사·승인하고 다음의 기한 이내에 해당 사업자에게 납부할 재고납부세액 또는 공제될 재고매입세액을 통지하여야 한다. 이 경우 그 기한 이내에 통지하지 않으면 해당 사업자가 신고한 재고금액을 승인한 것으로 본다(부령 86 ⑥, 112 ⑤).

> ⊙ 재고매입세액: 신고기한이 지난 후 1개월 이내
> ⓒ 재고납부세액: 간이과세자로 변경된 날부터 90일 이내

이와 같이 승인하거나 승인한 것으로 보는 재고매입세액 또는 재고납부세액의 내용에 오류가 있거나 내용이 누락된 경우 그 금액을 조사하여 경정한다(부령 86 ⑧, 112 ⑧).

4 공제세액의 계산 B

★★ (1) 「부가가치세법」상 세액공제

일반과세자의 과세구조와 다르게 간이과세자에게 있어 매입세액공제는 세액공제에서 반영된다. 따라서, 납부세액을 구할 때 매출세액에서 매입세액을 공제하여 반영하는 일반과세자와 달리, 간이과세자의 납부세액에는 매입세액이 반영되어 있지 않다. **따라서 간이과세자의 경우 공제세액의 합계액이 각 과세기간의 납부세액(재고납부세액)을 초과하더라도 환급하지 않고 그 초과하는 부분은 없는 것으로 본다**(부법 63 ⑤, 부칙 별지 20호의 7). 다음의 경우는 「부가가치세법」상 규정된 세액공제에 해당한다.

① **매입세금계산서 등에 대한 수취세액공제**

간이과세자가 매입처별세금계산서합계표 또는 신용카드매출전표 등 수령명세서를 납세지 관할 세무서장에게 제출하는 경우에는 다음의 금액을 납부세액에서 공제한다. 다만, 매입세액불공제 대상 매입세액은 그러하지 아니한다(부법 63 ③).

구분	매입세금계산서 등 세액공제
일반적인 경우	세금계산서 등을 발급받은 공급대가 × 0.5% (= 매입세액 × 5.5%)
부가가치율이 서로 다른 업종을 겸영하는 경우 (부령 111 ⑥)	과세사업과 면세사업 등이 실지귀속을 따르되, 실지귀속을 구분할 수 없는 부분은 다음과 같이 계산한다.
과세사업과 면세사업 등을 겸영하는 경우 (부령 111 ⑦)	세금계산서 등을 발급받은 공급대가 × $\dfrac{당기과세총공급대가}{총공급가액}$ × 0.5%

② **신용카드매출전표 발급 등에 대한 세액공제**

간이과세자가 부가가치세가 과세되는 재화·용역을 공급하고 세금계산서 발급시기에 신용카드매출전표 등 적격증빙을 발급하는(또는 전자화폐로 대금을 결제받는) 경우에는, 다음의 금액을 납부세액에서 공제한다(부법 46 ① (1),(2), 부령 88 ①,②,③).

> 신용카드매출전표 발급 등 세액공제액: MIN[㉠, ㉡]
> ㉠ (신용카드매출전표 등 발급금액 + 결제금액) × 1.3% (2027년 이후에는 1.0% 적용)
> ㉡ 한도액: 연간 1,000만원 (2027년 이후에는 연간 500만원 적용)

③ **전자세금계산서 발급 전송에 대한 세액공제 특례**

간이과세자[*1]가 전자세금계산서를 2027년 12월 31일까지 ᴺᴱᵂ 발급(전자세금계산서 발급명세를 전자세금계산서 발급일의 다음 날까지 국세청장에게 전송한 경우로 한정)하고 전자세금계산서 발급세액공제신고서를 납세지 관할 세무서장에게 제출한 경우 발급 건수 당 200원을 곱하여 계산한 금액을 해당 과세기간의 부가가치세 납부세액에서 공제할 수 있으며 공제한도는 연간 100만원으로 한다(부법 63 ④).

[*1] 다음의 간이과세자는 제외한다.
㉠ 직전 연도의 공급대가의 합계액(직전 과세기간에 신규로 사업을 시작한 개인사업자의 경우 12개월로 환산한 금액)이 4천800만원 미만인 자
㉡ 신규로 사업을 시작하는 개인사업자로서 간이과세자로 하는 최초의 과세기간 중에 있는 자

 오쌤 Talk

간이과세자는 의제매입세액공제를 받을 수 없다.

개정 전에는 음식점업과 제조업을 운영하는 간이과세자는 의제매입세액공제를 받을 수 있었으나 2021년 7월 1일부로 업종 관계없이 간이과세자는 의제매입세액공제를 받을 수 없다.

기출 OX

12. 간이과세자는 업종에 관계없이 의제매입세액공제를 받을 수 있다.
2011. 9급
정답 X

기출 OX

13. 간이과세자의 세금계산서 제출 세액공제 금액은 발급받은 세금계산서에 기재된 매입금액 0.5%를 곱하여 계산한다.
2011. 9급 수정
정답 O

(2) 「조세특례제한법」상 세액공제

전자신고에 대한 세액공제와 현금영수증사업자에 대한 세액공제는 일반과세자에 관한 규정을 준용하여 간이과세자에게도 적용하며(조특령 104의 8 ②, 126의 3 ①) 납부세액에서 1만원을 공제한다. 다만 간이과세자의 경우, 공제세액의 합계가 재고납부세액을 포함하여 **납부세액을 초과하더라도 그 초과하는 부분은 없는 것으로 보아 환급하지 않는다**(부법 63 ⑤, 부칙 별지 20호의 7, 조특법 104의 8 ②).

5 가산세의 계산 B

(1) 결정, 경정 및 징수에 대한 가산세

결정, 경정 및 징수에 대한 가산세는 일반과세자에 관한 규정을 준용한다(부법 68 ①, ④).

★★ (2) 기타 가산세

그 밖에 간이과세자에 대한 가산세는 다음과 같다(부법 68의2 ①). 이러한 사항을 제외하고는 신고불성실가산세, 납부지연가산세 등은 일반과세자에 관한 규정을 준용한다.

가산세의 종류	계산식
① 사업자등록 불성실가산세	공급대가의 합계액 × 1% NEW
② 세금계산서 불성실가산세	공급대가 × 0.5% 등

간이과세자도 세금계산서를 발급하기 때문에 세금계산서 관련 가산세(세금계산서 등 발급 관련 가산세, *매출처별 세금계산서합계표* 관련 가산세, 세금계산서 미수취 가산세 등)를 적용한다.

6 납부세액계산의 특례 C

결정 또는 경정하거나 「국세기본법」에 따라 수정신고한 간이과세자의 해당 연도의 공급대가의 합계액이 1억4백만원 이상인 경우 결정·경정 과세기간의 다음 과세기간(결정·경정 과세기간이 신규로 사업을 시작한 자의 최초 과세기간인 경우에는 해당 과세기간의 다음 과세기간)의 납부세액은 일반과세자에 관한 규정을 준용하여 계산한 금액으로 하여 다음과 같이 계산한다(부법 63 ⑥, 부령 111 ⑧).

$$\text{납부세액} = \text{매출세액} - \text{매입세액}$$
$$= \left(\text{공급대가} \times \frac{100}{110}\right) \times 10\% - (\text{매입세액} - \text{이미 공제받은 매입세액})$$

이 경우, 간이과세자는 별도로 매입세금계산서 수취세액공제도 받기 때문에 그 세액공제액을 차감한 잔액만을 매입세액으로 공제하는 것이다. 또한 해당 특례를 적용받는 간이과세자가 세금계산서를 수취하였으나 매입세금계산서 등 수취세액공제를 받지 않은 경우, 결정 또는 경정기관의 확인을 거쳐 매입세액공제를 받게 되면 공급가액의 0.5%에 해당하는 세금계산서 관련 가산세를 적용받는다(부법 68의2 ② (2)).

5 신고·납부와 결정·경정 및 징수

1 예정고지와 예정신고 B

★★(1) 원칙: 예정고지

① 예정부과기한

사업장 관할 세무서장은 간이과세자에 대하여 다음의 금액을 1월 1일부터 6월 30일까지(이하 '예정부과기간')의 납부세액*으로 결정하여 예정부과기간이 끝난 후 25일 이내(이하 '예정부과기한')까지 징수한다(부법 66 ①).

> 예정부과기간의 납부세액 = 직전 과세기간에 대한 납부세액 × 50%

* 납부세액: 각종 세액공제 및 수시부과한 세액을 뺀 금액으로 하고, 결정·경정과 수정신고 및 경정청구에 따른 결정이 있는 경우에는 그 내용이 반영된 금액으로 한다.

② 예정부과 납부세액

위 원칙에 따르되, 직전 과세기간에 일반과세자에서 간이과세자로 유형이 변경되어 그 변경 이후 7월 1일부터 12월 31일까지의 과세기간에 해당되는 경우 직전과세기간 납부세액의 100%를 예정부과기간 납부세액으로 한다.

③ 납부고지서의 발부

관할 세무서장은 예정부과기간의 납부세액에 대하여 7월 1일부터 7월 10일까지 납부고지서를 발부하여야 한다(부령 114 ①).

④ 예정부과납부세액을 징수하지 않는 경우로서 다음 어느 하나에 해당하는 경우에는 예정부과기간에 세액을 징수하지 아니한다(부법 66 ①).

> ㉠ 징수하여야 할 금액이 50만원 미만인 경우
> ㉡ 간이과세자가 일반과세자로 변경되어 그 변경 이전 1월 1일부터 6월 30일까지의 과세기간이 적용되는 간이과세자의 경우
> ㉢ 「국세징수법」상 납부기한 등의 연장사유 중 어느 하나에 해당하는 사유로 관할 세무서장이 징수하여야 할 금액을 간이과세자가 납부할 수 없다고 인정되는 경우

★★(2) 예외: 예정신고

위 (1) 원칙에도 불구하고 사업부진 등으로 인하여 간이과세자도 예정신고를 하는 경우가 있는데, 이때 위 (1) 원칙에 따른 결정이 있었다고 하더라도 그 결정은 없었던 것으로 본다(부법 66 ④, ⑤).

① 휴업 또는 사업부진 등으로 인한 경우: 예정신고 가능

휴업 또는 사업부진 등으로 인하여 예정부과기간의 공급대가의 합계액(또는 납부세액)이 직전 과세기간의 공급대가의 합계액(또는 납부세액)의 1/3에 미달하는 간이과세자는 예정부과기간의 과세표준과 납부세액을 예정부과기한까지 사업장 관할 세무서장에게 신고 및 납부할 수 있다(부법 66 ②, 부령 114 ②).

기출 OX

14. 간이과세자의 부가가치세 신고의무 및 납부의무는 예정부과기간에 대한 신고납부와 각 과세기간에 대한 신고납부로 구분된다. 2007. 9급
정답 X

기출 OX

15. 일반과세자의 경우에는 예정신고에 의한 부가가치세 납부제도가 있는 반면, 간이과세자의 경우에는 예정고지에 의한 부가가치세 징수제도만 있다. 2007. 9급
정답 X

② 예정부과기간에 세금계산서 발급한 경우: 예정신고 의무
예정부과기간에 세금계산서를 발급한 간이과세자는 예정부과기간의 과세표준과 납부세액을 예정부과기한까지 사업장 관할 세무서장에게 신고하여야 한다(부법 66 ③).

③ 예정신고 납부
예정신고하는 간이과세자는 예정부과기간의 납부세액에서 가산세를 더하고, 세액을 차감한 금액을 간이과세자부가가치세 신고서와 함께 사업장 관할 세무서장에게 납부하거나 「국세징수법」에 따른 납부서를 작성하여 한국은행 또는 체신관서에 납부해야 한다(부법 66 ⑤, 부령 114 ④).

2 확정신고와 납부 B

간이과세자는 과세기간(1. 1. ~ 12. 31.) 전체에 대한 과세표준과 납부세액을 그 과세기간이 끝난 후 25일(폐업하는 경우에는 폐업일이 속한 달의 다음 달 25일) 이내에 납세지 관할 세무서장에게 확정신고하고 납세지 관할 세무서장 또는 한국은행 등에 납부하여야 한다. 이 경우 예정부과기간의 납부세액으로 납부한 세액은 공제하고 납부한다(부법 67 ①, ②).

3 제출서류 B

★★(1) 매출처별·매입처별 세금계산서합계표의 제출

간이과세자는 세금계산서를 발급하는 것을 원칙으로 하기 때문에 발급한 세금계산서에 대해서는 매출처별 세금계산서합계표를 또한 발급받은 세금계산서에 대해서는 매입처별 세금계산서합계표를 확정신고 시 제출하여야 한다(부법 67 ③). 예정부과기간의 과세표준과 세액을 예정부과기한까지 신고하는 간이과세자는 예정신고 시 매출·매입처별 세금계산서합계표를 제출하여야 한다. 다만, 매출·매입처별 세금계산서합계표를 예정부과기간 신고 시 제때 제출하지 못하는 경우에는 확정신고를 할 때 제출할 수 있다(부법 66 ⑥).

★(2) 영세율 첨부서류의 제출

이때, 간이과세자도 과세사업자에 포함되므로 법정요건이 충족되는 경우 영세율이 적용될 수 있다. 이때 영세율을 적용받는 경우의 간이과세자는 확정신고 시 그 신고서에 영세율 관련서류를 첨부하여 제출하여야 한다. 이를 첨부하지 않은 경우, 확정신고로 보지 않는다(부령 114 ⑥, ⑦). 이때는 영세율과세표준을 신고하지 않은 것으로 보아 일반과세자와 마찬가지로 영세율과세표준 과소신고(무신고)가산세가 부과된다.

4 결정·경정 및 징수 C

결정, 수시부과 결정NEW 또는 경정 및 징수에 관한 규정은 일반과세자와 관련된 규정을 준용한다.

확인문제

05. 「부가가치세법령」상 간이과세자에게 허용되지 않는 것을 모두 고르시오. (단, 법령상의 해당 요건은 충족한다)
2019. 9급 수정
① 재화의 수출에 대한 영세율 적용
② 의제매입세액 공제
③ 간이과세자에 관한 규정의 적용 포기
④ 법령에 따라 공제받을 금액이 각 과세기간의 납부세액을 초과하는 경우 그 초과부분의 환급

정답 ②, ④

확인문제

06. 「부가가치세법령」상 일반과세자와 간이과세자를 비교하여 설명한 내용으로 옳지 않은 것은?
2017. 7급
① 법정요건을 충족하는 경우 일반과세자에 대해서는 업종제한 없이 면세농산물 등에 대한 의제매입세액공제 특례가 적용될 수 있으나, 간이과세자는 적용될 수 없다.
② 재화 또는 용역의 공급에 대한 일반과세자의 부가가치세 과세표준은 해당 과세기간에 공급한 재화 또는 용역의 공급가액을 합한 금액으로 하는데 반하여, 간이과세자의 과세표준은 해당 과세기간의 공급대가의 합계액으로 한다.
③ 일반과세자의 경우에는 세금계산서 관련 가산세가 적용되지만, 간이과세자의 경우 세금계산서 관련 가산세가 적용되는 경우는 없다.
④ 법정요건을 충족하는 경우 일반과세자와 간이과세자 모두에 대해 영세율이 적용될 수 있다.

정답 ③

오정화 세법

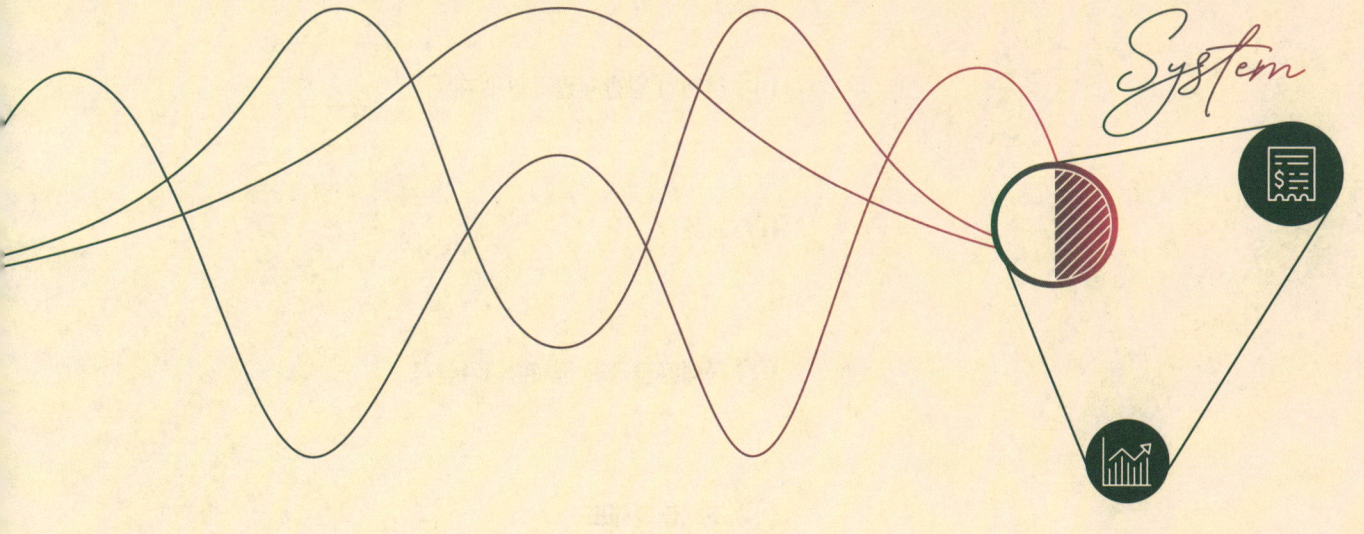

세법 1 Teacher's Map

메가 공무원

차례 | Contents

제1편 조세법 총론

01 조세법 총론 … 6

제2편 국세기본법

01 총칙 … 10

02 국세부과의 원칙과 세법적용의 원칙 … 16

03 납세의무의 성립·확정·소멸 … 20

04 납세의무의 확장 … 26

05 국세와 일반채권과의 관계 … 32

06 과세 … 36

07 국세환급금과 국세환급가산금 … 44

08 조세불복제도 … 48

09 납세자의 권리 및 보칙 … 58

제3편 국세징수법

- 01 총칙 및 보칙 ... 74
- 02 임의적 징수절차 ... 82
- 03 강제적 징수절차 ... 90

제4편 부가가치세법

- 01 총칙 ... 112
- 02 과세거래 ... 122
- 03 공급시기 및 공급장소 ... 130
- 04 영세율과 면세 ... 136
- 05 세금계산서와 영수증 ... 142
- 06 과세표준 ... 152
- 07 매입세액과 차가감납부세액의 계산 ... 160
- 08 부가가치세 신고와 납부 ... 170
- 09 겸영사업자의 안분계산 ... 178
- 10 간이과세 ... 182

제 1 편

조세법 총론

01 조세법 총론

01 조세법 총론

Teacher's Map

▷ 조세의 개념과 분류

❶ 조세의 개념

조세의 정의	국가 또는 지방자치단체가 그의 경비충당을 위한 재정수입을 조달할 목적으로 법률에 규정된 과세요건을 충족한 모든 자에게 직접적 반대급부 없이 부과하는 금전급부
과세주체	국가 또는 지방자치단체 (공공단체가 부과하는 공과금은 조세가 아님)
과세목적	국가 또는 지방자치단체의 경비충당을 위한 재정수입을 조달할 목적 (위법행위에 대한 제재에 주된 목적을 두고 부과되는 벌금·과료·과태료 등은 조세가 아님)
과세근거·대상	법률에 규정된 과세요건을 충족한 모든 자에게 부과
무보상성	조세 납부에 대한 개별적·직접적 보상이 따르지 않음
납부방법	금전납부를 원칙으로 함 (물납허용의 예외: 국세 중 상속세, 지방세 중 재산세)

❷ 조세의 분류

구분	분류기준	분류
과세의 주체	과세의 주체가 국가인지, 지방자치단체인지	국세/지방세
세수 사용 용도	세수의 용도가 특정된 것인지, 일반경비 충당 목적인지	목적세/보통세
전가 여부	납세의무자와 담세자가 일치하는지	직접세/간접세
납세의무자의 인적사항 고려	조세 부과 시 납세의무자의 인적사항 중심인지, 물적사항 중심인지	인세/물세
독립된 세원의 유무	독립된 세원에 따라 부과하는지, 다른 조세에 부가되는지 여부	독립세/부가세
과세표준의 계산단위	과세표준을 수량을 기준으로 산정하는지, 금액을 기준으로 산정하는지 여부	종가세/종량세

▷ 조세법의 기본원칙

① 조세법률주의

의미	국가(또는 지방자치단체)는 국회에서 제정한 법률에 의해서만 조세를 부과·징수할 수 있으며, 국민은 법률에 의해서만 납세의무를 진다는 원칙
과세요건 법정주의	과세요건과 조세의 부과·징수절차를 모두 법률로써 규정해야 함 (개별적 위임 O, 포괄적 위임·백지위임·골격입법 X)
과세요건 명확주의	조세에 관한 세법의 규정이 명확하며 상세해야 함
소급과세의 금지	새로운 세법의 효력발생 전에 완결된 사실에 대하여 해당 새로운 세법을 적용해서는 안 됨
엄격해석의 원칙	법조문의 문자·문구에 충실하게 해석해야 함(문리해석·논리해석 O, 유추해석·확장해석 X)

② 조세 평등주의

: 입법상 국민에게 세부담이 공평히 배분되도록 세법을 제정해야 하며, 세법의 해석·적용상 국민을 평등하게 취급해야 함

▷ 조세법의 법원

① 법원의 개념

성문법	문자로 표시되고 일정 형식과 절차를 거쳐 제정
불문법	성문법 이외의 법

② 성문법

「헌법」	조세법률주의를 규정한 최상위의 성문법
법률	「헌법」에서 규정한 조세법률주의에 따라 국회에서 제정한 법규
조약	「헌법」에 따라 규정된 국가 간의 협약
명령	입법기관인 국회의 의결을 거치지 않고 행정부가 제정하는 법규 제정권자에 따라 시행령(대통령령)과 시행규칙(기획재정부령)으로 구분
조례와 규칙	• 조례: 지방자치단체 의회가 제정하는 법규 • 규칙: 지방자치단체 장이 제정하는 법규
행정규칙	상급행정기관이 하급행정기관의 권한행사를 지휘하기 위하여 발하는 훈령·예규·통첩 등

③ 불문법

판례	법원에서 판결이 난 재판의 선례
관습법	관습 중 법적 규범으로 인정될 만큼 국민들의 법적 확신을 얻은 것
조리	사물의 당연한 이치

제 2 편

국세기본법

01 총칙
02 국세부과의 원칙과 세법적용의 원칙
03 납세의무의 성립·확정·소멸
04 납세의무의 확장
05 국세와 일반채권과의 관계
06 과세
07 국세환급금과 국세환급가산금
08 조세불복제도
09 납세자의 권리 및 보칙

01 총칙

Teacher's Map

▷ 통칙

❶ 「국세기본법」의 목적

총칙법	국세에 관한 기본적이고 공통적인 사항을 규정
불복절차법	납세자의 권리·의무 및 권리구제에 관한 사항을 규정

❷ 용어의 정의

국세	국가가 부과하는 조세로 「지방세기본법」에서 규정하는 지방세와 관세는 제외 즉, 관세를 포함하지 않는 '내국세'만을 의미
지방세	「지방세기본법」에서 규정하는 세목
세법	국세의 종목과 세율을 정하고 있는 법률로, 「국세기본법」·「지방세법」·「관세법」은 포함하지 않음
가산세	세법에서 규정하는 의무의 성실한 이행을 확보하기 위하여 세법에 따라 산출한 세액에 가산하여 징수하는 금액
강제징수비	「국세징수법」 중 강제징수에 관한 규정에 따른 재산의 압류, 보관, 운반과 매각에 든 비용(매각을 대행시키는 경우 그 수수료를 포함)
공과금	「국세징수법」에서 규정하는 강제징수의 예에 따라 징수할 수 있는 채권 중 국세, 관세, 임시수입부가세, 지방세와 이에 관계되는 강제징수비를 제외한 것
납세의무자	세법에 따라 국세를 납부할 의무가 있는 자(국세를 징수하여 납부할 의무는 제외)
납세자	① 납세의무자(연대납세의무자와 납세자를 갈음하여 납부할 의무가 생긴 경우의 제2차 납세의무자 및 보증인을 포함) ② 세법에 따라 국세를 징수하여 납부할 의무를 지는 자
제2차 납세의무자	납세자가 납세의무를 이행할 수 없는 경우에 납세자를 갈음하여 납세의무를 지는 자
보증인	납세자의 국세 또는 강제징수비의 납부를 보증한 자
원천징수	세법에 따라 원천징수의무자가 국세(이에 관계되는 가산세는 제외)를 징수하는 것
과세기간	세법에 따라 국세의 과세표준 계산의 기초가 되는 기간
과세표준	세법에 따라 직접적으로 세액산출의 기초가 되는 과세대상의 수량 또는 가액
과세표준신고서	국세의 과세표준과 국세의 납부 또는 환급에 필요한 사항을 적은 신고서
과세표준수정신고서	당초에 제출한 과세표준신고서의 기재사항을 수정하는 신고서
법정신고기한	세법에 따라 과세표준신고서를 제출할 기한

전자신고	과세표준신고서 등 「국세기본법」 또는 세법에 따른 신고 관련 서류를 국세청장이 정하여 고시하는 정보통신망을 이용하여 신고하는 것
세무공무원	① 국세청장, 지방국세청장, 세무서장 또는 그 소속 공무원 등에 해당하는 사람 ② 세법에 따라 국세에 관한 사무를 세관장이 관장하는 경우의 그 세관장 또는 그 소속공무원
세무조사	국세의 과세표준과 세액을 결정 또는 경정하기 위하여 질문하거나 해당 장부·서류 또는 그 밖의 물건을 검사·조사하거나 그 제출을 명하는 활동
특수관계인	본인과 친족관계, 경제적 연관관계, 경영지배관계에 있는 자

❸ 다른 법률과의 관계

개별세법과의 관계	개별세법이 「국세기본법」에 우선 : 국세에 관하여 세법에 별도의 규정이 있는 경우를 제외하고는 「국세기본법」에서 정하는 바에 따름
「관세법」과의 관계	「관세법」이 「국세기본법」에 우선함
불복청구에 대한 「국세기본법」과 다른 법률과의 관계	① 「국세기본법」이 「행정심판법」에 우선 : 「국세기본법」에 따른 불복절차를 거쳐야 행정심판소송 제기가 가능 ② 「감사원법」과 「국세기본법」은 선택적 지위: 불복하고자 할 때 둘 중 선택, 중복적용 불가

▷ 기간과 기한

❶ 기간

기간과 기한의 개념	① 기간: 어느 시점에서 어느 시점까지의 계속된 시간 ② 기한: 법률행위의 효력발생·소멸이나 채무이행을 위해 정해진 일정 시점
계산방법	「국세기본법」 또는 그 세법에 특별한 규정이 있는 것을 제외하고는 「민법」을 준용

❷ 기한의 특례

조건	기한
기한이 토요일 및 일요일, 공휴일 및 대체공휴일, 근로자의 날인 경우	다음 날
기한 만료일에 국세정보통신망의 장애가 있는 경우	그 장애가 복구된 다음 날

❸ 서류제출의 효력발생시기

원칙	도달주의 : 서류에 의한 의사표시의 효력은 해당 서류가 상대방에게 도달한 날에 발생	
예외	납세자의 권리보호가 필요할 때	
	우편으로 과세표준신고 등	발신주의 : 우편날짜 도장이 찍힌 날 (우편도장이 찍히지 않거나 불분명한 경우: 통상 걸리는 배송일수를 기준으로 발송한 날로 인정되는 날)
	우편으로 불복청구 등	
	전자신고 등	국세청장에게 전송된 때

❹ 천재지변 등으로 인한 기한연장

의미	천재지변 등의 사유로 「국세기본법」 또는 세법에서 규정하는 신고, 신청, 청구, 그 밖에 서류의 제출 또는 통지를 정해진 기한까지 할 수 없다고 인정하는 경우나 납세자가 기한 연장을 신청한 경우에 기한의 연장(납세담보 및 납부기한 연장 신청·승인은 「국세징수법」으로 이관)
연장방법	① 납세자의 신청에 의한 연장 ② 관할세무서장의 직권 연장
연장사유	① 천재지변 ② 화재, 재해 또는 도난 ③ 납세자 및 동거가족의 질병이나 중상해(6개월 이상 치료) 및 사망 ④ 정전, 프로그램의 오류 등 한국은행 및 체신관서의 정보통신망의 오류 ⑤ 금융기관 등 체신관서의 휴무나 부득이한 사유 ⑥ 권한있는 기관에 장부나 서류가 압수 또는 영치되는 경우 ⑦ 「세무사법」에 따른 장부작성 대행자의 재해 및 도난 등 ⑧ 그 밖에 ②,③,⑥에 준하는 사유
적용대상	신고·신청·청구·서류의 제출·통지 (납부기한 및 징수기한은 「국세징수법」으로 이관)
절차	• 신청 : 기한 만료일 3일 전까지 문서로 관할 세무서장에게 신청 • 승인 및 통지 ① 관할 세무서장이 기한을 연장한 경우에는 문서로 관계인에게 통지 ② 기한 연장신청에 관해서는 기한 만료일 전에 승인 여부를 통지 • 공고 관할 세무서장은 다음의 경우 관보 또는 일간신문에 공고하는 방법으로 통지를 갈음할 수 있음 　① 정보통신망의 오류가 전국적으로 일시에 발생 　② 기한 연장의 대상자가 불특정 다수인 경우 　③ 통지할 시간적 여유가 없는 경우
기한연장 가능기간	① 일반기한연장: 3개월 + 1개월 범위 안에서 추가 연장 ② 신고기한연장: 신고기한 연장은 9개월을 넘지 않는 범위에서 가능

▶ 서류의 송달

❶ 송달받아야 할 자

원칙	명의인(서류에 수신인으로 기재된 자)
예외	① 명의인을 만나지 못한 경우: 사용인이나 그 밖의 종업원 또는 사리판별 가능한 동거인(보충수령인) ② 유치송달: 수취인이 정당한 사유없이 서류 수령을 거부하는 경우 송달할 장소에 서류를 두고 올 수 있음 ③ 연대납세의무자: 대표자를 명의인으로 함 　　　　　　　　　단, 납부의 고지와 독촉에 관한 서류는 연대납세의무자 모두에게 각각 송달 ④ 상속이 개시되고 상속재산관리인이 있는 경우: 상속재산관리인 ⑤ 납세관리인이 있는 경우: 납세관리인 ⑥ 송달받을 자가 교정시설 또는 유치장에 있는 경우: 교정시설의 장 또는 국가경찰관서의 장

❷ 송달장소

원칙	명의인의 주소, 거소, 영업소 또는 사무소
신고 시	신고된 장소

❸ 송달의 방법

원칙	교부송달	① 원칙: '송달장소'에서 '송달받아야 할 자'에게 서류 교부 ② 예외: 송달받아야 할 자가 거부하지 않으면 다른 장소에서 교부할 수 있음
	우편송달	① 원칙: 일반우편 or 등기우편 가능 ② 등기우편만 가능: 납부의 고지·독촉·강제징수 또는 세법에 따른 정부의 명령과 관련된 서류의 송달 ③ 일반우편으로 송달 가능한 납부고지(50만원 미만) 　㉠ 부가가치세 예정고지세액　　　㉡ 소득세 중간예납세액 　㉢ 신고납부제도를 취하는 국세의 신고서 제출 + 국세의 전부 or 일부를 납부하지 않아 발급하는 고지서
	전자송달 (정보통신망을 이용한 송달)	① 원칙: 신청으로 가능 ② 신청으로 간주: 납부고지서 송달 전 소득세 중간예납세액, 부가가치세 예정고지세액, 간이과세자 예정부과세액을 자진납부한 경우 자진납부시점에 전자송달을 신청한 것으로 간주 ③ 신청 자진 철회: 철회는 신청서를 제출한 다음날부터 적용 ④ 신청 자동 철회: 3회^{NEW} 연속 서류의 기한까지 열람하지 않은 경우(납세자가 전자 송달된 납부고지서 또는 독촉장^{NEW}에 따른 세액을 그 납부기한까지 전액 납부한 경우는 제외) 세 번째^{NEW}로 열람하지 않은 서류에 대한 다음 구분에 따른 다음날 철회한 것으로 봄 　㉠ 서류에 납부기한 등이 정해진 경우: 정해진 해당 기한 　㉡ 그 외: 국세정보통신망에 해당 서류가 저장된 때부터 1개월 되는 날 ⑤ 전자송달이 가능한 서류와 구체적인 방법 | 전자송달할 수 있는 서류 | 전자송달의 구체적인 방법 | |---|---| | ㉠ 납부고지서 및 독촉장 | 국세청장이 해당 납세자로 하여금 국세정보통신망에 접속하여 해당 서류를 열람할 수 있게 함 | | ㉡ 국세환급금통지서 | | | ㉢ 신고안내문 | 국세청장이 해당 납세자가 지정한 전자우편주소로 송달 | ⑥ 전자송달이 불가능한 경우: 교부 또는 우편의 방법으로 송달

예외	공시송달	교부나 우편의 방법으로 송달이 불가능한 경우 서류의 주요 내용을 공고함으로써 송달에 갈음하는 절차
		① 사유
		   ㉠ 주소(영업소)가 국외에 있고 송달이 곤란한 경우
		   ㉡ 주소(영업소)가 분명하지 않은 경우
		   ㉢ 부재중
		      • 등기우편송달 + 부재중으로 반송 (납부기한까지 송달 곤란하다고 인정)
		      • 교부송달(2회 이상 방문) + 부재중 (납부기한까지 송달 곤란하다고 인정)
		② 방법: 세무서 게시판, 관보 또는 일간신문에 게재
		   (단, 국세정보통신망을 이용한 공시송달은 다른 공시송달 방법을 함께 사용해야 함)

❹ 송달의 효력발생시기

교부송달 우편송달 및 전자송달	도달주의 단, 전자송달의 경우 전자우편주소에 입력된 때 or 국세정보통신망에 저장된 때
공시송달	공고한 날로부터 14일이 지난 때

▷ 인격

❶ 개념

인격	권리·의무의 주체가 될 수 있는 지위 또는 자격(권리능력)
인격의 부여	① 자연인: 출생에 따라 저절로 인격이 부여 ② 법인: 설립등기를 통해 법인격을 부여받음

❷ 법인 아닌 단체의 세법상의 취급

법인 아닌 단체	당연법인으로 보는 단체	법인으로 봄 (「법인세법」 적용)
	신청하여 승인을 받은 경우	
	요건 불충족	거주자 또는 비거주자로 봄 (「소득세법」 적용)

❸ 법인으로 보는 단체

당연법인으로
보는 단체
	① 전제: 수익을 구성원에게 분배하지 않는 것
	② 요건:
	   • 주무관청의 허가 또는 인가를 받아 설립되거나 법령에 따라 주무관청에 등록한 사단, 재단, 그 밖의 단체로 등기되지 않은 것
	   • 공익을 목적으로 출연 된 기본 재산이 있는 재단으로서 등기되지 않은 것

신청하여 법인으로 보는 단체	① 다음 요건을 갖추고 관할 세무서장에게 신청하여 승인 받은 경우 • 조직운영에 관한 규정을 가지고 대표자나 관리인 선임 • 수익과 재산을 독립적으로 소유·관리 • 수익을 구성원에게 분배하지 않음 ② 변경의 제한: 승인을 받은 날이 속하는 과세기간과 그 과세기간이 끝나는 날부터 3년이 되는 날이 속하는 과세기간까지「소득세법」에 따른 거주자(or 비거주자)로 변경 불가

❹ 법인으로 보는 단체의 납세의무 이행 방법

대표자나 관리인 신고	국세에 관한 의무는 그 대표자나 관리인이 이행 (대표자 등을 선임하여 문서로 신고)
대표자나 관리인 무신고	관할 세무서장이 대표자 등을 지정하고 문서로 통지

❺ 법인이 아닌 단체

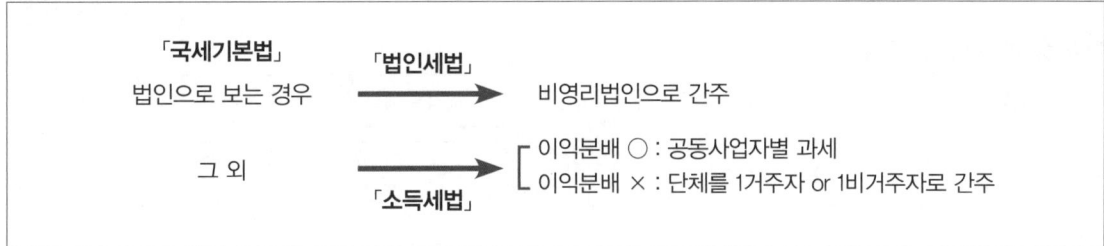

❻ 법인이 아닌 단체에 대한 개별세법의 취급

「법인세법」	비영리법인
「소득세법」	거주자(또는 비거주자)
「상속세 및 증여세법」	상속세·증여세 납세의무 부과
「부가가치세법」	부가가치세 납세의무 부과

❼ 전환 국립대학법인

원칙	법인세 비과세 : 전환 전의 국가 또는 지방자치단체로 보아 법인세 비과세
수익사업을 하는 경우	법인세 과세 : 별도의 법인으로 보고 법인세 과세

02 국세부과의 원칙과 세법적용의 원칙

Teacher's Map

▷ 국세부과의 원칙

개념	국세의 부과 과정에서 지켜야 할 원칙 ① 실질과세의 원칙 ② 신의성실의 원칙 ③ 근거과세의 원칙 ④ 조세감면 후 사후관리
대상	과세관청 및 납세자 모두에게 준수가 요구되는 원칙
개별세법특례	각 세법에 특별규정이 있는 경우 개별세법을 우선적용

❶ 실질과세의 원칙

개념		법적 형식이나 외관에 관계없이 실질에 따라 세법을 해석하고 과세요건사실을 인정해야 한다는 원칙
적용	소득 귀속자에 대한 실질과세	과세의 대상이 되는 소득, 수익, 재산, 행위 또는 거래의 귀속이 명의일 뿐이고 사실상 귀속되는 자가 따로 있을 때에는 사실상 귀속되는 자를 납세의무자로 하여 세법을 적용
	거래 내용에 따른 실질과세	과세표준의 계산에 관한 규정은 소득, 수익, 재산, 행위 또는 거래의 명칭이나 형식에 관계없이 그 실질 내용에 따라 적용
	우회거래에 대한 실질과세	① 제3자를 통한 간접적인 방법이나 ② 둘 이상의 행위 또는 거래를 거치는 방법으로 「국세기본법」 또는 세법의 혜택을 부당하게 받기 위한 것으로 인정되는 경우에는, 그 경제적 실질내용에 따라 ① 당사자가 직접 거래를 한 것으로 보거나 ② 연속된 하나의 행위 또는 거래를 한 것으로 보아 「국세기본법」 또는 세법을 적용
한계		조세법률주의에 대한 침해를 최소화하도록 제한적으로 적용
실질과세원칙에 우선하는 개별세법의 규정		• 「법인세법」상 소득의 귀속이 불분명한 경우 대표자 상여처분 • 상증세법상 명의신탁재산의 증여의제

❷ 신의성실의 원칙

개념	권리 또는 의무를 행사함에 있어서 상대방의 신뢰에 어긋나지 않도록 신의에 따라 성실하게 이행해야 한다는 원칙
적용	납세자, 세무공무원(과세관청 측에 적용되는 경우가 거의 대부분이며, 과세관청 측에 보다 더 절실히 준수가 요청됨)
요건	[세무공무원에게 적용하기 위한 요건] ① 납세자의 신뢰의 대상이 되는 과세관청의 공적 견해표시가 있어야 함 ② 납세자가 과세관청의 견해표시를 신뢰하고, 그 신뢰에 납세자의 귀책사유가 없어야 함 ③ 납세자가 과세관청의 견해표시에 대한 신뢰를 기초로 하여 어떤 행위를 해야 함 ④ 과세관청이 당초의 견해표시에 반하는 적법한 행정처분을 해야 함 ⑤ 과세관청의 그러한 배신적 처분으로 인하여 납세자가 불이익을 받아야 함 ⎮ [납세자에게 적용하기 위한 요건] ① 객관적으로 모순된 형태가 존재함 ② 그 형태가 납세의무자의 심한 배신행위에 기인함 ③ 과세관청의 신뢰가 보호받을 가치가 있음
효과	과세관청의 처분은 본래 적법한 것임에도 불구하고 신의칙 위반으로 인해 취소될 수 있음
한계	조세법률주의의 제약: 합법성의 관철을 포기함으로써 상실되는 법익보다 납세자의 신뢰를 보호할 가치가 더 크다고 인정되는 개별적·구체적 사안에 한정하여 적용

❸ 근거과세의 원칙

개념		국가가 조세를 부과함에 있어서 장부 등 직접적인 자료에 입각하여 납세의무를 확정해야 한다는 원칙
내용	실지조사	납세의무자가 세법에 따라 장부를 갖추어 기록하고 있는 경우에는 해당 국세 과세표준의 조사와 결정은 그 장부와 이에 관계되는 증거자료에 의해야 함
	결정근거 부기	① 국세를 조사·결정할 때 장부의 기록 내용이 사실과 다르거나 장부의 기록에 누락된 것이 있을 때에는 '그 부분에 대해서만' 정부가 조사한 사실에 따라 결정 ② 정부가 조사한 사실과 결정의 근거를 결정서에 부기
	결정서의 열람·복사	행정기관의 장은 해당 납세의무자 또는 그 대리인이 요구하면 결정서를 열람 또는 복사하게 하거나 그 등본 또는 초본이 원본과 일치함을 확인해야 함

❹ 조세감면의 사후관리

운용범위의 결정	정부는 국세를 감면한 경우에 그 감면의 취지를 성취하거나 국가정책을 수행하기 위하여 필요하다고 인정하면 세법에서 정하는 바에 따라 감면한 세액에 상당하는 자금 또는 자산의 운용 범위를 정할 수 있음
감면 취소 및 징수	그 운용 범위를 벗어난 자금 또는 자산에 상당하는 감면세액은 세법에서 정하는 바에 따라 감면을 취소하고 징수할 수 있음

▶ 세법적용의 원칙

개념	세법의 해석과 적용 시 공무원이 따라야 할 기본적 지침 ① 세법해석의 기준 (납세자 재산권의 부당한 침해 금지) ② 소급과세의 금지 ③ 세무공무원의 재량의 한계 ④ 기업회계의 존중
대상	과세관청에 대해서만 준수가 요구되는 원칙
개별세법특례	개별세법에 특례규정을 둘 수 없음

❶ 세법해석의 기준(납세자 재산권의 부당한 침해 금지)

의미	세법을 해석·적용할 때에는 과세의 형평과 해당 조항의 합목적성에 비추어 납세자의 재산권이 부당하게 침해되지 않도록 해야 함

❷ 소급과세의 금지

개념	법적안정성과 예측가능성을 보장하기 위해 법규의 제정·개정 전에 완료된 사실에 대하여 새로 제정·개정된 법규 등을 소급하여 적용하지 않음
입법상의 소급과세 금지	국세를 납부할 의무가 성립한 소득, 수익, 재산, 행위 또는 거래에 대해서는 그 성립 후의 새로운 세법에 따라 소급하여 과세하지 않음
행정상의 소급과세 금지	세법의 해석이나 국세행정의 관행이 일반적으로 납세자에게 받아들여진 후에는 그 해석이나 관행에 의한 행위 또는 계산은 정당한 것으로 보며, 새로운 해석이나 관행에 의하여 소급하여 과세되지 않음
소급과세 여부의 판정기준	납세의무 성립일
진정소급과 부진정소급	① 진정소급은 금지 ② 부진정소급은 허용 | 진정소급	이미 성립한 납세의무에 대해 소급과세하는 것
부진정소급	납세의무성립 전인 과세기간 중에 개정된 세법 등을 과세기간 개시일로 소급하여 적용	
유리한 소급효	소급적용하는 것이 납세자에게 유리한 경우에는 그 소급효를 인정

❸ 세무공무원 재량의 한계

의미	세무공무원이 재량으로 직무를 수행할 때에는 과세의 형평과 해당 세법의 목적에 비추어 일반적으로 적당하다고 인정되는 한계를 엄수해야 함

❹ 기업회계의 존중

원칙	세무공무원이 국세의 과세표준을 조사·결정할 때에는 해당 납세의무자가 계속하여 적용하고 있는 기업회계의 기준 또는 관행으로서 일반적으로 공정·타당하다고 인정되는 것은 존중해야 함
예외	단, 세법에 특별한 규정이 있는 경우 세법규정을 따름

03 납세의무의 성립·확정·소멸

Teacher's Map

▷ 개요

▷ 납세의무의 성립

❶ 납세의무 성립의 의의와 과세요건

의의	국세를 납부할 의무는 과세요건이 충족되면 성립
과세요건	납세의무의 성립에 필요한 법률상의 요건 : ① 납세의무자, ② 과세대상, ③ 과세표준, ④ 세율

❷ 납세의무 성립시기

기간과세 국세	① 원칙: 과세기간이 끝나는 때(법인세·소득세·부가가치세) ② 예외: 　㉠ 청산소득에 대한 법인세: 해당 법인이 해산하는 때 　㉡ 수입재화에 대한 부가가치세: 세관장에게 수입신고하는 때
수시부과 국세	① 상속세: 상속을 개시하는 때 ② 증여세: 증여에 의하여 재산을 취득하는 때 ③ 개별소비세, 주세, 교통·에너지·환경세: 　과세물품을 제조장으로부터 반출하는 때, 과세장소에 입장하거나 과세유흥장소에서 유흥음식행위를 한 때 또는 과세영업소에서 영업행위를 한 때 　다만, 수입물품의 경우에는 세관장에게 수입신고를 하는 때 ④ 인지세: 과세문서를 작성한 때 ⑤ 증권거래세: 해당 매매거래가 확정되는 때

종합부동산세	과세기준일(매년 6월 1일)
부가세	국세(본세)의 납세의무가 성립한 때 (ex. 농어촌 특별세, 교육세*) *금융·보험업자의 수입금액에 부가되는 교육세: 과세기간이 끝나는 때

가산세	① 무신고·과소신고·초과환급신고가산세: 법정신고기한이 경과하는 때
	② 납부지연가산세
	    ㉠ 2.2/10,000 적용: 법정납부기한 경과 후 1일마다 그 날이 경과하는 때
	    ㉡ 3% 적용: 납부고지서에 따른 납부기한이 경과하는 때
	③ 원천징수 등 납부지연가산세
	    ㉠ 2.2/10,000 적용: 법정납부기한 경과 후 1일마다 그 날이 경과하는 때
	    ㉡ 3% 적용: 법정납부기한이 경과하는 때
	④ 그 밖의 가산세: 가산할 국세의 납세의무가 성립한 때

특례	① 원천징수세액: 소득금액 또는 수입금액을 지급하는 때 ② 납세조합이 징수하는 소득세 또는 예정신고·납부하는 소득세: 과세표준이 되는 금액이 발생한 달의 말일 ③ 중간예납하는 소득세·법인세: 중간예납기간이 끝나는 때 ④ 예정신고(예정부과)기간에 대한 부가가치세: 예정신고(예정부과)기간이 끝나는 때 ⑤ 수시부과하여 징수하는 국세: 수시부과 할 사유가 발생한 때

▶ 납세의무의 확정

❶ 확정의 의의

이미 성립한 납세의무에 대하여 구체적으로 확인하는 절차

❷ 확정방법

구분	신고납부제도	정부부과제도
의의	확정의 권한을 1차적으로 납세의무자에게 부여하고, 과세권자의 확정권은 2차적·보충적 지위에 유보하는 제도	확정의 권한을 과세권자에게만 부여하고 있는 제도로서 해당 국세의 과세표준과 세액을 정부가 '결정(즉 부과처분)'하는 때에 확정
적용세목	① 소득세, 법인세, 부가가치세 등 ② 종합부동산세(납세자가 과세표준과 세액을 정부에 신고하는 경우에 한정)	① 상속세, 증여세, ② 종합부동산세(납세자가 신고하는 경우 제외)
확정시기	납세의무자가 과세표준과 세액을 정부에 신고했을 때에 확정(무신고 또는 오류신고: 정부가 결정·경정한 때)	정부가 '결정(즉 부과처분)'하는 때에 확정 (결정통지서 도달 시 효력발생)
조세포탈범의 기수시기	신고납부기한의 경과 시	정부결정에 의한 납부기한 경과시점

○ **자동확정 국세**

인지세	과세문서를 작성하는 때
원천징수하는 소득세·법인세	소득금액 또는 수입금액을 지급하는 때
납세조합이 징수하는 소득세	과세표준이 되는 금액이 발생한 달의 말일
중간예납하는 법인세 (세법에 따라 정부가 조사결정하는 경우는 제외)	중간예납기간이 끝나는 때
납부지연가산세 및 원천징수 등 납부지연가산세 (납부고지서에 따른 납부기한 후의 가산세로 한정)	납부고지서에 따른 납부기한이 지난 후 1일마다 그 날이 경과하는 때

❸ 확정된 납세의무의 변경

수정신고의 효력	① 신고납부제도 적용 세목인 국세의 수정신고는 당초의 신고에 따라 확정된 과세표준과 세액을 증액하여 확정하는 효력을 가짐 ② 국세의 수정신고는 당초 신고에 따라 확정된 세액에 관한 「국세기본법」 또는 세법에서 규정하는 권리·의무관계에 영향을 미치지 않음
경정 등의 효력	① 증액경정: 세법에 따라 당초 확정된 세액을 증가시키는 경정은 당초 확정된 세액에 관한 「국세기본법」 또는 세법에서 규정하는 권리·의무관계에 영향을 미치지 아니함 ② 감액경정: 세법에 따라 당초 확정된 세액을 감소시키는 경정은 그 경정으로 감소되는 세액 외의 세액에 관한 「국세기본법」 또는 세법에서 규정하는 권리·의무관계에 영향을 미치지 아니함

▶ 납세의무의 소멸

❶ 개요

구분	소멸사유
실현되면서 소멸되는 경우	납부, 충당
미실현상태에서 소멸되는 경우	부과의 취소, 국세부과제척기간의 만료, 국세징수권의 소멸시효완성

❷ 국세부과 제척기간

○ **일반국세(상속·증여세 제외)**

구분	제척기간	
	일반거래	역외거래
원칙	5년	7년
법정신고기한까지 과세표준신고서를 제출하지 않은 경우	7년	10년
부정행위로 국세를 포탈하거나 환급·공제받은 경우	10년	15년

○ **상속·증여세**

구분	제척기간
원칙	10년
① 신고서를 제출하지 않은 경우 ② 신고서를 제출한 자가 거짓 신고 또는 누락신고한 경우 ③ 부정행위로 상속세·증여세를 포탈하거나 환급·공제받은 경우	15년

○ **특례**

구분	제척기간
일반적인 제척기간이 끝난 후 이월결손금 및 「조세특례제한법」에 따라 이월된 세액공제액NEW이 공제된 소득세 또는 법인세	이월 결손금 등을 공제한 과세기간의 법정신고기한부터 1년
부담부증여 시 양도소득세	상증세법상 부과제척기간(10년 or 15년)
납세자가 부정행위로 상속세·증여세를 포탈하는 경우 (상속인이나 증여자 및 수증자 사망 or 포탈재산가액 50억 이하인 경우 제외)	해당 재산의 상속 또는 증여가 있음을 안 날부터 1년
「국세기본법」에 따른 불복청구, 「감사원법」에 따른 심사청구 또는 「행정소송법」에 따른 소송에 대한 결정 또는 판결이 있는 경우	결정 또는 판결이 확정된 날부터 1년
불복청구의 결정이나 행정소송 판결이 확정됨에 따라 다른 세목(같은 과세기간으로 한정)이나 연동된 다른 과세기간(같은 세목으로 한정)의 과세표준 또는 세액의 조정이 필요한 경우	결정 또는 판결이 확정된 날부터 1년
「형사소송법」에 따른 소송에 대한 판결이 확정되어 「소득세법」상 기타소득에 해당하는 뇌물, 알선수재 및 배임수재에 의하여 받는 금품이 발생한 것으로 확인되는 경우	판결이 확정된 날로부터 1년
거래 등이 소송에 대한 판결에 의하여 다른 것으로 확정된 경우	판결이 확정된 날부터 1년
조세조약에 부합하지 않는 과세의 원인이 되는 조치가 있는 경우 그 조치가 있음을 안 날부터 3년 이내에 그 조세조약의 규정에 따른 상호합의 절차가 신청된 것으로서 그에 대하여 상호합의가 이루어진 경우	상호합의 절차의 종결일부터 1년
경정청구 등이 있는 경우	경정청구일부터 2개월
역외거래와 관련하여 조세정보를 요청한 날로부터 2년이 지나기 전까지 조세정보를 받은 경우	조세정보를 받은 날부터 1년
「국제조세조정에 관한 법률」에 따른 다국적그룹의 국가별 실효세율이 변경된 경우	국가별 실효세율의 변경이 있음을 안 날부터 1년
조세조약과 관련하여 상호합의절차가 진행 중인 경우	상호합의절차의 종료일의 다음날부터 1년의 기간과 「국세기본법」상 부과제척기간 중 나중에 도래하는 기간의 만료일

○ 기산일

구분		부과제척기간의 기산일
원칙	① 과세표준과 세액을 신고하는 국세 (신고하는 종합부동산세는 제외)	과세표준신고기한의 다음 날
	② 종합부동산세 및 인지세	납세의무 성립일
예외	① 원천징수의무자 또는 납세조합에 대하여 부과하는 국세	법정납부기한의 다음 날
	② 과세표준신고기한 또는 법정납부기한이 연장되는 경우	그 연장된 기한의 다음 날
	③ 공제·면제·비과세 또는 낮은 세율의 적용 등에 따른 세액을 의무불이행 등의 사유로 징수하는 경우	공제세액 등을 징수할 수 있는 사유가 발생한 날

○ 기타

중단과 정지	인정되지 않음
제척기간 만료의 효과	국세를 부과할 권리가 소멸

❸ 국세징수권의 소멸시효

○ 개요

의미	'국세징수권의 소멸시효'란 국가가 국세징수권을 일정기간 행사하지 않는 경우 그 국세징수권을 소멸시키는 제도
소멸시효 기간	① 5억 이상 국세: 10년 ② 이 외: 5년
소멸시효 완성의 효과	기산일에 소급하여 징수권이 소멸. 국세는 물론 시효기간 중 발생한 그 국세의 강제징수비 및 이자상당액도 함께 소멸

○ 소멸시효 기산일

구분		소멸시효의 기산일
원칙	① 과세표준과 세액의 신고에 의하여 납세의무가 확정되는 국세의 경우 신고한 세액	그 법정신고납부기한의 다음 날
	② 과세표준 및 세액을 정부가 결정, 경정 또는 수시부과결정하는 경우 납부고지한 세액	그 납부고지에 따른 납부기한의 다음 날
예외	③ 원천징수의무자 또는 납세조합으로부터 징수하는 국세로서 납부고지한 원천징수세액 또는 납세조합징수세액	그 납부고지에 따른 납부기한의 다음 날
	④ 인지세로서 납부고지한 인지세액	
	⑤ 원칙적인 기산일 ①의 법정신고납부기한이 연장되는 경우	그 연장된 기한의 다음 날

○ **중단과 정지**

	중단	정지
의미	시효의 진행 중에 권리의 행사로 볼 수 있는 사유가 발생하면 그 때까지 진행되어 온 시효기간이 효력을 잃어버리는 것	시효의 진행 중에 권리자가 권리를 행사할 수 없는 사유가 발생하면 권리자에게 가혹하지 않도록 하기 위해 그 기간만큼 시효의 완성을 유예하는 것
사유	① 납부고지 ② 독촉 ③ 교부청구 ④ 압류*	① 세법에 따른 분납기간 ② 연부연납기간 ③ 징수유예기간 ④ 압류·매각유예기간 ⑤ 세무공무원이 「국세징수법」에 따른 사해행위 취소소송이나 「민법」에 따른 채권자대위 소송을 제기하여 그 소송이 진행 중인 기간 ⑥ 체납자가 국외에 6개월 이상 계속 체류하는 경우 해당 국외 체류 기간

* 압류금지재산 또는 제3자의 재산을 압류한 경우에 해당하여 「국세징수법」에 따라 압류를 즉시 해제하는 경우는 제외

04 납세의무의 확장

Teacher's Map

▷ 납세의무의 승계

❶ 개요

의미	'납세의무의 승계'란 일정한 사유로 인하여 본래의 납세자로부터 다른 자에게로 납세의무가 이전되는 것
법적 성격	납세의무의 승계는 당사자의 의사에 관계없이 법정 요건의 충족에 의해 강행적으로 이루어지며, 법정 요건이 충족되면 어떠한 별도의 처분이나 행위도 필요없이 당연히 납세의무가 승계됨

❷ 법인의 합병으로 인한 납세의무의 승계

합병법인의 납세의무 승계	합병 후 존속하는 법인 또는 합병으로 설립된 법인(즉 합병법인)은 합병으로 소멸된 법인(즉 피합병법인)에 부과되거나 그 법인이 납부할 국세 및 강제징수비를 승계함
성립된 국세	확정여부와 관계없이 성립된 국세는 모두 승계 ① 부과될 국세: 이미 성립하였으나 아직 확정되지 않은 국세 등 ② 납부할 국세: 이미 확정되었으나 아직 납부되지 않은 국세 등
승계한도	피합병법인의 국세 등을 전액 승계

❸ 상속으로 인한 납세의무 승계

상속인 등의 납세의무 승계	상속이 개시된 때에 그 상속인(수유자 포함) 또는 상속재산관리인은 피상속인에게 부과되거나 그 피상속인이 납부할 국세 및 강제징수비를 납부할 의무를 승계함
성립된 국세	확정여부와 관계없이 성립된 국세는 모두 승계
승계한도	① 일반적인 상속인은 피상속인의 국세 및 강제징수비를 상속으로 받은 재산의 한도에서 납부할 의무 승계 ② 피상속인이 상속인을 수익자로 하는 보험계약을 체결하고 피상속인의 사망으로 상속인이 상속재산으로 보는 보험금을 받은 경우에는 다음의 구분에 따른 금액 NEW을 상속인(㉠에 따른 상속을 포기한 사람은 상속인으로 봄)이 상속받은 재산으로 보아 계산함 　㉠ 「민법」에 따라 상속을 한정승인 또는 포기한 상속인이 보험금을 받은 경우: 상속인이 받은 보험금 전액 　㉡ 피상속인이 국세 또는 강제징수비를 체납한 상태에서 해당 보험의 보험료를 납입한 경우로서 상속인(「민법」에 따라 상속을 한정승인 또는 포기한 상속인은 제외)이 보험금을 받은 경우: 법에 따라 계산한 금액
상속인이 2명 이상인 경우	각 상속인은 피상속인에게 부과되거나 그 피상속인이 납부할 국세 및 강제징수비를 「민법」에 따른 상속분에 따라 나누어 계산한 국세 및 강제징수비를 상속으로 받은 재산의 한도에서 연대하여 납부할 의무 승계

대표자 신고	각 상속인은 그들 중에서 피상속인의 국세 및 강제징수비를 납부할 대표자를 정하여 상속 개시일부터 30일 이내에 관할 세무서장에게 신고해야 하며, 이러한 신고가 없을 경우에는 세무서장은 상속인 중 1명을 대표자로 지정
상속인이 있는지 불분명한 경우	상속인에게 해야 할 납부의 고지·독촉이나 그 밖에 필요한 사항은 상속재산관리인에게 함
피상속인에게 한 처분이나 절차의 효력	상속으로 납세의무를 승계하는 상속인이나 상속재산관리인에 대해서도 효력이 있음

▷ 연대납세의무

❶ 의미
: 여러 명이 동일한 납세의무에 관하여 각각 독립하여 전액의 납세의무를 부담하고, 그 가운데의 1인이 전액을 납부하면 모든 납세의무자의 납부할 의무가 소멸하는 납세의무

❷ 연대납세의무의 적용

공유물·공동사업 등에 관한 연대납세의무	공유물, 공동사업 또는 그 공동사업에 속하는 재산과 관계되는 국세 및 강제징수비는 공유자 또는 공동사업자가 연대하여 납부할 의무를 짐
법인의 분할로 인한 연대납세의무	법인이 분할되는 경우에는 분할 후 최소한 둘 이상의 법인이 있게 되므로 그 법인들이 연대납세의무를 짐
신회사를 설립하는 경우 연대납세의무	법인이 채무자 회생법에 따라 신회사를 설립하는 경우 기존의 법인에 부과되거나 납세의무가 성립한 국세 및 강제징수비는 신회사 설립 전의 법인과 설립된 신회사가 연대하여 납부할 의무를 짐

❸ 연대납세의무의 효력

부과처분의 무효 또는 취소의 사유	어느 연대납세의무자의 1인에 대한 부과처분의 무효 또는 취소의 사유는 다른 연대납세의무자에게 그 효력이 미치지 아니함
소멸시효의 완성	어느 연대납세의무자에 대하여 소멸시효가 완성한 때에는 그 부담부분에 한하여 다른 연대납세의무자도 그 납세의무를 면함
변제에 대한 구상권	어느 연대납세의무자가 변제 기타 자기의 출재로 공동면책이 된 때에는 다른 연대납세의무자의 부담부분에 대하여 구상권을 행사할 수 있음

❹ 연대납세의무의 예외

개별세법 특례규정이 우선적용됨	소득세법에 따른 공동사업(사업소득이 발생하는 사업)에서 발생하는 소득금액은 공동사업자 간 손익분배비율에 의하여 분배되었거나 분배될 소득금액에 따라 공동사업자별로 소득세 납세의무를 짐

▶ 보충적 납세의무

❶ 의미

부종성	제2차 납세의무는 주된 납세의무의 존재를 전제로 하여 성립하고 주된 납세의무에 관하여 생긴 사유는 제2차 납세의무에도 효력이 있음
보충성	제2차 납세의무자는 주된 납세자의 재산에 강제징수를 집행하여도 징수할 금액에 부족한 경우에 그 부족액에 대해 납부책임을 짐

❷ 제2차 납세의무

○ 청산인 등의 제2차 납세의무

요건(모두 충족)	① 법인이 해산한 경우 ② 청산인이 법인에 부과되거나 그 법인이 납부할 국세 및 강제징수비를 납부하지 아니하고 해산에 의한 잔여재산을 분배하거나 인도하였을 것 ③ 그 법인에 대하여 강제징수를 집행하여도 징수할 금액에 미치지 못하는 경우일 것
제2차 납세의무자	① 청산인 ② 잔여재산을 분배받거나 인도받은 자
한도	① 청산인: 분배하거나 인도한 재산가액* ② 분배 또는 인도받은 자: 각자가 받은 재산가액* *재산가액은 잔여재산을 분배하거나 인도한 날 현재의 시가

○ 출자자의 제2차 납세의무

요건	법인(단, 유가증권시장 및 코스닥 상장법인은 제외)의 재산으로 그 법인에 부과되거나 그 법인이 납부할 국세 및 강제징수비에 충당하여도 부족한 경우
제2차 납세의무자	① 무한책임사원(합명회사 사원, 합자회사 무한책임사원) ② 과점주주 및 과점조합원NEW
한도	① 무한책임사원: 부족부분 전액 ② 과점주주 및 과점조합원NEW: 법인의 납부부족액 중 지분비율만큼(의결권 없는 주식은 제외)

○ 법인의 제2차 납세의무

요건	① 주된 납세의무자가 국세의 납부기한 만료일 현재 법인의 무한책임사원 또는 과점주주일 것 ② 법인의 무한책임사원 또는 과점주주의 재산으로 그 출자자가 납부할 국세 및 강제징수비에 충당하여도 부족한 경우일 것 ③ 출자자의 소유주식 등에 매각불능, 강제징수제한 또는 양도제한 사유가 있는 경우
제2차 납세의무자	법인(상장 or 비상장 무관)
한도	법인의 순자산 중 주된 납세의무자(출자자)의 출자비율만큼(의결권 없는 주식 포함)

○ **사업양수인의 제2차 납세의무**

요건	① 사업이 양도·양수 된 경우 (사업에 관한 모든 권리를 포괄적으로 승계, 단 미수금과 미지급금 제외) ② 그 사업에 관한 국세 및 강제징수비를 양도인의 재산으로 충당하여도 부족한 경우 (양도일 이전에 확정된 사업에 관한 국세일 것: 양도일 이전에 확정되지 않은 국세와 부동산 양도로 인한 양도소득세는 포함 X)
제2차 납세의무자	① 사업양수인 중 양도인의 특수관계자 ② 사업양수인 중 양도인의 조세회피를 목적으로 사업을 양수한 자
둘 이상의 사업장 중 한 사업장만 승계	양수한 사업장과 관계되는 국세 및 강제징수비에 대해서만 제2차납세의무 (둘 이상의 사업장에 공통된 국세 및 강제징수비는 양수한 사업장에 배분한 금액)
한도	양수한 재산가액을 한도 ↓ ① 양수대가 (단, 양수대가가 없거나 불분명한 경우에는 상증세법상 평가한 후 자산에서 부채총액을 뺀 가액: 양수한 순자산의 시가) ② 시가와의 차이가 큰 경우 Max[양수대가, 상증세법상 평가규정을 준용한 양수한 순자산의 시가] [참고] 시가와의 차이가 큰 경우: 시가와의 차액이 3억이상 or 시가의 30%에 상당하는 금액이상 (상증세법상 중요성기준 준용)

❸ 양도담보권자의 물적납세의무

○ **양도담보의 의미**

: 양도담보란 채권의 담보수단으로 채무자(양도담보설정권자)의 재산의 법적 소유권을 채권자(양도담보권자)에게 이전시키되, 채무자가 담보로 제공한 자산을 계속 사용·수익하는 제도

○ **물적납세의무**

요건	① 본래의 납세자(양도담보설정자)가 국세 및 강제징수비를 체납한 경우 ② 양도담보권자에게 양도담보설정자로부터 제공받은 양도담보재산이 존재 ③ 양도담보의 설정이 양도담보설정자가 체납한 국세의 법정기일 후에 설정되었을 것(즉, 국세의 법정기일 전에 설정된 경우 해당되지 않음) ④ 양도담보재산을 제외하고는 양도담보설정자의 다른 재산에 대하여 강제징수를 집행하여도 징수할 금액에 미치지 못함
물적납세의무자	양도담보권자
한도	양도담보 재산가액을 한도로 보충적 납세의무
징수절차	① 세무서장이 납부고지서에 의하여 고지 ② 고지된 납부기한까지 이행하지 않는 경우 독촉 없이 바로 압류

○ 양도담보 관련 기타사항

짜고 거짓으로 한 담보권 설정에 대한 취소 청구	관할세무서장은 납세자가 제3자와 짜고 거짓으로 담보권 설정계약 또는 양도담보 설정계약 등을 함으로써 그 재산의 매각금액으로 국세를 징수하기가 곤란하다고 인정할 때에는 그 행위의 취소를 법원에 청구할 수 있음. 단, 입증책임은 관할세무서장에게 있음
거짓계약으로 추정	납세자가 법정기일 전 1년 내에 친족이나 그 밖의 특수관계인과 전세권·질권 또는 저당권 설정계약, 임대차 계약, 가등기 설정계약 또는 양도담보 설정계약을 한 경우에는 이를 짜고 한 거짓계약으로 추정함. 즉, 짜고 거짓으로 한 계약이 아니라는 입증책임은 납세자에게 있음
양도소득세 과세 제외	양도담보로서 자산을 양도한 경우에는 실질적인 양도가 아니므로 양도소득세를 과세하지 않음
부가가치세 과세 제외	채권담보목적에 불과하여 재화의 공급으로 보지 않으므로 부가가치세 과세대상이 아님

❹ 납세보증인

납세보증인의 의미	납세자의 국세 또는 강제징수비의 납부를 보증한 자
납세보증인의 제도	본래의 납세자가 납세의무를 이행하지 않은 경우에 보증인으로 하여금 보충적으로 납세의무를 지도록 하는 제도

MEMO

05 국세와 일반채권과의 관계

Teacher's Map

▷ 국세의 우선권

❶ 국세우선의 일반원칙

국세 및 강제징수비는 다른 공과금이나 그 밖의 채권에 우선하여 징수함

❷ 국세우선의 적용시기

납세자의 재산을 강제환가절차에 의해 매각(또는 추심)하는 경우	그 매각대금(또는 추심금액) 중에서 국세 등을 우선하여 징수함
강제매각(또는 추심)절차가 개시되기 전에 납세자가 임의로 국세 등보다 다른 채권을 먼저 변제하는 경우	국세우선권이 적용되지 않음

▷ 국세우선권에 대한 제한

❶ 국세우선권의 예외

순위	법정기일 전 담보설정	법정기일 후 담보설정
1순위	① 강제집행·경매·파산절차 소요비용 ② 선집행 지방세·공과금의 체납처분비 또는 강제징수비	
2순위	당해 국세의 강제징수비	
3순위	소액임차보증금 및 최우선 변제대상 임금채권	
4순위	재산 자체에 부과된 국세(예외사항 있음)	
5순위	담보채권 및 확정일자를 갖춘 임대차보증금	당해 국세
6순위	기타의 임금채권	담보채권 및 확정일자를 갖춘 임대차보증금
7순위	당해 국세	기타의 임금채권
8순위	공과금 및 일반채권	공과금 및 일반채권

❷ 직접경비 우선

집행비용 우선	강제집행, 경매 또는 파산 절차에 든 비용은 국세 및 강제징수비보다 우선 변제됨
선집행 지방세·공과금의 강제징수비 우선	지방세나 공과금의 강제징수비는 국세 및 강제징수비보다 우선 징수됨

❸ 법정기일 전에 설정한 담보채권 등의 우선

대상 채권	① 전세권, 질권 또는 저당권 ② 대항요건과 확정일자를 갖춘 임대차보증금 ③ 가등기 담보권
개념	법정기일 전에 위 대상채권 중 어느 하나에 해당하는 권리가 설정된 재산을 매각하여 그 매각금액에서 국세를 징수하는 경우 그 권리에 의하여 담보된 채권 및 임대차보증금반환채권은 국세에 우선
재산에 부과된 국세	① 원칙: 상속세, 증여세 및 종합부동산세는 법정기일 전에 설정된 담보된 채권 및 임대차보증금반환채권보다 우선 ② 예외: 임대차보증금반환채권 등은 해당 임차권 또는 전세권이 설정된 재산이 국세의 강제징수 또는 경매 절차를 통하여 매각되어 그 매각금액에서 국세를 징수하는 경우 그 확정일자 또는 설정일보다 법정기일이 늦은 해당 재산에 대하여 부과된 당해세의 우선 징수 순서에 대신하여 변제될 수 있음(대신 변제되는 금액은 우선 징수할 수 있었던 해당 재산에 대하여 부과된 당해세의 징수액에 한정하며, 임대차보증금반환채권 등보다 우선 변제되는 저당권 등의 변제액과 해당 재산에 대하여 부과된 당해세를 우선 징수하는 경우에 배분받을 수 있었던 임대차보증금반환채권 등의 변제액에는 영향을 미치지 아니함)

❹ 법정기일(≒납세의무 확정일)

	구분	법정기일
원칙	① 과세표준과 세액의 신고에 따라 납세의무가 확정되는 국세의 경우(중간예납하는 법인세와 예정신고납부하는 부가가치세 및 양도소득세 포함) 신고한 해당 세액	그 신고일
	② 과세표준과 세액을 정부가 결정·경정 또는 수시부과결정을 하는 경우 고지한 해당 세액	그 납부고지서의 발송일 (not 납부고지서의 도달일)
예외	① 인지세와 원천징수의무자나 납세조합으로부터 징수하는 국세	그 납세의무의 확정일
	② 제2차 납세의무자(보증인 포함)의 재산에서 징수하는 국세 또는 양도담보재산에서 징수하는 국세	그 납부고지서의 발송일
	③「부가가치세법」에 따른 신탁 관련 수탁자의 물적납세의무 규정에 따라 신탁재산에서 부가가치세 등을 징수하는 경우	그 납부고지서의 발송일
	④「종합부동산세법」에 따라 신탁재산에서 징수하는 종합부동산세	그 납부고지서의 발송일
	⑤「국세징수법」에 따라 납세자의 재산을 압류(확정 전 보전압류)하는 경우 그 압류와 관련하여 확정된 국세	그 압류등기일 또는 등록일

❺ 소액임차보증금 등의 우선

우선 변제되는 주택 및 상가 소액 임차보증금	「주택임대차보호법」 또는 「상가건물 임대차보호법」이 적용되는 임차인의 임대차에 관한 보증금 중 소액보증금으로 임차인이 우선변제받을 수 있는 채권은 국세에 우선

❻ 임금채권의 우선

국세에 항상 우선	최종 3개월분의 임금, 최종 3년간의 퇴직급여, 재해보상금 등은 강제징수비 등을 제외한 모든 국세에 항상 우선함
그 외 임금채권	① 담보된 채권에 우선하지 않음 ② 담보된 채권에 우선하는 조세·공과금에는 우선하지 않음

❼ 보유자가 변경되는 경우의 국세우선의 원칙의 제한

원칙	국세 및 강제징수비는 전세권 등이 설정된 재산이 양도, 상속 또는 증여된 후 해당 재산이 공매 등으로 매각되어 그 매각금액에서 국세를 징수하는 경우 해당 재산에 설정된 전세권 등에 의하여 담보된 채권 또는 임대차보증금반환채권에 우선하지 못함
예외	다음의 어느 하나에 해당하는 경우에는 국세(법정기일이 전세권 등의 설정일보다 빠른 국세로 한정)를 우선하여 징수함 ① 해당 재산에 대하여 부과된 종합부동산세 ② 해당 재산의 직전 보유자가 전세권 등의 설정 당시 체납하고 있었던 국세 등을 고려하여 계산한 다음 금액 범위의 국세 　㉠ 직전 보유자가 해당 재산을 보유하기 전에 해당 재산에 설정된 전세권 등이 없는 경우: 직전 보유자 보유기간 중의 전세권 등 설정일 중 가장 빠른 날보다 법정기일이 빠른 직전 보유자의 국세 체납액을 모두 더한 금액 　㉡ 직전 보유자가 해당 재산을 보유하기 전에 해당 재산에 설정된 전세권 등이 있는 경우: 0원

▷ 조세채권 상호 간의 우선순위

❶ 압류에 의한 우선

압류 > 교부청구	압류에 관계되는 국세 및 강제징수비는 교부청구된 다른 조세 및 강제징수비에 우선하여 징수함
압류선착수주의	징수권행사에 적극성을 가지는 쪽에 변제우선권을 주기 위해 압류선착수주의에 따름
압류에 관계된 지방세 > 교부청구된 국세	지방세 강제징수에 의하여 납세자의 재산을 압류한 경우에 국세 및 강제징수비의 교부청구가 있으면 교부청구된 국세 및 강제징수비는 압류에 관계되는 지방세의 다음 순위로 징수

❷ 납세담보 있는 국세의 우선

납세담보에 관계된 조세 > 압류에 관계된 조세 > 교부청구한 조세

MEMO

06 과세

Teacher's Map

▶ 관할관청

❶ 과세표준신고의 관할

과세표준신고서의 제출	① 과세표준신고서: 신고 당시 해당 국세의 납세지를 관할하는 세무서장에게 제출 ② 전자신고: 지방국세청장이나 국세청장에게 제출할 수 있음
신고 관할 위배 시 효력	과세표준신고서가 관할 세무서장 외의 세무서장에게 제출된 경우에도 그 신고의 효력에는 영향이 없음

❷ 결정 또는 경정 결정의 관할

결정·경정 관할	국세의 과세표준과 세액의 결정 또는 경정결정 : 그 처분 당시 그 국세의 납세지를 관할하는 세무서장이 함
결정·경정 관할 위배 시 효력	관할 세무서장 외의 세무서장이 한 결정 또는 경정처분은 그 효력이 없음

❸ 적용의 제한 (세법 〉「국세기본법」)

「국세기본법」상 관할관청 규정은 세법상 관할관청에 관한 특례규정이 없는 경우에만 적용

▶ 수정신고와 경정 등의 청구

과세관청	과세관청은 부과제척기간이 만료되기 전까지 결정·경정·재경정·부과취소 등을 할 수 있는 권한을 가짐
납세의무자	수정신고와 경정 등의 청구를 할 수 있는 권리를 인정

❶ 수정신고

○ 개념 및 요건

개념	이미 신고한 과세표준 및 세액이 과소(또는 이미 신고한 결손금액 또는 환급세액이 과대)한 경우 또는 이미 신고한 내용이 불완전한 경우에 납세의무자가 이를 정정하는 신고
대상자	① 법정신고기한까지 과세표준신고서를 제출한 납세의무자(연말정산되는 근로소득만 있는 자를 포함) ② 기한후과세표준신고서를 제출한 자
기한	관할 세무서장이 각 세법에 따라 해당 국세의 과세표준과 세액을 결정 또는 경정하여 통지하기 전으로서 국세부과 제척기간이 끝나기 전까지

사유	① 과세표준 및 세액의 과소신고 ② 초과결손 및 초과환급신고 ③ 원천징수의무자의 누락신고 ④ 불완전신고(「법인세법」상 국고보조금 및 공사부담금에 상당하는 금액을 익금과 손금에 동시에 산입하지 않은 경우)

○ 절차 및 효력

절차	수정신고를 하려는 자는 *과세표준수정신고 및 추가자진납부계산서*를 납세지 관할 세무서장에게 제출
효력	① 신고납부제도 　㉠ 기한내신고에 대한 수정신고: 당초의 신고에 따라 확정된 과세표준과 세액을 증액하여 확정하는 효력을 가짐 　㉡ 기한후신고에 대한 수정신고: 확정력 없음 　㉢ 당초 신고에 의해 확정된 세액: 「국세기본법」 및 세법에서 규정하는 권리·의무관계에 영향 X ② 정부부과제도 　수정신고 시에도 세액이 확정되지 않음. 과세관청의 경정을 통해 확정

❷ 경정 등의 청구

○ 일반적인 경정청구

의미	이미 신고·결정·경정된 과세표준 및 세액 등이 과대(또는 이미 신고·결정·경정된 결손금액, 세액공제액NEW 또는 환급세액이 과소)한 경우 과세관청으로 하여금 이를 정정하여 결정 또는 경정하도록 촉구하는 납세의무자의 청구
대상자	① 법정신고기한 내에 과세표준신고서를 제출한 자 ② 기한후과세표준신고서를 제출한 자 ③ 「종합부동산세법」에 따른 납세의무자로서 종합부동산세를 부과·고지받은 자
기한	① 최초신고 및 수정신고: 법정신고기한이 지난 후 5년 이내[*1] ② 증액 결정·경정분: 처분이 있음을 안 날로(처분이 있은 날 X)부터 3개월NEW 이내 　(법정신고기한이 지난 후 5년 이내[*1]에 한함)
사유	① 과세표준 및 세액을 초과신고 ② 과소결손·과소환급신고

[*1] 종합부동산세를 부과·고지받은 자의 경우 종합부동산세의 납부기한이 지난 후 5년 이내

○ 후발적 사유로 인한 경정 등의 청구

의미	당초의 과세표준 신고 당시에는 알 수 없었던 법 소정의 후발적인 사유로 인하여 과세표준 및 세액에 기초가 되는 금액의 변동이 발생함에 따라 이에 대한 감액을 청구하는 절차
대상자	① 과세표준신고서를 법정신고기한까지 제출한 자 ② 국세의 과세표준 및 세액의 결정을 받은 자(무신고자도 후발적 사유에 따른 경정청구 가능) ③ 「종합부동산세법」에 따른 납세의무자로서 종합부동산세를 부과·고지받은 자
기한	후발적 사유가 발생한 것을 안 날부터 3개월 이내 (발생한 날 X)

사유	① 최초의 신고·결정 또는 경정에서 과세표준 및 세액의 계산 근거가 된 거래 또는 행위 등이 그에 관한 「국세기본법」에 따른 심사청구, 심판청구, 「감사원법」에 따른 심사청구에 대한 결정이나 소송에 대한 판결(판결과 같은 효력을 가지는 화해나 그 밖의 행위를 포함)에 의하여 다른 것으로 확정되었을 때 ② 소득이나 그 밖의 과세물건의 귀속을 제3자에게로 변경시키는 결정 또는 경정이 있을 때 ③ 조세조약에 따른 상호합의가 최초의 신고·결정 또는 경정의 내용과 다르게 이루어졌을 때 ④ 결정 또는 경정으로 인하여 그 결정 또는 경정의 대상이 된 과세표준 및 세액과 연동된 다른 세목(같은 과세기간으로 한정)이나 연동된 다른 과세기간(같은 세목으로 한정)의 과세표준 또는 세액이 세법에 따라 신고하여야 할 과세표준 또는 세액을 초과할 때 ⑤ 최초의 신고·결정 또는 경정을 할 때 과세표준 및 세액의 계산 근거가 된 거래 또는 행위 등의 효력과 관계되는 관청의 허가나 그 밖의 처분이 법정신고기한이 지난 후 취소된 경우 ⑥ 최초의 신고·결정 또는 경정을 할 때 과세표준 및 세액의 계산 근거가 된 거래 또는 행위 등의 효력과 관계되는 계약이 해제권의 행사에 의하여 해제되거나 해당 계약의 성립 후 발생한 부득이한 사유로 법정신고기한이 지난 후 해제되거나 취소된 경우 ⑦ 최초의 신고·결정 또는 경정을 할 때 장부 및 증거서류의 압수, 그 밖의 부득이한 사유로 과세표준 및 세액을 계산할 수 없었으나 그 후 해당 사유가 법정신고기한이 지난 후 소멸한 경우

○ 원천징수의무자 및 원천징수대상자에 대한 경정청구 허용

개념	법정신고기한까지 과세표준신고서를 제출한 자는 물론, 원천징수의무자 또는 원천징수대상자도 연말정산 및 원천징수로 납세절차가 종결되는 소득에 대해 경정청구할 수 있음
대상	①「소득세법」상 분리과세소득, 연말정산대상소득 및 퇴직소득 등 과세표준확정신고가 면제되는 소득이 있는 자 및 그 원천징수의무자 ② 비거주자의 국내원천소득 중 분리과세소득에 해당하는 국내원천소득이 있는 자(원천징수대상자) 및 그 원천징수의무자 ③ 외국법인의 국내원천소득 중 분리과세소득에 해당하는 국내원천소득이 있는 자(원천징수대상자) 및 그 원천징수의무자
기한	납부기한이 지난 후 5년 이내
요건	원천징수의무자가 연말정산 또는 원천징수에 의하여 근로소득자 등에 대한 소득세 또는 법인세를 납부하고 지급명세서를 제출기한까지 제출한 경우에만 가능
절차	원천징수대상자가 경정을 청구하려는 경우에는 경정청구서를 원천징수의무자의 납세지관할세무서장에게 제출해야 함

○ 경정 등의 청구절차

제출	경정 등의 청구를 하려는 자는 결정 또는 경정청구서를 납세지 관할 세무서장에게 제출
결정통지	① 결과통지 : 결정 또는 경정의 청구를 받은 세무서장은 그 청구를 받은 날부터 2개월 이내에 청구한 자에게 통지해야 함 ② 통지가 없는 경우 : 청구를 한 자가 2개월 이내에 아무런 통지(③의 상황 제외)를 받지 못한 경우에는 통지를 받기 전이라도 그 2개월이 되는 날의 다음 날부터 「국세기본법」 또는 「감사원법」에 따른 불복청구를 할 수 있음 ③ 결정 또는 경정이 곤란한 경우 : 결정 또는 경정의 청구를 받은 세무서장이 청구를 받은 날로부터 2개월 내에 과세표준 및 세액결정 또는 경정이 곤란한 경우에는 청구를 한 자에게 관련 진행상황 및 「국세기본법」 또는 「감사원법」에 따른 불복청구를 할 수 있다는 사실을 통지해야 함

경정청구의 효력	① 결정 통지할 때 확정의 효력발생 : 신고납부세목, 정부부과세목을 불문하고 세무서장이 결정 또는 경정하여 통지한 때에 확정의 효력이 발생 (즉, 청구 시 확정 효력 X) ② 신고납부세목의 조세불복 전단계 절차 : 신고납부제도를 채택하고 있는 세목의 경우 과다신고한 경우에는 경정청구를 거친 후에만 조세불복을 제기할 수 있음

❸ 기한 후 신고

개념	'기한 후 신고'란 법정신고기한까지 신고서를 제출하지 않은 자가 법정신고기한 경과 후에 자진해서 신고서를 제출하는 것
기한	관할 세무서장이 세법에 따라 해당 국세의 과세표준과 세액(가산세를 포함)을 결정하여 통지하기 전까지 신고
효력	① 납세의무 확정력: 없음 기한후신고를 하더라도 해당 국세의 납세의무를 확정하는 효력은 없음 ② 통지: 신고일로부터 3개월 이내 관할 세무서장은 세법에 따라 신고일부터 3개월 이내에 해당 국세의 과세표준과 세액을 결정 또는 경정하여 신고인에게 통지 ③ 부득이한 사유로 신고일부터 3개월 이내에 결정 또는 경정할 수 없는 경우 그 사유를 신고인에게 통지해야 함

❹ 기한 후 자진납부

대상	과세표준신고서를 법정신고기한까지 제출하였으나 과세표준신고액에 상당하는 세액의 전부 또는 일부를 납부하지 아니하는 자
기한	세액과 가산세를 세무서장이 고지하기 전에 납부할 수 있음

❺ 신용카드 등으로 하는 국세납부

카드 납부	세법에 따라 신고하거나 과세관청이 결정·경정하여 고지한 세액을 국세납부대행기관을 통하여 신용카드 등으로 납부 가능
납부일	국세납부대행기관의 승인일을 납부일로 봄
국세납부대행기관	'국세납부대행기관'이란 정보통신망을 이용하여 신용카드 등에 의한 결제를 수행하는 기관으로 지정받은 자

▶ 가산세

❶ 개념

가산세의 의미	세법에서 규정하는 의무의 성실한 이행을 확보하기 위하여 세법에 따라 산출한 세액에 가산하여 징수하는 금액
특징	① 가산세는 해당 의무가 규정된 세법의 해당 국세의 세목으로 함 ② 해당 국세를 감면하는 경우에는 가산세는 그 감면대상에 포함시키지 않음

❷ 가산세의 부과

대상자	정부는 세법에서 규정한 의무를 위반한 자에게 「국세기본법」 또는 세법에서 정하는 바에 따라 가산세를 부과할 수 있음
신고의무와 납부의무 위반 가산세	신고의무나 납부의무 위반에 대한 가산세는 세법의 기본적이고 공통적인 사항이므로 「국세기본법」에서 규정
그 외	각 세법에서 개별적으로 규정한 의무 위반에 대한 가산세는 해당 세법에서 규정
부과방법	납부할 세액에 가산하거나 환급 받을 세액에서 공제함

❸ 「국세기본법」상 가산세

○ 신고불성실가산세

구분			가산세 = MAX[㉠, ㉡]	
			㉠ 납부세액기준	㉡ 수입금액 기준
신고 불성실 가산세	무신고가산세	일반	무신고납부세액 × 20%	수입금액 × $\frac{7}{10,000}$
		부정	무신고납부세액 × 40% (역외거래분 60%)	수입금액 × $\frac{14}{10,000}$
	과소신고가산세	일반	과소신고납부세액 × 10%	-
		부정	과소신고납부세액 × 40% (역외거래분 60%)	수입금액 × $\frac{14}{10,000}$
	초과환급신고가산세	일반	초과환급신고세액 × 10%	-
		부정	초과신고환급세액 × 40% (역외거래분 60%)	-

[참고] 무신고납부세액, 과소신고납부세액 및 초과신고환급세액을 계산함에 있어서 국세기본법 및 세법에 따른 가산세와 세법에 따라 가산하여 납부해야 할 이자상당가산액이 있는 경우 그 금액은 제외

무신고가산세	[적용] 법정신고기한까지 과세표준 신고를 하지 않은 경우 (예정신고와 중간신고를 포함)
	[미적용] ① 교육세 납세의무자 중 금융보험업자가 아닌 자가 신고하지 않은 경우 ②「농어촌특별세법」,「종합부동산세법」에 따라 신고하지 않은 경우
과소신고· 초과환급신고	[적용] 법정신고기한까지 세법에 따른 과세표준신고를 한 경우로, 과소신고 또는 초과환급신고를 한 경우 (예정신고와 중간신고를 포함)
	[미적용] ① 교육세 납세의무자 중 금융보험업자가 아닌 자가 신고하지 않은 경우 ②「농어촌특별세법」에 따라 신고하지 않은 경우

○ **납부지연가산세**

납부지연가산세 = [㉠ + ㉡]	㉠ 미납부·과소납부·초과환급받은 세액 × 기간 × $\frac{2.2}{10,000}$ ㉡ 납부고지서에 따른 납부기한까지의 미납 세액 또는 과소납부세액 × 3%
적용 시 특이사항	①「부가가치세법」에 따른 사업자가 아닌 자가 부가가치세액을 환급 받은 경우에도 적용 ② 국세(소득세, 법인세 및 부가가치세만 해당)를 과세기간을 잘못 적용하여 신고납부한 경우에는 납부지연가산세를 적용할 때 실제 신고납부한 날에 실제 신고납부한 금액의 범위에서 당초 납부하였어야 할 과세기간에 대한 국세를 자진납부한 것으로 봄. 다만, 해당 국세의 신고가 부정행위로 무신고한 경우 또는 부정행위로 과소신고·초과환급신고한 경우 제외
적용제한	① 지연기간(납부고지서에 따른 납부기한의 다음 날부터 납부일까지의 기간)이 5년을 초과하는 경우: 5년 ② 체납된 국세의 납부고지서별·세목별 세액이 150만원 미만: 적용 X

○ **원천징수 등 납부지연가산세 = MIN[㉠ + ㉡, ㉢]**

㉠ 미납·과소납부세액 × 3%
㉡ 미납·과소납부세액 × 기간 × $\frac{2.2}{10,000}$
㉢ 한도: 미납·과소납부세액 × 50%

❹ 가산세 이중과세 방지

원천징수 등 납부지연가산세 적용분	납부지연가산세를 적용하지 않음
중간예납 등 납부지연가산세 적용분	확정신고·납부에 대한 납부지연가산세를 적용하지 않음

❺ 가산세 적용 배제

구분		배제되는 가산세
신고 관련 가산세	① 「부가가치세법」상 납세의무의 면제(공급대가 4,800만원 미만의 간이과세자)	무신고가산세
	② 공급자가 대손세액공제를 받은 금액을 관할 세무서장이 공급받은 자의 매입세액에서 차감하는 경정을 하는 경우	무신고가산세 및 과소신고·초과환급신고가산세
	③ 다음에 해당하는 상속·증여세의 과소신고 ㉠ 신고 당시 소유권에 대한 소송 등의 사유로 상속재산 또는 증여재산으로 확정되지 아니하였던 경우 ㉡ 상속공제(증여공제)규정의 적용에 착오가 있었던 경우 ㉢ 상속세 또는 증여세의 과세표준 신고기한까지 신고한 상속재산 또는 증여재산으로서 재산평가규정에 따라 평가한 가액으로 과세표준을 결정한 경우(부정행위로 상속세 및 증여세의 과세표준을 과소신고한 경우는 제외) ㉣ 법인세 과세표준 및 세액의 결정·경정으로 증여의제이익이 변경되는 경우 ㉤ 위 '㉣'에 해당하는 사유로 양도소득세 과세대상 주식 등의 취득가액이 감소된 경우	과소신고·초과환급신고가산세
	④ 「상속세 및 증여세법」에 따라 평가한 가액으로 「소득세법」에 따른 부담부증여 시 양도로 보는 부분에 대한 양도소득세 과세표준을 결정·경정한 경우(부정행위로 양도소득세의 과세표준을 과소신고한 경우는 제외)	과소신고·초과환급신고가산세
납부(환급) 관련 가산세	① 「부가가치세법」상 다른 사업장으로 신고	납부지연가산세 중 '미달납부·초과환급세액 × 일수 × $\frac{2.2}{10,000}$'의 가산세
	② 공급받은 사업자가 대손세액을 매입세액에서 빼지 않아 관할 세무서장이 경정하는 경우	
	③ 다음에 해당하는 상속·증여세의 결정·경정 ㉠ 상속세 또는 증여세를 신고한 자가 법정신고기한까지 상속세 또는 증여세를 납부한 경우로서 법정신고기한 이후 매매, 감정, 수용, 경매, 공매가 있는 때에 평가심의위원회의 심의에 따라 상속재산 또는 증여재산을 평가하여 과세표준과 세액을 결정·경정한 경우 ㉡ 법인세 과세표준 및 세액의 결정·경정으로 증여의제이익이 변경되는 경우 ㉢ 위 '㉡'에 해당하는 사유로 양도소득세 과세대상 주식 등의 취득가액이 감소된 경우	
	④ 「소득세법」에 따른 부담부증여 시 양도로 보는 부분에 대하여 양도소득세 과세표준을 예정신고 또는 확정신고한 자가 법정신고기한까지 양도소득세를 예정신고납부 또는 확정신고납부한 경우로서 법정신고기한 이후 평가심의위원회를 거치는 방법에 따라 부담부증여재산을 평가하여 양도소득세의 과세표준과 세액을 결정·경정한 경우	
원천징수 납부 의무자 관련 가산세	① 배제: 원천징수 등 납부지연가산세의 적용 ② 대상 원천징수의무자가 ┬ ㉠ 우리나라에 주둔하는 미군인 경우 ├ ㉡ 공적연금소득(일시금 포함)을 지급하는 경우 └ ㉢ 국가·지방자치단체 또는 지방자치단체조합인 경우	

❻ 가산세 감면 등

○ 가산세 부과 제외(즉, 100% 감면)

① 천재지변 등의 기한연장 사유에 해당하는 경우
② 납세자가 의무를 이행하지 아니한 데 대한 정당한 사유가 있는 경우
③ 세법해석에 관한 질의·회신 등에 따라 신고·납부하였으나 이후 다른 과세처분을 하는 경우
④ 수용, 도시계획결정, 기타법률 규정 등으로 인해 세법상 의무이행을 할 수 없게 된 경우
⑤ 실손의료보험금을 지급받은 후 의료비를 실제로 지출한 과세 기간에 대한 소득세를 수정신고 경우(해당 보험금을 지급받은 과세기간에 대한 종합소득 과세표준 확정신고기한까지 수정신고하는 경우로 한정)

○ 수정신고에 의한 가산세 감면

대상자	과세표준신고서를 법정신고기한까지 제출한 자(수정신고만 하고 납부하지 않은 경우에도 적용 가능)
감면대상 가산세	과소신고·초과환급신고가산세
감면율	90%~10%(법정신고기한 후 1개월~2년 이내)
제한	① 과세표준과 세액을 경정할 것을 미리 알고 과세표준신고서를 제출한 경우 제외 ② 당초 과세표준신고에 있어서 필수적인 첨부서류를 제출하지 아니하여 무신고를 적용하여 부과되는 가산세는 수정신고서를 제출하더라도 감면되지 않음

○ 기한후신고에 의한 가산세 감면

대상자	과세표준신고서를 법정신고기한까지 제출하지 않은 자가 법정신고기한이 지난 후 6개월 이내에 기한후신고를 한 경우(기한후신고만 하고 납부하지 않은 경우에도 적용)
감면대상 가산세	무신고가산세
감면율	50%~20%(법정신고기한 후 1개월~6개월 이내)
제한	과세표준과 세액을 경정할 것을 미리 알고 과세표준신고서를 제출한 경우 제외

○ 그 밖의 가산세 감면(50%감면)

구분	가산세 감면
예정신고를 하였으나 과소/초과 신고하여 확정신고기한까지 수정신고한 경우	과소/초과환급 신고한 가산세 × 50% 감면
예정신고를 하지 않았으나 확정신고기한까지 신고한 경우	무신고가산세 × 50% 감면
과세전적부심사 결정·통지기간에 그 결과를 통지하지 않은 경우	납부지연가산세 × 50% 감면
기한이 지난 후 1개월 이내에 해당 세법에 따른 제출 등의 의무를 이행하는 경우	의무위반에 대한 부과 가산세 × 50% 감면

❼ 가산세의 한도

1억원 한도	지급명세서제출불성실가산세, 계산서불성실가산세 등 단순위반과 관련된 가산세에 대해서는 그 의무위반의 종류별로 각각 1억원(중소기업은 5천만원)을 한도로 함
고의적인 위반	한도 없음

07 국세환급금과 국세환급가산금

Teacher's Map

▷ 국세환급금

❶ 국세환급금의 유형

과오납금	당초부터 법률상 원인 없이 잘못 납부하거나 초과하여 납부한 금액 ① 착오납부 ② 이중납부 ③ 납부 후 그 납부의 기초가 된 신고 또는 부과를 경정하거나 취소한 경우
환급세액	세법의 규정 등에 따라 발생하는 국세환급금으로서, 당초의 납부나 조세부담이 적법한 것이라는 점에서 과오납금과는 성질을 달리함 ① 당초에 적법하게 중간예납이나 원천납부한 금액 등이 최종적으로 확정된 세액을 초과하는 경우 ② 적법한 납부 후에 감면을 받거나 법령이 개정되어 납부의무가 소멸되는 경우 ③ 부가가치세에 있어서 매입세액이 매출세액을 초과하는 경우

❷ 국세환급금의 대상자

원칙	과오납한 해당 납세자 or 세법에 따라 환급 받을 납세자
예외	명의위장의 경우: 실질귀속자가 납부하였을 시, 실질귀속자의 기납부세액으로 공제 후 남은 금액 실질귀속자에게 환급
권리 양도	① 국세환급금에 관한 권리를 타인에게 양도할 수 있음 ② 국세환급금채권자는 세무서장이 국세환급금통지서를 발급하기 전에 문서로 관할 세무서장에게 요구해야 함

❸ 국세환급금의 결정

원칙	세무서장은 과오납금이 있거나 환급세액이 있을 때에는 즉시 과오납금 또는 환급세액을 국세환급금으로 결정해야 함
예외	국세(법인세·소득세·부가가치세만 해당)의 과세기간을 잘못 적용하여 신고납부한 경우 납부지연가산세를 적용할 때 실제 신고납부한 날에 실제 신고납부한 금액의 범위에서 당초 신고 납부하였어야 할 과세기간에 대한 국세를 자진납부한 것으로 보는 경우에는, 과오납금이 있는 경우에도 국세환급금으로 결정하지 않음

❹ 국세환급금의 충당

충당의 의미	'충당'이란 국가의 환급금채무와 납세자의 조세채무를 상계하는 것

○ 세무서장에 의한 충당

납부고지에 의하여 납부하는 국세 및 세법에 따라 자진납부하는 국세	납세자가 그 충당에 동의하는 경우에만 충당(세무서장이 임의로 충당할 수 없음) 단, 납부고지에 의해 납부하는 국세의 경우 '납부기한 전 징수사유'에 해당하면 동의 없이 충당이 가능
체납된 국세 및 강제징수비	① 납세자의 동의 없이도 세무서장이 직권으로 충당할 수 있음 ② 체납된 국세·강제징수비와 국세환급금은 체납된 국세의 법정납부기한과 국세환급금 발생일 중 늦은 때로 소급하여 대등액에 관하여 소멸한 것으로 봄

○ 납세자 신청에 의한 충당

납세자의 청구	납세자가 세법에 따라 환급받을 세액이 있는 경우에는 그 환급세액을 '납부고지에 의한 국세' 및 '세법에 따라 자진납부하는 국세'에 충당할 것을 청구할 수 있음
국세의 납부로 간주	충당된 세액의 충당청구를 한 날에 해당국세를 납부한 것으로 봄

○ 원천징수의무자의 충당

원칙: 충당	원천징수의무자가 원천징수하여 납부한 세액에서 환급받을 환급세액이 있는 경우 그 환급세액은 그 원천징수의무자가 원천징수하여 납부하여야 할 세액에 충당하고, 남은 금액을 환급함
예외: 즉시 환급	① 원천징수의무자가 그 환급액을 즉시 환급해줄 것을 요구하는 경우 ② 원천징수하여 납부하여야 할 세액이 없는 경우에는 즉시 환급

○ 국세환급금의 충당순서

① 체납된 국세 및 강제징수비에 우선 충당
② 납부고지에 의하여 납부하는 국세에 우선 충당(납세자가 납부고지에 의하여 납부하는 국세에 충당하는 것을 동의하거나 신청한 경우)
③ 충당할 국세환급금이 2건 이상인 경우에는 소멸시효가 먼저 도래하는 것부터 충당

❺ 지급기한

지급기한	① 30일 이내에 지급: 국세환급금 중 충당한 후 남은 금액은 국세환급금의 결정을 한 날부터 30일 내에 납세자에게 지급해야 함 ② 세무서장은 해당 연도의 소관 세입금 중에서 납세자에게 이를 지급하도록 한국은행에 통지 → 국세환급금통지서를 납세자에게 송부
소액잔여금의 충당	충당 후 남은 금액이 20만원NEW 이하 & 지급을 결정한 날부터 1년 이내에 미환급 : 납부고지에 의하여 납부하는 국세에 충당할 수 있음 (납세자의 동의가 있는 것으로 간주)
반환청구	국세환급금의 결정의 취소에 따른 반환청구는 「국세징수법」의 고지·독촉 및 강제징수의 규정을 준용

❻ 소멸시효

소멸시효의 완성	① 행사할 수 있는 때부터 5년간 행사하지 않으면 소멸시효 완성 ② '행사할 수 있는 때'란 국세환급가산금의 기산일을 의미 ③ 국세환급금의 소멸시효가 완성되면 국세환급가산금도 함께 소멸	
소멸시효의 중단: 「민법」 준용	행정소송	과세처분의 취소 또는 무효확인청구의 소 등 행정소송으로 국세환급금 및 국세환급가산금을 청구한 경우 시효의 중단으로 인정
	환급청구의 안내·통지	세무서장이 납세자에게 환급청구의 안내·통지하는 것은 시효의 중단으로 인정하지 않음

❼ 물납재산의 환급

원칙: 물납재산 환급	납세자가 상속세를 물납한 후 그 부과의 전부 또는 일부를 취소하거나 감액하는 경정 결정에 따라 환급하는 경우에는 해당 물납재산으로 환급함
물납재산 환급 시 가산금	지급하지 않음
예외: 금전환급 (물납으로 환급이 곤란한 경우)	① 해당 물납재산이 매각된 경우 ② 해당 물납재산의 성질상 분할하여 환급하는 것이 곤란한 경우 ③ 해당 물납재산이 임대 중이거나 다른 행정용도로 사용되고 있는 경우 ④ 사용계획이 수립되어 해당 물납재산으로 환급하는 것이 곤란하다고 인정되는 경우 등 국세청장이 정하는 경우

○ 물납재산의 환급 순서

납세자의 신청이 있는 경우	그 신청에 따라 관할 세무서장이 환급
납세자의 신청이 없는 경우	「상증세법」에 따른 물납충당재산의 허가 순서의 역순으로 환급

○ 물납재산의 유지·관리비용 부담 및 과실의 귀속

유지비용	국가 부담 : 국가가 물납재산을 유지·관리하기 위하여 지출한 비용은 국가의 부담
자본적지출	납세자 부담 : 국가가 물납재산에 대하여 자본적 지출을 한 경우에는 이를 납세자의 부담
과실의 귀속	국가 귀속 : 물납재산이 수납된 이후에 발생한 법정과실 및 천연과실은 납세자에게 환급하지 않고 국가에 귀속

▶ 국세환급가산금

❶ 개요

개념	국세환급금에 붙이는 법정이자로서, 납세자가 국세를 체납할 경우에 징수하는 가산세에 대응
	국세환급가산금 = 국세환급금 × 이자율 × 이자계산기간
이자율	시중은행의 1년 만기 정기예금 평균 수신금리를 고려하여 기획재정부장관이 정하여 고시하는 이자율
적용 배제	① 경정청구나 불복청구 or 행정소송 등의 사유 없이 고충민원처리에 따른 국세환급금을 충당하거나 지급하는 경우 ② 상속세 물납 후 해당 물납재산으로 환급하는 경우

❷ 국세환급금 가산금 기산일

착오납부·이중납부·경정청구 등	국세 납부일의 **다음 날** : 착오납부, 이중납부, 경정청구 등, 신고 또는 부과를 경정하거나 취소함에 따라 발생하는 국세환급금의 기산일은 그 국세 납부일의 다음 날
국세 감면 시	감면 결정일의 **다음 날** : 적법하게 납부된 국세의 감면으로 발생한 국세환급금의 기산일은 그 감면 결정일의 다음 날
법률 개정 시	개정된 법률 시행일의 **다음 날** : 적법하게 납부된 후 법률이 개정되어 발생한 국세환급금의 기산일은 그 개정된 법률의 시행일의 다음 날
환급세액의 신고, 결정 또는 경정으로 인한 환급	신고를 한 날부터 30일이 지난 날의 **다음 날** : 「소득세법」, 「법인세법」, 「부가가치세법」, 「개별소비세법」 또는 「주세법」에 따른 환급세액의 신고 또는 경정으로 인하여 환급하는 경우 기산일은 신고를 한 날부터 30일이 지난 날의 다음 날 단, 신고하지 않아 결정으로 인해 발생한 환급세액의 기산일은 결정일로부터 30일이 지난 날의 다음 날, 세법에서 환급기한을 정한 경우 환급세액의 기산일은 그 환급기한의 다음 날의 다음 날

❸ 국세환급금 발생일

착오납부, 이중납부 또는 경정청구 등	그 국세 납부일[*1] 2회 이상 분할납부된 경우에는 그 마지막 납부일(국세환급금이 마지막 납부금액을 초과하는 경우에는 소급하여 계산한 각 납부일)
적법하게 납부된 국세의 감면으로 환급	그 감면 결정일
적법하게 납부된 후 법률이 개정되어 환급	그 개정된 법률의 시행일
「소득세법」, 「법인세법」, 「부가가치세법」, 「개별소비세법」, 「주세법」 또는 「조세특례제한법」에 따른 환급세액의 신고, 환급신청 또는 환급세액의 경정으로 인한 환급하는 경우	신고·신청일 다만, 환급세액을 신고하지 않은 경우(법정신고기한이 지난 후 법에 따라 기한후신고를 한 경우를 포함)로서 결정에 의하여 환급세액을 환급하는 경우에는 해당 결정일
원천징수의무자가 연말정산 또는 원천징수하여 납부한 세액을 경정청구에 따라 환급	연말정산세액 또는 원천징수세액 납부기한의 만료일
「조세특례제한법」에 따라 근로장려금 환급	근로장려금의 결정일

[*1] 세법에 따른 중간예납액 또는 원천징수에 따른 납부액인 경우에는 그 세목의 법정신고기한의 만료일

08 조세불복제도

Teacher's Map

▷ **통칙**

❶ 불복청구

의미	「국세기본법」 또는 세법에 따른 처분으로서 위법 또는 부당한 처분을 받거나 필요한 처분을 받지 못함으로 인하여 권리나 이익을 침해당한 자가 그 처분의 취소 또는 변경이나 필요한 처분을 청구하는 것

○ 개요도

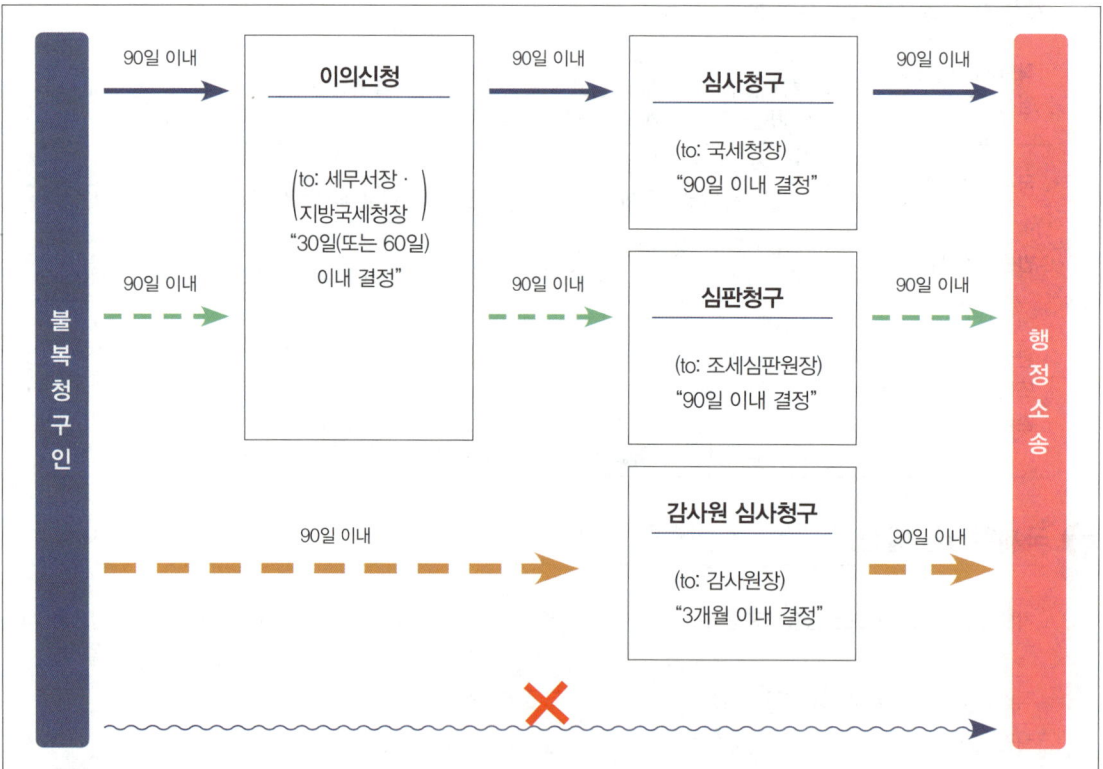

❷ 심급구조

원칙적 1심급	① 심사청구(국세청장) or 심판청구(조세심판원장) ② 동일한 처분에 대해서는 심사청구와 심판청구를 중복하여 제기할 수 없음
선택적 2심급	① (선택) 이의신청 → 심사청구 or 심판청구 ② 이의신청배제: 국세청장이 조사·결정 또는 처리하였거나 하였어야 할 것인 경우에는 이의신청을 배제

❸ 「국세기본법」과 타법과의 관계

「국세기본법」과의 관계	① 「국세기본법」이 「행정심판법」에 우선 ② 국세의 관한 행정쟁송은 「국세기본법」에 따른 불복 또는 감사원 심사청구에 의해 이루어지며, 이를 적법하게 거치지 않으면 행정소송을 제기할 수 없도록 규정 ③ 심사청구 또는 심판청구에 대한 재조사 결정에 따른 처분청의 처분에 대한 행정소송은 심사청구 또는 심판청구를 거치지 않고도 제기할 수 있음
행정소송	① 국세 처분에 대한 행정소송: 심사청구·심판청구에 대한 결정의 통지를 받은 날부터 90일 이내에 제기 ② 재조사결정에 따른 처분에 대해 불복청구를 거치지 않고 제기한 경우: 재조사 후 행한 처분청의 처분의 결과통지를 받은 날부터 90일 이내 행정소송을 제기 ③ 재조사결정에 따른 처분에 대해 불복청구를 거쳐서 제기한 경우: 재조사 후 행한 처분청의 처분에 대하여 한 불복청구의 결정통지를 받은 날부터 90일 이내에 행정소송을 제기
「감사원법」과의 관계	「국세기본법」과 「감사원법」은 선택적 지위 : 불복청구를 하고자 할 때, 「국세기본법」에 의한 규정과 「감사원법」에 의한 규정 중 선택하여 적용할 수는 있지만, 중복해서 적용할 수는 없음

▷ 불복절차

❶ 이의신청

개요	임의적 절차 : 이의신청은 임의적인 절차에 해당하므로, 이의신청을 하지 않더라도 상위의 불복절차를 진행하는 데 아무런 영향이 없음
이의신청이 배제되는 경우	국세청장이 조사·결정 또는 처리하거나 하였어야 할 처분인 경우 이의신청 배제 ① 국세청의 감사결과로서의 시정지시에 따른 처분 ② 세법에 따라 국세청장이 하여야 할 처분
이의신청 청구	① 원칙 　: ㉠ 세무서장, ㉡ 세무서장을 거쳐 관할 지방국세청장 ② 예외 　: 관할 지방국세청장에게만 해야 함 　　㉠ 지방국세청장의 조사에 따라 과세처분을 한 경우 　　㉡ 세무서장에게 과세전적부심사를 청구한 경우
이의신청 결정	이의신청을 받은 세무서장과 지방국세청장은 각각 국세심사위원회의 심의를 거쳐 결정해야 함

❷ 불복의 대상

구분	내용	개괄주의
위법 또는 부당한 처분: 작위처분	「국세기본법」 또는 세법의 규정과 다른 처분 또는 외견상 세법의 규정을 따르고 있지만 과세형평을 침해하는 처분 등을 포함하는 것 (ex. 국세의 부과, 압류·매각·청산 등의 강제징수)	그 처분의 내용에 관계없이 무엇이든 불복청구의 대상으로 하는 개괄주의 방식을 채택
필요한 처분의 부재: 부작위처분	과세관청이 「국세기본법」 또는 세법의 규정에 따라 일정한 처분을 하여야 할 의무가 있으나 그러한 처분을 하지 않은 것 (ex. 공제·감면신청에 대한 결정 및 경정청구에 대한 결정 및 경정, 국세의 환급 및 허가·승인, 사업자등록신청에 의한 등록증 교부, 압류해제)	

❸ 불복 대상에서 제외되는 처분

통고 등의 처분	① 「조세범 처벌절차법」에 따른 통고처분 ② 「감사원법」에 따라 심사청구를 한 처분이나 그 심사청구에 대한 처분 ③ 「국세기본법」 및 세법에 따른 과태료 부과 처분
불복청구에 대한 처분	① 심사청구 또는 심판청구에 대한 처분: 행정소송만 제기 가능 ② 재조사 결정에 따른 처분: 심사/심판청구, 행정소송 가능 ③ 이의신청에 의한 처분: 심사/심판청구 가능

❹ 재조사 결정 처분에 대한 후심 쟁송문제

당초 청구	재조사 결정에 대한 쟁송			
	이의신청	심사청구	심판청구	행정소송
이의신청	X	O	O	X
심사청구	X	O	X	O
심판청구	X	X	O	O

❺ 불복청구인

당사자	위법 또는 부당한 처분을 받거나 필요한 처분을 받지 못하여 권리 또는 이익의 침해를 받은 직접 당사자 (납세의무 승계자, 연대납세의무자 포함)
이해관계인	처분으로 인하여 권리나 이익을 침해당하게 될 이해관계가 있는 자 ① 제2차 납세의무자로서 납부고지서를 받은 자 ② 양도담보권자의 물적납세의무를 지는 자로서 납부고지서를 받은 자 ③ 「부가가치세법」상 신탁관련 수탁자의 물적납세의무를 지는 자로서 납부고지서를 받은 자 ④ 「종합부동산세법」에 따라 물적납세의무를 지는 자로서 납부고지서를 받은 자 ⑤ 납세보증인

대리인	① 불복청구인과 처분청은 대리인을 선임할 수 있음
	   (변호사, 세무사, 「세무사법」에 따라 등록한 세무사인 공인회계사)
	② 소액심판의 대리인
	   5천만원(지방세는 2천만원) 미만의 소액 심판의 경우 그 배우자, 4촌 이내의 혈족 또는 그 배우자의 4촌 이내의 혈족을 대리인으로 선임할 수 있음
	③ 대리인은 본인을 위하여 그 신청 또는 청구에 관한 모든 행위를 할 수 있으나, 그 신청 또는 청구의 취하는 특별한 위임을 받은 경우에만 할 수 있음
	④ 대리인의 권한은 서면으로 증명
	⑤ 대리인을 해임하였을 때는 서면으로 재결청에 신고

국선대리인	이의신청인은 재결청에 다음 요건을 모두 충족한 경우 대리인을 선정해 줄 것을 신청할 수 있음
	① 이의신청인 등이 다음의 어느 하나에 해당할 것
	   ㉠ 개인인 경우: 종합소득금액이 5천만원 이하 & 소유 재산의 평가 가액 합계액이 5억원 이하
	   ㉡ 법인인 경우: 수입금액(기업회계기준에 따라 계산한 매출액)이 3억원 이하 & 기업회계기준에 따라 계산한 자산가액이 5억원 이하
	② 5천만원 이하의 신청 또는 청구일 것
	③ 상속세·증여세 및 종합부동산세가 아닌 세목에 대한 신청 또는 청구일 것

통지 및 권한	① 국선대리인 선임 요건 모두 충족 시, 신청을 받은 날부터 5일 이내에 결과를 통지해야 함 ② 국선대리인은 신청 또는 청구의 취하를 제외한 모든 행위를 할 수 있음

❻ 청구기간

○ 절차별 청구기한

이의신청	해당 처분이 있음을 안 날부터 90일 이내에 제기
심판청구 또는 심사청구	해당 처분이 있음을 안 날부터 90일 이내에 제기
이의신청 → 심판청구 또는 심사청구	이의신청에 대한 결정의 통지를 받은 날부터 90일 이내에 제기 단, 다음의 어느 하나에 해당하는 경우 각 구분에 따른 날부터 90일 이내에 심판청구 또는 심사청구 가능 ① 이의신청 결정기간(30일) 내에 결정의 통지를 받지 못한 경우: 그 결정기간이 지난 날 ② 이의신청에 대한 재조사 결정이 있은 후 처분기간(60일) 내에 처분 결과의 통지를 받지 못한 경우: 그 처분기간이 지난 날

○ 청구기간 준수여부의 판정기준

불복청구서가 제출된 때	청구기간을 계산할 때에는 세무서장에게 해당 불복청구서가 제출된 때에 불복청구를 한 것으로 함 (관할 세무서장 외의 세무서장·지방국세청장·국세청장에게 제출된 경우에도 동일)
발신주의	청구기한까지 우편으로 제출한 불복청구서가 불복청구기간을 지나서 도달한 경우에도 그 기간의 만료일에 적법한 청구를 한 것으로 봄

○ 청구기간의 연장

연장되는 경우	기한연장 사유로 연장가능 : 기한연장 사유로 청구기간이 연장되는 경우 그 사유가 소멸한 날부터 14일 이내에 이의신청·심사청구 또는 심판청구를 할 수 있음
연장되지 않는 경우	행정소송 제기 기간 : 심사청구 또는 심판청구를 거친 후 행정소송 제기 기간은 불변기간으로 연장불가

❼ 불복청구의 제출처

이의신청	① 세무서장 ② 세무서장을 거쳐 관할 지방국세청장
심사청구	세무서장을 거쳐 국세청장
심판청구	① 세무서장 ② 조세심판원장
정보통신망을 이용한 불복청구	① 국세청장 또는 조세심판원장이 운영하는 정보통신망을 이용하여 청구 ② 전송된 때 청구된 것으로 봄 : 국세청장 또는 조세심판원장에게 신청서 및 청구서가 전송된 때에 「국세기본법」에 따라 제출된 것으로 봄

❽ 불복청구가 집행에 미치는 영향

원칙: 집행 부정지	불복청구를 하더라도 세법에 특별한 규정이 있는 경우를 제외하고는 해당 처분의 집행에 효력을 미치지 않음
예외: 집행 정지	재결청이 인정하는 경우 : 해당 재결청이 처분의 집행 또는 절차의 속행 때문에 이의신청인, 심사청구인 또는 심판청구인에게 중대한 손해가 생기는 것을 예방할 필요성이 긴급하다고 인정할 때에는 집행정지 할 수 있음

	① 압류한 재산의 공매 불가
	  : 심판청구 등이 계속 중인 국세의 체납으로 압류한 재산은 그 신청 또는 청구에 대한 결정이나 소에 대한 판결이 확정되기 전에 공매불가
	② 압류한 재산의 공매 가능
	  : 부패·변질 또는 감량되기 쉬운 재산으로 속히 매각하지 않으면 그 재산가액이 줄어들 우려가 있는 경우 공매 가능

❾ 불복청구의 기타사항

○ 의견서·답변서의 송부

의견서	처분의 근거 이유, 처분의 이유가 된 사실 등이 구체적으로 기재된 의견서를 해당 이의신청인 또는 심사청구인에게 송부
답변서	조세심판원장은 답변서가 제출되면 지체 없이 그 부본을 해당 심판청구인에게 송부

○ 증거서류 및 증거물

증거서류 등 제출	이의신청인·심사청구인 또는 심판청구인은 의견서 및 답변서에 대한 항변으로 증거서류나 증거물을 제출할 수 있음
기한 내 제출	이의신청인·심사청구인 또는 심판청구인은 세무서장·지방국세청장·국세청장 또는 조세심판원장이 증거서류나 증거물에 대하여 기한을 정하여 제출할 것을 요구하는 경우 그 기한까지 해당 증거서류 또는 증거물을 제출해야 함
증거서류 등의 부본	지방국세청장·국세청장 또는 조세심판원장은 증거서류가 제출되면 증거서류의 부본을 지체 없이 해당 세무서장·지방국세청장 또는 피청구인에게 송부해야 함

○ 의견진술

신청	① 청구인: 이의신청인·심사청구인 또는 심판청구인 ② 처분청(심판청구에만 한함)
통지	① 일반: 개최일 3일 전까지 출석 통지 　　신청을 받은 재결청은 출석일시 및 장소와 필요하다고 인정되는 진술시간을 정하여 국세심사위원회, 조세심판관회의 또는 조세심판관합동회의의 개최일 3일 전까지 신청인에게 통지 ② 최초 심의: 7일 전까지 신청인에게 출석통지

▶ 불복청구에 대한 결정과 효력

❶ 결정기관과 결정기간

구분	결정기관	결정기간
이의신청	세무서장과 지방국세청장	① 일반: 　그 신청을 받은 날부터 30일 이내에 각각 국세심사위원회의 심의를 거쳐 결정 ② 항변 시 기간 연장: 　이의 신청인이 송부 받은 의결서에 대하여 30일의 결정기간 내에 항변하는 경우에는 이의신청을 받은 날부터 60일 이내에 결정
심사청구	국세청장	그 청구를 받은 날부터 90일 이내에 국세심사위원회의 의결에 따라 결정 다만 다음의 어느 하나에 해당하는 경우에는 제외함 ① 각하결정사유에 해당하는 경우 ② 심사청구금액이 5천만원 미만인 경우로서 해당 심사청구의 내용이 사실판단과 관련된 사항이거나 해당 심사청구의 내용과 유사한 심사청구에 대해 국세심사위원회의 심의를 거쳐 결정된 사례가 있는 경우 다만, 다음의 어느 하나에 해당하는 경우는 제외함 　㉠ 국세심사위원회의 결정사항과 배치되는 새로운 조세심판, 법원 판결, 헌법재판소 결정, 기획재정부장관의 세법해석, 그 밖에 이에 준하는 심판·결정 또는 해석이 있는 경우 　㉡ 국세청장이 국세심사위원회의 심의를 거쳐 결정할 필요가 있다고 인정하는 경우
심판청구	조세심판관회의	그 청구를 받은 날부터 90일 이내에 조세심판관회의가 심리를 거쳐 결정

❷ 불복청구에 대한 심리

개념		청구의 형식적 적법성에 대한 심리
요건심리	보정요구 (보정기간은 청구기간 or 결정기간에 산입 X)	세무서장·국세청장 또는 조세심판원장은 청구의 내용이나 절차가 적법하지 않을 경우 다음의 기간 내에 보정을 요구할 수 있음(단, 보정할 사항이 경미한 경우 직권으로 보정가능) ① 이의신청, 심사청구의 경우: 20일 이내 ② 심판청구의 경우: 상당한 기간
	보정방법	① 보정사항을 서면으로 작성하여 제출 or ② 출석하여 보정사항을 말함 + 해당 내용을 소속 공무원이 기록한 서류에 서명 또는 날인함으로써 보정
본안심리		불복청구가 적법하게 제기된 경우에는 이를 수리하여 본안에 대한 심리를 진행함

❸ 결정의 종류

요건심리	각하	요건심리의 결과 청구가 형식적으로 부적법한 경우 본안심리를 하지 않고 청구 자체를 물리치는 과정
		① 심판청구를 제기한 후 심사청구를 제기한 경우(같은 날 제기한 경우도 포함)
		② 법에 정한 청구기간이 지난 후에 청구된 경우
		③ 법에 정한 보정기간에 필요한 보정을 하지 아니한 경우
		④ 심사청구가 적법하지 아니한 경우
		⑤ 위의 경우와 유사한 경우로서 다음의 경우
		   ㉠ 심사청구의 대상이 되는 처분이 존재하지 않는 경우
		   ㉡ 심사청구의 대상이 되는 처분으로 권리나 이익을 침해당하지 않는 경우
		   ㉢ 대리인이 아닌 자가 대리인으로서 불복을 청구하는 경우

본안심리	기각	본안심리의 결과 '청구가 이유 없다'고 판단하여 청구인의 주장을 거부하는 결정
	인용	본안심리의 결과 '청구가 이유 있다'고 판단하여 청구인의 주장을 받아들이는 결정 ① 청구 대상이 된 처분의 취소·경정 결정 ② 재조사 결정 : 재조사 결정일로부터 60일 이내에 결정서 주문에 기재된 범위에 한정하여 조사하고 그 결과에 따라 취소·경정하거나 필요한 처분을 하여야 함. 다만, 재조사 결과 심사청구인의 주장과 재조사 과정에서 확인한 사실관계가 다른 경우 등에 해당하면 심사청구의 대상이 된 당초의 처분을 취소·경정하지 아니할 수 있음.

❹ 결정의 통지

기간 내 결정한 경우	① 결정기간 내에 그 이유를 기재한 결정서로 불복청구인에게 통지 ② 결정서에 결정서를 받은 날부터 90일 이내에 행정소송을 제기할 수 있음을 기재
기간 내 결정하지 못한 경우	재결청은 이의신청인은 심사청구 또는 심판청구를, 심사청구인 또는 심판청구인은 행정소송제기를 결정의 통지를 받기 전이라도 그 결정기간이 지난 날부터 할 수 있다는 내용을 서면으로 지체 없이 그 신청인 또는 청구인에게 통지

❺ 결정 내용의 경정

결정에 잘못된 기재, 계산착오, 그 밖에 이와 비슷한 잘못이 있는 것이 명백한 때	국세청장은 직권으로 또는 심사청구인의 신청에 의하여 이를 경정할 수 있음 (이의신청, 심사청구, 심판청구 모두 가능)

❻ 결정의 효력

불가변력	해당 재결청 자신도 이에 구속되며 스스로 결정을 철회하거나 변경하는 것이 허용되지 않음
불가쟁력	당사자가 일정한 청구기간 내에 다음 심급에 불복청구를 하지 않거나 일정한 제소기간 내에 행정소송을 제기하지 않는 경우에는 그 결정은 형식적으로 확정됨
기속력	해당 행정청은 청구를 인용하는 재결청의 결정에 어긋나는 처분을 할 수 없음

▶ 심판청구

❶ 결정절차

원칙: 조세심판관회의	① 조세심판원장이 심판청구를 받았을 때에는 조세심판관회의가 심리를 거쳐 결정
	② 조세심판관회의 = 주심조세심판관 1인 + 배석조세심판관 2인
	③ 임기: 3년, 상임조세심판관은 한 차례만 중임, 비상임조세심판관은 한 차례만 연임 가능
	④ 면직·해촉 사유
	   ㉠ 심신쇠약 등으로 장기간 직무를 수행할 수 없게 된 경우
	   ㉡ 직무와 관련된 비위사실이 있는 경우
	   ㉢ 직무태만, 품위손상이나 그 밖의 사유로 조세심판관으로서 적합하지 아니하다고 인정되는 경우
	   ㉣ 「국세기본법」상 회피사유에 해당하는데도 불구하고 회피하지 아니한 경우
	⑤ 의결방법: 담당 조세심판관 3분의 2 이상의 출석 + 출석 조세심판관의 과반수 찬성으로 의결
	⑥ 비공개원칙: 조세심판관합동회의의장이 필요하다고 인정하는 경우 공개 가능

경미: 주심조세심판관	① 소액심판: 5천만원(지방세의 경우는 2천만원) 미만
	   ㉠ 청구사항이 법령의 해석에 관한 것이 아닌 것
	   ㉡ 청구사항이 법령의 해석에 관한 것으로서 유사한 청구에 대하여 이미 조세심판관회의의 의결에 따라 결정된 사례가 있는 경우
	   ㉢ 각하 결정 사유 중 어느 하나에 해당하는 경우
	② 과세표준 및 세액의 결정 외의 청구에 대한 과거 유사청구사례가 있는 경우
	③ 청구기간이 지난 후 심판청구를 받은 경우 등 각하사유에 해당하는 경우

중대사안: 조세심판관 합동회의	① 조세심판원장 + 조세심판원장이 회의마다 지정하는 12명 이상 20명 이내의 상임조세심판관 및 비상임조세심판관(상임조세심판관과 같은 수 이상이 포함되어야 함)으로 구성 ② 다음의 경우 조세심판관합동회의가 심리를 거쳐 결정 　㉠ 해당 심판청구사건에 관하여 세법의 해석이 쟁점이 되는 경우로서 이에 관하여 종전의 조세심판원 결정이 없는 경우 　㉡ 종전에 조세심판원에서 한 세법의 해석·적용을 변경하는 경우 　㉢ 조세심판관회의 간에 결정의 일관성을 유지하기 위한 경우 　㉣ 해당 심판청구사건에 대한 결정이 다수의 납세자에게 동일하게 적용되는 등 국세행정에 중대한 영향을 미칠 것으로 예상되어 국세청장이 조세심판원장에게 조세심판관합동회의에서 심리하여 줄 것을 요청하는 경우 　㉤ 그 밖에 해당 심판청구사건에 대한 결정이 국세행정이나 납세자의 권리·의무에 중대한 영향을 미칠 것으로 예상되는 경우

❷ 제척·회피 및 기피(조세심판관 자격에서 탈락)

제척 (법규정상)	조세심판관이 심판청구인 또는 대리인 등인 경우 심판관여로부터 제척됨
회피 (조세심판관 스스로)	조세심판관은 자신에게 제척의 원인이 있을 때에는 주심조세심판관 또는 배석조세심판관의 지정에서 회피해야 함
기피 (심판청구인의 청구에 의해)	담당 조세심판관에게 공정한 심판을 기대하기 어려운 사정이 있다고 인정될 때에는 심판청구인은 그 조세심판관의 기피를 신청할 수 있음 (지정 또는 변경통지를 받은 날부터 7일 이내 신청)

❸ 심리원칙

사건의 병합과 분리	조세심판관은 필요하다고 인정하면 여러 개의 심판사항을 병합하거나 병합된 심판사항을 여러 개의 심판사항으로 분리할 수 있음
질문·검사권	① 담당 조세심판관 　: 직권 또는 신청에 의해 청구인에게 질문, 장부·서류 그 밖의 물건의 제출요구 및 검사 또는 감정기관에 대한 감정의뢰를 요구할 수 있음 ② 담당 조세심판관 외의 조세심판원 소속 공무원 　: 장부, 서류 그 밖의 물건의 제출요구를 할 수 없음 ③ 청구인이 정당한 사유 없이 응하지 않아 심판하는 것이 현저히 곤란하다고 인정할 때는 그 부분에 관한 심판청구인의 주장을 인용하지 아니할 수 있음
사실판단	조세심판관은 심판청구에 관한 조사 및 심리의 결과와 과세형평을 고려하여 자유심증으로 사실을 판단
불고불리의 원칙	심판청구를 한 처분 외의 처분에 대해서는 그 처분의 전부 또는 일부를 취소 또는 변경하거나 새로운 처분의 결정을 하지 못함
불이익변경의 금지	조세심판관회의(또는 조세심판관합동회의)는 심판청구에 대한 결정을 할 때 심판청구를 한 처분보다 청구인에게 불리한 결정을 하지 못함

❹ 항고소송 제기사건의 통지

항고소송 제기사건의 통지	국세청장, 지방국세청장, 세무서장은 심판청구를 거쳐 「행정소송법」에 따른 항고소송이 제기된 사건에 대하여 그 내용이나 결과 등 다음의 사항을 반기마다 그 다음 달 15일까지 조세심판원장에게 알려야 함 ① 항고소송이 제기된 사건 목록과 해당 사건의 처리 상황 및 결과 ② 항고소송 결과 원고의 승소판결이 확정된 경우 그 판결문 사본

09 납세자의 권리 및 보칙

Teacher's Map

▶ **납세자의 권리**

❶ 납세자 권리헌장의 제정 및 교부

국세청장의 제정	국세청장은 납세자의 성실추정 등 규정된 사항과 그 밖의 납세자의 권리보호에 관한 사항을 포함하는 납세자권리헌장을 제정하여 고시해야 함
납세자 권리헌장 교부	다음 중 어느 하나의 경우에 해당하면 납세자권리헌장을 교부해야 함 ① 세무조사 ② 사업자등록증의 발급
세무조사 시 납세자권리헌장 낭독 및 조사사유 설명	세무공무원은 세무조사를 시작할 때 조사원증을 납세자 또는 관련인에게 제시한 후 납세자권리헌장을 교부하고 그 요지를 직접 낭독해 주어야 하며, 조사사유, 조사기간, 납세자보호위원회에 대한 심의 요청사항·절차 및 권리구제 절차 등을 설명해야 함

❷ 납세자의 성실성 추정

원칙	세무공무원은 납세자가 성실하며 납세자가 제출한 신고서 등이 진실한 것으로 추정해야 함
예외	납세자가 수시선정에 따른 조사사유에 해당하는 경우를 제외 [수시선정에 따른 조사사유] ① 납세협력의무 불이행 ② 무자료·위장·가공거래 등 사실과 다른 혐의 ③ 납세자에 대한 구체적인 탈세제보 ④ 탈루나 오류 혐의의 명백한 자료가 있는 경우 ⑤ 납세자가 세무공무원에게 금품 제공 등

❸ 세무조사권 남용 금지

세무조사의 남용금지	세무공무원은 적정하고 공평한 과세를 실현하기 위하여 필요한 최소한의 범위에서 세무조사를 해야 하며, 다른 목적 등을 위하여 조사권을 남용해서는 안 됨

중복조사 금지	① 원칙: 세무공무원은 같은 세목 및 같은 과세기간에 대하여 재조사를 할 수 없음
	② 예외: 다음의 경우 재조사 가능
	  ㉠ 불복청구 또는 과세전적부심사청구의 재조사 결정에 따른 재조사 납세자에게
	  ㉡ 국세환급금의 결정을 위한 확인조사 불이익 X
	  ㉢ 거래상대방에 대한 조사가 필요한 경우
	  ㉣ 2개 이상의 과세기간과 관련하여 잘못이 있는 경우
	  ㉤ 부분조사를 실시한 후 해당 조사에 포함되지 않는 부분에 대하여 조사하는 경우
	  ㉥ 과세관청 외의 기관이 직무상 목적을 위하여 작성하거나 취득해 과세관청에 제공한 자료의 처리를 위해 조사하는 경우
	  ㉦ 조세탈루의 혐의를 인정할 만한 명백한 자료가 있는 경우

중복조사 금지	ⓒ 납세자가 세무공무원에게 직무와 관련하여 금품을 제공하거나 금품 제공을 알선한 경우 ⓐ 부동산투기 등 경제질서 교란 등을 통한 세금탈루 혐의가 있는 자에 대하여 일제조사를 하는 경우 ⓔ 「조세범 처벌절차법(제2조)」에 따른 조세범칙행위의 혐의를 인정할 만한 명백한 자료가 있는 경우
최소한의 범위에서 장부 등의 제출요구	세무공무원은 세무조사를 하기 위하여 필요한 최소한의 범위에서 장부 등의 제출을 요구해야 하며, 조사대상 세목 및 과세기간의 과세표준과 세액의 계산과 관련 없는 장부등의 제출을 요구해서는 안 됨
공정한 세무조사 저해행위 금지	누구든지 세무공무원으로 하여금 법령을 위반하게 하거나 지위 또는 권한을 남용하게 하는 등 공정한 세무조사를 저해하는 행위를 해서는 안 됨

④ 세무조사 시 조력을 받을 권리

세무조사(조세범칙조사 포함)	변호사, 공인회계사, 세무사로 하여금 조사에 참여하게 하거나 의견을 진술하게 할 수 있음

⑤ 세무조사 관할

원칙	세무조사는 납세지 관할 세무서장 또는 지방국세청장이 수행함
예외	다음의 경우 국세청장(같은 지방국세청 소관 세무서 관할 조정의 경우에는 지방국세청장)이 그 관할을 조정할 수 있음 ① 납세자가 사업을 실질적으로 관리하는 장소의 소재지와 납세지가 관할을 달리하는 경우 ② 납세지 관할 세무서장 또는 지방국세청장이 세무조사를 수행하는 것이 부적절하다고 판단되는 경우 ③ 세무조사 대상 납세자와 출자관계에 있는 자, 거래가 있는 자 또는 특수관계인에 해당하는 자 등에 대한 세무조사가 필요한 경우 ④ 세무관서별 업무량과 세무조사 인력 등을 고려하여 관할을 조정할 필요가 있다고 판단되는 경우

⑥ 세무조사 대상자 선정

정기선정에 의한 조사	① 불성실 혐의: 국세청장이 납세자의 신고 내용 등에 대해 정기적으로 성실도를 분석한 결과 불성실 혐의가 있다고 인정하는 경우 ② 장기미조사자: 최근 4과세기간 이상 같은 세목의 세무조사를 받지 않은 납세자에 대하여 업종, 규모 등을 고려하여 신고내용이 적정한지를 검증할 필요가 있는 경우 ③ 표본조사: 무작위추출방식으로 표본조사를 하려는 경우 예외 소규모 성실사업자: 정기선정에 따른 세무조사를 하지 않을 수 있음. 단, 객관적인 증거자료에 의해 과소신고한 것이 명백한 경우는 조사 가능
수시조사	세무공무원은 납세자의 성실성추정 배제사유(= 수시선정에 따른 조사사유)에 해당하는 경우에는 세무조사를 할 수 있음
과세표준과 세액의 결정을 위한 세무조사	세무공무원은 과세관청의 조사결정에 따라 과세표준과 세액이 확정되는 세목의 경우 과세표준과 세액을 결정하기 위하여 세무조사를 할 수 있음

❼ 세무조사의 사전통지

원칙	조사를 받을 납세자에게 조사를 시작하기 20일(이의신청·심사청구·심판청구·과세전적부심사에 대한 재조사 결정으로 재조사를 하는 경우에는 7일)^{NEW} 전에 조사대상 세목, 과세기간, 조사기간 및 조사 사유 등을 통지 해야 함
예외	사전통지를 하면 증거인멸 등으로 조사 목적을 달성할 수 없다고 인정되는 경우에는 사전통지를 하지 않을 수 있음

❽ 세무조사 통지서

원칙	세무조사 사전통지를 하지 아니하고 조사를 개시할 때 사전통지 사항, 사전통지를 하지 않은 사유 등이 포함된 세무조사통지서를 세무조사를 받을 납세자에게 교부해야 함
예외 (세무조사 개시 시 통지서 교부 배제 사유)	① 폐업: 납세자가 세무조사 대상이 된 사업을 폐업한 경우 ② 주소 불명: 납세관리인을 정하지 않고 국내에 주소 또는 거소를 두지 않는 경우 ③ 수령 거부: 납세자 또는 납세관리인이 세무조사통지서 수령을 회피하거나 거부하는 경우

○ 연기신청

절차	조사 연기 신청 → 세무공무원 연기신청 승인여부 결정 → 조사 개시 전 통보(연기결정 시 연기한 기간 포함)
사유	사전통지를 받은 납세자가 다음 사유에 해당하는 사유로 조사를 받기 곤란한 경우에는 관할 세무관서의 장에게 조사를 연기해 줄 것을 신청할 수 있음 ① 천재지변, 화재, 그 밖의 재해로 사업상 심각한 어려움이 있을 때 ② 납세자 또는 납세관리인의 질병·장기출장 등으로 세무조사가 곤란하다고 판단될 때 ③ 권한 있는 기관에 장부, 증거서류가 압수되거나 영치되었을 때

○ 세무조사 개시

사유	① 세무조사 연기 사유가 소멸한 경우 ② 조세채권을 확보하기 위하여 조사를 긴급히 개시할 필요가 있다고 인정되는 경우
개시	위 사유가 있는 경우 연기한 기간이 만료되기 전에 조사를 개시할 수 있음
통지	① 세무조사 연기 사유가 소멸한 경우: 조사를 개시하기 5일 전까지 조사를 받을 납세자에게 연기 사유가 소멸한 사실과 조사기간을 통지하여야 함 ② 조세채권을 확보하기 위하여 조사를 긴급히 개시할 필요가 있다고 인정되는 경우: 사유가 포함된 세무조사통지서를 세무조사를 받을 납세자에게 교부해야 함 (단, 세무조사 개시 시 교부 배제 사유에 해당하는 경우 제외)

❾ 세무조사 기간

○ 일반

원칙	세무공무원은 조사대상 세목·업종·규모, 조사 난이도 등을 고려하여 세무조사 기간이 최소한이 되도록 해야 함
조사기간 연장 사유	① 세금탈루혐의 포착 시 ② 천재지변 등 ③ 현지확인이 필요한 경우 ④ 조사기피 행위 시 ⑤ 세무조사 대상자의 연장신청 + 납세자보호관의 인정 ⑥ 납세담당관의 추가적인 사실 확인이 필요
절차	연장기간과 사유를 납세자에게 문서로 통지

○ 세무조사 기간의 제한

제한	조사대상 과세기간 중 연간 수입금액 또는 양도가액이 가장 큰 과세기간의 연간 수입금액 또는 양도가액이 100억원 미만인 납세자에 대한 세무조사 기간은 20일 이내 함
조사기간 연장사유로 연장	① 최초 연장: 관할 세무관서의 장의 승인 → 20일 이내 연장 ② 2회 이후 연장: 관할 상급 세무관서의 장의 승인 → 20일 이내 연장

○ 세무조사 기간 및 연장기간의 제한을 받지 않는 경우

① 무자료거래, 위장·가공거래 등 거래 내용이 사실과 다른 혐의가 있어 실제 거래 내용에 대한 조사가 필요한 경우
② 역외거래를 이용하여 세금을 탈루(脫漏)하거나 국내 탈루소득을 해외로 변칙 유출한 혐의로 조사하는 경우
③ 명의위장, 이중장부의 작성, 차명계좌의 이용, 현금거래의 누락 등의 방법을 통하여 세금을 탈루한 혐의로 조사하는 경우
④ 거짓계약서 작성, 미등기양도 등을 이용한 부동산 투기 등을 통하여 세금을 탈루한 혐의로 조사하는 경우
⑤ 상속세·증여세 조사, 주식변동 조사, 범칙사건 조사 및 출자·거래관계에 있는 관련자에 대하여 동시조사를 하는 경우

❿ 세무조사의 중지 및 조기종결

중지	① 세무공무원은 납세자가 자료의 제출을 지연하는 등 법령에서 정하는 사유로 세무조사를 진행하기 어려운 경우에는 세무조사를 중지할 수 있음 ② 그 중지기간은 세무조사 기간 및 세무조사 연장기간에 산입하지 않음
제한사항	세무공무원은 세무조사의 중지기간 중에는 납세자에 대하여 국세의 과세표준과 세액을 결정 또는 경정하기 위한 질문을 하거나 장부 등의 검사·조사 또는 그 제출을 요구할 수 없음
재개	그 중지사유가 소멸하게 되면 즉시 조사를 재개 단, 조세채권의 확보 등 긴급히 조사를 재개해야 할 필요가 있는 경우에는 세무조사를 재개할 수 있음
조기종결	더 이상 조사할 사항이 없다고 판단될 때에는 조사기간 종료 전이라도 조사를 조기에 종결할 수 있음

⑪ 세무조사 범위

원칙	조사진행 중 세무조사의 범위를 확대할 수 없음
예외	다음의 경우 확대 가능 ① 다른 과세기간·세목 또는 항목에 대한 구체적인 세금탈루 증거자료가 확인되어 다른 과세기간·세목 또는 항목에 대한 조사가 필요한 경우 ② 명백한 세금탈루 혐의 또는 세법 적용의 착오 등이 있는 조사대상 과세기간의 특정 항목이 다른 과세기간에도 있어 동일하거나 유사한 세금탈루 혐의 또는 세법 적용 착오 등이 있을 것으로 의심되어 다른 과세기간의 그 항목에 대한 조사가 필요한 경우
확대 시 절차	그 사유와 범위를 납세자에게 문서로 통지

⑫ 장부 등의 보관 금지

보관금지	세무공무원은 세무조사의 목적으로 납세자의 장부 등을 세무관서에 임의로 보관할 수 없음
일시보관	세무공무원은 수시선정 세무조사 사유에 해당하는 경우에는 조사목적에 필요한 최소한의 범위에서 장부 등을 납세자의 동의를 얻어 세무관서에 일시 보관할 수 있음
반환	① 세무공무원은 일시 보관하고 있는 장부 등에 대하여 납세자가 반환을 요청할 경우에는 그 반환을 요청한 날부터 14일 이내에 장부 등을 반환하여야 함 ② 납세자가 일시 보관하고 있는 장부 등의 반환을 요청한 경우로서 세무조사에 지장이 없다고 판단될 때에는 요청한 장부 등을 즉시 반환 ③ 납세자에게 장부 등을 반환하는 경우 세무공무원은 장부 등의 사본을 보관할 수 있고, 그 사본의 원본과 다름없다는 사실을 확인하는 납세자의 서명 또는 날인을 요구할 수 있음
반환기간 연장	조사 목적을 달성하기 위하여 필요한 경우에는 납세자보호위원회의 심의를 거쳐 한 차례만 14일 이내의 범위에서 보관 기간을 연장할 수 있음

⑬ 통합조사 원칙

○ 통합조사

원칙	세법에 따라 신고·납부의무가 있는 세목을 통합하여 실시하는 것을 원칙으로 함
특정 세목만 조사	① 세금탈루 혐의 등을 고려하여 특정 세목만을 조사할 필요가 있는 경우 ② 조세채권의 확보 등을 위하여 긴급조사가 필요한 경우 ③ 세무조사의 효율성 및 납세자의 편의 등을 고려한 경우

○ 부분조사

횟수제한 없는 경우	① 경정 등의 청구에 대한 처리 또는 국세환급금의 결정을 위하여 확인이 필요한 경우 ② 불복청구의 인용결정 또는 과세전적부심사 청구의 채택결정 중 재조사 결정에 따라 사실관계의 확인 등이 필요한 경우

| 최대 2회의 횟수 제한있는 경우 | ① 거래상대방에 대한 세무조사 중에 거래 일부의 확인이 필요한 경우
② 납세자에 대한 구체적인 탈세 제보가 있는 경우로서 해당 탈세 혐의에 대한 확인이 필요한 경우
③ 명의위장, 차명계좌의 이용을 통하여 세금을 탈루한 혐의에 대한 확인이 필요한 경우
④ 그 밖에 세무조사의 효율성 및 납세자의 편의 등을 고려하여 특정 사업장, 특정 항목 또는 특정 거래에 대한 확인이 필요한 경우로서 다음 중 어느 하나에 해당하는 경우
　㉠ 법인이 주식 또는 출자지분을 시가보다 높거나 낮은 가액으로 거래하거나 「법인세법 시행령」 불공정 자본거래로 인하여 해당 법인의 특수관계인인 다른 주주 등에게 이익을 분여하거나 분여받은 구체적인 혐의가 있는 경우로서 해당 혐의에 대한 확인이 필요한 경우
　㉡ 무자료거래, 위장·가공거래 등 특정 거래 내용이 사실과 다른 구체적인 혐의가 있는 경우로서 조세채권의 확보 등을 위하여 긴급한 조사가 필요한 경우
　㉢ 과세관청 외의 기관이 직무상 목적을 위해 작성하거나 취득하여 과세관청에게 제공한 자료의 처리를 위해 조사하는 경우
　㉣ 「소득세법」 및 「법인세법」 규정에 따른 조세조약 상의 비과세·면제 적용 신청의 내용을 확인할 필요가 있는 경우 |

⑭ 세무조사의 결과통지

결과통지	그 조사를 마친 날부터 20일(공시송달 사유에 해당하는 경우에는 40일) 이내에 조사결과를 납세자에게 설명하고, 이를 서면으로 납세자에게 통지
예외 : 결과통지 생략	다음의 경우 결과통지를 하지 않음 ① 납세관리인을 정하지 않고 국내에 주소 또는 거소를 두지 않은 경우 ② 불복청구의 인용결정 또는 과세전적부심사 청구의 채택결정 중 재조사 결정에 의한 조사를 마친 경우 ③ 세무조사 결과통지서 수령을 회피하거나 거부하는 경우
부분 결과통지	세무조사의 결과통지의 기간 이내에 다음의 사유로 세무조사의 결과를 통지할 수 없는 부분이 있는 경우에는 납세자가 동의하는 경우에 한정하여 조사결과를 통지할 수 없는 부분을 제외한 조사결과를 납세자에게 설명하고, 이를 서면으로 통지할 수 있음 　㉠ 「국제조세조정에 관한 법률」 및 조세조약에 따른 국외자료의 수집·제출 또는 상호합의절차 개시에 따라 외국 과세기관과의 협의가 진행 중인 경우 　㉡ 해당 세무조사와 관련하여 세법의 해석 또는 사실관계 확정을 위하여 기획재정부장관 또는 국세청장에 대한 질의 절차가 진행 중인 경우 단, 사유가 해소된 된 때에는 그 사유가 해소된 날부터 20일(공시송달 사유에 해당하는 경우에는 40일) 이내에 위에 따라 통지한 부분 외에 대한 조사결과를 납세자에게 설명하고, 이를 서면으로 통지

⑮ 비밀유지

원칙: 과세정보 제공 및 누설 금지	납세자가 세법에서 정한 납세의무를 이행하기 위하여 제출한 과세정보를 타인에게 제공 또는 누설하거나 목적 외의 용도로 사용해서는 안 됨
예외: 납세자의 과세정보 제공	국가기관이 요구하는 경우 등 특정한 경우에는 그 사용 목적에 맞는 범위에서 납세자의 과세정보를 제공할 수 있음

⑯ 정보제공

: 납세자 본인의 권리 행사에 필요한 정보를 납세자(세무사 등 납세자로부터 세무업무를 위임받은 자를 포함한다)가 요구하는 경우 세무공무원은 신속하게 정보를 제공해야 함

▶ 과세전적부심사

❶ 의의 및 과세예고통지

과세전적부심사	국세처분을 받기 전에 납세자의 청구에 의해 그 국세처분의 타당성을 미리 심사하는 제도
과세예고통지	세무서장 및 지방국세청장은 다음의 경우 미리 납세자에게 그 내용을 서면으로 통지해야 함 ① 세무서 또는 지방국세청에 대한 지방국세청장 또는 국세청장의 업무감사결과(현지에서 시정조치 하는 경우를 포함)에 따라 세무서장 또는 지방국세청장이 과세하는 경우 ② 세무조사에서 확인된 것으로 조사대상자 외의 자에 대한 과세자료 및 현지 확인조사에 따라 세무서장 또는 지방국세청장이 과세하는 경우 ③ 납부고지하려는 세액이 100만원 이상인 경우 다만, 다음의 경우는 제외함 　㉠ 「감사원법」에 따른 시정요구에 따라 세무서장 또는 지방국세청장이 과세처분하는 경우로서 시정요구 전에 과세처분 대상자가 감사원의 지적사항에 대한 소명안내를 받은 경우 　㉡ 기한후과세표준신고서를 제출한 자가 납부하여야 할 세액을 납부하지 아니하거나 과소납부한 경우로서 세무서장 또는 지방국세청장이 해당 기한후과세표준신고서에 기재된 과세표준 및 세액과 동일하게 과세표준 및 세액을 결정하는 경우 NEW

❷ 과세전적부심사 청구

일반적인 청구 : 세무서장이나 지방국세청장에게 청구	① 세무조사 결과에 대한 서면통지나, 과세예고통지를 받은 자 ② 통지를 받은 날부터 30일 이내
예외: 국세청장에게만 청구	① 법령과 관련하여 국세청장의 유권해석을 변경해야 하거나 새로운 해석이 필요한 경우 ② 국세청장의 훈령·예규·고시 등과 관련하여 새로운 해석이 필요한 것 ③ 세무서 또는 지방국세청에 대한 국세청장의 업무감사 결과(현지에서 시정조치하는 경우를 포함한다)에 따라 세무서장 또는 지방국세청장이 하는 과세예고통지에 관한 것 ④ 과세전적부심사 청구금액이 5억원 이상에 해당하는 것 등 ⑤ 「감사원법」에 따른 시정요구에 따라 세무서장 또는 지방국세청장이 과세처분하는 경우로서 시정요구 전에 과세처분 대상자가 감사원의 지적사항에 대한 소명안내를 받지 못한 것
청구의 배제	① 납부기한 전 징수 또는 수시부과의 사유가 있는 경우 ② 「조세범 처벌법」 위반으로 고발 또는 통고 처분하는 경우(고발 또는 통고처분과 관련 없는 세목 또는 세액의 경우는 제외) ③ 세무조사 결과통지 및 과세예고통지를 하는 날부터 국세 부과제척기간의 만료일까지의 기간이 3개월 이하인 경우 ④ 조세조약을 체결한 상대국이 상호합의절차의 개시를 요청한 경우 ⑤ 불복청구의 인용결정 중 재조사 결정에 의한 조사를 하는 경우 또는 과세전적부심사 청구의 채택 결정 중 재조사 결정에 의한 조사를 하는 경우
청구 시 결정 및 경정의 유보	그 청구부분에 대하여 과세전적부심사에 대한 결정이 있을 때까지 과세표준 및 세액의 결정이나 경정 결정을 유보해야 함 단, 과세전적부심사의 배제사유에 해당하는 경우 제외

❸ 결정

국세심사위원회의 심사를 거쳐 결정 → 청구를 받은 날부터 30일 이내에 청구인에게 결과를 통지	불채택	납세자의 청구가 이유가 없다고 판단되는 경우의 결정 (조세불복상 기각에 대응)
	채택	납세자의 청구에 이유가 있다고 판단되는 경우의 결정 (조세불복상 인용에 대응)
	심사거부	청구가 다음의 하나에 해당하는 경우에 하는 결정 (조세불복상 각하에 대응) ① 청구기간이 지난 후에 청구된 경우 ② 과세전적부심사 청구 후 보정기간에 필요한 보정을 하지 아니한 경우 ③ 그 밖에 청구가 적법하지 아니한 경우

❹ 기타

결과통지를 하지 아니한 경우 가산세 감면	결정·통지가 지연됨으로써 해당 기간에 부과되는 납부지연가산세의 50%를 감면
조기결정·경정 신청	과세전적부심사를 청구하지 아니하고 통지받은 내용의 전부 또는 일부에 대하여 과세표준 및 세액을 조기에 결정하거나 경정결정해 줄 것을 신청할 수 있음

▶ 납세자 권리보호

❶ 납세자보호위원회의 설치

목적	납세자 권리보호에 관한 사항을 심의하기 위함
설치	세무서, 지방국세청 및 국세청에 납세자보호위원회 설치

❷ 심의사항

세무서 납세자보호위원회 및 지방국세청 납세자보호위원회	① 세무조사 기간 연장: 세무조사의 대상이 되는 과세기간 중 연간 수입금액 또는 양도가액이 가장 큰 과세기간의 연간 수입금액 또는 양도가액이 100억원 미만(부가가치세에 대한 세무조사의 경우 1과세기간 공급가액의 합계액이 50억원 미만)인 중소규모납세자 외의 납세자에 대한 세무조사(「조세범 처벌절차법」에 따른 조세범칙조사는 제외)기간의 연장 단, 조사대상자가 조세탈루혐의에 대한 해명 등을 위하여 연장신청한 경우 제외 ② 세무조사 범위 확대: 중소규모납세자 이외의 납세자에 대한 세무조사 범위의 확대 ③ 세무조사 일시중지 및 중지 요청 　㉠ 세무조사 기간 연장 및 세무조사 범위 확대에 대한 중소규모납세자의 세무조사 일시중지 및 중지 요청 　㉡ 위법·부당한 세무조사 및 세무조사 중 세무공무원의 위법·부당한 행위에 대한 납세자의 세무조사 일시중지 및 중지요청 ④ 장부 등의 일시 보관 기간 연장: 세무공무원의 조사목적을 달성하기 위해 필요한 경우로 한 차례만 14일 이내에 연장가능한 장부 등의 일시 보관 기간 연장 ⑤ 그 밖에 납세보호담당관의 심의가 필요하다고 인정하는 안건

국세청 납세자보호위원 회 심의사항	① 세무조사 기간 연장 및 세무조사 범위의 확대 등의 사항에 대하여 세무서 납세자보호위원회 또는 지방국세청 납세자 보호위원회의 심의를 거친 세무서장 또는 지방국세청장의 결정에 대한 납세자의 취소 또는 변경 요청 ② 그 밖에 납세자의 권리보호를 위한 국세행정의 제도 및 절차 개선 등으로서 납세자보호관이 심의가 필요하다고 인정하는 사항

❸ 납세자보호위원회의 준수사항 등

비밀유지	납세자보호위원회의 위원은 업무 중 알게 된 과세정보를 타인에게 제공 또는 누설하거나 목적 외의 용도로 사용해서는 안 됨
제척 및 회피	납세자보호위원회의 위원은 공정한 심의를 기대하기 어려운 사정이 있다고 인정될 때에는 위원회에서 제척되거나 회피하여야 함

▷ 보칙

납세자가 국내에 주소 또는 거소를 두지 않는 경우	국세에 관한 사항을 처리하기 위하여 납세관리인을 지정하여야 함
국외로 주소 또는 거소를 이전한 경우	
납세자가 국내에 주소를 두고 있는 경우	변호사, 세무사 또는 세무사법 규정에 따라 등록한 공인회계사를 납세 관리인으로 지정 가능

❶ 고지금액의 최저한도

1만원 미만	고지할 국세(인지세는 제외) 및 강제징수비를 합친 금액이 1만원 미만일 때에는 그 금액은 없는 것으로 봄

❷ 국세 행정에 대한 협조

국가기관·지방자치단체 또는 그 소속공무원에게 협조를 요청	세무공무원은 직무를 이행할 때 필요하면 국가기관·지방자치단체 또는 그 소속공무원에게 협조를 요청할 수 있으며, 요청을 받은 자는 정당한 사유가 없으면 협조하여야 함

❸ 포상금 지급

포상금을 지급하는 경우	다음에 해당하는 경우 20억원의 범위에서 포상금 지급 (단, 조세탈루제보자: 40억원, 은닉재산신고자: 30억) ① 조세를 탈루한 자에 대한 중요한 자료를 제보한 자 ② 체납자의 은닉재산 신고자 ③ 일정 요건을 만족하는 신용카드 가맹점 및 현금영수증 가맹점 신고자 ④ 현금영수증 발급의무를 위반한 자를 신고한 자 ⑤ 타인명의 사용하여 사업을 경영한 자를 신고한 자 ⑥ 해외금융계좌 신고의무 위반행위 자료 제공자 ⑦ 타인명의로 되어있는 법인사업자 또는 복식부기의무자의 금융자산을 신고한 자

포상금을 지급하지 않는 경우	① 탈루세액 등이 5천만원 미만인 경우 ② 해외금융계좌 신고의무 불이행에 따른 과태료 금액이 2천만원 미만인 경우 ③ 공무원이 그 직무와 관련하여 자료를 제공하거나 은닉재산을 신고한 경우
포상금 지급기준	① 조세탈루제보자 또는 은닉재산신고자에 대한 포상금: 탈루세액에 5%~20% 범위 내 지급률을 곱한 금액(조세탈루제보자의 한도: 40억, 은닉재산신고자에 대한 한도: 30억) ② 신용카드매출전표·현금영수증 발급거부행위 신고자에 대한 포상금: 해당 금액에 따라 지급 ③ 타인 명의 사용자 신고자에 대한 포상금: 타인의 명의를 사용하여 사업을 경영하는 자를 신고하는 자에게는 신고 건별로 200만원을 지급 ④ 해외금융계좌 신고의무 위반행위 자료제공자에 대한 포상금: 과태료금액 또는 벌금액에 15%~5% 지급률을 곱하여 계산한 금액 ⑤ 타인명의 금융자산 신고자 해당 금융자산을 통한 탈루세액 등이 1,000만원 이상인 신고 건별로 100만원 이상을 포상금으로 지급
포상금지급시점	신고자 유형에 따라 구분된 날이 속하는 달의 말일부터 2개월 이내에 포상금을 지급 | 구분		해당일
---	---	---
① 조세탈루제보자 및 은닉재산신고자		포상금지급에 관한 안내 기한의 종료일
② 신용카드 매출전표 등 발급거부행위 신고자		신고내용이 사실로 확인된 날
③ 타인 명의 사용자 신고자		신고내용이 사실로 확인된 날
④ 해외금융계좌신고의무 위반행위 자료 제공자	과태료부과	과태료 금액이 납부되고 이의제기기간이 지났거나 불복청구 절차가 종료되어 과태료 부과처분이 확정된 날
	징역형	재판에 의하여 형이 확정된 날
⑤ 타인명의 금융자산을 신고한 자에 대한 포상금		탈루세액 등이 확인된 날	
비밀유지	신고자 또는 자료 제공자의 신원 등 신고 또는 제보와 관련된 사항을 그 목적 외의 용도로 사용하거나 타인에게 제공 또는 누설해서는 안 됨

❹ 과세자료의 제출과 그 수집에 대한 협조

일반	소관 세무서장에게 제출 : 과세자료를 제출할 의무가 있는 자는 과세자료를 성실하게 작성하여 정해진 기한까지 소관 세무서장에게 제출
국세정보통신망이용	지방국세청장 또는 국세청장에게 제출

❺ 지급명세서 자료의 활용

대상	이자소득 배당소득에 대한 지급명세서
용도	① 상속·증여 재산의 확인 ② 조세탈루의 혐의를 인정할 만한 명백한 자료의 확인 ③ 근로장려금 신청자격의 확인

❻ 서류접수증 발급

발급 의무	다음의 서류를 받은 경우 세무공무원은 납세자 등에게 접수증 발급 ① 과세표준신고서·과세표준수정신고서·경정청구서 및 이들 신고·청구와 관련된 서류 ② 과세표준 및 세액의 결정(경정)청구서 ③ 이의신청서, 심사청구서, 심판청구서 ④ 세법에 따른 제출기한이 정해진 서류, 그 밖에 국세청장이 납세자의 권익보호에 필요하다고 인정하여 지정한 서류
발급 면제	① 납세자가 신고서 등의 서류를 우편이나 팩스로 제출하는 경우 ② 납세자가 신고서 등을 세무공무원을 거치지 않고 지정된 신고함에 직접 투입하는 경우

❼ 장부 등 비치 보존

원칙: 5년	장부 및 증거서류는 그 거래사실이 속하는 과세기간에 대한 해당 국세의 법정신고기한이 지난 날부터 5년간(역외거래의 경우 7년간) 보존해야 함
부과제척기간이 연장되는 때	그 연장되는 날까지 보존

❽ 불성실기부금수령단체 등 명단 공개

요건	국세청장은 비밀유지에 관한 규정에도 불구하고 일정한 경우에 해당하는 자의 인적사항 등을 공개할 수 있음
명단공개대상	① 불성실기부금수령단체 　㉠ 최근 2년 내 상증세법 의무불이행으로 추징당한 세액의 합계가 1천만원 이상 　㉡ 최근 3년간 기부자별·기부법인별 발급명세서를 작성·보관하고 있지 않은 경우 　㉢ 최근 3년 이내 사실과 다른 기부금영수증을 5회 이상 발급하였거나, 발급한 금액이 5천만원 이상인 경우 　㉣ 공익법인 등이 의무를 위반한 사실 또는 의무이행 여부를 보고하지 아니한 사실이 2회 이상 확인되는 경우 ② 조세포탈범 　(유죄판결이 확정된 자로 포탈세액이 연간 2억원 이상인 조세포탈범) ③ 해외금융계좌 신고의무 위반자 　(기한 내 신고하지 아니한 금액이나 과소신고한 금액이 50억을 초과하는 경우) ④ 세금계산서 발급의무위반자 　「특정범죄 가중처벌 등에 관한 법률」에 따른 범죄로 유죄판결이 확정된 사람
명단을 공개하지 않는 경우	① 불성실기부금수령단체 　: 불복청구 중이거나 위원회로부터 공개실익이 없거나 공개하는 것이 부적당하다고 인정하는 경우 ② 조세포탈범 및 세금계산서 발급의무 등 위반자 　: 국세정보위원회가 공개실익이 없거나 공개하는 것이 부적당하다고 인정하는 경우 ③ 해외금융계좌신고의무 위반자 　: 위원회가 신고의무위반에 정당한 사유가 있다고 인정하거나, 납세자가 수정신고 및 기한후신고를 한 경우
공개절차	① 국세청장은 위원회의 심의를 거친 공개 대상자에게 명단공개 대상자임을 통지하여 소명 기회를 줌 ② 통지일부터 6개월이 지난 후 위원회로 하여금 명단 공개 여부를 재심의 ③ 관보에 게재하거나 국세정보통신망 또는 관할세무서 게시판에 게시하는 방법으로 공개

공개 기간	① 국세청장이 명단을 국세정보통신망 또는 관할세무서 게시판에 게시하는 방법으로 공개하는 경우 그 공개 기간은 게시일부터 다음의 구분에 따른 기간이 만료하는 날까지로 함 ㉠ 불성실기부금수령단체의 경우: 3년 ㉡ 조세포탈범의 경우 　ⓐ 조세포탈범(상습범은 제외)으로 유죄판결이 확정된 자: 5년 　ⓑ 조세포탈범(상습범만 해당), 면세유 부정유통자, 가짜석유제품 제조·판매업자로 유죄판결이 확정된 자: 10년 ㉢ 해외금융계좌신고의무위반자의 경우: 5년 ㉣ 세금계산서발급의무등위반자의 경우: 5년 ② 명단 공개 대상자가 그 공개 기간의 만료일 현재 다음의 어느 하나에 해당하는 경우에는 각 구분에 따른 날까지 계속하여 공개함 ㉠ 세법에 따라 납부해야 할 세액, 과태료 또는 벌금을 납부하지 않은 경우: 그 세액 등을 완납하는 날 ㉡ 형의 집행이 완료되지 않은 경우: 그 형의 집행이 완료되는 날

⑨ 통계자료의 작성 및 공개

통계자료의 작성	① 국세청장은 조세정책의 수립 및 평가 등에 활용하기 위하여 과세정보를 분석·가공한 통계자료를 작성·관리하여야 함 ② 통계자료는 납세자의 과세정보를 직접적인 방법 또는 간접적인 방법으로 확인할 수 없도록 작성되어야 함
통계자료의 공개	국세청장은 통계자료를 국세정보공개심의위원회의 심의를 거쳐 일반 국민에게 정기적으로 공개

⑩ 금품 수수 및 공여에 대한 징계 등

① 징계부가금 부과 의결 요구	그 금품 수수액의 5배 이내 징계위원회에 요구 ㉠ 5급 이상 고위공무원단: 국세청장 ㉡ 6급 이하: 소속 기관의 장 또는 상급기관의 장
② 징계부가금 감경 및 감면 요구	징계대상 세무공무원이 징계부가금 부과 의결 전후에 타 법률에 따라 처벌 등을 이행 시
③ 징계부가금 강제징수	부과 처분을 받은 세무공무원이 납부기간 내에 그 부가금을 납부하지 않을 시

⑪ 벌칙

직무집행 거부 등에 대한 과태료	관할 세무서장은 세법의 질문·조사권 규정에 따른 세무공무원의 질문에 대하여 거짓으로 진술하거나 그 직무집행을 거부 또는 기피한 자에게 5천만원 이하의 과태료를 부과·징수함
금품 수수 및 공여에 대한 과태료	관할 세무서장 또는 세관장은 세무공무원에게 금품을 공여한 자에게 그 금품 상당액의 2배 이상 5배 이하의 과태료를 부과·징수함 단, 「형법」등 다른 법률에 따라 형사처벌을 받은 경우에는 과태료를 부과하지 아니하고, 과태료를 부과한 후 형사처벌을 받은 경우에는 과태료 부과를 취소함
비밀유지 의무 위반에 대한 과태료	국세청장은 비밀유지규정에 따라 알게 된 과세정보를 타인에게 제공 또는 누설하거나 그 목적 외의 용도로 사용한 자에게 2천만원 이하의 과태료를 부과·징수함. 단, 「형법」 등 다른 법률에 따라 형사처벌을 받은 경우에는 과태료를 부과하지 아니하고, 과태료를 부과한 후 형사처벌을 받은 경우에는 과태료 부과를 취소함

⑫ 세무공무원에 대한 포상금 지급 NEW

포상금 지급	국세청장은 국세의 부과·징수·송무에 특별한 공로가 인정되는 사람에 대하여 포상금을 지급할 수 있음
지급 대상 NEW(시행령)	㉠ 체납 또는 세원관리 업무를 수행하여 은닉재산, 부당 세액공제 금액 등의 확인을 통해 국세의 부과·징수에 기여한 자 ㉡ 국세청 소관 소송업무를 수행한 결과 해당 소송에 대하여 국세청의 최종 승소판결 확정에 기여한 자
포상 금액 NEW(시행령)	국세청장은 포상금액을 포상금 지급 대상자가 부과·징수한 금액 또는 승소한 금액의 10% 이내 범위(포상금액이 300만원 미만인 경우 제외)에서 정할 수 있음 → 해당 세무공무원을 기준으로 연간 2천만원을 한도로 함

⑬ 이행강제금 NEW

요건	관할 지방국세청장은 납세자가 세무조사 과정에서 세법상 장부 등의 제출 의무를 정당한 사유 없이 이행하지 아니하는 경우 해당 납세자에 대하여 이행강제금심의위원회의 심의를 거쳐 이행강제금을 부과할 수 있음 → 동일한 사유에 대하여 「국세기본법」 및 세법에 따른 과태료와 중복하여 부과할 수 없음
이행기한	관할 지방국세청장은 이행강제금을 부과하기 전에 납세자의 장부 등 제출에 필요한 상당한 이행기한을 정하고, 그 기한까지 장부 등을 제출하지 아니하는 경우 이행강제금이 부과될 수 있음을 통지하여야 함 → 이행기한은 통지하는 날부터 30일 이상 경과한 날로 정해야 함
부과	관할 지방국세청장은 이행기한까지 장부 등을 제출하지 아니한 납세자에게 이행기한이 지난 날부터 1일당 법령으로 정하는 1일 평균수입금액의 0.3%의 범위에서 이행강제금을 부과할 수 있음 → 평균수입금액이 없거나 평균수입금액의 산정이 곤란한 경우에는 1일당 500만원의 범위에서 이행강제금을 부과할 수 있음
감경·면제	관할 지방국세청장은 장부 등의 제출이행을 위한 노력과 불이행의 정도·사유 또는 세무조사 결과 등을 고려하여 이행강제금심의위원회의 심의를 거쳐 이행강제금 부과금액을 감경하거나 면제할 수 있음
이행강제금 심의위원회	이행강제금의 부과에 관한 사항을 심의하기 위하여 지방국세청에 이행강제금심의위원회를 두며, 이행강제금심의위원회는 위원장 1명을 포함하여 20명 이내의 위원으로 구성함 → 위원 중 공무원이 아닌 사람은 「형법」을 적용할 때에는 공무원으로 봄

MEMO

제 3 편

국세징수법

01   총칙 및 보칙
02   임의적 징수절차
03   강제적 징수절차

01 총칙 및 보칙

Teacher's Map

▷ 총칙

❶ 「국세징수법」의 목적 및 성격

목적	「국세징수법」은 국세(「국세기본법」에 규정된 사항에 더하여 「상속세 및 증여세법」에 따른 연부연납가산금 및 「조세특례제한법」에 따라 소득세 또는 법인세에 가산하여 징수하는 이자상당가산액과 각 세법에 따른 가산세를 포함)의 징수에 필요한 사항을 규정하여 국세수입을 확보함을 목적으로 함
징수절차	① 임의적 징수절차 　: 조세채권의 자발적 납부를 권하는 절차 (납부고지 → 독촉) ② 강제적 징수절차 　: 납세자의 재산을 강제적으로 집행하여 조세채권을 실현하는 절차 　　(압류 → 매각 → 청산, 교부청구, 참가압류)
성격	「국세징수법」은 징수절차를 규정한 절차법 성격을 갖는 세법으로 외국인에게도 적용됨
원천징수 부적용	원천징수의무자가 납세의무자로부터 국세를 징수하는 경우에는 각 세법이 정하는 바에 따르며, 「국세징수법」이 적용되지 않음

❷ 다른 법률과의 관계

다른 세법을 우선 적용	「국세징수법」에서 규정한 사항 중 「국세기본법」이나 다른 세법에 특별한 규정이 있는 것에 관하여는 그 법률에서 정하는 바에 따름

❸ 용어의 정의

용어	정의
체납자	국세를 체납한 자
체납액	체납된 국세와 강제징수비
납부기한	법에서 정한 납부기한(법정납부기한) 또는 납부고지서에서 지정한 납부기한(지정납부기한)
체납	국세를 지정납부기한까지 납부하지 않는 것

❹ 체납액의 징수 순위

① 강제징수비 → ② 가산세를 제외한 국세 → ③ 가산세

국세의 징수 순서: ㉠ 교육세 → ㉡ 농어촌특별세 → ㉢ 교통·에너지·환경세 → ㉣ 그 밖의 국세

▶ 보칙

❶ 납세증명서

구분	내용
의미	납세자가 국가·지방자치단체 등에 대하여 법이 정한 행위를 할 때 납세자가 납세의무를 해태하고 있지 않음을 증명하기 위해 제출하는 서류로서 발급일 현재 다음의 금액을 제외하고는 다른 체납액이 없다는 사실을 증명하는 문서를 말함 ① 납부고지의 유예액, 독촉장에서 정하는 기한의 연장에 관계된 금액, 압류·매각의 유예액 ② 「채무자 회생 및 파산에 관한 법률」에 따른 징수유예액 또는 강제징수에 따라 압류된 재산의 환가유예에 관련된 체납액 ③ 「부가가치세법」(또는 「종합부동산세법」)에 따라 물적납세의무를 부담하는 수탁자가 그 물적납세의무와 관련하여 체납한 부가가치세(또는 종합부동산세) 또는 강제징수비 ④ 「국세기본법」에 따라 물적납세의무를 부담하는 양도담보권자가 그 물적납세의무와 관련하여 체납한 국세 또는 강제징수비 ⑤ 「조세특례제한법」에 따른 압류 또는 매각이 유예된 체납액, 납부고지의 유예 또는 지정납부기한 등의 연장에 관계된 국세 또는 체납액 및 체납액 징수특례를 적용받은 징수곤란 체납액
발급	다음의 자가 발급하며, 발급받으려는 자(본인의 위임을 받은 제3자도 가능)는 관할 세무서장(국세청장이 납세자의 편의를 위하여 발급 세무서를 달리 정하는 경우에는 그 발급 세무서의 장)에게 발급신청에 관한 문서(우편에 의할 수 있음)를 제출해야 하며, 세무서장은 납세증명서의 발급신청을 받았을 때에는 그 사실을 확인하고 즉시 납세증명서를 발급해야 함 | 구분 | 발급권자 | |---|---| | 개인 | 주소지(주소가 없는 외국인의 경우에는 거소지) 또는 사업장 소재지 관할 세무서장 | | 법인 | 본점(외국법인의 경우에는 국내 주사업장) 소재지 관할 세무서장 |
제출	다음의 사유가 발생한 때 납세증명서를 제출해야 함. 단, 국세청장(국세정보통신망을 통한 조회에 한정) 또는 관할·세무서장에게 조회하거나 행정정보의 공동이용을 통해 체납사실 여부를 확인하여 제출을 생략하도록 할 수 있음 ① 대금을 지급받을 시: 국가, 지방자치단체 또는 정부 관리기관으로부터 대금을 지급받을 경우(체납액이 없다는 사실의 증명이 필요하지 아니한 경우로서 법으로 정하는 경우는 제외) ② 외국인(체류기간 연장허가): 「출입국관리법」에 따른 외국인등록 또는 「재외동포의 출입국과 법적 지위에 관한 법률」에 따른 국내거소신고를 한 외국인이 체류기간 연장허가 등 체류 관련 허가를 법무부장관에게 신청하는 경우 ③ 내국인(해외이주 신청): 내국인이 해외이주 목적으로 「해외이주법」에 따라 재외동포청장에게 해외이주신고를 하는 경우
특례	계약자 외의 자가 국가 등으로부터 대금을 지급받는 경우 다음의 납세증명서를 제출해야 함 | | | |---|---| | 채권양도로 인한 경우 | 양도인과 양수인의 납세증명서 | | 법원의 전부명령에 따르는 경우 | 압류채권자의 납세증명서 | | 법에 따라 건설공사의 하도급대금을 수급사업자가 직접 지급받는 경우 | 수급사업자의 납세증명서 |

제출 예외	다음 어느 하나에 해당하면 납세증명서를 제출하지 않아도 됨 ① 국가 등으로부터 수의계약에 따라 대금을 지급받는 경우 (단, 비상재해가 발생한 경우에 국가가 소유하는 복구용 자재를 재해를 당한 자에게 매각하는 경우는 제외) ② 국가 등이 대금을 지급받아 그 대금이 국고 또는 지방자치단체금고에 귀속되는 경우 ③ 국세 강제징수에 따른 채권 압류로 관할 세무서장이 그 대금을 지급받는 경우 ④ 파산관재인이 납세증명서를 발급받지 못하여 관할 법원이 파산절차를 원활하게 진행하기 곤란하다고 인정하는 경우로서 관할 세무서장에게 납세증명서 제출의 예외를 요청하는 경우 ⑤ 납세자가 계약대금 전액을 체납세액으로 납부하거나 계약대금 중 일부 금액으로 체납세액 전액을 납부하려는 경우
유효기간	그 증명서를 발급한 날부터 30일간 유효하나, 납부고지된 국세가 있는 경우 해당 국세의 지정납부기한까지로 할 수 있음(단, 이 경우 해당 납세증명서에 그 사유와 유효기간을 분명히 적어야 함)

❷ 미납국세 등의 열람

의미	① 원칙: 임대인 동의 임대차계약을 하기 전 또는 임대차계약을 체결하고 임대차 기간이 시작하는 날까지 임대인의 동의를 받아 그 자의 미납국세 및 체납액 열람을 임차할 건물 소재지의 관할 세무서장에게 신청할 수 있음. 열람 신청은 관할 세무서장이 아닌 다른 세무서장에게도 할 수 있으며, 신청을 받은 세무서장은 열람 신청에 따라야 함 ② 예외: 임대인의 동의 없이 신청 임대차계약을 체결한 임차인으로서 해당 계약에 따른 보증금이 1천만원을 초과하는 자는 임대차 기간이 시작하는 날까지 임대인의 동의 없이도 신청을 할 수 있으며, 신청을 받은 세무서장은 열람 내역을 지체 없이 임대인에게 통지하여야 함
열람신청	열람을 신청하려는 자는 열람신청서에 임대인의 동의를 증명할 수 있는 서류(임대인의 동의 없이 신청하는 경우에는 임대차계약 체결 사실을 증명할 수 있는 서류와 임차하려는 자의 신분을 증명할 수 있는 서류를 첨부해 세무서장에게 제출
열람국세의 범위 및 조치	임차인이 열람할 수 있는 국세의 범위와 각 열람 국세별 관할 세무서장의 의무는 다음과 같음 | 열람국세의 범위	열람신청을 받은 관할 세무서장의 의무
체납액	즉시 신청에 응해야 함
납부고지서를 발급한 후 지정납부기한이 도래하지 않은 국세	
신고기한까지 신고한 국세 중 납부하지 않은 국세	신고기한부터 30일(종합소득세는 60일)이 지났을 때부터 신청에 따라 열람할 수 있게 해야 함	

❸ 사업에 관한 허가 등의 제한

용어의 정의	① 관허사업: 행정처분을 거쳐 국가 또는 지방자치단체의 허가·인가·면허·등록·갱신이 필요한 사업 ② 허가 등: 허가·인가·면허·등록 등 ③ 사업에 관한 허가 등의 제한: 국세의 체납자에게 관허사업을 제한하는 제도 ④ 체납: 허가 등을 받은 사업 자체에 관한 것을 비롯하여 그 밖의 원인으로 인한 체납, 제2차 납세의무, 납세보증인의 의무, 연대납세의무, 양도담보권자의 물적납세의무 등에 의한 체납
제한	납세자가 정당한 사유 없이 국세를 체납할 때 관할 세무서장은 사업에 관한 허가 등의 제한을 요구할 수 있으며, 이때 허가 등을 제한하는 사전적 제한과 정지나 취소를 요구하는 사후적 제한으로 나뉨
	사전적 제한 (허가 등의 신규 및 갱신 제한)	관할 세무서장은 납세자가 허가 등을 받은 사업과 관련된 소득세, 법인세 및 부가가치세를 체납한 경우 해당 사업의 주무관청에 그 납세자에 대한 허가 등의 갱신과 그 허가 등의 근거 법률에 따른 신규 허가 등을 하지 않을 것을 요구할 수 있음
	사후적 제한 (사업의 정지 또는 허가 등의 취소)	관할 세무서장은 허가 등을 받아 사업을 경영하는 자가 해당 사업과 관련된 소득세, 법인세 및 부가가치세를 3회 이상 체납하고 그 체납된 금액의 합계액이 500만원 이상인 경우 해당 주무관청에 사업의 정지 또는 허가 등의 취소를 요구할 수 있음
제한 배제	다음 어느 하나의 사유가 있는 경우 사업에 관한 허가 등을 제한하지 아니함 ① 공시송달의 방법으로 납부고지 된 경우 ② 납세자가 재난 또는 도난으로 재산에 심한 손실을 입은 경우 ③ 납세자 또는 그 동거가족이 질병·중상해로 6개월 이상의 치료가 필요하거나 상중인 경우 ④ 납세자가 경영하는 사업에 현저한 손실이 발생하거나 부도 또는 도산의 우려가 있는 경우 ⑤ 강제집행 및 담보권 실행 등을 위한 경매가 시작되거나 파산선고를 받은 경우 ⑥ 어음교환소에서 거래정지처분을 받은 경우 ⑦ 납세자의 총 재산 추산가액이 강제징수비를 징수하면 남을 여지가 없어 강제징수를 종료할 필요가 있는 경우 ⑧ 위 ①~⑦에 준하는 사유가 있는 경우 ⑨ 「부가가치세법」,「종합부동산세법」에 따라 물적납세의무를 부담하는 수탁자가 그 물적납세의무와 관련한 부가가치세·종합부동산세 또는 강제징수비를 체납한 경우 ⑩ 「국세기본법」에 따라 물적납세의무를 부담하는 양도담보권자가 그 물적납세의무와 관련하여 체납한 국세 또는 강제징수비를 체납한 경우 ⑪ 관할 세무서장이 납세자에게 납부가 곤란한 사정이 있다고 인정하는 경우(⑪은 사후적 제한에 한정하여 정당한 사유로 인정)
기타 절차	① 주무관청의 의무: 관할 세무서장의 사업에 관한 허가 등의 제한 요구가 있을 때에 주무관청은 정당한 사유가 없으면 요구에 따라야 하며, 그 조치 결과를 즉시 관할 세무서장에게 알려야 함 ② 관할 세무서장의 철회 의무: 허가 등의 제한 요구를 한 후 해당 국세를 징수한 경우 즉시 그 요구를 철회해야 함

❹ 체납자료의 제공

의미	국세징수나 공익 목적을 위해 일정한 자가 다음 체납자의 체납자료를 요구하는 경우 이를 제공할 수 있음 ① 고액체납자: 체납 발생일부터 1년이 지나고 체납액이 500만원 이상인 자 ② 상습체납자: 1년에 3회 이상 체납하고 체납액이 500만원 이상인 자
절차	① 체납자료를 요구하려는 자는 요구자의 이름과 이용목적 등을 적은 문서를 관할 세무서장에게 제출해야 함 ② 체납자료를 요구받은 경우 관할 세무서장은 체납자료 파일이나 문서로 제공할 수 있음. 단, 제공한 체납자료가 체납액의 납부 등으로 체납자료에 해당하지 않게 된 경우 그 사실을 체납자료에 해당하지 않게 된 사유가 발생한 날부터 15일 이내에 요구자에게 통지해야 함
제공 배제	다음 어느 하나에 해당하는 경우에는 체납자료를 제공하지 아니함 ① 체납된 국세와 관련하여 이의신청·심사청구·심판청구 또는 행정소송이 계류 중인 경우 ② 재난 또는 도난으로 재산에 심한 손실을 입은 경우 ③ 납세자가 경영하는 사업에 현저한 손실이 발생하거나 부도 또는 도산의 우려가 있는 경우 ④ 압류·매각이 유예된 경우 ⑤ 「부가가치세법」·「종합부동산세법」에 따라 물적납세의무를 부담하는 수탁자가 그 물적납세의무와 관련한 부가가치세·종합부동산세 또는 강제징수비를 체납한 경우 ⑥ 「국세기본법」에 따라 물적납세의무를 부담하는 양도담보권자가 그 물적납세의무와 관련하여 체납한 국세 또는 강제징수비를 체납한 경우
비밀유지	체납자료를 제공받은 자는 이를 누설하거나 업무 목적 외로 이용해서는 안 됨

❺ 지급명세서 등의 재산조회 및 강제징수의 활용

의미	국세청장·지방국세청장 또는 관할 세무서장은 「금융실명거래 및 비밀보장에 관한 법률」에도 불구하고 제출받은 이자소득 또는 배당소득에 대한 지급명세서 등 금융거래에 관한 정보를 체납자의 재산조회와 강제징수를 위하여 사용할 수 있음

❻ 출국금지 요청

	5천만원 이상의 국세를 정당한 사유 없이 체납한 자 중 다음 어느 하나에 해당하는 사람 + 압류·공매, 담보 제공, 보증인의 납세보증서 등으로 조세채권을 확보할 수 없음 + 강제징수를 회피할 우려가 있다고 인정됨 → 법무부장관에게 출국금지를 요청해야 함
출국금지 요청 대상자	① 배우자 또는 직계존비속이 국외로 이주(국외에 3년 이상 장기체류 중인 경우 포함)한 사람 ② 출국금지 요청일 현재 최근 2년간 미화 5만달러 상당액 이상을 국외로 송금한 사람 ③ 미화 5만달러 상당액 이상의 국외자산이 발견된 사람 ④ 「국세징수법」에 따라 명단이 공개된 고액·상습체납자 ⑤ 출국금지 요청일을 기준으로 최근 1년간 체납된 국세가 5천만원 이상인 상태에서 사업 목적, 질병 치료, 직계존비속의 사망 등 정당한 사유 없이 국외 출입횟수가 3회 이상이거나 국외 체류 일수가 6개월 이상인 사람 ⑥ 사해행위 취소소송 중이거나 제3자와 짜고 한 거짓계약에 대한 취소소송 중인 사람

출국금지 통보	법무부장관은 국세청장의 출국금지 요청에 따라 출국금지를 한 경우에 국세청장에게 그 결과를 정보통신망 등을 통하여 통보해야 함
강제해제요청	국세청장은 출국금지 중인 자에게 다음 어느 하나의 사유가 있는 경우 지체 없이 법무부장관에게 출국금지의 해제를 요청해야 함 ① 체납액의 납부 또는 부과결정의 취소 등에 따라 체납된 국세가 5천만원 미만으로 된 경우 ② 재산 압류, 담보제공, 보증인의 납세보증서 등으로 조세채권이 확보된 경우 ③ 위 출국금지 요청 대상자의 출국금지 요청의 요건이 해소된 경우
선택해제요청	국세청장은 출국금지 중인 자에게 다음 어느 하나의 사유가 있는 경우로서 국외 도피 우려가 없다고 인정할 때 법무부장관에게 출국금지의 해제를 요청할 수 있음 ① 국외건설계약 체결, 수출신용장 개설, 외국인과의 합작사업계약 체결 등 구체적인 사업계획을 가지고 출국하려는 경우 ② 국외에 거주하는 직계존비속이 사망하여 출국하려는 경우 ③ 위 ①, ②의 사유 외에 본인의 신병 치료 등 불가피한 사유로 출국금지를 해제할 필요가 있다고 인정되는 경우

❼ 고액·상습체납자의 명단 공개

의미	국세청장은 「국세기본법」상 비밀유지 규정에도 불구하고 일정 요건을 갖춘 체납자의 인적사항 및 체납액 등을 국세청장이 공개함으로써 해당 체납자의 경제활동 및 기타 대외활동에 대한 간접적인 제재를 가하는 제도
대상요건	체납 발생일부터 1년이 지난 국세의 합계액이 2억원 이상인 경우
명단공개 제외 대상	다음 어느 하나에 해당하는 경우에는 명단공개 요건에 해당되는 경우에도 그 명단을 공개할 수 없음 ① 체납된 국세와 관련하여 심판청구 등이 계속 중인 경우 ② 최근 2년간의 체납액의 납부비율이 50% 이상인 경우 ③ 회생계획인가의 결정에 따라 체납된 국세의 징수를 유예받고 그 유예기간 중에 있거나 체납된 국세를 회생계획의 납부일정에 따라 납부하고 있는 경우 ④ 재산상황, 미성년자 해당 여부 및 그 밖의 사정 등을 고려할 때 국세정보위원회가 공개할 실익이 없거나 공개하는 것이 부적절하다고 인정하는 경우 ⑤ 「부가가치세법」, 「종합부동산세법」에 따라 물적납세의무를 부담하는 수탁자가 물적납세의무와 관련된 부가가치세·종합부동산세 또는 강제징수비를 체납하는 경우 ⑥ 「국세기본법」에 따라 물적납세의무를 부담하는 양도담보권자가 그 물적납세의무와 관련하여 체납한 국세 또는 강제징수비를 체납하는 경우
공개 절차	① 통지 및 소명기회: 국세청장은 국세정보위원회의 심의를 거친 공개대상자에게 명단공개 대상자임을 통지하여 소명 기회를 주어야 함 ② 공개 여부 재심의: 통지일부터 6개월이 지난 후 국세정보위원회로 하여금 명단 공개 여부를 재심의하게 한 후 국세청장이 공개대상자를 선정함
공개 방법	① 관보에 게재하거나 국세정보통신망 또는 관할세무서 게시판에 게시 ② 공개대상자가 법인인 경우 해당 법인의 대표자도 함께 공개

❽ 고액·상습체납자의 감치

의미	검사의 청구에 따라 일정한 사유에 해당하는 체납자를 법원이 감치에 처할 수 있는 제도
적용대상 (요건 모두 충족)	① 국세를 3회 이상 체납하고 있고, 체납 발생일부터 각 1년이 경과하였으며, 체납된 국세의 합계액이 2억원 이상인 경우 ② 체납된 국세의 납부능력이 있음에도 불구하고 정당한 사유 없이 체납한 경우 ③ 「국세기본법」에 따른 국세정보위원회의 의결에 따라 해당 체납자에 대한 감치 필요성이 인정되는 경우
감치기간	법원은 검사의 청구에 따른 결정으로 30일 범위에서 체납된 국세가 납부될 때까지 감치할 수 있음
신청	국세청장은 체납자의 주소 또는 거소를 관할하는 지방검찰청 또는 지청의 검사에게 감치 신청할 수 있음
기타규정	① 국세청장은 감치 전 30일 이상의 기간을 정하여 체납자에게 소명자료를 제출하거나 의견을 진술할 기회를 주어야 함 ② 감치 결정에 대해서 체납자는 즉시 항고할 수 있음 ③ 감치에 처하여진 체납자는 동일한 체납사실로 다시 감치되지 않음 ④ 감치에 처하는 재판을 받은 체납자가 그 감치 집행 중 체납된 국세를 납부하였다면 감치 집행을 종료해야 함 ⑤ 감치 집행 시 세무공무원은 감치 대상자에게 감치사유, 감치기간, 감치 집행의 종료 등 감치 결정에 대한 사항을 설명하고 그 밖의 감치 집행에 필요한 절차에 협력해야 함

MEMO

02 임의적 징수절차

Teacher's Map

▶ 납부고지

❶ 납부고지서

① 납부고지의 의미	확정된 조세채권에 대하여 납부기한을 지정하고 그 이행을 청구하는 임의적 징수절차	
② 필수적 기재사항	그 국세의 ㉠ 과세기간, ㉡ 세목, ㉢ 세액 및 ㉣ 그 산출 근거, ㉤ 납부하여야 할 기한과 ㉥ 납부장소 (하나라도 누락하는 경우 고지의 효력이 발생하지 않음)	
③ 발급 제외	납부지연가산세 및 원천징수 등 납부지연가산 중 지정납부기한이 지난 후의 가산세를 징수하는 경우에는 납부고지서를 발급하지 않을 수 있음	
④ 강제징수비고지서	납세자에게 강제징수비의 징수에 관계되는 국세의 ㉠ 과세기간, ㉡ 세목 및 ㉢ 강제징수비의 금액, ㉣ 그 산출 근거, ㉤ 납부하여야 할 기한과 ㉥ 납부장소를 적은 강제징수비고지서를 발급해야 함	

❷ 납부고지서의 발급시기

구분	발급시기	비고
① 원칙	징수결정 즉시	규정에 따른 발급시기 이후에 발급된 고지서도 그 효력에는 영향이 없음
② 납부고지를 유예한 경우	유예기간이 끝난 날의 다음 날	

❸ 납부기한의 지정 및 납부고지의 효력

① 지정	별도로 납부기한을 정한 경우 외에는 납부고지를 하는 날부터 30일 내로 지정할 수 있음
② 효력	도달주의의 규정에 따라 납세자에게 도달함으로써 그 효력이 발생함 ㉠ 납세의무의 확정: 납부고지는 납세의무자의 납세의무를 확정지으며 부과처분·징수처분의 성격을 모두 갖음 ㉡ 소멸시효의 중단: 소멸시효를 중단시키는 효력이 있음

❹ 제2차 납세의무자 등에 대한 납부고지

① 의미	납세자의 체납액을 보충적 납세의무자로부터 징수하려는 경우 징수하려는 체납액과 관련된 사항이 기재된 납부고지서를 보충적 납세의무자에게 발급해야 함	
② 보충적 납세의무자	㉠ 제2차 납세의무자 　㉡ 보증인 ㉢ 「국세기본법」 및 세법에 따라 물적납세의무를 부담하는 자(물적납세의무자)	
③ 고지서에 기재할 사항	징수하려는 체납액의	㉠ 과세기간, ㉡ 세목, ㉢ 세액, ㉣ 산출 근거, ㉤ 납부하여야 할 기한, ㉥ 납부장소
	제2차 납세의무자 등으로부터 징수할	㉳ 금액, ㉴ 그 산출 근거, ㉵ 그 밖에 필요한 사항
	(하나라도 누락하는 경우 고지의 효력이 발생하지 않음)	

④ 통지	⊙ 제2차 납세의무자 등에게 납부고지서를 발급하는 경우: 납세자에게 그 사실을 통지 ⓒ 물적납세의무자로부터 납세자의 체납액을 징수하는 경우: 물적납세의무를 부담하는 자의 주소 또는 거소를 관할하는 세무서장과 납세자에게 그 사실을 통지	
⑤ 연대납세의무자	연대납세의무자 전원을 고지서에 기재하고 각자에게 모두 고지서를 발부	

▷ 독촉

① 의미	납세자 또는 연대납세의무자, 제2차 납세의무자나 납세보증인에 대하여 지정납부기한까지 국세를 완납하지 않은 경우에 독촉장을 통하여 그 납부를 촉구하는 절차
② 발급 제외	다음의 경우 독촉장을 발급하지 아니할 수 있음 ⊙ 국세를 납부기한 전에 징수하는 경우 ⓒ 체납된 국세가 1만원 미만인 경우 ⓒ 「국세기본법」 및 세법에 따라 물적납세의무를 부담하는 경우
③ 발급기한	지정납부기한이 지난 후 10일 이내 (위반하더라도 그 효력에 영향이 없음)
④ 납부기한	독촉을 하는 날부터 20일 이내 (위반하더라도 그 효력에 영향이 없음)
⑤ 효력	⊙ 압류의 선행절차 ⓒ 국세징수권 소멸시효의 중단

▷ 납부기한 전 징수

① 의미	관할 세무서장이 납부기한까지 기다려서는 납세자로부터 조세채권의 확보가 어렵다고 인정되는 사유가 있는 경우 납부기한 전에 국세를 징수하는 제도
② 사유	⊙ 국세, 지방세 또는 공과금의 체납으로 강제징수 또는 체납처분이 시작된 때 ⓒ 강제집행 및 담보권실행을 위한 경매가 시작되거나 파산선고를 받은 때 ⓒ 「어음법」 또는 「수표법」에 따른 어음교환소에서 거래정지처분을 받은 때 ⓔ 법인이 해산한 때 ⓜ 국세를 포탈하려는 행위가 있다고 인정될 때 ⓑ 납세관리인을 정하지 않고 국내에 주소·거소를 두지 않게 된 때
③ 대상국세	납세의무가 확정된 국세에 대해서만 납부기한 전 징수가 가능함 [확정 국세의 예시] ⊙ 납부고지를 한 국세 ⓒ 과세표준 결정의 통지를 한 국세 ⓒ 원천징수한 국세 ⓔ 납세조합이 징수한 국세 ⓜ 중간예납하는 법인세
④ 절차	당초의 납부기한보다 단축된 기한을 정하여 납세자에게 납부고지 (납부고지서에 당초의 납부기한, 단축된 납부기한, 납부기한 전 징수 사유 및 납부기한 전에 징수한다는 뜻을 부기)

⑤ 효력	㉠ 독촉의 생략: 독촉 절차를 거치지 않고 납세자의 재산을 압류할 수 있음 ㉡ 송달 지연으로 인한 지정납부기한 등의 연장 제한: 다음 구분에 따른 날을 납부하여야 할 기한으로 함 　ⓐ 해당 고지서가 단축된 기한 전에 도달한 때: 그 단축된 기한 　ⓑ 해당 고지서의 단축된 기한이 지난 후에 도달한 때: 그 도달한 날

▶ 납부의 방법

① 납부방법	㉠ 현금 ㉡ 「증권에 의한 세입납부에 관한 법률」에 따른 증권 ㉢ 지정된 국세납부대행기관을 통해 처리되는 다음 어느 하나에 해당하는 결제수단 　ⓐ 「여신전문금융업법」에 따른 신용카드 또는 직불카드 　ⓑ 「정보통신망 이용촉진 및 정보보호 등에 관한 법률」에 따른 통신과금서비스 　ⓒ 그 밖에 위 ⓐ 또는 ⓑ와 유사한 것으로서 법으로 정하는 것
② 납부일 의제	신용카드, 직불카드 및 통신과금서비스 등으로 국세를 납부하는 경우에는 국세납부대행기관의 승인일을 납부일로 봄
③ 기타	㉠ 자동이체 가능(지정납부기한이 지난 국세는 자동이체 불가) ㉡ 납부 대행 수수료: 1천분의 10(1%) 이내 ㉢ 제3자의 납부: 납세자를 위하여 납세자의 명의로 국세 등 납부 가능(납부한 금액의 반환청구는 불가)

▶ 납부기한 등의 연장 등

❶ 연장 및 유예

① 의미	㉠ 납부기한 등의 연장: 납세자에게 재난 등의 사유로 국세를 납부기한 등까지 납부할 수 없다고 인정되는 경우 납부기한 등을 연장(세액 분할납부 포함)해주는 제도 ㉡ 납부고지의 유예: 납세자에게 재난 등의 사유로 국세를 납부할 수 없다고 인정되는 경우 납부고지를 유예(세액 분할납부를 고지하는 것 포함)해주는 제도
② 연장 및 유예 사유	㉠ 납세자가 재난 또는 도난으로 재산에 심한 손실을 입은 경우 ㉡ 납세자가 경영하는 사업에 현저한 손실이 발행하거나 부도 또는 도산의 우려가 있는 경우 ㉢ 납세자 또는 그 동거가족의 질병이나 중상해로 6개월 이상의 치료가 필요한 경우 또는 사망하여 상중인 경우 ㉣ 정전, 프로그램의 오류, 그 밖의 부득이한 사유로 한국은행 및 체신관서의 정보처리장치나 시스템을 정상적으로 가동시킬 수 없는 경우 ㉤ 금융회사 등 또는 체신관서의 휴무, 그 밖의 부득이한 사유로 정상적인 국세 납부가 곤란하다고 국세청장이 인정하는 경우 ㉥ 권한 있는 기관에 장부·서류 또는 그 밖의 물건이 압수·영치된 경우 및 이에 준하는 경우 ㉦ 납세자의 장부 작성을 대행하는 세무사 또는 공인회계사가 화재, 전화, 그 밖의 재해를 입거나 해당 납세자의 장부를 도난당한 경우 ㉧ 위 ㉠ ~ ㉢에 준하는 사유가 있는 경우

③ 연장 및 유예 기한	③ 연장 또는 유예한 날의 다음 날부터 9개월 이내 ⑥ 다음의 어느 하나에 해당하는 자에 대한 특례의 경우 최대 2년 　ⓐ 고용재난지역 등에 사업장을 소재한 자 　ⓑ 특별재난지역 선포의 사유가 된 재난으로 인해 신체에 피해를 입은 사업자 NEW 　ⓒ 특별재난지역 선포의 사유가 된 재난으로 인해 사망한 사업자가 경영하던 사업장을 상속받은 상속인 NEW	
④ 분납	관할 세무서장은 연장 또는 유예기간이 6개월을 초과하는 경우에는 가능한 한 연장 또는 유예기간 시작 후 6개월이 지난 날부터 3개월 이내에 균등액을 분납하도록 정할 수 있음	
⑤ 납부지연가산세 미부과	연장 및 유예기간 동안 납부지연가산세 및 원천징수 등 납부지연가산세를 부과하지 않음 (납세자가 납부고지 또는 독촉을 받은 후에 징수유예 받은 경우에도 미부과)	

○ 연장 및 유예 방법

① 직권	③ 납부기한 등의 연장: 관할 세무서장은 직권으로 납부기한 등을 연장(세액을 분할납부하도록 하는 것을 포함)할 수 있음 ⑥ 납부고지의 유예: 관할 세무서장은 직권으로 납부고지를 유예(세액을 분할납부 고지하는 것을 포함)할 수 있음
② 신청	연장 및 유예 사유가 발생하였다면 납세자가 관할 세무서장에게 연장 및 유예를 신청할 수 있음

○ 절차

① 직권에 의한 연장 및 유예	통지	관할 세무서장은 다음 사항을 적은 문서로 즉시 납세자에게 연장 및 유예의 사실을 통지해야 함 ③ 연장 또는 유예한 국세의 과세기간, 세목, 세액 및 기한 ⑥ 분할납부의 방법으로 연장 또는 유예를 한 경우에는 분납금액 및 분납횟수 ⓒ 연장 또는 유예기간
	예외	다음에 해당하는 경우 관보, 일간신문 또는 정보통신망을 통하여 공고하는 방법으로 통지를 갈음할 수 있음 ③ 정전, 프로그램 오류, 그 밖의 부득이한 사유로 한국은행 및 체신관서의 정보처리장치나 시스템의 비정상적인 가동이 전국적으로 일시에 발생하는 경우 ⑥ 연장 또는 유예의 통지 대상자가 불특정 다수인 경우 ⓒ 연장 또는 유예의 사실을 그 대상자에게 개별적으로 통지할 시간적 여유가 없는 경우
② 신청에 의한 연장 및 유예	신청	납세자가 기한* 만료일 3일 전까지 신청서(전자문서 포함)를 관할 세무서장에게 제출 단, 관할 세무서장이 납세자가 기한* 만료일 3일 전까지 신청서를 제출할 수 없다고 인정하는 경우에는 기한* 만료일까지 제출할 수 있음
	통지	① 원칙: 관할 세무서장이 납부기한 등의 연장 또는 납부고지의 유예를 승인하는 경우에는 연장 또는 유예의 승인 내용들을 통지해야 하고 기각하는 경우에는 그 사유를 기한* 만료일까지 통지해야 함 ② 예외: 기한* 만료일 10일 전에 납세자의 납부기한 연장 또는 납부고지의 유예신청에 대하여 세무서장이 신청일부터 10일 이내에 승인 여부를 통지하지 아니한 때에는 신청일부터 10일이 되는 날에 해당 신청을 승인한 것으로 봄

* 기한: 납부기한 등의 연장의 경우 납부기한 등, 납부고지의 유예의 경우 납부고지 예정인 국세를 납부해야 할 기한

○ 납부기한 등 연장 등에 관한 납세담보 요구

① 원칙	관할 세무서장은 부득이한 사유로 납부기한 등의 연장 또는 납부고지의 유예를 하는 경우 그 연장 또는 유예와 관계되는 금액에 상당하는 납세담보를 요구할 수 있음
② 예외	다음의 경우 납세담보의 요구가 불가능함 ㉠ 납세자가 사업에서 심각한 손해를 입거나 그 사업이 중대한 위기에 처한 경우로서 관할 세무서장이 납부해야 할 금액, 연장 또는 유예 기간 및 납세자의 과거 국세 납부명세 등을 고려하여 납세자가 그 연장 또는 유예 기간 내에 해당 국세를 납부할 수 있다고 인정하는 경우 ㉡ 납세자가 재난 또는 도난으로 재산에 심한 손실을 입은 경우 ㉢ 정전, 프로그램의 오류, 그 밖의 부득이한 사유로 한국은행 및 체신관서의 정보처리장치나 시스템을 정상적으로 가동시킬 수 없는 경우 ㉣ 금융회사 등 또는 체신관서의 휴무, 그 밖의 부득이한 사유로 정상적인 국세납부가 곤란하다고 국세청장이 인정하는 경우 ㉤ 위 ㉠~㉣과 유사한 사유에 해당하는 경우

○ 연장 및 유예의 취소

① 취소 사유	다음 어느 하나의 사유에 해당하는 경우 연장 및 유예를 취소하고 관계되는 국세를 한꺼번에 징수할 수 있음 ㉠ 국세를 분할납부하여야 하는 각 기한까지 분할납부하여야 할 금액을 납부하지 아니한 경우 ㉡ 관할 세무서장의 납세담보물의 추가 제공 또는 보증인의 변경 요구에 따르지 아니한 경우 ㉢ 재산 상황의 변동 등 일정한 사유로 납부기한 등의 연장 또는 납부고지의 유예를 할 필요가 없다고 인정되는 경우 ㉣ '납부기한 전 징수'의 사유 중 어느 하나에 해당되어 그 연장 또는 유예한 기간까지 연장 또는 유예와 관계되는 국세의 전액을 징수할 수 없다고 인정되는 경우
② 통지	관할 세무서장은 연장 및 유예를 취소한 경우 납세자에게 그 사실을 통지해야 함
③ 재연장 불가	관할 세무서장은 취소 사유 중 ㉠, ㉡, ㉣에 따라 취소한 경우 그 국세에 대하여 다시 지정납부기한 등의 연장을 할 수 없음 (㉢의 사유로 취소된 경우에는 재연장 가능)

❷ 송달지연으로 인한 징수유예

① 의미	과세관청의 송달지연으로 납부고지서가 늦게 도달하여 납세자의 귀책사유 없이 납세자의 기한의 이익이 상실되지 않도록 이를 보호하기 위해 과세관청이 납부기한 등을 연장하는 제도
② 일반적인 고지	납부고지서 또는 독촉장의 송달이 지연되어 다음 어느 하나에 해당하는 경우 도달한 날부터 14일이 지난 날을 지정납부기한 등으로 함 ㉠ 도달한 날에 이미 지정납부기한 등이 지난 경우 ㉡ 도달한 날부터 14일 이내에 지정납부기한 등이 도래하는 경우
③ 납부기한 전 징수에 따른 고지	납부기한 전 납부고지를 하는 경우에는 다음의 구분에 따른 날을 납부하여야 할 기한으로 함 (later[도달한 날, 단축된 기한]) ㉠ 단축된 기한 전에 도달한 경우: 단축된 기한 ㉡ 단축된 기한이 지난 후 도달한 경우: 도달한 날

▶ 납세담보

❶ 납세담보의 의미와 제공 사유

① 의미	납세자의 납세의무 불이행에 대비하여 국가가 조세채권을 보전하기 위하여 세법에 따라 납세자(또는 제3자)로부터 제공받는 담보
② 납세담보를 제공해야 하는 경우	㉠ 상증법에 따라 상속세·증여세 납부세액이 2천만원을 초과하여 연부연납하는 때 ㉡ 상증법에 따라 문화재자료 등의 상속세·증여세액을 징수유예할 때 ㉢ 「개별소비세법」에 따라 수입신고 수리 전에 과세물품을 보세구역으로부터 반출하고자 할 때
③ 납세담보를 요구할 수 있는 경우	㉠ 납부기한 등의 연장 또는 납부고지를 유예하는 경우 ㉡ 재산의 압류를 유예하거나 압류를 해제하는 경우 ㉢ 「개별소비세법」에 따라 과세 유흥장소의 경영자에 대한 납세 보전을 위하여 필요하다고 인정되는 경우 ㉣ 「주세법」에 따라 주세 보전상 필요하다고 인정되는 경우

❷ 납세담보의 종류, 제공·평가 방법 및 담보 가액

○ 개요

담보 종류	제공 방법	평가 방법	담보 가액
① 금전	공탁하고 공탁수령증을 제출	-	110% 이상
② 국채증권 등 법으로 정한 유가증권	㉠ 미등록 유가증권: 공탁하고 공탁수령증을 제출 ㉡ 등록 유가증권: 담보의 뜻을 등록하고 그 등록확인증을 제출	담보로 제공하는 날의 전날을 평가기준일로 하여 「상속세 및 증여세법」을 준용하여 계산한 가액	120% 이상
③ 납세보증보험증권	납세보증보험증권을 제출	보험금액	110% 이상
④ 「은행법」에 따른 은행 등 법으로 정하는 자의 납세보증서	납세보증서를 제출	보증금액	120% 이상 (은행의 납세보증서는 110%)
⑤ 토지	등기필증, 등기완료통지서 또는 등록필증을 제시 + 관할 세무서장이 저당권 설정을 등기·등록	「상속세 및 증여세법」에 따라 평가한 가액*	120% 이상
⑥ 보험에 든 등기·등록된 건물·공장재단·광업재단·선박·항공기 및 건설기계	등기필증, 등기완료통지서 또는 등록필증을 제시 + 관할 세무서장이 저당권 설정을 등기·등록 + 화재보험증권을 제출	㉠ 건물: 「상속세 및 증여세법」에 따라 평가한 가액* ㉡ 기타의 재산: 「감정평가 및 감정평가사에 관한 법률」에 따른 감정평가법인 등의 평가액 또는 「지방세법」에 따른 시가표준액*	120% 이상

* 담보로 제공하는 날을 평가기준일로 함 **NEW**

○ **기타사항**

> ① 국세가 확정되지 아니한 경우의 담보가액: 국세청장이 정하는 가액에 상당하는 담보를 제공해야 함
> ② 납세보증보험증권의 보험기간: 납세담보를 필요로 하는 기간에 30일을 더한 기간 이상인 것으로 함 (단, 납부해야 할 기한이 확정되지 않은 국세의 경우에는 국세청장이 정하는 기간 이상인 것으로 함)
> ③ 등기·등록된 건물 등의 화재보험의 보험기간: 납세담보를 필요로 하는 기간에 30일을 더한 기간 이상인 것으로 함
> ④ 조사: 관할 세무서장은 납세자가 토지, 건물, 공장재단, 광업재단, 선박, 항공기 또는 건설기계를 납세담보로 제공하면서 제시한 등기필증, 등기완료통지서 또는 등록필증이 사실과 일치하는지를 조사하여 다음 어느 하나에 해당하는 경우에는 다른 담보를 제공하게 해야 함
>> ⊙ 법령에 따라 담보 제공이 금지되거나 제한된 경우(관계 법령에 따라 주무관청의 허가를 받아 제공하는 경우는 제외)
>> ⓒ 법령에 따라 사용·수익이 제한되어 있는 등의 사유로 담보의 목적을 달성할 수 없다고 인정되는 경우
>
> ⑤ 열거주의: 「국세징수법」상 납세담보재산은 열거주의에 의하므로 열거되지 아니한 재산은 담보로 제공받을 수 없음

❸ 납세담보의 변경과 보충

① 변경	신청	납세담보를 제공한 자는 관할 세무서장의 승인을 받아 그 담보를 변경할 수 있으며 담보제공자는 문서로 변경승인을 신청해야 함
	승인	승인신청을 받은 관할 세무서장은 다음 어느 하나에 해당하면 그 변경을 승인해야 함 ⊙ 보증인의 납세보증서를 갈음하여 다른 담보재산을 제공한 경우 ⓒ 제공한 납세담보의 가액이 변동되어 지나치게 많아진 경우 ⓒ 납세담보로 제공한 유가증권 중 상환기간이 정해진 것이 그 상환시기에 이른 경우
② 보충		납세담보물의 가액 감소, 보증인의 자력 감소 또는 그 밖의 사유로 그 납세담보로는 국세 및 강제징수비의 납부를 담보할 수 없다고 인정될 때에는 담보물의 추가제공 또는 보증인의 변경을 요구할 수 있음

❹ 납세담보에 의한 납부와 징수 및 해제

① 납부	문서로 관할 세무서장에게 신청 → 금전으로 담보한 국세 및 강제징수비를 납부할 수 있음(금전 외 불가) → 신청한 금액에 상당한 국세 및 강제징수비는 이를 납부한 것으로 봄
② 징수	세무서장은 납세담보를 제공받은 국세 및 강제징수비가 담보기간에 납부되지 않으면 그 담보로써 국세 및 강제징수비를 징수 → 납세담보를 현금화한 금액이 국세 및 강제징수비에 충당하고 남은 경우 납세자에게 지급
③ 해제	세무서장은 납세담보를 제공받은 국세 및 강제징수비가 납부되면 지체 없이 담보 해제 절차를 밟아야 하고 이를 납세담보 제공자에게 통지해야 함 (저당권이 설정된 납세담보 해제 시 저당권 말소의 등기·등록을 촉탁해야 함)

▶ 체납액 징수 관련 사실행위의 위탁

① 의미	관할 세무서장은 독촉에도 불구하고 납부되지 않은 체납액을 징수하기 위하여 한국자산관리공사에 일정한 징수 관련 사실행위를 위탁할 수 있고 한국자산관리공사는 위탁받은 업무를 제3자에게 다시 위탁할 수 없음
② 위탁 업무	㉠ 체납자의 주소 또는 거소 확인 ㉡ 체납자의 재산 조사 ㉢ 체납액의 납부를 촉구하는 안내문 발송과 전화 또는 방문 상담 ㉣ 위 ㉠~㉢의 규정에 준하는 단순 사실행위에 해당하는 업무로서 일정한 사항
③ 위탁 사유	㉠ 체납자별 체납액이 1억원 이상인 경우 ㉡ 관할 세무서장이 체납자 명의의 소득 또는 재산이 없는 등의 사유로 징수가 어렵다고 판단한 경우
④ 위탁 수수료	체납액 징수 관련 사실행위를 위탁받은 체납액 중 납부·징수된 금액에 100분의 25를 초과하지 않는 범위에서 법으로 정하는 비율(2~10%)을 곱한 금액으로 함
⑤ 위탁 해지	체납자의 납부의무가 소멸하거나 납세담보 제공으로 인해 체납액 징수가 가능하게 된 경우 세무서장은 징수 업무위탁을 해지해야 함
⑥ 위탁 관련 사실행위의 감독	국세청장은 한국자산관리공사로 하여금 관할 세무서장이 위탁한 사항을 보고하게 하거나, 필요한 조치를 하도록 요구할 수 있으며 한국자산관리공사는 특별한 사유가 없으면 국세청장의 요구에 따라야 함

03 강제적 징수절차

Teacher's Map

▷ 통칙

❶ 강제징수

의미	국세채권을 세무공무원이 직접 자력집행력을 통해 집행하는 강제적 실현절차
절차	① 협의의 강제징수 　　㉠ 압류 → ㉡ 압류재산의 매각 → ㉢ 청산 ② 광의의 강제징수: 교부청구, 참가압류
대상	납세자가 독촉 또는 납부기한 전 징수의 고지를 받고 지정된 기한까지 국세 또는 체납액을 완납하지 아니한 경우(체납 발생 후 1개월이 지나고, 체납액이 5천만원 이상인 자의 경우는 지방국세청장을 포함)

❷ 사해행위 취소 및 원상회복

의미	관할 세무서장은 납세자가 국세의 징수를 피하기 위하여 한 재산의 처분이나 그 밖에 재산권을 목적으로 한 법률행위에 대하여 사해행위의 취소 및 원상회복을 법원에 청구할 수 있음
요건	① 사해행위: 조세채권자를 해하는 사해행위를 해야 함 ② 무자력: 조세를 면할 목적으로 양도한 재산 외에는 다른 자력이 없어 국세를 완납할 수 없는 경우여야 함 ③ 사해 의사: 법률 행위 당시 그 행위로 인해 조세채권자를 해하게 됨을 알고 있어야 함
행사 방법	세무공무원은 수익자 또는 전득자를 상대로 민사소송 제기해야 함 (직권 취소 불가능)
효과	① 강제징수 집행: 국가 승소 시 재산권을 목적으로 한 법률 행위가 취소되므로 강제징수 가능 ② 소멸시효 정지: 세무공무원이 사해행위 취소소송을 제기하여 그 소송이 진행 중인 기간에는 소멸시효가 정지
충당 후 반환	국세의 충당 후 잔여분은 재산의 반환을 한 수익자 또는 전득자에게 함

❸ 가압류·가처분 재산에 대한 강제 징수

강제징수	관할 세무서장은 재판상의 가압류 또는 가처분을 받은 재산이 강제징수 대상인 경우에도 「국세징수법」에 따라 강제징수함
통지	재판상의 가압류 또는 가처분을 받은 재산을 압류하려는 경우 그 뜻을 해당 법원, 집행공무원 또는 강제관리인에게 통지해야 함(압류를 해제하려는 경우에도 동일)

❹ 상속 또는 합병의 경우 강제징수의 속행 등

체납자의 사망 또는 합병으로 인한 소멸	재산에 대한 강제징수는 계속 진행
체납자 사망 후 체납자 명의의 재산 압류	그 재산을 상속한 상속인에 대해 한 것으로 봄
체납자가 파산선고를 받은 경우	이미 압류한 재산이 있을 경우 강제징수는 계속 진행

❺ 제3자의 소유권 주장

방법	소유권 반환청구를 주장하는 제3자는 그 재산의 매각 5일 전까지 소유자로 확인할 만한 증거서류를 관할 세무서장에게 제출
주장의 효과	① 제3자의 소유권 주장 청구 시: 강제징수 정지 ② 청구가 정당하다고 인정되는 경우: 즉시 압류 해제 ③ 청구가 부당하다고 인정되는 경우: 관할 세무서장은 제3자에게 부당함을 즉시 통지 + 제3자가 통지를 받은 날부터 15일 이내 체납자를 상대로 한 소송을 증명하지 않으면 강제징수 계속함 ④ 제3자가 소송에서 승소한 경우: 즉시 압류 해제

❻ 인지세와 등록면허세의 면제

인지세 면제	압류재산을 보관하는 과정에서 작성하는 문서에 관하여는 인지세를 면제
등록면허세 면제	① 압류 또는 압류말소의 등기·등록면허세 면제 ② 공매공고 또는 공매공고 말소의 등기·등록면허세 면제

❼ 고액·상습체납자의 수입물품에 대한 강제징수의 위탁

세관장에게 위탁	체납 발생일부터 1년이 지난 국세의 합계액이 2억원 이상인 경우 체납자의 수입물품에 대한 강제징수를 세관장에게 위탁할 수 있음
사전 안내	1개월 이내의 기간을 정하여 그 기간에 체납된 국세를 납부하지 않을 경우 체납자의 수입물품에 대한 강제징수가 세관장에게 위탁될 수 있다는 사실을 알려야 함
통지	세관장에게 강제징수를 위탁한 경우 즉시 그 위탁 사실을 체납자에게 통지해야 함
위탁 철회	체납자가 고액·상습체납자의 명단 공개 대상에서 제외되는 경우 즉시 위탁 철회해야 함

❽ 강제징수의 인계

인계	체납자의 거주지 또는 압류할 재산의 소재지를 관할하는 세무서장에게 강제징수를 인계
조건	체납자가 관할구역 밖에 거주하거나 압류할 재산이 관할구역 밖에 있는 경우
인계 불가	압류할 재산이 채권이거나 체납자의 거주지 또는 압류할 재산의 소재지가 둘 이상의 세무서가 관할하는 구역에 걸쳐 있는 경우
세무서장의 인수거절	강제징수를 인계받은 세무서장은 압류할 재산이 해당 관할구역에 없는 경우 강제징수의 인수를 거절할 수 있음 (체납자가 그 관할구역에 거주하고 있는 경우 강제징수를 인계받은 세무서장은 수색조서를 작성하여 강제징수를 인계한 관할 세무서장에게 보내야 함)

▶ 압류

❶ 통칙

의미	과세권자가 국세채권을 실현하기 위하여 체납자의 특정 재산에 대하여 처분을 금지시키기 위하여 과세관청이 행하는 강제행위
압류 요건	① 납세자가 독촉을 받고 독촉장에서 정한 기한까지 국세를 완납하지 않은 경우 ② 납부기한 전 징수의 규정에 따라 납부고지를 받고 단축된 기한까지 국세를 완납하지 않은 경우 ③ 납세자에게 납부기한 전 징수의 사유가 있어 국세가 확정된 후 해당 국세를 징수할 수 없다고 인정되는 경우(확정 전 보전압류) ④ 양도담보권자가 고지된 납부기한까지 물적납세의무를 이행하지 않은 경우(독촉 없이 바로 압류)
확정 전 보전압류	① 의미: 납세자에게 납부기한 전 징수의 사유가 있어 국세가 확정된 후 그 국세를 징수할 수 없다고 인정될 때에는 미리 지방국세청장의 승인을 받아 국세로 확정되리라고 추정되는 금액의 한도에서 납세자의 재산을 압류할 수 있음 ② 승인: 관할 세무서장은 미리 관할 지방국세청장의 승인받아야 함 ③ 통지: 확정 전 보전압류 후 납세자에게 문서로 압류 사실을 통지 ④ 보전압류의 해제: 납세자가 납세담보를 제공하고 압류 해제를 요구하거나 압류 후 3개월(국세 확정을 위하여 실시한 세무조사가 「국세기본법」에 따라 중지된 경우에 그 중지 기간은 빼고 계산함)이 지날 때까지 국세를 확정하지 않은 경우에는 압류를 즉시 해제해야 함 ⑤ 공매 제한: 그 압류와 관계되는 국세의 납세 의무가 확정되기 전에는 공매할 수 없음 ⑥ 충당: 금전 또는 납부기한 내 추심 가능한 예금·유가증권의 경우 납세자의 신청이 있으면 압류재산 한도 내에서 확정된 국세를 징수한 것으로 볼 수 있음
초과압류	국세를 징수하기 위해 필요한 재산을 초과하여 압류 불가(단, 불가분물 등 부득이한 경우 가능)
압류재산 선택 시 제3자의 권리 보호	강제징수에 지장이 없는 범위에서 제3자가 가진 권리를 침해하지 않도록 해야 함
압류조서	① 원칙: 체납자의 재산을 압류하는 경우 세무공무원은 압류조서를 작성해야 함 ② 예외: 참가압류에 압류의 효력이 생긴 경우에는 압류조서를 작성하지 않을 수 있음 ③ 압류조서 등본 교부: 동산이나 유가증권, 채권, 채권·소유권을 제외한 그 밖의 재산권의 경우 압류조서 등본을 체납자에게 주어야 함 (질권이 설정된 경우 질권자에게 압류조서 등본을 주어야 함) ④ 기재사항: 압류한 재산에 관하여 양도, 제한물권의 설정, 채권의 영수 및 그 밖의 처분을 할 수 없다는 뜻을 기재 ⑤ 참가자의 서명날인: 압류에 참여한 세무공무원이 참여자와 함께 서명날인 (참여자가 서명날인 거부 시 그 사실을 압류조서에 적는 것으로 서명날인을 갈음)
수색	① 체납자의 주거 등 수색: 체납자의 주거·창고·사무실·선박·항공기·자동차 또는 그 밖의 장소를 수색할 수 있고 폐쇄된 문·금고 또는 기구를 열게 하거나 직접 열 수 있음 ② 제3자의 주거 등 수색: 제3자의 주거 등에 체납자의 재산을 감춘 혐의가 있거나 체납자의 재산을 점유·보관한 제3자가 재산의 인도·이전을 거부하는 경우 제3자의 주거 등을 수색할 수 있고, 폐쇄된 문·금고 또는 기구를 열게 하거나 직접 열 수 있음 ③ 수색기간: 해가 뜰 때부터 해가 질 때까지 (단, 해가 지기 전에 시작한 수색은 해가 진 후에도 계속할 수 있고 야간 영업소에 대해서는 해가 진 후에도 영업 중에는 수색을 시작할 수 있음)

수색	④ 수색조서의 작성: 세무공무원은 수색을 하였으나 압류할 재산이 없는 경우 수색조서를 작성하고 수색조서에 참여자와 함께 서명날인 (참여자가 서명날인 거부 시 그 사실을 수색조서에 적는 것으로 서명날인을 갈음) ⑤ 수색조서 등본의 배부: 수색 받은 체납자 또는 참여자에게 수색조서 등본을 배부 ⑥ 수색조서의 효력: 수색 시 압류할 재산이 없는 경우에도 그 수색을 착수했을 때 시효중단의 효력 발생
질문·검사	① 목적: 압류할 재산의 소재 또는 수량을 알아내기 위하여 필요한 경우 ② 대상: 체납자 또는 체납자와 관계가 있는 자 ③ 방법: 구두 또는 문서로 질문하거나 장부, 서류 및 그 밖의 물건을 검사 ④ 서명날인: 중요사항인 경우 기록하고 답변자와 함께 서명날인 (답변자가 서명날인 거부 시 그 사실을 본문의 서류에 적는 것으로 서명날인을 갈음)
참여자	① 원칙: 그 수색 또는 검사를 받는 사람, 그 가족·동거인이나 사무원 또는 그 밖의 종업원을 참여시켜야 함 ② 예외: 참여시켜야 할 자가 없거나 참여 요청에 따르지 아니하는 경우 성인 2명 이상 또는 특별시·광역시·특별자치시·특별자치도·시·군·자치구의 공무원이나 경찰공무원 1명 이상을 증인으로 참여시켜야 함
증표 등의 제시	세무공무원은 그 신분을 나타내는 증표 및 압류·수색 등 통지서를 지니고 이를 관계자에게 제시
출입 제한	압류, 수색 또는 질문·검사를 하는 경우로서 필요하다고 인정하는 경우 체납자 및 참여자 등 관계자를 제외한 사람에 대하여 해당 장소에서 나갈 것을 요구하거나 그 장소에 출입하는 것을 제한할 수 있음
저당권자 등에 대한 압류 통지	① 과세관청 → 저당권자 등: 관할 세무서장은 저당권자 등에게 압류사실 통지 ② 저당권자 등 → 과세관청: 저당권자 등이 권리를 행사하려는 경우 통지를 받은 날로부터 10일 이내에 관할 세무서장에게 신고

❷ 압류대상자산 및 압류 제한

압류대상자산	압류 당시에 체납자가 소유하는 국내 소재 재산 중, ① 금전적 가치가 있고 ② 양도 가능하며 ③ '압류금지재산' 또는 '압류제한급여채권' 이외의 자산
압류금지재산	납세자의 체납에도 불구하고 세무공무원이 압류할 수 없는 재산(생활필수품, 3개월간의 식료품 및 연료, 제사 및 장례용품 등)으로 압류한 경우 그 압류는 원칙적으로 무효 또는 취소의 사유가 됨
급여채권의 압류 제한	① 원칙: 급여채권에 대해서는 그 총액의 2분의 1에 해당하는 금액은 압류금지 ② 최저생계비(월 250만원)에 미달하는 경우: 최저생계비는 압류 금지 ③ 최저생계비를 초과하는 경우: 표준적인 가구의 생계비를 고려하여 법으로 정한 금액은 압류 금지 ④ 퇴직금 등: 퇴직금 등에 대해서는 총액의 2분의 1에 해당하는 금액은 압류금지 ⑤ 세후 금액: 소득세 및 소득세분 지방소득세를 뺀 금액을 기준으로 산정

❸ 압류의 효력

소멸시효의 중단	국세징수권의 소멸시효가 중단됨
처분의 제한	① 체납자는 압류한 재산에 관하여 양도, 제한물권의 설정, 채권의 영수, 그 밖의 처분을 할 수 없음 ② 채무자 또는 이에 준하는 자(제3채무자)는 체납자에 대한 지급을 할 수 없음
과실에 대한 압류 효력	① 원칙: 압류재산으로부터 생기는 천연과실 또는 법정과실에도 압류의 효력이 미침 ② 압류재산을 사용·수익하는 경우: 체납자 또는 제3자가 압류재산의 사용 또는 수익을 하는 경우 그 재산의 매각으로 인하여 권리를 이전하기 전까지 이미 거두어들인 천연과실에 대해서는 압류의 효력이 미치지 아니함 ③ 특례: 천연과실 중 성숙한 것은 토지 또는 입목과 분리하여 동산으로 볼 수 있음
부동산 등의 압류	① 재산별 등기·등록 | 등기된 재산[*1]	압류조서를 첨부하여 압류등기를 관할 등기소에 촉탁 | | 등록된 재산[*2] | 압류의 등록을 관계 행정기관의 장 또는 지방자치단체의 장에게 촉탁 | | 등기되지 않은 부동산 | 토지대장 등본, 건축물대장 등본 또는 부동산종합증명서를 갖추어 보존등기를 관할 등기소에 촉탁 | [*1] 등기된 재산: 등기된 부동산, 공장재단 및 광업재단, 선박 [*2] 등록된 재산: 등록된 자동차, 선박, 항공기 또는 경량항공기, 건설기계 ② 압류의 효력: 그 압류등기 또는 압류의 등록이 완료된 때에 발생 (해당 압류재산의 소유권이 이전되기 전에 「국세기본법」에 따른 법정기일이 도래한 국세의 체납액에 대해서도 미침) ③ 통지: 압류사실을 체납자에게 통지 ④ 재산의 분할 또는 구분: 재산을 분할·구분하려는 경우 분할·구분의 등기를 관할 등기소에 촉탁 ⑤ 점유: 관할 세무서장은 압류한 자동차, 선박, 항공기 또는 건설기계가 은닉 또는 훼손될 우려가 있다고 인정되는 경우 체납자에게 인도를 명하여 이를 점유할 수 있음 ⑥ 사용·수익: 체납자 또는 제3자(임차인 등)은 압류된 재산을 사용하거나 수익할 수 있음. 단, 관할 세무서장은 그 가치가 현저하게 줄어들 우려가 있다고 인정할 경우에는 그 사용·수익을 제한할 수 있음 ⑦ 정박·정류: 관할 세무서장은 강제징수를 위하여 필요한 기간 동안 정박 또는 정류를 하게 할 수 있고 정박·정류를 하게 하였을 경우 그 감시와 보존에 필요한 처분을 해야 함 (단, 출항준비를 마친 선박 또는 항공기에 대해서는 정박 또는 정류를 하게 할 수 없음)
동산과 유가증권의 압류	① 압류의 효력: 세무공무원이 점유한 때에 발생 ② 제3자가 점유하고 있는 경우: 제3자에게 문서로 해당 동산 또는 유가증권의 인도를 요구. 단, 인도를 요구받은 제3자가 인도하지 않는 경우 제3자의 주거 등에 대한 수색을 통하여 이를 압류할 수 있음 ③ 배우자와 공유재산: 체납자와 그 배우자의 공유재산으로서 체납자가 단독 점유하거나 배우자와 공동 점유하고 있는 동산 또는 유가증권을 압류할 수 있음 ④ 사용·수익: 운반하기 곤란한 동산은 체납자 또는 제3자에게 보관하게 할 수 있음. 체납자 또는 이를 사용하거나 수익할 권리를 가진 제3자에게 보관하게 한 경우 강제징수에 지장이 없다고 인정되면 그 동산의 사용 또는 수익을 허가할 수 있음 ⑤ 금전의 압류: 금전을 압류한 경우에는 그 금전 액수만큼 체납자의 압류에 관계되는 체납액을 징수한 것으로 봄 ⑥ 압류한 유가증권에 대한 채권의 추심: 채권을 추심할 수 있고, 추심한 채권의 한도에서 체납자의 압류와 관계되는 체납액을 징수한 것으로 봄

채권의 압류	① 통지: 채권을 압류하려는 뜻을 제3채무자에게 통지하고 체납자에게도 통지 ② 압류의 효력: 채권 압류 통지서가 제3채무자에게 송달된 때에 발생 ③ 체납자 대위: 관할 세무서장은 제3채무자와 체납자에게 통지한 경우 체납액을 한도로 하여 체납자인 채권자를 대위하며 이 경우 압류 후 1년 이내에 제3채무자에 대한 이행의 촉구와 채무이행의 소송을 제기해야 함 (단, 심판청구 등이 계속 중이거나 그 밖에 이에 준하는 사유로 법률상·사실상 추심이 불가능한 경우에는 그러하지 아니하되 추심 불가능 사유가 해소되어 추심이 가능해지면 지체 없이 제3채무자에 대한 이행의 촉구와 채무 이행의 소송을 제기해야 함) ④ 채무불이행에 따른 절차: 채권 압류의 통지를 받은 제3채무자가 채무이행의 기한이 지나도 이행하지 않은 경우 관할 세무서장은 체납자를 대위하여 이행의 촉구를 해야 하며 촉구를 받은 제3채무자가 촉구한 기한까지 채무를 이행하지 않는 경우 관할 세무서장은 제3채무자를 상대로 소송을 제기 (단, 무자력 인정 시 소송을 제기하지 않고 압류를 해제할 수 있음) ⑤ 채권 압류의 범위: 채권을 압류하는 경우 체납액을 한도로 해야 함 (단, 압류하려는 채권에 국세보다 우선하는 질권이 설정되어 있어 압류에 관계된 체납액의 징수가 확실하지 아니한 경우 등 필요하다고 인정되는 경우 채권 전액을 압류할 수 있음) ⑥ 계속적인 거래관계에서 발생하는 채권의 압류: 계속적 거래관계에서 발생하는 이와 유사한 채권에 대한 압류의 효력은 체납액을 한도로 하여 압류 후에 발생할 채권에도 미침 ⑦ 조건부채권의 압류: 신원보증금, 계약보증금 등의 조건부채권을 그 조건 성립 전에도 압류할 수 있음
그 밖의 재산권(무체재산권)의 압류	① 재산별 절차 | 등기·등록이 필요한 재산 | 압류의 등기 또는 등록을 관할 등기소, 관계 행정기관의 장, 지방자치단체의 장에게 촉탁해야 함 | |---|---| | 등기·등록이 필요하지 않은 재산 | 압류하려는 뜻을 제3채무자가 있는 경우에는 제3채무자에게, 제3채무자가 없는 경우에는 체납자에게 통지해야 함 | | 가상자산 | ㉠ 체납자(제3자가 체납자의 가상자산을 보관하고 있을 때에는 그 제3자)에게 해당 가상자산의 이전을 문서로 요구할 수 있고, 요구받은 체납자 또는 그 제3자는 이에 따라야 함 (가상자산이 두 종류 이상인 경우에는 특정 가상자산을 우선하여 이전하도록 요구 가능) ㉡ 관할 세무서장은 압류를 한 경우 및 체납자의 가상자산을 보관하고 있는 제3자에게 해당 가상자산의 이전을 요구한 경우 그 사실을 체납자에게 통지하여야 함 | ② 압류의 효력: 따로 정하고 있지 않음 ③ 체납자에게 통지: 등기·등록이 필요한 재산을 압류한 경우나 등기·등록이 필요하지 않은 재산을 압류하려는 뜻을 제3자에게 통지한 경우, 그 사실을 체납자에게 통지 ④ 매각·추심: 관할 세무서장이 그 밖의 재산권을 압류한 경우 위 '채권의 압류' ③ 체납자 대위 규정을 준용하거나 매각의 착수 시기 규정에 따라 매각·추심에 착수함
국가 또는 지방자치단체의 재산에 관한 권리의 압류	① 소유권 이전 전: 소유권 이전 전이라도 그 재산에 관한 체납자의 국가 또는 지방자치단체에 대한 권리를 압류 ② 통지: 압류를 한 경우 그 사실을 체납자에게 통지 ③ 압류등록 촉탁: 계약자의 성명 등을 적은 문서에 압류조서를 첨부하여 국가 또는 지방자치단체에 압류의 등록을 촉탁 + 촉탁을 받은 국가 또는 지방자치단체는 관계 대장에 그 사실을 등록하고 지체 없이 관할 세무서장에게 등록 사실을 통지 ④ 매수자: 압류재산을 매각함에 따라 이를 매수한 자는 그 대금을 완납한 때에 그 재산에 관한 체납자의 국가 또는 지방자치단체에 대한 모든 권리·의무를 승계

구분	내용
예탁된 유가증권 및 전자등록된 주식 등의 압류	관할 세무서장은 예탁유가증권지분 및 전자등록주식 등을 압류하려는 경우 그 뜻을 다음의 구분에 따른 자에게 통지하여야 함

압류 대상	압류 절차 및 효력 (압류 통지서가 송달된 때에 압류의 효력이 발생)	압류 후 통지
예탁유가 증권지분	압류하려는 경우 다음의 자에게 통지하여야 함 ㉠ 체납자가 예탁자인 경우: 예탁결제원 ㉡ 체납자가 투자자인 경우: 예탁자 압류한 경우 위에 해당하는 자는 체납자에 대하여 계좌대체 및 증권반환을 할 수 없음	압류한 경우 그 사실을 체납자에게 통지하여야 함
전자등록 주식 등	압류하려는 경우 다음의 자에게 통지하여야 함 ㉠ 체납자가 계좌관리기관 등인 경우: 전자등록기관 ㉡ 체납자가 계좌관리기관에 고객계좌를 개설한 자인 경우: 계좌관리기관 ㉢ 체납자가 특별계좌의 명의인인 경우: 명의개서대행회사 등 압류한 경우 위에 해당하는 자는 체납자에 대하여 계좌대체 및 전자등록말소를 할 수 없음	

구분	내용
공유물의 압류	압류할 재산이 공유물인 경우 각자의 지분이 정해져 있지 않으면 그 지분이 균등한 것으로 보아 압류함
그 외 압류재산	① 미완성의 건물: 건축 중의 건물은 부동산이라 할 수 없으므로 동산으로서 압류함 ② 등기되지 않은 선박: 동산으로서 압류함 ③ 등록되지 않은 항공기·건설기계·자동차 등: 동산으로서 압류함 ④ 화물상환증, 창고증권 또는 선하증권이 발행된 물건: 유가증권으로서 압류함 ⑤ 유가증권이 아닌 것의 압류: 차용증서 또는 수취증권과 같은 증거증권은 유가증권이 아니므로 채권의 압류절차에 따라 압류함

❹ 압류의 해제

구분	내용
필요적 해제요건 (즉시 해제해야 함)	① 압류와 관계되는 체납액의 전부가 납부 또는 충당된 경우 ② 국세 부과의 전부를 취소한 경우 ③ 여러 재산을 한꺼번에 공매하는 경우로서 일부 재산의 공매대금으로 체납액 전부를 징수한 경우 ④ 총 재산의 추산가액이 강제징수비를 징수하면 남을 여지가 없어 강제징수를 종료할 필요가 있는 경우[*1] (단, 교부청구 또는 참가압류가 있는 경우로서 교부청구 또는 참가압류와 관계된 체납액을 기준으로 할 경우 남을 여지가 있는 경우는 제외) ⑤ 그 밖에 위 ①~④에 준하는 사유로 압류할 필요가 없게 된 경우 ⑥ 압류금지재산을 압류한 경우 ⑦ 제3자의 재산을 압류한 경우 ⑧ 제3자의 소유권 주장 및 반환 청구가 정당하다고 인정되는 경우 ⑨ 제3자가 체납자를 상대로 소유권에 관한 소송을 제기하여 승소 판결을 받고 그 사실을 증명한 경우 ⑩ 납세자가 납세담보를 제공하고 확정 전 보전압류 해제를 요구한 경우 ⑪ 확정 전 보전압류를 한 날부터 3개월이 지날 때까지 징수하려는 국세를 확정하지 아니한 경우 ⑫ 조건성립 전에 압류한 조건부채권의 조건이 성립되지 않는 것으로 확정된 경우 [*1] 압류를 해제하려는 경우 국세체납정리위원회의 심의를 거쳐야 함

임의적 해제요건 (해제할 수 있음)	① 압류 후 재산가격이 변동하여 체납액 전액을 현저히 초과한 경우 ② 압류와 관계되는 체납액의 일부가 납부 또는 충당된 경우 ③ 국세 부과의 일부를 취소한 경우 ④ 체납자가 압류할 수 있는 다른 재산을 제공하여 그 재산을 압류한 경우 ⑤ 재산의 압류나 압류재산의 매각을 유예하는 때에 필요하다고 인정하는 경우
압류 해제의 절차	① 통지: 압류 해제 사실을 그 재산의 압류 통지를 한 체납자, 제3채무자 및 저당권자 등에게 통지 ② 압류 말소 등기·등록: 압류 해제 조서를 첨부하여 압류 말소의 등기 또는 등록을 관할 등기소등에 촉탁 ③ 압류재산 반환: 제3자에게 보관하게 한 압류재산의 압류를 해제한 경우 그 보관자에게 압류 해제 통지를 하고 압류재산을 체납자 또는 정당한 권리자에게 반환해야 하며 필요하다고 인정하는 경우 보관자가 체납자 또는 정당한 권리자에게 그 압류재산을 직접 인도하게 할 수 있음 ④ 영수증 수취: 보관 중인 재산을 반환하는 경우 영수증을 받아야 함 (압류조서에 영수사실을 기록하고 서명날인을 받은 것으로 영수증을 갈음)

❺ 교부청구

의미	체납자의 재산에 대하여 이미 다른 기관에 의해 강제환가절차가 개시되어 있는 경우, 동일재산에 대한 중복압류를 피하고 환가대금 중 조세채권징수 목적을 달성하기 위해 그 집행기관에게 강제환가대금의 배분을 청구하는 절차
사유	다음 중 어느 하나에 해당하는 경우 관할세무서장 등에게 강제집행 절차의 배당·배분 요구의 종기까지 체납액(지정납부기한이 연장된 국세를 포함)의 교부를 청구하여야 함 ① 국세, 지방세 또는 공과금의 체납으로 체납자에 대한 강제징수 또는 체납처분이 시작된 경우 ② 체납자에 대하여 「민사집행법」에 따른 강제집행 및 담보권 실행 등을 위한 경매가 시작되거나 체납자가 「채무자 회생 및 파산에 관한 법률」에 따른 파산선고를 받은 경우 ③ 체납자인 법인이 해산한 경우
대상 국세	납세의무가 확정된 국세 (사전에 독촉장을 발부하여 압류의 요건이 충족될 것을 필요로 하지는 않으며, 유예기간 중이라 할지라도 가능)
효력	① 강제환가절차에 따른 매각대금의 배분요구권 ② 국세징수권의 소멸시효 중단 ③ 교부청구를 받은 집행기관의 강제환가절차가 해제되거나 취소되는 경우 교부청구의 효력도 함께 상실
해제	관할 세무서장은 납부, 충당, 국세 부과의 취소나 그 밖의 사유로 교부를 청구한 체납액의 납부의무가 소멸된 경우 그 교부청구를 해제해야 하며 그 사실을 교부청구를 받은 기관에 통지해야 함

❻ 참가압류

의미	압류하려는 재산이 이미 다른 기관에서 압류하고 있을 때에 교부청구보다 확실하게 강제징수를 집행하기 위하여 압류에 참가하는 행정처분
절차	① 압류참가: 참가압류 통지서를 선행압류기관에 송달함으로써 교부청구를 갈음하고 그 압류에 참가할 수 있음 ② 통지: 참가압류한 사실을 체납자, 제3채무자 및 저당권자 등에게 통지 ③ 참가압류 등기·등록: 등기·등록이 필요한 재산에 대해 참가압류의 등기 또는 등록을 관할 등기소 등에 촉탁해야 함

효력시기	① 선행압류기관이 압류를 해제한 경우: 다음의 시기로 소급하여 압류효력이 발생	
	권리의 변동에 등기 또는 등록이 필요한 재산	참가압류의 등기 또는 등록이 완료된 때
	권리의 변동에 등기 또는 등록이 필요하지 아니한 재산	참가압류 통지서가 선행압류기관에 송달된 때
	② 둘 이상의 참가 압류가 있는 경우: 다음의 시기로 소급하여 압류효력이 발생	
	권리의 변동에 등기 또는 등록이 필요한 재산	가장 먼저 참가압류의 등기 또는 등록이 완료된 때
	권리의 변동에 등기 또는 등록이 필요하지 아니한 재산	가장 먼저 참가압류 통지서가 송달된 때
선행압류 기관의 압류 해제	① 통지: 선행압류기관은 압류가 해제된 재산 목록을 첨부하여 그 사실을 참가압류를 한 관할 세무서장에게 통지해야 함 ② 동산·유가증권에 대한 압류 해제: 해당 재산을 선행압류기관이 점유하고 있거나 제3자에게 보관하게 한 경우 참가압류를 한 관할 세무서장에게 직접 인도해야 함(제3자가 보관하고 있는 재산에 대해서는 보관증을 인도함으로써 직접 인도를 갈음할 수 있음)	

매각	① 매각촉구: 선행압류기관이 그 압류재산을 장기간이 지나도록 매각하지 아니한 경우 이에 대한 매각을 선행압류기관에 촉구할 수 있음
	② 매각: 관할 세무서장은 촉구를 받은 날부터 3개월 이내에 선행압류기관이 다음 어느 하나에 해당하는 행위를 하지 아니한 경우 해당 압류재산을 매각할 수 있음
	    ㉠ 수의계약으로 매각하려는 사실의 체납자 등에 대한 통지
	    ㉡ 공매공고
	    ㉢ 공매 또는 수의계약을 대행하게 하는 의뢰서의 송부
	③ 선행압류기관에 통지: 관할 세무서장은 압류재산을 매각하려는 경우 그 내용을 선행압류기관에 통지하여야 함
	④ 인도: 선행압류기관은 통지를 받은 경우 점유하고 있거나 제3자에게 보관하게 하고 있는 동산 또는 유가증권 등 압류재산의 매각을 촉구한 관할 세무서장에게 인도하여야 함	

매각

❶ 통칙

의미	체납된 조세채권에 충당하기 위하여 체납자의 의사와 관계없이 강제적으로 압류한 재산의 소유권을 이전하여 압류한 재산을 금전으로 바꾸도록 하는 행정처분을 의미함

매각의 착수시기	① 원칙: 압류 후 1년 이내에 다음 어느 하나에 해당하는 행위를 해야 함
	    ㉠ 수의계약으로 매각하려는 사실의 체납자 등에 대한 통지
	    ㉡ 공매공고
	    ㉢ 공매 또는 수의계약을 대행하게 하는 의뢰서의 송부
	② 예외: 체납된 국세와 관련하여 심판청구 등이 계속 중인 경우, 「국세징수법」 또는 다른 세법에 따라 압류재산의 매각을 유예한 경우, 압류재산의 감정평가가 곤란한 경우, 그 밖에 이에 준하는 사유로 법률상·사실상 매각이 불가능한 경우 그러하지 않음

매각 방법	공매 또는 수의계약

공매	① 공매의 방법(정보통신망을 이용한 것을 포함)	
		경쟁입찰: 공무원이 공매예정가격을 제시하고, 매수신청인에게 문서로 매수신청을 하게 하여 공매예정가격 이상의 신청가격 중 최고가 매수신청인을 매수인으로 정하는 방법
		경매: 공무원이 공매예정가격을 제시하고, 매수신청인에게 구두 등의 방법으로 신청가격을 순차로 올려 매수신청을 하게 하여 최고가 매수신청인을 매수인으로 정하는 방법
	② 직접 매각: 다음 어느 하나에 해당하는 압류재산의 경우 직접 매각할 수 있음	
		증권시장에 상장된 증권 → 증권시장에서의 매각
		가상자산사업자를 통해 거래되는 가상자산 → 가상자산사업자를 통한 매각
	관할 세무서장은 압류재산을 직접 매각하려는 경우에는 매각 전에 다음의 자에게 통지하여야 함	
		⊙ 체납자
		ⓒ 납세담보물 소유자
		ⓒ 압류재산에 질권 또는 그 밖의 권리를 가진 자
	③ 공매 제한: 그 압류와 관계되는 국세의 납세 의무가 확정되기 전에는 공매할 수 없으며 심판청구 등이 계속 중인 국세의 체납으로 압류한 재산은 그 신청 또는 청구에 대한 결정이나 소(訴)에 대한 판결이 확정되기 전에는 공매할 수 없음 (단, 그 재산이 부패·변질 또는 감량되기 쉬운 재산으로서 속히 매각하지 아니하면 그 재산가액이 줄어들 우려가 있는 경우에는 그러하지 아니함)	
	④ 개별공매와 일괄공매: 관할 세무서장은 압류한 부동산 등, 동산, 유가증권, 그 밖의 재산권과 체납자를 대위하여 받은 물건(금전은 제외)을 개별공매 및 일괄공매의 방법으로 공매함	
		개별공매: 여러 개의 재산을 공매에 부치는 경우 그 재산을 각각 공매해야 함
		일괄공매: 해당 재산의 위치·형태·이용관계 등을 고려하여 그 재산을 일괄하여 공매하는 것이 알맞다고 인정하는 경우에는 직권으로 또는 이해관계인의 신청에 따라 일괄하여 공매할 수 있음
	⑤ 관할 세무서장(한국자산관리공사가 공매를 대행하는 경우에는 한국자산관리공사)은 공매를 위하여 필요한 경우 「전자정부법」에 따라 「가족관계의 등록 등에 관한 법률」에 따른 전산정보자료를 공동이용(「개인정보 보호법」에 따른 처리를 포함)할 수 있음	
수의계약	① 수의계약 사유: 다음의 경우 수의계약으로 매각할 수 있음	
		⊙ 수의계약으로 매각하지 아니하면 매각대금이 강제징수비 금액 이하가 될 것으로 예상되는 경우
		ⓒ 부패·변질 또는 감량되기 쉬운 재산으로서 속히 매각하지 아니하면 그 재산가액이 줄어들 우려가 있는 경우
		ⓒ 압류한 재산의 추산가격이 1천만원 미만인 경우
		② 법령으로 소지 또는 매매가 금지 및 제한된 재산인 경우
		ⓜ 제1회 공매 후 1년간 5회 이상 공매하여도 매각되지 아니한 경우
		ⓑ 공매가 공익을 위하여 적절하지 아니한 경우
	② 견적서 수령: 수의계약으로 매각하려는 경우 추산가격조서를 작성하고 2인 이상으로부터 견적서를 받아야 함	
	③ 통지: 수의계약으로 매각하려는 경우 체납자, 납세담보물 소유자, 저당권자 등 또는 그 밖의 권리를 가진 자에게 그 사실을 통지해야 함	
제2차 납세의무자 등의 매각 제한	제2차 납세의무자, 납세보증인 또는 물적납세의무자의 재산은 주된 납세자의 재산을 매각한 후에 매각함 (단, 주된 납세자의 재산을 매각하기 현저하게 곤란한 사정이 있거나 제2차 납세의무자 등의 재산의 가액이 현저히 감소할 우려가 있는 경우 등 제외)	

❷ 공매의 준비

공매예정가격의 결정	압류재산을 공매하려면 그 공매예정가격을 결정해야 함. 단, 공매예정가격을 결정하기 어려운 경우 감정인에게 평가를 의뢰하여 그 가액을 참고할 수 있으며 이 경우 일정 수수료를 지급할 수 있음 <table><tr><th>압류재산</th><th>감정인</th></tr><tr><td>부동산</td><td>감정평가법인 또는 감정평가사</td></tr><tr><td>부동산 외의 재산</td><td>해당 재산과 관련된 분야에 5년 이상 종사한 전문가</td></tr></table>
공매재산에 대한 현황조사	① 공매예정가격을 결정하기 위하여 공매재산의 현 상태, 점유관계, 임차료 또는 보증금의 액수, 그 밖의 현황을 조사하여야 함 ② 세무공무원은 조사를 위하여 건물에 출입할 수 있고, 잠긴 문을 여는 등의 처분이 가능하며 체납자 또는 건물을 점유하는 제3자에게 공매재산의 현황과 관련된 질문을 하거나 문서의 제시를 요구할 수 있음
공매장소	지방국세청, 세무서, 세관 또는 공매재산이 있는 특별자치시·특별자치도·시·군·자치구에서 함 (단, 관할 세무서장이 필요하다고 인정하는 경우에는 다른 장소에서 공매할 수 있음)

공매보증	① 공매보증 금액: 관할 세무서장은 필요하다고 인정하면 공매에 참여하려는 자에게 공매예정가액의 100분의 10 이상의 금액으로 보증 받을 수 있음
	② 공매보증 대상: 금전, 국공채, 증권시장에 상장된 증권, 보험회사가 발행한 보증보험증권
	③ 공매보증의 반환<table><tr><th>개찰 후</th><th>최고가 매수신청인을 제외한 다른 매수신청인</th></tr><tr><td>매수인이 매수대금을 납부하기 전에 체납자가 매수인의 동의를 받아 압류와 관련된 체납액을 납부하여 압류재산의 매각결정이 취소된 경우</td><td>매수인</td></tr><tr><td>차순위 매수신청인이 있는 경우로서 매수인이 대금을 모두 지급한 경우</td><td>차순위 매수신청인</td></tr><tr><td>매수신청인이 매각결정기일 전까지 공매재산의 매수인이 되기 위하여 다른 법령에 따라 갖추어야 하는 자격을 갖추지 못하여 매각결정을 받지 못한 경우</td><td>매수신청인</td></tr></table>④ 충당: 다음 어느 하나에 해당하는 경우 공매보증을 강제징수비, 압류와 관계되는 국세의 순으로 충당한 후 남은 금액은 체납자에게 지급
	  ㉠ 최고가 매수신청인이 개찰 후 매수계약을 체결하지 아니한 경우
	  ㉡ 납부를 촉구해도 매수인이 매수대금을 지정된 기한까지 납부하지 아니한 사유로 압류재산의 매각결정이 취소된 경우

공매공고	① 공매공고 사항: 대금 납부기한, 공매재산의 명칭, 소재, 공매장소와 일시, 배분요구의 종기, 매각 결정일 등의 필요한 사항을 공고해야 함 ② 동일 재산에 대한 공매공고: 동일한 재산에 대한 향후의 여러 차례의 공매에 관한 사항을 한꺼번에 공고할 수 있음 ③ 공매공고 방법: 정보통신망 + 게시(관공서) 또는 게재(관보 및 일간신문) ④ 배분요구의 종기: 절차 진행에 필요한 기간을 고려하여 정하되, 최초의 입찰서 제출 시작일 이전으로 하여야 함.(단, 공매공고에 대한 등기 또는 등록이 지연되거나 누락되는 등의 사유로 공매 절차가 진행되지 못하는 경우에는 관할 세무서장은 배분요구의 종기를 최초의 입찰서 제출 마감일 이후로 연기할 수 있음) ⑤ 공매공고 기간: 10일 이상으로 하되 해당 재산을 보관하는 데에 많은 비용이 들거나 재산의 가액이 현저히 줄어들 우려가 있으면 이를 단축할 수 있음 ⑥ 매각결정기일: 개찰일부터 7일(토요일, 일요일, 공휴일 및 대체공휴일은 제외) 이내로 정하여야 함 ⑦ 경매의 방법으로 공매하는 경우: 경매인을 선정하여 이를 취급하게 할 수 있음

공매공고한 재산의 권리 변동	압류재산이 권리의 변동에 등기 또는 등록이 필요한 경우 공매공고 즉시 그 사실을 등기부 또는 등록부에 기입하도록 관할 등기소 등에 촉탁하여야 함
공매 통지 대상	① 체납자 ② 납세담보물 소유자 ③ 다음의 구분에 따른 자 <table><tr><td>공매재산이 공유물의 지분인 경우</td><td>공매공고의 등기 또는 등록 전날 현재의 공유자</td></tr><tr><td>공매재산이 부부공유의 동산·유가증권인 경우</td><td>배우자</td></tr></table>④ 공매공고의 등기 또는 등록 전날 현재 공매재산에 대하여 전세권·질권·저당권 또는 그 밖의 권리를 가진 자
공매통지의 송달 불능	공매통지의 송달 불능 등의 사유로 동일한 공매재산에 대하여 다시 공매공고를 하는 경우 그 이전 공매공고 당시 공매통지가 도달되었던 위 ⑦의 ⓒ, ⓔ에 해당하는 자에 대하여 다시 하는 공매통지는 주민등록표 등본 등 공매 집행기록에 표시된 주소, 거소, 영업소 또는 사무소에 등기우편을 발송하는 방법으로 할 수 있음
배분요구	① 등기·등록되지 않은 재산의 배분요구: 배분요구의 종기까지 관할 세무서장에게 배분을 요구하여야 함 ② 전세권을 가진 자의 배분요구: 매각으로 소멸되지 아니하는 전세권을 가진 자는 배분요구의 종기까지 배분을 요구하여야 함 ③ 부부 공유 재산의 배우자의 배분요구: 체납자의 배우자는 공매재산이 압류한 부부공유의 동산 또는 유가증권인 경우 공유지분에 따른 매각대금의 지급을 배분요구의 종기까지 관할 세무서장에게 요구할 수 있음 ④ 철회 불가: 배분요구에 따라 매수인이 인수하여야 할 부담이 달라지는 경우 배분요구의 종기가 지난 뒤에는 이를 철회할 수 없음 ⑤ 채권신고대상자에 대한 촉구: 관할 세무서장은 공매공고의 등기 또는 등록 전에 채권신고대상채권자에게 채권의 유무, 그 원인 및 액수 (원금, 이자, 비용, 그 밖의 부대채권을 포함)를 배분요구의 종기까지 관할 세무서장에게 신고하도록 촉구하여야 함 ⑥ 채권신고대상자의 무신고 시: 등기사항증명서 등 공매 집행기록에 있는 증명자료에 따라 해당 채권신고대상채권자의 채권액을 계산함. 이 경우 해당 채권신고대상채권자는 채권액을 추가할 수 없음
공매재산명세서의 작성 및 비치 등	① 공매재산명세서에 기재할 사항: 공매재산 현황조사를 기초로 공매재산의 명칭, 소재, 공매예정가격, 그 밖의 중요한 사항 등이 포함된 공매재산명세서를 작성해야 함 ② 자료 게시: 공매재산명세서 등의 자료를 입찰서 제출 시작 7일 전부터 입찰서 제출 마감 전까지 세무서에 갖추어 두거나 정보통신망에 게시함으로써 입찰에 참가하려는 자가 열람하게 할 수 있어야 함
국세에 우선하는 제한물권 등이 있는 경우	공매재산에 압류와 관계되는 국세보다 우선하는 제한물권 등이 있는 경우 제한물권 등을 매수인에게 인수하게 하거나 매수대금으로 그 제한물권 등에 의하여 담보된 채권을 변제하는 데 충분하다고 인정된 경우가 아니면 그 재산을 공매하지 못함

공유자·배우자의 우선매수권	① 공유자의 우선매수권: 공매재산이 공유물의 지분인 경우 매각결정기일 전까지 공매보증을 제공하고 다음 구분에 따른 가격으로 공매재산을 우선매수하겠다는 신청을 할 수 있음 | 최고가 매수신청인이 있는 경우 | 최고가 매수신청가격 | |---|---| | 최고가 매수신청인이 없는 경우 | 공매예정가격 | ② 체납자의 배우자의 우선매수권: 압류된 공매재산이 부부공유의 동산 또는 유가증권인 경우 배우자는 위 ①을 준용하여 공매재산을 우선매수하겠다는 신청할 수 있음 ③ 매각결정: 관할 세무서장은 우선매수 신청이 있는 경우 그 공유자 또는 체납자의 배우자에게 매각결정을 해야 함 ④ 다수의 공유자의 우선매수 신청의 경우: 공유자 간의 특별한 협의가 없으면 공유지분의 비율에 따라 공매재산을 매수하게 함 ⑤ 매수대금 미납: 매각결정 후 매수인이 매수대금을 납부하지 아니한 경우 최고가 매수신청인에게 다시 매각결정을 할 수 있음
매수인의 제한	① 다음에 해당하는 자는 자기 또는 제3자의 명의나 계산으로 압류재산을 매수하지 못함 　㉠ 체납자 　㉡ 세무공무원 　㉢ 매각 부동산을 평가한 감정평가법인 등 ② 공매재산의 매수신청인이 매각결정기일(매각결정기일이 연기된 경우 연기된 매각결정기일) 전까지 공매재산의 매수인이 되기 위하여 다른 법령에 따라 갖추어야 하는 자격을 갖추지 못한 경우에는 공매재산을 매수하지 못함
공매참가의 제한	다음 어느 하나에 해당한다고 인정되는 사실이 있는 자에 대해서는 그 사실이 있은 후 2년간 공매장소 출입을 제한하거나 입찰에 참가시키지 아니할 수 있음 ① 입찰을 하려는 자의 공매참가, 최고가 매수신청인의 결정 또는 매수인의 매수대금 납부를 방해한 사실 ② 공매에서 부당하게 가격을 낮출 목적으로 담합한 사실 ③ 거짓 명의로 매수신청을 한 사실

❸ 공매의 실시

입찰서 제출과 개찰	① 입찰서 제출: 공매재산의 매수신청인은 필요한 사항을 입찰서에 적어 개찰이 시작되기 전에 공매를 집행하는 공무원에게 제출해야 함 ② 개찰: 공매를 집행하는 공무원이 공개적으로 각각 적힌 매수신청가격을 불러 입찰조서에 기록하는 방법으로 함 ③ 결정: 공매를 집행하는 공무원은 최고가 매수신청인을 정함. 단, 최고가 매수신청가격이 둘 이상이면 즉시 추첨으로 최고가 매수신청인을 정함 ④ 재입찰: 공매를 집행하는 공무원은 공매예정가격 이상으로 매수신청한 자가 없는 경우 즉시 그 장소에서 재입찰을 실시할 수 있음

매수대금의 차액납부	① 신청 대상: 공매재산에 대하여 다음의 권리를 가진 매수신청인은 매각결정기일 전까지 관할 세무서장에게 자신에게 배분될 금액을 제외한 금액을 매수대금으로 납부(이하 "차액납부")하겠다는 신청을 할 수 있으며, 신청하려는 자는 차액납부 신청서를 작성하여 관할 세무서장에게 제출해야 함 ㉠ 저당권, 전세권 또는 가등기담보권 ㉡ 대항력 있는 임차권 또는 등기된 임차권 ② 결정 통지: 차액납부 신청을 받은 관할 세무서장은 그 신청인을 매수인으로 정하여 매각결정을 할 때 차액납부 허용 여부를 함께 결정하여 통지하여야 함 ③ 거부 사유: 관할 세무서장은 차액납부 여부를 결정할 때 차액납부를 신청한 자가 다음에 해당하는 경우에는 차액납부를 허용하지 아니할 수 있음 ㉠ 배분요구의 종기까지 배분요구를 하지 아니하여 배분받을 자격이 없는 경우 ㉡ 배분받으려는 채권이 압류 또는 가압류되어 지급이 금지된 경우 ㉢ 배분순위에 비추어 실제로 배분받을 금액이 없는 경우 ㉣ 기타 ㉠~㉢에 준하는 사유가 있는 경우 ④ 배분기일 결정 및 배분: 관할 세무서장은 차액납부를 허용하기로 결정한 경우에는 그 결정일부터 30일 이내의 범위에서 배분기일을 정하여 배분하여야 하며, 30일 이내에 배분계산서를 작성하기 곤란한 경우에는 배분기일을 30일 이내의 범위에서 연기할 수 있음 ⑤ 납부: 관할 세무서장은 차액납부를 허용하기로 결정한 경우에는 별도로 대금납부기한을 정하지 아니하며, 배분기일에 매수인에게 차액납부를 하게 하여야 함 ⑥ 이의 제기: 관할 세무서장으로부터 차액납부를 허용하는 결정을 받은 매수인은 그가 배분받아야 할 금액에 대하여 이의가 제기된 경우 이의가 제기된 금액을 배분기일에 납부하여야 함
차순위 매수신청	① 차순위 매수신청: 최고가 매수신청인 외의 매수신청인은 매각결정기일 전까지 공매보증을 제공하고 다음의 사유로 매각결정이 취소되는 경우 최고가 매수신청가격에서 공매보증을 뺀 금액 이상의 가격으로 공매재산을 매수하겠다는 신청을 할 수 있음 ㉠ 매수인이 매수대금을 지정된 기한까지 납부하지 아니한 경우 ㉡ 매수인이 배분기일에 차액납부를 하지 아니하거나 이의가 제기된 금액을 납부하지 아니한 경우 ② 다수의 차순위 매수신청자: 최고액의 매수신청인을 차순위 매수신청인으로 정하고, 최고액의 매수신청인이 둘 이상인 경우에는 추첨으로 차순위 매수신청인을 정함 ③ 매각결정: 관할 세무서장은 차순위 매수신청이 있는 경우 매각결정을 취소한 날부터 3일(토요일, 일요일, 공휴일 및 대체공휴일은 제외) 이내에 차순위 매수신청인을 매수인으로 정하여 매각결정을 할 것인지 여부를 결정하여야 함 ④ 매각결정이 불가한 경우: 다음의 매각결정 불가 사유가 있는 경우 차순위 매수신청인에게 매각결정을 할 수 없음 ㉠ 공유자·배우자의 우선매수 신청이 있는 경우 ㉡ 차순위 매수신청인이 매수인의 제한 또는 공매참가의 제한을 받는 자에 해당하는 경우 ㉢ 매각결정 전에 공매 취소·정지 사유가 있는 경우 ㉣ 그 밖에 매각결정을 할 수 없는 중대한 사실이 있다고 관할 세무서장이 인정하는 경우

매각결정과 대금납부 기한 등	① 매각결정: 관할 세무서장은 위 차순위 매수신청의 ④ 매각결정 불가 사유가 없으면 매각결정기일에 최고가 매수신청인을 매수인으로 정하여 매각결정을 하여야 함 ② 매각결정 연기: 관할 세무서장은 최고가 매수신청인이 공매재산의 매수인이 되기 위하여 다른 법령에 따라 갖추어야 하는 자격을 갖추지 못한 경우에는 매각결정기일을 1회에 한정하여 당초 매각결정기일부터 10일 이내의 범위에서 연기할 수 있음 ③ 효력: 매각결정기일에 매각결정을 한 때에 발생 ④ 통지: 매수인에게 대금납부기한을 정하여 매각결정 통지서를 발급. (단, 권리 이전에 등기 또는 등록이 필요 없는 재산의 매수대금을 즉시 납부시킬 경우에는 구두로 통지할 수 있음) ⑤ 대금납부기한: 매각결정을 한 날부터 7일 이내.(단, 필요하다고 인정하는 경우에는 그 대금납부기한을 30일의 범위에서 연장 가능)
매수대금 납부의 촉구	관할 세무서장은 매수인이 매수대금을 지정된 대금납부기한까지 납부하지 아니한 경우 다시 대금납부기한을 지정하여 납부를 촉구해야 함
매각결정의 취소	다음의 경우 압류재산의 매각결정을 취소하고 그 사실을 매수인에게 통지해야 함 ① 매수자가 매수대금을 납부하기 전에 체납자가 체납액을 납부하고 매수인의 동의를 받아 매각결정의 취소를 신청하는 경우 ② 납부를 촉구하여도 매수인이 매수대금을 지정된 기한까지 납부하지 않은 경우 ③ 매수인이 배분기일에 차액납부를 하지 아니하거나 이의가 제기된 금액을 납부하지 아니한 경우

재공매	① 재공매 사유: 다음 어느 하나에 해당하면 재공매함
	  ㉠ 재산을 공매하여도 매수신청인이 없거나 매수신청가격이 공매예정가격 미만인 경우
	  ㉡ 납부를 촉구하여도 매수인이 매수대금을 지정된 기한까지 납부하지 않아 매각결정을 취소한 경우
	  ㉢ 매수인이 배분기일에 차액납부를 하지 아니하거나 이의가 제기된 금액을 납부하지 않아 매각결정을 취소한 경우
	② 재공매 가격: 재공매를 할 때마다 최초의 공매예정가격의 10%에 해당하는 금액을 차례로 줄여 공매하며, 최초의 공매예정가격의 50%까지 차례로 줄여도 매각되지 않을 때에는 새로 공매예정가격을 정하여 재공매 할 수 있음 (단, 공매예정가격 이상의 매수신청자가 없어 즉시 그 장소에서 재입찰을 한 경우에는 최초 공매예정가격을 줄이지 않음)
	③ 재공매 공고 기간: 공매공고 기간을 5일까지 단축할 수 있음

공매의 취소 및 정지	① 다음 어느 하나의 경우 공매를 취소해야 하고 이 경우 공매취소 사실을 공고 + 공매공고의 등기 또는 등록을 말소할 것을 관할 등기소 등에 촉탁해야 함
	  ㉠ 재산의 압류해제
	  ㉡ 세무서장 직권으로 공매대행 의뢰 해제
	  ㉢ 한국자산관리공사가 의뢰 해제
	② 다음 어느 하나의 경우 공매를 정지해야 함 (단, 그 사유가 소멸되어 공매를 계속할 필요가 있다고 인정하는 경우 즉시 공매를 속행해야 함)
	  ㉠ 압류·매각의 유예
	  ㉡ 강제징수에 대한 집행정지의 결정

❹ 매수대금의 납부와 권리의 이전

공매보증과 매수대금의 납부	① 금전을 제공한 경우: 그 금전은 매수대금으로서 납부된 것으로 봄 ② 국공채를 등을 제공한 경우: 그 국공채 등을 현금화하여야 함. 이때 현금화에 사용된 비용을 뺀 금액은 공매보증 금액을 한도로 매수대금으로서 납부된 것으로 봄(해당 금액이 공매보증 금액보다 적으면 매수인에게 그 부족액을 납부하게 해야 하고 많으면 그 차액을 매수인에게 반환해야 함)
매수대금 납부의 효과	① 매수인: 매수대금을 완납한 때에 공매재산을 취득함 ② 체납자: 매수대금을 수령한 때에는 체납자로부터 매수대금만큼의 체납액을 징수한 것으로 봄
공매재산에 설정된 제한물권 등의 소멸과 인수 등	① 질권·저당권·가등기담보권: 공매재산에 설정된 모든 질권·저당권 및 가등기담보권은 매각으로 소멸됨 ② 지상권·지역권·전세권 및 등기된 임차권: 압류채권(압류와 관계되는 국세를 포함)·가압류채권 및 소멸하는 담보물권에 대항할 수 없는 경우 매각으로 소멸됨. 이 외의 경우는 지상권·지역권·전세권 및 등기된 임차권 등은 매수인이 인수함.(단, 전세권자가 배분요구를 한 전세권의 경우에는 매각으로 소멸됨) ③ 유치권: 매수인은 유치권자에게 그 유치권으로 담보되는 채권을 변제할 책임이 있음
매각재산의 권리이전 절차	관할 세무서장은 매각재산에 대하여 체납자가 권리이전의 절차를 밟지 아니한 경우 체납자를 대신하여 그 절차를 밟음

▶ 청산

❶ 배분범위 및 배분방법

청산의 의미	압류재산의 매각대금과 그 매각대금의 예치이자 등 강제징수 절차에 의해 얻은 금전을 국세 및 강제징수비와 기타채권에 배분하는 절차
배분금전의 범위와 배분방법	① 배분대상 금전별 방법 | 배분대상 금전	배분방법
압류한 금전	압류재산과 관계되는 체납액에 배분
교부청구에 따라 받은 금전	교부청구와 관계되는 체납액에 배분
채권·유가증권·그 밖의 재산권의 압류에 따라 체납자 또는 제3채무자로부터 받은 금전	해당 금전은 다음의 체납액·채권에 배분함 (배분요구의 종기까지 배분요구를 해야 하는 채권의 경우에는 배분요구를 한 채권에 대해서만 배분함)
압류재산의 매각대금 및 그 매각대금의 예치 이자	㉠ 압류재산과 관계되는 체납액 ㉡ 교부청구를 받은 체납액·지방세 또는 공과금 ㉢ 압류재산과 관계되는 전세권·질권·저당권 또는 가등기담보권에 의하여 담보된 채권 ㉣ 우선변제권이 있는 임차보증금 반환채권 ㉤ 우선변제권이 있는 임금, 퇴직금, 재해보상금 등 근로관계로 인한 채권 ㉥ 압류재산과 관계되는 가압류채권 ㉦ 집행문이 있는 판결정본에 의한 채권 | ② 배분 후 잔액: 관할 세무서장은 금전을 배분하고 남은 금액이 있는 경우 체납자에게 지급함

	③ '매각대금' < '체납액 및 채권총액': 관할 세무서장은 매각대금이 체납액 및 채권의 총액보다 적은 경우 「민법」이나 그 밖의 법령에 따라 배분할 순위와 금액을 정하여 배분해야 함 ④ 배부순위의 착오 등으로 인한 잘못된 배분: 그 배분한 금액을 국세보다 우선하는 채권의 채권자에게 국세환급금 환급의 예에 따라 지급
국가 등의 재산에 관한 권리의 매각 대금의 배분	① 순서 　↓　㉠ 국가 또는 지방자치단체가 체납자로부터 지급받지 못한 매각대금 　　　㉡ 체납액 ② 배분 후 잔액: 체납자에게 지급
배분기일의 지정	① 30일 이내 지정하여 배분: 금전을 받은 날로부터 30일 이내에서 배분기일을 지정하여 배분 ② 연기: 30일 이내에 배분계산서를 작성하기 곤란한 경우에는 배분기일을 30일 이내에서 연기할 수 있음 ③ 통지: 배분기일을 정한 경우 체납자, 채권신고대상채권자 및 배분요구를 한 채권자(체납자 등)에게 그 사실을 통지하여야 함.(단, 체납자 등이 외국에 있거나 있는 곳이 불분명한 경우 통지하지 않을 수 있음)

❷ 배분계산서

배분계산서의 작성	① 작성: 금전을 배분하는 경우 배분계산서 원안을 작성하고, 이를 배분기일 7일 전까지 갖추어 두어야 함 ② 체납자의 열람 및 복사: 체납자 등은 관할 세무서장에게 배분금액 산정의 근거가 되는 서류의 열람 또는 복사를 신청할 수 있음
배분계산서에 대한 이의제기	① 출석한 체납자 등의 이의제기: 출석한 체납자 등은 배분기일이 끝나기 전까지 자기의 채권과 관계되는 범위에서 배분계산서 원안에 기재된 다른 채권자의 채권 또는 채권의 순위에 대하여 이의제기 할 수 있음 ② 출석하지 않은 체납자 등의 이의제기: 체납자는 배분기일에 출석하지 아니한 경우에도 배분계산서 원안이 갖추어진 이후부터 배분기일이 끝나기 전까지 문서로 이의제기를 할 수 있음 ③ 배분: 관할 세무서장은 다음의 구분에 따라 배분계산서를 확정하여 배분을 실시하고, 확정되지 아니한 부분에 대해서는 배분을 유보함 　㉠ 이의제기가 있는 경우 <table><tr><td>관할 세무서장이 이의제기가 정당하다고 인정하거나 배분계산서 원안과 다른 내용으로 체납자 등이 한 합의가 있는 경우</td><td>인정된 이의제기의 내용 또는 합의에 따라 배분계산서를 수정하여 확정</td></tr><tr><td>관할 세무서장이 이의제기가 정당하다고 인정하지 아니하고 배분계산서 원안과 다른 내용으로 체납자 등이 한 합의도 없는 경우</td><td>배분계산서 중 이의제기가 없는 부분에 한정하여 확정</td></tr></table> 　㉡ 이의제기가 없는 경우: 배분계산서 원안대로 확정 ④ 동의 간주: 배분기일에 출석하지 아니한 채권자는 배분계산서 원안과 같이 배분을 실시하는 데에 동의한 것으로 보고, 그가 다른 체납자 등이 제기한 이의에 관계된 경우 그 이의제기에 동의하지 아니한 것으로 봄
이의제기의 취하 간주	이의를 제기한 체납자 등이 관할 세무서장의 배분계산서 작성에 관하여 심판청구 등을 한 사실을 증명하는 서류를 배분기일부터 1주일 이내에 제출하지 아니하면 이의제기가 취하된 것으로 봄

❸ 배분금전의 예탁 및 배분

배분금전의 예탁	① 사유: 다음 중 어느 하나에 해당하는 사유가 있는 경우 그 채권에 관계되는 배분금전을 「한국은행법」에 따른 한국은행(국고대리점을 포함)에 예탁해야 함
	㉠ 채권에 정지조건 또는 불확정기한이 붙어 있는 경우
	㉡ 가압류채권자의 채권인 경우
	㉢ 체납자 등이 배분계산서 작성에 대하여 심판청구 등을 한 사실을 증명하는 서류를 제출한 경우
	㉣ 그 밖의 사유로 배분금전을 체납자 등에게 지급하지 못한 경우
	② 통지: 관할 세무서장은 예탁한 경우 그 사실을 체납자 등에게 통지해야 함
예탁금에 대한 배분의 실시	① 추가배분: 다음 어느 하나에 해당하는 사유가 있는 경우 예탁금을 당초 배분 받을 체납자 등에게 지급하거나 배분계산서 원안을 변경하여 예탁금에 대한 추가 배분을 실시해야 함
	㉠ 배분계산서 작성에 관한 심판청구 등의 결정·판결이 확정된 경우
	㉡ 그 밖에 예탁의 사유가 소멸된 경우
	② 배분계산서 변경: 예탁금의 추가 배분을 실시하려는 경우 당초의 배분계산서에 대하여 이의를 제기하지 아니한 체납자 등을 위해서도 배분계산서를 변경해야 함
	③ 이의제기: 체납자 등은 추가 배분기일에 배분계산서에 대한 이의를 제기할 경우 종전의 배분기일에서 주장할 수 없었던 사유만을 주장할 수 있음

▷ 기타

❶ 공매 등의 대행

○ 개요

공매 등의 대행	공매 등에 전문지식이 필요하거나 그 밖에 직접 공매 등을 하기에 적당하지 아니하다고 인정되는 경우 한국자산관리공사에 공매 등을 대행하게 할 수 있음(공매 등은 관할 세무서장이 한 것으로 봄)
수수료지급	법으로 정하는 바에 따라 수수료를 지급할 수 있음
세무공무원으로 간주	한국자산관리공사가 업무를 대행하는 경우 한국자산관리공사의 직원은 「형법」이나 그 밖의 법률에 따른 벌칙을 적용할 때 세무공무원으로 봄
분석 의뢰	관할 세무서장은 공매 여부 결정을 위하여 필요한 경우 공매대행을 의뢰하기 전에 한국자산관리공사에 해당 압류재산의 공매를 통한 매각의 적절성 등에 관한 분석을 의뢰할 수 있음
고유식별정보의 처리	한국자산관리공사는 위탁받은 체납자의 재산 조사 업무 및 공매 대행 업무의 수행을 위하여 불가피한 경우 「개인정보 보호법 시행령」에 따른 주민등록번호 또는 외국인등록번호가 포함된 자료를 처리할 수 있음

❷ 전문매각기관의 매각관련 사실행위의 대행 등

예술품 등에 대한 사실행위	가격을 일률적으로 책정하기 어렵고 매각에 전문적 식견이 필요하여 직접 매각이 적당하지 않은 경우, 직권이나 납세자의 신청에 따라 전문매각기관을 선정하여 매각에 관련된 사실행위를 대행하게 할 수 있음
전문매각기관 선정요건	국세청장은 다음 요건을 모두 충족하는 기관 중에서 전문매각기관을 지정하여 관보 및 국세청 홈페이지에 공고해야 함 (전문매각기관의 지정 취소 사유에 해당하는 경우, 해당 기관을 제외하고 재공고) ① 공고일이 속하는 연도의 직전 2년 동안 예술품 등을 경매로 매각한 횟수가 연평균 10회 이상일 것 ② 정보통신망을 이용해서 예술품 등의 매각이 가능할 것
매각 대행기간	국세청장이 공고한 날부터 2년
전문매각기관에 담보제공 요구	관할 세무서장은 의뢰하는 예술품 등의 감정가액에 상응하는 담보의 제공을 전문매각기관에 요구할 수 있음
전문매각기관 지정 취소	다음 어느 하나에 해당하는 경우 지정을 취소할 수 있음 ① 해당 기관의 부도, 파산, 휴업·폐업, 위 ❷의 공고 당시의 시설·자본금 등의 변동 등으로 매각관련사실행위의 대행이 곤란하다고 인정되는 경우 ② 해당 기관 또는 그 대표자가 고액·상습체납자로 명단이 공개되거나 「조세범 처벌법」에 따라 벌금 이상의 형을 선고받은 경우 ③ 해당 기관의 임직원이 예술품 등에 대한 매각관련사실행위의 대행과 관련하여 「형법」상의 죄로 벌금 이상의 형을 선고받은 경우 ④ 해당 기관 또는 그 대표자가 사회적 물의를 일으키거나 그 밖에 이에 준하는 사유가 있어 해당 기관의 예술품 등에 대한 매각관련사실행위의 대행이 적절하지 않다고 인정되는 경우
전문매각기관의 매수 금지	선정된 전문매각기관 및 전문매각기관의 임직원은 직접적으로든 간접적으로든 매각 관련 사실행위 대행의 대상인 예술품 등을 매수하지 못함
수수료 지급	관할 세무서장은 전문매각기관에 예술품 등에 대한 매각관련사실행위의 대행에 드는 실제 비용을 고려하여 법으로 정하는 바에 따라 수수료를 지급할 수 있음
공무원으로 간주	전문매각기관이 매각관련사실행위를 대행하는 경우 전문매각기관의 임직원은 「형법」 규정을 적용할 때에는 공무원으로 봄

❸ 압류·매각의 유예

의미	독촉에 의한 납부기한이 경과한 국세에 대하여 일정한 요건을 충족한 경우 압류나 매각을 일시 유예함으로써 납세자에게 기한의 이익을 주는 제도
요건	체납자가 다음 어느 하나에 해당하는 경우 체납자의 신청 또는 직권으로 그 체납액에 대하여 강제징수에 따른 재산의 압류 또는 압류재산의 매각을 유예할 수 있음 ① 국세청장이 성실납세자로 인정하는 기준에 해당하는 경우 ② 재산의 압류나 압류재산의 매각을 유예함으로써 체납자가 사업을 정상적으로 운영할 수 있게 되어 체납액의 징수가 가능하게 될 것이라고 관할 세무서장이 인정하는 경우

유예기간	① 원칙: 그 유예한 날의 다음 날부터 1년 이내
	② 예외: 다음의 하나에 해당하는 자가 소득세, 법인세, 부가가치세 및 이에 부가되는 세목에 대한 압류 또는 매각의 유예를 신청하는 경우 유예한 날의 다음 날부터 2년 이내로 정할 수 있음
	  ㉠ 중소기업으로서 고용재난지역 등에 사업장이 소재하는 자
	  ㉡ 중소기업에 해당하는 피해사업자로서 특별재난지역 선포의 사유가 된 재난으로 인해 신체에 피해를 입은 사람 NEW
	  ㉢ 특별재난지역 선포의 사유가 된 재난으로 인해 사망한 피해사업자가 경영하던 사업장을 상속받은 상속인 NEW
	③ 분할징수: 압류 또는 매각의 유예기간 동안 분할하여 징수할 수 있음

담보제공 요구	재산의 압류를 유예하거나 압류를 해제하는 경우 그에 상당하는 납세담보의 제공을 요구할 수 있음. 단, 성실납세자가 체납세액 납부계획서를 제출하고 국세체납정리위원회가 체납세액 납부계획의 타당성을 인정하는 경우에는 그러하지 않음
압류의 해제	유예를 하는 경우 필요하다고 인정하면 이미 압류한 재산의 압류를 해제할 수 있음

❹ 국세체납정리위원회

설치	국세의 체납정리에 관한 사항을 심의하기 위하여 지방국세청과 1급지 세무서에 국세체납정리위원회를 둠
위원의 자격	국세체납정리위원회의 위원은 관계 공무원과 법률·회계 또는 경제에 관하여 자격을 보유하고 있거나 학식과 경험이 풍부한 사람 중에서 다음의 구분에 따른 사람이 됨 ㉠ 지방국세청에 두는 국세체납정리위원회: 지방국세청장이 임명 또는 위촉하는 사람 ㉡ 세무서에 두는 국세체납정리위원회: 세무서장이 임명 또는 위촉하는 사람
공무원으로 간주	국세체납정리위원회의 위원 중 공무원이 아닌 위원은 「형법」을 적용할 때에는 공무원으로 봄

제4편

부가가치세법

01   총칙
02   과세거래
03   공급시기 및 공급장소
04   영세율과 면세
05   세금계산서와 영수증
06   과세표준
07   매입세액과 차가감납부세액의 계산
08   부가가치세 신고와 납부
09   겸영사업자의 안분계산
10   간이과세

01 총칙

Teacher's Map

▷ 부가가치세의 기본이론

❶ 부가가치세의 의의와 목적

의의	재화나 용역 등을 생산하고 유통하는 과정에서 사업자가 창출한 부가가치에 대해 부과되는 조세
목적	공정한 과세, 납세의무의 적정한 이행 확보 및 재정수입의 원활한 조달에 이바지하기 위함

❷ 우리나라 부가가치세의 특징

구분	내용
간접세	납부의무자와 담세자(실제로 세금을 부담하는 자)가 다른 조세
일반소비세	원칙적으로 모든 재화나 용역의 소비행위에 대하여 과세
국세 및 지방세	차가감납부세액의 74.7%는 부가가치세(국세)로, 25.3%는 지방소비세(지방세)로 과세
다단계 과세방식	각 거래단계마다 창출한 부가가치에 대해 각각 과세
소비형 부가가치세	자본재에 대해서는 과세하지 않고 소비지출에 대해서만 계산하여 과세
전단계세액공제법	매출세액에서 매입세액을 공제하여 납부세액을 계산하여 과세
소비지국 과세원칙	국경세 조정방식 중 재화나 용역을 소비하는 국가에서 과세하는 조정방식
물세	납세의무자의 인적사항을 고려하지 않는 조세
사업장별 과세제도	사업장별로 과세하는 것을 원칙으로 하는 조세 (예외: 주사업장총괄납부, 사업자단위과세)

❸ 용어의 정의

구분	내용
재화	재산 가치가 있는 물건 및 권리
용역	재화 외에 재산 가치가 있는 모든 역무와 그 밖의 행위
사업자	사업 목적이 영리이든 비영리이든 관계없이 사업상 독립적으로 재화 또는 용역을 공급하는 자
과세사업	부가가치세가 과세되는 재화 또는 용역을 공급하는 사업
면세사업	부가가치세가 면제되는 재화 또는 용역을 공급하는 사업

간이과세자	직전 연도의 공급대가의 합계액이 1억4백만원에 미달하는 개인사업자로서, 간편한 절차로 부가가치세를 신고·납부하는 개인사업자
일반과세자	간이과세자가 아닌 사업자
비거주자	「소득세법」에 따른 비거주자
외국법인	「법인세법」에 따른 외국법인

▶ 납세의무자와 과세대상

❶ 납세의무자

납세의무자	개인 또는 법인(국가와 지방자치단체·지방자치단체조합을 포함), 법인격이 없는 사단·재단 또는 그 밖의 단체는 부가가치세를 납부할 의무가 있음
구분	① 사업자 ② 재화를 수입하는 자

❷ 사업자

개념	① 사업 목적이 영리든 비영리든 관계없이, ② 사업상 ③ 독립적으로 재화 또는 용역을 공급하는 자		
사업자에 따른 납세의무	구분		납세의무(「부가가치세법」상 사업자 여부)
	과세사업자 (겸영사업자 포함)	일반과세자	납세의무를 부담
		간이과세자	납세의무를 부담하되, 특례에 따라 간이과세
	면세사업자		납세의무를 부담하지 않음

사업자의 요건	① 영리성 불문
	  : 사업이 영리목적인지 관련없이 납세의무 부담
	  (국가와 지방자치단체, 지방자치단체조합 등도 부가가치세 납세의무 부담)
	② 사업성 필요
	  : 재화 또는 용역의 실질적 공급행위가 계속·반복적으로 이뤄져야 함
	  (등록 여부나 거래징수 여부와 관계없이 실질적 공급행위가 있었다면 납세의무 부담)
	③ 독립성 필요
	  : 인적 독립성(고용된 지위가 아님)과 물적 독립성(한 사업에 부수되지 않고, 고유한 사업이어야 함)을 모두 만족하여야 납세의무 부담		

❸ 재화를 수입하는 자

세관장에게 관세를 신고·납부 시 부가가치세 신고·납부	사업자 여부를 불문하고 세관장에게 관세를 신고·납부하는 경우에는 재화의 수입에 대한 부가가치세를 함께 신고·납부해야 함

❹ 신탁 관련 부가가치세 납세의무

○ 원칙적 납세의무자: 수탁자

수탁자	수탁자가 신탁재산별로 각각 별도의 납세의무자로서 부가가치세를 납부할 의무가 있음
공동수탁자의 연대납세의무	신탁재산에 둘 이상의 수탁자(공동수탁자)가 있는 경우 공동수탁자는 부가가치세를 연대하여 납부할 의무가 있음
신탁수익자의 제2차 납세의무	다음의 경우 부가가치세 또는 강제징수비(부가가치세 등)를 신탁재산으로 충당하여도 부족한 경우에는 그 신탁의 수익자는 지급받은 수익과 귀속된 재산의 가액을 합한 금액을 한도로 하여 그 부족한 금액에 대하여 납부할 의무(제2차 납세의무)가 있음 ① 신탁 설정일 이후에 「국세기본법」에 따른 법정기일이 도래하는 부가가치세로서 해당 신탁재산과 관련하여 발생한 것 ② 위 금액에 대한 강제징수 과정에서 발생한 강제징수비
신탁재산에 대한 강제징수 특례	수탁자가 납부해야 하는 부가가치세가 체납된 경우에는 「국세징수법」에도 불구하고 해당 신탁재산에 대해서만 강제징수를 할 수 있음

○ 예외적 납세의무자: 위탁자

위탁자	다음 중 어느 하나에 해당하는 경우에는 「신탁법」에 따른 위탁자가 부가가치세를 납부할 의무가 있음 ① 신탁재산과 관련된 재화 또는 용역을 위탁자 명의로 공급하는 경우 ② 위탁자가 신탁재산을 실질적으로 지배·통제하는 경우로서 법으로 정하는 경우 ③ 위탁자의 지위 이전을 신탁재산의 공급으로 보는 경우 기존의 위탁자에게 부가가치세 납세의무가 있음
신탁재산 관련 수탁자의 물적납세의무	다음에 해당하는 부가가치세 등을 체납한 경우 그 위탁자의 다른 재산에 대하여 강제징수를 하여도 징수할 금액에 미치지 못할 때에는 해당 신탁재산의 수탁자는 그 신탁재산으로써 이 법에 따라 위탁자의 부가가치세 등을 납부할 의무(물적납세의무)가 있음 ① 신탁 설정일 이후에 「국세기본법」에 따른 법정기일이 도래하는 부가가치세로서 해당 신탁재산과 관련하여 발생한 것 ② 위 금액에 대한 강제징수 과정에서 발생한 강제징수비

❺ 과세대상

과세대상	사업자가 행하는 재화 또는 용역의 공급
	재화의 수입

과세기간과 납세지

1 과세기간

일반과세자	구분	과세기간	예정신고기간과 과세기간 최종 3개월		신고납부기한
	제1기	1월 1일 ~ 6월 30일	예정신고기간	1. 1. ~ 3. 31.	4. 25.
			과세기간 최종 3개월	4. 1. ~ 6. 30.	7. 25.
	제2기	7월 1일 ~ 12월 31일	예정신고기간	7. 1. ~ 9. 30.	10. 25.
			과세기간 최종 3개월	10. 1. ~ 12. 31.	1. 25.

간이과세자	1월 1일 ~ 12월 31일

신규사업을 시작한 경우	구분	최초 과세기간
	① 원칙	사업 개시일 ~ 그 날이 속하는 과세기간 종료일
	② 사업 개시일* 이전에 사업자 등록을 신청한 경우	사업자등록 신청일 ~ 그 날이 속하는 과세기간의 종료일
	* '사업개시일'이란 ⊙ 제조업은 제조장별로 재화의 제조를 시작하는 날, ⓒ 광업은 사업장별로 광물의 채취·채광을 시작하는 날, ⓒ 그 밖의 사업은 재화와 용역의 공급을 시작하는 날	

사업자가 휴업을 하는 경우	구분	폐업일
	① 일반적인 경우	그 사업을 실질적으로 휴업한 날 다만, 휴업한 날이 분명하지 아니한 경우에는 휴업신고서의 접수일
	② 계절적인 사업의 경우	그 계절이 아닌 기간은 휴업기간

사업자가 폐업하는 경우	폐업일이 속하는 과세기간의 개시일~ 폐업일	
	구분	폐업일
	① 합병으로 인한 소멸법인	합병법인의 변경등기일 또는 설립등기일
	② 분할로 인한 폐업	분할법인의 분할변경등기일 소멸하는 경우에는 분할신설법인의 설립등기일
	③ 그 밖의 경우	사업장별로 그 사업을 실질적으로 폐업하는 날 다만, 폐업한 날이 분명하지 아니한 경우에는 폐업신고서의 접수일

사업 개시일 전에 사업자등록을 한 자가 사업을 실질적으로 시작하지 않는 경우	① 원칙 : 사업자등록을 한 날부터 6개월이 되는 날까지 재화와 용역의 공급실적이 없는 자에 대해서는 그 6개월이 되는 날을 폐업일로 간주 ② 예외 : 단, 사업장의 설치기간이 6개월 이상이거나 그 밖의 정당한 사유로 인하여 사업 개시가 지연되는 경우에는 그러하지 않음
청산 또는 회생절차를 진행중인 내국법인	사업을 실질적으로 폐업하는 날부터 25일 이내에 세무서장에게 신고하여 승인을 받은 경우 잔여재산가액 확정일을 폐업일로 함

과세유형이 변경되는 경우	과세유형의 변경	간이과세자 규정을 적용하는 과세기간
	① 일반과세자 → 간이과세자	그 변경 이후 7월 1일 ~ 12월 31일
	② 간이과세자 → 일반과세자	그 변경 이전 1월 1일 ~ 6월 30일

간이과세를 포기하는 경우	과세유형	적용 과세기간
	간이과세자	① 간이과세의 적용 포기의 신고일이 속하는 과세기간의 개시일부터 그 신고일이 속하는 달 마지막 날
	일반과세자	② 간이과세의 적용 포기의 신고일이 속하는 달의 다음 달 1일부터 그 날이 속하는 과세기간의 종료일

❷ 납세지

○ **원칙: 사업장별 과세원칙에 따라 사업장을 기준으로 납세의무 이행**

납세의무자	납세지
사업자	각 사업장 소재지
재화를 수입하는 자	「관세법」에 따라 수입을 신고하는 세관의 소재지

○ **특례: 행정상 편의를 위하여 '주사업장총괄납부'와 '사업자단위과세제도' 규정**

구분	납세지
주사업장총괄납부	주사업장에서 납부 또는 환급만 총괄하고, 신고의무나 세금계산서 관련 의무는 각 사업장별로 이행
사업자단위과세제도	납부 또는 환급뿐만 아니라 신고의무와 세금계산서 관련 의무 모두 주사업장 등에서 총괄적으로 이행

❸ 사업장의 범위

○ **일반적인 경우**

구분	사업장
광업	광업사무소의 소재지
제조업	최종 제품을 완성하는 장소
건설업·운수업과 부동산매매업	① 법인인 경우: 법인의 등기부상의 소재지(등기부상의 지점소재지 포함) ② 개인인 경우: 사업에 관한 업무를 총괄하는 장소
부동산임대업	부동산의 등기부상의 소재지 (단, 부동산상의 권리만을 대여하거나 특정 사업자가 부동산을 임대하는 경우: 그 사업에 관한 업무총괄 장소)
다단계판매원이 재화나 용역을 공급하는 사업	해당 다단계판매원이 법에 의하여 등록한 다단계판매업자의 주된 사업장의 소재지
무인자동판매기를 통하여 재화·용역을 공급하는 사업	사업에 관한 업무를 총괄하는 장소
비거주자 또는 외국법인의 경우	「소득세법」,「법인세법」에 따른 국내사업장
사업자등록을 신청하는 신탁재산의 경우	해당 신탁재산의 등기부상 소재지, 담보신탁의 경우 등록부상 등록지 또는 신탁사업에 관한 업무를 총괄하는 장소

기타	다음의 경우는 '사업에 관한 업무를 총괄하는 장소'로 한다. ㉠ 수자원을 개발하여 공급하는 사업, 대구시설관리공단이 공급하는 사업, 전기통신사업자가 통신요금 통합청구의 방법으로 요금을 청구하는 전기통신사업, 우정사업조직이 소포우편물을 방문접수하여 배달하는 용역을 공급하는 사업, 전기판매사업자가 전기요금 통합청구의 방법으로 요금을 청구하는 전기판매사업, 송유관설치자가 송유관을 통하여 재화나 용역을 공급하는 사업. ㉡ 한국철도공사가 경영하는 사업(지역별 총괄장소) ㉢ 국가·지방자치단체 또는 지방자치단체조합이 공급하는 부동산 임대업, 도매 및 소매업, 음식점업·숙박업 등

○ **특이사항**

사업장을 두지 아니한 경우	사업자의 주소 또는 거소를 사업장으로 함(사업자등록 미이행한 경우에도 동일)
신청에 의한 사업자등록	사업장 외의 장소도 사업자의 신청에 따라 추가로 사업장으로 등록 가능하되, 무인자동판매기를 통하여 재화·용역을 공급하는 사업은 추가등록을 인정하지 않음

❹ 직매장과 하치장, 임시사업장

구분	사업장 여부	사업자등록 필요여부	개설	폐쇄
직매장	O	O	사업자등록 규정에 따름	
하치장	X	X	10일 이내에 신고*	-
임시사업장				10일 이내에 신고

* 임시사업장의 설치기간이 10일 이내인 경우에는 임시사업장 개설 신고를 하지 않을 수 있음

❺ 주사업장총괄납부

개념	사업장이 둘 이상인 사업자가 주된 사업장 관할 세무서장에게 주사업장총괄납부를 신청한 경우에는 각 사업장의 납부세액 또는 환급세액을 통산하여 주된 사업장에서 총괄하여 납부(환급)
주된 사업장	① 법인사업자: 본점(주사무소 포함) 또는 지점(분사무소 포함) 중 선택 ② 개인사업자: 주사무소만 가능(지점이나 분사무소를 주된 사업장으로 할 수 없음)
신청절차 : 승인을 요하지 않음	① 계속사업자: 총괄납부하려는 과세기간 개시 20일 전까지 신청서를 제출 ② 신규사업자: 주된 사업장의 사업자등록증을 받은 날부터 20일 전까지 신청서를 제출 ③ 추가로 사업장을 개설하려는 자: 추가 사업장의 사업개시일부터 20일 전까지 신청서를 제출

변경절차	관할 세무서장에게 신청서를 제출하고, 그 날이 속하는 과세기간부터 총괄납부 적용 | 사 유	변경신청서의 제출처
① 종된 사업장을 신설하는 경우	그 신설하는 종된 사업장 관할 세무서장
② 종된 사업장을 주된 사업장으로 변경하려는 경우	주된 사업장으로 변경하려는 사업장 관할 세무서장
③ 사업자등록 정정사유가 발생하는 경우	그 정정사유가 발생한 사업장 관할 세무서장(법인의 대표자를 변경하는 때에는 주된 사업장 관할 세무서장)
④ 일부 종된 사업장을 총괄납부대상 사업장에서 제외하려는 경우	주된 사업장 관할 세무서장
⑤ 기존의 사업장을 총괄납부대상 사업장에 추가하려는 경우	주된 사업장 관할 세무서장	

적용 제외	① 적용 제외 요건
	   ㉠ 사업내용의 변경으로 총괄납부가 부적당하다고 인정되는 경우
	   ㉡ 주된 사업장의 이동이 빈번한 경우
	   ㉢ 그 밖의 사정변경으로 인하여 총괄납부가 적당하지 않게 된 경우
	② 납부
	   : 적용을 하지 아니하게 된 날이 속하는 과세기간의 다음 과세기간부터 각 사업장에서 납부

포기	① 절차
	   : 포기할 경우 각 사업장에서 납부하려는 과세기간 개시 20일 전까지 포기신고서 제출
	② 납부
	   : 포기한 날이 속하는 과세기간의 다음 과세기간부터 각 사업장에서 납부

❻ 사업자단위과세제도

개념	사업장이 둘 이상인 사업자가 사업자 단위로 사업자등록을 신청한 경우에는, 사업자 단위로 부가가치세를 신고·납부할 수 있는 제도
납세지	① 법인사업자: 본점(주사무소 포함) ② 개인사업자: 주사무소

신청절차:
승인을 요하지
않음
	① 계속사업자
	   : 사업자단위과세사업자로 적용받으려는 과세기간 개시 20일 전까지 신청서를 제출
	② 신규사업자
	   : 사업 개시일부터 20일 이내에 사업자 단위로 등록 신청
	③ 추가로 사업장을 개설하려는 자
	   : 추가 사업장의 사업 개시일부터 20일 이내 신청서를 제출

변경절차	변경을 위해서는 변경된 사업자로 적용받으려는 과세기간 개시 20일 전까지 사업자의 본점 또는 주사무소 관할 세무서장에게 변경등록을 신청
포기	납부하려는 과세기간 개시 20일 전까지 신고서를 제출하고, 포기한 날이 속하는 과세기간의 다음 과세기간부터 신고서에 적은 내용에 따라 적용

❼ 과세 관할

납세의무자	과세 관할
사업자	납세지를 관할하는 세무서장 또는 지방국세청장
재화를 수입하는 자	납세지를 관할하는 세관장

▶ 사업자등록

❶ 의미 및 신청

의의	「부가가치세법」상 납세의무자에 해당하는 사업자가 사업내용을 신고하여 관할세무서의 장부에 등재하는 것
신청	① 원칙(사업장단위 등록) : 사업장마다 사업 개시일부터 20일 이내에 사업장 관할 세무서장에게 사업자등록을 신청하되, 관할 세무서장이 아닌 다른 세무서장에게도 신청 가능(단, 신규로 사업을 시작하려는 자는 사업개시일 이전이라도 사업자등록 신청 가능) | 구분 | 사업자등록 여부 | |---|---| | 과세사업자 | 사업자등록 필요 | | 면세사업자 | 「부가가치세법」상 등록의무는 없으나, 「소득세법」 및 「법인세법」에 따른 등록은 필요 「소득세법」 및 「법인세법」에 따라 등록한 면세사업자가 추가로 과세사업을 경영하려는 경우 *사업자등록 정정신고서*를 제출하면 사업자등록 신청을 한 것으로 간주 | | 면세포기사업자 및 겸영사업자: 사업자등록 필요 | ② 사업장이 둘 이상인 사업자 : 사업자단위로 해당 사업자의 본점 또는 주사무소 관할 세무서장에게 등록 신청 가능

신탁재산과 관련된 부가가치세 사업장	① 원칙
	: 수탁자가 납세의무자가 되는 경우 수탁자(공동수탁자가 있는 경우 대표수탁자)는 해당 신탁재산을 사업장으로 보아 사업자등록을 신청
	② 예외
	: 다음 요건을 모두 갖춘 경우에는 둘 이상의 신탁재산을 하나의 사업장으로 보아 신탁사업에 관한 업무를 총괄하는 장소를 관할하는 세무서장에게 사업자등록을 신청할 수 있음
	㉠ 수탁자가 하나 또는 둘 이상의 위탁자와 둘 이상의 신탁계약을 체결하였을 것
	㉡ 신탁계약이 다음의 어느 하나에 해당할 것
	    ⓐ 수탁자가 위탁자의 채무이행을 담보하기 위해 위탁자로부터 부동산, 지상권, 전세권, 부동산임차권, 부동산소유권 이전등기청구권, 그 밖의 부동산 관련 권리를 수탁하여 운용하는 신탁계약
	    ⓑ 「자본시장과 금융투자업에 관한 법률」에 따른 신탁업자가 무체재산권(지식재산권을 포함)을 수탁하여 운용하는 신탁계약
	    ⓒ 「저작권법」에 따른 저작권신탁관리업을 영위하는 자가 저작권 등을 수탁하여 운용하는 신탁계약
	    ⓓ 「기술의 이전 및 사업화 촉진에 관한 법률」에 따른 기술신탁관리업을 영위하는 자가 기술과 그 사용에 관한 권리를 수탁하여 운용하는 신탁계약

❷ 발급

발급기한	신청을 받은 관할 세무서장은 신청일부터 2일 이내(토요일 및 일요일, 공휴일 및 대체공휴일, 근로자의 날은 산정에서 제외)에 신청자에게 발급
연장	사업장 시설이나 사업현황을 확인하기 위하여 국세청장이 필요하다고 인정하는 경우에는 발급기한을 5일 이내에서 연장하고 조사한 사실에 따라 사업자등록증을 발급할 수 있음
보정요구	관할 세무서장은 보정할 필요가 있다고 인정될 때에는 10일 이내의 기간을 정하여 보정을 요구할 수 있음
등록번호의 부여	사업장마다 관할 세무서장이 부여하되, 사업자단위로 등록신청을 한 경우에는 사업자단위과세 적용 사업장에 한 개의 등록번호를 부여

❸ 직권등록과 등록거부

직권등록	사업자가 사업자등록을 하지 않거나 전자적 용역을 공급하는 국외사업자 등이 간편사업자등록을 하지 않은 경우에는 납세지 관할 세무서장이 조사하여 등록 가능
등록거부	사업장 관할 세무서장이 직권으로 사업 개시일 이전에 사업자등록의 신청을 받은 사업자가 사업을 사실상 시작하지 않을 것이라고 인정될 때에는 등록거부 가능

❹ 사업자등록의 사후 관리

휴업 및 폐업의 신고	지체 없이 사업장 관할 세무서장에게 신고 필요. (사업 개시일 이전에 등록을 신청한 자가 사실상 사업을 시작하지 아니하게 되는 경우에도 동일)
등록사항의 변경 및 재발급	① 등록사항 정정사유에 해당하는 경우에는 지체 없이 사업자등록 정정신고서에 사업자등록증을 첨부하여 관할 세무서장에게 제출 ② 상호 변경 또는 도메인 이름의 변경의 경우에는 신청일 당일에 재발급해야 하지만, 그 외의 경우는 2일 이내까지 재발급
등록말소	관할 세무서장은 사업자가 폐업(사실상 폐업한 경우로서 법령으로 정하는 경우를 포함)한 경우 또는 사업 개시일 이전에 등록신청을 하고 사실상 사업을 시작하지 아니하게 되는 경우 지체 없이 사업자등록을 말소하고 등록증을 회수해야 함 (단, 회수할 수 없는 경우 등록말소 공시)
등록갱신	사업장 관할 세무서장은 업무의 효율성을 위해 사업자등록증 갱신 발급 가능
개별소비세 등에 따른 등록의 인정	개별소비세 또는 교통·에너지·환경세의 납세의무가 있는 사업자가「개별소비세법」또는「교통·에너지·환경세법」규정에 따라 신고한 경우「부가가치세법」에 따른 등록신청 또는 신고한 것으로 봄

❺ 사업자등록을 하지 아니한 경우의 제재 조치

등록 신청 전
매입세액 불공제
	① 원칙
	  : 사업자등록을 신청하기 전의 매입세액은 매출세액에서 공제하지 않음
	② 예외
	  : 공급시기가 속하는 과세기간이 끝난 후 20일 이내에 등록을 신청한 경우 신청일부터 해당 과세기간 기산일까지 역산한 기간의 매입세액은 공제 가능

사업자등록 불성실 가산세	사업자가 법정기한까지 사업자등록을 신청하지 않은 경우, 다음의 미등록 가산세를 부과 미등록 가산세 = 사업 개시일부터 등록을 신청한 날의 직전일까지의 공급가액 × 1%

02 과세거래

Teacher's Map

▷ 과세거래의 개요

❶ 과세거래 개요

과세거래	특징
재화의 공급	사업자가 공급한 것에 한하여 과세하고, 속지주의에 따라 국내에서의 재화의 공급거래에 대해서만 과세 [국내에서 공급이 이루어진 것으로 간주] ① 우리나라 국적의 항공기·선박에서 이루어지는 거래 ② 중계무역방식의 수출 등 특정수출로서 국내의 사업장에서 계약과 대가수령 등 거래가 이루어지는 것
용역의 공급	사업자가 공급한 것에 한하여 과세하고, 속지주의를 원칙으로 하되, 국외에서 제공하는 용역은 속인주의에 따라 납세지가 국내에 있는 경우에는 과세
재화의 수입	사업자 여부를 불문하고 수입한 것에 대하여 과세

※ 용역의 수입은 과세대상에서 제외

❷ 재화·용역의 사업 구분

한국표준산업분류	재화나 용역을 공급하는 사업의 구분은 세법에 특별한 규정이 있는 경우를 제외하고는 통계청장이 고시하는 해당 과세기간 개시일 현재의 한국표준산업분류에 따름

▷ 재화의 공급

❶ 재화의 의미

의미	재산 가치가 있는 물건과 권리		
재산 가치	경제적 교환가치가 있는 것		
물건과 권리	구분	범위	
	물건	① 상품, 제품, 원료, 기계, 건물 등 모든 유체물 ② 전기, 가스, 열 등 관리할 수 있는 자연력	
	권리	광업권, 특허권, 저작권 등으로서 물건 외에 재산적 가치가 있는 모든 것	
	증권	① 수표·어음·상품권 등 화폐대용증권, 주식 등 지분상품, 회사채 등 채무상품: 과세대상이 아님 ② 창고증권·선하증권·화물상환증: 과세대상임	

❷ 재화의 실질적 공급

구분	실질적 공급의 범위
계약상의 원인	① 매매계약 ② 가공계약 ③ 교환계약
그 밖의 원인	④ 경매, 수용, 현물출자와 그 밖의 계약상 또는 법률상의 원인에 따라 재화를 인도하거나 양도하는 것 ⑤ 국내로부터 보세구역에 있는 창고(조달청장이 개설한 것으로서 세관장의 특허를 받은 보세창고 및 보세구역에 있는 런던금속거래소의 지정창고로 한정)에 임치된 임치물을 국내로 반입하는 것

○ **가공계약**

구분	규정
재화의 공급에 해당하는 경우	자기가 주요자재의 전부 또는 일부를 부담(단, 건설업은 제외)
용역의 공급에 해당하는 경우	① 자기가 주요자재를 전혀 부담하지 아니하고, 상대방으로부터 인도받는 재화를 단순히 가공만 해주는 것 ② 건설업의 경우: 주요자재의 전부 또는 일부를 부담하더라도 무조건 용역의 공급

○ **교환거래 중 소비대차거래**

구분	
원칙	재화를 차용하거나 반환하는 것은 각각 재화의 공급에 해당
예외	한국석유공사가 비축된 석유를 수입통관하지 아니하고 보세구역에 보관하면서 국내사업장이 없는 비거주자 또는 외국법인과 무위험차익거래방식으로 소비대차하는 것은 재화의 공급이 아님

○ **경매에 따른 공급**

구분	
사적 경매	재화의 공급으로 봄
법적 경매	「국세징수법」「민사집행법」과 그 밖의 법률에 따른 경매, 담보권 실행을 위한 경매 등은 공급으로 보지 않음

○ **수용에 따른 공급**

구분	
원칙	수용에 따라 재화를 인도하거나 양도하는 것도 재화의 공급으로 간주
예외	법적 수용 절차에 따라 재화의 소유자가 수용된 재화에 대한 대가를 수취하는 경우 및 재건축 사업시행자의 매도청구에 따라 재화를 인도하거나 양도하는 것은 누가 재화를 철거했는지 여부를 불문하고 재화의 공급으로 보지 않음

○ **대물변제**

구분	
일반 차입금	재화의 공급으로 봄
조세의 물납	재화의 공급이 아님

○ 출자

일반적 현물 출자	재화의 공급으로 봄
포괄적 현물 출자	재화의 공급이 아닌 사업의 양도

○ 출자지분

출자자가 자기의 출자지분을 타인에게 양도·상속·증여	재화의 공급이 아님
법인 또는 공동사업자가 출자지분을 현금으로 반환하는 것	재화의 공급이 아님
법인 또는 공동사업자가 출자지분을 현물로 반환하는 것	재화의 공급으로 봄

○ 기부채납

국가 또는 지방자치단체에 기부채납하고 그 대가로 무상사용·수익권을 얻는 경우	재화의 공급으로 봄
사업자가 사업을 수행하기 위한 인허가 조건에 의하여 사회기반시설 등을 국가나 지방자치단체에 기부채납하는 경우	재화의 공급이 아님
국가나 지방자치단체에 아무런 대가 관계없이 무상으로 기부채납하는 경우	재화의 공급이 아님

❸ 재화의 공급의제(간주공급)

의미	재화의 공급의제(간주공급)는 원칙적으로 재화의 실질적 공급으로 볼 수 없으나, 일정한 요건을 충족할 경우 재화의 공급으로 간주하여 과세하는 제도를 말함
자기생산·취득재화	사업자가 자기의 과세사업과 관련하여 생산하거나 취득한 재화로서 다음 중 하나에 해당하는 재화 ① 사업자가 재화를 공급받을 때 매출세액에서 매입세액이 공제된 재화 ② 재화의 공급으로 보지 않은 사업양도로 취득한 재화로서 사업양도자가 재화를 공급받을 때 매출세액에서 매입세액을 공제받은 재화 ③ 내국신용장 또는 구매확인서에 의해 재화를 공급받아 영세율을 적용 받는 재화
간주공급	① 면세사업 및 비과세사업 전용 ② 비영업용 소형승용차와 그 유지를 위한 재화 } 자가공급 ③ 판매목적 타사업장 반출 ④ 개인적 공급 ⑤ 사업상 증여 ⑥ 폐업 시 잔존재화

○ 자가공급

면세사업 및 비과세사업 전용	자기생산·취득재화를 자기의 면세사업을 위하여 직접 사용하거나 소비하는 것은 재화의 공급으로 봄 ① 사업자가 재화를 공급받을 때 매출세액에서 매입세액이 공제된 재화 ② 사업의 포괄양도로 취득한 재화로서 사업양도자가 매입세액 공제를 받은 재화 ③ 영세율을 적용 받은 재화의 면세전용
비영업용 소형승용자동차와 그 유지를 위한 재화 사용	다음 중 어느 하나에 해당하는 자기생산·취득재화의 사용 또는 소비는 재화의 공급으로 봄 ① 운수업 등을 경영하는 사업자가 자기생산·취득재화 중 개별소비세 과세대상 자동차와 그 자동차의 유지를 위한 재화를 해당 업종에 직접 영업으로 사용하지 아니하고 다른 용도로 사용하는 것 ② 사업자가 자기생산·취득재화를 매입세액이 매출세액에서 공제되지 아니하는 개별소비세 과세대상 자동차로 사용 또는 소비하거나 그 자동차의 유지를 위하여 사용 또는 소비하는 것

판매목적 타사업장 반출재화	① 원칙 : 사업장이 둘 이상 있는 사업자가 자기의 사업과 관련하여 생산 또는 취득한 재화를 판매할 목적으로 자기의 다른 사업장에 반출하는 것은 재화의 공급으로 봄 ② 예외 : 사업자단위과세 적용을 받거나 주사업장총괄납부의 적용을 받는 과세시간에 자기의 다른 사업장에 반출하는 경우는 재화의 공급으로 보지 않음(단, 세금계산서를 발급하는 경우에는 재화의 공급)
자가공급에 해당되지 않는 경우	① 자기의 다른 사업장에서 원료·자재 등으로 사용·소비하기 위하여 반출하는 경우 ② 자기 사업상의 기술개발을 위하여 시험용으로 사용·소비하는 경우 ③ 수선비 등에 대체하여 사용·소비하는 경우 ④ 사후무료서비스를 제공하기 위하여 사용·소비하는 경우 ⑤ 불량품 교환 또는 광고선전을 위한 상품진열 등의 목적으로 자기의 다른 사업장으로 반출하는 경우

ㅇ 개인적 공급

조건	사업자가 자기생산·취득재화를 사업과 직접 관계없이 자기의 개인적인 목적이나 그 밖의 목적을 위하여 사용·소비하거나 그 사용인 또는 그 밖의 자가 사용·소비하는 것으로서 사업자가 그 대가를 받지 않거나 시가보다 낮은 대가를 받는 경우 재화의 공급으로 간주
적용 제외	① 매입 시 매입세액이 공제되지 아니한 것 ② 사업자가 실비변상적이거나 복리후생적인 목적으로 그 사용인에게 대가를 받지 않거나 시가보다 낮은 대가를 받고 제공하는 것 ㉠ 사업을 위해 착용하는 작업복, 작업모 및 작업화를 제공하는 경우 ㉡ 직장연예 및 직장문화와 관련된 재화를 제공하는 경우 ㉢ 다음의 어느 하나에 해당하는 재화를 공급하는 경우 각 구분별로 ^{NEW} 각각 사용인 1인당 연간 10만원을 한도로 함(10만원을 초과하는 경우 해당 초과액에 대해서는 재화의 공급으로 봄) 　ⓐ 경조사와 관련된 재화 　ⓑ 설날·추석과 관련된 재화 　ⓒ 창립기념일 및 생일 등과 관련된 재화

ㅇ 사업상 증여

조건	사업자가 자기생산·취득재화를 자기의 고객이나 불특정 다수인에게 증여하는 경우는 재화의 공급
적용 제외	① 당초 매입 시 매입세액이 공제되지 아니한 것 ② 증여하는 재화의 대가가 주된 거래인 재화 공급의 대가에 포함되는 경우 ③ 사업을 위하여 대가를 받지 않고 다른 사업자에게 인도하거나 양도하는 견본품 ④ 불특정다수인에게 무상으로 배포하는 광고선전용 재화 ⑤「재난 및 안전관리 기본법」의 적용을 받아 특별재난지역에 공급하는 물품 ⑥ 자기적립 마일리지 등으로만 전부를 결제 받고 공급하는 재화

○ **폐업 시 잔존재화**

조건	사업자가 폐업할 때 자기생산·취득재화 중 남아 있는 재화는 자기에게 공급하는 것으로 봄
적용 제외	① 당초 매입 시 매입세액이 공제되지 아니한 것 ② 사업자가 사업의 종류를 변경한 경우 변경 전 사업에 대한 잔존재화 ③ 동일 사업장 내에서 2 이상의 사업을 겸영하는 사업자가 그 중 일부사업을 폐지하는 경우 해당 폐지한 사업과 관련된 재고재화 ④ 개인사업자 2인이 공동사업을 영위할 목적으로 한 사업자의 사업장을 다른 사업자의 사업장에 통합하여 공동명의로 사업을 영위하는 경우에 통합으로 인하여 폐지된 사업장의 재고재화 ⑤ 폐업일 현재 수입신고(통관)되지 아니한 미도착재화 ⑥ 사업자가 직매장을 폐지하고 자기의 다른 사업장으로 이전하는 경우 해당 직매장의 재고재화

❹ 위탁매매

원칙: 위탁자가 직접 공급	위탁매매 또는 대리인에 의한 매매를 할 때에는 위탁자 또는 본인이 직접 재화를 공급하거나 공급받은 것으로 봄
예외: 수탁자가 공급	위탁자 또는 본인을 알 수 없는 경우에는 수탁자 또는 대리인에게 재화를 공급하거나 수탁자 또는 대리인으로부터 재화를 공급받은 것으로 봄

❺ 위탁자 지위 이전에 대한 재화의 공급 간주

원칙: 신탁재산의 공급으로 봄	「신탁법」에 따라 위탁자 지위가 이전되는 경우에는 기존 위탁자가 새로운 위탁자에게 신탁 재산을 공급한 것으로 봄 (기존 위탁자가 해당 공급에 대한 부가가치세의 납세의무자임)
예외: 신탁재산의 공급으로 보지 않음	신탁재산에 대한 실질적인 소유권 변동이 있다고 보기 어려운 다음의 경우 신탁재산의 공급으로 보지 않음 ㉠ 집합투자기구의 집합투자업자가 다른 집합투자업자에게 위탁자의 지위를 이전하는 경우 ㉡ 신탁재산의 실질적인 소유권이 위탁자가 아닌 제3자에게 있는 경우 등 위탁자의 지위 이전에도 불구하고 신탁재산에 대한 실질적인 소유권의 변동이 있다고 보기 어려운 경우

❻ 재화의 공급으로 보지 않는 경우

사업의 포괄적 양도	사업을 포괄적으로 양도하는 경우 (단, 그 사업을 양수 받은 자가 대가를 지급한 때에 그 대가를 받은 자로부터 부가가치세를 징수하여 납부한 경우에는 공급에 해당)
담보의 제공	질권, 저당권 또는 양도담보의 목적으로 동산, 부동산 및 부동산상의 권리를 제공하는 경우 (단, 담보를 제공한 이후 채무불이행으로 인하여 담보물이 변제에 충당된 경우에는 공급으로 간주)
조세의 물납	상속세·재산세를 물납하는 경우
신탁재산의 소유권 이전	① 위탁자로부터 수탁자에게 신탁재산을 이전하는 경우 ② 신탁의 종료로 인하여 수탁자로부터 위탁자에게 신탁재산을 이전하는 경우 ③ 수탁자가 변경되어 새로운 수탁자에게 신탁재산을 이전하는 경우

기타	① 수재·화재·도난·재고감모손 등으로 인해 재화를 잃어버리거나 재화가 멸실된 경우 ② 각종 원인에 의하여 사업자가 받는 손해배상금 ③ 사업자가 위탁가공을 위하여 원자재를 국외 수탁가공업자에게 대가 없이 반출한 경우 　　단, 해당 재화를 가공한 이후 양도할 때, 그 원료의 반출에 대하여는 재화의 공급으로 보아 영세율을 적용함

▷ 용역의 공급

❶ 용역의 의미

의미	재화 외에 재산 가치가 있는 모든 역무(役務)와 그 밖의 행위
열거	① 건설업 ② 숙박 및 음식점업 ③ 운수 및 창고업 ④ 부동산업. 다만, 다음에 해당하는 사업은 제외 　㉠ 전·답·과수원·목장용지·임야·염전 임대업 　㉡ 공익사업과 관련하여 지역권·지상권(지하·공중에 설정된 권리 포함)을 설정하거나 대여하는 사업 ⑤ 그 밖에 법에 열거된 사업
부동산 건설업	다음 중 어느 하나에 해당하는 사업은 재화를 공급하는 사업으로 봄 ① 부동산 매매(주거용 또는 비거주용 건축물 및 그 밖의 건축물을 자영건설하여 분양·판매하는 경우를 포함) 또는 그 중개를 사업목적으로 나타내어 부동산을 판매하는 사업 ② 사업상 목적으로 1과세기간 중에 1회 이상 부동산을 취득하고 2회 이상 판매하는 사업

❷ 용역의 공급

의미	계약상 또는 법률상의 모든 원인에 따른 것으로서 역무를 제공하는 것과 시설물, 권리 등 재화를 사용하게 하는 것
열거	① 건설업의 경우 건설업자가 건설자재의 전부 또는 일부를 부담하는 것 ② 자기가 주요자재를 전혀 부담하지 아니하고 상대방으로부터 인도받은 재화를 단순히 가공만 해 주는 것 ③ 산업상·상업상 또는 과학상의 지식·경험 또는 숙련에 관한 정보를 제공하는 것

❸ 용역의 공급 특례

용역의 무상공급	① 원칙 　: 용역의 공급으로 보지 않음 ② 예외 　: 사업자가 특수관계자에게 사업용 부동산의 임대용역을 제공하는 것은 용역의 공급으로 봄 　단, 다음은 용역의 공급으로 보지 않음 　　㉠ 산학협력단과 대학 간 사업 부동산의 임대용역 　　㉡ 「공공주택특별법」에 따른 공공주택사업자와 부동산투자회사 간 사업용 부동산의 무상임대용

용역의 자가공급	용역의 공급으로 보지 않음	
고용관계에 따른 근로용역의 제공	용역의 공급으로 보지 않음	
조출료와 체선료	① 선주와 하역회사 간: 하역용역	
	조출료 from 선주 to 하역회사	용역의 공급 O
	체선료 from 하역회사 to 선주	용역의 공급 X
	② 선주와 화주 간: 항해용역	
	조출료 from 선주 to 화주	용역의 공급 X
	체선료 from 화주 to 선주	용역의 공급 O
입회금 및 특별회비 등	거치 후 반환하지 아니하는 입회금	용역의 공급 O
	거치 후 반환하는 입회금	용역의 공급 X
	대가관계 없이 받는 협회비·찬조비 및 특별회비	용역의 공급 X
분철료	용역의 공급으로 봄	

▶ 재화의 수입

의미	다음 중 어느 하나에 해당하는 물품을 국내에 반입하는 것을 의미 ① 외국으로부터 국내에 도착한 물품(외국 선박에 의하여 공해(公海)에서 채집되거나 잡힌 수산물을 포함)으로서 수입신고가 수리(受理)되기 전의 것 ② 수출신고가 수리된 물품(수출신고가 수리된 물품으로 선적되지 아니한 물품을 보세구역에서 반입하는 경우는 제외)으로 선적이 완료된 물품 단, 수출신고가 수리된 물품으로서 선적되지 않은 물품을 보세구역에서 반입하는 경우는 재화의 수입으로 보지 않고 국내공급으로 과세함	
보세구역과 관련된 재화 또는 용역의 공급범위	구분	과세여부
	① 외국 → 보세구역	(재화의 수입이 아님)
	② 보세구역 → 보세구역	(재화·용역의 국내공급)
	③ 보세구역 외의 국내장소 → 보세구역	
	④ 보세구역 → 보세구역 외의 국내장소	관세 과세분: 재화의 수입(과세거래 O) 이 외의 것: 재화·용역의 국내공급(과세거래 O)
징수	재화의 수입에 대한 부가가치세는 세관장이 「관세법」에 따라 징수함	

부수재화 또는 용역의 공급

주된 거래에 부수되는 재화·용역 : 주된 재화 또는 용역의 공급에 포함되는 것으로 봄	① 주된 재화 또는 용역의 공급에 대한 대가에 통상적으로 포함되어 공급되는 재화 또는 용역 　: 부수 공급의 과세·면세는 주된 공급을 따름 ② 주된 재화 또는 용역의 공급에 부수하여 공급되는 것으로 인정되는 재화 또는 용역 　: 주된 거래에 흡수되는 것으로 보아 별도의 사업상 증여로 보지 않음
주된 사업에 부수되는 재화·용역 : 별도의 공급으로 보되, 과세 및 면세 여부 등은 주된 사업의 과세 및 면세 여부 등을 따름	① 우연히 또는 일시적으로 공급되는 재화 또는 용역 　: ㉠ 해당 재화와 용역이 면세: 무조건 면세 　　㉡ 해당 재화와 용역이 과세: 주된 사업에 따라 판단 ② 주된 재화의 생산 과정이나 용역의 제공 과정에서 필연적으로 생기는 재화 　: 주된 사업에 따라 판단

03 공급시기 및 공급장소

Teacher's Map

▷ 공급시기

❶ 개요

의미	재화나 용역의 공급이 이루어진 시기
기준	공급시기를 기반으로 세금계산서를 발급

❷ 재화의 공급시기

○ 일반적 공급시기

① 재화의 이동이 필요한 경우	재화가 인도되는 때
② 재화의 이동이 필요하지 않은 경우	재화가 이용가능하게 되는 때
③ 위의 규정을 적용할 수 없는 경우	재화의 공급이 확정되는 때

○ 거래형태별 공급시기

거래형태	거래형태별 공급시기
① 현금판매, 외상판매 또는 할부판매	재화가 인도되거나 이용가능하게 되는 때
② 상품권 등을 현금 또는 외상으로 판매하고 그 후 해당 상품권 등이 현물과 교환되는 경우	재화가 실제로 인도되는 때(상품권 판매시점 아님)
③ 재화의 공급으로 보는 가공	가공된 재화를 인도하는 때
④ 반환조건부 판매, 동의조건부 판매, 그 밖의 조건부 및 기한부 판매(ex. 시용판매, 검사조건부판매)	그 조건이 성취되거나 기한이 지나 판매가 확정되는 때
⑤ 장기할부판매, 완성도기준지급조건부 또는 중간지급조건부로 재화를 공급하는 경우, 전력이나 그 밖에 공급단위를 구획할 수 없는 재화를 계속적으로 공급하는 경우	대가의 각 부분을 받기로 한 때 단, 완성도기준지급조건부 또는 중간지급조건부의 경우 재화가 인도되거나 이용가능하게 되는 날 이후에 받기로 한 대가의 부분에 대해서는 재화가 인도되거나 이용가능하게 되는 날이 그 재화의 공급시기
⑥ 간주공급	㉠ 면세사업에의 전용 ㉡ 개별소비세 승용자동차를 비영업용으로 사용 ㉢ 개인적 공급	재화를 사용·소비하는 때
	사업상 증여	재화를 증여하는 때
	폐업 시 잔존재화의 자가공급	폐업일
	판매목적 타사업장 반출	재화를 반출하는 때

⑦ 수출 재화	㉠ 내국물품의 국외반출 및 중계무역방식의 수출	수출재화의 선(기)적일
	㉡ 원양어업 및 위탁판매수출	수출재화의 공급가액이 확정되는 때
	㉢ 외국인도수출 및 위탁가공무역방식의 수출	외국에서 해당 재화가 인도되는 때
⑧ 임치물의 반환	㉠ 창고증권을 소지한 사업자가 조달청 창고 또는 거래소의 지정창고에서 실물을 넘겨받은 후 보세구역의 다른 사업자에게 해당 재화를 인도하는 경우	해당 재화를 인도하는 때
	㉡ 해당 재화를 실물로 넘겨받는 것이 재화의 수입에 해당하는 경우	그 수입신고 수리일
	㉢ 국내로부터 조달청 창고 또는 거래소의 지정 창고에 임치된 임치물이 국내로 반입되는 경우	그 반입신고 수리일
⑨ 내국신용장에 의하여 공급하는 재화		재화를 인도하는 때
⑩ 무인판매기를 이용한 재화의 공급		해당 사업자가 무인판매기에서 현금을 꺼내는 때
⑪ 폐업 전에 공급(재화의 인도·양도가 이루어지지 않았더라도 공급의 상대방 시기, 가액을 확정할 수 있는 계약 등의 원인이 폐업 전에 발생한 경우를 포함)한 재화의 공급시기가 폐업일 이후에 도래하는 경우		폐업일

○ 기타 공급시기

거래형태	거래형태별 공급시기
① 사업자가 보세구역 안에서 보세구역 밖의 국내에 재화를 공급하는 경우가 재화의 수입에 해당하는 경우	수입신고 수리일
② 위탁판매·대리인에 의한 매매	수탁자·대리인의 공급을 기준으로 공급시기 규정을 적용하되, 해당 거래·재화의 특성상(또는 보관·관리상) 위탁자·본인을 알 수 없는 경우에는 위탁자와 수탁자 또는 본인과 대리인 사이에도 별개의 공급이 이루어진 것으로 보아 공급시기의 규정을 적용
③ 시설대여업자로부터 시설 등을 임차하고 그 시설 등을 공급자 또는 세관장으로부터 직접 인도받은 경우	사업자가 공급자로부터 재화를 직접 공급받거나 외국으로부터 재화를 직접 수입한 것으로 보아 공급시기의 규정을 적용

③ 용역의 공급시기

ㅇ 일반적 공급시기

공급시기	역무의 제공이 완료되는 때
	시설물, 권리 등 재화가 사용되는 때

ㅇ 거래형태별 공급시기

거래형태	거래형태별 공급시기
① 통상적인 용역의 공급	역무의 제공이 완료되는 때 및 시설물, 권리 등의 재화가 사용되는 때
② 장기할부조건부 또는 그 밖의 조건부, 공급단위를 구획할 수 없는 용역(부동산의 임대)을 계속적으로 공급하는 경우	대가의 각 부분을 받기로 한 때
③ 완성도기준지급조건부 또는 중간지급조건부	대가의 각 부분을 받기로 한 때 단, 역무의 제공 완료 이후 받기로 한 대가는 역무제공이 완료되는 날을 공급시기로 봄
④ 부동산임대용역을 공급하는 경우에 전세금 또는 임대보증금에 대한 간주임대료	예정신고기간 또는 과세기간의 종료일
⑤ 부동산임대용역을 둘 이상의 과세기간에 걸쳐 공급하고 그 대가를 선불 또는 후불로 받는 경우에 월수에 따라 안분계산한 임대료	
⑥ 다음에 해당하는 용역을 둘 이상의 과세기간에 걸쳐 계속적으로 제공하고 그 대가를 선불로 받는 경우 ㉠ 헬스클럽장 등 스포츠센터를 운영하는 사업자가 연회비를 미리 받고 회원들에게 시설을 이용하게 하는 것 ㉡ 사업자가 다른 사업자와 상표권 사용계약을 할 때 사용대가 전액을 일시불로 받고 상표권을 사용하게 하는 것 ㉢ 노인복지시설(유료인 경우에만 해당)을 설치·운영하는 사업자가 그 시설을 분양받은 자로부터 입주 후 수영장·헬스클럽장 등을 이용하는 대가를 입주 전에 미리 받고 시설 내 수영장·헬스클럽장 등을 이용하게 하는 것 ㉣ 그밖에 ㉠~㉢의 규정과 유사한 용역	
⑦ 「사회기반시설에 대한 민간투자법」의 방식을 준용하여 설치한 시설에 대하여 둘 이상의 과세기간에 걸쳐 계속적으로 시설을 이용하게 하고 그 대가를 받는 경우	
⑧ 역무의 제공이 완료된 때 또는 대가를 받기로 한 때를 공급시기로 볼 수 없는 경우	역무의 제공이 완료되고 그 공급가액이 확정되는 때

❹ 공급시기의 특례

원칙	세금계산서는 공급시기에 발급하는 것을 원칙으로 하여, 이 외의 시기에 발급한 것은 인정하지 않음	
예외	① 후세금계산서 : 공급시기 후에 세금계산서를 발급하는 경우	이를 인정하지 않는 것이 원칙 단, 다음의 경우는 인정. 그러나 공급의 시기는 본래의 공급시기 그대로임. ㉠ 거래처별로 달의 1일부터 말일까지의 공급가액을 합하여 해당 달의 말일을 작성연월일로 하여 세금계산서를 발급하는 경우 ㉡ 거래처별로 달의 1일부터 말일까지의 기간 이내에서 사업자가 임의로 정한 기간의 공급가액을 합하여 그 기간의 종료일을 작성 연월일로 하여 세금계산서를 발급하는 경우 ㉢ 관계 증명서류 등에 따라 실제거래사실이 확인되는 경우로서 해당 거래일을 작성 연월일로 하여 세금계산서를 발급하는 경우
	② 선세금계산서 : 공급시기 전에 세금계산서를 발급하는 경우	다음 사항은 모두 세금계산서를 발급하는 때를 공급시기로 함 ㉠ 공급시기 전에 대가를 받고 발급한 경우 ㉡ 선세금계산서 발급 후 7일 이내 대가를 받은 경우 ㉢ 선세금계산서 발급 후 7일 지난 후 대금 수령하였으나, 대금청구와 지급시기 사이의 기간이 30일 이내인 경우 ㉣ 재화·용역의 공급시기가 세금계산서 발급일이 속하는 과세기간(공급받은 자가 조기환급을 받은 경우에는 세금계산서 발급일로부터 30일 이내)에 도래하는 경우
	③ 대가 수령 여부와 무관하게 인정하는 경우	다음의 경우 공급시기가 되기 전에 세금계산서 또는 영수증을 발급하는 경우에는 그 발급한 때를 공급시기로 함 ㉠ 장기할부판매로 재화를 공급하거나 장기할부조건부로 용역을 공급하는 경우 ㉡ 전력이나 그 밖에 공급단위를 구획할 수 없는 재화를 계속적으로 공급하는 경우 ㉢ 부동산 임대용역 등 공급단위를 구획할 수 없는 용역을 계속적으로 공급하는 경우 ㉣ 외국항행용역을 공급하는 경우로서 「상법」에 따라 발행된 선하증권에 따라 거래사실이 확인되는 경우(용역의 공급시기가 선하증권 발행일부터 90일 이내인 경우로 한정)

❺ 재화의 수입시기

수입시기	「관세법」에 따른 수입신고가 수리된 때

▷ 공급장소

❶ 개요

의미	재화나 용역의 공급이 이루어진 장소
국내/국외 구분	공급장소에 따라 국내거래인지 국외거래인지를 구분할 수 있음
구분의 실익	국내거래에 대해서만 과세할 수 있음 즉, 과세권이 미치는 거래에 대한 여부에 결정할 수 있는 기준이 됨

❷ 재화의 공급장소

구분		재화의 공급장소
① 원칙	ⓐ 재화의 이동이 필요한 경우	재화의 이동이 시작되는 장소
	ⓑ 재화의 이동이 필요하지 않은 경우	재화의 공급시기에 재화가 있는 장소
② 예외	국외사업자로부터 권리를 공급받는 경우	공급받는 자의 국내에 있는 사업장의 소재지 또는 주소지

❸ 용역의 공급장소

구분	용역의 공급장소
① 일반적인 경우	역무가 제공되거나 시설물, 권리 등 재화가 사용되는 장소
② 국내 및 국외에 걸쳐 용역이 제공되는 국제운송의 경우	여객이 탑승하거나 화물이 적재되는 장소
③ 국외 사업자가 국내에 공급하는 전자적 용역	용역을 공급받는 자의 사업장 소재지, 주소지 또는 거소지

○ 공급장소가 국외이므로 비과세

관련 재화가 사용되는 장소: 국외	① 국외에 소재하는 부동산의 임대용역
	② 외국의 광고매체에 광고게재를 의뢰하고 지급하는 광고료

MEMO

04 영세율과 면세

Teacher's Map

▷ 영세율과 면세의 개념과 원리

❶ 영세율과 면세의 의미

	영세율	면세
의미	법에 규정된 일정한 재화 또는 용역의 공급에 대하여 영 퍼센트(0%)의 세율을 적용하는 제도로 매출세액은 ₩0이지만, 매입세액 공제가 가능한 '완전면세제도'	법에 규정된 일정한 재화 또는 용역의 공급에 대하여 부가가치세 납세의무를 면제하는 제도로 매출세액을 부담하지 않지만, 매입세액 공제의 혜택을 수령하지 못하는 '부분면세제도'
취지	소비지국 과세원칙에 따라, 소비하는 국가에서 부가가치세를 과세하여 국제적인 이중과세를 방지하기 위함	생활필수품, 국민후생과 관련된 재화나 용역 등 저소득자의 세부담을 줄이고 조세부담의 역진성을 완화하기 위함
부가가치세 협력의무	영세율 적용사업자는 부가가치세 납세의무가 동일하게 부여되어, 요구하는 각종 협력의무를 이행해야 함	면세사업자는 원칙적으로 부가가치세 납세의무가 없지만, 「소득세법」과 「법인세법」상으로는 협력의무를 부여하고 있어, 그에 따라 사업자등록 등의 협력의무를 이행해야 함
매입세액 처리 방법	매입세액 공제를 받으므로 선급금(자산)으로 계상 후 추후 환급	매입세액 공제를 받지 못하므로 지출내역에 따라 자산의 원가나 즉시비용으로 처리

▷ 영세율

❶ 적용대상자

거주자 또는 내국법인	과세사업자 또는 면세포기절차를 거친 면세사업자 중 거주자 또는 내국법인인 자
비거주자 또는 외국법인	상호주의에 따라 영세율을 적용함

❷ 적용대상 거래

○ 재화의 수출

구분	내용	세금계산서 발급의무
① 내국물품의 외국 반출	유상·무상거래를 불문하고 직수출과 대행위탁수출은 영세율을 적용함 단, 견본품의 반출은 제외	X
② 국외에서 재화가 공급되지만 국내에서 거래가 이루어지는 특정 형태의 수출	㉠ 중계무역 방식의 수출 ㉡ 위탁판매수출 ㉢ 외국인도수출 ㉣ 위탁가공무역 방식의 수출 ㉤ 국내 보세구역 보관물품의 국외반출	X
	㉥ 원료 등의 국외반출	O
③ 국내에서 거래가 이루어지지만 재화의 수출에 포함하는 항목	㉠ 과세기간이 끝난 후 25일 이내에 개설 및 발급한 내국신용장 또는 구매확인서에 의해 공급하는 재화(단, 금지금은 제외) ㉡ 한국국제협력단, 한국국제보건의료재단, 대한적십자사에 공급하는 재화	O

	㉢ 수탁가공무역
	  ⓐ 국외의 비거주자 또는 외국법인(비거주자 등)과 직접 계약에 따라 공급
	  ⓑ 대금을 외국환은행에서 원화로 받을 것
	  ⓒ 비거주자 등이 지정하는 국내의 다른 사업자에게 인도
	  ⓓ 국내의 다른 사업자가 비거주자 등과 계약에 따라 인도받은 재화를 그대로 반출하거나 제조·가공한 후 반출
		X

○ 용역의 국외공급

원칙	속지주의에 따르되, 속인주의에 따를 경우 납세지가 국내에 있을 때 거래 상대방이나 대금결제방법을 불문하고 영세율을 적용

세금계산서 발급의무	국외에서 용역을 제공받는 거래상대방	세금계산서 발급의무
	① 국내사업장이 없는 비거주자·외국법인인 경우	X
	② 그 외의 경우	O

○ 외국항행용역의 공급

원칙	선박 또는 항공기에 의한 외국항행용역뿐만 아니라 그에 부수되는 재화나 용역의 공급도 영세율을 적용함

세금계산서 발급의무	구분	세금계산서 발급의무
	① 용역을 공급받는 사업자가 국내사업장이 없는 비거주자·외국법인인 경우 ② 항공기의 외국항행용역 및 「항공사업법」에 의한 상업서류송달용역	X
	③ 그 외의 경우	O

○ **그 밖의 외화 획득 재화 또는 용역의 공급 등**

구분		세금계산서 발급의무
대금결제방법에 제한이 있는 경우	① 국내에서 비거주자 또는 외국법인에 공급되는 일정한 사업에 해당하는 용역으로 그 대금을 외국환은행에서 원화로 받거나 기획재정부령이 정하는 방법으로 받는 것	X
	② 외국인전용판매장 등을 경영하는 자가 공급하는 재화 또는 용역	O
	③ 외국인 관광객에게 공급하는 관광알선용역	X
대금결제방법에 제한이 없는 경우	① 특정 수출재화임가공용역(수출재화염색임가공 포함) ㉠ 내국신용장 또는 구매확인서에 의하여 공급하는 수출재화임가공용역 (내국신용장·구매확인서가 그 용역의 공급시기가 속하는 과세기간이 끝난 후 25일, 그 날이 공휴일 또는 토요일인 경우 바로 다음 영업일 이내에 개설·발급되어야 함) ㉡ 수출업자와 직접 도급계약에 의하여 수출재화를 임가공하는 수출재화임가공 용역. 다만, 사업자가 부가가치세를 별도로 적은 세금계산서를 발급한 경우에는 영세율을 적용하지 않음	O
	② 우리나라에 상주하는 외교공관, 영사기관(명예영사관원을 장으로 하는 영사기관은 제외), 국제연합과 이에 준하는 국제기구(우리나라가 당사국인 조약과 그 밖의 국내법령에 따라 특권과 면제를 부여받을 수 있는 경우만 해당) 등에 재화 또는 용역을 공급하는 경우	X
	③ 우리나라에 상주하는 국제연합군 또는 미합중국군대에 공급하는 재화 또는 용역	X
	④ 외교공관 등의 소속 직원으로서 해당 국가로부터 공무원 신분을 부여받은 자 또는 외교부장관으로부터 이에 준하는 신분임을 확인받은 자 중 내국인이 아닌 자에게 일정한 방법에 따라 재화 또는 용역을 공급하는 경우	X
	⑤ 외국을 항행하는 선박 및 항공기 또는 원양어선에 공급하는 재화 또는 용역. 다만, 사업자가 부가가치세를 별도로 적은 세금계산서를 발급한 경우는 제외	X

▶ 면세

❶ 적용대상

○ **기초생활필수 재화 또는 용역**

구분	내용
① 미가공식료품	식용으로 제공되는 농·축·수·임산물은 국산과 외국산을 구분하지 않고 면세를 적용하되, 가공되지 않거나 본래 성질이 유지되는 1차 가공에 한해 면세
② 국내생산 비식용 농·축·수·임산물	국산만 면세
③ 수돗물	면세
④ 연탄과 무연탄	면세하되, 유연탄, 갈탄 및 착화탄의 공급은 과세
⑤ 기저귀·분유, 여성용 위생용품	면세
⑥ 여객운송용역	지하철, 버스 등 대중교통 목적은 면세를 적용하되, 화물운송 또는 유흥 목적은 과세

⑦ 주택과 이에 부수되는 토지의 임대용역*	㉠ 단독주택의 경우: 주택 및 부수토지의 범위 내에서만 면세 주택부수토지의 한계면적 = MAX(ⓐ, ⓑ) ⓐ 건물이 정착된 면적 × 5배(도시지역 밖의 토지는 10배) ⓑ 주택의 연면적(지하층의 면적, 지상층의 주차용으로 사용되는 면적 및 주민공동시설의 면적은 제외) ㉡ 겸용주택의 경우: 주택 및 부수토지의 범위 내에서만 면세

구분	건물	부수토지

ⓐ 주택면적 > 사업용 건물면적	전부 주택으로 면세	(1) 주택부수토지 = MIN(㉮, ㉯)
		㉮ 총토지면적 × $\frac{주택면적}{총건물면적}$
		㉯ MAX(㉠, ㉡)
		  ㉠ 주택의 연면적
		  ㉡ 주택정착면적 × 5배(10배)
		(2) 사업용 건물 부수토지 =
		  총토지면적 − 주택부수토지

ⓑ 주택면적 ≤ 사업용 건물면적	주택 부분만 면세	

⑧ 관리주체 또는 입주자대표회의가 제공하는 복리시설인 공동주택 어린이집의 임대용역	면세

* 「주택법」에 따른 토지임대부 분양주택(국민주택규모로 한정)에 부수되는 토지의 임대 용역을 포함

○ 국민후생용역

구분	내용
① 의료보건용역과 혈액[*1], 장의용역	의약품 조제용역은 면세이지만, 의약품 자체는 과세되는 재화로 간주하며, 다음의 경우에도 과세를 적용 ㉠ 부가가치세가 과세되는 미용목적 등의 의료진료용역 ㉡ 부가가치세가 과세되는 애완동물 진료[*2] 등의 동물 진료용역
② 교육용역	교육용역과 부수적인 교육용 교구 등의 대가는 면세를 적용하되, 다음의 경우에는 과세를 적용 ㉠ 무도학원 ㉡ 자동차운전학원

*1 치료・예방・진단 목적으로 조제한 동물의 혈액을 포함 **NEW**
*2 질병 예방 및 치료를 목적으로 하는 동물의 진료용역으로서 법령으로 정하는 것은 면세로 함

○ 부가가치 생산요소

구분	내용
① 토지	토지의 공급은 면세하되, 건물의 공급은 과세. 단, 면세사업에 부수되는 건물의 공급은 면세
② 금융·보험용역	금융·보험용역 외의 사업을 하는 자가 주된 사업에 부수하여 금융·보험용역과 같거나 유사한 용역을 제공하는 경우 면세, 아래의 경우는 과세 ㉠ 복권·입장권·상품권·지금형주화 등에 대한 대행용역, 부동산 임대용역, 감가상각자산의 대여용역 ㉡ 그 밖에 법에 정하는 것
③ 인적용역	㉠ 개인이 물적 시설 없이 근로자를 고용*하지 않고 독립된 자격으로 용역을 공급하고 대가를 받는 인적용역: 직업운동가, 댄서, 가수, 고용관계 없는 자가 강연을 하고 대가를 받는 경우 등은 면세 ㉡ 개인·법인 또는 법인격 없는 사단·재단 기타 단체가 독립된 자격으로 용역을 공급하고 대가를 받는 인적용역: 국선변호인의 국선, 학술연구용역 등은 면세

* 고용 외의 형태로 해당 용역의 주된 업무에 대해 타인으로부터 노무 등을 제공받는 경우를 포함

○ 문화관련 재화 또는 용역

구분	내용
① 도서(도서대여용역 포함)·신문·잡지·관보 및 뉴스통신	해당 재화 등은 면세하되, 광고와 광고수입은 과세
② 예술창작품(골동품은 제외), 예술행사, 문화행사와 아마추어 운동경기	해당 재화 등은 면세하되, 골동품과 모방제작한 미술품은 과세 영리를 목적으로 하지 않는 행사 등에 대해서만 면세를 적용
③ 도서관, 과학관, 박물관, 미술관, 동물원, 식물원, 민속문화자원을 소개하는 장소 및 전쟁기념관에 입장하게 하는 것	면세하되, 오락 및 유흥시설과 같이 있는 경우의 그 입장권에는 과세를 적용

○ 그 밖의 면세 항목

① 우표(수집용 우표는 제외), 인지, 증지, 복권과 공중전화
② 특정한 담배(20개비당 ₩200 이하인 경우)
③ 종교, 자선, 학술, 구호, 그 밖의 공익을 목적으로 하는 단체가 공급하는 일정한 재화 또는 용역으로 법에 정하는 것
④ 국가·지방자치단체·지방자치단체조합이 공급하는 재화 또는 용역.
   단, 우정사업조직이 제공하는 용역, 고속철도에 의한 여객운송용역, 부동산임대업, 도매 및 소매업, 음식점업·숙박업, 골프장 및 스키장 운영업, 기타 스포츠 시설 운영업에서 공급하는 재화 또는 용역은 제외
⑤ 국가·지방자치단체·지방자치단체조합 또는 공익단체에 무상으로 공급하는 재화 또는 용역
⑥ 국민주택규모 이하의 공급 및 건설용역

○ **재화의 수입에 대한 면세**

구분	면세대상
①「부가가치세법」에 따른 면세대상	㉠ 미가공식료품(식용으로 제공되는 농산물, 축산물, 수산물과 임산물 포함) ㉡ 도서·신문 및 잡지 ㉢ 학술연구단체·교육기관 또는 문화단체가 과학·교육·문화용으로 수입하는 재화 ㉣ 종교의식, 자선, 구호, 그 밖의 공익을 목적으로 외국으로부터 종교단체, 자선단체 또는 구호단체에 기증되는 재화 ㉤ 외국으로부터 국가·지방자치단체 또는 지방자치단체조합에 기증되는 재화 ㉥ 그 밖에「부가가치세법」에서 정하는 대상
② 조세특례제한법에 따른 면세대상	㉠ 무연탄 ㉡ 그 밖에 조세특례제한법에서 정하는 대상

❷ 면세포기

의미	매입세액 공제 등 과세사업자로서 적용될 수 있는 혜택을 얻기 위하여 면세사업자가 면세적용을 포기하고 과세사업자로 전환할 수 있도록 하는 제도
도입 취지	누적효과의 제거
적용대상	① 영세율 적용대상이 되는 재화 또는 용역 ② 공익단체 중 학술 등 연구단체가 그 연구와 관련하여 실비 또는 무상으로 공급하는 재화 또는 용역
절차	① 면세포기신고서를 관할 세무서장에게 제출하고, 지체 없이 사업자등록을 해야 함 ② 면세포기에는 시기의 제한 없이 신청만으로 가능함 (승인이 필요 X) ③ 면세포기를 신고할 경우, 신고한 날부터 3년간은 면세 적용이 불가함
면세 재적용의 절차	3년이 지난 뒤 부가가치세의 면제를 받으려면 면세적용신고서 제출과 함께 발급받은 사업자등록증을 제출
효력	과세사업자로 전환되며, 매입세액 공제를 받을 수 있지만「부가가치세법」상 납세의무를 모두 부담하게 됨
면세포기의 범위	별도로 면세포기하고자 하는 항목만 구분하여 가능하며, 영세율이 적용 대상이 되는 것만을 면세포기한 사업자가 면세되는 재화·용역을 국내에 공급하는 경우에는 면세포기의 효력이 없음

05 세금계산서와 영수증

Teacher's Map

▶ 세금계산서

❶ 세금계산서의 기능과 종류

의미	과세사업자가 재화 또는 용역을 공급할 때 부가가치세를 거래징수하고 이 거래사실과 그 내용을 증명하기 위하여 공급받는 자에게 발급하는 세금영수증
기능	거래사실과 내용을 증명하여 과세자료 및 거래에 대한 영수증·송장·청구서로서 기능
종류	정규세금계산서 ─ 세금계산서 ─ 사업자가 공급받는 자에게 발급 　　　　　　　　　　　　　├ ① 전자세금계산서 　　　　　　　　　　　　　└ ② 종이세금계산서 　　　　　　　└ 수입세금계산서 ─ 세관장이 수입자에게 발급
발급절차와 불이행 시 제재	① 발급 　공급자가 '공급자용'과 '공급받는자용' 각 1매로 총 2매를 작성하여, '공급받는자용'을 거래 상대방에게 발급 ② 제출 　세금계산서를 제출할 필요 없이 보관만 하되, 공급자는 발급한 세금계산서를 요약한 *매출처별 세금계산서합계표*를 제출, 공급받는자는 *매입처별 세금계산서합계표*를 제출 ③ 세금계산서합계표 제출 불이행 시 제재 <table><tr><td>공급자</td><td>매출처별세금계산서합계표불성실가산세 (미제출하면 공급가액의 0.5%, 예정신고 기간분을 확정신고할 때 제출하면 공급가액의 0.3%)를 부과한다.</td></tr><tr><td>공급받는자</td><td>매입세액을 공제받을 수 없다. 매입세액공제를 받지 못하는 불이익을 당하므로 매입처별세금계산서합계표가산세는 부과하지 않는다.</td></tr></table>
필요적 기재사항과 임의적 기재사항	필요적 기재사항이 일부 기재되지 않은 경우 세금계산서로서 아무런 효력이 없지만, 임의적 기재사항은 일부 기재되지 않은 경우에도 세금계산서로서 유효함 ① 필요적 기재사항 　: ㉠ 공급자의 등록번호와 성명 또는 명칭, ㉡ 공급받는 자의 등록번호(없는 경우 고유번호 또는 주민등록번호), ㉢ 공급가액과 부가가치세액, ㉣ 작성 연·월·일 ② 임의적 기재사항 　: ㉠ 공급자의 주소, ㉡ 공급받는 자의 상호·성명·주소, ㉢ 단가와 수량, ㉣ 공급 연·월·일 등

❷ 세금계산서의 발급과 전송

발급의무자	부가가치세가 과세되는 재화나 용역을 공급하는 사업자로 영세율 적용 사업자는 포함되지만, 면세사업자는 발급의무가 없음	
전자세금계산서의 발급 및 전송	① 발급의무자	법인사업자와 직전 연도의 사업장별 공급가액(면세공급가액을 포함) 합계가 8천만원 이상인 개인사업자
	② 발급기간	사업장별 재화 및 용역의 공급가액(면세공급가액을 포함)의 합계액이 8천만원 이상인 해의 다음 해 제2기 과세기간이 시작하는 날부터
	③ 공급가액의 합계액이 수정신고 등으로 8천만원 이상인 경우	수정신고 또는 결정과 경정으로 8천만원 이상이 된 경우에는 수정신고 등을 한 날이 속하는 과세기간의 다음 과세기간이 시작하는 날부터
	④ 통지	전자세금계산서를 발급해야 하는 날이 시작되기 1개월 전까지 개인사업자에게 통지하여야 함 다만, 1개월 전까지 해당 통지를 받지 못한 경우에는 통지서를 수령한 날이 속하는 달의 다음 다음달 1일부터 전자세금계산서를 발급
	⑤ 세금계산서 발급 명세서 전송의무	전자세금계산서 발급일의 다음 날까지 국세청장에게 전송
	⑥ 전자세금계산서 발급명세 전송 시 혜택	㉠ 매출·매입처별세금계산서합계표 제출 면제 ㉡ 세금계산서 보관의무 면제 ㉢ 전자세금계산서 발급·전송에 대한 세액공제 　(적용기간: 2022.7.1이후 공급분에 대한 전자세금계산서 발급분부터 2027.12.31.까지분 NEW)

❸ 세금계산서 관련 제재

기재사항의 누락 및 부실기재	구분	제재 사항
	발급한 자(공급자)	세금계산서불성실가산세 부과
	발급받은 자(공급받은 자)	매입세액 공제 미적용하되, 별도의 가산세는 부과하지 않음
전자세금명세서 발급명세 전송불성실가산세	전자세금계산서 발급명세를 전송하지 않거나 지연하여 전송한 경우 전자세금계산서 발급명세 전송불성실가산세가 부과됨	

❹ 발급 시기

구분	발급 시기
원칙	본래의 재화 또는 용역의 공급시기에 발급
공급시기 전후 발급 특례	공급한 시기가 아닌 경우에도 규정에 따라 세금계산서를 발급하면, 합법적인 세금계산서로 인정

❺ 매입자발행 세금계산서에 따른 매입세액 공제 특례

○ 개요

매입자발행 세금계산서	발급의무자가 세금계산서를 공급받는 자에게 발급하지 않은 경우, 공급받은 자가 관할 세무서장의 확인을 받아 발행하는 세금계산서
매입세액 공제	공제할 수 있는 매입세액으로 간주
발행가능금액의 제한	공급대가가 5만원 이상인 경우에 한해 매입자발행 세금계산서 발급이 가능

○ 발급 절차

구분	관련 규정
확인신청	공급시기가 속하는 과세기간의 종료일부터 1년 이내에 거래사실확인신청서에 거래사실을 객관적으로 입증할 수 있는 서류를 첨부하여 관할 세무서장에게 신청
보정요구	신청의 내용이나 방식에 문제가 있는 경우는 신청일부터 7일 이내에 일정한 기간을 정하여 보정요구 가능
확인거부	신청기간을 넘긴 것이 명백하거나 내용으로 보아 미등록사업자나 휴업자, 폐업자와 거래한 것이 명백한 경우 관할 세무서장은 확인을 거부해야 함
확인절차	확인거부가 없는 결정은 제출일부터 7일 이내에 신청인 관할 세무서장에서 공급자 관할 세무서장으로 송부하고, 송부받은 공급자 관할 세무서장은 증빙을 검토하여 거래사실여부를 확인
결과통지	신청일의 다음 달 말일까지 공급자 관할 세무서장이 공급자 및 신청인 관할 세무서장에게 확인결과를 통지하고, 신청인 관할 세무서장은 즉시 신청인에게 통지받은 결과를 통지
세금계산서발급	공급자 관할 세무서장이 확인한 거래일자를 작성일로 하여 공급받은 자가 공급자에게 매입자발행 세금계산서를 발행하여 교부

6 특수한 경우의 세금계산서 발급

○ 위탁매매

구분		세금계산서 발급 시 명의	등록번호
위탁판매	수탁자(대리인)가 재화를 인도	위탁자(본인)의 명의로 세금계산서를 발급	수탁자(대리인)의 등록번호를 덧붙여 적어야 함
	위탁자(본인)가 직접 재화를 인도	위탁자(본인)의 명의로 세금계산서를 발급	
위탁매입		위탁자(본인)을 공급받는 자로 하여 세금계산서를 발급	
위탁자 본인을 알 수 없는 경우		위탁자(본인)는 수탁자(대리인)에게, 수탁자(대리인)는 거래 상대방에게 공급한 것으로 보아 각각 세금계산서를 발급	

○ 기타

「조달기금법」에 의한 물자의 공급	공급자 또는 세관장이 해당 실수요자에게 직접 세금계산서를 발급 단 실수요자를 알 수 없는 경우에는 조달청장에게 세금계산서를 발급하고, 조달청장이 실수요자에게 물자를 인도할 때 세금계산서를 발급할 수 있음
수용으로 인한 재화의 공급, 용역의 공급에 대한 주선 및 중개	위탁매매를 준용
리스거래	시설대여업자로부터 시설 등을 임차하고, 그를 공급자나 세관장으로부터 직접 인도받는 경우 공급자 또는 세관장이 그 사업자에게 직접 세금계산서를 발급가능
조달청장이 발행한 창고증권의 양도로 임차물의 반환이 수반	공급자 또는 세관장이 해당 창고증권과의 교환으로 임차물을 반환받는 자에게 직접 세금계산서를 발급
피합병법인의 합병등기일까지의 거래	합병에 따라 소멸하는 법인이 합병계약서에 기재된 합병을 한 날부터 합병등기일까지의 기간에 재화 또는 용역을 공급하거나 공급받는 경우 합병 이후 존속하는 법인 또는 합병으로 신설되는 법인이 세금계산서 및 수입세금계산서NEW를 발급하거나 발급받을 수 있음
분할·분할합병NEW	분할 또는 분할합병에 따라 소멸하는 법인이 분할계획서에 기재된 분할을 할 날 또는 분할합병계약서에 기재된 분할합병을 할 날부터 분할등기일 또는 분할합병등기일까지의 기간에 재화 또는 용역을 공급하거나 공급받는 경우에는 다음의 하나에 해당하는 법인으로서 분할계획서 또는 분할합병계약서에서 정하는 바에 따라 해당 재화 또는 용역의 공급에 관한 권리의무를 승계하는 법인이 세금계산서 및 수입세금계산서를 발급하거나 발급받을 수 있음 ㉠ 분할 또는 분할합병 이후 존속하는 법인 ㉡ 분할 또는 분할합병으로 신설되는 법인

❼ 수정세금계산서 또는 수정전자세금계산서의 발급

○ 수정세금계산서의 발급

발급사유	발급절차
① 처음 공급한 재화가 환입된 경우	㉠ 작성일: 재화가 환입된 날을 적음 ㉡ 비고란: 처음 세금계산서 작성일을 덧붙여 적음 ㉢ 공급가액: 붉은 글씨로 쓰거나 음(陰)의 표시를 하여 발급
② 계약의 해제로 재화·용역이 공급되지 않은 경우	㉠ 작성일: 계약해제일로 적음 ㉡ 비고란: 처음 세금계산서 작성일을 덧붙여 적음 ㉢ 공급가액: 붉은 글씨로 쓰거나 음(陰)의 표시를 하여 발급
③ 계약의 해지 등에 따라 공급가액에 추가되거나 차감되는 금액이 발생한 경우	㉠ 작성일: 증감사유가 발생한 날로 적음 ㉡ 공급가액: 붉은 글씨로 쓰거나 음(陰)의 표시를 하여 발급
④ 재화 또는 용역을 공급한 후 공급시기가 속하는 과세기간 종료 후 25일(토요일 및 일요일, 공휴일 및 대체공휴일, 근로자의 날인 경우 바로 다음 영업일) 이내에 내국신용장이 개설되었거나 구매확인서가 발급된 경우	㉠ 작성일: 처음 세금계산서 작성일을 적음 ㉡ 비고란: 내국신용장 개설일 등을 덧붙여 적음 ㉢ 영세율 적용분은 검은색 글씨로 세금계산서를 작성하여 발급하고, 추가하여 처음에 발급한 세금계산서의 내용대로 세금계산서를 붉은색 글씨로 또는 음(陰)의 표시를 하여 작성하고 발급
⑤ 필요적 기재사항 등이 착오로 잘못 적힌 경우(과세표준 또는 세액을 경정할 것을 미리 알고 있는 경우는 제외)	㉠ 처음에 발급한 세금계산서의 내용대로 세금계산서를 붉은색 글씨로 쓰거나 음(陰)의 표시를 하여 발급하고, ㉡ 수정하여 발급하는 세금계산서는 검은색 글씨로 작성하여 발급
⑥ 필요적 기재사항 등이 착오 외의 사유로 잘못 적힌 경우(과세표준 또는 세액을 경정할 것을 미리 알고 있는 경우는 제외)	재화나 용역의 공급일이 속하는 과세기간에 대한 확정신고기한 다음날부터 1년 이내에 세금계산서를 작성하되, 나머지 절차는 ⑤의 절차를 준용
⑦ 착오로 전자세금계산서를 이중으로 발급한 경우	처음에 발급한 세금계산서의 내용대로 음(陰)의 표시를 하여 발급
⑧ 면세 등 발급대상이 아닌 거래 등에 대하여 발급한 경우	처음에 발급한 세금계산서의 내용대로 붉은색 글씨로 쓰거나 음(陰)의 표시를 하여 발급
⑨ 세율을 잘못 적용하여 발급한 경우(과세표준 또는 세액을 경정할 것을 미리 알고 있는 경우는 제외)	㉠ 처음에 발급한 세금계산서의 내용대로 세금계산서를 붉은색 글씨로 쓰거나 음(陰)의 표시를 하여 발급하고, ㉡ 수정하여 발급하는 세금계산서는 검은색 글씨로 작성하여 발급

○ 과세유형이 전환된 경우 수정세금계산서

일반과세자에서 간이과세자로 과세유형이 전환된 경우	㉠ 작성일	처음 세금계산서 작성일을 적음
	㉡ 비고란	사유발생일을 덧붙여 적음
간이과세자에서 일반과세자로 과세유형이 전환된 경우	㉢ 추가되는 금액은 검은색 글씨로 쓰고, 차감되는 금액은 붉은색 글씨로 쓰거나 음의 표시	

⑧ 수입세금계산서

① 수입세금계산서의 발급	세관장은 수입되는 재화에 대하여 부가가치세를 징수할 때 발급 (부가가치세의 납부가 유예되는 경우에도 발급)
② 수정수입세금계산서의 발급	「관세법」에 따라 세관장이 과세표준 또는 세액을 결정 또는 경정하기 전에 수입하는 자가 수정신고를 하는 경우 등 법에 정한 경우 세관장은 수입하는 자에게 수정수입세금계산서를 발급
③ 세관장의 합계표 제출의무	수정수입세금계산서를 발급한 세관장은 세금계산서합계표 제출규정을 준용하여 작성한 수정된 매출처별 세금계산서합계표를 해당 세관 소재지를 관할하는 세무서장에게 제출해야 함

수정수입세금계산서의 작성

구분	작성일
① 일반적인 경우	세관장이 수정한 수입세금계산서를 발급하는 경우에는 부가가치세를 납부받거나 징수 또는 환급한 날을 작성일로 적고, 비고란에 최초 수입세금계산서 발급일 등을 덧붙여 적은 후 추가되는 금액은 검은색 글씨로 쓰고, 차감되는 금액은 붉은색 글씨로 쓰거나 음(陰)의 표시를 하여 발급
② 수입하는 자의 신청에 의해 세관장이 발급하는 경우	그 작성일은 발급결정일로 적고 비고란에 최초 수입세금계산서 발급일 등을 덧붙여 적은 후 추가되는 금액은 검은색 글씨로 쓰며, 차감되는 금액은 붉은색 글씨로 쓰거나 음(陰)의 표시를 하여 발급

▶ 영수증

① 개요

정의	공급받는 자의 등록번호와 부가가치세액을 따로 기재하지 않는 계산서
종류	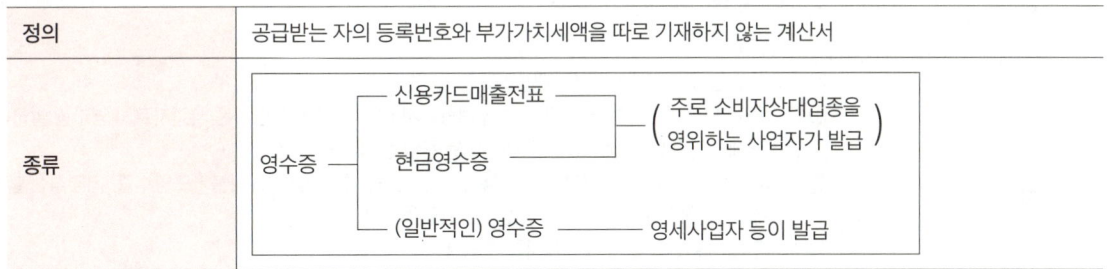

❷ 영수증 발급사업자

영수증 발급	다음의 경우 재화 또는 용역을 공급(부가가치세가 면제되는 재화 또는 용역의 공급은 제외)하는 경우에는 재화 또는 용역의 공급시기에 그 공급을 받는 자에게 세금계산서를 받는 대신 영수증을 발급	
일정사업자	① 세금계산서 요구 시 세금계산서 발행 O ㉠ 소매업, ㉡ 음식점업, ㉢ 숙박업, ㉣ 변호사업 등 전문직종업, ㉤ 우정사업조직이 소포우편물을 방문 접수하여 배달하는 용역업, ㉥ 공인인증서를 발급하는 사업, ㉦ 주로 사업자가 아닌 소비자에게 재화 또는 용역을 공급하는 사업 ㉧ 전세버스운송사업	② 세금계산서 요구 시 세금계산서 발행 X ㉠ 미용, 욕탕 및 유사서비스업, ㉡ 입장권을 발행하여 영위하는 사업, ㉢ 부가가치세가 과세되는 진료용역, 수의사의 동물진료용역, 무도학원 및 자동차학원 사업, ㉣ 간편사업자 등록을 한 사업자가 국내에 전자적용역을 공급하는 사업, ㉤ 여객운송업(전세버스운송사업 외)
일정요건을 만족하는 간이과세자	① 직전 연도의 공급대가의 합계액이 4,800만원* 미만인 자(신규로 사업을 시작한 개인사업자의 경우 환산한 금액) ② 신규로 사업을 시작하는 개인사업자로서 간이과세자로 하는 최초의 과세기간 중에 있는 자	
일정조건을 만족하는 전기사업자 등	「전기사업법」에 따른 전기사업자가 산업용이 아닌 전력을 공급하는 경우 등 법으로 정하는 경우	

* 간이과세자 신청 조건은 직전 연도의 공급대가의 합계액이 1억4백만원 미만, 간이과세자의 영수증 발급 조건은 4,800만원 미만

❸ 특례

등록기의 설치	영수증을 발급하는 사업자는 금전등록기를 설치하여 영수증을 대신하여 공급대가를 적은 계산서를 발급할 수 있음

❹ 매입자의 매입세액 공제

원칙	영수증은 세금계산서의 효력을 가지지 못하므로, 영수증을 발급받는 자는 이를 근거로 한 매입세액 공제를 받지 못함
예외	다음의 요건을 모두 충족한 경우 매입세액 공제 가능 ① 사업자가 세금계산서 발급 금지 업종에 해당하지 않는 사업을 경영하는 사업자로서 영수증 발급대상 간이과세자가 아닌 사업자로부터 재화 또는 용역을 공급받을 것 ② 부가가치세액이 별도로 구분되는 신용카드매출전표, 현금영수증, 직불카드영수증, 기명식선불카드영수증 등(이하 '신용카드매출전표 등')을 발급받을 것 ③ 신용카드 매출전표 등 수령명세서를 제출할 것 ④ 신용카드매출전표 등을 그 거래사실이 속하는 과세기간에 대한 확정신고 기한 후 5년간 보관할 것 ⑤ 간이과세자가 영수증 발급에 관한 규정이 적용되는 기간에 발급한 신용카드 매출전표 등이 아닐 것

▶ 세금계산서 및 영수증의 발급의무 면제

❶ 발급의무 면제대상 재화·용역

최종소비자 대상 업종	① 택시운송 사업자, 노점 또는 행상을 하는 사람 ② 무인자동판매기를 이용하여 재화나 용역을 공급하는 자 ③ 전력이나 도시가스를 실제로 소비하는 자(사업자가 아닌 자로 한정)를 위하여 전기사업자 또는 도시가스사업자로부터 전력이나 도시가스를 공급받는 명의자 ④ 도로 및 관련시설 운영용역을 공급하는 자(공급받는 자로부터 세금계산서 발급을 요구받은 경우는 제외) ⑤ 소매업 또는 미용, 욕탕 및 유사 서비스업을 경영하는 자가 공급하는 재화 또는 용역(소매업의 경우에는 공급받는 자가 세금계산서 발급을 요구하지 아니하는 경우로 한정) ⑥ 「전자서명법」에 따른 전자서명인증사업자가 인증서를 발급하는 용역(공급받는 자가 사업자로서 세금계산서 발급을 요구하는 경우는 제외) ⑦ 간편사업자등록을 한 국외사업자가 국내에 공급하는 전자적 용역
간주공급	재화의 공급의제에 해당하는 재화 단, 판매목적으로 다른 사업장에 반출하는 경우에는 세금계산서를 발급
간주임대료	부동산임대보증금에 대한 간주임대료
영세율 적용 대상이 되는 일정한 재화·용역	영세율이 적용되는 재화·용역 단, 다음의 경우 세금계산서 발급 ① 내국신용장(구매확인서)에 의한 공급 ② 한국국제협력단·한국국제보건의료재단 및 대한적십자사에 대한 공급 ③ 수출재화임가공용역 ④ 외국항행선박(국내사업자) 등에 제공하는 재화·용역 ⑤ 원료를 대가 없이 국외의 수탁가공 사업자에게 반출하여 가공한 재화를 양도하는 경우 그 원료의 반출
비거주자 또는 외국법인에 공급하는 재화 또는 용역	국내사업장이 없는 비거주자 또는 외국법인에 공급하는 재화 또는 용역 단, 다음의 경우 세금계산서 발급 ① 국내사업장이 없는 비거주자 또는 외국법인이 해당 외국의 개인사업자 또는 법인사업자임을 증명하는 서류를 제시하고 세금계산서 발급을 요구하는 경우 ② 「법인세법」에 따른 외국법인연락사무소에 재화 또는 용역을 공급하는 경우
이중공제 금지	사업자가 신용카드매출전표·직불카드영수증·기명식선불카드·현금영수증 등을 발급한 경우에는 세금계산서를 발급할 수 없음

▶ 세금계산서합계표

❶ 개요

의의	사업자가 거래로 인하여 세금계산서를 수수한 경우에는 수수한 세금계산서의 총합을 계산하고 요약하여 관할 세무서장에게 제출하는 합계표
기능	부가가치세의 과세근거로서 사용되며, 매출처별 세금계산서합계표와 매입처별 세금계산서합계표를 상호 대조하여 그 거래의 적정성을 확인할 수 있도록 함

❷ 제출

사업자의 세금계산서합계표 제출의무	① 원칙
	  예정신고 또는 확정신고를 할 때 세금계산서 또는 수입세금계산서를 수수한 경우, 세금계산서합계표를 제출해야 함
	② 예외
	  전자세금계산서를 발급받은 때에는 재화 또는 용역의 공급시기가 속하는 과세기간(예정신고기간) 마지막 날의 다음 달 11일까지 국세청장에게 전송한 경우 세금계산서합계표 제출의무가 면제됨

세관장의 매출처별 세금계산서합계표 제출의무	수입세금계산서를 발급한 세관장은 매출처별세금계산서합계표를 해당 세관 소재지를 관할하는 세무서장에게 제출
국가 또는 면세사업자의 매입처별 세금계산서합계표 제출의무	세금계산서를 발급받은 '국가·지방자치단체·지방자치단체조합, 부가가치세가 면제되는 사업자 중 소득세 또는 법인세의 납세의무가 있는 자 등'은 매입처별 세금계산서합계표를 해당 과세기간이 끝난 후 25일 이내에 납세지 관할 세무서장에게 제출

MEMO

06 과세표준

Teacher's Map

▷ 부가가치세 계산구조와 매출세액 계산구조

① 부가가치세 계산구조

```
              매 출 세 액
          (-) 매 입 세 액
              납 부 세 액
          (-) 경감·공제세액
          (-) 예정신고미환급세액
          (-) 수시부과세액 NEW
          (-) 예정고지세액
          (+) 가 산 세
              차가감납부세액
```

▷ 일반적인 경우

① 재화·용역의 공급에 대한 과세표준

○ 유상공급

공급가액의 정의	① 금전으로 대가를 받는 경우: 그 대가 ② 금전 외의 대가를 받는 경우: 자기가 공급한 재화·용역의 시가
시가의 적용	① 공급한 재화·용역의 시가 　: 사업자가 특수관계인이 아닌 자와 해당 거래와 유사한 상황에서 계속적으로 거래한 가격 또는 제3자 간에 일반적으로 거래된 가격 ② 대가로 받은 재화·용역의 시가 　: ①의 시가를 산정할 수 없는 경우 사업자가 그 대가로 받은 재화 또는 용역의 가격 ③ 법인세·소득세의 시가 　: ①, ②의 시가를 모두 산정할 수 없는 경우 「소득세법」 또는 「법인세법」의 부당행위계산의 부인 계산 시 시가가 불분명할 경우 적용하는 가격
공급가액과 공급대가의 구분	공급대가 = 공급가액 + 부가가치세 <table><tr><th>구분</th><th>부가가치세 포함 여부</th><th>비고</th></tr><tr><td>① 공급가액</td><td>부가가치세가 포함되지 않은 금액</td><td>일반과세자의 과세표준</td></tr><tr><td>② 공급대가</td><td>부가가치세가 포함된 금액</td><td>간이과세자의 과세표준</td></tr></table>
부가가치세 포함 여부가 불분명한 경우	받은 금액에 '100/110'을 곱한 금액을 공급가액으로 함

공급형태별 공급가액의 계산

구분	공급가액
① 외상판매 및 할부판매의 경우	공급한 재화의 총가액
② 다음 중 어느 하나에 해당하는 경우 　㉠ 장기할부판매의 경우 　㉡ 완성도기준지급조건부·중간지급조건부로 재화·용역을 공급하는 경우 ③ 계속적으로 재화·용역을 공급하는 경우	계약에 따라 받기로 한 대가의 각 부분
④ 둘 이상의 과세기간에 걸쳐 계속적으로 일정한 용역을 제공하고 그 대가를 선불로 받는 경우	선불로 받은 금액 × $\dfrac{\text{각 과세대상기간의 개월 수}}{\text{계약기간의 개월 수}}$

공급가액에 포함되는 항목과 포함되지 않는 항목

공급가액에 포함되는 항목	공급가액은 대금, 요금, 수수료, 그 밖에 어떤 명목이든 상관없이 재화 또는 용역을 공급받는 자로부터 받는 금전적 가치 있는 모든 것을 포함함 ① 장기할부판매 또는 할부판매의 이자상당액 ② 대가의 일부로 받는 운송비, 포장비, 하역비, 운송보험료, 산재보험료 등 ③ 개별소비세, 주세 또는 교통·에너지·환경세가 과세되는 경우 개별소비세, 주세, 교육세·농어촌특별세 및 교통·에너지·환경세 상당액
공급가액에 포함되지 않는 항목	① 매출에누리, 매출환입, 매출할인된 금액 ② 공급받는 자에게 도달하기 전에 파손·훼손되거나 멸실한 재화의 가액 ③ 재화·용역의 공급과 직접 관련되지 않는 국고보조금과 공공보조금 ④ 공급에 대한 대가의 지급이 지체되었음을 이유로 받는 연체이자 ⑤ 반환조건부 용기대금과 포장비용 　다만, 반환조건으로 공급한 용기 및 포장을 회수할 수 없어 변제받는 경우 공급가액에 포함 ⑥ 사업자가 음식·숙박 용역이나 개인서비스 용역을 공급하고 그 대가와 함께 받는 종업원의 봉사료를 세금계산서 등에 그 대가와 구분하여 적고 종업원에게 지급한 사실이 확인된 경우의 그 봉사료 ⑦ 거래 상대방으로부터 인도받은 원자재 등을 사용하여 제조·가공한 재화를 공급하거나 용역을 제공하는 경우 해당 원자재 등의 가액

과세표준에서 공제하지 않는 금액

과세표준에서 공제하지 않는 금액	① 대손금 ② 판매장려금 ③ 하자보증금
판매장려금	① (판매자가)현금지급 시: 과세표준에서 공제하지 않음 ② (판매자가)자사제품 등 현물지급 시: 과세표준에 포함 (간주공급) ③ 매입자가 판매장려금을 받은 경우: 과세표준에 포함하지 않음

○ 부당행위계산의 부인

구분	거래상대방	재화의 공급	용역의 공급
무상으로 공급하는 경우	특수관계인	시가	① 특정 부동산 임대용역: 시가 ② 그 외의 경우: 공급이 아님
	특수관계인 외의 자	시가(간주공급)	공급이 아님
부당하게 시가보다 낮은 대가를 받은 경우	특수관계인	시가	
	특수관계인 외의 자	해당 거래가액	

○ 마일리지 등의 적립 및 결제

마일리지 등을 적립하는 경우	기업회계기준과 달리 해당 마일리지를 과세표준에서 공제하지 않음
마일리지 등으로 결제받는 경우(일반)	공급가액 = ㉠ + ㉡ ㉠ 마일리지 등 외의 수단으로 결제받은 금액 ㉡ 자기적립 마일리지 등 외의 마일리지 등으로 결제받은 부분에 대하여 재화 또는 용역을 공급받는 자 외의 자로부터 보전받았거나 보전받을 금액
마일리지 등으로 결제받는 경우(시가)	다음 중 어느 하나에 해당하는 경우에는 공급한 재화 또는 용역의 시가를 공급가액으로 함 ㉠ 재화 또는 용역을 공급받는 자 외의 자로부터 보전받아야 할 금액을 보전받지 아니하고 자기 생산·취득재화를 공급한 경우 ㉡ 재화 또는 용역을 공급받는 자 외의 자로부터 보전받아야 할 금액과 관련하여 특수관계인으로부터 부당하게 낮은 금액을 보전받거나 아무런 금액을 받지 아니하여 조세의 부담을 부당하게 감소시킬 것으로 인정되는 경우

○ 외화의 환산

구분	공급가액
① 공급시기가 되기 전에 원화로 환가한 경우	환가한 금액
② 공급시기 이후에 외국통화나 그 밖의 외국환 상태로 보유하거나 지급받은 경우	공급시기의 「외국환거래법」에 따른 기준환율 또는 재정환율에 따라 계산한 금액

○ 기타

구분	공급가액
기부채납	해당 기부채납의 근거가 되는 법률에 따라 기부채납된 가액
위탁가공무역방식의 수출	완성된 제품의 인도가액

❷ 재화의 수입에 대한 과세표준

○ 수입재화 과세표준의 계산

$$\text{과세표준} = \text{관세의 과세가격} + \text{관세} + \text{개별소비세, 주세 및 교통·에너지·환경세} + \text{교육세 및 농어촌특별세}$$

○ 보세구역에서의 거래

구분	부가가치세 규정
외국 → 보세구역	외국에서 보세구역으로 재화를 반입하는 것은 재화의 수입에 해당하지 아니함
보세구역 → 보세구역 (동일 보세구역 내)	동일한 보세구역 내에서 재화·용역을 공급하는 것은 재화·용역의 공급에 해당함
보세구역 외의 장소 → 보세구역	보세구역 이외의 장소에서 보세구역으로 재화·용역을 공급하는 것은 재화·용역의 공급에 해당함

○ 보세구역 내에 사업장을 둔 사업자의 경우

사업자가 징수하는 과세표준	사업자가 징수하는 과세표준[1] = 공급가액 − 세관장이 징수하는 과세표준[2] [1] 세관장이 부가가치세를 징수하기 전에 같은 재화에 대한 선하증권이 양도되는 경우에는 선하증권의 양수인으로부터 받은 대가를 공급가액으로 할 수 있음 [2] 수입재화 과세표준의 계산식과 동일
세금계산서의 발급	① 세관장이 징수하는 과세표준 　: 세관장이 거래징수하고 수입세금계산서를 발급 ② 나머지 잔액 　: 공급하는 사업자가 거래징수하고 세금계산서를 발급

▶ 간주공급

❶ 자기생산·취득재화의 간주공급(판매목적 타사업장 반출 외의 모든 간주공급)

구분	공급가액 또는 과세표준
원칙	① 비상각자산: 그 재화의 시가를 과세표준으로 간주 ② 상각자산: 다음의 금액을 과세표준으로 간주하되, 매입세액을 공제받은 해당 재화에만 과세 | 구분	공급가액 또는 과세표준
건물 및 구축물	취득가액 × (1 - 5% × 경과된 과세기간 수)
그 밖의 감가상각자산	취득가액 × (1 - 25% × 경과된 과세기간 수)	
과세사업에 제공한 감가상각자산을 면세사업에 일부 사용하는 경우	다음 산식에 따라 계산하되, 면세공급가액이 5% 미만인 경우 면세공급가액이 없는 것으로 간주 | 구분	공급가액 또는 과세표준
건물 및 구축물	취득가액 × (1 - 5% × 경과된 과세기간 수) × (면세공급가액 / 총공급가액) _{일부 사용일이 속하는 과세기간}
그 밖의 감가상각자산	취득가액 × (1 - 25% × 경과된 과세기간 수) × (면세공급가액 / 총공급가액) _{일부 사용일이 속하는 과세기간}	

❷ 판매목적 타사업장 반출재화의 간주공급

구분	공급가액 또는 과세표준
원칙	「법인세법」 또는 「소득세법」 규정에 따른 취득가액
취득가액에 일정액을 가산하여 공급하는 경우	취득가액에 일정액을 더한 금액
개별소비세, 주세, 교통·에너지·환경세가 부과되는 재화의 경우	개별소비세, 주세 및 교통·에너지·환경세의 과세표준 + 개별소비세, 주세 및 교통·에너지·환경세 + 교육세 및 농어촌특별세

▷ 부동산의 임대 및 공급

❶ 토지와 건물의 일괄공급

토지와 건물의 공급가액을 각각 구분할 수 있는 경우		과세대상인 건물의 공급만 실지거래가액을 기준으로 계산	
토지와 건물의 공급가액이 구분되지 않는 경우	① 조건	㉠ 실지거래가액의 구분이 불분명한 경우 ㉡ 실지거래가액으로 구분한 토지와 건물 또는 구축물 등의 가액이 '구분이 되지 않는 경우'의 계산식인 '③'에 따라 안분계산한 금액과 30% 이상 차이가 나는 경우 단, 다음의 경우는 건물 등의 실지거래가액을 공급가액으로 함 ⓐ 다른 법령에서 정하는 바에 따라 토지와 건물 등의 가액을 구분한 경우 ⓑ 토지와 건물 등을 함께 공급받은 후 건물 등을 철거하고 토지만 사용하는 경우	
	② 산정 순서	㉠ 감정평가가액 ㉡ 기준시가 ㉢ 장부가액 ㉣ 취득가액	
	③ 계산식	구분	건물 등의 공급가액(과세표준)
		공급가액에 부가가치세가 포함되지 않은 경우	부가가치세가 제외된 일괄공급가액 × $\dfrac{\text{건물 등의 가액}}{\text{건물 등의 가액 + 토지가액}}$
		공급가액에 부가가치세가 포함된 경우	부가가치세가 포함된 일괄공급가액 × $\dfrac{\text{건물 등의 가액}}{\text{건물 등의 가액} \times \dfrac{110}{100} + \text{토지가액}}$

❷ 부동산임대용역의 공급

일반적인 경우	일반적인 경우의 과세표준 = 임대료 + 간주임대료 + 관리비수입
	임대료: 대가의 각 부분을 받기로 한 때 받기로 약정한 임대료를 과세표준으로 하되, 둘 이상의 과세기간에 걸쳐 공급하고 대가를 선불이나 후불로 받는 경우에는 다음의 금액을 과세표준으로 함 과세표준 = 선불 또는 후불로 수령한 임대료 × $\dfrac{\text{해당 과세기간 중 임대월수}}{\text{총임대계약 기간월수}}$
	간주임대료: 다음과 같이 계산하되, 다른 항목과 달리 세금계산서 발급의무가 없음 간주임대료 = 해당 기간의 전세금 또는 임대보증금 × 정기예금 이자율 × $\dfrac{\text{과세대상기간의 일수}}{\text{365(윤년에는 366)}}$
	관리비: 과세표준에 포함하되, 임차인이 부담하여야 할 보험료·수도료 및 공공요금을 별도로 구분징수하여 납입을 대행하는 경우 그 금액은 포함하지 않음

겸용주택	귀속을 따져 면세되는 주택임대용역을 제외하고는 과세하되, 그 구분이 불분명한 경우 다음의 계산식을 적용하여 과세표준을 계산함
	① 임대료 총액 × $\dfrac{\text{건물가액 또는 토지가액}}{\text{건물가액 + 토지가액}}$ = 건물 및 토지의 임대료 상당액 ② 공급가액 = ㉠ + ㉡ ② $\begin{cases} \text{건물분 임대료 상당액} \times \dfrac{\text{과세되는 건물임대면적}}{\text{총건물임대면적}} = \text{㉠ 과세되는 건물임대 공급가액} \\ \text{토지분 임대료 상당액} \times \dfrac{\text{과세되는 토지임대면적}}{\text{총토지임대면적}} = \text{㉡ 과세되는 토지임대 공급가액} \end{cases}$

▶ 대손세액공제

❶ 의미

상황	공급하면서 받은 채권 등에 대손이 확정된 경우
공급자	이미 납부한 부가가치세를 대손이 확정된 과세기간의 매출세액에서 뺄 수 있음
공급받은 자	공급자가 대손세액공제를 받은 경우 이미 공제받은 매입세액을 대손이 확정된 과세기간의 매입세액에서 빼야 함

❷ 적용요건

① 일반과세자의 부가가치세 과세 채권일 것	부가가치세가 과세되지 않는 대여금 등의 경우가 아닌 외상매출금이나 매출채권 등에 대해서만 대손세액공제를 적용
② 대손사유를 충족할 것	㉠ 「소득세법」 및 「법인세법」에 따라 대손사유로 인정되는 경우. ㉡ 「채무자 회생 및 파산에 관한 법률」에 따른 법원의 회생계획인가 결정에 따라 채무를 출자전환하는 경우
③ 기간 요건	공급일부터 10년이 지난 날이 속하는 과세기간에 대한 확정신고기한까지 확정된 대손에 한해 대손세액공제를 적용
④ 신고서의 제출요건	부가가치세 확정신고서에 대손세액 공제신고서와 대손사실을 증명하는 서류를 첨부하여 관할세무서장에게 제출해야 함 (즉, 예정신고시 적용 불가)

❸ 대손세액의 계산 및 대손금의 처리

대손세액의 계산	대손금액 × $\dfrac{10}{110}$	
대손확정	구분	대손금의 처리
	공급자	대손세액을 대손이 확정된 날이 속하는 과세기간의 매출세액에서 뺄 수 있음
	공급받는 자	공급자가 대손세액공제를 받은 경우, 대손세액에 해당하는 금액을 대손이 확정된 날이 속하는 과세기간에 자신의 매입세액에서 빼야 함
대손금의 회수	구분	대손금의 처리
	공급자	대손세액을 회수한 날이 속하는 과세기간의 매출세액에 가산함
	공급받는 자	대손세액을 변제한 날이 속하는 과세기간의 매입세액에 가산함

❹ 통지 및 결정·경정

통지	공급자의 관할 세무서장은 대손세액공제 사실을 공급받는 자의 관할 세무서장에게 통지하여야 함
결정·경정	㉠ 공급을 받은 사업자가 대손세액에 해당하는 금액을 자신의 매입세액에서 빼지 아니한 경우에는 공급을 받은 사업자의 관할 세무서장이 빼야 할 매입세액을 결정 또는 경정해야 함 ㉡ 신고불성실가산세와 납부지연가산세의 적용을 배제

❺ 대손세액공제와 「법인세법」상 대손금의 관계

손금불산입	「부가가치세법」에 따라 대손세액공제를 받은 부가가치세 매출세액미수금은 「법인세법」상 대손사유가 충족되어도 손금에 산입하지 아니함

07 매입세액과 차가감납부세액의 계산

Teacher's Map

▷ 매입세액 계산구조

```
        세금계산서수령분 매입세액
(+) 예 정 신 고 누 락 분
(+) 매입자발행세금계산서 매입세액
(+) 신용카드매출전표 등 수령분
(+) 의  제  매  입  세  액
(+) 과 세 사 업 전 환  매입세액
(+) 재  고  매  입  세  액
(+) 변  제  대  손  세  액
        합                   계
(-) 공제하지 아니하는 매입세액
(-) 공통매입세액 중 면세사업분
(-) 대 손 처 분 받 은 세 액
    매  입  세  액  공  제  액
```

❶ 매입세액 공제요건

① 과세사업 요건	사업 관련성이 있으며, 과세사업에 한해 공제를 적용
② 사용 요건	사용하였거나 사용할 재화를 사용시점이 아닌 매입시점에 공제를 적용
③ 증빙 요건	세금계산서 등을 요약한 *매입처별 세금계산서합계표*를 제출하여 공제를 적용

▷ 매입세액 계산구조 구성내용

❶ 구성내용

세금계산서 수령분 매입세액	수령한 세금계산서에 의하여 확인되는 매입세액을 공제
예정신고누락분	예정신고 시 누락된 매입세액은 확정신고 시 매입세액에 포함하여 공제 적용 가능
매입자발행세금계산서 매입세액	매입자발행 세금계산서를 발급받고 매입자발행 세금계산서합계표를 제출 시, 매입세액에 대한 공제 적용 가능

❷ 신용카드매출전표 등 수령분 매입세액

공제가능	세금계산서가 아닌 영수증은 적격증빙에 해당하지 않음 단, 다음의 요건을 만족하는 신용카드매출전표 등 '법정증빙'은 공제할 수 있는 매입세액으로 봄 ㉠ 사업자로부터 재화·용역을 공급받을 것 ㉡ 부가가치세가 별도로 구분 가능할 것 ㉢ 신용카드매출전표 등 수령명세서를 제출할 것 ㉣ 신용카드매출전표 등을 거래일이 속하는 거래기간에 대한 확정신고기한 후 5년간 보관할 것 ㉤ 세금계산서 발급금지업종 사업자 또는 영수증을 발급하여야 하는 간이과세자로부터 발급받은 신용카드 매출전표 등이 아닐 것
법정증빙	신용카드매출전표, 직불카드영수증, 현금영수증발급장치에 의한 현금영수증 등

❸ 의제매입세액

의미	예정신고기간 및 확정신고기간에 과세사업자가 면세농산물 등을 원재료로 제조 또는 가공하여 과세사업에 사용할 경우, 면세농산물에 대해 매입세액을 의제하여 공제할 수 있도록 하는 제도	
적용요건	① 적용대상자 요건	사업자등록을 한 과세사업자(간이과세자는 제외)
	② 과세사업 요건	면세농산물 등을 원재료로 하여 제조·가공하고 해당 재화 또는 창출한 용역의 공급이 과세대상일 것
	③ 서류제출 및 신고 요건	㉠ 원칙: 신고서와 매입처별 계산서합계표, 신용카드매출전표 등 수령명세서, 매입자발행계산서합계표를 제출 ㉡ 예외: 제조업 경영사업자가 농어민으로부터 면세농산물 등을 공급받는 경우 신고서만 제출

계산	① 해당 과세기간의 의제매입세액 = 공제대상금액 × 공제율
	② 공제대상금액 = MIN[㉠, ㉡]
	
	    ㉠ 해당 과세기간의 면세농산물 등의 매입가액*
	    ㉡ 공제한도: 해당 과세기간에 면세농산물 등과 관련하여 공급한 과세표준 × 한도율
	
	  * 매입가액: 운임 등 부대비용은 제외한 매입원가를 매입가액으로 하며, 수입하는 경우에는 관세의 과세가격만을 매입가액으로 간주
	
	③ 공제율	

구분		공제율
㉠ 음식점업	ⓐ 과세유흥장소 경영자	$\dfrac{2}{102}$
	ⓑ 위 ⓐ 외의 음식점업자 법인	$\dfrac{6}{106}$
	ⓒ 위 ⓐ 외의 음식점업자 개인	$\dfrac{8}{108}$ (과세표준 2억 이하인 경우 2026.12.31.까지는 $\dfrac{9}{109}$)

계산				
	ⓒ 제조업	ⓐ 과자점업, 도정업, 제분업 및 떡류 제조업 중 떡방앗간을 경영하는 개인사업자	$\frac{6}{106}$	
		ⓑ 위 ⓐ 외의 제조업을 경영하는 사업자 중 중소기업 및 개인사업자	$\frac{4}{104}$	
		ⓒ 위 ⓐ·ⓑ 외의 사업자	$\frac{2}{102}$	
	ⓒ 위 ㉠·ⓒ 외의 사업		$\frac{2}{102}$	

④ 한도율 (확정신고 시에만 적용)

해당 과세기간의 과세표준(25.12.31.까지)		한도율	
		음식점	그 외
㉠ 개인사업자	1억원 이하의 경우	75%	65%
	1억원 초과 2억원 이하의 경우	70%	
	2억원 초과인 경우	60%	55%
㉡ 법인사업자		50%	

⑤ 제조업자 특례 (2기 과세기간에 대한 납부세액을 확정신고하는 경우 적용)

　해당 과세기간이 속하는 1역년 동안 계속하여 제조업을 영위하고, 제1기에 공급받은 면세농산물 등의 가액을 1역년에 공급받은 면세농산물 등의 가액으로 나누어 계산한 비율이 75% 이상이거나 25% 미만인 경우 다음을 적용

　의제매입세액 = MIN[ⓐ, ⓑ] - 제1기에 공제받은 의제매입세액
　　㉠ 1역년의 면세농산물 등 공제대상 매입가액 × 공제율
　　㉡ 한도: 1역년의 과세표준 합계액 × 한도율 × 공제율

의제매입세액 공제시점	① 원칙: 구입일이 속하는 예정신고기간 및 확정신고기간에 공제하는 것을 원칙으로 함 ② 예외: 예정신고 시 공제받지 못한 의제매입세액은 그 예정신고기간이 속하는 과세기간의 확정신고 시 공제받을 수 있고, 예정신고나 확정신고 시 공제받지 못한 의제매입세액은 관련서류(수정신고·경정청구·기한후신고, 경정기관의 확인서)를 제출함으로써 의제매입세액을 공제받을 수 있음
추징	다음과 같이 공제요건을 위배하게 되는 경우 공제했던 의제매입세액을 납부세액에 가산하거나 환급세액에서 공제해야 함 　① 면세농산물 등을 그대로 양도 또는 인도하는 경우 　② 면세농산물 등을 면세사업, 그 밖의 목적을 위하여 사용하거나 소비하는 경우

④ 과세사업 전환 매입세액

의미	면세사업 등에 사용하던 감가상각자산의 일부 또는 전부를 과세사업에 사용하거나 소비하는 경우 공제받지 못한 매입세액을 과세사업 전환 시 공제하는 제도

전부 전환한 경우	구분	매입세액공제액
	건물 및 구축물	취득 당시 해당 재화의 면세사업관련 불공제 매입세액 × (1 − 5% × 경과 과세기간 수)
	기타 감가상각자산	취득 당시 해당 재화의 면세사업관련 불공제 매입세액 × (1 − 25% × 경과 과세기간 수)

일부 전환한 경우(원칙)	구분	매입세액공제액
	건물 및 구축물	취득 당시 해당 재화의 면세사업관련 불공제 매입세액 × (1 − 5% × 경과 과세기간 수) × 일부 전용일이 속하는 과세기간의 $\dfrac{\text{과세공급가액}}{\text{총공급가액}}$
	기타 감가상각자산	취득 당시 해당 재화의 면세사업관련 불공제 매입세액 × (1 − 25% × 경과 과세기간 수) × 일부 전용일이 속하는 과세기간의 $\dfrac{\text{과세공급가액}}{\text{총공급가액}}$
	단, 과세공급가액비율이 5% 미만인 경우 공제세액은 없는 것으로 간주	

일부 전환한 경우(예외)	공급가액으로 안분할 수 없는 경우, '총매입가액 ⇒ 총예정공급가액 ⇒ 총예정사용면적'을 기준으로 안분하여 계산하고, 추후에 공급가액 또는 사용면적이 확정될 때 확정신고 시 다음과 같이 정산 ① 매입가액의 비율 또는 예정공급가액의 비율로 공제매입세액을 안분계산하는 경우 가산 또는 공제되는 세액 = 과세사업 전환 매입세액 × (과세사업과 면세사업의 공급가액이 확정되는 과세기간의 $\dfrac{\text{과세공급가액}}{\text{총공급가액}}$) − 이미 공제한 매입세액 ② 예정사용면적의 비율로 공제매입세액을 안분계산하는 경우 가산 또는 공제되는 세액 = 과세사업 전환 매입세액 × (과세사업과 면세사업의 사용면적이 확정되는 과세기간의 $\dfrac{\text{과세사용면적}}{\text{총사용면적}}$) − 이미 공제한 매입세액

❺ 공제하지 아니하는 매입세액

① 세금계산서 또는 세금계산서합계표의 미수령 (미제출) 또는 부실기재	㉠ 세금계산서 또는 수입세금계산서를 발급받지 않은 경우의 매입세액 또는 발급받은 세금계산서에 필요적 기재사항의 전부 또는 일부가 적히지 않았거나 사실과 다르게 적힌 경우의 매입세액(공급가액이 사실과 다르게 적힌 경우에는 실제 공급가액과 사실과 다르게 적힌 금액의 차액에 해당하는 세액을 말함)은 공제하지 않음 ㉡ *매입처별 세금계산서합계표*를 제출하지 아니한 경우의 매입세액 또는 제출한 *매입처별 세금계산서합계표*의 기재사항 중 거래처별 등록번호 또는 공급가액의 전부 또는 일부가 적히지 아니하였거나 사실과 다르게 적힌 경우 그 기재사항이 적히지 아니한 부분 또는 사실과 다르게 적힌 부분의 매입세액
② 사업과 직접적인 관련이 없는 매입세액	업무무관비용 및 「법인세법」에 따른 공동경비 중 법정기준을 초과하여 손금불산입한 금액과 관련하여 발생한 매입세액은 공제하지 않음
③ 비영업용 소형승용차의 구입과 임차 및 유지에 관한 매입세액	공제하지 않음. 다만, 운수업, 자동차판매업, 자동차임대업, 운전학원업, 무인경비업의 경우 직접 영업으로 한 경우 매입세액 공제 가능
④ 기업업무추진비 관련 매입세액	기업업무추진비 및 이와 유사한 비용은 (「법인세법」,「소득세법」에 따른 기업업무추진비 및 이와 유사한 비용)과 관련하여 발생한 매입세액은 공제하지 않음
⑤ 면세사업 등 관련 매입세액	면세사업 등을 위한 투자에 관련된 매입세액을 포함한 면세사업 등 관련 매입세액은 공제하지 않음
⑥ 토지의 자본적 지출 관련 매입세액	토지의 취득, 형질변경, 택지조성, 토지의 가치를 현실적으로 증가시켜 토지의 취득원가를 구성하는 등의 자본적 지출에 대한 매입세액은 공제하지 않음 [토지 관련 공제가능 매입세액과 공제불가 매입세액 사례 비교] | 공제 불가능	공제 가능
㉠ 건축물이 있는 토지를 취득하여 그 건축물을 철거하고 토지만을 사용하는 경우에는 철거한 건축물의 취득 및 철거 비용과 관련된 매입세액	㉡ 기존 보유하던 노후건물을 철거할 때, 해당 건축물에 대한 철거비용 ㉢ 타인의 토지에 대한 자본적 지출	
⑦ 사업자등록 전 매입세액	사업자등록을 신청하기 전의 매입세액은 매출세액에서 공제하지 않음. 다만, 공급시기가 속하는 과세기간이 끝난 후 20일 이내 등록신청한 경우 해당 공급시기가 속하는 과세기간의 기산일까지 역산한 기간 내의 매입세액은 공제 가능

○ 세금계산서 '미수취·부실기재' but 매입세액공제 가능

① 사업자등록증 발급 전 매입세액공제	사업자등록을 신청한 사업자가 사업자등록증 발급일까지의 거래에 대하여 해당 사업자 또는 대표자의 주민등록번호를 적어 발급받은 경우
② 필요적 기재사항의 부실기재 + 거래사실 확인가능	발급받은 세금계산서의 필요적 기재사항 중 일부가 착오로 사실과 다르게 적혔으나 그 세금계산서에 적힌 나머지 필요적 기재사항 또는 임의적 기재사항으로 보아 거래사실이 확인되는 경우
③ 공급시기 이후 발급받은 세금계산서	재화 또는 용역의 공급시기 이후에 발급받은 세금계산서로서 해당 공급시기가 속하는 과세기간에 대한 확정신고기한까지 발급받은 경우
④ 공급시기 이후 세금계산서 발급 + 확정신고기한 이후 발급 + 1년 이내 + 수정신고 or 경정청구 or 결정·경정	재화 또는 용역의 공급시기가 속하는 과세기간에 대한 확정신고기한이 지난 후 세금계산서를 발급받았더라도 그 세금계산서의 발급일이 확정신고기한 다음 날부터 1년 이내이고, 수정신고 또는 경정청구 또는 과세관청으로부터 결정·경정을 하는 경우
⑤ 공급시기 전 세금계산서 발행	재화 또는 용역의 공급시기 전에 세금계산서를 발급받았더라도 재화 또는 용역의 공급시기가 그 세금계산서의 발급일부터 6개월 이내에 도래하고 해당 거래사실이 확인되어 납세지 관할 세무서장 등이 결정 또는 경정하는 경우
⑥ 세금계산서상 사업장의 착오	실제로 재화·용역을 공급하거나 공급받은 사업장이 아닌 사업장을 적은 세금계산서를 발급받았더라도 그 사업장이 총괄하여 납부하거나 사업자단위과세사업자에 해당하는 사업장인 경우로서 그 재화 또는 용역을 실제로 공급한 사업자가 납세지 관할 세무서장에게 해당 과세기간에 대한 납부세액을 예정신고·확정신고하고 납부한 경우
⑦ 전자세금계산서 의무발급 사업자 미전송 또는 전자세금계산서 외 세금계산서 발급	㉠ 전자세금계산서 의무발급 사업자로부터 발급받은 전자세금계산서로서 국세청장에게 전송되지 않았으나 발급한 사실이 확인되는 경우 ㉡ 전자세금계산서 의무발급 사업자로부터 발급받은 전자세금계산서 외의 세금계산서로서 재화 또는 용역의 공급시기가 속하는 과세기간에 대한 확정신고기한까지 발급받았고, 그 거래사실도 확인되는 경우
⑧ 위탁매매의 착오	㉠ 거래의 실질이 위탁매매 또는 대리인에 의한 매매에 해당함에도 불구하고 거래 당사자 간 계약에 따라 위탁매매 또는 대리인에 의한 매매가 아닌 거래로 하여 세금계산서를 발급받은 경우 ㉡ 거래의 실질이 위탁매매 또는 대리인에 의한 매매에 해당하지 않음에도 불구하고 거래 당사자 간 계약에 따라 위탁매매 또는 대리인에 의한 매매로 하여 세금계산서를 발급받은 경우
⑨ 용역공급에 대한 주선·중개에 해당하는 거래의 착오	㉠ 거래의 실질이 용역의 공급에 대한 주선·중개에 해당함에도 불구하고 거래 당사자 간 계약에 따라 용역의 공급에 대한 주선·중개가 아닌 거래로 하여 세금계산서를 발급받은 경우 ㉡ 거래의 실질이 용역의 공급에 대한 주선·중개에 해당하지 않음에도 불구하고 거래 당사자 간 계약에 따라 용역의 공급에 대한 주선·중개로 하여 세금계산서를 발급받은 경우

⑩ 다른 사업자로부터 사업을 위탁받아 수행하는 사업자의 경비 지출 착오	㉠ 다른 사업자로부터 사업(용역을 공급하는 사업으로 한정)을 위탁받아 수행하는 사업자가 위탁받은 사업의 수행에 필요한 비용을 사업을 위탁한 사업자로부터 지급받아 지출한 경우로서 해당 비용을 공급가액에 포함해야 함에도 불구하고 거래 당사자 간 계약에 따라 이를 공급가액에서 제외하여 세금계산서를 발급받은 경우 ㉡ 다른 사업자로부터 사업을 위탁 받아 수행하는 사업자가 위탁받은 사업의 수행에 필요한 비용을 사업을 위탁한 사업자로부터 지급받아 지출한 경우로서 해당 비용을 공급가액에서 제외해야 함에도 불구하고 거래 당사자 간 계약에 따라 이를 공급가액에 포함하여 세금계산서를 발급받은 경우
⑪ 매출에누리 관련 착오	매출에누리에 해당하는 금액을 공급가액에 포함하지 않아야 함에도 불구하고 거래 당사자 간 계약에 따라 해당 금액을 장려금이나 이와 유사한 금액으로 보고 이를 공급가액에 포함하여 세금계산서를 발급받은 경우
⑫ 신탁재산과 관련하여 공급받는 자에 대한 기재	㉠ 신탁재산과 관련하여 수탁자를 납세의무자로 하는 규정에 따라 부가가치세를 납부해야 하는 수탁자가 위탁자를 공급받는 자로 하여 발급된 세금계산서의 부가가치세액을 매출세액에서 공제받으려고 하는 경우로서 그 거래사실이 확인되고 재화 또는 용역을 공급한 자가 납세지 관할 세무서장에게 해당 납부세액을 신고하고 납부한 경우 ㉡ 신탁재산과 관련하여 위탁자를 납세의무자로 하는 규정에 따라 부가가치세를 납부해야 하는 위탁자가 수탁자를 공급받는 자로 하여 발급된 세금계산서의 부가가치세액을 매출세액에서 공제받으려고 하는 경우로서 그 거래사실이 확인되고 재화 또는 용역을 공급한 자가 납세지 관할 세무서장에게 해당 납부세액을 신고하고 납부한 경우

○ 매입처별 세금계산서합계표 '미제출·부실기재' but 매입세액공제 가능

① 기재 착오	매입처별 세금계산서합계표의 거래처별 등록번호 또는 공급가액이 착오로 사실과 다르게 적힌 경우로서 발급받은 세금계산서에 의해 거래사실이 확인되는 경우
② 추후 제출	매입처별 세금계산서합계표(또는 신용카드매출전표 등 수령명세서)를, 「국세기본법」에 따른 수정신고, 경정청구, 기한후과세표준신고와 함께 제출한 경우
③ 경정기관의 확인을 거쳐 제출	관할 세무서장 등이 과세표준과 세액을 경정을 하는 경우 사업자가 발급받은 세금계산서 또는 신용카드매출전표 등을 경정기관의 확인을 거쳐 해당 경정기관에 제출하는 경우

▶ 차가감납부세액의 계산

❶ 차가감납부세액 계산구조

```
        납 부 세 액
    ( - ) 경감 및 공제세액
    ( - ) 예정신고미환급세액
    ( - ) 예정고지세액
    ( - ) 수시부과세액 NEW
    ( + ) 가 산 세
        차가감납부세액
```

❷ 경감 및 공제세액

① 신용카드 매출전표 등 발급세액공제	적용 대상	㉠ 영수증발급대상자
		   (법인사업자와 직전 연도 공급가액의 합계액이 사업장을 기준으로 10억을 초과하는 개인사업자 제외)
		㉡ 간이과세자 (직전 연도 공급가액 4,800만원 미만)
		㉢ 증명서류
		  : 부가가치세가 과세되는 재화·용역을 공급하고 신용카드매출전표 등 법정증빙을 발급하거나, 전자적 결제수단에 의하여 대금을 결제받을 것

	계산	신용카드매출전표 등 발급세액 공제 = MIN[㉠, ㉡] ㉠ 발급금액 또는 결제금액 × 1.3% (2024년 이후 1%) ㉡ 한도: 연간 1,000만원 (2024년 이후는 연간 500만원
	공제한도	공제액을 차감하기 전의 납부할 세액을 초과하면 그 초과하는 부분은 없는 것으로 봄
	발급금액 또는 결제금액	공급대가. 즉, 부가가치세를 포함한 발급금액 또는 결제금액을 의미함
② 전자세금계산서 발급·전송에 대한 세액공제	적용 대상	직전 사업연도의 사업장별 재화·용역의 공급가액(면세공급가액 포함)의 합계액이 3억원 미만인 개인사업자[*1] 또는 해당 연도에 신규로 사업을 개시한 개인사업자[*1]가 전자세금계산서 발급명세를 발급일의 다음 날까지 전송하는 경우 세액공제액을 납부세액에서 공제할 수 있음
	세액공제액	MIN[㉠, ㉡] ㉠ 발급건수 × 200원 ㉡ 한도: 연간 100만원
	적용 기간	2022.7.1. 이후 공급분에 대한 전자세금계산서를 발급하는 분부터 2027.12.31.까지 **NEW**
	공제한도 초과 시	'공제한도 = 납부세액 − 뺄 세액 + 더할 세액'을 초과하면 그 초과부분은 없는 것으로 봄. 즉, 환급하지 않음.
③「조세특례제한법」상 세액공제	전자신고에 대한 세액공제	납세자가 직접 전자신고방법으로 부가가치세 확정신고를 하는 경우에는 해당 납부세액에서 1만원을 공제하거나 환급세액에서 가산
	현금영수증 사업자에 대한 세액공제	현금영수증 결제를 승인하고 전송할 수 있는 시스템을 갖춘 현금영수증사업의 승인을 받은 현금영수증사업자는 현금영수증 결제 건수 및 지급명세서의 건수에 따라 일정한 금액을 해당 과세기간의 부가가치세 납부세액에서 공제받거나 환급세액에 가산하여 받을 수 있음

[*1] 간이과세자(영수증 발급 대상 간이과세자는 제외)를 포함

③ 예정신고 미환급세액 및 예정고지세액

예정신고 미환급세액	부가가치세에 대한 환급은 확정신고 시에만 적용하며, 과세기간 단위로 확정신고기한이 지난 후 30일 이내에 환급하기에, 예정신고 시 환급세액은 바로 환급하지 않고, 확정신고 시 납부세액에서 공제되는 것으로 적용
예정고지세액	예정신고기한에 예정고지하여 징수되는 금액을 기납부세액의 성격으로 납부세액에서 빼고 납부

④ 가산세

무신고·과소신고·납부지연 가산세	「국세기본법」상 가산세 규정을 그대로 적용
세금계산서 불성실 가산세	지연발급·미발급, 지연제출·미제출 등의 경우 공급가액에 일정률의 가산세 부과
매출·매입처별 세금계산서합계표 불성실 가산세	매출처별 세금계산서합계표, 매입처별 세금계산서합계표의 미제출·부실기재 등의 경우 공급가액에 일정률의 가산세 부과
사업자등록 불성실 가산세	㉠ 타인명의(배우자와 해당 사업을 승계받은 피상속인 제외)로 사업자등록을 하거나 그 타인명의 사업자등록을 이용하여 사업을 하는 것으로 확인되는 경우 　: 공급가액 × 2%^{NEW}의 가산세 부과 ㉡ 사업자등록·간편사업자등록 의무 미이행: 공급가액 × 1%의 가산세 부과
신용카드매출전표 등 관련 가산세	공급가액 또는 과다하게 적은 공급가액의 0.5%의 가산세 부과
현금매출영수증 가산세	미제출·부실기재 등의 경우 수입금액의 1%의 가산세 부과

⑤ 가산세 중복적용 배제

부가가치세 가산세	사업자등록 불성실 가산세가 부과되면, 매출처별 세금계산서합계표 불성실 가산세와 같은 가산세가 이중으로 부과되므로 이를 방지하는 제도가 있음
타법의 가산세	「법인세법」 또는 「소득세법」에 따른 신용카드 및 현금영수증 발급 불성실 가산세를 적용받는 부분은 세금계산서 미발급 가산세 및 매출처별 세금계산서합계표 부실기재 가산세를 적용하지 않음

MEMO

08 부가가치세 신고와 납부

Teacher's Map

▷ 신고와 납부

❶ 예정신고와 납부절차

구분			예정신고기간	기한	방법
법인 사업자	공급가액 합계액 1억 5천 이상	제1기	1.1. ~ 3.31.	4.25.	신고
		제2기	7.1. ~ 9.30.	10.25.	신고
	신규 법인사업자	제1기에 사업개시	사업 개시일 ~ 3.31.	4.25.	신고
		제2기에 사업개시	사업 개시일 ~ 9.30.	10.25.	신고
	사업 개시일 이전에 사업자등록 신청	제1기에 신청	신청일 ~ 3.31.	4.25.	신고
		제2기에 신청	신청일 ~ 9.30.	10.25.	신고
	공급가액 합계액 1억 5천 미만	제1기	1.1. ~ 3.31.	4.25.	결정/신고*
		제2기	7.1. ~ 9.30.	10.25.	결정/신고*
개인 사업자	공급가액 합계액 1억4백만원 이상	제1기	1.1. ~ 3.31.	4.25.	결정/신고*
		제2기	7.1. ~ 9.30.	10.25.	결정/신고*
	간이과세자	-	1.1. ~ 6.30.	7.25.	선택신고

* 신고: 아래 '예정고지 대상의 사업자'라도 예정신고 할 수 있는 경우에 해당

○ **징수배제**

① 징수액이 50만원 미만인 경우	징수하지 않음
② 해당 과세기간 개시일에 간이과세자 → 일반과세자로 변경된 경우	
③ 「국세징수법」 상 납부기한의 연장사유 중 어느 하나에 해당하는 사유로 관할 세무서장이 징수하여야 할 금액을 사업자가 납부할 수 없다고 인정되는 경우	

○ **'예정고지 대상의 사업자'라도 예정신고 할 수 있는 경우**

① 휴업 또는 사업 부진으로 각 예정신고기간의 공급가액 또는 납부세액이 직전 과세기간의 공급가액 또는 납부세액의 3분의 1에 미달하는 자	결정 또는 신고 중 선택 가능 (세무서장이 한 예정고지는 없었던 것으로 함)
② 각 예정신고기간 분에 대하여 조기환급을 받으려는 자	

○ **예정신고 시 납부와 환급**

납부와 환급	신고납부	예정신고에 의해 납부한 부분은 확정신고 시 신고에서 제외
	고지납부	예정고지에 의해 납부한 세액은 확정신고 시 납부할 세액에서 차감
	환급	환급하지 않고 확정신고 시 납부세액에서 '예정신고 미환급세액'으로 차감

❷ 확정신고와 납부절차

구분		확정신고기간	기한	방법
일반법인	제1기	1.1. ~ 6.30.	7.25.	신고
	제2기	7.1. ~ 12.31.	1.25.	신고
폐업법인	제1기에 폐업	1.1. ~ 폐업일	폐업일이 속한 달의 다음 달 25일	신고
	제2기에 폐업	7.1. ~ 폐업일	폐업일이 속한 달의 다음 달 25일	신고
간이과세자	-	1.1. ~ 12.31.	1.25.	결정/신고

○ **예정·확정신고 제출서류**

제출서류	예정신고	확정신고
신고서	다음 사항을 적은 부가가치세 예정신고서 ① 사업자의 인적사항 ② 납부세액 및 그 계산근거 ③ 공제세액 및 그 계산근거 ④ 매출·매입처별 세금계산서합계표의 제출 내용 ⑤ 그 밖의 참고 사항	다음 사항을 적은 부가가치세 확정신고서 ① 사업자의 인적사항 ② 납부세액 및 그 계산근거 ③ 가산세액·공제세액 및 그 계산근거 ④ 매출·매입처별 세금계산서합계표의 제출 내용 ⑤ 그 밖의 참고 사항
해당되는 경우에만 제출하는 서류	① 영세율 관련 첨부서류 ②「조세특례제한법 시행령」및「농·축산·임·어업용 기자재 및 석유류에 대한 부가가치세 영세율 및 면세 적용 등에 관한 특례 규정」에 다른 서류	사업양도 신고서 공제받지 못할 매입세액 명세서 신용카드매출전표 등 발행 집계표 전자화폐결제명세서 신용카드매출전표 등 수령명세서 부동산임대공급가액명세서 임대차계약서 사본 건물관리명세서 현금매출명세서 건물 등 감가상각자산 취득명세서 사업자단위과세의 사업장별 부가가치세 과세표준 및 납부(환급)세액 신고명세서 영세율 매출명세서

○ **예정신고 적용배제대상 (확정신고 시에만 적용)**

① 전자신고세액공제
② 과세전용 매입세액의 공제
③ 가산세
④ 납부·환급세액 재계산
⑤ 대손세액공제
⑥ 환급(조기환급 제외)

❸ 재화의 수입에 대한 신고와 납부

○ **신고·납부**

관세 + 부가가치세 신고	재화를 수입하는 자가 재화의 수입에 대하여 「관세법」에 따라 관세를 세관장에게 신고하고 납부하는 경우에는 재화의 수입에 대한 부가가치세를 함께 신고하고 납부하여야 한다

❹ 납부의 유예

취지	'납부유예'제도는 수입해서 국내로 반입될 때 부가가치세를 납부하고 추후 매입세액으로 환급 받음으로써 일시적인 자금의 유동성 부담이 생길 수 있는 수출 중소·중견 기업에게 수입 시 부가가치세의 납부를 유예시켜주는 혜택 조항임
요건	다음에 모두 해당하는 중소·중견사업자 | 중소기업	중견기업
① 직전 사업연도에 중소 중견기업에 해당할 것
② 납부유예대상여부 확인 요청일 현재 3년간 계속하여 사업을 경영하였을 것
③ 납부유예대상여부 확인 요청일 현재 2년간 국세(관세 포함)를 체납한 사실이 없을 것
④ 납부유예대상여부 확인 요청일 현재 2년간 「조세범처벌법」 또는 「관세법」 위반으로 처벌받은 사실이 없을 것
⑤ 최근 2년간 납부유예가 취소된 사실이 없을 것
⑥ 직전 사업연도에 영세율 재화의 공급가액의 합계액 ≥ 총 공급가액 × 30% 또는 수출액이 50억원 이상일 것	⑥ 직전 사업연도에 영세율 재화의 공급가액의 합계액 ≥ 총 공급가액 × 30%	
신청과 절차	① *부가가치세 납부유예 적용 신청서*를 관할 세관장에게 제출 (관할 세무서장 X) ② 신청일부터 1개월 이내에 납부유예의 승인 여부를 결정 ③ 중소·중견사업자에게 승인 여부 통지 ④ 납세지 관할 세무서장에게 예정신고 또는 확정신고 등을 할 때 그 납부유예된 세액을 정산하거나 납부(납세지 관할 세무서장에게 납부 유예한 세액은 세관장에게 납부한 것으로 봄)
유예기간	1년
수입세금계산서의 발급	부가가치세 납부가 유예되는 때에도 수입세금계산서는 발급해야 하는데 이때 수입세금계산서에 부가가치세 납부유예 표시를 하여 발급함
납부유예 취소	세관장이 중견·중소기업이 다음에 해당하면 납부의 유예를 취소할 수 있음 (세관장은 취소사실을 통지해야 함) ① 해당 중소·중견사업자가 국세를 체납한 경우 ② 해당 중소·중견사업자가 「조세범처벌법」 또는 「관세법」 위반으로 고발된 경우 ③ 요건을 충족하지 아니한 중소·중견사업자에게 납부유예를 승인한 사실을 관할 세관장이 알게 된 경우

❺ 대리납부

○ 국외사업자로부터 수입 용역 등의 대리납부

용역 또는 권리의 공급자	다음의 자가 국내에서 용역 또는 권리를 공급한 경우(재화의 수입에 해당하는 경우 제외) 대리납부 규정을 적용함 ① 「소득세법」·「법인세법」에 따른 국내사업장이 없는 비거주자 또는 외국법인 ② 국내사업장이 있다하더라도 그 국내사업장과 관련없는 용역 등을 공급하는 자	
용역 또는 권리를 공급받은 자	대리납부의무 O ① 면세사업자 ② 사업자가 아닌 자 ③ 매입세액이 공제되지 않은 용역 또는 권리를 공급받은 자(과세사업자)	대리납부의무 X 공급받은 용역·권리를 과세사업에 제공하는 경우 (매입세액이 공제되는 용역을 공급받은 경우)
납부시기	해당 대가를 지급한 날이 속하는 예정신고기한 및 확정신고기한	
납부절차	① 부가가치세 대리납부신고서를 제출하여 부가가치세를 징수한 사업장 또는 주소지 관할 세무서장에게 납부 또는 ② 「국세징수법」에 따른 납부서를 작성하여 한국은행 또는 체신관서에 납부 (단, 대리납부신고서는 수정신고·경정청구의 대상이 될 수 없음)	

대리납부 세액계산	① 공통으로 사용하지만 실질귀속을 구분할 수 없는 경우, 안분계산
	② 대가를 외화로 지급하는 경우, 지급방식에 따라 외화환산
	   ㉠ 보유 중인 외화로 지급: 「외국환거래법」에 따른 기준환율 또는 재정환율
	   ㉡ 원화를 외화로 매입하여 지급: 대고객외국환매도율에 따라 계산한 금액	

가산세	「국세기본법」상의 납부지연가산세 부과	

○ 사업양도의 대리납부

일반적인 경우	사업양도인	재화의 공급이 아니므로 세금계산서를 발급하지 않음
	사업양수인	매입세액공제 불가
사업양도 시 양수자가 부가가치세를 대리납부한 경우	사업양도인	재화의 공급으로 인정
	사업양수인	매입세액공제 가능

❻ 환급

구분	의미	환급기한
① 일반환급	과세기간(6개월)단위로 환급하는 것	확정신고기한이 지난 후 30일 이내
② 조기환급	조기환급기간 단위로 환급하는 것	각 조기환급신고기한이 지난 후 15일 이내
③ 경정 시 환급	경정으로 발생한 환급세액을 환급하는 것	지체 없이

○ 일반환급

환급기한	그 확정신고기한이 지난 후 30일 이내에 환급
확정신고 시에만 환급	예정신고기간에 대한 환급세액은 바로 환급하지 않고 확정신고 시 납부세액에서 예정신고 미환급세액으로 차감

○ 조기환급 대상과 방법

조기환급 대상	① 사업자가 영세율을 적용받는 경우 ② 사업자가 감가상각 대상인 사업 설비를 신설·취득·확장 또는 증축하는 경우 ③ 사업자가 재무구조개선계획을 이행 중인 경우
조기환급 시기	<table><tr><th>구분</th><th>조기환급 신청시기</th><th>조기환급 시기</th></tr><tr><td>예정신고 시 조기환급</td><td>예정신고기한 (4.25., 10.25.)</td><td>예정신고기한 지난 후 15일 이내</td></tr><tr><td>확정신고 시 조기환급</td><td>확정신고기한 (7.25., 1.25.)</td><td>확정신고기한 지난 후 15일 이내</td></tr><tr><td>매월 또는 매2개월 단위의 조기환급</td><td>조기환급기간이 끝난 날부터 25일 이내</td><td>조기환급신고기한이 지난 후 15일 이내</td></tr></table> [조기환급기간]<table><tr><th></th><th>1월</th><th>2월</th><th>3월</th><th>4월</th><th>5월</th><th>6월</th><th>7월</th><th>8월</th><th>9월</th><th>10월</th><th>11월</th><th>12월</th></tr><tr><td>매월</td><td>O</td><td>O</td><td></td><td>O</td><td>O</td><td></td><td>O</td><td>O</td><td></td><td>O</td><td>O</td><td></td></tr><tr><td>매2개월</td><td></td><td>O</td><td></td><td></td><td>O</td><td></td><td></td><td>O</td><td></td><td></td><td>O</td><td></td></tr></table>
제출서류	① 예정신고서(또는 확정신고서), 조기환급기간에 신고 시, 조기환급신고서 조기환급신고 시 제출하면 예정 또는 확정신고와 함께 제출한 것으로 봄 ② 매출·매입처별 세금계산서합계표 ③ 감가상각자산 취득명세서 (해당될 경우에 한함) ④ 재무구조개선계획서 (해당될 경우에 한함)

○ 경정환급

결정·경정에 의한 추가 환급	관할 세무서장은 결정·경정에 의하여 추가로 발생한 환급세액이 있는 경우에는 지체 없이 사업자에게 환급하여야 함

❼ 결정 및 경정

결정·경정 대상	① 예정신고 또는 확정신고를 하지 아니한 경우
	② 예정신고 또는 확정신고를 한 내용의 오류 또는 누락
	③ 확정신고를 할 때 매출·매입처별 세금계산서합계표를 미제출
	④ 제출한 매출·매입처별 세금계산서합계표의 부실기재
	⑤ 부가가치세를 포탈(逋脫)할 우려가 있는 다음의 경우
	   ㉠ 사업장의 빈번한 이동
	   ㉡ 사업장의 이동이 빈번하다고 인정되는 지역에 있는 사업장
	   ㉢ 휴업 또는 폐업 상태
	   ㉣ 신용카드가맹점(또는 현금영수증가맹점) 가입 대상자임에도 미가입하고 신고한 내용이 불성실
	   ㉤ 조기환급신고를 한 내용의 오류 또는 누락

특례	영수증을 발급해야 하는 업종(ex. 소매업, 음식점업)을 경영하는 사업자가 같은 장소에서 계속하여 5년 이상 사업을 경영한 경우에는 과소신고했다는 객관적인 증명자료가 있어야만 결정·경정

○ 결정·경정 기관

원칙		각 납세지 관할 세무서장
예외	국세청장이 특히 중요하다고 인정하는 경우	각 납세지 관할 지방국세청장 또는 국세청장
	주사업장총괄납부	각 납세지 관할 세무서장, 납세지 관할 지방국세청장 또는 국세청장 (이 경우, 지체 없이 납세지 관할 세무서장 또는 주된 사업장의 관할 세무서장에게 통지)

○ 결정·경정의 방법, 재결정

원칙	세금계산서, 수입세금계산서, 장부 또는 그 밖의 증명 자료를 근거로 결정·경정
예외	추계
재결정	납세지 관할 세무서장 등은 결정 또는 경정한 금액에 오류 등이 있으면 즉시 경정

○ 추계

추계사유	① 세금계산서, 수입세금계산서, 장부 또는 그 밖의 증명 자료가 누락 또는 미비 ② 세금계산서, 수입세금계산서, 장부 또는 그 밖의 증명 자료의 내용이 거짓임이 명백
추계방법	① 같은 업종, 같은 현황의 다른 사업자와 비교하여 계산 ② 업종별로 투입원재료에 대하여 조사한 생산수율로 계산 ③ 매출액과 사업관련 수량/가액의 관계를 정한 영업효율을 적용하여 계산 ④ 국세청장이 정하는 바에 따라 계산 ⑤ 추계 경정·결정 대상 사업자에 대하여 위 ②~④의 비율을 계산할 수 있는 경우에는 그 비율을 적용하여 계산 ⑥ 입회조사기준에 따라 계산

매입세액 공제여부	① 발급받은 세금계산서('공급받은 자'용)를 관할 세무서장에게 제출하고 그 기재내용이 분명한 부분으로 한정하여 매입세액공제 인정 ② 재해 또는 그 밖의 불가항력으로 인하여 발급받은 세금계산서가 소멸되어 세금계산서를 제출하지 못하게 되었을 때에는 해당 사업자에게 공급한 거래 상대방이 제출한 세금계산서('공급자'용)에 의하여 확인되는 것으로 매입세액공제 인정

○ 수시부과의 결정^{NEW}

사유	납세지 관할 세무서장 등은 사업자가 과세기간 중에 다음의 하나에 해당하는 경우 수시로 그 사업자에 대한 부가가치세를 부과할 수 있음 ① 거짓세금계산서 등을 발급·수취한 경우 ② 사업장의 이동이 빈번한 경우 등에 해당하여 부가가치세를 포탈할 우려가 있는 경우
수시부과 기간	수시부과의 결정은 해당 과세기간의 개시일부터 수시부과의 사유가 발생한 날까지를 수시부과기간으로 하여 적용함 → 수시부과 사유가 확정신고기한 이전에 발생한 경우로서 사업자가 직전 과세기간에 대하여 확정신고를 하지 아니한 경우에는 직전 과세기간을 수시부과기간에 포함

○ 징수

세무서장 징수	납세지 관할 세무서장은 사업자가 다음의 하나에 해당하는 경우 각 구분에 따른 세액을 「국세징수법」에 따라 징수함 ① 예정신고 또는 확정신고를 할 때에 신고한 납부세액을 납부하지 아니하거나 납부하여야 할 세액보다 적게 납부한 경우: 그 미납부세액 ② 결정 또는 경정을 한 경우: 추가로 납부하여야 할 세액 ③ 수시부과한 경우: 수시부과한 세액^{NEW}
세관장 징수	재화의 수입에 대한 부가가치세는 세관장이 「관세법」에 따라 징수

8 전자적 용역을 공급하는 국외사업자의 부가가치세

○ 전자적 용역 공급자

국외사업자	① 게임·음성·동영상 파일 또는 소프트웨어 등 법으로 정하는 용역 ② 광고를 게재하는 용역 ③ 「클라우드컴퓨팅 발전 및 이용자 보호에 관한 법률」에 따른 클라우드컴퓨팅서비스 ④ 재화 또는 용역을 중개하는 용역 ⑤ 그 밖에 이와 유사한 용역
전자적 용역을 공급하게 하는 제3자	① 정보통신망 등을 이용하여 전자적 용역의 거래가 가능하도록 오픈마켓이나 그와 유사한 것을 운영하고 관련 서비스를 제공하는 자 ② 전자적 용역의 거래에서 중개에 관한 행위 등을 하는 자로서 구매자로부터 거래대금을 수취하여 판매자에게 지급하는 자 ③ 그 밖에 이와 유사하게 전자적 용역의 거래에 관여하는 자

○ **간편사업자등록**

등록절차	① 사업자가 사업의 개시일부터 20일 이내에 국세청장에게 간편사업자등록 ② 국세청장은 간편사업자등록번호를 부여 및 사업자(납세관리인 포함)에게 통지
공급시기	다음 중 빠른 때 [전자적 용역을 제공받은 때, 구매하기 위하여 대금의 결제를 완료한 때]
납세지	편의를 고려하여 국세청장이 지정
세금계산서 발급의무 면제	간편사업자등록을 한 사업자가 국내에 공급하는 전자적 용역에 대해서는 세금계산서를 발급하지 아니할 수 있음
신고	국세정보통신망에 접속하여 일정한 사항을 입력하는 방식으로 부가가치세 예정신고(또는 확정신고) 및 납부
납부	외국환은행의 계좌에 납입하는 방식으로 함 외국통화나 그 밖의 외국환으로 받은 경우: 과세기간 종료일(또는 예정신고기간 종료일)의 기준환율 적용

기타	① 매입세액공제
	    간편사업자등록을 한 자는 해당 전자적 용역의 공급과 관련하여 공제되는 매입세액 외에는 매출세액 또는 납부세액에서 공제하지 않음
	② 거래명세서 보관
	    간편사업자등록을 한 자는 전자적 용역의 공급에 대한 거래명세(등록사업자의 과세사업 또는 면세사업에 대하여 용역을 공급하는 경우의 거래명세를 포함)를 그 거래사실이 속하는 과세기간에 대한 확정신고 기한이 지난 후 5년간 보관하여야 함
	③ 거래명세서 제출
	    국세청장은 부가가치세 신고의 적정성을 확인하기 위하여 간편사업자등록을 한 자에게 전자적 용역 거래명세서를 제출할 것을 요구할 수 있다. 간편사업자등록을 한 자는 요구를 받은 날부터 60일 이내에 전자적 용역 거래명세서를 국세청장에게 제출하여야 함
	④ 폐업
	    간편사업자등록을 한 자가 국내에서 폐업을 한 경우(소재불명, 사이버몰 폐쇄 등 사실상 폐업한 경우 포함) 간편사업자등록을 말소할 수 있음

❾ 국외사업자의 용역 등 공급에 관한 특례

: 국외사업자가 사업자등록의 대상으로서 위탁매매인 등을 통하여 국내에서 용역 등을 공급하는 경우에는 해당 위탁매매인 등이 해당 용역 등을 공급한 것으로 봄

09 겸영사업자의 안분계산

Teacher's Map

▷ 겸영사업자의 과세체계

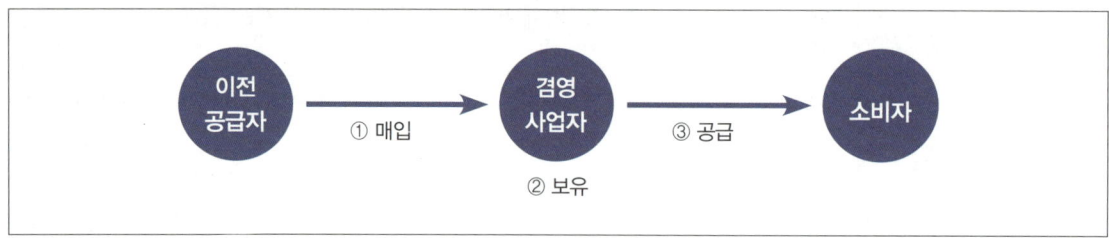

❶ 매입단계

겸영사업자 의미	면세사업과 과세사업을 동시에 경영하는 사업자
구입단계	

사업자 구분	매입세액의 공제 여부
면세사업자	공제 불가
과세사업자	공제
겸영사업자	안분계산하여 과세사업분만 공제

❷ 보유단계

과세사업용 재화를 면세사업에 전용하는 경우	기존에 공제받은 매입세액이 있다면 면세전용(간주공급)에 대한 부가가치세를 계산하여 매출세액으로 납부함
면세사업용 재화를 과세사업에 전용하는 경우	과세사업전환 매입세액 계산방법에 따라 매출세액에서 공제함
공통사용재화의 면세사업 사용비율이 변동하는 경우	그 증감된 면세비율의 차이를 각 과세기간 별로 정산함

❸ 공급단계

구분	과세 및 면세
과세사업용 재화를 공급하는 경우	공급가액을 과세표준으로 하여 과세함
면세사업용 재화를 공급하는 경우	면세되기 때문에 과세하지 않음
공통사용재화를 공급하는 경우	공급가액 중에서 과세사업에 해당하는 부분을 안분계산하여 해당하는 부분에 한해서 매출세액으로 과세함(과세표준의 안분계산)

▷ 공급단계의 안분계산

❶ 안분계산의 적용과 생략

원칙		과세표준 = 재화의 공급가액 × $\dfrac{\text{직전 과세기간의 과세공급가액}}{\text{직전 과세기간의 총공급가액}}$
		단, 직전 과세기간에 대한 공급가액이 없는 경우, 그 재화를 공급한 날에 가장 가까운 과거 과세기간의 공급가액을 적용하여 계산함
특례	적용 재화	① 매입시점에 공통매입세액을 사용면적비율에 따라 안분한 재화 ② 납부세액(환급세액)을 사용면적비율에 따라 재계산한 재화
	안분계산식	과세표준 = 재화의 공급가액 × $\dfrac{\text{직전 과세기간의 과세사용면적}}{\text{직전 과세기간의 총사용면적}}$
		단, 직전 과세기간에 대한 사용면적비율이 없는 경우, 그 재화를 공급한 날에 가장 가까운 과거 과세기간의 사용면적비율을 적용하여 계산함
생략		안분계산을 생략하고 해당 재화의 공급가액 전부를 과세표준으로 간주 ① 재화를 공급하는 날이 속하는 과세기간의 직전 과세기간의 면세공급가액이 5% 미만이면서 해당 재화의 공급가액이 5천만원 미만인 경우 ② 재화의 공급단위별 공급가액이 50만원 미만인 경우 ③ 신규로 사업을 시작하여 직전 과세기간이 없는 경우

▷ 매입단계의 안분계산

❶ 안분계산의 적용과 생략

원칙	실지귀속 구분 가능	실지귀속에 따라 공제 여부를 판단	
	실지귀속 구분 불가능	면세사업에 관련된 매입세액 = 공통매입세액 × $\dfrac{\text{해당 과세기간의 면세공급가액}}{\text{해당 과세기간의 총공급가액}}$	
		구분	공통매입세액과 관련된 해당 과세기간의
		총공급가액	과세공급가액 + 면세공급가액
		면세공급가액	면세사업 수입금액 + 과세하지 않는 국고보조금, 공공보조금 및 이와 유사한 금액
특례	적용 재화	공급받은 과세기간 중에 공급하는 과세·면세 겸용 재화	
	안분계산식	면세사업에 관련된 매입세액 = 공통매입세액 × $\dfrac{\text{직전 과세기간의 면세공급가액}}{\text{직전 과세기간의 총공급가액}}$	
생략		안분계산을 생략하고 해당 재화의 공통매입세액 전부를 공제할 수 있는 매입세액으로 간주 ① 해당 과세기간의 공통매입세액이 500만원 미만이면서 면세공급가액이 5% 미만인 경우 ② 해당 과세기간 공통매입세액 합계액이 5만원 미만인 경우 ③ 신규로 사업을 시작하여 공통사용재화의 과세표준의 안분계산을 생략한 경우	

❷ 공통매입세액의 정산

구분	유형		차이가 5% 미만인 경우
당기 과세사업 공급가액과 면세사업 공급가액이 둘 다 있는 경우	**유형1** 예정신고 시 안분계산 분을 확정신고 시 정산 예정신고를 하는 때에는 예정신고기간(3개월)의 면세공급가액비율로 안분계산하고 확정신고 시 해당 과세기간(6개월)의 면세공급가액비율로 정산하는 유형		정산함
	유형2 매입 후 과세기간의 면세비율 증감에 따라 정산 공통사용재화의 매입 시 매입한 과세기간의 면세비율로 안분계산한 후, 그 후 과세기간의 면세비율이 증감될 때마다 정산하는 유형 (납부세액 또는 환급세액의 재계산)		정산 안함
	조건	① 감가상각자산 ② 면세비율 차이가 5% 이상 ③ 재계산세액은 확정신고와 함께 납부	
	방법	공통매입세액 × (1 − A* × $\frac{경과된\ 과세기간\ 수}{}$) × 증감된 면세비율 A* = 건물 또는 구축물은 5%, 그 외 감가상각자산 25%	
	배제	① 과세사업에 제공하던 감가상각자산이 자기생산·취득재화의 간주공급에 해당하는 경우 ② 해당 재화를 공급하는 날이 속하는 과세기간인 경우	
당기 과세사업 공급가액이 없는 경우 당기 면세사업 공급가액이 없는 경우	**유형3** 공급가액이 없어서 대용치 사용 후 정산 기준치는 공급가액을 원칙으로 함. 단, 공급가액을 알 수 없으면 대용치로 안분계산하고, 확정치가 확정되는 과세기간에 그 차이를 정산하는 유형		
당기 공급가액이 둘 다 없는 경우	① 대용치 안분계산 순위(㉠ - ㉡ - ㉢) |	원칙	예외
---	---	---
㉠	$\frac{면세사업에\ 관련된\ 매입가액}{총\ 매입가액}$	$\frac{면세사업에\ 관련된\ 예정사용면적}{총\ 예정사용면적}$
㉡	$\frac{면세사업에\ 관련된\ 예정공급가액}{총\ 예정공급가액}$	$\frac{면세사업에\ 관련된\ 매입가액}{총\ 매입가액}$
㉢	$\frac{면세사업에\ 관련된\ 예정사용면적}{총\ 예정사용면적}$	$\frac{면세사업에\ 관련된\ 예정공급가액}{총\ 예정공급가액}$ | ② 안분계산한 공통매입세액의 정산 | 안분계산 시 사용한 비율	가산 또는 공제되는 세액
---	---
매입가액 예정공급가액	공통매입세액 × ($\frac{면세공급가액}{총공급가액}$) − 당초에 불공제된 매입세액
예정사용면적	공통매입세액 × ($\frac{실제\ 면세사용면적}{실제\ 총사용면적}$) − 당초에 불공제된 매입세액			정산함

MEMO

10 간이과세

Teacher's Map

▶ 간이과세의 개요

❶ 간이과세제도의 개요

의미		「부가가치세법」상 일정 소득 이하의 영세사업자로 하여금 간편하게 납세의무를 이행하고 있도록 규정한 제도	
적용 범위	일반적인 경우	직전 연도의 공급대가의 합계액이 1억4백만원에 미달하는 개인사업자	
	배제되는 경우	① 법인사업자, 1억4백만원 이상인 개인사업자 ② 간이과세가 적용되지 않는 다른 사업장을 보유하고 있는 사업자 　단, 개인택시운송업, 화물운송업, 이·미용업 등 법에 정한 사업장은 다른 사업장과 관계없이 간이과세를 적용함 ③ 광업, 제조업, 도매업 및 상품중개업, 부동산매매업 등 법에서 정하는 사업을 경영하는 사업자 ④ 부동산임대업 또는 과세유흥장소를 경영하는 사업자로서 해당 업종의 직전연도의 공급대가의 합계액이 4,800만원 이상인 사업자 ⑤ 재화의 공급으로 보지 않는 사업의 양도에 따라 일반과세자로부터 양수한 사업자 ⑥ 둘 이상의 사업장이 있는 경우 그 둘 이상의 사업장의 공급대가 합계액이 기준금액 이상인 사업자	
	신규사업자인 경우	사업자등록 시 간이과세를 적용	사업을 시작한 날이 속하는 연도의 공급대가의 합계액이 1억4백만원에 미달될 것으로 예상되면 개시일부터 20일 이내 간이과세 신청가능	간이과세배제사업을 영위하는 경우 그러하지 않음
		사업자등록을 하지 않은 사업자	사업을 시작한 날이 속하는 연도의 공급대가의 합계액이 1억4백만원에 미달한 경우에만 최초의 과세기간에 간이과세 적용	
	결정·경정의 경우	결정 또는 경정한 공급대가가 1억4백만원 이상인 경우 그 결정 또는 경정한 날이 속하는 과세기간까지 간이과세 적용	
특징		① 납부세액을 계산할 때 매입세액을 공제하지 않고 세금계산서 등을 발급받은 공급대가에 0.5%를 곱한 금액을 세액공제 ② 세금계산서 발급을 원칙으로 하며 영수증을 예외적으로 발급할 수 있음 ③ 매입세액을 별도로 환급하지 않음 ④ 간이과세자에게도 영세율과 면세는 적용. 단, 영세율을 적용받더라도 매입세액을 환급받을 수 없음	

▶ 과세유형의 변경

❶ 과세유형의 변경

직전 연도의 공급대가	과세유형의 변경
1억4백만원 미만	일반과세자 ⇒ 간이과세자
1억4백만원 이상	간이과세자 ⇒ 일반과세자

❷ 변경시기

구분		변경된 과세유형의 적용 시기
원칙		기준금액에 미달하거나 그 이상이 되는 해의 다음 해의 7월 1일부터 그 다음 해의 6월 30일까지
예외	신규사업자	최초로 사업을 개시한 해의 다음 해의 7월 1일부터 그 다음 해의 6월 30일까지
	간이과세 배제사업을 신규로 겸영(폐업)	해당 사업개시일(폐업일)이 속하는 과세기간의 다음 과세기간부터 간이과세자에 관한 규정을 적용하지 않음
	일반과세자 규정을 적용받는 사업장을 신규로 개설	
간이과세가 적용되지 않은 다른 사업장(기준사업장)이 있는 경우	기준 사업장의 1월 1일부터 12월 31일까지의 공급대가가 1억 4백만원에에 미달하는 경우[*1]	그 미달하는 해의 다음 해의 7월 1일부터 그 다음 해의 6월 30일까지의 기간 동안에 기준 사업장과 기준 사업장을 보유함에 따라 일반과세자로 전환된 사업장 모두에 간이과세에 관한 규정을 적용
	기준 사업장이 폐업되는 경우[*1]	기준 사업장으로 인하여 일반과세로 전환된 사업장에 대하여 기준 사업장의 폐업일이 속하는 연도의 다음 연도 7월 1일부터 간이과세에 관한 규정을 적용

[*1] 단, 기준사업장을 보유함에 따라 일반과세로 전환된 사업장의 1월 1일부터 12월 31일까지의 공급대가가 1억4백만원 이상이거나 간이과세 배제 사업을 경영하는 경우에는 간이과세를 적용하지 않음

❸ 변경절차

변경통지	관할 세무서장이 그 변경되는 과세기간 개시 20일 전까지 과세자에게 그 사실을 통지
효력	

구분	변경통지의 효력
① 일반 ⇒ 간이	부동산임대업을 제외하고 변경통지와 관계없이 간이과세 규정을 적용
② 간이 ⇒ 일반	변경통지를 받은 날이 속하는 과세기간까지는 간이과세 규정을 적용
변경통지의 효력: 납세자에게 유리하게 규정을 적용	

▶ 간이과세의 포기 및 재적용

❶ 포기절차

	포기 신고	포기 후 재적용
일반적인 경우	일반과세자 적용을 받으려는 달의 전달 마지막 날까지 포기 신고	아래 모두 만족해야 간이과세자 재적용 ① 다음의 구분에 따른 날부터 3년이 되는 날이 속하는 과세기간이 지남 　㉠ 간이과세를 포기한 경우 　　: 일반과세자에 관한 규정을 적용받으려는 달의 1일 　㉡ 신규사업자가 사업자등록과 동시에 간이과세를 포기한 경우 　　: 사업 개시일이 속하는 달의 1일 ② 간이과세 요건을 충족 ③ 적용 받으려는 과세기간 개시 10일 전까지 신청
신규사업자의 경우	사업자등록을 신청할 때 간이과세자 포기 신고	

❷ 포기의 효력

○ 과세기간의 구분

구분	해당 기간
간이과세자의 과세기간	간이과세 포기 신고일이 속하는 과세기간의 개시일부터 그 신고일이 속하는 달의 마지막 날까지의 기간
일반과세자의 과세기간	간이과세 포기 신고일이 속하는 달의 다음 달 1일부터 그 날이 속하는 과세기간의 종료일까지의 기간

○ 간이과세의 적용 제한

구분	해당 기간
간이과세를 포기하는 일반적인 경우	일반과세자에 관한 규정을 적용받으려는 달의 1일부터 3년이 되는 날이 속하는 과세기간까지 간이과세 적용 불가
신규사업자가 사업자등록과 동시에 간이과세를 포기하는 경우	사업개시일이 속하는 달의 1일부터 3년이 되는 날이 속하는 과세기간까지 간이과세 적용 불가

○ 적용 제한 기간 중 재적용

대상자	간이과세의 포기를 신고한 개인사업자 중 다음에 해당하는 자는 재적용 가능 기간 이전이라도 간이과세자에 관한 규정을 적용받을 수 있음
	간이과세 재적용 신고를 한 날이 속하는 연도의 직전 연도 공급대가의 합계액이 4천8백만원 이상 1억4백만원 미만인 개인사업자로서 간이과세자에 관한 규정의 적용을 포기할 당시 다음의 어느 하나에 해당하였던 자 ㉠ 직전 연도의 공급대가의 합계액(직전 과세기간에 신규로 사업을 시작한 개인 사업자의 경우 12개월로 환산한 금액)이 4천8백만원 미만인 자 ㉡ 신규로 사업을 시작하는 개인사업자로서 사업자등록 신청 시 간이과세 적용 여부를 함께 신고하여 간이과세자로 하는 최초의 과세기간 중에 있는 자

신청 절차	적용받으려는 과세기간 개시 10일 전까지 간이과세재적용신고서를 납세지 관할 세무서장에게 제출(국세정보통신망에 의한 제출을 포함)해야 함

○ **적용 제한 기간 이후 재적용**

대상자	간이과세를 포기한 개인사업자가 3년이 되는 날이 속하는 과세기간이 지난 후 다시 간이과세를 적용받으려면 간이과세 적용대상(직전 해의 1월 1일부터 12월 31일까지의 공급대가 합계액이 1억4백만원 미만인 개인사업자)에 해당하여야 함
신청 절차	적용받으려는 과세기간 개시 10일 전까지 간이과세 적용신고를 하여야 함

▷ 간이과세자의 부가가치세 계산구조

❶ 계산구조 개괄

```
           납 부 세 액
       ( + ) 재 고 납 부 세 액
       ( - ) 공 제 세 액
       ( + ) 가 산 세
       ( - ) 예정고지(신고)세액
       ( - ) 수시부과세액 NEW
           차 가 감 납 부 세 액
```

❷ 납부세액의 계산

납부세액의 계산	납부세액 = 과세표준 × 업종별 부가가치율 × 10%
과세표준의 계산	부가가치세액을 포함한 공급대가의 합계액을 과세표준으로 함
업종별 부가가치율	직전 3년간 신고된 업종별 평균 부가가치율 등을 고려하여 5% ~ 50% ① 업종별 평균 부가가치율 예시 <table><tr><th>구분</th><th>업종별 부가가치율</th></tr><tr><td>㉠ 소매업, 재생용 재료수집 및 판매업, 음식점업</td><td>15%</td></tr><tr><td>㉡ 제조업, 농업·임업·어업, 소화물 전문 운송업</td><td>20%</td></tr><tr><td>㉢ 숙박업</td><td>25%</td></tr><tr><td>㉣ 건설업, 운수 및 창고업, 정보통신업</td><td>30%</td></tr><tr><td>㉤ 금융 및 보험업, 부동산임대업, 그 밖의 임대업</td><td>40%</td></tr><tr><td>㉥ 그 밖의 서비스업</td><td>30%</td></tr></table>② 둘 이상의 업종에 공통으로 사용하던 재화(업종별 실지귀속을 구분할 수 없는 경우)의 업종별 부가가치율 $$\text{부가가치율} = \frac{\text{해당 재화 관련 각 업종별 부가가치율}}{} \times \frac{\text{해당 재화 공급일이 속하는 과세기간의 공급대가}}{\text{해당 재화 관련 각 업종의 총공급대가}}$$

납부의무의 면제	해당 과세기간에 대한 공급대가의 합계액이 4,800만원 미만이면 면제하되, 일반과세자가 간이과세자로 변경되는 경우 재고납부세액은 납부하여야 함

❸ 재고납부세액 및 재고매입세액의 계산

○ 의미

구분	의미
재고납부세액	일반과세자에서 간이과세자로 변경되는 경우 공제할 수 있는 매입세액이 줄어드는 만큼 추가적으로 납부하는 세액
재고매입세액	간이과세자에서 일반과세자로 변경되는 경우 공제할 수 있는 매입세액이 증가하는 만큼 추가적으로 공제하는 세액

○ 계산대상 자산

① 재고품: 저장품을 제외한 상품, 제품(반제품 및 재공품을 포함), 재료(부재료 포함)
② 건설중인 자산과 감가상각자산

○ 계산 및 납부방법

구분	재고납부세액	재고매입세액(2021.7.1. 이후 공급분)
납부방법	간이과세자로 변경된 날이 속하는 과세기간에 대한 확정신고를 할 때 납부세액에 더하여 납부	신고한 재고금액의 승인을 받은 날이 속하는 예정신고기간 또는 과세기간의 매출세액에서 공제
재고품	재고금액 $\times \dfrac{10}{100} \times (1 - 5.5\%)$	재고금액 $\times \dfrac{10}{110} \times (1 - 5.5\%)$
건설중인 자산	공제받은 매입세액 $\times (1 - 5.5\%)$	공제대상 매입세액 $\times (1 - 5.5\%)$
감가상각 자산	① 다른 사람으로부터 매입한 자산 취득가액 $\times (1 - 감가율 \times 경과된\ 과세기간의\ 수) \times \dfrac{10}{100} \times (1 - 5.5\%)$ ② 사업자가 직접 제작·건설·신축한 자산 공제받은 매입세액 $\times (1 - 감가율 \times 경과된\ 과세기간의\ 수) \times (1 - 5.5\%)$ [감가율: 건물·구축물 5%, 그 외 자산 25%]	① 다른 사람으로부터 매입한 자산 취득가액 $\times (1 - 감가율 \times 경과된\ 과세기간의\ 수) \times \dfrac{10}{110} \times (1 - 5.5\%)$ ② 사업자가 직접 제작·건설·신축한 자산 공제받은 매입세액 $\times (1 - 감가율 \times 경과된\ 과세기간의\ 수) \times (1 - 5.5\%)$ [감가율: 건물·구축물 10%, 그 외 자산 50%]

○ 재고품 등의 신고 및 승인

신고	신고		승인통지
재고매입세액	① 신고 : 과세유형 변경되는 날 현재에 있는 재고품 등을 그 변경되는 날의 직전 과세기간에 대한 확정신고와 함께 납세지 관할 세무서장에게 신고 ② 무신고시		신고기한이 지난 후 1개월 이내 공제될 재고매입세액을 통지
재고납부세액	일반과세자 ⇒ 간이과세자	관할 세무서장이 재고금액을 조사하여 해당 재고납부세액을 결정하고 통지	간이과세자로 변경된 날부터 90일 이내에 납부할 재고납부세액을 통지
	간이과세자 ⇒ 일반과세자	관할 세무서장이 재고매입세액을 별도로 결정·통지하지 않음	

❹ 간이과세자의 공제세액의 계산

구분		공제세액의 계산
「부가가치세법」	매입세금계산서 등 수취세액공제	간이과세자가 매입처별세금계산서합계표 또는 신용카드매출전표 등 수령명세서를 납세지 관할세무서장에게 제출하는 경우에는 다음의 금액을 납부세액에서 공제 | 구분 | 매입세금계산서 등 세액공제 | |---|---| | 일반적인 경우 | 세금계산서 등을 발급받은 공급대가 × 0.5% | | 부가가치율이 서로 다른 업종을 겸영하는 경우 | 과세사업과 면세사업 등이 실지귀속을 따르되, 실지귀속을 구분할 수 없는 부분은 다음과 같이 계산한다. | | 과세사업과 면세사업 등을 겸영하는 경우 | 세금계산서 등을 발급받은 공급대가 × $\frac{당기\ 과세총공급대가}{당기\ 총공급대가}$ × 0.5% |
	신용카드매출전표 등 세액공제	MIN[①, ②] ① (신용카드매출전표 등 발급금액 + 결제금액) × 1.3%(2027년부터 1.0% 적용) ② 한도액: 연간 1,000만원(2027년부터 연간 500만원 적용) 　　납부세액을 초과하는 경우에도 환급하지 않음
	전자세금계산서 발급 전송에 대한 세액공제	간이과세자[*1]가 전자세금계산서를 2027년 12월 31일까지 NEW 발급(전자세금계산서 발급명세를 전자세금계산서 발급일의 다음 날까지 국세청장에게 전송한 경우로 한정)하고 전자세금계산서 발급세액공제신고서를 납세지 관할 세무서장에게 제출한 경우 다음의 금액을 해당 과세기간의 부가가치세 납부세액에서 공제할 수 있음 공제액=MIN[발급 건수 × 200원 , 연간 100만원]
「조세특례제한법」	전자신고에 대한 세액공제	일반과세자 규정 준용하여 납부세액에서 1만원을 공제 (납부세액을 초과하는 경우에도 환급하지 않음)
	현금영수증사업자에 대한 세액공제	

*1 다음의 간이과세자는 제외함

㉠ 직전 연도의 공급대가의 합계액(직전 과세기간에 신규로 사업을 시작한 개인사업자의 경우 12개월로 환산한 금액)이 4천800만원 미만인 자
㉡ 신규로 사업을 시작하는 개인사업자로서 간이과세자로 하는 최초의 과세기간 중에 있는 자

❺ 간이과세자의 가산세

구분		가산세의 계산
결정, 경정 및 징수에 대한 가산세		일반과세자 규정을 준용
기타 가산세	사업자등록 불성실 가산세	공급대가의 합계액 × 1%^{NEW}
	세금계산서 불성실 가산세	공급대가 × 0.5% 등
	세금계산서 등 발급 관련 가산세	공급가액 × 0.5%
	매출처별 세금계산서합계표 관련 가산세	공급가액 × 0.5%

▶ 신고·납부와 결정·경정 및 징수

❶ 신고·납부와 결정·경정 및 징수

○ 예정부과와 확정신고

구분	예정부과	확정신고
신고·납부기한	예정부과기간이 끝난 후 25일 이내 납부	그 과세기간이 끝난 후 25일 이내에 신고·납부

○ 납부세액 계산 및 면제

원칙		직전 과세기간 납부세액 × 50%
예외	① 직전과세기간 일반과세자가 간이과세자로 변경되어 변경 이후 7월 1일부터 12월 31일까지의 과세기간에 해당되는 경우	직전 과세기간 납부세액 × 100%
	② 휴업 또는 사업부진 등으로 예정부과기간의 공급대가의 합계액(또는 납부세액)이 직전 과세기간의 공급가액의 합계액(또는 납부세액)의 1/3에 미달	예정부과기간의 과세표준과 납부세액을 신고 납부
	③ 세금계산서를 발급한 간이과세자인 경우	
면제		① 징수하여야 할 금액이 50만원 미만 ② 간이과세자가 일반과세자로 변경되어 그 변경 이전 1월 1일부터 6월 30일까지의 과세기간이 적용되는 간이과세자 ③ 「국세징수법」상 납부기한의 연장사유 중 어느 하나에 해당하는 사유로 관할 세무서장이 징수하여야 할 금액을 간이과세자가 납부할 수 없다고 인정되는 경우